노스럽 박사가 전하는
엄마-딸의 지혜

세계 최고의 여성 건강 전문가
노스럽 박사가 전하는

엄마딸의 지혜

크리스티안 노스럽 지음 | 이상춘 옮김

Mother-Daughter Wisdom

Christiane Northrup, M. D.

한문화

깊은 사랑과 연민을 담아서
앞서 살았던 우리 윗대의 어머니들에게
이 책을 바친다.

내 어머니인 에드너 마거릿,
어머니의 어머니인 루스,
그리고 어머니의 어머니의 어머니인 마거릿,
그 분은 할머니가 겨우 세 살이었을 때 돌아가셨고,
그를 대신하여 증조할머니인 에드너가 할머니를 보살펴주셨다.
(어머니의 이름인 에드너 마거릿은 엄마 없이 자란 이 윗대 할머니들을 기리기 위한 것이다.)

또한 사랑하는 나의 두 딸, 애니와 케이트
그리고 앞으로 태어날 모든 어머니를 위하여!

세상의 모든 딸에게 바치는 헌사

운명적인 일이다. 출판사에서 편집자의 원고 청탁 전화가 왔을 때는 반가워서 희희낙락했다. 한문화가 그동안 출간해준 크리스티안 노스럽의 전작들에 대해 노고를 치하했다. 어려운 출판계에서 두꺼운 번역서를 공들여 낸다는 것은 정말 어려운 작업임을 소상히 알기에. 그러나 그동안 책을 세 권 쓰느라 원고지 일만 매쯤 써댔고 환자들과의 오링테스트에 손목이 고달파서 파스를 붙이고 사는데 날더러 어쩌란 말인가. 달력 가득 빽빽한 스케줄에 근시 난시도 모자라 흐릿하고 침침한 눈을 또 혹사하라고. 난 마구 거절의 몸부림을 쳤다. 허나 마음 깊은 곳에서 저자에 대한 뜨거운 자매애가 모락모락 피어나는 건 어쩔 수가 없었다. 나의 책 〈나의 살던 고향은 꽃피는 자궁〉엔 영감을 준 '금발 언니'가 두 명 등장하는데 그들이 바로 '글로리아 스타이넘'과 '크리스티안 노스럽'이기 때문이다.

나는 명호라는 남자 이름을 가졌다. 할아버지가 다음번엔 남동생이 태어나길 바라는 마음을 담아 지으셨다. 딸로 키워지고 한의사가 되면서 본능적으로, 학문적으로 국가의 여성 억압이 구조적·관습적으로 자행되는 현실을 겪었다. 남자는 일등국민으로 주민 번호 1번을 주고 여자는 뒷자리인 2번을 주는 나라. 남자만 씨가 있고 아들로만 대를 이을 수 있다는 무식이 진리인 양 판치고, 딸들은 골라서 낙태시키는 무도한 사회. 그러니 세상의 모든 딸보다 아들이 귀하고, 모든 엄마보다 아빠가 주인이고, 할머니보다 할아버지가 존경받는 나라. 그 속에서 열 달 동안 뱃속에서 아기를 피로서 길러낸 엄마의 영혼과 몸은 씨받이나 보모에 불과하며, 딸들은 억압과 차별 심지어는 성폭력의 대상이 되어버린 사회를 나는 인정할 수 없었다.

그 시절, 심청이가 눈뜨듯 여성의 몸과 영혼의 위대한 창조성과 고귀함을 일깨운 책이 바로 노스럽 박사의 〈여성의 몸 여성의 지혜〉였다. 동서양을 막론하고 역사 이래로 남성 과학의 눈으로 여성의 몸과 가치는 얼마나 왜곡되고 비하되었던가. 그 편견과 무지를 깨고 노스럽은 진지한 탐구 정신과 새로운 전문 지식으로 책을 펴낸 것이다. 그녀는 온 세상의 여성들에게 폭포수 같은 사랑을 퍼붓고 영감의 전율을 선물했다. 비록 머리와 피부색은 달라도, 공간은 멀어도 우리는 생각의 파동을 통해 자매애로 공명했다.

노스럽 박사가 〈폐경기 여성의 몸 여성의 지혜〉를 펴낸 이후 이번에 세 번째로 펴낸 책이 바로 〈엄마-딸의 지혜〉다. 편집자에게 이미 말했듯이, 책 자체의 내용이 이미 훌륭하고 완벽해서 시원찮은 추천사가 오히려 허물이 되지 않을까 염려된다. 그럼에도 불구하고 나는 900쪽이 넘는 책을 펼쳤다. 이번 책은 또 어떤 깨달음을 주어 나를 성장시킬까 하는 기대감으로 설레면서. 며칠 밤을 야금야금 읽으며 마침내 마지막 장을 덮었다. 아! 여성을 사랑하는 노스럽 박사의 마음과 정성은 끝이 없구나. 20년 넘게 한의사로, 건강교육가로, 작가로 일하면서 아이도 낳고 산전수전 공중전 시가전을 웬만큼은 치르고 알 만큼은 안다고 자부한 나인데 역시 사는 날까지 공부는 계속해야 한다는 걸 느꼈다. 저자는 '삶은 자궁이 쓰는 역사'이고, '임신은 삶 최고의 기적'이며, '여성은 난자의 지혜를 가지고 일생 동안 창조하고 성장해 나가는 존재'라고 알려준다. 지혜를 발휘하기 위해서는 아이의 임신, 출산, 양육, 두뇌 발달에서 감정 형성까지 모든 문제를 어떻게 풀어가야 하는지를 엄마라는 생명의 언어로 세심하게 일러준다.

아이가 자라 질풍노도의 사춘기를 거쳐 더 큰 세상으로 헤엄쳐 나갈 때 나 역시 낯설고 불안했다. 이 책에는 의사로서, 두 딸을 키운 엄마로서 박사의 전문적인 조언이 가득 펼쳐진다. 세상의 가장 어려운 일을 꼽는다면? 돈 버는 일이 아니라 애 키우기라고 생각한다. 모든 여성은 누군가의 어린 딸이자 미숙한 초보 엄마가 된다. 나도 힘들고 어려운 시기를 아이들과 함께 보내며 '원조 부실 엄마'로 살았지만 부끄럽지는 않다. 아이를 포기하지 않았고, 곁에 있어 주었으며, 밥도 안 굶기고, 화풀이 삼아 폭력을 휘두르지도 않았다. 이렇게 자기변명 대신 자부심을 갖는 것은 스스로를 긍정하고 격려하기 위함이다. 분노와 열등감, 우울과 죄책감 대신 몸과 마음이 주눅 들지 않고 평화로운 엄마가 자식을 잘 키울 수 있기 때문이다.

숙제처럼 읽기 시작한 책이지만 마지막 장을 덮으면서 나는 새로운 치유를 경험했다. 마치 아기부터 어린이, 소녀, 처녀, 젊은 엄마를 거쳐 내 자신의 성장 발달을 반복한 느낌이다. 어려서 경험했던 혼란스럽고 결핍되고 두려웠던 풍경들이 떠올라서 내 안에서 들끓었다. 나는 조용히 어린 그때 그 시절로 돌아가 하나하나 풀고 제자리에 놓으며 감정을 정리했다. 앞으로 달려오느라 미루고 외면했던 묵은 숙제는 바로 결핍될 수밖에 없었던 자기애와 혼란스럽고 두려웠던 부모와 외부 환경에 대한 불안과 상처였던 것이다. 이제 엄마와도 화해하고, 딸에 대한 미안함도 털어냈으며, 환자들과는 자매애로 뭉치고, 아이들에겐 더 많이 웃게 되었다. 이 책은 영혼의 샤워로 나를 말갛게 씻겨주었다. 이제 내 마음은 평화롭고 사랑과 열정으로 넘친다. 그동안 엄마 성 쓰기와 호주제 폐지 운동, 여성 건강서 집필 등 여성 인권 운동을 하느라 힘들다고 징징대던 엄살이 쏙 들어갔다. 원고 숙제든 강의든 사는 날까지 내 몫의 삶에 최선을 다하리라 마음먹었다. 엄마와 딸에 대해 공부하면서 더불어 내가 훌쩍 자란 것이다.

친정 엄마 옆에 내가 눕고 내 옆에 딸아이가 누웠다. 이게 바로 사랑의 강물인 피와 젖으로 이어지는 혈통 아닌가. 엄마라는 모선을 타고 지구별에 온 목적이 무얼까 생각해본다. 사랑하고 일하고 공부하러 온 것 같다. 입시공부 말고 인생의 깨달음, 나와 자식의 입에 들어가는 것을 책임지라는 밥벌이, 그리고 사는 날까지 사랑을 주고받으라는 우주의 가르침. 엄마가 되고 딸을 키우는 일은 이 도道를 닦는 최고의 무한 도전이다. 깨어 있는 엄마가 깨어 있는 딸을 만든다. 엄마의 지혜는 딸들을 통해 영원히 인류에게 대물림된다. 하나하나 소중한 사람 꽃봉오리를 보살피는 마법사는 바로 우리 엄마들이며 딸들이다.

세상의 모든 딸들이여, 그대들 위로 퍼부어지는 우주의 큰 빛, 사랑에 감싸여 활짝 피어나길!

노스럽 박사에게 운명적인 사랑과 고마움을 전하며

2008년 봄 이유명호

*이유명호 – 한의사, 건강교육가, 이유명호한의원장, 〈나의 살던 고향은 꽃피는 자궁〉〈뇌력충전〉 저자

에필로그

Prologue

프롤로그

1
모든 엄마와 모든 딸들

– 서로 상처 주는 관계, 서로 치유하는 관계 –

엄마와 딸의 관계는 모든 여성의 건강이 시작되는 발원지라고 할 수 있다. 우리 여성들이 자신의 몸이나 건강에 대해 갖는 믿음은 엄마의 감정이나 생각, 행동 방식을 밑거름 삼아 뿌리를 내리게 된다. 우리가 세상에 태어나기 전에 자궁에서부터 가장 먼저 경험하는 것은 엄마의 보살핌이다. 엄마는 여성인 우리에게 최초이자 가장 강력한 역할 모델인 셈이다. 우리는 여성이란 어떤 존재이며 어떻게 돌봐야 하는지를 엄마를 통해 배운다. 우리의 세포는 자궁 안에서 엄마의 심장 박동 소리를 들으면서 분열을 일으키고 성장한다. 또 심장과 폐, 피부, 머리칼, 뼈 등 모든 기관도 엄마의 혈액이 공급하는 영양을 받아 형성된다. 엄마의 핏속에는 이밖에도 엄마의 생각과 사고방식, 감정 등이 신경화학물질이라는 형태로 녹아 있다. 만일 엄마가 임신한 사실에 대해 깊이 상심하며 분노와 두려움을 갖는다면 그 불안감은 태아에게 그대로 전달된다. 반면, 엄마가 행복감에 젖어 안정되고 충만한 상태라면 태아 또한 그 기분을 그대로 느끼면서 성장한다.

모든 엄마와 딸의 몸은 선대로부터 대물림된 선천적 본성과 후천적 보살핌의 고리로 연결되어 있다. 이 끝없이 이어져온 고리는 우리의 의식 속에 깊이 각인되어 있기 때문에 그 최초의 근원지까지 거슬러 추적할 수 있다. 모든 딸들의 몸에는 엄마는 물론 선대의 모든 여성들의 발자취가 살아 숨쉬고 있다. 그 유산 중에는 선대의 어머니들이 이루지 못한 꿈들도 포함되어 있다. 따라서 우리 여성들의 현재의 삶이 건강하고 행복하려면 선대의 어머니들이 살아온 삶의 흔적에 귀를 기울여야 한다. 우리의 의식 저편에서 끊임없이 건강 상태에 대해 경고하고, 사고방식에 영향을 미치며, 앞으로 살아갈 방향을 제시해주는 인도자이기 때문이다. 모든 여성에게 자신의 삶을 치유하는 행위는, 앞서 살았던 선대의 어머니들은 물론 앞으로 태어날 딸들까지 치유하는 광범위한 효과가 있다.

오래 전부터 나는 엄마가 딸들의 건강에 얼마나 지대한 영향을 미치는지를 절감해왔다. 딸의 건강에 지속적으로 영향을 미치는 엄마의 막강한 힘이 출렁거리는 커다란 물 항아리라면, 의사로서의 내 기술은 한 방울의 물에 불과했다. 내 임상 경험으로 미루어볼 때, 엄마와 서로 유익하고 친밀한 관계를 맺으며 여성의 몸에 대해 긍정적인 사고방식을 가지고 보살핌을 소중하게 여기는 엄마 밑에서 자란 환자는 치료하기가 한결 수월했다. 그런 환자들의 몸과 마음과 영혼에는 이미 건강과 치유를 위한 적절한 프로그램이 깔려 있었다. 반면, 무시와 학대에 시달리고, 알코올 중독이나 정신적 질병을 가진 엄마를 둔 환자들은 아무리 최선을 다해 치료해도 좋은 효과를 거두지 못했다. 이런 환자들이 장기적으로 바람직한 건강 상태를 유지하기 위해서는 엄마가 미쳤던 부정적인 영향을 인식하고 개선하려는 노력이 먼저 선행되어야만 한다. 이런 환자들에게 체중 조절이나 운동, 약물 치료, 수술, 유방암 검사, 자궁암 검사 등의 의학적 치료는 건강에 대한 근본적인 인식이 바뀌지 않는 한 큰 효과를 발휘하지 못했다.

우리의 의식은 세상에 태어나기 전 태아 시절부터 신체 형성에 직접적인 영향을 미친다. 태어난 후에도 우리의 경험 특히 어린 시절의 체험은 건강에 지대한 역할을 한다. 그 중에서도 어린 딸이 엄마에게서 받는 영향만큼 큰 비중을 차지하는 것은 없다. 어린 딸은 엄마의 모든 것을 온몸의 세포를 동원해서 받아들인다. 엄마의 여성에 대한 사고방식, 자신의 몸에 대한 자부심, 건강에 대한 인식, 자아실현에 대한 긍정적인 자세 등은 딸의 무의식 속에 그대로 스며든다. 엄마의 생각이나 행동은 딸이 성장해서 자신을 얼마나 잘 돌보는 여성이 되는지를 결정짓는 밑거름이 된다. 그리고 언젠가 엄마가 될 딸은 또다시 이런 정보를 의식적이든 무의식적이든 다음 세대로 대물림한다.

물론 여성에 대한 우리의 인식은 어떤 문화권에 속해 있느냐에 따라서도 크게 달라질 수 있다. 그러나 엄마의 사고방식이나 행동은 이보다 훨씬 강력하고 결정적인 영향을 미치는 요소다. 대부분의 경우 엄마는 문화를 반영하는 최초의 대변자이기 때문이다. 만일 엄마의 사고방식이 자기가 속한 문화와 일치하지 않을 경우, 엄마의 영향력은 문화의 영향력보다 항상 우세한 힘을 발휘한다.

엄마의 관심은 평생 작용하는 필수 영양소

TV 녹화장이나 운동 경기 중계 도중에 갑자기 카메라를 들이대면 사람들은 누구를 가장 먼저 부를까? 대부분 "엄마, 나야!"라고 외치며 손을

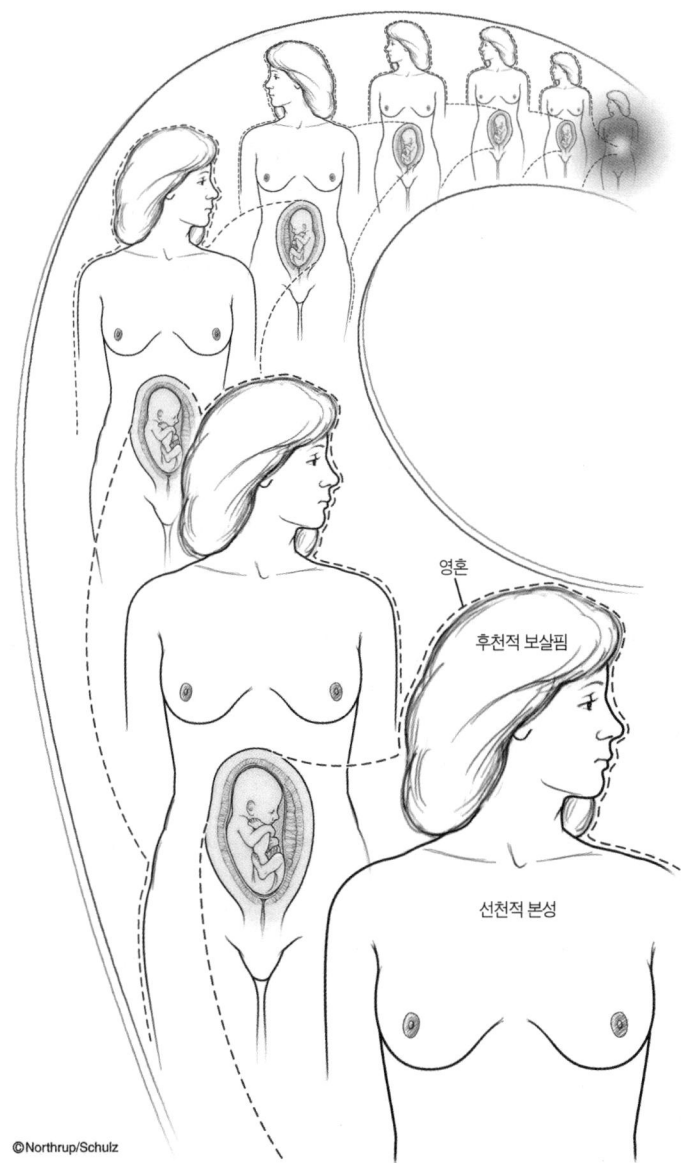

영혼

후천적 보살핌

선천적 본성

©Northrup/Schulz

🕊 모든 여성은 딸이다

여성의 건강은 모든 인간의 생명을 키워내는 흙이라고 할 수 있다. 따라서 여성의 건강을 증진시키는 것은 모든 인간에게 양분을 공급하는 셈이다. 모든 여성은 물론 남성, 아이들, 식물, 동물 등을 총망라해서 지구 전체를 기름지게 만드는 것이다. 엄마와 딸의 관계가 유익하고 아름다운지 혹은 상처를 주는 관계인지, 얼마나 복잡하게 얽혀 있는지 등은 여성의 근본적인 건강 상태를 형성하는 밑거름으로 작용한다. 이 가장 근본적인 인간관계는 우리 세포 하나하나에 입력되어 전 생애에 걸쳐 영향을 미친다.

흔들 것이다.

우리는 누구나 엄마의 관심을 받고 싶은 원초적 본능이 있다. 따라서 엄마를 잃었을 때 어느 때보다 극심한 절망감에 사로잡히게 된다. 호프 에델만Hope Edelman의 저서 〈엄마를 잃은 딸(Motherless Daughters)〉은 이런 편지로 시작된다.

우리는 평생을 살면서 엄마처럼 사랑해주는 사람을 만날 수 있을까. 누가 엄마처럼 순수하고 무조건적이고 지극한 사랑을 베풀 수 있단 말인가. 내 평생 그런 사랑을 또다시 받아보지는 못할 것이다.

내가 발행하는 뉴스레터의 한 독자도 최근에 이와 비슷한 내용의 글을 보내왔다. 그녀는 중년이 훌쩍 넘은 나이에 엄마가 돌아가셨는데도 이렇게 깊은 슬픔을 고백했다.

우리 엄마는 4년 전 제가 마흔아홉 살 때 돌아가셨어요. 하지만 세월 이 흐를수록 엄마가 더욱 그리워져요. 우리가 살아가면서 맺는 인간 관계 중에서 엄마와 딸처럼 밀접하면서도 복잡한 감정이 뒤얽힌 관 계가 또 있을까요? 엄마가 돌아가셨을 때 가장 슬펐던 점은, 다시는 이 생애에서 엄마가 베풀어주셨던 것 같은 따뜻하고 무한한 사랑을 받을 수 없다는 사실이었어요.

엄마를 원하는 딸의 욕구는 생리적 본능이며 평생에 걸쳐 지속된다. 엄마는 우리 생명의 원천일 뿐 아니라 우리 행동을 평가하는 기준이기도 하다. 엄마의 눈빛이나 태도는 우리가 자신에 대한 가치를 인식하는 최초의 요소이자 결정적인 요인이다.

우리는 아기였을 때 받는 관심의 정도에 따라 자신이 지구상에서 어떤 가치를 갖는 존재인지를 인식한다. 엄마가 다정한 미소와 부드러운 목소리를 보낼 때 우리는 자신에 대해 자부심을 느낀다. 반면, 어떤 이유로든 엄마가 옆에 없거나 엄마의 바람에 어긋난다는 이유로 사랑받지 못할 경우, 우리는 버림받은 기분에 사로잡히게 된다. 따라서 온갖 수단과 방법을 동원해서 엄마의 관심을 되찾으려고 애쓴다. 어린아이에게 엄마의 칭찬이나 비난은 죽느냐 사느냐에 버금가는 절박한 문제다. 이런 영향력은 어린 시절에만 국한된 것이 아니다. 엄마는 평생에 걸쳐 우리의 건강과 행복에 지대한 영향을 미친다. 아무리 고등 교육을 받은 성숙한 여성일지라도 우리는 끊임없이 엄마의 관심을 갈망한다. 여전히 사랑받을 가치가 있는지 또는 올바른 길을 가고 있는지 엄마의 인정을 받고 싶어 한다.

나는 엄마와 딸의 유대감은 우리가 맺는 인간관계 중 가장 밀접하고 끈끈하며 서로를 깊이 이해하는 관계라고 확신한다. 그런데 우리가 고갈된 우물을 채우기 위해 엄마를 찾았을 때 서로에게 실망과 분노를 느낀다면 어떤 일이 벌어질까?

나는 많은 환자와 친구들로부터 휴가를 맞아 집에 돌아갔을 때 느꼈던 실망과 아픔을 토로하는 고백을 듣곤 한다. 한 예를 소개한다.

대학 2학년 때의 일이었어요. 저는 어머니날(Mother's day, 미국에서는 5월 첫 번째 일요일 – 역자 주)을 앞둔 금요일에 집에 갔죠. 가기 전에 엄마에게 전화해서 숙제와 시험 준비 때문에 일찍 돌아와야 하기에 어머니날 함께 저녁 식사를 할 수 없다고 미리 양해를 구했어요. 그런데 집에 도착해서 현관문에 들어서자마자 엄마는 저를 보며 울음을 터뜨리시는 거예요. 저는 놀라서 물었어요. "엄마, 무슨 일 있어요?" 엄마는 계속 눈물을 흘리면서 이렇게 말씀하셨어요. "가장 사랑하는 사람이 가장 상처를 많이 주는 법이란다. 너도 상처받지 않으려면 절대 사랑을 주지 말거라." 저는 퉁명스럽게 물었어요. "엄마, 제가 어머니날까지 머물 수 없다고 해서 화나신 거예요?" 엄마는 대답을 피하시더군요. "내가 언제 그렇게 말했니?"

저는 이기적인 나쁜 딸이 된 것 같은 기분이었어요(엄마는 바로 이 말을 하고 싶었을 거예요). 제가 따져 물었죠. "엄마는 제가 대학에 가기 위해 집을 떠난 다음부터 늘 섭섭한 마음을 가지고 계셨잖아요?" 하지만 엄마는 아무런 대꾸도 없이 행주질만 계속하셨어요. 한동안 침묵이 흐른 후 엄마는 이렇게 말했어요. "네가 돌아오면 잘 지내기로 아빠랑 약속했단다. 그러니 화목하게 지내도록 노력하자꾸나."

그 친구와 엄마 사이에는 어머니날이나 명절 때마다 이런 종류의 갈등이 되풀이되곤 했지만 친구는 마땅한 해결책을 찾지 못했다. "집에 안 간다고 해결될 문제가 아니야." 그녀는 명절만 돌아오면 두통과 소화불량, 불안 증세에 시달리면서도 마지못해 엄마를 만나러 가곤 했다. 엄마라는 우물을 찾아가 무조건적인 지지와 인정이라는 목마른 갈증을 해소하고 싶었기 때문이었다. 이런 욕구는 대를 물려 그녀의 혈관 속을 맥맥이 흐르고 있었다. 엄마를 만나면 욕구가 일부 채워질 때도 있었지만 간절한 갈증을 해소하기에는 항상 부족했다. 더구나 그것을 얻기 위해 치러야 하는 대가 또한 만만치 않았다. 그녀는 엄마의 불평과 불만을 해소하는 샌드백이었다. 엄마의 지지와 후원이 절대적으로 필요한 중요한 고비에서도 그녀의 엄마는 늘 그녀의 발목을 잡곤 한다. 엄마는 딸에게 눈물로, 분노로, 혹은 깊은 침묵으로 거부할 수 없는 메시지를 보냈으며, 그 안에 담긴 내용은 언제나 같았다. 엄마를 진정 사랑한다면 옆에서 나와 함께 고통을 나눠다오.

그렇다면 서로를 파괴하는 이런 관계를 언제까지 지속해야 하는 걸까? 어긋난 관계를 치유하기 위해서는 먼저 두 사람을 가로막는 지나친 기대감과 요구, 단절된 대화의 벽이라는 실체를 파악하고 인정해야 한다. 엄마가 왜 그런 행동을 하며 그녀는 왜 그런 반응을 보이는지 근본적인 원인을 규명하려는 노력이 필요하다. 이런 희생적인 관계의 내면을 파헤쳐보면 여성에 대한 사회적 인습에서 비롯된다는 사실을 알게 될 것이다. 치유의 첫걸음은 뿌리 깊은 그릇된 인식을 깨닫는 데서부터 시작된다.

엄마의 역할에 대해 여성들이 겪는 양면적 갈등

모든 여성들은 물론 남성들도, 아기를 낳아 기르는 것이 여성의 가장 중요한 역할이라는 가르침을 은연중에 받으며 자라왔다. 실제로 이런 인식은 여러 분야에서 현실로 나타난다. 많은 여성들이 아이를 제대로 키우지 못하는 나쁜 엄마라는 딱지가 붙을까봐 전전긍긍하는 것이 현실이다. 그럼에도 엄마 역할에 대한 갈등과 그 어려움을 주장하면 우리 사회의 가장 뿌리 깊은 인식에 정면으로 맞서는 도전적인 행동으로 간주된다.

이런 여성들의 갈등은 유행병처럼 번지는 산후 우울증과 그것이 사회에 미치는 지대한 영향을 통해 여실히 증명되고 있다. 자신의 미래를 송두리째 뒤바꾸는 중대한 결정에 심각하게 갈등하지 않을 여성이 어디 있겠는가? 아기를 잉태하는 일은 마음만 먹으면 생리적으로 가능하지만, 아기를 건강하고 안전하게 키우는 일은 세상에서 가장 힘든 과업이다. 미리 연습하거나 준비할 수 없으며, 무조건적인 자기희생과 성숙한 인내심이 필요한 대장정이다. 특히 핵가족 경향이 심한 현대 사회에서 아이를 양육하는 일은 여성들이 오랜 세월에 걸쳐 투쟁해온 독립과 자유를 한순간에 포기해야 하는 중대한 사건이 되었다.

그러나 사회적 통념처럼 아기를 낳아 기르는 일이 과연 여성에게만 부여된 선천적인 의무일까? 육아는 막대한 에너지와 정력(힘), 강력한 의지와 풍부한 지식 등 남성적인 특성이 더 많이 필요한 일이다. 더구나 여성이 남성보다 열등하다는 뿌리 깊은 인식 때문에 우리의 후손을 양육하는 소중한 임무가 평가 절하되는 경향마저 만연해 있다.

그러나 우리 사회는 엄마 역할에 대한 과소평가를 솔직하게 인정하는 대신에, 그 막중한 임무를 지나치게 감상적인 측면에서 평가하며 충분한 지원이나 합당한 대우에 인색하다.

어떤 여성도 정신적·신체적으로 충분히 지원받지 못한 채 언제까지나 아이에게 막대한 에너지를 쏟아 부을 수는 없다. 과거 우리 어머니들은 아이를 위해 자신의 몸은 물론 온 마음과 영혼까지 아낌없이 바쳤다. 그러나 엄마의 역할을 지속적으로 잘 수행하려면 에너지를 무조건 퍼내기만 해서는 안 된다. 자기 보살핌과 자기 발전을 통해 다시 채워넣는 과정이 반드시 필요하다. 정기적으로 땅에 거름을 주지 않고 매년 풍년이 들기를 바랄 수 있겠는가? 엄마 역할도 마찬가지다. 그러나 대부분의 엄마들은 비어가는 자신을 채워달라고 요구하지 못하는 것이 현실이다.

만일 아이를 양육하고 가족을 돌보는 데 필요한 에너지가 정기적으로 보충되지 못하거나, 아이나 가족에 밀려 자신의 욕구가 항상 무시될 경우, 엄마의 양육 시스템에는 경고 등이 켜진다. 그것은 우울증이나 신경 불안, 심지어 폭력의 형태로까지 나타난다. 이렇게 심각한 질병의 형태를 띠게 될 때만 비로소 엄마의 욕구는 주변의 관심을 얻는다.

나는 성장의 길을 택했다

내가 처음 이 책을 구상한 것은 남편과 이혼하기 전인 1996년으로 가정을 꾸리며 두 딸을 키울 때였다. 당시 나는 이 책을 집필할 충분한 경험을 쌓고 있었다. 나 자신도 두 딸을 키우는 엄마였고, 홀로 된 엄마를 가까이 모시고 있었으며, 산부인과 의사로서 딸을 낳는 수많은 엄마들의 출산과 양육을 돕고 있었기 때문이다. 나는 이런 풍부한 경험을 바탕으로 딸을 훌륭하게 키우는 비결을 책으로 펴내고 싶다는 열정에 사로잡히게 되었다.

그러나 막상 집필을 시작하니 생각처럼 잘 풀리지 않았다. 5년이 넘게 쓰다 말다를 되풀이하던 중에 어느 날 그 원인을 깨달았다. 아직 충분히 준비되지 않았던 것이다. 독자를 설득할 수 있는 살아 있는 책을 쓰기 위해서는 우선 엄마 역할에 대한 나 자신의 신념을 재정립할 필요가 있었다. 내 안에 드리워진 엄마에 대한 감상적이고 부정적인 베일을 태워버려야만 더 밑바닥에 도사린 엄마와 딸이라는 본질적인 유대감에 접근할 수 있었다. 그것은 내 세포 구석구석에 스며들어 50년 이상 삶을 지배해온 힘의 실체를 파악하는 일이었다. 당시를 되돌아보면 책의 집필을 가로막던 여러 가지 일이나 사건들은 나를 준비시키기 위한 소중한 과정들이었다.

그 과정 중에는 〈폐경기 여성의 몸 여성의 지혜〉의 집필도 포함되어 있었다. 이 책은 폐경기가 생리적으로 왜, 어떻게 인간적인 성숙과 삶의 전환을 지원하는지를 설명한다. 이 책의 핵심은 '성장이냐 아니면 죽음이냐' 로 요약할 수 있다. 그리고 성장을 선택하려면 과거에 해결되지 않은 감정을 해결하는 고통을 감수해야 한다.

내 경우에는 이 중년의 정리 작업에 24년 동안 지속해온 결혼 생활을 끝내는 아픔이 포함되었다. 중년의 전환기에 필수적인 그러나 고통스러운 과정 중 하나인 영혼의 성찰을 통해서 나는 남편이 아닌 우리 엄마와 결혼했다는 사실을 깨달았던 것이다. 물론 남편과의 결혼 생활이 엄마와의 관계와 똑같지는 않았지만, 해결되고 치유되어야 할 문제점들이 무시된 채 고통받고 있기는 마찬가지였다. 나는 남편과의 갈등을 통해 뒤늦게나마 소중한 깨달음을 얻었다. 엄마와의 잘못된 관계 탓에 스스로에 대한 자부심이 부족했던 것이다. 이 깨달음의 결과, 나는 모든 삶의 영역에서 더 많은 사랑과 기쁨과 건강을 누릴 수 있게 되었다. 특히 이런 효과는 엄마와의 관계나 딸들과의 관계에서 더욱 두드러지게 나타났다.

그러나 이런 소득을 얻기 위해서는 뼈아픈 대가를 치러야 했다. 나는 한 여자로서 또 엄마로서 온전히 실패했다는 사실을 인정하기까지 많은 갈등의 시간을 보냈다. 누가 봐도 남부러울 것이 없는 삶이었다. 외과 의사인 남편, 사랑스러운 두 딸, 멋진 집과 천직으로 여기는 직업 등 어느 하나 부족함이 없었다. 그런데 왜 굴러들어온 복을 발로 찬단 말인가? 과연 이런 것들을 포기할 만큼 절실한 일이란 말인가?

나는 항상 사랑받기 위해서는 내 가치를 증명해야 한다는 강박 관념에 시달렸다. 많은 여성들이 그렇듯이, 나도 남편이나 아이들에게 지나치게 많은 것을 베풀려고 노력했다. 나도 모르게 '엄마'와 '희생'을 동의어로 간주하는 사회적 인습에 물들어 있었던 것이다. 항상 다른 사람의 욕구가 우선이고 엄마의 욕구는 맨 나중이라는 사고방식을 실천하고 있었다. 그러나 어느 날 문득, 사회적으로 큰 성공을 거두었음에도 집에서는 늘 설 자리가 없다는 사실을 깨달았을 때 나는 정신이 번쩍 들었다. 그 후 남편과는 이혼했지만 엄마나 딸들과의 관계에서는 여전히 같은 벽에 부딪치고 있었다.

새로운 역할에 눈뜨다

그즈음 두 딸은 집을 떠나 대학에 다니고 있었다. 나는 아이들이 집으로 돌아오는 휴일이나 방학을 손꼽아 기다리며 딸들이 좋아하는 음식을 산더미처럼 사들이곤 했다. 아이들이 원하는 것을 준비하지 못했을 때 느껴지는 참담한 기분이 싫었기 때문이다. 그러나 아이들과 보낼 행복한 시간으로 부풀어 있던 내 기대감은 항상 실망으로 바뀌곤 했다. 친구들과 지내기 바쁜 아이들은 나와 보내줄 시간이 많지 않았다. 문제는 내게 있었다. 나는 '엄마 역할'에 대한 내 방식의 감정이나 행동에서 벗어나지 못하고 있었다. 아이들을 잘 돌보고 싶은 건전한 욕구와 내 가치를 확인하기 위해 아이들에게 사랑받고 싶은 욕심 사이의 차이점을 제대로 깨닫지 못했던 것이다.

달라져야 할 것은 딸들과의 관계뿐이 아니었다. 이혼 후 친정 가족 중에 홀로 사는 독신녀는 오로지 엄마와 나 둘뿐이었기 때문에 우리 관계에도 변화가 생겼다. 내 나이에 남편을 잃고 홀로 된 엄마는 그를 계기로 아내와 어머니라는 테두리에서 벗어날 기회를 갖게 되었다. 주변의 권유로 그 고장의 시장市長으로 5년 동안 재직하게 된 것이다. 시장에서 물러난 후 엄마는 평생의 꿈이었던 등산을 시작했다. 애팔래치아 산맥 일주를 비롯해서 뉴잉글랜드의 100대 봉우리를 정복하는 일에 열정을 쏟았다.

그러나 이혼 당시 엄마와 비슷한 연령과 형편이었던 나는 엄마처럼 의연하게 대처하지 못했다. 오랫동안 남편과 함께 참석해온 여러 모임에 더 이상 초대받지 못했을 때 엄마는 그 쓸쓸함을 어떻게 견뎌냈을까? 엄연히 상속받은 농장의 소유주임에도 은행에서 융자를 해주지 않았을 때 그 울분을 어떻게 삭였을까? 나는 사회적·경제적으로 그보다 훨씬 유리한 위치에 있었지만 홀로 된 여자로서 장벽에 부딪치기는 마찬가지였다. 둘 다 혼자였던 엄마와 나는 가족 모임이 있을 때마다 자연스럽게 파트너가 되곤 했다. 그러나 혼자 산다는 이유로 당연히 엄마를 보살피거나 파트너 역할을 해야 하는 게 싫었다.

지난 일들은 기억을 더듬을 때마다 새로운 사실을 상기시킨다. 돌이켜보면 우리 엄마가 가장 행복했을 때는 바쁘게 움직일 때였던 것 같다. 엄마는 연세가 일흔여덟인 요즘도 몇 가지 운동을 끝낸 다음 잔디를 깎고 드넓은 정원에 물을 줘야 하루를 보람차게 보냈다고 생각하신다. 어렸을 때 나는 식사를 마친 후에 엄마가 식탁에서 꾸물거리던 모습을 본 기억이 없다. 엄마는 내가 식사를 끝내기도 전에 서둘러 그릇들을 치우곤 하셨다. 빨리 설거지를 끝내고 다른 일을 하기 위해서였다. 어린 시절 기억을 더듬으면서 나는 새로운 사실을 깨달았다. 엄마는 바쁘게 움직이지 않으면 마치 '우리에 갇힌 사자'처럼 숨이 막힐 것 같았던 것이다. 한가한 시간은 엄마에게 생각하고 싶지 않은 일들을 떠오르게 만드는 고통의 시간이었다. 나는 어린 나이에도 엄마의 이런 아픔을 감지하면서 뭔가 위로가 될 일을 해야 한다는 책임감을 느꼈던 것 같다. 그러나 엄마의 강요가 아닌 나 스스로 선택한 이런 행동 양식이 성인이 된 오늘날까지 내 발목을 잡을 줄 누가 알았겠는가.

딸들과 친정 엄마와의 관계로 극심한 정신적 갈등에 시달리던 어느 날, 나는 갑자기 왼쪽 눈이 따끔거리는 걸 느꼈다. 콘택트렌즈를 빼서 깨끗이 씻어보았지만 렌즈를 착용하자 다시 아팠다. 결국 포틀랜드의 안과 전문의를 찾아갔을 때 내 왼쪽 눈의 시력은 검사판의 꼭대기 글자도 보이지 않을 만큼 악화되어 있었다. 나는 보스턴의 매사추세츠 대학 병원 이비인후과에서 '결정성 각막염'이라는 진단을 받았다. 이 증상은 면역 저하 환자들에게만 나타나는 매우 드문 각막궤양의 일종으로, 시간이 흐르면 시력을 완전히 잃게 되는 심각한 증상이었다. 나는 덜컥 겁이 났다.

다급해진 마음에 최고의 치료를 받기 위해 백방으로 노력하는 와중에도 나는 속으로 무수히 되뇌었다. "왜 내게 이런 일이 일어난 거지? 왜 하필 지금이야?" 나는 그 답을 매사추세츠 대학 병원의 한 여의사의 말에서 찾을 수 있었다. 여성들에게 나 같은 증상이 나타날 때는 예외 없이 왼쪽 눈이라는 것이다. 이런 감염성 질환을 일으키는 면역 억압 증상은 억압된 기억과 관련이 있다는 사실은 나도 익히 알고 있었다. 단지 그 원인이 친정 엄마로 인한 정신적 압박감이었다는 사실을 그제야 깨달은 것이다. 우리의 혈관과 면역계, 그리고 정신적 안정에 영향을 미치는 제1감정센터가 엄마와의 관계와 연결되어 있다는 점을 감안할 때 충분히 납득이 가는 설명이었다. 왼쪽 눈은 감성을 관장하는 오른쪽 뇌와 연결되어 있다. 지성을 관장하는 우리의 왼쪽 뇌는 종종 이 감정을 무시하고 억압하려고 든다. 한의학에 따르면 모든 왼쪽 기관을 포함해서 우리 몸의 왼쪽은 엄마를 상징한다.

나는 병원에서 처방해준 항생제와 더불어 다량의 비타민C(비타민 See, 나를 직시하게 만들어줄 친구로서)와 여러 영양제를 복용했고, 증상은 차츰 차도를 보이기 시작했다. 당시를 되돌아보면 증상의 원인은 내가 지닌 절대적인 믿음에서 비롯했다. 나는 이혼 후에도 훌륭한 엄마, 좋은 딸의 역할을 지속하기 위해서 이제까지와 다름없이 가족들을 보살펴야 한다고 생각했다. 상황이 달라졌다고 내 의무를 소홀히 할 수는 없다는 게 내 지론이었다. 동양의학에서는 눈을 간의 대변인으로 본다. 그리고 간은 분노와 연결되어 있다. 놀랍지 않은가? 나는 자신도 모르게 훌륭한 엄마, 좋은 딸에 대한 압박감에 화가 나 있었던 것이다.

내 눈은 내게 상황을 다르게 봐야 한다는 경고로 잠시 시력을 빼앗아가는 지혜를 발휘했다. 나는 우리 엄마나 딸들 모두 내 희생이나 보살핌이 필요 없는 강하고 유능한 성인이라는 현실을 직시해야 했다. 더 건전하고 유익하게 그들을 보살필 방법을 찾아야 할 때가 된 것이다. 이 내면의 통찰력은 몸 특히 눈을 통해 내게 경고를 보냈다. 내 영혼의 어둡고 그늘진 부분에 빛을 비추고 눈을 돌려야 한다는 소리였다.

이 경험을 통해 마침내 나는 어떤 책을 써야 할지를 깨닫게 되었다. 아이들을 돌보고 보살피기에 급급한 엄마에서 벗어나 진정한 엄마와 딸의 유대감을 창조할 수 있는 새롭고 유익한 방법을 제시하고 싶었다. 모든 연령층의 여성들 - 딸을 키우든 안 키우든 - 에게 육체적·정신적으로 깊은 치유 효과가 있는 그런 책을 쓰고 싶었던 것이다.

| 유방과 심장의 질병을 예방하는 강력한 처방 |

사랑이 많고 희생적인 엄마의 존재는 가족의 건강과 행복을 좌우하는 핵심적인 위치를 차지한다. 가족들의 육체적, 감정적, 정신적, 영적 건강에 없어서는 안 될 탯줄 역할을 한다. 이런 현모양처 역할은 엄마에게 커다란 충만감을 안겨줄 수 있다. 그러나 배우자나 아이들에게 사랑과 보살핌을 일방적으로 베풀기만 하는 순교자로 전락할 위험도 함께 내포한다. 자신의 가치를 가족들의 사랑과 보살핌을 받을 가치가 없는 존재로 폄하하는 것이다.

다른 사람에 대한 무조건적인 사랑이나 보살핌은 제4감정센터 (4차크라)에 속한 기관들을 건강하게 만든다. 유방, 심장, 폐, 척추 상단, 어깨 등이 여기에 속한다(74쪽 그림 참조). 그러나 엄마에게 삶의 의미를 부여하는 이런 헌신적인 사랑은 반드시 정기적으로 연료가 보충되어야만 가능하다. 그렇지 않을 경우, 이들 기관에 문제가 발생하게 된다. 만일 여성들이 자신의 감정이나 욕구를 무시하거나 소홀히 여길 경우, 그들의 제4감정센터는 분노와 슬픔, 적개심, 관심에 대한 갈망, 피로감 등으로 병들어갈 수밖에 없다. 따라서 유방이나 어깨, 심장, 폐의 건강이 악화된다. 이들 기관의 질병은 죽음이나 신체 장애에 이르는 심각한 증상이다.

물론 우리는 엄마로서 사랑과 보살핌에 인색해서는 안 된다. 동시에 자신도 사랑과 보살핌을 받을 가치가 있는 존재라고 깨달아야 여성들의 삶이 달라질 수 있다. 순교자의 고리를 끊을 용기를 가진 여성은 자신의 건강뿐 아니라 딸이나 사랑하는 사람들의 건강을 지켜주게 될 것이다. 딸에게 자신의 요구를 깨닫고 표현하는 방법을 가르치는 유일한 방법은 몸소 행동으로 보여주는 것이다. 이런 엄마의 모습을 보고 자란 딸은 가족과 자신을 동시에 사랑하는 바람직한 엄마로 성장하게 될 것이다.

진실을 직시하는 아픔을 감수하다

친정 엄마 혹은 딸과의 관계를 있는 그대로 표현하는 일은 결코 쉽지 않다. 내 경우에도 엄마와의 관계를 얘기할 때마다 마치 살얼음판을 걷는 것처럼 조심스럽다. 한 친구는 내게 엄마에 대한 글을 보내면서 그런 글을 쓰는 것만으로도 죄의식을 느낀다고 고백했다. 성질이 괴팍하고 시샘이 많았던 그 친구의 엄마는 돌아가신 지 이미 20년이 지났는데도 말이다. 두 사람의 표면적인 관계를 표현하기도 이렇게 어려운데 둘 사이의 은밀한 감정을 밝히는 일은 더 말해 무엇 하랴!

내가 여성들에게 진정 도움이 되는 책을 쓰고 싶다면 마음에 쌓였던 불편한 감정을 비롯해서 우리 엄마와의 모든 것들을 숨김없이 드러내야만 했다. 또한 진실을 밝히는 것은 엄마(혹은 딸)에 대한 비난과는 다르다는 점도 분명히 인식할 필요가 있었다. 비난은 아무에게도 도움이 되지 않는 막다른 길이지만, 자신의 감정에 솔직해지는 것은 우리의 삶을 더 높고 평탄한 곳으로 인도하는 길이다. 더구나 그것이 엄마나 딸에 대한 감정이라면, 이제까지 해오던 습관적인 생각이나 행동에서 과감히 벗어나려는 용기가 필요하다. 엄마나 딸의 항의에 부딪쳐 포기해서는 안 된다. 만일 이런 아픔을 감수하지 못한다면 어느 누구도 결코 진정한 건강과 자유를 누릴 수는 없을 것이다.

마음의 각오가 끝났으면 다음 단계는 행동으로 옮기는 일이다. 비록 모순적일지 모르지만 서로 마음이 불편해지고 관계가 악화될지라도 장기적으로 서로에게 유익하고 가능성 있는 길을 택해야 한다. 이것이 엄마와 딸, 그리고 자신과의 관계를 포함해서 삶의 모든 영역에 대해 기꺼이 책임지는 자세다.

그 첫걸음은 엄마와의 사이에 해결되지 않은 감정들을 인식하는 것이다. 여기에는 깊은 마음의 상처나 분노도 포함된다. 다음 단계는 현재 지속되고 있으며 다음 세대까지 이어질 수 있는 이런 어두운 감정들을 밝은 곳으로 끌어내는 것이다. 내 행동 중에 사회적 관습에 얽매인 자기희생이나 병적인 집착을 보이는 행동은 무엇인가? 먼저 자신의 잘못을 인식해야만 모든 어머니들의 바람처럼 그 굴레를 딸에게 물려주지 않을 수 있다.

우리는 분노나 고갈되는 느낌, 건강을 해치는 상황에서 벗어나서 엄마나 딸과 건전하고 유익한 관계를 만들어갈 수 있다. 심신을 지치게 만드는 죄의식이나 의무감에 휘둘리지 않고 서로에게 도움이 되면서도 자신의 삶을 충분히 누릴 자유를 가질 수 있다. 딸은 물론 뒤를 이을 다음 세대에게 건전한 유산을 물려줄 수 있다. 바로 이 책이 그 방법을 제시해줄 것이다.

죄의식의 사슬을 끊어버리자

책의 집필이 거의 끝날 무렵, 나는 〈미래를 위한 준비 – 어른과 아이 사이의 유대감을 키우는 비결(Touch the Future : Optimum Learning Relationship for Children and Adults)〉이라는 책을 한 권 선물받았다. 엄마와 아이 사이의 유대감이 아이들의 뇌와 정서 발달에 미치는 중요성을 강조한 내용이었다. 이 책은 엄마와 아기 간의 유대감 부족, 모유 기피 현상, 지나치게 제도화된 탁아 시설, 대중매체의 횡포 등 현대적인 육아법이 어린이의 폭력이나 우울증, 자살률을 높이는 요인으로 작용한다고 지적했다.

나도 이미 깊이 공감하는, 새삼스러울 것 없는 주장이었다. 그러나 다시 접하게 되자 내 안에 뿌리 깊게 박혀 있던 죄의식이 고개를 내밀기 시작했다. 나는 온몸이 오싹해지면서 더 이상 읽어 내려갈 수가 없었다. 우리 아이들에게 잘못한 게 너무 많다는 회한이 밀려왔다. 난 일을 핑계로 아이들을 남의 손에서 자라게 한 매정한 엄마였어. 가정과 성공이라는 두 마리 토끼를 잡으려고 지나친 욕심을 부렸던 거야. 최소한 아이들이 돌이 되기 전까지는 스물네 시간 옆에 있어줘야 하는데 난 그러지 못했어. 나는 죄의식의 늪에 빠져 아이들에게 잘해준 일들을 떠올릴 겨를이 없었다.

내가 다시 냉정을 되찾기까지는 꼬박 하루라는 시간이 걸렸다. 가까스로 죄의식의 그늘에서 벗어난 나는 스스로에게 질문을 던졌다. "냉정하게 생각해보자. 나는 왜 자신을 나쁜 엄마라고 생각하게 되었을까?"

그 이유가 어렴풋이 잡히기 시작했다. 나는 이미 이십대가 된 딸들의 행동 중 일부를 못마땅하게 생각하고 있었다. 그것을 아이들의 자발적인 선택으로 존중하는 대신 모든 잘못을 내 탓으로 돌렸다. 내가 엄마 노릇을 잘못해서 아이들에게 빈 구석이 생긴 거야. 만일 내가 밖에 나가 일하지 않고 집에서 아이들을 야무지게 길렀더라면 어땠을까? 미안한 마음에 아이들에게 지나치게 관대하거나 바쁘다는 핑계로 소홀하지 않고 엄격하게 교육했으면 지금과 다르지 않았을까? 엄마로서의 내 역할이 끝나고 아이들이 독자적인 삶을 시작하는 경계선은 언제일까? 내가 죄의식을 느낀 부분은 아이들의 어린 시절이었다. 그렇다면 지금은? 과거의 내 잘잘못이 무엇이었든 간에 엄마로서의 직무 태만에 대한 시효는 이제 지난 게 아닐까? 과거의 잘못을 되새기면서 죄의식과 고통에 시달리는 것이 무슨 의미가 있단 말인가?

우리 여성들이 친정 엄마를 원망하거나 스스로 좋은 엄마가 되지 못했다는 죄의식에 빠지는 것은 자신을 희생양으로 만드는 대표적인 본보기라고 할 수 있다. 이런 의식은 여성들을 자부심에서 멀어지게 만들고 질병이나 더 큰 실패를 초래하는 도화선으로 작용한다. 물론 우리는 어린 시절의 상처에 솔직하거나 엄마로서 잘못한 부분을 인정할 필요가 있지만 그것을 비난의 도구로 삼아서는 안 된다. 그보다는 오히려 우리의 눈과 마음을 넓게 열고 미래로 눈을 돌리는 자세가 필요하다.

우리가 어떤 엄마 밑에서 자랐느냐는 이미 지나간 일이다. 앞으로는 그보다 나은 엄마가 되기 위해 자신을 갈고 닦는 일이 더 중요하다. 좋은 엄마가 되고 자신을 잘 돌보는 기술을 배우려는 자세가 필요하다. 인간이기 때문에 부족했던 엄마로서의 죄의식을 떨쳐버리고 자신이 원하는 이상적인 엄마가 되기 위한 노력에 에너지를 사용해야 한다. 그리고 자신과 자신의 삶을 따뜻하게 감싸는 넓은 마음을 가져야 한다.

만일 당신이 딸을 키우는 엄마라면, 건강한 몸과 마음을 위해 딸에게 물려줄 수 있는 최고의 유산은 자신의 엄마나 어린 시절의 상처와 화해하는 것이다. 그리고 딸을 키우지 않거나 가질 계획이 없더라도 지난 상처나 자기 엄마와의 관계를 치유하는 일은 모든 여성들은 물론 남성들에게도 훌륭한 역할 모델이 된다. 당신은 과거의 상처와 화해하고 새로운 미래를 창조해가는 멋진 인간상을 보여주고 싶지 않은가.

🌸 지혜의 샘 | 당신은 엄마에게 또는 딸에게 무슨 빚을 지고 있는가?

만일 당신의 딸이 모든 일을 스스로 알아서 처리하며 가능하면 엄마의 도움을 받지 않으려는 이해심 많고 착한 아이라면 엄마의 역할은 숨을 쉬듯 자연스럽고 순조로울 것이다. 물론 이런 아이도 정상적인 '성장의 고통'을 겪기는 하겠지만, 자신의 삶을 의연하게 헤쳐 나갈 것이다. 그러나 당신의 아이가 성장기의 과도기적 고통을 신체적·정신적으로 수월하게 넘기지 못한다면, 엄마의 역할은 결코 만만치 않다.

만일 당신의 딸이 성장기의 중요한 전환점(5살이든, 16살이든, 25살이든)에 서 있다면, 엄마가 담당해야 할 역할은 무엇일까? 그 과도기는 언제 시작해서 언제 끝나는 것일까? 딸이 성공적으로 극복하도록 돕는 엄마의 역할에서 언제 어떻게 물러나야 할까? 만일 딸이 잘 극복하지 못한다면, 언제까지 도와줘야 할까? 7살짜리 아이에게 친구가 없다면, 엄마가 어떻게 도와줘야 할까? 데이트를 원하는 11살짜리 조숙한 딸에게 엄마로서 어떤 태도를 보여야 할까? 15살짜리 딸이 술과 담배에 빠져 있다면? 25살 된 딸이 취직을 못 했다면? 30살인 딸이 방세를 절약하기 위해 부모님과 함께 살기를 원한다면?

친정 엄마는 또 어떤가? 만일 엄마가 외롭고 쓸쓸하게 지낸다면 딸의 도리는 무엇일까? 엄마가 혼자 되었거나, 오랜 지병을 앓고 있거나, 누군가 옆에서 돌봐줘야 할 형편이라면 당신에게 무엇을 기대할까? 이런 경우 당신은 어느 쪽인가? 엄마와의 관계가 서로에게 도움이 되는 즐거운 관계인가, 아니면 의무감이나 죄의식 때문에 돌보려고 하는가? '나를 위해 엄마의 모든 걸 바쳤으니 이제 내가 갚아야 할 차례'라는 부담을 느끼는가? 엄마에 대한 '보답'이 당신을 정성스레 키워준 고마움 때문인가, 아니면 단지 딸이라는 이유 때문인가?

이 모든 질문에 대해 올바른 답이 무엇이라고 단정 지어 말할 수는 없다. 당신은 자신의 사고방식과 행동에 대한 확신이 설 때까지 대답할 수 없을 것이다. 이 책은 그런 당신이 올바른 결정을 내리는 데 많은 도움이 될 것이다. ✿

엄마 노릇에 자부심을 가져라

여성에게 자기 발전의 기회가 증가하면 할수록, 내가 과연 좋은 엄마일까에 대한 우려나 죄의식은 더욱 커지게 마련이다. 여성들은 밖에서 하루 종일 일하면서도 가족을 위해 식사 준비와 집안일을 완벽하게 해내도록 압력을 받는다. 우리 사회가 본보기로 제시하는 바람직한 여성은 직장과 가정에서 모두 완벽한 '만능 엄마'다. 그러나 이것이 과연 실현 가능한 일일까?

어떤 엄마가 좋은 엄마라고 정해진 기준은 없다. 엄마 역할 – 아이가 없다면 보살핌의 역할 – 은 여러 색깔을 가진 스펙트럼에 비유할 수 있다. 우선 당신의 엄마와 당신을 비교해보라. 그 차이점을 인식하고 이해한다면 자신에게 맞는 방법을 선택하는 데 도움이 될 것이다.

스펙트럼의 한쪽 끝은 전통적인 여성관을 거부하는 진보적인 어머니상이다. 자신의 내면에서 끓어오르는 창조적인 욕구를 우선순위로 여기는 여성이 여기에 속한다. 이런 어머니들은 자신의 욕구가 충족되어야만 정서적 안정과 건강을 유지할 수 있다. 우리 엄마가 바로 이런 범주에 속했다. 이런 여성들은 엄마 역할이나 누군가를 보살피는 일만으로 만족하지 못하고 더 왕성한 육체적 활동을 원한다. 물론 아이들을 사랑하는 마음은 누구에게도 뒤지지 않지만 그들은 생리적으로 엄마 역할만으로는 충분한 만족감을 느끼지 못하도록 설계되었다. 우리 형제들이 어렸을 때, 엄마는 스키 타는 것을 포기하는 대신 아이들을 모두 끌고 스키장에 갔다. 그리고 우리를 다리 사이에 앉히거나 등에 업은 채로 스키를 타곤 했다. 덕분에 우리 형제들은 두 살만 되면 모두 스키를 탈 줄 알았다.

가끔 엄마는 첫아이인 오빠를 낳았던 스무 살 때 얘기를 들려주곤 했다. 아기를 돌봐야 한다는 압박감에서 벗어나고 싶어서 현관문에 앉아 뒷산을 바라보며 도망치고 싶다고 생각한 적이 한두 번이 아니었단다. 다행히도 엄마의 이런 충동을 알아챈 아버지가 집안일을 도와줄 사람을 고용했다. 엄마는 지금보다 훨씬 보수적이었던 1950년대의 엄마 역할을 감당하기에는 기질적으로 맞지 않는 인물이었다. 전쟁 후였던 당시의 대다수 주부들처럼 엄마도 남편과 아이들을 위해 자신의 삶을 희생하도록 강요당했다. 엄마는 15년 동안 여섯 아이 – 동생 보니는 태어난 지 6개월 만에 세상을 떠났지만 – 를 낳았다. 뿐만 아니라 30년이란 긴 세월 동안 매일 하루 세 끼를 준비하고 온갖 집안일을 도맡아 해왔다.

스펙트럼의 또 다른 끝은 우리가 흔히 쓰는 '대자연의 어머니' 혹은 '대지의 어머니'라는 표현에 걸맞은 전통적인 어머니상이다. 아기를 낳고 돌보는 것을 가장 행복하고 축복받은 일이라고 생각하는 여성을 말한다. 그녀의 손길이 닿기만 하면 모든 사물은 생기를 띠며 성장한다. 그녀는 정원이나 집안 가꾸기, 아이들을 위해 과자를 굽고 세심하게 보살피는 일들을 가장 좋아한다. 이런 엄마들의 삶의 목표는 아이들이며, 직장이나 다른 취미를 갖는 것에는 관심이 없다. 이런 기질을 가진 여성들은 어린 시절부터 아이들을 좋아하고 귀여워한다. 이들은 임신을 하거나 아이를 볼보거나 아이들에게 둘러싸여 있을 때 가장 행복감을 느낀다. 엄마라는 역할은 이들에게 충만감과 에너지의 원천이기 때문에 한꺼번에 여러 아이를 돌보는 것도 별로 힘들어하지 않는다. 이런 여성들은 가족들에게 더 이상 자신의 손길이 필요 없는 중년이 되면 깊은 상실감에 시달린다. 따라서 자진해서 손자들의 양육을 맡거나 모임을 주선해서 음식을 대접하는 것으로 남을 보살피고 싶은 욕구를 만족시킨다.

스펙트럼의 중간쯤에는 전통적인 어머니와 진보적인 어머니의 중간 형태인 여성이 자리 잡고 있다. 나는 이것을 '복합적인 어머니'라고 부른다. 우리 엄마와 마찬가지로 나도 아기를 낳기 전까지는 아이들에게 전혀 관심이 없었다. 내 최대의 관심사는 오직 여성의 건강이었고, 마치 우리 엄마가 스포츠에 탐닉했듯이 그것을 위해 모든 열정을 바쳤다.

그런데 예전의 우리 엄마처럼 나도 첫딸이 석 달쯤 되었을 때 면역계에 이상이 나타났다. 격무에 시달리는 데다 무리해서 모유를 먹이려 한 스트레스 때문이었다. 나는 도우미 아줌마를 하루 종일 고용했지만 시도 때도 없이 부르면 달려가야 하는 산부인과 의사에게는 이것도 충분하지 않았다.

시간이 흐를수록 아이와 일이라는 두 세계가 모두 삐걱거리기 시작했다. 아이들이 두 살, 네 살이 되자 나는 딸들과 더 많은 시간을 보내기 위해 분만을 돕는 일을 중단했다. 이것은 내게 매우 힘든 결정이었다. 나는 아기 받는 일을 특히 좋아해서 일부러 산부인과를 택했기 때문이다. 그러나 내게 더욱 중요한 일은 아이들을 돌보고 아이들과 많은 시간을 보내는 것이었다.

진보성과 보수성이 조화된 어머니상

사회적 인식이 변해감에 따라 전통적인 어머니는 더 이상 찬미의 대상이 아니다. 현대 사회는 어머니들에게 여러 가지 복합적인 능력을 요구하게 되었으며, 이로 인한 여러 문제점들이 제기되고 있다. 하루 스물네 시간이 모자랄 정도로 바쁘게 돌아가는 현대 사회는 엄마 역할의 생태학을 바꿔놓았다. 아기를 키우며 맞벌이하는 엄마의 경우, 가정의 안팎에서 여러 문제점에 부딪친다. 그러나 우리 사회는 이런 젊은 부부들을 위한 충분한 해결책을 마련하지 못하고 있다. 나는 우리 어머니 세대보다 한결 유리한 점이 많았다. 만일 내가 우리 엄마처럼 1950년대의 엄마와 아내로 살아야 했다면 과연 잘 견뎌낼 수 있었을까? 더욱 감사한 것은 내게는 아이들이 모두 떠난 인생의 후반기에 빈 자리를 채워줄 일거리가 있다는 것이다.

우리는 어머니 세대와 마찬가지로 자신의 타고난 기질에 관계없이 우리가 속한 문화(시간과 공간)의 영향권에서 벗어날 수 없다. 어머니 세대의 많은 여성들은 우리 세대를 보면 매우 안타깝다고 말한다. 그들은 이리저리 정신없이 뛰어다니는 현대의 엄마들을 보며 고개를 절레절레 흔든다. 어머니 세대는 우리에 비해 한가한 시간이 많았고 가족들의 도움도 많이 받았다. 그들 세대에는 남편이 가장으로서 모든 가족을 부양했다. 당시에는 이것이 당연한 법칙이었고 별 예외가 없었다. 그러나 50, 60년대에 인기 있던 TV 시트콤 〈해피 데이즈Happy Days〉에 묘사된 것처럼, 2차 세계대전 이후에 모든 엄마들이 현모양처로 가정에 안주하는 것을 최고의 행복으로 여겼던 것은 아니다. 우리 엄마를 포함한 많은 여성들에게 아이를 키우고 남편과 가정을 돌보는 일은 자아실현에 대한 꿈과 희망을 포기한 대가였다.

다산에 대한 심리 전문가인 니라비 페인Niravi Payne은 베이비붐 세대는 인류 역사상 어머니 세대보다 첫아이를 출산한 나이가 늦었던 최초의 집단이라고 지적했다. 그 이유는 우리의 사고방식이 어머니 세대와 달랐기 때문일 것이다. 우리는 많은 것을 원한다. 자신의 일에서 성공해야 하고, 남부럽지 않은 가정을 만들어야 하고, 아이를 키우는 것부터 승진을 위해 다른 도시로 이사하는 것까지 모든 일을 동등하게 나눌 수 있는 파트너를 만나려고 한다. 그러나 남성 우월주의가 만연한 이 사회에서 자신의 일을 위해 출산을 미루거나 거부하는 여성들은 낯선 황무지로 내몰리는 운명을 감수해야 한다. 그곳에는 길을 찾을 수 있는 지도도 없으며, 남성들은 말할 것도 없고 엄마나 사회로부터 어떤 안내도 받을 수 없다. 이 황무지를 개척해야 하는 것이 우리 베이비붐 세대의 사명이다. 우리 딸들이 뒤를 이어 그 일을 감당할 것이다. 그런 과정을 통해 앞으로 남녀간의 불균형이 조금씩 개선되어갈 것이다.

우리가 가고 있는 길

지난날 아직 젊은 엄마였을 때 내가 미처 깨닫지 못한 것이 있다. 내면에서 창조적 에너지가 문을 두드리며 자신을 충족시켜줄 삶을 찾으라고 재촉하는 소리였다. 아이를 낳고 기르는 엄마로서의 기쁨과 의사로서의 직업이 무리 없이 조화를 이루는 방법을 찾도록 인도하는 지혜의 소리였다.

지금도 수많은 여성들이 이런 내면의 외침을 듣고 직업과 가정 사이에서 나와 같은 변화를 추구할 것이다. 이런 시도들은 앞으로 엄마가 될 우리 딸들에게 좋은 밑거름이 되리라고 확신한다.

현대를 살아가는 엄마와 딸들은 자신과 서로의 건강과 자유라는 유산遺産을 창조할 준비가 되어 있다. 나는 이 일에 앞장서기 위해 세상에 태어났다는 사실을 깊이 인식한다. 그리고 우리 엄마 에드너는 내 위대한 스승이자 인도자였다.

우리 세대의 많은 여성들은 새로운 황무지를 개척하기 위해 선봉에 서 있다. 그들은 이미 자기 가치와 자아실현이라는 달콤한 과일을 맛본 사람들로, 그동안 대물림된 무조건 희생하고 헌신하는 보살핌의 역할로 다시는 되돌아가지 않을 것이다. 나이를 먹는다는 것이 질병에 걸리고 보살핌 받아야 한다는 의미라는 사고방식을 더 이상 답습하지 않을 것이다.

우리는 또한 가족과 가정을 내 손으로 만들어가는 만족감을 누리고 싶어한다. 그리고 내가 만났던 여성들은 대부분 비록 경제적인 능력이 부족하다는 결점이 있긴 했지만 경제권이나 건강, 직업, 시간을 대가로 치르지 않고도 파트너로부터 사랑과 관심을 받길 원했다.

오늘날 지구상에는 우리 여성들을 지지해주는 에너지가 점차 고조되고 있다. 우리 여성들은 뉴밀레니엄이 시작되는 2000년대의 숫자 '2(1+1)'가 상징하는 새로운 형태의 파트너십을 향해 나아가고 있다. 이 에너지는 여성과 남성 모두에게 새로운 가족관을 심어주고, 건강과 장수를 실현시켜주며, 직업이나 행복에 대한 새로운 시각을 갖게 해주는 힘을 발휘할 것이다.

| 영적인 통찰력 |

내가 이 책에서 진정 말하고자 하는 것은 엄마나 딸에 국한된 이야기가 아니다. 더 시야를 넓혀 우리 내면 깊이 살아 있는 자아에 눈을 돌리자는 것이고, 가까운 사람들과 서로 행복할 수 있는 길을 찾자는 것이다. 이것이 오늘날 모든 여성들이 직면한 중대한 도전이다. 우리 스스로가 먼저 변해야만 주변을 변화시켜 원하는 삶을 만들어갈 수 있다.

나는 모든 엄마와 모든 딸은 영혼이 하나로 연결된 오랜 동반자라고 생각한다. 그들은 본래 타고났지만 더 온전하게 발전시켜야 하는 고유한 특성을 서로 존중하고 발전시키기 위해 도움을 주고받는 동반자들이다. 우리는 각자 다른 재능과 단점을 지녔기 때문에 무엇이 자신에게 최선인지를 판단하는 기준도 각자 다를 수밖에 없다. 그러나 나이나 계층에 상관없이 서로의 자기 개발을 도와줄 평생의 친구가 될 수는 있다.

나는 우리 딸들의 인생을 해결해주는 해결사가 아니다. 단지 우리 엄마가 내게 했던 것처럼 나도 딸들에게 최상의 출발점을 제공하려고 노력할 뿐이다. 앞으로 얼마나 자아를 실현시키며 달려갈 수 있느냐는 그들의 몫이다.

엄마 곰의 지혜를 배우자

숲에서 가장 위험한 짐승은 무엇일까? 아기 곰을 보호하려는 엄마 곰이다. 아마 지구상에서 가장 사납고 위험한 창조물일 것이다. 엄마 곰은 어떻게 해야 아기 곰이 안전한지를 잘 안다. 엄마 곰에게 아기 곰의 안전보다 더 중요한 것은 없다. 그러나 엄마 곰은 아기 곰을 보호하는 데 그치지 않고 스스로 방어하는 법을 가르친다. 아기 곰이 자라서 혼자 살아갈 수 있도록 하기 위해서다.

아이를 기르는 일 특히 딸을 키우는 일을 비롯해서 엄마와의 관계를 치유하는 일, 자신을 돌보는 일에는 본능적인 지혜의 힘이 필요하다. 이 지혜는 수천 년에 걸쳐 내려오는 관습이 우리 안에 차곡차곡 쌓여 있는 것이다. 여러 문화권에서 이 에너지는 '엄마 곰의 지혜'로 상징된다.

딸을 건강하고 자부심 넘치는 인간으로 키우거나 엄마와의 관계를 치유하는 유일한 방법은 엄마 곰의 영역에 들어가는 것이다. 당신이 늘 꿈꾸어오던 훌륭한 엄마가 되는 유일한 길은 엄마 곰을 닮는 것이다. 엄마 곰처럼 본능적인 모성의 지혜에 귀를 기울이고 그 지혜를 자신이나 다른 사람을 돌보는 길잡이로 삼아야 한다. 그러기 위해서는 이해심이 많으면서도 강인해야 한다. 당신이 딸을 키우는 엄마라면 자신은 물론 어떤 사람이나 물건도 딸을 위해 기꺼이 희생시킬 수 있는 위치에 서야 한다. 이것은 역설적으로, 딸이나 당신을 위해 그 희생을 멈춰야 할 시기를 알아야 한다는 뜻이기도 하다. 다시 말해서 만일 당신이 엄마와의 관계를 치유하는 중이라면 자신을 돌봐야 할 때와 엄마를 위해 희생해야 할 때를 판단하는 법을 배워야 한다.

여성들은 본능적으로 엄마 곰의 에너지를 지니고 태어난다. 아기를 낳는 모든 과정 - 임신, 산고, 출산, 산후 조리 - 은 이 에너지에 필요한 호르몬과 감성이 풍성하도록 설계되었다. 그러나 현대 여성에게는 아기 곰을 강력히 보호하는 엄마 곰의 사나움이 실종되었다. 여성이 가졌던 엄마 곰의 속성은 어디로 사라졌으며 어떻게 되돌릴 수 있을까? 너무 오랜 기간 동안 여성들의 본능은 남성 우월주의 문화 밑에서 과소평가당하고 무시당하고 축소당해 왔다. 따라서 대부분의 여성들은 본능의 소리를 무시하는 데 익숙하다. 여성들은 어리석고 이성적이지 못하며 비과학적이라는 평가를 받는 게 두려워 자신의 생각을 주장하지 못한다. 남편이나 딸, 연인, 친구들에게 사랑받는 존재가 되고 싶은 것도 한 원인으로 작용한다.

엄마 곰의 강인함은 어디로 갔을까? 그렇게 강력한 본능이 내면 깊숙이 잠들어 있거나 왜곡되어 있다면 어떻게 회복해야 할까? 이런 본능을 마음껏 표출하는 방법은 무엇일까? 어떻게 하면 그것을 되살려 적절한 시기에 삶에 사용할 수 있을까? 무의식적인 본능과, 이성과 선택을 통해 연마되고 정제된 본능 사이에는 두 가지 차이점이 있다. 본능적인 지혜를 되살린다는 것은 우리의 지성이나 과학적 지식을 부정한다는 의미가 아니다. 그것은 우리의 지성과 본능적이고 선천적인 지혜와의 결합을 뜻한다.

엄마 곰의 본능을 되살리는 것은 자신도 깨닫지 못하던 내면의 깊은 본능을 되찾는 일이며, 우리가 상상할 수 있는 최고의 사랑을 되살리는 일이기도 하다. 나는 첫 번째 저서인 〈여성의 몸 여성의 지혜〉 말미에 이런 글을 쓴 적이 있다. "우리의 몸속에는 자신의 고통뿐 아니라 우리 어머니와 그 조상들의 고통이 맥맥이 흐르고 있다. 단지 그 사실을 의식하지 못할 뿐이다." 지금 이 책을 쓰면서 나는 이 진리를 훨씬 더 확신하게 되었다. 독자 여러분도 나처럼 이 의미를 진심으로 깨닫게 되기

를 바란다. 이 진리는 당신 자신과 딸들의 삶을 더 행복하고, 창조적이
고, 충만하게 이끄는 통로가 될 것이다.

2
삶은 자궁의 연속이다
– 창조하고 성장하는 삶을 위한 내면의 설계도–

전 세계의 모든 신화에는 영웅의 활약상이 두드러진다. 그러나 이들 영웅은 대부분 남성으로 보물을 찾기 위해 가족과 고향을 떠나 미지의 세계로 모험을 떠난다. 그들은 도중에 장애물과 적을 만나 위험한 고비를 극복하며 온갖 고통을 겪는다. 마침내 그들은 집을 떠나기 전보다 한결 지혜로운 새사람이 되어 가족과 사랑하는 사람의 품으로 돌아온다.

우리 인간은 모두 영웅이다. 이 영웅의 여정은 태어나는 순간부터 시작된다. 그러나 여성의 경우 이 여정은 남성과 다르다. 여성이 마주치는 적이나 장애물, 투쟁 대상은 남성처럼 외부의 적이 아니라 내부의 적이다. 바로 오랜 세월 사회적 관습을 통해 계승되어 이제는 아예 굳어버린 여성 자신의 의식 구조다.

여성 영웅의 여정은 엄마 뱃속에서부터 시작된다. 엄마에게서 여성으로 산다는 것의 의미를 은연중에 전달받는 것이다. 그리고 안락한 자궁을 떠나 출산의 과정을 거치면서 영웅의 모험은 본격적으로 시작된다. 그때부터 그녀는 자궁에서 거친 모든 단계들을 이 세상에서 다시 경험하게 되는 것이다.

우리의 여정은 가정에서 시작되고 가정에서 끝난다

여성들은 항상 멋진 집 – 우리의 정신과 육체를 구체적으로 표현할 수 있는 – 을 꿈꾸기 때문에 나는 여성 영웅의 여정을 집에 비유하기를 즐긴다. 집의 각 방에는 우리가 맞서야 하는 여러 장애물들이 도사리고 있고, 그 장애물 너머에 우리가 찾는 보물이 숨어 있다. 엄마의 자궁은 이런 집의 주춧돌 혹은 지하실이라고 할 수 있다. 우리는 산고와 출산 그리고 산후 조리라는 통로를 거쳐 첫 번째 방으로 들어가게 된다. 우리에게 육체적인 생명을 부여하는 임신, 산고, 출산의 과정은 우리가 각 방으로 옮겨갈 때마다 상징적으로 되풀이된다. 각 방에서 장애물을 만나 극복하고 보물을 찾아내는 과정은 곧 우리의 탄생 과정과 흡사하기 때문이다.

우리는 다음 단계 – 다음 방 – 로 성장하고 발전할 때마다 산고와 출산의 과정을 반복해야 한다. 그리고 임신 기간이 차면 제때에 산통이 시작되어야 하듯이, 이 과정을 언제 마치느냐는 우리의 건강과 행복에 중대한 영향을 미친다. 만일 한 단계의 막바지에서 다음 단계로 옮겨가지 못하거나 혹은 한 단계를 건너뛰거나 너무 빨리 지나칠 경우, 건강에 심각한 위험이 초래되며 심하면 조산으로 태아가 사망할 수도 있다.

나는 산부인과 의사이자 엄마, 작가로 살아오는 동안 중요한 작품을 탄생시킬 때마다 임신 과정과 유사한 에너지가 필요하다는 사실을 절감하곤 했다. 그것이 실제로 아기를 출산하는 일이든, 가정이나 인간관계든, 일이든, 내 인생 자체든 무언가를 탄생시키기 위해 거치는 과정은 거의 같았다. 그리고 우리 아이들을 포함해서 내가 만든 모든 작품들은 내 의식 구조에 따라 모양이 형성되었다.

그것만이 아니다. 모든 작품을 유지하고 발전시키기 위해서는 태아를 지탱해주는 태반 같은 든든한 받침목이 필요하다. 더 흥미로운 사실은, 우리가 인생에서 만들어내는 모든 작품들은 여성이 새 생명을 탄생시키는 과정과 흡사한 과정을 거쳐서 탄생된다는 것이다. 우주의 법칙에 따른 임신, 산고, 출산 그리고 산후 조리 등의 생리적 과정은 우리가 살면서 창조해내는 여러 작품들의 생성 과정을 상징하는 본보기다. 이 모든 과정 속에는 우리의 의식 구조가 그대로 투영되고 반영된다. 그리고 모든 엄마들은 이 유산을 딸들에게 대물림하게 된다.

인생 여정은 왜 7년 주기일까

인간의 역사를 살펴보면, 전 세계적으로 7년 주기를 중요시하는 사례를 많이 찾아볼 수 있다. 예를 들어, 예수교에서는 아이가 이성을 갖추는 나이를 일곱 살로 본다. 발도르프Waldorf 학교의 창시자이자 인지의학의 선구자인 루돌프 슈타이너Rudolf Steiner 박사는 아이들은 영구치가 나오기 시작하는 일곱 살 즈음에 생리적 · 인지적으로 글을 읽을 준비가 갖춰진다고 주장했다. 저명한 현대 정신 분석 학자인 에릭 에릭슨 Erik Erikson도 인간의 생애를 여러 발달 단계로 나누었다. 비록 그는 각 단계를 7년 주기로 나누진 않았지만, 매 단계는 각각 특별한 도전과 갈등, 그것을 극복하는 성취 과정으로 이루어진다고 설명했다.

인류의 역사와 개인적인 경험으로 미루어볼 때, 나는 인생이라는 집의 각 방을 거치는 주기가 대략 7년이라는 것에 동의한다. 그러나 당신이 건강하고 행복해지기 위해서 '반드시' 이 주기를 따라야 한다는 의미는 아니다. 당신이나 당신 딸이 거쳐야 하는 인생 여정의 대략적인 틀을 제시하는 것뿐이다.

임신부가 언제 출산할지 누구도 정확히 알 수 없듯이, 우리가 지금 머무는 방에서 다음 방으로 옮겨가는 시기는 아무도 예측할 수 없다. 방 안에 도사린 장애물을 극복하고 그 안에 숨겨진 보물을 찾아내는 데 걸리는 시간은 사람에 따라 각각 다르다. 어떤 여성은 2~3년에 끝내는 반면 10년 이상 걸리는 경우도 있다. 때에 따라서는 잠시 방을 떠났다가 적절한 시기에 다시 돌아올 필요도 있다. 사고를 당하거나 질병에 걸렸을 경우가 이에 해당한다.

우리 인생 여정의 목표는 무엇인가

나는 모든 인간은 각자 독특한 목적과 의미를 가지고 태어난다고 굳게 믿는다. 우리의 생각이나 감정, 행동은 이런 삶의 목적과 타고난 창의성을 일깨우고 발전시키는 수단이다. 우리는 인생의 장애물이나 시련에 마주칠 때마다 두 가지 선택의 기회를 갖는다. 외적인 환경을 불평만 하고 있을 것이냐, 자신의 내면으로 눈을 돌려 진정한 영혼과 창의성을 재발견하는 기회로 삼을 것이냐. 만일 의식적이고 반복적으로 내면으로 눈을 돌리는 훈련을 계속한다면 우리는 삶의 목적에 도달할 수 있는 내면의 기술과 능력을 발달시킬 수 있을 것이다. 그 결과, 우리는 자신과 다른 사람에게 기쁨을 주는 존재가 될 수 있다. 우리의 삶은 어떤 환경에 처해 있든지 가족과 세상을 충만하고 행복하게 만드는 축복받은 삶이 되는 것이다.

이 여정에서 엄마와 딸은 탄생하는 순간부터 파트너의 관계가 된다.

엄마가 딸을 임신해서 출산하기까지 겪는 모든 과정은 딸의 영혼에 밑그림으로 각인된다. 이 밑그림은 딸이 인생의 여러 방을 거치는 동안에 생각과 행동의 원천이 된다. 자궁 안에서 진통을 시작하는 것은 딸이지만, 엄마는 그 과정이 순조롭도록 긴장을 풀고 몸을 활짝 열어준다. 이 최초의 관계는 우리가 살면서 거치게 될 여러 인생 여정의 본보기가 된다. 제분기에 갈리는 곡식 알갱이처럼, 우리의 영혼이 평생 되풀이해서 갈고 닦아야 할 대상인 것이다.

한 친구는 내게 자기는 어떤 프로젝트를 시작하든 항상 '임신 기간'이 지나치게 길다고 고백했다. 정보를 수집하고 평가하는 임신 기간이 너무 오래 걸리는 반면, '분만'은 성급하게 해치운다는 것이다. 그 친구는 엄마가 자신을 출산할 때 예정일을 한 달이나 넘겼다는 사실을 알고 매우 놀라워했다. 결국 그녀의 엄마는 피마자유를 마신 후 차로 덜컹거리는 길을 달리고 나서야 짧은 진통을 거쳐 그녀를 출산했다. 내 친구가 일에 임하는 자세는 엄마의 출산 과정을 그대로 답습하고 있었다.

그렇다면 우리 영웅들이 인생에서 찾아내야 할 보물은 무엇일까? 건강, 사랑, 감사하는 마음, 창의성, 기쁨, 자유, 풍족함 그리고 성공 등이다. 이 모든 요소들은 우리의 신체적 건강과 밀접하게 연결되어 있다. 우리가 이 보물들을 획득하기 위해서는 각 방에 도사린 장애물을 제거해야 한다.

만일 우리가 각 방에서 만나는 문제들을 적절한 방법으로 해결하지 못한다면, 그 방을 빠져나가지 못하고 주저앉게 된다. 그 결과, 우리의 신체적·정신적 건강은 위기를 맞게 된다. 예를 들어, 아이들이나 사랑하는 사람을 떠나보낼 시간이 지났는데도 계속 붙잡고 있다면 우리의 인간관계가 삐걱거리게 되는 것이다.

통로인 계단의 중요성

우리 인생에서 7년 주기인 각 방도 나름대로 가치가 있지만, 다른 층으로 옮겨가는 통로인 '계단'을 통과하는 시간도 중요한 의미가 있다. 출산 과정에서 아기가 산도를 통과해야 세상 밖으로 나오듯이, 각 계단은 획기적인 성장의 기회라고 할 수 있다. 이 시기에 넘쳐흐르는 발전적인 에너지는 해결되지 않은 문제들을 되돌아보게 만들기 때문에 우리는 층계참에서 휴식을 취하면서 지난날의 자신을 평가할 시간을 갖게 된다. 같은 층에서 각 방으로 옮길 때 겪는 간이 출산 과정에 비해 더 진지하고 깊이 자신을 되돌아볼 수 있는 시간이다.

세상에 태어나는 순간, 우리는 엄마의 자궁인 지하실에서 1층으로 옮겨가게 된다. 이 시기에는 우리가 주변 환경 특히 엄마의 몸과 마음, 감정 상태에 가장 큰 영향을 받는다.

중년이 되면 우리는 2층으로 올라가기 위한 계단을 통과해야 한다. 흔히 중년의 위기로 알려진 폐경주위기는 몸과 마음과 영혼이 새롭게 탄생하고 회복되는 데 필요한 생리적·정신적 뒷받침이 활발한 시기다. 이를 위해서는 지난 반평생 해결되지 않은 일들을 인식하고 치유하는 과정이 필요하다. 이 시기에 많은 중년 여성들이 어린 시절의 상처를 되살려 치유할 수 있는 것도 이 때문이다.

이처럼 상처받기 쉬운 시기를 지나는 우리의 여정은 갓 태어난 캥거루 새끼의 여정에 비유할 수 있다. 산도를 지나 세상 밖으로 나온 새끼는 눈도 안 보이고 털도 없는 나약한 몸으로 오로지 본능에 의지해서 어미 캥거루의 몸을 기어 올라가야 한다. 안락한 어미의 주머니 안으로 들어가서 젖을 먹기 위해서다. 이 힘든 여행을 견뎌내지 못하고 죽는 새끼도 있다. 이 여정을 통과한 후 우리는 2층에서의 삶을 마치고 지붕

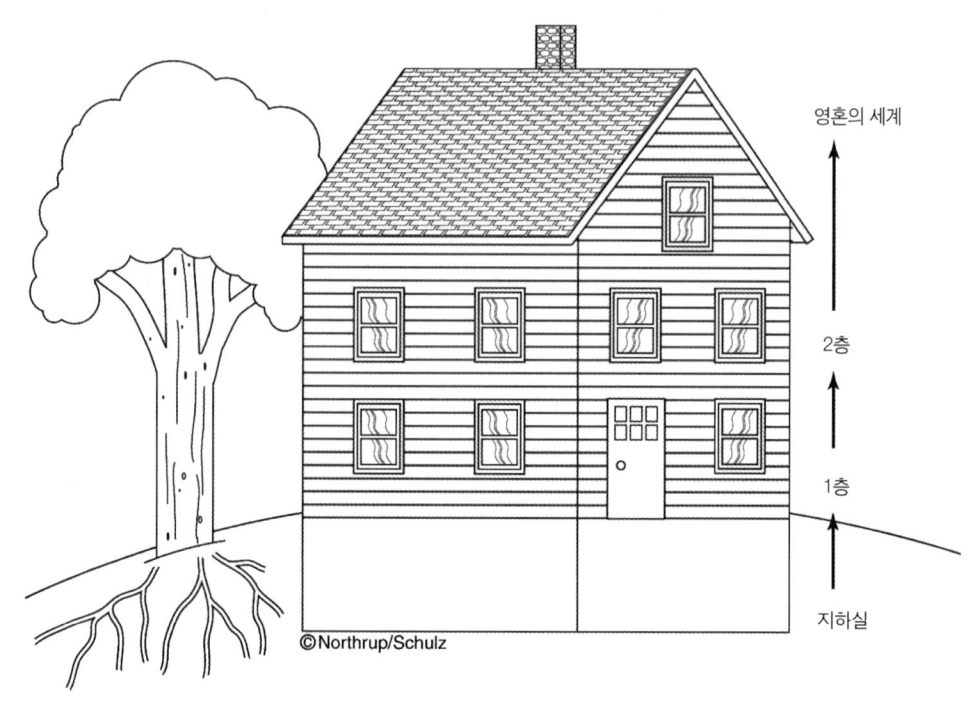

영혼의 세계

2층

1층

지하실

©Northrup/Schulz

🐾 인생은 집에 비유할 수 있다—인생 여정을 위한 내면의 청사진

우리가 거쳐야 하는 인생의 여러 단계는 집의 각 방과 같다. 집의 기초가 되는 지하실은 우리가 들어가는 첫 번째 방으로 엄마의 자궁 속에서 이뤄지는 임신과 출산에 비유할 수 있다. 이곳에서 1층으로 올라가기 위해서 우리는 산고와 출산, 산후 조리기를 거쳐야 한다. 우리의 육체가 독립적인 존재로 세상에 데뷔하기 위해서 반드시 거쳐야 할 과정이다. 우리는 아이에서 한 여성으로 성장하면서 여러 방을 거치게 된다. 각 방에 마련된 장애물을 극복하려면 거기에 걸맞은 더 연마되고 수준 높은 기술과 목표를 갖춰야 한다. 어느 누구도 혼자서 모든 능력을 갖출 수는 없기 때문에 각 방을 잘 통과하려면 자기를 보살피고 후원해줄 네트워크를 창조하는 융통성과 지혜를 갖춰야 한다. 이 네트워크는 자궁 속에서 우리를 보살피고 후원하던 기관인 엄마의 태반과 같은 역할을 수행한다.

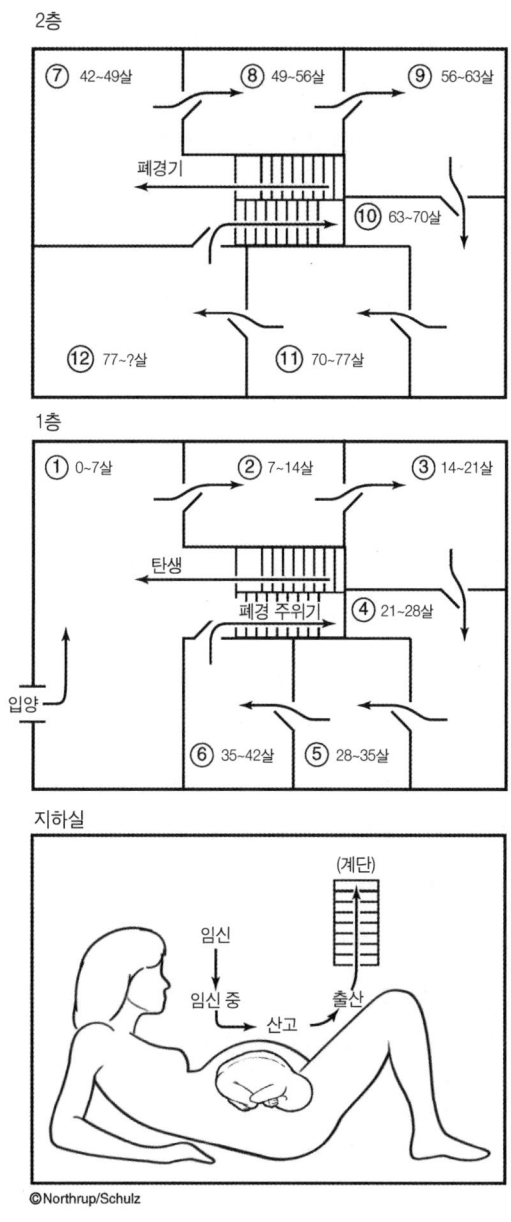

2층

| ⑦ 42~49살 | ⑧ 49~56살 | ⑨ 56~63살 |

폐경기

⑩ 63~70살

⑫ 77~?살 ⑪ 70~77살

1층

| ① 0~7살 | ② 7~14살 | ③ 14~21살 |

탄생

폐경 주위기

④ 21~28살

입양

⑥ 35~42살 ⑤ 28~35살

지하실

(계단)

임신

임신 중   출산

산고

©Northrup/Schulz

으로 올라가기 위해서 다시 한 번 산도인 계단을 거쳐야 한다. 이 계단은 우리를 원초적인 고향, 즉 영혼의 세계로 인도한다. 이 마지막 통로를 지나는 동안 우리는 세상에 태어나면서 겪었던 두려움을 다시 한 번 겪어야 한다. 다른 것이 있다면 이번에는 세상을 떠나면서 겪어야 한다는 것이다.

당신, 당신의 엄마, 당신의 딸은 지금 어느 단계인가

만일 당신이 인생이라는 집의 각 방마다 어떤 장애물과 보물이 있는지를 안다면 자신의 잠재력이나 엄마나 딸과의 관계를 파악하는 데 도움이 될 것이다. 당신과 당신 엄마, 당신 딸은 지금 어느 방에 머물러 있는가? 당신은 지금까지 거쳐 온 방들에서 얼마나 성공적으로 임무를 수행했는가? 당신의 딸과 엄마는 어떤가? 모두들 적절한 시기에 다음 방으로 옮겨갔는가? 한 방에서 너무 오래 머무르는 사람은 없는가?

예를 들면, 딸이 바깥세상에 나가기가 두려운 나머지 이십대에도 집에 그대로 머물러 있거나 다시 돌아오는 경우도 있다. 그녀의 엄마는 다음 방으로 옮겨가야 할 시기에 딸 때문에 발목을 잡힌 것이다. 또한 중년이 되어 아이들이 모두 집을 떠난 여성들은 새로운 일이나 새로운 인간관계 혹은 여행을 준비한다. 그러나 막 계단을 오르려는 순간 엄마가 신체적 불편함을 호소하며 딸의 시간과 에너지를 요구한다. 더 심각한 것은 엄마가 다음 방으로 옮겨가기를 두려워하는 것이다. 그 결과, 건강이 크게 악화될 수 있다.

장성한 딸이 은신처에 그대로 머물고 싶어하거나 연로하신 엄마가 보살핌을 원할 경우, 그들이 원하는 바를 오로지 당신을 통해서만 채우려고 한다면 결과적으로 모두에게 득이 되지 않는다. 만일 당신 딸이나 엄마가 이런 함정에 빠진다면 각자의 방에 숨겨진 보물인 진정한 여성 에너지를 찾을 기회를 잃게 될 것이다.

깨달음의 힘에 접근하자

깨달음이란 자연의 이치를 이해하고 따르는 것으로 탄생부터 죽음까지 우리를 창조하고 지탱하는 힘이다. 따라서 우리가 최선의 건강과 행복을 달성할 최고의 능력을 갖추기 위해서는 이 깨달음의 힘을 인식하고 받아들이고 접근하는 방법을 알아야 한다. 그런 다음 인생 여정의 각 단계에서 이 힘을 의식적이고 기술적으로 적용해야 한다.

이 힘을 획득하고 사용하는 일은 오랜 세월에 걸쳐 여성들에게 매우 힘든 문제였기 때문에 내가 강조하고 싶은 '여성 에너지'의 진정한 의미를 이 기회에 확실히 짚고 넘어가려고 한다.

과학에서 말하는 힘의 정의는 사물을 한 상태에서 다른 상태로 바꾸는 데 필요한 에너지, 즉 물을 수증기로 바꾸거나 돌을 들어올리는 힘을 의미한다. 다시 말해서 힘은 어떤 일을 발생시키는 데 필요한 에너지를 지칭한다.

동양 문화 특히 도교에서는 힘을 '음'과 '양'이라는 두 유형으로 분류한다. '양'은 서구 사람들이 '힘'이라는 단어를 들을 때 연상하는 에너지를 가리킨다. 양 에너지는 외부의 목표를 향해 강하고 활기차게 움직이는 에너지로서 우리는 목표를 향해 자신을 채찍질할 때 이 에너지를 사용한다. '양'은 남성 에너지와 연결된다. 그러나 양 에너지가 파트너인 음 에너지와 균형이 맞지 않으면 다른 사람을 통제하고 지배하는 힘으로 사용된다. 우리 몸 안에서 양 에너지가 넘치면 교감 신경계를 자극하여 스트레스 호르몬이 지나치게 분비된다. 따라서 과로가 지속되고, 결국 몸이 지쳐 질병을 얻는다.

반면, 음 에너지는 희망과 믿음의 힘이다. 우리는 음 에너지를 사용해서 마음과 생각을 조절함으로써 원하는 것을 더 강하게 끌어당길 수 있다. 음 에너지는 기다리고 물러서는 방법과 시기를 알려준다. 때로는 아무것도 안 하는 것이 최선이라는 것도 가르쳐준다. 음 에너지의 본질은 우리가 어떤 것을 얻으려면 그 질과 양에 화합해야만 가능하다는 사실을 아는 것이다. 음 에너지는 정자에게 신호를 보낸 다음, 정자가 올 때까지 조용히 기다리는 난자에 비유할 수 있다. 또한 어둠 속에서 씨앗을 싹틔우는 힘이기도 하다. 음은 여성 에너지와 연결된다. 음 에너지는 우리 삶이나 인간관계에서 수동성과 의존성을 담당한다. 그리고 양 에너지와 균형이 맞지 않으면 무기력감, 의욕이나 동기 부족, 침체 상태를 유발한다.

내가 여성 에너지라고 부르는 힘에는 양 에너지와 음 에너지가 통합되어 있다. 지난 삶을 되돌아보면서 나는 이 에너지를 다섯 가지 요소로 나누는 것이 효과적이라는 사실을 알았다. 이 요소들은 서로 다르면서도 밀접하게 연결되어 있다. 어머니는 당신에게 이 다섯 가지 힘을 사용하는 기본적인 발판을 제공한다. 이를 바탕으로 자신의 생각이나 행동을 면밀히 파악하고 재조정함으로써 삶의 목표에 맞게 발판을 개조하는 일은 당신의 몫이다.

여성 에너지의 5대 요소

생리적 현상 여성인 당신의 몸이 겪는 여러 변화는 감추거나 치료해야 할 '문제점'이 아니다. 자신의 몸에 자부심을 갖는 건강한 딸을 키우기 위해서는 우선 엄마 자신이 여성의 생리를 잘 이해하고 적절하게 대처해야 한다. 여성의 특성인 생리, 임신, 산고, 출산, 수유, 폐경기 등은 여성을 행복하고 건강한 삶으로 이끄는 지혜가 깃든 축복받은 선물임을 알아야 한다.

우리 몸의 모든 세포와 기관의 기능은 우리의 생각이나 사고방식, 행동에 지대한 영향을 받는다. 삶의 모든 영역에서와 마찬가지로 끌어당김의 법칙 – 유유상종 – 은 우리 몸에도 적용된다. 우리의 생각은 몸에 그대로 반영된다. 예를 들어, 생리를 고통스러운 골칫거리로 생각하는 엄마는 실제로 고통스러운 생리를 경험할 가능성이 높다. 반면, 생리 기간을 차분하고 여유 있는 마음으로 몸과 마음을 정화하고 회복하는 시기로 생각하는 엄마와 딸은 생리를 편안하고 의미 있는 삶의 한 부분으로 경험하게 된다.

인간관계와 유대감 우리의 건강과 면역력은 건전한 인간관계를 만들고 유지하는 능력에 따라 좌우된다. 엄마와의 관계는 모든 인간관계의 밑거름이 된다.

태아의 태반은 인간관계의 시발점이 되는 기관이다. 태반은 자궁 안에 있는 태아의 생명을 유지하기 위해서 엄마와 아기가 공동으로 창조해가는 합작품이다. 몸 안에서 자라는 태아라는 이물질에 거부 반응을 보이지 않고 참고 견디는 힘은 무엇일까. 자신의 몸을 먹어치우며 자라나는 새 생명을 견뎌내는 힘은 모성애에서 비롯한다. 그러나 엄마와 아기는 많은 인간관계처럼 한쪽의 일방적인 희생으로 시작되는 관계가 아니다. 엄마는 희생의 대가로 뿌듯한 만족감을 보상받기 때문이다. 심장을 강하게 만들고 뇌를 변화시키는 이 만족감 덕분에 엄마는 태아를 견뎌낼 수 있는 것이다.

그러나 이런 인내심에도 한계가 있다. 날이 차서 태아가 충분히 자라면 태반의 혈관은 점차 굳어지고 닫히게 된다. 아기에게 더 독립적인 삶을 살 때가 되었다는 것을 알리는 신호다. 그러면 엄마와 아기는 새로운 역할을 준비하는 과정인 산고를 함께 견딘다. 이 법칙은 모든 인간관계에도 적용된다. 때로는 고통스럽지만 서로가 원하는 최선의 상태에 도달하기 위해 끊임없는 변화와 성장을 감수해야 한다.

태반은 또한 건전한 인간관계의 경계선을 보여주는 본보기다. 엄마와 태아의 혈액의 흐름은 태반을 경계로 분리되어 있다. 엄마-자신의 몸을 아낌없이 주는-의 생각이나 감정, 행동은 아기에게 가는 혈액량의 많고 적음을 결정짓는 중요한 요소다. 만일 엄마가 분노와 스트레스에 시달리거나 임신을 원치 않는다면 스트레스 호르몬의 과다 분비로 혈관이 좁아져 아기에게 공급되는 혈액량이 줄어든다. 반면, 엄마가 편안하고 행복하며 충분한 보살핌을 받고 있다면 아기에게도 충분한 혈액이 공급된다.

일단 아기가 세상 밖으로 나오면 엄마의 젖 또한 아기의 건강과 웰빙에 지대한 영향을 미친다. 그리고 아기는 엄마의 피와 젖을 갈망했듯이 성장하면서 엄마의 칭찬과 관심을 갈망한다. 엄마 또한 아기를 키우고 보살피는 동안 에너지를 보충해주고 후원해줄 외부의 태반-사람과 환경과 물질-이 필요하다. 그러나 우리는 때가 되면 엄마의 보살핌에서 벗어나 삶의 각 단계마다 영양을 공급해줄 외부의 태반을 스스로 창조해가야 한다.

자기 보살핌 우리 몸은 영혼이 살아가는 집이다. 집인 몸을 잘 돌보지 않고서 어떻게 그 안에 사는 영혼이 행복하기를 바랄 수 있겠는가?

우리는 자신을 보살펴주던 엄마의 손길을 기억하며 자기 몸을 보살피는 기준으로 삼는다. 자궁에서 엄마의 피가 몸 안으로 흘러들어오던 기억, 엄마 젖을 먹던 기억 등을 되살리며 자신에 대한 보살핌이 충분한지 부족한지를 가늠한다.

모유는 자기 보살핌을 측정하는 가장 좋은 본보기다. 아기에게 모유를 먹일 때 젖의 양과 질은 엄마가 얼마나 편안하고 영양이 좋은 상태인지를 그대로 반영한다. 빈 잔으로 어떻게 다른 사람의 목마름을 채워줄 수 있겠는가. 만일 당신이 과도한 일이나 근심, 슬픔, 비탄, 분노 등으로 지친 상태라면 젖의 양은 부족하고 질은 떨어지게 된다.

이런 현상은 지나친 '공격 도피 반응' 으로 스트레스 호르몬의 분비가 증가할 경우에도 나타난다. 이렇게 되면 부교감 신경계가 관장하는 '휴식과 회복' 의 상태에 들어갈 수 없다. 오랜 기간 이런 상태가 지속되면 만성적인 질병에 걸리거나 건강이 악화될 수밖에 없다.

요점 - 모든 자기 보살핌에는 음과 양의 조화가 필요하다. 적당히 자고, 적당히 먹고, 적당히 운동하는 균형 잡힌 섭생을 해야 한다.

열정과 목표 의식　우리는 태어나는 순간부터 이 세상에서 이루고 싶은 삶의 목적과 그것을 실현할 열정을 지니고 태어난다. 그리고 이 목표를 성취하려는 나름대로의 의지도 있다.

우리 삶의 목표를 정확히 아는 것은 자신뿐이므로 그것을 어떻게 실현하느냐 하는 결정도 우리에게 달려 있다. 자신과 삶의 목표에 대한 책임감은 우리가 진정한 자율성과 자유를 누리기 위한 토대가 된다. 이 말은 우리가 함부로 행동하거나 다른 사람에게 무례하게 해도 좋다는 의미가 아니다. 우리의 목표와 열정은 자신의 영혼에 부합해야 하며, 우리의 의지는 사랑과 감사를 바탕으로 발휘되어야 한다. 무모한 충동이나 외부 환경 또는 부모나 사회로부터 물려받은 관습에 좌우되어서는 안 된다. 주어진 각본 안에서 자신의 역할을 마음껏 연기하는 배우처럼 우리도 자신의 영혼이 원하는 각본에 따라 삶의 목표와 열정을 실현해 가야 한다.

우리는 선천적으로 각자의 의지를 타고나지만, 살아가면서 경험에 따라 모양이 변해간다. 우리는 고통스러운 경험과 '안 돼!' 라는 단어를 통해 자기 의지와 다른 사람의 의지 사이의 경계선을 발견한다. 그러나 '안 돼!' 라는 말은 목표를 포기하라는 말이 아니라 다른 길을 택하라는 뜻이다. '뜻이 있는 곳에 길이 있다' 는 격언처럼 적절한 길을 찾아내는 것이 진정한 의지다.

우리의 감정은 자신을 가장 좋은 곳으로 인도하도록 설계되어 있다. 우리 마음에 사랑과 감사와 경외심이 넘친다면 올바른 길을 가고 있다는 증거다. 분노와 두려움과 고통은 우리가 경계선을 넘었거나 잘못된 길을 가고 있다는 뜻이다. 길을 수정해야 할 시간인 것이다.

우리의 의지가 영혼과 조화를 이루고 사랑을 바탕으로 발휘된다면 우리는 점차 열정과 목표를 성취할 환경을 끌어들이게 된다. 그러나 항상 목표를 향해 지름길로 달려가는 것은 아니다. 궤도를 벗어나거나 수정해야 할 경우도 있으며 이런 작업은 평생 동안 반복된다.

판단력과 적응력 열정과 목표를 실현하기 위해서는 올바른 길을 찾는 기술이나 변화하는 환경에 적응하는 능력이 필요하다. 언제 다른 사람의 도움을 받아야 하며, 언제 혼자 힘으로 개척해야 하는지를 판단할 수 있어야 한다. 자신에 대한 자부심과 소중함도 없어서는 안 될 필수 덕목이며 꿈을 실현하는 데 필요한 경제적 지식과 교육도 필요하다. 우리가 반드시 알아야 할 몇 가지 경제적 지식이 있다. 돈이란 사회가 가치 있게 여기는 것을 실현하기 위한 수단에 불과하다. 그리고 부에는 한계가 없으며, 돈은 우리 몸처럼 일정한 법칙에 따라 움직인다. 그 법칙 중 하나는 돈은 가치 있는 것을 얻는 데 투자해야 하며, 돈뿐 아니라 시간도 경제적 가치가 있다는 사실이다.

이와 더불어 우리는 앞장서서 나아갈 때와 뒤따라 갈 때를 알아야 한다. 자신의 주장을 내세울 때와 양보할 때를 알아야 한다. 규칙을 따라야 할 때와 어겨도 좋을 때를 판단할 수 있어야 한다.

지혜로운 사람은 끌어당김의 법칙과 그것을 이용하는 방법을 안다. 엄마의 관심을 끄는 방법을 잘 아는 영리한 아이처럼, 지혜로운 사람은 스승이나 도움이 될 사람을 끌어들이는 방법을 안다. 또한 어떤 상황에서도 유머와 지각을 잃지 않는다.

다행스럽게도 모든 여성들은 삶의 어느 단계에 있든지 자신을 여성 에너지로 인도하는 안내자가 있다. 그 안내자는 우리가 원하면 언제든지 달려온다. 우리 안에 흐르고 있는 조상 어머니들의 유산이 바로 그것이다. 이 유산은 사람의 지문이 각각 다르듯이 여성에 따라 각각 다르다. 이제부터 이에 대해 함께 생각해보자.

조상 어머니들을 초대하기

몇 해 전, 오메가협회(뉴욕에 있는 심신 수련 센터 – 역자 주)에서 여성 건강에 대한 워크숍을 개최했을 때, 나는 일부 강의를 모계의 이름을 거슬러 올라가는 것으로 시작했다. 그 방법은 다음과 같다. 참가자들은 큰소리로 자신의 이름을 말한 후에 '～의 딸'이라는 후렴을 친정 엄마부터 시작해서 외할머니, 증조 외할머니 차례로 기억나는 데까지 말하는 것이다. 예를 들면, 내 경우에는 "저는 크리스티안입니다. 에드너의 딸이자 루스의 딸이자, 마거릿의 딸입니다"라고 말하는 것이다. 그런 다음 앞서 자신과 조상 어머니들의 이름을 말했던 옆 사람의 손을 잡는다. 우리가 조상들의 이름을 말하고 옆 사람의 손을 잡을 때마다 방 안은 고전적인 이름들로 채워져 갔다. 조, 메이벌, 거트루드, 소피 등등 (우리나라였다면 곱단이, 순덕이, 갓난이, 언년이 등일 것이다 – 역자 주). 어떤 여성은 7대 조상의 이름까지 기억했다. 참가자 모두의 차례가 끝났을 때 나는 이렇게 말했다. "자, 이제까지 우리가 불렀던 모든 어머니들을 오늘 이 자리에 초대합시다." 잠시 후 방 안에 있던 여성들이 울음을 터뜨리기 시작했다. 울음소리와 흐느끼는 소리는 점점 커져갔다. 이것은 여러 해 동안 아니 어쩌면 수세기 동안 우리 몸 안에서 잠자고 있던 울음과 비탄이 아니었을까.

우리 엄마, 외할머니, 증조 외할머니들을 초대했던 그 여름날은 내게 매우 소중하고 강렬한 경험을 선사했다. 이것은 자신의 건강에 관심이 있는 모든 여성들이 반드시 알아야 할 깨달음이었다. 만일 당신이 건강과 기쁨과 자유를 누리고 싶다면 여성 에너지가 시작된 근원지를 찾아가봐야 한다. 이곳은 당신에게 생명을 준 생명수가 솟아나는 곳, 즉 당신의 어머니를 비롯해서 조상 어머니들과의 관계가 시작되는 곳이다. 그 순간 당신은 눈물을 흘리는 자신을 발견할 것이다. 이 눈물은 당신을 치유하는 눈물이다.

이 여행은 혼자서도 얼마든지 가능하다. 이 책을 읽는 동안이나 강한 욕구가 생길 때 당신 이전에 살다 간 조상 어머니들을 초대해보라. 가능하면 큰 소리로 그들의 이름을 부르라. 그들의 이름을 몰라도 개의치 말라. "저는 7대 전부터 지금까지의 모든 조상 어머니들을 초대하고 싶습니다. 이 자리에 저와 함께해주세요." 그들은 기꺼이 그곳에 와줄 것이다. 그들에게 감사하라. 그들의 피는 지금도 당신의 혈관과 심장을 흐른다. 그들은 당신이 청하면 언제든지 달려와서 당신을 도와주고 치유해서 건강하고 행복한 여성으로 만들어줄 것이다. 당신의 삶을 건강하고 행복하게 만드는 첫걸음은 당신의 증조할머니가 흘릴 수 없었던 눈물을 대신 흘려주는 것이다. 조상 어머니들의 가슴에 쌓였던 한을 눈물로 흘려보내는 것은 우리의 어깨에서 조상의 짐을 내려놓는 일이다. 무거운 짐을 내려놓고 홀가분해진다면 우리는 조상들에게서 물려받은 재능과 능력을 더 잘 기억하고 발휘하게 될 것이다.

이 책을 읽는 동안 당신은 건강이나 삶을 가로막고 있던 장애물들을 해결하는 데 필요한 충분한 사랑을 느끼게 될 것이다. 그 사랑은 조상 어머니들에게서 물려받았으나 당신이 미처 깨닫지 못했던 것이다. 사랑을 되찾을 기회를 얻은 당신에게 축하를 보낸다! 우리 모두―엄마, 외할머니, 앞서 간 모든 조상 어머니들―를 치유하게 될 이 자리에 온 것을 환영한다. 당신에게 힘찬 응원과 축복을 보내는 조상 어머니들을 상상해보라. 이제 그 여행을 떠나보자.

엄마와 딸의
건강을 위한 기초 공사

3
임신은 기적이다
- 새로운 생명이 점화되는 순간 -

첫딸을 낳았을 때 나는 갓 태어난 아기를 보는 순간 황홀경에 빠져들었다. 진통이 시작되기 직전까지 의사로서의 업무를 계속했던 나는 엄마가 되는 순간에도 육체와 정신을 분리하는 극기의 자세를 고수했던 것이다. 친정 엄마와 마찬가지로 나도 아이들을 별로 좋아하지 않았지만 언젠가 엄마가 되리라는 꿈은 항상 간직하고 있었다. 산부인과 레지던트 과정이 끝났을 때 나는 지금 아기를 갖지 않으면 영원히 못 가질 거라는 생각이 들었고, 결국 서른한 살이라는 나이에 임신을 해서 첫딸인 애니를 낳았다. 지난 5년 동안 많은 아기를 받았고 엄마들이 처음 아기를 대하는 순간 얼마나 다양한 반응을 보이는지도 알고 있었지만 내가어떤 엄마가 될지에 대해서는 전혀 예상해본 적이 없었다. 또한 모든엄마는 자기 엄마에게서 배운 대로 엄마 역할을 한다는 사실을 전혀 깨닫지 못했다. 그러나 진통과 출산의 과정을 거치는 동안 내 안에 잠자고 있던 양육의 본능이 갑자기 그리고 한꺼번에 깨어나기 시작했다. 내 안에 나만의 독특한 엄마 역할이 새겨져 있었다는 사실을 안 것은 그로부터 몇 년이 지난 후였다.

당시 내가 아이를 여럿 낳고 싶은 충동을 느꼈다는 것이 정말 놀라웠다. 나는 방금 낳은 아기 모습에 완전히 매료되어 있었다. 아기에게 시큰둥하던 지난날의 내 모습을 생각해보면 믿기지 않을 만큼 놀랍고 신기한 반응이었다. 나는 가슴이 터질 듯한 충만감과 경이로움에 사로잡혀 있었다. 평생 잊지 못할 순간이었다. 나는 우리 엄마처럼 아기를 잘 기를 수 있으리라는 자신감에 차 있었다. 마치 당연히 알고 있는 상식적인 일처럼 느껴졌다. 내가 미처 몰랐던 사실은 이 작은 생명체를 보는 순간 가슴 터질 듯 차오르는 무조건적인 사랑이었다. 애니는 태어난 바로 그날 나를 보며 웃었다! 그것은 분명 앙증맞은 웃음이었다. 앵두 같은 입술 사이로 새어나온 작은 웃음소리는 천사의 소리 같았다. 분명 태어나기 전 천사들과 많은 시간을 보냈으리라. 애니는 아직 그 영적인 세계에서 완전히 떠나오지 않은 것처럼 보였다. 나는 아기를 보호하고, 양육하며, 아기가 사랑받는다고 느끼게 하기 위해서는 무슨 일이든 할 수 있을 것 같았다. 애니야말로 이 세상의 어떤 아기보다 가장 귀하고 소중한 아기처럼 여겨졌다.

그러나 첫딸을 낳고 그렇게 깊은 희열과 행복감에 휩싸였음에도 둘째 딸인 케이트를 낳은 것은 2년 반이나 지난 후였다. 서른일곱 살이 되었을 때 이미 두 아이의 엄마였던 나는 셋째 아이를 갖고 싶은 본능적인 충동을 강하게 느꼈다. 그러나 두 아이를 기르면서 또 다른 아이를 낳을 만큼 내 에너지가 충분하지 않다는 사실을 깨달았다. 내가 원하는 엄마가 되려면 태어나는 아기에게 1년 반 동안 모유를 먹여야 하고 두 딸과도 충분한 시간을 보내야 했다. 더구나 내게는 나를 통해 태어나길 기다리는 책도 있었다. 나는 아기 대신 책을 선택했다.

나는 아이들을 좋아했고 엄마 역할을 통해 새로운 충만감을 맛보았지만 엄마라는 역할은 내 모습의 일부일 뿐이었다. 의사이자 작가인 내게는 내면에 대한 성찰과 고독, 학문적인 탐구가 필요했다. 이런 것들은 대가족을 이끄는 엄마로서는 불가능한 일이다. 좋은 엄마는 물론 진정 행복하고 건강한 여성이 되려면 집이나 가족 이외에 열정을 쏟을 무엇인가가 필요했다. 우리 엄마가 그랬던 것처럼.

일단 더 이상 아이를 갖지 않기로 결정한 나는 생식의 문을 확실히 잠그기 위해 불임 수술을 받았다. 의사인 나는 중년의 나이에 '실수로' 임신한 여성들을 무수히 보았다. 물론 그 중에는 의도하지 않았던 임신이 오히려 축복인 경우도 있었지만 나는 소중한 생명체를 실수로 만들고 싶지는 않았다. 지난날을 돌이켜볼 때 만일 창조력과 생식력이라는 두 고삐를 모두 느슨하게 풀어놓았더라면 내가 원하는 업적이나 삶은 달성하지 못했을 것이다. 나는 그것들이 멋대로 날뛰도록 풀어놓지 않고 내가 원하는 방식으로 통제하고 싶었다. 그로부터 7년 후 내 첫 저서인 〈여성의 몸 여성의 지혜〉가 탄생했다.

목표와 열정

모든 여성은 무엇이든 창조할 수 있는 능력이 있다. 그것을 선택하느냐 아니냐는 자신에게 달렸다. 많은 여성들에게 아이를 갖는 일은 인생의 중대한 목표이자 열정이다. 그러나 일부 여성들에게는 아기라는 존재가 자신이 원하는 목표에 도달하기를 지연시키거나 때로는 전혀 불가능하게 만드는 대상일 수도 있다. 나처럼 자신의 인생 목표에는 아이뿐 아니라 다른 일도 포함되어 있다는 걸 느끼는 사람들이 있다. 그들도 물론 아이를 원하고 또 아이를 갖게 되면 아이에만 매달려 사는 어느 주부 못지않게 정성을 쏟는다. 그러나 그들이 한 인간으로서 진정으로 행복하고 건강하고 충만함을 느끼기 위해서는 엄마 역할과 더불어 창조적인 일을 추구해야 한다. 만일 자신의 일을 갖지 못할 경우, 그들은 정신적·신체적으로 여러 증상에 시달리게 된다. 불임, 깊은 죄의식, 분노, 우울증으로 인한 각종 질병에 노출될 가능성이 높아지는 것이다. 또한 아이들에 대한 과잉보호, 아이를 통해 자신의 야망을 충족하려는 욕망, 아이들 특히 딸에 대한 질투심 등에 시달릴 수도 있다. 저명한 정신 분석 학자인 칼 융Carl Jung은 아이의 삶을 지배하는 가장 큰 무의식은 부모의 이루지 못한 꿈이라고 지적했다. 나도 전적으로 동감한다.

당신에게 적합한 길이 무엇이든 중요한 열쇠는 자신의 여성 에너지를 가장 잘 발휘할 수 있는 길을 선택하는 것이다. 다행히 우리는 삶의 각 단계마다 자신에게 가장 필요한 에너지를 선택할 수 있는 본능적인 감각을 가지고 태어난다. 우리는 단지 이 육감을 '읽는 방법'을 배우기만 하면 된다.

엄마들의 가장 중요한 임무는 아이들이 타고난 직관의 소리를 읽고 그에 따라 행동함으로써 행복과 번영을 성취하도록 인도하는 것이다. 우리 스스로가 이미 그 방법을 터득했으며 내면의 소리에 충실하고 잠재의식을 존중하는 삶을 살아왔다면 이 임무는 한결 수월할 것이다. 그러나 아직도 규정된 관습을 강요하는 사회 분위기 속에서 여성들이 창조적인 에너지를 사용하거나 사용하고 싶다는 의사를 당당히 밝히기가 결코 쉽지 않다. 우리 사회는 여성 에너지를 사용하는 '올바른' 방법을 정해 놓고 아이를 낳고 기르는 일을 그 안에 당연한 임무로 포함시킨다. 그러나 본능에 충실하려는 여성의 의지는 때로 '원치 않는' 혹은 '실수로 생긴' 임신이나 결과로 꺾이기도 한다. 그 이유는 에너지를 효과적으로 사용하려는 책임감이 부족했기 때문이다. 그렇다고 잠시 우회하는 것이 잘못이라는 말은 아니다. 우리가 항상 명심해야 할 점은, 우리 삶은 우리 힘으로 통제할 수 없는 부분이 있다는 것이다. 갑자기 콘돔이 찢어지거나 피임약을 빠짐없이 먹었는데도 임신이 되는 경우다. 이렇게 실수로 생긴 아이가 때로는 삶에 큰 기쁨을 주는 존재가 되기도 하며, 간절히 아이를 원하지만 불임이었던 여성들이 결코 불가능했던 임신의 환희를 맛보기도 한다.

목표와 열정은 끊임없는 궤도 수정이 필요하다

우리 몸이 필요한 난자 수에 비해 훨씬 많은 난자를 생산하듯이 우리 머릿속에도 실제로 성취할 것보다 훨씬 많은 분량의 아이디어가 들어 있다. 이런 난자나 아이디어는 우리가 양분을 공급하며 잘 보살필 때 비로소 뿌리를 내리고 자라게 된다. 보살핌을 받지 못한 것들은 유산되거나 사산된다. 그렇다고 설계가 잘못되었거나 실패한 것이 아니다. 이런 과정은 대자연의 섭리다. 자연은 여러 환경에서 다양한 형태와 효과를 실험하는 시행착오를 거쳐 우주를 창조해간다. 어떤 것이 먹히지 않으면 다른 것을 시도하기 위해 더 많은 난자와 정자와 씨앗을 내보낸다. 아이디어도 마찬가지다.

아이디어와 뇌세포의 가지치기

난자나 아이디어가 창조되고 가지치기를 거치는 과정은 뇌세포에서도 동일하게 일어난다. 인간은 태어난 후보다 자궁 안에 있을 때 더 많은 뇌세포 ─ 20주가 지나면 약 2천억 개의 뉴런이 형성되며 출산 전까지 지속된다 - 를 가지고 있다. 그러나 태어날 즈음에는 상당수의 뉴런과 그 상호 작용이 쇠퇴하기 때문에 뇌는 아포토시스apotosis(세포가 특정 유전자의 발현에 따라 스스로 분해되어 사라지는 것)라는 과정을 통해 이 세포들을 죽인다. 이렇게 고마운 가지치기 덕분에 우리는 '오직' 1천억 개의 뇌세포만 가지고 태어난다. 그러나 만일 어떤 이유로 가지치기가 제대로 이루어지지 않는다면 신경체증으로 전달 체계에 문제가 생겨 과다한 정보로 뇌가 마비될 것이다. 우리가 자궁 안에 있을 때부터 대규모로 세포가 파괴되기 시작하며 평생에 걸쳐 서서히 지속되는 이유도 이 때문이다. 뇌세포와 마찬가지로 자신이나 아이디어의 가지치기를 제대로 하지 않는다면 순조로운 발전이나 성장은 기대할 수 없다.

자연의 지혜는 우리가 목표에 집중하도록 불필요한 가지들을 쳐내게 한다. 우리는 성장하면서 더 이상 적절하지 않은 목표들을 버리는 법을 자연에서 배운다. 따라서 중요한 소수의 목표에만 집중함으로써 더 깊고 전문적인 능력을 갖추게 되는 것이다.

어떤 길을 선택할 것인가

우리가 무엇인가를 선택한다는 것은 동시에 선택되지 않은 다른 기회나 사람은 사장된다는 것을 의미한다. 우리는 매일 수많은 가능성 중에서 무언가를 선택해야 한다. 언제, 어디서, 무엇을, 어떻게, 누구와 할 것인가를 결정하는 것이다. 그러나 자신이 진심으로 추구하고 싶은 올바른 선택을 했을 때만 우리의 생식력과 창조력은 최대의 효과를 발휘한다. 올바른 선택이란 결코 쉬운 일이 아니다. 대학에 가는 대신 아이를 낳기로 선택한 여성은 대학에서 얻게 될 모든 것을 포기 해야 한다. 언젠가는 가능할지도 모르지만 최소한 지금은 그렇다. 반면, 아이 대신 자신의 경력이나 관심사를 선택한 여성들은 엄마가 누리는 기쁨과 행복을 포기해야 한다. 그러나 어떤 선택이든 그 나름대로 의미가 있다.

🍁 지혜의 샘 | 아기를 낳을 것인가 말 것인가

아기를 갖고 낳고 기르기 위해서는 확고한 신념이 필요하다. 또한 내부와 외부의 많은 지원도 필요하다. 아기를 잉태하기 위해 계획을 세우는 일은 우리 삶에서 가장 많은 열정과 에너지가 소모되는 일임이 분명하다. 아기를 낳기로 결정한 모든 엄마들은 자신에게 다음과 같은 질문을 던져볼 필요가 있다. 나는 아이를 기르는 데 필요한 신체적, 감정적, 현실적, 경제적 능력을 갖추었는가? 나는 건강한가? 고려해야 할 유전적 요소는 없는가? 화목한 가정과 가족들을 제공할 수 있는가? 충분한 교육은? 충분한 수입은? 파트너의 지원을 충분히 받을 수 있는가? 가족이나 친구나 공동체의 지원은? 현재 가지고 있는 자원 중에 이 책임을 감당하는 데 도움이 될 것은 무엇인가? 앞으로 보충해야 할 것들은? 아기를 갖기 전에 이런 질문들을 확인해보고 주변 환경을 재점검할 필요가 있다.

아기를 갖고자 하는 여성들이 자신에게 던져야 할 가장 중요한 질문은 진정 아기를 원하는가다. 일부 여성들의 경우 내면에서는 창조적인 에너지를 발휘하고 싶은 욕망이 강하지만 사회적 관습에 떠밀려 '억지로' 엄마가 될 수도 있다. 아이를 갖기 위해서는 확고한 신념이 필요하듯이 아기를 갖지 않겠다고 말하는 용기도 필요하다. 이런 여성들은 사회적 관습이 정해 놓은 여성의 역할에 맞서 싸우는 용감한 여성들이다. 🍁

완벽주의와 지나친 통제에 대한 환상을 버려라

우리가 아이든 아이디어든 일단 낳기로 결정했더라도 그것이 성취되리라는 확실한 보장은 없다. 지나친 완벽주의나 통제는 오히려 생식력이나 창조력이 마비되는 역효과를 초래할 수 있다. 지나치게 부담을 느낀 나머지 능력을 최대한 발휘하지 못하거나 결과에 무책임해지기 때문이다. 우리는 신념과 경외심을 가지고 임신에 임해야 하며 시기도 적절하게 택해야 한다(82쪽 '아기를 위한 기초 공사, 임신 준비 프로그램' 참조). 그러나 아무리 신중하게 계획을 세워도 삶은 우리에게 원치 않는 커브볼을 던지는 경우도 있다는 사실을 명심하라. 작가인 애니 딜라드Annie Dillard는 이렇게 표현했다. "그 힘은 어디서나 작용하며 예상치 못한 결과는 창조의 매우 중요한 일부다."[1]

여러 형태의 탯줄

일단 삶의 목표를 발견하고 결정했지만 그것이 결혼이나 출산에 영향을 미친다면 당신은 배우자나 가족의 욕구와 자신의 목표 사이에서 어떻게 균형을 찾겠는가? 모든 창조적인 추구가 성장하고 발전하기 위해서는 막대한 에너지가 필요하다. 만일 당신이 예술가나 작가라고 가정했을 때, 그림을 그리거나 아름다운 음악 또는 작품을 창조하는 과정은 아이를 갖기로 계획하고, 잉태하고, 출산하는 과정과 흡사하다. 우리가 무엇을 만들어내든 간에, 그것이 창조적인 것이든 그렇지 않든, 진행되는 과정은 모두 비슷하다. 모든 프로젝트나 창작물은 우리 몸과 연결된 탯줄이 있다. 자궁 안에서 자라는 태아처럼 우리의 에너지를 흡수하기 위해서다. 예를 들면, 목록을 작성하고 재료를 사서 식사를 준비하는

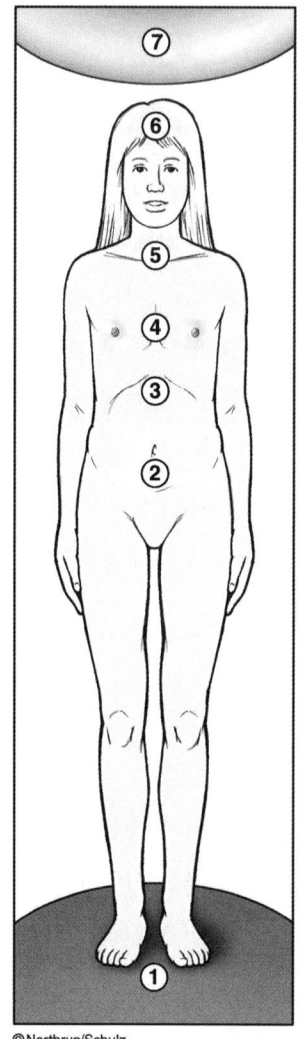

©Northrup/Schulz

🌿 우리 몸의 차크라(감정센터)

차크라란 우리 몸에 있는 에너지 센터를 말한다. 이곳을
통해 우리의 생각이나 감정은 건강과 직결된다. 이들 부위
는 우리 몸의 신경내분비계와 면역계가 작용하는 경로와
일치한다. 또한 몸 안의 에너지(유전적 요소를 비롯해서 최근
의 생각이나 감정, 사고방식 등)와 신체 부위(근육이나 기관의
건강)를 연결하는 관문이기도 하다. 우리 몸의 차크라 즉
에너지 센터를 살펴보면 모든 부위의 성장과 발전, 회복을
위한 정보를 얻는 데 도움이 될 것이다.

에너지가 제공되는 부위는 임신이 이루어지는 부위와 동일하다. 그곳
은 배꼽 아래 골반 기관이 있는 제2차크라(에너지 센터)다.

아기를 비롯해서 삶의 동반자 또는 경력을 추구하려는 당신의 욕구
가 강하면 강할수록 제2차크라에 가해지는 스트레스는 증가한다. 그 부

위에 너무 큰 부담이 가중되면 당신의 몸은 어느 하나도 충분히 소화시킬 수 없는 상태로 변한다. 말 그대로 창조의 샘이 고갈된다. 어느 것도 뿌리를 내리지 못하는 이런 현상이 지속되면 몸에 부정적인 반응이 나타나기 시작한다. 자신이 원하는 세계를 추구하고 싶은 욕망과 주변으로부터 사랑받고 인정받고 싶은 욕구 사이에서 갈등하는 여성들은 실제로 불임이 되는 경우가 많다. 만일 그들이 자기 보살핌이나 주변의 지원으로 에너지를 보충하지 못할 경우, 또 다른 부인과 질환에 시달리거나 자신의 창조적 욕망을 포기해야만 한다. 다음 이야기는 한 여성이 그런 딜레마를 어떻게 해결하는지를 보여주는 사례다.

🐚 아릴의 경우─자신의 창조력을 재발견하다

아릴은 마흔세 살로 건축가가 꿈인 환자였다. 그녀는 1970년대에 결혼하기 위해 건축 학교를 그만두었다. 졸업을 불과 1년 앞두고 학업을 중단한 것이다. 예전에 그녀의 어머니도 결혼하고 아이를 갖기 위해 자신이 좋아하던 역사학 교수직을 그만둔 경력이 있었다. 그러나 그녀의 어머니는 7년이 지난 후에야 임신할 수 있었고 아릴을 낳은 후 더 이상 출산하지 못했다.

아릴은 외도를 저질렀던 첫 남편과 이혼한 후 재혼했다. 그러나 그녀가 저명한 건축 설계 사무소에서 조수로 일하게 되면서 두 번째 결혼도 파탄이 났다. 남편은 직장을 그만두고 당장 아이를 갖길 원했지만 자신이 꿈꾸던 일을 포기하고 싶지 않았던 아릴이 핑계를 대며 몇 년을 끄는 동안 두 사람 사이에 금이 간 것이다.

두 번째 이혼 후, 아릴은 학교로 돌아가서 학위를 끝내고 여러 곳에서 일자리를 제안받았다. 그러나 자신의 열정과 목표를 향해 달려가려는 그녀 앞에 장애물이 나타났다. 또다시 사랑에 빠져 결혼하게 된 것이다. 세 번째 남편은 카리스마와 창의력이 넘치는 변호사로 그녀의 꿈을 위해 적극적인 지원을 아끼지 않았다. 아릴은 결혼 후 얼마 지나지 않아 비로소 아기를 가질 때가 되었다고 결정했고 순조롭게 임신해서 아기를 출산했다.

임신 중이나 딸을 기르는 동안 아릴은 마치 건물을 설계하듯 남편과 아이의 삶을 자기 방식대로 설계하기 시작했다. 그녀는 낡은 빅토리아풍 저택의 모든 방들을 새로 꾸몄으며 자신과 딸의 옷차림과 행동에서 완벽을 추구했다. 뿐만 아니라 첫 번째 남편에게 받았던 외도의 상처를 되풀이하지 않기 위해 남편의 모든 출장에 동행했다.

아릴은 건축 설계 일을 계속하고 싶어했지만 가정과 직장 사이에서 갈등을 느꼈다. 그녀는 고객을 만나면서도 남편이나 아이 생각에 사로잡혀 일에 집중하지 못했다. 그 결과 실망한 고객들은 더 이상 그녀를 찾아오지 않았다. 그녀는 고객들이 떠나가는 원인을 분석하거나 가정에 대한 집착에서 벗어나 일과 조화를 이룰 생각은 하지 않고 분노와 절망감에 사로잡혔다.

그 후 아릴은 그녀의 어머니가 겪었던 전철을 밟게 되었다. 불임이 되어 남편과 약속했던 둘째 아이를 갖지 못하게 된 것이다. 그러나 다행스럽게도 아릴은 몸의 지혜에 귀를 기울였다. 그녀는 폐경주위기에 찾아오는 월경 증후군과 두통을 치료하기 위해 나를 찾아왔다. 내가 삶의 문제점에 대해 묻자, 그녀는 자신의 잘못된 행동 유형을 깨닫기 시작했다. 아릴은 자신의 창의성을 발휘할 기회가 있을 때마다 삶의 다른 창의성 – 결혼 생활, 가정, 아이 – 을 잃게 될까봐 두려웠던 것이다. 따라서 억지로 자신의 열정을 누르고 가정을 돌보는 데 모든 에너지를 투자하곤 했다.

시간이 흐르면서 아릴은 가정에 완벽하려는 욕구를 억제하고 다른 사람의 도움을 받아들이게 되었다. 그리고 아이의 의사를 존중하는 법을 배웠다. 그녀는 사사건건 통제하지 않고 내버려두는 것도 엄마 역할의 일부란 것을 알게 되었다. 일단 모든 에너지를 가정에 투자하지 않게 되자 그녀의 창조적 샘은 다시 솟아나기 시작했고 원하던 일에 열정을 쏟게 되었다. 아릴은 설계 사무소에서 시간제로 일하면서 가정과 자신의 일을 둘 다 즐길 수 있게 되었다. 그녀의 집은 예전처럼 완벽하게 돌아가진 않았지만 그녀의 건강과 행복은 크게 향상되었다. 당시 여덟 살이었던 딸도 엄마의 통제에서 벗어나 새로운 친구를 사귀며 활짝 피어날 수 있었다.

당신은 어떤 자세로 창조에 임하고 있는가

임신은 새로운 인생을 시작하려는 사람들이 선택할 수 있는 최고의 방법이다. 그러나 조사에 따르면 미국 내 임신의 60퍼센트가 원치 않는 임신이라는 것이다.[2] 이것은 십대들에게만 해당되는 이야기가 아니다. 15~19세까지의 원치 않는 임신율이 82퍼센트라는 건 이해되지만 35세 이상 여성들의 임신 중에 56퍼센트가 원치 않는 임신이라는 사실이 믿어지는가? 물론 원치 않는 임신이라고 해서 모두 문제가 되지는 않는다. 대부분의 여성들은 시간이 흐르면 충격과 실망에서 벗어나 기쁨으로 아기를 환영한다. 그러나 아이와 엄마에게 비극적인 결과를 초래하는 경우도 드물지 않다. 피임약과 성교육이 널리 보급된 현대에도 우발적인 임신율이 감소하지 않는 것을 볼 때, 우리가 성과 생식력에 대해 진정으로 이해하려면 아직 갈 길이 멀다는 사실을 절감한다.

　엄마들이 어떤 마음가짐으로 임신을 계획하는지에 따라서 아이에 대한 엄마의 감정과 육아의 방향이 정해진다. 아무 계획도 없이 원치 않게 임신하는 여성들이 있는 반면, 기쁨과 사랑으로 임신을 준비하는 여성들도 있다. 일부 여성들은 결혼 생활을 유지하거나 남성을 붙잡는 도구로 임신을 이용하기도 한다. 한 환자는 외로움을 달래기 위해 자기를 떠나지 않을 사람이 필요해서 아기를 낳았다고 고백하기도 했다. 그러나 삶의 부족한 영역을 보충하는 수단으로 아기를 갖는 것은 좋은 해결책이 아니다. 원하는 것을 충족시키지 못할 뿐 아니라, 아이에게 큰 부담을 안겨줄 가능성이 많기 때문이다.

기쁨으로 준비하고 사랑으로 양육한 창조물은 엄마의 무조건적인 사랑을 덜 받은 창조물보다 잠재력을 발휘할 가능성이 훨씬 커진다. 그 창조물이 아이든, 인간관계든, 정원 가꾸기든 결과는 마찬가지다. 우리가 지금 어느 방에 머물러 있든 간에 어떤 방법으로 임신과 탄생, 양육, 보살핌의 과정을 거쳤느냐에 따라 남은 생애의 건강과 웰빙이 결정된다.

창조를 위한 청사진

아기를 잉태해서 출산하기까지의 과정인 임신, 산고, 출산 안에는 모든 창조에 필요한 청사진이 들어 있다. 이것은 우리가 어떻게 살아갈 것인지를 가르쳐주는 지혜의 샘이다. 즉 어떤 아이디어가 떠올랐을 때는 한순간 반짝 떠올랐든 여러 날의 고뇌 끝에 탄생했든 몸 안에 생긴 아기를 보살피듯이 돌봐야 한다는 뜻이다. 또한 그것을 돌보고 양육하는 데 필요한 자원들을 동원할 수 있는 힘과 정력도 갖춰야 한다. 그 아이디어가 성장해서 빛을 발할 수 있도록 하기 위해서다. 이와 더불어 모든 창조에는 확고한 사명감이 필수적이다.

앞서 밝혔듯이, 내 아이디어가 한 권의 책으로 탄생하기까지는 몇 가지 요소들이 필요했다. 첫째, 아이디어가 내 안에서 생명을 얻는 순간까지 충분한 시간과 에너지를 투자해야 했다. 그 순간은 1998년 7월이었다. 그전까지 나는 여러 해 동안 시간이 날 때마다 자료를 수집하고 글을 써왔다. 그러나 아이디어가 조금씩 형태를 갖춰가긴 했지만 아직 굳건하게 뿌리를 내리지는 못하고 있었다. 시간이 흐르면서 나는 깨닫기 시작했다. 만일 시간과 에너지를 집중적으로 투자하지 않는다면 이 창조물은 결코 빛을 보지 못하리라. 나는 억지로 시간을 만들기보다 흔히 엄마들이 선택하는 방식인 두 딸이 집을 떠날 기회를 기다렸다. 마침내 3주 동안 혼자 있게 된 나는 두문불출하고 하루 종일 자료와 씨름했다.

그러던 어느 순간, 갑자기 내 안에서 이 책이 살아 꿈틀거리는 것 같은 짜릿함을 느꼈다. 이 책에 영양을 공급할 태반이 내 안의 창조 에너지에 확실히 접속된 순간이었다. 오랜 인고 끝에 마침내 사명감과 집중력, 강력한 의지와 헌신의 불꽃으로 이 책에 생명을 점화시킨 것이다. 나는 매일 열심히 그 생명을 키워나갔다. 우리 아이들과 마찬가지로 이 창조물도 실제로 나 자신은 아니었지만 나를 통해서 탄생했고 나의 일부분이었다. 내 임무는 나 자신과 창조물의 욕구를 동시에 충족시켜 조화를 이루는 것이었다. 만일 당신이 엄마 곰의 지혜를 깨닫는다면, 성공적인 임신과 출산에 필요한 환경이 우리의 창조력이나 행복, 건강을 탄생시키는 데도 동일하게 적용된다는 사실을 발견할 것이다.

임신의 지혜

난자가 정자에 의해 수정되는 것은 자연의 법칙 중 가장 경이로운 현상이다. 우주에 떠돌던 무수한 동물의 생명체 파편들이 우주의 힘으로 약속된 결말, 즉 형상을 갖춘 한 생명체로 결합되는 것이다. 이것은 태양의 일식이나 화산의 폭발과 맞먹는 장엄하고 위대한 일대 사건이다. 우리가 가장 흔히 그리고 가까이 접할 수 있는 자연의 대변동이지만 눈으로 직접 볼 수는 없다. 이것이 일어나는 장소는 우리 눈이 미치지 못하는 미생물의 세계이기 때문이다.

– 조지 W. 코너George W. Corner

대부분의 여성들은 임신하던 순간을 정확히 기억한다. "저는 첫 아이를 임신하던 날 밤을 또렷이 기억해요. 몸 안에서 무언가 본질적인 변화가 일어나는 느낌이었어요. 더 이상 예전의 내가 아니었고 누군가가 내 안에 들어왔어요. 그 순간 저는 임신했다는 걸 알았죠."

자연은 모든 종류의 창조물을 탄생시킬 때가 되면 매우 풍족하고 비옥해지며 끈질긴 인내심을 보인다. 민들레가 만들어내는 무수한 홀씨들을 떠올려보라. 강아지나 양말에 들러붙어 잘 떨어지지 않는 강한 생명력을 지니지 않았는가. 우리 여성들의 몸도 – 우리의 마음이나 영혼과 마찬가지로 – 세상에 태어나기 이전부터 이 같은 창조의 잠재력을 지녔다.

엄마 자궁 속의 태아는 5개월이 되면 이미 6~7백만 개의 난자를 지닌다. 세상에 태어나는 순간 난소 안의 난자 수는 감소하지만 그래도 1~2백만 개에 이른다. 생리적으로 임신이 가능한 사춘기가 되면 약 40만 개의 난자가 생명체로 탄생할 준비를 하며, 36세가 되면 그 수는 3만6천 개로 줄어든다.[3] 그러나 아무리 많은 아이를 원하는 여성에게도 차고 넘치는 숫자다.

위에 소개한 숫자들은 지금까지 통용되는 20세기의 전통 학설에 근거한다. 그러나 이는 자연의 무한한 잠재력을 충분히 헤아리지 못했을 수도 있다. 과거의 학자들은 인간의 난자는 태아일 당시 난소에서 생성된 수백만 개 이외에는 더 이상 생성되지 않는다고 주장했다. 그러나 하버드 의과대학의 조나단 틸레이Jonathan Tilley 박사와 동료들은 포유류의 암컷은 성인이 되어서도 난자를 생산할 수 있다는 사실을 발견했다. 이 새로운 연구 결과는 생식력에 대한 우리의 인식을 변화시키고 '난자 노화 이론(old egg theory)'[4]에 대해 재고하게 만들었다.

자연은 모든 여성에게 창조력을 부여한다. 생식력을 지닌 여성의 몸은 자연의 창조력과 곧바로 연결된다. 그 창조력은 단순한 생리 현상에 국한되지 않는다. 자비로운 자연은 난자의 경우처럼 우리가 실현할 수 있는 것보다 훨씬 많은 잠재력을 제공한다. 따라서 우리 몸에는 매우 강력한 창조력이 살아 숨쉰다. 만일 그 창조력에 연결되는 방법만 터득한다면 우리는 아이디어든 아기든 무엇이라도 잉태할 수 있을 것이다.

당신은 기적이다

어떤 창조물은 지성과 열정을 통해 미리 준비되는 반면, 어떤 창조물은 실수로 만들어진다. 그럼에도 영적인 안목으로 보면 탄생하는 모든 아기는 나름대로 의미를 가지고 세상에 나온다. 그 중에는 실수를 뼈저리게 후회하도록 만드는 경우도 있고, 나중에 큰 축복이 될 존재가 '실수'로 위장해서 태어나기도 한다. 한 친구는 맏이가 16살 때 다른 아이를 임신했다는 사실을 알았다. 친구 부부는 매우 당황했으나 아기를 낳기로 결정했다. 지금 이들 부부는 그 아이야말로 자기들 인생에서 가장 큰 축복이라고 말한다.

어떤 환경에서 태어났든 당신의 탄생은 기적이다. 우리가 세상에 탄생할 확률은 지극히 희박하다. 어머니의 몸에는 수백만 개의 난자가 있는데 그 중 오직 한 개만이 생명을 잉태할 난자로 성장한다. 그 난자는 아버지의 몸에서 나온 수백만 개의 정자 중 하나를 받아들인다. 수정란이 된 당신은 생리 현상과 운명, 영혼의 인도에 따라 한 생명으로 태어나는 데 필요한 여러 단계를 극복해간다. 그러나 대다수의 수정란은 여러 이유로 ─ 유전적, 환경적, 혹은 둘 다 ─ 미처 성숙하지 못하고 사라진다. 살아남은 극히 적은 수의 수정란도 80퍼센트가 3개월을 넘기지 못한다. 선택된 난자와 선택된 정자가 만나 당신이라는 존재를 창조할 확률은 매우 희박하다.

물론 영적인 세계에서 확률이란 무의미하다. 만일 인간이나 어떤 창조물이 태어날 운명이라면, 그것은 반드시 태어난다. 나는 이 법칙을 무수히 목격해왔다. 생리적으로나 환경적으로 임신이 도저히 불가능한 상태에서도 태어날 아기는 태어난다. 한 환자는 10년 동안 불임인 상태에서 정자 수가 제로에 가까운 남편과 아기를 가진 경우도 있었다.

따라서 당신이 지금 살아서 이 책을 읽고 있다는 사실 자체가 놀라운 기적이다. 당신의 영혼과 엄마의 영혼이 서로 호응하고 합의해서 나타난 기적의 결과가 바로 당신이다.

아기를 위한 기초 공사, 임신 준비 프로그램

우리 몸은 스스로 회복하는 기능을 갖추었으며 끊임없이 변하기 때문에 우리는 마음만 먹으면 언제든지 건강한 아기를 임신하고 자라게 할 가능성을 높일 수 있다. 당신이 지금까지는 나쁜 습관에 젖었더라도 아기의 건강한 출발을 위해서는 생활 습관을 바꿔야 한다.

충분한 영양을 섭취하는 것은 건강한 산모와 건강한 아기를 위해 반드시 필요하다. 임신 후 3개월 동안의 식습관이 아기의 여러 증상과 밀접한 관계가 있다는 연구 결과가 많다. 여기에는 불임, 유산, 미숙아, 조산, 체중 미달을 비롯해서 척추피열(중추신경계의 심각한 이상), 신경관이나 심장 결함, 비뇨·생식기 변이, 구개 파열 또는 언청이, 굽은 다리, 손가락 부족 등의 선천성 결손이 포함된다.

다음에 소개하는 '해야 할 것'과 '하지 말 것'은 임신을 준비하는 여성들에게 많은 도움이 될 것이다. 임신하기 한두 달 전부터 실천하면 가장 이상적이지만 임신 후 3개월 동안에도 매우 중대한 영향을 미친다. 만일 임신을 계획하고 6개월 전부터 이 프로그램을 시작할 수 있다면, 최고의 결과를 기대할 수 있다. 이어서 소개하는 식이요법도 임신전과 임신 후의 산모에게 매우 도움이 될 것이다.

임신을 원하는 여성이 해야 할 것

자연광을 충분히 쬐어라 자연광은 생식력을 높여주는 '자연 영양소'다. 매일 햇볕에 몸을 노출시켜라. 밖으로 나가기 어렵다면 자연광과 주파수가 같은 전구를 사용하라.

빛을 차단하고 어둠 속에서 잠을 자라 밤의 어둠은 멜라토닌의 수치를 높여 생식력을 증가시킨다.

적당한 체중을 유지하라 불임이던 여성들이 체중을 줄인 후 자연스럽게 임신된 사례가 많다. 임신은 적당한 체중일 때(체질량 지수 25이하) 시작하는 것이 바람직하다. 일단 임신된 후에는 체중이 필요한 양보다 더 늘지 않는지 유의하라. 적당한 체중에서 임신한 여성이라면 12~14킬로그램 정도 증가하는 것이 정상이다. 과체중인 여성의 경우에는 체중이 이보다 적게 증가하면 건강한 아기를 낳을 수 있다. 예를 들어, 체질량 지수가 평균(한국인 성인 여성은 21.5)보다 많은 27인 여성이라도 임신 후에 5킬로그램만 증가했다면 아기는 건강하다. 산모의 식습관은 양보다 질이 중요하다. 필요한 영양소를 골고루 섭취해야만 건강한 세포를 만들기 때문이다.

지나치게 마른(체질량 지수 19~22) 산모는 체중이 12킬로그램 이상 증가하는 것이 좋다. 유행처럼 앞 다투어 아기를 낳는 할리우드 스타들의 기사를 읽으면서 내게 가장 고무적이었던 것은 케이트 허드슨이나 기네스 팰트로 같은 깡마른 여배우들이 임신 중 체중이 18킬로그램 이상 증가했다는 사실이었다.

임신부가 하지 말아야 할 것

알코올을 마시지 말라   연구 결과, 알코올은 정자의 수를 감소시키고 운동성을 떨어뜨리며 정자 기형의 원인이 된다는 사실이 밝혀졌다. 앤 스트라이스구트Anne Streissguth 박사가 실시한 '태아기 알코올 증후군(FAS)'에 대한 최근 연구에 따르면, 엄마가 임신 중 매일 알코올을 한 잔씩 마신 아이는 지능 지수가 7점이나 감소한다고 한다. 자궁 안에서 알코올에 노출되었던 아이가 신체적으로 FAS 증상을 보이지는 않지만 정서적·행동적 장애를 겪는 경우를 '태아 알코올 영향(FAE)'이라고 한다.

담배를 피우지 말라   흡연은 조산과 체중 미달을 초래하는 대표적인 요인이다. 흡연 여성은 구개 파열이나 언청이 같은 선천성 기형이 있는 아이를 낳을 확률이 커진다. 산모가 직접 담배를 피우지 않더라도 파트너가 하루에 열 개비 이상 피운다면 선천성 기형아를 낳을 확률은 2.5 배나 증가한다. 동료인 한 산부인과 의사는 담배를 피우는 산모는 진찰해주지 않는다. "당신이 임신 중에 계속 담배를 피운다면, 저는 당신의 건강보다 태아의 건강에 더 신경 써야 합니다. 저는 그렇게 되기를 원치 않습니다." 나는 그 동료의 주장을 괴팍한 사랑이라고 놀리지만 그 생각에는 전적으로 동의한다.

카페인을 피하라 하루에 커피 한 잔만 마셔도 유산 가능성은 2배나 높아진다.

마리화나나 향정신성 약물을 피하라 여기에는 아이의 뇌와 신경계 발달을 저해하는 화학 물질이 들어 있다. 뿐만 아니라 아이가 자라서 약물 중독에 빠질 가능성이 커진다.

최소한 임신 3개월 전부터는 피임약을 복용하지 말라 연구 결과에 따르면 경구용 피임약은 아연, 망간, 비타민A, 비타민B 복합체와 특히 비타민 B_6의 수치를 떨어뜨리는 것으로 밝혀졌다. 이밖에도 마그네슘과 구리도 감소시킨다. 따라서 임신 전에 이들 영양소가 부족하지 않도록 피임약 사용을 삼가라.

약을 남용하지 말라 임신 중인 산모는 가능하면 처방에 따른 약물 사용도 자제해야 한다. 특히 간질 환자를 위한 항 경련성 약물은 절대 피해야 한다. 모든 약물 복용은 의사의 지시에 따르라.

화학 물질이 든 물건을 사용하지 말라　어떤 물질에 어떤 독성이 들었는지 알고 싶다면, 바로우S. M. Barlow와 설리번F. Sullivan의 공동 저서인 〈화학 물질의 독성이 생식력에 미치는 영향(Productive Hazard of Industrial Chemicals)〉을 참고하라.

임신 전과 태아기의 식이요법

다음은 이미 임신했거나 임신을 계획 중인 여성들에게 필요한 영양소들을 소개한 것이다. 가능하면 임신 전에 일찍 실천할수록 산모와 아기에게 더 유익하다.

하루 세 끼를 꼭 챙겨 먹어라　살충제를 사용하지 않고 유기농으로 재배한 채소와 과일을 하루에 최소한 다섯 번은 먹는 것이 좋다. 그리고 반드시 아침을 거르지 말라. 아침을 먹으면 신진대사가 원활해져서 하루 종일 혈당이 안정되며 또 과식도 예방하게 된다.

유기농 자연식품을 먹어라　유기농 고기와 계란, 생선, 과일, 견과류, 콩, 씨앗, 간장, 저지방 유제품을 가능한 한 자주 섭취하라. 평소에 항상 100퍼센트 건강식품을 먹을 수는 없지만 임신했거나 계획 중이라면 신경 써야 한다. 당신의 몸이 아기에게 필요한 건강식품을 원하기 때문이다.

단백질을 충분히 섭취하라　식사 때마다 단백질이 든 식품을 포함시켜라. 만일 채식주의자라면 마른 콩이나 견과류, 간장 제품, 저지방 유제품을 통해 단백질을 섭취할 수 있다(채식주의자에게 적합한 식단은 4장에서 자세히 소개). 보통 체격-키 160센티미터, 몸무게 60킬로그램-인 여성이 임신했을 경우 하루에 필요한 단백질은 60그램이다. 키가 더 크거나 몸무게가 많이 나가는 여성은 더 많은 양이 필요하며, 이보다 체격이 작은 여성은 당연히 덜 필요하다.

식품에 든 단백질의 양	
소고기, 돼지고기, 생선 등의 동물성 단백질	30g당 7g
계란	전체—30g당 6g
	흰자—30g당 4g
딱딱한 치즈	30g당 6~7g
흰 콩류	1컵당 17g
탈지 우유	1컵당 8g
두부	1/4컵당 10g

정수된 물을 먹어라 매일 몸무게 1킬로그램당 30밀리리터의 물을 섭취하라. 예를 들어, 당신의 몸무게가 60킬로그램이라면 하루에 1.8리터의 물이 필요하다.

오메가-3 지방산을 충분히 섭취하라 오메가-3 지방산은 아기의 뇌, 심혈관계, 면역계의 발달에 큰 영향을 미치며 산모의 산후 우울증도 예방한다. 연어는 지구상에서 오메가-3 지방산 특히 DHA를 가장 많이 공급하고 보충해주는 식품이다. 알래스카산 연어 1.5킬로그램에는 DHA와 또 다른 지방산인 EPA가 1.2그램 이상 들었다. 이밖에 정어리나 오메가-3 첨가 계란, 짙은 녹색 채소, 아마인, 아마유, 삼씨, 삼씨기름 등도 오메가-3를 공급하는 주요 식품이다. 전문가들은 여성에게 결핍되기 쉬운 이 지방산을 하루에 800~1200밀리그램 섭취할 것을 권한다. 수많은 연구와 통계는 DHA와 필수 지방산의 결핍이 산모와 아이에게 여러 심각한 증상을 일으킨다고 밝혔다. 정서 불안, 낭창이나 다발성경화증 같은 자율신경계 질환, 주의력 결핍이나 난독증 같은 뇌 질환이 여기에 속한다.[5] 음식으로 섭취하기 어려운 경우에는 캡슐을 복용해도 좋다.

수소 첨가 지방산을 피하라 주로 포장 식품에 많으므로 성분을 확인해야 한다. 수소 첨가 지방산은 필수 지방산의 신진대사를 방해하고 세포막 에 해로운 영향을 미친다고 밝혀졌다. 음식에 든 수소 첨가 지방산은 ADHD(주의력결핍 과다행동장애), 우울증, 학습 장애, 정서 불안 등의 증 상을 유발한다.

'백색' 식품을 과하게 섭취하지 말라 파스타, 흰 빵, 정제된 밀가루나 설 탕으로 만든 식품 등은 단시간에 혈당 지수를 높인다.

단 음식을 피하라 단 음식은 가능하면 줄이거나 피해야 한다. 굳이 단 것을 먹고 싶다면 꿀이나 메이플 시럽, 엿기름 등을 선택하라. 이들은 설탕보다 혈당 지수는 낮으면서도 미량 영양소가 많이 든 '완전식품' 이다. 용설란에서 추출한 아가베 시럽도 혈당 지수가 낮은 좋은 식품 이다.

화학 식품을 피하라 아스파르테임(인공 감미료)이나 화학조미료 같은 화 학 식품을 피하라.

임신 전후의 식이요법 프로그램

임신 전후에는 비타민과 무기질이 많이 함유된 식단을 따라야 한다. 당신의 식단은 이들 영양소가 충분히 함유되고 품질 인증 마크를 획득한 식품들인가? 여기에 소개하는 비타민과 무기질의 양은 그 범위가 매우 넓게 책정되었다. 당신의 체격이나 몸무게에 따라 필요한 양이 다르기 때문이다. 그러나 캡슐이나 알약을 복용할 때 적당량을 확인하는 데는 도움이 될 것이다. 가능하면 최대량을 섭취하길 권하며 최소량만 섭취해도 도움이 될 것이다.

| 임신을 위한 자기 보살핌 프로그램 |

영국의 서리Surrey대학교에서 앞에서 소개한 식이요법과 자기 보살핌의 효과에 대한 연구를 실시했다. '임신을 위한 자기 보살핌 프로그램'이라는 제목의 이 실험에는 이전에 불임이나 유산, 조산 등을 경험했던 367쌍이 참가했다. 여성의 나이는 22~45세, 남성은 25~49세였다. 이 과정이 끝나자 참가 커플의 89퍼센트가 임신에 성공했다. 평균 수태 기간은 38.5주였다. 그 중 42퍼센트는 남자 아이로 평균 몸무게는 3.3킬로그램이었고, 58퍼센트는 여자 아이로 2.4킬로그램이었다. 유산이나 사산, 기형은 물론 특별한 치료가 필요한 아이도 전혀 없었다. 이 실험에 대해 더 자세히 알고 싶다면 www.google.com으로 들어가서 'Foresight Preconception Care Programme'을 클릭하면 된다.[6]

임신 전후에 섭취할 비타민과 무기질의 양

비타민		무기질	
엽산*	800~1,000mcg	칼슘	500~1,500mg****
베타카로틴**	15,000~25,000IU	마그네슘	400~1,000mg
비타민D	400~1,200IU	붕소	1~3mg
비타민E***	200~400IU	크롬	100~400mcg
비타민C	500~2,000mg	구리	1~2mg
글루타티온	2~10mg	철	30mg
비타민K	60mcg	망간	1~15mg
티아민B_1	9~100mg	아연	12~50mcg
리보플라빈B_2	9~50mg	셀렌	80~120mcg
피리독신B_6	10~100mg	칼륨	200~500mcg
니아신B_3	20~100mg	몰리브덴	20~60mcg
비오틴	100~500mcg	바나듐	50~100mcg
비타민B_{12}	30~250mcg	요오드	150mcg
판토텐산B_5	30~400mcg		
이노시톨	30~500mg	무기질은 무기질 보충제나	
콜린	45~100mg	톳, 덜스(식용 해초의 일종), 미역 등 해산물을 통해 섭취할 수도 있다.	

* 이 영양소는 구개 파열이나 언청이, 신경관 결손증이나 척추 이분증 같은 기형을 방지해준다.

** 비타민A를 하루에 1,000IU 이상 섭취하면 태아 기형을 초래한다. 그러나 체내에서 비타민A로 전환되는 베타 카로틴은 안전하다.

*** 토코페롤(또는 토코트리에놀)도 같은 효과를 나타낸다.

**** 식품 종류에 따라 양이 다를 수 있다.

아기의 영혼을 불러내는 법

건강한 임신을 위해서는 신체뿐 아니라 마음과 영혼도 함께 돌봐야 한
다. 당신은 영혼을 부를 수 있는 능력이 있다. 파트너와 사랑을 나누는
도중에 마음속으로 아이의 모습을 그리며 그 영혼을 불러내라. 명상을
이용하는 방법도 있다. 대부분의 나라에는 아이를 원하는 여성이 자연
으로 나아가 명상을 하면서 기원하는 전통이 있다. 마음이 맑게 정화되
어 활짝 열리면 아이를 원하는 여성은 아이의 영혼이 자기에게 오도록
불러낸다. 그러나 당신의 능력은 영혼을 부르는 데까지다. 나머지는 신
의 섭리에 맡기고 믿고 기다려야 한다. 다시 말해서 아이를 갖기 위해
서 당신이 어떤 수단과 방법을 동원해보겠다는 생각을 버려라. 아이를
입양할 때도 이런 마음가짐으로 임해야 한다.

　당신은 임신을 준비하면서 경험했던 아기에 대한 생각이나 꿈 등을
기록할 수도 있다. 당신의 아기는 자궁 안에 찾아오기 전에도 엄마와
의사소통을 할 수 있다. 모든 우주 만물은 '파장'으로 이루어졌다는 사
실을 명심하라. 당신은 아름다운 음악이나 훌륭한 문학 작품을 통해서
또는 믿음이나 메시지를 통해서 자신의 파장에 불을 밝힐 수 있다. 임
신을 원하는 시기에 엄마가 좋은 기분을 유지하면 아기가 찾아올 가능
성이 크게 높아진다.

4

임신

– 삶의 과정을 미리 체험하는 시기 –

여성의 몸에는 스스로를 돌보고 보살피는 지혜가 있다. 이 지혜는 난자에서부터 시작된다. 우리가 창조한 모든 창조물이 온전한 존재로 성장하기 위해서는 영양과 보살핌과 회복이 필요하다. 여성의 난자는 특별한 보살핌 없이도 스스로 이 사명을 수행하여 유전적 특성을 이어간다. 난자는 자연 속의 어떤 세포에서도 볼 수 없는 특별한 능력을 지녔다.

난자의 지혜

우리는 난자가 제자리에서 얌전히 정자가 찾아와주기만을 기다린다고 배웠지만, 새로운 연구들은 난자의 역할이 그렇게 수동적이지 않다고 밝힌다. 난자는 신호를 보내 정자를 끌어들이며 안으로 들어올 수 있는 정자를 선별한다. 일단 수정이 되면 난자는 엄마 역할을 시작한다. 수정란이 한 인간으로 성장하도록 촉진하는 것이다. 실제로 난자(egg)란 단어는 '부추긴다'라는 뜻을 포함한다. 자기 팀이 승리하도록 열심히 응원하는 치어리더처럼 난자는 새로운 생명이 탄생하도록 적극적인 지원을 아끼지 않는다. 이 일을 담당하는 곳은 미토콘드리아 안에 들어 있는 유전자인 DNA이다. 미토콘드리아란 수정된 난자가 새로운 생명체로 발전하는 데 필요한 지방과 당분의 신진대사를 담당하는 세포 내의 작은 기관이다.[1] 이들은 또한 상호 교류를 통해 정자의 유전자가 발휘되도록 돕는다. 뿐만 아니라 수정된 정자의 손상된 유전자를 회복시키는 능력이 있기 때문에 수정란을 정상 궤도로 되돌려 태아가 건강하게 성장하도록 돕는다.

이해를 돕기 위해 이렇게 비유해보자. 남성이 자신의 유전자를 테이블로 가져온다. 여성도 자신의 유전자를 가져온다. 여성은 이밖에도 수정란 생명체가 성장하는 데 필요한 음식과 보금자리도 준비한다. 이것도 부족해서 여성은 집이 고장 났을 때 수리할 도구까지 챙겨온다.[2, 3] 이것이 바로 한 여성 생물학자가 수정란을 정자의 위대한 침투로 보지 않고 '정자를 부추긴 난자의 성과'로 보는 이유다.[4]

따라서 DNA는 모계를 통해 대물림되는 여성적인 유전자가 분명하다. 모든 인간은, 여성이든 남성이든 엄마 덕분에 평생에 걸쳐 모든 세포 안에 이 작은 후원자를 지니고 산다. 모든 딸들은 이 엄마의 유산을 자신의 아이들에게 물려준다. DNA 대물림은 엄마와 딸 사이에서 특히 두드러진다. 많은 여성들이 "난 엄마와 똑같다는 말을 너무 많이 들었어!"라고 말한다. 나도 엄마에게서 들었던 말을 똑같이 되풀이하는 경우가 많다. 억양은 물론 몸짓까지 닮아간다. 내 딸들도 점점 내 말투와 몸짓을 닮아갈 것이다.

반면, "저는 아버지를 닮았다는 말을 많이 들었어요!"라고 말하는 여성은 흔치 않다. 그 이유는 그들 안에 입력된 DNA와 모계의 유산이 엄마의 목소리를 더 강하게 띠기 때문일 것이다.

사실 모든 인간은, 여성이든 남성이든 수정란 시절부터 우리를 '부추기는(egging)' 여성의 보살핌과 안내를 받는다. 이 역할은 자궁 안에서 끝나지 않으며, 어린 시절에만 국한되지도 않는다. 사랑하는 사람에게는 이 역할이 평생 지속되기도 한다. 외롭고, 소외당하고, 질병에 시달리고, 학대당한 엄마가 그런 아버지보다 딸의 건강에 부정적인 영향을 미칠 가능성이 큰 것도 이 때문이다.

현대의 가부장적인 문화에서는 비록 아버지의 성을 따르지만, 생리적인 현상이나 인류학적인 측면에서 볼 때 모계 중심의 계보를 따르는 것이 더 타당하다. 법의학에서 사체의 신원을 확인할 때, 모계의 DNA를 검사하는 것도 이 때문이다. 또한 유대교나 인디언 문화권에서는 아이들의 엄마가 그 종족의 피를 물려받았을 때만 아이를 부족의 일원으로 인정한다. 인디언 문화권에서는 재산이 모계에게 상속되기도 한다.

우리가 만나는 건강하고 활기차고 성공적인 여성의 대부분은 뛰어난 유전자를 가진 엄마를 둔 경우가 많다. 사체가 모계의 DNA로 확인되는 것과 같은 이치다. 이 책의 목적은 당신에게 모계의 DNA와 난자의 지혜를 '읽는 법'을 안내하는 것이다. 그럼으로써 당신과 당신의 딸이 궤도를 이탈하지 않고 건강하고 행복한 삶을 살도록 돕는 것이다.

자연의 섭리는 항상 올바르게 작용한다

임신을 통해 아기를 창조하는 여성의 능력은 여성의 몸이 생명을 창조하는 설계도를 보유한다는 명백한 증거다. 대부분의 임신은 정상적으로 진행되며 대다수의 아이들이 건강하게 태어난다는 것이 이 설계도의 기본 방침이다.

최근 한 동료 의사는 산통이 시작되기 직전까지 임신한 사실을 몰랐던 마흔세 살짜리 산모의 아기를 받았다. 이런 경우는 생각보다 훨씬 많다. 이 여성은 여러 해 동안 불임이었다가 생리가 중단된 상태였기에 당연히 폐경기가 시작되었다고 생각했다. 또한 몸무게가 180킬로그램 이상이어서 임신 중에도 배가 불러오는 것을 거의 눈치 채지 못했다. 아기의 발길질도 건강에 이상이 생겨 나타나는 증상이라고 여기고 임신은 전혀 염두에 두지 않았다. 어쨌든 그녀는 기쁨과 놀라움 속에서 건강한 딸을 낳았다. 그녀와 남편은 완벽하게 건강한 아기를 보자 울음을 터뜨렸다. 진통이 시작되자 그녀가 가장 염려한 점은 아기의 건강이었다. 임신한 사실을 전혀 몰라서 음식에 신경 쓰지 않았고 포도주와 맥주도 마셨기 때문이다.

이 사례는 그동안 내가 무수히 경험해온 일들을 다시 한번 확인시켜 주었다. 임신과 출산에서 인간은 불완전할지언정 자연은 언제나 최선을 다한다는 사실이다. 여성이 임신을 알아채고 필요한 행동을 취하기 이전에 이미 태아의 주요 기관들은 대부분 형성된다는 사실을 아는가? 그러나 이런 자연의 지혜를 모험의 도구로 이용해서는 안 된다. 우리는 자연이 본연의 사명을 잘 감당하도록 도울 의무가 있다.

드물기는 하지만 우리가 최선을 다했음에도 자연이 실수할 때가 있다. 아니 유한한 인간의 시각으로 볼 때 실수처럼 보일지도 모른다. 신생아 중 2퍼센트는 어떤 종류든 장애를 안고 태어난다. 장애아를 출산한 엄마들은 임신 중에 섭생이 부족했거나 혹은 자신이 지은 죄의 대가라는 죄의식에 사로잡힌다. 그러나 대부분의 경우에는 여러 검사를 통해서도 그 원인이 밝혀지지 않고 수수께끼로 남는다.

내면의 메시지

우리가 실수로 여기는 자연의 지혜를 인정하고 받아들이려면 먼저 인생의 여정을 이해해야 한다. 무책임하거나 체념적인 자세가 아닌 진심으로 이해하는 법을 배우려면 어떻게 해야 할까? 여성의 세포 구석구석에 입력된 엄마 곰의 지혜를 발휘해야 한다. 이 말은 자연의 섭리를 우리 인간이 모두 이해할 수는 없지만 나름대로 이유가 있다는 사실을 받아들이는 동시에, 자신의 내면 깊숙이에서 들려오는 메시지에 귀를 기울여야 한다는 뜻이다. 다음에 소개하는 사례는 내면의 소리를 따른 한 여성의 놀라운 경험이다. 그 결과, 그녀는 임신을 하게 되고 자신과 아이가 건강한 임신과 출산에 필요한 모든 것을 갖추었다고 확신하게 되었다.

❧ 제인의 경우―태아와 영혼으로 교감하다

제인은 가정을 꾸리는 일과 대학에서 강의하는 일 사이에서 오랜 갈등을 겪은 후 마침내 임신하게 되었다. 불임이라는 진단을 받았던 그녀에게는 기적과 같은 일이었다. 그녀는 가장 먼저, 어떤 음식과 행동이 필요한지를 알기 위해 자기 몸의 소리에 귀를 기울였다.

> 의사는 제게 결코 아기를 가질 수 없다는 진단을 내렸어요. 저는 의사가 추천한 수술이나 약물 치료를 거부하고 제 몸과 제 삶을 보살피기 시작했죠. 임신이 불가능하다는 의사의 주장을 믿지 않았던 저는 식단에서 모든 유제품과 육류를 배제하고 하루에 30분씩 햇볕 속을 걷기 시작했어요. 그런 지 한 달 후 마침내 저는 임신을 했어요.
>
> 그런데 아무 이상이 없던 저는 9주째부터 조금씩 하혈을 하기 시작했어요. 하혈은 매 주말마다 나타났고, 한 달 동안 지속되었죠. 대

학교수인 저는 매주 금요일마다 하루 13시간 강의라는 중노동에 시달렸고 그때마다 하혈을 했어요. 저는 침대에 누워 쉬면서 아기를 유산하게 될까봐 두려움에 떨었어요. 하지만 저는 그런 두려움이 가장 큰 적이라는 것을 알았어요.

그렇게 한 달이 지난 어느 날, 침대에서 쉬고 있는데 한 친구에게서 전화가 왔어요. 친구의 전화를 받다 말고 저는 갑자기 울음을 터뜨렸어요. "나는 아기를 낳을 수 없을 거야. 자꾸 겁이 나는데 어쩜 좋니?" 저는 깜짝 놀랐어요. 이런 나약한 생각을 한다고는 전혀 깨닫지 못했거든요. 한번 터진 울음은 쉽게 그치지 않았어요. 한 시간도 못 되어 하혈은 더 심해졌어요. 저는 급히 전화를 걸어 의사를 깨웠고, 의사는 지극히 자연스러운 현상이니 과잉 반응할 필요 없다고 위로했죠. 저는 다시 침대에 누워 깊은 생각에 잠겼어요.

12시간쯤 지나자 저는 하혈과 동시에 토하기 시작했어요. 마치 제 안에 가득 차 있던 두려움을 모두 쏟아버리는 것 같았죠. 저는 더 이상 토할 것이 없는데도 계속 헛구역질을 했어요. 하혈도 멈추지 않았고요. 그 후 저는 일주일 동안 침대에 누워 지내야 했어요. 이전에는 한 번도 개인적인 사유로 결근하거나 강의를 거른 적이 없었는데 말이죠. 저는 깊이 생각에 잠겼어요. 자꾸 눈물이 나더군요. 내게 무슨 일이 일어나는지 깨닫지 못한다면 아기를 잃게 될지도 모른다는 두려움이 밀려왔어요.

하지만 두려움 속에서도 저는 아기의 존재를 느낄 수 있었어요. 딸이었죠. 그 순간, 우리 영혼은 서로 교감했던 거예요. 말없는 대화를 나누었죠. 저는 아기의 소리를 똑똑히 기억해요. "엄마는 이겨낼 거예요. 저는 죽지 않아요. 기운 내세요! 우린 함께 해낼 수 있어요." 저는 너무 경이로운 경험이라서 아무에게도 말하지 않았어요. 남편에게만 이 사실을 알렸죠. 저는 편안한 마음으로 단잠을 자고 아침에 일어나서 남편에게 아무 일 없을 거라고 말했어요. 그리고 집안 청소를 시작했어요. 하혈은 씻은 듯이 멈추었고, 저는 모든 일이 잘 될 거라는 사실을 알았죠.

저는 무사히 아홉 달을 넘기고 1997년 5월에 딸 엘레나를 낳았어요. 요즘도 저처럼 의학적으로 설명할 수 없는 신비한 임신과 출산을 경험하는 여성들이 있을 거라고 생각해요. 저는 이런 경험들이 의학적인 지식을 넘어선 심오한 세계에서 일어나는 일이라고 믿어요.

저는 아기를 출산하고 키우는 과정을 잘 극복했을 뿐 아니라 임신을 통해 내면의 깊은 자아를 발견하는 법을 배웠어요. 딸에게 큰 빚을 진 셈이죠.

딸은 자궁에서부터 자신의 운명을 만든다

제인의 경우에서 보듯이, 태아의 건강은 쌍방 통행으로 이루어진다. 엄마와 딸이 교감을 나누며 태아의 건강을 돕는다. 태아는 파트너십에서 수동적인 위치가 아니라 강력한 영향력을 발휘한다. 이 말이 의심되는 사람은 산모가 먹고 싶은 음식이 태아에 의해 결정된다는 사실을 떠올려보라. 많은 엄마들이 아이를 가질 때마다 먹고 싶은 음식이 다르다고 말한다.

태아는 잉태되는 순간부터 호르몬이라는 수단을 통해 엄마와 대화를 나눈다. 이 호르몬 변화는 엄마와 아기의 건강에 지대한 영향을 미친다. 몇 가지 예를 들어보자.

• 태반은 엄마의 기분을 좌우하는 스테로이드 호르몬의 공급처다.

- 태아는 HCG(성선자극 호르몬)의 분비를 통해 엄마에게 자신의 탄생을 알린다. 또한 임신을 유지하는 데 필요한 프로게스테론을 생산하도록 황체(난소에서 프로게스테론을 만들어내는 내분비 기관)에 신호를 보낸다.
- 태아의 부신은 태반에 필요한 DHEA(에스트로겐의 전구체)를 생산하는 역할을 담당한다. DHEA에 의해 생성된 에스트로겐은 태반의 조직과 자궁의 근육을 성장시키는 데 없어서는 안 될 필수 요소다. 만일 태아의 몸이 충분한 양의 에스트로겐을 생성하지 못하면, 엄마는 임신을 유지하는 데 필요한 에스트로겐을 공급하지 못하게 된다.
- 태아는 또한 진통의 테이프를 끊는다. 진통은 부신과 뇌하수체가 관련된 복합적인 작용으로 추측된다. 태아의 뇌와 부신이 태아에게 신호를 보내서 이제 밖으로 나갈 운명의 시간이 되었음을 알리는 것이다.[5]

아기는 잉태되는 순간부터 엄마와 긴밀한 파트너가 되어 자신의 건강을 지킨다. 그리고 이 파트너십은 평생 지속된다.

엄마와 딸의 교감의 매개체

엄마와 딸은 임신하는 순간부터 서로의 감정을 주고받는다. 비록 언어를 사용하지는 않지만 두 사람은 제인과 딸 엘레나처럼 영혼의 교감을 통해 의사를 소통한다. 앞서 밝혔듯이, 그들의 대화 통로는 호르몬과 신경전달물질의 복합적인 작용이다. 엄마와 딸은 혈액은 서로 다르지만 모든 호르몬과 신경전달물질이 밀접하게 연결되어 있다. 따라서 엄마 몸의 모든 변화는 아기에게 섬세하게 영향을 미친다. 이 말은 엄마의 모든 감정이나 감정에 따른 생리적 변화가 아기에게 그대로 전달된다는 뜻이다.

예를 들면 행복하거나 불행한 엄마의 감정은 코르티솔, 에피네프린, 바소프레신 같은 스트레스 호르몬 분비에 영향을 미친다. 이들 호르몬은 태반의 혈액량을 조절하기 때문에 태아에게 전달되는 영양소와 산소의 양에 영향을 미친다. 걱정과 두려움으로 산모의 코르티솔 수치가 올라가면 면역계를 관장하는 사이토킨 호르몬의 분비가 크게 증가한다. 이처럼 코르티솔과 사이토킨 호르몬의 수치가 만성적으로 높을 경우, 산모와 태아의 면역계가 손상된다.[6] 산모의 불안한 감정은 조산이나 극심한 진통, 둔위분만(태아의 엉덩이 쪽이 먼저 나오는 경우로 산모나 태아에게 매우 위험하다), 사산, 유산의 원인이 되기도 한다.[7] 이런 문제점은 산모의 영양이 부족한 경우 더욱 심각해진다. 달리 말하면, 만일 산모가 충분한 영양을 섭취하고, 정서적으로도 편안하며, 파트너를 비롯해서 가족이나 친구와 감정적·신체적 친밀감을 누린다면, 소속감의 호르몬인 옥시토신의 수치가 증가함으로써 엄마와 아기의 면역력이 높아지고 유대감이 한결 돈독해진다. 또한 엄마의 몸을 순환하는 신경전달물질이 아기의 뇌와 몸에 안정감과 평온함이라는 정보를 입력시킬 것이다. 엄마의 생리 현상은 아기에게 이렇게 말한다. "아무 걱정 말아라. 엄마가 잘 보살펴 줄게. 모든 일이 잘 되고 있단다."

많은 사람들이 추측하던 사실이 대규모 연구 결과를 통해 확실히 입증된 사례가 있다. 아기는 태어나기 전의 삶과 출산 과정을 통해 많은 것을 배우고 기억한다는 사실이다. 임신과 출산 과정의 여러 사건들은 호르몬과 신경전달물질을 통해 아기의 몸에 지워지지 않는 흔적을 남기고, 이 흔적들은 평생 우리 삶에 여러 형태로 영향을 미친다.

다음 사례는 임신 중 엄마의 감정이 딸에게 얼마나 큰 영향을 미치는지를 보여준다.

🐚 수잔의 경우—두려움을 치유하다

저는 마흔 살의 고비를 넘으면서 한없는 나락으로 떨어지기 시작했어요. 내 삶은 끝이라고, 그래서 곧 죽게 될 거라고 생각했어요. 이제 더 이상 할 일도 없고, 쓸모없는 무능한 인간이 되니 차라리 빨리 죽는 편이 낫겠다 싶었죠. 자살까지 시도하지는 않았지만 깊은 절망감에 사로잡혔어요. 그리고 아무 이유도 없이 죽음의 공포에 시달렸죠. 장례식은 어떻게 치를까? 사람들은 내 죽음 앞에서 어떤 모습일까? 우리 가족은 나를 잃고 어떻게 살아갈까? 저는 마치 곧 닥쳐올 일처럼 이런 환상에 빠지곤 했어요. 이런 상태는 2년 동안 지속되었고, 절망감에서 헤어나려는 제 노력은 번번이 실패했어요.

그러던 어느 날 저녁, 엄마와 이야기를 나누던 중 이런 제 고민을 고백하게 되었어요. 그때까지 우리는 그렇게 친밀한 엄마와 딸이 아니었어요. 사실 저는 엄마에게 마음을 터놓은 적이 없었는데 그 날은 왜 그런 고백을 하게 되었는지 모르겠어요. 엄마는 놀라는 기색도 없이 이렇게 대답하더군요. "그래, 네가 죽음에 대한 두려움을 갖는 건 당연한 일이야. 임신 5개월 무렵 나는 건강이 좋지 않아 너를 낳다가 죽을 수도 있다는 말을 들었단다. 그 후 난 두려움 속에서 지냈고 그 두려움이 네게도 전달되리라는 걸 알았지." 엄마는 그때부터 다섯 아이를 임신할 때마다 두려움을 떨쳐버리지 못했고, 특히 마흔 살 이후에 낳은 두 동생의 경우에는 그 증상이 더욱 심했다고 들려주더군요.

엄마의 고백을 듣는 순간, 저는 마치 벼락이라도 맞은 느낌이었어요. 제 몸 안에서 급격한 지각 변동이 일어났죠. 제 두려움이 대물림된 것이라는 사실이 뇌리를 거쳐 등줄기를 타고 내려오더군요. 그때부터 저는 엄마가 물려준 두려움에서 벗어나기 위해 제 삶을 본질적으로 치유하기 시작했어요. 심신을 치료하는 여러 방법들을 배우고 실천해갔죠.

10년이 지난 지금 저는 활기차고 열정적인 자세로 살아가고 있으며 백 살까지도 거뜬히 견딜 수 있을 것 같아요. 저는 자신의 두려움을 솔직하게 고백해주었던 엄마에게 깊이 감사해요. 그 이후로 엄마와의 관계도 한결 좋아졌어요. 저는 마흔 살에 찾아왔던 깊은 절망감을 감사하게 생각해요. 덕분에 새로운 삶을 시작했으니까요.

이 사례는 우리가 엄마의 근심이나 불안감을 물려받는다는 사실을 증명하는 좋은 본보기다. 비단 엄마뿐 아니라 조상 대대로 대물림된 것일 수도 있다. 그러니 우리는 엄마를 원망만 하지 말고 용기를 내서 그 고리를 끊어야 한다.

당신이 지금 엄마와 어떤 관계를 유지하든 엄마와 딸은 평생 강력하고 신비한 힘으로 연결된다는 사실을 잊지 말라.

폭력과 임신

많은 여성이 직접 혹은 간접적으로 남성에게서 폭력이나 정신적 상처를 경험한다. 안타까운 것은, 임신한 경우에도 폭력은 줄어들지 않고 단지 공격 부위가 바뀔 뿐이라는 사실이다. 산모의 임신한 배가 공격목표가 되는 것이다.[8] 임신한 여성의 17퍼센트가 신체적 학대를 받고 있다는 사실을 아는가. 학대를 받아오던 여성은 임신 중에 더욱 심한 학대에 시달린다. 자궁 안에서 자라는 아기는 자기에게 가해지는 폭력을 어떤 기분으로 받아들일까? 시시각각 변하는 호르몬의 변화는 아기의 세포 성장과 발전에 그대로 반영된다. 공격도피 호르몬이 넘쳐나는 자궁 안을 헤엄치는 동안에도 태아의 신경계와 뇌, 신체 기관은 계속 성장한다.

우리 엄마가 총알이 난무하던 격투 현장에서 자랐다는 사실을 안 것은 내가 사십대가 되어서였다. 밀매업자였던 외할아버지는 수시로 경찰과 격투를 벌이셨다. 당시 아기였던 엄마는 아무것도 기억하지 못했지만 나는 이모를 통해 그때의 상황을 전해 들었다. 그런 환경이었다면 엄마가 기억하지 못할 뿐이지 많은 사건들이 있었을 것이다. 추측컨대 외할머니가 엄마를 임신했을 때도 나와 엄마가 아는 것보다 더 심각한 폭력과 불안감에 시달렸을 가능성이 크다.

모든 여건이 완벽할 수는 없다

완벽한 임신과 출산이란 존재하지 않는다. 인생은 아무도 예측할 수 없다. 우리는 최선을 다할 뿐 결과까지 책임질 능력이 없다. 알코올과 담배와 약물을 피하고, 영양을 충분히 섭취하고, 운동을 거르지 않고, 매일 모차르트 음악을 들으며 태교에 힘쓰고, 햇볕을 쬐거나 영양제를 복용하고, 최고의 병원에서 최고의 의사에게 진찰받는다고 완벽한 아기가 태어날까? 자궁 안의 태아는 갑작스러운 아빠의 죽음이나 가족의 우환, 복잡한 삶의 스트레스, 기타 여러 환경의 영향을 받는다. 어떤 사건이나 상황이 당신을 위협하더라도 이 점을 잊지 말라. 인생을 시작하는 딸이나 당신의 인생에 어떤 어려움이 닥치더라도 우리 인간은 선천적으로 이것을 극복할 내면의 지혜와 강한 영혼을 가지고 태어난다. 때로 매우 불행한 환경에서 태어나는 아기들도 있다. 알코올과 담배, 마약에 중독되어 아기를 신체적·감정적으로 학대하는 엄마들도 적지 않다. 그러나 그런 환경 가운데서도 강한 영혼의 힘과 우주의 창조력을 빌어 역경을 극복하고, 행복하고 성공적인 삶을 살아가는 사람들도 많다. 반면, 유복한 환경에서 태어났으면서도 불행하고 절망적인 삶에서 허덕이는 사람들도 있다.

요점-어떤 부모나 출생 환경도 우리 삶을 멋대로 좌우하거나 고유한 삶의 여정을 막지 못한다. 우리는 자신의 영혼을 파트너 삼아 스스로 삶을 개척해가야 한다.

인간관계를 이어주는 생리 기관인 태반

임신한 순간부터 엄마와 딸의 커플댄스는 시작된다. 보살핌과 거부, 의존과 독립이라는 이 댄스는 평생에 걸쳐 지속된다. 이것은 인간관계와 보살핌의 다리 역할을 하는 기관인 태반이 형성되면서 시작된다. 태반은 태아의 신체적·감정적 건강에 필요한 인간관계와 음식을 구체적으로 공급해주는 기관이다.

일단 수정된 난자가 나팔관을 타고 내려와 자궁벽에 착상하면 산모와 태아는 서로 협력해서 둘 사이를 이어주는 강력한 기관인 태반을 만든다. 태반은 아기 인생의 첫 9개월 동안 엄마와 아기를 이어주는 동시에 분리시키는 매우 민감한 경계선이다. 첫 인간관계에서 역학 구조를 조절하는 역할을 한다.

나는 자궁 안의 태아가 생명을 유지하도록 영양을 공급해주는 태반에 매료되어 아기의 출산을 도울 때마다 태반을 유심히 관찰하곤 한다. 때로는 부모들에게 보여주기도 하는데 처음에는 머뭇거리던 부모들도 이 신비한 기관을 보고 흥분하며 그 힘을 알게 된 것에 감사한다. 일단 아기가 탯줄을 자르고 삶의 터전을 세상으로 옮겨 엄마 품에 안기면 나는 아홉 달 동안 아기의 생명을 지탱해준 태반에 깊은 감사를 표하곤 한다. 그리고 부모들에게 태반이 자궁벽 어느 곳에 어떻게 부착되어 있었으며, 아기가 자궁 안에서 소형 바다 속을 떠다닐 수 있도록 탯줄이 태반과 아기 사이에서 어떻게 연결되어 있었는지를 설명해준다.

태반은 태아가 수정된 직후 자궁벽에 착상해서 세포를 만들기 시작하는 순간부터 형성된다. 자연은 엄마의 몸이 아기라는 침입자를 거부하지 못하도록 이런 장치를 마련해 놓았다. 엄마의 몸에 착상된 태아의 세포가 엄마의 세포와 면역학적으로 일치하지 않을 경우에도 태아를 보호하기 위해서다. 신체 기관을 이식할 경우에는 면역학적으로 일치하지 않으면 당장 거부 반응을 일으켜 죽게 된다. 지난 반세기 동안 세계적인 생물학자들이 왜 엄마의 몸이 태아에게 거부 반응을 일으키지 않는지를 연구했지만 어느 누구도 그 원인을 밝혀내지 못했다. 이것은 면역학과 이식 법칙에 전적으로 위배되는 현상이다. 한 가지 설득력 있는 학설은 엄마의 몸이 특별히 형성된 림프구를 이용해서 거부 반응이 일어나지 않을 정도로 태아의 침입 상태를 조절한다는 것이다.[9] 일단 임신이 되면 태아는 태반의 표면에 엄마의 거부 반응을 차단하는 HLA 항원(적혈구 이외의 모든 세포가 가지고 있는 항원)을 만들어서 자신을 보호한다.

아기에게 영양과 생명을 공급하는 태반의 역할은 엄마와 딸의 건강과 직결되기 때문에 둘 사이의 인간관계를 반영하는 신체적 바로미터라고 할 수 있다. 모든 엄마들은 아이를 포함해서 다른 사람을 보살피는 역할에 분명한 한계선을 긋는 법을 배워야 한다. 우리는 태반을 통해 그 지혜를 배울 수 있다. 임신한 엄마의 욕구는 아기의 욕구와 절대로 분리될 수 없다. 둘은 근본적으로 같을 수밖에 없다. 엄마를 건강하고 행복하게 해주는 것은 아기가 자라는 데도 유익하다.

그럼에도 태반은 엄마와 아기 사이의 교류 중 몇 가지는 허용하지 않는다. 태반은 대부분의 태아 세포가 엄마에게 접근하지 못하도록 막는다. 그러나 그 차단 벽에는 작은 구멍이 있어서 일부 세포들은 그 사이를 빠져나갈 수 있다. 태아의 세포들은 엄마에게 부정적인 영향을 미치지 않지만 엄마와 아기의 혈액형이 다를 경우—엄마는 Rh−, 아기는 Rh+—에 태아의 세포가 지나치게 많이 침입한다면 엄마의 몸은 이에 저항하는 항체를 생성한다. 이 항체는 아기의 혈액세포에 손상을 입힐수도 있다. 최근 실시된 연구에서 임신 말기의 산모 70퍼센트의 혈액속에서 태아의 혈액을 발견했다. 그리고 일부 여성의 경우 아기를 출산한 지 27년이 지난 후에도 혈액에서 태아의 세포가 발견되었다.[10] 피츠버그 대학병원의 산부인과 전문의인 사라 버거Sara Berger 교수는 이에 대해 다음과 같이 말했다.

> 이렇게 평생 벗어날 수 없는 엄마의 역할을 나는 결코 끊어지지 않는 '나일론 탯줄'이라고 표현하고 싶다. 태아의 세포뿐 아니라 태아의 감정도 함께 엄마의 몸속에 남는지는 알 수 없다. 그러나 이 발견은 인간의 번식 본능이 가진 희생정신에 새로운 의미를 던져준다.[11]

버거 박사의 말에 전적으로 동감한다. 내가 4장을 집필하는 동안 큰딸 애니가 대학을 졸업하고 첫 직장에 출근하기 위해 뉴욕으로 떠났다. 그후 나는 아침에 일어날 때마다 코피를 흘렸다. 애니는 어려서부터 스트레스가 심할 때마다 자주 코피를 흘렸지만 나한테는 거의 나타난 적이 없던 증상이었다. 아마 딸에 대한 염려가 컸던 탓이었으리라. 우리의 피가 평생 연결되어 있다는 사실을 절감케 만든 사건이었다.

줄기 세포에 대한 최근의 연구가 밝힌 또 다른 사실은 태아의 세포는 엄마의 손상된 기관을 회복시키는 역할을 한다는 것이다. 피를 나눈 엄마와 딸이 지닌, 서로를 치유하는 놀라운 능력을 다시 한 번 입증한 셈이다.[12]

┃한 생명이 둘이 되다┃

탯줄은 현대 문명사회에서 종종 무시되거나 소홀하게 취급되지만 대단히 중요하고 상징적인 신체 조직이다. 나는 다섯 살 때 처음 탯줄을 봤는데 그 순간을 생생히 기억한다. 부모님은 당시 태어났던 친척 아기의 말린 탯줄을 우리 형제들에게 보여주셨다. 매우 신기하고 놀라운 경험이었다. '수Sioux'라는 인디언 부족은 아들의 탯줄을 말려두었다가 아들이 장성해서 집을 떠날 때 말의 갈기에 매달아준다. 아들의 무사함을 기원하기 위해서다.

최근 조카의 출산을 도왔던 나는 그 아이의 탯줄을 버리지 않았다. 그 탯줄을 말려 작은 상자에 넣어 건조한 곳에 보관해두었다. 조카가 어른이 되면 적당한 시기에 의미 있는 전달식을 가질 예정이다. 그러나 우리 딸들이 태어났을 때는 이런 생각을 미처 하지 못했다. 사촌의 탯줄을 본 아이들이 자기들 것은 어디 있느냐고 물었다. 딸들의 탯줄을 간직하지 못한 게 못내 아쉽다.

임신은 삶을 변화시킨다

아기는 당신의 삶을 송두리째 바꾼다. 임신의 경험은 당신의 모든 것을 변화시킨다. 당신이 보고 느끼는 것, 다른 사람이 당신을 대하는 태도, 당신의 기호, 성생활, 그리고 당신의 꿈까지 모든 것이 이전과 크게 달라진다. 이 모든 변화에 대한 당신의 반응은 당신의 몸을 통해 그리고 딸의 몸을 통해 나타난다.

달라지는 외모

임신하면 발도 커진다는 사실을 아는가. 이것은 극히 작은 변화에 불과하지만 많은 여성들이 임신하면 몸매가 통째로 망가질까봐 걱정한다. 한 여성은 자기 엄마는 아기 낳은 걸 후회한다는 말을 항상 입버릇처럼 달고 살았다고 말했다. 임신이 멋진 몸매를 망가뜨렸기 때문이란다. 임신한 여성들이 가장 자랑스러워 하는 점은 산달까지 임신한 표시가 안 나는 것이라는 얘기를 들은 적이 있다. 나는 이에 대해 잠시 생각해봤다. 우리 몸에서 새로운 생명이 자란다는 사실을 감쪽같이 숨기는 것을 자랑으로 여기는 사회적 풍조가 개탄스럽다. 이런 사고방식이 우리 딸들에게 어떤 영향을 미칠지 생각해봤는가?

우리는 임신과 성에 대한 그릇된 사회적 인식의 영향에서 벗어나지 못했다. 처녀가 아니면 창녀라는 이분법적 사고방식도 그 중 하나다. 임신으로 인한 신체적 변화도 이런 맥락에서 과장해서 해석한다. 임신한 여성은 섹시하지 않다는 것이다. 얼마 전까지는 사실 그랬다. 그러나 최근 들어 산모 용품 광고가 늘어나면서 "엄마는 섹시하다!"는 새로운 캠페인이 등장했으며, 아름답고 섹시한 옷을 입은 산모들이 진열장

을 장식한다. 지금 우리 사회에는 임신에 대한 새로운 문화가 창조되는
중이다.

대부분의 남성들은 임신한 아내의 모습을 사랑스럽게 생각한다. 나
도 그런 남편 덕에 나 자신에 대해 한결 자부심을 가질 수 있었다. 그러
나 임신으로 불가피하게 체중이 늘어나는 것을 싫어하는 남편들도 있
다. 그들은 임신한 아내가 끊임없이 먹는 것에 고개를 내젓는다.

불과 얼마 전까지만 해도 우리 사회는 지나치게 날씬함을 추구하는
유행에 의학계까지 편승했다. 1980년대 초까지만 해도 의사들은 임신
중의 과도한 체중 증가를 엄격하게 규제하도록 교육받았기 때문에 산
모들에게 지나치게 다이어트를 권장했다. 심지어 체중 증가로 발목이
붓는 것을 막기 위해 이뇨제를 처방하는 잘못을 범하기도 했다. 그러나
산모에게 가장 필요한 것은 아기가 잘 자라는 데 필요한 풍부한 단백질
과 질 좋은 식생활이다. 아기에게 한창 혈액이 필요한 시기에 혈액을
고갈시키는 약물을 처방해서야 되겠는가. 다행스럽게도 최근 들어서는
의사들도 산모의 체중 증가를 더 폭넓게 받아들이는 추세다. 의사뿐 아
니라 산모 자신과 남편들의 인식도 바뀌어야 한다.

| 임신으로 늘어나는 체중 |

나는 여성의 날씬함에 지나치게 집착하는 사회 풍조에 개탄을 금할
수 없다. 잘못된 식습관, 만성적인 다이어트, 다이어트 약물 남용, 식
욕 감퇴 등으로 '비옥한 토양'이어야 할 여성의 몸이 고갈되어 간다.
아기를 잉태하고 키우는 데 필요한 기본적인 영양소가 점점 부족해
지는 것이다. 임신했다고 몸매에 대한 관심을 끊고 '2인분'을 먹어야
한다는 뜻이 아니다. 임신한 여성은 평소보다 하루에 300칼로리가 더

필요할 뿐이다. 만일 당신이 평소에 충분한 영양을 섭취한다면 맥도널드 애플파이 한 개, 구운 연어 한 조각을 더 먹으면 되는 양이다.

출산 후 체중 증가를 막는 가장 좋은 방법은 임신 중에 체중이 적당히 늘도록 힘쓰는 것이다. 출산 후에 몸무게가 평균 체중보다 3킬로그램 이상 늘었다면 정상적인 체중을 되찾도록 꾸준히 노력하라. 당신이 건강하고 균형 잡힌 식생활을 빨리 실천하면 할수록 딸의 건강을 지켜줄 초석을 마련하는 것이라는 사실을 명심하라.

임신 중에 느끼는 행복감

많은 여성들이 임신을 진심으로 기뻐하며 생애 어느 때보다 행복한 시간이라고 말한다. 일부 여성들은 임신 중에 평소 느끼지 못했던 오르가슴을 여러 번씩 경험하기도 한다. 그 이유는 골반에 유입되는 혈액량이 늘어나면서, 호르몬이 증가하여 기분이 고양되기 때문인 것으로 추측된다. 따라서 일부 여성에게는 임신 기간이 최고의 성적 흥분을 경험하는 기간이기도 하다. 임신 중에 가장 두드러진 호르몬 변화는 프로게스테론의 증가다. 프로게스테론은 신경을 안정시키는 탁월한 효과가 있기 때문에 신경 안정제인 발륨과 비슷한 작용을 한다. 여성들이 임신 중에 안정되고 행복한 기분을 느끼는 것도 이 때문이다.

그러나 임신에 대한 신체적 반응은 여성에 따라 각각 다르다. 임신 기간 내내 아침마다 구역질을 하거나, 복부의 불편함 또는 등의 통증을 경험하는 여성도 있다. 등에 통증을 느끼는 임신부는 정기적인 마사지나 물리 치료를 받으면 효과가 있다. 구역질로 고생하는 임신부는 생강

차나 생강 캡슐을 복용하고, 음식을 조금씩 자주 먹어주며, 가능하면 요리하는 일은 피하는 게 좋다. 음식을 먹지 않고 냄새를 맡는 것만으로도 구역질이 날 수 있기 때문이다. 생강이나 페퍼민트의 강한 향은 구역질을 가라앉히는 효과가 있다. 또한 임신한 모든 여성에게는 충분한 잠이 필수적이다. 특히 생명체를 탄생시키기 위해 몸이 심혈을 기울이는 초기 3개월 동안은 충분한 수면을 취해야 한다. 직장을 가진 임신 여성들은 충분한 휴식을 취하지 못하므로 여러 신체적 불편함을 겪는다.

그러나 이 같은 신체적 불편함에도 임신한 여성들은 아기에 대한 기대감과 기쁨으로 충만하게 마련이다. 이 충만감은 뱃속의 아기에게 그대로 전달된다. 임신에 대한 엄마의 감정은 딸이 세상에서 살아가는 동안 얼마나 안정감과 행복을 느끼느냐에 지대한 영향을 미친다. 나는 큰딸 애니를 임신했을 때 우리 부부의 첫 보금자리였던 매사추세츠 밀턴에 있던 집에서 햇볕이 따사롭게 내리쬐는 베란다에 누워 있던 순간을 생생하게 기억한다. 햇살을 받아 따뜻해진 뱃속에서 애니는 마치 한 마리 나비처럼 뱃속을 날아다니는 듯했다. 결코 잊을 수 없는 신비로운 경험이었다. 애니는 지금도 그 행복했던 순간에 대한 이야기를 매우 좋아한다.

예민해진 감정은 축복이다

임신 호르몬은 몸과 영혼을 분리시키던 커튼을 더 투명하게 만들기 때문에 임신한 여성들은 평소보다 감정적으로 예민해지고 많은 꿈과 환상에 사로잡히게 된다. 이것은 약해지는 게 아니라 오히려 분별력이라는 능력이 추가되는 것이다. 직관이 발달해 자신에게 알맞은 음식이나 올바른 친구를 선택할 수 있기 때문이다. 그러나 감정이 예민해진 임신부들은 주변 환경에 동화되어 우울증이나 불안감, 침울함에 빠지기도 한다. 임신한 여성들이 도움을 주는 사람들이나 긍정적인 에너지에 둘러싸여 있어야 하는 이유도 이 때문이다.

우리 사회는 임신한 여성들의 '특별한 감정 변화'를 과장해서 해석하기 때문에 직관이 발달하고 감정이 예민해진 상태를 감정 기복이 심하거나, 과대망상이거나, 음식물에 대한 병적 집착으로 몰아붙인다. 그러나 임신 중에는 뇌가 재편성되어 더 수용적으로 변한다는 사실을 이해한다면 임신한 여성들은 자신의 감정 변화를 다른 시각으로 받아들이게 될 것이다. 임신한 여성에게 주어진 통찰력이라는 능력을 마음껏 발휘하자.

두려움, 걱정, 죄의식에서 벗어나자

우리 사회의 뿌리 깊은 관습은 임신이나 산고, 출산에 대해 두려움과 걱정을 갖게 한다. 뱃속의 아기가 건강하고 정상적인지를 걱정하지 않는 엄마를 본 적이 있는가. 이런 두려움은 종종 꿈으로 나타난다. 아기를 지하실에 혼자 두고 온다든지, 아기가 있다는 사실을 잊어버려 아기에게 해를 입히는 꿈 등을 꾸는 것이다.

물론 아기의 건강을 염려하는 것은 지극히 당연하다. 그렇다면 올바른 선택과 올바르지 못한 선택은 어떤 것일까? 아기의 건강을 위해 식생활을 개선하려는 노력은 올바른 선택이다. 그러나 방부제나 중금속이 들었다는 이유로 고기나 생선을 피하고 유기농 파스타나 빵, 아이스크림을 섭취하여 체중을 크게 증가시키는 것은 잘못된 선택이다. 문제는 두려움 자체가 아니라 두려움을 어떻게 극복하느냐다. 당신의 자세는 자신과 딸의 건강을 크게 좌우할 것이다.

두려움과 걱정뿐만 아니라, 대부분의 산모들은 어떤 이유로든 죄의식을 느낀다. 예를 들면, 합성 에스트로겐인 DES를 복용했던 여성들은 출산 후 심한 죄의식에 사로잡힌다. 이 호르몬제는 유산을 방지하는 효능이 있지만 비정상적인 아기를 낳을 확률을 증가시키기 때문이다. 나는 DES 때문에 비정상아를 낳은 여성들이 극심한 죄의식에 사로잡혀 약물을 복용했다는 사실을 솔직하게 고백하지 못하는 경우를 많이 보았다. 그들의 잘못이란 의사의 처방을 따른 것뿐이다.

당신이 죄의식에 사로잡힌다고 상황이 달라지지는 않는다. 오히려 아기에게 더 큰 해를 끼치는 일이다. 자신을 용서하고 현실을 받아들이는 시간이 빠를수록 당신과 딸의 건강에 더욱 도움이 된다는 사실을 잊지 말라.

산전 검사의 득과 실

산전 검사의 목적

출산 전에 태아를 검진하는 산전 검사는 임신부를 안심시키기 위해 고안되었지만 때로는 오히려 염려를 가중시키기도 한다. 모든 검사에는 한계와 위험이 따르며 인간의 해석에도 오류가 생길 수 있다. 모든 검사의 양면성을 충분히 이해하고 난 후에 어떤 검사를 받을지 현명하게 선택해야 한다. 다음은 임신부에게 꼭 필요한 검사들이다.

- 임신성 당뇨병이나 고혈압 등 아기의 건강에 영향을 미치는 산모

의 건강 상태를 측정하는 검사
- 태아의 크기, 성별, 개월 수, 태아나 태반의 위치 등을 파악하기 위한 검사(태아의 위치가 바뀌어 엉덩이나 태반이 질 쪽으로 내려와 있지 않은지를 확인하기 위한 것이다.)
- 척추 이분증이나 심장 질환 등 선천성 장애 여부를 확인하는 검사
- 다운증후군 등 유전적 장애를 확인하는 검사

이 중에서도 아기에게 직접 영향을 미치는 엄마의 건강 상태를 확인하는 검사가 가장 중요하다. 모든 임신부들은 반드시 정기적으로 혈압이나 혈당을 측정해야 한다. 성병에 대한 검사도 필수적이다. 만일 문제가 발견되었을 경우 임신 중에 충분히 건강을 유지할 수 있도록 모든 노력을 기울여야 한다.

태아의 초음파 검사나 유전적·선천적 장애를 위한 검사를 선택할 경우에는 매우 신중하게 판단해야 한다.

🌿 지혜의 샘 | 산전 검사

대부분의 엄마들은 태어날 아기가 건강한지 아닌지에 대해 신경을 곤두세운다. 특히 산모에게 유전적 장애가 있거나 서른다섯 살이 넘은 노산일 경우 양수 검사 등을 통해 태아의 건강 상태를 확인하고 싶어한다. 그러나 모든 의학적 선택과 마찬가지로 단순히 통계나 지식에 의존하기보다 엄마 곰의 지혜에 따라 결정을 내리길 권한다.

일단 엄마가 되면 아기의 건강에 대해 크고 작은 결정들을 내려야 하는 경우가 많아진다. 태아 검사는 그 시작에 불과하지만 소신을 가지고 내면의 지혜에 따라 결정하는 것이 현명하다. 오늘날 대부분의 태아

검사는 아기에게 선천적인 장애나 잘못된 부분이 있는지를 판별하는 데 초점이 맞춰져 있다. 그러나 임신과 출산이란 과업은 대부분의 여성들이 안전하고 건강하게 완수해내는 삶의 자연스러운 과정이다. 다운 증후군이나 테이삭스병(백치), 척추 이분증, 신경관 결손증 같은 심각한 장애아를 낳을 가능성이 많은 여성들을 제외하고는 의학이 시작되기 전부터 존재해온 대자연의 순수성과 섭리에 대해 믿음을 가질 필요가 있다.

나는 아기를 가졌을 때 당시 유행하던 초음파 검사조차 받지 않았다. 노산의 위험 연령에 아슬아슬하게 접근한 서른한 살과 서른네 살이라는 나이에 아기를 가졌지만 어떤 검사도 받을 필요성을 느끼지 않았다. ✿

초음파 검사

지난 20년 동안 출산 전에 아기의 건강을 확인하는 검사들이 급격히 늘어났다. 여기에는 초음파 검사, 척추 이분증이나 신경관 결손증, 다운 증후군 여부를 판별하는 알파페토 단백 검사, 이밖에도 250여 개에 달하는 유전 질환에 대한 검사가 있다.

물론 이런 검사들은 헌팅턴무도병(유전성 중추신경 질환)이나 테이삭스병 같은 유전 질환을 확인하는 좋은 방법이지만 동시에 부정적인 측면도 있다. 예를 들면, 산전 검사로 발견할 수 있는 낭포성섬유증(폐에 점액이 차 호흡이 곤란한 유전병)에 걸린 아이들 중에는 오랜 기간 질 높은 삶을 영위할 가능성이 큰 아이들도 많다. 그러나 어느 아이가 얼마나 많은 가능성을 가졌는지는 아무도 알 수가 없다.

그렇다면 가족 병력에 아무런 유전 질환도 없는 임신부가 일상적인 검사를 받는다고 가정해보자. 만일 임신 중반기(3~6개월)에 신경관 결손증이나 다운증후군을 위한 혈액 검사를 받았는데 알파페토 단백가가 약간 높게 나왔다면 당신은 염려되어 더 많은 검사를 원할 것이다. 알파페토 단백 검사는 적절한 시기에 실시한다면 척추 이분증의 80퍼센트와 무뇌증의 90퍼센트를 발견할 수 있다.[13] 그러나 이 수치는 100퍼센트 정확하지 않고 다른 이유로도 높아질 수 있다. 특히 이들은 검사 시기가 가장 중요하다. 실제로 이 수치가 높게 나오는 이유는 태아가 장애아일 경우보다 태아의 개월 수를 정확히 파악하지 못한 경우가 대부분이다.

그러나 이런 사실을 알더라도 검사 결과가 비정상적으로 나왔다면 당신의 스트레스 호르몬 수치는 상승할 것이다. 이런 상태는 '임신 불안증(tentative pregnancy)'으로 발전할 가능성이 크다. 이 증상은 아기의 건강을 지나치게 걱정한 나머지 정상적인 결과가 나올 때까지 각종 검사를 반복하는 것이다. 당신은 온갖 상상력을 동원해서 최악의 경우를 가정하면서 결국 양수 검사를 받게 된다. 그러나 양수 검사는 되도록 피하는 것이 좋다. 주사 바늘이 아기에게 상처를 입혀 감염을 초래할 수 있으며, 양수막 파열로 아기를 잃게 될 확률도 100명 중 1명에 이른다.

이번에는 단지 아기의 성별을 알기 위해 초음파 검사를 실시했다고 가정해보자. 검사 결과 태반이 약간 밑으로 내려왔다는 사실을 알게 되었다. 이것은 임신 중반기에 흔히 나타나는 증상으로 나중에 저절로 복귀된다. 이런 사실을 알더라도 당신은 태반이 제대로 복귀될지에 신경을 곤두세운다. 만일 복귀되지 않을 경우 전치태반으로 심한 출혈의 원인이 되기 때문이다. 당신은 사실을 확인하기 위해 다시 초음파 검사를 요구한다. 초음파 검사 자체는 큰 문제가 아니지만 시간이 흐르면 저절로 사라질 증상들을 발견함으로써 쓸데없는 근심과 걱정을 키울 수도 있다. 초음파 검사의 또 다른 문제점은 가끔씩 '인공음영'이라는 영상을 발견하게 된다는 것이다. 이것은 태아나 태반의 비정상적인 상태를 나타내는 실상일 수도 있고 허상일 수도 있다. 그러나 산모에게는 큰 걱정거리가 되므로 또 다른 초음파 검사로 확인할 수밖에 없다. 이런 과정을 거치는 동안 걱정에 휩싸인 산모와 아기는 스트레스 호르몬에 노출되게 마련이다.

또 다른 형태의 산전 검사로는 융모 검사가 있다. 이 검사는 임신 10주경에 다운증후군 등의 유전 질환을 확인하는 것이다. 그러나 이것 또한 태아에게 위험하다. 유산이나 태아의 사지에 손상을 입힐 가능성이 있기 때문이다.

모든 산전 검사의 문제점은 정확하지 않다는 데 있다. 없는 사실이 있는 것처럼 나타나거나 있는 사실이 간과될 가능성이 있기 때문이다. 이것이 과학의 맹점이다. 또한 모든 검사는 판독하는 의료진의 자질에 따라 결과가 다를 수 있다는 점을 잊지 말라.

장애가 발견되면 어떻게 대처할 것인가

만일 내 아기에게 장애가 있다는 사실을 발견했다면 어떻게 대처해야 할까? 대부분의 여성들은 임신 중절 수술을 택할 것이다. 그러나 용기 있는 여성들도 있다. 마서 벡Martha Beck은 〈아담을 기다리며(Expecting Adam)〉라는 책에서 다운증후군이 있는 아이를 낳기로 결정한 경험담을 들려주었다. 만일 아기에게 장애가 발견된다면 어떻게 할 것인지는 신중히 결정해야 한다. 장애란 아기가 태어나기 전까지는 확실한 상태를 알 수 없다. 당신이 어떤 결정을 내리든 최선의 선택임을 믿어라. 당신은 자신의 가족을 선택할 권리가 있다. 그러나 어떤 결정이든 장기적으로는 감정의 여운이 남는다는 사실을 염두에 두라.

한 환자는 척추 이분증 때문에 임신 중절 수술을 한 후 한동안 임신이 되지 않았다. 그녀는 태동을 느끼던 아기를 수술했다는 죄책감으로 매우 괴롭다고 고백했다. "만일 의사의 판단이 틀렸다면? 정상이었던 아기를 수술한 것이라면?" 오랜 노력 끝에 어둡고 긴 터널을 겨우 빠져나온 그녀는 마침내 다른 아기를 갖게 되었다. 그러나 오랜 시간이 흘러도 자신의 결정이 과연 옳았는지에 대한 의문에서 벗어나지 못했다. 다른 아기가 생기면 잊어버릴 거라는 생각과는 달리 새 아기도 잃어버린 아기의 빈 자리를 채워주지 못했다. 결론적으로 어떤 이유로든 임신한 아기를 잃는다는 것은 여성에게 매우 깊은 상처를 남긴다. 그 상처를 인정하고 충분히 달래줄 때 비로소 벗어날 수 있다.

산전 검사에 대한 신중한 접근 자세

오늘날 산전 검사는 그 유효성에 대한 논란에도 불구하고 보편화되는 추세다. 그러나 초음파 검사나 알파페토 단백 검사에 대한 장기적이고 광범위한 연구 결과는 아직 입증된 바가 없다. 그럼에도 현대 사회는 검사의 한계를 인정하지 않은 채 검사를 많이 받을수록 좋다는 쪽으로 흘러간다. 산전 검사를 받기 전에 먼저 그 득과 실에 대해 생각해보자.

위험 요소를 인식하라   일부 염색체 장애는 유전적이지만 대부분의 경우에는 난자나 정자의 유전자 변이에 따른 것이다. 산모의 나이가 많을수록 이 가능성은 높아진다. 미국 산부인과 협회(ACOG)에 따르면 스무살의 산모에게 다운증후군 아기가 태어날 확률은 1/1,667이지만, 서른다섯 살이 되면 1/378, 마흔 살이면 1/106로 높아진다. 양수 검사가 원인이 되는 경우도 1/100이나 된다는 사실을 명심하라.

만일 당신의 가족력 중에 헌팅톤병이나 혈우병, 겸상적혈구빈혈증(적혈구 모양이 변형되는 증상) 같은 유전 질환이 있다면, 유전학에 조예가 깊은 전문가와 상의해서 가능한 모든 검사를 통해 아기의 상태를 파악해야만 한다.

검사의 한계를 인식하라 완벽한 검사란 없다. 모든 검사에는 오차가 있게 마련이다. 그리고 검사는 많은 스트레스를 동반한다. 나는 두 아이를 임신했을 때 알파페토 단백 검사를 위한 연구에 참가한 적이 있기 때문에 검사가 얼마나 스트레스를 많이 주는 일인지 잘 안다. 검사 결과가 정상으로 나오기 전까지 한시도 마음 편히 지낼 수 없다.

최대의 효과를 거둘 수 있는 곳에 에너지를 투자하라 만일 우리 사회가 산전 검사에 쏟는 시간과 돈과 노력을 임신 전후의 영양이나 복지에 쏟는다면 선천성 기형아의 숫자가 현저하게 줄어들 것이다. 또한 조산이나 임신성 고혈압 등의 임신 합병증의 비율도 크게 줄어들 것이다.

아기를 기다리며

뱃속의 아기와 대화를 나누어라

임신한 사실을 알게 된 순간부터 뱃속의 아기와 정기적으로 대화하라. 분홍색 거품(다른 색이어도 좋지만 분홍색이 사랑을 상징한다)에 파묻힌 아기의 모습을 머릿속에 그리며 사랑과 평화의 메시지를 보내라. 특히 스트레스가 많거나 마음이 불안하고 두려울 때 아기와 대화하면 한결 안정을 찾을 수 있다. 아기에게 책을 읽어주거나 수시로 말을 건네는 것도 한 방법이다. 아기는 임신 초기부터 듣는 능력이 발달된다. 임신이란 쌍방 통행이라는 사실을 잊지 말라. 당신이 조금만 주의를 기울인다면 뱃속의 딸이 당신에게 건네는 속삭임을 느낄 수 있을 것이다.

아기에게 좋은 파장을 보내라

임산부는 음악을 듣거나 가벼운 춤과 노래로 늘 좋은 파장이 아기에게 전달되도록 노력해야 한다. 좋은 파장은 당신과 딸의 몸을 편안하게 이완시킨다. 저명한 드럼 연주자이자 작가인 레인 레드몬드Layne redmond는 〈여자가 드럼을 연주할 때(When the Drummers Were Women)〉라는 저서에서 인간이 가장 처음 듣는 소리는 엄마의 심장 박동 소리라고 했다. 쿵작거리는 드럼 소리를 들으면 어깨가 저절로 들썩거리는 이유도 이 때문이다. 바이올린 제작자이자 파장 요법가인 디나 스피어Deena Spear는 사람부터 포테이토칩에 이르기까지 모든 사물은 고유의 파동과 에너지가 있다고 설명했다. 그리고 파동을 조절함으로써 사물을 맑고 건강한 상태로 만들 수 있다고 주장했다.

최근 실시한 흥미로운 연구 결과들은 음악이 우리 몸의 본질 중 일부라는 사실을 증명해준다. 예를 들면, 작고한 유전학자인 스스무 오노Susumu Ohno는 유전자에서 발산되는 음률을 측정해서 각각 음악적 주석을 달아 놓았다. 우리 몸에서 포도당을 분해하는 포스포글리서레이트 키아제라는 효소가 발산하는 파동은 오노 박사에게 마치 자장가처럼 들렸다. 반면, 악성 유전자는 마치 쇼팽의 장송행진곡 같은 소리를 낸다는 것이다. 텍사스 웨스리안 대학교의 분자생물학 교수인 메리 앤 클라크 Mary Ann Clark 박사는 이렇게 표현했다. "살아 있는 생물의 모든 세포는 각자 독특한 유전적 음률을 연주한다. 우리가 듣는 음악의 역사는 천년에 불과하지만, 유전자 음악의 역사는 최소한 38억 년에 이른다."[14]

음악은 불안감을 완화하며 맥박과 호흡을 안정시켜준다. 또한 스트레스 호르몬 수치를 낮추고, 몸 안의 천연 안정제 수치를 높이며, 산모의 진통을 덜어준다. 그리고 정상아뿐 아니라 미숙아의 체중을 증가시키는 등 신생아의 생리 작용이나 행동에도 유익하다.[15] 아기에게 음악을 들려주거나 노래를 불러줄 경우, 그 즐거운 파동은 당신과 아기의 세포 기능을 향상시킨다.

당신이 좋아하는 음악을 들어라. 반드시 모차르트일 필요는 없지만, 나는 개인적으로 모차르트 음악은 긴장을 풀어주고 기분을 상승시키며 영감을 불러일으킨다고 생각한다. 임신 중에는 헤비메탈이나 힙합 같은 반항적인 음악은 피하는 것이 좋다. 아기가 좋아하는 음악을 감지해서 자주 들려주는 엄마가 되고 싶지 않은가. 뱃속의 아기는 좋아하는 음악을 들으면 움직임이 활발해진다. 아기의 감성 지수를 높이는 가장 좋은 방법은 사랑과 격려의 느낌이나 생각을 많이 전달하는 것이다. 물론 음악과 함께 보낸다면 금상첨화다.(부록 참조)

임신에 대한 부정적인 생각을 버려라

희극인이자 작가인 엘마 밤벡Erma Bombeck은 유방암이라는 진단을 받고 나서 자신이 살아오면서 가장 하고 싶었던 일들을 기록했다. 그 중 하나는 행복한 마음으로 임신을 즐기는 일이었다. "나는 빨리 아홉 달이 지나가기를 기다리는 대신 순간순간을 최대한 즐기려고 노력했다.

내 안에서 생명체가 자란다는 사실은 내가 신이 행하는 기적을 돕는 유일한 기회였다."[16]

심신의 힘을 모두 동원하라

임신 중에 투명해지는 감정의 커튼을 최대한 이용하라. 그리고 순조로운 출산을 위한 몸과 마음을 준비하기 위해 긍정적인 다짐을 지속적으로 반복하라. 조산사인 이너 메이 개스킨Ina May Gaskin은 저서 〈이너 메이의 출산을 위한 지침서(Ina May's Guide to Children)〉에서 출산 중의 마음가짐이 몸에 미치는 놀라운 힘에 대해서 지적한다. 그녀는 진통을 겪는 한 산모에게 골반과 질과 음부가 활짝 열려 아기가 쉽게 빠져나올 수 있을 거라는 확신을 심어주었다. 그 산모는 실제로 순조롭게 아기를 출산할 수 있었다.

주변의 모든 사물 - 냉장고, 욕실 거울, 컴퓨터, 신문, 전화 등 - 에 당신의 다짐을 상기시켜주는 글귀를 써붙여라. 그리고 볼 때마다 소리 내어 읽거나 반복해 쓰면서 마음속으로 다짐을 되풀이하라. 당신의 감정이나 생각의 마술적인 힘이 몸에 작용하도록 만들어라. 예를 들어보자.

- 내 몸은 강하고 유능하다. 거뜬히 그리고 즐겁게 출산을 수행할 수 있다.
- 내 몸은 유연하다. 우리 아기가 빠져나올 수 있도록 충분히 문을 열어줄 것이다.
- 우리 아기와 나는 소울메이트다. 우리는 이 신기한 모험을 함께 즐길 것이다.

외부의 태반을 창조하라

임신과 산고, 그리고 출산은 육체적으로 막대한 에너지가 필요한 중대한 사건이다. 따라서 임신한 모든 여성은 이 에너지를 보충하는 데 힘써야 한다. 충분한 영양을 섭취하는 것은 물론 사랑과 지원을 아끼지 않는 외부 환경도 반드시 필요하다. 나는 이것을 '외부 태반'이라고 부른다. 아기가 엄마와 협력해서 내부의 태반을 만들어가듯이 엄마는 외부의 태반을 만들기 위해 협조적인 주변 환경을 창조해야 한다.

여성들은 특히 임신 중에 친정 엄마에 대한 애착이 더욱 절실해진다. 만일 친정 엄마가 돌아가셨거나 학대를 일삼던 부절적한 엄마라면 도움이 될 '대리모'를 찾는 방법도 있다. 친구나 가족 혹은 동료 중에 사랑이 많고 자상하며 이해심이 많은 사람을 찾아보라.

엄마의 외부 태반은 자신은 물론 아기의 건강에도 지대한 영향을 미친다. 주변에 잘 보살펴주는 사람이 있다는 것은 임산부의 심신 건강에 큰 도움이 된다. 또한 유능하고 친절한 의료진을 선택하는 것도 중요하다. 임산부에게는 주변에 협조적인 사람이 많으면 많을수록 유익하다.

임신부의 자기 보살핌

당신의 몸은 아이가 뿌리를 내리고 자라는 흙이다. 비옥한 흙에서 곡식이 잘 자란다는 것은 모든 농부가 아는 사실이다. 임신, 산고, 출산, 산후 조리 과정에는 자기 보살핌의 두 가지 원칙이 적용된다. 심은 대로 거둔다. 당신이 갖지 않은 것을 남에게 줄 수 없다. 이 원칙은 몸은 물론 정신에도 해당된다.

임신 전에 실천했던 식생활을 계속하라 앞서 3장에 소개했던 임신을 준비하는 식생활 프로그램을 빨리 실천하면 할수록 임신부와 태아의 건강에 유익하다는 것을 잊지 말라.

| 만일 당신이 채식주의자라면 |

임신부가 채식주의자라면 건강을 유지하기 위해 더 많은 노력이 필요하다. 채식주의자도 여러 종류다. 계란이나 우유 같은 일부 동물성 식품을 섭취하는 사람이 있는 반면, 동물성 식품은 철저하게 피하는 사람도 있다. 그러나 채식주의자도 임신 중에는 아기를 위해 생선이나 계란 혹은 유기농 붉은 고기를 조금씩 섭취하는 것이 좋다.

운동을 거르지 말라 날씬한 여성이 체중이 많이 나가는 여성보다 임신기를 넘기기가 한결 쉽고 편하다. 나는 항상 환자들에게 임신부들이 피해야 할 운동은 스카이다이빙과 워터스키뿐이라고 강조한다. 임신 중에는 특히 정기적인 운동이 중요하다. 일주일에 적어도 3일은 운동하라. 우리 엄마는 진통이 시작되기 직전까지 우리 형제들을 모두 이끌고 스키를 즐기셨다. 물론 엄마는 스키 실력이 수준급이었고 몸매도 날씬했다. 그러나 임신 중에 새로운 스포츠를 시작하는 것은 피하라. 나는 임신 중에 필라테스를 비롯해서 요가, 태극권을 즐겼으며 산책도 자주 했다. 그러나 조깅은 첫 아이를 임신했을 때 뛰는 것이 불편해서 중단한 후 지금까지 다시 시작하지 못했다. 살이 너무 많이 졌기 때문이다. 산책, 수영, 댄스, 자전거 타기, 요가 등은 임신부에게 매우 좋은 운동이다. 그러나 일부 요가 동작들은 임신부에게 맞지 않으므로 강사와 상의하거나 임신부 교실에서 하는 것이 좋다.

당신이 아무리 숙련된 선수일지라도 경쟁적인 운동은 피하라. 또한 마라톤이나 지구력이 필요한 운동, 오래 서 있는 운동도 임신부에게는 좋지 않다. 맥박이 1분에 100회 이상 올라가지 않도록 하며, 격렬한 운동은 15분 이상을 넘지 않게 하라.

직장을 그만두지 말라 많은 연구들이 밖에서 일하는 것이 건강에 유익하다는 결과를 입증했다. 그러나 한계가 있다. 임신한 산부인과 레지던트들을 대상으로 실시한 연구에 따르면, 일주일에 80시간 이상 일한 여성들은 동료 남성 레지던트들의 파트너보다 조산, 임신 중독증, 태아의 발육 부진 가능성이 더 많았다.[17] 임신 중의 과로는 금물이다.

국민 건강의 위기, 조기 출산

조기 진통은 임신부가 입원하는 첫 번째 이유다. 그리고 조기 출산은 심각한 선천성 결손증에 이어 사산아가 탄생하는 두 번째 이유로 꼽힌다. 특히 이런 성향은 흑인 여성들에게 더욱 심하다. 오늘날 조기 출산으로 인한 합병증은 흑인 신생아들의 가장 큰 사망 원인이다.

현재 미국 전체 신생아의 12퍼센트가 예정일보다 앞서 탄생하고 있으며, 그 중 흑인 신생아 비율은 17퍼센트에 이른다.

다음은 모자보건소 회장인 이브 라크리츠Eve Lackritz 박사가 2004년 조기 출산의 문제점에 대해 미 상원의원에 보고한 내용을 요약한 것이다.

조기 출산보다 더 심각하게 건강을 위협하는 요인은 많지 않다. 신생아 사망률의 주요인인 이 증상은 갈수록 증가하는 추세다. 조기 출산은 뇌성 마비, 정신 발육 지체를 비롯해서 실명과 만성적 폐 질환 등 기형아 출생의 주된 요인으로 작용한다. 조기에 출생한 아이들은 정상적인 아이들보다 선천적 결손증을 보일 확률이 2배나 높다. 미숙아들은 미국의 의료보험에 막대한 재정 부담을 안겨준다. 매년 미숙아에게 지출되는 비용은 130억 달러에 이른다. 이 액수는 단순히 그들의 출생 비용만 계산한 것이다. 이밖에도 산모의 입원비를 비롯해서 반복적인 입원비, 치료비, 재활 치료비, 특수 보조비 등 아이들에게 지속적으로 지출되는 비용을 모두 합하면 천문학적인 숫자에 이른다. 조기 출산으로 지불해야 하는 대가는 재정적인 비용만이 아니다. 가족과 공동체를 해체시키며 부모들에게 엄청난 감정적인 상처를 입힌다. 사회에 미치는 영향을 감안할 때 조기 출산은 공공 보건을 위해 우선해서 해결해야 할 문제점이다.[18]

조기 출산의 원인은 무엇인가

암이나 심장 질환처럼 조기 출산도 세포 감염이 원인이다. 그리고 이 심각한 감염에는 여러 가지 요인이 작용한다. 과거에 실시한 연구들은 질 감염이나 잇몸 질환 같은 가벼운 만성적 염증을 원인으로 지적했다. 그러나 최근 10년 간 실시한 연구 결과에서는 이런 감염을 항생제로 치료해도 조기 출산을 막지 못했다.

결국 범인은 박테리아가 아니라 감염 그 자체라는 사실이 밝혀졌다. 감염은 신체적 · 정신적 스트레스에 대항한 신진대사의 반작용이 쌓여서 발생하는 증상이라는 점을 잊지 말라.

조기 출산 예방법

조기 출산의 가능성을 감소시키려면 먼저 세포 감염을 줄여야 한다. 그 방법을 살펴보자.

흡연을 금하라 흡연은 신생아 체중 미달의 주된 요인이다.

질 세척을 금하라 질 세척은 미숙아 탄생과 임산부의 질염을 일으키는 요인으로 작용한다.

앞서 소개한 임신부의 식이요법을 실천하라 연구 결과에 따르면, 임신 전의 비타민 섭취는 조기 출산의 위험을 현저하게 감소시킨다.

오메가-3 지방산 특히 DHA를 충분히 섭취하라 필수 지방산은 감염을 예방하는 전구체를 공급하여 감염을 저지한다. 연구 결과, 조기 출산 경험이 있는 임산부가 매일 DHA 1,000밀리그램과 EPA 1,300밀리그램을 섭취한 후 조기 출산의 비율이 현저하게 낮아졌음이 입증되었다. 또한 아기의 체중도 훨씬 늘었다.[19]

프로게스테론을 복용하라 조기 출산 가능성이 높은 임신부에게 임신 16주부터 매주 프로게스테론 호르몬제를 주사한 결과, 그 비율이 현저하게 낮아졌다는 연구 결과가 발표되었다. 프로게스테론은 질 좌약으로도 공급할 수 있다. 주사를 맞거나 좌약을 넣는 것이 불편하긴 하지만 프로게스테론의 효과는 탁월해서 조기 출산의 가능성을 현저히 감소시킨다.[20]

정신적 후원이 필요하다 조기 출산 가능성이 큰 임산부들이 정신적으로 안정된 환경에 있을 경우 그 확률이 낮아진다는 사실이 연구 결과 밝혀졌다. 명상이나 심상유도 치료법(최면 요법의 일종) 등의 효과도 입증되었다.[21]

5

진통과 출산

- 여성 에너지를 발휘하는 순간-

여성들이 아기를 분만하는 순간처럼 창조의 과정을 생생하게 경험할 수 있는 기회는 없다. 그 중에서도 자연분만은 어느 방법보다 여성을 본질적인 힘에 접근하도록 만든다. 자연분만을 경험한 여성들은 엄마 곰의 지혜를 확실히 깨닫고 앞으로의 삶에서도 그 지혜의 인도를 받는다. 이 지혜를 깨우친 여성들은 산후 우울증이나 다른 정신적 장애에 시달릴 가능성이 매우 적다. 그리고 탄생에 대한 두려움을 극복했기 때문에 죽음에 대한 두려움도 없다.

　여성의 진통 과정은 삶의 여정과 흡사하다. 자신을 포함한 주변 사람들과의 관계에 따라서 여성의 타고난 적응력과 내면의 지혜를 발휘하는 능력이 달라지기 때문이다. 만일 여성이 분만 과정에서 믿음직한 후원자와 사랑하는 사람들의 충분한 지원을 받음으로써 내면에 잠재된 엄마 곰의 지혜를 터득할 수 있다면, 출산 이후에는 더 큰 적응력과 내면의 힘으로 그 지혜를 발휘하며 살 것이다. 산고를 통해서 그녀가 배울 수 있는 가장 큰 교훈은 자연의 섭리에 순응하는 자세다. 자연의 섭리란 지식으로 통제할 수 있는 대상이 아니라 온전한 깨달음을 통해서만 접근할 수 있는 대상이다. 자연의 섭리에 순응하는 자세는 출산뿐 아니라 아기를 키우거나 자신의 꿈을 추구할 때도 반드시 필요하다.

| 자연분만이란 무엇인가 |

자연분만이란 불필요한 의학적인 간섭 없이 진통이 진행되는 과정을 말한다. 제왕 절개술이나 부분 마취, 유도 분만 같은 의학적인 처치는 문제가 있을 경우에만 필요하며 대부분의 여성들은 스스로 아기를 분만할 능력이 있다.

신경학적으로 설명하면, 산고는 여성의 몸에 기본적으로 입력된 운동 신경이 반응하는 것이다. 의사가 작은 망치로 무릎을 쳤을 때 반사적으로 무릎이 올라가는 것처럼 자연스럽고 자동적인 움직임이다.

또한 해부학적으로 말하자면, 어떤 약품이나 의학적인 절차도 여성들이 본능적으로 갖춘 출산 능력을 보강시켜주지 못한다. 아홉 달 동안 아기가 사는 집인 자궁부터 살펴보자. 일단 진통이 시작되면 자궁은 아기를 경부로 밀어내는 데 적합한 근육으로 변한다. 그리고 자궁 경부가 10센티미터 정도 열리면 산도로 아기를 밀어낸다. 자궁 경부란 자궁 아래쪽에 위치한 입구로, 임신 중에는 아기를 안전하게 보호하기 위해 굳게 닫혀 있다가 진통이 시작되는 순간부터 조금씩 열린다.

골반도 대개의 경우 아기가 편히 지나갈 만한 크기로 이루어졌다. 골반을 이룬 네 개의 뼈는 인대로 단단히 연결되어 있는데 진통이 시작되면 점차 느슨해지기 때문에 아무리 큰 아기라도 무난히 통과할 수 있다. 대부분의 경우 골반이 산모와 아기에게 아무 해도 입히지 않을 만큼 충분히 벌어진다고 나는 장담한다. 그러나 많은 산부인과 의사들은 초음파 검사나 골반 측정 검사에 의존해서 제왕 절개술을 하느냐 마느냐를 결정짓도록 교육받았다. 그러나 우리 외할머니는 키 157센티미터, 몸무게 40킬로그램에 불과했지만 우리 엄마와 이모를 무사히 집에서 분만했다. 둘 다 4킬로그램이 넘는 거대한 아기였다. 아무도 외할머니의 골반이 그렇게 큰 아기들을 낳기에 부적합하다는 얘기를 해주지 않은 것은 오히려 행운이었던 셈이다.

미국의 분만 실정

내가 소개한 우리 외할머니의 분만법은 미국 이외의 나라에서는 흔한 현상이다. 네덜란드를 비롯한 유럽의 여러 의학 선진국에서는 많은 여성들이 집에서 아기를 분만한다. 그들은 분만을 위해 어떤 마취제나 약물도 필요하지 않다고 생각한다. 미국의 실정과 격세지감을 느끼지 않는가. 미국에서는 출산을 지나치게 의학에 의존한 나머지, 의사들은 진통이 빨리 진행되지 않으면 복부를 절개하는 제왕 절개술을 권한다. 많은 병원이 출산에 걸리는 시간을 획일적으로 정해놓고 산모들이 그 시간 안에 아기를 낳도록 종용한다. 산모들은 '프리드만 곡선(Friedman labor curves)'이 정한 시간 안에 '생산'을 마쳐야 한다.

프리드만 곡선이란 자궁 경부의 개폐 정도에 따라 분만 진행 상태를 평가하는 기준으로 이제는 산부인과 진료의 전통처럼 되어버렸다. 미국의 의사들은 진통의 자연스러운 과정을 신뢰하도록 교육받지 못했다. 내가 처음 아기를 받던 애송이 의사였을 때는 링거 주사나 태아 모니터를 연결할 시간조차 없을 만큼 분만이 임박한 산모가 들어오면 위급 상황으로 여기고 허둥대곤 했다. 그러나 이제는 생각이 달라졌다. 링거 주사를 연결하는 단순한 행위조차 여성의 선천적인 능력을 방해하며, 산모들에게 분만실의 복잡한 의료 장비가 없이는 아기를 낳을 수 없다는 암시를 준다는 사실을 확실히 인식한다.

출산의 의학화는 많은 부정적인 결과를 초래했다. 현재 미국 병원에서 행해지는 27퍼센트에 달하는 제왕 절개술, 70퍼센트에 달하는 부분마취, 지난 10년(1989~1998년) 간 두 배(9.2~19.2퍼센트)로 늘어난 유도분만, 95퍼센트에 달하는 탯줄의 조기 절단 등은 여성의 몸이 지닌 생리적인 지혜와 본능적인 능력을 믿지 못한 결과다.[1] 이런 의학적인 처치로 생기는 불필요한 스트레스와 정신적 상처는 산모와 아기 모두에게 우리가 생각하는 것보다 훨씬 심각한 영향을 미친다.

이처럼 많은 엄마와 딸들이 본능적인 지혜를 무시하는 환경에 노출된 실정이지만, 만일 그들 스스로가 그 지혜를 인식한다면 얼마든지 올바른 길을 선택할 수 있다. 한 가지 바람직한 변화는 1983년에 70퍼센트였던 회음 절개술이 2000년에는 20퍼센트로 현저하게 줄었다는 것이다. 더 흥미로운 사실은 일반 보험이 아닌 정부의 보험 혜택을 받는 흑인 여성의 회음 절개술이 상대적으로 낮아졌다는 것이다.[2]

산고에 완벽하게 대처하는 여성의 몸

나는 여성의 힘의 원천이 무엇이냐는 질문을 받을 때마다 우리가 두려워하는 원초적인 경험인 출산이라고 대답한다. 우리 사회는 여성들에게 출산에 대해 두려움을 심어줌으로써 가능한 한 그 원천에서 멀어지도록 유도해왔다. 또한 지나치게 의학적으로 접근하여 그 본능적인 힘을 깨닫지 못하게 만들었다. 그러나 진통과 출산은 생리나 폐경기와 마찬가지로 여성을 여성 에너지에 접근하게 하는 소중한 경험이다. 여성이 생리 때마다 병원의 도움을 받아야 한다고 상상해보라. 모든 여성들이 생리통을 피하기 위해서 생리 때마다 병원에 가서 마취하거나, 생리혈을 고통 없이 빨리 뽑아내기 위해 수술을 받는다고 가정해보라. 당신은 그런 절차를 통해 매달 치르는 귀찮은 행사를 치르지 않기를 바라는가.[3] 이 말이 그럴듯하게 들리는 여성이라면 아기를 낳을 때도 당연히 병원의 처방에 무조건 따를 것이다. 그 이유는 우리 사회가 여성의 힘에 대해 왜곡된 교육을 해왔기 때문이다.

아기를 출산하는 순간보다 우주의 생명력에 더 강력하게 연결되는 순간은 없다. 그러나 그것은 아무 방해도 받지 않을 때 가능하다. 자연이 최선을 다할 수 있도록 기꺼이 순응할 때만 당신은 생생하게 작용하는 자연의 지혜를 느낄 수 있다.

생명을 탄생시키는 일은 자연의 임무 중 가장 큰 과업이다. 자연은 이 일을 수행하는 데 모든 지혜를 동원하기 때문에 그 과정을 체험한 여성들은 자기 안에 존재하는 내면의 힘을 깨닫고 그것에 접근하는 법을 배우게 된다. 당신이 모든 정성을 기울여 임한다면 출산이란 과정은 엄마와 딸, 나아가서 아빠까지 세 사람의 관계를 단단하게 연결하는 좋은 계기가 될 것이다.

이런 가르침은 반복되는 진통의 리듬 안에 입력되어 있다. 진통 과정은 엄마의 몸과 뇌를 강하고 유연하고 탄력 있게 훈련시킨다. 엄마는 자궁이 수축하는 아픔을 견디는 동안 불편함을 극복하는 힘을 배우며 내면의 지혜에 접근해간다. 뒤이어 찾아오는 휴식의 순간에는 더 편안한 자세로 쉬거나 물을 마시면서 다음 수축을 준비한다. 엄마는 자신의 힘으로 통제할 수 없는 고통스럽고 힘든 상황을 견디는 법을 배운다. 그리고 다음 수축을 위해 시간과 힘을 준비하는 휴식의 순간이 올 것을 믿는다.

수축과 이완이 반복되는 진통의 과정은 엄마의 몸에 매우 유익하고 특별한 생리 작용을 불러일으킨다. 엄마와 아기의 몸과 뇌에 작용하는 두 가지 신경전달물질의 수치를 높이는데, 자궁 수축과 사랑의 감정을 불러일으키는 옥시토신과 진통을 완화하는 천연 진정제인 베타 엔도르핀이 그것이다. 이들 호르몬은 서로 협력해서 진통의 순환 작용이 원활하게 이뤄지도록 돕는다.

이 모든 과정은 자연스럽게 이뤄지기 때문에 대부분의 여성들은 약물 또는 기계의 도움이나 간섭이 전혀 필요 없다. 이런 장비들은 아기의 탄생을 정상적인 생리 작용이 아닌 의학적인 위급 상황으로 몰아가는 주범이다. 그러나 산모들은 의사를 과신한 나머지 과장된 의학적 접근에 동조한다. 만일 당신이 무통 분만을 위한 마취제나 전기를 이용한 태아 감지 장치, 회음 절개술, 국소 마취, 유도 분만, 진공 추출기나 겸자(날이 서지 않은 가위 모양의 외과 수술 기구) 출산, 제왕 절개술 등이 산모와 아기에게 얼마나 부정적인 영향을 미치는지를 안다면 의학적으로 반드시 필요하지 않은 이런 시술에 십중팔구 참여하지 않을 것이다. 진통과 출산의 정상적인 과정을 무시하는 이런 의학적인 처치들은 아기가 스스로 호흡할 준비가 되지 않은 상태에서 탯줄을 미리 끊어버리는 것처럼 대단히 잘못된 관행이다. 오늘날 대부분의 병원 분만실에서는 바쁘다는 핑계로 이렇게 비인간적인 처치가 행해지는 실정이다.

여성의 몸이 아기를 탄생시키기에 완벽하도록 설계되었다는 사실을 이너 메이 개스킨보다 더 분명하게 밝힌 사람은 없을 것이다. 그녀는 30년 이상 아기를 받아온 숙련된 조산사이자 팜 조산원의 창시자이기도 하다. 테네시 주의 한적한 시골에 위치한 이 조산원에서 개스킨과 동료들은 그동안 2,200명 이상의 아기를 받았다. 아기들은 병원이 아닌 부모의 집이나 펌 조산원에서 태어났다. 이 조산원에서는 제왕 절개술 2퍼센트, 겸자나 진공 추출기 사용 1퍼센트 미만, 약물 사용 0퍼센트라는 기록에도 불구하고 어느 병원에서나 부러워할 만큼 산모와 아기는 건강하다.

개스킨은 이렇게 강조했다. "당신의 몸은 칼로 함부로 자르는 레몬이 아닙니다. 그리고 기계도 아닙니다. 창조주가 심혈을 기울여 창조한 인간이라는 사실을 잊지 마십시오. 더구나 창조주는 어설픈 기술자가 아니랍니다."

모든 여성이 알아야 할 출산의 원리

나는 당신에게 진통과 출산의 육체적, 정신적, 생리적, 생물학적 법칙을 신뢰할 수 있는 기회를 제공하고자 한다. 다음에 소개하는 열 가지 원리들은 우리의 딸들이 순조롭게 삶을 시작하는 데 도움을 줄 것이다. 뿐만 아니라 이 원리들은 우리 자신의 건강을 포함해서 모든 종류의 창조 과정에도 적용할 수 있다.

첫째, 진통은 자기 나름대로의 스케줄이 있다

임신은 성장과 발전 과정을 인내심을 가지고 지켜보게 만든다. 바쁘게 돌아가는 현대 사회에 사는 우리들은 모든 것이 빨리 이루어지길 바란다. 그러나 엄마 곰의 지혜는 결코 서두르지 않는다. 임신 과정은 조급하게 재촉한다고 될 일이 아니라 충분히 때가 차서 스스로 진통이 시작될 때까지 기다려야 한다.

임신 말기가 되면 산모들은 마음이 급해져서 이런 질문들을 한다. "아기가 언제 나올까요?" "언제쯤 진통이 시작될 거 같아요?" 그러나 나도 정확하게 답해줄 수가 없다. 임산부마다 각자 걸리는 시간이 다르기 때문이다. 아기는 나올 준비가 되면 스스로 신호를 보낸다. 우리는 임신이라는 과정을 거치면서 아기의 뜻, 곧 하늘의 뜻을 기다리는 법을 배우게 된다.

아기는 엄마 뱃속에 있을 때 한결 돌보기가 쉽다. 물론 임신 말기가 되면 허리가 아프고, 뒤뚱거리고 걸어야 하며, 잘 때도 자세가 불편하고, 동작이 굼뜨긴 하지만 이 모든 것은 다 필요한 과정이다. 자신을 통제하고 에너지를 분배하는 법을 배우는 것이다. 당신은 아기가 스트레스 호르몬의 바다에서 헤엄치기를 바라지 않을 것이다. 그리고 세상 밖으로 나올 준비가 될 때까지 충분히 기다려서 얻을 수 있는 유익함을 최대한 누리길 바랄 것이다.

🌿 지혜의 샘 | 유도 분만

경우에 따라서는 엄마와 아기의 안전을 위해서 유도 분만이 필요할 수도 있다. 예를 들면, 임신부가 심각한 임신성 고혈압 증상을 보여 발작을 일으킬 위험이 있는 경우다.

그러나 임신부들은 태어날 시간을 미리 정해놓고 아기를 낳는 것이 좋다고 권유받는다. 그들은 분만을 도와줄 친정 엄마에게 언제 와야 할지를 정확히 알려주고 싶어 한다. 또 상사에게 언제 휴가를 내야 할지 확실히 통보하길 원한다. 바로 이런 이유 때문에 산모들은 점차 위험 부담을 감수하면서 유도 분만을 선호한다. 내가 의대생이었을 때 한창 성행하던 유도 분만이 잠시 주춤했다가 요즘 다시 유행 중이다.

유도 분만은 단지 인공으로 분만을 유도하는 것만이 아니다. 양수막을 미리 터뜨리고, 정맥 주사를 통해 옥시토신을 주입하고, 골반에 직접 혈관 확장제를 투입한다. 유도 분만을 경험한 대부분의 여성들은 이 인공적인 수축이 얼마나 고통스러운지를 잘 안다. 인공적인 수축은 자연적인 수축보다 더욱 강력하기 때문이다. 따라서 태아에게 많은 스트레스를 주며 산모는 고통에서 벗어나기 위해 진통제를 요구한다. 반면, 자연분만은 수축과 이완의 리듬이 규칙적이기 때문에 견디기가 한결 수월하다. 이밖에도 유도 분만은 제왕 절개술이나 자궁 파열, 태아 질식, 황달, 조기 분만의 가능성을 높인다. 고도로 발달된 초음파술이 아기가 태어날 시기를 정확하게 측정한다고 믿지만, 실제로 기계의 해석 능력 범위에는 한계가 있다. 따라서 내 경험으로 미루어볼 때 아기가 충분히 준비되기 전에 미리 유도 분만을 하는 경우가 생각보다 훨씬 많은 실정이다.[4]

임신에 대처하는 임신부나 주변 환경은 여유 있고 유연해야 한다. 포춘지가 선정한 세계 500대 기업을 운영하는 것과는 다르다. 이런 자세는 삶의 다른 분야에도 적용된다. 인간은 임신 과정을 좌지우지할 능력이 없고 오직 따를 수밖에 없다. 이것은 현대 사회가 추구하는 주된 가치관인, 모든 것을 통제할 수 있다는 환상과 정면으로 맞서는 상황이다. 그러나 당신의 몸을 자연의 섭리에 맡길 때 당신은 자신의 지성으로 통제하는 것보다 더 큰 혜택을 누리게 될 것이다.

요점-나는 잠시 매정한 엄마가 되어 당신에게 이렇게 묻고 싶다. "만일 당신이 자연분만이라는 '불편한' 고통을 견뎌낼 자신이 없다면 그보다 '훨씬 불편한' 아기를 돌보는 일은 어떻게 감당할 것인가?" 내 무례한 질문을 용서하라. ✿

둘째, 아기의 탄생은 기쁨과 사랑과 환희를 경험하는 최고의 순간이다

산고와 분만은 평생 잊을 수 없는 여러 감정을 맛보는 일생 최고의 순간이다. 그 기쁨을 선사하는 주역은 옥시토신과 베타 엔도르핀이라는 두 호르몬이다. 산고를 치르는 동안 엄마의 뇌, 즉 전두엽과 측두엽에는 이들 호르몬이 넘쳐흐른다. 이들은 뇌를 한결 활동적이고 수용적으로 만든다. 이 말은 산모의 모든 감각이 최고의 능력을 발휘하게 된다는 뜻이다. 산모는 시간이 정지된 상태에서 우주의 일부가 된 신비한 기분을 느끼게 된다.

옥시토신은 모든 동물의 유대감에 중요한 역할을 하는 호르몬이다. 옥시토신 수치는 성교나 수유 또는 유대감에 관련된 행동을 할 때 증가한다. 특히 산고를 치르는 동안에는 최고조에 이른다. 또한 베타 엔도르핀이라는 신경전달물질은 모르핀과 비슷한 작용을 하는 물질로 자연분만 시 엄마와 아기의 몸 안에서 막대한 양이 분비된다. 이 호르몬은 황홀경을 유발하며 통증을 감소시키기도 한다. 이 물질은 운동이나 명상을 할 때도 많이 분비된다.

옥시토신과 베타 엔도르핀은 서로 협력해서 진통 중인 임신부를 사랑과 행복감이 충만한 상태로 이끈다. 때로 이런 상태가 고조되면 엑스터시스ekstasis*의 경지에 이르기도 한다.5) 이들 호르몬 덕분에 명상에 문외한이던 산모도 그 순간에 발생한 모든 일을 정확히 기억하는 수용과다(hyperreceptive) 상태를 경험하게 되며, 직관력이 높아지고, 주변을 보는 시각이 아름답게 변한다. 이런 상태에서 분만할 경우, 임신부는 분만실의 모든 사람에게 기쁨과 행복감을 전염시킬 정도로 고양된

---

*엑스터시스ekstasis – 황홀경,무아경을 뜻하는 '엑스터시ecstasy'의 어원으로 '자기를 초월함'이라는 뜻의 그리스어

기분을 경험한다. 제왕 절개를 앞둔 임신부들에게 의학적으로 불가피한 이유가 없다면 진통 과정을 거치길 권하는 이유도 이 때문이다. 진통은 엄마와 아기가 더 준비된 상태에서 서로를 만나게 해준다.

의대생 시절에 분만을 도왔던 한 환자의 고백이 기억난다. 그녀는 출산 후 진찰받으러 왔을 때 분만을 담당했던 의사와 사랑에 빠져 멋진 춤을 추는 광경을 꿈꾸곤 한다고 내게 털어놓았다. 그 의사는 나도 우상으로 삼을 만큼 멋진 남자였다. 그 후에도 나는 비슷한 고백을 하는 환자들을 많이 만났다. 나는 그들이 남편 이외에 자신의 은밀한 몸을 보았던 유일한 남자인 의사에게 감사의 뜻으로 사랑을 베푸는 것이라고 이해했다. '아가씨들이 멋진 남자를 보면서 데이트를 상상하는 것과 같은 심정일 거야' 하고.

그러나 지금은 그것이 옥시토신의 작용 때문이라는 사실을 안다. 엄마가 아기를 사랑하게 만드는 생리적 큐피드의 화살인 이 호르몬이 진통에 동참하며 돌봐준 의사에게도 꽂힌 것이다. 그러나 진통을 전혀 거치지 않고 제왕 절개술을 받은 여성들은 옥시토신의 효과를 경험하지 못하기 때문에 자연분만을 한 엄마보다 아기와의 유대감이 부족할 수도 있다. 제왕 절개술로 아기를 낳았던 한 산모가 이런 질문을 한 적이 있다. "우리 아기를 어떻게 알아볼 수 있죠?" 현대의 기계 문명이 창조의 과정을 무시한 결과, 엄마가 자기 몸으로 낳은 아기조차 알아보지 못하는 사태를 초래한 것이다. 야생 침팬지라면 자기 새끼를 알아보지 못하는 일이 발생하겠는가?

인간이 억지로 방해하지 않는다면 자연은 호르몬을 통해 엄마가 행복감에 도취된 상태로 새로 태어난 아기를 만나도록 유도한다. 따라서 엄마는 아기를 본 순간 사랑에 빠진다. 이것은 아기가 엄마에게 충분히 사랑받고, 엄마와 아빠와 아기의 유대감이 견고해지게 만들기 위한 자연의 섭리다.

현대 사회는 이런 자연의 섭리를 무시하지만, 의학적인 견지에서 볼 때 출산은 오르가슴에 버금가는 강력한 쾌감을 유발한다. 한 환자가 고백하기를, 딸을 출산하는 순간 그 쾌감이 너무 커서 의사에게 이렇게 말했다는 것이다. "아기를 낳는 게 이렇게 황홀한 일인 줄 알았다면 열 명쯤 낳을 걸 그랬어요!" 그러나 지금 내가 소개하는 황홀감은 병원에서 분만하는 산모들은 경험하기 힘든 감정이다. 복잡한 기계들이 임신부를 긴장시켜 자신의 내면에 충분히 몰입할 수 없게 만들기 때문이다.

그러나 행복한 출산을 경험한 여성들의 말을 들어보면 신체적 쾌감과 정신적 환희를 동시에 맛보았다고 한다. 훌륭한 성자나 거룩한 성인들이 해탈의 경지에서 느끼는 깊은 희열을 아기를 출산하는 엄마도 경험하는 것이다. 이것은 과학적으로도 설명이 가능하다. 출산 시 활동이 왕성해지는 뇌의 측두엽은 모든 직관이나 신비한 체험 또는 임사체험(near-death experience, 죽음 직전의 상태)에서도 동일한 반응을 보이기 때문이다. 많은 조산사나 분만실 간호사들이 죽음을 앞둔 사람들을 간호하는 호스피스 활동에 몸담는 것도 이런 맥락에서 설명할 수 있다. 그들은 죽음이나 출산 같은 삶의 중대한 관문에서 편안하게 자연에 순응하는 사람들의 에너지에 끌리는 것이다.

🌿 지혜의 샘 | 제왕 절개술

때에 따라서는 산모와 아기를 위해서 제왕 절개술이 불가피한 경우가 있다. 그러나 뚜렷한 의학적 요인이 없는 제왕 절개 분만이 과연 필요할까. 만일 숙련된 전문가의 충분한 도움을 받을 수 있다면 제왕 절개술이 반드시 필요한 산모는 전체 임산부의 10퍼센트에도 미치지 않을 것이다. 그럼에도 많은 여성들이 출산에 대한 두려움을 회피하기 위한 수단으로 이 수술을 택한다. 이것은 엄마 곰의 지혜에 위배되는 처사임은 두말 할 나위도 없다. 나는 혼자 나서서 총대를 메고 싶은 생각은 없지만 여성들에게 제왕 절개술의 중대성과 위험성에 대해서 경종을 울리고 싶다.

다음은 출산환경향상위원회에서 발표한 제왕 절개술의 위험성을 발췌한 것이다.

- 제왕 절개술을 받은 여성은 자연분만 여성에 비해 사망할 가능성이 5~7배가 높아진다.[6),7)]
- 수술 중이나 후의 합병증으로는 수술 중에 방광이나 자궁 또는 혈관이 손상될 가능성이 있으며(100명 중 2명), 과다 출혈(100명 중 1~6명이 수혈이 필요함), 장 기능 마비(100명 중 1명), 감염(50배)을 유발할 수 있다.[8),9)]
- 10명 중 1명의 산모가 출산 후 두 달 동안 정상적인 활동에 지장을 느낀다고 호소했다.[10)] 또한 4명 중 1명은 수술 부위의 통증을 주된 문제점으로 꼽았다. 14명 중 1명은 이 통증이 출산 후 6개월 이상 지속되었다고 밝혔다.[11)]
- 자연분만 여성보다 출산 후 병원을 찾는 일이 2배나 많았다.[12)]
- 모든 복부 수술이 그렇듯이, 이 수술도 내부 조직에 상처를 남겨 골반 통증이나 성교 시 통증, 장 문제 등의 원인이 된다.
- 자연분만 여성에 비해 불임[13)]이나 조기 출산[14)]의 가능성이 높아진다.

또한 제왕 절개술은 아기에게도 심각한 피해를 입힐 수 있다.

- 특히 계획된 제왕 절개술의 경우 아기가 미숙아로 태어날 가능성이 커진다. 예정일보다 조금이라도 일찍 태어난 아기는 호흡이나 수유에 문제가 생길 수 있다.[15]
- 100명 중 1~2명의 아기는 수술 중에 상처를 입는다.[16]
- 자연분만과 제왕 절개로 태어난 아기를 비교한 결과에 따르면, 제왕 절개로 태어난 아기의 아프가 지수(Apgar score, 신생아의 건강 상태를 나타내는 점수)가 50퍼센트나 낮았으며, 출생 후 호흡이 곤란하거나 기타 응급 조치를 받을 확률이 5배나 높았다.[17]
- 제왕 절개로 탄생한 아기는 자연분만 한 아기보다 폐고혈압에 걸릴 확률이 5배나 높았다.[18] 폐고혈압은 생명을 위협하는 심각한 증상이다. ✿

| 자연분만이 아기에게 유익한 점 |

태아의 피부는 뇌나 중추신경계와 동일한 부위에서 생성된다. 따라서 피부는 '외부의 신경계' 구실을 하기 때문에 피부에 가해지는 자극은 자율신경계를 거쳐 몸 안의 모든 기관에 영향을 미친다. 진통을 겪는 동안 태아의 피부에 가해지는 막대한 자극은 태아의 내부 기관에 전달되어 자궁 밖으로 나올 준비를 하게 만든다. 진통은 또한 자궁 속에서 물로 가득 차 있는 폐를 비틀어서 탄생 후 호흡하기 쉽게 만든다. 따라서 자연분만을 거친 아기들은 '신생아 일과성 비호흡증'이라는 심각한 증상에 걸릴 확률이 줄어든다. 이 증상은 태어나는 순간 폐에 물이 너무 많이 차서 호흡이 곤란해지는 증상을 말한다. 진통을 거친 아기들에게는 거의 나타나지 않는 증상이다.

셋째, 출산은 일종의 성행위다

앞서 살펴본 것처럼 자연은 진통과 출산의 과정을 거치는 동안 엄마와 아기가 더 가까워질 수 있도록 작용한다. 이 같은 원리는 여성과 파트너에게도 적용된다. 따라서 출산도 넓은 범위의 성행위라고 할 수 있다. 출산 전문 교육가인 쉴라 키칭거Sheila Kitzinger는 이렇게 표현했다. "출산은 엄마와 아빠와 아기를 묶어주는 열정과 사랑이 가득 찬 성행위입니다." 만일 이 사랑의 과정이 육체적 · 감정적으로 방해받는다면, 엄마와 아빠와 아기의 관계도 상처받을 것이다.

출산 후 아기와 함께 있어야 하는 이유는 모든 엄마들이 잘 안다. 그러나 그 자리에 아빠도 함께 있는 것이 얼마나 중요한지는 잘 인식하지 못한다.

가정 분만을 주창하며 '아기를 혼자 낳자' 라는 운동을 펼치는 마릴린 모런Marilyn Moran 박사는 자신의 연구 논문에서 의료진의 도움 없이 집에서 아기를 낳은 수백 쌍의 부모를 소개했다. 나는 일부 여성들이 집에서 분만한다는 사실은 알았지만 그녀의 연구 결과에서 새롭고 흥미로운 사실을 발견했다. 남편이 분만 과정을 함께 견디며 도와주는 것이 출산 후의 부부 관계에 지대한 영향을 미친다는 것이었다. 대부분의 여성들은 출산 후 성욕이 급격히 감소한다. 그 결과, 여성이 성관계의 문지기가 되어 수시로 그 문을 걸어 잠그기 때문에 남편은 아내와 아기로부터 소외된 기분을 느낀다. 나도 그 문지기 중 하나였다.

모런의 연구에 참가했던 커플들은 매우 색다른 출산 과정을 경험했다. 이들 중 70퍼센트는 진통이 시작될 무렵 성교를 가졌다고 한다. 지나치다고 생각할지 모르지만 일부 문화권에서는 진통이 시작될 무렵 진통을 촉진하는 방법으로 성교를 이용한다. 유방과 젖꼭지를 자극하는 것도 옥시토신 분비를 촉진시켜 같은 효과를 유발한다. 일부 문화권의 의사들이 임신 말기의 산모들에게 젖 짜는 기구를 사용하도록 권하는 것도 같은 효과를 위해서다. 미국에서도 의사들이 유두 자극기를 사용해 자궁 수축을 유도함으로써 아기가 진통 시에 얼마나 잘 견딜 수 있는지를 예측하기도 한다.

모런은 앞서 소개한 이너 메이 개스킨이나 다른 조산사들처럼, 파트너가 사랑스러운 태도로 분만을 돕는 환경에서 출산을 경험한 산모들은 오르가슴과 흡사한 황홀경을 맛보았으며 출산 후에도 두 사람의 사랑이 더욱 뜨거워졌다는 사실을 발견했다. 또한 파트너의 도움을 받아 집에서 분만한 여성과 병원에서 의료 기구의 도움을 받아 분만한 여성을 비교한 연구 결과, 출산 후 4~12개월 동안 커플의 성생활이나 사랑에 차이가 크다는 사실을 발견했다. 집에서 분만한 여성들의 결혼 생활이 출산 전보다 한결 화목해진 것이다.[20] 또한 이들의 64퍼센트가 출산 후 4개월 동안 성교 횟수가 늘었거나 변함이 없는 것으로 나타났으며, 그 중 21퍼센트는 아기가 탄생하기 전보다 오히려 횟수가 증가했다. 반면, 병원에서 출산한 여성의 58퍼센트는 성교 횟수가 줄었으며, 11퍼센트는 변동이 없었고, 오직 5퍼센트만이 증가한 것으로 나타났다.

내가 분만을 도운 수많은 여성들과 출산 후에 오히려 성욕이 줄었던 내 경험을 되돌아볼 때 모런의 연구는 내게 많은 교훈을 주었다. 나는 아직 대부분의 여성들이 가정 분만을 선택하지 않는다는 사실을 익히 안다. 그리고 산부인과 의사인 내가 법적 소송이 만연한 미국 사회에서 가정 분만을 추천하기란 쉽지 않은 일이다. 그러나 여성의 건강 지킴이라고 자부해온 내 입장에서 모런의 연구 결과에 주목하지 않을 수 없었다. 내 몸 구석구석에서 모든 본능과 직관이 모런의 연구에 관심을 갖게 했다. 가정 분만이야말로 출산에 필요한 창조적인 잠재력을 발휘하는 데 가장 효과적인 방법이라는 것을 알기 때문이다. 나는 출산 과정은 두 사람의 사랑이 더욱 돈독해지도록 고안된 자연의 지혜라고 믿는다. 이런 섭리에 순응하는 출산 과정을 택하는 것이야말로 순금을 사두는 것처럼 가족의 건강과 행복을 확실히 보장하는 투자가 아니겠는가.

넷째, 출산 과정은 엄마와 아기에게 입력된다

우리의 탄생 과정은 몸에 깊이 각인되어 평생 우리 삶에 영향을 미친다. 만일 우리가 평화롭고 기쁨에 찬 엄마와 안정된 환경에서 탄생하고, 태어나는 순간 엄마의 따뜻한 품에 안기며, 처음 몇 주일을 엄마의 체온을 느끼며 지낸다면, 우리는 안정감과 신뢰감 속에서 삶을 시작하고 평생 안정된 정서를 지니게 된다. 또한 뇌의 화학 작용이 활발해지고 그 상태가 평생 지속된다. 앞서 설명했듯이, 이런 효과는 엄마가 안

정된 환경에서 출산할 때 가능하다. 엄마의 몸과 뇌에서 생성되는 옥시
토신과 베타 엔도르핀이 아기나 파트너와의 유대감을 극대화하고 깊은
희열감을 맛보게 만들기 때문이다.

그러나 반대의 경우도 성립한다. 만일 우리가 태어난 직후 엄마와
격리되거나, 정서적으로 우울하고 불안한 엄마의 보살핌을 받는다면,
그로 인한 부정적인 효과를 평생 경험하게 된다. 이런 효과는 진통처럼
스트레스를 많이 받는 상황에서 분비되는 바소프레신이라는 호르몬의
작용에서 비롯한다.[21] 옥시토신과 정반대의 역할을 하는 바소프레신은
불면증을 초래하며 우리 몸이 '공격 도피 반응'을 보이도록 긴장시킨
다. 무언가 잘못되어 가고 위험이 다가오니 정신을 집중시켜야 한다고
경고한다. 이 호르몬은 진통 시에 누구에게나 분비되지만 옥시토신과
균형을 유지한다면 부정적인 효과를 초래하지 않는다. 옥시토신과 바
소프레신 사이의 균형은 우리가 얼마나 후원받고 있는지를 나타내는
지표다.

산모의 진통이 순조롭지 못할 경우에는 여러 가지 원인을 생각해볼
수 있다. 예를 들면, 산모가 원하는 보살핌을 충분히 받지 못하고 외로
움을 느끼거나, 지나친 의학적 조치로 스트레스를 받거나, 위급한 수술
을 받아야 할 경우 등도 원인이 된다. 산모의 감정이 예민해지고 바소
프레신 수치가 상승하면 아기와 깊은 유대감을 갖기가 힘들다.

🌸 지혜의 샘 | 태아 감지 장치

태아 감지 장치(태아 모니터)는 내가 레지던트 시절에 처음으로 의학
계에 도입되었다. 그 후 이 장치는 급속도로 번져 태아를 관찰하는 대
표적인 방법으로 자리 잡았다. 30여 년이 지난 오늘날도 이 검사는 태

아의 상태를 파악하는 가장 효과적이고 방어적인 의술의 본보기가 되었다.

그러나 이 장치는 진통 중인 산모가 최대한 편안하고 효율적으로 진통하도록 돕기보다는 의료진의 편의에 더 초점이 맞추어졌다. 모니터에 태아의 모습이 잘 나타나게 하기 위해 산모는 온갖 불편한 자세를 취해야 한다. 또한 편안하게 몸을 움직여야 좋을 시기에 침대에 똑바로 누워 움직이지도 못한다. 아기가 산도를 내려오는 순간에도 산모는 편안한 분만 자세를 취할 수 있어야 한다. 앉거나, 웅크리거나, 서거나, 무릎을 꿇는 등 눕지 않은 자세가 때로는 진통을 촉진하거나 골반 출구를 더 확장시킨다. 중력의 힘을 이용할 수 있기 때문이다.

태아 감지 장치는 산모의 편안한 움직임을 방해할 뿐 아니라 두려움을 연출하기도 한다. 진통하는 산모가 자기 몸에 대한 신뢰를 잃을 수 있기 때문이다. 산모는 모니터를 들여다보면서 아기를 안전하게 보호하는 것이 자연의 힘이 아니라 모니터라고 믿는다. 그러나 산모는 모니터 대신 자신의 내면에 집중해서 아기와 대화를 나눠야 한다. 아기를 안심시키고 따뜻한 보살핌을 받게 될 거라는 믿음을 심어줘야 한다. 주변 사람들도 산모에게 이런 확신을 전달해야 하지만 모니터에 열중해서 산모에게 소홀하기 쉽다.

의료진들은 모니터가 마치 태아를 지켜주는 부적이라도 되는 양 조금이라도 이상한 조짐이 보이면 바로 제왕 절개술을 권한다. 만약의 사고에 대비해서 자신을 법적으로 보호하려는 처사다. 제왕 절개술의 수치가 천정부지로 치솟는 것도 당연하다.

산부인과 의사로서 이 같은 상황을 무수히 경험한 나는 태아 감지 장치가 진통에 전혀 도움이 안 된다고 단언할 수 있다. 여성들이 이 기계 장치에 연연하는 태도는 출산에 대한 염려에서 비롯한다. 우리 안에 내재된 두려움이 병원 분만실에서 무의식적으로 그 실체를 드러내는 것이다. 나를 포함한 많은 여성들이 이처럼 삭막한 기계 문명에 집착하는 원인이 엄마에게서 대물림된 출산의 상처 때문은 아닐까. 🌺

다섯째, 자연분만은 안전하다

아직 널리 알려지지는 않았지만, 이미 유럽에서는 여러 연구 결과를 통해 건강한 산모에게는 가정 분만이 병원 분만과 마찬가지로 안전하며 출산 합병증도 낮다는 사실이 증명되었다.[22] 가정 분만을 택하는 산모들은 신체가 건강하고 학력이 높으며 자신의 몸에 대한 신뢰도가 높은 여성들이었다. 그들은 또한 충분한 보살핌을 받기 위해 숙련된 출산도우미의 도움을 받았다.

앞서 소개한 팜 조산원에서도 가정 분만의 안정성이 증명되었다. 이너 메이 개스킨은, 팜에서 근무하는 조산사들에게 산후 조리를 받은 모든 산모는 가정 분만을 했든 병원 분만을 했든 엄마와 아기 모두 출산후 합병증 비율이 매우 낮았다는 사실을 발표했다. 이 결과는, 다른 기관에서는 위험성이 높아 통계에서 제외하는 둔위 분만, 쌍둥이 분만, 조기 분만 등도 포함한 것이다. 1970년부터 2000년까지 팜 조산원에서 아기를 분만한 2,028명의 산모 중 95.1퍼센트가 집이나 조산원에서 아무 문제없이 아기를 출산했다. 오직 1.3퍼센트만이 위급 상황으로 병원에 실려 갔으며, 제왕 절개술이 필요한 산모는 1.4퍼센트에 불과했다.[23]

여섯째, 사고방식이 출산을 좌우한다

출산 방식은 어떤 관습보다도 그 지역의 문화적 가치관이나 사고방식을 잘 반영한다. 미국 문화를 선도하는 할리우드 시트콤은 출산을 매우 고통스럽고 생명을 위협하는 사건으로 묘사한다. 심지어 유대교의 영향으로 산고는 에덴동산에서 범한 '이브의 죄'에 대한 신의 벌이라는 믿음도 만연하다. "내가 네게 잉태하는 고통을 크게 더하리니 네가 수고하고 자식을 낳을 것이며……." 자, 이제부터 진실을 밝혀보자.

우리는 대중 매체를 통해 진통하는 산모가 고통을 이기지 못해 진통제를 투여해 달라고 호소하는 장면을 자주 접한다. 기계 문명에 젖어 모든 일에 조급하고 위기의식을 느끼는 현대인의 모습은 분만실의 광경에서뿐만 아니라 모든 여성들의 사고방식에서 찾아볼 수 있다.

나는 얼마 전에 이런 사회적인 관습이 여실히 드러난 한 토크쇼를 청취했다. 그 프로그램에서는 아내의 출산이 임박하자 당황해서 허둥대던 네 명의 남편을 소개하면서 위기 상황을 도왔던 구급대원들을 영웅으로 치켜세웠다. 건강했던 산모들은 진통이 빨리 진행되어 구급대원들이 병원에 데려가기 전에 아기가 태어날 상황이었다. 119 대원들과 남편들의 대화가 녹음된 테이프를 들으면서 내가 가장 안타까웠던 점은 그들이 아기를 받는 작업에 열중해서 산모를 보살피는 일에는 전혀 관심이 없었다는 것이다. 산모가 남편에게 손을 잡아 달라거나 무엇인가 호소하는 소리는 배경에 조그맣게 깔렸다. 아기를 낳는 순간 산모의 신체적·감정적 건강은 얼마나 충분한 보살핌과 관심을 받느냐와 밀접하게 연결된다는 사실을 아무도 모르는 것 같았다. 여성은 임신이나 진통 중에 감정적으로 매우 예민해지기 때문에 주변 환경에 크게 영향을 받는다. 감정 상태가 극도로 예민해지므로 산모는 돌봐주는 사람의 두려움이나 주변의 무관심을 평소보다 더 확대해서 받아들이게 된다.

우리 사회의 출산에 대한 인식이나 대중 매체의 묘사를 감안할 때 많은 여성이 진통에 대해 두려움을 갖는 것은 지극히 당연하다. 출산은 주로 기계를 신봉하는 숙련된 의사들이 관장한다. 그들은 위험하고 고통스러운 과정을 통제하여 엄마와 아기를 죽음의 함정에서 구출해 내는 것이 자신의 의무라고 여긴다. 이런 태도는 〈산부인과〉라는 학술지에 실린 '1990년대의 유도 분만 – 부적합한 자궁 경부를 정복하다'와 같은 논문 제목에서도 은연중에 드러난다. 자궁 경부를 억지로 넓혀서 정복할 수 있는 기관으로 여기는 사고방식은 여성의 자궁 경부가 전달하려고 애쓰는 지혜의 소리를 외면하게 만든다. 만일 열려야 할 경부가 열리지 않는다면 거기에는 반드시 이유가 있다. 자궁 경부가 전달하고자 애쓰는 메시지를 무시하고 '정복'하려는 접근 방법은, 몸의 입장에서는 자신을 모욕하는 처사로 인식할 수 있다. 우리는 반드시 필요한 경우가 아니라면 기계의 도움을 받지 않고 자연스러운 진통 과정을 따르는 것이 우리 영혼이나 정신에 부합하는 길이라는 사실을 간과했다.

안전하고 현대적이라는 미명 하에 대부분이 병원에서 출산했던 1940년대와 1950년대를 돌이켜볼 때, 잃을 뻔했던 아기의 생명을 의술의 힘으로 구한 사례도 물론 많았을 것이다. 그러나 병원 분만을 출산의 표본으로 삼고 이 기적적인 사건을 의학적인 위급 상황으로 격하시키기 시작하면서부터 우리는 막대한 비용을 지불하는 동시에 소중한 것을 잃고 말았다. 최근에 들어서야 비로소 우리는 그 소중한 것들을 찾으려는 움직임을 보인다. 출산은 엄마와 아빠, 아기가 깨달음과 희열, 감수성을 최대한 경험하는 시기다. 가족간의 유대감이 한층 깊어질 수 있는 좋은 기회인 것이다.

토크쇼의 사회자가 허둥대던 남편과 당황한 119 구급대원에게만 초점을 맞춘 것처럼, 우리도 정말 중요한 사실을 간과하지는 않았는가. 그 토크쇼에서 진짜 영웅으로 소개되어야 할 사람은 산모들과 기적 같은 일을 행한 그들의 몸이다. 그들의 몸은 당황한 구급대원의 도움 없이도 본능적으로 무엇을 해야 할지 알며 그 일을 행할 능력을 갖추었다. 물론 준비되지 않은 갑작스러운 가정 분만이 모든 여성에게 안전하다고 말할 수는 없다. 그러나 그런 상황에 처하더라도 모든 산모와 아기는 구급대원을 부르는 호들갑을 떨지 않고도 안전하게 분만할 능력이 있다.

일곱째, 분만실에 누구와 함께 있느냐에 따라 출산이 달라질 수 있다

최근 몇 년 간 두드러지게 달라진 분만실 풍경 중 하나는 아빠가 동참한다는 것이다. 산모의 남편이나 파트너는 분만실뿐 아니라 어느 곳이나 산모와 동행할 수 있다. 내가 첫 아이를 낳을 때도 남편과 간호사가 내내 곁에 붙어 있었다. 그들과 함께 있다는 것이 큰 위로가 되었던 나는 혼자 아기를 낳는 것은 상상할 수도 없었다.

이 경험은 혼자 외롭게 아기를 낳아야 했던 우리 엄마의 심정을 되돌아보게 했다. 1940년대와 1950년대의 출산 문화는 요즘과는 매우 달랐다. 우리 엄마는 그것을 여섯 번이나 겪어야 했다.

우리 엄마의 경우—분만실에 혼자 남겨지다

나는 아이들이 태어났을 때 바로 얼굴을 보거나 안아보지 못했단다. 너는 한밤중에 태어났는데 다음 날 아침 젖을 먹일 때에야 비로소 네 모습을 볼 수 있었단다. 아기를 낳으러 병원에 갔을 때 나는 끈으로 묶인 채 혼자 방 안에 남겨졌지 뭐니. 가끔 간호사가 들르긴 했지만 혼자 외롭게 진통을 겪어야 했단다. 남편은 절대 방 안에 들어올 수 없었지. 아기를 분만할 시간이 되자 간호사들이 내 침대를 밀고 가서 분만실로 들여보냈어.

나는 병실 침대에 묶인 채 두려움에 떨며 혼자 진통을 견디는 것보다 더 힘든 일은 상상할 수 없다. 그러나 베이비붐 세대(그 전후 세대에 비해 5배나 많은)를 낳은 모든 엄마는 비슷한 경험을 했다. 그들은 많은 희생을 감수해야 했다. 참는 게 미덕이라는 가르침을 받은 당시의 엄마들은 불평을 토로하지 않는 극기의 자세로 이 삭막한 환경을 견뎌내야 했다. 그리고 주변 사람들에게도 이런 극기의 자세가 요구되었다.

이제 우리는 진통을 겪는 여성들에게 사랑하는 사람의 보살핌이 필요하다는 사실을 깨닫게 되었다. 거기에는 남편뿐 아니라 친구나 가족, 심지어 자식까지 포함된다.

소아과 의사인 존 커넬John Kennel과 산부인과 의사인 마샬 클라우스Marshall Klaus는 〈부모와 자식 간의 유대감(Parent-Infant Bonding)〉이라는 공동 저서에서 분만 시에 서로 충분한 유대감을 나눈 엄마와 아기와 아빠에 대한 정확하고 과학적인 연구 결과를 발표했다.[24] 그들의 연구는 분만 과정에서 경험하는 정신적인 보살핌이 가족간의 유대감에 얼마나 긍정적인 효과를 미치는지에 초점이 맞춰졌다. 또한 정신적인 충분한 보살핌이 진통을 겪는 산모들에게 신체적으로 얼마나 유익한 효과를 주는지에 대해서도 조사했다. 예를 들어, 그들은 진통 중인 산모와 가족들을 돌보는 훈련을 거쳐 자격증을 획득한 출산 도우미인 듀라doula들에게 지속적인 보살핌을 받은 산모들이 보여준 효과를 입증했다. 그 결과, 제왕 절개술을 받을 확률이 반으로 줄어들고, 스트레스와 통증이 줄어 진통 시간도 짧아졌으며, 진통 시에 사용하는 약물의 숫자도 줄었고, 여러 가지 문제로 집중치료실에 옮겨진 아기도 현저하게 줄었다. 1990년대 초에 개최된 '미국 심신의학협회' 연례회에서 커넬 박사는, 만일 모든 여성들이 출산 도우미의 도움으로 아기를 낳는다면 불필요한 출산 합병증으로 인한 진료비 지출이 연간 30억 달러나 절약될 것이라고 밝혔다.

이런 효과는 분만실에서도 나타났다. 진통 중에 듀라의 보살핌을 받은 여성들은 임신 중에 주변의 보살핌을 충분히 받지 않았더라도 출산 후에 아기를 잘 돌보는 것으로 나타났다. 출산한 지 두 달 된, 휴스턴의 학력이 낮은 저소득층 산모들을 대상으로 조사한 바에 따르면, 진통 중에 듀라의 세심한 보살핌과 격려를 받은 여성들은 일반적인 보살핌을 받은 여성들에 비해 아기에 대한 사랑이 더욱 깊은 것으로 드러났다.[25]

이 같은 여러 연구 결과들은 잘 훈련된 전문가의 보살핌과 치유의 손길이 유익한 효과를 이끌어낸다는 사실을 입증한다. 만일 듀라의 효과를 대신하는 약물이 있다면 산모에게 그것을 사용하지 않는 것은 매우 비도덕적인 처사라고 생각한다. 지금 이 책을 쓰는 순간에도 대부분의 산모들은 듀라의 도움 없이 홀로 외로운 진통을 겪을 것이다.

여덟째, 누구의 경험담을 듣느냐에 따라 당신의 경험이 달라진다

많은 여성이 다른 사람의 경험담을 통해 출산에 대한 두려움을 갖는다. 이들 베테랑들의 경험담은 마음에 깊이 새겨져 진통 과정에서 부정적인 영향을 미친다. 특히 그 상대가 친정 엄마라면 그 영향력은 더욱 크다. 이런 경험담들은 자기 암시가 되어 실제로 산모가 믿는 대로 진행되기 때문이다.

이들이 거창하게 묘사하는 출산 투쟁기에는 산모에게 도움을 준다는 미명 하에 '내가 이렇게 잘 견뎠듯이 너도 잘 견뎌야 한다'는 메시지가 담겼다. 그 중심 무대는 해산을 앞둔 산모에게 아기 용품을 선물하는 '베이비샤워' 파티로, 여기에서 산모의 건강과 자신감을 해치는 대부분의 이야기들이 오가곤 한다. 또한 임신한 딸이 엄마에게 으레 듣는 말은 "내가 널 얼마나 힘들게 낳았는지 너도 곧 알게 될 거다"라는 말이다. 비행기 안이나 레스토랑 또는 어디서든 이런 경험담이 들려오면 당장 달려가서 바로잡아주고 싶은 충동을 억제하기가 힘들다.

그러나 나는 여성들이 왜 그토록 자신의 출산 경험담을 거창하게 떠벌이고 싶어 하는지 그 이유를 몇 가지 안다. 첫째, 임신과 출산은 여성이 힘과 권위를 내세울 수 있는 유일한 분야이기 때문이다. 따라서 남성들이 무용담에 열을 올리듯이 여성들도 자신의 경험담을 내세우고 싶어한다. 둘째, 출산 시 경험하는 신비한 영적 에너지를 누구에겐가 표현하고 싶기 때문이다. 여성들은 진통을 겪는 과정에서 생과 사를 넘나드는 신비한 영적 세계를 체험한다. 죽음의 문턱까지 갔다가 돌아온 특별한 체험을 혼자서만 간직하기에는 너무 아까운 것이다. 그러나 우리가 이 특별한 에너지를 제대로 이해한다면 임신한 딸이나 동생에게 더 긍정적인 영웅담을 들려주게 될 것이다.

여기 내 뉴스레터의 한 독자가 친정 엄마에게 들었던 진통과 출산에 대한 긍정적인 경험담을 소개한다.

엄마는 늘 임신이란 여성이 누릴 수 있는 가장 경이로운 경험이라고 말씀하셨어요. 엄마가 말씀하시기를, 병원에 검진을 받으러 갈 때마다 담당 의사가 대기실에서 엄마를 오래 머무르게 하셨대요. 미래의 산모들이 임신한 여성이 얼마나 행복하고 아름다운지를 볼 수 있게 하기 위해서죠.

마침내 임신하게 되었을 때 저는 제 몸을 신뢰했고 건강한 아기를 낳게 될 거라고 확신했어요. 그리고 모든 일이 제 생각대로 이루어졌죠. 저는 처음 2주일 동안만 아침에 몸이 약간 불편한 것과 가벼운 수분 저류 증상을 보였을 뿐 나머지 기간은 내내 건강하고 행복했으며 아기 옷을 만들기에 바빴어요. 예정일이 다가오자 엄마가 제 곁을 떠나지 않으셨고 진통이 시작되자 저를 병원으로 데려가셨어요. 분만실에 들어간 지 2시간 후 엄마는 아기 울음소리를 듣고 손자가 태어난 걸 아셨대요. 작은 병원이라서 그 시간에 산모가 저밖에 없었거든요. 우리 아들은 몸무게가 3.6킬로그램으로 건강했고, 우리는 이틀 후 퇴원해서 집으로 돌아왔어요. 그때가 1962년이었죠.

저는 좋은 태교가 반드시 순조로운 출산을 약속하는 것은 아니며, 건강한 여성도 임신 합병증이 나타날 수 있다는 사실을 알아요. 그러나 '나는 80시간이나 진통했기 때문에 너를 낳은 후에 탈진해버렸단다'라는 식의 이야기는 산모에게 불필요한 두려움을 심어줘서 출산을 더욱 힘들게 만든다고 생각해요. 저는 늘 우리 엄마를 고맙게 생각한답니다. 긍정적인 믿음과 따뜻한 보살핌으로 엄마가 된다는 것이 얼마나 행복하고 축복받은 일인지를 알게 해주셨으니까요.

아홉째, 두려움은 출산에 해가 된다

우리의 생각이나 기대는 우리의 경험을 결정한다. 미국 여성들의 출산에 대한 첫 번째 생각은 두려움이다. 이것은 현대 의학에 의존한 출산 문화에서 비롯된 것으로 그들은 진통을 참기 힘든 고통이라고 믿는다. 그들이 진통을 참기 힘든 고통으로 여기는 한 그 두려움은 현실이 되어 실제로 그런 경험을 하게 된다.

두려움은 진통을 어렵게 만들고 여러 위험한 상태를 초래하는 원인이 된다. 여기에는 제왕 절개술이나 둔위 분만을 포함해서 감염, 과다 출혈, 아기와의 유대감 부족 등이 포함된다. 미국의 여론 조사 기관인 해리스 조사연구소가 모성 관리에 종사하는 비영리 단체인 미국모성센터협회와 공동으로 1,600명의 산모를 상대로 연구한 결과에 따르면, 참가자의 61퍼센트가 진통과 출산 중에 4~10가지 정도의 의학적 개입을 경험했다고 한다. 여기에는 영양제를 포함해서 진통을 촉진하는 피토신에 이르기까지 다양한 종류가 포함되었다. 자궁의 수축을 확대시키는 피토신은 진통을 더욱 가중시킬 뿐 아니라 태아 질식이나 신생아 황달의 원인이 된다. 참가자의 43퍼센트는 유도 분만이나 회음 절개술, 제왕 절개술, 겸자 분만 같은 심각한 처치를 받았다. 그리고 10명 중 8명은 진통 중에 진통제를 맞았으며, 이 비율은 초산인 산모들의 경우 91퍼센트에 이르렀다. 로드아일랜드 주의 프로비던스 시에 위치한 모자병원의 산부인과 과장인 도널드 쿠스탄Donald Coustan 박사는 〈육아(parenting)〉라는 잡지에 실린 글에서 다음과 같은 연구 결과를 밝혔다. "우리는 대부분의 여성이 불편한 의료 행위에서 벗어나길 바란다는 사실을 알게 되었다. 그리고 약물이나 모니터의 도움 없이 진통을 견디게 하는 대체 분만 센터가 충분히 활용되지 않는 것에 실망스러웠다."[26]

나는 〈여성의 몸 여성의 지혜〉에서 우리 큰딸이 세 살 무렵 밖에서 놀다가 날카로운 막대기에 손가락을 베고 울면서 뛰어 들어왔던 이야기를 한 적이 있다. 내가 딸의 손가락을 흐르는 물에 대고 상처를 보여주자 아이는 말했다. "피가 나서 겁을 먹기 전까지는 아프지 않았어요." 맞는 말이다. 모든 여성은 결과가 만족스럽고 과정이 안전하다는 확신만 있다면 어떤 고통스러운 과정도 잘 견딜 수 있다. 다리털을 뽑거나, 성형 수술을 하거나, 눈썹을 다듬는 행위를 비롯해서 의과대학에서 밤새 회진을 돌아야 하는 고달픈 일들은, 충분한 이유가 있기에 고통을 기꺼이 참아내는 좋은 본보기들이다. 하물며 건강하고 사랑스러운 아기를 낳는 일이야 더 말해 무엇하랴!

출산의 가장 큰 적은 우리 주변에 팽배한 두려움이다. 두려움은 신경과 근육의 기능에 영향을 미쳐 진통의 역학 구조를 뒤바꾼다. 두려움은 우리의 개념이나 믿음에서 비롯하며, 이런 믿음은 근육을 긴장시키고, 맥박을 상승시키며, 호흡수를 증가시킨다. 이 모든 증상들은 필요 이상으로 통증을 가중시킨다. 두려움은 교감 신경계의 공격 도피 반응을 자극하여 자궁이 굳고 골반이 닫히게 한다. 병원에 도착했을 때는 진통이 순조롭던 임신부가 영양제 링거를 맞거나 낯선 사람들이 병실에 드나들기 시작하면서 스트레스를 받아 진통이 멈추는 경우를 수없이 보았다. 병원에 감도는 살벌한 분위기와 두려움은 전염성이 강하다. 특히 감수성이 극도로 예민한 임신부들은 이를 더욱 크게 느낀다. 그 결과 진통이 잘 진행되지 않거나 통증이 심해진다.

모든 임신부가 충분한 보살핌을 받고, 선천적인 능력을 방해받지 않으며, 잘못된 사고방식을 바꾼다면 내면에 잠재된 엄마 곰의 지혜에 접근할 수 있으며, 두려움과 이에 따른 부정적인 결과를 방지할 수 있다.

열째, 진통은 고통스럽지만 충분한 보상이 따른다

새로운 생명을 탄생시킨다는 것은 결코 쉬운 일이 아니다. 또한 고통이 따르는 일이기도 하다. 그러나 앞서 말했듯이 여성들은 불편한 이 모든 과정을 기꺼이 견딜 인내심을 갖추었다. 여성들이 이 힘든 과정을 참아내는 이유는 자부심을 맛보고, 자기 몸의 창조성을 확인하며, 삶을 더 행복하게 해줄 가치가 있는 일이라고 믿기 때문이다. 더구나 자연분만은 그 어느 것보다도 여성의 자부심을 고양시켜주는 특별한 힘이 있다.

그러나 우리는 아직도 산고의 중요성을 이해하지 못하기 때문에 어떤 대가를 치르더라도 그 고통을 피하는 방법을 찾으려고 애쓴다. 대부분의 여성들은 산고를 견디기에는 우리가 너무 약하기 때문에 진통제가 필요하다는 그릇된 사고방식에 사로잡혀 있다.

그러나 명심할 점은 정상적인 산고는 상처를 주거나 위험을 초래하는 통증이 아니라는 것이다. 우리는 진통이 의학적 도움 없이는 매우 위험한 과정이라는 잘못된 가르침을 받아왔다. 그러나 일단 산고가 어떤 손상도 초래하지 않는다는 사실을 알면 우리는 의학에 의존하지 않고도 잘 견딜 수 있다. 지독한 방귀 냄새는 매우 견디기 힘들지만 우리는 그것이 해롭지 않다는 것을 알기 때문에 두려워하지 않고 편안한 마음으로 냄새가 날아가기를 기다린다. 산고도 마찬가지다. 산고는 엄마가 통증을 견디는 과정을 통해서 나중에 아기가 산도를 통과할 때 더 편안한 자세를 취할 수 있도록 마련된 장치다. 산고는 또한 출산이 진행되는 단계에 따라서 그 형태가 달라지기도 한다. 예를 들면, 자궁 경부가 충분히 열린 후에는 더 이상 수축이 일어나지 않는 단계로 넘어간다. 그동안 산모는 잠시 휴식을 취하며 마지막 힘을 준비할 수 있다.

우리는 산고에 대해 여러 측면에서 생각해볼 수 있다. 산고는 어떤 의미이며, 그 목적은 무엇이고, 어떻게 견뎌야 할까?

- 산고는 산모의 긴장감을 최대한 완화시켜 아기가 태어날 가장 안전한 장소를 찾는 데 집중력을 발휘하게 만든다.
- 산고로 비롯된 예민한 직관은 언제 어떻게 어떤 자세를 취해야 아기가 가장 잘 태어날 수 있는지를 알게 해준다.(159쪽 '부분 마취' 참조)
- 산고는 자신에게 완전히 몰입하게 하여 자신의 몸과 내면에 깊이 접근하게 만든다. 진통이 진행되는 동안 당신은 오로지 자궁 수축에만 집중한다. 세상의 시간은 별 의미가 없다. 산고는 당신을 자신의 이성보다 더 위대한 힘에 복종하게 만든다. 그것은 모든 걸 신의 뜻에 맡겨야 하는 초자연적인 경험이다. 자궁 수축을 바다의

파도라고 생각해보자. 밀려오는 파도를 자신의 힘으로 막으려 한다면 당신은 바위에 부딪혀 부서져버릴 것이다. 다시 말해서 더 큰 고통을 초래할 뿐이다. 요동치는 파도의 표면이 아닌 잔잔한 내부 깊숙이 잠수해 들어가야 파도를 피할 수 있다. 요가 수도자들이 명상 중에 도달하는 바로 그 세계다.

- 산고는 당신이 알지 못했던 자신의 능력을 발견하도록 촉구한다. 당신의 자부심을 키워주는 것이다. 당신은 어떤 일이 닥치든지 거뜬히 맞설 수 있는 능력이 자신 안에 내재한다는 사실을 발견하게 된다.

- 산고는 엄마가 되기 위해 치러야 하는 통과 의례다. 어떤 생리적 변화도 이처럼 극적이진 않다. 엄마가 되는 것은 삶을 송두리째 변화시키는 획기적인 사건이다.

한 환자가 첫 아기를 출산했던 경험을 이렇게 표현한 적이 있다. "진통이 진행되는 동안 저는 제 몸을 내려다보며 공중에 떠 있는 기분이었어요. 저는 위대한 지혜와 연민으로 가득 차 있었죠. 진통은 그동안 관심을 갖지 못했던 제 모습에 눈을 돌리게 만들었어요. 제 몸에 대한 절대적인 확신과 확고한 믿음을 얻을 수 있었던 소중한 기회였어요."

🌿 지혜의 샘 | 부분 마취

최근 조사에 따르면, 출산 시 산모의 70퍼센트가 진통에 대한 두려움과 자기 몸의 능력에 대한 불신으로 부분 마취(경막외마취)를 한다고 한다. 물론 마취를 하면 통증이 사라지는 것은 사실이다. 실제로 나는 마취제를 맞은 후 곧 진통의 고통에서 벗어나 편안한 상태로 변하는 산모들을 많이 보았다. 그러나 그 반대의 경우가 더 많았다. 마취제를 맞은 후 진통 속도가 느려져서 결국 제왕 절개술을 받는 산모들이 많았던 것이다. 그들은 충분히 자연분만을 할 수 있는 상태였다.

모든 의학적 개입과 마찬가지로 부분 마취도 만병통치약이 아니라 양날을 가진 검이다. 정상적인 건강 상태에서 적절한 시기에 믿을 만한 마취 전문가에게 마취를 받는 것은 권할 만하다. 분만 촉진제인 피토신을 투여해서 자궁 수축이 더욱 고통스러워진 경우나 진통 진행 속도가 느려서 산모가 기진맥진할 때 부분 마취제가 효과적일 수 있다.

그러나 부분 마취는 바람직한 의료 행위가 아닌 의학적 개입의 대표적인 본보기다. 척추를 둘러싼 척수 경막에 커다란 주사 바늘을 주입해 마취제로 척수 신경을 마비시키는 것이다. 그러나 주사 바늘을 적절한 위치에 꽂는 것은 많은 훈련이 필요한 기술이다. 또한 산모는 이 처치를 돕기 위해 진통이 진행되는 동안 몸을 작은 공처럼 둥글게 구부려야 한다. 산모에게는 매우 불편한 자세이며, 마취가 늘 제대로 진행되지도 않는다. 때로 마취제가 너무 많게 혹은 너무 적게 투입된다. 일부 성공적인 사례도 있지만 대부분의 여성은 마취사를 선택할 권리가 없고 그날 당직자에게 마취를 받는다. 따라서 적절한 위치에 마취제를 투여하기 위해 여러 번 시도해서 진통을 방해한다. 다른 모든 의료 행위와 마찬가지로 100퍼센트 성공률을 보장할 수 없는 것이다.

이밖에도 부분 마취는 우리 몸이 지혜를 발휘할 기회를 차단시키고 엄마와 아기의 소통을 방해한다. 그 이유는 마취제가 자궁과 경부, 골반저, 복부의 신경을 마비시켜 엄마가 아기의 움직임을 감지할 수 없기 때문이다. 그 결과, 엄마는 아기가 산도를 쉽게 빠져나오려면 어떤 자세를 취해야 좋은지를 알려주는 몸의 소리를 느끼지 못한다. 이것은 진통의 가장 중요한 임무 중 하나다. 이 임무를 잘 수행하기 위해서는 진통이 가장 잘 진행될 수 있도록 자유롭게 자세를 바꿀 수 있어야 한다.

모나 리자 슐츠 박사에 따르면, 신경학자의 견지에서 볼 때 진통은 엄마와 아기의 신경계가 벌이는 조화로운 연주라는 것이다. 그런데 엄마의 산도 주변의 기관과 근육을 마비시키는 것은 이 오케스트라의 지휘자를 마비시키는 격이다. 즉 몸의 소리에 따라 자유롭게 움직일 엄마의 능력을 마비시키고, 골반저의 근육들을 마비시키고(태아의 머리가 압박받아 질식 분만할 가능성이 커짐), 언제 힘주고 언제 멈춰야 할지를 아는 엄마의 능력을 마비시키고, 자궁 수축의 질을 변화시킨다. 그 결과, 엄마와 아기의 아름다운 하모니가 불협화음으로 변한다.

부분 마취는 또한 엄마 혈액 속의 베타 엔도르핀의 수치를 감소시켜 출산 시 맛보는 희열의 농도를 희석시킨다. 그리고 수많은 산모들이 시달리는, 원인이 밝혀지지 않은 고열의 원인으로 추측되기도 한다. 대개 열은 감염을 일으키지 않는 것으로 알려졌지만 100퍼센트 확신할 수는 없기 때문에, 아기는 격리되어 패혈증 검사를 받아야 한다. 태아는 혈액 채취, 척추 두드리기, 정맥 주사 등에 시달려야 하며 만약의 경우에 대비해서 항생제를 투여받는다. 갓 세상에 나온 작은 생명체를 환영하는 행사로는 적합하지 않은 것들이다. ❦

| 탯줄의 지혜 |

280일 동안 아기의 생명을 지켜주던 탯줄은 아기가 탄생한 후에도 잘 라내지 않으면 10~15분 동안 활동을 지속한다. 아기가 양수 속에서 엄마의 혈액을 통해 영양을 공급받던 환경에서 벗어나 공기 속에서 폐를 팽창시켜 호흡을 시작하는 환경에 심장과 폐를 적응시키는 동

안, 탯줄은 아기가 스스로 공기를 호흡할 능력을 갖출 때까지 산소를 공급한다. 탯줄은 맥동이 멈추기 전까지 살아 움직이는 기관으로서 아기가 뇌와 폐와 모든 기관에 충분한 혈액을 공급하도록 돕는다. 아기의 혈액량이 정상 수치에 달하고 폐가 공기를 받아들일 능력을 갖추면 탯줄은 스스로 활동을 멈춘다.

탯줄이 맥동을 지속하는 동안 아기는 엄마의 팔이나 배 위에서 휴식을 취해야 한다. 엄마와 아기 모두 몸 안에서 일대 변혁이 진행되기 때문이다. 탯줄은 맥동이 완전히 멈출 때까지 자르지 말아야 한다. 탯줄의 활동이 정지하는 것은 태반을 통한 지원은 더 이상 필요 없으며 아기가 뇌와 폐와 모든 기관에 스스로 혈액을 공급할 수 있도록 호흡 기관과 순환 기관의 준비를 끝냈다는 신호다.

출산 자체를 위급 상황으로 여기는 현대 문화의 영향으로 우리는 아기가 탄생하면 곧바로 탯줄을 잘라 서서히 변화에 순응해가는 귀한 시간을 빼앗는다. 서두르는 데에 익숙해진 우리는 아기를 낳은 후에도 모든 절차를 빨리 처리하는 게 좋다는 생각에 사로잡혀 있다. 따라서 우리 몸에도 은연중에 조급함이 입력된다. 다시 말하면 태어나는 순간부터 몸의 리듬과 편안한 상태를 무시하는 가르침을 받는 것이다.

그러나 내가 문제 삼는 것은 조급한 마음이 아니라 그 결과로 몸에 초래되는 부정적인 영향이다. 탯줄을 너무 일찍 자르는 것은 혈량 저하증(아기의 몸에 혈액량이 부족한 증상)을 일으킬 수 있다. 특히 조기 출산이나 아기가 건강하지 못한 경우에는 더욱 위험하다. 이 증상은 아기의 뇌를 손상시킬 뿐 아니라 신생아 호흡 곤란증의 원인이 되기도 한다. 이럴 경우 신생아 집중치료실에서 수혈을 받아 자궁 속에서 태반과 탯줄이 충분히 공급하던 혈액량만큼 채워줘야 한다.

의사들은 신생아에게 지나친 혈액이 공급되는 걸 막기 위해 곧바로 탯줄을 잘라야 한다고 교육받는다. 그러나 태반이 아기의 건강을 위해 마지막 공헌을 하는 동안 엄마와 아기가 동일한 높이에 있다면 이런 일은 결코 발생하지 않는다. 조기에 태어나거나 질병이 있는 신생아의 경우에도 탯줄이 연결된 상태에서 신생아 전문의가 얼마든지 적절히 처치할 수 있다. 오히려 신생아가 양쪽에서 도움받을 수 있는 좋은 방법이지만 이 방법은 거의 사용하지 않는다.[27]

출산의 지혜를 위한 프로그램

아기를 낳는 일은 평생 잊지 못할 경험이며 모성애를 최대한 발휘하게 만드는 일이다. 출산은 새로운 시작, 성장, 변화의 에너지가 발휘되는 기회이기도 하다. 이제까지 살아온 삶의 형태가 새롭게 반죽되어 더 성숙되고 달라진 형태로 재형성되는 것이다. 이처럼 출산은 여성의 과거를 치료하는 긴 여정이기 때문에 더 신중한 계획이 필요하다.

함께 있어줄 사람을 찾아라　진통 중이나 출산 후에 옆에서 당신을 돌봐줄 사람을 신중하게 선택하라. 당신이 진정으로 원하는 사람은 누구인가. 지금은 '평화를 위해 참을' 때가 아니다. 당신이 원하지도 않는데 가족간의 화목을 위해서 시댁 식구나 시누이가 함께 있겠다는 제안을 받아들이지 말라.

분만을 도와줄 전문가를 정하라   여성마다 원하는 전문가가 다를 수 있다. 의사를 원하는 사람도 있고 조산사를 원하는 사람도 있다. 내 환자 중에는 집에서 조산사의 도움으로 아기를 출산한 여성도 많고 병원에서 출산한 여성도 많다. 중요한 것은 엄마나 친구, 시누이, 의사 등 다른 사람의 의견에 개의치 말고 자기가 원하는 방법을 택하는 것이다.

만일 조산사의 도움을 받기로 결정했다면, 그들의 질이 천차만별이란 사실을 명심하라. 일부 조산사들은 병원에서 근무하며 기계에 의존하는 성향이 강한 반면, 산모의 집에 가서 순수하게 가정 분만을 돕는 조산사도 있다. 또한 이 두 가지를 병행하는 경우도 있다. 가까운 곳에 있는 조산사들을 만나서 인터뷰한 다음 자신에게 맞는 사람을 선택해야 한다.

의사의 경우에는 단순히 출산을 돕는 가정의와 위급한 상황에 대처할 능력을 갖춘 전문의가 있다. 의사에게 출산에 대한 철학을 물어보라. 그들은 여성의 몸이 진통과 출산을 견딜 충분한 능력을 가졌다고 생각하는가?

어떤 의사를 선택하든 앞서 강조했듯이 진통과 출산 중에 당신을 격려하고 보살펴줄 출산 도우미를 고용하길 권한다. 그리고 출산 후에도 1~2주 함께 집에 머물면서 산후 조리를 도와달라고 하라. 내가 아기를 낳았을 때 이들의 도움을 받지 못한 것이 못내 아쉽다. 남편은 출산 도우미의 역할을 대신할 수 없다. 단지 진통하는 부인의 고통을 함께 나누며 사랑을 베풀 수 있을 뿐이다. 기술적인 보살핌은 전문가에게 맡기고 사랑하는 사람이 모든 에너지를 오로지 당신을 위해 쏟을 수 있는 환경을 만들어주라.

적절한 시설을 선정하라   의사, 조산사, 간호사, 듀라와 기타 출산 전문가들이 한데 모여 만든 '산모 보살핌 개선 협회(CIMS)'라는 단체에서는 출산을 맡은 기관들이 갖춰야 할 '산모와 아기를 위한 기준'을 마련했다. 현재는 이 기준에 완벽하게 부합하는 시설이 두 군데 뿐인데, 협회에서는 이들 기관에 '친산모 시설'이라는 이름을 붙여주었다. 다음은 시설을 선택할 때 고려해야 할 점들이다.

- 가족이나 친구, 조산사, 듀라 등 당신이 선택한 사람들과 자유롭게 접촉할 수 있는가.
- 자유롭게 돌아다니거나 진통과 출산 시 당신이 원하는 자세를 취할 수 있는가.
- 유도 분만 비율이 10퍼센트 미만인가.
- 회음 절개술 비율이 20퍼센트 미만인가.
- 제왕 절개술이 일반 병원일 경우 10퍼센트 미만, 고난도 출산을 다루는 병원일 경우 15퍼센트 미만인가.
- 과학적으로 증명되지 않은 의학적 개입 즉 회음부 면도, 관장, 정맥 주사, 양수막 파열, 태아 감지 장치 등을 가능한 한 피하는 병원인가.
- 의료진이 약물을 사용하지 않고 통증을 완화하는 방법에 대해 교육받았는가.(이 협회에서 제시한 더 상세하고 신뢰할 만한 정보를 알고 싶다면 부록을 참조하라.)

아기를 출산할 시설을 선택할 때 고려해야 할 또 다른 점은 통증을 완화하고 긴장을 풀 수 있는 온수 욕탕 시설이다. 또한 출산 후 엄마와 아빠, 아기가 함께 머물 수 있는 시설을 갖추었는지도 확인해보라.

아기를 따로 격리시키지 말라 연구 결과에 따르면, 모든 포유류의 갓 태어난 새끼는 엄마와 떨어지지 않으려는 예민한 시기가 있다. 양이나 염소 새끼든 코끼리 새끼든 이 시기에 어미와 격리되었을 경우 어미는 나중에 새끼를 거부하거나 젖을 먹이지 않았다.[28] 최초로 신생아 집중치료실을 만드는 데 기여한 커넬 박사와 그 동료인 마샬 클라우스 박사는 인간에 대해서도 이와 비슷한 연구를 실시했다. 그는 조기 출산으로 곧바로 집중치료실에 들어간 아이들은 나중에 폭력이나 학대의 희생물로 응급실 신세를 지는 경우가 많았다는 사실을 발견했다. 수많은 시간과 비용을 들여 조기 출산 신생아들의 생명을 건진 커넬 박사는 이런 결과가 발생하는 원인에 깊은 관심을 가졌다. 커넬 박사는 엄마와 아기의 유대감에 대한 여러 종류의 연구를 통해 다음과 같은 사실을 밝혀냈다. 자연이 정해준 엄마와 아기의 유대감을 강화시킬 시간과 사랑의 행위를 방해받는 경우, 엄마는 아기에게 냉담해지거나 심할 경우 학대를 일삼게 될 가능성이 커진다는 것이다.

따라서 출산 후 엄마와 아기가 격리되는 상황은 가급적 피해야 한다. 이런 결과는 커넬 박사와 클라우스 박사뿐 아니라(최대한 산모를 지원하는 이들의 출산 방법은 이미 인터넷 사이트에 소개되었다) 듀라로 활동하는 폴리 페레즈Polly Perez 같은 조산사도 입증해주었다. 그들이 주장한 '가족 중심적인 모성 관리'를 도입한 병원이나 조산원에서는 산모가 가정과 비슷한 환경에서 듀라의 도움을 받으며 진통과 분만을 치를 수 있다. 아기가 태어난 후에도 산모와 가족들은 병원에서 허락하는 시간 동안 아기와 함께 있을 수 있다. 더욱 중요한 사실은 산모와 아기를 같은 간호사가 돌보게 함으로써 엄마와 아기가 서로를 알아가는 중요한 시기에 이들을 분리시키는 주된 원인을 제거한 점이다. 이곳에서는 간호사의 도움으로 모유 수유도 적극 권장한다.

이처럼 바람직한 병원이나 조산원을 발견하지 못하더라도 출산 후 아기와 함께 지내도록 허락하는 장소를 찾기는 힘들지 않을 것이다. 그러나 지난 50년 동안 산모와 아기에 대한 배려가 부족했던 출산 문화가 하루아침에 달라질 수는 없기 때문에 아직도 대다수의 병원에서는 우리 엄마가 경험했던 삭막한 분위기가 남아 있다. 어떤 이유로든 출산 직후 엄마와 아기가 격리될 경우, 스트레스 호르몬의 영향으로 아기와의 유대감 형성이 방해받을 수 있다. 당신은 큐피드의 화살이 궤도를 이탈하기를 바라는가.

앞서 소개했던 이상적인 출산 문화와 유대감을 경험하는 산모들은 아직 소수에 불과하다. 그러나 우리는 아이를 깊이 사랑하고 또 아이에게 사랑받기를 원한다. 아이의 사랑과 안정감, 평온함은 평생에 걸친 반복적인 경험을 통해 형성된다. 임신과 산고, 출산은 그 시작인 셈이다. 당신이 딸과 함께 지내는 시간이 쌓여갈수록 옥시토신이 창조하는 유대감도 깊이를 더해갈 것이다. 옥시토신은 당신이 사랑하는 사람을 생각만 해도 분비되기 시작한다. 내면의 지혜인 옥시토신은 우리가 살아 있는 한 서로의 유대감을 증진시켜주는 소중한 매개체다.

정보를 많이 수집하라 유익한 정보를 원한다면 〈이너 메이의 출산을 위한 안내서(Ina May's Guide to Childbirth)〉가 도움이 될 것이다. 이 책은 당신이 마음에 새길 가치가 있는 출산에 대한 다짐이나 올바른 믿음, 태교와 진통에 대한 상세하고 유익한 정보로 가득 차 있다. 뿐만 아니라 훌륭한 조산사나 듀라, 출산에 적합한 분위기를 갖춘 의료 기관에 대한 전국적인 정보도 얻을 수 있다.

믿음을 가져라 엄마 곰의 지혜를 발휘하도록 도와주는 전문가들은 세계 어느 곳에서나 찾아볼 수 있다. 당신이 진심으로 원한다면 '끌어당김의 법칙'에 따라 그들을 만날 수 있을 것이다. "찾으라, 그리하면 찾을 것이요!"

6
산후 조리
− 외부의 태반을 창조하는 시기 −

일단 아기를 출산하면 엄마와 아기에게는 충분한 보살핌을 누릴 산후
조리 기간이 필요하다. 이 기간은 대략 석 달 정도(100일)다. 이 시기에
는 엄마와 아기가 아직 신체적으로 깊이 연결된 상태로, 아기가 점차 독
립된 한 인간으로 변해가는 동안 두 사람의 몸은 공조 체제를 유지한
다.¹⁾ 이런 아기의 독립은 탯줄을 끊는 순간부터 시작된다.

아기와 항상 함께 있어라

출산 직후는 어느 때보다도 엄마 곰의 본능이 왕성해지는 시기다. 따라
서 이 본능에 귀를 기울이려고 노력한다면 당신은 내면에 숨어 있던 모
성애의 샘을 발견하게 될 것이다. 당신은 어떤 삶의 과정보다 진지한
자세로 최선을 다하게 되며 진정한 일체감이 무엇인지를 생생하게 맛

보게 될 것이다. 비록 감성이 예민해져 가끔 기분이 침울해지기도 하지만, 활짝 열린 직관의 문은 당신을 신비한 체험의 세계로 인도한다. 이 시기에 아기는 낯설기만 한 당신과 세상을 향해 조심스럽게 걸음마를 옮긴다.

딸이 태어난 지 여러 해가 지났지만 처음 아기와 지냈던 신비한 체험들을 생생하게 기억하는 한 엄마의 회상을 들어보자.

저는 항상 깜짝 놀라 잠에서 깨어나곤 했어요. 아기를 안고 있다가 떨어뜨리는 꿈을 꾸었기 때문이죠. 그러나 꿈에서 깨어나면 팔에 안긴 아기의 따뜻한 체온을 느낄 수 있었어요. 저는 항상 아기에게 젖 먹일 시간 직전에 잠에서 깨어났어요. 마치 아기와 회로가 연결되어 있는 것처럼 정확했죠. 이 일로 저는 엄마로서 자신감을 갖기 시작했어요. 그렇게 깊은 유대감이 있다면 아기에게 필요한 걸 알 수 있지 않겠어요?

저는 아기가 잠을 자는지 아니면 쉬는지를 정확히 알 수 있었어요. 우리의 심장은 같은 리듬으로 뛰었죠. 하나의 심장 박동이 아기를 거쳐 나한테 전달되는 느낌이랄까요. 그것은 막연한 느낌이 아니라 몸으로 직접 체험하는 생생한 기분이었어요. 깊은 유대감을 맛본 후에 저는 품에 안았던 아기를 요람에 눕히곤 했죠. 아기는 제게 더 넓은 세상을 경험하게 해주었고 과거와 전혀 다른 삶을 선물해 주었어요.

출산은 감성의 문을 활짝 연다

아기와 새 삶을 시작하는 몇 달 동안 당신의 몸 안에 넘쳐흐르는 호르몬은 감성을 확대시키고 마음의 문을 활짝 열어준다. 이 시기에 당신은 평소보다 감정이 넓고 깊고 풍부해져서 행복이나 평온뿐 아니라 슬픔이나 불안 등 모든 감정에 예민해진다.

아기와의 완벽함 일체감을 아름답게 표현했던, 위에 소개한 엄마도 다음과 같은 감정 변화를 느꼈다.

> 반면, 저는 누군가의 눈초리가 조금만 이상해도 눈물을 흘리곤 했어요. 그리고 집 밖으로 나가기가 두려웠죠. 온 신경이 팽팽하게 곤두선 기분이었어요.

외부의 태아와 태반

태아는 엄마의 몸속에서 40주라는 시간을 보낸다. 이 시기에 엄마의 생리적 리듬 – 맥박, 호흡, 수면 주기, 기타 바이오리듬 – 은 아기에게 그대로 입력된다. 세상 밖으로 나온 아기는 자궁 안의 삶을 자궁 밖의 삶으로 전환해야 하기 때문에 무수한 신체적 변화를 견뎌내야 한다. 따라서 자궁 안에서와 형태는 다르지만 엄마의 도움이 절대적으로 필요한 건 마찬가지다. 엄마는 아기의 기본적인 생명을 유지하는 데 결정적인 역할을 하므로 신생아를 '외부의 태아'라고 부르기도 한다.

이와 같은 맥락에서 엄마의 몸은 캥거루의 주머니와 같은 외부의 태반이라고 할 수 있다. 탯줄이 잘리고 태반이 배출된 후에도 엄마의 몸은 태반의 기능을 지속한다. 아기를 잘 돌보고 양육하도록 디자인된 엄마의 몸은 젖이나 스킨십, 함께 있음을 통해서 아기에게 영양을 공급한다. 아기를 안거나 젖을 먹이는 동안 엄마는 자궁 안에서와 마찬가지로 아기의 생리 기능과 리듬에 영향을 미친다. 엄마는 아기가 맥박, 혈압, 자고 – 일어나고 – 꿈꾸는 주기, 체온, 호흡, 뇌 활동, 기분 등 모든 신체 기능을 스스로 조절할 수 있을 때까지 돕는다. 따라서 아기에게 가장 안전한 장소는 두말할 나위 없이 몸이 가장 밀접하게 연결된 엄마 품이다.

비록 나는 우리 딸들이 태어났을 때는 이런 사실을 미처 깨닫지 못했지만, 신생아를 처음 몇 주 동안 엄마와 격리시키지 않는 것이 중요한 이유들은 확실히 존재한다. 이 기간은 아기가 신체적으로 자궁 밖의 세계에 적응하는 과도기다. 그것만으로도 힘겨운 아기에게 굳이 다른 스트레스까지 더할 필요가 있겠는가?

| 아기의 건강에 대한 초기 투자는 나중에 큰 이익을 보장한다 |

아기가 엄마에게 받는 모든 메시지, 즉 몸의 기능이나 감정, 음식, 의학적인 보살핌, 인간관계 등은 아기의 몸과 마음에 선명하게 각인된다. 이 입력된 자료들은 평생에 걸쳐 아기의 면역계와 건강에 큰 영향을 미친다. 그리고 아기가 앞으로 자신을 돌보는 기준으로 작용한다.

아기의 건강과 행복을 시간이 흐르면 복리 이자가 붙는 은행 예금이라고 생각해보라. 엄마가 아기의 건강에 일찍 투자하면 할수록 이익은 늘어난다. 모든 사람은 나이가 몇이든 건강과 환경을 변화시키고 개선할 능력이 있다. 그러나 신생아기에 엄마 곰의 지혜를 가진 엄마를 통해 세포 깊숙이 침투된 신체적·정신적·감정적 건강과 안정감은 평생 결코 흔들리지 않는다.

🌼 **지혜의 샘 | 아기냐 직업이냐**

무엇이든 중요한 일을 시작할 때는 신중히 고려해야 할 점이 많다. 과연

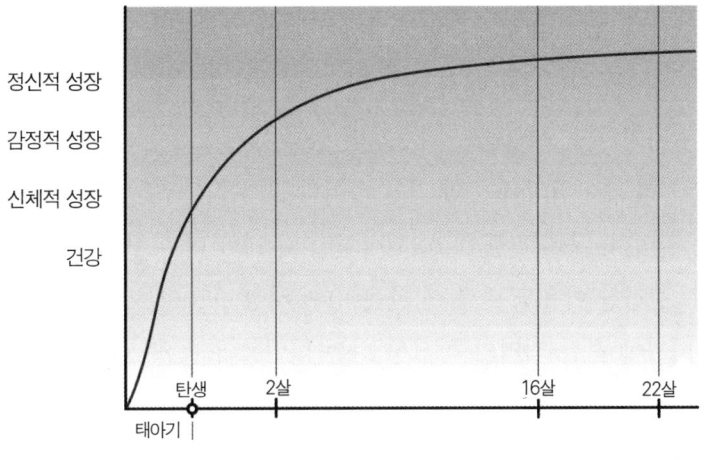

엄마의 투자와 아기의 건강

정신적 성장
감정적 성장
신체적 성장
건강

태아기
탄생
2살
16살
22살

ⒸNorthrup/Schulz

더 빠른 투자는 나중에 더 큰 수익을 보장한다.

내 삶에 도움이 되는 일인지, 휴식과 재충전할 시간을 제공하는지 등을 세심하게 따져봐야 한다. 많은 여성은 출산 후 6주가 지나면 직장으로 돌아가야 한다. 갓 태어난 아기를 너무 빨리 떼어놓아야 하기에 엄마의 마음은 찢어질 듯 아프다. 모든 엄마는 어떤 방법을 써서라도 아기의 인생을 위해 적어도 석 달 동안은 집에서 아기와 함께 보내야 한다. 자신의 일을 위한 시간은 앞으로도 얼마든지 가질 수 있다. 그러나 신생아기는 아기의 일생 중 매우 짧다. 이 짧은 시간 동안 사랑하는 아기를 위해 모든 열정과 보살핌을 아낌없이 쏟아 부어라.

만일 당신이 출산 후 6주나 혹은 석 달 이후에 경제적인 이유 때문에 복직하지 않아도 되는 형편이라면, 언제 복직할지 혹은 복직할지 말지를 결정하는 일은 대단한 용기와 자기 인식이 필요하다. 자신의 욕구와 아기 사이에서 올바른 균형을 찾기란 쉽지 않기 때문이다. 많은 여성들

특히 아기와 하루 종일 집에서 지내는 것에 충분한 만족감을 느끼지 못한 여성들은 자신의 결정에 회의와 죄책감을 느낀다. 나도 그 중 한 사람이며, 당신도 그럴 수 있다. 만일 당신이 그런 경우라면 복직하는 것이 자신과 아기를 위한 최선의 결정일 것이다.

그러나 자기 일을 사랑하고 가능하면 빨리 직장으로 돌아가길 원하는 여성일지라도 아기의 욕구와 직장 사이의 조화를 이루는 것이 더 행복해지는 길이다. 우리 딸들이 2살과 4살일 때 내가 더 이상 아기를 낳지 않기로 결정한 이유도 바로 이 때문이다. 비상 호출이 오면 밤낮 없이 불려 나가야 하는 직업의 특성상 나는 아이들과 많은 시간을 함께 보내지 못했다. 그래서 나는 직장을 바꾸기 위해 1985년에 '여성 대 여성' 건강센터를 창설했다.

물론 직장에 다시 출근한 여성 중에는 아기와 함께 지내는 시간을 잊지 못하는 엄마들도 있다. 그 결과 재정적 손실을 기꺼이 감수하면서 집으로 돌아오기도 한다. 이런 희생은 가정의 소중함을 지키는 중대한 결단일 수도 있다. 그러나 미국은 가정의 소중함을 강조하는 데는 열을 올리면서도 막상 육아에 대한 지원은 미미한 실정이다. 미국은 서구 국가 중 출산 휴가가 6주에 불과한 유일한 나라다. 오스트레일리아나 유럽의 경우, 아기를 출산한 여성들은 일정액의 임금을 보장받으면서 1년 동안 휴가를 얻을 수 있다. 그리고 언제든지 다시 복직할 수 있는 제도가 마련되어 있다. 사회적으로 산후 조리에 대해 충분히 지원받는 다. 그러나 미국 여성들은 언제 복직할지 혹은 복직할지 말지를 결정짓는 일에 감정적·경제적으로 매우 힘든 선택의 기로에 선다.

당신이 어떤 상황에 처해 있든 엄마 곰의 지혜는 자신과 아기를 위해 최선의 길을 선택하도록 인도할 것이다. 엄마 곰의 지혜의 첫 번째 법칙은 엄마는 행복해야 하며 엄마 역할을 잘 할 수 있도록 최대한 지

원받아야 한다는 것이다. ✽

모유는 외부의 태반이다

신생아는 면역계가 제대로 발달되지 않은 상태에서 세상 밖으로 나온
다. 태아일 때는 항체로 가득 찬 엄마의 양수 속에 잠겨 면역력을 제공
받았지만 엄마의 자궁이라는 보호막에서 벗어난 아기는 감염 인자들의
침입을 받기가 쉽다. 엄마는 이런 아기들을 질병과 감염으로부터 보호
하기 위한 새로운 수단으로 모유라는 장치를 이용할 수 있다. 모유는
태아가 자궁 속에 있을 때 태반을 통해 영양을 공급받은 것처럼 세상
밖으로 나온 아기에게 외부의 태반 구실을 하는 셈이다.

초유가 포함된 모유는 아기가 새로운 환경에서 마주칠 유기물들에 대
한 저항력을 지닌 면역 글로블린(immunogloblin, 혈액 속에서 항체 구실을
하거나 면역성을 만들어내는 단백질의 총칭)과 항체를 내포한다. 엄마의 몸
속에 이미 형성된 면역체가 모유를 통해 아기에게 전달되기 때문이다. 예
를 들면, 모유에는 아기에게 장 질환을 일으킬 수 있는 장내 기생충을 죽
이는 성분이 포함되어 있다.[2] (186쪽 '아기의 수유' 참조)

아기의 면역력과 저항력을 키우는 법

아기의 면역력과 저항력을 키우는 엄마의 역할에는 모유 이외에도 여
러 가지가 있다. 아기가 태어나는 순간부터 신체적인 기능을 개발하고
정신적인 안정감을 얻도록 인도하는 엄마의 역할은 아기의 면역계에
직접적인 영향을 미친다. 엄마가 제공하는 신체적 · 정신적인 지원은
아기의 제1감정센터에 긍정적인 통신망을 구축한다. 이 부위는 안정감

과 소속감의 산실이며 면역계와 혈액, 그리고 뼈가 집결된 곳이다. 아기가 한 인간으로 성장하기 위해 감염을 비롯한 모든 종류의 스트레스에 맞서서 선천적인 저항력을 개발시키는 동안, 엄마와 아기의 유대 관계는 아기의 저항력을 증가시키는 매우 중요한 요소로 작용한다. 연구 결과에 따르면 질병에 대한 인간의 면역력은 어린 시절의 경험과 매우 밀접한 관계가 있다.

어린 시절이 면역력 형성에 중요한 이유는 신경계와 내분비계, 면역계가 서로 의사소통하는 방법을 익히는 시기이기 때문이다. 엄마와 아기의 의사소통 방법은 이들의 형성에 결정적인 영향을 미친다. 여기에는 엄마가 얼마나 다정하고 따뜻한 마음으로 아기를 돌보느냐, 면역력을 증진시키는 모유를 먹이느냐 등 여러 요소들이 포함된다.

면역학자인 에드윈 블레이락Edwin Blalock 박사는 면역계가 작용하는 방법을 이렇게 설명했다.

> 일부 자극들은 면역계가 먼저 인지해서 중추신경계에 전달된다. '신경 인지'라고 불리는 이 자극에는 박테리아, 종양, 바이러스, 항원 등이 포함된다. 만일 면역계가 인식하지 못한다면 중추신경계는 이들의 존재를 알아챌 능력이 없다.[3]

면역계는 몸 안의 눈이라고 할 수 있다. 몸 안에 떠도는 자극들을 찾아내서 펩티드, 호르몬, 림포카인, 모노카인 같은 물질에게 정보를 전달한다. 정보를 받은 이런 물질은 양의 변화라는 방법을 통해 면역세포에 어떻게 대처할지를 암시한다. 이 정보는 뇌와 신경내분비계에도 동시에 전달되어 신경계, 내분비계, 면역계가 함께 작용해서 적절한 방어선을 구축한다.

엄마는 아기에게 돌보는 자세 - 신체 접촉, 수유, 말, 노래, 눈 맞추기, 함께 있어주기 등 - 를 통해 아기의 몸이 안전한지 위험한지를 인지하는 능력을 키워준다. 엄마는 아기에게 보는 법과 듣는 법뿐 아니라 백혈구가 반응하는 방법도 가르친다. 만일 엄마와 아기의 유대감이 부족하거나 붕괴될 경우, 아기의 몸은 이들 자극에 반응하는 법을 터득하지 못하게 된다. 그 결과 질병에 노출될 가능성이 커진다.

🐾 밀리의 경우 - 면역력이 손상되다

정신적인 안정감과 면역계 사이의 상관관계를 발견한 후, 어느 날 나는 면역계에 문제가 많았던 한 환자에게 어린 시절에 대한 여러 가지 질문을 던졌다. 이민 초창기에 검역소가 있던 뉴욕 항의 엘리스 섬을 통해 미국에 이민 온 그녀의 어머니는 다음과 같은 이야기를 자랑스럽게 들려주곤 했다고 한다. 대물림되어 온 아기를 키우는 자세에 대한 것이었다.

네가 태어난 병원에서 집으로 오던 날 너는 계속 울어대기만 했단다. 거의 이틀 동안 울음을 그치지 않았지. 나는 결국 이런 결단을 내렸단다. "그래, 처음부터 버릇을 잘 들여야 해. 울면 다 된다는 생각을 갖지 않도록 단단히 훈련을 시켜야겠어. 당장 젖을 먹일 시간과 안아줄 시간을 정하자. 아기가 원하는 시간이 아닌 내가 편리한 시간으로 말이야. 아기를 응석받이로 만들지는 않겠어!"

이틀 동안 울어대던 너는 마침내 울음을 그치고 말았지. 우는 게 안 통한다는 걸 알아차린 거야. 그 이후로 너는 얌전한 아이가 되었고, 몇 시간 동안 혼자서도 잘 놀았고, 우는 법이 없었지. 너무 순하고 얌전해서 전혀 힘들이지 않고 키웠단다.

다행스럽게도 밀리는 이 고통스러운 출발을 오히려 장점으로 전환시켰다. 그녀는 활달하고 유능한 의사로서 환자의 상처를 감지해내는 뛰어난 능력이 있었으며 모든 일에 유머 감각을 잃지 않았다. 많은 어려움을 겪었던 그녀는 자신을 치유했던 방법으로 다른 사람의 상처를 치유해주는 능력을 갖추게 된 것이다. 만일 그녀가 어린 시절에 엄마와 충분한 유대감을 경험했더라면 오늘날과 같은 모습으로 성장하지는 못했을 것이다. 그러나 그녀가 오늘날과 같이 훌륭한 모습을 갖추기까지는 고통스러운 신체적 증상들뿐 아니라 자부심 부족이라는 아픔에 시달려야 했다. "저는 어린 시절에 겪었던 엄마와 딸의 유대감 부족으로 자부심에 많은 상처를 입었지만 그 고통스러웠던 경험이 제게 다른 사람을 이해하는 남다른 능력을 주었다고 생각해요."

┃ 엄마의 사랑은 아기를 망치지 않는다 ┃

현재 중년의 나이인 우리들이나 우리 부모들은 아기가 운다고 안아주거나 너무 끼고돌면 버릇이 나빠진다고 배웠다. 그러나 갓 태어난 아기에게 무슨 버릇을 가르친단 말인가. 더구나 스킨십을 많이 경험하고 자란 아이들은 성장과 발달이 빠르다는 사실도 입증되었다.

출산 후 6주가 지나면 복직하기를 종용하는 미국의 사회적 풍조는 아기에게 스킨십이 필요하지 않다는 생각을 반영한 것이다. 엄마와 아기가 서로에게 가장 필요한 시기에 함께 있어야 한다는 사실을 인식하지 못한 증거다. 엄마의 몸속에서 40주라는 시간을 보낸 후 이제 막 세상 밖으로 나온 아기를 홀로 격리시켜 놓고 잘 견뎌낼 능력이 있다고 주장하는 게 과연 타당한가. 모든 엄마가 본능적으로 아는 사실, 즉 아이들은 많이 안아주고 사랑해줄수록 최대의 능력을 발휘한다는 연구 결과는 어떻게 설명할 것인가.

뇌의 발달 부진은 감각이 차단된 이후에 발생하는 것으로 밝혀졌다. 스킨십이나 사랑하는 사람의 목소리, 미소 같은 감각적인 자극을 받지 못한 결과인 것이다. 반면 아기를 안고, 어르고, 노래를 불러주는 행위 등은 신생아의 뇌 발달에 필요한 감각 기관을 자극한다. 뇌간으로 불리는 이 부위는 환경의 변화를 감지하고 거기에 적응하는 데 중요한 역할을 한다.[4]

산후 우울증의 원인, 절망감과 외로움

우리는 신생아 시절에 엄마와 아기의 밀접한 접촉이 얼마나 중요한지를 깨닫지 못한 문화 속에서 자랐기 때문에 세포 깊숙이 절망감을 품은 채 살아간다. 내가 첫아이를 데리고 친척을 방문했을 때 그들은 "아기를 이층 요람에 혼자 재우라"고 강조했던 기억이 난다. 여기서 말하는 이층은 엄마 방과 멀리 떨어진 곳이었으므로 나는 그들의 말에 따르지 않았다. 아기의 울음소리를 들을 수 없었기 때문이다. 나는 이미 장성한 다섯 아이를 둔 이 부모가 권했던 비정한 방법에 소름이 끼쳤다.

아무도 없이 방에 홀로 남겨진 아기는 절망감을 느낀다. 이것이 바로 입양아들이 우울증에 걸릴 확률이 높은 이유 중 하나일 것이다.[5] 오늘날의 입양은 양부모가 집으로 데려가기 전에 홀로 격리되는 시간이 줄긴 했다. 그러나 아기는 부모가 바뀌었다는 사실을 본능적으로 느끼며 성장하는 과정에서도 석연치 않은 변화로 깊은 소속감을 느끼지 못한다. 입양 사실을 정직하게 말해줘야 하는 것도 이런 이유 때문이다.

출산 후 석 달 동안 엄마와 아기가 격리되는 것은 두 사람 모두에게 절망감과 소외감을 불러일으킨다. 이에 반해, 본능적인 엄마 곰의 지혜로 아기를 엄마 곁에서 떼어놓지 않는 문화권이 있다는 것은 기쁜 일이다. 예를 들면, 발리 섬에서는 갓 태어난 아기는 여러 달 동안 땅에 내려놓지 않고 항상 누군가가 안고 있게 한다. 지속적인 신체 접촉은 감정 회로를 활성화시켜 아기의 뇌 발달을 돕는다.

함께 자기는 아기를 안정시키는 자연이 준 방법

소아과 의사인 하비 카프Harvey Karp 박사는 〈지구에서 가장 행복한 아기(The Happiest Baby on the Block)〉라는 저서에서 여러 문화권의 독특한 아기 양육법을 소개했다. 일부 문화권에서는 엄마와 가족들이 함께 아기를 돌보고, 아기와 함께 자며, 아기와 함께 놀아준다. 반면, 미국의 아기 중 50퍼센트는 하루에 2시간 이상 혼자 칭얼거리거나 운다는 사실을 아는가. 이것은 엄마들에게 우울증의 원인이 되며, 심한 스트레스를 받거나 충분한 지원을 받지 못하는 엄마들에게는 아이를 학대하는 원인이 되기도 한다.

미국의 아기들이 우는 이유는 우리가 엄마 곰의 지혜에 따라 아기를 늘 옆에 두거나 함께 자지 않기 때문이다. 엄마의 자궁에서 아홉 달을 보내고 갓 태어난 작은 생명체를 혼자 자도록 방치하는 것은 비인도적인 처사라고 생각하지 않는가. 나는 적어도 6개월 동안은 아기와 함께 자길 권한다. 요즘은 엄마 침대 옆에 아기 침대가 부착되어 아기가 엄마 옆에서 안전하게 잘 수 있게 만들어진 훌륭한 침대가 많이 시판된다. 나는 큰딸 애니가 아기였을 때 내 침대 옆에 요람을 놓고 그 안에 재웠다. 덕분에 언제든지 아기를 쉽게 안아서 젖을 먹일 수 있었다.

물론 아기와 함께 자는 것이 불편한 부모도 있을 것이다. 그럴 경우 억지로 같이 잘 필요는 없다. 당신의 불편함을 감지한 아기도 불편해할 것이기 때문이다.

아기 달래기

갓 태어난 아기가 혼자 얌전히 지내길 바라는 것은 무리한 요구다. 그 보다는 자궁과 비슷한 환경을 만들어주는 것이 좋은 방법이다. 대부분 의 아기들은 6개월이 지나야 혼자 자는 법을 터득하게 된다. 물론 더 일 찍 터득하는 아기들도 있다. 아기가 혼자 잘 자도록 훈련시키려면 우선 아기의 긴장감을 풀어주는 환경을 만들어줘야 한다.

주변을 시끄럽게 만들어라   아기 방에 소음이 담긴 CD를 틀거나 기계를 사용해서 소음을 만들어라. 자궁 안은 청소기를 돌릴 때처럼 시끄럽기 때문에 아기는 조용한 방에 익숙하지 않다. 아기를 차에 태우면 잘 자 는 것은 엔진 소리와 차의 흔들림이 자궁 속의 환경과 비슷하기 때문이 다. 아기가 울 때마다 귀에 대고 '쉿!' 소리를 크게 내는 것도 아기를 달 래는 한 방법이다. 자궁 내의 소리와 비슷하기 때문이다.

아기를 흔들어주거나 아기그네에 태우라   자동 아기그네는 부모에게 보내 준 신의 선물이다.

아기를 담요로 단단히 싸라   날씨가 덥다면 얇은 시트를 이용하라. 아기 가 자궁 안에 있는 듯한 안정감을 느껴 곧 잠잠해질 것이다.

아기를 옆으로 안거나 마주보고 안아라 이것이 아기가 자궁 안에서 익숙한 자세다. 등이 품안으로 오도록 안는 자세는 아기에게 생소하다. 머리를 약간 밑으로 숙이고 배에 손이 닿게 한 채 옆으로 눕는 자세는 머리의 센서를 작동시켜 아기를 얌전하게 만든다. 이것은 전형적인 태아의 자세로 어른들도 이 자세로 누우면 편하다. 카프 박사의 말에 따르면, 아기의 등이 땅에 닿도록 똑바로 눕히는 것은 아기를 달래는 게 아니라 꼬집는 것이라고 한다. 아기가 불안감을 느껴 놀라거나 울거나 팔을 휘젓게 만드는 자세이기 때문이다. 그러나 밤에는 똑바로 눕혀서 재워야 한다. 카프 박사가 권한 대로 아기를 담요로 꼭 싸서 똑바로 눕히면 안정감을 줄 수 있다. 1992년에 '아기를 똑바로 눕혀 재우자'라는 캠페인이 시작된 후로 유아 돌연사 비율이 50퍼센트나 줄었다.[6]

아기에게 엄마 젖꼭지나 고무젖꼭지를 물려라 아기가 울거나 칭얼댈 때 항상 효과를 볼 수 있는 방법이다.

스킨십은 훌륭한 약이다

엄마의 자궁 안에 있을 때 아기의 예민한 피부는 자궁의 수축과 심장이나 목소리의 진동에 자극받는다. 자궁 밖으로 나오는 과정에서도 아기는 진통에 의한 강한 신체 접촉을 경험한다. 출산 후를 대비해서 아기의 내부 기관을 자극하여 준비시키는 과정이다(5장 '진통과 출산' 참조). 그리고 일단 탄생한 아기는 엄마의 잦은 손길과 포옹과 다정한 어루만짐을 통해서 더 빠르게 성장하고 발전한다.

피부는 우리 몸에서 가장 큰 감각 기관으로 태아의 뇌가 생성되는 부위와 같은 신경외배엽에서 파생된다. 따라서 피부는 외부의 뇌라고 할 수 있다. 스킨십은 우리에게 꼭 필요한 영양소다. 적당한 신체적 접촉이 없는 상태에서는 인간이나 동물은 제대로 성장하지 못하거나 심지어 죽게 된다. 이런 결과는 실험실 안의 동물을 통해서 그리고 역사적인 사건을 통해서 입증되었다. 가장 최근에 보도된 사례는 1990년대 루마니아에서 조사된 것으로, 수천 명에 달하는 고아 아기들이 어떤 스킨십도 없이 2년 동안이나 침대에 방치되었다. 그 결과, 대다수가 건강이 악화되어 심각하거나 혹은 돌이킬 수 없는 애착 장애나 정신지체 증상을 보였다.

우리 피부에는 500만 개의 촉각 수용기가 퍼져 있으며 손가락 끝에만 3천 개가 있다. 이들 수용기는 척수를 통해서 뇌로 정보를 보낸다. 따라서 간단한 신체적 접촉도 혈압과 맥박을 낮추는 효과가 있다는 사실이 과학적으로 입증되었다. 신체 접촉은 뇌의 베타 엔도르핀의 분비를 자극해서 행복감을 느끼게 만든다. 마사지 같은 강한 신체 접촉은 면역계의 기능을 증진시키고 코르티솔이나 아드레날린 같은 스트레스 호르몬을 감소시킨다.

신체 접촉은 또한 성장 호르몬을 촉진시킨다. 이 호르몬은 우리 몸의 모든 내분비 기능에 영향을 미치는 중요한 호르몬이다. 신체 접촉이 부족한 아기들이 성장과 발전이 더딘 '발육 부진' 증상을 보이는 이유도 이 때문이다.

이 밖에도 신체 접촉은 아기의 면역계 발달에도 영향을 미친다. 유아기의 경험이 면역계에 미치는 영향에 대한 심리학 연구 결과에 따르면, 이유기 전의 신체 접촉은 항체의 면역력을 증가시키는 것으로 나타났다. 그리고 이 시기에 엄마와 아기가 분리되면 면역계 기능 저하의 원인이 된다.

여러 학자들은 연구 결과를 통해 신체 접촉이 좋은 약품과 같은 효과가 있으며, 편두통이나 당뇨병 같은 증상에도 긍정적인 영향을 미친다고 입증했다. 조기에 출산된 미숙아를 하루에 15분씩 열흘 동안 마사지한 결과, 아기들은 인큐베이터 안에 있을 때보다 생기 있고 활달해졌으며, 평균보다 47퍼센트나 빨리 체중이 늘었고, 마사지를 받지 않은 아기들에 비해 6일이나 빨리 퇴원할 수 있었다. 병원비를 만 달러나 절약한 셈이다. 마사지를 받은 아기들의 체중이 빨리 늘어난 이유는 마사지가 위장 기관에 분포되어 글루카곤과 인슐린 분비에 관여하는 미주신경(연수에서 나오는 열 번째의 뇌신경. 부교감 신경 중 가장 큰 것으로 운동과 지각의 두 섬유를 포함하며 내장의 대부분에 분포)을 자극했기 때문이다.[7]

우리가 가능하면 많이 아기를 안고 쓰다듬어줘야 하는 과학적 이유는 무수히 많다. 접촉을 통한 자극은 우리 몸의 면역계 건강에 평생 영향을 미친다.[8] 만일 아기가 이유기 이전에 엄마와 격리될 경우, 어른이 되었을 때 면역력이 약해진다. 원숭이를 대상으로 실시한 연구에 따르면, 엄마와 아기가 일찍 분리되었을 경우 수년에 걸쳐 아기의 면역계는 서서히 약해지는 것으로 나타났다.[9] 아기를 안아주지 않는 것은 젖을 먹이지 않는 것과 같다. 위를 채우지 못하듯 아기의 뇌와 신경계를 채워주지 못하는 것이다.[10] 아기와 충분한 스킨십을 나누지 않는 것은 정신적인 젖떼기인 셈이다.

우리 인간이 경험하는 가장 원초적인 행위인 흔들기도 아기에게 매우 유익하다. 흔들기는 자궁 안에 있는 것과 같은 평온한 행복을 맛보게 해준다. 이 행위가 뇌의 전정계, 즉 우리 몸의 휴식과 회복에 관여하는 미주 신경과 부교감 신경이 연결된 부위를 자극하기 때문이다.

이처럼 신체 접촉의 유익함이 충분히 입증되었음에도 미국은 스킨십이 메말라 있는 사회다. 나는 개인적으로 우리가 아이들에게 충분한 스킨십을 제공하지 않기 때문에 폭력이 증가한다고 믿는다. 아이들에게 스킨십을 많이 하는 문화권은 성인 폭력의 비율도 낮은 것으로 밝혀졌다.[11]

스킨십이 이렇게 중요함에도 우리 사회는 아직 충분한 스킨십을 나누지 못하기 때문에 나는 의사들에게 건강과 폭력 예방을 위해 스킨십을 처방하길 권하고 싶다. 특히 딸들에게 스킨십의 유익함이 더 두드러진다는 것은 흥미롭다. 인류학자인 애슐리 몬터규Ashley Montagu는 이렇게 설명했다. "신체 접촉은 친밀감과 동시에 우월감을 나타내는 행동이라고 볼 수 있다. ……동등한 지위에서는 상호 관계로 이루어지지만 더 우월한 상대가 일방적으로 힘을 상징하기 위해 베푸는 행위이기도 하다. 서구 사회의 역학 구조 안에서 여성은 남성보다 열등하고 더 낮은 계급으로 간주되기 때문에 어린 시절부터 보호라는 명목 하에 남성보다 많은 신체적 접촉을 받는다." 몬터규의 주장은 연구 결과를 통해서 입증되었다. 엄마와 아빠 모두 아들보다 딸과의 신체 접촉이 잦은 것으로 밝혀졌다. 반복된 경험은 뇌에 잘 입력되기 때문에 딸들의 뇌가 인간관계에 예민해지는 것은 당연한 일이다. 딸들의 외부의 뇌, 즉 피부는 태어나면서부터 반복적으로 자극받아온 것이다.

아동 폭력이나 신체적 학대가 증가하기 시작한 시기는 우리 사회가 아이를 안거나 만지고 싶은 자연스러운 충동을 성폭력으로 몰아가면서 신체 접촉에 대한 두려움을 갖게 만든 순간부터다. 그 결과, 우리는 '신체 접촉 욕구'를 적절한 방법으로 채우지 못해 스킨십에 굶주린 사회로 변하고 말았다. 아동에 대한 폭력과 성 학대는 금지되어야 하지만 스킨십이 필요한 가정이나 학교, 병원, 놀이방 등에서의 사랑의 표현은 법적으로 보호되어야 한다.

아기의 수유

1940년대 말부터 50년대, 60년대에 걸쳐 아기를 낳은 산모들은 모유를 먹이고 싶어도 병원의 강압적인 권유에 못 이겨 포기하는 경우가 많았다. 이 시기에는 조제된 분유가 모유보다 과학적으로 우수하다는 인식이 팽배했기 때문이다. 또한 아기의 배고픔을 알아채는 엄마의 능력을 존중하기보다 시간을 정해놓고 수유하는 쪽이 더 유익하다고 생각했다. 왼쪽 뇌의 지성과 균형을 잃은 엄마 곰의 지혜가 지난 수십 년 동안 영광을 누려왔지만, 이제 세상은 바뀌었다. 태초부터 모든 엄마들이 알았던 지혜를 과학이 서서히 인식하기 시작한 것이다. 아직 많은 여성들의 뇌리에 잘못된 과학의 유산이 남아 있긴 하지만 우리는 모유의 신체적·정서적인 유익함에 대해 더 많이 깨닫게 되었다. 그리고 미리 정해놓은 시간에 따라 수유 스케줄을 맞추기보다는 아기가 배고플 때 먹이는 것이 좋다는 사실도 알게 되었다.

수유는 자기 보살핌의 시작이다

우리가 건전한 애정을 배우는 과정은 엄마 젖을 빨면서부터 시작된다. '남자의 사랑을 받으려면 맛있는 음식을 먹여라' 라는 속담이 있다. 본능적으로 인간은 배가 불러야 마음의 여유가 생긴다. 어린 시절 무엇을 어떻게 먹었느냐는 성인이 되어 다른 사람에 대한 자신의 태도를 결정하는 초석이 된다. 엄마가 우리를 먹이는 방법에 따라 우리의 뇌와 몸에는 영양 공급과 친밀감에 대한 개념이 입력된다. 이 시기에 입력된 자료는 평생에 걸쳐 우리가 얼마나 자신의 신체적·정신적 욕구에 귀를 기울이느냐를 결정한다.

우리 딸들이 아기였을 때 나는 집에 있을 때마다 아이들이 내 몸 특히 가슴과 최대한 많이 접촉하도록 해주고 싶은 충동을 느꼈다. 내 몸은 딸들에게 신체적·정신적 건강을 공급하는 창고라고 생각했기 때문이다.

모유 수유는 아기를 보살피는 동시에 자신을 보살피는 일이다

모유 수유는 엄마가 자신과 아기를 동시에 보살필 수 있는 자연의 방법이다. 여기에도 임신의 법칙이 해당된다. 자기가 가지고 있어야 남에게 줄 수 있다. 좋은 모유를 먹이기 위해서는 영양을 충분히 섭취하고, 주변의 보살핌을 받아야 하며, 적당한 휴식을 취해야 한다. 모유 수유는 엄마와 아기에게 다음과 같이 유익하다.

엄마의 건강을 증진시킨다 모유를 먹이는 산모는 임신으로 불어난 체중을 쉽게 줄일 수 있다. 또한 유방암이나 난소암, 폐경기의 골다공증에 걸릴 확률이 줄어든다. 모유는 또 젖병과 분유 등 복잡한 장비가 필요 없고 휴대가 간편하다는 장점이 있다. 가슴만 열면 자동으로 젖이 나오지 않는가.

아기에게 안정감과 평안을 준다 아기가 원할 때마다 가슴에 안고 젖을 먹이는 행위는 아기에게 안정감을 심어준다. 따뜻한 엄마 품에 안겨 젖을 빨면서 아기는 언제든지 자기 욕구가 채워지리라는 믿음을 갖는다.

아기의 질병을 예방한다 수많은 연구들이 모유 수유가 건강에 얼마나 유익한지를 증명했다. 모유는 귀의 감염, 알레르기, 설사, 세균성 뇌막염 등의 발병률을 감소시킨다. 영국 스코틀랜드의 던디에서 최근 실시한 연구에 따르면, 생후 최소한 15주 이상 모유를 먹은 아이들은 분유를 먹은 아기에 비해 아동기에 호흡기 질환에 걸릴 확률이 50퍼센트나 낮다고 한다. 더구나 이 아이들은 생후 4개월 이전에 이유식을 먹은 아이들에 비해 혈압과 체중도 낮았다.[12] 이밖에도 모유는 아동의 림프종, 돌연사, 당뇨병의 발병률을 감소시키는 효과도 있었다.

아기들의 빨고 싶은 본능을 충족시킨다　아기들은 자궁 안에서도 엄지손가락을 빤다. 빨고 싶은 것은 인간의 원초적인 본능이다. 사람의 혀와 입을 관장하는 뇌의 부위는 매우 넓기 때문에 이 부위에 분포된 신경세포도 몸의 다른 부위에 비해 숫자가 많다. 아기들은 엄지손가락, 엄마의 손, 돌보는 사람의 얼굴 등 눈에 보이는 것은 무엇이든 입으로 빨려고 든다.

얼굴과 턱의 발달을 촉진한다　아기의 얼굴 근육과 이, 잇몸, 입천장의 발달은 무엇을 어떻게 빠느냐에 영향을 받는다. 젖을 빠는 것은 매우 힘든 작업으로 우유병을 빠는 것보다 혀와 턱, 뺨의 근육을 더 많이 움직여야 한다. 그 결과 입천장과 위턱이 잘 발달하여 동성(sinus, 머리와 코가 연결된 빈 공간)과 비강 부위가 넓어진다. 이들 부위는 모두 입과 목 뒤쪽에 연결되어 있다. 따라서 모유 수유는 아기의 입과 턱, 이와 비강을 발달시키는 가장 효과적인 방법이다.

아기의 정상적인 호흡을 돕는다　신생아는 코로 호흡하는 것이 정상이다. 물론 입으로도 호흡할 수 있지만, 이것은 비정상적이거나 스트레스성 반응이다. 모유는 아기의 정상적인 호흡을 강화한다. 모유는 아기가 젖을 먹으면서도 코로 숨을 쉴 수 있도록 천천히 흘러들어간다. 이 과정은 자연스럽게 비강의 발달을 촉진한다. 반면 인공 수유의 경우, 우유는 모유보다 빨리 흘러들기 때문에 아기는 우유를 넘기는 사이 헐떡이며 입으로 숨을 쉬어야만 한다. 이것은 아기의 호흡 기관 – 동성, 코, 입 – 의 발달에 중대한 영향을 미친다. 인공 수유는 입으로 숨을 쉬게 만들며 이와 턱과 인두의 발달을 촉진시키지 못한다. 이로 인해 정립된 입과 비강 구조는 성인이 되어 알레르기나 동성에 문제가 생기는 원인이 될 수 있다.

아기의 지능을 높여준다　모유 수유가 아기의 지능을 높여준다는 사실이 조사를 통해 입증되었다. 최근 뉴질랜드에서 8~18살 아이들을 대상으로 실시한 조사에 따르면, 모유를 먹은 기간이 긴 아이일수록 평균적으로 지능 지수가 높은 것으로 나타났다. 8~9살 아동은 독해력과 수리력이 높았으며, 10~13살은 학습 능력이 높은 것으로 나타났다. 8~12살 아동은 읽기와 산수에서 높은 점수를 받았으며 학기말 시험에서도 상위권에 속했다. 이처럼 지능 지수가 높아지는 이유는 모유에 들어 있는 지방산(DHA, EPA) 때문인 것으로 추측된다. 신경 세포의 주성분은 지방산이기 때문에 모유에 들어 있는 지방산이 뇌 발달과 장기적인 신경계 건강에 기여하는 것은 당연하다.[13]

모유는 신경계를 보호한다　최근 발표된 한 연구 결과는 여성의 몸의 지혜를 다시 한 번 확인시켜 주었다. 모유를 먹는 아기는 빌리루빈의 수치가 높은 것으로 밝혀졌다. 빌리루빈이란 피부를 황색으로 만드는 혈액 속의 색소로 건강에 매우 유익하게 작용하는 물질이다. 존스홉킨스

의과대학의 실베인 도어Sylvain Dore 박사는 다음과 같은 연구 결과를 발표했다. "빌리루빈의 수치가 높은 아기는 질병에 대한 저항력이 높은 것으로 밝혀졌다. 빌리루빈은 또한 미숙아의 망막병증을 감소시켜준다." 이밖에도 도어 박사는 빌리루빈은 학습과 기억을 담당하는 뇌의 부위인 해마를 보호하고, 유리기(free radical, 짝을 짓지 않은 전자로 인해 충분히 화학결합을 이루지 못하는 원자단)에 의한 조직 손상을 감소시키며, 항산화제의 역할을 한다고 발표했다.[14]

모유든 분유든 사랑으로 먹여라

아기에게 제공되는 음식의 질은 매우 중요한 영향을 미친다. 여기에는 음식의 온도와 청결도와 영양소 등이 포함된다. 그러나 음식이 제공되는 방법 또한 이에 못지않게 중요하다. 진정으로 영양이 풍부한 음식이란 감정적인 영양까지 포함한 것이다. 즉 모유가 아기에게 가장 이상적이긴 하지만, 분유를 먹이더라도 아기를 사랑하고 정성껏 돌보는 사람이 아기와 정다운 대화를 주고받으며 안락한 분위기에서 먹인다면 건강을 보장할 수 있다.

| 아기가 먹고 싶어할 때 먹이자 |

아기에게 음식을 어떻게 먹이느냐는 무엇을 먹이느냐와 마찬가지로 아기의 뇌와 신체 발달에 지대한 영향을 미친다. 모유든 분유든 언제든지 원하는 시간에 음식을 먹은 아이들은 시간을 정해놓고 엄격한 스케줄에 따라 먹은 아이들과 다른 경험을 한다.

아만다는 모든 일에 과민하게 반응하는 환자였다. 그녀에게는 삶 자체가 알레르기 대상인 것 같았다. 첫 아기가 태어난 후 그녀는 강박 관념에 사로잡혀 아기에게 젖을 먹이는 엄마에게 해로운 일들만 일삼곤 했다. 그녀의 눈에는 모든 것이 아기에게 해를 끼치는 대상으로 보였다. 따라서 지나친 신경과민으로 그녀는 늘 피곤하고 침울했으며 얼굴에 기쁨이라고는 찾아볼 수 없었다. 그녀는 아기를 위해서라는 명목으로 자신이 좋아하던 모든 것을 포기했다. 예를 들면, 아이스크림을 먹거나 와인을 마시는 것은 아기에게 해가 되므로 피해야 한다는 식이었다.

직장 여성이었던 아만다는 젖 먹일 시간이 되면 유모에게 아기를 직장으로 데려오게 했다. 아기가 도착하면 그녀는 기계적으로 아기를 안고 젖을 물렸다. 마치 젖 공급기에 아기 입을 갖다 대는 것 같았다. 아기를 안은 그녀에게서 기쁨이나 활기를 찾아볼 수 없었다. 그녀는 아기의 욕구와 아랑곳없이 자로 잰 듯 젖의 양을 조절했으며 사랑스러운 눈빛을 보내거나 다정한 대화를 주고받지도 않았다. 그녀는 아기에게 젖을 먹이면서 불안감도 함께 먹인 셈이다.

반면, 에이더라는 환자는 정반대의 모습이었다. 그녀는 아기에게 젖을 먹일 때마다 행복과 기쁨에 넘쳤다. 아기가 그녀의 삶에 더없이 소중한 존재임을 누구나 알 수 있었다. 에이더는 아기에게 유익한 음식을 섭취하는 동시에 가끔 자신이 좋아하는 아이스크림이나 프렌치프라이도 즐겼다. 자기가 행복해야 아기도 행복하다는 걸 알기 때문이었다.

자연이 엄마의 가슴에 최고의 영양소를 부여하는 동시에 짜릿한 쾌락을 누리도록 만든 데는 충분한 이유가 있다. 음식과 즐거움은 유대감을 형성하는 중요한 요소이며 우리의 웰빙에 없어서는 안 될 조건이다. 진정한 자기 보살핌은 이 두 가지 기능을 모두 누리는 것이다.

그러나 여성들은 아이에게 영양을 공급하는 기능을 희생해서라도 가슴의 다른 기능(남성에게 매력적으로 보이는)에 더 치중하도록 세뇌당했다. 따라서 많은 여성이 내부의 불균형으로 여성 에너지를 잃어간다.

미국 소아과협회는 1년 이상 모유를 먹이는 것이 엄마와 아기 모두에게 유익하다고 추천했다. 최근 들어 산모의 약 60퍼센트가 모유를 먹이지만 그 중 50퍼센트만이 6개월 이상 지속하는 것으로 밝혀졌다.[15] 이처럼 퍼센트가 낮은 이유는 우리 문화가 여성의 가슴에 붙여놓은 성적 매력의 가격표 때문이다. 모유를 먹일 것인지 말 것인지를 결정할 때 여성이 가장 압박을 느끼는 점은 아기의 욕구보다 남편의 욕구다.

가부장적인 문화 속에서 사는 여성에게는 자신의 가치가 남성에게 얼마나 매력적인지에 따라 결정된다는 의식이 뿌리 깊이 박혀 있다. 여성의 가슴은 성적 매력의 상징이기 때문에 남성의 관심과 후원을 살 수 있는 가장 큰 조건으로 여겨진다. 우리 사회에 만연한 이런 의식을 감안할 때 여성들이 모유가 아기에게 유익하다는 사실을 알면서도 피하는 이유는 남편이나 파트너에게 자신의 가치가 감소될까봐 두렵기 때문이다.[16] 또한 끌어당김의 법칙에 따라서 이런 사고방식을 가진 여성들은 여성의 가슴이 아기의 영역이 아닌 자신의 영역이라고 생각하는 남성을 만날 가능성이 크다.

여성들에게 아기와 파트너 중 하나를 선택하도록 강요하는 우리의 사회 풍토가 개탄스럽다. 모유가 의학적으로 아기의 건강에 유익하다는 많은 증거가 있음에도 현재 산부인과나 소아과 레지던트 훈련 프로그램 중에는 과학적으로 모유를 연구하는 과정이 부족한 실정이다. 더구나 의사들은 엄마들이 분유를 선택하는 것에 죄의식을 느끼지 않도록 하기 위해 모유의 유익함을 강조하는 데 소극적이다. 따라서 모유를 택한 대부분의 여성들도 하루 24시간 중 겨우 8번만 젖을 먹이며 그 기간도 기껏해야 몇 주 혹은 몇 달에 불과할 뿐이다. ❀

가슴 성형 수술

가슴 성형 수술은 모유 수유를 불가능하게 만들며 유방X선이나 유방영상촬영을 어렵게 만든다. 그러나 빅토리아 시크릿 같은 인터넷 속옷 판매 사이트나 텔레비전 쇼, 록 가수 비디오테이프 등 대중 매체에 등장하는 여성들에게 가슴 성형 수술은 '지극히 정상적인 절차'다. 그 결과, 우리는 정상적인 가슴 모양에 대한 기준을 잃어간다. 아이러니하게도 정상적인 여성의 가슴이 우리가 표준으로 여기게 된, 성형 수술한 가슴의 크기와 모양을 갖추려면 아기에게 젖을 먹이는 산모일 때나 가능하다. 엄마 곰의 지혜는 이 풍만해진 산모의 가슴에 여성과 남성 모두 만족감을 느낄 수 있도록 프로그램되어 있지만, 오늘날에는 이처럼 자연스럽게 풍만해지는 방법 대신 플라스틱을 주입하는 방법을 사용한다.

지난 10년 동안 가슴 성형 수술을 하는 여성은 안전성이 입증되지 않았음에도 기하급수적으로 늘어났다. 미국에서 지난 1992년에 미용을 이유로 성형 수술을 한 여성은 32,607명이었으나, 2002년에는 225,818명으로 급증했다.[17] 미 국립암협회에 따르면 가슴 성형 수술을 받은 여성은 다른 성형 수술을 받은 여성에 비해 뇌종양, 폐암, 호흡기 질환,

자살 확률이 높은 것으로 나타났다. 또한 같은 연령의 일반 여성에 비해 각종 암에 걸릴 확률이 21퍼센트나 높았다.

나는 이처럼 암에 걸릴 확률이 높은 원인이 성형 수술 그 자체 때문만은 아니라고 생각한다. 남성의 관심을 끌기 위해 가슴 성형 수술을 받는 여성이라면 자신에 대한 자부심이 부족한 여성이다. 자부심 부족은 여러 질병의 가능성을 높이는 원인으로 작용한다. 나는 모유 수유 후에 가슴 성형 수술을 받는 환자를 많이 보았다. 그들은 모두 성공적인 결과를 얻었다. 그러나 많은 젊은 여성들이 고등학교를 졸업하자마자 남성을 낚기 위한 미끼로 가슴 성형 수술을 받는다. 이것은 앞으로 태어날 많은 아이들이 엄마 젖을 먹지 못해 충분한 영양을 섭취하지 못하게 될 거라는 말이다. 또한 여성 자신의 건강에도 악영향을 미칠 것이다. 그럼에도 우리 사회는 이런 정보를 정확히 알리는 데 매우 인색하다.

가슴 성형 수술이 급격히 늘어난다는 것은 여성의 지혜가 침식당한다는 좋은 본보기다. 지구상의 어떤 포유류 암컷이 미용을 이유로 자기 새끼의 건강과 안전을 위협하는 선택을 하겠는가? 그 이유가 단지 파트너의 관심을 끌기 위해서라는 게 이해가 되는가?

아기와의 유대감을 강화하자

엄마와 아기의 유대감은 자궁 안에서부터 시작되지만 대부분의 엄마들은 아기가 태어난 직후의 며칠을 결코 잊지 못한다. 지금까지 살아오면서 결코 느끼지 못했던 깊은 사랑과 따스함을 가슴 가득 느끼는 순간이기 때문이다.

어린 시절의 유대감은 평생을 좌우한다

출산 직후부터 몇 달 동안 나누는 엄마와 딸의 유대감은 평생의 관계를 결정한다. 그것은 아기가 세상에 태어나서 처음 느끼는 사랑과 관심이다. 이 경험은 아기의 뇌를 비롯해서 몸의 성장과 발전에 직접적인 영향을 미친다. 이 시기에 입력된 정보들은 미래의 신체적·정신적 건강의 밑거름이 된다. 인간관계가 원만하고 다양한 사람은 면역계의 기능이 향상되어 질병에 대한 저항력이 커진다는 연구 결과가 발표되었다.[18], [19] 신생아기는 성인이 되었을 때 원만한 인간관계를 형성할 수 있는 밑거름이 되는 시기다.

엄마가 딸에게 베푸는 사랑과 보살핌은 딸의 뇌와 몸에 '인간관계를 맺는 방법'을 각인시킨다. 이것은 나중에 딸이 자라서 유대감을 나눌 사람을 선택할 때 큰 영향을 미친다. 어떤 파트너를 선택할 것인가, 그리고 어떤 엄마가 될 것인가.[20]

감정 회로는 뇌에 입력되는 최초의 기억이다

우리의 감정과 그 영향력을 전달하는 신경계는 출생 후 가장 먼저 성립되는 회로 중 하나다. 아기가 엄마의 몸에서 느끼는 따뜻하고 부드러운 감촉은 뇌의 신경 화학 반응에 영향을 미쳐 도파민, 에피네프린 같은 호르몬 분비를 촉진한다. 이들 호르몬은 아기의 두려움, 불안감, 학습 능력, 집중력, 기억력 등에 관여하는 중요한 신경전달물질이다. 엄마는 이밖에 아기의 자율신경계에도 영향을 미친다. 자율신경계는 갑상선, 림프절, 비장을 포함한 면역계의 모든 기관을 관장한다.[21] 이들 면역 기관들은 심장을 비롯해서, 폐, 소화 기관, 골반 기관 등 몸의 다른 기관들과 연결된다. 따라서 신체적 웰빙과 정신적 웰빙은 상호 유대적인 관계를 유지한다.

신생아기에는 우뇌 전두엽이라는 뇌의 부위가 급격히 발달하기 시작한다.[22] 유대감을 비롯해서 감정 소통과 직관을 관장하는 이 부위의 성장과 발달은 어린 시절 아기가 받는 관심과 보살핌의 질과 양에 따라 크게 좌우된다.

아기뿐 아니라 엄마도 출산 후에 생리 전과 마찬가지로 뇌의 이 부위의 활동이 매우 왕성해진다는 사실이 입증되었다. 따라서 많은 여성들이 이 시기에 감성이 매우 예민해지는 경험을 하게 된다. 내면 깊숙이 잠자던 감성이 되살아나며 아기의 욕구를 금세 알아차리는 직관력이 발달한다. 엄마와 아기가 평생 지속될 유대감의 기반을 정립하는 시기에 감정 소통을 관장하는 뇌 부위의 활동이 활발해진다는 것은 매우 타당한 일이다.

아기에게 신체적·감정적으로 무슨 일이 일어나는지를 알아채는 엄마의 직관력은 아기의 건강뿐 아니라 사회 발전에도 매우 중요하다. 엄마가 아기의 욕구를 받아들이고 이해하는 신체적·감정적 표현 방법은 딸에게 그대로 입력된다. 그리고 그 딸이 나중에 자라서 성인이 되었을 때 엄마(혹은 보살피는 사람)와의 이런 경험은 다른 사람과 유대감을 형성하거나 관계를 맺을 때 좋은 밑거름이 될 것이다.[23]

감정의 자제력과 탄력성이 생기는 시기

아기가 얼마나 감성이 풍부하고 적응력이 뛰어난 인간으로 성장하는지는 어린 시절 얼마나 깊은 유대감을 경험했는지에 따라 좌우된다. 만일 아기의 뇌가 지속적으로 적당한 자극을 받지 못했다면 자신의 감정이나 내면의 소리에 귀를 기울이지 못하게 된다. 아이의 타고난 성격이나 기질을 바꿀 수는 없지만 엄마가 자신의 감정에 최대한 귀를 기울이는 모습을 보여줌으로써 딸의 감성을 최대한 개발할 수는 있다. 수태의 과정에서 확신을 배우고, 긴 임신 기간 동안 인내심을 기르며, 진통의 리듬에 순응하고, 산후 조리 기간에 충분한 휴식과 회복의 시간을 가지며, 자신의 창조물에 대해 진정한 기쁨을 느끼는 엄마의 모습을 딸에게 보여주라.

만일 이 중 어느 한 과정이라도 소홀히 하거나 무시한다면 엄마와 아기의 유대감과 애정에는 구멍이 생긴다. 그 결과, 아기의 우뇌 전두 피질이 정상적으로 성장하지 못함으로써 성인이 되었을 때 정확히 그 부위에 관계된 문제점 – 신뢰, 인내심, 탄력성, 휴식이나 회복 – 을 겪게 될 것이다. 또한 자신의 솔직한 감정이나 다른 사람의 반응을 알아채는 능력이 결여될 수도 있다. 자신의 감정에 접근하지 못하는 사람이 겪는 신체적인 문제점은 음식이나 휴식에 대한 자신의 욕구를 외면하거나 자신의 상처를 인식하지 못하는 것이다.

유대감은 감정을 조절하는 능력을 길러준다

아기는 무능력하고 나약한 상태로 태어난다. 아기는 욕구는 많으나 해결할 능력은 거의 없다. 이 욕구들이 얼마나 만족되는지에 따라 아기는 행복감을 느끼고 안정된 감정을 유지한다. 사랑과 관심으로 아기를 보살피는 엄마는 딸에게 다음과 같은 유익함을 준다.

- 모든 것이 잘 될 거라는 긍정적인 사고방식
- 자신의 감정을 조절하고 스스로 달랠 수 있는 능력

- 자아를 건전하게 표현하는 능력(자기가 어딘가에 속해 있고, 중요한 존재이며, 엄마나 다른 사람들과 분리된 자신만의 고유한 영역을 가지고 있다는 생각)

사랑과 관심이 풍부한 엄마는 아이에게 평생 안정적인 감정을 유지하는 능력을 부여한다. 수많은 산과 골짜기를 건너야 하는 인생길에서 건강하고 성공적인 삶을 살기 위해서는 감정의 평정을 유지하는 능력이 무엇보다도 중요하다. 감정을 조절하는 능력이란 어떤 감정을 느꼈을 때 그것이 암시하는 욕구가 무엇인지를 알아채서 그 욕구를 해결하는 것이다.

엄마가 아기를 따뜻한 품에 안고 사랑스러운 눈으로 바라보며 신체적·정신적으로 깊은 유대감을 느낄 때마다 엄마는 아기에게 뇌 개발에 필요한 자극을 제공하는 셈이다. 뇌 발달은 나중에 성인이 되어 공적인 관계나 혹은 밀접한 사적인 관계에서 자신의 감정을 표현하는 방법을 알게 해준다. 뇌의 부위들은 분노, 슬픔, 외로움, 두려움, 기쁨, 사랑과 같은 우리의 감정을 달래고 조절하는 기술을 발달시키는 데 매우 중요한 역할을 한다.

부부간의 유대감의 중요성

엄마와 아빠의 깊은 유대감은 당연히 아기를 돌보는 엄마의 능력이나 아기와의 유대감을 향상시킨다. 실제로 엄마의 정신적인 고통은 조기 출산 비율을 높이고, 진통과 분만을 어렵게 만들며, 신생아의 건강에 여러 문제점을 일으키는 원인으로 꼽힌다.

동성애자 커플을 대상으로 한 연구 결과가 발표되었지만, 나는 이 원리가 모든 부부에게 해당된다고 믿는다. 즉 부부간의 금실은 아기의 정서적 안정은 물론 아기를 돌보는 엄마의 능력에도 영향을 미친다는 것이다. 예를 들어, 엄마가 남편을 제외하고 아기하고만 깊은 유대 관계를 맺을 경우, 아기와 엄마와 아빠 모두에게 유익하지 않은 가정환경을 초래한다. 나는 종종 남편에게 아기를 안지 못하게 하는 엄마들을 보았다. 그들은 남편에게 아기를 안거나, 우유를 먹이거나, 옷을 입히거나, 기저귀를 갈아주는 방법을 모른다는 점을 노골적이든 은연중이든 인식시키려고 노력한다. 이런 태도는 아빠의 존재가 가장 필요한 시기에 아기를 아빠와 차단시키는 결과를 초래한다. 그 이유는 힘과 통제력을 발휘할 기회가 없던 여성들이 아기 돌보는 일을 핑계로 그 권한을 행사하고 싶어 하기 때문이다.

아기의 성격에 따라 유대감이 달라질 수 있다

유대감이란 서로 주고받는 과정이다. 무슨 일이든 척척 잘 처리하며 남편이나 가족들과는 좋은 관계를 유지하는 엄마가 있다고 가정해보자. 그러나 아기의 뇌와 영혼이 어떤 이유로든 엄마와의 신체적·정신적인 유대감 형성을 거부하거나 지나치게 보챌 경우에는 엄마와의 유대감에 균열이 생기게 마련이다. 옥시토신은 엄마와 딸 양쪽의 유대감이 교류할 때 분비된다. 사람들과 정상적인 유대감을 형성하지 못하고 숫자나 장난감 같은 사물과 유대감을 나누려는 자폐아들은 옥시토신 수치가 비정상적일 만큼 낮았다는 사실은 흥미롭다.[24]

나는 분만을 도울 때마다 갓 태어난 아기들이 어쩌면 그렇게 하나같이 사랑스럽고, 개성이 다르고, 완벽한 모습인지 신기하기만 했다. 아기들은 생김새가 각각 달랐으며 태어나는 모습도 천차만별이었다. 그리고 아기들은 타고난 기질에 따라 자신을 돌보는 사람과 그 보살핌의 질을 결정한다. 쉽게 말해서 어떤 아기들은 다른 아기들에 비해 사람들에게 호감을 준다는 말이다. 나는 그 성격을 금방 파악할 수 있었던 수많은 신생아들을 기억한다. 어떤 아기들은 유순하고 조용한 반면, 어떤 아기들은 태어나는 순간부터 요란하고 관심을 끈다. 이것은 엄마가 다룰 수 있는 부분이 아니다. 스티븐 포기스Stephen Porges 박사와 그의 동료들은 조기 출산된 미숙아조차 그 성격이 각각 다르다는 사실을 밝힌 연구 논문을 발표했다. 어떤 아기들은 온순해서 우유를 잘 먹고 체중이 빨리 증가하는 데 반해 어떤 아기들은 까다로워서 잘 먹지 않는다. 성격이 급하고 사나운 아기도 있고 조용하고 차분한 아기도 있다. 이 같은 성격 차이는 자율신경계에도 두 가지 반응으로 나타난다. 어떤 아기는 공격 도피 반응이 더 많고, 어떤 아기는 휴식과 회복을 관장하는 부교감 신경계의 반응이 더 많이 나타난다.[25]

산부인과의로서 임상 경험과 책을 통해 접한 사례들, 두 딸을 분만하면서 목격한 장면들을 종합한 결과, 나는 다음과 같은 결론을 얻었다. 비록 아기의 몸은 엄마를 통해 형성되고 영향을 받았지만 아기 안에는 엄마와 분리된 영원히 독립적인 다른 면이 있다는 것이다. 그것은 아기의 영혼이다. 그리고 아기의 성격을 결정하는 것은 바로 이 영혼이다. 우리 둘째 딸은 태어나는 순간부터 너무 유순하고 조용해서 마치 내게 이렇게 말하는 것 같았다. "엄마, 난 잘 지내고 있어요. 걱정 말고 엄마 일이나 하세요. 저는 혼자서도 잘 할 수 있어요."

인간의 영혼은 시간과 공간을 초월하며 유전자나 환경, 성격, 영양 등으로 설명할 수 없다. 인간의 힘이 미치지 못하는 신비한 세계인 것이다.

아기를 출산하고 나면 당신은 아기의 탄생에 자신이 어떤 역할을 했는지를 깨닫게 된다. 이와 더불어 새로운 한 인간이 인생이라는 탐험을 시작하는 출발선에 서 있다는 사실도 이해하게 될 것이다. 엄마는 인간의 영혼을 육체적인 세상으로 운반하는 수송선이다. 또한 그 육체가 자라는 장소를 제공한다. 그러나 엄마는 아이를 소유하거나 자신의 분신으로 삼을 수는 없다.

아기는 온전한 영혼을 가지고 태어난다. 그 영혼은 아기가 세상에 태어난 후 어떤 일을 겪는지에 따라 여러 형태로 표현된다. 또한 영혼은 아기의 유전자가 어떻게 표현되는지에 영향을 미치지만 그 본질은 변하지 않는다. 영혼은 불변하다. 아기의 특성은 관심과 보살핌을 끌어당기는 능력을 결정한다. 어느 곳을 가든 귀여움을 독차지하는 아기가 있는 반면, 눈살을 찌푸리게 만들어 안고 싶지도, 곁에 있고 싶지도 않은 아기도 있다. 이런 아기들은 태어나면서부터 주변과 즐거운 교제를 나누는 아이들과 매우 다른 경험을 하게 된다.

물론 아기의 성격에 관계없이 깊은 유대감을 나눌 수 있는 엄마가 있다. 그러나 정신적으로 자기와 잘 맞는 아이에게만 유대감을 느끼는 엄마도 있다. 서로 성격이 잘 맞는 엄마와 아기는 더욱 환상적인 사랑의 댄스를 연출하게 마련이다.[26] 당신이 엄마에게 "오빠나 언니만큼 나도 사랑해?"라고 물을 때, "너희 모두를 똑같이 사랑한단다"라는 엄마의 대답은 진실이 아닐 수도 있다. 모든 엄마와 마찬가지로 당신의 엄마도 자신과 잘 맞는 아이를 더 사랑하기 때문이다. 우리는 어떤 사람을 만났을 때 서로 잘 맞는다는 느낌을 받는다. 이런 느낌은 평생 누구를 만나든 되풀이된다. 어떤 사람한테는 마음이 끌리고 어떤 사람에게는 그렇지 않다. 우리 가족 중에서도 타고난 운동선수에다 경쟁심이 강한 동생 페니는 나보다 엄마와 죽이 잘 맞았다. 우리가 어렸을 때 나는 조용하고 온순한 아이인 반면, 페니는 타고난 모험가였다. 세 살짜리 어린아이가 휴지통에 불을 지른 다음 벌거벗은 채 마을로 달려가는 장면을 상상해보라.

딸이라는 이유로 유대감에 문제가 생길 수 있다

딸이라는 이유로 사랑을 덜 받는다는 게 이해가 되는가? 그러나 1975년에 실시한 조사에 따르면, 아들을 출산한 여성의 70퍼센트가 만족한 데 반해, 딸을 출산한 여성은 불과 13퍼센트만이 만족감을 느꼈다.[27]

오늘날에는 많이 달라지긴 했지만 아직도 많은 여성들이 남아 선호 사상에 사로잡혀 있다. 1960년대에 아기를 낳았던 한 환자의 예를 들어보자. 첫딸이 태어났을 때 엄마와 아기는 선물과 축하 카드에 파묻힐 정도였다. 둘째 딸이 태어났을 때는 선물이 훨씬 줄어들었다. 그리고 셋째 딸이 태어나자 그녀가 받은 선물은 오로지 하나였다. 그러나 다음에 아들을 낳자 어떤 상황이 벌어졌는지 그녀는 이렇게 설명했다. "마치 예수 그리스도가 태어난 것처럼 카드와 선물이 산더미처럼 쌓였어요. 저는 기쁘다기보다 오히려 화가 났어요."

우리는 주변에서 부모로부터 아들이 아니라서 실망했다는 말을 들었던 여성이나 자기가 아들을 낳지 못해 속상해하는 여성들을 쉽게 만날 수 있다. 그러나 딸이 아니라서 실망스럽다는 말을 들은 남성들을 만난 적이 있는가? 만일 이런 기분을 느낀 남성이 있더라도 공개적으로 떠벌리고 다니진 않을 것이다.

내가 대학생이었을 때 산부인과 교수의 부인이었던 한 여의사를 나는 잊지 못한다. 딸 셋을 둔 그녀는 아들을 낳기 위해 네 번째 제왕 절개 수술을 받았지만 또 딸이었다. 그녀는 분명히 더 이상 아기도 수술도 원치 않았을 것이다. 수술이 끝나가고 있을 때 그녀의 남편이 수술실로 뛰어 들어오더니 "아내의 난관은 내 것이니까 손대지 마시오."라고 소리친 후 나가버렸다. 당시에는 남편의 동의 없이는 불임 수술을 할 수 없던 때였다. 그는 아들을 낳을 때까지 아기를 낳게 할 생각이었다. 나는 그들의 결혼 생활이 과연 행복할까 의심스러웠으며 딸들에 대해 어떤 감정을 갖고 있을지 궁금했다.

이런 주장을 펴면 남성들에게 비난받겠지만 일부 남성들은 아들을 낳지 못하면 자신과 부인에게 무슨 결함이 있는 것으로 여기는 게 분명하다. 이 말은 둘째나 셋째 딸인 경우 아들 구실을 하거나 가족의 이름을 이어받는 역할을 맡게 된다는 뜻이기도 하다. 나는 아들이 아니라서 아버지에게 실망을 안겨드렸다는 여성 환자들을 무수히 만났다. 실망하기는 엄마도 마찬가지다. 나는 아들을 기대하던 부모들이 딸을 낳았을 때 아버지의 이름을 여성화해서 아기 이름을 짓는 사례를 많이 보았다. 예를 들면, 아버지가 존이면 딸의 이름을 조나로, 아버지가 폴이면 딸의 이름을 폴린으로 짓는 것이다. 딸에게 남성적인 이름을 짓는 게 나쁘다는 뜻이 아니다. 그러나 어머니의 이름을 따서 아들 이름을 짓는 경우를 보았는가? 아마 없을 것이다. 우리 사회에서는 남자가 여성스러운 이름을 갖는 걸 금기시한다. 여성적인 성향을 지닌 동성애자가 배척당하는 것도 이런 이유 때문이다. 딸보다 아들을 더 선호하고 여성스러운 것보다 남성적인 것에 더 가치를 두는 사회 풍조를 감안할 때 여성이나 딸들이 인생을 개척해 나갈 수 있는 것은 순전히 엄마 곰의 힘과 탄력성 덕분이다. 모든 여성들이여, 자신에게 감사하자.

|성 차별|

나는 둘째 딸을 낳았을 때 남편에게 "여보, 미안해"라고 말하고 싶은 충동을 느꼈다. 그러나 입 밖으로 내놓지는 않았다. 나는 딸을 낳은 환자들이 그렇게 말하는 것을 볼 때마다 무척 속상했다. 그런데 지금 내가 그런 생각을 하다니! 나는 둘째 아이를 임신했을 때부터 줄곧 아들이라고 생각했다. 첫아이 때보다 움직임이 활발했기 때문에 당연히 아들이라고 여기고 이름도 윌리엄이라고 지어놓았다. 은근히 아들을 바랐던 것이다. 비누로 박박 씻어버리고 싶은 고루한 편견이었다. 그 후 방글거리는 딸의 얼굴을 바라보며 얼마나 미안하게 생각했던가.

물론 이런 종류의 성 차별은 부모와 아이가 서로 궁합이 잘 맞을 경우에는 아이에게 직접적인 피해를 주지는 않는다. 사냥이나 낚시, 스포츠 등 남성적인 활동을 좋아했던 우리 엄마는 내게 이런 말을 들려주곤 하셨다.

"우리 아버지는 내가 아들이기를 바라셨던 것 같다. 엄마가 내 이름을 에드너라고 지었지만, 아버지는 나를 남성적인 애칭인 에디라고 부르셨단다. 그 후 사람들은 나를 에디라고 부르곤 했지. 나는 이름에 대해 별로 개의치 않았지만 지금 생각해보니 아버지가 나를 그렇게 부른 것은 아들이기를 바라셨기 때문인 것 같구나. 아버지는 내게 다른 아버지들이 딸에게 가르치지 않는 것들을 가르치셨단다. 덕분에 남성적인 운동을 많이 배울 수 있었지. 나는 다른 여자 애들이 못하는 것들을 할 수 있다는 게 좋았단다."

출산 후에 유대감을 해치는 다른 요소들

임신 중에 정신적인 상처를 받거나 건강이 좋지 않으면 태아의 성격 형성에 해로운 영향을 미친다. 따라서 돌보기 힘든 아기가 태어나서 엄마에게 스트레스를 안겨주게 된다. 스트레스는 산후 우울증의 원인이 되며 이로 인한 정신적 불안과 호르몬 변화는 아기에게 전달되어 엄마와 딸의 유대감을 감소시킨다. 이밖에도 산모가 경제적·사회적 욕구 불만에 시달리는 것도 우울증의 원인이 되어 아기와의 관계에 악영향을 미친다. 엄마가 충분한 보살핌을 받아야 아기와 주변 사람도 잘 보살필 수 있다.

엄마의 자기 보살핌

일단 아기가 태어나면 긴 창조의 과정은 이제 완성 단계에 접어든다. 당신과 아기의 몸은 수태와 진통, 출산이라는 위대한 과업을 함께 달성했다. 이제 당신에게는 휴식과 회복의 시간, 모든 면에서 새로운 출발을 준비하는 시간이 필요하다. 당신이 충분한 산후 조리 시간을 갖는다면 이 모든 것을 누릴 수 있을 뿐 아니라 방금 탄생한 자신의 창조물과 깊은 유대감을 쌓아갈 수 있을 것이다.

출산 후의 재충전

우리의 사회 풍조와 의식 구조는 임신과 진통 때와 마찬가지로 산후 조리 기간도 지나치게 서두르는 경향이 있다. 우리는 빨리 자리를 털고 일어나 다음 일을 시작하려고 안달한다. 충분한 휴식을 취하는 것은 왠지 지나친 호사를 부리는 기분이 들어 불편하다.

이 같은 안팎의 압력에도 출산 직후는 복직하거나, 격한 활동을 하거나, 새로운 계획을 시작하기에 적합하지 않다. 중대한 삶의 변화는 하나로 족하다! 이런 섭리를 깨닫지 못했던 나는 첫딸이 태어난 지 한 달 안에 극기의 기질을 발휘해서 이 세 가지 일을 모두 저질렀다. 출산 당일 퇴원했으며, 다음날에는 이삿짐을 꾸렸다. 2주 후에 남편과 4년 동안 살던 집을 떠나 메인 주로 이사할 계획이었기 때문이다. 그곳에서 남편은 병원을 개업할 예정이었다. 내게 산후 조리란 없었다. 오히려 밤낮 없이 뛰던 레지던트 시절보다 더 바쁜 시간을 보냈다.

2년 후 둘째 딸이 태어나던 날 밤에도 나는 엄마를 위해 음식을 만들었다. "난 거뜬해. 이 정도야 얼마든지 버틸 수 있어." 얼마나 어리석은 생각인가. 정말 소중한 것이 무엇인지를 몰랐던 시절이었다. 나는 딸들의 탄생이라는 놀라운 기쁨을 충분히 즐기지 못한 것이다. 나는 딸들이 태어난 순간부터 사랑을 듬뿍 쏟고, 모유를 먹이며, 되도록 옆에 있으려고 노력했지만, 필요한 만큼 많은 시간을 함께 보내지 못했다. 항상 빡빡한 스케줄에 시달려왔기 때문에 얼마나 오래 휴식과 회복의 시간을 가져야 하는지를 알지 못했다. 지금 생각하면 딸들이 태어났을 때 그냥 딸들을 바라보고 안아주며 한가한 시간을 즐기지 못했던 게 못내 아쉽다. 나는 우리 딸들은 나처럼 후회하지 말고 더 좋은 엄마가 되어주기를 바란다.

처음 아기를 낳은 엄마는 아기를 얼마나 어떻게 사랑해야 할지 미처 준비가 안 된 상태다. 더구나 출산 후에는 감정이 매우 예민하고 나약한 상태이기 때문에 아기와 유대감을 맺기가 어려울 수도 있다. 이것은 엄마에게 죄의식을 불러일으키고 깊은 외로움에 빠지게 만든다.

그러나 아기에게 머리부터 발끝까지 한눈에 반했든지 아니면 쉽사리 마음이 가지 않든지 간에 당신의 우선순위는 아기를 돌보는 일이다. 충분히 휴식하고 아기와 자신을 잘 돌보는 동안 당신은 새로운 삶으로 기어를 변속시키는 법을 배우게 될 것이다. 엄마는 아기를 잘 돌보는 자신의 모습에서 자부심과 자신감을 얻을 수 있다. 이밖에도 엄마는 자기가 원하는 사람에게 충분한 도움과 지원을 얻기 위해 노력해야 한다. 그리고 더 많은 지원을 얻기 위한 준비를 게을리 하지 말아야 한다.

나는 친정 엄마가 필요했다

아기를 낳은 여성들은 대부분 친정 엄마의 도움을 받고 싶어한다. 예전에 친정 엄마와 당신이 경험했던 호르몬 환경이 동일하게 재현되므로 엄마와의 사이에 형성되었던 근본적인 유대감이 다시 작동하기 때문이다. 당신이 태어나던 순간과 마찬가지로 당신의 모든 세포가 엄마를 부르는 것이다. 이것은 원초적인 본능이다. 친정 엄마와 사이가 좋지 않거나, 엄마가 돌아가셨거나, 심지어 엄마가 누구인지조차 모르는 상황에서도 이 본능은 작용한다. 이 시기에는 엄마를 원하는 본능적인 욕구가 워낙 강해서 그동안 소원했던 엄마와 딸의 관계가 회복되는 일도 종종 발생한다. 다음 사례가 좋은 본보기다.

🐚 앤지의 경우—엄마와 화해하다

저는 영국의 맨체스터에서 미혼모의 딸로 태어났어요. 원치 않는 임신이었죠. 저는 엄마가 말해주지 않았기 때문에 아버지가 누구인지도 모른 채 자랐어요. 저는 엄마 인생에서 꿈과 희망을 빼앗은 짐스러운 존재라는 생각이 들었어요. 나이를 먹자 저는 집을 떠났고 세계 각지를 돌아다니며 여러 직업을 전전했어요. 더 나은 삶을 꿈꾸면서 말이죠. 제 주변에는 항상 가족이나 친척들이 있었지만 엄마와 함께 행복한 시간을 보낸 기억은 없어요. 마침내 저는 미국에 정착했고 그곳에서 유모로 일하면서 남편을 만났어요.

첫아이를 낳자 엄마가 저를 돌보기 위해 우리 집에 오셨어요. 첫 손자는 엄마 마음을 싸고 있던 단단한 껍질을 깨뜨린 것 같았어요. 엄마는 혼자 간직해오던 비밀들을 털어놓기 시작했죠. 외할머니가 저를 키워주셨기 때문에 엄마가 다시 학교에 다닐 수 있었으나 외할머니가 돌아가시자 저에게 매달릴 수밖에 없었다는 얘기를 해주셨어요. 당시 18살이었던 엄마는 아기를 키우는 방법을 잘 몰랐을 뿐 아니라 아기에게 매달려 있기에는 너무 젊다는 생각을 할 수밖에 없었대요. 저는 엄마의 그런 원망을 감지했고 그것이 마음 깊이 상처가 되었어요. 그러나 엄마는 손자를 본 순간 자신의 과거 모습을 되살리고 후회하게 된 거죠. 우리는 서로에게 상처를 주었던 지난날을 모두 용서하게 되었어요. 엄마는 손자를 본 것이 생애 최고의 축복이라고 말씀하셨어요. 엄마는 제가 태어났기에 이런 행복을 누릴 수 있다고도 말씀하셨죠. 엄마는 지금 세상에서 가장 좋은 할머니가 되었답니다.

그러나 아기를 낳은 후에도 친정 엄마와의 관계가 개선되지 않는 경우도 있다. 또는 딸이 손자를 낳았는데도 보러 오지 못하는 사정이 있을 수도 있다. 출산 후에 친정 엄마를 그리워하는 여성의 원초적인 본능을 무시하는 이런 환경은 산후 우울증을 초래하는 도화선이 될 수 있다.

한 환자는 친정 엄마가 알코올 중독자였다. 친정 엄마는 아이들을 유모 손에 맡겼으며, 모유를 먹이지도 않았고, 밤에 아이가 울어도 일어나는 법이 없었다. 그 환자가 첫아기를 낳고 도움을 청했을 때 친정 엄마는 술에 만취한 채 도착해서 그녀를 아연실색하게 만들었다. 딸보다 오히려 보살핌이 더 필요한 상황이었다. 친정 엄마는 자신이 아이들에게 베풀었던 보살핌보다 훨씬 많은 보살핌을 요구했다. 이런 상황은 당연히 심각한 산후 우울증의 원인이 되었다. 둘째 아이를 낳았을 때 그 환자는 친정 엄마에게 연락하지 않았다. 그리고 산후 우울증으로 고통받지도 않았다.

새로운 삶에 적응하는 시기

만일 당신이 질서와 통제와 독립성을 유지해야만 마음이 평온하고 만족감을 느끼는 타입이라면 아기의 탄생은 어느 것보다 당신을 당혹스럽게 만들 것이다. 첫딸이 태어난 지 사흘이 지났을 때 나는 무심코 식품점에 가기 위해 집을 나서려고 했다. 그러나 현관문을 열자마자 번개처럼 뇌리를 스치는 생각이 있었다. "아참, 아기가 있었지. 아기를 혼자 두면 안 되잖아. 맙소사! 어떻게 하지?" 시간이 흐르자 나는 다른 엄마들처럼 질서와 통제의 끈을 늦추는 법을 배웠고 더 융통성을 발휘하게 되었다.

산후 조리 기간은 진통 때와 마찬가지로 속도를 늦추게 만들고 당신을 더 중요한 일에 헌신하게 만든다. 이 시기는 당신이 성취한 과업에 감사하고 몰두하는 기간이며 긴장을 풀고 스트레스 호르몬의 수치가 정상으로 돌아가기를 기다릴 때다. 당신의 우선순위가 새로 태어난 아기라는 사실을 발견하게 되면 나머지 것들은 점차 제자리를 찾아가게 마련이다. 이밖에도 당신은 모든 종류의 두려움을 극복해야 한다. 여기에는 아기를 잘 돌볼 능력이 있을지에 대한 두려움도 포함된다.

만일 현대 여성이라는 명목으로 산후 조리 기간을 아기와 충분히 누리지 않을 경우 당신과 아기 모두 고통을 감수하게 될 것이다. 이 기간에는 특히 우리 내면의 욕구와 외부의 압력 사이에서 갈등을 겪게 된다. 우리가 이런 특별한 시간을 누릴 권리가 있는지에 대한 확신이 부족하기 때문이다. 황홀하고 신비한 행복감에 젖으면서도 마음 한구석에서는 불안함이 떠나지 않는다. 나도 물론 이런 갈등에 시달렸다. 내가 과연 침대에서 빈둥거리며 아기만 돌봐도 되는 걸까? 당시 나는 자연이 부여한 엄마 역할에 충실해서 우리 엄마보다 훨씬 많은 시간을 아기와 보내긴 했지만 극기 정신이 강한 혈기 왕성한 의사였기 때문에 마음이 편치 않았다. 내가 병원으로 복귀한 것은 첫딸이 태어난 지 석 달 후였다. 나는 그쯤에서 일을 시작하는 것이 합리적이라고 여겼지만 아기가 6개월이 될 때까지 직장에 데리고 다녔다. 그러나 당시 내 환자들 대부분은 출산 후 6주가 지나면 직장에 나가야만 했다. 아기와 떨어지기에는 너무 이른 시기였다.

엄마를 위한 외부 태반을 창조하는 시기

나는 산후 조리 기간에 슈퍼우먼이 되려고 애쓰는 사람들에게 그 반대로 행동하라고 권하고 싶다. 충분한 휴식과 충분한 도움을 받으라는 것이다. 모든 산모는 가족과 친구의 도움이 필요하며 때로는 출산 후 자신을 돌봐줄 듀라나 유모 같은 전문가들을 고용할 필요가 있다. 그리고 가능하면 아기를 낳기 전에 이런 환경을 준비하는 것이 좋다.

당신의 엄마가 얼마나 당신과 자신을 잘 보살폈는지를 굳이 상기시키지 않더라도 당신의 몸을 창조했던 엄마 곰의 에너지는 여전히 당신

안에도 존재한다. 당신은 당장 자기 보살핌을 시작하여 그 에너지를 발휘할 수 있다. 그 에너지는 당신과 아기를 더 건강하게 만들 것이다.

한 가지 더 명심할 것이 있다. 딸의 영혼이 이 세상에 오기 위한 수단으로 당신을 선택했다는 사실이다. 딸은 자신이 해야 할 일을 모두 안다. 따라서 당신은 최선을 다하기만 하면 된다. 당신과 딸의 원초적인 능력을 믿어라.

산후 조리 프로그램

가능한 한 충분한 휴식을 취하라 피곤하지 않더라도 되도록 휴식을 취하면서 아기와의 시간을 즐겨라. 최소한 1주일 이상 2~4주까지는 집안일을 하지 말라.

아기와 되도록 밀착해서 지내라 출산 후 3개월 동안은 되도록 아기를 당신 곁에 가까이 두라. 그래야만 신체 접촉이나 눈 맞추기를 통해서 자율신경계와 연결된 전두엽을 자극할 수 있다. 아기를 안아주고, 어르고, 말을 건네고, 아기와 함께 자라. 스킨십은 아기 특히 신생아에게 꼭 필요한 '영양소'임을 명심하라.

피치 못할 사정으로 아기와 시간을 보낼 수 없다면 아기와 항상 함께 있으면서 정성껏 돌봐줄 사람을 찾아라. 대가족 사회에서는 형제나 조부모, 숙모, 숙부 등이 이런 역할을 담당했다. 그러나 오늘날 같은 핵가족에서는 이런 역할을 할 사람을 고용하는 방법밖에 없다.

아기들에게 '스킨십 영양소'를 공급하는 또 다른 방법은 푹신한 양털 시트 위에 눕히는 것이다. 연구 결과에 따르면 조기 출산한 미숙아와 아기들을 양털 시트 위에 눕혔을 경우, 일반 시트에 비해 체중이 빨리 늘고, 체온을 덜 빼앗겼으며, 산소 소비가 줄고, 정서적으로 평온함을 느꼈다는 것이다. 양털은 일반 시트에서 상처받기 쉬운 미숙아의 예민한 피부를 보호할 뿐 아니라 머리에 가해지는 압력도 감소시킨다. 아기에게 젖을 먹인 후 양털 위에 눕히면 편안함을 느낀 아기는 돌보지 않아도 1시간가량 혼자 논다. 더구나 양털은 통풍이 잘 되기 때문에 아기가 질식할 염려도 훨씬 줄어든다.

가능하면 모유를 먹여라 사정이 허락하는 한 아기에게 모유를 먹이는 것이 좋다. 나는 1~2년은 모유를 권장하고 싶다. 항체나 면역성이 증가할 뿐 아니라 뇌 발달에 필수적인 오메가-3 지방산인 DHA를 공급할 수 있기 때문이다. 앞서 설명했듯이 모유를 먹고 자란 아이들이 분유를 먹은 아이들보다 지능 지수가 높다는 수많은 연구 결과가 나타난 근거는 바로 모유 속의 DHA 때문이다. 아이에게 모유를 먹이면 DHA를 충분히 공급하는 셈이다. 모유를 단 1주일만 먹이거나 분유에 조금씩 섞어 먹이기만 해도 아기의 건강에 매우 도움이 된다.

또한 아기에게 빠는 본능을 충족시켜주는 것도 매우 중요하다. 모유를 먹이던 한 환자의 말이 생각난다. "지금 아기가 원하는 건 무엇이든 충분히 빨게 해줘야 한다고 생각해요. 그러면 나중에 아기가 자랐을 때 빨아야 할 것과 빨지 말아야 할 것을 구별할 능력을 갖추지 않겠어요?"

이 말 속에는 심오한 지혜가 담겨 있다. 나는 다섯 살 때의 일을 생생하게 기억한다. 어느 날 나는 부엌으로 가서 엄마에게 우유를 우유병에 담아 먹으면 안 되냐고 물었다. 엄마는 "물론 괜찮지"라며 선뜻 우유를 병에 담아주셨고, 나는 거실 카펫 위에 누워 만족스럽게 우유병을 빨던 기억을 잊을 수 없다. 엄마는 다섯 살이나 된 애가 무슨 우유병이냐며 면박을 주지 않았다. 엄마는 동생들이 우유병을 빠는 것을 보고 나도 아기처럼 굴고 싶었던 심정을 이해하셨던 것 같다. 나는 평소에는 우유를 병에 넣어 먹지 않았으며 그 이후에도 그랬던 기억이 없다.

만일 모유를 먹이지 못할 형편이거나 먹일 생각이 없다면 되도록 분유를 모유에 가깝게 먹여라. 가능하면 엄마 젖꼭지와 비슷한 우유병 젖꼭지를 사용하라. 나는 납작한 모양의 누크NUK 상표 젖꼭지를 사용했지만, 지금은 좋은 젖꼭지를 많이 판매한다. 분유를 선택할 때는 DHA가 함유된 제품을 택하라.

다른 사람의 도움을 받아라　엄마들은 다른 사람 특히 남편의 도움이나 지원을 받으면 엄마 역할을 더 잘 할 수 있다. 물론 어떤 남편인지에 달렸다. 내가 아는 모든 엄마들은 밤에 아기가 울면 남편보다 먼저 소리를 듣는다고 말했다. 아마 엄마로서의 본능 덕분일 것이다. 원숭이를 대상으로 한 실험에 따르면, 엄마 원숭이와 아빠 원숭이가 함께 앉아 있을 때 아기 원숭이가 울면 아빠 원숭이는 마치 아무 소리도 듣지 못한 것처럼 전혀 반응을 보이지 않았다. 반면, 엄마는 벌떡 일어나 아기에게로 달려갔다. 그러나 엄마가 없는 상태에서 아기가 울면 아빠 원숭이는 일어나 아기에게로 다가갔다.[28] 물론 인간은 원숭이와 다르다. 한 친구의 남편은 밤마다 일어나 아기를 데려다 젖을 먹이게 하고 다 먹인 후에는 다시 아기를 재우곤 한다.

산후 조리 기간은 친정 엄마의 도움을 받기에 가장 좋은 시기다. 우리 엄마도 우리 딸들이 태어날 때마다 일주일씩 우리 집에 머물곤 했다. 지금 생각하면 엄마에게 좀더 머물러 달라고 부탁했어야 했다. 당시에는 잘 몰랐지만 나는 더 많은 도움을 받았어야 했다. 엄마는 더 머물고 싶어 하셨지만 독립심이 강했던 나는 엄마를 오래 괴롭히고 싶지 않았다. 엄마를 오래 머물게 하는 것은 이기적이라고 느꼈던 것이다.

이밖에도 나는 최소한 1주일 이상 당신과 집안일을 도와줄 듀라를 고용하라고 권하고 싶다. 진통 때와 마찬가지로 가족들이 아기로 인한 잡다한 일에 시달리지 않고 아기와 좋은 출발을 하는 일에만 몰두할 수 있기 때문이다.

완벽하겠다는 환상을 버려라　나는 아기와의 유대감 형성을 위해서 하루 종일 전문적인 직업인처럼 엄마 역할에 몰두할 필요는 없다고 생각한다. 뇌의 전두엽 발달을 촉진하기 위해서는 '평범한 환경'이나 '충분한 모성'이면 족하다. 따라서 지나치게 완벽한 것은 오히려 해가 된다. 아기와 되도록 자주 깊은 교감을 나누는 것으로 충분하다. 아기를 사랑하는 엄마라면 자연스럽게 느끼는 감정이다.

산후 우울증

산모들의 우울증에 대한 기록은 그 역사가 깊다. 산후 우울증은 임신성 당뇨병이나 고혈압, 조기 출산보다 훨씬 흔한 증상이지만 이에 대한 관심은 의학 서적이나 의료진 훈련, 임상 실험 등 모든 분야에서 소홀했던 게 사실이다. 출산이란 여성에게 육체적, 정신적, 사회적으로 심한 스트레스를 받는 중대한 사건이다. 미국에서 한 해에 아기를 출산하는 산모는 대략 4백만 명에 이르며, 이 중 40퍼센트가 어떤 종류든 산후 우울증으로 시달린다.[29] 그러나 산모들이 이런 장애를 떳떳하게 호소하며 치료받지 못하는 이유는 아기의 탄생을 기뻐해야 할 시기에 불행한 기분을 느낀다는 사실을 감추고 싶어하기 때문이다.

우리는 출산의 양지와 음지에 모두 관심을 기울일 필요가 있다. 새로운 생명의 탄생은 우리에게 새로운 세계를 활짝 열어주는 생애 최고의 사건이다. 그러나 여러 여건이 좋지 않을 때는 정신적인 질병을 유발하는 주된 요인으로 작용할 수도 있다. 한 연구에서 35,000명의 여성들을 대상으로 출산부터 2년 동안 90일 간격으로 설문 조사를 실시했다. 그 결과, 정신적인 장애로 병원을 찾은 빈도수가 출산 후 3개월 동안 다른 기간보다 7배나 높은 것으로 나타났다.[30]

산후 우울증을 겪은 산모 중 10~17퍼센트는 더 심각한 정신적인 장애를 경험한다. 이는 집중력이나 판단력 저하, 불안 증세, 극심한 기분 변화, 졸음, 흥분, 피로감, 식욕이나 수면의 변화, 죽음이나 자살에 대한 충동을 비롯해서, 엄마로서 자격이 없다는 자신에 대한 가치 상실이나 죄의식 등을 포함한다. 또한 아기의 건강에 대해 지나친 걱정에 사로잡히기도 한다.[31]

산후 우울증은 가볍든 심각하든 유전적 요인과 호르몬 파동, 호르몬의 수치를 변화시키는 신체적, 정신적, 감정적 스트레스가 복합적으로 작용한 결과다. 또한 앞서 내가 몸 안의 유대감 제조기라고 소개했던 오메가-3 지방산인 DHA의 부족도 원인으로 작용한다. DHA는 태아가 몸을 형성하는 과정에서 엄마의 몸에서 빨아들이는 물질 중 하나다. 따라서 많은 산모들이 임신 말기가 되면 자신의 뇌와 감정을 유지할 충분한 DHA를 보유하지 못한다.

이처럼 많은 여성이 산후 우울증에 시달리는 것은 정상적인 생리 과정이므로 이제는 이에 대한 사회적 인식이 달라져야 한다. 자연은 여성의 몸이 아기를 낳은 후 우울증이나 정신 장애에 시달리도록 설계하지 않았다. 그러나 산후 우울증이 산모들에게 나타나는 보편적인 증상이라는 점을 감안할 때 우리는 그것을 예방하거나 조기에 치료하기 위해 더 많은 에너지와 자원을 투자해야 한다.

산모 당사자들도 주의를 환기시켜야 한다. 만일 친정 엄마가 산후 우울증을 경험했거나 친정 엄마와 사이가 좋지 않다면 당신도 그런 증상을 겪을 가능성이 크다. 다음은 산후 우울증에 걸리기 쉬운 원인들을 요약한 것이다.

- 이전 출산에서 산후 우울증을 경험한 경우
- 감정적, 신체적, 정신적인 지원이 부족한 경우
- 진통과 분만이 힘들었던 경우
- 우울증에 걸린 경험이 있거나 가족력이 있을 경우(가능성이 30퍼센트나 증가)
- 부부 사이가 좋지 않을 경우
- 학력이 낮을 경우
- 부모와 사이가 좋지 않을 경우[32]

나는 모든 산모는 산후 우울증에 걸릴 가능성이 있다고 생각한다. 산모에 대한 지원이 부족한 사회 분위기 때문이다. 우리 모두는 이런 잘못된 인식을 바꾸기 위해 모든 노력을 기울여야 한다. 그 첫걸음은 산모와 아기를 신체적, 정신적, 감정적으로 최대한 지원하는 것이다.

만일 당신이 산후 우울증에 걸릴 요인이 많은 상태에서 지금 임신 중이거나 앞으로 임신을 계획한다면 아기에게 이런 유산을 대물림하지 않도록 노력해야 한다. 다음은 산후 우울증을 극복할 수 있는 특별한 처방이다.

산후 우울증의 예방과 치료법

1단계 – 1차크라를 강화하라 출산 전에 미리 도와줄 사람을 정해서 출산을 마치고 집으로 돌아갔을 때 바로 도움받을 수 있게 하라. 집에 혼자 남겨짐으로써 우울증이 악화될 소지를 미리 방지하라. 출산 도우미나 듀라를 고용하는 것과 더불어 음식을 만들어주고 집안일을 도와줄 가족이나 친구도 미리 정해두라. 그들에게 따로 연락하지 않아도 정기적으로 방문해주길 요청하라.

2단계 – 호르몬을 복용하라 출산 후 바로 천연 프로게스테론을 복용하면 산후 우울증의 원인이 되는 호르몬을 조절할 수 있다. 산후 우울증에 걸릴 가능성이 높은 산모에게 출산 후 하루나 이틀 안에 천연 프로게스테론을 복용시킨 결과 산후 우울증에 걸리지 않았다는 연구 결과가 발표되었다.[33] 적당한 복용량은 하루에 100~200밀리그램이다. 나는 피부에 바르는 연고를 추천하고 싶다. 1주일에 한 번씩 의사나 간호사에게 주사를 맞는 방법도 있다. 이밖에 질좌약(크리논)이나 캡슐(프로메드리엄)로도 시판된다. 이들은 처방전이 필요하지만, 2퍼센트 천연 프로게스테론 크림은 슈퍼마켓이나 약국에서 쉽게 살 수 있다. 하루에 1/2~1/4티스푼을 피부에 골고루 펴 바른다.

에스트로겐도 효과가 있다.[34] 그러나 나는 모유를 먹이는 데 방해가 되지 않는 프로게스테론을 더 선호한다. 프로게스테론이 모유를 먹는 아기에게 해가 된다는 증거는 없다. 오히려 산모가 임신한 지 3개월 안에 천연 프로게스테론을 복용하면 아기의 지능 지수가 크게 향상된다는 연구 결과가 있다. 또한 천연 프로게스테론은 임신 중독증을 예방하고 치료한다는 연구 결과도 발표되었다.

3단계 – 필요하면 반드시 전문가의 도움을 받아라 우울증은 대개 치료된다. 경우에 따라서는 항우울제가 효과적일 수도 있다. 그러나 생각과 행동을 변화시키는 치료법인 인지행동요법도 자신의 행동을 변화시키겠다는 확고한 의지가 있는 사람의 뇌에 항우울제와 비슷한 효과를 일으키는 것으로 밝혀졌다. 흥미로운 것은 인간관계가 산후 우울증 치료에 효과적이라는 사실이다. 여기에는 심지어 인터넷 채팅 같은 간접적인 관계도 포함된다.

Room1

첫 번째 방

생후 삼 개월부터 일곱 살까지

7
감성 뇌의 형성
- 감정 이입, 자유 의지, 수치심의 발달 -

월리엄 로스 월러스Willian Ross Wallace의 〈세상을 다스리는 것들(What Rules the World)〉이란 시에는 "요람을 흔드는 손이 세상을 지배한다." 라는 유명한 구절이 있다. 엄마의 영향력이 얼마나 막강한지를 잘 표현한 글이다. 실제로 엄마의 힘이 세계를 움직이는 데 얼마나 큰 영향을 미치는지에 대해서는 논란의 여지가 있겠다. 그러나 엄마의 보살핌에 전적으로 의지하는 아기에게 요람을 흔드는 손이 중대한 영향을 미친다는 사실에는 모두들 수긍할 것이다.

출생 후부터 몇 년 동안의 어린 시절에 형성된 몸과 마음, 감정, 경험의 고리들은 평생의 건강과 행복에 지대한 영향을 미친다. 뇌와 신경계, 신체 각 기관의 균형적인 발달은 우리가 어떤 감정적, 정신적, 신체적, 영적 경험을 하느냐에 달려 있다. 뇌를 비롯한 신체 기관은 평생에 걸쳐 변화하고 발달하지만 특히 성장과 변화가 급격한 7살 이전에 어떤 경험을 하느냐가 매우 중요하다.

신경 과학 분야에서 실시한, 널리 알려진 한 실험에서 갓 태어난 고양이를 오직 수직 줄무늬만 볼 수 있는 환경에서 자라게 했다. 뇌 발달이 왕성한 시기가 지난 후 새끼들의 상태를 측정한 결과, 그들은 수평적인 사물을 인지하지 못해 수평으로 놓인 사물에 달려들거나 걸려 넘어졌다. 수평적인 사물을 인지하는 뇌의 부위가 외부의 자극을 전혀 받지 못했기 때문에 시각 대뇌피질이 정상적으로 발달하지 못한 결과였다.[1] 이런 사실로 미루어볼 때 고양이보다 훨씬 복잡한 인간의 뇌에는 더 심각한 현상이 초래될 것이다. 어린 시절의 경험은 우리가 주변의 감정적·사회적 세계에서 무엇을 볼 수 있고 무엇을 볼 수 없는지를 결정한다.

몸·마음·감성의 연결 고리가 형성되는 뇌의 발달

이 시기에 아기에게 일어나는 일과 주변에서 벌어지는 모든 일은 안와전두엽(orbitofrontal)이라고 불리는 뇌의 부위에 확실히 입력된다. 여기에서 'orbit'는 '눈'을, 'frontal'은 '전두엽'을 뜻한다(225쪽 그림 참조). 이 부위는 정서적인 안정과 인간관계에 중대한 영향을 미치는 곳이다.[2] 다른 사람의 감정에 공감하는 감정 이입 능력, 직관, 감정 교감, 다른 사람과 관계를 맺는 능력 등은 모두 뇌의 이곳에서 관장하며, 그 성장과 발달은 아기가 받는 관심과 보살핌의 질과 양에 따라 좌우된다.

인간관계와 감정 이입에 대한 최초의 경험은 아기가 엄마의 눈을 바라보면서 시작된다. 아기는 엄마가 자기를 얼마나 사랑하는지 또는 자기에게 얼마나 무관심하거나 실망하는지를 엄마의 눈빛을 통해 느낀다. 그리고 뇌에 전달된 이 느낌은 몸의 모든 기관에 전달된다. 안와전두엽은 우리가 느낀 기분이나 인간관계를 수집해서 몸의 모든 세포에 전달하는 중계소라고 할 수 있다. 이 정보들은 심장이나 장기, 생식기, 폐, 피부 등 모든 기관에 전달되어 영향을 미친다.[3] 따라서 아기가 자부심을 가지고 건강하게 자라기 위해서는 엄마나 보살피는 사람에게서 만족감을 느끼고 그 느낌이 뇌에 긍정적인 정보를 입력시켜야 한다.

건강한 정신이 건강한 육체를 보장한다

뇌의 안와전두엽은 우리 몸의 호흡 기관과 소화 기관, 심장 기관, 호르몬계와 매우 밀접하게 연결되어 있다. 만일 뇌가 감정적인 스트레스를 감지하면 우리가 의식하지 못하거나 표현하지 못하더라도 이들 기관은 여러 증상을 통해 다음과 같은 세 가지 메시지를 우리에게 보낸다.

- 감정적인 욕구가 충족되지 않았음
- 그 욕구를 충족하기 위해서는 삶의 변화가 필요함
- 사랑하는 사람의 삶이 균형을 잃고 있으므로 보살핌이 필요함[4]

다시 요약하면 우뇌 안와전두엽이 우리 몸에 보내는 정보는 신체 각 기관의 건강에 결정적인 역할을 할 뿐 아니라 다른 사람과의 감정적·직관적인 관계에도 지대한 영향을 미친다. 이런 현상은 우리 몸과 마음이 밀접하게 연결되어 있다는 사실을 대변해준다.

뇌와 각 기관과의 연결 고리가 얼마나 성장하고 발전하느냐는 우리가 받는 관심의 질과 양에 따라 좌우된다. 그리고 이것은 앞으로 우리 건강과 직결된다.

| 뇌의 수수께끼를 풀자 |

나는 뇌 전문가가 아니지만, 가장 절친한 친구인 모나 리자 슐츠는 정식 허가를 받은 정신의학자이자 행동신경과학 분야에서도 권위를 인정받는 박사다. 그녀는 직관의학을 이용해 사람들의 생각하는 방식을 바꿈으로써 육체적 · 정신적 건강을 되찾도록 돕는다. 신경정신병학자인 그녀는 뇌 손상, 뇌졸중, 치매, 자폐증, 기타 광범위한 행동 장애들을 치료한다. 슐츠 박사의 치료 방법은 환자 개개인의 뇌에서 활동이 원활한 부분을 찾아내어 그 힘을 최대한 강화함으로써 약한 부분을 보강하는 것이다. 그녀는 나와 딸들을 비롯해서 우리 가족들이 자신만의 독특한 뇌 구조를 인식하고 더 효과적으로 발휘하도록 도와주었다.

뇌에 대한 해박한 지식과 학구적인 탐구 정신에 불타는 모나 리자는 내가 산부인과 의사로서 많은 여성들을 치료하던 시기에 완벽한 파트너였다. 그녀는 '뇌 전문가', 나는 '몸 전문가'로서 우리는 환상적인 콤비였다. 우리는 스스로를 여성의 건강에 관한 한 '로저스와 해머스테인(미국에 뮤지컬 붐을 일으킨 저명한 콤비 제작자)'이나 '라번과 셜리(미국 코미디 시트콤의 환상적인 콤비 주인공)'라고 생각했다. 그녀의 첫 저서인 〈여성의 뇌에 대한 새로운 접근(The New Feminine Brain)〉이란 책은 여성들이 자신의 기분이나 불안감, 관심, 기억력 등을 효과적으로 처리함으로써 자신의 독특한 특성이나 직관에 접근하는 방법을 제시한다.

슐츠 박사는 내게 매우 간단하면서도 효과적인 방법으로 인간의 뇌가 어떻게 경험하고 해석하며 감정과 생각과 행동을 어떻게 처리하는지를 설명해주었다. 다음은 뇌의 각 부분의 기능과 그 부분의 발달이 어린 시절에 어떻게 이루어지는지를 요약한 것이다.

변연계-감성 뇌. 뇌의 이 부위는 감성과 기억력을 관장한다. 이곳에서는 우리가 말로 표현하는 기억과 우리 몸에 축적된 비언어적 기억이 함께 처리된다. 변연계의 대부분은 우리가 태어나는 순간부터 온전한 기능을 갖추며 측두엽, 안와전두엽, 편도체, 해마 등이 변연계에 속한다.

전두엽-지성 뇌. 이 부위는 우리가 성장해가면서 완성된다. 이곳은 매우 유연하기 때문에 어린 시절의 경험에 따라 얼마든지 변형될 수 있다. 이 유연성의 일정 부분은 평생 유지되지만-스스로 갱신되거나 변하는 환경에 맞춰 재편성되면서-사춘기 때 호르몬 변화를 거치면서 우리의 생각과 사고방식은 점차 '확고한 형태'로 자리를 잡게 된다. 이 부위는 변연계의 감정을 적절하게 조절함으로써 우리가 인간관계를 맺거나 일을 할 때 성실하고 능력 있는 사람이 되도록 이끌어준다. 전전두엽 혹은 이마앞피질로 알려진 이 부위는 뇌의 다른 부분이나 몸의 여러 기관이 느끼고, 행하고, 말하는 모든 기능을 통제하고 조절한다. 따라서 우리가 적절한 행동을 하도록 인도하고, 충동을 억제시키며, 지난 행동을 되돌아보게 만든다.

좌우 대뇌반구-이 부위의 기능은 매우 복잡하기 때문에 사람에 따라 차이가 크다. 슐츠 박사는 그 기능을 이렇게 요약했다. 일반적으로 좌뇌는 감성보다 사고력이나 판단력이 더 우세하다.

반면, 우뇌는 전두엽의 판단력보다 변연계의 감성이 더 우세하다. 우뇌가 발달한 사람들은 행동이나 감정을 억제하기보다 충동적인 성향

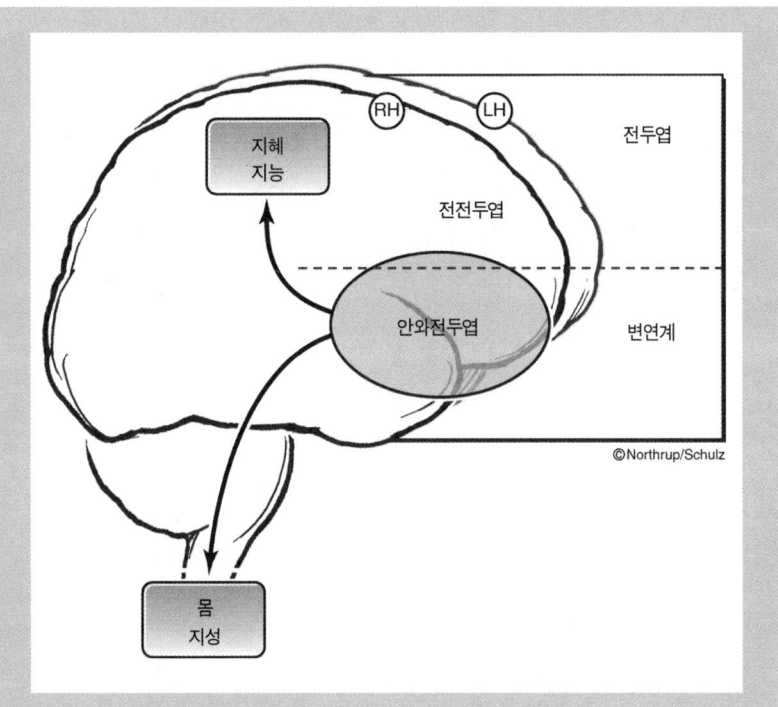

이 강하다. 또한 우뇌는 좌뇌에 비해 몸의 각 기관과 더 밀접하게 연결
된다. 대부분의 여성은 남성에 비해 우뇌가 발달했다.

연구 결과에 따르면, 좌우뇌 모두 감정을 처리하고 해석하긴 하지
만 처리하는 감정의 종류가 다르다. 왼쪽 변연계는 기쁨과 만족감,
행복감 같은 긍정적인 감정을 처리하며, 오른쪽 변연계는 두려움과
분노, 슬픔 등의 부정적인 감정을 처리한다.[5]

기쁨, 사랑, 분노, 슬픔, 두려움등의 본능적인 감정

아기는 생리적으로 좋은 감정을 느끼면 다가가고 나쁜 감정을 느끼면

멀어지는 본능을 지니고 태어난다. 이 순수하고 강력한 본능은 아기가 선천적으로 알고 믿게 되는 내면의 소리다. 아기는 태어나서부터 18개월까지 이 본능에 따라 행동하며, 결과를 예측하거나 처리할 능력을 갖추지 못했다. 이 시기에는 자신의 욕구를 통제하는 능력이 없는 것이 정상이다. 아기는 자기만의 세계에서 중심에 서 있으며 모든 것은 오로지 아기의 욕망을 충족시키기 위해 존재한다.

아기는 무언가 좋아하는 것을 발견하면 바로 흥분한다. 심장 박동이 빨라지고 얼굴이 환하게 빛난다. 아기의 교감 신경계는 기분이 좋아지는 일, 즉 초콜릿을 먹거나, 물속에서 놀거나, 장난감을 갖고 노는 일 등을 할 때는 기쁨으로 활짝 열린다. 나는 둘째 딸 케이트가 처음 초콜릿과 만나던 순간을 생생하게 기억한다. 첫돌을 기념하는 생일 케이크를 갖다 주자 케이트는 갑자기 신이 나서 소리를 지르며 케이크에 코를 박고 허겁지겁 초콜릿 케이크를 한 움큼씩 입으로 쑤셔 넣었다. 반면, 배가 고프거나 욕구가 충족되지 못하면 아기는 울음으로 불편함을 알린다. 또한 문을 꽝 닫는 등 커다란 소리에도 두려움을 느끼고 울음을 터뜨린다.

그러나 아기에게 기쁨을 주는 것은 초콜릿 같은 육체적 즐거움만이 아니다. 다른 사람과의 유대감이나 친밀감도 아기를 기분 좋게 만든다. 이 시기에 아기가 맺는 인간관계는 뇌와 신체 발달에 지대한 영향을 미친다. 만일 아기가 기쁨, 사랑, 슬픔, 두려움, 분노와 같은 기본적인 감정이 적절히 조화된 건전한 관계를 경험할 경우, 아기의 몸과 마음은 건강하게 성장하고 발전한다. 반면, 엄마의 감정 상태가 불안하여 항상 분노와 걱정과 두려움에 빠져 있다면 이 정신적 혼란은 아기의 몸과 마음에 그대로 입력된다. 그 결과, 아기는 평생 건강을 위협받을 수도 있다. 또한 엄마나 보살피는 사람이 늘 침울하고 무관심하거나 지나치게 엄격하고 결벽하다면 아기의 뇌와 몸 사이에는 원활한 의사소통이 이루어지지 않는다. 이런 엄마 밑에서 자란 아이들은 나중에 성장해서 자신의 솔직한 느낌이나 몸의 소리에 귀를 기울이는 능력이 부족하게 된다.

감정을 통제하고 억제하는 전두엽이 발달되기 전까지 아기는 모든 감정을 있는 그대로 몸으로 표현한다. 기분이 좋은 것은 어떤 것이며 나쁜 것은 어떤 것인지를 정확히 안다. 아기가 최초로 주변과 교류를 시작할 때 엄마는 아기가 더 열정을 갖고 자기의 감정을 잘 표현할 수 있도록 도와야 한다. 연구 결과, 아기가 생후 12~18개월이 될 때까지 엄마들의 행동 중에서 90퍼센트는 아기를 보살피고 사랑을 베푸는 것이며, 아기의 욕구를 통제하거나 금하는 행동은 5퍼센트에 불과했다.[6] 아기가 주변 환경과 육체적·정신적으로 건강하게 연결될 수 있는 안전한 세계를 만들어주는 것이다.

독립심을 향한 첫걸음

큰딸 애니가 두 살 무렵, 우리 가족이 함께 등산을 갔던 때를 나는 잊을 수가 없다. 불과 몇 달 전만 해도 엄마와 아빠 손을 양쪽에 잡고 그네타기를 좋아했던 아이가 갑자기 누구의 손도 잡지 않으려는 게 아닌가. 애니는 험한 산을 오르면서 수없이 넘어지고 미끄러졌지만 우리의 도움을 완강히 거절했다. 어쩌다 우리가 손을 잡아주려고 하면 단번에 뿌리치며 혼자서도 할 수 있다고 단호하게 말했다. 그리고 놀랍게도 이 꼬마 폭군은 2킬로미터가 넘는 코스를 혼자 힘으로 주파했다. 그때 애니가 보여준 단호한 의지는 오랫동안 인상 깊게 남아 있다.

아기는 생후 18개월부터 신경계와 근육이 빠르게 성장한다. 엄마로부터 독립하는 데 필요한 조건을 갖춰가는 것이다. 아기는 걷는 법, 말하는 법, 대소변을 가리는 법을 배우며 외부세계에 호기심을 가지고 탐구하거나 대처하기 시작한다. 이 시기는 자신이 원하는 것을 스스로 성취하려는 독립심과 자기 주관, 의지 등이 싹트기 시작하는 때다. 동시에 원만한 인간관계와 사회생활을 위해 감정을 적절하게 억제하고 관리하는 능력이 뇌의 회로에 입력되기 시작하는 때이기도 하다.

독립된 개체를 향한 걸음마

아기는 5살 이전에 자율성과 독립심을 키우는 가장 중요한 과제인 걸음마 수업을 마치게 된다. 아기가 자신의 다리를 시험하기 시작하면서 최초로 보이는 행동은 엄마의 품에서 외부 세계로 걸어 나가는 것이다. 아기는 새로 터득한 기술로 의기양양해진다. 이때 엄마는 아기의 성취감과 우쭐한 기분을 함께 나누고 기뻐해주며 칭찬을 아끼지 말아야 한다. 엄마의 이런 행동으로 아기는 자신감의 기반을 튼튼히 세운다. 만일 엄마가 기쁨을 함께 나누지 않거나 아기가 자유를 만끽하도록 도와주지 않을 경우, 성격이 소심한 아기라면 독립심을 찾는 힘든 일을 포기하고 자신의 욕구를 충족시키는 능력을 키워가지 못할 것이다.

그러나 아기는 두 살까지 대부분의 시간을 엄마로부터 멀어지기보다는 엄마에게 다시 돌아오는 것으로 보낸다. 한 친구는 갑자기 엄마가 출근할 때마다 울면서 떨어지지 않는 딸 때문에 애를 먹었다. "아이가 왜 그러는지 모르겠어. 이제까지 보모에게 맡기고 떼어놓아도 그런 일이 없었거든." 그 친구는 딸이 '엄마에게 집착하는 시기'에 접어들었다는 사실을 알고 마음을 놓았다. 아기가 엄마에게서 떨어지면 잃게 되는 것에 대해서 인식하기 시작한 것이다. 친구의 딸은 엄마에게 돌아오는 시기에 있는 것이다. 일단 엄마를 떠난 경험을 한 아기는 새로운 사실에 눈뜨게 된다. 누군가 옆에 없는 사람을 그리워하는 것이 어떤 기분인지를 경험하는 것이다. 함께 있다는 것과 떨어진다는 것의 차이를 깨닫게 되며 엄마와 자신은 별개의 존재라는 사실을 인식하게 된다. 이제 아기는 자기가 더 이상 우주의 중심이 아님을 알게 된 것이다.

이 시기에 아기는 엄마의 욕구와 자기의 욕구가 다르다는 것도 깨닫게 된다. 그리고 아기가 자신의 욕구를 따를 능력을 어느 정도 갖췄기 때문에 엄마와 아기 사이에 갈등이 생기기 시작한다. 이제 아기는 서로 만족을 주는 건전한 인간관계의 기본 원리를 배울 때가 된 것이다. 앞으로 세상에서 사람들과 더불어 살아가려면 갈등과 해결의 단계인 이 시기를 잘 넘겨야 한다. 나 혼자 모든 것을 독점할 수 없고 서로의 욕구가 충족되어야 한다는 원리를 배워야 한다. 자신이 원하는 것을 얻으려면 다른 사람의 입장을 배려해야 한다는 법칙을 배우는 것이다. 내가 이런 행동을 하면 엄마 기분이 어떨까, 하고 생각하기 시작한다.

열정과 목적의식의 시발점, 자아 의지의 발달

아기의 의지는 걸음마를 배우는 시기와 거의 동시에 발달하기 시작한다. 의지는 자신이 원하는 것을 추구하려는 내면의 욕구를 더욱 강화한다. 의지는 생각이나 행동을 지배하는 정신과 영혼의 힘이다. 의지라는 단어에는 결단력, 확고함, 결심이란 뜻이 내포되어 있으며 자신의 행동이나 목적을 선택하는 능력을 말한다. 의지는 인간의 영혼을 그대로 반영한다. 또한 의지는 자신의 열정이나 삶의 목적을 표현하는 자기만의 독특한 방식을 찾아내려는 욕구라고 할 수 있다. 이 과업을 완수하기 위해서 모든 인간은 강력한 의지와 자아를 갖출 필요가 있다. 잘 훈련된 의지는 우리를 자율성과 자유로 인도한다.

두 살 무렵이 되면 아기는 자신의 욕구와 바람이 부모와 다르다는 사실을 발견한다. 아기의 의지는 자신의 욕구를 따르려는 강한 욕망에 의해 시험을 당한다. 그러면 아기는 융통성을 발휘해서 부모나 형제, 주변 사람들의 욕구와 자신의 욕구를 어떻게 절충할지를 결정한다. 또한 이 시기에 아기는 두 가지 부정적이고 극단적인 감정에서 자신의 의지를 발휘한다. 하나는 수치심과 두려움, 죄의식에 눈뜨는 것이고, 다른 하나는 반항과 떼씀을 통해 자신의 존재를 다른 사람에게 확인시키는 것이다. 아기가 처음 '싫어'라고 말하는 순간부터 이 반항적인 행동의 막은 오르기 시작한다.

활짝 핀 자아의식으로 확고한 의사를 표현하는 미운 두 살

비록 내가 미운 두 살이라고 이름 붙이긴 했지만 실제로 그렇게 미운 짓이라고 몰아붙일 수는 없다. 아기가 부모나 주변 환경이 정해놓은 한계에 도전하려는 의지를 키워가는 과정이기 때문이다. 이 시기에 엄마는 아기에게 더 엄격한 규칙을 적용해야 하며 아기의 욕구를 적당히 억제시켜야 한다. 또한 여태껏처럼 무조건 칭찬하는 태도에서 벗어나 일부 행동에 대해서는 제약을 가할 필요가 있다. 두 살 무렵이 되면 아기는 부모가 원치 않는다는 사실을 알면서도 자기가 하고 싶은 일을 시도한다. 한 환자의 말을 인용해보자. "항상 방실거리며 유순하기만 하던 두 살배기 우리 딸이 요즘 '싫어'를 입에 달고 살아요. 심지어 딸이 좋아하는 아이스크림을 먹자고 해도 '싫어'라는 말이 앞서요. 마치 '싫어'라는 말 외에는 다른 말을 모르는 아이 같다니까요."

이제 부모와 아이 사이의 갈등이 본격화하기 시작하는 단계인 것이다. 부모의 역할도 이전의 보살피는 역할에서 사회화를 도와주는 인도자 역할로 바뀌어야 한다. 엄마와 딸 사이에 계속되는 갈등은 엄마를 힘들게 하지만 단호함과 융통성 사이의 건전한 균형을 배우고 자기애나 다른 사람과의 융화를 익히기 위해서는 반드시 필요한 과정이다. 엄마가 딸이 지나치게 집착하는 행동에 제동을 걸거나 원하는 일을 멋대로 하지 못하게 막을 경우, 딸의 욕망은 절망감을 느끼고 분노를 경험한다. 이 분노를 다스리는 것은 우리 삶에 꼭 필요한 기술이다.

아기는 이제 다른 사람이 자신을 어떻게 생각하는지에 신경을 쓸 만큼 자랐다. 인간은 사회적 동물이기 때문에 건강과 생존을 위해서는 소속감이 필요하다. 자신의 욕구를 다른 사람의 욕구와 절충함으로써 사람들에게 사랑받고 싶어한다. 아기는 다른 사람의 평판을 고려해서 자신의 욕망을 조절해가는 법을 배워야 한다. 아기는 우리가 살아가면서 평생 필요한 '적절한 균형 잡기' 기술을 뇌의 회로에 입력시키는 중이다. 다시 말해서 자기 욕망을 추구하고 싶은 욕구와 다른 사람의 사랑과 인정을 받고 싶은 바람을 끊임없이 절충해가는 방법을 배우는 것이다. 지금 아기가 무엇을 어떻게 배우는지에 따라 뇌의 회로가 다르게 형성된다. 치밀어 오르는 욕망을 다스리고, 만족을 얻기 위해 참고 기다릴 줄 알며, 욕구를 건설적인 방향으로 전환하는 방법이 뇌에 확실히 각인되는 것이다.

성격의 차이

우리는 각자 독특한 성격을 타고나기 때문에 욕구를 추구하는 자세도 사람에 따라 다를 수밖에 없다. 성격은 자라는 환경에 따라서 일부 변하기도 하지만 기본적인 성향은 평생 변하지 않는다. 내 동생 페니와 나는 불과 11개월밖에 차이가 안 나지만 더 이상 다를 수 없을 만큼 성격이 판이하다.

페니는 서너 살 때부터 한밤중에 잠에서 깨어 집 안을 배회하곤 했다. 심지어 잠자리에 들 시간에도 밖이 어둡지 않은 여름에는 집 밖을 쏘다니기도 했다. 언젠가는 밤 11시에 완전히 알몸으로 부모님이 참석했던 파티에 나타난 적도 있다.

예순다섯 살부터 우리를 돌보았던 보모인 마틸다는 페니를 굵은 밧줄로 현관이나 침대에 묶어놓곤 했다. 심지어 부모님들은 정신병원에서 사용하는 구속복을 입혀놓은 적도 있다. 그러나 후디니(결박 풀기로 유명했던 미국의 마술사)에 버금가는 세 살짜리 금발머리 아기 마술사였던 페니는 이 복잡한 장비들을 귀신같이 빠져나와 내 방에 몰래 숨어들어와 자곤 했다. 당시 다섯 살이었던 나는 이런 페니의 행동을 매우 재미있어 했다. 나는 부모님의 말씀에 거의 순종하는 편이어서 어떤 신체적인 구속도 당한 적이 없었기 때문이다.

그러나 아이의 행동을 억제하기 위해 밧줄로 묶어놓는 것은 좋은 방법이 아니다. 아이에게 마음의 상처를 줄 수도 있기 때문이다. 물론 페니는 상처를 입지 않았던 것 같다. 나는 얼마 전 페니에게 전화를 걸어 아기 때 밧줄로 묶였던 심정이 어땠느냐고 물었다. 지금은 세 아들의 엄마가 된 페니의 대답은 밧줄을 불러들였던 성격을 그대로 대변해주었다. "나는 밧줄에 묶이는 것조차 신나는 모험으로 생각했어. 틸(보모인 마틸다의 별명)이 나를 침대에 묶으면서 밧줄을 돌릴 때마다 속으로 이렇게 말했지. '그래, 여기서 빠져나가는 건 식은 죽 먹기야.' 돌이켜 보면 나는 기억할 수 있는 어린 시절부터 누구에게도 결코 굴복하지 않으려고 했던 것 같아. 나는 모든 일에 그런 자세로 대처해왔어."

동생은 사춘기가 되자 미국 알파인 스키 팀의 대표 선수가 되어 그 굳은 의지와 활달한 성격을 여지없이 발휘했다.

자기 의지와 도덕성 사이의 균형이 필요하다

어느 부모도 자기 아이가 동정심과 양심을 저버린 반사회적인 인간이 되기를 바라지 않을 것이다. 또한 욕망을 좇다가 큰 화를 당하는 인간으로 성장하기도 원치 않을 것이다. 이와 반대로 자신의 욕구를 지나치게 억제하는 경직된 사람이 되는 것도 바람직하지 않다. 모든 욕구는 적당한 균형을 유지해야 한다.

욕구를 잘 조절해서 다른 사람과 조화를 이루기 위해서는 우선 다른 사람이 생각하는 것과 느끼는 것을 이해하는 능력을 갖춰야 한다. 정상적으로 성장하는 아이라면 이미 뇌의 감정 이입 회로에 그 능력이 입력되어 있을 것이다. 이 부위는 말로 표현되지 않는 언어를 이해하고 발전시키는 능력을 관장한다.

만일 당신이 다른 사람이 어떻게 생각하고 느끼는지를 이해하는 능력을 갖췄다면 행동하기 전에 먼저 다음과 같이 생각할 것이다. 내가 이렇게 행동하면 저 사람이 어떤 반응을 보일까? 그들의 기분이 내게 얼마나 영향을 미칠까? 예를 들어보자. 당신은 과자를 더 먹고 싶은데 엄마가 저녁 식사 전에는 더 먹지 말라고 했다. 당신은 엄마가 자리를 비운 틈을 타서 과자를 몰래 꺼내 먹을 수도 있다. 과자를 몰래 꺼내는 것이 엄마의 꾸중을 감수할 만큼 가치 있는 일일까?

여기에도 적절한 균형이 필요하다. 어떤 아이에게는 과자를 먹는 만족감보다 엄마의 칭찬이 더 중요할 것이다. 이런 유형의 아이들에게는 과자를 몰래 먹는 기쁨보다 엄마의 꾸중에 대한 염려가 더 크다. 반면,

의지가 강한 아이들은 엄마의 칭찬을 받는 것보다 과자를 먹고 싶은 욕구를 충족시키는 걸 더 중요하게 여긴다.

모나 리자 슐츠 박사는 이 두 가지 유형의 차이를 '나일론'과 '벨크로(찍찍이)'에 비유했다. 엄마의 기분보다 과자에 더 관심이 많은 아이는 나일론처럼 튼튼하고 질긴 성격이며, 반대로 과자보다 엄마의 기분을 더 중요하게 여기는 아이는 벨크로 같은 끈끈한 유대감의 소유자라는 뜻이다.

아이의 감정 이입 능력이 발달하거나 작용하는 방법은 아이의 의지에 따라 정해진다. 만일 아이가 원하는 것을 얻기 위한 방법으로 엄마의 칭찬을 받으려고 한다면 엄마가 어떤 기분인지에 더 관심을 둘 것이다. 다시 말해서 엄마를 '구워삶는 법'을 터득하는 것이다. 세 살짜리 딸이 엄마를 웃게 만들려고 '엄마, 사랑해'라고 말하며 온갖 재롱을 부리는 모습을 상상해보라. 이 아이는 과자를 하나 더 먹거나, 잠자리에 조금 늦게 들거나, 토끼와 5분 더 놀고 싶은 자신의 목표를 모두 성취할 수 있다. 엄마의 마음을 여는 감정 이입 방법을 알기 때문이다.

그러나 때로는 한 번 안 된다고 말한 것은 안 되는 것이며, 어떤 말이나 행동으로도 그 원칙을 바꿀 수 없다는 것도 배워야 한다. 이 경우에 자신의 목표를 달성하기 위해서 누군가에게 아첨하는 것은 실례가 되거나 비열한 행동으로 비칠 수 있다. 다른 사람의 기분에 관계없이 밀어붙여야 할 때와 다른 사람을 위해 자신의 욕구를 잠시 접어둬야 할 때를 아는 감정적·정신적 융통성을 배울 필요가 있다. 우리는 평생 이런 과정을 거치면서 깎이고 다듬어진다.

대부분의 아이들은 엄마가 화난 것을 본능적으로 알아차린다. 한 친구가 이런 글을 보낸 적이 있다. "9·11 사태가 발생한 후 아들이 보낸 이메일을 읽고 우리 부부는 너무 가슴이 아팠어. 아들과 며느리가 망연

자실한 채 넋을 잃고 있는 동안, 16개월 된 딸 몰리가 엄마와 아빠를 방해하지 않으려고 하루 종일 자기가 아는 놀이를 모두 동원하면서 혼자 놀았다는 거야. 아기가 어쩜 그렇게 사려 깊고 착할 수가 있니!" 나는 장례식이나 가족 중 누군가가 기분이 좋지 않을 때 방해가 되지 않으려고 의젓하게 행동하는 어린아이들을 많이 보았다.

생각하고 느끼는 것을 인식하도록 가르쳐라

아이의 생각이나 느낌이 언어와 연결 고리가 형성되는 것은 대개 두 살에서 다섯 살 무렵이다. 옳고 그름을 아는 것과 그 개념을 몸으로 느끼는 것도 이 시기다. 생각과 느낌, 언어, 몸 사이에 건전한 연결 고리가 형성되어야만 아이가 자신의 생각이나 느낌을 당당하게 표현할 수 있다. 그리고 어떤 생각과 느낌이 자신에게 도움이 되며 어떤 것들이 그렇지 않은지를 알게 된다.

우리 몸은 우리가 느끼는 감정을 가장 먼저 나타내는 곳이다. 두려움을 느끼면 태양신경총(명치)이나 위에 먼저 반응이 나타나고, 손바닥에 땀이 나거나 심장 박동 수가 빨라진다. 분노를 느끼면 주먹을 불끈 쥐거나 근육이 긴장되며, 얼굴이 붉어지고 인상이 험악해진다. 우리가 평생 육체적·정신적 건강을 유지하려면 우선 자신의 감정을 파악하고 그 감정이 생기게 된 사건이나 생각을 유추해낼 수 있어야 한다. 특정한 감정은 특정한 믿음이나 개념을 통해 촉발된다는 점을 명심하라. 따라서 같은 생각이나 사건에 대해서도 사람마다 반응하는 감정이 모두 다르다. 일단 감정이 생기면 그것을 인정하고 충분히 느끼는 것이 중요하다. 그러면 감정은 자연스럽게 몸을 통해 온 곳으로 되돌아간다. 감정도 움직이는 하나의 에너지라는 사실을 잊지 말라. 일단 감정을 인정하면 그 문제점이나 해결책이 자연스럽게 풀리는 경우도 드물지 않다.

분노나 걱정, 수치심처럼 스트레스를 많이 받는 감정도 그것을 두려워하지 않고 인정하거나 겉으로 표출한다면 큰 문제가 되지 않는다. 이것이 DBT(dialectic behavioral therapy, 변증적 행동 요법)로 알려진 새로운 행동 요법의 기본 원리다. 이 요법은 사람들에게 다양한 신체 증상을 일으키는 여러 감정들을 효과적으로 인식하고 처리하는 기술을 가르친다.(18장을 참조하라.)

대부분의 엄마들은 아이 자신이 인식하지 못할 경우에도 아이가 화났다는 것을 본능적으로 알아차린다. 따라서 아이의 행동을 관찰하고 비판적이지 않은 방법으로 지적해줌으로써 감정을 잘 처리하도록 도울 수 있다. 환자 중 한 엄마는 딸 수지가 친구와 놀고 온 후 의기소침해 있는 걸 발견했다. 그녀는 딸에게 물었다. "수지야, 왜 그렇게 기분이 침울한지 말해줄 수 있겠니? 엄마가 보니까 네가 고개를 숙인 채 힘없이 걸어오더라." 이런 경우 "무슨 일 있니?"라는 직접적인 질문보다 가능성을 열어둔 간접적인 질문이 한결 효과적이다. 질문한 후에는 인내심을 갖고 기다려라. 무언가를 해주는 것보다 혼자 생각할 시간을 주는 것이 딸을 존중하는 엄마의 마음을 알리고 자신의 감정을 인식하도록 만드는 데 더 효과적이다. 아이가 힘든 감정을 느낄 때마다 일일이 간섭할 필요는 없다. 감정은 시간이 지나면 자연스럽게 사라진다. 중요한 것은 아이가 힘든 시간을 보낸다는 사실을 알아채고 인정해주는 것이다.

심장의 지혜를 가르쳐라

일단 당신이 진심으로 아이의 말에 귀를 기울였고 아이가 더 이상 털어놓을 감정이 없다고 생각되면, 아이에게 감정을 심장으로 보내는 법을 가르쳐라. 심장은 지성이 아니라 감정이 생성되는 근원지다. 심장에 손을 올려놓고 사랑하는 것들을 생각하라고 말하라. 강아지나 고양이, 엄마나 할머니 등 사랑하는 것을 생각하며 잠시 동안 그 사랑을 충분히 느끼게 하라. 그런 다음 문제가 되었던 상황을 떠올리며 심장이 어떤 해결책을 들려주는지 물어보라. 아이가 해결책을 정확히 깨닫게 되는 것에 놀랄 것이다. 수지가 침울했던 이유는 친구 오빠가 새로 산 분홍색 운동화가 촌스럽다고 놀렸기 때문이었다. 그러나 엄마와 함께 심장의 지혜를 들은 수지는 그 운동화를 정말 좋아하기 때문에 친구 오빠의 말에 개의치 않고 계속 신고 다니기로 결정했다. 속상했던 기분이 풀린 수지는 장난감을 가지고 놀기 시작했다.

사랑과 존경심을 나누는 법

이제 막 걸음마를 배우는 말을 못하는 아기라도 상대방이 자기를 존중하고 자기 말에 귀를 기울이는지 아닌지는 정확하게 느낀다. 사람은 누구나 화가 나면, 아기든 어른이든 자신이 방금 말하거나 표현한 감정을 상대방이 깊은 사랑과 존경으로 그대로 반복해주길 바란다. 소아과 의사인 하비 카프Harvey Karp 박사는 〈세상에서 가장 행복한 어린이(The Happiest Toddler on the Block)〉라는 책에서(육체적·정신적으로 건강한 아기를 키우는 방법에 대한 책 중 내가 가장 재미있게 읽었던) 이런 현상을 '패스트푸드 법칙'이라고 이름 붙였다. 우리가 패스트푸드점에 들어가면 판매원이 묻는다. "뭘 주문하시겠어요?" "햄버거 하나와 프렌치프라이 주세요." 그러면 판매원은 당신의 주문을 그대로 반복한다. "햄버거 하나와 프렌치프라이요?" 다른 질문을 던지는 법은 없다. "이게 칼로리가 얼마인지 아세요?" 또는 "샐러드는 원하지 않으세요?"라고 묻지 않는다. 당신의 주문을 정확하게 반복한 후에야 다른 말을 건넨다. 이와 마찬가지로 아이도 자신의 감정을 인정받은 후에야 위로나 충고를 받아들인다.

어른이나 아이를 막론하고 이 법칙이 적용되는 경우는 얼마든지 볼수 있다. 예를 들어, 우리 딸이 휴대 단말기인 팜 파일럿을 재충전하는 것을 잊어버려 몇 시간 동안 공들여 만든 데이터를 모두 날려 버렸다고 가정해보자. 나는 딸이 이 사실을 알릴 때 도중에 말을 자르고 아이를 껴안으며 "저런, 하지만 다시 만들 수 있잖아. 그런데 자동차에 휘발유는 넣었니?"라고 말하거나 "그러니까 사용법을 잘 읽어봤어야지"라고 야단치지 않았다.

그 대신 아이의 속상한 심정을 함께 나누며 예전에 저장 버튼을 누르지 않아 종일 걸려 쓴 리포트를 날려버렸던 내 경험을 들려주었다. "데이터를 다시 살릴 방법이 있으면 좋겠지만 그건 힘들 것 같구나. 속상해서 어떡하니." 잠시 후 기분이 풀린 딸은 다시 작업을 시작했다.

이처럼 아이가 화났을 때 가장 필요한 일은 자신의 감정을 인정받는 것이다. 위로하고 달래주거나 또는 무관심한 것은 좋은 방법이 아니다. 그리고 진심으로 아이의 감정에 공감하는 자세가 필요하다. 카프 박사의 말에 따르면 부모들은 흔히 아이를 진정시키기 위해 '괜찮아'라는 말을 남용하는 실수를 저지른다는 것이다. 그러면 아이는 감정을 해결하는 방법을 배우지 못하고 그냥 지나쳐버리게 된다.

카프 박사는 부모들에게 '아기 말투'를 쓰라고 가르친다. 아기처럼 짧은 구절을 반복해서 말하고 강한 어조와 제스처를 사용하라는 것이다. 나는 한 친구가 두 살짜리 딸에게 이 방법을 사용하는 현장을 목격한 적이 있다. 우리가 커피를 마시는 동안 심심해진 딸이 보채기 시작했다. 내 친구는 아기의 눈을 들여다보며 큰 소리로 반복해서 말했다. "심심해? 캐시야, 심심해? 심심해 죽겠어? 가자고? 집에 가자고? 엄마랑 집에 가자고?" 캐시는 갑자기 얌전해졌다. 엄마가 자기 마음을 알아주었기 때문이다. 내 친구가 핸드백에서 새로운 장난감을 꺼내주면서 곧 집에 갈 거라고 말하자, 얌전해진 캐시는 장난감을 가지고 놀기 시작했다.

카프 박사는 이렇게 주장했다. "나는 패스트푸드 법칙이 일종의 아이 구조 방법이라고 생각합니다. 아이들은 석기 시대의 정글 같은 감정의 정글 속을 헤매고 있습니다. 아이를 구조할 수 있는 유일한 방법은 정글에서 아이를 발견하는 것입니다. 그리고 아이를 발견하는 유일한 방법은 아이의 감정에 공감하는 것입니다."

왜 감정을 인정하는 것이 중요한가

나는 일상생활이나 병원에서 자기가 무엇을 생각하고 무엇을 느끼는지를 제대로 알지 못하는 수많은 여성들을 보았다. 그들은 자신에게 무엇이 좋으며 무엇이 해로운지를 판단하지 못했다. 따라서 내면의 소리에 부합하려는 그들의 선천적인 능력, 즉 자기 본연의 모습이나 자기가 좋아하는 것들을 파악해서 다른 사람에게 알리는 능력이 어려서부터 제대로 입력되지 못한 상태였다. 부모들이 그들의 말에 귀를 기울이지 않았거나, 스스로 수치심 때문에 감정을 표현하지 않았기 때문이었다.

우리 할머니 세대에는 "아이는 눈으로 키우지 귀로 키우는 게 아니다"라는 말이 통용되었다. 당연히 아이의 생각이나 기분 따위는 별로 중요하지 않다는 사고방식이 우리 부모님들에게 대물림되었을 것이다. 우리 부모님들은 자신의 감정은 가치가 없거나 해롭다고 생각했을 것이다. 이런 사고방식을 가진 부모가 어떻게 아이들의 불편한 감정을 제대로 인식할 수 있겠는가.

이에 반해, 자신의 행동이나 감정 표현을 전혀 규제받지 않고 자란 사람도 많다. 그 결과 자제력이나 수치심이 부족해서 건강이나 인간관계에서 많은 어려움을 겪게 된다. 수치심이 지나치게 많거나 적은 것은 건강하다고 할 수 없다. 극단적인 두 경우는 진정한 자아를 발휘하지 못하는 절름발이 인생을 살게 된다. 그 해결책은 어려서부터 엄마가 아이의 말에 진지하게 귀를 기울이는 것이다. 항상 어떤 해결책을 제시하거나 상황을 바로잡으려고 애쓸 필요는 없다.

본능적인 감정, 수치심

아이에게 일단 감정적인 독립이나 연결 고리가 확고하게 성립된 후에는 다음 단계로 전전두엽(DLPC)이라고 불리는 뇌의 부위가 발달한다. 전전두엽이란 안와전두엽의 옆과 윗부분을 감싼 부위를 일컫는다. 이 부위는 우리가 규정이나 법규, 합리적인 사고, 사회적 관습 등을 지키도록 통제하는 역할을 담당한다. 다시 말해서 아이가 '해야 할 것'과 '하지 말아야 할 것'을 분별하는 능력을 갖춤으로써 자신의 행동을 조절하게 만든다. 안와전두엽을 통해서 다른 사람이 자신의 행동에 어떤 기분을 느낄지를 깨닫고, 전전두엽의 도움으로 그 깨달음에 입각한 행동을 하는 것이다.

수치심을 느끼거나 자신의 행동을 억제하는 능력은 12~18개월 사이에 형성되기 시작한다.[7] 이 시기부터 전전두엽이 발달하기 때문이다.[8] 걸음마를 배우기 시작하는 아이는 뜨거운 난로에 손을 대거나, 동생을 때리거나, 차가 다니는 길로 뛰어들면 안 된다는 것을 알게 된다. 아이의 뇌가 스스로 행동을 통제하는 능력을 갖춰가기 때문이다. 뇌의 이 부위가 계속 발달하면서 아이는 대소변을 가리게 된다. 이와 비슷한 시기인 두세 살 무렵부터 아이는 자아의식이 발달하면서 고집을 부리고 떼를 쓰기 시작한다.

이 시기가 되면 엄마들은 무조건 칭찬을 아끼지 않던 지난 1년과는 달리 9분에 한 번씩 '안 돼!'라고 말한다는 연구 결과가 있다. 잠시도 한눈을 팔지 못하고 강아지 밥그릇을 갖고 놀지 못하게 하거나 책꽂이에서 책을 꺼내지 못하게 아이를 통제해야 하는 엄마들은 기진맥진하게 된다. 그러나 이런 간섭이 아이에게 스스로를 통제하고 억제하는 능력을 길러주는 효과가 있다는 것이다.[9] 실제로 아이들은 18개월 무렵이 되면 전전두엽의 발달로 수치심을 느낄 수 있게 된다. 이때부터 도덕적 · 문화적 규범을 깨우치기 시작하는 것이다.

이 시기에 나타나는 또 한 가지 흥미로운 현상이 있다. 아빠가 이전보다 아이에게 더 관심을 보이기 시작하는 것이다. 아이가 더 이성적인 사고력을 갖춰갈수록 남성들은 아이에게 관심을 갖는다는 사실이 재미있지 않은가. 규정과 법규를 깨우치게 만드는 전전두엽이 발달하기 시작하는 바로 이 시기에 아빠와 아이의 교류가 더 활발해지기 시작하는 것이다. 딸이 사회의 규정과 법칙을 이해하고 적응하는 데 아빠의 역할은 매우 중요하다. 예를 들어, 아빠가 엄마를 지나치게 억압하거나 무시할 경우, 딸은 아빠의 행동이 일반적인 사회적 규범이라고 믿게 된다.

또 다른 흥미로운 사실은 전전두엽이 본능적인 감정과 직관을 관장하는 안와전두엽과 정반대로 작용한다는 것이다. 이 두 부위의 상반된 기능은 엄마와 아빠의 역할에 비유할 수 있다. 따라서 나는 안와전두엽은 '엄마 뇌'로, 전전두엽은 '아빠 뇌'로 부르기를 즐긴다. 안와전두엽이 충동과 감정에 따라 행동하게 만드는 데 반해, 전전두엽은 이 메시지를 조절하게 만드는 조화를 이루기 때문이다.

| 감정의 오줌 싸기와 해소, 떼쓰기 |

모나 리자 슐츠 박사에 따르면, 떼쓰기는 아이들이 자신의 감정을 적절하게 표현하는 방법을 배우는 과정에서 과도기적으로 나타나는 감정의 신체적 표현이다. 무엇인가를 원하는 아이가 그것을 성취하기 위해 노력하는 행동의 일종이다. 아이는 아직 자신의 욕구를 정당한 방법으로 표현하는 능력이 부족하다. 따라서 자신의 욕구가 외부의 힘에 억제당했을 때 소리를 지르거나 울음을 터뜨리게 된다. 슐츠 박사는 이런 행동을 '감정의 오줌 싸기'라고 표현했다. 이 말은 신경 발달학적인 측면에서 볼 때 완벽하게 들어맞는다. 떼쓰기는 아이가 오줌을 가리기 시작하는 시기와 일치하기 때문이다. 대소변 가리기는 사회규범을 익히는 것과 마찬가지로 하루 이틀에 이루어지는 게 아니라 오랜 시간이 걸리는 일이다. 우리는 어른들이 화가 나서 울음이나 분노를 터뜨릴 때 '감정을 해소한다'라고 표현한다. 나이가 많이 든 노인들이 요실금을 겪거나 전두엽 기능이 쇠퇴하면서 감정 조절이 되지 않는 치매 증상을 보이는 것도 같은 증상이다.

떼쓰기나 오줌 싸기는 아이가 지나치게 흥분하거나 피곤할 때 더 많이 나타난다. 이 같은 극단적인 감정 표현은 네 살 전후에 점차 줄어들지만, 신체적으로 피곤하거나 감정 상태가 좋지 않을 때는 여전히 울고 악을 쓰거나 투정을 부리게 된다. 아이가 언제 어떤 방법으로 감정적 오줌 싸기 증상을 보이는지는 성격에 따라 다르다. 모든 인간은 다른 사람에게 피해가 안 가는 방법으로 감정을 해소할 필요가 있다. 마치 요란하고 험악한 뇌성과 강한 빛을 동반한 천둥과 번개가 지나고 나면 맑고 청명한 하늘이 나타나는 것과 같다.

떼쓰는 아이를 다루는 엄마에게는 인내심이 필요하다. 아이에게 소리를 지르거나 아이를 때려서 아이와 마찬가지로 감정적 오줌싸개가 되어서는 안 된다. 심호흡을 하고 마음을 가라앉힌 다음 카프 박사가 제안한 패스트푸드 법칙을 사용해보라. 그 방법이 먹히지 않으면 가능한 한 아이를 조용한 곳에 격리시켜라. 아이의 비위를 맞추거나 뇌물을 주어 달래려고 하지 말라. 아이를 어떤 방해도 받지 않는 조용한 곳으로 데려가라. 즉 자동차 뒷좌석에 아이를 앉혀 놓고 앞좌석에 앉아 아이가 잠잠해질 때까지 기다리거나, 아이를 방에 혼자 두고 다른 방에 가서 기다리는 방법도 있다. 잠시 시간이 지나면 아마 아이는 감정을 가라앉히고 잠이 들 것이다.

수치심의 건전한 발산

우리는 어떤 것은 안전하고 어떤 것은 위험한지에 대한 첫 수업을 부모에게 받는다. 그리고 시간이 지나면서 더 복잡한 가르침으로 넘어가 가정교육은 물론 공공장소에서 어떻게 행동해야 하는지도 배우게 된다. 이 가르침은 안와전두엽과 전전두엽에 동시에 입력된다. 안와전두엽에는 "그래, 느낌이 좋아. 그렇게 해도 돼!"라는 메시지가 입력되며, 전전두엽에는 "안 돼! 하지 마. 뛰기 전에 미리 살펴봐야 해. 그것은 위험해!"라는 메시지가 입력된다. 뇌가 충분한 능력을 발휘하기 위해서는 양쪽 부위의 기능이 모두 필요하다. 어느 쪽은 옳고 어느 쪽은 그르다고 말할 수 없이 양쪽 모두 중요하다. 뇌의 두 부위와 그들이 관장하는 몸의 각 기관과 기능이 모두 잘 훈련되어야만 건강을 유지할 수 있고 충분한 자기표현을 할 수 있다.

만일 당신이 개성이 강한 유능하고 멋진 여성이 되고 싶거나 그런 딸을 키우고 싶다면 어떤 행동이 올바르며 어떤 행동이 적절하지 않은지를 판단하는 분별력을 갖춰야 한다. 우리가 건강한 삶을 영위하려면 건강한 가치관을 가지고 살아야 한다. 그리고 아이가 적절한 행동과 그렇지 않은 행동을 분별하는 법을 배우려면 어느 정도의 수치심은 경험해야 한다.

랜덤하우스 영어 대사전에는 수치심에 대한 여러 정의가 수록되어 있다. 그 중에서 수치심을 건전한 감정으로 표현한 것들을 살펴보면, "자신이나 다른 사람이 불명예스럽고, 예의에 벗어나고, 어리석은 일을 저질렀을 때 느껴지는 고통스러운 감정" 또는 "존경스럽지 못하고 점잖지 못한 행동이나 환경에 노출되었을 때 느끼는 고통스러운 감정" 등이 있다.[10] 이와 비교해서 죄의식은 해야 할 일을 하지 못했거나 하지 않아야 할 일을 했을 때 갖게 되는 부끄러운 감정을 말한다. 수치심과 마찬가지로 죄의식에도 건전한 죄의식과 불건전한 죄의식이 있다.

아이들은 자신의 열정이나 삶의 목적을 자신과 다른 사람에게 존경받을 수 있는 방법으로 표현하는 행동 방식을 배워야 한다. 우리는 사회규범이나 가정교육을 통해 아이들을 교육시킨다. 수치심은 사회규범에 맞지 않는 행동을 억제하도록 인도해서 사회에 잘 적응하고 사람들로부터 호감을 받을 수 있는 사람으로 자라게 한다. 대부분의 사람들 특히 아이들은 가족이나 자기가 속한 공동체로부터 인정과 사랑을 받길 원한다. 그들은 수치심을 통해 자신의 행동이 잘못되었음을 깨닫고 그 행동을 계속하면 사랑과 칭찬을 잃게 된다는 것을 알게 된다. 따라서 대부분의 아이들은 자기들이 간절히 원하는 칭찬과 사랑을 얻기 위해 부적절한 행동을 억제한다.

여러 연구를 통해 입증된 사실은 아이가 원만한 한 인간으로 성장하고 발전하기 위해서는 자라는 과정에서 어느 정도의 수치심이 필요하다는 것이다.[11] 수치심은 세 가지 유익함이 있다. 첫째, 자신의 행동이 다른 사람에게 어떤 영향을 미칠지를 깨닫게 해준다. 둘째, 잘못된 행동을 바로잡아준다. 셋째, 적절한 행동과 그렇지 못한 행동을 구별하는 판단력을 갖게 한다.

그러나 부적절한 행동을 했을 때 어떤 방법으로 바로잡아주는지에 따라서 아이의 자부심이 달라진다. 아이의 입장에서 아이의 감정을 이해하는 자세로 아이의 잘못된 행동이나 수치심을 처리하는 부모들은 아이의 행동을 질책하는 것(정당한 수치심)과 아이 자체를 질책하는 것(부당한 수치심)과의 차이점을 분명히 구별할 줄 안다. 얼마 전, 나는 공항터미널에서 두 살짜리 아이가 사람들 다리 사이를 기어 다니는 광경을 목격했다. 아이의 엄마는 차분한 태도로 아이를 안아 올려 옆에 앉힌 다음 아이의 행동이 다른 사람들의 기분을 상하게 만든다고 설명했다. 아이는 자부심에 아무 손상도 입지 않은 채 부절적한 행동을 그만두고 장난감을 갖고 놀기 시작했다.

반면, 아이의 부당한 행동을 비웃거나 그런 짓을 했으니 나쁜 아이라는 사고방식을 갖게 만드는 부모는 부적절한 수치심을 심어주게 된다. 그 결과 자존심에 상처를 입은 아이는 반항적이 되어 수치심을 느낄 기회를 잃는다. 언젠가 나는 해변에서 아이가 넘어지자 버럭 소리를 지르는 아버지의 모습을 보았다. "이 멍청아, 눈은 뒀다 뭐해!" 계속 이런 식으로 아이를 대하면 아이의 몸과 뇌에는 정상적인 회로가 입력되지 않는다. 따라서 신체적·감정적 건강이 보장되지 않는 것은 물론 의미 있는 삶을 살고자 하는 삶에 대한 열정과 목적의식이 결여된다.

수치심은 인간이 경험하는 가장 고통스러운 감정 중 하나일 것이다. 만일 당신이 스커트 자락이 팬티에 끼인 채로 화장실에서 나왔다면 사람들의 웃음거리가 될 것이다. 대부분의 아이들은 이런 상황을 피하기 위해서라면 쥐구멍에라도 들어가려고 할 것이다. 성격이나 기질에 따라 다르지만 자부심에 상처를 입는 수치심을 느낀 아이들은 신체적·감정적으로 굳어버린다. 아이들은 부당하거나 지나친 수치심을 느끼게 되면 기쁨이나 독립심, 자부심, 자기 생김새에 대해 상처를 입는다. 자신의 가치에 대한 믿음은 아이의 세포 하나하나에 낱낱이 기록된다. 아이가 정상적인 몸의 기능이나 행동, 감정에 대해 부당한 수치심을 느끼는 순간, 자신이 한 인간으로서 부족하다는 열등감이 자리 잡기 시작한다. 뇌의 회로가 형성되는 시기에 입력된 근원적인 수치심은 어른이 된 후에도 그대로 지속된다. 그 결과 자신이 가치 있고 온전하며 유능한 인간이라는 자부심이 부족한 사람으로 살아가게 된다. 이런 의식은 자가 면역 질환을 일으키는 근본적인 원인으로 작용한다.(9장 참조)

최근 들어서야 우리 사회는 여성들에게 강요된 부당한 수치심이 장기적으로 건강에 부정적인 영향을 미친다는 사실을 인정하는 추세다. 한 연구는 지나친 수치심이 우울증의 원인이 된다는 사실을 입증하기도 했다.[12]

수치심과 성별

1900년대만 해도 지구 어느 곳을 가나 여성들은 남성들이 칭찬받는 바로 그 행동 때문에 수치심을 느껴야 했다. 다시 말해서 여자 아이들에게는 자율성이나 독립성, 모험 정신이 허용되지 않았다. 여자 아이들이 높은 나무나 가구를 타고 올라가면 어른들이 이렇게 야단쳤다. "당장 내려오너라. 그러다 다치겠다!" "사람들이 네 치마 밑을 들여다봐도 괜찮단 말이냐?" "여자답지 못하게 그런 데를 올라가다니. 당장 내려오지 못해!" 그러나 남자 아이들이 똑같은 행동을 하면 이런 칭찬을 들었다. "쟤 좀 봐. 정말 몸이 날쌔구나!" "넌 겁이 없는 아주 씩씩한 아이로구나."

뿐만 아니라 여자 아이들이 감정을 겉으로 드러내는 것은 부끄러운 행동으로 받아들여지는 데 반해 남자 아이들은 정반대의 평판을 들었다. "나중에 커서 씩씩한 사나이가 되겠구나." 이런 말을 듣고 자란 아이가 어른이 되어서 어찌 사회 폭력의 주범으로 변하지 않겠는가. 이런 이중적인 기준 때문에 여성들은 지나치게 통제당하거나 구속받으면서 살아가야 한다. 그리고 어려서부터 너무 많은 제약 속에서 살아왔기 때문에 자신의 욕구를 솔직하게 드러내는 능력을 키우지 못했다.

🐌 일레인의 경우—부당한 수치심이 심장을 공격하다

일레인이 정기 검진을 위해 나를 찾아온 것은 쉰일곱 살 때였다. 그녀의 진료 기록부에는 심계 항진(심장 박동이 빠르고 세지는 증상)과 불규칙한 심장 박동, 불안 증세 등이 기록되어 있었다. 심장이 나빠진 원인을 묻자 그녀는 다음과 같은 이야기를 들려주었다.

사십대 후반에 접어들자 제 심장 박동은 불규칙해지기 시작했어요. 처음에는 가끔 심장이 빨리 뛰기 시작했지만 의사 선생님은 심각한 증상이 아니라고 말씀하시더군요. 그런데 시간이 흐르면서 심계 항진 증상이 시작되었어요. 저는 덜컥 겁이 났죠. 제 심장은 마치 고삐 풀린 말처럼 제멋대로 뛰었어요. 제가 두려워하면 할수록 증상은 더욱 심각해졌어요. 결국 저는 여러 번 응급실에 실려 가서 심전도 검사를 받고, 며칠 동안 모니터를 달고 다녀야 했으며, 트레드밀*위에서 심장 박동을 점검하고, 심장 초음파 검사를 받곤 했어요. 의사 선생님은 제 심장에 큰 문제는 없지만 평생 그 증상을 견뎌야 한다고 했어요. "그냥 레코드판이 가끔 튄다고 생각하시면 됩니다." 그 말은 제게 큰 위안이 되었고 잠시 증상이 호전되는 듯 싶었죠.

폐경기가 시작되는 오십대에 접어들면서 저는 테니스에 재미를 붙이기 시작했어요. 고등학교 때 많이 쳤고 그 후로 라켓을 잡아본 적이 없었지만 테니스는 곧 제 삶의 중요한 부분을 차지했어요. 제 심장은 테니스를 즐기기에 아무 이상이 없었고, 저는 복식 게임을 즐기곤 했어요. 그러던 어느 날, 갑자기 심계 항진이 다시 시작될지도 모른다는 불안감이 엄습했어요. 아니나 다를까 제 심장은 다시 박동이 불규칙해지기 시작했어요. 하지만 제가 무슨 일을 하든 잠시 멈추고 심호흡을 하면 증상이 사라지곤 했죠. 저는 증상이 나타날까봐 두려워하면 어김없이 두려움이 현실로 나타난다는 사실을 발견했어요.

어느 날 낯선 파트너와 한 조가 되어 게임에 열중하는데 심계 항진 증상이 강하게 엄습했어요. 저는 파트너에게 약한 모습을 보이기 싫어 잠시 망설였어요. 어떻게 해야 하나? 하지만 저는 재빨리 결단을 내린 후 게임을 멈추고 편한 자세로 누워 쉬었어요. 저는 파트너에게 가끔 나타나는 증상이니까 걱정할 필요 없다고 설명해줬어요. 그녀는 제 옆에 앉아 손을 잡아 주더군요. 그 순간 저는 마음이 편안해지면서 무슨 일이 생기든 괜찮다는 생각이 들었어요. 심장이 사랑과 따뜻함으로 가득 차는 기분을 느꼈어요. 그리고 마치 요술처럼 심

---

*너비가 넓은 벨트로 된 바닥을 모터로 회전시키고, 그 위를 회전 방향과 반대로 걷거나 뛰는 장치

장이 정상으로 되돌아왔어요. 그때 갑자기 엄마의 목소리가 들렸어요. "그렇게 바보처럼 행동하다니. 혼자 주인공이 되고 싶은 거니?" 제 입에서 웃음이 터져 나왔어요. 저는 이제 아무래도 상관없었어요. 나약하고 불쌍한 모습으로 친구 앞에 누워 있는 제 모습도 더 이상 부끄럽지 않았어요.

그때 엄마가 그런 말을 했던 순간이 떠올랐어요. 그날은 언니 생일이었고, 당시 저는 네 살이었어요. 신이 났던 저는 흥분해서 아직 케이크에 불도 켜지 않았는데 "생일 축하합니다!" 노래를 부르면서 앞마당을 뛰어다녔죠. 모든 사람들이 그런 제 모습을 보고 웃음을 터뜨렸어요. 언니는 "바보처럼 굴지 마!"라고 소리를 질렀고, 엄마는 "그만두지 못 해! 여러 사람 앞에서 주인공이 되고 싶은 거니?"라고 야단을 치셨죠. 언니와 저는 싸움이 붙었고 엄마는 저를 방으로 들여보내셨어요. 저는 파티에 참석하지 못한 것은 물론 하루 종일 창피해서 방 밖으로 나오지도 못했죠. 그 후로 저는 마치 무슨 낙인이 찍힌 것처럼 부끄러워서 여러 사람 앞에서 말하거나 노래 부르기를 피하는 내성적이고 수줍은 아이가 되었어요. 하지만 저는 제 "수행 불안(performance anxiety)" 증상이 엄마와 아빠 앞에서 꼬투리가 잡힐까봐 두려운 마음에서 비롯된 것이라는 사실을 깨닫게 되었어요. 이런 두려움을 오랫동안 몸속에 간직하면서 병을 키워온 거죠. 하지만 제 몸이 이 문제를 깨닫게 되자 제 심장은 그 후로 더 이상 문제를 일으키지 않았어요.

일레인의 이야기에서 주목할 부분은 폐경주위기의 호르몬 변화가 어린 시절에 경험한 수치심의 실체를 드러내게 한 것이다. 그리고 이 실체는 심계 항진이라는 형태로 모습을 나타냈다. 이 증상은 프로게스테론에 비해 에스트로겐의 수치가 높아질 경우에 흔히 나타나는 증상이다. 폐경기의 호르몬 변화는 뇌의 기억력에도 영향을 미쳐 해결이나 치유가 필요한 과거의 일들을 생각나게 만든다. 폐경기에 접어든 엄마의 치유는 딸의 건강을 해치는 원인을 해소하는 데도 큰 도움이 된다.

✿ 해리엇의 경우 − 분노로 인한 수치심

어린 시절의 수치심이 아이의 예민한 뇌와 몸에 얼마나 깊이 각인되는지를 증명하는 또 다른 사례를 소개한다.

해리엇은 화가 날 때마다 아무리 정당한 이유가 있더라도 화를 내는 자신에 대해 수치심을 느끼곤 했다. 예를 들어, 동료가 매일 지각을 해도 해리엇은 말 한 마디 따끔하게 하지 못하고 속병을 앓았다. 어린 시절, 그녀는 겉으로 화를 표현하는 것이 용납되지 않았다. 집안에서 마음대로 화를 낼 수 있는 사람은 엄마뿐이었다. 그녀는 항상 분노는 '나쁜 감정'이라고 교육받으며 자랐다. 따라서 화가 날 때마다 그녀는 자신이 나쁜 아이라고 생각했다. 해리엇의 수치심은 분노에 머무르지 않고 몸으로까지 전이되었다. 그녀는 어떤 이유에서든 기분이 나쁠 때마다 자기가 너무 뚱뚱해서 창피하다고 생각하곤 했다. 그러나 그녀는 결코 뚱뚱하지 않았고 오히려 날씬한 편이었다.

분노에는 우리를 변하도록 자극하는 에너지와 메시지가 담겨 있다는 사실을 모든 여성들은 깨달아야 한다. 그리고 무기력함이나 절망감, 우울증 같은 침체된 감정을 몰아내는 힘이 있다. 한 환자는 이렇게 표현했다. "저는 한동안 분노에 눌려 있었지만 이제는 분노를 받아들이고 인정하게 되었어요. 무언가 변화가 필요하다는 내면의 경고라는 사실을 깨달았기 때문이죠. 때로 그 변화는 제가 단지 현실을 직시하는 것만으로 충분할 때도 있어요." 분노를 해결하는 첫걸음은 자신과 다른 사람에게 해가 되지 않는 범위에서 충분히 발산하는 것이다. 그리고 대부분의 경우 떼쓰는 아이를 격려하는 것처럼 분노를 일으키는 상황으로부터 자신을 격려하는 것만으로도 큰 도움이 된다. 이런 훈련을 거듭하다 보면 분노를 유발하는 상황과 그 안에 깔린 메시지를 이해하게 된다. 다음 단계는 그 소리에 따라 자신의 삶을 변화시키는 것이다.

강박적인 행동은 수치심의 발산이다

지나친 결벽증이나 자신이 너무 뚱뚱하거나 어리석다는 자기 비하는 수치심이나 불안감을 감추기 위한 위장술인 경우가 많다. 강박 관념은 전전두엽이 발달하는 시기와 같은 시기에 발달하며, 전두엽의 두 주요 부위가 서로 상반되게 작용해서 생기는 결과다. 자동차의 브레이크와 액셀러레이터에 비유할 수 있다. 강박적인 생각이나 행동은 정상적인 감정이나 본능적인 욕망 – 식욕, 성욕, 권력욕, 독립심 등 – 을 억제하기 위해 반복적인 생각이나 행동으로 그것을 은폐하려는 것이다. 충동적이고 강박적인 생각이나 행동을 보이는 사람들은 불편한 감정을 느낄 때 그 증상이 심해진다. 이런 감정들은 대개 어린 시절부터 수치스럽게 느껴온 감정들이다.

|수치심에서 벗어나는 방법|
1단계 – 수치심은 고통스럽다는 사실을 인정하라 수치심을 떨쳐버리는 유일한 방법은 겉으로 드러내서 인정하는 것이다. 그렇지 않고서는 날려 보낼 방법이 없다. 수치심은 인간이 느끼는 가장 고통스러운

감정 중 하나다. 수치심이 우리 행동을 통제하는 방법을 보면 그 고통의 정도를 알 수 있다. 우리는 일부 행동이 잘못되었다고 생각하기보다 우리 스스로가 부족한 인간이라는 쪽으로 생각을 몰고 간다. 대부분의 사람들은 이런 뼈아픈 고통을 맛보지 않으려고 온갖 방법으로 자신을 보호하려 든다. 이것이 강박적인 행동을 하는 사람들이 그렇게 많은 이유 중 하나다. 일시적으로 수치심의 고통에서 벗어날 수 있기 때문이다.

2단계 – 자신의 강박적인 행동을 파악하라 강박적인 행동의 목적은 고통스러운 감정에서 벗어나기 위한 것이다. 만일 우리가 고통스러운 감정을 느끼지 않는다면 알코올이나 단것, 일, 운동, 섹스 등에 탐닉하는 일은 없을 것이다. 그러나 당신이 솔직한 감정을 은폐하기 위해 다른 방법에 집착하면 할수록 자신의 진정한 욕구를 깨닫기는 점점 어려워진다. 자신의 욕구를 외면한 상태에서는 어떤 인간관계에서도 실패할 확률이 높다. 만일 당신이 약물이나 담배, 알코올, 음식, 일, 섹스 등에 탐닉하는 사람과 밀접한 인간관계를 맺고 있다면 왜 자신의 본래 모습을 감추려는 사람과 관계를 맺는지 재고해보라. 만일 당신 자신이 그런 사람이라면 다른 사람이 당신 같은 사람과 관계를 맺고 싶겠는가?

3단계 – '나만 그럴 것'이라는 생각을 버려라 많은 여성들이 수치심의 틀에 갇혀 자신의 욕구를 충분히 표현하지 못한 채 살아간다. 이것은 유독 자기만 문제가 있는 부족한 사람이라는 그릇된 생각 때문이다. 나처럼 부끄러운 과거를 가진 사람은 없을 거야. 누가 이런 심정을 짐작이나 하겠어. 수치심에 사로잡힌 사람은 자기 이외의 모든 사람은 정상이라고 생각한다. 이것이 바로 수치심의 심각한 증상 중 하나다.

어린 시절의 부정적인 경험이 성장 후 수치심이나 질병으로 발전하는 경우는 매우 흔하다. 1980년대 초, 나는 심각한 생리통에 시달리는 여성들을 조사한 결과 부모가 알코올 중독인 가정에서 자랐거나 현재 남편이 알코올 중독자인 경우가 많다는 사실을 발견했다. 또 만성적인 골반 통증으로 고통받는 여성들은 성적인 학대를 받은 경험이 있는 경우가 많았다. 이 사실은 내가 〈여성의 몸 여성의 지혜〉라는 첫 저서를 집필하도록 만든 주된 동기가 되었다. 이 저서는 메인 주의 작은 마을에서 환자들을 진료했던 내 경험이 밑바탕이 되었다. 그 후 나는 이 작은 마을에 사는 여성들의 경험이 전 세계 모든 여성들에게 모두 적용된다는 사실을 발견했다.

1998년 샌디에이고의 '카이저 퍼머넌트 건강연구소'가 실시한 대규모 조사에 따르면, 어린 시절 부정적인 경험으로 고통받는 사람들은 우리가 일반적으로 생각하는 것보다 훨씬 많다. 이 조사에 참가했던 17,000명의 중산층 중년 남녀 중에서 절반 이상이 알코올 중독이나 우울증, 정신적으로 건강하지 못한 부모 밑에서 자랐거나 성적 · 신체적 · 정신적 학대를 받은 경험이 있는 것으로 밝혀졌다.[13]

과거를 바꿀 수는 없지만 과거의 그늘에서 벗어날 수는 있다. 과거에 발목이 잡혀 현재의 삶을 희생시키지 말라. 당신이 노력한다면 과거의 사슬을 과감히 끊을 수 있다. 당신의 뇌와 몸에 건강과 행복을 지원하는 프로그램을 입력시켜라. 아이에게 상처를 주는 것은 학대나 수치심 그 자체가 아니라 그것을 받아들이는 자세다. 즉 폭력과 학대에 시달린 아이들은 자신이 보잘것없는 존재라고 생각하기 쉽다. 또한 자기가 의지하고 사랑하던 사람이 신뢰할 수 없는 존재였기 때문에 자신의 판단력을 믿지 못하게 된다.

결론적으로 말해서 어린 시절의 상처에서 벗어나는 유일한 방법은 그것을 가슴 밖으로 끄집어내서 표현하는 것이다. 그리고 인간은 어떤 상처를 입었든 치유할 능력이 있다는 사실을 깨닫는 것이다. 인간은 누구나 사랑받을 충분한 가치가 있는 소중한 존재라는 사실을 잊지 말라.

수치심이 부족한 것도 문제다

부당한 수치심도 문제지만 아이들을 과잉보호하거나 자유방임하는 부모들도 또 다른 문제점을 유발한다. 모든 행동에는 결과와 책임이 따른다는 사실을 배우지 못한다면 아이들은 건전한 수치심을 느끼지 못하게 될 것이다. 이렇게 자란 아이들은 사회에 적응하지 못하거나, 주변을 힘들게 만들고, 서로 만족하는 인간관계를 맺지 못하며, 자신의 행동에 대해 책임을 지지 않게 된다.

나는 세 살짜리 딸이 검사실을 난장판으로 만드는데도 가만히 앉아서 책만 읽던 한 환자를 본 적이 있다. 아이는 쓰레기통을 뒤엎고, 물건들을 헝클어뜨리며, 서랍에 깨끗이 정돈해둔 검사실 가운을 꺼내서 마룻바닥에 팽개쳤다. 내가 검사실에 들어갔을 때는 마치 토네이도가 한

바탕 휩쓸고 지나간 폐허 같았다. 그런데도 엄마는 아이를 제재하는 어떤 행동도 하지 않을 뿐 아니라 나와 간호사들에게도 사과 한 마디 하지 않았다. 오히려 자기가 너무 억압받고 자랐기 때문에 아이는 구김살 없이 마음껏 자라도록 키운다고 자랑을 늘어놓았다. 베이비붐 세대의 부모들은 지나치게 억압적인 환경에서 자랐기 때문에 아이들을 지나치게 자유방임하는 경향이 강하다.

충분한 수치심과 도덕심을 배우지 못한 아이들은 행동을 억제하지 못하며 자신의 행동에 대해 책임지려고도 하지 않는다. 이런 아이들은 지나치게 기고만장해서 겸손이란 걸 모른다. 그리고 그렇게 자유를 누리면서도 화를 잘 내고 불만이 많다. 이런 아이들은 소위 '공주병'에 걸려 주변 사람은 모두 자기가 어지럽힌 걸 치워야 하고, 자기 욕구에 무조건 따라야 하며, 자기를 즐겁게 해줘야 한다는 착각에 빠져 산다. 여왕벌이 될 수업을 받는 것이다. 하지만 어른이 되어서도 누군가가 옆에서 시중을 들어줘야 하는 삶을 평생 누릴 수 있을까.

자기 사랑과 자아도취의 차이점

모든 아이들은 본능적으로 자기 사랑과 자아도취를 지니고 태어난다. 또한 최상의 대접을 누리고 싶은 욕망도 타고난다. 아이들이 기차나 비행기를 탔을 때 일등석에 앉고 싶어 하는 것이 그 좋은 본보기다. 그들은 일등석이 더 좋다는 것을 본능적으로 느낀다. 이런 욕망은 신에게 받은 선물로, 삶의 열정과 목적의식을 높여주는 인간의 중요한 특성이므로 존중되고 발전되어야 한다. '나는 결코 여왕이 아니구나'를 느끼며 이런 욕망들이 꺾이면서 수치심을 느낄 때마다 아이의 자부심은 상처를 입는다. 이와 더불어 건강하고 영화로운 삶을 살고자 하는 아이의 선천적인 욕망도 점차 발휘될 기회를 잃어 간다. 앞서 예로 든 것처럼 고양이의 안와전두엽이 주변 환경의 영향으로 수평적인 사물을 인식하는 기능을 잃은 채 발달되는 것과 같은 현상이다. 그 결과, 아이는 자신의 유익은 뒤로 미룬 채 오로지 다른 사람의 유익을 위해 자신을 희생하는 삶을 살게 될 수도 있다. 이 같은 자기희생은 특히 여자아이나 여성들의 건강에 커다란 적이다. 물론 어느 정도 균형을 유지하는지에 따라 달라질 수는 있다.

지나친 자기도취, 나르시시즘

자기가 우주의 중심이며, 원하는 모든 것을 가질 수 있고, 자기는 어떤 잘못도 저지르지 않는다는 믿음을 갖도록 양육된 아이는 적당한 수치심과 자기 억제를 맛보며 자란 아이와 매우 다른 사고방식을 갖게 된다.

나르시시즘이란 용어는 물에 비친 자신의 모습을 연모하다 죽어간 그리스 신화에 나오는 인물인 나르키소스Narcissos에서 유래했다. 나르시시즘의 특징은 자기 사랑과 자기 존중이 지나쳐서 자신의 결점을 인식하지 못한다는 것이다. 자기도취에 빠진 사람들은 다른 사람에 대한 존중은 물론 심지어 관심조차 갖지 않는 경우도 있다. 다른 사람들은 오직 자신을 빛내주기 위해 존재하는 대상일 뿐이다.

자기도취에 빠진 사람들은 특별한 근거도 없이 무조건 자신을 '완벽한' 존재로 여기기 때문에 어떤 비판도 받아들이지 못한다. 그들은 작은 비판에도 예민한 거부 반응을 보인다. 인간은 남보다 지극히 우월하거나 아니면 지극히 쓸모없고 하찮은 존재 중 하나라고 생각하기 때문이다. 그들에게 중간 형태의 사람은 존재하지 않는다.[14]

자기도취에 빠진 사람의 특징

자기도취에 빠진 나르시시스트들에게는 무엇보다도 건전한 수치심이 부족하다. 그들은 스스로를 가장 우월한 존재로 여기기 때문에 외부에서 가해지는 비판을 결코 받아들이지 않는다. 모순적인 것은 다른 사람의 비판을 받아들이지 못하는 그들이 다른 사람들에게는 매우 비판적이라는 사실이다. 자신의 '더 우월한' 위치를 지키기 위해서 그들은 거만하고 건방진 태도로 자신의 아성을 지키려고 안간힘을 쓴다.[15] 그들의 가장 큰 열망은 다른 사람보다 우월한 존재로 보여 사람들이 자신과 자신의 욕구에 관심을 갖게 만드는 것이다.

따라서 다른 사람에게 무관심하거나 상처를 주었다는 이유로 비판받게 되면 그들은 매우 심한 분노를 느낀다. 그러면서도 남의 눈에 나쁜 모습으로 비쳐질까봐 분노를 겉으로 표출하지도 못한다. 누군가 그들 때문에 상처를 입었다고 말하면, 그들은 화를 참으며 오히려 자기가 상처입고 수치를 당한 것처럼 상대방에게 책임을 전가한다. 그러나 그들이 주장하는 수치심은 거짓이며, 실제로 양심의 가책을 느껴 자신의 잘못된 행동을 고치는 법은 없다. 그들은 거짓 수치심이나 거짓 눈물 (필요한 경우에 성별이 다른 상대에게 사용하는 무기)을 가장해서 상대가 미안함을 느끼도록 유도한다. 그들의 가장된 악어의 눈물은 상대방의 마음을 녹여 오히려 그들을 비판했던 태도를 사과하게 만든다.

동정심이 많은 사람들은 나르시시스트들의 거짓 행동에 넘어가 도리어 옹호하는 편에 서게 된다. 상대방의 뉘우치는 태도가 너무 그럴듯해서 거짓이라는 걸 전혀 눈치 채지 못하기 때문이다. 나르시시스트들은 다른 사람들처럼 정상적인 수치심과 유대감을 느끼지는 못하지만 동정심을 이용해서 자기가 원하는 것을 얻는 방법을 너무나 잘 안다.

그들의 '거짓 눈물 연기'는 너무 완벽해서 상대는 그들에게 입은 상처를 두 번 다시 거론하지 않게 된다.

상대방의 감정을 이해하려는 정상적인 감정 이입을 가진 사람들은 자기도취에 빠진 사람들의 연기에 속아 그들의 입장을 이해하려고 노력한다. 나르시시스트들은 비어 있는 흰 도화지라고 할 수 있다. 상대로 하여금 자기가 느낀 대로 그려 넣도록 만드는 힘이 있기 때문이다. 그 결과, 정상적인 사람들은 자기도취에 빠진 사람들의 여리고 예민한 감성이 남의 비판을 잘 견디지 못한다고 이해하고 더 이상 그들의 태도를 문제 삼지 않는다.

자기도취에 빠진 사람들과 관계를 맺는 사람들은 대부분 이런 과정을 겪는다. 그들은 자기도취에 빠진 사람들의 거짓 눈물을 보는 것이 불편하기 때문에 다시는 그들의 행동을 변화시키려고 들지 않는다. 그냥 참고 견디는 쪽을 택한다. 다음 사례는 나르시시스트의 전형적인 본보기다.

🐚 낸시의 경우—공주병의 말로

낸시는 집안의 공주로 부러울 것 없이 자랐다. 그녀의 부모들은 태양이 낸시에게서 떠서 낸시에게로 진다고 여길 정도였다. 그녀는 항상 가장 좋은 것을 독차지했으며 동생 샐리보다 더 많은 귀여움을 받았다. 푸에르토리코에서 이민 온 스페인계 이민자의 딸이었던 그녀의 엄마는 자신의 배경에 수치심을 느끼며 자랐다. 그녀가 살던 동네에서는 스페인계 이민자들을 업신여겼다. 따라서 스웨덴계 백인 남자와 결혼하게 되자 그녀의 엄마는 복권에라도 당첨된 것처럼 기뻐했다. 더구나 첫딸인 낸시가 하얀 피부에 금발 머리인 백인으로 태어나자 엄마는 세상을 다 얻은 듯한 기분이었다. 반면, 동생인 샐리는 엄마를 닮아 코가 크고 올리브색 피부를 가진 스페인계 아이로 태어났다.

낸시는 최신 유행하는 옷과 구두 등 모든 것을 아낌없이 누렸다. 그러나 동생인 샐리는 싸구려 옷이나 언니 옷을 물려받으며 자랐다. 샐리가 열심히 공부해서 전 과목 A를 받는 데 반해, 낸시는 무엇이든 열심히 노력하는 걸 싫어했다. 엄마가 심부름을 시켜도 낸시는 동생에게 미루곤 했다. 샐리는 자기 일뿐 아니라 언니 일까지 도맡아 하며 자랐다.

어린 시절은 물론 사춘기가 되어서도 낸시는 힘든 일이 있을 때마다 부모에게 의존했고, 그들은 기꺼이 낸시를 위해 희생했다. 예를 들어, 자동차를 운전하기 시작한 후에도 낸시는 종종 휘발유 넣는 일을 잊곤 했는데 그럴 때마다 그녀는 거짓 눈물을 흘리면서 아빠에게 전화를 걸었고, 아빠가 달려와 '구출' 해주곤 했다.

장성한 낸시는 결혼해서 집을 떠났다. 그러나 부모 가까이 살면서 문제가 생길 때마다 부모에게 도움을 청했다. 아이가 생기자 친정 엄마가 수시로 드나들면서 아이를 돌보았다. 아이들이 어렸을 때도 낸시는 아이를 돌보는 일보다 자기 욕구를 채우는 일이 우선이었다. 주말이면 늦잠을 자느라고 아이들에게 아침밥도 챙겨주지 않는 게 다반사였다. 엄마가 토요일마다 아이들을 돌보기 위해 집에 올 때도 낸시 부부는 오전 11시까지 잠자리에서 일어나지 않았다. 엄마는 울다 지친 아기가 침대에서 빠져나와 낸시를 찾아 2층 계단을 기어 올라가는 모습을 발견하기도 했다.

한편 낸시의 동생인 샐리는 집에서는 천덕꾸러기였지만 그 설움을 학교에서 보상받았다. 샐리는 어려서부터 강한 의지를 키웠다. 언니가 모든 것을 누릴 때 샐리는 모든 것을 자기 힘으로 이뤄갔다. 중년에 이르자 두 자매의 인생은 큰 차이가 있었다. 샐리는 여러 치료법을 통해 어려서부터 가졌던 지나친 열등의식을 극복했다. 그녀는 지금 아이비리그 대학의 정교수로 재직 중이며 독창성을 인정받는 인기 작가가 되었다. 그녀는 행복한 가정을 이루고 학생들로부터 존경받는 멋진 삶을 살아간다. 반면, 낸시는 두 번의 이혼 경력이 있는 늙고 초췌한 중년 여성으로 변했다. 장성한 두 아이도 낸시와 연락을 끊고 산다. 그녀는 여전히 부모의 도움을 받으며 힘든 삶을 살아간다.

아이들에게는 건전하고 적당한 수치심이 반드시 필요하다. 또한 가정과 사회에 기여하는 방법을 배워야 한다. 그것이 낸시처럼 실패한 삶을 살지 않을 수 있는 최선의 방법이다.

자기도취의 비극

자기도취에 빠진 사람들은 다른 사람을 돌보거나 좋은 엄마가 될 능력이 부족하다. 그들의 무책임한 자세는 주변 사람들에게 많은 고통을 안겨준다. 엄마 역할에서도 마찬가지다. 나르시시스트 엄마를 둔 딸은 스스로 엄마 역할을 해야 하거나 보살핌이 필요한 나르시시스트 남편을 만나기 쉽다. 또한 딸이 나르시시스트인 경우에는 평생 엄마의 정신적·물질적 도움을 받으며 살아가는 경향이 많다. 엄마와 딸 모두 나르시시스트인 경우에는 자기들만의 세계에 갇혀 서로를 위안삼아 살아간다.

어떤 관점에서 보면 나르시시스트들은 우리에게 중요한 교훈을 깨닫게 해주는 타산지석이다. 만일 우리가 진실을 발견하고 싶다면 겉모습이 아닌 내면을 볼 줄 알아야 한다는 교훈이다. 나르시시스트들은 아름다운 외모 덕에 어려서는 스포트라이트를 받을 수 있다. 그러나 그들 대부분은 모든 가치를 겉모습에만 두기 때문에 나이를 먹으면서 빛을 잃게 된다. 실제로 그들의 삶은 고등학생이나 대학생이 되면 빠른 하강 곡선을 그리며 관심권 밖으로 밀려난다. 세상은 열심히 노력하지 않는 사람을 인정하지 않기 때문이다. 이기적이고 내면이 성숙하지 못한 나르시시스트들은 진실한 인간관계를 맺지 못하며, 누가 인정해주지 않더라도 성실히 노력해온 사람만이 맛볼 수 있는 진정한 성취감을 알지 못한다. 사람은 항상 뿌린 대로 거둔다. 아무것도 뿌리지 않은 그들이 무엇을 거둘 수 있겠는가. 이런 법칙을 가르치는 시간이 빠를수록 아이는 행복에 더 가까이 다가갈 수 있을 것이다.

수치심의 가해자와 피해자

어느 가족이든 다른 사람에게 수치심을 느끼게 함으로써 혼자 군림하려는 나르시시스트가 있게 마련이다. 이 수치심은 확실히 드러나기도 하고 교묘하게 감춰지기도 한다. 어떤 경우든 다른 가족들은 그 영향권을 벗어날 수 없게 된다. 지나친 자만심에 차 있는 나르시시스트들은 스스로는 수치심을 못 느끼지만 다른 사람이 느끼는 수치심은 기가 막히게 간파한다. 그들의 교활함은 다른 사람이 어떤 감정의 아킬레스건을 가졌는지 정확히 파악해서 그 취약 지대를 공격한다. 그리고 약점을 공격받은 상대가 무너지는 모습을 쾌재를 부르며 지켜본다. 그들은 자신의 우월한 위치를 고수하기 위해서 다른 사람을 수치심의 피해자로 만든다. 상대방은 수치심의 고통을 또다시 맛보지 않기 위해 나르시시스트들과의 갈등을 피한다. 나르시시스트들은 이런 방법으로 우월한 위치를 지켜간다. 나는 그들을 수치심의 가해자라고 부르고 싶다. 그들은 자기가 느껴야 할 수치심을 다른 사람에게 전가해서 그들에게 고통을 안겨준다. 수치심의 피해자로 만드는 것이다.

　우리 가족 안에도 수치심의 가해자가 있었다. 그 장본인인 작은어머니는 기회가 있을 때마다 사람들을 가시 돋친 말로 찌르곤 했다. 내가 다섯 살 때의 일이다. 당시 일곱 살이었던 오빠는 할머니 생신에 토끼 발바닥 모양의 열쇠고리를 선물했다. 그런데 소위 소아과 의사였던 작은어머니는 그렇게 우스꽝스러운 선물은 처음 보았다며 오빠를 놀려댔다. 옆에 있던 나는 그 순간 수치심으로 얼굴이 빨개지며 어쩔 줄 모르던 오빠의 모습을 생생하게 기억한다. 자부심에 상처를 입은 오빠는 고개를 푹 숙이고 의기소침해졌다. 바로 전까지만 해도 그 보물을 받은 할머니께서 얼마나 기뻐하실지 기대감에 차서 설레던 모습은 찾아볼 수 없었다. 오빠는 선물에 대해 그리고 자기 자신에 대해 실망한 모습이었다. 오빠의 수치심은 옆에 있던 나한테까지 전염되어 갑자기 할머니께 선물을 드리기가 두려워졌다. 또다시 놀림감이 될지도 모를 선물을 어떻게 기쁜 마음으로 드릴 수 있겠는가.

수치심은 대물림된다

수치심을 가족을 통제하고 억압하는 수단으로 사용하는 집안에서 자란 사람들이 있다. 이런 사람들은 돈에서부터 기쁨이나 행복 같은 감정까지 모든 것을 엄격하게 통제하려고 든다. 이런 행동과 사고방식은 다음 세대로까지 대물림될 가능성이 크다. 이런 가정환경에서 자란 사람들은 자발적인 행동이나 솔직한 감정 표현을 꺼리는 경향이 있다. 자제력을 잃은 행동이라고 생각하기 때문이다.

이런 수치심 가해자들은 다른 사람의 감정이나 생각, 행동을 통제하는 것에 전혀 불편함을 느끼지 않는다. 그들은 매우 엄격하고 지나치게 도덕적이지만 때로는 성실하고 모범적인 시민이기도 하다. 그들의 감정 표현이란 고작 분노를 터뜨리거나 관심을 끌기 위한 거짓 눈물에 국한된다. 그들은 또 감성을 관장하는 안와전두엽과 직관을 지배하는 뇌의 부위가 발달되지 않았기 때문에 지나치게 이성적인 경향이 있다. 융통성을 갖추는 데 필요한 뇌의 두 부위가 제대로 발달할 기회를 갖지 못했기 때문이다. 따라서 그들은 인간관계에 필수적인 세 가지 기술이 부족하다. 자신의 욕구를 파악하는 능력, 다른 사람과 자신의 욕구 사이의 균형을 유지하는 능력, 인간관계를 유지하는 데 필요한 요소들을 파악하는 능력 등이다.

이런 가정환경에서 자란 사람들은 아이들에게 "목청을 높이지 말고 너무 웃지 말 것"을 요구한다. 감정을 지나치게 통제하면 아이들의 억압된 감정은 우울증을 유발한다.[16] 고등학생이었던 우리 딸이 테니스 시합에 나갔을 때 나는 수치심 가해자의 본보기가 될만 한 어느 엄마를 만난 적이 있다. 그 잊을 수 없는 장면을 소개한다.

🌰 사라의 경우—테니스 코트에서의 수치심

우리 딸이 속한 테니스 팀의 한 멤버와 다른 학교 경쟁자와의 시합이 거의 끝나갈 즈음이었다. 그녀의 엄마가 차에서 내리더니 빠른 걸음으로 신나게 시합에 열중하던 딸에게 다가갔다. 화가 난 듯한 그녀의 엄마는 코트 울타리로 다가가더니 소리를 질렀다. "사라, 지금 당장 가야 하니까 얼른 나와. 빨리 나오지 못하겠니!" 그녀는 딸이 시합을 끝낼 때까지 기다릴 것 같지 않았다. 그리고 딸이 왜 당장 가야 하는지 이유를 밝히지도 않은 채 시합을 중단시켰다.

친구들과 팀원들 앞에서 창피를 당한 사라는 고개를 떨어뜨리고 엄마 손에 이끌려 코트를 떠났다. 우리는 엄마의 행동을 보고 상황을 짐작할 뿐이었다. "넌 시합을 계속할 수 없어. 지금 당장 가지 않으면 늦을 거야. 네가 미리 알아서 시간을 맞췄어야지." 물론 사라의 엄마는 의사와 중요한 약속을 했을 수도 있다. 자세한 사정은 모르겠지만 사라 엄마의 행동은 너무 무례해서 그 자리에 있던 모든 사람들이 결코 잊지 못할 모욕감을 느꼈다.

수치심의 가해자 밑에서 자란 엄마는 아이들에게 가해자가 될 가능성이 크다. 어느 날 아이가 곤충이나 새로 산 장난감을 발견했거나 몸의 은밀한 부위를 만졌을 때 기분이 좋아진다는 사실을 발견하고 신이 나서 엄마에게 달려왔다고 가정해보자. 엄마의 역할은 아이의 기쁨에 공감하고 적절한 행동을 하도록 인도하는 것이다. 그러나 엄마가 아이에게 호들갑을 떤다고 꾸짖으며 수치심을 느끼게 만들면 아이는 자신의 감정이나 행동에 문제가 있다고 생각하게 된다. 그리고 수치심의 악순환의 고리 속으로 진입하게 된다.

만일 이런 일이 반복되면 아이는 자신에 대한 자부심을 잃게 되고 자신의 본능이나 감정을 믿지 못하게 된다. 이것은 모든 종류의 중독으로 발전된다. 더구나 이런 아이들은 자라서 엄마와 마찬가지로 자기를 학대하는 나르시시스트인 파트너를 만날 가능성이 크다. 또한 아이를 낳아도 자신을 존중할 줄 모르는 사람으로 키울 가능성이 크다. 이런 사람들은 아무리 재능과 능력을 타고 났더라도 두 가지 이유 때문에 삶의 열정과 목적의식을 발견하는 데 어려움을 겪는다. 첫째, 건강에 문제가 있거나, 열등감에서 벗어나기 위해 각종 중독에 빠지기 때문이다. 둘째, 질병과 중독의 영향으로 내면의 소리나 솔직한 감정에 귀를 기울이지 못하기 때문이다.

만일 당신이 수치심 가해자이자 이기적인 엄마를 두었고 아직도 그 엄마의 관심과 사랑을 얻기 위해 애쓴다면, 당신의 딸 또한 그럴 가능성이 크다. 이런 고리를 일찍 끊지 못한다면 당신은 엄마와 딸 사이에서 샌드위치가 되어 심한 압박감에 시달리게 될 것이다.

| 수치심 가해자의 특성 |

- 부끄러움이 없다. 알몸으로 집 안을 돌아다니거나 나체 사진을 집 안에 버젓이 걸어놓기도 한다.

- 매우 독립심이 강해 보이지만 실제로는 외로운 상황을 못 참는다. 주변에 항상 가족이나 거울을 들고 있어줄 사람이 필요하다. 신경 정신학자인 모나 리자 슐츠 박사는 남을 위한 희생과는 거리가 먼 이들의 특성을 이렇게 표현했다. "이들의 집에는 십자가보다 거울 이 훨씬 많이 걸려 있다."

- 원만한 인간관계를 맺지 못하기 때문에 진정한 친구가 거의 없다. 이들 주위에는 가족이나 고용인 등 의무적으로 관계를 맺어야 하 는 사람들뿐이다. 그러나 이들은 이런 사실을 인정하지 않는다.

- 자신을 영웅으로 만들어줄 운동 경기나 등반, 얼음물 속에서의 수 영 등을 즐긴다.

- 주로 자기보다 못생긴 사람과 관계를 맺는다. 외모가 부족한 사람 은 신뢰할 수 있을 뿐 아니라 상대로 하여금 우월감을 느끼게 만드 는 재주가 있다. 그들은 잘생긴 사람의 자부심을 더욱 빛나게 만드 는 무대 뒤의 마술사다.

- 대체로 선물이나 칭찬에 인색하다. 받는 것에만 익숙하기 때문이다.

| 수치심 피해자의 특성 |

- 항상 사람들의 결점을 선의로 해석한다.

- 좋은 사람이라는 평판에 연연하므로 다른 사람이 그들의 호의를 이용하도록 부추긴다.

- 수치심 가해자가 집안을 통제하는 환경에서 자란 경우가 많다.
- 체중 조절에 실패하는 경우가 많다.
- 다른 사람이 대신 돈을 지불해주면 바로 보답한다. 받는 것에 익숙하지 않기 때문이다.
- 가까운 친구가 많다. 가는 곳마다 우정과 동정심을 뿌리고 다니기 때문이다.
- 심리학자, 간호사, 사회복지사 등 남을 도와주는 직업에 종사하는 경우가 많다.
- 남에게 선물하기를 좋아한다.
- 어떤 결과에 대해 남의 책임까지 떠맡으려는 경향이 강하다.

🐚 마리안의 경우—수치심 가해자와 피해자 간의 인간관계

다음 사례는 수치심 가해자와 피해자가 서로 사랑하는 사이인 경우다. 이 불균형한 인간관계에서 수치심 피해자는 건강이 악화될 가능성이 크다.

어느 금요일 오후 마리안과 남자친구는 데이트 약속을 했다. 그는 마리안을 회사 앞에서 차에 태운 다음 그들이 좋아하는 레스토랑으로 가서 낭만적인 저녁 식사를 즐길 예정이었다. 그는 일주일 전에 벌였던 말다툼을 말끔히 잊고 둘의 관계가 새로워지길 기대하면서 식당을 미리 예약하고 꽃다발까지 준비했다. 그리고 약속 시간인 저녁 6시에 정확히 마리안의 회사 앞에 도착했다. 그러나 언제나 그렇듯이 마리안은 이번에도 15분이나 늦었으며 미안한 기색도 없었다. 그녀는 차에 타면서 사무적으로 말했다. "미안해, 중요한 회의가 있어서 늦었어." 마리안의 무성의한 태도에 화가 치밀었지만 그는 애써 참았다. 그가 불만을 터뜨리면 또다시 말다툼이 생겨 데이트를 망칠 것 같았기 때문이었다. '그래, 그래도 이번에는 사과의 말이라도 했잖아. 참고 넘어가자.'

차에 올라탄 마리안은 갑자기 미소를 띠며 애교 섞인 목소리로 물었다. "오늘 어떻게 지냈어?" 그리고 그의 대답도 듣지 않고 말을 이었다. "아참, 미리 말한다는 걸 깜빡 잊었네. 회사 사람들이 지금 칵테일파티를 하는데 우리도 거기 참석해야 할 것 같아. 승진하는 데 도움이 될 기회거든." 마리안은 남자친구를 보며 단호하게 말했다. "이미 참석한다고 통보했어. 자기도 괜찮⋯⋯지?" 그녀는 일방적으로 통보한 후 말끝을 흐리며 핸드백을 뒤져 립스틱을 찾았다. 남자친구의 반응 따위는 안중에도 없다는 태도였다. 그는 끓어오르는 분노를 참느라고 잠시 침묵한 후에 목청을 가다듬고 떨리는 목소리로 말했다. "음, 그⋯⋯그런데 칵테일파티에 참석한다고 말하기 전에 먼저 내 의견을 물어봤으면 고마웠을 거야. 나는 지난번 우리가 싸운 후에 특별한 시간을 마련하기 위해 식당을 예약하고 준비를 많이 했거든. 설레는 마음으로 기대했는데 좀 화가 난다. 내 말 이해하겠어?" 마리안은 한동안 냉랭한 눈초리로 그를 쏘아본 다음 말했다. "참석할 건지 방금 물어봤잖아. 요즘 며칠 동안 정신없이 바빠서 그럴 여유가 없었어. 당신은 언제나 당신 기분만 중요하지 내가 무엇을 원하는지는 관심도 없어. 항상 그래!"

마리안의 보디랭귀지나 말투는 남자친구에 대한 배려가 전혀 없었다. 그녀는 수치심 가해자다. 남자친구의 떨리는 목소리와 더듬는 말투는 그가 수치심 피해자라는 사실을 말해준다. 만일 그들이 결혼한다면 이런 관계는 다음 세대로 대물림될 것이다.

자기중심적인 엄마의 그늘에서 벗어나는 법

자기중심적인 나르시시스트 엄마 밑에서 자란 딸들은 이런 유산을 이어받았을 가능성이 크다. 다음에 소개하는 방법은 당신을 하루 빨리 이런 유산에서 벗어나게 만들고 딸에게 대물림하지 않도록 도와줄 것이다.

엄마를 바꿀 수 있다는 생각을 버려라 당신이 아무리 노력해도 엄마를 기쁘고 행복하게 만들 수는 없다. 따라서 최선의 길은 헛되이 에너지를 낭비하지 말고 당장 노력을 중단하는 것이다. 한 환자의 예를 들어보자.

어느 누구도 우리 엄마를 행복하게 만들 수는 없어요. 저는 엄마의 즐겁고 행복한 모습을 거의 본 적이 없어요. 어려서부터 엄마는 제가 아무리 열심히 노력해도 항상 화를 내곤 하셨어요. 말을 잘 듣던지 안 듣던지 별로 다를 게 없었죠. 마침내 저는 깨달았어요. 엄마가 정해놓은 프로그램에 따르든 말든 엄마에게 칭찬받을 수 없다는 사실을 알게 된 거죠. 내가 행복해질 수 있는 유일한 방법은 엄마를 기쁘게 해주려는 노력을 중단하는 것이었어요. 그 후 제 삶과 건강에는 봄날이 찾아왔어요.

엄마에 대한 기본적인 예의는 갖추어라 어떤 엄마든 오로지 하나뿐인 엄마인 건 부정할 수 없다. 한 환자의 고백이다.

우리 엄마는 저를 미워했어요. 한 번도 사랑을 보여준 적이 없었죠. 엄마는 항상 나 때문에 직장을 포기해야 했다고 원망하셨어요. 그동안 혼자 힘으로 많은 일을 헤쳐 나와 어른이 된 지금 저는 결국 엄마에 대해 신경을 끊기로 했어요. 엄마의 자궁을 빌어서 이 세상에 태어났을 뿐 저는 엄마의 사랑이란 걸 모르고 자랐어요. 지금은 성공적인 행복한 삶을 살고 있는 저는 더 이상 엄마 때문에 에너지를 낭비하지 않기로 했어요. 저는 요즘 엄마를 만나는 횟수도 최소한 줄여서 엄마가 제 삶에서 차지하는 비중을 줄였어요. 그렇지 않으면 엄마에게 휘둘려서 제 삶은 엉망이 되고 건강도 해치게 될 거예요.

엄마에게 관심을 갖는 만큼 자신에게도 관심을 가져라 지나치게 까다롭고 지배적인 엄마를 둔 여성은 다른 사람 때문에 자신의 삶을 희생하는 유형이 되기 쉽다. 자신의 가치를 인정받지 못하고 살아왔기 때문에 남은 생애도 자신의 가치를 증명하기 위해 남에게 희생하는 삶을 살 가능성이 많다. 이런 자세는 자신의 가치를 인식하고 인정할 때만 중단될 수 있다.

유산을 대물림하지 말라 항상 불만이 많고 까다로운 엄마 밑에서 자란 여성들은 조상 어머니들에게서 대물림된 그 유산을 물려받는 딸을 두게 될 가능성이 많다. 만일 이런 자세를 고치지 않는다면 엄마를 닮은 나르시시스트 딸을 키우게 될 것이다.

헬가라는 환자의 엄마는 남편에게 빠져 아이들을 거의 돌보지 않았다. 헬가는 어른이 된 후 각종 자가 면역 질환으로 고통받았다. 그녀에게는 아홉 살 된 잉그리드란 딸이 있었는데 헬가는 자기가 어려서 누리지 못한 모든 것들을 딸에게 아낌없이 베풀어주었다. 그러나 잉그리드는 요구 조건이 너무 많았고, 엄마에게 함부로 대했으며, 친구가 거의 없었다. 잉그리드는 외할머니와 비슷한 점이 많았다. 헬가는 자기가 변하지 않으면 상황이 더 나빠지리라는 사실을 깨달았다. 헬가는 중단했던 학업을 계속하고 싶었으나 잉그리드를 혼자 두는 문제로 고민했다.

해결책은 명백하다. 헬가는 학교에 복귀해야 하며, 잉그리드에게 집안일을 분담시킬 필요가 있다. 또한 딸의 사랑을 잃을까봐 두려워하는 마음도 극복해야 한다. 딸을 올바른 길로 인도하고 필요한 훈련을 시킨다고 딸의 사랑을 잃는 법은 없다. 그렇지 않으면 딸이 오히려 당신을 존중하지 않을 것이다. 결과적으로 당신은 자신에 대한 존경심을 잃게 될 것이다.

당신의 시간과 에너지를 자기중심적인 엄마나 딸에게 낭비하는 삶에서 탈피하기 위해서는 자신은 물론 자신의 시간과 에너지를 소중히 여기는 법을 배워야 한다. 그래야만 이 승산 없는 게임을 단호하게 중단할 수 있다.

죄의식을 떨쳐라 지나치게 동정심이 많은 사람들은 죄의식에 빠지기 쉽다. 이런 사람들은 이기적이거나 무관심하다고 비난받는 것을 두려워한다. 만일 엄마나 딸에 대한 지원을 중단하면 그들에게 비난받을까봐 걱정스러운 것이다. 물론 일시적으로 비난받을 수도 있지만 진실은 언젠가는 승리한다는 것을 믿어라. 당신은 그들의 비난은 물론 무엇이든 극복할 수 있는 충분한 힘을 지녔다는 사실을 깨달아야 한다.

8
입과 장으로 경험하는 지혜
-자기 보살핌의 근원-

아이의 세상에 대한 믿음은 어떻게 먹이고 기르는지에 따라 결정된다. 배고플 때 배불리 먹고 충분히 사랑받으며 자란 아이는 자기가 원하는 것은 무엇이든 얻을 수 있다는 긍정적인 믿음을 키우게 된다. 이런 믿음은 아이에게 안정감과 평온함을 강화시켜주는 가장 중요한 요소다. 이런 감정은 면역계의 기능에 큰 영향을 미친다.

입을 통해 세상과 만나다

아이가 가장 최초로 그리고 가장 크게 만족감을 느끼는 방법은 빠는 행위다. 빠는 행위는 아기가 세상과 만나는 최초의 방법이다. 아기들이 무엇이든 입으로 가져가는 것도 이 때문이다. 아기는 엄마 자궁 안에 있을 때부터 엄지손가락을 빤다는 사실이 조사를 통해서 밝혀졌다.

음식은 육체적 생존에 필요할 뿐 아니라 정신적 평온을 안겨주는 강력한 자원이다. 빨고 싶은 욕구와 입을 통해 얻는 즐거움은 인간의 본능적인 욕망으로 어른이 되어서도 사라지지 않고 지속된다. 치과 의사였던 우리 아버지는 늘 말씀하셨다. "입을 보면 그 사람을 가장 잘 알 수 있단다."

아이의 빨고 싶은 본능은 제공되는 음식의 질과 양에 따라 충족되는 정도가 다르다. 그러나 더욱 중요한 것은 '어떻게' 제공되는가 하는 것이다. 엄마가 사랑스러운 눈으로 아기를 바라보며 젖을 먹이면 아기의 뇌와 몸의 각 기관 - 위, 대장, 심장 등 - 사이에는 건전한 연결 고리가 형성된다. 그 결과 아기는 자신과 자신의 신체적 욕구에 대해 긍정적인 믿음을 갖게 된다. 이 시기에는 육체적 영양 공급이 곧 감정적 영양 공급으로 두 가지가 동시에 이루어진다.

그러나 엄마와 떨어져 있는 시간이 많거나 보살펴주는 사람이 무성의할 경우 아기의 뇌와 몸의 연결 고리는 손상을 입게 된다. 만일 당신이 고양이를 길러봤다면 엄마와 일찍 떨어진 새끼 고양이는 닥치는 대로 물건을 물어뜯는다는 사실을 알 것이다. 그들은 스웨터든, 옷이든, 플라스틱이든 집 안에 있는 물건들은 무엇이든 삼키거나 물어뜯는다. 심지어 자기 털을 물어뜯어 군데군데 살점이 드러나기도 한다.[1] 모든 포유류는 빨고 싶은 본능이 있다. 내 이복동생은 최근 조기 출산으로 어미와 떨어져야 했던 망아지를 돌본 적이 있다. 이 작고 아름다운 망아지는 빨고 싶은 본능을 충족하기 위해 자갈을 씹기까지 했다. 이와 같이 아이들도 어려서 빨고 싶은 본능을 충분히 충족시키지 못했을 경우 다른 행위를 통해 그 욕구를 충족시키려고 한다. 고양이가 털실을 물어뜯는 것에 비유할 수 있는 인간의 행위는 담배나 파이프나 시가 등을 빨거나, 손톱을 물어뜯거나, 엄지손가락을 빨거나, 지나치게 많이 먹거나, 약물이나 알코올 중독에 빠지거나, 섹스에 탐닉하는 것 등 다양하다. 흥미로운 사실은 인간의 이런 욕구 불만을 치료하는 방법이 고양이에게도 효과적이라는 것이다. 뇌의 세로토닌 수치를 증가시켜 기분을 고양시키는 약물 처방이 인간과 고양이에게 동일한 효과를 나타냈다. 또한 고양이에게 씹을 수 있는 딱딱한 음식을 주는 것이 효과적인 것처럼 인간에게도 다양한 형태의 자연식품을 씹어 먹게 하는 방법이 빨고 싶은 본능을 충족시키는 데 도움이 되었다.

| 모니카의 사진 |

엄마가 아이에게 젖을 먹이거나 보살피는 방법은 아이의 뇌와 각 기관, 신체 근육에 일정한 행동 유형을 입력시킨다. 나는 의과대학 시절 교과서에 실렸던 일련의 사진들을 생생하게 기억한다. 모니카라는 아기는 선천성 기형으로 튜브를 통해 음식을 먹어야만 했다. 첫 번째 사진은 모니카의 엄마가 아기에게 튜브로 우유를 먹이는 광경이었다. 다음 사진은 성장한 모니카가 엄마가 되어 자기 아기에게 우유를 먹이는 모습이었다. 그녀는 아기를 몸에서 멀리 떨어뜨린 채 우유를 먹였다. 마치 튜브를 통해 우유를 먹던 자기 모습처럼 아기를 멀찌감치 안고 우유를 먹이는 것이었다. 사진 밑에는 모니카가 우유를 먹일 때 결코 아기를 가까이 안지 않는다는 설명이 적혀 있었다. 아기를 정상적인 자세로 안고 우유를 먹이는 그녀의 남편이나 다른 사람들의 사진과는 대조되는 모습이었다.

엄마 역할을 편하게 하자

내가 병원 일로 시간을 내기 힘든 가운데서도 우리 딸들에게 두 살 때까지 젖을 먹인 이유는 오직 엄마인 나만이 해줄 수 있는 일이었기 때문이다. 다른 사람들은 아기를 위해 다른 일은 할 수 있지만 젖을 먹일 수는 없다. 나는 또한 턱 발달에 도움이 되도록 만들어진 누크 상표의 공갈젖꼭지를 아이들에게 빨게 했다. 두 아이 모두 세 살 무렵이 되자 더 이상 공갈젖꼭지를 빨지 않았으며 엄지손가락을 빠는 버릇도 없었다. 만일 아이들이 엄지손가락을 빨았다고 해도 나는 별로 개의치 않았을 것이다. 그러나 우리 아이들은 충분한 기간 동안 젖을 빨았으므로 턱과 입의 발달에 나쁜 영향을 미치는 엄지손가락 빨기에 집착할 이유가 없었다. 나는 또한 두유와 염소 젖, 물로 희석시킨 주스를 아이들이 원하면 언제든지 마실 수 있게 했다. 우리 집에서 언제 우유병이 사라졌는지는 정확히 기억할 수 없지만, 분명한 사실은 아이들이 언제 우유병을 떼야 한다는 원칙을 정하지 않았다는 것이다.

나는 이런 철학을 가지고 있었다. 어린아이들은 무엇이든 충분히 빨아야 한다. 아이들은 빠는 행위를 통해 영양과 사랑을 동시에 섭취하도록 설계되었다. 만일 어린 시절에 빨고 싶은 본능과 사랑이 충족되지 못할 경우, 어른이 되어서 담배나 알코올, 음식, 섹스 등을 통해 빨고 싶은 본능을 해소하려고 든다. 따라서 어린 시절 아이가 우유병이나 공갈젖꼭지, 혹은 엄마 젖을 통해서 빨고 싶은 본능을 충분히 충족하는 것이 나중에 건강에 해로운 행위에 집착할 가능성을 줄일 수 있다.

나는 단지 엄지손가락을 빨거나 담요에 집착하는 행위가 마치 아이들을 망치기라도 하듯 전전긍긍하는 2차 대전 세대들을 볼 때마다 이해가 가지 않는다. 아이를 키우는 한 친구가 자기 부모님에게 받는 육아에 대한 스트레스를 다음과 같은 이메일로 하소연해왔다.

우리 부모님은 요즘 내게 우리 아이가 담요에 집착하는 것에 대해 잔소리를 해대. 아이에게 해로운 일이니까 당장 담요를 빼앗아야 한다는 거야. 하지만 내 생각은 달라. 때가 되면 저절로 포기하겠지. 그리고 담요 이외에는 다른 나쁜 버릇이 없으니까 그만하면 잘 자라는 거잖아. 나는 부모님에게 우리 아이는 내 방식대로 키우고 싶다고 설득하는 중이야. 물론 임산부가 장대높이뛰기를 하는 것처럼 내 부모 노릇은 어설프기만 해. 그러나 담요에 집착하면 악몽을 꾼다는 말은 틀린 것 같아. 우리 딸이 악몽을 꾼 것은 세 번에 불과하고, 우리 아들은 한 번도 악몽에 시달린 적이 없거든.

나도 이 친구의 생각에 동감이다. 아이가 편안함을 느끼고 엄마나 아이에게 해가 되지 않는다면 무엇이든 누릴 가치가 있다. 우리 딸들은 아빠가 당직이거나 집을 비울 때면 가끔씩 내 방에 와서 자곤 했다. 사실 우리 남편은 일단 잠이 들면 옆에서 천둥·벼락이 쳐도 몰랐으므로 아이들이 함께 잔다고 전혀 방해될 게 없었다. 아이들이 혼자 걸을 만큼 컸을 때는 내 방 침대 밑에 이불을 깔아놓고 언제든지 와서 잘 수 있게 해주었다. 우리 딸들은 천둥이 치는 밤이나 엄마와 함께 자고 싶은 밤이면 언제라도 엄마 곁으로 올 수 있었다. 그러나 아이들은 자라면서 점점 내 방을 찾지 않게 되었고, 나는 요즘 그 시절이 그립다.

아이들이 정서적으로 안정되고 두려움을 갖지 않으려면 오랜 시간에 걸쳐 내공을 키울 기회를 가져야 한다. 때가 되기도 전에 우유병이나 담요를 억지로 빼앗긴 아이들은 이런 힘을 키울 기회를 잃게 된다.

물론 2차대전 세대인 할머니들은 자신의 어린 시절을 그대로 손자들에게 적용하려는 경향이 많다. 내 뉴스레터 독자인 일흔다섯 살의 한 여성은 친정 엄마가 젖을 떼기 위해 사용했던 놀라운 방법을 들려주었다. 그녀의 글은 우리의 감정과 빨고 싶은 본능과 건강 사이의 연결 고리를 설명해주는 좋은 본보기였다.

우리 엄마는 가끔 내게 젖을 떼기 위해 어떤 방법을 사용했는지에 대해 대수롭지 않게 이야기하곤 하셨어요. 그 얘기를 친구들에게 들려줄 때마다 친구들은 눈을 동그랗게 뜨고 놀라워하곤 했어요. 이런 고통스러운 기억은 내가 어른이 되었을 때 어떤 식으로든 내 행동에 영향을 미쳤을 거라고 생각해요.

우리 엄마는 내가 네 살이 될 때까지 젖을 먹이셨어요. 그런데 제가 너무 커지자 무릎에 앉히고 젖을 먹이기가 힘들어져서 그만 젖을 떼기로 하셨어요. 그러나 엄마가 컵으로 우유를 마시는 법을 가르쳐줄 때마다 나는 완강하게 거부하며 젖을 달라고 떼를 썼어요. 엄마는 할 수 없이 젖꼭지에 난로의 그을음을 발라놓으셨어요. 당시는 나무를 때는 난로를 사용했기 때문에 그을음이 많이 생겼죠. 끈적거리고 냄새가 나는 까만 가슴을 본 순간 나는 울음을 터뜨렸대요. 엄마 말에 따르면 저는 컵에 담긴 우유를 먹기 전까지 사흘 밤낮을 아무것도 먹지 않고 울기만 했다는 거예요.

이 이야기는 저희 집안에서 전설이 되어버렸어요. 당시 저는 너무 어려서 기억이 나지 않고 엄마를 원망하고 싶지도 않아요. 아마 제가 유난히 까다롭고 혈기 왕성한 아기였던 탓이겠죠. 그러나 열여덟 살이 되자 제 가슴은 낭종과 유선염으로 가득 차서 크고 딱딱하게 부풀어 올랐고 만지면 아팠어요. 당시는 사오십년대로 브래지어의 사이즈가 다양하지 않아서 저는 작은 브래지어를 크게 수선해서 사용해

야만 했어요. 저는 의사들에게 제 문제를 얘기할 때마다 너무 부끄러
웠고 누구에게도 가슴을 만지는 걸 허용하지 않았어요. 결혼을 하게
되자 저는 남편에게 이 문제를 고백했고 세상에서 가장 착한 제 남편
은 고맙게도 저를 이해해줬어요.

결혼한 지 3년이 지나자 첫 아이가 태어났어요. 의사는 제 젖꼭지
가 함몰되어서 젖을 먹이면 감염될 위험이 크다고 경고했어요. 저는
가슴을 아기에게 허락하지 않아도 될 합법적인 이유를 갖게 되어 속
으로 쾌재를 불렀어요. 저는 모두 다섯 아이를 낳았고, 이사가 잦았
던 탓에 매번 의사가 바뀌었어요. 그들 중에서 제게 젖을 먹이라고
권한 의사는 한 사람도 없었어요. 그러나 저는 뒤늦게 깨닫게 되었어
요. 우리 아이들은 물론 저도 중요한 것을 잃었던 거예요. '가슴 공포
증'을 심어준 엄마를 원망하지는 않지만 그것이 현명한 처사는 아니
었다고 생각해요. 다행스럽게도 첫 아이를 낳은 후 제 유선염은 사라
졌고, 저는 다시 정상적인 사이즈의 브래지어를 착용하게 되었어요.
그러나 제 젖꼭지는 여전히 함몰된 채로 남았답니다.

이 경우는 독자의 어린 시절의 유산이 의사의 잘못으로 더욱 악화된 사
례다. 사실 함몰된 젖꼭지는 임신 후반기 몇 달 동안 젖꼭지 보호대가
부착된 브래지어를 착용하면 쉽게 회복된다. 젖을 먹이는 것도 함몰된
젖꼭지를 회복하는 좋은 방법이다.

아기 먹이기의 이상과 현실

오늘날 인간 생존의 가장 근본적인 요소인 음식이 가장 큰 염려의 대상

이 되었다는 사실은 매우 슬픈 일이다. 물론 그만큼 중요하기 때문에 더 많이 염려할 것이다. 만일 먹을 것이 충분하지 않다는 불안감을 느낀다면 어느 누군들 치열한 생존 투쟁에 돌입하지 않겠는가. 환자들을 치료하는 동안 내가 가장 많이 받은 질문은 아기에게 어떻게 먹이는지에 대한 것이었다. 건강에 관심이 많은 엄마들은 아기들이 새로운 것을 잘 받아들이지 않는 두 살 무렵부터 이 문제에 대해 신경을 곤두세운다. 엄마들은 책꽂이가 넘치도록 관련 서적을 사서 공부하지만 이론과 아이들이 실제로 원하는 것은 다르다는 현실에 부딪치게 된다.

그러나 아기에게 먹이는 문제를 지나치도록 복잡하게 생각하지 말라. 가능하면 1년 동안 젖을 먹이고 적어도 4~6개월 안에는 이유식을 피하면 된다. 아기의 소화 기관이 충분히 발달되지 않은 상태에서 이유식은 음식물 알레르기를 일으키는 원인이 되기 쉽다. 이것은 나중에 각종 알레르기나 귀 감염의 가능성을 증가시킨다. 연구 결과에 따르면, 생후 3개월 이전에 시리얼 같은 곡물을 먹은 아이는 제1형 당뇨병(소아형 당뇨병)에 걸릴 확률이 커진다. 또한 생후 1년 이전에 생우유를 먹은 아이도 각종 알레르기 질환에 걸릴 가능성이 큰 것으로 밝혀졌다.[2]

이유식을 시작할 때는 유기농으로 재배된 자연식품을 먹여야 한다.

|아기가 음식물과 건전한 관계를 시작하게 하는 법|
- 아기에게 원하는 시간에 원하는 방법으로 빨고 싶은 욕구를 충족시킬 수 있는 충분한 기회를 주라. 생후 1년 이전에는 성급하게 젖을 떼지 않는 것이 좋다.
- 최소한 4~6개월까지는 이유식을 하지 않고 젖만 먹이는 것으로

충분하다.

- 아기가 울 때마다 젖을 주지 말고 가끔은 그냥 따뜻하게 안아주라. 아기가 울 때마다 젖을 주게 되면 배가 고프지 않아도 감정적 욕구를 달래기 위해 음식을 먹는 버릇을 키우게 된다.
- 아이가 자유로운 움직임을 통해 에너지와 칼로리를 소모하게 만들어라. 지나치게 조이는 옷이나 유모차, 흔들의자 등은 아기의 움직임을 방해한다. 3개월 이후에는 아기를 담요로 쌀 필요가 없다. 아기가 자라면 무리하지 않게 기어 다니거나 앉는 훈련을 시키는 것이 좋다.
- 아기를 자주 안아주고 스킨십을 많이 하라. 아기가 원하면 함께 데리고 자라.
- 엄마의 건강한 식생활과 자기 보살핌은 아이에게 본보기가 된다는 것을 잊지 말라.
- 아기가 엄마의 말을 알아듣는다고 생각하라. 아기는 언어 뒤에 감춰진 감정을 느끼는 능력이 뛰어나다.

자연식품을 먹이자

우리 부모님은 시대를 앞서 가는 분들이셨다. 따라서 그 옛날에도 우리는 저명한 영양학자인 아델 데이비스의 식단에 따른 자연식품을 먹고 자랐다. 우리 엄마는 집에서 손수 요구르트나 통밀 빵을 만들어주셨으며 오렌지주스도 비타민C가 풍부하도록 생 오렌지를 갈아 만드셨다. 이런 엄마를 본받아 나도 우리 아이들에게 현미와 채소, 두부, 된장, 생선 등의 자연식품을 먹였다. 우리 딸들이 아기였을 때 나는 음식 분쇄기를 사서 남편과 내가 먹는 음식은 무엇이든 갈아서 아이들에게 주었다. 나는 결코 조리된 식품을 사서 먹인 적이 없었다.

나는 아이들이 4~6살 때까지 채식주의자들처럼 건강식품을 위주로 식사를 준비했다. 우리는 우유나 치즈를 먹지 않고 두유를 마셨다. 그리고 아이들에게 매일 복합 비타민제를 먹였다. 엄마들이 아무리 노력해도 아이들에게 필요한 모든 영양소를 공급할 수는 없다. 특히 하루에 크래커 몇 개밖에 먹지 않는 아이들에게 비타민이나 무기질 보충제를 먹이면 엄마들의 걱정을 덜 수 있다. 덕분에 우리 아이들은 병에 걸린 적이 거의 없었다.

그러나 지금 생각해보면 우리 아이들은 너무 많은 곡물과 빵을 먹고 자랐던 것 같다. 아이들이 십대 초반이 되자 우리 가족 식단에는 동물성 단백질 비중이 커졌지만 그래도 과일과 채소는 늘 풍부하게 섭취했다. 일부 특정 체질의 사람들에게는 과도한 곡물 섭취가 인슐린 저항을 일으켜 당뇨의 원인이 된다는 연구 결과가 발표된 적이 있다. 곡물 위주의 식단에 따르던 나도 30대 후반이 되자 체중이 늘기 시작했다. 이 문제에 대해서는 13장에서 다시 다루기로 한다.

아이에게 자연식품을 먹이는 건 좋지만 지나치게 강제성을 띠지는 말아야 한다. 나는 여기서 자기 보살핌의 중요성을 강조하고 싶다. 아이들은 스스로 음식을 조절하는 능력을 배워야 한다. 어느 날 나는 길가 노점상에 진열된 사탕을 집으려는 아이와 그것을 말리려는 엄마가 한바탕 몸싸움을 벌이는 광경을 목격했다. 아이는 울긋불긋 포장된 사탕과 풍선껌, 단것들을 갖겠다고 떼를 썼다. 아이들은 모두 이런 것들을 좋아한다. 문제는 어디까지 허락하느냐인데 그 한계를 정하는 것은 엄마에게 달렸다. 나는 최근 한 어린아이가 설탕과 화학 물질로 만들어진, 500그램이나 되는 슬러피(청량음료의 일종)를 마시는 것을 보았다. 내가 엄마였다면 절대 허락하지 않았을 것이다. 그러나 가끔씩 먹는 프렌치프라이나 닭튀김은 그렇게 해롭지는 않다. 만일 아이들이 또래 문화인 패스트푸드를 전혀 맛보지 못한다면 그들의 몸은 그런 음식을 해독시키는 능력을 갖추지 못할 것이다. 따라서 나중에 그런 음식을 먹었을 때 문제를 일으킬 확률이 커진다.

나는 아이들에게 자연식품만 먹이는 엄마였지만, 우리 아이들은 친구 생일파티에 가서 제공되는 음식들을 자유롭게 먹곤 했다. 처음에는 파티에서 돌아온 후 아이들이 열이 나고 콧물을 흘리기도 했다. 물론 나도 우리 막내딸이 맥도날드에서 열리는 친구 생일파티에 가서 햄버거를 먹었다는 소리를 들었을 때 화를 내며 딸을 울린 적도 있다. 그러나 곧 세상과 담을 쌓고 살게 할 수는 없다는 사실을 깨달았다. 나는 아이에게 사과하고 다시는 그러지 않았다. 내가 음식물 검열관 역할을 하면 할수록 아이들은 점점 음식을 가리게 될 것임을 알았기 때문이다.

나는 아이들에게 저녁마다 건강식품을 먹이고 도시락도 건강에 좋은 음식(아이들은 가끔 친구들의 정크푸드와 바꿔 먹었지만)을 싸주었기 때문에 점차 음식에 대해서 너그러운 자세를 갖게 되었다. 패스트푸드에 대해서도 일종의 양념처럼 여기게 되었다. 주말에 가족이 외식을 나갈 때면 우리 아이들은 닭튀김을 먹곤 했다. 그러나 나는 아이들이 점차 자라면서 저녁 식탁에서 먹던 건강하고 맛있는 음식을 그리워하게 될 거라는 믿음이 있었다. 이 생각은 정확히 들어맞았다. 요즘 우리 딸들은 채식주의자 레스토랑에 가서 어려서 먹던 현미와 채소, 된장국을 즐겨 먹곤 한다. 믿거나 말거나 나는 인간의 몸은 건전한 식품을 좋아하도록 만들어졌다고 생각한다. 우리가 나이를 먹으면서 건강식품을 찾게 되는 것도 이 때문이다.

앞서 간 많은 엄마들과 마찬가지로 당신도 음식에 대해 균형 잡힌 시각을 갖추도록 노력해야 한다. 이것은 매우 중요한 문제다. 그러나 음식은 그 자체만으로 아이의 건강을 좌우하지는 않는다. 음식이 얼마나 잘 소화되고 흡수되는지는 누가 요리했으며, 어떤 방법으로 제공되고, 어떤 감정과 사고방식이 깔린 환경에서 먹느냐에 달려 있다. 다시 말하면 음식의 질보다 얼마나 화목한 분위기에서 먹느냐가 더 중요하다는 말이다. 많은 엄마들이 자기가 통제할 수 없는 감정이나 환경에 대한 보상으로 음식(그들이 통제할 수 있는)에 집착하는 경향이 있다. 결론적으로 말해서 사랑이 넘치는 화목한 분위기에서 깡통에 든 스파게티와 미트볼을 먹고 자란 아이가 알코올 중독에 걸린 부모 밑에서 100 퍼센트 유기농 채소나 두부를 먹고 자란 아이보다 훨씬 건강하다!

컴포트 푸드

컴포트 푸드comfort food란 우리가 외롭거나 공허할 때 먹고 싶은 음식을 말한다. 어린 시절의 추억을 떠올리게 만드는 마카로니나 치즈, 으깬 감자 등이다. 건강에 나쁘다는 이유로 이런 음식들을 먹지 못하게 할 경우, 사람들은 정서적으로 불안감을 느끼게 된다. 최근 한 친구가 콩에 탄수화물이 너무 많이 들어 있어 먹기가 겁난다는 말을 한 적이 있다. 그러나 불과 며칠 전 나는 그 친구가 한 자리에서 파스타 한 접시와 치즈케이크 한 조각, 바게트 빵 한 조각을 아무 거리낌 없이 먹어치우는 걸 보았다. 함께 동석했던 친구가 왜 과일과 채소는 먹지 않느냐고 묻자, 그녀는 "그런 음식들은 소화가 잘 안 돼."라고 말했다. 만일 당신도 이런 경우라면 엄마와의 유대감이 가장 강했던 두 살 이전에 입력된 잘못된 감정과 사고방식의 결과라는 사실을 알아야 한다.

| 사랑이 담긴 음식 |

여성과 음식 사이의 상관관계는 어린 시절 겪었던 엄마와의 유대감에 뿌리를 둔다. 건강한 식생활에 대한 무수한 연구에도 불구하고 현대 과학이나 의학이 입에 넣는 것에 대한 인간의 집착을 해결하는 데 실패한 이유도 이 때문이다. 흡연에 대한 엄마의 영향력도 좋은 본보기다. 흡연하는 엄마를 둔 아이들은 사춘기에 담배를 피울 확률이 높다는 사실이 연구 결과를 통해 증명되었다.[3] 최근에 실시한 한 연구에서는 담배를 피우는 엄마의 모유에서 담배의 맛과 냄새가 발견되는 충격적인 결과가 나타나기도 했다. 모유의 냄새는 니코틴의 양에 따라 달랐다. 우리는 니코틴에 노출된 아기의 뇌는 나중에 중독에 걸릴 가능성이 높다는 사실을 안다. 여기에 더해서 자궁 안의 양수나 모유 속에 든 담배 냄새는 아이가 나중에 이런 냄새에 끌릴 가능성을 증가시킨다는 사실도 알게 되었다. 이 말은 담배를 피우는 여성은 모유 수유를 중단해야 한다는 뜻이 아니다. 흡연이 모유의 맛과 냄새에 영향을 미친다는 사실은 담배를 끊어야 하는 우선적인 이유가 될 수 있다.[4]

🌰 마리아의 경우―평생 비만, 중독과 싸우다

마리아의 외할머니는 정신분열증을 앓았다. 그녀는 여러 번 결혼했으나 결혼 생활이 오래 지속된 적은 없었다. 이런 불안정한 환경과 타고난 성격 탓에 마리아의 엄마 소피아는 음식이나 요리와는 담을 쌓고 살았다. 마리아의 말을 빌면 그녀의 엄마는 요리엔 문외한으로, 가족들은 주로 통조림이나 포장해온 음식으로 끼니를 때우곤 했다. 형편이 가난하지는 않았지만 어떤 날은 다섯 식구의 저녁 메뉴가 달랑 옥수수 통조림 하나일 때도 있었다. 가족이 함께 즐긴 유일한 요리는 일요일마다 가끔 집에서 만든 소스를 얹어 먹는 파스타였다. 소피아가 할 줄 아는 음식은 오로지 이것뿐이었다. 소피아는 엄마가 입원한 요양 시설을 오가며 많은 시간을 보내야 했기 때문에 부엌에서 요리를 배울 기회가 거의 없었다.

소피아와 그녀의 딸 마리아는 집에서 만든 사랑이 담긴 요리를 먹는 즐거움과 기쁨을 모른 채 성장했기 때문에 둘 다 음식과 감정의 영양 부족이라는 함정을 가슴에 품게 되었다. 구강기에 충분한 사랑과 보살핌을 받지 못했던 마리아는 그 대용품으로 음식이나 알코올, 흡연에 빠져들었다. 사춘기가 지나면서 그녀의 몸무게는 크게 늘었으며 다이어트를 통해 10킬로그램 정도를 빼기도 했으나 곧 다시 되돌아갔다. 그녀는 담배를 피우고 술도 많이 마셨다.

화장품 회사의 매니저였던 마리아는 성실하고 유능한 직원이었다. 그녀는 낮에는 거의 먹지 않았으나 퇴근해서 집에 돌아오면 빨고 싶은 욕구를 떨쳐버리지 못했다. 그녀는 긴장을 풀기 위해 맥주 한두 병을 마신 다음 주로 빵과 파스타로 저녁 식사를 했다. 이처럼 탄수화물이 풍부한 식품은 뇌의 세로토닌 수치를 높여 기분을 상승시키는 효과가 있다. 따라서 이들은 대표적인 컴포트 푸드라고 할 수 있다. 재미있는 사실은 이런 음식들을 항상 그녀의 파트너가 만들었다는 것이다. 그녀의 파트너는 마리아를 대신해서 장을 보고, 요리를 하고, 집안을 청소하는 주부 역할을 맡았다.

그러나 직장에서 구조조정이라는 회오리바람에 한바탕 시달린 후부터 마리아는 위궤양과 가슴 통증에 시달리게 되었다. 의사는 그녀에게 이 증상을 치료하려면 흡연과 음주를 중단하고 규칙적인 식사를 해야 한다고 경고했다. 그녀는 일 년 이상 담배를 끊고 술도 주말에만 마셨지만 체중은 오히려 늘어나기만 했다. 그나마 위궤양 덕분에 그녀는 식이요법을 실시하게 되었다.

그러나 마리아의 건강과 체중은 엄마인 소피아가 유방암이라는 진단을 받기 전까지는 전혀 호전되지 않았다. 엄마를 잃거나 자기도 병에 걸릴지 모른다는 두려움에 사로잡힌 마리아는 정신 치료를 받기 시작했고, '무명과식자협회(Overeaters Anoymous)' 회원으로 등록했다. 이곳에서 그녀는 건강한 식생활을 몸에 익혔다.

얼마 전 마리아를 만났을 때 그녀는 체중도 많이 줄었고 한결 건강해보였다. 그녀는 이렇게 말했다.

저는 마침내 파스타나 빵, 다른 탄수화물에 대한 내 탐닉증이 충분한 사랑과 보살핌을 베풀어주는 엄마에 대한 욕구의 발산이라는 사실을 깨닫게 되었어요. 또 엄마가 갖지 못한 것을 저에게 줄 수 없다는 사실도 알게 되었죠. 따라서 제 탐닉증이 대대로 대물림된 거라는 사실을 인식했죠. 그 사실을 깨닫게 되자 저를 학대하던 행동을 멈출 수 있었어요.

내 탐닉증이 말하고 싶었던 메시지에 귀를 기울이고 내가 진정으로 원하는 것이 무엇인지를 인식하게 되자 저는 밤마다 집에 돌아오면 불안함과 공허감을 느낀다는 사실을 발견했죠. 저는 밤마다 음식과 술로 이 공허감을 채우려고 한 거였어요. 저는 치료받는 대신 이 공허감을 있는 그대로 받아들이기로 했어요. 처음에는 쉽지 않았지만 시간이 흐르면서 조금씩 공허감이 사라지기 시작했죠. 이와 더불어 저는 뇌의 균형을 유지하기 위해 건강한 식생활을 실천했어요.

요즘도 가끔씩 가슴 한 구석에 공허감이 느껴질 때도 있어요. 그러나 이제 그 공허감을 기름진 파스타로 채우려고 하지 않아요. 그냥 남편에게 안아달라거나 등을 긁어달라거나 산책을 나가는 것으로 충분해요. 오히려 이 공허감을 저를 채찍질하는 에너지로 바꾸는 법을 배우게 되었어요. 제가 내면에 귀를 기울이고 저를 보살필 때마다 공허감은 저절로 사라져요. 저는 요즘 제 자신이 저를 돌보는 엄마가 된 느낌이에요. 제 심장과 위를 마치 엄마처럼 잘 보살피고 있거든요.

마리아의 이야기는 마음의 빈 자리를 컴포트 푸드나 물질 중독으로 채우려는 악순환을 잘 설명해준다. 이런 응급 처치는 우리 기분을 일시적으로 좋게 만들 수는 있다. 그러나 주된 원인을 무시하고 이런 것들에 익숙해지면 시간이 흐르면서 우리는 점점 더 깊은 수렁으로 빠지게 된다. 우리가 진정 탐닉해야 하는 것은 이런 물질이 아니라 내면에서 비롯되는 자부심과 자기 존중, 자기 보살핌이다.

충족되지 않은 빨고 싶은 본능

마리아의 이야기는 본인에게는 특별하겠지만 우리 사회에서 흔히 찾아볼 수 있는 사례다. 내가 다이어트에 대한 질문을 많이 받는 이유도 어린 시절 보살핌에 굶주린 사람들이 많기 때문일 것이다. 이제까지 내가 주장했던 수많은 식이요법이 여러 연구 결과를 통해 과학적으로 입증되었음에도 사람들은 지나치게 강박적인 반응을 보이는 경우도 있었다. 나는 유제품이 알레르기를 일으킬 수 있다거나 일부 사람들은 다른 사람들보다 더 많은 단백질이 필요하다는 이론을 주장한 적이 있다. 여기에 대해 한 여성이 이런 편지를 보냈다. "저는 유제품이 누구에게나 해롭다는 사실을 믿을 수가 없어요. 어디에서 그런 정보를 얻으신 거죠? 만일 우유가 문제를 일으킨다면 유제품심의회에서 왜 입을 다물고 있겠어요?" 또 다른 여성은 사람에 따라서는 적절하게 고기를 섭취하는 것이 건강에 좋을 수도 있다는 내 권유가 잘못된 것이라고 반박했다. 그리고 아직도 콩 제품이 암에서 조기 출산까지 여러 증상의 원인이 된다고 믿는 사람들도 있다.

특정한 음식에 대한 지나친 편견이나 잘못된 정보도 문제지만 그 정보들이 전달되는 수치스러운 방법들도 또 다른 문제점을 유발하는 원인이 된다. 많은 여성들이 자기가 좋아하는 음식을 먹는 것에 수치심을 느끼는 것이다. 여자 아이들은 6~7살 때부터 이미 먹어도 좋은 것과 먹지 말아야 할 것에 대한 잘못된 정보를 전달받는다. 나는 여자 아이를 입양했던 한 여성의 집을 방문한 적이 있다. 많은 남성들과 마찬가지로 그 남편도 아내의 식욕과 체중에 대해 끊임없이 잔소리를 해대는 사람이었다. 그는 아내가 뚱뚱해지는 것을 결코 원치 않았다. 따라서 많은 여성들처럼 그 여성도 남편 몰래 초콜릿을 감춰두고 먹곤 했다. 이들 부부는 두 살짜리 딸을 입양한 후 아기가 무엇이든 잘 먹는 것을 보고 "무식하게 먹는다!"며 놀려대고 있었다.

많은 엄마와 아빠들이 딸이 음식을 먹는 것을 보면 "또 먹니?"라고 말한다. 이런 말은 아이에게 수치심을 유발시킴으로써 무언가 먹고 싶을 때마다 나쁜 아이가 된 것 같은 기분을 느끼게 만든다. 디저트 접시를 앞에 놓고 망설이지 않는 여성이 과연 몇 명이나 되겠는가. "이 파이를 먹어도 살이 찌지 않을까?"

우리가 원하는 진정한 건강식품

모든 여성들이 원하는 이상적인 식생활은 육체적·감정적 욕구를 충족시켜 주는 동시에 건강과 몸매를 유지시켜 주는 식단이다. 물론 그 식단을 완벽하게 실천한다는 전제 하에서다. 그러나 문제는 이런 식단은 존재하지 않으며 앞으로도 등장하지 않을 것이라는 점이다. 이런 기준에 가장 근접하는 음식은 건강하고 사랑이 넘치는 엄마가 제공하는 모유다. 그러나 모유조차 아기의 욕구와 엄마의 건강 상태에 따라 매일 질이 달라지게 마련이다.

우리가 바라는 이상적인 엄마는 거의 찾아보기 힘들다. 아기가 언제라도 배불리 먹을 수 있는 건강한 두 가슴이 있고, 무조건적인 사랑과 한없는 보살핌을 베풀어주며, 우리를 험난한 세상으로부터 지켜주는 강력한 능력을 지녔고, 자기 의심이나 자기비판, 자기 비난의 늪에 빠진 우리를 달래줄 수 있는 초능력적인 엄마가 이 세상에 존재하겠는가. 따라서 외부에서 찾으려 하지 말고 자신을 보살피는 법을 배우는 시간이 빠르면 빠를수록 우리는 딸들에게 좋은 역할 모델이 될 수 있을 것이다.

비만은 언제 어떻게 시작되는가

대부분의 엄마들은 두 가지 염려 사이에서 갈등을 겪는다. 아기가 이렇게 안 먹고도 건강하게 자랄까. 이렇게 먹다간 비만이 되는 게 아닐까. 엄마들의 이런 염려는 성인이 되었을 때의 신체 지수나 체중이 어린 시절의 경험에 큰 영향을 받는다는 연구 결과를 보면 충분히 이해되는 일이다. 어린 시절의 비만은 일단 시작되면 만성적이고 치료가 힘든 증상으로 변한다는 사실이 확실히 증명된 셈이다.

하지만 아이들은 몸의 성장과 발전을 위해 여러 종류의 음식을 충분히 섭취해야 한다. 골 밀도나 뇌의 건강 등은 어린 시절의 영양 섭취에 크게 좌우된다. 아이들은 건전한 음식을 섭취하고 음식에 대한 건전한 습관을 몸에 익힘으로써 미래의 문제점을 미리 예방할 수 있어야 한다. 어려서 음식을 조절하는 법을 배우게 되면 평생 동안 체중 걱정은 안 하고 살 것이다.

패스트푸드

1년 이상 모유를 먹었으며 그 후에도 자연식품을 통해 충분한 영양을 섭취한 아이들은 자신의 몸에 필요한 음식물을 선택하는 지혜를 배우게 된다. 하지만 그들도 자라면서 문제점에 봉착한다. 우리가 먹는 식품들이 뇌의 식욕 중추에 악영향을 미치는 쪽으로 변해가기 때문이다. 맛을 돋우기 위해 사용되는 화학조미료는 식욕 중추를 마비시켜 우리의 순수한 포만감을 무시하도록 뇌를 유도한다. 오늘날 판매되는 대부분의 식품들은 '하나만 먹고 끝낼 수 없도록' 만들어졌다. 실험 쥐에게 화학조미료가 든 음식을 먹인 결과, 이전보다 뚱뚱해지는 증상을 보였다. 이밖에도 수많은 연구들이 화학조미료가 비만을 초래한다는 근거를 입증했다.

어린아이에게 화학조미료가 첨가된 감자 칩이나 크래커 또는 당근과 브로콜리를 주었을 때 어느 것에 손이 가겠는가. 또 엄마들은 어떤가? 우리는 뇌와 몸에 해로운 음식을 스스로 선택하고 있는 것이다.

그러나 지식은 이런 문제점을 해결할 힘을 준다. 우리는 아기와 우리 자신의 건강을 유지하기 위해 필요한 지식을 습득하고 적용할 책임이 있다. 따라서 모든 엄마들은 음식에 대해 많은 것을 알 필요가 있다.

비만도 유전이 되는가

이 질문에 대한 대답은 '절대 아니다!' 이다. 많은 여성들이 엄마와 같은 질병 – 비만을 포함해서 – 에 걸리지 않을까 우려하는 건 사실이다. 그러나 비만에 걸리기 쉬운 성향을 물려받을 수는 있지만 결코 유전되지는 않는다. 우리의 유전자는 독자적으로 작용하는 존재가 아니다. 유전자가 작용하도록 결정적인 영향을 끼치는 요소는 유전자 주변의 환경(후생학적 요인들)이다. 그 환경은 우리가 자기 보살핌이나 자기 섭생에 얼마나 여성 에너지의 지혜를 발휘했는지에 따라 좌우된다. 또한 우리가 엄마나 외할머니를 비롯해서 그 이전에 살았던 모든 조상 어머니들로부터 어떤 식습관을 물려받았는지도 중대한 요인으로 작용한다.

나는 '유산' 이란 우리의 에너지와 건강, 그리고 변화를 위한 잠재력에 영향을 미치는 우리 자신의 과거와 가족들의 과거에 대한 방대한 정보라고 정의하고 싶다. 이 정보는 반복되는 행동을 통해 '무의식적으로' 전해지며, 충고라는 형태를 통해 '의식적으로' 전해진다. 예를 들어, 우리가 '밥그릇을 깨끗이 비워야 한다' 는 가르침과 엄마를 기쁘게 해주기 위해서는 음식을 더 달라고 해야 한다는 가르침을 받으며 자랐다면 당연히 살이 찔 가능성이 많아진다. 여기에 좌식 생활습관을 가졌으며 질이 나쁜 칼로리를 많이 섭취한다면 비만을 피할 수 없다.

우리는 우리를 살찌게 만드는 것이 유전자라는 잘못된 믿음을 갖는 대신에 진실을 직시할 필요가 있다. 현재의 체중에 영향을 미치는 것은 유전자가 아니라 엄마로부터 물려받은 음식에 대한 자세와 행동 방식이라는 유산이다. 저명한 사회자인 오프라 윈프리를 보라. 그녀는 음식 조절과 운동을 통해 비만과 당뇨라는 유전적인 요인을 완전히 극복했다. 나 자신도 좋은 본보기다. 만일 내가 먹고 싶은 것을 아무 때나 마음대로 먹고 매일 운동하지 않는다면, 한 달 안에 비만 대열에 진입할 것이다. 우리 딸 중 하나도 마찬가지다. 결론은 간단하다. 몰라서 못하는 게 아니다. 문제는 실천하기가 어렵다는 것이다.

건강한 신체는 자궁에서부터 시작된다

아이들은 어른이 되기 전에 체중이 증가하기 쉬운 세 번의 중대한 고비를 거친다. 태아기와 두 살 무렵, 그리고 사춘기다.

태아기의 체중

자궁은 아기가 음식과 체중과의 기초 공사를 시작하는 곳이다. 자궁의 환경은 태아의 각 기관에 생성되는 지방 세포, 뇌의 포만 중추신경, 내분비계의 기능에 지대한 영향을 미친다. 태아의 발육 부진이나 발육 과다에는 이 모든 요소들이 복합적으로 작용한다.

출산 시에 체중이 2.5킬로그램 이하였던 아기는 정상 체중인 아기보다 작은 체구로 자랄 가능성이 많다. 그러나 장기간에 걸친 방대한 연구 결과를 통해 증명된 사실은 자궁 안에서 성장이 부진했던 아기는 성인이 되어 소아형 당뇨병과 심장 질환에 걸릴 확률이 크다는 것이다. 그 이유는 성장이 억제되었던 아기가 갑자기 많이 먹게 되면 살이 찔 가능성이 많기 때문이다. 이런 태아들은 자궁 안에서부터 기초 신진 대사율이 낮다.

엄마의 흡연도 태아의 성장을 억제한다. 임신 중의 지나친 체중 증가도 마찬가지다. 여러 연구들은 지나치게 마른 아기는 나중에 젊은 나이에 포도당 내성이나 당뇨병에 걸릴 확률이 증가한다는 사실을 입증한다. 그리고 두 살 이후에 체질량 지수가 지나치게 높은 아이들도 이들과 같은 증상을 보인 것으로 나타났다.[5]

이에 반해서 출산 시 체중이 4킬로그램 이상인 아이들은 평생 비만에 노출될 확률이 크다. 임신 중에 지나치게 체중이 늘거나 당뇨병 증상을 보인 엄마들은 과다 체중인 아기를 낳을 가능성이 크다.

그러나 모유를 먹는 아기들은 비만해지지 않는다. 만일 비만해진다면 칼로리가 높은 이유식을 먹이기 때문일 것이다. 모유는 아기에게 필요한 영양소를 골고루 공급한다. 아기의 성장에 맞춰 모유의 영양소가 달라지기 때문이다. 예를 들면, 모유는 나중에 분비되는 것일수록 지방 함량이 늘어난다. 후유後乳로 알려진 이 모유는 젖을 먹이기 시작하는 순간에 분비되는 전유前乳가 아기의 목을 축이기 편리하도록 수분이 많은 데 비해 더 달콤하고 진하다. 후유는 자연이 준비한 디저트인 셈이다.

소아기의 체중

성장 후 비만과 심장 질환으로 발전되는 소아기의 증상 중에 '지방 조직의 반등'이라는 현상이 있다. 출생 후 1년 동안은 아기의 몸에 지방의 비중이 큰 것이 정상이다. 그러나 걸음마를 시작하고 활동량이 늘면서 급격하게 살이 빠진다. 지방 조직의 반등이란 소아기에 지방 조직이 감소했다가 다시 증가하는 현상을 말한다. 만일 다시 증가한 소아기의 체중이 나이와 키에 비해 지나치게 높으면 나중에 비만이나 심장 질환에 걸릴 가능성이 높다.

이 분야에 대해서는 앞으로도 많은 연구가 필요하지만 한 가지 분명한 사실이 있다. 어린 시절의 비만은 나중에 바로잡는 것보다는 미리 예방하는 것이 훨씬 수월하다는 것이다. 아이의 체중은 조금씩 단계적으로 늘어야 한다. 다시 말해서 체중을 줄이기보다는 체중의 증가 속도를 늦추어 자라는 키와 비례하도록 유도하는 것이 중요하다.

물은 아기에게 가장 좋은 음료수

최근 발표된 통계에서 미국 아이들은 필요한 칼로리의 30퍼센트를 소다수를 통해 섭취한다는 놀라운 사실이 밝혀졌다. 소다수는 몸에 유익한 식품이 아니므로 아이들에게 먹여서는 안 된다. 나는 아이들에게 소다수를 먹이지는 않았지만 당시 대부분의 엄마들처럼 사과주스를 지나치게 많이 먹였다. 그러나 사과주스도 일종의 설탕물이다. 나는 아이들의 주된 음료는 물이 가장 좋다고 생각한다.

인체에 미치는 물의 효과를 전문적으로 연구해 온 페레이둔 바트만게리지Fereydoon Batmanghelidj 박사는 '당신의 몸은 물을 갈망한다(Your Body's Many Cries for Water)'라는 연구 논문을 통해 지적하기를, 현대인들은 소다수나 주스, 차 등으로 인해 자연스러운 목마름을 느끼는 기능이 저하되어 부분적인 탈수 현상을 겪는다는 것이다. 바트만게리지 박사는 인간의 삶은 물에서 시작되었으며 그 진화 과정 안에는 몸에 물을 공급하는 방법의 발달도 포함된다고 설명했다. 물은 우리 몸의 화학작용을 이끄는 주역이다. 물은 산소와 영양소를 비롯해서 여러 물질들을 운반한다. 세포에서 배출한 배설물을 운반하는 것도 물이다. 우리 몸의 기능이 활발히 이루어지려면 물의 공급이 원활해야 한다. 우리 몸의 75퍼센트가 물이고 나머지 25퍼센트만이 고체라는 사실을 잊지 말라.

의대에 다닐 때 우리는 입이 마르는 것은 탈수 현상의 징조라고 배웠다. 그러나 아이들에게는 다르다. 아이들(때론 어른들도)은 목이 마를 때도 배고픔을 느낀다. 우리 몸은 목이 마른 고통과 배가 고픈 고통이 같은 방법으로 나타난다. 따라서 탈수 시에는 실제로 통증과 아픔을 느끼게 된다.

부분적인 탈수는 생명에 지장을 주지 않지만 계속되면 심각한 대가를 치러야 한다. 만성적인 탈수는 소화 불량, 관절통, 요통, 두통(편두통 포함), 대장염, 변비, 협심증, 다리 통증의 원인이 될 수 있다. 특히 오후에 심한 피로감을 느끼는 것도 탈수 현상의 하나다.

현대인들은 모든 액체는 같은 효과가 있다고 생각한다. 그러나 합성 주스나 커피, 합성 차나 음료 등은 오히려 몸 안의 수분을 고갈시킨다. 탈수를 촉진하는 카페인이나 설탕 같은 성분이 함유되어 있기 때문이다. 이런 성분들은 우리 몸이 보유한 수분을 끌어낸다. 더구나 이들 음료에 한번 맛들이게 되면 물을 원하는 몸의 욕구를 알아차리지 못하게 된다. 사람들이 자신의 탈수 현상을 깨닫지 못하는 것도 이 때문이다. 매일 충분한 물을 마시기만 해도 아이들의 건강은 크게 호전될 것이다.

아이들에게 필요한 물의 양은 체중 1파운드당 절반의 온스라고 생각하면 된다. 다시 말해서 체중이 30파운드인 아이에게는 15온스의 물이 필요하다.(우리가 쓰는 단위로 계산하면 1킬로그램당 대략 30밀리리터 정도다. 즉 체중이 10킬로그램이라면 하루에 필요한 물의 양은 300밀리리터인 셈이다.) 그러나 억지로 이 양을 지키려고 애쓰기보다 기회가 있을 때마다 물을 먹이도록 하라. 아기들은 따로 물을 먹기보다 모유나 분유를 통해 필요한 물을 섭취한다. 나는 식구들이 쉽게 물을 마실 수 있도록 냉장고에 항상 생수 병을 넣어둔다. 수돗물은 지역에 따라 오염되었을 수도 있으므로 정수된 물이나 생수를 먹이도록 하라. 아이들에게 충분한 물 이외에도 녹차나 쌀 음료, 생과일 주스 등을 먹이는 것도 좋다.

| 엄마와 아기의 체중 조절 비결 |

이제 와서 태어날 때의 체중이나 임신 중의 환경을 바꿀 수는 없지만 엄마와 아기가 현재의 체중을 조절할 수 있는 일곱 가지 비결을 소개한다.

- 살코기 단백질이나 과일, 채소를 비롯해서 견과류나 씨앗, 냉수성 어류(등 푸른 생선)에 풍부한 불포화 지방산을 섭취함으로써 혈당량과 인슐린 수치를 안정시켜라.
- 정기적으로 적당히 운동하라. 수영 등 엄마와 아기가 함께 할 수 있는 운동이면 더욱 좋다.
- 식욕 중추를 자극하는 합성 조미료, 정제된 설탕, 카페인 등의 식품을 피하라.
- 가정에서 건전한 식단을 실천함으로써 아이에게 건전한 유산을 물려주라.
- 항산화제가 풍부한 복합 비타민이나 무기질 보충제를 복용하라.
- 감정을 다스리는 훈련을 하여 중독적인 식습관에 빠지지 않게 하라.
- 엄마와 아기가 먹는 것 이외에 기쁨을 느낄 수 있는 활동에 함께 참여하라. 내 목록에는 정기적인 마사지가 포함되어 있다.

우유가 아기에게 유익한 식품인가

대부분의 사람들이 생각하는 것과는 다르게 우유를 먹이지 않고도 아이의 뼈나 이는 얼마든지 건강할 수 있다. 앞서 말했듯이 나는 두 딸에게 우유를 전혀 먹이지 않았다. 딸들이 십대가 될 때까지 집안에 우유를 사다놓지 않았으며 그 후에도 우유를 따로 컵에 따라서 먹는 일은 없었다. 가끔 시리얼에 부어 먹거나 차에 넣어 먹는 게 고작이었다. 우리 딸들은 두유와 쌀 음료를 주로 마셨다.

실제로 세계 인구의 대부분은 어린 시절 이후로 우유를 마시지 않는다. 소젖은 소의 아기를 위한 것이지 인간의 아기를 위한 것이 아니다. 심지어 모유를 먹는 아기들은 엄마가 우유를 마시는 것만으로도 우유 알레르기를 일으킬 수 있다.

우유는 그 평판처럼 결코 기적의 식품이 아니다. 현대 사회에 웰니스wellness라는 단어를 처음 도입한 저명한 경제학자인 폴 제인 필저 Paul Zane Pilzer 박사는 〈웰니스 혁명(The Wellness Revolution)〉이란 저서에서 다음과 같이 주장했다.

> 일반적으로 자연 상태에서 자란 소는 하루에 약 5킬로그램의 우유를 생산한다. 그러나 우유를 생산하기 위해 대량 사육되는 소는 하루에 50킬로그램의 우유를 생산한다. 그 이유는 소에게 암소 성장 호르몬을 투여해서 더 많은 우유를 생산하도록 유도하기 때문이다. 따라서 커진 젖통이 땅에 끌려서 감염되는 경우가 많다. 이를 방지하기 위해 다시 항생제를 주사한다. 미국 농무부의 기준을 통과한 우유에는 1밀리리터당 백혈구가 1백만~1백5천만 개가 포함되어 있다. 거의 상처의 고름에 들어 있는 수준과 맞먹는 숫자다.[6)

우유에 들어 있는 암소 성장 호르몬(BGH)과 고름, 항생제 등은 유제품을 먹는 아이들의 건강에 각종 문제를 일으킨다. 일반적인 증상은 배에 가스가 차거나, 변비나 알레르기, 귀 감염 등이다. 이 증상들이 젖당 과민성에서 비롯한 것인지, 항생제 때문인지, 아니면 우유 알레르기 때문인지를 규명하기는 쉽지 않다. 내 경험으로 미루어보면 아이에 따라서는 일반 우유에는 알레르기 반응을 보이지만 유기농 우유를 먹으면 괜찮은 경우도 있다. 그러나 내가 우려하는 것은 BGH이다. 우리 음식에 BGH나 기타 호르몬들의 첨가가 늘어나면서 아이들의 사춘기 연령이 빨라질 뿐 아니라 십대들의 가슴 크기가 커지고 있다. 이들 호르몬들은 인간의 성장과 발전 체계를 무너뜨림으로써 가슴 크기가 커질 뿐만 아니라 유방암이나 난소암을 증가시키는 원인으로 작용한다.

우리를 더욱 혼란스럽게 만드는 것은 우유가 골다공증 예방에 전혀 도움이 되지 않는다는 사실이 연구 결과 입증된 것이다. 최근 12년에 걸쳐 7만7천 명의 여성을 대상으로 실시한 연구가 〈미국 공공위생저널〉이란 잡지에 실린 적이 있다. 이 논문은 우유와 칼슘의 섭취와 고관절과 아래팔 골절 사이의 상관관계를 발표했다. 그 결과, 유제품을 많이 섭취한 여성들은 우유를 적게 마신 여성에 비해 고관절 골절이 더 많았다. 논문의 저자는 우유나 칼슘이 첨가된 식품이 고관절이나 아래팔 골절을 예방할 거라는 추측은 잘못된 것이라는 결론을 내렸다.[7] 또 다른 연구에서도 20대에 우유와 치즈를 많이 먹은 여성들은 노년에 고관절 골절이 일어날 확률이 높아진다는 사실이 입증되었다.[8]

칼슘은 어떻게 섭취할 것인가

나는 아이들에게 우유를 먹이는 대신에 칼슘이나 마그네슘 보충제를 먹이라고 권하고 싶다. 마그네슘은 칼슘과 마찬가지로 뼈의 건강에 매우 중요하며 칼슘의 흡수를 돕는다. 아이들에게는 칼슘보다는 마그네슘이 결핍되기 쉽다. 요즘 시판되는 씹어 먹는 보충제가 아이들에게 먹이기 편리하다. 어린아이에게는 하루에 칼슘 400밀리그램과 마그네슘 100밀리그램이 필요하다. 사춘기가 되면 칼슘 1,300밀리그램과 마그네슘 400밀리그램을 섭취해야 한다.

칼슘이 많이 든 식품은 콩, 당밀, 정어리, 녹색 채소 등이다. 그러나 어린 아이들은 채소 곁에도 가지 않으려고 한다. 따라서 보충제를 먹이면 엄마 마음이 편해질 수 있다. 아이들이 보충제를 먹지 않으려고 하면 칼슘이나 마그네슘 가루를 국에 타거나 빵이나 과자를 구울 때 넣는 방법도 있다. 감쪽같이 속고 먹을 것이다.

그래도 아이에게 굳이 우유를 먹이고 싶다면 BGH가 들어 있지 않은 유기농 우유를 먹여라.[9]

햇볕은 필수 영양소

최근 들어 우리는 자외선을 조심해야 한다는 경고를 많이 듣지만 인간은 햇볕을 쬐어야만 건강하도록 설계되었다. 우리는 이런 사실을 본능적으로 느끼기 때문에 요란한 경고에도 수많은 사람들이 해변으로 몰려가는 것이다. 눈부시게 쏟아지는 햇살은 우리 마음을 밝고 환하게 만든다. 그리고 혈액 속의 세로토닌 수치를 높이고 멜라토닌의 균형을 유지할 뿐 아니라 태양 광선 속의 자외선은 피부 아래 지방층에서 비타민D를 생성시킨다.

비타민D의 하루 권장량은 어린이의 구루병 예방에 필요한 양을 근거로 한다. 구루병이란 6세 이전의 아동에게 발생하는, 뼈가 제대로 형성되지 않는 증상으로 이를 예방하는 유일한 방법은 비타민D다. 최근 새로운 연구를 통해 비타민D의 효능이 훨씬 방대하다는 사실이 밝혀진 후부터 의학계에서는 비타민D에 대해 새롭게 해석하기 시작했다. 비타민D는 비타민의 일종인 동시에 뼈와 유방, 뇌, 면역계, 위의 건강에 중대한 역할을 담당하는 호르몬 전구체이기도 하다. 비타민D는 골밀도를 비롯해서 콜레스테롤과 혈압을 정상적으로 유지하는 데 필수적이며 관절의 건강에도 관여한다. 또한 한 살 이전의 아이에게 매일 2,000IU의 비타민D 보충제를 복용시킨 결과, 소아형 당뇨병의 발병률이 80퍼센트나 감소했다는 연구 논문이 발표되었다.[10]

비타민D는 이밖에도 다발성 경화증을 감소시키고 유방암, 난소암, 결장암, 전립선암을 예방한다. 적도 부근에 사는 여성보다 북반부 여성들이 유방암에 잘 걸리는 이유도 비타민D가 부족하기 때문이다. 햇볕이나 보충제를 통해 비타민D를 충분히 섭취하는 것만으로도 매년 23,000명의 미국인들이 암의 위협에서 벗어날 수 있다.[11]

미국 식품영양위원회는 현재 비타민D의 하루 권장량을 2,000IU로 정했지만 비타민D의 효능을 고려할 때 이것은 너무 적은 양이다. 생리학적으로 볼 때 하루 섭취량이 성인의 경우 최고 5,000IU, 어린이는 최소 1,000IU는 되어야 한다.

한편 비타민D의 유독성은 우리가 생각하는 것보다 훨씬 적다. 어린이는 1~4개월 동안 매일 40,000IU를 섭취했을 경우, 어른은 수개월 동안 100,000IU를 섭취했을 때만 우리 몸에 해롭다.

비타민D는 식품이나 보충제로 섭취하는 것보다 햇볕을 쪼이는 것이 훨씬 효과적이다. 비타민D 보충제는 사람에 따라 그 효능이 천차만별이기 때문이다. 비타민D 연구의 대가인 보스턴 의과대학의 마이클 홀

릭Michael Holick 박사에 따르면 유제품에 첨가된 비타민D는 특히 저지
방 유제품일 경우에 그 효능이 보장되지 않는다. 비타민D는 지용성이
기 때문에 저지방이나 무지방 유제품에는 비타민D를 녹일 지방이 부족
하다. 햇볕의 장점은 아무리 쪼여도 비타민D의 과다 복용으로 인한 유
독성이 없다는 것이다. 인간의 몸은 햇볕을 통해 적지도 많지도 않은
정확히 필요한 양의 비타민D만 생성하는 시스템을 갖추었기 때문이다.

아이에게 건강에 필요한 양의 비타민D를 섭취시키려면 일주일에
3~4번, 하루에 20분 정도 햇볕 속을 산책하는 것으로 충분하다. 1년에
4~5달만 햇볕을 쪼여도 아이의 몸은 1년 내내 필요한 양의 비타민D를
생성할 것이다. 얼굴과 손 이외에도 많은 부위를 노출시킬수록 좋다.
백인의 경우 적도 근처에서는 알몸으로 30분만 햇볕을 쪼여도
4,000~20,000IU의 비타민D가 생성된다. 피부색이 진할수록 더 긴 시
간이 필요하다. 그러나 지나치게 오래 직사광선에 노출되는 것은 피해
야 한다. 이른 아침이나 늦은 오후의 햇볕이 안전하며 한낮에는 가능하
면 피해야 한다.

우리는 나이를 먹으면서 충분한 양의 비타민D를 비축하지 못한다.
미리엄 넬슨Miriam E. Nelson 박사는 〈건강한 여성, 건강한 뼈(Strong
Women, Strong Bones)〉라는 저서에서 "만일 65세의 엄마와 35세의 딸
이 함께 10분 동안 산책했다면 엄마는 딸의 3분의 1밖에 비타민D를 생
산하지 못한다."라고 지적했다.[12]

만일 도시에 산다면 아이를 데리고 매일 산책을 나가라. 당신 자신
과 아이의 건강을 위해서 좋을 뿐 아니라 아이를 TV나 컴퓨터에서 격
리시키는 데도 좋은 방법이다.

아이가 밖에서 20분 이상 놀 때는 반드시 자외선 차단 크림을 발라
줘야 한다. 피부가 벌겋게 변할 때까지 햇볕에 노출할 경우에는 비타민

D가 생성되지 않는다. 그러나 피부색이 검은 편이라면 하루에 1~2시간 이상 햇볕을 쪼여야 한다.

햇볕을 쪼이지 않고 보충제를 복용하는 것만으로는 충분한 양의 비타민D를 보충할 수 없다. 어린이는 4살까지는 하루에 400IU의 비타민D 보충제를 복용해야 하며, 점차 1,000IU까지 늘려야 한다. 비타민D의 가장 좋은 공급원은 대구간유(cod liver oil)다. 우리 부모님은 겨울이면 우리 형제들에게 이것을 먹이곤 하셨다. 요즘에는 우리가 먹었던 것보다 맛이 훨씬 개선된 제품들이 많이 시판된다.

장과 방광의 지혜, 대소변 가리기

대소변 가리기는 자율성과 독립성을 향한 중요한 단계다. 대소변 가리기가 순조롭게 이루어질 경우, 아이는 자신의 몸에 대해 자신감을 갖는 것은 물론 몸의 능력에 대해 깊은 신뢰감을 갖는다. 또한 집 밖의 세계를 향해 더 자유롭게 움직일 수 있게 된다. 대부분의 유아원이나 놀이방은 대소변을 가리지 못하는 아이들은 받지 않기 때문이다.

대부분의 아이들은 2~4살 사이에 방광과 대장의 신경 근육을 조절하게 된다. 그러나 대소변을 완전히 가리는 시기는 아이들에 따라 크게 다르다. 또한 얼마나 자주 배설하는지도 아이들에 따라 각각 다르다.

대소변 가리기에 대한 건강한 접근

친정 엄마에게 대소변 가리기에 대해 묻자 엄마는 이렇게 말씀하셨다.

나는 대소변 가리는 일에 크게 신경 쓰지 않았단다. 너희들이 어느 정도 자라자 스스로 축축한 기저귀를 차기 싫어하더구나. 그래서 기저귀를 빼고 팬티만 입혔지. 그리고 밖으로 나가기 전에 화장실에 가지 않겠냐고 물었지. 너희들이 싫다고 하면 그 말을 존중하고 그냥 내보냈단다. 그러고 나서 나중에 팬티가 젖은 채 돌아오면 말했지. "화장실에 갔으면 좋았을걸 그랬지?" 그러면 너희들은 "네"라고 대답한 후 젖은 팬티를 갈아입은 다음 다시 놀러가곤 했단다. 팬티가 젖는 것보다 미리 화장실에 다녀오는 것이 훨씬 편하다는 것을 아는데는 오랜 시간이 걸리지 않았지. 엄마는 대소변 가리기를 가르치면서 야단을 치거나 수치심을 느끼게 하는 일은 없었단다.

내가 어렸을 때 우리 가족은 등산이나 캠핑을 많이 갔다. 따라서 나는 숲 속이나 길가에서 대소변을 처리하는 방법을 일찍부터 터득했다. 생리 구조상 여자로서 불리했지만 나는 남자 형제들처럼 밖에서 능숙하게 일을 처리했다. 나는 또 나뭇잎을 화장지로 사용하는 방법(독이 없는 것인지 확인해야 한다)도 배웠으며 우리 딸들에게도 전수해 주었다. 덕분에 우리 딸들은 여러 상황을 통해 대소변 가리기를 자연스럽게 배울 수 있었다.

우리 할머니 세대에는 얼마나 일찍 대소변을 가리게 만들었는지가 엄마 역할의 척도였지만 요즘에는 그렇게 서두르지 않는다. 실제로 대소변을 가리는 연령이 점점 늦어지고 있다. 연구 결과를 살펴보면 1960년대에는 90퍼센트의 아이들이 두 살 반이 되면 대소변을 가렸지만 요즘에는 그 나이에 가리는 아이들은 25퍼센트도 되지 않는다. 최근 필라델피아 시에서 실시한 대규모 조사에 따르면, 남자 아이들의 절반과 여자 아이들의 30퍼센트는 세 살까지 대소변을 가리지 못하는 것으로 나타났다.[13] 기저귀 회사들은 갈수록 대형 기저귀 생산을 늘리며 큰 아이들을 위한 팬티 모양의 기저귀를 시판하기도 한다. 저명한 소아과 의사인 베리 브레즐톤Berry Brazelton은 TV 광고에 등장해서 부모들에게 이렇게 말한다. "서두르지 마십시오. 대소변을 가리는 시기는 아이가 선택합니다. 적당한 시기는 없습니다."

브레즐톤 박사는, 부모들이 대소변 가리기에 대한 부담을 주지 않을 경우, 아이들이 밤에 오줌을 싸거나 변비에 시달릴 가능성이 줄어든다고 주장한다. 나도 동감이다. 그러나 유의할 점은 기저귀를 너무 오래 채우는 것이 아기가 자라서 품을 떠날까봐 두려운 부모들의 욕심 때문이어서는 안 된다는 것이다. 대부분의 아이들 특히 여자 아이들은 두 살이 되면 대소변을 가릴 준비를 갖추기 시작한다.

현재 성인인 여성의 대부분은 배설에 대해 지나친 부담감을 느끼며 자란 세대다. 그러나 아기를 키우면서 기저귀를 갈아주고 대변을 가리는 과정을 지켜보는 동안 이런 부담감을 떨쳐버릴 수 있다. 모든 인간은 음식을 섭취하고 그 찌꺼기를 배출한다. 배설물을 만드는 모든 장의 운동은 악취를 풍기며 수시로 냄새나는 가스를 방출한다. 이 모든 것은 생명체의 자연스러운 과정이며 전혀 부끄러운 일이 아니다. 화려한 슈퍼모델도, 상류층 귀부인들도, 심지어 성스러운 교황까지 모두 똑같은 배설 과정을 거친다. 마음의 여유를 가지고 인간으로서의 자연스러운 과정을 받아들여라.

만일 당신이 아이를 키우는 엄마라면 대소변 가리기를 아이에게 맡겨라. 아기가 배설을 할 때 옆에서 방해하지 말고 혼자 있게 하라. 아이에게 올바른 휴지 사용법(앞에서 뒤로 닦아야 대변의 세균이 질이나 요도로 침투하지 않는다)을 가르치고 실수했을 때는 도와주지만 스스로 대소변을 가릴 때까지 묵묵히 기다려주라.

장의 건강은 마음의 건강과 연결되어 있다

대장과 방광을 관리하는 신체 능력은 감정의 억제나 배출과 밀접하게 연결되어 있다. 여기에서 억제는 수축을, 배출은 팽창을 의미한다. 대변이나 소변을 억제하는 유일한 방법은 괄약근을 수축하는 것이며, 장이나 방광을 비우는 유일한 방법은 괄약근을 이완·팽창시키는 것이다. 아이가 건강하게 자라기 위해서는 이러한 상반되는 활동의 균형을 유지하는 것이 중요하다. 신체적 균형뿐 아니라 감정적 균형도 마찬가지다. 아이가 기저귀에서 화장실로 얼마나 잘 이동하는지에 따라 나중에 자라서 억제와 이완의 균형을 얼마나 잘 유지하는지가 결정된다.

몸과 마음의 연결 고리는 어느 곳보다도 장에서 그 영향이 가장 두드러지게 나타난다. 아이들의 장에 문제가 생기면 가장 먼저 장의 기능을 관장하는 신경전달물질의 수치가 균형을 잃는다. 이들 신경전달물질은 뇌의 메신저와 성분이 똑같은 화학 물질이기 때문에 대장을 비롯한 장기의 반응은 아이에게 메시지를 전달하는 '아래쪽 뇌'라고 할 수 있다. 감정적 불안정은 아이가 의식하든 못하든 장 기능에 영향을 미친다. 음식이나 환경, 활동, 인간관계의 변화 등은 신경전달물질의 수치를 변화시키고 이것은 곧바로 장의 기능에 영향을 미친다. 이런 영향은 어른의 경우도 마찬가지다.

괄약근의 법칙

우리는 주어진 장소와 시간이 배설하기에 안전한지 아닌지에 대한 메시지를 의식적 또는 무의식적으로 받는다. 따라서 편하고 안전하다는 느낌이 강할수록 더 효과적으로 배설한다. 저명한 조산사인 이너 메이 개스킨은 괄약근의 법칙을 이렇게 설명했다. "아이가 편안하고 안전하다고 느끼지 못할 때 아이의 괄약근을 억지로 이완시키지 못한다." 지극히 당연한 법칙이다.

아이든 어른이든 여행 도중에는 며칠 동안 대변을 보지 못하는 경우가 흔하다. 여성들은 공중 화장실에서는 대변을 해결하지 못하기도 한다. 그러나 집안에 들어서는 순간 장의 운동은 활발해진다. 최근 만났던 예순여섯 살의 한 부인은 메인 주에서 윈제머 크루즈를 즐기는 동안 일주일 내내 대변을 보지 못했다고 고백했다. 화장실이 갑판 위 너무 드러난 장소에 있었기 때문이다. 그녀는 친구가 화장실 입구에서 망을 봐주었는데도 일을 보지 못했다. 이 부인은 분명히 어린 시절 배설에 대한 부정적인 기억이 있을 것이다. 그 기억이 어느 곳에서나 배설할 수 있는 능력을 가로막은 것이다. 여기에서도 괄약근의 법칙이 확실히 적용된다.

괄약근의 법칙은 우리 몸의 가장 기본적인 기능인 자율신경계의 기능과 밀접한 관계가 있다. 자율신경계는 교감 신경계(SNS)와 부교감 신경계(PNS)라는 두 개의 신경계로 이루어져 있다. 교감 신경계(공격 도피 반응)는 위협이나 도전이 닥쳤을 때 근육과 혈관을 수축시킨다. 부교감 신경계(이완 회복 반응)는 위협이 지나가고 안전함을 느꼈을 때 근육과 혈관을 이완시킨다. 교감 신경계는 액셀러레이터에, 부교감 신경계는 브레이크에 비유할 수 있다. 대장을 포함한 우리 몸의 모든 기관은 이 두 신경계와 그들이 생성하는 신경화학물질의 균형과 협력을 통해 유지된다.

만일 아이가 안정감을 느끼지 못할 경우, 장 벽의 리드미컬한 수축이 빨라져서 설사를 하거나, 느려져서 변비가 되기도 한다.

과민성 대장 증후군은 감정적인 스트레스가 주요인으로, 장 벽의 교

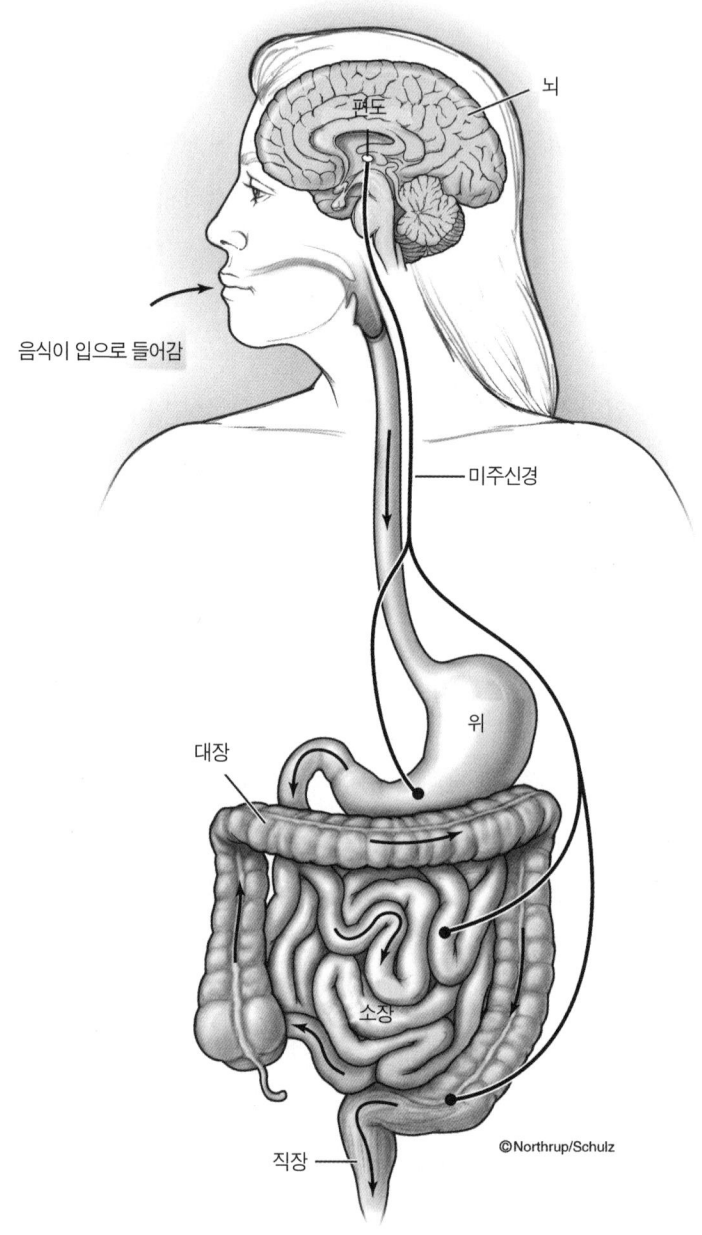

뇌

편도

음식이 입으로 들어감

미주신경

대장

위

소장

직장

©Northrup/Schulz

❦ 장의 기능에 영향을 미치는 몸과 마음의 연결 고리

감 신경계와 부교감 신경계 사이의 불균형으로 생긴다. 그 결과 설사나 변비가 반복된다. 아이들에게 흔히 나타나는 배앓이도 어른의 과민성 대장 증후군과 마찬가지로 감정적인 스트레스가 원인이다. 부교감 신경계의 중추 역할을 하는 미주 신경은 뇌의 편도나 측두엽과 연결되어 있다. 이곳은 강력한 감정이나 직관을 관장하는 부위다.

때에 따라서는 변비의 원인이 수분이나 섬유질이 부족한 경우도 있지만 대부분은 신경 위장관 장애라는 긴 이름의 증상으로 아이들의 마음 상태가 장에 반영되는 것이다.

만일 아이가 대소변 가리기에 대해 위협을 받거나 부담을 느낄 경우, 나중에 자라서 항문을 긴장시킨 것처럼 항상 긴장을 늦추지 않는 성격으로 발전할 가능성이 크다. 괄약근을 이완하지 못했던 것처럼 정신적인 이완이나 긴장감 해소에 어려움을 겪는다. 이런 사람들은 완벽주의나 지나친 결벽성, 지나친 세심함에 빠지게 되며, 마음을 열고 감정을 발산하는 능력이 부족하다. 이들은 또한 다른 사람들과 거리낌 없이 어울려 즐기지 못한다. 한마디로 '문화적 괄약근'이 수축된 상태인 것이다.

아이의 독립과 엄마의 갈등

엄마에게 모든 것을 의존하던 아이가 한 인간으로 독립하려고 노력하는 모습을 볼 때마다 엄마는 기쁨과 섭섭함을 동시에 느낀다. 특히 아이를 돌보는 것에서 삶의 기쁨을 찾는 엄마의 경우에는 더욱 그렇다. 엄마는 아기가 점점 엄마 품을 벗어나려는 모습을 보며 공허감을 느낀다.

엄마는 자신도 모르는 사이에 아이의 행동 하나하나에 신경을 곤두세우며 화장실에서 무엇을 하는지 알려고 애쓴다. 그러나 엄마의 이런 태도는 아이에게 스스로 해결할 수 있는 지혜와 지식과 시간을 선택하는 능력이 없다는 메시지를 전달한다. 그러나 아이는 자신의 몸이 능력을 갖췄다고 믿기 때문에 엄마의 통제를 거부하려 든다. 엄마와 갈등을 겪는 동안 아이는 엉뚱한 곳에 대변을 보거나 또는 복통이나 위장과 관련된 다른 증상을 호소함으로써 엄마를 통제할 수 있다는 것을 배운다.

한 환자는 자기 언니가 유분증에 걸렸던 경험을 들려주었다. 유분증이란 네 살 이상이 되어도 대소변을 가리지 못하고 아무 때나 대변을 봐서 간직하는 증상을 말한다. 이 증상은 심리적인 원인에서 비롯한 것으로 엄마가 대소변 가리기에 지나치게 간섭할 때 발생한다. 그 환자는 언니가 일곱 살일 때의 일화를 들려주었다. 집 근처 나무 수풀에 숨어 있던 언니를 향해 엄마가 창문 너머로 소리를 질렀다. "너 거기 있는 거 다 알고 있어. 또 팬티에 싸려는 거지?" 이런 광경을 목격하며 자란 그 환자는 엄마의 감시의 눈길을 피하기 위해 대변을 보는 법을 재빨리 터득했다는 것이다.

많은 사람들이 대소변을 일찍 가린 아이는 늦게 가린 아이보다 영특하다고 믿는다. 이런 믿음을 가진 엄마들은 대소변 가리기를 아이를 잘키운 증거로 여긴다. 따라서 아이를 심하게 통제하려고 들며, 이런 부담은 아이의 몸에 그대로 입력된다. 대소변 가리기를 통해 엄마를 통제하는 법을 배운 아이들은 성인이 되어서 자신도 모르게 이런 행동 방식을 인간관계에 적용한다. 예를 들면, 일하러 가기 싫으면 배가 아프거나 설사를 하는 것이다. 또는 이와 반대로 몸이 보내는 경고의 메시지를 전혀 듣지 못하게 되기도 한다. 이처럼 어린 시절에 대소변 가리기에 지나친 부담을 느끼는 아이들은 성인이 되어서 과민성 대장 증후군, 만성적인 변비, 복부 팽만, 설사 등 만성적인 증상에 시달릴 가능성이 크다.

🐝 패트리샤의 경우—이게 누구의 몸이지?

한 뉴스레터 독자가 딸을 자신의 복제품으로 만들려는 엄마에 대한 글을 보내왔다.

어린 시절, 저는 엄마의 욕구가 곧 제 욕구인 환경에서 자랐어요. 제가 할 수 있는 말은 정해져 있었으며, 그 중에서도 엄마가 원하는 정확한 대답을 찾아내야만 했어요. 어느 누구도 제 말에 귀를 기울여주지 않았으며, 집안에는 제게 힘이 되어줄 사람도 없었어요. 저는 외동딸이었거든요.

저는 다섯 살 때의 일을 선명하게 기억해요. 부모님과 차를 타고 먼 거리를 여행하던 중에 화장실에 가고 싶어졌어요. 저는 용기를 내서 말했으나 부모님은 차를 멈추지 않았죠. 그런데 제가 하도 다급하게 조르니까 결국 부모님은 길가에 차를 대셨어요. 제가 급히 쭈그리고 앉아 오줌을 누는 모습을 보면서 엄마가 했던 말이 아직도 귓가에 생생해요. "저런, 정말 오줌이 마려웠구나." 저는 말로 표현하진 못했지만 속으로 생각했죠. '엄마는 내 말을 믿지 않는구나.' 엄마는 자기가 오줌이 마렵지 않으면 나도 마렵지 않다고 생각하셨어요.

저는 엄마가 주는 음식은 싫든 배부르든 무조건 먹어야 했어요. 그리고 적절치 않은 시간에는 절대 화장실에 가면 안 된다고 배웠어요. 다시 말하면 제 몸이 보내는 신호는 무조건 무시당하거나 차단되곤 했어요. 성인이 된 지금 저는 제 몸을 다시 길들이고 재정비하기 위해 애쓰고 있어요.

🐝 데비의 경우—숨 막히게 만드는 엄마

데비의 딸이 변비에 시달리고 요도 감염에 걸린 것은 세 살 때부터다.

내 환자였던 데비는 딸을 데리고 여러 의사를 찾아갔으나 아무도 그 원인을 밝히지 못했다. 데비의 딸은 어린 나이에 변비약과 항생제를 비롯해서 동종요법 치료까지 받았으나 증상은 차도가 없었다.

당시 마흔 살이었던 데비는 오랜 기간에 걸친 불임 치료 끝에 딸을 낳았다. 데비는 아기가 태어난 해를 '일생 중 가장 행복한 시간'으로 묘사했다. "저는 아기를 키우는 일이 너무 즐거워요. 딸이 자라지 않고 영원히 아기였으면 좋겠어요." 그녀는 아기에 관련된 꿈을 많이 꾸었는데 그 주제는 항상 누군가가 아기를 데려가기 위해서 오는 것이었다. 데비는 그렇게 힘들게 얻은 아기를 잃게 될까봐 전전긍긍했던 것이다.

그러나 시간의 흐름을 누가 막을 수 있으며 특히 자라나는 아기의 생명력을 누가 저지할 것인가. 아기의 성장을 방해할 수 있는 것은 아무것도 없다. 엄마 역할이나 아이를 돌보는 일에서 자신의 정체성을 발견하는 정도가 강했던 엄마일수록 아이가 자율적이고 독립적인 인간으로 성장하도록 떠나보내는 데 어려움을 느낀다.

데비의 딸이 새로운 성장 단계 – 걸음마를 시작할 때나 유아원에 들어갔을 때 – 로 올라설 때마다 데비의 마음에는 상실감이 밀려왔다. 그럴 때마다 데비는 딸이 아직도 아기인 것처럼 대하면서 허전한 마음을 위로했다. 밥을 먹여주고, 옷을 입혀주고, 할 일을 일일이 정해주었으며, 새로운 친구와 놀러가는 것을 달갑게 생각하지 않았다. 그녀는 딸 주변을 맴돌면서 딸이 그네를 너무 높이 타서 위험하지 않은지 또는 옷을 더럽히지 않는지 감시하곤 했다. 그리고 화장실에 갈 때마다 따라가서 일일이 간섭하곤 했다.

데비의 딸은 엄마의 지나친 간섭에 숨이 막히는 기분이었지만 아직 어린 관계로 이런 기분을 정확하게 표현하지 못했다. 그 결과, 데비의 딸은 통제가 가장 먼저 가해졌던 대소변에 관계된 부위에 문제가 생긴 것이다.

데비가 유난스러웠던 게 아니다. 많은 여성들은 무의식적으로 아이가 독립하는 것을 가로막고 있다. 물론 아이가 자라서 독립적인 삶을 찾아가지 않는다면 이런 일도 없을 것이다. 여성들이 마흔 살 전후에 늦둥이를 갖는 것도 이런 이유 때문일 것이다.

다행스럽게도 데비는 딸의 증상이 지나친 간섭 때문이라는 사실을 깨닫게 되었고 심리 치료를 통해 자신의 의식을 바꾸게 되었다. 그녀는 아기를 갖기 위해 고생했던 시간들을 보상받기 위해 아기를 돌보는 즐거움을 오래 누리려던 생각이 잘못이었음을 깨닫게 되었다. 시간이 흐르면서 데비는 딸에 대한 태도를 조금씩 바꿔갔다. 그러자 딸의 변비와 요도 감염 증상은 씻은 듯이 사라졌다.

| 외음부 질염 |

여자 아이들은 흔히 외음부가 빨개지거나, 따끔거리거나, 염증이 생기기 쉽다. 이런 증상은 항생제에 든 효소의 과잉 숙성이나, 목욕 세제나 화장지 등에 포함된 화학 물질에 대한 과민반응이 원인이다.

내가 우리 딸들에게 사용해서 대성공을 거둔 비법을 공개하겠다. 따뜻한 물에 몸을 담그게 한 다음 질 주변을 아이보리 비누처럼 냄새와 자극성이 없는 비누로 부드럽게 닦아주라. 비누에도 과민반응을 보이면 그냥 물속에 몸을 담그게 하라. 몸을 말린 다음에는 레지놀 Resinol 연고를 발라주면 좋다. 나도 어렸을 때 이 연고를 발랐으며 모든 종류의 가벼운 염증에 매우 효과적이다. 약국이나 슈퍼마켓에서 처방전 없이 구입할 수 있으며 아이를 키우는 집은 반드시 구비해야 할 상비약이다. 만일 연고를 발라도 증상이 호전되지 않으면 병원에 가는 것이 좋다. 때로는 단추 같은 이물질이 질 안에 들어가는 경우도 있기 때문이다.

대변에 대한 문화적 편견

내가 어렸을 때 변비로 고생하는 가족들에게 활짝 웃으면서 변비약을 건네는 TV 광고가 있었다. 어렸던 나는 그 광고가 무엇을 의미하는지 알 수 없었다. 광고는 언제나 엄마가 변비약을 주었기 때문에 모든 가족들이 행복한 휴가를 보내는 모습으로 끝났다. 우리 형제들은 이 우스꽝스러운 광고의 의미를 알려고도 하지 않았다.

대변을 보는 것은 숨을 쉬는 것만큼 자연스러운 인간의 기능이다. 엄마들은 아이들이 정기적으로 대변을 보는지 감시하기보다 한발 물러서서 지켜보는 지혜를 가져야 한다. 그러면 대부분의 아이들은 대소변이 자기들의 건강을 위해 고안된 것이라는 사실을 스스로 깨닫게 된다. 대소변은 언제, 얼마나 자주, 어떻게 해야 한다는 정해진 법칙이 없다.

그럼에도 여자 아이들은 대소변을 배설하는 것에 대해 평생 두려움을 갖게 만드는 부담 속에서 자란다. 나는 환자들이 어린 시절 대소변 가리기에 대해 느꼈던 압박감을 고백하는 말을 무수히 들었다. 아침에 대변을 보기 전에는 밖에 나가 놀지 못했던 여성도 있었다. 또한 일정 기간 대변을 보지 못하면 관장을 당한 여성들도 많았다. 가족이 외출하기 전에 딸이 대변을 보지 않으면 외출을 취소한 엄마도 있었다. 당신은 어떤 압력을 느꼈는지 떠올려보라.

아이들에게 대변을 볼 때 특정한 습관이 더 좋다는 편견을 심어주는 것은 자율성이나 몸에 대한 신뢰를 키우는 데 오히려 방해가 된다. 저녁에 대변을 보는 것보다 아침에 보는 것이 더 좋다거나 묽은 변보다 단단한 변이 좋다는 생각은 잘못된 편견이다. 자연스러운 몸의 기능을 통제해야 할 적으로 생각하게 만들기 때문이다.

| 변비와 우유 알레르기 |

일부 가족 중에는 변비약을 일상적으로 복용하는 경우가 있다. 그러나 변비약과 관장약은 득보다 실이 많다. 어떤 종류의 변비약이든 몸의 기능을 약화시켜 만성적인 장의 문제를 일으키기 때문이다.

변비는 아이들에게 흔히 나타나는 증상이다. 미국에서 실시한 연구에 따르면, 22개월 된 아이들 중 16퍼센트가 변비 증상이 있는 것으로 밝혀졌다. 영국의 경우에는 4~7세 아동의 34퍼센트가 변비 증세가 있는 것으로 드러났다.

그러나 대부분의 변비는 일시적인 현상으로 장기적인 문제를 일으키지 않기 때문에 별도의 치료가 필요 없다. 아이에게 물을 많이 마시게 하고 채소와 과일처럼 섬유질이 많은 음식을 먹이는 것으로 충분하다. 어떤 연령층이든 정상적인 장 기능을 유지하려면 균형 잡힌 식단이 필요하다. 단백질과 지방, 탄수화물을 적당히 섭취해야만 모든 세포 기능을 관장하는 아이코사노이드라는 호르몬의 양이 적절한 수치를 유지할 수 있다.

때로는 우유 알레르기로 항문에 염증이나 균열이 생겨 변비가 되는 경우도 있다. 정상적인 아이의 0.3~7.5퍼센트가 우유에 알레르기 반응을 보이며, 그 중 생후 4개월 이내에 증상이 나타나는 아이는 82 퍼센트, 한 살 이전에 나타나는 아이는 89퍼센트인 것으로 밝혀졌다. 우유 알레르기는 설사와 구토를 비롯해서 콧물, 천식, 습진 등의 증상을 동반한다. 우유 알레르기는 일시적으로 나타나는 증상이 아니다. 신생아 때 우유 알레르기를 일으킨 아이는 여섯 살이 되어서도 이 증상에서 벗어나지 못한다는 연구 결과가 발표되었다.[14]

당신이나 딸이 변비로 고생한다면 적어도 2주일은 우유 마시기를 중단하고 경과를 살펴보라. 별 차도가 없다면 다시 2주 동안 우유를 마셔보라. 설사나 변비, 콧물 등의 증상이 다시 나타날 것이다. 만일 증상이 재발하지 않는다면 당신에게는 우유 알레르기가 없다. 그러나 이런 증상이 다시 나타난다면 우유나 유제품을 먹어서는 안 된다.

공중 화장실에서의 두려움

아직도 어린 소녀들은 공중 화장실에서 일을 보는 것은 비위생적이라고 교육받는다. 그러나 그들이 공중 화장실에 대해 갖는 두려움은 대부분 근거 없는 것들이다. 아이들은 주변 세계에 신뢰를 갖고 적응해야 하는 중요한 시기에 공중 화장실에서 용변 보기를 두려워하는 불필요한 생리적 습관을 갖게 되는 것이다.

나는 여행을 할 때마다 엄마들이 화장실에 가는 딸에게 당부하는 소리를 자주 듣곤 한다. 문손잡이를 잡지 말고, 변기에 몸이 닿지 않도록 하며, 씻지 않은 손으로 몸을 만지지 말라는 것이다. "변기 위에 앉지 말거라. 신발을 신고 위에 올라가는 사람도 있어 변기가 더럽단다." 우리 큰딸 친구의 엄마는 이렇게 가르쳤단다. "손으로 물을 내리지 말고 발로 내려야 한다. 공중 화장실 손잡이는 모두 비위생적이란다." 우리 작은딸은 대학 1학년 때 네 명의 친구들과 같은 방을 썼다. 그 방 화장실을 사용하는 사람은 그 네 친구뿐이었는데도 한 친구는 화장실을 쓸 때마다 변기 위에다 휴지를 깔고 사용했다는 것이다.

그러나 키가 작은 어린아이들은 변기에 몸이 닿지 않게 일을 보기가 불가능하다. 세균과 질병에 대한 불안과 두려움은 괄약근의 기능을 경직시킨다. 변기와 화장실 손잡이에 항균제 스프레이를 뿌려대는 TV 광고 속의 엄마를 보며 아이들이 어떤 생각을 갖겠는가. 그런 광고는 아이들의 두려움을 가중시킬 뿐이다.

아이들에게 괜한 두려움을 심어주기보다 인간의 면역계는 외부 세계의 세균을 견딜 충분한 능력이 있음을 가르쳐야 한다. 아직까지 공중 화장실의 변기를 소독하면 아이들의 건강이 향상된다는 연구 결과는 발표된 적이 없다. 오히려 장기적으로 볼 때 공중 화장실을 두려워하는 문화가 실제로 여성들이 화장실에서 감염될 위험보다 더 해로울 수 있다. 우리 몸의 엉덩이 피부는 겹겹으로 이루어진 상피세포와 지방샘으로 감싸여 있어 외부의 세균이 쉽게 침투하지 못한다. 나는 산부인과 의사로서 20년 넘게 환자들을 치료하는 동안 화장실 변기에서 질병을 옮은 여성은 단 한 사람도 보지 못했다. 성기에 관련된 질병은 공중 화장실의 변기가 아니라 성 파트너를 통해서 옮는다.

우리 몸은 외부 세계를 받아들여 소화할 충분한 능력을 갖추었다. 또한 안전한지 아닌지를 판단하는 능력도 지녔다. 몸의 지혜는 우리 삶을 좋은 방향으로 이끌어준다. 몸의 소리를 듣는 법을 빨리 배우면 배울수록 우리 삶에 유리해질 것이다.

| 올바른 공중 화장실 사용법 |

어린 시절에 대소변 가리기에 부담을 느끼거나 외부 세계를 신뢰하지 못하면 평생 수치심과 불안감을 떨쳐버리지 못한다. 이런 악순환에서 벗어나기 위해서는 딸에게 자신의 몸에 대한 신뢰와 면역계의 능력에 대한 확신을 심어줄 필요가 있다. 그 교육 장소로는 공중 화장실이 가장 좋다. 자신의 몸이나 안전에 대한 여성들의 사고방식이 가장 잘 드러나는 곳이기 때문이다.

- 변기에 앉기 전에 젖지 않았는지 확인하도록 가르쳐라. 변기가 젖어 있으면 매우 불쾌하다.
- 딸이 두려움 없이 변기에 편히 앉을 수 있도록 가르쳐라. 꼭 필요하다면 변기 위에 휴지를 깔아도 좋지만 명심할 점은 처음 습관을 잘못 들이면 평생 불편을 감수하며 살아야 한다는 것이다. 변기에 닿지 않게 어정쩡하게 앉는 것보다 변기 위에 편히 앉는 것이 항문 근육의 활동에 도움이 된다. 딸의 키가 작아서 변기가 너무 높은 경우를 제외하고는 편히 앉아 일을 보도록 가르쳐라.
- 딸에게 시간을 넉넉히 주어라. 일을 편안히 다 마치기 전에 서둘러 일어나지 않게 하라.
- 일을 끝낸 후 혼자 닦는 법을 가르쳐라. 앞에서 뒤로 닦아야 항문의 세균이 질이나 요도에 감염되지 않는다. 딸에게 구멍이 세 개 있으며 각자 기능이 다르다는 사실을 알려주라. 소변을 누는 곳과 대변을 누는 곳과 아기를 낳는 곳이다. 몸의 구조에 대해 일찍 터득하는 것은 많은 도움이 될 것이다.

- 공중 화장실이라고 휴지를 함부로 낭비하지 않게 하라. 많은 엄마들이 더러움을 강조하면서 휴지를 낭비하게 만든다.
- 화장실을 나오기 전에 반드시 손을 씻도록 가르쳐라. 기다리는 사람이 많은데 시간이 없거나 종이 타월이 떨어진 경우, 식사 중이거나 꼭 필요한 상황이 아니면 생략하는 융통성도 배우게 하라.
- 젖거나 윤을 낸 마룻바닥에서 미끄러지지 않는 방법을 가르치는 것도 필요하다.

9
면역계의 발달
- 마음과 주변 환경을 반영하는 거울 -

아이의 면역계는 자궁 안에서부터 사춘기에 이르기까지 주변과 서로 교류하며 성장한다. 아이의 첫 번째 주변은 당연히 엄마의 몸이다. 엄마의 몸에는 해로운 박테리아가 수없이 많이 살고 있으며 모유에도 마찬가지다. 모유를 먹은 아기는 향기로운 황금색 변을 보는데, 모유 속의 박테리아는 고약한 냄새가 나지 않기 때문이다. 그러나 아기가 분유나 다른 음식을 먹는 순간부터 위 속의 박테리아가 바뀌어 고약한 냄새를 풍기게 된다. 아기의 위는 태어나는 순간에는 공백 상태다. 그 속에 모유의 유익한 박테리아가 들어가서 위의 기능을 건강하게 만들고 소화를 돕는다. 이 위의 요정은 알레르기와 천식을 예방하기도 한다.

아기의 주변 환경에는 주변 사람의 사고방식이나 감정, 생각을 비롯해서 공기, 음식, 물, 세균, 약품 등이 포함된다. 이 모든 요소들이 자라나는 아이의 면역계 발달과 구성에 영향을 미친다. 이들 각 분야에 대한 엄마의 선택이나 사고방식 또는 세균에 대한 인식은 아이의 면역계 잠재력과 보살핌의 능력에 지대한 영향을 미친다.

우리 몸의 최전방 면역 층은 각종 표면이다. 아직 널리 인식되지는 않았지만 면역계의 상당 부분이 음식을 먹거나, 공기를 호흡하거나, 사람이나 동식물과 스킨십을 할 때 주변과 직접적인 접촉이 이루어지는 점막 층에 분포되어 있다. 이러한 점막 면역계에는 눈의 결막, 입 내막, 소화 기관 및 콧구멍, 호흡 기관, 기관지의 내벽 등이 포함되며 가슴과 모유 또한 피부와 함께 점막 면역계로 간주한다. 이들 각 표면에는 면역계의 건강과 균형에 필요한 유익한 박테리아가 서식한다.

여러 세기에 걸쳐 많은 연구들이 면역계는 다른 면역계와 서로 소통한다는 사실을 증명했다. 예를 들면, 우리 몸의 한 부위에 세균 형태의 단백질이 침입하면 다른 부위들은 경계 태세를 갖추고 각 표면의 면역 세포에서 어떤 조치가 필요한지를 조사한다. 침입한 세균이 해로운 것으로 판명되어 면역계의 경보가 울리면 몸의 각 기관은 침입자를 죽이기 위한 태세에 돌입한다. 점막 면역계의 방어가 실패할 경우에만 혈액 속의 면역 세포가 활동을 시작한다.

그러나 상황을 정확히 파악하지 못했을 경우, 면역계는 음식이나 공해, 동물의 털 등 외부의 자극에 지나치게 반응한다. 염증을 유발하거나 기관지를 좁히는 등 면역계의 과잉 반응이 장기적으로 지속되는 상태가 바로 알레르기나 천식이다.

면역계도 눈이나 귀와 같은 감각 기관의 특성을 모두 갖추고 있다. 세로 줄무늬만 보며 자란 고양이 새끼가 세로가 아닌 사물을 인지하는 능력이 쇠퇴하는 것처럼 인간의 면역계도 어린 시절의 경험과 주변 환경을 통해 '본 것'과 '보지 못한 것'에 따라 프로그램이 입력된다.[1]

인간의 면역계 기능은 기분이나 행동과 깊은 연관이 있다. 우리가 생각하거나 느낄 때 뇌에서 생성되는 신경 펩티드 수치의 변화가 면역계에 영향을 미치기 때문이다. 더욱 흥미로운 사실은 면역 세포 자체도 뇌와 똑같은 신경 펩티드를 생성할 수 있다는 것이다. 앨라배마 의과대학의 면역학자인 에드윈 블레이락J.Edwin Blalock 박사는 면역계에 '마음의 거울'이라는 이름을 붙여주었다.

면역계는 기분과 밀접하게 연결되어 있기 때문에 우리가 아무리 먼지와 세균이 전혀 없는 환경에 격리되더라도 질병이나 알레르기로부터 해방될 수 없다. 오히려 세균이 없는 환경을 만들수록 건강에 해로울 수도 있다. 우리 몸의 내부와 외부는 박테리아가 적당히 혼합된 환경에 노출될수록 면역계의 발달이 활발해지기 때문이다. 스웨덴 과학자인 벤트 비조르크스텐Bengt Bjorksten은 알레르기와 천식의 상관관계를 조사한 연구에서 다음과 같이 밝혔다.

고도로 산업화된 국가들에 알레르기 증상이 많은 것은 서유럽보다 40년이나 생활양식이 뒤진 동유럽에서 알레르기 발병률이 낮은 것과 대조를 이룬다. 이제까지 천식이나 알레르기를 일으키는 환경적 요인은 공기 오염이나 주택의 열악한 통풍 시설, 알레르기 항원에 대한 노출 빈도의 증가, 집안의 먼지 등으로만 생각해왔다. 그러나 이런 요인만으로는 지역에 따른 현저한 발병률의 차이를 설명하는 데 부족하다. 따라서 생활양식의 차이도 고려해야 한다. 어린아이에게 엄마는 중요한 '환경 요인'이라고 할 수 있다. 최근 한 연구는 음식물 알레르기 증상을 보이는 아이와 그렇지 않은 아이, 스웨덴에 사는 아이와 에스토니아(동유럽)에 사는 아이를 비교해보았다. 그 결과 면역계의 성장에 지대한 영향을 미치는 미생물의 혼합 형태가 어떻게 다른지에 따라 알레르기나 천식의 발병률이 차이가 난다는 사실을 발견했다.[2]

그렇다면 현대의학의 혜택을 더 많이 받는 아이들에게 알레르기 증상이 많이 나타나는 원인은 무엇일까? 주된 이유 중 하나는 항생제와 살균제의 남용을 들 수 있다. 이들은 해로운 박테리아만 죽이는 것이 아니라 면역계와 신체 내부의 균형을 유지하는 유익한 박테리아까지 없앤다. 그 결과, 위 속의 효소와 세균이 과도하게 성장함으로써 몸 전체의 면역력을 저하시킨다. 동물을 대상으로 한 실험 결과, 항생제 투여는 장 속의 효소와 곰팡이 균의 성장을 촉진시킴으로써 폐에 곰팡이균이 침입했을 때 알레르기 반응을 일으키게 만드는 것으로 밝혀졌다.[3]

지나친 결벽증은 오히려 해롭다

우리 형제들이 어렸을 때 음식물 안에서 벌레를 발견하면 아버지는 이렇게 말씀하셨다. "쉿! 아무에게도 말하지 말거라. 다른 애들한테 빼앗길라." 그리고 소풍을 가서 우리가 땅에 떨어진 음식을 주워 먹어도 아버지는 별로 개의치 않으셨다. "흙의 정기를 먹으면 모든 것에 면역이 생긴단다." 최근 발표된 연구 결과들을 보면 우리 아버지는 통찰력이 있으셨던 것 같다. 최근 들어 지나치게 청결한 환경은 오히려 면역계를 약화시킨다는 사실이 입증되었다. 어린 시절, 지나치게 깨끗한 환경에서 자란 아이들은 나중에 면역력이 떨어진다는 것이다. 런던의 그레이엄 루크Graham Rook 교수가 실시한 임상 실험에 따르면, 주변에서 흔히 접할 수 있는 무해한 미생물을 주입할 경우 아이들의 면역력이 증진되었다.

일찍부터 세균이나 공해, 동물 비듬에 노출된 아이들은 장기적으로 건강에 유익하다는 연구 결과가 발표되기도 했다. 또한 몸 안의 유익한 균들이 항생제의 공격을 자주 받지 않는 경우에도 같은 효과가 있었다. 여러 나라를 대상으로 조사한 결과, 건강이나 위생에 대한 인식이 높아지고 가족의 규모가 축소되는 것과 비례해서 천식 환자가 늘어나는 경향을 보였다. 이에 반해 탁아소에 다니거나, 형제가 많거나, 시골에 살거나, 집 가까이 동물을 기르는 농장에 살거나, 개를 기르는 집에서 사는 아이들은 천식에 걸릴 확률이 낮은 것으로 나타났다.[4]

이밖에도 제왕 절개술로 태어난 아기나 모유 대신 분유를 먹는 아기들의 천식 발병률이 높다는 사실도 입증되었다. 산도를 거쳐 탄생한 아기들은 엄마의 질과 장에 서식하던 세균에 노출됨으로써 점막 면역계의 미생물 균형을 유지하는 데 도움이 된다. 또한 산도를 거치는 동안 폐 속에 든 액체가 쥐어 짜여서 탄생하는 순간 호흡을 위한 준비 태세를 갖추게 된다. 아기가 태어나자마자 아무 도움 없이도 스스로 호흡할 수 있게 되는 것이다. 모유를 먹는 것도 위에 유익한 박테리아를 주입시켜 건강한 면역계를 형성한다.

천식에 대한 대체의학적인 접근

천식에 대한 자세한 설명은 이 책의 영역에서 벗어나지만 나는 이 질병이 면역 기능에 얼마나 지대하고 복잡한 영향을 미치는지와, 이 문제에 대해 우리의 이해가 얼마나 부족한지를 짚고 넘어가고자 한다. 천식은 우리의 감정이 면역계와 폐의 기능과 얼마나 밀접하게 연결되어 있는지를 알 수 있는 좋은 본보기다.

천식은 면역계의 과잉 반응으로 기도에 염증이 생겨 붓고 좁아지는 증상을 말한다. 천식의 증상은 세 가지로 요약된다. 호흡이 가빠지고,

기침이 심하며, 숨을 헐떡이는 것이다. 일부 아이들은 숨을 헐떡이거나 다른 증상 없이 기침만 하지만 한번 기침이 시작되면 좀처럼 멈추지 않는다. 또한 대부분의 천식이 알레르기와 만성 코막힘을 동반하지만 그렇지 않은 경우도 있다. 천식은 아이의 내외부 환경의 영향으로 호흡기나 기관지의 근육이 민감해져 과잉 반응을 보이기 때문에 발생한다. 천식은 아이들이 학교를 결석하는 가장 흔한 증상이며 현대 의학이 치료에 많은 노력을 기울이고 있지만 아이나 어른 모두 치사율이 점차 증가하고 있다.

천식을 일으키는 일반적인 환경 요인으로는 먼지나 담배 연기, 동물의 털, 바이러스, 추운 날씨 등을 꼽을 수 있다. 이밖에 사회·경제적인 요인과도 관계가 있는 것으로 증명되었다. 미국 흑인의 천식 발병률은 나머지 인구에 비해 50퍼센트나 높으며 백인들보다 병원을 찾는 횟수가 훨씬 빈번하다. 미국 인디언 역시 천식 발병률이 높다.[5]

이와 더불어 자신의 감정을 표현하는 데 어려움을 느끼는 아이들은 천식에 걸릴 가능성이 크다. 폐가 4차크라 안에 자리 잡고 있다는 사실을 감안할 때 충분히 수긍이 가는 설명이다. 4차크라는 기쁨이나 열정, 슬픔, 분노, 비탄 등 자신의 감정을 충분히 표현하는 능력과 연결되어 있기 때문이다.

따라서 천식으로 인한 죽음을 피하는 길은 천식 환자들이 의학적인 치료와 더불어 자기 내면의 에너지를 이용하는 심신의학적인 치료법을 배우는 것이다. 이를 통해 천식 환자들은 완전히 치료되지는 않더라도 삶의 질은 높일 수 있다. 천식은 몸의 각 부위에 염증이 퍼져가는 점진적인 질병이기 때문에 천식 환자들은 때로 호흡 곤란과 함께 피로감과 통증을 느끼게 된다. 이 같은 증상의 확산을 내면의 에너지를 동원해서 막을 수 있는 것이다.

흡연은 감정 상태의 반영이다

아이들은 옆에서 담배 연기를 마시는 것만으로도 천식이나 호흡기 질환의 발병률이 커질 수 있다는 사실은 이미 연구를 통해 증명되었다. 그러나 우리는 감정과 흡연의 상관관계에 대해서는 아직 충분히 인식하지 못한다. 흡연자들이 담배를 피우는 것은 힘든 감정을 해소하거나 극복하기 위해서다. 이 말은 담배를 피우는 부모들은 피우지 않는 부모보다 감정을 표현하는 능력이 부족하다는 뜻이다. 아이들은 부모의 표현되지 않은 감정을 감지하기 때문에 감정적인 압박감을 느끼는 환경에서 자라게 된다. 이런 정보는 곧바로 아이들의 폐와 호흡 기관에 전달되어 천식이나 기관지염, 기타 호흡기 질환의 형태로 나타난다. 이런 현상은 유전자와 마찬가지로 자식에게 대물림된다.

약물 남용의 피해

천식은 어떤 증상으로 시작되었는지에 관계없이 결국에는 항생제 과다 투여를 면치 못한다. 천식 치료에 쓰이는 약물에는 히스타민, 브라디키닌, 류코트리엔, 프로스타글란딘 등이 있다.[6] 이들 화학 물질은 폐의 혈관 밖으로 새어 나와 주변 조직에 염증을 일으키고 부풀어 오르게 만들 뿐 아니라, 기관지 근육을 수축시키고, 호흡기의 협착을 유발한다. 이렇게 되면 기도에서는 점액이 분비되어 통로가 좁아지고 끈적거리기 때문에 호흡이 곤란해지고 숨이 가빠지게 된다. 대부분의 증상은 수분에서 한 시간 정도 지속되며 증상이 지나가면 환자들은 다시 멀쩡해진다. 그러나 때에 따라서는 집중 치료실에서 산소 호흡기를 꽂아야 할 정도로 심각하게 발전하는 경우도 있다. 천식 증상이 장기간 지속되면 기관지 표면의 신경 세포가 손상을 입어 시간이 흐를수록 작은 자극에도 심각한 증상으로 발전하게 된다. 따라서 모든 호흡 기관에 손상이 생겨 생명이 위독해진다.

| **천식 증상이 나타나는 과정** |
| 1. 아이가 감정적 · 환경적인 요인에 노출된다.
| 2. 가슴이 답답해지며 마른기침을 한다.
| 3. 호흡이 거칠어진다.
| 4. 숨을 들이쉬고 내쉴 때 씩씩거리며 헐떡인다.
| 5. 갈수록 숨을 내쉬기가 어려워져서 호흡이 가빠진다.
| 6. 숨이 가빠지면서 맥박 수와 혈압이 올라가 두려움이 몰려온다.
| 7. 호흡이 힘들어 숨을 쉬기 위해 목과 어깨 근육까지 동원해야 한다.
| 8. 가빠지는 호흡, 헐떡거림, 기침 등에서 벗어나기가 불가능해진다.

약물은 해결사가 아니라 중개인이다

약물 치료의 목적은 천식의 증상을 억제해서 아이의 몸이 스스로 치유하는 시간을 갖도록 하는 것이다. 요즘에는 많은 천식 환자들이 흡입기를 휴대하고 다니지만, 증상이 심각할 경우에는 스테로이드나 테오필린 같은 약을 매일 복용해야 한다. 대부분의 천식 약들은 류코트리엔 합성을 방해하여 염증을 억제한다. 그러나 이들 화학 작용의 억제는 스테로이드 약물 사용자들이 겪는 것과 같은 부작용을 유발한다. 과학자들은 천식 환자가 아닌 일반인의 폐 속에서도 염증을 유발하는 화학 물질을 발견했다. 이 말은 천식을 일으키는 요인은 염증만이 아니라 다른 요소들도 있다는 것을 의미한다.

음식과 면역의 상관관계

수많은 연구 결과에서 입증되었듯이, 어유魚油나 DHA, EPA 등의 필수 지방산이 포함된 음식은 천식 예방에 매우 효과적이다. 이들 지방산은 염증을 일으키는 화학 물질의 합성을 저지하는 것으로 밝혀졌다. 우리 몸의 면역계는 염증의 형태를 신체 부위에 따라 다르게 나타낸다는 점을 감안할 때 필수 지방산은 습진이나 다른 알레르기에도 도움이 될 것으로 추정된다.

다음은 필수 지방산을 섭취하는 여러 가지 방법이다.

- 오트밀이나 시리얼에 아마인 가루를 조금 첨가한다. 양을 점차 1테이블스푼까지 늘린다.
- 연어나 정어리를 섭취한다.
- 해바라기 씨, 호두, 호박씨 등의 견과류나 씨앗을 날로 먹는다.
- 주스나 오트밀에 필수 지방산 오일을 3티스푼 정도 첨가한다.

아이가 충분한 양의 필수 지방산을 섭취하는지를 점검하는 동시에 유제품이나 정제된 당분, 수소가 첨가된 지방, 밀가루를 제외한 자연식품을 섭취하게 하라. 나는 천식이나 알레르기 환자들이 이런 음식을 먹었을 때 증상이 한결 나아진다는 사실을 발견했다. 이와 더불어 알레르기나 천식을 앓는 아이 혹은 항생제를 복용했던 아이들은 유익한 박테리아가 든 식품을 섭취함으로써 장에 유익한 박테리아를 보충할 필요가 있다. 이들 식품으로는 청국장, 된장, 김치, 요구르트, 집에서 만든 피클 등을 들 수 있다. 또한 프로바이오틱스(젖산) 제품은 캡슐로도 시판되며 식품에 첨가해서 먹을 수 있다. 이들은 살아 있는 박테리아이기 때문에 열이나 빛에 파괴된다.

이 밖에도 아이들에게는 면역력을 높여주는 종합 비타민제를 먹여야 한다. 나는 비타민 보충제를 먹는 것만으로도 천식이나 알레르기 증상이 한결 호전되는 아이들을 많이 보았다. 그 이유는 비타민 안에 들어 있는 항산화제가 염증을 억제하기 때문이다.

우리가 일상적으로 섭취하는 음식물 안에는 면역계가 공해나 먼지, 동물의 털 등에 과잉 반응을 일으키는 단백질이 포함된 것들이 많다. 인공 조미료처럼 방부제와 중독성 물질이 포함된 식품도 마찬가지다. 아이들의 식생활만 바꿔도 습진이나 중이염, 호흡기 질환 같은 알레르기 증상은 저절로 사라질 것이며 천식 또한 증상이 한결 호전될 것이다. 내가 아는 아이들 중에도 식생활을 바꿈으로써 중이염을 치료한 아이들이 많다.

이런 증상들을 피하는 첫걸음은 임신 중에 필수 지방산을 많이 섭취하며, 모유를 먹이거나 아니면 필수 지방산이 첨가되고 수소화 지방이 없는 분유를 먹이는 것이다. 또한 아이들의 음식에 어유나 아마유를 몇 방울 떨어뜨리는 방법도 있다.

가능하면 아이들에게 어려서부터 우유나 밀가루 제품, 중독성 물질이 든 음식을 먹이지 말라. 유치원이나 학교에 들어갈 때는 이미 입맛이 길들여져 바꾸기 힘들다. 문제를 일으키는 식품들을 피하는 것만으로도 아이들의 면역력은 증진되며 성장 후에도 낯선 단백질에 과잉 반응을 보이지 않을 것이다.

천식에 걸린 아이의 호흡을 돕는 방법

문제를 일으키는 요인을 파악해서 아이들에게 인식시켜라. 요인을 알면 천식 발작의 빈도와 강도를 줄이거나 제거할 수 있다. 우선 아이와 함께 증상을 유발하는 요인을 찾아내서 가능하면 빨리 내부와 외부의 환경을 개선하라. 천식 일지를 쓰는 것도 간과할 수 있는 요소들을 찾아내는 데 도움이 될 것이다. 어느 곳에 갔을 때 천식 발작이 일어났는가? 그때 아이의 기분이 어땠는가? 주변 환경은 어떤 곳이었나? 축축한 다락방이나 지하실에 갔을 때나 친척이나 지인을 방문하기 위해 낯선 곳에 갔을 때 증상이 나타나는 경우가 많다. 어떤 아이는 고양이에게 다가가거나 담배 연기를 맡으면 발작을 일으킨다.

아이에게 감정을 표현하는 법을 가르쳐라

아이에게 스트레스를 받거나 두려움을 느끼는 것에 대해 솔직하게 이야기하는 방법을 가르쳐라. 감정이 겉으로 표출되면 폐에 쌓여 문제를 일으키지 않게 된다.

아이가 참아주기 힘들 정도로 심하게 감정을 폭발시키거나 거친 방법으로 감정을 표현하더라도 아이에게 감정이 생기는 것은 반드시 이유가 있다는 사실을 깨닫게 하라. 모든 감정은 인정받을 필요가 있으며 적절한 방법으로 표출되어야 함을 가르쳐라. 시애틀에 있는 워싱턴대학의 심리학자인 존 고트만John Gottman 박사는 이렇게 지적했다. "부모들이 아이의 감정을 인정하지 않아서 아이들에게 많은 해를 끼친다. 이것은 아이들이 자신의 직관을 믿지 못하게 만든다." [7] 이는 또한 신체적 질병의 원인이 되기도 한다. 부모들이여, 아이의 감정을 존중하고

인정하자! 아이가 "엄마, 손가락이 아파"라고 말하면 "아프긴 뭐가 아
파, 살짝 긁혔을 뿐인데"라고 말하지 말고 "손가락은 살짝만 긁혀도 아
프단다"라고 호응해줘야 한다. 또 아이가 "엄마, 여긴 너무 더워"라고
말하면, "덥긴 뭐가 더워, 이렇게 시원한데"라고 꾸짖지 말고 "그래, 너
한테는 덥겠구나"라고 말해주라. 부모들은 아이들의 순수한 생각과 감
정을 인정하기보다 현실을 직시하도록 가르치는 것이 자신의 임무라고
생각한다. 그러나 부모들의 이런 경직된 자세가 아이들에게 큰 상처를
준다.

연구 결과, 천식을 비롯한 면역계 질환들은 몸은 물론 마음의 영향
도 받는다는 사실이 확실히 입증되었다. 한 연구는 천식이나 류머티즘
성 관절염을 가볍게 혹은 심하게 앓는 107명의 성인을 무작위로 선정해
서 가장 스트레스를 받는 일이나 감정이 상하는 일을 연속 사흘 동안
매일 20분씩 기록하도록 했다. 그런 다음 환자들의 증상을 2주 후, 2달
후, 4달 후에 점검했다. 그 결과, 사랑하는 사람의 죽음이나 불편한 인
간관계, 어린 시절의 학대 등 정신적 상처를 기록한 환자들이 가장 급
격히 증상이 호전되었다. 특히 천식 환자들은 폐의 기능이 크게 향상되
는 효과가 있었다.[8] 또 다른 연구에서도 이런 형태의 감정적인 표현이
면역력을 증진시키고 만성적인 질병의 증상이나 병원 방문 횟수를 줄
였다.[9]

한 환자는 할머니를 방문할 때마다 딸의 천식 증상이 악화된다는 사
실을 발견했다. 그 할머니는 꼬장꼬장하고 차가운 여성이었다. 엄마의
질문에 어린 딸은 할머니에 대한 두려움을 털어놓았다. 두려움이나 슬
픔 같은 감정도 고양이 비듬처럼 증상을 악화시키는 환경적 요인으로
작용한다는 사실을 확실하게 증명해준 사례다. 이 엄마는 딸에게 할머
니에 대한 부정적인 감정을 겉으로 표출하도록 유도함으로써 '목격자

의 역할'을 확실히 수행한 것이다. 엄마에게 자신의 감정을 인정받은 딸은 마음이 편안해져서 더 이상 할머니에 대한 두려움을 천식을 통해 표현하지 않게 되었다.

| 면역 기능을 회복하는 상상요법 |

상상력을 동원하는 것만으로도 아이에게 기관지를 이완시키는 방법을 가르칠 수 있다. 상상요법은 아직 마음이 순수한 아이들에게 더욱 효과적이다. 다음 방법은 캐서린 샤퍼Kathryn Shafer 박사와 프란 그린필드Fran Greenfield 박사의 공저인 〈21일 안에 천식에서 벗어나는 법(Asthma Free in 21 Days)〉이라는 책에서 발췌한 것이다.(부록 참조)

황금 풍선 훈련

• **목적** – 호흡기를 강화하고 치유하며 폐활량을 증가시키기 위한 것
• **횟수** – 아이가 호흡에 불편을 느끼는 동안에는 한 번에 2분씩 한두 시간마다 실시한다. 호흡이 정상으로 돌아오면 아침과 저녁에 한 번씩이면 충분하다.
• **방법** – 아이에게 다음 글을 큰 소리로 읽어준다.
"우선 눈을 감고 숨을 세 번 내쉬렴. 네 폐가 반짝이는 두 개의 황금 풍선이라고 상상해봐. 숨을 들이쉬면서 그 황금 풍선이 팽팽하게 부풀어 올라 반짝거리는 모습을 생각하고 느껴보는 거야. 동시에 네 가슴도 크고 넓게 부풀어 오른다고 생각해. 이제 숨을 내쉬렴. 코를 통해 더러워진 공기를 밖으로 내보내는 거야. 풍선이 조그맣게 오그라든다고 상상해보렴. 네가 내쉰 공기가 회색 연기가 되

어 공중으로 날아가는 모습이 보이니? 동시에 네 가슴도 조그맣게 쭈그러들었단다. 눈을 뜨기 전에 이렇게 숨을 들이쉬고 내쉬는 동작을 다섯 번 되풀이하자. 그러는 동안 네 폐는 리듬에 따라 경쾌하게 움직이며, 네 몸은 에너지와 생명력으로 가득 차게 되는 거야. 자, 이제 눈을 뜨고 처음부터 다시 시작해보자."

코로 숨을 쉬게 하자

입으로 숨쉬는 것은 정상적인 호흡법이라고 할 수 없다. 입으로 숨을 쉬면 스트레스 호르몬인 공격 도피 호르몬의 생성을 촉진하여 몸에 해롭다. 아이에게 코로 숨을 쉬도록 가르쳐라. 코로 숨을 쉬는 것만으로도 천식이나 알레르기, 축농증을 완화할 수 있다. 최근 출간된 책의 사인회에서 한 젊은 여성이 상기된 표정으로 내게 감사를 표했다. 코로 숨을 쉬라는 내 강의를 듣고 실천한 결과 천식이 완치되었다는 것이었다.

코로 숨쉬기는 턱과 안면 골격의 발달에도 도움이 된다. 또한 공기를 폐 깊숙이 들이마시기 때문에 흉곽이 넓어져서 산소를 내포한 혈액을 더 많이 수용할 수 있다. 입으로 숨쉬기가 폐의 윗부분만 팽창시키는 데 반해 폐의 아랫부분까지 팽창시키는 코로 숨쉬기는 흉곽을 넓혀준다. 코로 심호흡을 하면 공기가 콧구멍을 통과하는 동안 점막 면역계가 먼지와 세균 등을 걸러낸다.

아이에게 천식을 이겨내는 법을 가르쳐라

아이가 심한 천식 발작에 시달리면 부모는 걱정이 되어 잠을 이루지 못하고 머리맡을 지키게 된다. 그러나 면역계와 기도의 기능이 감정 상태와 깊이 연결되어 있다는 사실을 인식한다면 아이에게 천식 발작을 가라앉히는 방법을 가르칠 수 있다. 증상이 심각하든 가볍든 무엇보다 중요한 것은 아이에게 마음의 평화와 안정감을 느끼게 하는 것이다. 어려서 천식을 앓은 경험이 있는 환자들의 말을 들어보면 그 증상을 다스리는 방법을 통해 건강에 대한 책임감을 일찍부터 터득했다는 것이다. 어른이 된 지금 그들은 어렸을 때 건강했던 친구들보다 훨씬 건강한 모습으로 살아간다.

아이가 일단 천식 발작이 일어나는 원인을 이해하면 발작이 일어나려는 조짐을 미리 알아채고 약물이나 상상요법, 호흡법 등을 통해 사전에 예방하는 방법을 터득할 것이다.

세상에 대한 믿음을 키워주라

결론적으로 말해서 아이들이 질병에 걸리기 쉬운지 면역력이 강한지는 항생제 남용이나 적절한 식생활, 운동, 감정 상태나 생활 방식 등과 밀접하게 연결된다. 엄마가 걸핏하면 아이를 병원에 데려가거나, 조금만 날씨가 쌀쌀해도 마스크를 씌우거나, 약물이나 흡입기를 남용하거나, 공기 정화나 소독제, 가습기에 지나치게 의존하는 모습은 이런 예방책 없이는 세상이 안전하지 않은 곳이라는 메시지를 아이에게 입력시킨다. 물론 이런 것들도 나름대로 소용 가치가 있다. 그러나 아이가 주변 세계에 어떤 인식을 갖는지에 따라 면역계가 주변의 세균에 반응하는 방법이 결정된다. 아이가 가정 안에서 평화와 안정감을 느끼지 못하고 적절한 방법으로 자신을 충분히 표현하지 못할 경우, 아무리 유기농 음식이나 비타민을 먹이고 면역력을 높이려고 애써도 아이의 건강에 큰 도움이 되지 못할 것이다.

공기 오염을 줄이기 위해 집 안에 공기 정화기를 설치하고, 집 안을 수시로 쓸고 닦으며 청소하고, 고양이를 자주 목욕시키고, 모든 공해 물질로부터 격리시켜서 키운다고 아이가 건강하겠는가. 또한 밀가루 음식이나 유제품, 계란, 초콜릿, 옥수수, 땅콩 등 알레르기를 일으키는 음식을 먹이지 않는다고 아이의 건강을 보장할 수 있겠는가. 알레르기나 천식에 걸린 아이에게 이런 조치들이 초기에는 도움이 될 수 있겠지만 언젠가는 아이의 면역계가 지구상의 모든 공해 물질과 더불어 살아가는 방법을 터득해야 할 것이다.

자가 면역 질환

갑상선 항진증, 낭창, 류머티즘성 관절염, 다발성 경화증 같은 자가 면역 질환 환자의 80퍼센트 이상은 여성이다. 이들 질환의 원인은 유전이나 환경, 식생활 등 다양하지만 한 가지 공통적인 사실이 있다. 환자의 면역계가 자신의 몸을 공격한다는 것이다.

내 오랜 임상 경험과 수많은 연구 결과로 미루어볼 때, 자가 면역 질환의 씨앗은 어린 시절에 뿌려진다. 그 중 가장 일반적인 씨앗은 사랑과 관심을 받지 못한다는 절망감이다. 우리의 면역계는 그 절망감을 간직하고 있다가 나중에 몸을 공격한다. 갑상선 항진증과 관절염을 앓고 있는 한 환자의 말이다.

저는 어렸을 때 엄마에게 학대받으며 자랐어요. 엄마는 제가 울면 달 래주기는커녕 울지 말라고 때리곤 하셨어요. 저는 제 몸과 감정을 억 제하는 법을 배우며 자랐죠. 엄마는 더 이상 저를 때리지 않지만, 이 번에는 제 면역계가 저를 때리고 있어요. 저는 화를 내고 나면 24시 간 안에 목이 따끔거리고 등이 아파와요.

이 환자는 식생활 개선과 치료를 통해 면역계와 더 친밀한 관계를 회복 할 수 있었다. 그러나 면역계의 기억력은 매우 오래 지속되기 때문에 그녀 안에는 근본적인 원인이 여전히 잠재되어 있다. 그것을 바꾸는 데 는 많은 시간과 인내심이 필요하다.

🍁 지혜의 샘 | 당신은 아이의 면역성을 길러주고 있는가

최근 보도된 한 기사에서 땅콩 알레르기 증상이 심각한 학생들이 늘어 나서 학교에 땅콩버터 가져오기를 금한다는 내용이 있었다.[10] 그리고 비행기에도 땅콩버터를 휴대할 수 없도록 법이 바뀌었다. 그러나 이런 조치들은 문제를 해결하는 최악의 방법이다. 주변에서 땅콩버터를 몰 아내는 대신에 우리는 이렇게 반문해볼 필요가 있다. "오늘날 왜 그렇 게 많은 아이들의 면역계에 문제가 생겼을까?"

아이들에게 그렇게 많은 예방 주사를 맞힘으로써 우리 몸의 자연적 인 면역력을 약화시켰기 때문은 아닐까. 아이들의 식생활이 건강하지 못하고 몸의 자연스러운 균형과 지혜가 침범당했기 때문에 천식이나 알레르기에 걸리는 아이들이 늘어나는 것은 아닐까. 자폐증이나 주의 력결핍 과잉행동장애(ADHD) 어린이가 증가하는 것 또한 마찬가지다.

나는 아이들의 예방 접종에 대한 내 견해를 여러 사람에게 전달하려고 노력한다. 여기에 어느 뉴스레터 독자가 보낸 글을 소개한다.

"저는 아기의 예방 접종 문제로 큰 고민에 빠져 있습니다. 얼마 전까지만 해도 아기의 예방 접종을 미뤄왔지만 지금은 소아과 의사가 국립질병통제예방센터(CDC)의 규정에 따라 권하는 스케줄을 실천하고 있습니다. 그러나 혹시 선생님께서 더 안전한 예방 접종 스케줄을 알고 계시다면 소개해 주시기를 부탁드립니다. 접종 시기를 늦추는 것이 좋다거나 하지 않는 것이 오히려 유익한 예방 접종이 있다면 가르쳐주십시오. 저는 지금 신뢰할 수 있는 전문가의 도움이 절실히 필요합니다. 우리 아기를 예방 접종의 위험에서 보호하기 위한 엄마의 간절한 바람이니 부디 도와주시기 바랍니다."

아이들의 면역력을 증강시키는 문제는 내가 지난 20년 동안 심혈을 기울여온 분야다. 이런 내 견해와 경험을 다른 사람들과 나눔으로써 그들 자신이나 자녀들의 건강에 가장 도움이 되는 방법을 찾도록 돕고 싶다. ❀

예방 접종에 대한 갈등

나는 첫딸 애니가 처음 예방 접종을 받던 날을 생생하게 기억한다. 애니는 날수를 충분히 채우고 태어난 건강한 아기였지만 체중이 3킬로그램도 채 되지 않았다. 그리고 여전히 황달기가 완전히 가시지 않은 상태였다. 당시 나는 예방 접종 스케줄에 대해 문제를 제기하는 여러 책들을 읽으면서 불안감에 사로잡혔다. 저명한 면역학자나 소아과 의사인 저자들은 소아마비 같은 질병의 발병률이 백신이 개발되던 시기에 비해 현저하게 감소했다는 증거를 제시하며 과잉 면역화를 우려했다. 이 질병들의 예방 접종은 더 이상 필요하지 않다는 것이었다.

한편, 나는 당시 8년에 걸쳐 의사로서의 전통적인 훈련 과정을 막 끝낸 풋내기 의사였다. 따라서 어린 시절의 예방 접종은 매우 중요하다고 교육받았으며, 남편 또한 매우 보수적인 외과 의사였다. 나는 확신이 없었지만 나쁜 엄마라는 손가락질을 받을까봐 두려웠고 남편을 설득할 자신이 없었다.

결국 나는 체중 미달이었던 애니를 데리고 병원에 가서 그 앙증맞은 엉덩이에 DPT 예방 주사를 맞혔다. 다른 아기들과 마찬가지로 애니도 주사를 맞은 후 며칠 동안 고열과 고통에 시달렸다. 주사를 맞았던 자리도 동전 절반만 한 크기로 빨갛게 부풀었다. 이 자국은 그대로 굳어져 평생 흉터로 남는다.

그 일이 있은 후 나는 애니에게 예방 접종을 계속하는 게 내키지 않아서 다음 스케줄은 몇 달 후로 미루었다. 나는 예방 접종보다는 다른 방법으로 건강을 지켜주고 싶었다. 좋은 음식이 건강한 면역계를 창조한다는 것을 알고 있었던 나는 아기에게 모유를 먹이면서 나 자신의 섭생에도 힘썼다. 영양소를 골고루 섭취하고 보충제를 복용하면서 엄마의 건강이 아기에게 전달되기를 바랐다. 나는 아기를 일부러 아프게 만드는 대신 자연의 지혜를 따르기로 한 것이다.

그러나 남편은 내 의견에 동의하지 않았다. 우리는 5년 동안 애니의 예방 접종 문제를 두고 의견 대립을 벌였다. 나는 만일 애니가 예방 주사를 맞아야 한다면 백일해는 빼고 정해진 양의 절반만 맞아야 한다고 주장했다. 백일해 예방 주사를 피하자는 주장은 나 혼자만의 생각이 아니었다. 그 당시 백일해 예방 주사가 신경성 장애를 일으킬 가능성이 크다는 주장이 대두되면서 이에 대한 연구가 진행 중이었다. 애니는 더이상 DPT 예방 접종을 하지 않고 대신 DT와 소아마비 예방 주사를 정해진 양의 절반만 맞았다. 그것도 애니가 세 살 되던 해에 한 번으로 끝냈다. 그 후 애니는 학교에 입학하는 데 필요한 최소한의 예방 접종만 받았으며 처음처럼 부작용을 보인 적은 없었다.

그 후 고등학교에 입학해서 아프리카의 잠비아로 선교를 떠날 때 애니는 필요한 모든 예방 접종을 했다. 그때는 예방 접종에 대한 불안보다 불안정한 제3세계로 간다는 것에 대한 염려가 더 컸다.

둘째딸 케이트가 태어났을 때 나는 예방 접종을 전혀 하지 않기로 결정했다. 케이트는 매우 건강한 아기였으며 16살이 될 때까지 어떤 예방 주사도 맞은 적이 없다. 당시 나는 일 때문에 집을 떠나 있었지만, 다행스럽게도 너무 바빴던 남편이 아기에게 예방 주사를 맞힐 시간이 없었다. 고등학교에 입학해서 케이트가 처음 캠프에 참가할 때 비로소 나는 간호사와 의논해서 파상풍 주사만 맞혔다. 대학에 가기 전 케이트와 나는 대학에서 요구하는 예방 접종을 모두 하기로 결정했다. 대학 진료소에 불려 다니는 것보다 나았고 케이트의 면역계는 어떤 바이러스나 독소도 해결할 준비가 되어 있다는 판단이 섰기 때문이다. 케이트는 별 문제없이 예방 접종을 마쳤지만 지금 생각해보면 그렇게 순순히 예방 접종에 동의하지 말았어야 했다.

어쨌든 우리 아이들의 예방 접종을 미루거나 줄인 것은 잘 한 일이었다. 나는 아기의 예방 접종을 반대하는 부모들을 적극 지지한다. 예방 접종이 100퍼센트 안전하거나 효과적이지 않다는 것을 알기 때문이다. 유익한 면도 있지만 부작용도 만만치 않다. 어떤 소아과 의사나 공중 보건 관계자, 백신 생산자도 이 말에 이의를 제기할 수 없을 것이다. 보건 당국은 개인의 건강보다는 백신이 국민 전체에 미치는 유익함에

만 관심을 갖는다. 그러나 우리 아이들의 문제로 좁혀지면 나는 백신의
효과를 믿을 수 없다.

면역력 강화는 1차크라의 문제

당신 자신이나 자녀들의 면역을 강화하는 것은 개인적으로나 사회적으
로나 1차크라의 건강을 증진시키는 문제다. 1차크라 혹은 제1감정센터
는 뼈와 관절, 골수, 혈액, 면역계를 관장하는 곳이다. 1차크라의 건강
은 두 가지 요인과 직접적인 연관이 있다. 세상에 대한 믿음이나 안정
감 그리고 소속감이다. 엄마들이 면역력을 강화하는 문제에 대해 자기
의 소신을 주장하기가 힘든 것도 이 때문이다. 만일 아이에게 정해진
예방 접종을 하지 않으면 자기가 속한 '부족'의 인정을 잃거나 나쁜 엄
마로 낙인찍히는 게 두려운 것이다. 우리는 더 굳건한 안정감을 갖기
위해서 모든 사람이 믿는 것이 가장 좋은 것이라는 편안함에 안주하고
싶어한다.

예방 접종은 소아마비나 천연두 같은 치명적인 질병을 근절하기 위
해 개발되었다. 우리는 2차 세계대전 직후 소아마비가 세계를 공포로
몰아넣었던 여름과 소아마비 백신을 개발한 영웅 조나스 솔크Jonas Salk
박사를 기억한다. 당시 어린아이였던 나는 학교에서 나누어준 세이빈
(경구용 소아마비 백신) 알약을 먹고 소아마비 예방 주사를 맞았다. 나는
예방 주사를 맞기 싫어했지만 덕분에 병에 걸리지 않을 거라는 안도감
은 가질 수 있었다. 소아마비 백신의 승리에 힘입어 우리 사회는 여러
어린이 질병에 대해 선전 포고했다. 그러나 여기에 포함된 수두를 비롯
한 대다수의 질병들은 대다수의 어린이들이 양성 반응을 보이는 증상
임을 아는가.

1964~2002년 사이에 미국에서는 어린이 예방 접종에 8개의 새로운 백신을 추가했다. 이로써 어린이가 맞아야 할 예방 주사가 23번으로 늘어났다. 소아마비 바이러스 5번, 뇌수막염 백신 4번, 폐렴 백신 4번, B형 간염 백신 3번, 홍역 백신 2번, 수두 백신 1번 등이다. 지난 40년 동안 예방 접종을 한 어린이의 비율은 기하급수적으로 늘어났다. 1967년에는 미국 어린이의 60~80퍼센트가 DPT, 소아마비, 홍역 예방 주사를 맞았으며, 1996년에는 80~95퍼센트의 어린이가 DPT, 소아마비, 홍역, B형 간염, 폐렴 백신을 맞았다. 그 후부터 유치원에 입학하는 어린이의 95퍼센트가 질병예방통제센터에서 실시하는 예방 접종을 하고 있다.

나는 최근 아기들에게 가해지는 지나친 예방 접종을 심히 우려한다. 천식이나 알레르기, 당뇨병, ADHD(주의력결핍 과잉행동장애), 자폐증, 심지어 암에 이르기까지 아이들의 발병률이 증가하는 것도 지나친 예방 접종과 관련이 있지 않은지 의심스럽다. 이와 더불어 질병을 예방하는 방법으로 면역력이나 체력 증진은 무시한 채 지나치게 백신에 의존하는 우리 사회의 인식도 개탄스럽다.

예방 접종을 합법적으로 피하는 방법

미국 대부분의 주에서는 의무적인 어린이 예방 접종에 대해 종교적, 철학적, 의학적 예외를 인정한다. 내가 알기로는 적어도 13개 주에서 철학적인 이유로 예방 접종을 거부하는 부모들을 허용한다. 그러나 각 주에 따라 규정과 법규가 다르므로 미리 조사해서 분명히 알아둘 필요가 있다. 만일 이 부분에 대한 정보가 부족하다면 미리 정보를 입수해서 충분한 지식을 갖춰야 한다. 아이에게 예방 접종을 할 것인지를 결정하기에 앞서 필요한 지식을 습득하는 것은 부모의 권리이자 의무다. 나는 개인적으로 조지프 메르콜라Joseph Mercola 박사와 쉐리 텐페니Sherri Tenpenny 박사의 융통성 있는 견해에 동조하며 가장 신뢰할 만한 그들의 정보를 추천하고 싶다.(부록 참조)

만일 아이의 예방 접종을 거부 또는 연기하거나 범위를 축소하고 싶다면 그 결정을 꿋꿋하게 밀고 나가라고 응원하고 싶다. 그리고 그런 사실을 아이가 태어나기 전에 의사나 보건 당국에 미리 통보하는 것이 좋다. 일부 소아과 의사들은 예방 접종을 하지 않는 아이의 진료를 거부할 수도 있으며, 일부 지역의 탁아소에서는 아이를 받지 않는다. 따라서 아이가 병이 나거나 병원에 가야 할 일이 생기기 전에 미리 조치를 취해야 한다.

당신은 충분한 경험과 믿음직한 견해를 갖췄으면서 당신의 입장을 이해하고 도와줄 의사를 찾을 수 있을 것이다. 내가 살았던 메인 주에서는 부모들에게 종교적인 이유로 예방 접종을 거부할 권리를 인정했기 때문에 학교에 입학할 때도 큰 문제가 없었다. 나는 종교적인 이유로 거부한 것은 아니었고 내 견해를 주장한 것뿐이었다. 물론 내가 의사였던 것이 도움이 되었을 것이다. 학교 당국은 내가 아이에게 소홀한 것이 아니라 충분한 정보를 토대로 내린 결정이라는 사실을 인정해준 것이다.

내 친구 셜리에게는 두 살 된 딸이 있었다. 셜리는 딸을 처음 병원에 데려갔을 때 담당 의사가 마음에 들었지만 예방 접종에 대한 견해가 다르다는 사실을 알았다. 그러나 다행히 그녀의 남편도 예방 접종을 피하고 싶어하는 셜리와 생각이 같았으므로 의사가 셜리의 주장에 반대 의사를 표명하자 셜리와 딸의 편에 섰다. 그는 의사를 똑바로 쳐다보며 단호하게 말했다. "제 아내는 갈등을 싫어합니다. 따라서 이 문제에 대해서도 선생님과 논쟁을 벌이고 싶지 않을 겁니다. 아내는 단지 딸에게 예방 접종을 시키고 싶지 않은 것뿐입니다. 만일 선생님께서 반대하시면 아내는 다른 의사를 찾아갈 겁니다. 그러니까 이 문제에 대해서는 더 이상 거론하지 말아주세요."

셜리가 내게 전화로 도움을 청했을 때 나는 그녀와 남편에게 그들이 얼마나 딸을 잘 돌보고 있는지를 의사에게 확실히 인식시키라고 조언해주었다. 그리고 아기의 차트에 그들의 결정을 기록해두라고 말해주었다. 그렇게 해야 예방 접종을 하지 않음으로써 문제가 생겼을 때 책임을 분담할 수 있기 때문이다. 나는 어떤 경우에도 의사의 입장을 배려하면서 마음을 터놓고 의논한다면 당신이 원하는 관계를 맺을 수 있을 것이라고 생각한다.

대부분의 소아과 의사들은 예방 접종의 부작용에 대한 연구 결과를 잘 알지 못한다. 그들은 '아이들의 수호자'인 소아과 의사로서 의과대학에서 배우고 훈련받은 대로 행할 뿐이다. 요즘 부모들을 상대로 예방 접종의 위험성에 대한 세미나를 열고 있는 한 소아과 의사 친구가 이런 말을 한 적이 있다. 그가 의사로서의 훈련 과정을 마친 것은 1983년이지만 1998년까지 예방 접종에 대해 의문을 가져본 적이 없었다는 것이다. 그가 예방 접종에 대한 정보를 얻은 곳은 오로지 미국 소아과협회를 통해서였다. 그러나 환자를 진료하면서 부작용을 직접 목격하게 되자 그는 스스로 연구를 시작했다. 그 결과, 그는 양심상 병원에서 일반적으로 행하는 예방 접종을 추천할 수 없었다고 고백했다.

메르콜라 박사는 다음과 같이 충고했다. 나도 그의 의견에 전적으로 동감한다. "학교나 보건 당국, 법률 기관 담당자들과 접촉할 때는 항상 그들의 지위에 대해 공손함과 존경심을 나타내야 한다. 그들에게 문의할 수 있는 것은 어떤 법률적 제약이 있는지를 알아보는 것뿐이다. 그들과 맞서서 얻을 수 있는 것은 아무것도 없다." 대부분의 공무원은 정해진 규정을 준수하는 것이 자기들의 의무라고 믿는다. 만일 그들이 월권행위를 하더라도 경솔히 대립하지 말고 우호적인 자세로 사실을 이해시켜야 한다. 당신이 그들을 존중할수록 원하는 것을 더 빨리, 더 쉽게 얻을 수 있다. 메르콜라 박사도 "공무원들과 대립하거나 무시하거나 궁지로 몰아넣지 말라"고 경고했다. 그의 충고는 간결하지만 명심해야 할 점이다.

선천적인 면역력의 힘

우리는 자연이나 세균과 조화를 이루며 사는 삶에 대해 아직 모르는 부분이 많다. 인류 역사를 되돌아볼 때 인간은 오랜 시간을 치명적인 세균과 평화롭게 공존하며 살아왔다. 우리는 세균이 두려운 존재라고 교육받았지만, 대부분의 세균은 치명적인 질병이나 불편한 증상을 일으키지 않는다. 예를 들면, 사람들은 대부분 호흡 기관 안에 폐렴 세균을 보유하고 있지만 그 중 극히 일부만 폐렴에 걸리고 나머지는 건강하게 살아간다. 또한 감기 바이러스에 노출된 아이들 중 감기에 걸리는 확률은 절반에 불과하다. 바이러스가 침투했다는 증거로 재채기를 하지만 모두 감기 증상으로 발전하지는 않는다.[11]

면역학과 동종요법의 권위자인 리처드 모스코비츠Richard Moskowitz 박사는 소아마비 바이러스에 노출된 아이들 중 90퍼센트 이상은 아무 증상도 없이 넘어간다고 지적했다. 나머지 10퍼센트 중에서도 통증이나 구토 증상을 일으키는 아이들은 극히 일부에 불과하다는 것이다. 우리 사회는 소아마비 같은 질병이 매년 수천 명의 희생자를 낸다는 사실에만 집착해서 그 이면을 보지 못한다. 매년 소아마비 바이러스에 감염된 수백만 명의 아이들이 아무 증상도 보이지 않고 건강하게 지낸다는 사실이다. 그들의 면역계가 스스로를 보호한 결과다. 최근 미국에서 나타난 소아마비 환자들은 처방 없이 약국에서 살 수 있는 경구용 백신을 복용했던 소수의 어린이에 불과했다.

우리 사회는 수많은 세균에 둘러싸여 살고 있음에도 몸의 면역계가 우리를 건강하게 지켜주고 있다는 사실을 간과하도록 유도한다. 그리고 우리는 어쩌다 면역계가 약해져서 감염이나 질병을 막지 못하는 경우에만 초점을 맞춘다.

이 시점에서 우리는 질병에 미치는 미생물의 영향을 발견한 루이스 파스퇴르와 이에 대립하는 학설을 주장한 클로드 버나드Claude Bernard와 앙트완느 베샹Antoine Bechamp의 논쟁을 되짚어볼 필요가 있다. 병리학자인 버나드 박사는 우리 몸의 항상성(homeostasis, 생체 내의 균형을 유지하려는 경향)을 강조했으며, 생리학자인 비쉠프 박사는 세균은 환경 요인이 맞아떨어질 때만 질병을 일으킨다고 주장했다. 반면, 파스퇴르 박사는 질병을 일으키는 요인은 세균 자체라는 학설을 주장했다. 그러나 임종을 앞두고 그는 자신의 학설이 잘못되었음을 시인했다. "클로드 버나드가 옳았어. 세균은 아무것도 아냐. 모든 것을 결정짓는 건 환경이야."[12]

저명한 역학자인 레너드 세이건Leonard Sagan 박사는 질병에 대한 저항력의 정도를 결정짓는 것은 인구 집단이라고 주장했다. 그리고 이 저항력의 정도가 세균에 노출되는 정도보다 사망률에 더 영향을 미칠 수도 있다는 것이다. 많은 어린이 질병들이 백신이 개발되기 이전에도 발병률이 감소했던 이유를 설명할 수 있는 이론이다. 그 대표적인 예가 2차 세계대전 직후에 전 세계를 강타했던 소아마비 전염병이 그 후 발병률이 줄어든 것이다.[13] 또한 전염 병균에 대한 면역력을 전혀 경험하지 못했던 집단이 몰살당하는 이유(탐험가들이 옮긴 질병에 노출된 원주민들이 치명적인 타격을 받았던 것처럼)이기도 하다.

그러나 세이건 박사는 어느 집단 안에서 한 전염 병균이 박멸되면 동등한 위력을 가진 다른 바이러스가 그 자리를 대신한다고 주장했다. 그 대표적인 예가 AIDS이다.

백신은 100퍼센트 효과를 보장하지 못한다

예방 접종을 한다고 완전한 면역력이 생기는 것은 아니다. 많은 부모와 의사들 간에 논쟁의 대상이 되는 것도 바로 이 부분이다. 백신은 나중에 침투할지도 모를 세균을 대비해서 면역계가 대처하는 방법을 강구하도록 미리 소량의 세균을 주입하는 일종의 '속임수'다. 그러나 결과가 항상 의도대로 되는 것은 아니다. 백신은 예방해야 할 질병의 증상을 가볍게 나타내는 데 그치지 않고 그 자체로도 질병이 될 수 있다. 어떤 아이에게 이런 결과가 나타날지를 진단하기는 매우 힘들다.

아직까지 백신을 맞은 아이와 맞지 않은 아이의 건강 상태를 비교한 연구 결과가 발표된 적은 없다. 단지 밝혀진 사실은 홍역 같은 질병들은 예방 접종을 받은 사람들에게는 발병률이 크게 감소한다는 것이다. 그러나 과거보다 더 많은 예방 접종을 하고 있지만 아이들의 발병률과 만성적인 질병은 이전보다 더욱 증가하고 있다. 더구나 감염성 질환에 걸리는 환자들의 대부분은 예방 접종을 한 사람들이다.[14]

박테리아나 바이러스에 대한 선천성 면역력과 백신을 통해 얻은 면역력이 차이가 나는 주된 이유는 우리 면역계의 특성 때문일 것이다. 앞서 지적했듯이 면역계 활동의 80퍼센트 이상은 우리 몸의 각종 출입구에서 이루어진다. 피부를 비롯해서 입과 코의 점막 통로, 생식기 통로, 장기 등이다. 우리 몸의 면역계가 활발히 활동할 때는 박테리아나

바이러스가 혈액 안으로 침투하지 못한다. 그러나 주사를 통한 예방 접종은 이런 체계를 완전히 무시한 방법이다.[15]

백신은 100퍼센트 안전하지도 않다

예방 접종을 한 후에 심한 부작용에 시달리는 사람들이 결코 적지 않다는 사실이 통계적으로 입증되었다.[16] 그 이유는 백신을 만들어 내는 물질에 대해 부작용을 나타내는 체질을 가졌기 때문이다. 백신은 조직 배양을 거치면서 독성이 약화된 살아 있는 바이러스나, 포름알데히드 같은 소독제로 변성되거나 살해된 박테리아 또는 박테리아가 든 단백질로 만들어진다. 살아 있는 바이러스는 건강한 조직에서는 자라지 않고 병들거나 질병에 걸린 세포에서만 자란다. 백신은 돼지나 말의 혈액, 토끼의 뇌, 실험용 쥐의 세포, 개의 신장, 소의 심장 등을 통해 배양된다. 이 조직들이 보유하던 바이러스나 박테리아는 백신이라는 형태로 인간에게 주입된다. 백신이 제대로 효과를 나타내기 위해서는 염증을 유발하는 보조제를 함유해야 한다. 이 염증이 면역계를 공격함으로써 독성이 약화된 세균이나 바이러스를 통해 면역계에 정보를 입력시킨다. 그 정보를 바탕으로 면역계는 나중에 침투하는 세균이나 바이러스를 인식하고 박멸하는 것이다. 그러나 보조제 자체가 독성이 강한 물질로 부작용의 원인이 될 수 있다.

백신에 들어 있는 수은의 유해성

백신 안에 들어 있는 티메로살 같은 보존제도 수은의 함량이 높아 우리 몸에 해로울 수 있다. 영국에서 실시된 한 연구에서 DPT 예방 접종을 한 어린이들이 백신 속의 티메로살로 인해 뇌 질환이나 강박 장애를 일으킬 확률이 크게 증가하는 것으로 밝혀졌다.[17] 최근 발표된 한 연구에서도 어린이 백신의 수은 수치가 높아짐으로써 자폐증 같은 신경 발달 질환이 증가한다는 사실이 입증되었다.

1999년 미국 소아과협회와 공중위생국은 백신 생산 업계에 백신 안에 티메로살을 첨가하지 말 것을 요청했다. 그러나 2003년 4월에 발행된 미국 건강자유협회의 보고서에 따르면 일부 제약 회사들이 여전히 티메로살을 첨가하는 것으로 드러났다. 이 보고서에는 다음과 같은 내용도 포함되어 있었다. "또 다른 연구 결과에 따르면 어린이 백신 속에 든 수은의 양은 미 환경보호국(EPA)이 정한 일일 최고 기준치를 초과하는 것으로 나타났다."[18]

과학자들은 그들의 연구가 "어린이 백신 속의 티메로살로 인한 수은 양의 증가와 신경 발달 질환이나 심장병 사이에 밀접한 관계가 있다는 확실한 증거를 보여주었다."는 결론을 내렸다. 조지프 메르콜라 박사는 이 보고서에 게재한 자신의 논문에서 이렇게 지적했다. "연방정부에서 티메로살을 제거하라는 명령을 내린 후 수년이 지났는데도 여전히 많은 백신 속에 유해한 수은이 함유되어 있다는 사실은 납득하기 어렵다."

이런 연구 결과에도 백신 속에 함유된 수은의 역할에 대한 논쟁은 끊이지 않는다. 2001년 재조사를 실시한 미국 정부는 티메로살이 함유된 백신이 신경 발달 질환을 일으킨다고 보기에는 증거가 불충분하다는 결론을 내렸다.[19]

그러나 2003년 발표된 한 네덜란드의 연구 논문은 티메로살이 함유된 백신을 맞은 아이와 함유되지 않은 동종의 백신을 맞은 아이를 비교한 결과를 발표했다. 그 결과, 두 집단의 자폐증 발병률이나 신경 발달 상태는 별 차이가 없었다.[20] 그러나 연구자들은 조사 기간 동안 두 집단 모두에게서 자폐증이나 자폐성 질환이 크게 증가한 것을 발견했다. 이런 결과는 다른 나라에서 실시한 연구에서도 발견되었다. 이것은 수은 이외에도 문제를 일으키는 원인이 또 있다는 것을 의미한다.

요점 – 수은은 백신 안에 포함된 유해 물질 중 일부에 불과하다. 이밖에도 백신 안에는 알루미늄, 효모 단백질, 글루타민산 소다, 변종된 DNA와 RNA, 젤라틴, 항생제 등의 물질이 들어 있다. 우리는 이 물질들이 인간의 몸속에서 어떤 작용을 하는지에 대해서 전혀 아는 바가 없다. 따라서 나는 확실한 연구 결과가 입증될 때까지 아이들 몸에 이 물질들을 주입하는 것을 반대한다. 우리는 오염된 물에서 자라 수은을 함유한 물고기가 임신 중인 여성에게 어떤 영향을 미치는지에 대해 잘 안다. 그러면서도 갓 태어난 아기에게 수은이나 다른 독성 물질을 일부러 주입한다는 게 이해가 되는가.

의사들의 진료실이나 인터넷에 배포되는 백신에 대한 정보는 대부분 우리를 안심시키는 긍정적인 것들이다. 그러나 모든 약품은 사용되는 중에도 새로운 정보가 발견되면 그것을 받아들여 수정하면서 발전해왔다. 나는 백신에 대한 내 견해를 제시할 때마다 동료 의사들을 포함한 많은 사람들이 깊이 공감하는 모습에 고무되곤 한다. 아이를 키우는 모든 부모들은 문제의 양면성을 볼 수 있는 능력을 갖춰야 한다.(부록 참조)

백신의 부작용은 허약할 때 심해진다

대부분의 사람들은 예방 접종을 해도 아무 문제를 일으키지 않는다. 즉

100년 전에 베샹 박사와 버나드 박사가 지적했듯이, 질병을 일으키는 더 중요한 요인은 세균이나 독성이 아니라 환경적인 특성인 것이다. 대부분의 건강한 사람들은 백신 속의 유해 물질을 이겨낼 힘이 있다. 그러나 면역계나 신경계가 약해진 상태라면 상황은 달라진다.

내 친구이자 동료인 모나 리자 슐츠 박사가 의사 학위 논문을 심사받을 때였다. 그녀는 논문심사위원회로부터 혹독한 질문 공세를 받은 후 심신이 매우 지쳐 있었다. 논문 심사를 받은 다음 날 그녀는 보스턴 의과대학의 요구에 따라 B형간염 예방 주사를 맞았다. 그런데 다음 날 잠에서 깨자 온몸의 임파선이 부어오르고 팔과 다리의 관절이 심하게 쑤셨다. 류머티즘 전문의는 그녀가 '혈청병'에 걸렸다고 말했다. 백신에 대항하기 위해 형성된 항체가 몸의 모든 관절에 침투했기 때문이라는 것이다. 의사는 더 이상 예방 주사를 맞지 말라고 당부했다.

예방 접종 시 유의할 점

가능하면 생후 3개월 이후에 예방 접종을 실시하되 늦을수록 좋다 나는 생후 3개월 이전의 아기에게 백신 속의 독성 물질과 생소한 단백질을 주입하지 않기를 권한다. 이 시기에는 엄마의 몸이 아기의 면역력을 충분히 유지해준다. 엄마가 늘 아기 옆에 있으면서 모유를 먹인다면 모유 속의 항체가 아기 주변의 세균을 퇴치해줄 것이다. 이 연약한 시기에 자연의 지혜를 어기면서까지 왜 위험을 감수하려고 하는가?

이런 사실은 과학적인 배경도 있다. 메르콜라 박사는 자신의 웹사이트에 일본에서 행해진 연구들을 소개했다. 그가 소개한 연구에서는 두 살에 DPT 예방 접종을 한 아기는 생후 3~4개월에 한 아기보다 부작용 발생률이 85~90퍼센트나 감소되었다.

개인차를 염두에 두라 아이마다 백신 속의 유해 물질에 반응하는 정도가 다르다. 일부 아이들은 전혀 부작용이 없는 반면 심한 부작용을 보이는 아이들도 있다. 만일 자폐증이나 알레르기, 소아형 당뇨병, 천식, 주의력결핍 과잉행동장애에 대한 가족력이 있는 경우에는 예방 접종에 대해 신중해야 한다.

한 번에 맞는 백신 양을 줄여라 일부 예방 접종은 한 번에 5가지 백신이 포함된 경우도 있으며 때로는 그 이상일 때도 있다. 한 번에 한 가지씩 맞으면 그 효과를 더 잘 확인할 수 있다.

이미 앓은 질병에 대해서는 예방 접종을 삼가라 예방 접종이란 생소한 항체를 몸 안에 주입시켜 면역력을 키우는 것이다. 그러나 아기에게 이미 면역력이 생겼다면 굳이 백신을 맞힐 필요가 없다.

예방 접종의 종류를 신중히 선택하라 나는 아이들에게 수두 예방 접종을 하는 것에 반대한다. 아이들은 대부분 수두에 양성이며, 오히려 어른들이 더 약하다. 아이들에게 백신을 많이 투여해서 선천적인 면역력을 방해한다면, 어른이 되어 질병에 걸리기 쉬우며 백신의 효과가 필요할 때 제 기능을 발휘할 수 없게 된다. 나는 MMR(홍역, 볼거리, 풍진) 예방 접종에 대해서도 반대한다. 내 경험상 MMR 예방 주사를 맞은 환자들은 나중에 풍진에 대한 항체가 제대로 형성되지 않는다. 나는 우리 딸들의 풍진 예방 접종을 임신이 가능한 사춘기까지 미루었다. 또 아기가 태어난 시기에 부모나 가족 중에 B형간염 환자가 없다면 B형간염 예방 접종도 권하고 싶지 않다.

백신의 부작용을 중화하는 방법을 사용하라 아래의 내용은 현재 사용 중인 백신의 독성을 완화하는 방법이다. 그러나 독성이 있다는 사실을 알면서도 해독하면서까지 굳이 백신을 접종해야 하는가.

- 모유를 먹이고 있다면 아기에게 예방 접종을 실시하기 전과 후에 비타민C의 섭취를 3그램까지 증가시켜라. 비타민C는 모든 종류의 조직 손상을 막는 항산화제 역할을 한다.
- 의사이자 척추 교정의인 넘브리패드Nambudripad 박사가 개발한 넘브리패드 알레르기 방지법(NAET요법, 음식, 보조 식품, 침술 등을 이용해서 알레르기를 치료하는 방법)도 모든 부작용에 매우 효과적이다.(부록 참조)
- 진동 치유(vibrational healing)도 독성을 제거하는 데 탁월한 효과가 있다. 디나 스피어Deena Spear는 진동 치유에 대한 여러 기술을 개발했다.(부록 참조)

나는 이런 방법을 추천하고 싶다

우리 부모들은 아이들의 건강을 지키는 일이라면 불 속에라도 뛰어들 것이다. 다행히 일반적인 예방 접종을 하지 않아도 아이를 건강하게 키우는 방법은 얼마든지 있다.

아이를 밝고 건강하게 키울 수 있는 화목한 가정을 만들어라 면역력이 강한 건강한 아이로 키우는 가장 좋은 방법은 화목하고 아늑한 가정을 만들어주는 것이다. 사랑받으며 안정된 환경에서 자란 아이는 평생 강한 면역력을 갖게 된다. 연구 결과, 희망과 행복에 넘치는 가정에서 자란 사람이 절망과 외로움 속에서 자란 사람에 비해 건강하고 수명이 긴 것으로 밝혀졌다. 이 연구는 물이나 영양소, 유전적인 요인, 예방 접종, 교육 정도 등 건강에 영향을 미치는 요소들을 통제한 가운데 실시한 것이다.[21]

　모든 종류의 정신적인 스트레스는 면역계의 기능을 약화시켜 각종 질병, 특히 감염성 질병에 걸릴 가능성을 증가시킨다. 이 말은 만일 당신이 아이들이나 반려동물을 학대함으로써 집안 분위기를 침울하게 만드는 배우자와 살고 있다면 아이들의 면역계는 어떤 예방 접종으로도 막을 수 없는 심각한 손상을 입게 된다는 뜻이다.

아이들에게 충분한 영양을 공급하라　아이들의 건강을 유지하기 위해서는 충분한 영양 섭취가 매우 중요하다. 예를 들어, 비타민A의 효능을 살펴보자. 남아프리카에서 실시된 폐렴, 설사, 크루프(후두염) 등의 증상을 동반한 홍역으로 병원에 입원 중인 189명의 어린이를 대상으로 한 연구에서 증상이 시작된 지 5일 이내에 비타민A 400,000IU를 복용한 아이들은 회복이 한결 빨랐으며 심각한 합병증이나 사망률도 절반으로 감소했다.[22] 더욱 주목을 끄는 것은 이 아이들이 평소에 비타민A 부족 증상을 보인 적이 없었다는 사실이다. (비타민A는 지나치게 섭취하면 해롭기 때문에 의학적 목적 이외에는 지나친 섭취를 자제해야 한다. 비타민A를 안전하게 섭취하는 방법은 베타카로틴을 섭취하는 것이다. 이 물질은 인체 내에서 비타민A로 전환된다.)

　이제까지 50개가 넘는 연구 결과에서 증명되었듯이, 박테리아나 바이러스, 원충 등 어떤 원인에 의한 것이든 감염성 질환에 걸렸을 때 비타민A가 부족하면 질환의 심각성이나 빈도, 사망률이 매우 높아진다.[23] 이 때문에 비타민A는 종종 '항 감염성 비타민'으로 불리기도 한다.[24] 따라서 아이들에게 매일 충분한 영양은 물론 복합 비타민 보충제를 먹여라. 비타민이 많이 든 음식과 유산균을 보충할 수 있는 음식도 잊지 말라. 그러나 어쩌다 먹는 패스트푸드는 아이들의 건강을 크게 해치지 않는다. 프렌치프라이를 못 먹는 아이는 친구들과 어울리기 힘들 것이다.

면역계를 강화하는 보충제를 먹여라   나는 아이들에게 두 가지 약초 보충제를 추천하고 싶다. 콜드 커리Kold Kare와 움카Umcka라는 약초다. 콜드 커리는 아시아의 약초인 천심련의 성분을 포함하고 있어서 면역계를 강화시키고 감기에 걸리는 횟수를 줄이는 것으로 밝혀졌다. 감기나 알레르기, 부비강염에 잘 걸리는 10세 이상의 어린이들이 겨울에 콜드 커리 알약을 아침저녁으로 한두 알씩 복용하면 증상이 크게 호전된다. 그보다 나이가 어린 아이들에게는 움카를 복용시켜라.

움카는 감기와 편도선염, 중이염, 목 따끔거림, 기관지염 등의 증상을 완화하는 것으로 입증된 펠라고니움 시도이데스 추출액이 든 효과적인 보충제다. 증상이 시작되는 초기에 병에 표시된 사용법에 따라 복용하되 증상이 가라앉은 후에도 48시간 이상 복용을 계속하라.(이 보충제는 자연식품점에서 구입할 수 있다.)

동종요법을 이용하라   앞서 소개한 모스코비츠 박사는 부모들에게 아이들이 잘 걸리는 질병의 징후와 증상을 미리 파악해서 익숙해지길 권했다. 그러면 아이가 질병에 걸렸을 때 재빨리 대처할 수 있다는 것이다. 그는 또 자연치유력을 높여주는 동종요법은 백신이 발견되기 전부터 전염성이 강한 감염성 질환에 매우 효과적인 예방과 치료법으로 사용되어 왔다고 지적했다.

아이의 병원 출입을 자제하라

엄마 곰의 지혜를 갖춘 엄마는 아이의 상태가 좋을 때와 그렇지 않을 때를 금방 알아챈다. 그리고 아이와 유대 관계가 밀접한 엄마는 지구상의 어떤 전문가보다도 아이의 상태를 정확하게 파악할 수 있다.

반면, 심신이 불안정해서 통찰력이 부족한 엄마들은 아이의 건강에 대해 확고한 판단력을 갖지 못하고 의사나 전문가들에게도 자신의 견해를 확실하게 전달하지 못한다. 안타깝게도 우리 사회에는 후자에 속하는 엄마들이 많아 아이가 조금만 이상해도 약봉지부터 찾는다. 자신에 대한 신뢰감이 없는 엄마들은 아이가 콧물만 흘려도 병원으로 달려간다. 이런 엄마의 행동은 아이에게도 불안감과 불신을 심어주게 된다. 몸에 조금만 이상이 생겨도 병원으로 달려가도록 교육받으며 자란 아이들은 자신의 몸보다 의사를 더 믿게 된다.

그러나 부모는 아이에게 우리 몸은 스스로 치유하는 능력이 있다는 사실을 가르쳐야 한다. 칼에 손을 베었더라도 시간이 지나면 저절로 낫는다. 물론 상처가 깊으면 병원에 가야 한다. 하지만 의사의 아이들은 그들이 돌보는 환자의 아이들보다 병원에 가는 횟수가 적다는 사실을 아는가.

나는 우리 딸들을 키우면서 기본적인 정기 점검 외에는 병원에 데려가지 않았다. 작은딸이 일곱 살 때 이렇게 물은 적이 있다. "엄마, 우리는 왜 병원에 가지 않아요?" 친구들은 모두 병원을 자주 간다는 것이었다. 나는 이렇게 대답해주었다. "너는 매일 의사인 아빠와 엄마를 만나지 않니?"

나는 아이들이 아플 때마다 병원 대신 한의원에 데려간다. 우리 큰딸이 열한 살 때 심한 수두에 걸렸을 당시 침술과 한약은 아이의 수면과 치료에 큰 도움이 되었다. 또한 나는 가끔 정골요법(osteopathy, 뼈를 똑바로 맞춰주는 치료법)을 이용해서 몸의 상태를 바로잡는다.

당신이 어떤 방법을 선택하든 중요한 것은 필요할 때 언제든지 찾아 갈 수 있는 믿을 만한 전문가 팀을 만들어놓는 것이다. 여기에는 가정 의를 비롯해서 소아과 의사, 자연요법사, 한의사 등이 포함된다. 우리 가족이 가는 한의원은 항상 아기와 어린이들로 붐빈다. 그들 중에는 일 반 병원에서 치료하지 못한 증상을 가진 환자들도 많다. 그 한의사는 알레르기나 만성 위병, 재발성 중이염 등 고질적인 증상들을 해결하는 데 탁월했다.

다행스럽게도 최근 들어 많은 의사들이 심신의학에 관심을 보인다. 기술이 좋으면서 아이의 자연치유력을 믿는 의사를 찾아라. 이런 자세 는 어떤 치료법보다 더 효과적이며 환자에게 자신감과 믿음을 부여한 다. 다음은 훌륭한 의사를 만났던 한 친구의 경험담이다.

나는 우리 아기를 돌보는 소아과 의사에게 진심으로 감사하고 있어. 그는 장애를 타고난 우리 아기와 내게 자신감을 불어넣어 주었단다. 루마니아에서 이민 온 그 의사는 목동들이 겨울을 나기 위해 갓 태어 난 아기 양과 양떼를 데리고 산을 내려오는 방법을 설명해주곤 했지. 아이들의 자연치유력을 굳게 믿는 그의 믿음 덕분에 우리도 희망을 가질 수 있었어.

이럴 때는 아이를 병원에 데려가라

아이가 큰 사고를 당하거나 심각한 질병에 걸렸을 때는 병원에 데려가 서 적절한 치료를 받아야 한다. 그러나 이런 중대한 시기에 엄마 곰의 지혜를 발휘하는 것은 아이의 웰빙에 특히 중요하다.

인간의 몸은 심한 상처를 받을 때마다 스트레스 호르몬인 에피네프린과 코르티솔을 쏟아낸다. 이들 호르몬은 몸의 각 기관에 경고 등을 켜게 한다. 이런 상태가 되면 마치 여성이 산고를 치를 때처럼 뇌의 해당 부위가 일시적으로 닫히고 의식이 내면으로 집중된다. 즉 아이들의 감수성이 극도로 예민해지는 것이다. 따라서 엄마나 돌보는 사람이 아이의 무의식 속에 '희망과 치유의 메시지'를 깊이 심을 수 있는 절호의 기회다. 무의식에 깊이 각인된 메시지는 평생에 걸쳐 아이의 건강에 도움이 될 것이다.

심한 상처를 입은 시기는 비옥한 땅에 비유할 수 있다. 이 땅에 건강한 열매를 맺을 건강한 씨앗을 파종할 수 있다. 상처받은 감정과 치유의 능력에 새로운 싹이 돋아나게 할 수 있는 것이다. 반면, 약해진 땅에 두려움의 씨앗을 심어 두려움밖에는 다른 것이 자랄 수 없는 황폐한 땅으로 만들 수도 있다. 이 시기에 아이를 어떻게 대하는지에 따라 아이의 치유 능력은 크게 달라질 수 있다.

주디스 아코스타Judith Acosta와 주디스 프라거Judith Prager는 〈가장 힘든 시간은 지나갔다(The Worst is Over)〉라는 저서에서 심한 상처에 대해서 자율신경계가 보이는 반응을 '힐링 존healing zone'이라고 표현했다. 언어와 생각, 환경을 받아들이는 능력이 최대한 커지는 시간을 의미한다. 그렇다고 최면의 상태는 아니다. 이 시기에 아이에게 희망을 주는 말을 하면 아이의 마음이나 치유를 담당하는 신경계와 직접 소통함으로써 상태를 호전시킬 수 있다. "엄마가 함께 있어줄게. 곧 괜찮아질 거야. 네 몸에게 피를 멈추라고 말하렴. 엄마가 119구급차를 부를게. 금방 도착할 거야. 조금만 참아." 또한 아이의 긴장을 완화시키고 치유의 에너지가 작동하게 만드는 여러 방법을 사용할 수도 있다.

치유 효과를 나타내는 방법들

자신에게 집중하라　조용하고 차분한 마음으로 내면에 몰입하는 시간을
가져라. 상황이 아무리 심각해도 이런 시간은 얼마든지 가질 수 있다.
기도를 하거나, 심호흡을 하거나, 자신에게 상황을 해결할 능력이 있음
을 확인시켜라.

　보스턴의 마거릿 병원에서 레지던트로 일할 때 나는 수술실에 들어
가기 전에 손을 씻는 동안 벽에 붙은 기도문을 읽으면서 나 자신에게
집중하곤 했다. 기도문의 정확한 문구는 생각나지 않지만 우리의 손이
위대한 치유자의 능력을 발휘하는 도구가 되게 해달라는 기도였다. 기
도를 통해 나는 새로운 힘을 얻어 더 나은 능력을 발휘할 수 있었다.

자신의 능력을 믿어라 당신은 아이에게 절대적인 존재다. 당신이 확신을 가지고 아이에게 희망적인 메시지를 전하면 아이는 안정감과 보호받는 기분을 느낄 것이다. 아이에게 당신의 손을 꼭 잡게 하거나, 심호흡을 하게 하거나, 무언가 도움이 되는 일을 해주라. 아이의 자율신경계와 각 기관이 활발하게 작동할 것이다. 아이의 상태가 나아질 거라는 확신을 가지고 신의 도움을 믿으며 아이를 격려하라. 당신의 말대로 될 것이다.

자신감을 주는 따뜻한 말을 해주라 낙관적인 태도가 상황을 바꿔놓지는 못하더라도 진심에서 우러나는 따뜻한 말 한마디는 아이 몸의 회복 스위치를 작동시킬 수 있다. "힘든 시간은 지나갔단다." 이 말은 모든 상황에 적용할 수 있다. 아이가 사고를 당했거나 나무 위에서 떨어진 것은 이미 벌어진 일이고 이제 가장 어려운 시간은 지나갔다. 아이를 격려하는 엄마의 다정한 말은 몸과 마음을 치유하는 힘이 있다.

이런 위로는 고통스러운 치료를 받기 위해 아이를 병원에 데려갈 때도 적용된다. 솔직하게 말해주되 확신을 주어라. 아이가 "나 많이 아파?"라고 물으면 "그래, 하지만 잠깐만 참으면 돼"라고 말하라. 아이가 상황을 잘 견딜 수 있도록 자신감을 불어넣는 말을 해주라.

의료진에게 협조하라 아이는 의식적으로 또는 무의식적으로 당신과 의사 사이의 갈등을 감지한다. 따라서 가능하면 아이를 치료하는 의료진에게 협조적인 자세를 가져라. 만일 자질이 부족하고 태도가 불손한 의사나 간호사를 만나서 아이가 불안감을 느낀다면 가능한 한 빨리 다른 의료진을 찾는 것이 좋다. 능력이 부족한 의사나 간호사에게 자신을 맡기지 않는 부모의 모습을 보면서 아이는 세상에 대해 신뢰와 안정감을 갖게 될 것이다.

아이가 치료를 받는 동안 가능하면 곁에 있어주라 아이의 치료 과정을 보는 것이 마음 아프더라도 두렵고 낯선 환경에 처한 아이에게 당신의 존재는 큰 위로가 된다. 내 동생 보니가 엄마와 격리된 채 신생아실에서 세상을 떠났던 과거와 달리 세상은 많이 변했다. 지금은 부모들이 병마와 싸우는 아이들을 곁에서 돌봐줄 수 있게 되었다. 얼마나 다행스러운 일인가!

치유 과정에 아이를 참여시켜라 아이에게 붕대 감는 일을 돕게 하거나 당신을 따라서 천천히 깊게 심호흡을 하게 하라. 이런 일들은 고통이나 아픔 이외의 다른 곳에 관심을 돌리게 만들 뿐 아니라 아이들에게 동참하는 기쁨을 안겨준다. 고통과 아픔으로 신음하는 아이에게 이런 일들은 정신을 가다듬는 계기가 될 수 있다. 자신의 소중함을 느끼는 순간 치유의 능력이 점화되는 것이다. 이 효과는 연구 결과를 통해서도 입증되었다. 미국 케이스 웨스턴 리저브 대학병원의 소아종양학과 의사인 카렌 올니스Karen Olness 박사는 어린이 환자들에게 상상요법이나 자기최면 같은 자기 조절 기술을 가르쳐준 후 결과를 측정했다. 그 결과, 아이들의 면역계가 강화되고 각종 치료 과정을 견디는 능력이 향상되었다.[25]

비난하거나 수치심을 안겨주지 말라 아이가 당신이 금했던 일을 하다가 다쳤더라도 비난하거나 수치심을 갖게 하지 말라. "그러니까 엄마가 그런 짓 하지 말랬잖아!" 또는 "그래, 네 멋대로 하더니 꼴좋다!"라는 식의 비난은 아이에게 상처를 준다. 아이는 이미 사고를 통해 교훈을 얻었고 지금은 엄마의 위로와 격려가 필요한 때다. 또한 아이의 행동을 두고 배우자와 서로 다투지 말라. 부정적인 분위기는 치유를 방해할 뿐이다. 당신도 어린 시절 많은 실수를 저질렀을 것이다. 어린 시절에 입력된 과도한 수치심은 질병에 대한 면역력을 저하시킨다는 사실을 잊지 말라.

자신감을 가지고 대처하라 힘든 시기를 보내는 아이에게 가장 필요한 것은 엄마의 당당한 자신감과 깊은 사랑이다. 말재주가 부족해서 적절한 위로의 말을 해주지 못하더라도 당신의 정성스러운 보살핌에 담긴 사랑은 아이에게 그대로 전달되어 치유의 힘을 발휘할 것이다.

엄마로서의 자신감은 당신의 존재와 따뜻한 격려가 아이에게 큰 도움이 된다는 사실을 깨달을 때 가질 수 있다. 아이가 다치는 사고를 처음 당했다면 엄마인 당신의 도움이 아이에게 가장 필요하다는 사실을 먼저 알아야 한다. 지금 당신과 아이는 둘 다 신의 영역에 들어간 상태다. 나도 환자들을 치료하면서 여러 번 신의 영역에 들어가는 경험을 했다. 이곳에서 우리 인간들은 서로 깊은 인간애를 느끼며 서로에게 진심으로 헌신적인 모습으로 변할 수 있다.

10
사랑의 청사진
− 감정, 성, 인간관계에 대해 어떤 이미지를 갖는가 −

아기들은 기쁨과 행복을 선사하는 꼬마 요정이다. 이런 감정은 아기들이 엄마에게 안겨주는 많은 선물 중 하나로 엄마들은 아기의 눈을 통해 새로운 세상을 발견한다. 얼마 전 한 친구가 딸 덕분에 느꼈던 감동의 순간에 대해 말해준 적이 있다. 그 친구는 여행을 다녀온 후 차 안에서 잠든 세 살짜리 딸을 안고 집 안으로 들어가는 중이었다. 땅거미가 깔리기 시작하는 대지 위로 노을빛에 반사된 빗방울이 반짝이고 있었다. 그 순간 잠에서 깬 딸이 기쁨에 찬 목소리로 외쳤다. "엄마, 반짝이는 빗방울이 구슬같이 예뻐요!"

엄마가 아기의 기쁨에 동참해줄 때 아기의 뇌는 건강한 감정을 발전시키는 방향으로 발달한다. 그러나 반대의 경우도 성립된다. 예를 들어, 16개월 된 아이가 동물원에서 원숭이의 재롱을 손가락으로 가리키며 엄마의 관심을 끌려고 한다. 자신의 기쁨을 엄마와 함께 나누고 엄마의 칭찬을 받고 싶기 때문이다. 그런데 엄마가 우울하거나 너무 피곤해서 심드렁한 반응을 보이거나 휴대폰에만 매달려 있다면 아기는 어떤 기분을 느끼겠는가. 연구에 따르면 15~16개월 사이의 아이들은 특히 '침체의 위험'에 빠질 가능성이 높은 것으로 나타났다. 이 증상은 엄마가 아이의 기쁨이나 흥분에 관심을 보이고 맞장구를 쳐주는 태도가 부족할 때 나타난다.[1]

아이가 무언가에 흥분했을 때 엄마가 웃음으로 답해주지 않으면 아이는 의기소침해지게 마련이다. 아이들은 무언가를 느꼈을 때 다른 사람들이 자신의 감정에 동조하는지를 알기 위해 주변을 살핀다. 만일 주변 사람들이 별 반응을 보이지 않으면 아이는 자신이 느낀 기쁨에 대해 수치심을 느낀다. 자신의 감정이 잘못된 것이라고 생각하기 때문이다. 아이는 자기보다 힘도 세고 훌륭한 존재인 엄마의 감정이 옳다고 착각하고, 자기가 느낀 기쁨은 잘못된 감정이므로 숨겨야 한다고 판단한다. 만일 엄마가 항상 침울하거나, 다른 것에 몰두해 있거나, 삶에 지쳐 아이에게 무관심하다면 자신도 모르게 아이의 자부심을 손상시킨다.

아이가 자신의 기쁨을 인정받지 못하는 경험을 반복하게 되면 기쁨이나 흥분을 감추고 숨기는 방법을 찾게 된다. 이런 습관이 반복되면 더 이상 기쁨을 느끼지 못하고 삶에 대한 절망감과 자신에 대한 무기력감에 사로잡히게 된다. 아이의 몸과 마음에 절망과 체념이 입력되는 것이다. 이런 상태는 삶의 자세로 연결된다. 높은 하늘을 바라보며 희망에 차 있던 고개와 눈높이가 낮아지며, 자신이나 세상에 대한 호기심과 탐구심이 빛을 잃는다. 결국 우울한 아이로 변하는 것이다.

자부심은 평생에 걸쳐 발달하는 것으로 이에 대해서는 12장에서 자세하게 다루기로 한다. 유아기나 어린 시절의 자부심은 기쁨이나 자신에 대한 신뢰를 느낄 때 강화된다. 그러나 나이를 먹으면서 자신의 선천적인 가치를 확인하는 것만으로는 확고한 자부심을 갖기에 부족하다. 자신이 정했거나 다른 사람이 기대하는 목표나 기대치에 도달했을 때 비로소 충분한 자부심을 느낄 수 있다.

엄마에게 사랑받으려는 노력이 자신의 모습을 왜곡한다

아이가 자신의 솔직한 모습을 보이면 사랑받지 못한다는 생각을 갖게 되면, 자신이 아닌 다른 사람이 원하는 모습으로 자신의 인격을 창조해 가기 시작한다. 이런 인격 형성은 두 살부터 시작해서 다섯 살 무렵에 확실하게 자리를 잡는다. 아이들이 발전시킬 수 있는 인격의 형태는 무수히 많지만 여자 아이들이 보이는 가장 일반적인 모습은 '착한 아이' 혹은 '말 잘 듣는 아이'다. 나도 이런 부류에 속하는 아이였다. 다음은 완다라는 환자의 경험담이다.

기억할 수 있는 어린 시절부터 저는 무슨 일이든 다른 사람을 기쁘게 하는 방법을 택하도록 교육받으며 자랐어요. 어느 날 유치원에서 눈을 가린 상태로 집을 그리는 시간이 있었는데 저는 울고만 있었던 기억이 나요. 제가 무엇을 그리는지 보지 못하는 상태에서는 그림을 그릴 수 없었기 때문이에요. 초등학교 4학년 때는 시험 시간에 5×5가 생각이 나지 않아 울음을 터뜨린 적도 있었어요. 우리는 아직 곱셈을 배우기 전이었지만 저는 시험을 볼 때 무슨 문제든 틀리면 안 된다는 생각이 있었어요. 그러나 제가 정말 원했던 것은 정확한 답이 아니라 어른들의 관심이었어요. 사람들의 관심을 끌기 위해 무슨 일이든 잘 해내고 싶었던 거죠.

저를 채찍질한 것은 무엇을 배우고 알려는 순수한 욕구가 아니라 남보다 뛰어나서 관심을 받고 싶은 하찮은 욕심이었어요. 저는 의지가 매우 강한 아이였어요. 마치 스케줄에 따라 한 치의 오차도 없이 움직이는 기계 같았죠. 아침에 잠에서 깰 때마다 제 머리에서는 이런 소리가 들렸어요. 어서 일어나. 오늘도 할 일이 산더미 같잖아. 빨리 일어나서 해치우자. 저는 일하는 것을 좋아했고 일 속에서 삶의 만족을 느꼈어요. 제 상사는 제 자신이었고 저는 그 상사에게 철저하게 복종했어요. 저는 이런 성격이 일부는 타고난 것이며 일부는 어린 시절의 집안 환경 때문이라고 생각했어요.

제가 두 살 때 언니는 여섯 살이었고 동생은 생후 3개월이었어요. 엄마가 우리들 돌보기에 얼마나 힘들었는지는 두말 할 필요도 없죠. 언젠가 심령술사가 말하기를, 저는 눈에 보이는 세상이 신기해서 기쁨에 들떠 집안을 뛰어다니곤 하는 아이였대요. 당연히 엄마에게 힘든 아이였겠죠. 시간이 지날수록 저는 입을 다물고 말을 잘 듣는 아이로 변해갔어요. 그야말로 착한 아이가 된 거죠. 엄마의 가장 친한 친구의 말에 따르면, 저는 세 딸 중 가장 귀여움을 받았대요. 아기 의자에 얌전히 앉아 아무 말썽도 부리지 않는 순한 아이였기 때문이죠. 그런데 그 시절에 대한 이야기를 듣기 위해 엄마에게 전화를 걸었다가 자동 응답기에 메시지를 남기는 순간 갑자기 눈에서 눈물이 주르

르 흘러내렸어요.

엄마의 대답을 듣지 않아도 제 몸이 흘리는 눈물은 제가 알고 싶던 정보를 말해주고 있었어요. 그래요. 저는 어린 시절, 삶의 기쁨에 눈과 귀를 막고 살았던 거예요. 다른 사람을 기쁘게 해주는 말 잘 듣는 아이가 되어서 칭찬받기 위해 애쓰는 사람으로 변해간 거죠. 중년이 된 지금에야 저는 비로소 착한 사람이 아닌 제 본래의 모습을 되찾기 시작했어요. 저는 지금 두 살짜리 완다가 되어 세상에 대한 믿음과 희망과 기쁨으로 가득 찬 즐거운 인생을 살아가고 있어요.

우울한 엄마, 우울한 아이

우울한 엄마는 건전하고 안정된 인간관계를 맺는 아이의 능력에 악영향을 미친다. 뿐만 아니라 아이의 면역계를 약화시키고 건강을 악화시키는 요인으로 작용한다. 워싱턴 대학의 심리학자인 제랄딘 도슨 Geraldine Dawson 박사는 우울한 엄마를 둔 11~17개월 아이의 뇌파를 측정한 결과 변연계의 활동이 현저하게 감소한다는 사실을 발견했다.[2] 좌측 전두변연계는 기쁨과 동정심, 만족감 등 긍정적인 감정을 관장하는 부위로 알려졌다. 이 아이들의 뇌 활동은 엄마의 기분에 따라 심한 굴곡을 보였다. 이 연구에서 가장 주목할 만한 사실은 기쁨에 대한 반응을 억제하는 아이들은 슬픔에 대한 반응도 억제한다는 것이다. 다시 말하면 엄마의 우울증은 기쁨이든 슬픔이든 모든 종류의 감정을 느끼는 아이의 능력을 감소시킨다. 따라서 집안에 엄마의 우울증을 상쇄해줄 명랑하고 행복한 다른 구성원이 없다면 아이들은 침울하고 감정이 무딘 사람으로 성장하게 된다.

심각한 우울증을 앓고 있거나 우울한 상태가 오래 지속되는 엄마를 둔 아이들은 세 살 무렵이 되면 뇌의 활동이 비정상적으로 낮아진다. 무관심하고 화를 잘 내고 정서가 불안정한 엄마들은 아이의 뇌를 침체하게 만든다. 엄마의 우울증이나 학대로 다른 사람과 안정된 유대감을 갖지 못하는 아이들은 정신적인 장애를 나타낼 가능성이 크다는 연구 결과는 충분히 납득이 간다.[3] 건전한 인간관계를 맺지 못하는 어른들의 어린 시절을 더듬어보면 부모의 학대나 이혼, 경제적 파탄을 경험한 경우가 많다. 이런 역경 자체는 문제가 되지 않지만 그로 인해 다른 문제들이 야기되는 것이다.[4]

엄마의 우울증 자체가 아이에게 손상을 입히지는 않는다. 우울증이 있는 엄마라도 아이에게 충분한 사랑과 관심을 보이며 즐거운 시간을 보내려고 노력하는 경우에는 아이의 뇌 활동이 더 활발하다는 사실이 연구 결과 입증되었다.

엄마에게 사정이 생겨 다른 사람이 아이를 돌볼 경우 돌보는 사람은 엄마 대신 아이의 건강에 지대한 영향을 미칠 수 있다. 두 살과 네 살짜리 딸을 둔 유방암 환자가 있었다. 그녀는 항암 치료의 영향으로 딸들을 제대로 보살피지 못했기 때문에 친정 엄마의 도움을 받았으며, 남편도 아이들에게 최대한 사랑과 관심을 베풀었다. 모두에게 매우 힘든 시간이었지만 아이들은 모두 밝고 건강하게 자랐으며, 그 환자도 유방암을 잘 극복할 수 있었다.

| 아이를 돌보는 사람의 중요성 |

엄마가 모든 인간관계를 중단하고 집 안에만 틀어박혀 가족의 도움

없이 홀로 아이들을 키우는 것은 좋은 방법이 아니다. 고립된 상태에서 혼자 힘으로 아이들을 키우는 것은 엄마와 아이들에게 모두 유익하지 않다.

따라서 아이들을 키우는 방법을 선택할 때 아이들은 물론 당신의 정신적·육체적 건강을 고려해야 한다. 아이를 놀이방에 맡기든, 애를 봐주는 사람을 고용하든, 당신이 직접 키우든, 중요한 것은 보살핌의 형태가 아니라 보살핌의 질이다.

뉴욕 시 근처에서 소규모 놀이방을 경영하는 한 친구가 있다. 그녀는 아이를 직접 데리러가거나 무릎에 앉히지 못하게 되어 있는 규정을 따르지 않지만 그 놀이방에 아이를 보내고 싶어 하는 부모들은 줄을 서 있다. "나는 아이들이 원하는 것을 파악해서 그것을 제공하려고 노력해. 우리 집에 오는 아이들은 모두 매우 행복해 한단다. 엄마들도 마찬가지고. 규정 따위를 지키지 않아도 모두들 만족스러워하지." 그 친구는 엄마와 아이들을 위해 신이 보내준 사람이다. 그녀는 살아 움직이는 '외부의 태반'이라고 할 수 있다. 우리 엄마들에게는 이런 사람이 더 많이 필요하다.

슬픔과 절망감의 생리 작용

찰스 다윈은 슬픔을 느끼는 어른들의 행동은 엄마와 떨어져 있는 아이들의 반응과 공통점이 많다고 지적했다. 현대에 와서 다윈의 이런 주장은 과학적으로 입증되었다. 엄마와 일찍 헤어짐을 경험한 아이들은 면역계가 약화되는 신체 변화를 보인다는 사실이 많은 연구 결과를 통해 밝혀졌다. 그리고 이런 변화는 성장한 후까지 지속되기도 한다.

엄마와의 조기 이별은 아이의 몸에 슬픔과 절망감을 표현하는 생리 작용을 일으킨다. 이것은 안정된 소속감 안에서 사랑과 관심을 받고 싶은 본능적인 욕구가 충족되지 못했음을 의미한다. 그 결과, 자신을 돌보고 보호해줄 사람이 없는 세상은 삭막하고 고달픈 곳이라는 생각이 뿌리를 내린다. 다시 말해서 "나는 혼자야. 나를 반겨줄 곳도 돌봐줄 사람도 없는 외톨이야. 세상은 너무 외롭고 쓸쓸해. 나는 버려진 영혼이야."라는 절망감을 느끼는 것이다. 어린 시절에 경험하는 절망감과 외로움은 성인이 되었을 때 깊은 상실감으로 이어질 수 있다.

어린 나이에 슬픔과 절망감을 맛 본 아이들은 자신의 슬픔을 보상해줄 명랑하고 행복한 사람과 가까워지려는 경향이 있다. 이들은 주변에 에너지를 불어넣어주는 사람이 없으면 외롭고 쓸쓸한 기분에 사로잡힌다. 따라서 공허감에서 벗어나기 위해 아무하고나 무분별하게 관계를 맺으며 건전하지 못한 관계에도 빠지기 쉽다. 이들은 서로에게 도움이 되는 건전하고 동등한 관계를 맺는 데 어려움을 느낀다.

인간관계를 자신의 슬픔을 위로받는 도구로 사용하려는 여성은 지나치게 인간관계에 집착한다. 그러나 이런 집착적인 인간관계가 끝났을 때 그들의 감정은 더욱 깊은 나락으로 떨어진다. 그녀의 면역계는 이 상실감을 어린 시절 엄마를 잃었던 상실감과 연결시켜 더욱 심각한 사건으로 만든다. 어려서 느꼈던 절망감으로 인한 생리 작용이 재현되는 것이다.

한편 독립심이 강한 사람들은 일찍 엄마를 잃은 슬픔이 다른 형태로 발전된다. 이런 여성들은 자기 삶에 다른 사람 특히 다른 여성의 도움은 필요 없다는 강한 독립심으로 무장한다. 린이라는 마흔여덟 살의 뉴스레터 독자로부터 받은 편지를 소개한다.

우리 엄마는 제가 한 살도 되기 전에 저와 오빠를 버리고 떠났습니다. 우리에게는 아버지가 있었지만 법원은 후견인을 지정해 주었습니다. 아버지가 보호자로서의 권리를 인정받지 못했기 때문이죠.

그 후 지금까지 저는 여성들과 유대감을 맺은 적이 없습니다. 어려서부터 여성의 따뜻한 보살핌을 받은 적이 없었기 때문에 여성들과 관계를 맺는 법을 배울 기회가 없었던 거죠. 서른 살에 네 아이의 엄마가 된 저는 우리를 버렸던 엄마를 이해할 수 없었습니다. 아이를 잃는 것은 제 팔을 잘라내는 것보다 고통스러운 일이라는 것을 알았기 때문입니다. 나중에 엄마를 만날 기회가 있었지만 저는 아무 감정도 느낄 수 없었습니다. 우리를 버렸던 이유를 묻자 엄마는 '너희가 너무 어렸기 때문이란다' 라는 말만 되풀이할 뿐이었습니다.

저는 힘든 시기를 극복했지만 커다란 대가를 치러야 했습니다. 그리고 우리 딸들도 그 대가의 한 몫을 담당한 것 같습니다. 저는 매우 강인한 성격이었기 때문에 살아남을 수 있었지만 정서적으로 많은 문제점이 있습니다. 서른다섯 살이 될 때까지 어느 누구와도 밀접한 인간관계를 맺지 못했으니까요. 저는 누군가 저를 조건이나 대가 없이 사랑할 수 있다는 사실을 믿지 못했습니다. 그리고 슈퍼우먼이 될 필요가 없다는 것, 잘못이나 실수를 용서받을 수 있다는 것, 나도 남에게 나누어줄 많은 장점이 있다는 것 등을 인정하지 않았습니다.

더구나 지금 서른 살과 스물두 살 된 딸들도 저와 마찬가지로 주변에 마음을 터놓는 여자 친구가 없습니다. 그 아이들도 저처럼 마음의 안정을 찾지 못하는 모습을 볼 때마다 마음이 많이 아픕니다. 큰딸은 아직도 안정된 삶을 누리지 못하고 방황하고 있습니다. 그 애를 볼 때마다 일말의 책임감을 느끼지만 무엇을 어떻게 바꿔야 할지 갈피를 잡을 수 없습니다. 우리 딸들은 제가 얼마나 사랑하는지도 알고 자기들을 위해 얼마나 열심히 일했는지도 압니다. 저를 사랑하고 저에게 감사하는 딸들의 마음을 알기 때문에 저는 혼자 지내지만 결코 외롭지 않습니다.

그러나 이런 제 마음과 노력만으로는 딸들에게 충분하지 않은 것 같습니다. 저는 불안했던 제 삶이 딸들에게 대물림된 기분을 느낍니다. 그러나 저는 아직도 제 안에 깊이 뿌리내리고 있는 상실감이 딸들에게까지 대물림된 엄마와 딸 사이의 연결 고리를 이해하지 못하고 있습니다.

린의 경험담은 상실감의 대물림을 보여주는 대표적인 본보기다. 그녀는 아이들을 향한 엄마 곰의 지혜는 충분했지만, 다른 사람의 도움 없이 '모든 일을 혼자서 처리하려는' 극기의 자세로 인해 비싼 대가를 지불해야 했다.

다행스럽게도 우리는 어른이 되면 자신의 아픔을 치유할 능력을 갖추게 된다. 그러나 어른이 되어 느끼는 자신에 대한 인정은 어린 시절에 받는 인정과는 큰 차이가 있다. 당신의 모습을 있는 그대로 조건 없이 인정해주는 엄마나 가까운 사람과 깊은 유대감을 느끼며 자란 경우와 몸에 입력된 정보가 다른 것이다. 이 말은 집에 가는 것을 본능적으로 꺼린다는 뜻이기도 하다. 어린 시절 충분한 유대감을 경험하지 못했던 여성들도 어른이 되어 인정받고 평화를 누리는 경우가 많다. 그들은 여러 친구와 우정을 나누면서 이제까지 경험하지 못했던 소속감과 안정감을 맛본다. 그러나 힘든 과정을 거쳐 자신에 대한 자부심을 획득한 후에도 그들은 고향집에 돌아가 엄마를 대할 때마다 예전의 상처가 되살아난다는 사실에 놀라고 당황한다.

주디의 경우—제발 제 말에 귀를 기울여 주세요!

또 다른 뉴스레터 독자인 주디는 어린 시절의 경험 때문에 성장한 후에도 인간관계에서 어려움을 겪었다. 그녀가 내게 편지를 보냈을 때는 서른세 살이었다.

제가 기억하는 한 엄마는 한 번도 제 말에 진심으로 귀를 기울여준 적이 없어요. 제가 이야기를 할 때마다 엄마는 다른 곳을 보고 있거나, 다른 일에 몰두해 있거나, 이야기 도중에 화제를 돌리기 일쑤였어요. 지금도 저는 사람들이 제 말에 귀를 기울이지 않는다는 느낌을 받으면 말문이 닫힙니다. 특히 남편에게는 더욱 그래요. 저는 사람들에게 말을 할 때마다 짧고 빠르게 끝내는 버릇이 생겼어요. 사람들이 제 말을 중단시키거나 지겨워하기 전에 끝내기 위해서죠.

저와 엄마 사이에서 이 문제는 아직도 완전히 해결되지 않은 채 남아 있어요. 요즘도 엄마는 가끔 제 말을 무시하지만 이제는 예전처럼 입을 닫아버리지 않고 얘기를 계속할 수 있어요. 하지만 다른 사람들에게는 아직 그렇게 되지 않아서 노력 중이에요. 다행히 저는 딸과 밀접한 유대감을 나누고 있답니다. 우리는 많은 대화를 나누며 저는 언제라도 딸의 이야기에 귀를 기울이려고 최선을 다해 노력하고 있어요.

또 다른 여성의 편지를 소개한다.

저는 여러 해 동안 치료와 심리 분석을 받은 끝에 우리 엄마가 감정적으로 냉정한 사람이었다는 사실을 깨닫게 되었어요. 어려서부터 엄마는 제가 기쁨이나 흥분, 성취감을 나누려고 할 때마다 실망감만 안겨주곤 하셨어요. 엄마는 항상 차분하고 냉정한 목소리로 "그래, 잘했구나." 또는 "네가 자랑스럽구나."라고 짤막하게 대꾸하곤 하셨죠. 그러나 입으로는 칭찬의 말을 하면서도 엄마의 표정과 몸짓은 아무런 반응이 없었어요.

저는 엄마가 오랫동안 우울증에 시달려왔기 때문이라는 결론을 내렸어요. 엄마의 마음은 쭈그러져 있다가 누군가가 에너지를 불어넣어야만 채워지는 풍선 같았어요. 저는 엄마와 대화를 나눈 후에는 항상 피곤했고 에너지가 고갈된 기분을 느꼈어요.

저는 엄마를 사랑했지만 엄마를 껴안거나 신체적으로 접촉하기를 피했어요. 엄마가 저를 만지려고 하면 뒷걸음질치곤 했죠. 이런 제 모습에 죄책감을 느껴왔지만 이제는 제 마음을 이해하게 되었어요. 엄마와의 사이에 건전한 한계를 정한다고 '나쁜 딸'이 되는 건 아니잖아요? 어렸을 때 한 번도 제게 다정하게 대해준 적이 없는 엄마에게 제가 더 이상 어떻게 할 수 있겠어요.

✿ 앨리시어의 경우─집에 먹을 게 없으면 밖에서 해결한다

앨리시어의 엄마는 알코올 중독자였다. 유산을 물려받아 경제적인 여유가 있었던 그녀는 앨리시어와 아이들을 위해 유모를 고용했다. 앨리시어의 집은 겉으로 보기에는 남부러울 것 없는 평범한 가정이었지만, 엄마는 아이들에게 전혀 관심이 없었다. 아이들은 엄마가 집에 있는지 외출했는지 혹은 술을 마셨는지 제정신인지 알지 못했고, 잠자리에 들 때도 엄마의 배웅을 받지 못했다. 유모들이 엄마의 빈자리를 대신해 주었지만 항상 집안일로 바빠 아이들과 많은 시간을 보내지 못했다. 앨리시어의 아버지는 이런 집을 피해 항상 출장을 다니는 것으로 돌파구를 찾곤 했다.

앨리시어는 학교에 들어가면서부터 사람들의 관심을 끄는 방법을 재빨리 터득했다. 유치원 시절부터 대학교까지 모범생으로 선생님들의 사랑을 독차지한 것이다. "만일 무조건적인 사랑을 자연스럽게 누리지 못한다면 쟁취하는 수밖에 없어요. 가정 이외에도 사랑과 존경을 받을 수 있는 곳이 있다는 것은 다행스러운 일이죠." 그녀는 이렇게 덧붙였다. "집에 먹을 게 없으면 밖에서 시켜 먹으면 되잖아요."

그러나 앨리시어와 같은 경우에 처한 많은 여성들의 문제점은 자기가 사랑과 인정을 받을 가치가 있는 존재라는 확고한 믿음이 없는 것이다. 이들은 친구에게 선물을 사줄 때나 새로 산 옷을 입었을 때 친구가 의견을 말하기도 전에 "별로 마음에 안 들 거야, 그렇지?"라고 지레 보호막을 친다. 거절당하기 전에 미리 선수를 치는 일에 익숙한 탓이다. 그러나 이런 '보호막'은 오히려 주변 사람들의 진정한 사랑과 칭찬을 얻는 데 장애물로 작용한다.

앨리시어는 성장한 후에도 개인적 또는 직업적으로 냉정하고 무관심한 여성들과 고통스러운 인간관계를 맺곤 했다. 그러나 시간이 흐르면서 그녀는 자신의 문제점을 파악하고 변화시키는 법을 배운 결과, 그녀의 건강과 인생은 한결 호전되었다. 그녀는 우선 차갑고 무관심했던 엄마 때문에 마음이 공허하고 외롭다는 사실을 깨달았다. 그리고 이런 공허감을 채우고 자신의 존재 가치를 증명하기 위해 엄마처럼 냉정한 여성들의 사랑을 획득하려는 무의식적인 충동을 인식하게 되었다. 그녀는 정신치료와 함께 식이요법, 운동, 긍정적인 자기 암시 등을 통해서 자신에 대한 자부심을 되찾게 되었다.

영적인 가정

아이들은 실제적인 가정뿐 아니라 신이나 우주와의 유대감이라는 영적인 가정을 통해서도 영적인 자질을 높이고 정서적인 안정감을 추구할 수 있다. 신학자인 매튜 폭스Matthew Fox는 어린 시절 학대와 무관심 속에서 자랐던 사람들은 자연 속에서 생명력과 평화를 찾을 수 있는 장소를 찾아낸다고 지적했다.

환자 중에서 영적인 깊이를 갖춘 한 환자가 있었다. 그녀는 어려서 엄마가 부재중일 때마다 더 근원적인 생명의 창조자인 신과의 유대감으로 그 빈자리를 채우곤 했다. 궁극적으로 우리 모두가 도달해야 할 경지를 어린 나이에 미리 깨우친 것이다. 그녀는 이런 영적인 교감과 주어진 삶에 순응하려는 노력을 통해 긍정적인 삶의 자세를 갖추게 되었다. 신체적인 학대를 받으며 자란 그녀에게는 면역계를 비롯해서 혈관과 관절에 문제가 있었지만 그녀의 깊은 영성은 충분한 치유 효과를 발휘했다.

| 자연과 유대감 형성하기 |

여름 방학 때 가족들과 휴가를 떠났던 곳 중 유난히 기억에 남는 장소가 있는가? 당신에게 마음의 위안을 주는 나무나 바위 또는 해변이 있는가? 이런 자연은 우리를 가장 원초적인 모습으로 돌아가게 만드는 외부의 태반이다. 산이나 바다, 숲은 항상 변하지 않는 모습으로 당신을 기다린다. 아이들은 지구와 직접적인 교감을 맛보기 위해 자연과 자주 접할 필요가 있다. 대자연의 넓고 깊은 품에서 느끼는 안정감과 평화는 아이들의 영혼을 살찌운다.

몸에 대한 자부심은 성의 근원

아이들은 선천적으로 자신의 몸에 대한 호기심과 자부심을 가지고 태어난다. 나는 많은 여성들이 자신의 몸매에 대한 잘못된 인식 때문에 고통에 시달리고 그로 인해 건강이 악화되는 것을 목격했기 때문에 우리 딸들은 자신의 몸매에 대해 자부심을 갖도록 키우고 싶었다. 아이들이 어렸을 때 우리 가족은 정기적으로 '가족 목욕 시간'을 즐기곤 했다. 감미로운 음악과 낭만적인 촛불 아래서 아이들과 함께 목욕하고 뒤이어 마사지로 아이들의 몸을 사랑스럽게 어루만져 주었다. 그러나 나는 혼자 아무리 노력해도 사회적인 편견으로부터 우리 딸들을 완전히 보호할 수 없다는 것을 알았다. 사회인으로 살아가려면 도처에 깔린 보수적인 시각과 성차별 의식을 피해갈 수는 없었다. 엄마로서 내가 할 수 있었던 유일한 길은 딸들이 가능하면 자신의 몸매에 대해 긍정적인 이미지를 갖도록 노력하며 나 자신이 그 본보기가 되는 것이었다.

맏딸 애니가 두 살 때의 일이다. 어느 무더운 여름 날 우리 가족은 더위를 식히기 위해 해변으로 향했다. 해변에 도착하자마자 애니는 차에서 뛰쳐나가 옷을 벗어던지면서 바다를 향해 달려갔다. 그러나 내가 뒤쫓아 갔을 때 벌거숭이가 된 애니는 쭈뼛거리며 물가에 서 있었다. 환희에 들떠 있던 애니의 표정도 불만과 의혹으로 변해 있었다. 옆에 있던 할머니들이 벌거벗은 애니를 흥보며 수영복이 없냐고 물었기 때문이었다. 벌거벗은 채 태양과 바다를 온몸으로 느끼며 들떠 있던 애니의 천진난만한 기쁨은 수치심으로 바뀌었다. 애니는 처음으로 자신의 몸에 대해 수치심을 느낀 것이다. 나는 할머니들에게 화가 났다. 하지만 그들 안에 뿌리 깊게 박힌 뉴잉글랜드의 청교도적 윤리관과 자신의 몸에 수치심을 느낀 딸의 부정적인 경험을 내 힘으로 어떻게 막을 수 있단 말인가? 엄마로서의 내 신념은 엄격한 예의범절을 주장하는 거대한 장벽과 싸우기에는 역부족이었다. 나는 애니에게 그들이 무슨 말을 하든지 네 몸은 아름답고 사랑스럽기 때문에 수영복으로 가릴 필요가 없다고 말해주었다. 그러나 애니는 두 번 다시 벌거벗은 채 기쁨에 들뜬 천진난만한 모습으로 물에 뛰어들지 못했다. 순진무구함을 잃어버린 안타까운 순간이었다.

이번에는 네 살과 두 살인 딸들을 데리고 할머니 댁을 방문했을 때의 일이다. 해변에서 돌아온 아이들은 목욕을 하기 위해 위층으로 올라갔다. 사내아이였던 세 살짜리 사촌과 네 살짜리인 그 친구도 함께 올라갔다. 나는 아이들에게 물을 받아주고 안전한지 확인하기 위해 뒤따라 올라가면서 아이들을 둘로 나눠서 목욕을 시켜야겠다고 생각했다. 그러나 우리가 이층에 도착하자마자 네 살짜리 사내아이의 엄마가 기겁하며 욕실로 뛰어 들어왔다. 자기 아들이 벌거벗은 우리 딸들과 함께 목욕을 한다고 생각한 모양이었다. 그게 어떻단 말인가. 나는 그녀가 왜 그렇게 호들갑을 떠는지 이해할 수 없었다. 아이들은 벌거벗은 몸을 자연스럽게 받아들이며 전혀 수치심을 느끼지 않는다. 문제는 어른들이 어떻게 가르치는지에 달려 있다. 어린 남녀 아이들이 한 욕조에서 장난치며 논다고 성범죄가 발생한다고 생각하는가. 아마 물이 흘러넘쳐 바닥이 엉망이 되는 문제 외에는 일어나지 않을 것이다.

어린아이들이 자신의 몸을 관찰하거나 다른 성별의 몸에 호기심을 갖는 것에 어른들이 신경을 곤두세우게 되면 자연스러운 호기심을 부끄러운 짓으로 만들 위험이 있다. 진실을 알고자 하는 아이들의 자연스러운 욕구가 지나친 수치심을 유발하는 부모의 잘못으로 오염되는 것이다. 친정 엄마 말에 따르면 할머니는 아버지에게 "소중한 고추를 누구도 만지지 못하게 해야 한다."고 가르치셨다는 것이다. 이 말을 들으면서 나는 우리 부모님이 이런 유산을 물려주지 않은 것에 대해 고마움을 느꼈다.

나는 아무 거리낌 없이 딸들에게 여자의 몸에는 세 개의 구멍이 있다는 것과 그 용도를 자세하게 설명해주었다. 한 환자는 세 살짜리 딸이 욕실에서 거울을 보며 생식기 부분을 관찰하기 위해서 여러 포즈를 취한다고 말해주었다. 이것은 지극히 정상적인 행동이다. 우리는 딸들이 가능하면 어린 나이부터 생식기를 포함해서 자신의 몸에 대해 자부심을 갖도록 이끌어야 한다.

두말 할 필요도 없이 여자 아이들은 어려서부터 남자 아이들에 비해 신체적인 제약을 많이 받으면서 자란다. 나는 어린 여자 아이들이 비키니 수영복을 입은 모습을 볼 때마다 웃음을 참을 수 없다. 브래지어가 거의 목에 닿아 있기 때문이다. 아직 젖꼭지도 생기지 않은 아이들이 왜 가슴을 가려야 하는 걸까? 이런 훈련은 여성의 가슴과 유방에 잠재된 에너지를 차단하는 시발점이다.

아이들은 옷을 벗어도 되는 곳과 그렇지 않은 곳을 본능적으로 느낀다. 우리 어른들은 아이들이 이런 내면의 소리에 귀를 기울이도록 만들기 위해 적절한 본보기를 보여야 할 뿐 아니라 자신의 생각에 솔직한 모습을 보여줘야 한다.

나는 여덟 살과 열 살인 딸들을 데리고 뉴멕시코에 사는 동생네 집을 방문한 적이 있다. 하루는 멀리 떨어진 리우그란데까지 하이킹을 갔다. 날씨가 찌는 듯이 무더웠기 때문에 우리는 수영복을 가지고 가지 않았지만 수영을 하기로 했다. 우리 딸들은 아무 거리낌 없이 알몸으로 물속이나 해변에서 뛰고 춤추며 신나게 놀았다. 나는 동생과 이 모습을 바라보며 지구상에 아직도 자유를 만끽할 수 있는 장소가 남아 있다는 게 얼마나 다행스러운지를 얘기했다. 그러나 주변에 낯선 사람이나 가족이라도 남자가 있었다면 우리 딸들과 나는 결코 알몸으로 수영하지 못했을 것이다.

물론 각 가정마다 옷을 벗는 것에 대한 기준이 모두 다를 것이다. 억압이나 수치심이 아닌 서로에 대한 존중이라는 관점에서 보면 어느 것이 좋고 그르다고 단정 지을 수 없다. 그러나 옷을 벗는 것에 대한 기준은 생물학적인 측면보다 문화적인 관습에 따라 정해진다. 예를 들어, 유럽은 해변에서 옷을 벗는 것에 대해 미국보다 너그럽다.

건전한 누드와 도발적인 누드는 본질적으로 다르다. 한 환자는 아버지가 밤마다 팬티만 입은 채로 방에 들어와 잘 자라는 키스를 했다고 한다. 그녀는 항상 아버지의 이런 모습이 불편했다는 것이다. 나는 그녀의 불편함은 아버지의 행동이 적절한지 아닌지를 평가하는 유일한 기준이라고 말해주었다. 어른의 행동에 대해 아이들이 불편함을 느끼는 경우는 어른의 의도가 불순하기 때문이다. 그러나 아이들의 이런 건전한 신체적 반응은 어른들에 의해 왜곡되곤 한다. 어른들은 그럴듯한 주장으로 아이들의 정직한 반응을 혼란시키고 내면의 소리를 외면하게 만든다.

한편 아이들은 철들 나이인 '이성의 시기(Age of Reason)'에 도달하면 신기하게도 저절로 조심성을 갖추게 된다. 아이가 수치심을 느껴서라기보다 문화적 행동 기준을 인지하게 되었기 때문이다. 이런 현상은 전전두엽의 발달과 병행하여 나타난다. 이 시기가 되면 아이들은 '다른 아이들이 어떻게 행동하는가'에 관심을 갖기 시작하며 그 안에 소속되기를 열망한다.

사랑의 청사진은 어떻게 형성되는가

모든 사람들은 나름대로 사랑에 대한 청사진이 있다. 사랑은 어떤 감정이며 어떤 모습이어야 하는가. 이런 청사진은 어린 시절 엄마나 돌보는 사람과의 관계를 통해 몸과 마음에 입력된다. 우리 안에 사랑의 청사진을 그리는 주체는 애정 호르몬인 옥시토신일 것이다.[5]

아이들이 사랑에 대한 개념을 형성하는 데 영향을 미치는 요소는 다양하다. 유전적 요인, 중요한 발달 단계에서 어떤 보살핌을 받았는가, 어린 시절의 경험들, 신체적 · 문화적 환경, 호르몬 수치, 영적 자질 등이 모두 복합적으로 작용한다.

이렇게 형성된 청사진은 아이의 성향을 결정짓는다. 어떤 이상형을 원하는가. 이성애자인가, 동성애자인가, 양성애자인가. 섹스에 관심이 많은가, 별 관심이 없는가. 정상적인 섹스에 만족하는가, 변태적인 섹스를 원하는가. 아이가 어떤 환경에서 눈, 코, 입, 귀, 피부 등 감각 기관으로 어떤 감각을 느끼면서 자랐는지는 후에 섹스에 대한 성향을 결정짓는 강력한 요인이 된다.

많은 전문가들이 한 번 입력된 사랑의 청사진은 뇌가 생리적으로 변화하지 않는 한 바뀌지 않는다고 주장한다. 하지만 나는 직접적인 체험이나 다른 사람을 통해 우리 안에 입력된 사랑의 청사진은 생각보다 넓고 광범위하다는 것을 깨달았다.

에로틱한 에너지는 사랑하는 파트너에게뿐 아니라 다른 곳에서도 발휘될 수 있다. 자동차를 팔기 위한 광고에 성적인 비유가 많이 인용되는 것도 그 좋은 예다. 나는 최근에 재방송되는 〈프렌즈〉라는 시트콤을 보았는데 사랑에 대한 개념을 유머러스하게 묘사한 장면이 있었다. 주인공인 모니카와 챈들러가 불임 치료를 받다가 실패한 후 입양을 결정한 어느 부부를 방문하는 장면이다. 모니카와 챈들러도 입양에 대해 신중하게 고려하는 중이었다. 그들이 방문했던 부인은 입양에 대해 고민하는 사람들에게 도움을 주기 위해 공책에 자신의 경험담과 도움말들을 자세하고 체계적으로 기록해 놓았다. 그 부인은 그 공책을 모니카에게 건네고 아이를 돌보기 위해 방을 떠난다. 매우 강박적인 성격으로 묘사된 모니카는 공책을 훑어본 후 흥분한 표정으로 챈들러에게 말한다. "이 공책을 보는 순간 난 짜릿한 오르가슴을 느꼈어!"

정상적인 사랑과 섹스의 기준

우리가 '정상적'이라고 일컫는 사랑이나 섹스의 기준을 결정하는 요인은 다양하다. 문화적 관습은 물론 권위 있는 의학적 견해, 그리고 매일 무수한 성적 메시지를 우리 안방으로 쏘아 보내는 대중 매체의 창조자 등 여러 요소들이 영향을 미친다. 우리가 흔히 말하는 정상적인 성행위란 한 남자와 한 여자가 토요일 밤에 자기 집에서 성교를 나누는 것을 일컫는다. 그러나 '정상적'이란 단어 안에는 인간이 누릴 수 있는 성적인 기쁨의 정도는 포함되어 있지 않다. 따라서 관념적인 정상의 범위는 부모나 동료, 성직자, 경찰 등이 일방적으로 규정하곤 한다.[6]

만일 한 여성이 어린 시절에 성적 학대나 깊은 마음의 상처를 입었다면 그녀의 사랑의 청사진은 왜곡될 수밖에 없다. 그녀는 가해자를 연상시키는 상대와 사랑에 빠질 수도 있고, 다른 사람과 밀접한 관계나 성행위를 나누지 못하게 될 수도 있다.

🐚 도린과 캐시의 경우—어떤 역할 모델을 선택하는지에 따라 인생이 달라진다

삶의 다른 분야와 마찬가지로 우리는 인간관계나 성행위에 대해서도 부모의 영향을 많이 받는다. 그 예를 살펴보자.

도린과 캐시는 자매다. 캐시보다 여섯 살 위인 도린은 잘 생기고 사회적으로 큰 성공을 거둔 아버지와 오빠의 뒤를 이어 저명한 법률 회사에서 촉망받는 변호사로 일한다. 반면, 캐시는 엄마를 닮아 집에 있기를 즐기는 소극적인 성격이다. 독실한 기독교 신자인 그녀의 엄마는 직업을 가진 적이 없었으며 남편을 시중드는 일을 최대의 낙으로 생각하는 현모양처였다. 그녀는 일주일에 두 번 이상 교회에 나갔으며 나머지 시간은 집에서 손자들과 지내기를 좋아했다. 이에 반해 그녀의 남편은 끊임없이 활동하는 성격이었으며 틈만 나면 여행을 즐겼다. 가족들은 아무도 입 밖에 내지는 않았지만 그가 여러 번 외도를 저질렀다는 사실을 모두 알고 있었다.

도린은 사랑에 대한 자세도 아버지를 닮았다. 매력적인 자태를 가진 그녀 주위에는 항상 남성들이 들끓었다. 그녀는 70~80년대 로큰롤 스타 같은 '악동' 스타일을 좋아했다. 그러면서도 한편으로는 마음의 안정을 바라고 있었다. 여행을 즐기는 그녀는 떠돌이 남성들과 불꽃같은 사랑을 불태우곤 했다. 얼마 전 도린은 능력 있고 안정된 남자와 결혼했지만 따분함을 느끼고 있었다. 한편 캐시는 대학을 중퇴하고 결혼해서 아이를 낳았다. 그리고 엄마와 마찬가지로 남편의 뜻에 따르는 순종적인 아내로 살고 있다. 그러나 엄마를 포함한 이전 세대의 여성들처럼 캐시도 자신의 욕구를 소극적인 방법으로 표현한다. 몸이 아파지거나 속상할 때는 눈물을 흘리는 것이 고작이었다.

놀이를 통한 성교육

아이들의 사랑에 대한 근본적인 청사진은 자궁 안에서부터 시작되지만 세부적인 개념들은 대부분 어린 시절에 입력된다. 아이들은 병원 놀이나 "네 것 보여주면 내 것도 보여줄게"와 같은 '놀이'를 통해 무엇이 사랑이고 무엇이 아닌지를 배워간다. 이런 놀이들은 이미 몸과 뇌에 입력된 생리적인 정보들을 실행할 기회를 제공하며, 자신이 어떤 모습의 인간이며 어떤 사랑을 원하는지를 가르쳐준다. 아이들은 이런 놀이를 통해 사랑의 청사진을 조금씩 완성해간다. 사랑에 대해 자신의 몸이 어떻게 반응하며 또 다른 사람의 몸은 어떻게 반응하는지를 깨우쳐가는 동시에 인간관계를 형성하는 기술을 배워가는 것이다.

붉은털원숭이를 대상으로 실시한 연구 결과에 따르면, 어려서 섹스 놀이를 거치지 않은 원숭이는 성장해서 성공적인 짝짓기를 할 수 없었다. 즉 다른 원숭이들과 어울려 섹스 놀이를 하지 못했던 원숭이는 적절한 체위를 취할 수 없었다. 더욱 흥미로운 사실은 또래 원숭이들과 짧게나마 놀이를 즐기도록 허락되었던 원숭이들은 한결 나은 결과를 보였으나 정상적으로 친구들과 많은 시간을 보냈던 원숭이들에 비해서는 성적 기능이 많이 뒤처졌다.

아이들에게 성적인 놀이는 정상적인 과정이지만 때로는 문제가 되는 경우도 있다. 한 환자의 경험담을 들어보자.

우리 딸은 어려서부터 개를 몹시 좋아해서 가끔씩 개 흉내를 내곤 했어요. 딸 밑으로 남동생이 하나 있었는데 딸은 두 살짜리 남동생과 같이 목욕하는 걸 좋아했죠. 어느 날 저는 두 아이가 욕조에서 노는 동안 전화를 받으러 갔어요. 그런데 돌아와 보니 딸이 개 흉내를 내면서 동생의 고추를 핥고 있는 게 아니겠어요? 동생은 고추가 뻣뻣해진 채 얼굴 가득 미소를 머금고 느긋하게 욕조에 기대어 있었어요. 저는 놀란 가슴을 진정시키고 말했죠. "자, 이제 그만하는 게 좋겠다." 딸은 이렇게 대답하더군요. "하지만 엄마, 애가 좋아하는걸요."

딸에게 지나친 부담이나 수치심을 안겨주고 싶지 않았던 이 현명한 엄마는 조용히 타일렀다. "그래, 엄마도 알아. 하지만 그렇게 하면 안 되는 거란다." 그 환자는 당시의 심정을 이렇게 호소했다. "저는 이 사건이 아들의 머릿속에 각인되어 나쁜 영향을 미칠까봐 걱정이 되었어요." 어쩌면 그녀의 우려가 현실로 나타났을지도 모른다. 그러나 그녀의 침착한 대응 덕분에 자칫하면 딸이나 아들의 기억 속에 강력하게 남았을 감정이 잘 무마된 사례다.

청사진을 왜곡하는 폭력과 학대

사랑의 청사진이 정상적으로 발달하기 위해서는 부모와 아이를 포함한 모든 가족들 사이에 적절한 한계가 정해져야 한다. 성적인 놀이나 성경험이 나이가 적절치 않은 사람들 사이에서나 사회적 통념에 어긋나는 형태로 이루어질 경우 사랑에 대한 청사진은 왜곡될 가능성이 크기 때문이다. 아이가 놀이(소꿉장난, 의사 놀이, 목욕 놀이 등) 상대로 삼는 대상은 연령이 같아야 하며 힘의 불균형이 있어서는 안 된다.

아이가 성적 학대나 착취의 대상인 경우 아이의 청사진은 심하게 왜곡될 수 있다. 예를 들어보자. 만일 당신이 다섯 살짜리 여자 아이인데 열일곱 살인 남자 아이에게 자주 애무를 당하곤 한다면 이런 상황은 나중에 당신이 어떤 남성에게 성적 매력을 느끼며 어떤 성적 자극을 원하는지에 지대한 영향을 미친다. 또 열여섯 살인 딸이 마흔 살인 아버지와 근친상간 관계에 있다면 이 딸은 성장해서 자기와 비슷한 연령의 남성과 만족스러운 관계를 형성하기 힘들 것이다.

이런 종류의 성적 학대를 경험한 아이들은 자기보다 어린 가족 구성원과 같은 행위를 되풀이할 가능성이 크다. 삼촌과 부적절한 성관계 경험이 있는 열 살짜리 소년이 있다고 가정해보자. 이 아이는 다섯 살짜리 사촌과 비슷한 관계를 갖고 싶은 충동을 느낌으로써 가족간의 왜곡된 청사진을 지속해 나갈 것이다.

그러나 사랑의 청사진을 왜곡시키는 요인은 성적 학대에만 국한되지 않는다. 어린 시절의 질병, 극심한 가난, 엄마가 학대받는 장면 목격, 신체적·정신적 학대 등도 아이의 뇌에 깊이 각인되어 정상적인 청사진 발달에 악영향을 미친다.

비밀과 수치심이라는 짐

자신의 연령이나 지위를 이용해서 부적절한 성관계를 강요하는 어른에게 어쩔 수 없이 굴복한 한 소녀가 있다고 가정해보자. 부모나 어른들에게 이 사실을 알린다면 어떤 대가를 치러야 할지 두려움이 앞선다. 알리지 않는다면 혼자 속병을 앓으며 불편한 관계를 지속해야 한다. 관계를 중단할 경우에는 자기가 좋아하고 존경하거나 또는 두려워하는 상대로부터 외면과 배척을 당해야 하며, 중단하지 않는다면 결국 부모나 다른 사람 눈에 띄어 비난을 감수해야 한다. 어느 길을 선택해도 잃을 것밖에 없는 진퇴양난에 빠졌다. 만일 도움을 요청한다면 가해자의 위협과 부모의 분노를 동시에 견뎌내야 한다. 아이들이 성적 학대를 받으면서도 알리지 못하는 것도 이런 이유 때문이다. 나도 이와 비슷한 경험을 한 적이 있다.

내가 다섯 살 때의 일이다. 동생과 나는 우리 농장의 연못가에 있던 오두막의 테라스에서 하룻밤을 자기로 했다. 오빠의 친구들은 안에서 놀고 있었다. 그런데 우리가 자고 있을 때 열 살인 오빠 친구가 다가와서 조용히 속삭였다. 내 잠옷을 들어올리면 내가 좋아할 만한 것을 보여주겠다는 것이었다. 나는 그 말을 따르면서도 기분이 매우 불쾌했던 기억이 남아 있다. 오빠 친구가 내 위에 누우려는 찰나, 오빠가 소리를 질렀다. "야, 내 동생 귀찮게 하지 말고 이리 들어와." 그 아이는 마지못해 안으로 들어갔다.

그러나 다음 날 아침, 그 아이가 내게 다가와 팔을 힘껏 잡더니 귀에 대고 으름장을 놓았다. "어젯밤 일을 누구한테든 말한다면 죽여버릴 거야. 알았어?" 나는 고개를 끄덕였다. 그리고 앞서 열거했던 이유들 때문에 나는 열여덟 살이 될 때까지 아무에게도 그 일을 말하지 못했다.

오랜 세월 동안 나는 두려움과 수치심에 사로잡혀 있어야 했다.

내가 당했던 일은 한 순간의 불쾌한 경험이었지만 여러 해 동안 누구에게도 말 못하고 혼자 비밀을 간직해야 한다는 것이 매우 힘들었다. 하물며 되풀이되는 성적 학대를 당하고도 침묵을 지켜야 하는 아이들의 심정은 어떻겠는가. 그들에게는 실제 당했던 학대보다 그것을 표현하지 못하는 고통이 더 클 수도 있다. 아이들의 사랑의 청사진을 더욱 왜곡시키는 것은 학대당했던 경험보다 침묵과 비밀을 지켜야 하는 고통이다. 아이가 간직한 비밀에 대한 사회적 규범이 가혹하면 할수록 속시원히 말하지 못하는 상처는 더욱 커진다.

여성의 경우 왜곡된 사랑의 청사진이 가져오는 결과는 오르가슴을 느끼지 못하거나 성행위 자체를 원치 않는 것이다. 신체적 접촉을 할 때마다 마음의 상처가 되살아나기 때문이다. 남성의 경우에는 발기되기 위해서 자극이 강렬하고 변태적인 포르노 영상이 필요하게 된다. 많은 환자들의 말을 빌면, 발기하기 위해 포르노 영화나 잡지를 봐야 하는 남편을 대할 때마다 화가 치밀어 오른다고 한다.

요점-안정적이고 유익한 인간관계를 맺을 수 있는 사랑의 청사진을 갖도록 딸을 키우기 위해서는 몸에 대한 자부심을 심어주고, 또래들과의 성적인 놀이에 참여할 기회를 제공하며, 주변에 본보기가 될 만한 건전한 사랑을 나누는 커플이 있어야 한다. 건전한 사랑이란 서로에 대한 헌신과 섹스가 병행되는 것을 말한다. 반드시 부모가 아니더라도 주변에 이런 역할 모델이 있다면 딸이 건전한 사랑의 청사진을 만들어가는 데 큰 도움이 될 것이다.

인간관계를 맺는 훈련

나는 우리 딸들이 서너 살 때 아빠와 나누는 지나친 신체 접촉에 대해 놀란 적이 여러 번 있다. 아이들은 아빠의 무릎에 앉거나, 얼굴을 쓰다듬거나, 아빠를 황홀한 눈으로 바라보곤 했다. 아빠의 관심을 독차지하기 위해 육체적 접촉까지 동원한 것이다. 그러나 이런 행동 뒤에 깔린 의도에 관계없이 분명한 사실은 어른이든 아이든 모든 여성들의 내면에는 남성의 관심을 끌고 싶은 본능적인 욕구가 있다는 것이다.

이런 행동에 대한 전통적인 해석은 프로이트의 학설에 근거를 둔다. 모든 아이들은 성적으로 성숙해가는 과정에서 성이 다른 부모를 사랑하게 되며 심지어 성 관계까지 원한다는 것이다. 따라서 성이 같은 부모는 아이의 라이벌이 된다. 이 시기를 오이디푸스 단계라고 하는데, 그리스 신화에서 아버지를 죽이고 엄마와 결혼한 왕인 오이디푸스의 이름에서 유래했다. 프로이트는 남성의 발달 단계를 설명하기 위해 이런 용어를 만들었지만, 많은 사람들이 여성에게도 적용되는지를 궁금해 했다. 우리는 심리학자인 캐롤 길리건Carol Gilligan을 비롯한 여러 학자들이 주장한, 여자 아이들은 남자 아이들보다 인간관계에 더 치중한다는 이론을 알고 있다. 그리고 여성과 남성의 성적 차이는 자궁에서부터 시작된다는 사실을 여러 연구 결과들이 입증한다. 나는 여자 아이들이 태어나는 순간부터 성적 매력을 표현하려는 욕구를 가졌다는 사실은 인정하지만, 이 시기에 느끼는 라이벌 의식에 대해서는 다르게 해석하고 싶다.

여자 아이들은 선천적으로 가족이나 보살피는 사람과의 유대관계를 통해 자신의 욕구와 바람을 성취하는 방법을 터득한다. 그러나 이제 새로운 도전에 직면하게 된 것이다. 세 사람의 각각 다른 욕구, 즉 삼각

관계를 어떻게 해결해 가느냐 하는 것이다. 부모가 서로간에 혹은 다른 형제나 다른 사람에게 보이는 관심에 대한 여자 아이들의 질투심과 독점욕이 도덕적이고 현실적인 이성과 갈등을 겪는 것이다. 내가 원하는 것을 다른 사람도 동시에 원할 때 어떻게 하면 다른 사람이나 상황을 조정해서 내 욕구를 충족할 수 있을까. 독점하고 싶은 아이의 욕망은 눈을 뜨기 시작하는 이성과 갈등을 겪는다. 내가 우주의 중심이 아니라는 사실을 어렴풋이 깨닫기 시작하며 내 행동이 가까운 사람의 기분에 어떤 영향을 미칠지를 생각하게 된다. 이런 갈등을 거치면서 아이들은 올바른 인간관계를 형성해가는 방법을 배운다.

시각장애자이자 〈그리고 거기에 빛이 있었다(And There Was Light)〉의 저자인 쟈크 뤼세이랑Jacques Lusseyran의 말을 인용해보자.

인간은 누구나, 눈이 보이든 보이지 않든, 매우 탐욕스러운 존재다. 우리는 모든 일이 나를 위해서만 존재하기를 원한다. 그러나 우리는 이런 사실을 깨닫지 못한 채 우주가 우리 마음대로 움직여 주길 바라며 우리가 원하는 모든 것을 제공해 주길 바란다. 그러나 눈이 보이지 않는 아이들은 이것이 불가능하다는 현실을 빨리 깨닫는다. 그들이 이런 이치를 빨리 깨달아야 하는 이유는 세상에 나 이외의 다른 사람이 존재한다는 사실을 잊기 쉽고, 물건에 부딪혀 상처를 입을 때가 많으며, 앞이 안 보여 남들에게 지적받는 경우가 많기 때문이다. 그러나 세상의 중심이 내가 아니라는 사실을 기억할 때마다 그들은 그에 상응하는 보답을 받는다. 비로소 다른 사물들을 인식하기 시작하는 것이다.

이것은 정상적인 아이들에게도 적용된다. 이런 이치를 깨닫지 못한 아이들은 눈먼 아이들이 사물에 부딪히듯이 자기중심적인 사고방식으로 창조된 세계에 부딪힌다. 자기중심적이고 자기도취에 빠진 아이들은 다른 사람의 욕구나 바람에 눈이 먼 상태이기 때문이다. 이런 아이는 서로 주고받는 세계의 풍성함을 보지 못하므로 진정으로 자기편을 들어줄 세계에 도달하는 데 필요한 기술이나 신념을 개발시키지 못한다. 자기가 부딪히는 대상이 가구처럼 딱딱한 물체이거나 눈에 보이는 대상은 아니지만 가장 필요한 사람의 애정과 관심을 잃게 되는 뼈아픈 결과를 감수해야 한다. 아이들은 자기 영혼과 우주가 도움의 손길을 주도록 만드는 방법을 배울 필요가 있다. 다른 사람과의 관계에서도 자신의 욕구를 충족시키는 데 필요한 기술을 습득해야 하는 것이다.

그 습득 과정은 다음과 같다. 아이는 자라면서 점차 인간관계의 복잡성에 대해 깨닫는다. 주변 사람들의 감정이나 생각, 기분이 자신의 삶과 복잡하게 얽혀 있다는 점을 인식하는 것이다. 그 결과, 아이는 이 새롭고 혼란스러운 정보를 인식하는 방법을 배우는 동안 신경질적이고 예민하게 변한다. 한 환자의 경험담에 따르면 네 살짜리 딸이 새로 태어난 남동생을 변기에 넣고 물을 내려버린 일도 있었다. 반면, 성격이 온순한 아이는 다른 사람들을 위해 자기가 희생양이 되는 경우도 있다. 동생이 생겼을 때 천사처럼 착하고 사랑스럽게 변하는 딸들이 이런 경우에 해당된다. 이들은 밖에 나가 노는 대신에 엄마를 그림자처럼 따라다니며 아기 돌보기를 돕는다.

아이가 서너 살이 되면 두 사람 이상의 관계를 파악하는 능력이 현저하게 발달한다. 다른 사람의 기분을 이해하며 어떻게 반응해야 하는지를 배우는 것이다. 이 시기에는 자신의 행동이 엄마뿐 아니라 아빠에게도 영향을 미친다는 사실을 이해하기 시작한다. 그리고 아빠의 사랑을 독차지하길 바라면서도 엄마에게도 아빠의 사랑과 관심이 필요하다는 사실을 인식한다. 아이는 엄마도 사랑하기 때문에 온 가족의 행복을 위해서는 아빠의 관심을 독차지하려는 욕망을 자제해야 한다는 사실을 배운다.

물론 우리 인간은 누군가의 관심을 독차지할 때 느끼는 행복과 만족 감을 갈망한다. 그러나 세 살배기 어린아이와 마찬가지로 우리도 관심 의 조명을 받을 때와 못 받을 때에 잘 대처하는 방법을 배워야 한다. 조 명이 비치는 순간은 그것을 충분히 즐기고, 원할 때는 언제든지 관심을 끌 수 있는 자신의 능력을 믿어야 한다. 그와 동시에 다른 사람의 관심 에 지나치게 연연하지 않고 자기 내면과의 관계를 발전시키는 방법도 배워야 한다.

왜곡된 삼각관계, 미누친 아동 증후군

한 환자가 이런 경험담을 들려주었다. 그녀와 남편은 전 세계를 돌아다 니며 살았지만 트렁크 안에 항상 시어머니를 모시고 다녔다는 것이다. 그녀의 비유는 중요한 가족 관계를 떨쳐버리지 못하는 우리의 모습을 반영한 것이다. 우리는 자기를 지배하는 가족의 그림자를 인식하고 그 것에서 벗어나기 위해 노력하기 전까지는 그 영향권에서 벗어나지 못 한다.

여성과 남성의 에너지가 만나면 제3의 생명체를 탄생시킨다. 두 사 람이 서로 합심해서 만들어낸 결실이다. 이것은 비단 아이뿐 아니라 일 이나 가정에도 적용된다. 그러나 두 사람은 관계를 맺는 동안 어린 시 절에 해결하지 못하거나 완성하지 못한 일들을 관계에 끌어들인다. 시 간이 흐르면서 두 사람은 서로의 차이점이 상대방을 바꾸려는 기대나 노력을 통해서는 해결되지 않는다는 사실을 깨닫게 된다. 두 사람은 갈등을 해결하기 위한 대비책으로 아이를 갖는다. 50~60년대에는 두 사람의 관계를 확고히 하는 수단으로 아이를 갖는 경우가 많았다. 노후에는 갈등을 해결하기 위한 수단으로 이사하거나(지리적 치료법) 새 집을 짓기도 했다.

이런 상황에서 태어난 아이는 부모의 해결되지 않은 감정을 물려받을 가능성이 크다. 그들은 가족의 갈등을 해결하는 희생양의 역할을 담당하는 경우가 많으며 그로 인해 그들의 육체적·정신적 건강이 크게 악화된다. 이런 아이들을 '미누친 아동'이라고 하는데 가족 구조 치료법의 선구자인 살바도르 미누친Salvador Minuchin 박사의 이름을 딴 것이다.[7]

🍃 스테파니의 경우—탄광 안의 카나리아

조지는 출장이 잦은 탓에 집을 비우는 시간이 많았다. 일과 결혼한 그와 함께 사는 아내 아만다와 딸 스테파니는 점차 그와 멀어질 수밖에 없었다. 아만다는 남편의 빈자리를 채우기 위해 딸에게 지나친 관심을 쏟았다. 뒤늦게 자신의 잘못을 깨달은 조지는 집에 관심을 가지려고 했지만 이미 그가 들어설 자리는 없었다. 아내는 남편 대신 딸과 결혼한 것이었다. 그런데 다섯 살 되던 해부터 스테파니는 자주 복부에 심한 통증을 호소했다. 걱정에 잠긴 부모들은 서로 힘을 합해서 딸을 돌보았다. 검사 결과, 스테파니의 증상은 위염이었다.

스테파니의 병은 부모들의 관계에 문제가 있음을 알려주는 '탄광 안의 카나리아'였다. 미누친의 이론에 따르면, 가정의 가장 근본적인 문제는 부모의 친밀감 부족이다. 스테파니의 병을 계기로 두 사람은 관계를 회복할 기회를 갖게 된 것이다. 그러나 금이 간 관계를 회복하기 위해 진심으로 노력하지 않는다면 아만다는 남편에게서 얻지 못한 만족감을 스테파니에게서 채우려는 노력을 멈추지 않을 것이다. 그리고 이런 엄마로 인한 아이의 반응은 더 심각한 질병이나 사고 혹은 반항적인 행동으로 나타나게 된다.

🐝 쉐릴의 경우―또 다른 미누친 아동

글래디스의 남편은 마흔두 살에 등에 통증이 생겨 직장을 그만둔 후 뜨내기 일로 시간을 보내고 있었다. 글래디스는 항상 남편을 채찍질해 왔지만 이번에는 몸이 불편한 남편을 닦달할 수 없었다. 그녀는 남편에 대한 불만을 딸들에게 해소하기 시작했다. 딸 중에서도 쉐릴은 유난히 감성이 예민한 아이였다. 가정에 갈등이 있을 때마다 쉐릴의 몸은 반응을 보여 감기나 감염성 질환을 앓았다. 성장한 후에도 직장이나 인간관계에서 갈등을 느낄 때마다 그녀의 몸과 면역계는 과잉 반응을 보여 두드러기가 나거나 목이 따끔거리곤 한다.

"엄마가 올 때까지 꾹 참았어요"

만일 세상 모든 것을 단순히 '선'과 '악'으로 구별할 수 있다면 세상살이가 한결 수월할 것이다. 그러나 우리가 살면서 경험하는 대부분의 일들은 콜레스테롤처럼 명확하게 선과 악으로 구별할 수 없다. 실제로 '좋은 콜레스테롤'이나 '나쁜 콜레스테롤'은 없으며 둘 다 우리 건강에 반드시 필요하다. 인간의 본성도 마찬가지다. 우리는 가진 것보다 가지지 못한 것에 더 초점을 맞추며 우리에게 부족한 것이 더 가치 있고 좋다고 생각하는 경향이 있다. 이런 경향은 어린 시절의 인간관계에서도 나타난다.

부모 중 한 사람이 다른 사람보다 집에 있는 시간이 적을 경우 아이들은 집을 비우는 부모에 대한 분노를 함께 있는 부모에게 터뜨린다. 그럼으로써 아이는 집을 비우는 부모에 대해 환상을 키워가고 더 가치를 부여한다. 집에 없는 부모는 선의 대상이고, 항상 옆에서 돌봐주는 부모는 분노와 실망의 대상이 된다. 두 살 때부터 나타나기 시작하는 이런 행동 양식은 아이에게 무관심한 전남편을 둔 독신 엄마에게 커다란 고통을 안겨주기도 한다.

이런 상황은 여러 경우에 적용된다. 엄마가 직장에 나가기 위해 다른 사람에게 아이를 맡길 경우, 엄마와 떨어진 아이는 처음에는 돌봐주는 사람에게 분풀이를 해댄다. 시간이 지나면서 아이는 진정되지만 엄마가 퇴근해서 돌아오면 달려가 안기면서 온갖 불평을 늘어놓는다. 돌봐주는 사람은 어이없어 하면서 이렇게 말한다. "아이가 왜 그러는지 이해할 수가 없군요. 하루 종일 천사처럼 착하게 굴었고 즐겁게 잘 지냈는데 말이에요."

나도 충분히 경험한 일이다. 내가 현관문을 열고 들어서기 바쁘게 아이들은 쪼르르 달려 나와 울음을 터뜨리면서 하소연을 늘어놓곤 했다. 남편은 기가 막힌다는 듯한 표정으로 투덜대곤 했다. "당신이 돌아오기 전까지 잘 놀던 아이들이 왜 당신만 보면 달라지는지 모르겠어. 아마 당신이 원인을 제공하는 걸 거야." 나는 할 말이 없었다. 많은 여성들이 내게 이런 경우를 하소연하곤 했기 때문이다. 한 동료는 다섯 살인 딸에게 왜 그러는지 이유를 물었더니 울면서 이렇게 대답하더라는 것이다. "엄마가 올 때까지 꾹 참았단 말이에요."

아이들은 어려서부터 엄마에게 온갖 약한 모습을 스스럼없이 보여준다. 엄마에게는 약한 모습을 보여도 괜찮기 때문이다. 우리는 아무리 약하고 부족한 모습을 보여도 엄마가 변함없이 우리를 사랑할 거라는 사실을 잘 안다. 이런 행동이 성장해서도 지속되는 것이다. 언젠가 나는 어느 분석심리학자에게 이런 말을 들은 적이 있다. 우리는 엄마에게 는 불안감을 해소하려고 하고 아버지에게는 강함과 유능함을 보여주려 는 경향이 있다는 것이다. 수긍이 가는 말이다. 그러나 아이들은 엄마 가 감정쓰레기 처리장이 아니라는 사실을 빨리 깨달을수록 자신에게 유익하다.

엄마에게 화풀이하는 이유

엄마는 우리의 모든 것을 감싸주기 때문에 우리는 삶의 불만을 자신의 책임으로 돌리기보다 엄마의 탓으로 전가하려는 경향이 있다. "엄마가 어려서 내게 무관심하지 않았으면 나도 엄마를 이렇게 대하진 않을 거 야." 우리가 흔히 듣는 핑계다. 엄마를 비난하거나 우리가 내뱉는 모든 불평을 받아주길 기대하는 것은 여성의 역할은 모든 나쁜 감정을 너그 럽게 감싸고 받아주는 것이라는 잘못된 사회적 인식 때문이다.

우리 막내딸 케이트도 몸이 아플 때마다 나한테만 짜증을 부리곤 한 다. 나는 유능한 사회인으로 성장한 딸이 힘들 때마다 엄마에게 위안받 고 싶어서 짜증을 부린다는 사실을 안다. 그러나 때로 자신의 나약함을 인정하는 것도 진정으로 강한 자의 용기다. 내가 이 점을 지적해주자 케이트는 내가 짜증을 받아줄 여유가 없을 때 스스로 해결하는 방법을 배우려고 노력 중이다.

어린 시절의 상처를 치유하는 방법

- 당신이 어떤 결정을 내릴 때마다 영향을 미치는 사고방식이나 행 동양식은 일곱 살 이전에 그 뿌리가 형성되었다는 사실을 상기하

라. 그 이후부터 삶의 중요한 결정을 내릴 때마다 이 뿌리가 작용한다는 사실을 먼저 인식해야 한다.

- 당신의 몸 중에서 이 뿌리를 표현하는 곳은 없는지 조용히 더듬어보라. 어깨가 뻣뻣한가? 마음이 불안하고 가슴이 두근거리는가? 구토증에 시달리는가? 어떤 증상이 있는지 살펴보고 증상이 있는 부위에 관심과 사랑을 보내라.

- 심호흡을 하라. 코로 숨을 크게 들이마시고 어깨와 가슴을 내리면서 코와 입으로 숨을 내뱉어라. 마음이 혼란스러울 때 심호흡을 하면 부교감 신경계를 자극하여 마음을 안정시킬 수 있다. 심호흡을 하면서 어린 시절의 아픈 상처를 기억하면 생리 작용을 변화시킬 뿐 아니라 어두운 기억에 빛을 보낼 수 있다.

- 심호흡을 하면서 방 안을 걷거나 산책하라. 심한 운동을 할 필요는 없다. 당신은 이제 두 살배기 아이가 아니다. 스스로의 힘으로 자신을 보살필 수 있는 힘을 가진 성인임을 기억하라.

- 다른 사람의 사랑이나 칭찬, 관심을 받기 위해 어떤 성격을 가져야 하는지 적어보라. 착한 아이, 유능한 아이, 천사 같은 아이, 열심히 일하는 사람, 책임감 있는 사람, 성공을 향해 뛰는 사람, 병들고 나약한 아이, 못된 아이, 재롱둥이, 학교의 분위기 메이커, 아빠의 예쁜 공주님, 엄마를 잘 돕는 착한 딸, 등등.

- 새로운 삶을 시작하는 의식을 거행하라. 나쁜 행동방식이 언제 시작되었든 당신은 얼마든지 그것을 변화시킬 능력이 있다. 중요한 열쇠는 이런 사고방식이나 행동 양식을 인정하고 거기서 벗어나 자유와 기쁨을 누리겠다는 의지를 갖는 것이다. 이 의식은 상황을 인식하기 위해 마음을 집중하도록 만들며 자연스럽게 치유와 변화가 일어날 안전한 장소를 제공할 것이다.

치유 효과가 있는 의식들

치유 효과가 있다고 소개되는 의식이나 행사는 무수히 많다. 나도 이런 의식들을 몸소 실천할 뿐 아니라 지난 20년 동안 환자들에게 여러 의식들을 추천했다. 내가 가장 추천하고 싶은 책은 바바라 비지우Babara Biziou의 저서 〈의식의 기쁨(The Joy of Ritual)〉이다. 이 책에는 여러 가지 효과적인 방법들이 많이 수록되어 있다.

내가 주로 사용하는 방법은 '자기 수용적인 글쓰기(Proprioceptive Writing)'다. 이 방법은 자기의 이성과 직관, 머릿속에 떠오르는 생각들을 모두 동원해서 글로 표현하는 것이다. 이 방법은 린다 트리처 멧칼프Linda Metcalf와 토빈 사이먼Tobin Simon이 개발했다(부록 참조). 그 방법을 소개한다.

우선 촛불을 켜고 조용한 클래식 음악을 틀어라. 모차르트나 보케리니, 비발디 등 깊은 감동을 주는 음악이 좋다. 그리고 내면의 소리에 귀를 기울여라. 심호흡을 한 다음 당신이 빠져 있는 딜레마나 벗어나고 싶은 상황을 글로 적어라. 글을 적으면서 어떤 느낌이 드는지를 정확히 표현해야 한다. 다음은 오늘 내가 적은 글이다.

나는 그만 무거운 짐을 내려놓고 좀더 홀가분하고 즐거운 기분으로 살고 싶다. 우리 삶이 영원하며 어차피 이 생에서 모든 과업을 달성할 수 없다는 걸 알면서도 나는 왜 이렇게 무거운 짐에 시달리며 힘들게 살아가는 것일까? 지금 나를 힘들게 하는 어린 시절의 유산은 무엇인가? 무거운 짐이다. 내가 생각하는 무거운 짐이란 무엇일까? 크고 무거운 물건이나 가방이 떠오른다. 사람은 누구나 자기 짐을 지고 산다. 아! 그러나 나는 내 짐뿐 아니라 다른 사람의 짐까지 떠맡고 있다. 언제부터 그랬을까? 두 살 때부터다. 나는 사랑받는 아이가 되고 싶어 엄마를 도우려고 노력했다. 엄마를 잘 돕는 착한 딸이 되고 싶었다. 내 본능이나 기쁨을 따르는 것은 허용되지 않았다.……

나는 20분 정도 감정이나 생각이 흐르는 대로 써내려갔다. 내 자신의 모습을 옆에서 관찰하는 제3자의 입장이 되는 것이다. 글을 써내려가면서 당신의 몸이 어떤 반응을 보이는지에 주목하라. 어떤 일에 대해 쓸 때 머리가 아프거나 배가 뒤틀리는가? 특히 눈물이 흐르거나 목이 메는 감정을 느낀다면 당신은 벗어나고 싶은 일을 글로 표현하면서 흘려보내고 있는 것이다.

Room 2

두 번째 방

일곱 살부터 열네 살까지

11
이성의 시기
- 도덕적 기준이 형성되다-

중세 시대에는 아이들이 일곱 살이 되면 이성이 형성되기 시작한다고 생각했다. 영국의 보통법(common law)에서도 일곱 살 이전의 아이들은 범죄를 저지를 능력이 없는 것으로 간주되어 처벌이 면제되었다. 발도르프Waldorf 교육의 창시자인 루돌프 슈타이너Rudolf Steiner 박사는 아이들이 일곱 살 이전에는 머리에 떠오르는 생각을 말로 표현하는 능력이 갖춰지지 않는다고 주장했다. 영구치가 나오는 시기가 되어야 비로소 아이들은 읽기에 필요한 추상적이고 상징적인 사고가 가능해진다고 그는 지적했다.

산업혁명 이전에는 아이들이 여덟 살이 되면 법정에서 잔심부름을 하는 사동으로 일할 수 있었으며 장인 밑에 도제로 들어갈 자격을 얻을 수 있었다. 산업혁명 이후에는 학교가 아이들의 교육을 담당하게 되었다. 최근에는 유아원이나 유치원에서 취학 이전의 아이들에게 기초적인 쓰기나 숫자를 가르치는 역할을 담당한다. 요즘엔 아이들이 학교에 입학하기 전에 유아원이나 유치원을 몇 년씩 다니지만, 아직도 우리는 학교에 입학해야만 정식 교육이 시작되는 것으로 인식한다.

이성의 시기는 아동발달학에서 '잠재기(latency)'라고 불리는 단계와 함께 시작된다. 여기서 '잠재'라는 말의 의미는 아이들이 이제까지 겪어왔던 갈등이 잠시 잠재의식이라는 타임캡슐로 들어가 숨어버리는 현상을 말한다. 이때부터 아이는 에너지를 외부로 발산하기 시작하며 자부심이나 삶의 목표를 성취하기 위한 기술이나 능력을 발달시키는 것에 관심을 쏟는다.

물론 어린 시절에 형성된 갈등이 아주 사라진 건 아니지만 아이의 에너지가 학교생활이나 친구들에게로 집중되면서 잠시 뒤로 밀려나는 것이다. 그러나 사춘기에 접어들면서 어린 시절에 해결되지 못한 갈등이 담긴 캡슐의 뚜껑이 느슨해지기 시작한다. 다시 표면으로 떠오른 자신이나 부모, 억압에 대한 갈등은 성호르몬이나 심리적 변화를 통해 그 불길이 더욱 맹렬해진다.

잠재기는 어린 시절의 황금기라고 할 수 있다. 비록 짧은 기간이지만 우리가 성장한 후 기억하는 어린 시절에 대한 추억은 대부분 이 시기의 경험들이기 때문이다. 이 시기에 대부분의 아이들은 엄마 곁에서 많은 시간을 보내면서 많은 것들을 배우고 싶어 하는 사랑스러운 아이가 된다.

뇌의 발달

아이들은 일곱 살이 되기 전까지는 정적이고 자기중심적인 경향이 많다. 그들은 즉흥적이며 추상적인 사고 능력이 부족하다. 아직 전두엽이 발달하지 않았기 때문이다.

유아 캠프장에서 상담가로 일하는 한 친구가 유아의 사고방식을 보여주는 대표적인 사례를 들려주었다. 다섯 살짜리 아이가 아침에 내 친구에게 10센트짜리 동전 2개와 5센트짜리 동전 1개를 주면서 보관해 달라고 부탁했다. 사탕과 과자를 파는 매점이 오후에 문을 열기 때문이었다. 오후가 되어 내 친구가 아이에게 원래 받았던 동전 대신 같은 금액의 25센트 동전을 주었더니, 아이는 자기가 준 돈과 다르다며 울음을 터트렸다. 자기가 준 동전은 세 개인데 하나밖에 돌려주지 않았다는 것이다. 그 친구가 아무리 노력해도 동전 수는 다르지만 액수가 같다는 사실을 아이에게 납득시킬 수 없었다. 반면, 같은 경우에 그보다 나이가 많은 아이들에게 25센트짜리 동전으로 바꾸어주면 아이들은 신이 나서 좋아한다는 것이다. 크고 많은 것이 좋다고 생각하기 때문이다. 그들은 비싼 사탕 한 봉지보다 싼 사탕 여러 봉지를 더 가치 있게 여긴다. 그들은 같은 동전이라도 큰 것이 더 좋다고 생각한다. 작은 것보다 큰 것이 더 좋다는 것을 '볼 수 있기' 때문이다.

아이들은 일곱 살이 되면서부터 세상을 보는 시각이 달라지기 시작한다. 뇌의 발달로 관념적인 사고 능력이 생기기 때문이다. 아이가 매일 흡수하는 정보와 경험의 양이 크게 증가하면서 그에 부응해서 뇌가 급속도로 성장하기 시작한다. 일곱 살이 되면 아이의 뇌 무게는 성인의 90퍼센트에 이른다. 이처럼 뇌의 성장 속도가 매우 활발하고 뇌의 기능이 크게 향상되기 때문에 사춘기 이전에 발작이나 상처로 뇌에 심각한 손상을 입는다고 해도 거의 원상태로 회복할 수 있다. 뇌의 이런 활발한 적응 능력을 '가소성(plasticity)'이라고 한다. 아이들이 언어나 악기를 쉽게 배우거나 스키를 빨리 탈 수 있는 것도 뇌의 이런 성질 때문이다.

이 시기에는 뇌의 전전두엽도 성장하기 시작해서 몸의 기능이나 운동 능력이 발달한다. 예를 들면, 아이들은 일곱 살이 되면 집중력과 운동 능력이 향상되어 글씨를 흘려 쓸 수 있게 된다. 그러나 신체적 통제력이 발달했다곤 하지만 아직 성장이 진행 중이어서 초등학교 1~2학년 아이들은 바지에 오줌을 싸는 일도 드물지 않다. 그러나 나이를 먹으면서 전두엽이 더 발달되면 이런 실수는 점차 줄어든다.

예전에 아이들에게 들었던 재미있는 일화가 기억난다. 딸과 딸의 친구가 열 살이던 오학년 때 학교에서 오줌을 쌌던 얘기였다. 운동장에서 놀이에 열중하던 딸은 오줌을 억지로 참다가 결국 싸고 말았다. 이 광경을 보고 너무 웃다가 친구도 그만 오줌을 쌌다는 것이다. 딸은, 당시 엄마한테 전화했을 때 집에서 옷을 갖다줘서 너무 고마웠다고 했다.

도덕관의 형성

잠재기의 급격한 뇌 성장은 아이의 도덕관 형성에도 영향을 미친다. 일곱 살 이전에 아이의 도덕관은 단순하게 너와 나, 옳은 것과 그른 것, 검은색과 흰색으로 구별된다. 그러나 이제 아이는 동전의 수가 아니라 가치를 평가하는 관념적인 개념을 이해할 뿐 아니라 절대적인 선과 절대적인 악 사이에 중간 지대가 있음을 깨닫게 된다. 도덕적인 개념이 형성됨으로써 앞으로 직면하게 될 수많은 선택을 성공적으로 수행할 능력을 갖추는 시기인 것이다.

이 시기에 아이가 경험하는 인간관계는 앞으로의 도덕관 발달에 지대한 영향을 미친다. 도덕관이란 유대감이나 다른 사람을 이해하는 능력을 바탕으로 형성되기 때문이다. 이런 밑바탕이 없는 아이들은 부도덕하고 반사회적인 인간으로 성장할 가능성이 크다. 그들은 다른 사람은 안중에도 없으며 규범 따위는 자기와 관계없는 것으로 여긴다.

따라서 아이들은 이성의 시기에 도달하기 전에 선과 악을 구별하는 행동 규범을 확실히 배워야 한다. "동생을 때리면 안 된다." "찻길에 뛰어들면 위험하다." 또한 이런 규율을 어겼을 때는 행동의 제약을 받는 결과를 감수해야 한다는 사실도 알아야 한다. 행동의 결과를 예측하고 한계를 배우는 것은 아이들에게 안정감과 평화를 느끼게 하여 결국 건강에 도움을 준다.

그러나 도덕성이란 단지 규범과 원칙을 배우는 것만이 아니다. 도덕성이란 단어의 정의는 '올바른 행동으로 규칙을 지키는 것'이다. 도덕성의 핵심은 '올바른 행동'을 통해 실천하는 것이다. 올바른 행동을 선택해야 하는 사람은 바로 행동의 주체인 자신이다. 아이가 사회와 자신에게 가장 유익한 도덕성을 갖추기 위해서는 안와전두엽의 발달이라는 반석 위에 도덕성이 형성되어야 한다. 다른 사람과의 유대감과 이해심이 바탕이 되어야 한다는 뜻이다. 즉 아이의 도덕성 발달은 뇌와 몸의 발달과 보조를 맞추어야 한다. 뇌의 지성이 주어진 상황의 규칙을 인지하고 어느 것이 올바른 행동인지를 파악할 수 있어야 비로소 완전한 도덕성이 발달되는 것이다.

뇌의 발달과 더불어 진행되는 도덕성의 발달은 세 단계로 나눌 수 있다. 이것은 하버드 대학의 발달심리학자인 로렌스 콜버그Lawrence Kohlberg 박사의 도덕성 발달 이론에 근거한다. 그러나 아이에 따라서 각 단계에 도달하는 나이와 발달 정도가 다를 수 있다는 점을 강조하고 싶다. 도덕성 발달은 자라는 환경이나 학력에 많은 영향을 받지만 때로는 영적인 능력에 좌우되기도 한다. 한 환자는 일곱 살 때부터 의사가 되겠다고 결심하고 오로지 공부하는 데만 열정을 기울였다. 그러나 그녀는 가족이나 집안일에는 전혀 신경 쓰지 않는다는 이유로 엄마에게 이기적이고 자기중심적인 아이라고 비난받아야 했다.

아래에 소개된 세 가지 단계를 읽으면서 당신은 왜 사람마다 도덕성에 대한 기준이 다른지를 이해하게 될 것이다.

1단계-전인습적 도덕기(생후 3개월부터 4~7살까지)

도덕성 발달의 첫 단계인 이 시기에는 아이들이 자기중심적으로 변한다. 그들은 오로지 자기 욕구에만 집중되어 있다. 아직 자신의 욕구와 다른 사람의 욕구가 동시에 존재한다는 사실을 깨달을 만큼 뇌가 발달하지 않은 상태이므로 다른 사람의 권리 따위는 안중에도 없다. 이 시기의 후반부쯤 되면 아이들은 다른 사람에게도 욕구가 있다는 걸 어렴풋이 인식하지만 여전히 모든 상황에서 자신의 욕구가 우선한다.

이 단계의 아이들은 아직 감정을 억제할 만큼 뇌가 발달되지 않아 본능적이고 감정적인 욕구가 앞선다. 그들은 충동적이며 이성보다 감정에 따라 행동한다. 그러나 옳고 그름이 명확한 규칙은 지킬 줄 안다. "쓰레기를 함부로 버리는 것은 나쁜 짓이다. 껌은 바닥에 버리면 안 되고 휴지통에 버려야 한다." 그러나 이 단계의 아이들은 다른 아이들과 나눈다는 개념을 배울 준비가 되어 있지 않기 때문에 이를 기대해서도 안 된다. 두 아이가 동시에 같은 장난감을 원해서 생기는 싸움에 대비해서 부모들은 명확한 행동 기준을 세워놓아야 한다. 예를 들면, 시간을 정해놓고 한 사람이 10분씩 갖고 놀게 하는 것이다. 또 한 그룹에 있는 아이들에게 동시에 같은 물건이나 같은 양을 갖게 하는 것이 싸움을 방지할 수 있는 방법이다.

훈련 방법-이 단계의 아이들에게 기대할 수 있는 것은 어기면 벌이나 야단을 맞는 기본적인 규칙을 지키게 하는 것이다. 또한 규칙은 이성적인 판단이 필요하지 않고 정해진 행동규범을 따르기만 하는 것이어야 한다. 예를 들면, 아이가 동생을 때렸을 경우에는 아이를 방에 격리시켜 혼자 반성할 시간을 갖게 해야 한다. 아이에게 과자를 주며 달래거나, 관심을 끌지 못해서 심술부리는 걸 받아주거나, 집에 갈 시간이 되었는데 더 놀겠다고 떼쓰는 걸 허락하거나, 다른 아이 차례가 되었는데도 양보하지 않는 행동을 묵인해서는 안 된다. 이런 행동을 되풀이하게 되면 아이가 지나치게 자기중심적이 되어 아이들과 어울리기가 힘들어진다. 또한 아이의 요구를 들어주다가 부모가 기진맥진하는 결과를 낳는다.

2단계-인습적 도덕기(4~7살부터 사춘기까지)

이 시기의 아이들은 다른 사람들의 기대에 부응하는 착한 아이가 되고 싶은 욕구를 느낀다. 사람들이 지켜야 하는 도덕적 기준은 법조계나 종교 기관, 학교, 정부 당국 같은 기관들이 제정한 법령이나 규정에 구체적으로 표현되어 있다. 이들 기관은 법령이나 규정을 제정할 때 사회 질서를 유지할 수 있고 대다수 사람들의 인격이 보장되는 조항들을 선택한다.

이 단계에 도달한 아이들은 규칙을 어기는 장면을 보면 매우 강력하게 항의한다. 작은딸 케이트가 아홉 살 때의 일이다. 나는 케이트와 친구인 모나 리자와 함께 식품점에 갔다. 모나 리자는 주차장에 도착하자 출구라고 쓰인 통로를 통해 들어갔다. 입구로 가려면 멀리 돌아가야 했기 때문이었다. 이 광경을 본 케이트는 소리를 질렀다. "아줌마, 출구로 들어가면 안 돼요!" 출구에는 나오는 차도 없었고 들어간다고 해도 전혀 문제될 게 없었다. 그러나 케이트는 아무에게도 불편함이나 상처를 주지 않더라도 규칙을 어긴다는 것 자체가 편치 않았던 것이다.

일부 사람들에게는 자율적인 도덕성이 제대로 발달되지 않을 수도 있다. 그들은 자기 내면의 옳고 그름에 따르지 않고 외부의 권위에만 의존한다. 내면에서 들려오는 '작은 목소리'를 무시하고 외부의 권위적인 지시에 복종하는 것이다. 이런 사람들은 의사의 처방이 의심스러워도 이의를 제기하지 못하고 무조건 따른다. 또한 수십 년 동안 아이들을 성폭행해온 일부 가톨릭 성직자들의 비행이 밝혀지는 데 오랜 세월이 걸렸던 것도 이 같은 전통적인 도덕성이 막강한 힘을 발휘했기 때문이다.

훈련 방법-이 훈련은 두 방향으로 병행되어야 한다. 사회에 적응하는 인간을 만드는 것과 자신의 의지를 개발하는 것이다. 아이가 성취감을 느낄 수 있는 구체적인 목표에 자신의 생각이나 감정, 행동을 집중시킬 수 있도록 아이의 '내면의 근육'을 강화시켜야 한다. 그 첫걸음은 외부의 규율이나 규칙을 따르는 법을 배우는 것이다. 그것은 시간이 흐르면서 아이의 독특한 특성과 결합하여 자율성을 갖추게 된다. 가장 바람직한 결과는 아이가 평생 동안 믿고 따를 수 있는 확고한 도덕적 나침반을 내면에 입력시켜주는 것이다. 잠재기의 아이들에게는 더 효과적인 훈련을 위해서 규칙을 어겼을 때 일관적인 체벌이나 합당한 책임감을 부여해야 한다. 예를 들면, 거짓말을 하면 1주일 동안 TV를 볼 수 없게 하는 것이다. 이런 훈련은 건강에도 도움이 된다. 훈련된 아이는 운동을 하기 싫을 때에도 규칙적으로 하는 의지를 발휘할 수 있기 때문이다.

3단계 – 후인습적 도덕기(12~14살부터 성인까지)

아동기의 중반기를 넘어 사춘기에 가까워진 아이의 뇌는 '절대적인 선'과 '절대적인 악' 사이에 '중간 지대'가 있다는 사실에 눈을 뜬다. 이는 아이가 후인습적 도덕기에 도달했음을 알리는 것이다.

이 시기의 아이들은 상황을 도덕적 기준과 법적 기준이라는 두 가지 잣대로 평가하면서 갈등을 느낀다. 그들은 모든 사람에게 적용되는 사회적 법칙을 따르면서도 개인의 상황에 따라 예외가 있을 수도 있다는 사실을 인정할 줄 안다. 이 시기에는 전두엽의 실행능력과 안와전두엽이 서로 협조하여 뇌의 발달을 돕는다. 따라서 언제 규칙을 엄격하게 적용해야 하고 언제 좀 더 융통성 있는 자세가 필요한지를 아는 적응력을 갖추게 된다.

이 나이에는 종종 도덕적인 결정을 내리는 데 어려움을 겪는다. 한 친구는 엄마가 길을 잃고 집 주변을 어슬렁거리는 고양이에게 절대 먹이를 주지 말라고 했다는 것이다. 그러나 그녀는 고양이가 불쌍한 생각이 들어 엄마 몰래 음식을 주곤 했다. 엄마가 고양이에게 먹이를 주느냐고 확인할 때마다 그 친구는 거짓말로 아니라고 대답했다. 엄마가 정한 규칙보다 어떤 것이 옳은지를 알려주는 내면의 소리가 더 강했던 것이다. 엄마에게 들키면 벌을 받는다는 사실을 알고 있었지만 그 친구는 이렇게 말했다. "야단맞을 각오를 하면서도 충분히 그럴 만한 가치가 있는 일이었어." 또 다른 친구는 도시락을 싸오지 못하는 친구를 위해 아버지의 지갑에서 돈을 훔친 경험이 있다고 고백했다.

이 단계에 접어든 아이들은 세상에는 인간이 정한 법과 규칙을 능가하는 우주적인 도덕 기준과 정의가 있다는 사실을 인식한다. 그들은 법에 저촉되지 않는 것과 도덕적으로 옳은 것 사이에 차이가 있음을 느낀다. "법이 어떻든 난 개의치 않아. 내가 옳다고 생각하는 대로 행동할 거야." 그러나 더 가치 있는 선을 위해서 법을 어기는 것은 이타주의적인 자세라고 볼 수 있지만 자신의 이익을 위해서 법을 어기는 것은 부도덕한 것이다.[1]

훈련 방법-십대 전후의 아이들은 부모의 권위에 도전하는 방법으로 자신의 가치를 증명하려고 든다. 그들은 논쟁의 명수들이다. 그들은 논쟁을 통해 자신의 판단으로 행한 도덕적인 행동을 방어하려고 든다. 만일 당신이 이런 논쟁을 즐길 수 있다면 아이가 매일 직면하는 도덕적 딜레마를 해결하는 데 많은 도움을 줄 수 있을 것이다. 그러나 사춘기를 맞은 아이들에게는 부모가 어느 것이 정당한 행동인지를 확실히 제시해줄 필요가 있으며 그들도 그것을 은근히 바란다. 지금이야말로 엄마가 부모로서의 권위를 발휘해서 딸에게 적절한 행동 방침을 정해줘야 할 시기다. 데이트나 교우 관계를 비롯해서 요즘에는 중학생에게도 널리 퍼진 흡연, 약물, 알코올, 성관계 등에 대해 확실한 기준을 세워줘야 한다.

아이가 다양한 종류의 친구나 사회적 압력에 시달리는 이 시기에는 당신이 엄마 곰의 에너지를 발휘해서 옳고 그름에 대한 명확한 기준을 제시하는 것이 필요하다. 특히 부적절하고 격렬한 사랑의 희생양이 되지 않도록 규칙과 한계를 분명히 하는 것은 아이가 홀로서기를 하기 전에 든든한 버팀목이 되어줄 것이다.

도덕적 갈등의 근원은 뇌와 마음의 단절

흥미로운 사실은 뇌와 몸에 도덕성이 입력되는 과정은 아이의 유대감이나 이해심의 정도에 영향을 받는다는 것이다. 아이의 유대감이 잘 형성되어 있지 않으면 도덕성 발달을 비롯한 전두엽의 업무가 지장을 받는다.

만일 사춘기가 지났는데도 도덕성이 인습적인 단계에 머물러 있다면 옳다고 느끼는 자신의 의지를 발휘하지 못하고 사회 규칙의 틀 안에 갇혀 있는 것이다. 이런 사람들에게 도덕성이란 전두엽이 주관하는 이성적인 사고의 영역일 뿐이다. 그들은 어떤 것이 옳고 그른지에 대해 고민하지 않고 오로지 법이 정한 원칙대로 따를 뿐이다. 그리고 상황이 달라지면 사고와 행동이 달라져야 한다는 사실을 이해하지 못한다. 그들에게는 규칙의 탄력적인 적용인 회색 지대를 인정하는 융통성이 부족하다. 옳고 그른 기준에 대한 그들의 확고한 기준은 내면의 소리에 따라 흔들리는 법이 없고 상황이 바뀌어도 획일적으로 적용된다. 그들의 생각은, 법은 법이므로 예외 없이 누구나 반드시 지켜야 한다는 것이다. 사회가 정해놓은 법이 옳은 것이고 그것을 지키지 않는 사람이 나쁜 것이다. 개인의 의견 따위는 논쟁할 가치도 없다. 각자 자신의 도덕적인 기준을 주장한다면 옳고 그른 기준이 얼마나 혼란스럽고 복잡해지겠는가.

우리는 도덕성을 생각할 때 사회적 이슈나 정치적 문제 같은 거창한 것에만 초점을 맞추고 일상생활에서 육체적·감정적 스트레스를 유발하는 사소한 일은 등한시하는 경향이 있다. 그러나 나는 이런 사소한 문제들도 중요한 도덕적 가치가 있다고 생각한다. 어느 것이 도덕적인 행동이냐에 대한 토론은 사형제도나 여성의 참정권 같은 사회적 이슈든, 가족이 공용으로 사용하는 자동차에 휘발유를 채우지 않고 돌아오는 것에 대한 논쟁이든, 빈 우유 곽을 냉장고에 도로 넣어두는 문제든, 또는 웨이트리스에게 팁을 얼마나 줄 것인가 하는 문제든 모든 것에 적용될 수 있다. 결론적으로 말해서 매일 일상생활 속에서 우리의 행동을 결정하는 것은 각자의 성격과 도덕적 기준이다. 예를 들어보자.

🐝 제니퍼의 경우―그 케이크는 먹을 수 없어!

제니퍼는 도덕성이 매우 엄격한 남성과 결혼했다. 한 지방 병원의 이사로 활동 중인 남편은 다른 이사들과 부부 동반으로 정기적인 사교 모임을 가졌다. 어느 날, 제니퍼는 모임에 가기 위해 옷을 입으면서 디저트를 먹고 싶은 생각이 들었다. 다이어트 중이었던 그녀는 매일 정해진 1시간 동안만 탄수화물을 섭취할 수 있었다. 이 다이어트는 매우 효과적이어서 그녀는 5킬로그램이나 체중이 줄었으며 콜레스테롤 수치도 현저하게 낮아졌다. 그녀는 모임에서 제공하는 디저트는 자기가 실천하는 다이어트 효과를 감소시킨다는 것을 알고 있었다. 그래서 그녀는 초콜릿 케이크 한 조각을 싸가서 눈에 띄지 않게 먹기로 했다.

그러나 케이크를 싸는 제니퍼를 보고 남편이 물었다. "지금 뭐하는 거야?" 그녀가 설명하자 그는 단호하게 말했다. "절대 가져가면 안 돼. 병원에서 새로운 주방장을 고용했으니까 그가 만든 음식을 먹어주는 게 예의라고." 남편은 다이어트에 적합한 음식을 먹고 싶은 제니퍼의 바람은 전혀 배려하지 않았다. 엄격한 흑백 논리적 도덕성을 따르고 싶은 자신의 욕망이 아내의 기분이나 바람보다 더 중요했던 것이다. 대화의 여지가 전혀 없는 단호한 결정이었다.

이것은 사소한 일일지도 모른다. 그러나 시간이 흐르면서 그녀의 의견이나 바람을 '별로 중요하지 않은 것'으로 무시하는 남편의 태도는 제니퍼의 건강을 해치는 요인이 되었다.

도덕적으로 엄격한 사람과 융통성 있는 사람 사이에 의견 차이가 생길 경우, 융통성 있는 사람은 엄격한 사람의 입장을 이해할 수 있다. 그러나 엄격한 사람은 상대방의 입장을 이해하지 못하고 상대방의 행동을 잘못된 것으로 몰아붙여 통제하려고 든다. 도덕성이 엄격한 사람은 외부의 통제에 따라야만 마음이 편하다. 반면 융통성 있는 사람은 좀 더 굳건하고 내면화된 시스템과 이해심을 가지고 있다. 그들은 자신을 포함한 모든 사람에게 최고의 선과 최고의 진리가 되는 것을 지지할 때 평온함을 느낀다.

뇌에서 도덕성의 나침반이 발달하는 과정	
전두엽	변연계
배외측 전전두엽	안와전두엽
조직적	자연발생적
배타적	수용적
설명	표현
사고	감정
이성	직관
세상에 필요한 것이 무엇인지를 생각함	세상에 필요한 것이 무엇인지를 느낌

뇌의 양쪽 부위가 상호 보완해서 작용할 때 가장 바람직한 도덕관이 형성된다

❀ 지혜의 샘 | 인간관계에 문제가 있는 아이

인간관계에 문제가 있는 사람들은 도덕성 발달에도 문제가 있는 경우가 많다. 인간관계를 관장하는 뇌의 감정 이입 회로가 제 기능을 발휘하지 못하기 때문이다. 앞서 7장에서 인간관계의 유형을 질긴 '나일론'과 끈끈한 '벨크로'로 나누어 소개했던 것을 기억할 것이다. 인간관계에 문제가 있는 사람들은 극단적인 나일론 유형이다. 그들은 다른 사람의 사랑이나 칭찬에 연연하지 않기 때문에 부모나 다른 사람의 비난이 그들의 행동을 억제하지 못한다.

이런 아이들은 다른 사람을 즐겁게 해주는 일보다 자신의 욕구를 충족하는 일에 더 비중을 둔다. 이는 타고난 기질이기 때문에 나쁘다고 평가할 순 없지만 한계나 규칙이 엄격하지 않은 너그러운 분위기에서 성장할 경우에는 정말 나쁜 사람이 될 수도 있다. 내 경험으로 미루어볼 때 이런 아이들의 엄마는 대개 이해심이 많은 '벨크로' 유형인 경우가 흔하기 때문에 딜레마가 시작된다. 이런 엄마들은 모든 것을 민감하게 느끼며 아이들도 자신과 마찬가지일 거라고 생각한다. 따라서 아이에게 금족령을 내리거나, 오랜 시간 격리하거나, 가족 외출에서 제외하거나, 아이들에게 소리를 지르는 것 등을 매우 가혹한 처벌로 여긴다. 그 결과, 이런 엄마는 아이에게 조종당할 가능성이 많다. 아이를 야단치거나 상처 입히기를 두려워하기 때문이다. 나는 최근 다섯 살밖에 되지 않은 아이가 엄마에게 시위하기 위해 화장실에 들어가 울고 있었다는 얘기를 들었다. 아이의 이런 행동에 절대 마음이 약해져서는 안 된다.

유대감에 문제가 있는 아이들에게 올바른 도덕심을 심어주기 위해서는 규칙과 한계를 엄격하게 적용하는 것이 효과적이다. 아이가 아무리 졸라대도 일관성 있는 단호한 태도를 유지해야 한다. 이런 아이에게는 관대함보다 조직적인 훈련이 필요하다. 자기가 지켜야 할 규칙을 명확하게 인식할 때 행동이 달라질 수 있기 때문이다. 지나치게 관대한 엄마들이 아이를 잘 훈련시킬 수 있는 열쇠는, 아이가 말을 잘 들을 때는 사랑을 쏟지만 올바른 행동을 가르칠 때는 확고한 의지를 보이는 것이다. ✿

성별에 따른 도덕성의 차이

도덕성이 아이의 뇌와 몸에 얼마나 잘 입력되는지는 아이의 유대감이나 감정 이입 회로가 얼마나 안정되어 있는지와 밀접한 관계가 있다. 그러나 성별도 도덕성의 차이를 좌우하는 중요한 요소다. 일반적으로 여성은 남성보다 신체적인 상호 작용이 훨씬 활발하다. 예를 들면, 여성은 전두엽과 변연계의 연결 고리가 더 밀접하다. 이 말은 여성의 도덕성이 후인습적 도덕기, 즉 다른 사람에 대한 배려가 깊은 단계에까지 도달할 가능성이 많다는 뜻이다.

심리학자이자 작가인 캐롤 길리건Carol Gilligan 박사는 〈서로 다른 목소리(In a Different Voice)〉라는 저서에서 다음과 같은 조사 결과를 밝혔다. 남학생과 여학생이 같은 도덕적 상황에 처했을 때 각자 옳은 길을 선택하는 기준이 달랐다는 것이다.[2] 한 예를 살펴보자.

한 남자에게 병에 걸린 아내가 있었다. 병원에 갈 돈이 없었던 그는 아내를 위해 약국에서 약을 훔쳤다. 이런 상황에 대해 어떻게 생각하느냐고 질문했을 때 여학생들은 아내를 위해 자기가 할 수 있는 최선의 방법을 택한 남편의 편을 들었다. 그들은 약을 훔친 남편의 행동을 나쁘다고 여기지 않았다. 다시 말해서 아내를 돌보려는 도덕적 가치가 법보다 우선이라는 것이다. 반면, 남학생들은 약국의 편에 서는 경우가 많았다. 상황이 어떻든 물건을 훔치는 것은 나쁜 행위라는 것이 그들의 주장이었다.

하버드 대학에서 로렌스 콜버그 박사의 조수로 일했던 길리건 박사는, 콜버그나 에릭 에릭슨 같은 윤리학자들의 연구는 대부분 남성들을 대상으로 실시한 것이라고 주장했다. 그녀는 인류의 반쪽을 대상으로 한 심리학적 결과가 모든 사람들에게 적용될 수는 없다고 지적했다. 이런 그녀의 주장에 힘입어 〈서로 다른 목소리〉가 출판된 1982년 이후부터 심리학의 판도가 달라지기 시작했다.

인류의 역사가 시작된 이후 처음으로 상당수의 여성 입법위원들이 법조계에 그들의 도덕적 신념을 반영하는 발자취를 남기기 시작한 것이다. 이런 노력들은 우리 사회를 좀 더 균형 잡힌 사회로 만들었다. 물론 앞으로도 갈 길이 멀지만 우리 여성들은 계속 전진하고 있다. 불과 수세기 전만 해도 엄지손가락보다 가는 막대기로 부인을 때리는 것은 법적으로 인정된 남편의 권리였다. '엄지 규칙(rule of thumb)'이라는 표현은 여기에서 유래했다. 내가 자랄 때만 해도 남녀 불평등이나 일방적인 여성 차별이 합법적으로 행해지곤 했다. 예를 들면, 내가 의대에 들어갈 때만 해도 우리 엄마는 자신의 이름으로 은행에서 돈을 빌릴 수 없었으며 의대에는 여학생이 손에 꼽을 정도였다. 그러나 오늘날에는 산부인과 레지던트들은 남성보다 여성이 더 많다. 그리고 그들은 모두 융자금을 빌릴 수 있다. 우리 딸들이 이런 권리를 누릴 수 있게 된 것은 착한 여성이라는 소리를 듣는 대신 내면의 소리에 따라 행동했던 용기 있는 여성들 덕분이라는 사실을 잊어서는 안 된다.

우리 엄마와 모계의 유산

만일 아이들이 진정한 자신의 모습대로 성장하길 바란다면 적성을 발휘할 수 있는 일을 하도록 인도해주며 사춘기 전후에 자신의 진정한 목소리를 지키도록 격려해야 한다. 또한 우리 사회의 계급 구조에서 오는 불가피한 도전에 맞설 수 있도록 항상 옆에서 그들의 신념을 지원해줘야 한다. 그 도전의 대상은 학교나 교회일 수도 있고 가장 가까운 가족일 수도 있다.

나도 우리 엄마인 에드너와 외할머니인 루스로부터 권위에 맞서는 강인한 능력을 물려받았다. 우리 엄마는 어느 누구도 가톨릭의 권위에 대항하지 못했던 시기인 1939년에 열세 살이라는 어린 나이에 가톨릭 교회를 박차고 나오는 용기를 발휘했다. 사건의 전말은 이렇다.

가톨릭 학교를 다녔던 엄마는 집안이 가난한 탓에 학교 청소를 도맡아 하는 것으로 등록금을 대신했다. 당연히 엄마는 다른 아이들과 잘 어울릴 수가 없었다. 어느 날 제단 위에 있던 마리아상의 발톱에 누가 페인트를 칠해놓은 사건이 발생했다. 아이들은 엄마에게 화살을 돌렸고 신부님은 엄마에게 죄를 고백하라고 강요하며 제단 앞에 30분 동안 무릎을 꿇고 팔을 든 채 앉아 있게 했다. 그러나 아무리 신부님이 고백을 종용해도 엄마는 자기가 하지 않은 일을 했다고 거짓으로 고백할 수는 없었다.

며칠 후, 신부님은 집으로 찾아와 엄마와 외할머니에게 다시 고백을 강요했다. 외할머니는 엄마 옆을 지키고 서서 신부님에게 단호하게 말했다. "에드너는 정직한 아이입니다. 우리 아이가 하지 않았다면 하지 않은 겁니다. 저는 우리 아이를 믿습니다." 신부님은 1시간 동안 지옥 불같이 맹렬한 설교를 늘어놓은 후에 마침내 엄마를 파문하겠다고 통보했다. 신부님에게는 그럴 권리가 없었지만 당시 엄마는 그 사실을 몰랐다. 파문을 당하면 다시는 교회를 다닐 수 없다는 신부님의 말에 엄마는 단호하게 대꾸했다. "만일 가톨릭이 이런 종교라면 저는 더 이상 미련이 없어요!"

신부님의 행동은 우리 엄마가 모든 종교의 기본이라고 생각하던 정직함과 성실함에 정면으로 대치되는 것이었다. 그 후 엄마는 가톨릭교회와 발길을 끊었다. 성공회 신자였던 아버지와 결혼한 후에도 엄마는 일요일에 남편과 함께 교회에 가지 않았다. 그리고 어떤 교파와도 담을 쌓았다. 우리 형제들은 가끔 아버지를 따라 교회에 갔지만 그때마다 엄마는 혼자 '나만의 교회'에 갈 거라고 말하곤 했다. 엄마의 교회는 집 뒤에 있던 숲이었다.

우리 엄마는 자식들을 위해서도 과감히 권위에 맞섰다. 평소에는 학교 일에 나서는 편이 아니었지만 자식들이 부당한 대우를 받는다고 생각하면 결코 그냥 넘기지 않았다. 내가 열세 살 때 어느 피아노 교습 시간이었다. 새로 온 선생님은 남편이 오케스트라 연주자였는데 좀 특이한 선생님이었다. 그녀는 나와 우리 엄마와 동생 모두에게 생소한 방법으로 연주회를 진행했다. 내가 악보를 연주하면 선생님은 미리엄에게 내 연주를 평가하게 했다. 미리엄은 나보다 나이는 어렸지만 재능이 뛰어났으며 선생님의 총애를 받는 아이였다. 미리엄이 "훌륭한 연주라고 생각해요."라고 말하자, 선생님은 "미리엄이 너한테 매우 관대하구나." 라고 말하는 게 아닌가. 연주회가 끝나고 집으로 돌아오는 길에 엄마가 나를 돌아보면서 말했다. "다시는 그 선생님에게 교습받으러 가지 말아라." 엄마는 이런 교습 방법은 나 같은 완벽주의자이자 노력가이며 칭찬에 민감한 아이에게는 가혹한 방법이란 걸 잘 알고 있었던 것이다. 그 일 이후 나는 다른 선생님에게 교습을 받았다.

아이에게 최선의 길을 선택하는 것은 아이의 판단력을 길러준다

모계의 전통을 이어받아 나도 우리 딸들에게 이런 엄마 곰의 지혜를 발휘했다. 막내딸 케이트가 중학교 1학년 때의 일이다. 나는 케이트가 아빠에게, 선택 과목인 '주니어 독서반'이라는 과목을 포기하고 싶다고 말하는 것을 들었다. 이 과목은 우수하고 뛰어난 아이들만 들을 수 있었지만 케이트는 거기에 대해서 한 번도 얘기한 적이 없었다.

나는 이 대화를 듣는 순간 케이트가 상담할 대상을 잘못 선택했다는 사실을 직감했다. 예상했던 대로 아빠의 대답은 이랬다. "아빠는 네가 싫어한다는 이유만으로 도중에 포기하는 걸 허락할 수 없단다." 나는 다음에 어떤 일이 벌어질지 예상할 수 있었다. 아니나 다를까 케이트는 자기 방으로 뛰어 들어가더니 문을 닫아버렸다. 나는 조심스럽게 노크하며 들어가도 좋으냐고 물었다. 딸은 울면서 들어오라고 대답했다. 나는 딸 옆에 앉아 실컷 울게 내버려두었다. 마침내 울음소리가 잦아들자 나는 딸이 얘기할 준비가 되었다는 걸 알았다. 나는 휴지를 건네주고 딸이 말을 꺼낼 때까지 기다렸다.

나는 아빠의 대답이 괴로운 상황을 바꿔보려고 노력하는 딸에게 절망감을 주었다는 사실을 알고 있었다. 딸이 울음을 터뜨린 이유도 그 때문이었다. 더 이상 빠져나갈 구멍이 보이지 않는 진퇴양난의 상황이 절망감과 무력감을 안겨준 것이다. 나는 다음부터는 과목 선택에 대한 일은 엄마에게 먼저 상의하는 게 좋겠다는 제안으로 말문을 열었다. 그리고 딸에게 상황을 자세히 설명해달라고 부탁했다. 나는 아이들 앞에서 부모가 일치된 의견을 보여야 한다는 것을 알고 있었다. 그러나 때로 지나치게 엄격한 도덕관을 가진 남편의 의견에 동의하지 않으면서도 그런 척 가장하는 것은 정직하지 못한 자세라고 생각했다.

케이트는 선생님이 너무 따분해서 수업을 받기가 싫다고 했다. 딸의 반응으로 미루어 보건대 더 심각한 이유가 있을 것 같았다. 나는 아이에게 그 이유를 물었다. 케이트는 선생님이 몇몇 아이들을 조롱거리로 만들어 함께 수업을 받기가 두렵고 불편하다고 대답했다. 선생님의 태도가 지나쳤든지 아니면 이런 부당함에 대한 딸의 참을성이 학기 초에 비해 더욱 줄어들었든지 둘 중 하나였다. 어쨌든 나는 아이가 그렇게 수업을 받기가 힘든 상황이라면 부모의 도움이 필요하다고 생각했다. 그래서 딸에게 수업을 포기할 수 있게 도와주겠다고 약속했다. 케이트는 다음날까지 부모의 동의서를 가져가야 한다고 말했다.

그날 저녁 늦게 나는 남편과 이 문제에 대해 의견을 나누었다. 케이트가 이 과목에 대해 매우 힘들어하니까 포기하는 걸 허락해주는 게 어떠냐고 제의했다. 특히 선택 과목이라는 점을 강조했다. 그러나 남편은 자신의 주장을 굽히지 않았다. "나는 우리 딸이 마음에 들지 않을 때마다 수업을 포기하는 습관을 길러주고 싶지 않아." 나는 케이트가 모든 과목에서 A학점을 받는 우등생이라는 점을 상기시키며 쉽사리 포기하거나 불평을 늘어놓는 아이가 아님을 이해시키려고 노력했다. 그러나 남편은 물러서지 않았다. "나는 이 일에 대해 어떤 정보도 들은 적이 없어. 케이트는 내게 아무 정보도 말해주지 않았단 말이야."

남편이 원하는 '정보'란 배외측 전전두엽에서 판단하고 분석한 객관적인 사실을 말한다. 그러나 내가 의미하는 사실은 딸과의 유대감을 통해 느끼는 안와전두엽에서 담당하는 정보들이다. 내가 원하는 정보는 딸의 감정적인 반응으로 충분했다. 그때 나는 비로소 깨달았다. 나는 인습적 도덕관과 후인습적 도덕관의 근본적인 차이점(혹은 남성 뇌와 여성 뇌의 차이점)에 직면하고 있었던 것이다. 남편의 정보에 대한 개념은, 가능하면 여러 곳에서 많은 자료를 수집해서 통합하는 것이다. 반면, 정보에 대한 나의 개념은, 우리 딸의 가치관과 감정에 대해 더 많은 것을 아는 것이다. 딸의 감정적인 반응은 듣기 싫은 과목을 당장 중단하게 만들기에 충분한 정보였다.

남편이 선택한 방법은 그 과목을 듣는 가능한 한 많은 아이들의 부모에게 전화를 걸어 정보를 수집하는 것이었다. 그 결과, 남편은 다른 아이들의 부모에게 많은 정보를 얻지는 못했지만 그 반이 생각처럼 유익하지 않다는 것을 어렴풋이 느끼는 것 같았다. 결국 잠자리에 들 때쯤에야 남편과 나는 겨우 합의점을 찾았다. 남편은 교장 선생님과 면담을 통해 상황을 좀더 알아보겠다고 우겼고, 나는 다음 날 케이트에게 동의서를 보내야 한다고 주장했다. 만일 다른 학생과 부모들이 선생님에게 문제를 제기하면 우리 딸이 희생양이 될 가능성이 크기 때문이었다. 나는 남편에게 내 최대 관심사는 딸의 안녕이며 남편이 일을 크게 벌이지 않고 자제하는 것이 학교를 위해서도 좋은 일이라고 설득했다. 마침내 남편은 마지못해 동의했다.

다음 날 아침, 나는 케이트에게 동의서를 주면서 딸이 학교에서 편안한 마음으로 지낼 수 있도록 지난밤에 있었던 일을 상세하게 전해주었다. 그날 밤, 집으로 전화를 걸어 상황을 묻자 남편은 그 반 자체가 폐지되었다는 사실을 알려주었다. 딸만 불편함을 느꼈던 게 아니라 다른 아이들도 마찬가지였던 것이다. 부모들의 항의를 들은 학교 당국에서도 그 반에 문제가 있었음을 인정하고 후속 조치를 단행한 것이다. 나는 케이트의 용기 있는 행동에 대해 거듭 칭찬을 아끼지 않으며 진정한 영웅이라고 치켜세웠다.

나는 선생님에게 경고를 해서 반 아이들 모두에게 도움을 주려던 건 아니었다. 내 목표는 오로지 우리 딸을 보호하려던 것뿐이었다. 나와 시각이 달랐던 남편도 생각보다 문제가 심각했다는 사실을 알게 되었고 여러 사람의 의견을 종합하는 것이 좋겠다고 느꼈다.

자신의 느낌과 능력을 믿어라

자기 신뢰는 건강에 가장 필요한 요소이며 내면의 지혜의 핵심이다. 우리 엄마의 인습에 사로잡히지 않은 관심은 아버지의 지원과 함께 내게 큰 힘이 되었다. 우리 부모님들은 특히 일에서 내가 내면의 소리에 따를 수 있도록 용기를 북돋아주셨다. 그 결과, 나는 여성들의 건강에 대해 관심을 갖게 되었고 전 세계의 여성들이 내면의 소리에 좀더 귀를 기울일 수 있도록 도울 수 있었다.

내가 추진하는 일의 대부분은 인습적 도덕관(규정에 얽매인)과 후인 습적 도덕관(지성과 감성이 결합된)의 차이점을 체험하는 실험실이나 다름없었다. 1980년대 초 나는 직관과 연구 결과를 바탕으로 임신 전후의 환자들에게 엽산을 섭취시키면 선천적 기형을 막을 수 있다는 사실을 확신했다. 그러나 당시 미국 산부인과학회에서는 더 많은 연구가 필요하다는 이유로 내 주장을 받아들이지 않았다. 이것이 바로 인습적 도덕관을 가진 사람들의 전형적인 반응임을 나는 익히 알았다. 나는 엽산은 인체에 해롭지 않으며 기형을 방지하는 데 효과가 있음을 알았다. 그래서 임산부들에게 엽산을 처방했으며 그렇게 하지 않는 것이 오히려 도덕적으로 옳지 않다고 생각했다. 그러나 임산부들에게 엽산이 반드시 필요한 처방이라고 인정받기까지는 10년 이상이 걸렸다.

이와 마찬가지로 나는 직관과 연구 결과를 바탕으로 임산부들의 자연분만에 대해 강력한 신념을 갖게 되었다. 당시는 대부분의 여성들이 척추 마취를 통해 아기를 분만하던 시절이었다. 나는 또한 탯줄이 저절로 박동을 멈출 때까지 자르는 것을 지연시켰다. 분만 후에도 탯줄이 당분간 박동을 지속하도록 만든 데에는 자연의 섭리가 있을 거라고 믿었기 때문이다. 이런 신념은 조지 몰리George Morley 박사의 연구 결과가 입증했다. 그는 태반과 탯줄이 아기가 탄생한 후에도 계속 피를 공급하고 폐에 산소를 채우도록 설계되었다는 사실을 지적했다. 자연의 섭리에 따른 이런 출산 과정은 내가 수련의 과정을 거치던 1970년대의 인습적인 사고방식으로는 생각조차 할 수 없는 것이었다. 그러나 나는 그것을 과감히 단행했다. 비록 지성의 세계와 감성의 세계 사이에서 줄다리기를 하면서도 나는 내면 깊숙이 올바른 일을 하고 있다는 것을 느낄 수 있었다. 그런 일들이 항상 사람들의 지지나 인정을 받지는 못했지만 나는 내면의 목소리에 따르는 용기를 발휘했다.

여성과 죄의식

죄의식이란 무언가 잘못을 저질렀다고 느끼거나 자신이나 가족, 사회의 기준에 위배되는 행동을 했을 때 정상적인 유대감이나 이해심을 가진 사람들이 느끼는 자기 비난의 감정을 말한다. 잘못을 저지르고 있다는 강력한 경고인 죄의식은 어린 시절에 각인된 수치심에 뿌리를 둔다. 도덕적 기준이 필요한 이유는 그 기준을 따르기만 하면 고통스러운 수치심과 죄의식에 희생되지 않도록 보호해주기 때문이다. 대부분의 경우 사회적 질서를 따르는 한 마음의 평화를 유지할 수 있기 때문이다. 그러나 아이가 죄의식을 경험하지 않도록 기른다는 것은 불가능한 동시에 바람직하지도 않다.

반면, 도가 지나친 죄의식을 느끼게 만드는 경우도 있다. 내 경험에 비춰볼 때 여성들은 아이든 어른이든 지나친 죄의식에 사로잡혀 있다. 죄의식이나 수치심은 두 범주로 나눌 수 있다. 정당한 것과 정당하지 않은 것이다. 대부분의 여성들이 직면하며 딸들에게 대물림하는 문제는 정당하지 않은 죄의식이나 수치심이다. 작가인 에리카 종Erica Jong은 이렇게 표현했다. "죄의식에 사로잡혀 있지 않은 여성을 보여달라. 그러면 나도 진정한 남성을 보여주겠다." 이 말을 자세히 풀이하면 이런 뜻이다. "죄의식 때문에 행동을 변화시키지 않는 여성이 있다면 보여 달라. 그러면 다른 사람의 기대감에 의해 자신의 삶이 통제되지 않는 남성을 보여주겠다." 대부분의 사람들이 공통적으로 느끼는 수치심이나 죄의식을 느끼지 않는 여성과, 자기 내면의 소리를 따르는 데 필요한 충분한 용기와 자기 신뢰를 갖춘 남성을 지칭하는 것이다.

여성들은 어려서부터 자기보다 힘이 강한 사람들을 행복하고 평안하게 해줄 책임감을 느끼면서 자란다. 그 대상이 아버지나 다른 남성일 수도 있고 때로는 다른 여성인 경우도 있다. 모든 계급사회에서는 자신의 위치와 적절한 행동 수칙을 알아야 안위와 평안이 보장된다. 앞서 예로 든 제니퍼의 경우, 아내가 케이크를 먹을 수 있느냐 없느냐를 남편이 결정하는 것도 이런 이유 때문이다. 그러나 여기에서 문제가 되는 것은 행복은 궁극적으로 자기 안에 있다는 사실이다. 어느 누구도 다른 사람의 행복을 책임지거나 보장할 수 없다. 우리는 사랑하는 사람이 행복해질 수 있도록 지원과 격려를 해줄 수 있을 뿐이다.

우리는 태어나면서부터 삶의 가장 중요한 목적은 자기 자신을 보살피는 것이며, 다음 단계로 사랑과 동정심을 가지고 다른 사람을 도와주는 것이라는 진리를 안다. 이런 진리를 터득했기 때문에 아이들의 순수한 도덕관은 딜레마에 빠진다. 가족이나 다른 사람의 사랑을 받고 기대에 부응하고 싶은 욕구와 타고난 재능과 특성을 개발하고 자신이 원하는 행복을 추구하고 싶은 욕망 사이에서 갈등을 겪는 것이다. 아이들은 잠재기에 접어들면서 외부의 막대한 정보와 지식을 뇌와 몸으로 받아들인다. 따라서 이 시기에 대부분의 여자 아이들은 두 욕망 사이에서 어떻게 균형을 유지하느냐의 문제에 부딪친다.

🐚 레이첼의 경우 —아빠의 기분을 상하게 하면 안 된다

내 친구 레이첼은 학창 시절 뛰어난 체스 선수였다. 그녀는 항상 이겼고 어떤 남자 아이도 그녀의 적수가 되지 못했다. 레이첼의 엄마는 딸을 매우 자랑스러워 하며 그녀의 재능에 칭찬을 아끼지 않았다. 그러나 레이첼이 아빠를 이기기 시작하자 그녀의 엄마는 레이첼에게 아빠를 기분 나쁘게 해드리면 안 되니까 게임에서 일부러 져드리라고 은근히 권유했다. 레이첼은 이 말에 매우 당황스러웠다. 또 레이첼이 6학년 때의 일이다. 그녀는 아빠의 도움을 받지 않고도 혼자 자전거를 고칠 수 있게 되었다. 그러나 이번에도 엄마는 탐탁치 않게 여겼다. "아빠가 섭섭해 하시잖니. 아빠에게 자전거를 고쳐 달라고 하렴." 레이첼은 점차 체스 게임에서 남자 아이들을 이길 때마다 친구들이 자기를 멀리 한다는 사실을 깨달았다. 체스에 흥미를 잃은 레이첼은 더 이상 체스를 즐기지 않게 되었다. 레이첼은 내게 이렇게 고백했다.

시간이 흐른 후에야 나는 엄마가 대부분의 여성들의 삶을 지배하는 보이지 않는 규칙을 가르치신 것이라는 사실을 알게 되었어. 지나친 수치심과 죄의식에 사로잡히게 만드는 거지. "착한 여자가 되어 모든 사람을 행복하게 만들어야 한다." 이 말은 내가 체스에서 아버지나 남자 아이들을 이길 때마다 죄의식을 느껴야 한다는 뜻이었어. 내 체스 실력이 그들을 자극해서 실력을 키우게 만들기보다 기분을 상하게 만든다는 거야. 나는 그 말이 이해되지 않았어. 나는 엄마에게 말도 안 되는 것을 가르친다고 대들었지. 엄마는 언젠가 내가 이해하게 될 거라고 말했어. 그러면 아버지의 기분을 나쁘게 만든 데 대해 수치심을 느낄 거라고 했지. 이 말은 내가 착한 여자가 되어 아버지나 남자 아이들을 이기게 만들어주면 내 기분이 좋아져야 한다는 말이잖아. 하지만 나는 오히려 화가 날 뿐이었어. 그러면 나는 화를 냈다는 사실을 부끄러워해야 했어!

레이첼의 엄마는 이 밖에도 저녁 식사 때마다 아버지의 시중을 들어야 한다고 가르쳤다. 레이첼의 아버지는 밖에 나가 일하지 않고 집 안에서 빈둥거리는 사람이었는데도 말이다. 그녀의 엄마는 만일 레이첼이 아들이었다면 식사 시중을 드는 대신 잔디를 깎는 일을 시켰을 거라고 말했다. 레이첼은 잔디 깎는 일이 정말 하고 싶었지만 부모님들이 허락하지 않았다.

나는 엄마 말씀처럼 우리 아버지가 체스에 지거나 자전거를 고쳐주지 못해서 의기소침해질 만큼 나약한 사람이라고 생각하지 않아. 엄마는 내게 위선적인 삶을 가르쳤어. "다른 사람들이 우월감을 느끼도록 네가 잘난 것을 드러내서는 안 된다." 나는 그때나 지금이나 이 말을 받아들일 수 없어.

엄마는 항상 여자는 사회 규범을 지키는 파수꾼이 되어야 한다고 주장하셨어. 나는 그렇게 생각하지 않아. 자기 딸에게 아버지나 오빠를 위해 자신을 낮추라고 가르치는 것이 올바른 도덕관이라고 생각해? 이런 여성들은 딸에게 다른 사람을 높여주기 위해 자신을 업신여기라고 가르치고 있는 거야. 그리고 남성들을 강인하고 강력한 존재가 아니라 나약하고 상처받기 쉬운 존재로 만들고 있는 거야. 나는 이런 체제 안에서는 여성이든 남성이든 모든 사람들의 가치가 점점 떨어진다고 생각해.

레이첼의 경우처럼 '좋은 여자'가 되라는 가르침은 정당하지 못한 죄의식을 갖게 만든다. 한 환자가 이런 말을 했다. "저는 항상 모든 일이 제 잘못인 것처럼 느껴져요. 공중 화장실에 갔을 때도 다음 사람을 위해서 화장실을 깨끗하게 치워야 할 것 같은 생각이 들어서 나도 모르게 치우게 돼요. 그러고 나면 저 자신한테 화가 나요." 또 다른 환자는 남편과 이혼한 데 대해 여러 해 동안 죄의식에 시달려야 했다는 것이다. 그 남편은 그녀를 정신적으로 심하게 학대했으며 아이들에 대한 양육비 지원도 거절한 사람이었다. "저는 남편에게 편지를 써서 용서를 구하고 싶은 충동에 시달려야 했어요. 남편이 용서해주면 우리 아이들이 지금보다 편히 살 수 있다는 생각이 들었어요."

자포자기의 대가

다른 사람을 행복하게 해줘야 한다는 책임감은 여자 아이들이나 여성들이 자신을 배반하는 상황으로 몰고 가기도 한다. 저명한 심리학자인 엘리자베스 퀴블러-로스Elizabeth Kübler-Ross는 어려서 '작은 매춘부'가 되라는 가르침을 받았다고 고백했다. 그녀는 자신의 열정이나 삶의 목표는 아빠를 행복하게 해드리는 것만큼 중요하지 않으므로 내면의 소리를 외면하는 법을 배워야 했다.

이런 제약은 정당하지 못한 죄의식이나 수치심을 유발한다. 그리고 생각이나 행동의 변화를 통해 이 두 감정을 떨쳐버리지 못한다면 건강에 심각한 손상을 초래한다. 수치심과 죄의식으로 감정적·신체적 스트레스(회한, 분노, 근심, 우울 등)가 오래 지속되면 여러 가지 중독에 빠지게 된다. 음식, 알코올, 섹스, 흡연, 약물, 일 등의 중독은 진정한 자신의 모습을 외면하는 일시적인 방법이 될 수는 있지만 비만이나 심장 질환, 유방암 같은 각종 질병을 대가로 치러야 한다.

아직 사춘기에 이르지 않은 학령기 아이들은 진실을 말하려는 성향이 있다. 그러나 진실을 말할 수 없는 상황에 처한다면 그들의 몸이 그 일을 대신할 것이다. 물론 아이들이 질병에 걸릴 가능성은 어느 정도 성격이나 성별에 따라 좌우되긴 하지만 마음의 상태는 빠르고 늦은 차이가 있을 뿐 몸에 정확하게 반영된다. 그리고 몸은 결코 거짓을 말하지 않는다.

정당하지 못한 죄의식과 수치심을 안고 사는 것이 얼마나 고통스러운 일인지를 알면서도 여성들은 왜 그것을 떨쳐버리지 못하는 걸까? 그리고 왜 딸들에게까지 대물림하는 걸까? 인류 역사를 되돌아볼 때 여성들은 어느 방법보다도 남성에게 동조하는 방법을 통해 힘과 지위와 영향력을 거머쥘 수 있었다. 여성들은 살아남기 위해서, 그리고 아이들에게 좀더 나은 삶을 제공하기 위해서, 남성과 동맹 관계를 유지하는 것이 유리했다.

〈미스틱 리버Mystic River〉라는 영화에 이런 여성의 심리가 잘 묘사되어 있다. 아나베스(로라 린니가 열연)는 형사인 남편 지미(숀 펜이 열연)가 무고한 시민을 살해했다는 사실을 알았다. 이것이 그를 압박한다는 사실을 안 그녀는 남편을 회유한다. 그는 왕이며 왕은 때로 힘든 결정을 내려야 할 경우도 있다는 것이다. 아나베스는 남편을 애무하면서 부드럽게 속삭인다. 그는 위대한 왕이기 때문에 주변 사람을 모두 자기 편으로 만들 수 있다는 것이다. 그녀는 남편의 범죄를 눈감아주면서 남편의 딜레마를 이용해 그와의 관계를 더 굳건히 다지려고 한다. 그 대가로 자신과 두 딸이 보호와 보살핌을 받을 수 있기 때문이다.

여성은 생리적 여건이나 사회적 영향으로 남성에 비해 다른 사람들의 생각에 통제될 가능성이 크다. 얼마 전까지만 해도 독신 여성은 인생의 패배자로 인식되었다. 아무리 서로 어울리지 않는 커플이라도 남자와 함께 지내는 것이 혼자 있는 것보다는 훨씬 낫다고 여겼다. 나는 이혼 후 보험증서를 작성할 때까지도 이런 사회적 인식이 얼마나 뿌리 깊은지를 깨닫지 못했다. 지난 25년 동안 나는 기혼자란에 체크를 함으로써 우수 회원 자격을 획득할 수 있었다. 내 마음속에는 이런 생각이 있었을 것이다. "나는 의사인 동시에 한 가정의 아내이자 엄마야. 부족한 게 없는 완벽한 조건이지." 그러나 지금은 '독신녀'와 '이혼녀' 중 하나를 택해야 하는 불쾌하고 굴욕적인 처지에 있었다. 나는 '독신녀'를 선택했다.

남자가 없는 것이 불리하다는 생각은 여성에게 자신의 가치를 증명하기 위해 온갖 어설픈 기술을 동원하게 만든다. 그 범위는 위험한 성관계부터 불만족스럽거나 불행한 관계, 심지어 학대를 일삼는 관계까지 광범위하다. 지난 5천 년 동안 우리 사회는 인간의 내면 가치를 남성적 가치와 여성적 가치로 구분해왔다. 그 결과, 여성들은 자신 안에 내재된 남성적인 힘을 남성에게 양도해왔으며 남성들도 부드러움과 나약함을 여성들의 전유물로 만들었다. 여성과 남성 모두 힘의 균형을 잃게 되어 진정한 건강과 행복을 성취하지 못하게 된 것이다. 〔고대 유럽에는 남녀평등 사회가 3천 년 이상 지속되었다는 사실이 여러 연구를 통해 밝혀졌다. 지질학 용어에서 현대의 가부장적인 문화는 새로운 용어에 속한다. (16장 참조)〕

물론 남성들도 죄의식이나 수치심을 느끼지만 그 색깔은 여성과 전혀 다르다. 존 휠러John Wheeler 박사는 〈불의 손길(Touched with Fire)〉이라는 저서에서 이렇게 지적했다. "여성다움이란 살아야 할 가치를 표현하며, 남성다움이란 죽어야 할 가치를 표현한다." 남성들은 자신의 삶을 나라를 위해 바쳐야 한다고 배운다. 그들은 남자다움을 증명하기 위해 다른 사람과 싸우도록 키워진다. 그들은 또 성적으로도 공격적이 되도록 부추김을 받는다. 여성들이 적당히 반항해야 좋은 인상을 받는 것과 대조되는 가르침이다. 이런 가르침에 부응하기 위해서 남성들은 일찍부터 자신의 연약함을 감추는 훈련을 한다.

이런 영향 때문인지 남성들은 여성들보다 자신이 원하는 것을 따라 살려는 성향이 강하다. 그들은 다른 사람의 생각은 크게 개의치 않으며 좋은 인상을 줘야 한다는 부담감도 적다. 모든 인간은 남성 에너지와 여성 에너지를 동시에 지녔기 때문에 이런 편파적인 가르침은 남성이 나 여성 모두에게 내면의 소리를 외면하게 만든다. 그 결과, 양쪽 모두 건강이 악화되는 심각한 손실을 입게 된다.

| 도덕관의 성립 |

아이들은 자신의 도덕적 책임감이 어디서부터 시작되고 끝나는지를 배워야 한다. 그 가장 좋은 모델은 엄마다. 아이들은 위선적인 행동 에 쉽게 물들 수 있다. 이 말은 엄마의 말과 행동이 일치해야 한다는 뜻이다. 엄마가 아이에게, 원하는 것은 무엇이든 될 수 있다고 말해 놓고 다른 사람을 행복하게 만들기 위해 자신의 목표를 뒤로 미루는 모습을 보여준다면 도덕적으로 일관성이 없는 것이다. 지금은 아이 가 어려서 깨닫지 못하거나 엄마의 모순을 지적하지 않을지라도 이 런 말과 행동의 불일치는 아이가 사춘기가 되었을 때 모녀간의 갈등 의 원인이 된다.

자신만의 도덕관을 지켜라 엄마가 아이에게 줄 수 있는 가장 중요한 가르침은 자기 삶은 자기가 절대적으로 지배할 수 있는 오직 자기 것이라는 사실이다. 인간은 누구나 무엇이 옳고 그른지를 알 수 있는 자기만의 도덕관을 가지고 태어난다. 이 내면의 도덕관을 인식하고 신뢰하는 법을 배우는 것도 다른 규칙과 다른 사람의 권리를 배우는 일만큼 중요하다. 아이는 자신의 인생이나 건강, 행복에 대해 우선적인 책임이 있다. 어느 누구도 대신해줄 수 없기 때문이다. 자신의 삶을 소중하게 여기는 아이들은 주어진 재능이나 능력을 계발해 세상에 유익한 존재가 될 수 있다.

자기만의 고유한 재능을 타고났음을 인식하라　모든 아이들은 자기만의 독특한 재능을 타고났다는 사실을 배워야 한다. 이 재능은 과거에 살았던 사람들이나 앞으로 태어날 사람들 중 어느 누구와도 같지 않은 자기 고유의 신성함을 표현하는 특별한 것이다. 따라서 가장 우선적인 과제는 이 내면의 빛을 인식하고, 점화하고, 훈련하고, 개발하는 것이다. 그러기 위해서는 자신의 모습을 있는 그대로 받아들여야 한다. 그것이 뛰어난 체스 기술일 수도 있고 동물을 특별히 사랑하는 마음일 수도 있다. 아이의 내면의 도덕관이 '최고의 선'을 이루도록 인도할 것이다.

엄마의 역할은 아이가 진정으로 원하는 일이 무엇인지를 인식하도록 돕는 것이다. 아이의 꿈이 행복한 가정을 이루는 것이라면 그것을 존중하라. 또 부동산 개발가가 되는 것이라면 그 꿈을 이루도록 도와주라. 둘 다 원한다면 성실성과 인내심과 협력하는 마음만 있다면 이루지 못할 것이 없음을 가르쳐라. 그리고 아이가 원하는 일을 성취하는 데 필요한 전략을 배우도록 도와주라.

내면의 소리에 귀를 기울여라 내면의 소리를 인식하고 귀를 기울이는 법을 가르치게 되면 아이는 내면의 지혜를 계발하며 그 소리를 존중하게 된다. 이를 위해서는 본보기가 되는 역할 모델이 필요하며 용기와 성실함과 독립성을 키워줘야 한다. 이 말은 자신과 다른 사람 사이에서 균형을 유지하는 방법을 배워야 한다는 뜻이다. 이 모든 것은 아이가 얼마나 큰 자부심을 가졌는지에 따라 좌우된다. 자부심은 기술을 익히고, 부단히 노력하며, 참고 견디는 인내심을 통해 얻어진다. 그러나 아이가 자기 대신 아버지나 엄마, 오빠, 남편을 즐겁게 해주는 것을 우선적인 의무로 생각한다면 끊임없이 속삭이는 무언 또는 유언의 내면의 소리를 듣지 못할 것이다.

유익하지 못한 인간관계를 맺지 말라 함께 있는 것이 기쁨보다 고통이 크며 에너지를 충전하기보다 소모시킨다면 관계를 정리할 시간이 된 것이다. 이 원리는 결혼 생활에도, 4학년 아이의 친구 관계에도 적용된다. 모든 아이들은 자기 분량의 책임보다 더 많은 짐을 떠맡도록 조종되는 순간을 파악할 수 있어야 한다. 아이에게 분명히 가르쳐라. 누군가가 아이에게 "너는 내 기분을 상하게 했고, 화나게 만들었고, 약속을 깨뜨리게 만들었어."라고 말한다면 조종하려는 의도가 담긴 것이다. 그리고 다른 사람이 아이를 대가로 자기들의 행복을 얻으려는 것이다. 이런 교묘한 거짓말에 속지 않는 법을 배워야 한다.

반면, 여성 자신도 남성이나 다른 여성을 조종하는 뛰어난 조종자가 될 수 있다. 내면의 소리에 귀를 기울이는 법을 배워야만 자신이 원하는 것을 얻기 위해 부당한 방법을 동원하지 않을 수 있다. 아이가 조종당하거나 다른 사람을 조종하는 것을 묵과하는 엄마는 아이를 부도덕한 세계로 내모는 것이다.

다른 사람과 성실하고 서로 유익한 관계를 맺어라 인간관계란 우리를 풍부하고 윤택하게 만드는 것이지 고갈시키는 것이 아니다. 유익한 인간관계는 삶의 큰 기쁨이 된다. 우리는 사랑받는 것과 자신의 목표를 성취하는 것 중에서 하나를 선택할 필요는 없다. 자기 계발은 원만한 인간관계가 뒷받침될 경우에 훨씬 힘을 받는다.

성실한 인간관계란 모든 사람은 고유의 특성을 가진 소중한 존재라는 사실을 인정하는 것이다. 아이에게 다른 사람의 재능이나 삶, 소유물 등을 시기하는 것은 옳지 않음을 가르쳐라. 시기와 경쟁이 심한 현대 사회에서는 반드시 갖춰야 할 덕목이다. 시기심은 인간의 기본적인 감정이지만 그것을 키울 필요는 없다. 아이에게 다른 사람의 행운을 빌어줌으로써 자신의 삶을 고양시키는 법을 가르쳐라. 다른 사람의 욕구나 감정을 배려하면서도 자신이 원하는 것을 추구할 수 있음을 가르쳐라. 아이에게 당신이 정해주고 싶은 역할 모델을 제시하되 아이가 역할 모델로 삼는 사람이 누구인지도 물어보라. 이 두 역할 모델이 서로 절충되는 것이 가장 바람직할 것이다.

자신의 목소리를 찾아 마음껏 말하게 하라

아이가 가장 자신감 있게 자신의 목소리를 낼 수 있는 절정기는 사춘기 직전이다. 이 시기는 일생 중 아이들이 자아에 가장 근접하는 때다. 만일 아이가 어떤 이유로 말문을 닫지 않았다면 자기가 진심으로 믿는 사실을 얘기하는 데 주저하지 않을 것이다. 아니 오히려 아이의 얘기를 중단시키기 힘들 정도일 것이다. 우리의 문화적 배경을 감안할 때 여성이 이처럼 자기 확신에 찬 목소리를 낼 수 있는 시기는 폐경기가 되어야 다시 찾아온다. 내가 폐경기를 제2의 사춘기라고 부르는 이유도 이 때문이다.

최근 TV에서 재미있는 휴대폰 광고를 본 적이 있다. 잠재기에 이른 한 소녀가 할아버지의 머리를 땋으면서 쉴 새 없이 조잘거리는 광고였다. 그 아이는 이미 옆에 있는 할머니의 머리를 다 땋은 후였다. 할아버지는 지친 목소리로 요금이 싸지는 시간이 되어 손녀가 친구와 전화할 수 있는 시간까지 매일 밤마다 두 시간 동안 이렇게 얘기를 들어줘야 한다고 하소연했다. 이 시기의 아이들은 이야기를 통해서 모든 생활과 감정들을 발전시켜 나간다. 이것은 지극히 정상적이며 건전한 과정이다. 그리고 이전보다 휴대폰이나 이메일 등의 통신 수단이 발달했기 때문에 엄마의 역할은 아이의 이런 행동을 정상적인 발달 과정으로 인정하고 지켜보기만 하면 된다. 또한 아이들의 대화가 학교생활이나 가정생활, 음식, 기타 잡다한 일상생활의 범위를 넘지 않도록 일정한 한계를 정하는 것도 필요하다.

그러나 모든 아이들이 느끼고 생각하는 것을 자유롭게 표현하는 것은 아니다. 많은 여성들이 엄마로부터 물려받은 감정 표현의 억제라는 유산으로 어려움을 겪는다. 한 뉴스레터 독자가 보낸 글을 소개한다.

제가 세 살 때였어요. 부부싸움 도중에 의붓아버지가 엄마의 목을 졸라 제가 뛰어들어 말린 적이 있었어요. 그 후 저는 어린 시절 내내 엄마 곁에서 대부분의 시간을 보냈어요. 엄마는 자주 아팠고 수줍음이 많아서 자신의 의견을 말하지 못했기 때문에 제가 지켜줘야 할 것 같았기 때문이죠. 어른이 된 후 저는 만성적인 목의 감염과 질병에 시달렸어요. 특히 저 자신이나 다른 사람이 자기 목소리를 내지 못하는 모습을 볼 때마다 증상이 나타났어요. 지금 저는 목 주변인 5차크라의 소리에 관심을 기울이며 마음의 여유를 찾으려고 노력하고 있어요. 그 소리는 다른 사람에게 책임감을 느끼지 않아도 된다고 상기시켜주며 제 안에 훌륭한 지혜의 소리가 내재되어 있다는 사실을 알려주고 있어요.

5차크라, 즉 제5감정센터는 목과 혀, 입, 갑상선 부위에 자리 잡고 있다. 이곳은 의사소통, 의지, 타이밍에 관계된 문제의 영향을 받는다. 이 부분의 건강을 유지하려면 무엇을, 언제, 어떻게 말하느냐를 알아야 하며, 말할 수 있어야 한다. 많은 여성들이 하고 싶은 말을 할 용기가 없거나, 말하는 것이 허락되지 않거나, 귀를 기울이지 않는 사람에게 같은 얘기를 반복할 때 갑상선이나 입병을 앓는다.

성별에 따른 차별 대우

남자를 여자보다 더 가치 있게 여기는 가정에서 자란 여자 아이들은 자신의 목소리를 잃기가 쉽다. 다음은 내 친구인 모나 리자 슐츠 박사의 경험담이다.

의과대학 시절, 정신과 병동에 순회 근무를 할 때였어. 나는 독신 엄마와 두 딸, 그리고 두 아들로 이루어진 한 가정이 가족요법을 받는 장면을 촬영한 필름을 보았어. 그들이 병원을 찾은 이유는 여섯 살짜리 딸이 엄마가 직장에 간 동안 엄마 침실에서 약품 상자를 가지고 놀다가 침대보에 불을 붙인 거야. 다행히 불이 번지기 전에 오빠가 발견했어.

진찰실에 들어온 엄마는 오른쪽에 두 딸을 앉히고 장남은 딸들 맞은편에 앉혔어. 그리고 네 살인 둘째 아들은 진찰실 안을 돌아다녔어.

의사가 무슨 일이 있었냐고 묻자 곧바로 장남이 대변인인 양 대답했어. 불이 난 걸 발견했던 그는 마치 자기가 가족을 지키는 기사이며 아버지 대역이라고 여기는 것 같았어. 불을 지른 여섯 살짜리 딸은 손을 무릎에 포개고 조용히 앉아 있었지. 오빠들의 태도와 비교하면 딸들은 마치 생기가 없는 죽은 나무 같았어.

의사가 가족에게 질문할 때마다 장남은 계속 자기가 나서서 대답하곤 했어. 의사가 엄마나 여동생들이 대답할 수 있도록 장남의 말을 중단시키는 일이 반복되었어. 흥미로운 일은 의사가 세 살짜리 딸에게는 한 번도 질문하지 않았다는 거야.

결국 이 가족은 감독할 사람이 없으면 여섯 살짜리 딸이 약품 상자를 가지고 놀지 못하도록 한다는 결론을 내렸지. 그들의 최우선 목표는 집이 불타지 않는 거였어. 여기에 누가 이의를 제기하겠어?

그러나 필름이 끝나고 의사들이 의견을 나누는 시간에 나는 뭔가 중요한 게 빠진 느낌이었고 딸들이 자란 후 건강에 문제가 생길 거라는 기분이 들었어. 몇 가지 의문점이 떠올랐어. 여섯 살짜리 딸이 정말 과학에 관심이 있어 호기심 때문에 저질렀던 일일까 아니면 엄마의 관심을 끌기 위한 방법이었을까? 만일 남자 형제가 불을 질렀더라도 지금과 같은 반응을 보였을까? 비록 실수를 저질렀지만 앞으로 딸의 과학적 관심이 부모의 지원을 받을 수 있을까? 또는 이 사건이 과학에 대한 호기심의 싹을 잘라버린 건 아닐까? 만일 딸들이 둘째 아들처럼 진찰실 안을 돌아다녔다면 엄마나 의사가 가만히 있었을까? 만일 딸 중 하나가 장남처럼 가족의 대변인 역할을 했다면 어떤 대접을 받았을까? 만일 장남이 불을 지르고 딸이 발견했다면 사람들이 지금 장남의 말을 믿는 것처럼 딸의 말도 모두 믿었을까? 그리고 지금처럼 가족요법을 받기 위해 달려왔을까? 아니면 우리 사회의, "남자니까 그럴 수 있어."라는 인습의 영향으로 대수롭지 않게 넘겼을까? 내가 만일 막내딸이라면 권위의 상징인 의사가 내게 한 마디 질문도 던지지 않고 내 이름조차 물어보지 않은 상황을 어떻게 받아들일까?

필름을 한 번 보는 것으로 가족의 모든 상황을 파악할 수는 없지만, 나는 딸들의 목소리와 의지가 억제당하고 있다는 사실만은 분명히 알 수 있었어.

나는 지난 여러 해 동안 수많은 환자들에게 이와 유사한 사례를 들었다. 아버지가 말씀하시는 동안에는 자기 의견을 표현하기를 억제당했다는 것과 남자 형제들은 자신의 목표를 추구하고 자신의 의견을 표현하는 권리를 누렸다는 것이다. 만일 엄마가 이런 사고방식을 가지고 있다면 자신도 모르게 딸에게 대물림한다. 그 결과, 딸은 자기 목소리를 내지 못하고 자신에 대한 신뢰감을 갖지 못하게 된다.

12
자부심의 발달
- 웰빙을 보장하는 일곱 가지 요소 -

자부심은 아이들이 건강이라는 집을 지어가는 과정에서 주춧돌 역할을 한다. 잠재기는 아이들이 자신의 자부심을 증명하는 세계, 즉 집 밖으로 발걸음을 내딛는 시기다. 이 도전을 받아들이는 자세는 아이의 타고난 성격과 어린 시절의 경험에 따라 각각 다르다. 일부 아이들은 마음을 활짝 열고 이 새로운 도전에 임하는 반면, 뒷걸음질을 치며 엄마 곰의 인도를 필요로 하는 아이들도 있다.

부모나 선생님들은 자부심에 대해 여러 각도에서 설명하지만 실제로 그 진정한 의미를 아는 경우는 많지 않다. 자부심에 대한 나의 정의는 간단하다. 자부심이란 자신에 대한 존경과 긍정적인 시각을 말한다. 이것은 어린 시절에 입력된 건전한 유대감에서 시작된다. 엄마의 사랑과 관심을 듬뿍 받고 자라서 감성 뇌와 몸의 연결 고리가 잘 형성된 아이들은 자기를 위하는 길이 무엇인지를 파악하고 그것을 따르기가 한결 수월하다. 또한 다른 사람에 대한 감정 이입 능력도 갖추게 된다. 감정 이입이 없는 자부심은 자기중심 혹은 자기도취로 흐르기 쉽다.

자부심은 제로섬Zero-sum(누군가 이익을 얻으면 반드시 손해 보는 사람이 있다는 법칙) 게임이 아니다. 이 말은 당신의 자부심이 높아지면 다른 사람의 자부심은 낮아지는 게 아니라는 뜻이다. 당신의 자부심이 높다고 내 자부심이 손상되는 게 아니며, 당신의 자부심을 낮춘다고 내 자부심이 높아지는 게 아니다. 자부심은 서로를 높여줘야 하는 윈윈 win-win 게임이다.

그리고 자부심의 경기장은 한 군데가 아니라 여러 군데다. 어떤 영역에서는 자부심이 높은 사람도 다른 영역에서는 낮을 수 있다. 예를 들어, 운동에 뛰어난 아이가 인간관계에서는 어려움을 겪을 수 있다. 이 아이는 훌륭한 운동선수가 될 수는 있겠지만 인간관계에서 실패해 육체적·정신적 건강이 악화될 수 있다. 또한 인간관계에는 매우 능하지만 자립심이 부족한 여성이 있다고 가정해보자. 만일 그녀가 학교를 졸업하지 못하거나, 충분한 지적 능력을 갖추지 못하거나, 돈을 벌거나 관리하는 방법을 익히지 못한다면 나중에 다른 사람의 짐이 될 가능성이 크다.

자부심을 키우는 가장 핵심적인 요소는 다른 사람의 사랑과 존경을 받고 있다는 느낌이다. 자부심은 외형적인 모습과는 관계없는 온전한 내면의 과제다. 겉모습이 화려한 것과 자부심이 높은 것은 다른 문제다. 아이가 아무리 바깥세상의 칭찬을 받는다고 해도 자신에게 충실하지 못하거나 스스로 유능하고 쓸모 있다고 느끼지 않는다면 진정한 자부심을 가질 수 없다. 걸음마를 시작한 아이가 무엇이든 '내가 할 거야'라고 우기는 것도 독립심과 더불어 자부심을 표현하는 것이다. 특히 취학 연령의 아동에게는 가정 밖의 세계에서 인정받을 수 있는 자기만의 특별한 능력을 키우는 일이 중요하다. 이 자기만의 능력이 자부심의 초석이 되기 때문이다. 아이는 자신에 대해 신뢰감을 느낄 때마다, 다른 사람과의 관계가 원만하게 이루어질 때마다, 자신의 목표를 성취할 때마다, 더욱 자신감을 얻고 더 높은 목표에 도전할 수 있다. 그리고 좌절감을 느끼더라도 빨리 떨쳐버리고 다시 앞으로 나아갈 수 있다.

나는 아이들이 자부심을 느낄 수 있는 방법을 일곱 가지로 정리해보았다. 아래에 소개된 사항들을 당신의 삶에도 응용해보라.

| 자부심을 키우는 일곱 가지 요소 |

신체적 능력　자신의 신체적 능력에 자신감을 가져야 한다. 잡다한 일상사를 해결할 수 있는 신체적인 강인함과 지구력, 적응력을 키워라.

사교성과 사교적 기술　사람들에게 좋은 인상을 주며 상황에 맞춰 적절하고 친절하게 행동할 수 있는 능력을 말한다. 다른 사람이 함께 시간을 보내고 싶은 사람이 돼라.

자기 훈련　원하는 목표를 향해 꾸준히 정진할 수 있는 강한 의지를 갈고 닦는 것이다. 지치고 힘들거나, 절망감을 느끼거나, 흥미를 잃더라도 포기하지 않고 자신과의 약속을 지켜라.

자기 신뢰　무엇이 안전하고 무엇이 위험한지 자신이 감지하고 느끼는 것을 믿고 따르는 것이다. 다른 사람이 동의하지 않는 일에도 자신의 소신을 굽히지 않을 수 있어야 한다.

돈 관리 능력 돈을 적절히 사용하고, 저축하고, 기부하고, 투자하는 능력을 말한다. 자신의 시간과 에너지를 가치 있는 일에 사용하는 방법과 성공할 수 있는 법칙을 이해하는 것도 포함된다.

재능 계발 자신의 가치를 인정받을 수 있는 특별한 기술이나 재능을 파악하고 계발하는 것이다.

긍정적인 자기 이미지 자신을 사랑하고 인정하라. 자기 몸을 사랑하고 자신의 개성과 장점을 살리고 가꾸는 일에 투자하라.

첫째, 신체적 능력

우리 신체는 평생 동안 변하도록 설계되었다. 우리 몸의 힘과 유연성과 균형을 키워주는 필라테스 체조의 창시자인 조지프 필라테스Joseph Pilates는 다음과 같이 말했다.

신체적 아름다움은 행복의 필수 요소다. 잘 가꾼 몸은 잘 다듬어진 마음에 못지않게 중요하다. 다양하고 복잡한 일상사를 즐거움과 열정을 가지고 더 쉽고 편하고 만족스럽게 처리하도록 만들어주기 때문이다.[1]

신체적 능력 – 자기 몸이 강하고 유능하다고 느끼는 능력 – 은 아이들이 안정감과 평화를 느끼게 만드는 가장 기본적인 요소다. 또한 걱정과 우울함에서 벗어나 정서적으로 안정되게 만드는 역할을 한다. 자율신경계의 균형을 유지하고 기분을 고양시키는 엔도르핀 같은 신경화학물질이 원활하게 분비되기 때문이다. 운동을 하거나 신선한 공기를 마시는 것은 음식물의 영양소와 같은 역할을 한다. 이들은 독립심과 자신감을 키워주기 때문에 아이의 미래를 위한 효과적인 투자라고 할 수 있다. 우리가 이제까지 살펴본 모든 요소 중에서 신체적 건강관리는 여성의 건강과 장수를 위한 가장 확실하고 가장 효과적인 투자다.

몸을 움직이는 것을 즐거워하는 아이는 조기 사망을 초래하는 가장 큰 요인으로 꼽히는 심장병이나 골다공증, 암, 비만, 당뇨 등에 걸릴 가능성이 낮다. 여러 연구 결과에 따르면, 신체적으로 건강한 아이는 그렇지 않은 아이보다 자기 신체에 대해 긍정적인 것으로 나타났다. 얼마나 아름다운가 또는 그렇지 않은가는 크게 문제되지 않았다.

전문가들이 말하는 '신체적 건강'에는 세 가지 요소가 포함된다. 강인함과 지구력과 유연성이다. 어른들은 이 세 가지를 분리시켜 목표로 삼지만 아이들은 세 가지 모두 골고루 발달시켜야 한다. 아이들은 성격에 따라 신체적 능력에 접근하는 자세가 달라진다. 운동에 관심이 많고 쉽게 기술을 습득하는 아이들이 있는 반면, 운동에는 전혀 관심이 없지만 댄스나 요가, 등산에 흥미를 느끼는 아이들도 있다. 중요한 것은 아이의 이런 특성을 잘 파악해서 자신에게 맞는 능력을 계발하는 것이다.

아이에게 신체가 건강해야 한다고 말로만 강조할 게 아니라 엄마가 몸소 시범을 보이는 것이 중요하다. 운동을 즐기는, 신체적으로 건강한 엄마를 둔 아이들은 그것을 본받을 가능성이 크다. 아버지도 마찬가지다. 펜 주립대학에서 실시한 아홉 살짜리 여자 아이들을 대상으로

한 연구 결과에 따르면, 운동을 좋아하거나 격려하지 않는 부모를 둔 아이들 중 활동적인 아이들은 30퍼센트에 불과했다. 한쪽 부모가 운동을 좋아할 경우에는 그 비율이 50퍼센트로 높아졌으며, 둘 다 좋아할 경우에는 70퍼센트까지 올라갔다.[2] 운동도 식습관과 마찬가지로 자녀들에게 대물림된다. 따라서 부모가 먼저 솔선수범하는 것이 가장 중요하다.

신체적 능력과 운동 경기에서 이기는 것은 별개의 문제다

아이가 학교생활에서 경험하는 것들은 평생 지속될 자신의 몸에 대한 이미지를 결정한다. 내가 학교에 다닐 때는 신체적 능력은 운동 능력과 동일한 뜻으로 사용되었다. 이는 요즘에도 여러 학교에서 통용된다. 만일 아이가 운동에 소질이 있고 운동을 즐긴다면 운동은 신체적 능력을 키우는 데 더없이 좋은 방법이다. 그러나 억지로 운동을 시킨다면 오히려 몸을 움직이는 것을 싫어하게 만드는 역효과를 초래한다.

존 둘리아드John Doulliard 박사는 저서 〈몸, 마음, 운동(Body, mind, and Sports)〉에서 중학생의 50퍼센트가 학교에서 운동을 통해 절망감을 경험하고 자부심에 상처를 입는다고 지적했다. 그 이유는 아이들마다 운동 능력이 모두 다르고 기술의 차이도 크기 때문이다. 만일 모든 아이들에게 똑같은 기준을 적용한다면 기준에 미달되는 아이가 있게 마련이다. 일부 아이들은 운동에 소질이 있지만 또 다른 아이들은 그렇지 않다. 또 우리 딸 케이트처럼 여러 운동에 모두 재능이 뛰어나지만 경쟁을 싫어하는 아이들도 있다. 따라서 아이들에게 부담을 주지 않는 것이 운동을 즐기게 만드는 비결이다.

운동에 대한 문화유산

내가 생각하는 신체적 능력이란 몸과 마음이 각자의 역할을 확실하게 수행하는 상태를 말한다. 몸은 선수고 마음은 코치다. 몸은 자신의 생각이나 느낌에 따르기보다 코치의 지시를 정확하게 이행한다. 몸이 원하는 대로가 아니라 뛰고, 일어서고, 달리라는 코치의 명령에 무조건 복종한다. 근육을 움직이는 데 꾸물거리는 것은 무능한 사람의 몫이고 능력 있는 자는 그럴 시간이 없다. 내 여동생도 미국 스키 대표 팀에서 이런 훈련 과정을 거쳤을 것이다. 동생이 자주 인대가 늘어나서 고생하고 여러 번 수술을 받았던 이유도 이 때문일 것이다.

1970년대 제인 폰다는 에어로빅 비디오테이프와 피트니스센터를 탄생시켰다. 그러나 이것들은 운동에 대한 내용이 아니었고, 활기를 북돋우는 수준이었으며, 개인의 특성을 고려하지 않았다. 이런 한계에도 불구하고 여성들이 몸을 움직여 땀을 흘리게 만드는 데 획기적인 시발점이 되었다.

나는 1960년대 에어로빅을 창시한 케네스 쿠퍼Kenneth Cooper 박사의 이론을 토대로 한 피트니스 프로그램을 따르고 있다. 에어로빅의 동작들은 심혈관계를 강화시킬 만큼 심장 박동 수를 늘려주고 산소가 근육에 충분한 혈액을 공급해서 지구력을 키워준다. 나는 우리 부모님들이 처음 조깅을 시작했을 때부터 함께 뛰었다. 나는 조깅 후에도 심장 박동 수를 높여주는 여러 동작들을 고안해서 실천했다. 대학에 다닐 때도 에어로빅에서 권장하는 1주일 분의 운동량을 채우기 위해 방 안에서 뛰었으며 가끔 줄넘기도 했다. 나는 움직이는 것을 별로 좋아하지 않았지만 운동이 건강을 유지시키고 체중을 조절해준다는 것을 알고 있었다. 의과대학 시절에는 남자친구가 10종 경기를 즐기는 사람이었다. 나는 그의 권유로 다시 달리기를 시작했고 의대생과 레지던트 시절 내내 달리기와 요가로 몸을 다졌다.

그 후 피트니스 산업이 발전하면서 사람들은 운동에 관심을 갖기 시작했다. 요즘에는 자기에게 맞는 운동을 즐기는 사람들이 예전보다 한결 증가했다. 우리는 이제 몸과 마음이 연결되어 있다는 사실에 더 이상 의문을 제기하지 않는다. 따라서 운동을 할 때는 반드시 이 연결 고리를 염두에 두어야 한다. 최근 들어서는 몸과 마음의 조화를 중시하는 필라테스와 요가가 각광받는다. 필라테스의 창시자인 조지프 필라테스에게 큰 영향을 준 요가는 이미 고대부터 사람들의 사랑을 많이 받아왔다. 요가처럼 유연성과 강인함과 지구력을 동시에 키워주는 운동이 인기를 얻는 것은 바람직한 일이다. 요가뿐 아니라 운동을 즐기는 모든 사람들은 운동을 통해 몸과 마음의 군더더기를 떨어내고 연결 고리를 더 굳건히 다져간다.

나는 운동을 즐기는 집안에서 자랐다

나는 태어나면서부터 엄마에게 신체적 능력에 대해 긍정적인 메시지를 물려받았다. 엄마에게는 운동을 즐기거나 밖에서 활동할 때가 가장 행복한 순간이었다. 운동은 또한 엄마가 젊었을 때 집을 떠나는 결정적인 계기가 되었다. 열다섯 살이었던 1941년, 엄마는 〈선밸리 세레나데〉라는 영화를 보고 스키에 반했다. 그러나 주변에는 스키를 타는 사람이 없었기 때문에 엄마는 버팔로에서 기차를 타고 엘리코트빌까지 갔다. 엘리코트빌은 아버지가 마을 언덕에 회전식 로프를 설치하고 뉴욕 주 서부에 스키를 소개한 곳이었다. 이때부터 말 그대로 운명적인 역사가 시작되었다. 이는 우리의 영혼이 언제 어떻게 작용하며 우리의 창조적인 상상력이 우리를 어떻게 새로운 삶으로 이끄는지를 보여주는 멋진 본보기였다. 우리를 필요한 사람과 장소와 사건들로 인도해서 새로운 역사를 시작하게 만드는 신의 섭리였다.

나는 경쟁적인 운동은 적성에 맞지 않았지만 운동과 더불어 살아가는 부모님의 영향으로 건강하고 강인한 체력을 갖추지 않으면 가족들과 어울릴 수 없었다. 그리고 가족들과 함께 즐겼던 등산이나 스키, 캠핑 등은 내게 평생 운동에 관심을 갖도록 만들어주었다. 나는 이 유산을 우리 딸들에게도 물려주었다.

우리 딸들은 신체적 건강을 중시하는 집안 분위기 덕에 땔감을 운반하거나, 마구간을 치우거나, 눈을 치우는 일을 당연하게 여겼다. 이런 일들은 남자든 여자든 누구나 할 수 있는 일상사에 불과하다. 나는 남성에게 도움 받기를 굳이 꺼리진 않지만 혼자서 처리하는 능력을 키우려고 노력한다. 우리 딸들도 마찬가지다.

아이들이 어렸을 때 우리 가족은 종종 가까운 해변이나 호수로 하이킹을 갔다. 아이들은 야외로 나가는 걸 즐거워하며 신나게 뛰놀았다. 딸들은 또한 세 살 때부터 다니기 시작한 댄스교실을 숙녀가 된 지금까지 다니고 있다. 여기에 요가와 필라테스, 에어로빅, 근력 운동을 병행한다. 우리는 가끔 딸들을 데리고 스키 여행도 떠나지만 둘 다 스키에는 별 관심이 없었다. 딸들은 십대 초반까지 스키를 배우는 대신 친구들과 어울려 놀기를 원했다.

지금 이십대 초반인 우리 딸들은 정기적으로 운동하며 날씬한 몸매를 유지하고 있다. 우리 엄마의 유산은 대물림되면서 형태가 바뀌긴 했지만 나와 우리 딸들 안에서 살아 움직이고 있다. 지난겨울, 나는 강의가 예정되어 있던 온천지에 친정 엄마와 스키 챔피언인 여동생, 그리고 막내딸과 동행했다. 삼대가 한데 모여 댄스부터 하이킹까지 함께 즐기는 모습은 환상적이었다. 일흔여덟 살인 우리 엄마는 그곳에 있던 모든 사람들에게 신선한 자극이 되었다. 대부분의 여성들이 몸의 기능이 쇠퇴해 뒷방 신세나 져야 한다는 사회적 인식의 포로가 될 나이에 강인한 체력을 보여준 빛나는 인간 승리였다.

둘째, 사교성과 사교적 기술

첫 번째 방에서 나는 모든 아이들은 특정한 장소는 물론 특정 집단에도 소속감을 느껴야 한다고 지적했다. 어느 장소에 소속되어 있으며 다른 사람들과 좋은 관계를 맺고 있다는 느낌은 아이에게 안정감과 평안함을 안겨주는 중요한 요소이자 자부심의 기초가 된다. 태어나서 일곱 살까지는 가족에 대한 소속감과 유대감을 경험하는 시기이며, 그 이후부터 7년 동안은 가족을 넘어서 사회에 대한 소속감과 유대감을 배우는 시기다. 아이가 학교에 들어간다고 자동적으로 소속감과 유대감을 배우는 것은 아니다. 각자가 지닌 사교적 능력과 기술에 따라 결과가 다를 수 있다. 또래 집단은 아이가 자라면서 사회성을 키우는 데 매우 중요하다. 이에 대해서는 14장에서 자세히 다루기로 하고, 여기서는 사회성을 키우는 몇 가지 방법만 소개한다.

좋은 첫인상을 주라

겉표지만 보고 책을 평가할 수는 없지만 표지가 멋있으면 책에 끌린다는 사실은 누구나 부인할 수 없을 것이다. 사람도 마찬가지다. 새로운 사람을 만나면 서로 말을 주고받기 전에 15초면 상대방에 대한 첫인상이 결정된다. 부당하다는 생각이 들겠지만 그것이 사실이다. 따라서 짧은 시간에 좋은 인상을 줄 수 있는 기술을 습득하는 지혜가 필요하다. 아이는 친구들의 압력이 작용하는 학교에서뿐 아니라 어느 곳에서든 자신의 장점을 충분히 표현할 수 있는 능력을 길러야 한다.

악수의 중요성

내가 아홉 살이 되었을 때 부모님들은 형제들을 모아놓고 새로운 사람을 만났을 때 처신하는 법에 대해 가르쳐주셨다. 부모님은 자신들을 새로 만난 피버디 부부로 생각하라며 한 사람씩 실습을 시켰다. 그 이름을 들은 우리는 모두 포복절도했다. 우리는 피버디 부부와 악수하며 인사를 나누는 실습을 했다. "처음 뵙겠습니다, 피버디 부인."이라고 말하며 눈을 똑바로 바라보고 미소를 짓고, 자신감 있는 태도로 손을 힘차게 잡는 것이었다.

이것은 내가 사교술을 배운 첫 수업이었다. 나는 아버지가 몸소 보여준 힘없는 악수와 눈을 마주치길 피하는 태도를 기억한다. 아버지는 상대방을 똑바로 바라보는 태도와 밝은 미소, 자신감 넘치는 악수가 매우 중요하다고 강조하셨다. 이런 행동들은 그 사람의 됨됨이를 말해주며 첫인상을 좌우한다. 나는 자라면서 아버지의 말씀이 옳았음을 알았다. 이 작은 가르침은 내 사교 생활에 큰 도움이 되었다. 나는 우리 딸들이 8~9살이 되었을 때 이 교훈을 물려주었다.

만날 때 인사와 헤어질 때 인사

만나고 헤어질 때 적절한 인사를 나누는 것은 서로의 관계를 돈독하게 해준다. 따라서 아이들에게 올바른 인사법을 가르쳐야 한다. 이 가르침은 가족들이 들어오거나 나갈 때 인사를 나누는 것에서부터 시작된다. 여기에는 집을 나설 때는 반드시 행선지를 알리는 것이 포함된다. 나는 아이들이 일어나기 전에 집을 나갈 때면 메모지에 작별 인사를 적고 행선지를 알린다. 아이들이 어렸을 때는 방에 들어가 뽀뽀와 포옹을 해주었다. 나는 지금도 집을 오래 비울 예정이면 이런 작별 인사를 나눈다. 그리고 아이들이 집에 돌아오면 무슨 일을 하고 있었던 간에 중단하고 아이들을 반갑게 맞아주었다. 만일 이런 인사에 인색하다면 사교라는 건물에 수선이 필요한 틈새가 생긴다. 작은 예절이 쌓여 관계를 견고히 하는 굳은 성이 된다는 것을 명심하라.

생일 파티는 중요한 사교 훈련장

생일 파티는 아이들에게 사교술과 예절을 가르칠 수 있는 완벽한 훈련장이다. 딸의 생일 파티라면 현관에서 친구들을 맞이하는 방법과 작별할 때 적절한 인사를 나누는 방법을 가르쳐라. 또한 선물을 받는 자세도 가르쳐야 한다. 생일 파티 준비에 참여시키는 것도 사교술을 익히는 좋은 기회다. 아이들에 따라 앞장서서 이끄는 아이, 리더를 따르는 아이, 매우 수동적인 아이가 있다. 수줍은 아이들은 게임에 참여하긴 하지만 잘 어울리질 못한다. 물론 성격에 따라 많이 좌우되긴 하지만 적절한 기술을 익힌다면 한결 나아질 수 있다.

감사의 편지를 쓰도록 가르쳐라

아이들에게 올바른 예의범절을 가르치는 일은 중요하다. 아이들은 감사의 편지가 얼마나 효과적인지를 인식해야 한다. 감사의 메시지를 쓰는 법을 가르쳐야 하는 사람은 엄마다. 가장 좋은 기회는 생일 축하 카드를 쓰는 것이다. 친구나 친지들에게 감사를 전하는 것처럼 가족이나 친척에게도 감사를 전하는 것이 중요함을 아이들에게 가르쳐라. 내가 저녁 식사를 사주거나 집에 초대한 후에 딸 친구들이 보낸 감사 카드를 볼 때마다 마음이 흡족하고 기쁘다. 그 작은 행동은 그 아이를 다시 평가하게 만든다. 반면, 다른 면에서 아무리 뛰어나더라도 이런 인사성이 없는 아이는 어쩐지 좋게 보이지 않는다.

한 친구는 할머니가 크리스마스나 생일날마다 모든 손자들에게 선물과 돈을 보내줬다는 것이다. 그러나 말년이 되자 할머니는 감사하지 않는 아이에게는 더 이상 선물을 보내지 않았을뿐더러 유산 상속에서도 제외시켰다. 다행히 내 친구는 항상 감사의 편지를 보냈던 아이였다. 그 친구 말에 따르면, 할머니는 감사하지 않는 아이들을 비난하는 대신 이렇게 말했다는 것이다. "나는 감사를 모르는 아이에게 계속 선물을 보내고 싶지 않단다. 그 아이를 위해서도 좋은 일이 아니야."

아이들은 일찍부터 뿌린 대로 거둔다는 진리를 깨달아야 한다. 아이들의 행동 중 감사의 편지를 쓰는 것보다 더 사랑스러운 일은 없을 것이다. 이메일은 편지만큼 효과적이지는 않지만 아예 아무것도 쓰지 않는 것보다는 낫다.

돕는 마음을 가르쳐라

사교 모임의 준비를 돕게 만드는 것도 아이들의 사교 능력을 높일 수 있는 방법이다. 여자 아이들은 식탁을 준비하거나, 손님들에게 과자를 나르거나, 얼음 통에 얼음을 채우는 일 돕기를 좋아한다. 여기에는 뒷

정리하는 과정도 반드시 포함시켜야 한다. 여자 아이들뿐 아니라 남자 아이나 남성들에게도 도울 기회를 줘야 한다. 그렇지 않으면 상차림이나 청소는 여자들이 전담하는 일이라는 사고방식을 심어준다.

셋째, 자기 훈련

성공은 2퍼센트의 영감과 98퍼센트의 노력이라는 말을 들었을 것이다. 이 말은 영원한 진리다. 성공이란 인정이나 찬사를 못 받더라도 자신의 목표를 향해 묵묵히 노력하는 사람에게 주어지는 것이다. 따라서 모든 아이들은 자신의 모든 것을 목표를 향해 쏟아 붓는 방법을 배워야 한다. 요령을 피우거나, 불만을 일삼거나, 필요한 일을 약삭빠르게 피해 가서는 안 된다. 예전의 나이키 광고 문구인 "온몸을 던져라(Just do it)!"는 이 자질을 완벽하게 표현한 말이다. 자기 훈련이란, 선천적으로 우리 안에 내재된 힘을 계발하고 관리하는 것이다. 그 내면의 힘 즉 의지는 반복적인 기술 훈련과 일의 성취를 통해 단련된다. 훈련은 의지를 다스려 성공의 열쇠로 만든다. 잘 훈련된 의지는 일이 힘들거나, 싫증 나거나, 더 좋은 제안이 있을 때마다 포기하게 만드는 걸림돌이 아니라 성공을 보장해주는 주춧돌이다.

모든 아이에게는 자기가 맡은 일이 있어야 한다. 내가 어렸을 때 우리 집은 농장이어서 소와 말과 개를 키웠다. 마구간을 청소하고 가축들에게 먹이를 주는 일은 우리 형제들 몫이었다. 뿐만 아니라 겨울에는 땔감 창고에 땔감을 채워야 했다. 우리는 땔감을 썰매에 담아 헛간에 끌고 가서 차곡차곡 쌓았으며 필요할 때는 폭풍우 속에서도 여러 번 땔감을 집 안으로 날라야 했다. 엘리코트빌은 버팔로 남부의 스노우벨트에 위치해서 눈이 많이 내렸다. 이밖에도 나는 가족 하이킹이나 다양한 스포츠를 통해서 자신을 훈련하는 법을 배웠다.

나는 우리 딸들을 키우면서 아이들은 학교 수업과 과외 활동을 통해 자기 훈련 기술을 가장 많이 터득한다는 것을 알았다. 또한 우리 딸들에게 식사 준비나 설거지를 돕도록 가르쳤지만 내가 자랄 때처럼 잡다한 일에 아이들을 잡아두지 않았다. 나는 친정 엄마와 다르게 하루 종일 밖에서 일했기 때문에 아이들과 지내는 짧은 시간을 잔소리하는 것으로 허비하고 싶지 않았다. 우리 집에는 집안일을 도와주는 도우미가 있었기 때문에 아이들이 할 일을 다 마쳤는지 감독하는 일은 도우미 아줌마가 맡았다. 도우미 아줌마에게 부모 역할까지 맡기는 건 부당하다는 생각이 들었지만 어쩔 수 없었다. 그리고 사실을 고백하자면, 나는 의과대학 시절부터 집안 청소와는 거리가 멀었고 지금도 집안이 어질러져도 크게 개의치 않는다.

그러나 아이들의 학교생활에 대해서는 매우 엄격하다. 나는 학교를 아이들의 직장이라고 생각한다. 따라서 성적이 좋아야 하고 숙제는 제시간에 마쳐야 한다. 또한 피아노나 성악 레슨 같은 과외 수업에 필요한 연습을 빼먹어서도 안 된다. 우리 딸들은 이 분야에 대한 훈련이 잘 되어 대학에 다니는 지금까지도 계속하고 있다. 물론 딸들은 기본적인 요리와 청소도 배웠다. 우리 세 사람은 풍수지리를 배우고 나서 집안의 정리와 인테리어가 얼마나 중요한지를 인식했다. 지금은 주변 환경이 우리에게 얼마나 큰 영향을 주는지를 깨닫고 정리 정돈에 정성을 쏟는다.

| 칭찬과 비난 |

우리는 아이가 성취한 작은 일들에 칭찬을 아끼지 않음으로써 자부심을 키워줄 수 있다. 거창한 독주회를 갖거나 상장을 받는 것만 칭찬받을 일이 아니다. 아이에게 엄마는 칭찬받을 일을 그냥 지나치지 않는다는 믿음을 갖게 하라. 사람들 마음속에는 "엄마, 저 좀 봐주세요!" 하는, 항상 어린아이와 같은 바람이 있다. 아이도 늘 엄마의 관심을 원한다.

그러나 아이를 격려하기 위해 잘못한 일을 칭찬하지는 말아야 한다. 아이들은 자기가 최선을 다했는지 아닌지를 정확히 안다. 따라서 아이가 충분히 할 수 있는 일에 잘못을 범했을 때는 확실하게 짚고 넘어가야 한다. 숙제를 제시간에 하지 않거나 부엌 청소를 소홀히 했을 때는 따끔한 충고가 필요하다. 아이에게 지나치게 잘 보이려는 마음으로 필요한 기준이나 한계를 정하는 일에 소홀하지 말라.

아이가 잘못을 저질렀다면 화내지 말고 차분히 지적해주라. 어느 날 우리 딸들이 새로 산 카펫에 무언가를 엎질렀다. 나는 아이들의 잘못을 지적하고 엎지른 것을 깨끗이 치운 후에 다시 TV를 보게 했다. 아이들은 "엄마 같은 엄마를 만나서 너무 행복해요. 아마 다른 엄마들 같았으면 벌컥 화를 내며 야단쳤을 거예요."라며 기꺼이 치웠다.

사소한 잘못이나 실수에 벌컥 화를 내는 것은 아이들의 마음에 상처를 준다. 당신이 자신의 실수를 스스로 책임지는 모습을 보여준다면 아이들도 자부심에 상처를 입지 않고 기꺼이 자기 잘못을 책임질 것이다.

넷째, 자기 신뢰

아이가 학교에 처음 입학하는 날은 엄마나 아이 모두에게 평생 추억에 남을 뜻 깊은 날이다. 아이가 혼자 스쿨버스를 타거나 교실에 들어가는 모습을 보는 엄마 마음은 뿌듯하면서도 한편으론 서운하지만 아이를 믿고 떠나보내는 첫 훈련이다. 이런 과정은 아이에게 자신을 신뢰하는 마음을 심어주었을 때 더욱 쉽게 이루어진다. 아이에게 항상 안전한 곳으로 인도해주는 내면의 힘을 가지고 태어났음을 가르쳐주라. 우리 모두는 이런 능력을 가지고 태어났다. 우리를 안전하게 인도하는 힘은 몸 전체에서 발산되며 태양신경총(명치 부근)과 심장의 느낌을 통해 감지된다.

뉴스레터 독자인 마시는 고아였던 엄마를 통해 내면의 지혜를 배웠다. 그리고 그 지혜를 두 딸에게 물려주었다. 나는 그 지혜가 당신에게도 매우 유익하고 효과적일 거라고 확신한다.

🐝 마시의 경우—내면의 소리를 따르다

1920년대 뉴욕의 이탈리아 이민자 부모에게서 태어난 우리 엄마는 고아원과 위탁 가정을 전전하며 자랐어요. 보살펴주고 가르쳐줄 부모가 없었던 엄마는 자라면서 혼자 모든 것을 터득해야만 했죠.

저는 외동딸이었어요. 어려서 엄마에게 무언가를 물어볼 때마다 엄마는 제게 내면의 소리에 귀를 기울이거나 수호천사의 인도에 따르라는 말씀을 해주곤 하셨어요. 그들이 나를 위험이나 나쁜 상황으로부터 보호해줄 거라고 하셨죠. 엄마는 태양신경총이 있는 명치 부분을 만지면서 그곳을 통해 대답을 '느껴보라'고 가르쳐 주셨어요. 고아로 자랐던 엄마는 아무도 믿을 사람이 없었기 때문에 일찍부터 내면의 지혜에 귀를 기울이는 법을 배운 거죠.

우리 딸들이 자라서 집 밖으로 나갈 나이가 되자 저도 아이들에게 내면의 소리를 듣는 법을 가르치기 시작했어요. 유치원에 다니는 아이에게 내면의 지혜에 귀를 기울이는 법을 가르치기는 쉽지 않았어요. 내면에서 들리는 거룩한 인도의 목소리를 듣는다는 것은 나이에 관계없이 힘들지만, 저는 두 딸들이 뭔가 옳지 않을 때 의심없이 내면의 경고 메시지를 알아챌 수 있기를 바랐어요.

저는 우리 몸의 어느 곳을 통해 대답을 들을 수 있는지를 가르치기 위해 딸들에게 조용히 명상하는 방법을 보여주었어요. 그리고 내면이 전하는 메시지를 듣고 해석하는 방법을 가르치기 시작했어요. 무엇보다 중요한 것은 내면의 소리에 의문을 제기하거나 저항하지 않고 기꺼이 받아들이는 거죠.

저는 딸들에게 눈을 감고 귀여운 강아지가 팔에 안긴 모습을 상상해보라고 했어요. "부드러운 털과 향긋한 냄새를 가진 강아지는 얼굴을 핥기 위해 팔 안에서 버둥거리며 장난을 걸고 있단다. 강아지는 귀엽고 포근하고 부드럽단다. 이런 강아지가 우리 가족인 게 행복하지?" 딸들 얼굴에 미소가 떠오르면 강아지에게 사랑을 느끼는 거죠. 그 순간 저는 아이들의 심장에 손을 대고 그곳이 바로 신이 사랑을 전해주는 장소임을 가르쳐줬어요. 우리는 안전하며 모든 상황이 좋게 전개되고 있다는 것을 알려주는 부위죠. 저는 아이들에게 가슴으로 느끼는 감정을 적어보라고 했죠. 따스함, 충만감, 행복, 밝음, 등등.

그런 다음 눈을 감은 아이들에게 강아지를 앞마당에 풀어놓고 길로 뛰어가는 모습을 상상하게 했어요. 길 저편에서 자동차가 빠른 속도로 달려오는데 강아지는 위험이 닥치는 것을 모르고 있단다. 뛰어가서 강아지를 안고 오기에는 너무 늦었고 차는 강아지 앞으로 돌진하고 있고⋯⋯.

나는 아이들에게 두려움을 느끼는 곳이 어디냐고 물었어요. 아이들은 태양신경총 부분을 가리켰고 한 아이는 울음을 터뜨리기까지 했어요. 저는 신이나 우리의 수호천사가 위험이 닥치거나 무언가 잘못되고 있다는 것을 알려주는 방법이라고 말해줬어요. 아이들은 '위험, 놀라움, 아픔, 불안' 등의 단어를 이해하게 되었어요. 저는 아이들에게 위험과 나쁜 상황으로부터 우리를 보호해서 안전하고 좋은 상황으로 인도하는 두 군데 부위(심장과 태양신경총)를 가르쳐 주었어요.

제가 이것을 가르쳐줄 때는 딸들이 모두 어린 나이였지만 그 후 아이들은 이 지혜를 열심히 실천해왔어요. 처음에는 내면의 소리를 듣는 기술이 서툴렀지만 시간이 지나면서 익숙해지게 되었고 대화 중에 '내면의 인도'라는 말을 일상적으로 사용하곤 했죠. 지금 열다섯 살인 로렌은 이 기술을 남자친구를 사귀는 일에 사용하고 있어요. 열세 살인 미건도 어떤 집을 방문했을 때 느꼈던 거부 반응에 대해 얘기하곤 하죠. 우리 아이들은 들어갔을 때 기분이 산뜻하지 않은 미용실이나 레스토랑, 영화관 등에서는 되돌아 나오며 파티나 친구 집에서도 느낌이 좋지 않으면 데리러 와달라고 전화하곤 해요. 이렇듯 내면의 메시지에 귀를 기울이는 아이들이 고마울 따름이죠.

아이들을 가르치는 중에 가장 유의해야 할 점은 내 편의를 위해서 아이들의 느낌을 소홀히 여기지 않는 거예요. 나는 아이들이 어느 곳에 가고 싶다는 내면의 인도를 받았다고 말하면 반드시 그곳에 데리고 갔어요. 때로는 아이들이 내 반응을 보기 위해 "엄마, 내 수호천사가 여기를 떠나라고 말하고 있어요. 어서 가요."라고 말하는 거라는 기분이 들기도 했죠. 그러나 나는 아무리 하찮은 일이라도 아이들의 말을 무시하거나 어기지 않고 따라주려고 노력했어요. 이 일은 쉽지 않을 때도 있지만 매우 중요한 일이죠. 우리는 내면의 인도를 '느끼기' 보다 자신의 생각대로 '행하려는' 경향이 있기 때문이에요. '저 남자는 멋있어 보여', '저 사람들은 나쁜 사람들인 거 같아', '그들에게 갈 거라고 말했어.' 그러나 저는 아이들과 저에게 다짐하곤 해요. 생각하지 말고 단지 느낀 대로 행동하자. 의문을 갖지 말고 지금 바로 행하자.

제가 아이들의 직관을 존중하는 것은 자부심을 높여주고 능력을 강화시켜주기 위한 거예요. 어떤 이유로든 자신을 정당화하는 수단으로 그것을 사용해서는 안 되죠.

나도 마시의 의견에 전적으로 동의한다. 그리고 달리 선택할 길이 없었기 때문이지만 내면의 소리를 발견하고 따랐던 그녀의 엄마에게 존경을 표한다. 나는 태양신경총을 통해 '내면의 경고'를 듣는다는 사람들을 많이 보았다. 아이에게 낯선 사람과 얘기하지 말라고 말하는 것보다 내면의 경고를 듣는 방법을 가르치는 것이 훨씬 효과적이다. 대부분의 수상한 사람들은 믿음을 얻기 위해 그럴 듯하게 행동하기 때문이다.

그러나 내면의 소리를 따르면 실수하지 않는다. 한 친구의 사례를 들어보자.

내가 열한 살 때의 일이었어. 학교 밴드부였던 나는 항상 늦게 스쿨버스를 타고 집으로 돌아가곤 했지. 그런데 하루는 버스에서 내리는데 정류장 옆에 차가 한 대 서 있는 거야. 차 안에는 한 남자가 앉아 있었어. 그런데 내가 버스에서 내리자 그 남자도 차에서 내리는 게 아니겠니? 나는 순간적으로 수상한 사람임을 감지했어. 내가 집을 향해 걸어가자 역시 그 남자가 뒤를 따라오는 거야. 나는 겁에 질려 그 남자가 한눈을 파는 사이에 얼른 차도로 내려가서 주차되어 있던 차 밑에 숨었어. 그 남자는 내가 숨어 있는 차 앞에 와서 멈추더니 한참 서 있었어. 두리번거리며 나를 찾는 것 같았어. 나는 두근거리는 가슴으로 그 남자의 구두를 바라보고 있었지. 그리고 그 구두가 사라진 후에도 한동안 차 밑에서 나오지 못했어.

자신에게 맞는 것을 아는 방법

아이가 자신의 가치를 알고 신뢰함으로써 자부심을 키우도록 가르치는 가장 좋은 방법은 엄마가 외부의 압력에 굴하지 않고 자신을 지키는 모습을 보여주는 것이다. 나는 앞서 우리 엄마의 이야기를 소개한 바 있다. 물론 이런 엄마 밑에서 자라지 않더라도 자신에 대한 신뢰감을 키울 수 있지만 좀더 힘든 과정을 거쳐야 한다. 엄마의 굽히지 않는 소신은 감정적인 DNA가 되어 딸에게뿐 아니라 대대로 대물림된다.

그러나 나는 전통적인 도덕관에 대항하여 옳고 그름을 주장하는 내면의 힘을 가졌던 엄마에게 긍정적인 유산만 물려받은 것은 아니다. 엄마가 물려준 유산에는 고통과 갈등도 포함되어 있었다. 엄마는 소신과 생각을 믿고 따르는 것만 가르쳤지 내 몸의 느낌에 관심을 기울이는 방법은 가르쳐주지 않았다. 우리 가족들이 신앙처럼 숭배하는 운동이나 스키, 격렬한 활동은 내게 맞지 않았다. 결국 어긋난 내 몸과 마음의 연결 고리는 질병을 불렀다.

가족 하이킹을 떠날 때마다 우리 엄마의 모토는 "가벼운 배낭보다 가능하면 무거운 배낭을 메라."였다. 매 주말 아침을 우리 가족은 스키 리프트 위에서 보냈다. 스키 시즌에는 아무리 날씨가 사나워도 주말마다 스키를 거르는 법이 없었다. 나는 열두 살 때까지도 다른 가족들은 주말에 스키나 하이킹 외에 다른 일들을 하며 지낸다는 사실을 몰랐다.

어린 시절에는 가족을 따라가는 것 이외에 다른 선택의 여지가 없었다. 나를 제외한 온 가족은 모두들 활동적이었으며 운동에 뛰어난 소질이 있었다. 지금 생각하면 그래도 아버지는 따뜻한 날씨와 조용한 휴가를 좋아했던 것 같다. 나는 틈만 나면 벽난로 옆에서 책에 파묻히거나 음악을 듣곤 했다. 물론 나도 스포츠를 좋아하려고 노력했지만 내 몸은 움직이는 걸 별로 좋아하지 않았다. 그러나 날씨가 화창할 때는 예외였다. 이런 나를 가족들은 '햇볕 속의 스키어'라고 놀리곤 했다. 가정에서 따돌림을 당하는 다른 외톨이 아이들과 마찬가지로 나는 내 무능력함이 원망스러웠다.

그러나 시간이 흐르면서 나는 몸의 소리를 무시하고 몸이 원치 않던 운동—이것이 나중에 의사로서 훈련 과정을 거칠 때 도움이 될 줄 누가 알았으랴—에 열중하기 시작했다. 또한 전혀 맞지 않는 운동을 억지로 강요받을 때 느끼는 분노와 슬픔의 감정도 외면했다. 나는 이런 사실을 깨닫지 못했지만 내 몸은 그것을 정확히 알고 있었다. 그리고 나중에 그 대가를 톡톡히 치러야 했다.

비록 지금은 어린 시절의 체력 단련 덕분에 내 등과 의지가 강해진 걸 감사하고 있지만, 아무리 산을 정복하는 일이라도 힘겨운 운동은 내가 원하는 삶이 아니라는 느낌이 점차 고개를 들기 시작했다. 이것은 하나의 과정일 뿐 목표가 될 수는 없었다. 나는 이 문제로 수년 간 고민을 계속했다. 하지만 결국 나는 엄마처럼 활동적인 남자와 결혼하게 되었다. 남편은 캠핑 같은 야외 활동이 천국과 더 가까워지는 방법이라고 믿는 사람이었다. 결혼 초기에는 이런 남편과 보조를 맞추기 위해 최선을 다했다. 어려서부터 해온 일이라 익숙하긴 했지만 진정한 기쁨을 느낄 수는 없었다.

나는 진정 원하는 것이 무엇인지를 깨달았던 순간을 생생하게 기억한다. 사십대 초반이던 어느 날, 두 딸과 남편과 함께 화이트마운틴의 13킬로미터에 달하는 코스를 등반할 때였다. 후덥지근하고 불쾌한 날씨였다. 힘들고 짜증이 났던 케이트와 나는 갈림길이 나타나자 돌아가겠다고 했다. 반면, 큰딸 애니와 남편은 정상이 얼마 남지 않았으니 올라가서 전망을 보고 오자고 했다. 그러나 그 순간 케이트와 나는 둘 다 전망을 보는 것이 좋겠다는 이성의 소리에 유혹당하지 않았다. 이 점에서 케이트는 나보다 앞서 있었다. 강요에 못 이겨 등산을 따라온 게 아니고 자신의 의지로 선택했기 때문이다. 우리는 이런 고통을 앞으로 5킬로미터나 더 견딜 가치가 없다고 판단했다. 나는 과감히 반기를 들고 싶다고 대답했다. 그리고 케이트도 나를 뒤따랐다.

이제 나는 엄마와 웃으면서 힘들었던 지난 시절의 얘기를 나누곤 한다. 엄마는 여전히 등산과 골프, 테니스, 심지어 사냥까지 즐기지만 내면에도 눈을 돌려 필라테스를 좋아하고, 메시지를 들으려고 노력하며, 날이 저물면 아늑한 집으로 돌아오기를 즐긴다. 이런 변화는 사소한 것 같지만 내게는 큰 치유 효과가 있다.

다섯째, 돈 관리 능력

> **| 돈 관리의 기본 개념 |**
> • 돈은 가치를 주고받는 일반적인 수단이다.
> • 돈에 대한 자세는 어린 시절의 경험에 지대한 영향을 받는다.
> • 돈이나 부는 경제 법칙의 지배를 받는다. 즉 무에서 유를 창조할 수 없다.
> • 돈을 관리하는 능력은 모든 사람이 배울 수 있는 기술이다.

돈이나 부에 대한 어린 시절의 가르침은 평생 아이의 건강과 번영을 좌우한다. 이 가르침은 돈이나 부에 대한 부모님의 자세를 통해 배운다. 대부분의 딸들은 직접 혹은 간접적으로 다음과 같은 가르침을 받으며 자란다.

• 돈은 아무리 많아도 부족함을 느낀다.
• 돈은 벌기 힘든 것이다.
• 돈을 버는 가장 좋은 방법은 돈 많은 사람과 결혼하는 것이다.
• 남성이 여성보다 돈을 관리하는 능력이 선천적으로 뛰어나다.

이런 사고방식은 다음과 같은 통계를 뒷받침한다. 여성은 남성보다 40퍼센트나 더 가난하며 나이를 먹을수록 수입의 격차가 커진다. 더구나 독신 엄마는 독신 아빠에 비해 두 배나 빈곤한 것으로 나타났다.[3]

돈에 대한 사고방식은 다른 어느 요소보다 사람들의 삶에 대한 가치관을 잘 드러낸다. 그리고 이런 사고방식을 바꾼다는 것 – 나아가서 행동을 변화시킨다는 것 – 은 아이들이 넘어야 할 가장 높은 산 중 하나일 것이다. 그러나 어른이든 아이든 더 이상 도움이 되지 않는 사고방식은 가능하면 빨리 버리는 것이 유리하다. 돈에 대한 아이들의 가치관은 이성적인 사고가 눈을 뜨기 시작하고 뇌의 학습 능력이 뛰어난 잠재기에 주로 형성된다. 아이들이 친구 사이에 경제적 격차가 있다는 것을 인식하는 시기도 이 즈음이다. 누가 좋은 집과 좋은 옷을 가졌으며, 다른 부모에 비해 우리 부모의 경제적 능력은 어떠하며, 부모들이 돈에 대해 말다툼을 벌인다는 사실도 알게 된다.

돈이란 또한 인류 전체의 두려움인 결핍과 빈곤, 한계를 초래하는 원인이다. 세계 각지에서 빈곤은 질병과 만성적인 건강 악화의 주된 요인이다. 그 이유는 돈이 화재나 불의의 사고 같은 불가피한 재앙으로부터 우리를 보호해주는 안전망을 구축해주는 요소이기 때문이다. 반면, 돈의 결핍은 사람들의 안정감을 위협해서 면역계에 악영향을 미쳐 결과적으로 질병에 걸릴 확률을 높인다. 미국 경제정책연구소가 일정 기간 빈곤층을 대상으로 조사한 바에 따르면, 30퍼센트 이상이 강제 퇴거, 가스나 전기 공급 중단, 얹혀살기, 굶주림 같은 심각한 어려움을 경험한 것으로 나타났다. 또 이보다는 약하지만 돈 때문에 어려움을 겪은 경우는 30~45퍼센트에 이르는 것으로 밝혀졌다.[4]

빈곤에 시달리는 사람들에게 도움의 손길을 베푸는 것도 중요하지만 더 중요한 것은 빈곤하게 된 원인을 파악하고 개선하는 것이다. 우리 삶의 모든 면과 마찬가지로 경제적 건강도 우리의 생각이나 감정, 행동에 지대한 영향을 받는다. 이밖에 정치나 사회정책도 경제적 건강을 좌우하는 중요한 변수로 작용한다. 사회정책이란 여러 사람들의 생각이나 사고방식, 행동을 반영한 결과다. 무기력감과 절망감, 비관적

사고방식은 우울증, 건강 악화, 잘못된 인간관계뿐 아니라 경제적 빈곤을 초래하는 원인이 되는 것이다.

| 가난을 부르는 사고방식 |

- 항상 최악의 경우를 생각한다.(염세주의)
- 모든 청구서를 지불할 충분한 돈이 생기는 건 불가능하다.(운명론)
- 나에게 돈이 풍족한 경우는 없었고 앞으로도 없을 것이다.(운명론)
- 돈 걱정에서 벗어나는 유일한 방법은 로또복권에 당첨되는 것뿐이다.(기적을 바람)
- 부자들은 이기적인 속물이다.(시기심)
- 부자보다 가난한 것이 더 거룩하고 고상한 것이다.(순교 정신)
- 누군가 내게 경제적 도움을 주어야 한다.(권리 주장)
- 돈의 양은 정해져 있어서 누군가가 부자라면 나머지 사람들은 가난할 수밖에 없다.(자기 학대)

우울증이나 염세주의, 가난을 부르는 사고방식은 가난한 사람을 만들며, 긍정적인 사고방식이나 부자가 되려는 사고방식은 부자를 만든다.

가난을 부르는 가르침

다음과 같은 말들은 아이들의 머릿속에 부에 대한 부정적인 생각을 심어준다. "돈은 모든 악의 근본이란다." "부자가 되려면 훌륭하고 좋은 사람이 될 수 없단다." "돈은 쉽게 벌 수 있는 게 아니란다." 이런 말들을 통해 아이들은 최선의 삶을 살고 싶은 자연스러운 욕망이 잘 못되거나 나쁜 것이라는 선입견을 갖는다. 한 친구의 엄마는 쇼윈도 에서 물건을 구경할 때마다 "갖지 못할 물건에는 눈길도 주지 말아 라."라고 말했다는 것이다. 이런 가르침을 받으며 자란 아이들은 무언 가를 갖고 싶은 욕망이 생길 때마다 죄의식을 느낀다. 그러나 그 욕망 은 본능적이거나 인간으로서 갖는 자연스러운 발달 과정일 수도 있 다. 아이가 자꾸 부모가 제공해주지 못하는 것들을 갖고 싶은 욕망에 죄의식을 느끼면 본능적인 욕망이나 열망을 억제하고 자기가 누릴 수 있는 것보다 적은 것에 안주하는 법을 배운다. 자꾸 실망감을 맛보기 보다 적게 원하는 편이 낫다고 생각하는 것이다. 반면, 일부 사람들에 게는 오히려 만족을 모르고 끝없이 곳간을 채우려는 역효과가 나타나 기도 한다.

욕망이나 열망의 억제는 삶의 다른 분야에도 전염된다. 인간관계에 서도 자신의 가치나 권리를 제대로 발휘하지 못하게 되는 것이다.

우리는 아이들에게 경제적 결핍이나 한계에 굴복하도록 가르치는 대신에 부와 번영을 불러오는 사고방식이나 행동 방식을 가르쳐야 한 다. 아이들의 꿈과 열망을 꺾는 대신 경제적 능력을 키워줌으로써 자신 의 삶을 파라다이스로 만들어갈 수 있는 힘을 부여해주어야 한다. 경제 적 능력에는 두 가지 면이 있다. 하나는 부의 법칙과 그 과정을 이해하 는 것이며, 다른 하나는 부의 법칙을 실현하기 위한 실질적인 돈 관리 능력을 배우는 것이다. 그러나 아이에게 이런 기술을 가르치기 전에 먼 저 자신의 경제관을 파악할 필요가 있다.

- 당신의 생각이나 행동 중에 우울증이나 비관론, 결핍을 초래하는 사고방식들은 얼마나 되는가? 그리고 그것들은 어떤 형태로 나타나는가?
- 당신은 자신이 번영과 건강과 부와 행복을 누릴 가능성이 있다고 생각하는가?
- 당신은 돈이 풍부한 것보다 궁핍한 것이 더 고상하다고 생각하는가?
- 당신은 돈 관리에 대한 기본적인 법칙을 아는가?
- 당신은 자신의 재산을 확실히 파악하고 있는가?
- 당신은 미래에 대한 경제 계획을 갖고 있는가?
- 당신은 부자가 되고 싶은 욕망이 있는가?

나의 경제적 유산

우리가 돈과 맺는 관계는 각자의 삶에 따라 여러 형태를 띤다. 어떤 여성들은 평생 가족이나 배우자로부터 충분한 경제적 후원을 받으며 돈이 어떻게 생기는지도 모른 채 살아간다. 반면, 고등학교 때부터 스스로 벌어서 살아야 하는 여성들도 있다. 그러나 과거의 삶이 현재에 미치는 영향을 이해한다면 돈에 대해 어떤 유산을 물려받았든 별로 중요한 게 아니다. 과거의 문제점을 파악하면 잘못된 사고방식이나 행동을 고칠 수 있기 때문이다. 그 본보기로 내 경우를 소개한다.

나는 비교적 풍족한 어린 시절을 보냈다. 우리 형제들은 1주일에 한 번씩 가게에 가서 마음대로 사탕이나 껌을 살 수 있었다. 그리고 우리 부모님들은 옷을 비롯해서 필요한 것들을 충분히 공급해주셨다. 우리는 가끔 옷을 물려 입기도 했지만 크게 개의치 않았다. 나는 부모님들이 돈 문제로 다투거나 불평하는 소리를 들은 기억이 거의 없다. 1950년대와 1960년대에 걸쳐 학생이었던 나는 돈에 대해 관심이 없었고 나와 상관없는 일로 여겼다. 우리 아버지는 마을에서 성공한 치과 의사였고 할아버지의 병원을 물려받았다. 우리는 필요한 건 무엇이든 가질 수 있었다.

반면, 경제 대공황 기간에 성장한 우리 엄마는 어려서부터 무료 배급을 받기 위해 줄을 서야 했다. 엄마는 〈씨비스킷〉이란 영화를 볼 때마다 그 시절의 고통이 되살아난다고 말씀하셨다. 불우한 성장기를 보냈던 엄마는 아버지를 만나 결혼해서 신데렐라가 되었다. 당시 서른여섯 살이었던 아버지는 이미 할아버지의 병원을 이어받은 성공한 치과 의사였기 때문이다.

우리 아버지의 생활 철학은 최대한 즐기자는 주의였다. 아버지 말에 따르면 할아버지는 매우 구두쇠여서 아내가 그렇게 원하던 여행을 한 번도 가지 않았다는 것이다. 아버지는 가엾은 엄마를 보면서 자기는 절대로 돈에 인색하지 않으리라 결심했다고 한다. 어느 해 여름, 우리 가족은 위니바고라는 캠핑카를 빌려 미국 서부를 두루 여행한 적이 있다. 거의 6주 동안이나 여행을 즐겼는데 이 말은 그동안 아버지가 환자를 진료하지 않았기 때문에 수입이 없었다는 뜻이다. 나는 부모님들이 어떻게 그 공백을 메웠는지 궁금하다.

내가 기억하는 것은 매년 세금 신고 기간이 되어 회계사가 집으로 올 때마다 팽팽한 긴장감이 맴돌았다는 것이다. 우리 형제들은 방 안에 틀어박혀 있어야 했다. 때로 부모님은 세금을 내기 위해 돈을 빌리기도 했으며, 엄마는 그때마다 한숨을 쉬곤 했다. 그러나 치과 의사라는 직업을 좋아했던 아버지는 열심히 일하면 돈은 항상 벌 수 있다고 생각하셨다. 아버지는 병원 수입 이외에 다른 방법으로 돈을 번다는 것은 생각조차 하지 않았다. 그러나 다행히도 어려서부터 이재에 밝았던 오빠가 이십대 초반부터 건축을 하면서 땅에 투자하기 시작했다.

활기가 넘치고 자상하던 아버지는 예순여덟 살에 갑자기 뇌동맥류로 세상을 떠나셨다. 아버지는 엄마에게 생명보험이나 어떤 수입도 남겨놓지 않았다. 엄마는 당시 쉰두 살로 인생의 절정기를 맞이하고 있었다. 오빠의 경제적 도움을 받지 못하면 엄마는 농장을 팔 수밖에 없었다. 그러나 오빠의 선견지명과 수완 덕분에 엄마는 농장을 팔지 않고도 꾸려갈 수 있게 되었다. 그 결과, 엄마는 물론 우리 아이들을 비롯한 모든 가족들은 어려서 자랐던 집을 지금까지 즐길 수 있게 되었다. 그 곳은 우리들 모두의 마음의 고향이다.

딸들에게 긍정적인 경제관을 심어주다

내가 몸과 마음의 연결 고리뿐 아니라 생각과 행동의 연결 고리에 대해서 관심을 갖기 시작한 것은 열두 살 즈음부터였다. 그 후 나는 성공철학의 대가 나폴레온 힐Napoleon Hill의 저명한 저서 〈생각하는 대로 이루어진다(Think and Grow Rich)〉라는 책을 읽으면서 "생각의 질은 행동의 질을 결정한다."라는 말에 매료되었다. 어른이 되어 사회에 진출한 후 나는 삶이나 일에서 이 말이 사실임을 확실히 경험했다. 따라서 우리 딸들에게도 세상은 좁은 울타리가 아닌 무한한 가능성의 세계임을 가르쳐주고 싶었다. 아이들이 이 말을 세포 하나하나에 새겨 부정적이거나 제한된 생각이 아니라 열린 사고방식으로 무한한 가능성의 세계를 받아들이게 만들고 싶었다.

우리 부모님들이 그랬던 것처럼 나도 주어진 물건을 싸구려라고 불평하지 않았으며 풍성함을 누리기에 부족함이 없는 언어를 사용하려고 노력했다. 또한 세상의 모든 엄마들처럼 나도 아이들에게 즐거운 크리스마스나 생일을 선사해주려고 온갖 정성을 다해 준비하곤 했다. 비행기를 타서 1등석을 지나칠 때마다 우리 딸들이 왜 우리는 넓은 좌석에 앉지 못하느냐고 물을 때마다 나는 "지금은 어려서 힘들겠지만 언젠가는 너희들도 1등석을 탈 날이 반드시 올 거야."라고 말해주었다. 1등석에 앉고 싶은 건 나도 마찬가지였다. 나는 그 마음을 존중했다. 지금은 그럴 형편이 못 되지만 언젠가는 그런 날이 올 거라고 믿었다.

문제는 내가 잘 살고 싶은 마음만 앞섰지 그에 따른 구체적인 재정 관리 능력이 부족했다는 것이다. 많은 여성들처럼 나도 우리 가정의 주된 경제권을 남편에게 떠맡기고 살았다. 나는 집안 살림이나 청구서 납부 등을 처리하긴 했지만 본격적인 재테크는 너무 복잡해서 벅찬 일로 여겼다. 잘 살고 싶은 욕망은 마음이나 감정에 그쳤고 실제로 행동이 뒤따르지 않았다. 나는 남편이 내 돈을 대신 관리해주는 게 고맙고 만족스러웠다.

그러나 이혼을 하자 상황이 달라졌다. 나는 어린 시절의 잠재기로 돌아가 그동안 건너뛰었던 발달 단계를 처음부터 다시 거쳐야 했다. 그것은 막연히 마음만 가지고 되는 일은 아니었다. 매일매일 실제 상황을 처리해야 하는 일이었다. 나는 물러설 수 없는 벼랑 끝에 서 있었다. 어쩔 수 없이 나는 우선 저명한 자산 관리사인 수즈 오만Suze Oman의 〈재정 독립을 위한 9가지 단계(The Nine Steps to Financial Freedom)〉와 〈부자가 되기 위한 용기(The Courage to be Rich)〉라는 두 권의 저서를 읽었다. 그런 다음 데이비드 바크David Bach의 〈똑똑한 여성이 부자가 된다(Smart Woman Finish Rich)〉라는 책을 통해 경제 지식을 넓혀갔다. 나는 투자 전문가를 고용해서 재산 관리를 맡기는 한편 나 자신도 돈을 관리하는 능력을 키우는 데 주력했다.

그 후 나는 로버트 키요사키Robert Kiyosaki와 샤론 레흐터Sharon Lechter의 저서 〈부자 아빠 가난한 아빠(Rich Dad, Poor Dad)〉라는 책을 접하게 되었다. 이 책을 통해 나는 부자들은 가난한 사람이나 중산층과 사고방식이 단순히 다른 게 아니라 완전히 반대라는 사실을 알게 되었다. 그들의 이론에 매료된 나는 기요사키의 '캐쉬 플로'라는 보드게임을 구입해서 친구나 딸들과 게임을 즐겼다. 이 게임의 목표는 월급날만 기다리는 쳇바퀴 삶에서 벗어나 출세 가도를 달리는 것이다. 월급 대신 부동산이나 투자를 통해 잉여 재산을 창출하는 것이다. 이 게임을 통해 참가자들은 여러 형태의 수입이 갖는 차이점을 배우는 동시에 게임을 시작할 때 자본이 얼마였는지는 크게 중요하지 않다는 사실을 깨닫는다. 오히려 식당 종업원이나 트럭 운전사는 의사나 비행기 조종사보다 한 달 지출 규모가 작기 때문에 쳇바퀴에서 좀더 빨리 벗어날 수 있다.

나는 '캐쉬 플로' 게임을 몇 달 즐긴 후에 돈이나 비즈니스에 대한 사고방식을 획기적으로 바꿀 수 있었다. 더불어 행동도 변했다. 나는 수입의 10퍼센트를 십일조로 바쳤으며 생애 처음으로 투자 계좌를 개설했다. 그 후 나는 지식과 기술을 점차 보강해가기 시작했다. 여기에는 내 사고방식, 언어, 행동의 변화를 통해 부를 창조할 수 있다는 다짐도 포함되어 있다.

| 지나친 풍요로움의 위험성 |

아이들에게 돈 관리 능력을 심어준다는 것은 원하는 것을 모두 사준 다는 의미가 아니다. 인터넷이나 TV, 학교 등 십대 아이들을 상대로 한 마케팅 규모는 1,750억 달러에 이른다는 통계가 나와 있다.[5] 또한 미국 아이들은 평균적으로 매년 4만 번 이상의 상업 광고를 접하는 것 으로 밝혀졌다. 이 숫자는 학교 안의 패스트푸드 레스토랑에 게재된 광고들, 영화나 TV 속의 소품들, 학교나 아마추어 혹은 프로 경기장 의 스폰서 광고들을 배제한 것이다. 또한 유치원 아이들은 1년에 5천 시간 이상을 TV 앞에서 보내는데 이것은 심지어 독신자들보다 많은 시간이다.[6]

아이들에게 너무 일찍, 너무 많은 것을 제공하며 수위를 조절하지 않고 지나치게 베푸는 것은 신체적·정신적 건강에 해롭다. 소아정 신과 의사이자 〈좋은 것을 너무 많이(Too Much of a Good Thing)〉의 저자인 댄 킨드론Dan Kindlon과 소비 전문가이자 〈타고난 소비 욕구 (Born to Buy)〉의 저자인 줄리엣 셔어Juliet Schor가 공동 연구한 바에 따르면, 갖고 싶은 모든 것을 손에 넣으면서 자란 아이는 지나친 자 만심에 빠지기 쉽고, 만족감을 기다릴 줄 모르며, 다른 사람의 관심 을 한 몸에 받고 싶어하고, 책임감이 부족한 경향이 있다고 한다.

또한 셔어는 이런 아이들은 우울증이나 불안감, 자부심 부족을 비 롯해서 두통이나 위통 같은 심리적 증상을 호소하는 경우가 많다는 사실을 밝혀냈다. 이들은 불편함을 극복하는 능력이 부족하기 때문 에 약물이나 알코올에 빠질 가능성이 높다는 것이다. 이것은 충분히 수긍이 가는 얘기다. 아이들을 목표로 한 상업 광고들도 한몫 거들고 있다. 물건을 사면 행복해질 수 있다는 그릇된 메시지로 아이들을 부추기기 때문이다. 이런 아이들은 어려움을 해결하는 기술을 배우지 못했기 때문에 어른이 되었을 때 우울증이나 불안 증세로 고통받을 가능성이 많다. 그들은 직장에서도 자기의 욕구가 거절되면 참지 못하기 때문에 실패할 가능성이 크고 그 탓으로 우울증이 더욱 심해지게 된다.

다음은 모든 엄마가 명심해야 할 점들이다.

- 아이가 요구 사항을 거절당했을 때 실망감이나 슬픔을 극복하도록 훈련시켜라.
- 만족감을 기다리거나 실망감을 극복하는 것은 세균의 침입에 대항해서 면역계를 강화시키는 것처럼 정신을 강화시키는 것임을 이해시켜라. 고통을 극복하는 것은 정신력을 강하게 만들고 인격을 고양시키는 것임을 가르쳐라.
- 유머로 가르쳐라. 사주지 못할 것을 아이가 계속 조른다고 야단치지 말고 유머를 잃지 말라. "그래, 좋아. 끈기가 대단하구나. 하지만 엄마 마음은 결코 바뀌지 않는단다."

돈이나 물건 자체가 문제가 되는 것은 아니다. 문제는 한계와 범위를 정하지 못하고 지나치게 방임하는 것이다. 이것은 사회 · 경제적 자질을 갖추는 데 장애가 된다. 나도 이런 사실을 늦게 깨닫긴 했지만 늦게라도 배운 게 다행이라고 생각한다. 우리 딸들이 어렸을 때 나는 아이들의 사랑을 물건으로 얻으려는 내 자신에 대해 죄책감을 느끼곤 했다. 아이들이 십대가 되자 나는 매달 쓸 수 있는 돈의 한계를 정했다. 아이들은 원하는 대로 돈을 쓸 수는 있었지만 정해진 액수를 다 쓰면 더 이상 쓸 수가 없었다. 나는 아이들이 얼마나 빨리 절약하는 기술을 습득하는지에 놀랐다. 갑자기 구두를 여러 켤레나 살 필요가 없다고 생각이 바뀐 것이다.

돈은 있고 없음이 투명하게 드러난다

나는 돈 관리에 유능하진 않지만 재정 상태는 결코 숨길 수 없고 투명하게 드러난다는 사실을 발견했다. 나는 여성들에게 건강을 위해 내면의 소리에 귀를 기울이라고 가르쳤던 것처럼 돈에 대해서도 내면의 소리를 믿는 것이 중요하다는 사실을 깨달았다. 돈 관리나 건강관리나 기본 원리는 마찬가지인 것이다.

내가 〈투데이 쇼〉에 출연하기 위해 대기실에서 수즈 오만을 만났을 때 그녀는 건강의 악화는 돈에서 먼저 나타난다고 말했다. 빚이 늘거나 돈 회전이 안 되는 현상이 나타나면 뒤이어 건강이 악화된다는 것이다. 그 이유는 우리의 재정 상태는 광범위한 '몸의 일부'이기 때문이다. 따라서 우리의 건강 상태를 정확하게 반영한다. 또한 수즈는 건강의 악화를 숨기는 것보다 돈의 악화를 숨기는 것이 더 힘들다고 말했다. 돈은 있고 없음이 투명하게 드러나기 때문이다. 있으면 있는 거고 없으면 없는 거다. 없는데 있는 것처럼 가장할 수 없다. 반면, 신체는 자연치유력이 있으며 그런 방향으로 작용한다. 따라서 '경제적 몸'의 문제점보다 '신체적 몸'의 문제점이 드러나는 시간이 더 오래 걸린다. 나는 이 원리를 수없이 자주 목격했다.

돈 관리를 혼자 도맡을 필요는 없다

키요사키와 레흐터는 부자가 되기 위해서는 전문적인 관리팀을 만들 필요가 있다고 지적했다. 이를 위해서는 우선 돈 관리나 경제 전문가들에 대한 두려움을 떨쳐버려야 한다.

내가 제일 먼저 한 일은 우리 재정에 대해 주로 남편하고만 대화를 나누던 전문가를 해고한 것이었다. 수즈 오만은 커플 중 한 사람이 흥미를 보이지 않더라도 한 사람하고만 상담하는 것은 거절한다. 그녀는 돈에 대한 결정을 내릴 때는 커플이 같이 참가해서 한 팀이 되어야 한다고 주장했다. 나도 그녀의 주장에 전적으로 동감한다.

나는 새로운 돈 관리 팀을 구성하기 위해 인터뷰하는 동안 투자 전문가나 변호사, 회계사들도 우리와 같은 인간이며 나를 비판하거나 무시하기 위해서 고용하는 게 아니라 나를 위해 일하도록 고용하는 것이라는 사실을 깨닫게 되었다.

처음에 나는 마치 최고의 충고를 누릴 가치가 없는 보잘 것 없는 소녀 같은 기분이 들었다. 그리고 전문가들의 관심을 끌 만큼 충분한 돈을 갖고 있지 않다고 생각했다. 그러나 그런 자세는 빠르게 바뀌었다. 나는 투자 전문가가 오만한 태도로 사무실에 찾아와서 심문하듯 질문을 던지던 순간을 잊을 수가 없다. 내 수입이 일정하지 않았기 때문에 그는 그동안 어떻게 빚을 지지 않고 살 수 있었는지 의아해했다. 물론 내 재정 상태가 나쁜 것은 아니었다. 그러나 다른 여성들과 마찬가지로 나도 현실적인 비즈니스를 처리할 때 직관에 의존하는 경우가 많았다. 나는 그가 단지 이 사실을 이해하지 못하는 것이라고 생각했다. 그는 화성에서 온 남자이고 나는 금성에서 온 여자라는 사실을. 그러나 지출과 자금 관리에 대한 그의 질문에 명확하게 대답하지 못하는 내 자신이 두 살배기 어린아이처럼 한없이 무능하게 느껴졌다. 나는 두 번 다시 그런 기분을 맛보고 싶지 않았다.

그래서 나는 그의 회사에 적립하던 연금을 해지하고 재정적 건강을 더 확실히 보장하는 견고한 보호막을 만들기 시작했다. 유능한 회계사와 투자 전문가, 경리 사원을 고용해서 새로운 예산을 세웠다. 또한 나는 아버지의 돈 관리 경향을 무의식적으로 답습하고 있다는 사실을 깨달았다. 나도 아버지처럼 내 일을 좋아하기 때문에 필요하면 언제든지 열심히 일해서 돈을 벌 수 있다고 생각했다. 그러나 중년에 접어들면서 나는 몇 시간 더 일해서 몇 푼 더 버는 것으로 내 노후가 보장될 수 없다는 사실을 깨달았다. 나는 일찍 은퇴할 생각은 없었지만 나이를 먹으면 일하는 시간을 줄이고 싶었다. 따라서 여분의 수입을 얻기 위해서는 견고한 재정 계획이 필요했다.

나의 돈 관리 능력을 신뢰하다

나는 심기일전했다. 앞으로 두 번 다시 투자 전문가가 나를 함부로 취급하도록 허락하지 않으리라. 또한 두 번 다시 나보다 내 돈에 대해 더 잘 알고 있다고 생각하거나 내가 비즈니스를 처리하는 방법이나 돈을 사용하는 방법에 대해 비판하도록 만들지 않으리라.

나는 내 돈은 내가 관리하는 것이 가장 효과적이며 지구상에 나보다 내 돈을 더 잘 관리할 수 있는 사람은 없다는 사실을 깨달았다. 그리고 특히 여성들이 돈 관리를 다른 사람에게 일임하는 것은 매우 위험하다는 사실도 깨달았다. 그 사람이 아무리 친절하고 능력이 있다고 해도 마찬가지다. 또한 주변에 정말 재테크에 뛰어난 사람이 있더라도 당신과 모든 정보를 교환하고 의논해서 함께 결정하는 것이 중요하다. 당신은 돈이 어떻게 관리되는지 처음부터 끝까지 알 권리가 있다.

공교롭게도 내가 배우자의 경제적 지원을 잃은 나이는 우리 엄마가 아버지를 잃었던 나이와 같았다. 나는 이혼을 했고 엄마는 사별을 했다는 사실만 다를 뿐이었다. 우리 외할머니는 엄마가 고등학생이었을 때 이혼했다. 따라서 외할머니 루스는 엄마와 이모들을 키우기 위해 밤에 식당 종업원으로 일해야 했다. 우리 엄마가 아버지와 결혼한 것은 엄마 자신은 물론 외할머니와 이모들에게도 큰 도움이 되었다. 외할머니는 엄마 집 가까이로 이사를 와서 비교적 안락한 노후를 보냈다. 그러나 우리 엄마와 달리 나는 이혼 전에도 20년 동안이나 의사로 일했기 때문에 경제적으로 한결 여유가 있었다. 나는 이렇게 우리 모계의 경제적 유산을 한 단계 진보시켜 딸들의 재정적 건강을 향상시킬 수 있었다.

| 일곱 살짜리 아이도 스스로 돈을 관리할 수 있다 |

얼마 전 우리 동네 신문에는 작가이자 금융교육협회 전무이사인 레슬리 린필드Leslie Linfield가 일곱 살짜리 아들에게 돈 관리 능력을 키워주기 위해 캠프에 보냈던 일화가 실렸다. 캠프 팸플릿에는 캠프 참가자들은 하루에 최소한 3~5달러가 필요하다고 적혀 있었다. 그녀는 아들을 앉혀놓고 닷새 동안 캠프에 참가하는 비용으로 20달러를 줄 테니 남는 돈은 모두 가져도 좋다고 말했다. 단, 한 가지 조건은 반드시 현금 출납부를 쓰는 것이었다.

캠프가 끝난 후 그녀는 이렇게 기록했다. "햇볕에 그을리고 벌레

물린 자국투성이인 아이가 버스에서 내리는 모습을 본 순간, 나는 선크림이나 모기약 바르는 걸 잊은 것처럼 현금출납부 쓰는 것도 잊었겠구나 생각했다. 그런데 아들은 차에서 내리자마자 '엄마, 현금 출납부를 꼬박꼬박 썼어요. 덕분에 돈이 5달러 이상 남았고요.' 라고 말했다. 그 말을 듣는 순간 내 기분이 어땠겠는가." 엄마와 아들은 머리를 맞대고 현금 출납부를 읽어 내려갔다. 세세한 지출 목록 안에는 물병을 구입한 8달러도 포함되어 있었다. 물병을 사면 캠핑 기간 내내 소다수를 공짜로 먹는 조건이 포함되어 있었기 때문이었다. 아들은 새로 발견한 자신의 돈 관리 능력이 자랑스러웠을 것이다. 린필드는 이렇게 결론을 내렸다. "일곱 살짜리 아이도 정해진 예산에 맞춰 지출을 억제하고 유리한 구매 조건을 이용하는 능력을 발휘했다. 이것은 돈 관리의 기본적인 원리다. 아이들은 우리가 가르치기만 한다면 생각보다 일찍 돈을 관리하는 기술을 배울 수 있다."[7] 나도 전적으로 동감한다.

잠재기 아이들을 위한 돈 관리 프로그램

아이에게 저축, 지출, 나눔에 대한 개념을 심어주라 아이가 일곱 살 정도 되면 추상적인 개념을 이해하기 때문에 돈에 대해 배울 준비가 되어 있다. 아이를 은행에 데려가서 자기 이름으로 된 통장을 만들어주라. 이런 방법을 통해 아이는 어려서부터 금융 기관에 익숙해진다. 막내딸 케이트는 엄마 손을 잡고 은행에 가서 생애 처음으로 통장을 만들던 날을 잊을 수 없다고 말했다. 케이트는 또한 현금카드도 함께 만들어 언제든지 돈을 입금하거나 찾을 수 있었다. 우리는 정기적으로 은행에 가서 절약한 용돈이나 생일날 혹은 크리스마스에 받은 돈을 저금하곤 했다. 케이트는 자라면서 아기 돌보는 일을 해서 모은 돈도 부지런히 저금했다. 또는 선물이나 특별한 물건을 사기 위해 돈을 인출하기도 했다. 지금 대학교 졸업반인 케이트는 현금 지급기를 사용해본 적이 없는 친구들이 있다는 사실에 충격을 받았다.

아이에게 돈 관리의 기본 원리를 가르쳐라 다른 모든 일과 마찬가지로 돈 관리도 말보다는 직접 실천을 통해 배우는 것이 효과적이다. 긍정적인 현금 흐름, 즉 나가는 돈보다 들어오는 돈이 많은 것이 부유해질 수 있는 첫 걸음이다. 이를 위해서 아이들은 돈이 어디서 오고 어디로 나가는지를 배워야 한다. 여기에는 현명한 지출과 저축 기술이 포함된다. 이런 기술은 산수를 배우는 데도 도움이 될 것이다.

아이들에게는 가능하면 모든 수입(용돈을 포함해서)의 1/10을 저축하거나 투자하는 훈련도 필요하다. 만일 투자했다면 이 돈은 아이에게 유익하게 작용하기 시작하는 것이다. 그 효과를 알게 되면 아이들은 매우 흥분하며 기뻐할 것이다. 지출과 대비되는 저축과 투자의 기쁨에 눈뜨게 되는 것이다. 저축과 지출은 모두 필요하지만 적당한 균형을 유지하는 것이 중요하다. 만일 아이가 일찍부터 투자의 원리에 대해 배운다면 긍정적인 현금 흐름의 유익함도 깨우치게 될 것이다. 따라서 한 카드로 다른 카드를 막으면서 살아가는 쳇바퀴 삶으로 인생을 낭비하지 않게 될 것이다.

돈 관리에 대해 가장 효과적으로 설명한 책은 로버트 키요사키와 그의 동료인 샤론 레흐터의 저서인 〈아이들을 위한 효과적인 돈 관리법 (Cash Flow of Kids)〉이다. 그들은 책과 더불어 선생님들에게 무상으로 제공하는 컴퓨터 디스켓과 보드 게임도 발간했다. 나는 신용카드나 융자, 은행, 투자 등에 대해서는 초등학교 때부터 배워야 하며 초등학교부터 고등학교까지 이를 교육하는 강의 시간이 필요하다고 생각한다. 이를 통해 아이들은 부유한 미래를 창조할 기술을 배울 수 있다.(부록 참조)

아이에게 부의 법칙을 가르치고 몸소 실천하라 돈을 관리하는 원리는 몸과 마음의 건강을 관리하는 원리와 비슷하다. 누군가의 재정 상태는 그 사람의 생각이나 감정과 밀접하게 연결되어 있다. 따라서 일단 이들 원리를 깨우치게 되면 경제적 건강과 몸의 건강이라는 두 마리의 토끼를 동시에 잡을 수 있다.

나는 〈성서 속의 백만장자(The Millionaires of Genesis)〉의 저자이자 목사인 캐서린 폰더Catherine Ponder의 책을 통해 매일 유익한 정보를 얻는다. 그녀의 저서는 이밖에도 〈놀라운 돈의 법칙(The Dynamic Laws of Prosperity)〉과 〈연령에 따른 돈 관리법(The prosperity Secrets of the Ages)〉 등이 있다. 또한 서른 살에 파산을 겪고 건강이 악화된 상태에서 부의 법칙을 잘 활용해서 억만장자가 된 랜디 게이지Randy Gage를 통해서도 많은 지식을 배운다. 그의 저서 〈부자가 되는 101가지 비결(101 Keys to Prosperity)〉과 〈당신의 풍요를 마음껏 누려라(Accept your Abundance)〉는 부의 법칙을 잘 요약한 책이다. 이밖에도 세계적인 경제학자인 폴 제인 필저Paul Zane Pilzer의 〈무한한 부의 세계(Unlimited Wealth)〉도 경제에 접근하는 새로운 시각을 제시한다. 이 중에서 몇 가지 중요한 원리들을 소개한다.

순환의 법칙 신체적 건강이든 경제적 건강이든 모든 건강에는 원활한 순환이 반드시 필요하다. 아이에게 모든 물질은 에너지가 형상화된 것임을 가르쳐라. 이 말은 우리가 간절히 원하고 필요로 할 때만 사용하고 즐길 수 있다는 뜻이다. 따라서 당신이 진심으로 사랑하는 것들만 남기고 떠나보내라. 더 이상 사랑하지 않는 것들은 필요한 다른 사람에게 보내라.

필요한 것 이상으로 많은 것을 쌓아놓거나 움켜쥐고 있으면 침체와 밀집으로 흐름이 막혀 결국 병이 든다. 지하실, 차고, 옷장, 다락방 등에 사용하지 않는 물건이 차고 넘치는 사람들은 변비로 고생하는 경우가 많다. 돈도 마찬가지다. 더 이상 원하지 않거나 필요하지 않은 돈을 포기해서 순환을 원활하게 만들면 몸이나 환경의 순환도 한결 원활해진다. 정기적으로 옷장이나 창고를 정리해서 불필요한 물건들을 버려라. 그리고 아이에게도 버리는 기술을 가르쳐라. 아이가 물건에 집착하는 성격이면 포기하고 버리는 것의 유익함을 알아듣게 설명하라.

나눔의 법칙 성경은 우리에게 "선행을 베풀라."고 가르친다. 나는 이 말이 보상을 바라면서 투자하라는 뜻이 아니라고 생각한다. 이 말은 우주의 풍성함을 신뢰하라는 뜻이다. 우리는 종종 무언가를 버리면 다른 것이 그 자리를 채우는 것을 많이 경험한다. 돈도 마찬가지다. 선행을 베풀라는 말은 조건 없이 무언가를 베풀면 보상을 받는다는 것과 같은 뜻이다. 조건 없이 베푸는 것은 부를 창조하는 한 방법이다.

나는 경제적으로 힘들 때면 오히려 돈을 선물하라는 가르침을 받았다. 물론 쉽지 않은 일이지만 그것은 항상 흐름을 원활하게 만드는 촉매제가 되었다.

끌어당김의 법칙 끌어당김의 법칙은 우주의 에너지와 물질의 흐름을 관리하는 가장 중요한 원리다. 모든 만물은 좋은 것은 좋은 것을 끌어당기는 유유상종의 법칙에 따라 움직인다. 끌어당김의 법칙에 따라 일정한 생각은 그와 비슷한 일정한 물질적 현상을 일으킨다. 모든 생각은 독특한 파장이 있어서 사람의 몸이나 환경에 파장을 전달한다. 사랑, 행복, 부유함 같은 생각은 그에 상응하는 물질적 현상을 일으킨다. 동시에 두려움, 빈곤, 질병 같은 생각도 그에 상응하는 현상을 부른다. 당신이 번영을 부르는 긍정적인 생각을 한다면 그것이 실현될 기회나 환경을 끌어당기게 될 것이다.

여섯째, 재능 계발

잠재기는 딸들이 자신의 재능을 가장 잘 드러낼 수 있는 시기다. 여자답게 굴어야 한다는 가족이나 사회의 압력, 또는 남자 아이들의 관심을 끌려는 경쟁에서 아직 자유롭기 때문이다. 이 시기에 아이가 특별히 관심을 보이는 분야는 선천적으로 타고난 재능이 빛을 발할 수 있는 분야인 경우가 많다.

우리 아버지는 사람이 건강하고 행복해지기 위해서는 누구나 자신이 빛을 발할 수 있는 분야를 가져야 한다고 말씀하시곤 했다. 우리 부모님은 자식들이 원하는 일은 무엇이든 적극적으로 후원한다는 철학이 있었다. 단, 우리가 목표를 위해 열심히 노력한다는 조건이 뒤따랐다. 이 말은 만일 부모님이 피아노를 배우게 해주셨다면 우리는 반드시 열심히 노력해서 진전을 보여야 한다는 뜻이다. 나는 피아노와 하프를 좋아했으며 공부에도 열심이었다. 우리 형제 중에서 이 분야에 재능을 가진 사람은 나뿐이었다. 당시 내 성적과 피아노 솜씨는 미국 스키 대표

선수로 활약하던 동생 페니의 스키 솜씨에는 견줄 바가 못 되었다. 그러나 시간이 흐르면서 점차 내 재능도 빛을 발하기 시작했다. 단지 빛을 발하기까지 시간이 좀 걸렸던 것뿐이다. 나는 모든 부모에게 당부한다. 아이들이 좋아하는 일을 적극적으로 후원해주되 성과가 빨리 나타나지 않더라도 인내심을 가지고 기다려주라.

우리 큰딸 애니는 초등학교 때부터 작문과 언어는 물론 연기와 노래에 소질이 있었다. 애니는 중학교에 가면서 성악 레슨을 받았으며 여름방학에는 셰익스피어 워크숍에 참가했다. 대학에서는 영문학을 전공했지만 최근에는 글쓰기와 연기, 성악이 결합된 일을 추구하고 있다.

작은딸 케이트는 걸음마를 시작할 때부터 댄서였다. 그때부터 케이트는 분홍색 발레복을 입고 살았으며 나중에는 옷이 닳아 구멍이 날 정도였다. 두 딸은 집에 손님이 오면 춤을 추면서 주위를 맴돌곤 했다. 케이트는 부동산과 경제에 관심이 많았지만 대학에서는 댄스 동아리에 두 군데나 가입했으며 친구들과 자주 춤을 추러가곤 했다. 그러나 친정식구들과는 달리 두 딸 중 어느 한 사람도 경쟁적인 스포츠에는 전혀 관심이 없었다.

만일 아이들이 인간관계 등 어떤 분야에 문제가 있다면 엄마가 도울 수 있는 가장 좋은 방법은 재능을 발휘하도록 지원하는 것이다. 그 방면에서 진정한 친구를 만날 가능성이 크기 때문이다. 인기가 많거나 옷을 잘 입는 친구와 사귀는 것보다 같은 관심과 목표를 향해 함께 노력하는 친구를 만나는 것이 더 유익하지 않겠는가. 한 친구는 초등학교 시절 별로 인기가 없는 외톨이였다. 그러나 춤추기를 좋아했던 그녀는 댄스반에서 절친한 친구들을 사귀었고 그 우정은 사춘기까지 지속되었다. 재능을 키우면서 같은 취미를 가진 동아리를 만든 것이다.

그러나 엄마는 아이들의 재능을 키우는 것에 그치지 말고 다른 사람의 재능을 인정하는 자세도 가르쳐야 한다. 다른 사람의 재능을 인정하는 것은 건강하고 행복한 삶을 창조하는 가장 확실한 방법이다. 인정은 곧 사랑을 뜻한다. 사랑의 감정은 심장 박동의 균형을 유지해주기 때문에 건강을 증진시키는 효과가 있다.[8] 아이들을 경기장이나 연주회, 연극 등에 자주 데려가서 다른 사람의 재능을 보고 인정할 기회를 제공하라. 감동을 자주 느끼는 것은 건강에 매우 유익하다.

일곱째, 긍정적인 자기 이미지

아이들은 학교에 들어갈 나이가 되면 자기가 되고 싶은 이상형에 대한 개념이 생기기 시작한다. 이것은 전전두엽이 발달하면서 가능해진 매우 중요한 성장 단계다. 아이들이 바라는 '이상형'은 자기가 존경하거나 우러러보는 인물이 모델인 경우가 많다. 대개의 경우 부모인데, 그 대상이 엄마인지 아빠인지는 아이의 모습이나 성격, 태도가 어느 쪽을 많이 닮았는지를 보면 알 수 있다. 또한 아이 삶에 중요한 영향을 미친 제3의 인물이 될 수도 있다. 딸이 자신에 대해 얼마나 자부심을 갖는지는 자기가 이상형으로 생각하는 인물과 얼마나 닮을 수 있느냐에 크게 좌우된다.

엄마의 행동은 딸이 어떤 여성으로서 어떻게 살아가느냐의 본보기가 된다. 따라서 엄마는 딸에게 자부심을 가지고 자신을 소중하게 여기며 살아가는 모습을 보여주는 것이 중요하다. 또한 남성과 여성 모두와 동등하고 건전한 인간관계를 맺는 모습을 보여줘야 한다. 딸은 자신에게 긍정적이며 건전한 모습으로 살아가는 엄마의 모습을 이상형으로 여기고 닮아갈 것이다. 어린 시절에 이런 모습을 보며 자라지 못한 여성들은 이런 경험에 익숙해서 쉽게 인간관계를 맺는 여성들을 보면 의아하게 생각한다. 험악한 환경에서 자랐지만 지혜로운 여성으로 성장한 한 친구는 이렇게 말했다. "다른 사람이 자연스럽게 하는 일을 우리 같은 사람은 힘들게 노력해서 얻어야 하는 거야."

반면, 남편이나 남성들에게 지나치게 순종적이며 자기주장이 약한 엄마 밑에서 자란 딸들은 적절한 자기표현 기술을 배우는 대신에 순종에 익숙해진다. 따라서 인간관계에서 자꾸 자부심에 상처를 입게 된다. 이런 여성들은 엄마와 마찬가지로 지나치게 군림하는 파트너를 만나거나 정반대로 자신이 파트너 위에 군림하려고 든다. 어느 쪽이든 남성과 서로 주고받는 정상적인 인간관계를 맺는 데 어려움을 겪기는 마찬가지다.

만일 당신 엄마가 밖에서는 유능한 캐리어우먼인 동시에 집에서는 완벽한 주부이며, 몸매 관리에도 부족함이 없고, 감정 처리도 산뜻한 슈퍼우먼이라고 가정해보라. 더구나 칵테일파티 같은 사교 모임에서도 항상 능숙한 화술과 매너로 관심의 대상이 되곤 한다. 그런데 열 살이 되자 당신은 자신이 엄마처럼 유능하지도 않고 주목받지도 못한다는 사실을 알게 된다. 아빠를 닮아 몸매도 뒤처지고, 성격도 활달하지 못하며, 말재주도 없고, 부끄러움을 많이 타서 사교술도 부족하다. 당신은 자신에 대해 열등감을 느끼지만 성격이 느긋해서 상황을 바꾸려는 강한 의지를 보이지도 않는다. 방 안을 깨끗이 정돈하는 성격도 아니고 학교 성적은 항상 B나 C에 머문다.

만일 이런 딸이 엄마를 이상형으로 생각한다면 항상 절망감을 느낄 수밖에 없다. 그녀는 성격이나 살아가는 방법이 선천적으로 엄마와 다른데도 평생을 엄마 따라잡기에 허비하게 된다. 성인이 되어 생활이 풍족하고, 사회적으로도 인정받으며, 자기가 원하는 이상적인 몸매를 갖춘다고 해도, 그녀는 항상 무언가 목표에 도달하지 못한 것 같은 부족함을 느낀다.

그러나 다행스럽게도 이런 딸들에게는 잘난 엄마만 있는 게 아니다. 자신과 비슷한 아빠가 있어 위로가 되어주고 자부심을 얻는 데도 도움을 준다. 한 친구는 열 살 때 아빠가 마당에서 오토바이 타는 법을 가르쳐주었다고 했다. 두 사람은 함께 자전거 여행을 다니거나 서로의 관심사인 자동차에 대해 많은 대화를 나누었다고 한다. 이밖에도 여자 아이들은 이모나 선생님, 또는 다른 영적 스승과 밀접한 관계를 맺는 경우가 많다. 이 시기의 아이들은 특히 자기를 인정해주는 사람에게 열중해서 그들에게 잘 보이기 위해 열심히 노력하기도 한다. 나도 열두 살 때 과학 선생님을 짝사랑한 적이 있다. 덕분에 복잡한 세포 구조를 배우는 시간이 사랑하는 사람과 보내는 황홀한 순간으로 둔갑했다.

영웅과 우상

아이들이 십대가 되면 자기만의 영웅이나 우상을 정하고 열정적으로 숭배하는 경향이 있다. 아이들은 이 우상을 통해 새로운 인간상을 경험하고 자기 이상형을 파악한다. 물론 엄마보다 영향력은 약하지만 이들 우상을 통해 아이들은 다양한 역할 모델을 접한다. 실제로 아이는 자기가 열렬히 칭송하는 우상의 장점을 잠재적으로 지닌 경우가 많다. 이런 자질들을 우상을 통해 접하는 것은 미래의 자기 모습을 추측하는 데 많은 도움이 된다. 십대의 우상은 실존하는 인물이지만 우리에게 정신적 유산을 대물림해준 조상들과 같은 역할을 한다. 그들을 보면서 아이들은 자신의 잠재력을 투시할 수 있고 미래의 자기 모습을 눈앞에 그려볼 수도 있다. 아이들이 유명인사에 열광하는 것도 그들이 자기가 원하는 이상적인 삶을 대신 살아주기 때문이다. 우리의 환상을 대리만족시켜 주는 그들에게 우리 문화는 후한 보상을 베풀고 있다.

대중매체는 아이들에게 긍정적이든 부정적이든 다양한 역할 모델을 보여준다. 우리 딸들은 어렸을 때 TV 만화영화 〈우주의 공주〉에 나오는 '쉬라'를 좋아했다. 또한 〈젬과 홀로그램스〉라는 만화 주인공인 로큰롤 스타 젬에 열광했다. 조금 나이가 들어 잡지를 읽기 시작하면서 아이들의 눈은 흑인 노예 해방론자인 '사저너 트루스Sojourner Truth'나 저명한 여류 시인이자 작곡가인 '마야 안젤루Maya Angelou', 〈작은 아씨들〉의 저자인 '루이자 메이 올콧Louisa May Alcott' 등에 심취했다. 동시에 당시 선풍적인 인기를 누리던 마돈나의 '라이크 어 버진'이나 '머티리얼 걸'을 비롯한 뮤직비디오테이프에 빠져 살았다. 우리 딸 친구의 엄마이자 나랑 동갑이었던 한 여성이 이런 말을 했다. "여덟 살짜리 아이가 '라이크 어 버진'을 소리쳐 부르면서 집 안을 뛰어다니는 모습을 상상해 보세요." 웃지 못할 일이다.

그러나 다행히도 우리 딸들이 초등학교 시절 한 선생님이 시작한 '미국을 빛낸 여성들' 인형 수집하기가 크게 유행하기 시작했다. 딸들은 가수 '사만다'와 스파이더맨 배우인 '컬스텐' 인형을 가지고 하루 종일 놀았다. 그들에 대한 책을 읽기도 하고 실제로 그들 역할을 연기하며 시간 가는 줄 몰랐다. 막내 딸 케이트는 스무 살 때 학교에서보다 인형 모으기를 통해 미국 역사에 대해 더 많이 배웠다고 말했다. 나는 아이들에게 이런 훌륭한 역할 모델을 제시해준 인형 제작 회사에 감사하지만 인형 가격이 너무 비싸서 내 능력으로는 벅찼다. 이 인형 모으기 유행은 모든 아이들이 팝스타에 빠져 지내는 게 아니라는 사실을 증명해주었다. 팝스타들의 진짜 역할은 아이들에게 꿈을 심어주기보다 상품을 팔기 위한 것이 아닌가.

내가 자랄 때는 지금처럼 대중매체가 발달하지 않았다. TV가 한 대이상 있는 집이 없었고 컴퓨터는 거의 보급되지 않았다. 그리고 여성의 활동이 왕성하지 않았기 때문에 이름을 날리던 여성들은 도리스 데이나 마릴린 먼로 같은 여배우를 포함해서 극히 소수에 불과했다. 나는 독서광이었기 때문에 책 속에서 우상을 찾았다. 내 우상은 헬렌 켈러였다. 그녀는 래드클리프대학에 다녔으며, 치명적인 신체적 장애를 딛고 학업에 열중해서 많은 업적을 이루었다. 또 다른 우상은 미국 최초의 여의사인 엘리자베스 블랙웰Elizabeth Blackwell이었다. 나는 열두 살 때 그녀의 전기를 읽었으나 대학을 졸업할 때까지 의사가 될 생각은 전혀 없었다.

엄마나 주변의 스승들은 자기가 숭배하는 우상을 아이들에게 소개함으로써 역할 모델을 찾는 데 도움을 줄 수 있다. 한 친구의 사례를 소개한다.

나는 어려서 두껍고 멋진 퀴리 부인의 전기를 빌려주었던 주일학교 선생님을 잊을 수가 없어. 내가 열두 살인가 열세 살 때였어. 책이 너무 무거웠고 내용도 이해하기 힘든 부분이 많았지만 그 책은 내게 무언의 메시지를 전해주고 있었어. 한 여성으로 어떻게 살아가야 할 것인가, 어떻게 하면 훌륭한 삶을 살아갈 수 있는가에 대해 진지하게 생각하게 만드는 책이었지. 50년이나 지났지만 나는 아직도 그 책 속에 있던 그림들을 선명하게 기억하고 있어.

몸매에 대한 자부심

자신의 몸을 무조건 사랑하는 일이 크게 어렵지 않으며 그를 위해 내가 창안한 확실한 비법을 소개하겠다고 말한다면 거짓말일 것이다. 그 비결대로만 하면 당신과 당신의 딸은 몸매에 자신감을 갖고 만족한 나날을 보내게 될 거라고 말할 수 있다면 얼마나 좋으랴. 우리는 매일 대중매체를 통해 성형한 가슴과 조작된 사진 속의 '완벽한 여성'들을 만난다. 그들과 비교해서 자신의 몸매에 만족한다는 건 거의 불가능하다.

그러나 대중매체의 영향을 최소화하고 자기만의 가치관을 갖는 일은 얼마든지 가능하다. 우리 각자는 주변의 문화를 창조해가는 한 구성원이라는 사실을 잊지 말라. 다른 곳에 사는 어느 누군가가 우리의 문화를 창조하는 것이 아니다. 엄마는 대중매체보다 딸의 삶에 더 큰 영향을 미칠 수 있는 존재다. 대중매체의 영향을 많이 받는 아이들은 그릇된 가치관을 갖기가 쉽다. 이런 일은 엄마의 영향력이 약하거나 부재중일 경우가 많을 때 발생한다.

딸의 가치관에 결정적인 영향을 미치는 것은 엄마가 스스로를 대하는 태도다. 엄마가 자신의 몸에 대해 불평하는 소리를 듣고 자란 딸은 엄마가 아무리 자기를 예쁘다고 말해도 믿지 않는다. 따라서 엄마가 자신의 몸을 무조건 사랑하는 법을 빨리 배울수록 딸도 자신의 몸에 대한 건전한 존경심을 일찍부터 뇌에 입력할 것이다. 우선 자신의 몸을 무조건 사랑하겠다는 마음을 가져라. 그리고 운동이나 체중 관리, 필요하다면 성형수술을 해서라도 자신의 몸을 가꾸어라.

이런 자세는 아빠에게도 해당된다. 당신이나 딸의 몸매에 대해 부정적인 말을 하지 말도록 부탁하라. 이런 가학적인 행동은 당연히 고쳐져야 한다. 만일 그것을 미룬다면 아이가 성인이 되어 가학적인 인간관계를 맺게 될 가능성을 키우는 것이다. 이런 말들은 아이의 자부심에 상처를 준다. 반면, 아빠가 딸의 외모나 옷차림에 대해 칭찬을 아끼지 않는다면 딸의 자기 이미지나 자부심에 큰 도움이 된다.

나도 이 부분에 대해서 나름대로 아픔을 겪었다. 그리고 우리 딸들에게는 그런 아픔을 물려주고 싶지 않다. 나는 일찍부터 미모를 타고나지 못했다는 사실을 깨달았다. 어려서 내 별명은 '땅딸보'나 '막대기'였다. 당연히 사람들의 눈길을 끌거나 주유소에서 친절한 서비스를 받을 만한 수준이 못 되었다. 따라서 미모가 부족한 다른 아이들처럼 나도 내면의 미를 키워가려고 노력했다.

나는 이런 아픈 경험을 거울삼아 우리 딸들에게는 자기 몸매에 자부심을 갖게 해주고 싶었으며 동시에 내면의 미도 갖출 수 있도록 인도했다. 우리 딸들이 지성과 열정과 강한 의지는 물론 튼튼한 체력과 자기 훈련, 그리고 다듬어진 영성을 갖춘 멋진 여성이 되길 바랐다. 당신이 아무리 뛰어난 외모를 갖추었더라도 그것을 모든 기회를 얻는 수단으로 이용하는 것은 장기적으로 바람직하지 못하다. TV에서 명판결을 내리기로 유명한 주디 재판관은 "아름다움은 사라지고 어리석음은 영원히 지속된다."라는 명언을 했다. 그렇다고 타고난 아름다움에 감사하고 가꾸기를 소홀히 하라는 의미는 아니다.

개성을 살려라

아이의 특성이 잘 드러나도록 옷차림이나 머리 모양을 가꿔주는 것도 자부심을 키워주는 좋은 방법이다. 우리의 옷매무새나 자신을 표현하는 방식은 자아나 자부심을 반영하기 때문이다. 한 동료는 자기 엄마나 이모들은 나이를 먹을수록 외모를 더욱 정성껏 가꾼다고 했다. 그 모습을 보면서 여자는 나이를 먹을수록 아름다움이 더욱 빛난다는 생각을 하게 되었고 자기 딸에게도 그런 얘기를 자주 한다는 것이다. 그런데 한 번은 친구 가족과 휴가를 갔는데 그 친구가 열여섯 살인 딸에게 하는 말을 듣고 기겁을 했다고 한다. "지금 한창 피어날 때 마음껏 아름다움을 뽐내려무나. 이제부터는 아름다움도 시들어갈 테니까." 열여섯 살이면 피어나기도 전이 아닌가.

자기 꾸미기에 대한 나의 유산

나는 소녀 시절에 옷차림이나 화장, 보석에 관심이 많았지만 우리 엄마는 내게 검소하고 소박한 옷만 입혔다. 엄마는 우리 남매들에게 군청색이나 카키색, 녹색을 주로 입혔으며 드물게 빨간색이 들어가곤 했다. 우리 남매들에게 쇼핑이란 1년에 한 번 학교에 입고 갈 옷을 고르는 것을 의미했다. 따라서 내 패션 감각은 싹이 돋는 수준에서 머물게 되었고, 서른 살이 될 때까지 옷이나 패션(스키복은 제외하고)에 대해 전혀 관심이 없었다. 결혼할 때도 친척 중 한 사람의 웨딩드레스가 몸에 꼭 맞아 빌려 입었다. 당시 의과대학에 재학 중이어서 웨딩드레스를 살 시간이 없었던 나는 구세주를 만난 기분이었다.

　나는 또한 특별한 모임이 있을 때마다 무엇을 입을지 고민하곤 했다. 그러나 다행스럽게도 우리 가족이 메인 주로 이사한 후로는 그 고민이 한결 줄어들었다. 1995년 당시 메인 주는 주지사인 앵거스 킹의 취임식에 오고 싶은 사람은 누구나 초대받을 수 있는 분위기였다. 그리고 사람들의 옷차림도 턱시도부터 프란넬 셔츠, 카우보이 부츠까지 각양각색이었고 자유로웠다.

　1980년대에 내 환자 중 한 사람이 〈나를 아름답게 색칠하기(Color Me Beautiful)〉라는 책을 집필하고 세미나를 개최하기 시작했다. 그녀에 따르면 여성들은 피부 색깔에 따라 네 계절로 나눌 수 있으며 모든 여성은 네 계절 중 하나의 피부색을 가지고 있다는 것이었다. 나는 서른

네 살 때 처음으로 내 피부색이 가을 색이라는 사실을 알게 된 후로 패션과 쇼핑의 세계에 눈을 뜨게 되었다. 그 후로는 옷가게에 가는 것이 두렵지 않았다. 예전에는 판매원이 정말 능력이 있는지 아니면 억지로 물건을 떠안기는 건지 의심스러웠다. 나는 천부적인 패션 감각을 타고난 사람들이 있다는 사실을 깨닫지 못했다. 또한 우리 모두는 자기를 가장 아름답게 보이게 하는 방법을 선천적으로 알고 있다는 사실도 몰랐다.

그로부터 몇 년 동안 나는 패션 감각을 키우면서 옷차림에 대한 열등감을 극복하기 시작했다. 자부심과 자신감을 회복한 나는 내게 어울리는 옷을 자신 있게 선택할 수 있게 되었다. 그리고 무엇보다도 이런 자신감을 딸들에게도 물려줄 수 있다는 게 기뻤다. 우리 모녀는 각자에게 어울리는 옷차림을 정확히 알게 되었으며 멋진 옷차림을 즐겼다.

나는 내 의견을 강요하지 않음으로써 아이들이 각자의 스타일을 찾을 수 있도록 도와주었다. 그러나 특별한 경우에는 조언을 아끼지 않았다. 예를 들면, 헐렁한 운동복 바지나 너덜너덜한 옷은 가급적 피하게 했다. 깔끔하고 세련되게 입는 것이 사람들에게 더 좋은 인상을 줄 수 있다는 게 내 생각이었다. 아이들도 처음으로 나를 동반하지 않고 둘만 쇼핑을 나갔을 때 이런 내 주장을 몸소 체험했다고 한다.

일부 잠재기 소녀 중에는 패션에 관심이 없는 아이들도 있지만 우리 딸들은 일찍부터 옷차림에 신경을 썼다. 케이트는 초등학교 때 종종 무엇을 입을지 골라달라고 부탁하곤 했다. 나는 이런 부탁을 받으면 신이 나서 딸에게 어울릴 만한 옷을 골라주었다. 그러나 그들이 내 의견을 따른 적은 거의 없었다. 그러면서도 케이트는 옷을 고를 때마다 나를 부르곤 했다. 의견을 따르지도 않을 거면서 왜 엄마를 부르냐고 물으면 왠지 엄마가 봐줘야 잘 고를 수 있을 것 같다는 것이다. 지금 생각해보면 한창 자신의 스타일을 찾는 데 열중했던 케이트는 엄마에게 자신의 선택을 인정받고 싶었던 것 같다.

우리 엄마의 패션이 완성된 시기는 엄마와 친구 분께서 엘리코트빌의 스키 역사에 대한 책을 집필했을 때였다. 그 책은 엘리코트빌 호텔에서 개최하는 출판기념회에서 소개할 예정이었고, 나는 엄마에게 그 파티에 입고 갈 멋진 옷을 사드리고 싶었다. 엄마를 모시고 나가 쇼핑을 하면서 나는 편안하면서도 멋스럽게 옷을 입는 방법을 설명해주었다. 우리 모녀는 이것저것 입어보고 고르며 즐거운 시간을 가졌다. 엄마는 마침내 화려한 무늬의 멋진 가을 옷을 골랐다. 그 옷을 입은 엄마는 십 년이나 젊고 활기차 보였지만 평소 입던 스타일과 달랐기 때문에 한참을 설득한 끝에 겨우 입힐 수 있었다. 그날 이후로 엄마는 옷장 속의 옷들을 말끔히 치우고 좀더 화려한 변신을 시작했다.

지나친 노출을 자제시키는 방법

내가 어렸을 때만 해도 섹시한 속옷은 할리우드 스타들의 사진 속에서나 볼 수 있었다. 우리는 그 사진들을 보며 신기한 듯 낄낄거렸다. 당시 우리 잠옷은 파자마나 면으로 된 나이트가운과 울 양말이 고작이었다. 요즘 선풍적인 인기를 끌고 있는 빅토리아 시크리트 속옷은 물론 가슴 성형 수술이나 브리트니 스피어스도 탄생하기 전이었다. 세상은 정말 많이 변했다.

요즘 거리에 나가면 눈길 닿는 곳마다 지나치게 노출이 심한 소녀들이 넘쳐난다. 대중매체를 접하는 시간이 많아지면서 아이들이 뮤직비디오나 TV에 소개되는 옷차림의 영향을 많이 받기 때문이다. 배꼽을 드러낸 옷차림 시대를 연 브리트니 스피어스를 모방하기 위해 십대 전후의 여자 아이들은 티셔츠를 묶거나 바지를 내려 입고 다니기 시작했다. 십대 소녀들의 노출은 전염병처럼 빠르게 확산되고 있다.

현대 문화는 다이어트다 패션이다 떠들면서 아직 어린 소녀들을 여러 방면에 걸쳐 지나치게 조숙하게 만든다. 이런 분위기 속에서 엄마들은 아이들이 지나친 노출을 삼가도록 인도할 필요가 있다. 여기 몇 가지 방법을 소개한다.

아이의 TV 시청 시간을 줄여라　아이에게 유익한 프로그램만 선택해서 보여주라. 엄마로서 강력한 의지가 필요하지만 잠재기의 아이에게는 중요한 일이다.

시청 지도가 필요한 프로그램은 반드시 함께 보면서 설명해주라　나는 우리 딸들이 아홉 살과 열한 살일 때 브룩 쉴즈가 주인공으로 나왔으며 사랑과 섹스에 대해 진지하게 접근했던 〈블루 라군〉이란 영화를 보여주었다. 또한 〈더티 댄싱〉이란 영화도 함께 보러갔는데 내가 좋아했던 만큼 딸들도 그 영화를 좋아했다. 아이들은 그 영화를 본 후 사랑의 장면에는 관심이 없고 멋지게 춤추는 장면만을 기억했다. 물론 요즘 영화에는 성적인 장면이 크게 증가했다. 아이들을 언제까지나 성으로부터 분리시킬 수는 없다. 그들도 언젠가는 성의 장단점에 대해 배워야 한다. 그러나 일부 아이들에게는 성에 대한 장면들이 건전치 못한 성행위를 부추기는 계기가 될 수도 있음을 명심하라.

옷차림이 주는 인상에 대해 가르쳐라　만일 당신 아이가 노출이 심한 옷차림을 즐긴다면 그런 옷차림 때문에 자신의 이미지가 싸구려로 전락하고 사람들에게 존중받지 못한다는 사실을 지적해주라. 이런 편견이 정당하지는 않지만 그것이 현실임을 알려주어야 한다. 엄마가 아무리 정숙한 옷차림으로 모범을 보이더라도 이 시기에는 친구의 영향력이 더 강하게 작용한다. 아이가 아무리 원해도 지나치게 노출이 심한 옷은 사주지 말라. 그리고 친구 옷을 빌려 입을 수도 있으니 감독을 게을리 하지 말라.

과도한 관심을 미리 차단하라 아이에게 티셔츠를 묶어 입도록 허락하면 아이는 더 심한 노출을 원할 것이다. 처음부터 아예 여지를 주지 말고 학교에 입고 갈 수 있는 옷의 한계를 확실히 정하라. 교복이나 옷차림에 대한 규칙은 아이들의 선택의 폭을 자제할 수 있는 이점이 있다. 또한 하루 종일 옷차림에만 신경을 쓰지 않고 공부에 몰두할 수 있게 해준다.

친구 엄마들의 도움을 받아라 아이들은 엄마의 의견에는 반항하더라도 친구 엄마의 말에는 귀를 기울인다. 딸과 친한 친구들의 엄마와 만나 서로 의견을 교환하는 것도 좋은 방법이다. 다른 엄마들도 당신과 같은 경험을 하고 있음을 알게 될 것이다. 그들은 당신 딸에게 옷차림은 물론 인생살이에 대해 좋은 충고를 해줄 수 있다.

13
건전한 식생활
― 음식, 체중, 건강의 연결 고리 ―

어린 시절의 식습관은 평생의 건강과 식생활에 지대한 영향을 미친다. 아이가 부엌에 들어와 엄마를 돕거나 요리에 관심을 보이는 이 시기는 음식에 대한 건전한 습관을 키워줄 수 있는 좋은 기회다. 장보는 법이나 요리법을 비롯해서 가족간의 식사 시간을 즐기는 법을 가르쳐라. 이 나이쯤 되면 아이들은 잘 익은 레몬과 설익은 레몬을 구별할 정도로 지능이 발달하며 닭튀김만 먹겠다고 떼쓰는 시기를 지나게 된다.

가족간의 오붓한 식사 시간은 사랑을 나누고 필요한 정보를 얻는 소중한 기회이므로 1차크라의 건강을 증진시킨다. 식사 시간에 어떤 음식을 어떻게 나누며 즐기느냐는 어떤 수유 환경을 거쳤느냐와 마찬가지로 아이들의 소화 기관에 차곡차곡 입력된다. 이 시기는 또한 아이가 자신의 몸에 대해 어떤 인식을 갖게 되느냐가 결정되는 시기이기도 하다. 이때 입력된 사고방식은 평생에 걸쳐 아이의 의식 밑바탕에 깔린다. 이 시기에 많은 엄마들은 딸의 체중에 민감한 반응을 보이며 아름다운 몸매를 유지시키기 위해 관심을 기울인다.

딸에게 건전한 식습관을 물려주기 위해서는 모든 엄마들이 자신의 체중이나 식습관을 먼저 되돌아봐야 한다. 당신에게 도움을 주기 위해 내가 물려받았던 식습관을 소개하고자 한다. 미국 전체 인구의 75퍼센트가 나처럼 체중과 전쟁 중이라는 점을 감안할 때 내 경험은 다른 사람에게도 도움이 될 것이다.

자연식품과 탄수화물 탐닉증

내 어린 시절의 식습관을 되돌아보면 상반되는 두 가지 범주로 요약할 수 있다. 하나는 자연식품에 남다른 지식과 관심을 가졌던 아버지의 영향으로 자연식품에 둘러싸여 살아온 것이다. 우리 가족은 일곱 가지 잡곡으로 된 시리얼을 먹었으며 매일 비타민을 복용하는 것은 물론 요구르트를 집에서 직접 만들어 먹었다. 당시는 이런 건강식품에 크게 관심을 두지 않던 시절이었다. 뿐만 아니라 우리 집 밥상은 주로 신선한 제철식품과 우리 고장에서 생산된 신토불이 식품으로 채워지곤 했다. 우리는 텃밭에서 자란 아스파라거스, 야생 딸기와 블루베리, 유기농 복숭아, 친환경 재배로 과즙이 풍부한 사과 등을 먹으며 자랐다. 의사였던 고모와 삼촌들은 우리를 '웰빙 가족'이라고 놀리곤 했다.

그러나 이와 상반되는 식습관도 있었다. 우리 가족은 단 음식이나 탄수화물 음식을 지나치게 좋아했다. 이들은 혈당을 급격히 높일 뿐 아니라 중독성이 매우 강했다. 그러나 다행스럽게도 주로 건강식품을 섭취하고 운동을 즐긴 덕에 가족 중에 비만인 사람은 없었다. 그렇다고 날씬한 몸매를 자랑했던 것은 아니다. 우리 엄마는 가끔 체중을 조절하기 위해 1960년대에 최초로 등장한 다이어트 음료인 메트리컬을 드시곤 했으나 주로 여러 가지 운동을 통해 몸매를 관리하셨다. 우리 형제들도 사탕은 1주일에 한 번밖에 먹을 수 없었지만 밤에 TV를 보면서 아이스크림을 먹는 것은 허락되었기 때문에 단것에 대한 갈증을 달랠 수 있었다. 또한 우리는 엄마가 집에서 만든 파이나 케이크, 쿠키를 좋아했는데 잡곡이나 정제되지 않은 밀가루로 만든 것이긴 했지만 지방이나 칼로리가 많은 식품이었다.

나는 우리 아이들을 키우면서 내가 먹고 자랐던 자연 식단을 그대로 실천했다. 물론 내 방식대로 약간 보강하고 개선한 것이었다. 당시만 해도 나는 정제되지 않은 전곡과 섬유질, 채소를 많이 섭취하고 육류를 적게 섭취하는 것이 건강을 지키는 길이라고 믿었다. 그 시절부터 쏟아져 나오기 시작한 건강 관련 서적들과 여러 영양학자들의 주장을 따른 것이었다. 당시 뉴잉글랜드 메디컬센터에서 레지던트 과정을 밟던 나는 매크로바이오 식이요법(macrobiotics, 채식 위주의 장수 요법)의 창시자인 일본계 미국인 미찌오 구시Michio Kushi 박사를 만나게 되었다. 그는 모든 음식에는 음과 양이 있어 그 균형이 유지되어야 건강해질 수 있다고 주장했다. 나는 그가 건강에 문제가 있는 환자들과 상담하는 모습을 지켜보곤 했다. 첫 아이를 임신했던 나는 대부분의 여성과 마찬가지로 임신을 계기로 식생활을 재검토하게 되었다. 그리고 쿠시 박사의 주장을 따르기로 결정했다. 나는 부엌에서 캔과 포장 식품을 남김없이 치워버렸으며 요리 학원에 다니며 손수 요리하는 법을 배웠다. 우리 아이들에게는 현미와 된장국, 해초, 콩 제품, 생선 등을 먹였으며 육류나 유제품은 전혀 식탁에 올리지 않았다.

그러나 전곡과 유기농 야채, 저지방 식품으로 구성된 채식주의에 가까운 식단을 실천하는 와중에도 단 음식에 대한 내 갈증은 줄어들지 않았다. 나는 전곡으로 만든 쿠키나 땅콩버터와 쌀로 만든 케이크, 메이플 시럽을 넣은 빵 등을 통해 이 갈증을 해소했다.

우리 가족은 가끔 외식할 때는 일반 파이나 케이크, 쿠키 등을 먹기도 했지만 거의 채식주의자에 가까운 식생활을 실천하고 있었다. 우리 가족만 그런 것이 아니었다. 당시 동생 페니네 가족은 아예 보스턴에 있는 매크로바이오틱스 공동체(일명 장수촌)에서 살고 있었다. 그러나 동생이 말하기를 철저한 채식주의자들도 가끔 던킨 도넛에 가서 몰래 당분을 보충한다고 했다.

지금 생각해보면 나는 어린 시절에 입력된 모순적인 두 가지 유산을 종합해서 지속했던 것이다. 아무리 자연식품이라도 많은 양을 먹으면 혈당량이 높아지고 단것에 대한 탐닉증을 촉진시킨다. 뿐만 아니라 각종 질병에 걸릴 가능성이 높다. 그리고 단것을 좋아하는 사람들은 나처럼 배 둘레에 살이 찌는 몸매를 갖게 된다.

드럼통 같은 몸매

네 살인가 다섯 살 때의 일이다. 나는 엄마와 아빠가 식탁에서 친구와 이야기를 나누는 동안 부엌 바닥에서 놀고 있었다. 나는 엄마가 "그녀는 몸매가 M-A-C-K 트럭 같아요."라고 말하는 소리를 들었다. 엄마는 단어가 아니라 스펠링을 말했기 때문에 나는 무슨 뜻인지 알아듣지 못했다. 물론 트럭이 무엇인지는 알았지만 무슨 의미로 하는 말인지 정확히 이해하지 못했다. 그로부터 몇 년 후, 엄마가 말했던 그 맥 트럭을 처음 보았던 순간이 생생하게 기억난다. 그것은 불독의 늘어진 목처럼 거창하고 견고한 장식으로 무장한 거대한 트럭이었다. 그 순간 모든 의문이 풀렸다. 맥 트럭 같은 몸매는 그 후 내가 40년 동안 피하려고 투쟁하게 될 드럼통 같은 몸매를 말하는 것이었다.

나는 어려서 비만은 아니었지만 정상적인 몸무게를 아슬아슬하게 유지했다. 선천적으로 골격이 크고 근육질이 많은 나는 날씬한 몸매를 갖기에는 악조건이었다. 중학교 1학년 신체검사 때 내 몸무게는 56킬로그램으로 반에서 가장 무거운 축에 들었다. 당시에는 정상적인 체중 여부가 단지 키에 비례해서 평가되었는데 키가 155센티미터였던 나는 체중이 50킬로그램 이하여야 정상이었다. 내가 정상적인 체중을 유지한 것은 평생 단 한 번, 대학 시절 다이어트를 위해 억지로 굶었을 때뿐이었다. 그것도 겨우 2주일 동안이었다. 억지로 굶어 자꾸 기운이 떨어지고 으슬으슬 춥던 나는 결국 의지가 꺾여 다시 먹어대기 시작했다. 다이어트를 할 때 혈당 수치를 정상적으로 유지하고 뇌에 충분한 영양을 공급하지 않는다면 결국 실패하게 된다.

식습관은 어려서부터 길러줘야 한다

나는 열두 살 때부터 다이어트를 시작했다. 먹고 싶은 대로 먹으면 몸이 풍선처럼 한없이 부풀어 오르는 체질이어서 그때부터 평생 동안 살과의 전쟁을 치르고 있다. 더구나 나는 빵이나 감자, 패스트리, 과자, 아이스크림 등 살찌는 음식을 좋아했다. 이런 체질과 성향 덕분에 체중이나 신진대사에 대해 해박한 지식을 갖추게 되었다. 그러나 의과대학에서 배운 다이어트나 건강에 대한 지식은 엄마나 의사의 역할에 전혀 도움이 되지 않았다. 체중을 줄이기 위한 방법도 마찬가지였다.

지금 와서 되돌아보면 영양이나 요리법, 식품에 대한 내 열정적인 탐구 정신은 체중 조절이라는 성배를 찾기 위한 순례 여행이었다. 나는 매크로바이오틱스부터 아트킨스 식이요법까지 여러 이론을 두루 섭렵

한 덕에 결국 원하던 성배를 찾을 수 있었지만 많은 세월을 투자해야 했다. 내가 발견한 비결을 한마디로 요약하자면 "체중 조절을 할 때는 반드시 혈당과 인슐린 수치를 정상으로 유지해야 한다."는 것이다. 우리 아이들이 어렸을 때 이 비결을 알 수 있었으면 얼마나 좋았을까. 그러면 곡물 섭취를 줄이고 살코기 단백질과 과일의 섭취를 늘렸을 것이다. 그러나 당시에는 음식의 신진대사 과정을 제대로 이해하거나 어떤 음식이 혈당과 체지방에 얼마나 영향을 미치는지를 제대로 이해하는 과학자가 드물었다. 뿐만 아니라 사람에 따라 단것에 대한 탐닉 정도가 다르며 같은 음식을 섭취해도 체중 증가 정도가 다르다는 사실도 인식하지 못했다.

천의 얼굴을 가진 설탕 탐닉증

나는 단 음식을 지나치게 좋아했기 때문에 체중 조절을 위해 정기적으로 운동하고 디저트나 빵을 줄이기 위해 강한 의지를 발동해야 했다.

나는 음식과 기분이 매우 밀접하게 연결되어 있다는 사실을 누구보다 잘 알고 있었다. 음식은 뇌의 화학 작용에 막대한 영향을 미치며 스트레스 호르몬인 노르에피네프린이나 기분을 고양시키는 세로토닌, 도파민, 아편 물질의 분비를 촉진시킨다. 따라서 정제된 탄수화물을 포함한 모든 형태의 당분은 정신적인 고통을 달래주고 기분을 좋게 만드는 효과가 있다. 나는 오랫동안 충동적인 식욕과의 전쟁을 벌인 끝에 마침내 깨닫게 되었다. 내 직업이나 사생활에서 받는 스트레스를 정제된 탄수화물을 섭취하는 것으로 풀려고 했던 것이다. 그러나 지금은 그런 악순환의 고리를 과감히 끊어버린 상태다.

그나마 다행인 것은 술을 좋아하지 않았던 점이다. 술을 좋아하는 것도 설탕 탐닉증의 일종이다. 예전에는 둘 사이의 연결 고리를 깨닫지 못했지만 매크로바이오틱스 공동체 일원 중 많은 사람들이 알코올 중독자라는 사실은 알고 있었다. 알코올 중독자 치료 모임에는 설탕 탐닉증을 치료하는 프로그램이 반드시 포함되어 있다는 것은 누구나 아는 사실이다.

많이 노력했지만 나는 여전히 신진대사의 복잡한 수수께끼를 풀어줄 혈당과 인슐린의 상관관계를 명확히 규명하지는 못하고 있었다. 또한 어떤 방법을 동원해서라도 내 식단에 과자나 곡물류, 아이스크림 같은 식품을 포함시키려는 생각을 버리지 않는 한 혈당이나 인슐린 수치가 높아질 수밖에 없으며 군것질과의 싸움도 끝나지 않는다는 사실을 깨닫지 못했다.

그러나 이제는 정제된 탄수화물에 대한 탐닉증과 충동적 식습관은 스트레스 호르몬과 혈당, 인슐린의 복합 작용으로 인한 생리적 반응임을 알게 되었다.[1] 이 요소들은 우리의 몸과 마음에 악순환의 고리를 만들어가는 주범들이다.

혈당 스트레스와 인슐린 저항

몸에 지방이 지나치게 쌓였다는 것은 우리가 생각하는 것보다 심각한 증상이다. 즉 혈당 스트레스로 인한 인슐린 저항(대사증후군 혹은 탄수화물 중독증)의 결과인 것이다. 나는 작가이자 다코타에서 가정의로 활동하는 레이 스트랜드Ray Strand 박사의 〈지방을 없애자(Releasing Fat)〉라는 저서를 통해 비만과 이들 사이의 연관성을 알게 되었다. 물론 나도 혈당 과다나 인슐린, 당뇨병, 비만이 서로 밀접하게 얽혀 있다는 사실은

알았지만 어린 시절의 식습관이 이들 관계에 지대한 영향을 미친다는
사실은 미처 파악하지 못했다. 어린 시절에 어떤 식습관을 가졌는지는
심지어 생리통이나 월경증후군에까지 영향을 미치는 중요한 요소다.

스트랜드 박사는 30년 이상 가정의로 활동하면서 환자들의 신체와
혈압, 건강 등을 관찰해왔다. 그는 환자들의 신진대사 변화를 보통 20
년 이상 관찰하고 기록하면서 인슐린 저항을 일으키는 원인을 규명하
기 위해 애썼다. 그의 충분한 임상 실험과 철저한 연구는 간과하기 힘
든 설득력이 있었다. 더구나 그의 저서는 내가 환자들이나 내 삶을 통
해 실제로 경험했던 문제들을 생생하게 반영했다. 이제까지 발표된 연
구 중에서 수십 년 동안 관찰한 환자들의 기록을 근거로 단순히 식습관
을 바꾸고, 적절한 운동을 하며, 미세 영양소 보충제를 복용하는 것만
으로도 인슐린 저항과 그에 관계된 증상들을 호전시킨다는 사실을 입
증한 연구는 찾아볼 수 없었다.[2] 나는 스트랜드 박사의 저서를 읽은 후
에야 비로소 왜 평생 몸무게와 씨름해야 했는지를 깨달았다. 그리고 왜
우리 가족 중 그렇게 많은 사람들이 건전한 식습관을 따랐음에도 심장
질환으로 사망했는지를 알 수 있었다. 또한 최근 유행처럼 번지는 비만
과 그와 관계된 당뇨병, 심장 질환, 뇌졸중, 암 등이 발생하는 근본적인
원인도 발견하게 되었다.

| 성인 질병의 뿌리인 아동 비만과 사춘기 비만 |
미국에서는 지난 1976년부터 2000년까지 25년 사이에 6~11세 아동
의 비만은 2배로 증가했으며, 12~17세의 비만은 무려 3배나 늘어났
다. 특히 흑인이나 스페인계, 인디언 아동이나 사춘기 청소년의 비만

은 더욱 심각하다. 어려서 비만인 아이들은 어른이 되어 더 심각한 비만으로 발전할 가능성이 크다. 일곱 살 때까지 비만인 아이의 40퍼센트는 성인이 되어서도 비만에서 벗어나지 못하며, 열두 살 때까지 비만인 아이는 70퍼센트가 비만 성인이 된다. 1979년부터 1999년까지 20년 동안 6~17세 아동의 비만으로 인한 병원비 지출은 3배나 증가한 것으로 나타났다. 이전에는 성인 당뇨병으로 불리던 제2형 당뇨병은 중년이나 노년층에만 발병하는 것으로 여겨졌으나 요즘에는 소아 당뇨의 8~45퍼센트를 차지한다.[3] 이런 질병들이 어린 나이에 발견된다는 것은 아이들이 남은 생애의 기나긴 세월을 질병과 싸워야 할 뿐 아니라 많은 경제적 부담을 안고 살아야 한다는 의미다.

인슐린 저항은 어린 시절부터 시작된다

스트랜드 박사 연구 팀이 밝혀낸 결과에 따르면, 장기적인 인슐린 저항(신드롬X 혹은 대사증후군으로 알려진)의 원인은 어린 시절부터 시작된다. 이는 스트랜드 박사가 '인슐린 남용'이라고 명명한 식습관, 즉 베이글이나 흰 빵, 크래커, 인스턴트 오트밀, 으깬 감자, 당분이 많이 함유된 디저트 등을 정기적으로 섭취함으로써 시작된다. 대부분의 사람들은 이런 사실을 깨닫지 못하지만 흰 빵이나 곡물류는 우리 몸 안에서 쉽게 당분으로 전환되어 혈당을 높인다.

모든 식품은 혈당에 미치는 효과가 각각 다르다. 1981년 데이비드 젠킨스David Jenkins 박사는 각 음식이 혈당에 미치는 정도를 비교하기 위해 혈당지수(GI)를 고안해냈다.[4] 혈당 지수란 포도당이나 흰 빵을

100으로 했을 때 동일한 양의 식품이 혈당을 높이는 수치를 0부터 100까지 분류한 것이다. 스트랜드 박사와 나는 포도당을 기준(100)으로 한 지수를 채택했다. 혈당 지수는 좀더 효과적인 혈당 측정법인 혈당부하(Glycemic Load)의 근거가 된다. 혈당부하란 혈당 지수에 한 끼 식사 중 섭취하는 탄수화물의 양을 곱한 것이다. 예를 들면, 당근은 혈당 지수는 높지만 한 번에 많은 양을 먹지 않기 때문에 혈당부하는 낮다.

실제로 과일이나 채소, 콩, 잡곡 등에는 복합적 탄수화물이 함유되어 있지만 혈당부하는 낮다. 이 말은 이들 식품을 섭취해도 혈당은 조금밖에 높아지지 않는다는 뜻이다. 반면, 정제되거나 분쇄된 곡물이나 주스로 만든 과일은 혈당부하가 높다. 또한 감자는 건강식품인 채소의 범주에서 제외시켜야 한다. 감자는 미국인의 식탁에 단골 메뉴로 등장하지만 대부분 튀김 형태로 섭취하여 건강에 해를 끼치기 때문이다.

| 주요 식품의 혈당부하 |

해로운 탄수화물(혈당부하 20이상)		유익한 탄수화물(혈당부하 10이하)	
마카로니와 치즈	32	잡곡 시리얼	9
흰 쌀	30	콩	7
구운 감자	26	보리빵	7
베이글	25	자두	7
환타	23	사과	6
콘플레이크	24	당근	3
인스턴트 크림	22	아몬드	0
스파게티	21	브로콜리	0

그렇다면 혈당부하가 높은 음식물은 왜 '인슐린 남용'의 원인이 되는가? 우리 몸에서 예민하면서도 중요하게 작용하는 인슐린 분비의 균형을 무너뜨리기 때문이다.

호르몬의 저장고인 인슐린

우리가 얼마나 건강한지는 얼마나 적당한 양의 인슐린을 생산하고 사용하는지에 따라 좌우된다. 적당한 인슐린은 몸 안의 혈당을 적정한 수준으로 유지시키고 신진대사가 정상적으로 수행되게 한다. 그러나 정제된 탄수화물이나 알코올을 지나치게 섭취할 경우 혈당이 갑자기 상승하고, 그 혈당을 분해하기 위해 췌장에서는 다량의 인슐린을 분비한다. 우리 몸의 모든 세포는 표면에 인슐린 수용체를 지녔다. 이 수용체는 인슐린이 세포의 문을 활짝 열어 포도당이 세포 안으로 들어와 연료로 타게 하는 구실을 한다. 즉시 사용되지 않은 포도당은 식사를 거르거나, 심한 운동을 하거나, 버스를 타기 위해 갑자기 뛸 경우를 대비해서 지방으로 축적된다. 그러나 인슐린의 양이 지나치게 많을 경우에는 지방의 연소를 방해한다. 혈당이 높은 식품을 많이 섭취하면 할수록 인슐린의 분비가 늘어나고, 늘어난 인슐린은 축적되어 있던 지방이 연소되는 기능을 약화시킨다. 여자 아이들이 아무리 운동을 열심히 해도 지방이 줄어들지 않는 것도 이런 이유 때문이다.

인슐린 과다는 여러 부작용을 초래한다. 혈당이 지나치게 높은 상태가 지속되면 인슐린 수용체는 자기 본래의 기능을 발휘하지 못한다. 그들이 본래의 기능을 발휘하지 못하고 둔감해지는 것을 '인슐린 저항'이라고 하는데, 이런 상태가 되면 췌장에서는 계속해서 인슐린을 쏟아냄으로써 상황은 더욱 악화된다. 시간이 흐르면서 몸의 조직과 췌장은 높은 혈당을 더 이상 감당하지 못하는 상태에 이르게 된다. 이것이 바로 제2형 당뇨병의 원리다. 이 당뇨병에 걸린 환자들은 당뇨병 대리인으로 불리는 인슐린 주사나 약품을 통해 인슐린을 보충해야만 한다.

인슐린 남용으로 불리는 잘못된 식습관은 우리 몸의 모든 세포에 영향을 미쳐 과도한 염증성 화학물질을 생성한다. 통칭 2차 에이코사노이드로 불리는 이들 해로운 화학물질에는 사이토킨, 프로스타글란딘, 프로스타사이클린 등이 포함되며 암이나 심장병, 당뇨병, 관절염 등 대부분의 질병을 일으키는 원인으로 작용한다. 적절한 혈당을 유지시키는 식품을 섭취하는 것이 두통에서부터 불면증까지 모든 증상을 치료하는 효과적인 방법으로 꼽히는 것도 이런 이유 때문이다. 또한 염증 요인을 저지하는 효과가 있는 약품들이 많이 판매되는 이유이기도 하다.

인슐린 남용의 악영향은 여기서 그치지 않는다. 최근 밝혀진 바에 따르면 지방세포는 스스로 이런 염증성 화학 물질을 생성하는 능력을 지녔다는 것이다. 비만이 암의 원인으로 작용하는 이유도 이 때문이다. 지방세포는 또한 인슐린 수용체를 지니고 있기 때문에 지방이 많아질수록 더 많은 인슐린이 필요하다.

그러나 다행인 것은 이 모든 과정의 반대 작용도 성립한다는 것이다. 만일 당신이 혈당을 높이는 식품 섭취를 중단한다면 인슐린 수치는 정상으로 회복되고 체중을 줄이기도 한결 수월해진다. 또 인슐린 저항과 제2형 당뇨병이라는 만성적인 굴레에서 벗어날 수 있으며 일부 사람들의 경우에는 당뇨병을 치료하는 효과를 누릴 수도 있다.

인슐린 남용의 조짐과 증상

- 식사 후 피로감과 무기력감

- 탄수화물 탐닉증과 자제할 수 없는 식욕으로 인한 군것질
- 충동적인 폭식
- 한밤중의 야식
- 점차 굵어지는 허리
- 체중을 줄이기가 점차 어려워짐

인슐린 남용과 혈당 스트레스

스트랜드 박사는 혈당 스트레스(글리세믹 스트레스)라는 새로운 개념을 소개했다. 이것은 탄수화물이 많이 함유된 식품을 섭취한 후 혈관 내벽에 발생하는 염증을 의미한다. 이 염증은 혈당이 증가했을 때 생성되는 '유리기'라고 불리는 불안정한 산소 분자 때문에 생긴다. 유리기가 동맥이나 모세관 안에서 방출될 때 발생하는 과격한 움직임은 조직의 손상과 염증을 유발한다. 최근 실시된 연구에서 유리기에 의한 산화 작용이 질병이나 노화의 주된 원인임이 밝혀졌다. 혈관 벽에서 유리기가 발생할 경우에는 혈관 벽이 두꺼워지거나 수축되는 현상인 내피종이 진행된다. 처음에는 혈관 근육에서 시작된 이 증상은 점차 뇌와 모든 기관을 포함한 심혈관계 전체에 영향을 미친다. 그리고 시간이 흐르면서 동맥경화증으로 발전한다. 당뇨나 비만 증상이 없는 사람이 단순히 인슐린 저항으로 심장 질환이나 뇌졸중을 일으킬 수 있는 이유도 이 때문이다.

혈당 스트레스는 혈관 안에 장벽을 구축하여 인슐린이 혈관에서 빠져나와 세포 주위의 액체 속으로 침투하는 것을 방해한다. 이 경우 세포 속에 들어가서 에너지로 연소되어야 할 당분이 세포에 접근하지 못하게 된다. 이런 과정이 장기간 지속될 경우, 지방 세포 속의 인슐린 수

용체가 인슐린을 제대로 수용하지 못하거나 췌장이 지쳐 제 기능을 발휘하지 못한다.

인슐린 저항의 유전적 환경

미국 전체 인구의 75퍼센트 이상은 인슐린 저항에 대한 유전적 요인이 있다. 그리고 그 잠재된 요인은 잦은 패스트푸드 섭취나 운동 부족 탓에 표면으로 나타난다. 인간이 진화해온 지난 수천 년 동안에는 현대인에게 많은 문제를 일으키는 이 유전적 요인이 오히려 생존에 유익하게 작용했다. 배고픈 시기를 위해 여분의 지방을 저장하는 데 도움이 되었기 때문이다. 그러나 먹을 것이 풍부해진 오늘날, 많은 사람들의 간이나 근육 세포에는 남아도는 지방이 쌓여 가고 있다. 이렇게 쌓인 지방은 당뇨병이나 인슐린 저항의 원인으로 작용한다. 지방이 축적되는 원인은 유전적 요인을 가진 사람들의 근육 세포가 그렇지 않은 사람들에 비해 포도당을 빨리 소화시키지 못하기 때문이다. 실제로 제2형 당뇨병을 앓는 부모를 가진 자녀들은 포도당을 에너지로 연소시키는 미토콘드리아의 수가 부족한 것으로 밝혀졌다. 이 같은 유전적 요인과 현대적인 환경 요인을 감안할 때 앞으로 태어날 우리 후손들은 인슐린 저항과 비만에 시달릴 가능성이 더욱 커질 것으로 예상된다.

| 인슐린 저항의 실태 |

지난 20년 동안 제2형 당뇨병 환자 수는 무려 500퍼센트나 증가했다. 제2형 당뇨병의 90퍼센트 이상은 인슐린 저항으로 발생한다. 미국 전

체 인구의 75퍼센트는 인슐린 저항의 전조인 설탕 탐닉증과 혈당 스트레스에 시달리는 것으로 나타났다. 그 중 25퍼센트는 이미 인슐린 저항 증세를 보이고 제2형 당뇨병으로 발전할 가능성이 매우 높은 것으로 밝혀졌다. 이런 추세로 나간다면 앞으로 태어날 아기의 3분의 1은 당뇨병에 걸린다는 의미가 된다. 설령 당뇨병에 걸리지 않더라도 유리기의 영향으로 노화가 촉진된 동맥으로 인해 심장 질환에 걸릴 확률이 높아진다.

요점 – 혈당을 급격히 높이는 식품을 섭취하면 혈관의 염증을 촉진하여 조직 손상이 가속화되며, 지방이 축적되어 인슐린 저항이 발생한다. 이런 과정은 오랜 기간이 소요되긴 하지만 인슐린 저항 증상을 가진 부모를 둔 아이에게는 더 빨리 발생할 수 있다는 점을 명심해야 한다.

인슐린 저항의 3단계

인슐린 저항은 일반적으로 다음과 같은 3단계를 거쳐 발전한다.

1단계 – 혈당 스트레스　이 증상은 혈당지수나 혈당부하가 높은 식품을 섭취했을 때 일어난다. 혈관에 염증이 생기는 혈당 스트레스가 발생하고 그 결과 혈관이 유리기에 의해 손상을 입는다. 이 단계에서는 많은 사람들이 저혈당증을 경험한다. 혈당이 높은 음식이나 카페인을 섭취했을 때 무기력감이나 불안감을 느끼는 것이다. 그 이유는 카페인이나 단 음식은 우리 몸에 스트레스 반응을 유발시켜 에피네프린의 수치를 높이기 때문이다. 그 결과, 코르티솔의 분비가 증가하여 인슐린 생성이 촉진된다. 처음에는 혈당이 높아지지만 곧이어 카페인을 섭취하기 이전보다 더 낮은 수준으로 급강하한다. 따라서 단 음식을 먹기 전보다 상태가 더 악화된 당신은 기분을 상승시키기 위해 또다시 단 것을 탐하게 된다. 이런 악순환이 되풀이되다 보면 급격하게 요동치는 혈당이 처음에는 근육의 혈관 벽을 두껍게 만들고 점차 다른 부위의 혈관에도 영향을 미친다. 그 결과, 혈당을 분해하는 세포를 도와야 하는 인슐린이 혈관 벽을 뚫고 나가지 못하는 사태가 발생하여 간이나 근육에 지방이 쌓인다.

2단계 – 인슐린 저항의 시초 이런 상태가 지속되면 우리 몸은 췌장의 베타세포를 자극해서 더 많은 인슐린을 분비하게 한다. 따라서 인슐린 수치가 점차 높아지기 시작한다. 시간이 흐르면서 췌장은 두꺼워진 혈관 벽을 통과하기 위해 점점 많은 인슐린을 생성하게 된다. 인슐린 저항의 초기 증상인 인슐린 수치가 급격히 높아지는 고인슐린혈증이 나타나는 것이다. 높은 인슐린 수치가 장기적으로 지속되면 신진대사와 내분비계가 급격히 변한다. 혈관 속의 트리글리세리드의 수치가 상승하며, HDL(이로운) 콜레스테롤 수치가 감소하고, 혈압이 높아지며, 심장 질환이나 당뇨병에 걸릴 가능성이 크게 높아진다.

일단 인슐린 수치가 지속적으로 높아지면 획기적인 생활 방식의 변화가 없이는 결코 중단되지 않는 후속 반응들이 뒤따른다. 스트랜드 박사가 인슐린 저항이 시작된 사람들에게서 발견한 첫 번째 증상은 HDL 콜레스테롤의 수치가 낮아지는 것이다. 내가 한창 웰빙 식품에 심취해 있을 때도 나의 HDL 콜레스테롤 수치는 35에 불과했다. 이 수치는 심장 질환에 절대적인 영향을 미치는 수준이다. 그러나 현재 내 HDL 수치는 지극히 건강한 75를 유지하고 있다. 의과대학 시절 나는 HDL의 수치를 높이는 유일한 방법은 운동뿐이라고 배웠다. 지금 생각하면 웃음이 나오는 얘기지만 당시는 그렇게 믿었다.

인슐린 저항의 2단계에 나타나는 또 다른 증상은 복부 비만이다. 허리 치수가 혈당 스트레스의 정도를 나타내는 지표인 셈이다. 보통 사람의 경우 근육 세포는 필요한 포도당의 85~90퍼센트를 식사를 통해 섭취한다. 스트랜드 박사도 이렇게 지적했다. "지방 세포에서 인슐린 저항이 일어나기 훨씬 이전에 근육 세포에서 먼저 인슐린 저항이 발생한다. 따라서 근육 세포가 흡수하지 못한 포도당이 지방 세포 특히 복부 지방으로 몰린다. 인슐린 수치가 높아질수록 근육 세포는 점점 포도당을 정상적으로 흡수하지 못하게 된다. 이 말은 포도당이나 칼로리를 많이 섭취할수록 근육 세포에 흡수되어 에너지로 연소되지 못하고 곧바로 지방 세포에 축적되어 지방층을 형성한다는 뜻이다."

인슐린 저항의 초기 증상

- 밤에 먹는 횟수가 늘어난다.
- 뱃살이 늘고 허리가 굵어진다.
- 식습관에 변화가 없는데도 체중이 늘어난다.
- HDL 콜레스테롤 수치가 낮아진다.
- 트리글리세리드 수치가 증가한다.
- 가슴이 두근거린다.
- 식사 후 피로감이 커진다.
- 생리가 불규칙해진다.

- 저혈당증이 나타난다.
- 설탕이나 고탄수화물 식품에 대한 탐닉증이 심해진다.

3단계 - 완전한 대사증후군 시간이 흐르면서 인슐린 저항은 더 심각한 신진대사의 변화를 초래한다. 그 결과 고혈압, 복부 콜레스테롤 수치 증가, 혈액을 응고시키는 단백질인 피브리노겐 증가, 심장 질환이나 당뇨병 가능성 증가를 초래한다.

인슐린 저항의 증상

- 제2형 당뇨병
- 피브리노겐 수치 증가
- 비만
- 고혈압
- 우울증
- 심장질환, 뇌졸중
- 다낭성 난소증후군
- 극심한 생리통
- 배란 정지
- 다모증
- 대머리
- 복부 콜레스테롤 수치 증가
- 유방암, 대장암 등 암 발병률 증가
- 치매

인슐린 저항의 조기 진단법

인슐린 저항이 상당히 진행된 상태라도 정기적인 건강 검진에서 혈당 수치가 높지 않게 나올 수도 있다. 여전히 췌장에서 충분한 인슐린을 공급하고 있기 때문이다. 혈당 수치가 높게 나타날 때는 췌장이 지쳐 더 이상 인슐린을 공급하지 못하게 될 경우다. 아무리 당신의 혈당 수치가 정상일지라도 심혈관계의 손상이 진행 중이거나 암이 시작되었을 수도 있다는 사실을 염두에 두라. 이 모든 질병은 식습관에 큰 영향을 받는다.

모든 성인은 5년에 한 번 지질검사를 통해 HDL, LDL(해로운) 콜레스테롤 수치를 비롯해서 전체 콜레스테롤 수치와 트리글리세리드 수치를 확인해야 한다. 나는 20살 이후부터 검사를 받으라고 추천하고 싶다. 트리글리세리드 수치가 상승하고 HDL 수치가 감소하면 혈당 스트레스가 시작되었다는 증거다. 그리고 날씬한 사람들의 경우에는 당뇨병이나 심장병 증후가 전혀 없이 이런 상태가 몇 년 동안 지속되기도 한다. 그러나 다행스럽게도 이런 수치들은 생활 방식을 개선하면 크게 호전되어 정상적인 수치로 환원되기도 한다.(부록 참조)

| 자가 진단법 |

성인의 경우에는 허리 치수가 혈당 스트레스의 정도를 측정하는 정확한 척도가 된다. 줄자로 배꼽 1인치 아래의 둘레를 측정해보라. 여성은 34인치, 남성은 40인치 이하여야 한다. 만일 이보다 더 굵다면 복부 비만이 시작된 것이다. 반면, 엉덩이나 허벅지의 지방은 복부에 비해 건강에 크게 해롭지 않다.

터프츠 대학의 영양생태학자인 캐서린 터커Katherine Tucker 박사는 체중 증가의 형태는 어떤 음식에서 칼로리를 섭취하느냐에 좌우된다고 지적했다. 그녀는 파스타나 흰 빵, 정제된 탄수화물을 통해 섭취한 칼로리는 복부의 지방을 늘리는 데 반해 채소나 과일, 콩 같은 혈당이 낮은 음식물의 칼로리는 허리 치수에 전혀 영향을 미치지 않는다는 사실을 발견했다. 나도 환자나 나 자신을 통해 이런 현상을 충분히 경험했다.[5]

돌로리스는 포르투갈에서 이민 온 부모 밑에서 성장했다. 그녀는 십대 시절부터 체중과의 투쟁을 시작해야 했다. 나는 그녀의 정기 검진 결과에서 전체 콜레스테롤 수치는 230으로 정상이었지만 HDL 콜레스테롤 수치가 40으로 낮은 편인 것을 발견했다. 그밖에 다른 검사 결과는 정상이었지만 나는 그녀가 다이어트 콜라를 즐겨 마신다는 사실에 주목했다. 그녀는 하루에 다이어트 콜라를 6캔 이상 마시고 있었다. 돌로리스의 말에 따르면, 그녀의 가족들은 나이를 먹으면서 체중이 늘어나는 경향이 있으며 특히 임신 후에는 더욱 심하다는 것이다. 그녀의 가족들은 중년이 되면 예외 없이 단것을 입에 달고 살았다. 그녀는 가족 모두가 그래왔기 때문에 이런 성향을 정상적으로 받아들였다. 그녀의 가족들은 모두 나이를 먹으면서 혈압이 높아졌다.

그러나 돌로리스는 이런 문제들을 피해갈 수 있었다. 그녀는 정기적으로 운동하고 곡물이나 설탕을 제한함으로써 체중을 조절하는 방법을 배운 덕분에 해로운 유산을 물려받지 않을 수 있었다.

나도 심장 질환이라는 유산을 극복했다

우리 가족도 돌로리스 가족처럼 인슐린 저항과 설탕 탐닉증이라는 유전 요인이 있었다. 이 요인은 뇌졸중이나 심장 발작, 심장 마비 같은 다양한 심장혈관 질환의 형태로 우리 가족들을 공격했다. 조부모가 모두 심장 발작으로 돌아가셨으며 아버지도 뇌졸중으로 돌아가셨다. 내가 열여섯 살쯤 되었을 때 아버지는 이렇게 말씀하셨다. "언젠가 내 머릿속에서 혈관이 터지는 날 나는 우주로 떠나게 될 거다." 아버지가 예순 여덟 살 때 그 말은 정확하게 현실로 나타났다. 아버지는 한창 삶이 무르익을 나이에 엄마와 테니스를 치는 도중에 돌아가셨다.

우리 형제들과 나 자신 그리고 우리 딸 중 하나가 심장 질환을 일으킬 유전 요인이 있었지만 나는 이런 운명을 피할 수 없다는 사실을 믿고 싶지 않았다. 우리는 식습관을 바꾸고 항산화제를 복용하면서 혈당을 낮추고 산화 스트레스를 감소시키는 데 주력했다. 일반적인 노화 과정과 마찬가지로 동맥경화도 지나친 산화가 원인이 되기 때문이다. 그러나 운동과 식습관, 항산화제 복용을 통해 이런 노화 과정을 크게 방지할 수 있다. (엄마와 딸을 위한 보충제 프로그램은 18장에서 다룬다.)

유리한 유전자를 가진 사람들

미국 전체 인구의 25퍼센트는 인슐린 과다나 인슐린 저항의 부작용에 선천적으로 저항력이 있다. 이런 사람들은 무엇을 먹든지 결코 살이 찌지 않는다. 그 이유는 정확하게 규명되지 않았지만 그들은 섭취하는 칼로리를 모두 연소시키는 것으로 추측된다. 그들에게 음식물을 섭취하는 일은 신진대사를 빠르게 만드는 일일 뿐이다. 음식물을 섭취하면 위장 운동이 활발해지면서 곧바로 체온이 상승한다. 그들은 대부분의 사람들처럼 남는 것을 저축하는 형태가 아니라 '모두 태워서 없애버리는' 것이다.

그들은 또한 혈당이 높은 식품에도 비만이나 인슐린 저항 유전 인자를 가진 사람들과 다른 반응을 보인다. 그들은 그런 식품들을 마음껏 즐기면서도 전혀 영향받지 않는다. 중독성 영양에 대한 권위자이자 〈프로작(우울증 치료제) 말고 감자를 먹어라(Potatoes, Not Prozac)〉의 저자인 캐서린 데메종Kathleen DesMaisons 박사는 어린 시절에 아이스크림을 사먹었던 기억에 따라 사람들을 두 그룹으로 분류할 수 있다고 설명

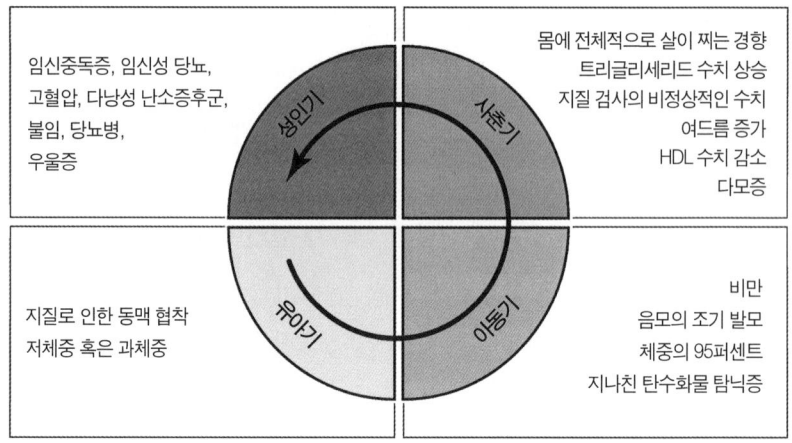

※ 인생 주기에 따른 혈당 스트레스의 징후들

임신중독증, 임신성 당뇨, 고혈압, 다낭성 난소증후군, 불임, 당뇨병, 우울증	몸에 전체적으로 살이 찌는 경향 트리글리세리드 수치 상승 지질 검사의 비정상적인 수치 여드름 증가 HDL 수치 감소 다모증
지질로 인한 동맥 협착 저체중 혹은 과체중	비만 음모의 조기 발모 체중의 95퍼센트 지나친 탄수화물 탐닉증

성인기 / 사춘기 / 유아기 / 아동기

ⓒNorthrup/Schulz

했다. 혈당 스트레스와 인슐린 저항 성향을 가진 사람들은 당시 먹었던 아이스크림 자체를 가장 행복한 기억으로 간직하는 것에 반해(나도 여기에 속한다) 체중에 전혀 문제가 없는 사람들은 타고 갔던 차나 여름밤의 달콤한 냄새 등 다른 환경들을 더 또렷하게 기억한다는 것이다. 다시 말해서 그들에게는 아이스크림이 별로 중요하지 않았던 것이다.

데메종 박사에 따르면, 아이스크림이 중요했던 사람들은 선천적으로 뇌의 엔도르핀 수용체 수치가 낮다는 것이다. 그들이 탄수화물에 탐닉하는 것은 당분이 마약처럼 기분을 즐겁게 만들어주기 때문이다. 그녀의 이런 이론은 수많은 여성들의 경험을 통해 입증되고 있다. 만일 유리한 유전 인자를 가진 엄마가 그렇지 못한 딸을 두었을 경우, 딸의 설탕 탐닉증이 의지나 성격적 결함이 아니라는 사실을 이해하지 못한다면 둘 사이의 갈등은 깊어질 수밖에 없다.

탄수화물 탐닉증은 당신의 잘못이 아니다

설탕이나 곡물 탐닉증은 생존을 위한 투쟁임을 이해해야 한다. 오랜 인류 역사를 되돌아볼 때 굶주림을 피하기 위해 충분한 음식을 확보하는 것은 가장 중요한 과제였다. 따라서 인간은 배고픈 시기를 견뎌내기 위해 지방을 축적하는 능력을 진화시켰다. 그러나 안타깝게도 생존을 위한 이 장치가 오늘날에는 전 세계가 직면한 가장 큰 건강의 적으로 변하고 말았다. 우리는 적절한 음식을 적당히 섭취하는 방법을 터득하기 전까지는 이 욕망과의 싸움을 지속해야만 할 운명에 처하게 되었다.

먼저 당신은 이런 탐닉증이 신진대사의 균형을 유지하고 혈당 스트레스를 극복하기 전까지는 결코 억제되지 않는 몸의 자연스러운 반응임을 이해해야 한다. 물론 이들 탐닉증이 무언가 삶의 균형이 깨졌음을 경고하는 내면의 소리인 경우도 있다. 어떤 경우든 탐닉증은 악순환의 연속이다. 스트랜드 박사는 이렇게 지적했다. "탐닉증은 굶주림, 욕망, 감정적 식욕, 또는 중독증이라고 부를 수 있다. 결국 그것은 당신을 절망의 나락으로 떨어뜨리며 당신이 원하는 것 – 적게 먹는 것 – 과 완전히 상반되는 행동을 하게 만든다." 구구절절 공감이 가지 않는가? 만일 이 말에 공감한다면 당신은 문제점을 파악해서 자식에게 물려주지 않기를 바랄 것이다.

일단 혈당을 높이는 식품을 중단했다면 다시는 입에 대지 않는 것이 중요하다. 당신의 몸은 이제 축적된 지방을 없애고 인슐린 저항과 관련된 질병들을 예방하는 법을 배웠다. 일단 그 원리를 몸에 익혔으면 당신은 더 이상 칼로리나 탄수화물, 지방의 양을 계산하지 않아도 된다. 그렇다. 당신은 예전에 탐하던 음식들을 멀리하고 단 음식을 주변에서 치워버려라. 일단 혈당이 안정되면 이런 일들은 생각보다 쉽게 실천할 수 있다.

| 고지방 대체 식품 |

지난 수십 년 동안 영양학자들은 저지방 식품을 섭취하는 것이 심장 질환과 비만, 암을 예방할 수 있는 열쇠라고 주장했다. 여기에 부응해서 식품 업체들은 지방 함량이 낮지만 정제된 탄수화물로 만든 과자나 빵, 아이스크림, 스낵 등을 쏟아냈다. 그러나 최근에는 그 시계추가 반대 방향으로 옮겨갔다. 슈퍼마켓 진열대에는 정제된 당분은 낮으나 혈당이 높고 지방 함량이 높은 탄수화물 제품들이 가득 쌓여 있다. 저탄수화물 초콜릿이나 저탄수화물 아이스크림 등은 탄수화물은 적으나 지방이 대단히 많은 제품들이다.

지방이든 정제된 탄수화물이든 양이 지나치면 건강에 매우 해롭다. 가장 바람직한 것은 적절한 균형을 유지하는 것이다.

그렇다고 지방이 모두 해로운 건 아니다. 우리 몸에는 견과류나 씨앗, 생선, 올리브유 등에 들어 있는 필수 지방산이 필요하다. 우리는 이들을 오메가-6나 오메가-3 지방산이라고 부른다. 이들 지방산의 하루 권장량은 정해지지 않았지만 대부분의 연구 결과 오메가-6와 오메가-3의 비율이 3:1일 때 가장 바람직한 것으로 밝혀졌다. 오늘날 미국인의 식탁에는 오메가-6의 비중이 충분하기 때문에(카놀라유, 땅콩기름 등) 오메가-3의 섭취(아마 씨나 삼씨, 연어)에 더욱 힘써야 한다. 오메가-3는 캡슐로 된 보충제로도 섭취할 수 있다(부록이나 3장 참조). 오메가-3는 뇌와 면역계, 그리고 몸의 모든 세포에 유익한 영향을 미친다는 사실이 충분히 입증되었다.

고기나 계란에 함유된 포화지방도 이를 공급하는 동물들이 친환경적으로 양육되었다면 건강에 유익한 식품이 될 수 있다. 예를 들면, 방목한 닭이 낳은 계란에는 오메가-3가 풍부하게 함유되어 있다.

그러나 선천적으로 호모시스테인 수치가 높은 사람들은 포화지방을 많이 섭취하면 심장 질환이나 뇌졸중의 위험이 커진다. 이 위험률은 엽산이나 비타민B12 복합 보충제를 복용하면 현저하게 낮아진다. 동물 지방에는 이밖에도 염증성 에이코사노이드를 생성하는 아라키돈산이 들어 있다. 따라서 관절염을 앓는 사람들은 수주 동안 동물 지방의 섭취를 피하면 통증이 한결 완화된다. 만일 동물 지방을 다시 섭취했을 때 통증이 재발되는 사람들은 영구적으로 동물 지방 섭취를 피해야 한다.

수소화된 지방(트랜스 지방)도 당연히 건강에 해롭다. 이런 종류의 지방은 자연 상태에서는 발견되지 않는 것으로 고열과 고압을 이용해서 수소를 복합불포화지방에 인공적으로 첨가시킨 것이다. 고열과 고압은 지방이 실내온도에서도 고체 상태를 유지하도록 만들기 때문에 – 마가린처럼 – 선반에 올려놓고 언제든지 손쉽게 이용할 수 있는 장점이 있다. 그러나 이들 수소화된 지방의 문제점은 뇌와 신경세포를 포함한 모든 세포막에 침투해서 지방층을 형성한다는 것이다. 이렇게 축적된 지방은 시간이 흐르면서 세포막의 기능을 저하시켜 암이나 심장병, 우울증 등의 원인으로 작용한다.

따라서 식품을 구입할 때는 이들 지방이 함유되었는지를 반드시 확인해야 한다. 당신은 얼마나 많은 포장 식품들에 이들 지방이 함유되어 있는지를 발견하고 놀랄 것이다. 첨가 식품을 확인하는 습관은 건강에 좋은 식품을 발견하는 확실한 방법이다.

우리 둘째 딸 케이트는 나를 닮아서 잠재기 동안 비만 증상을 보였다. 당시 우리 가족은 탄수화물을 많이 섭취하는 채식주의 식단을 따랐지만 딸에게는 별반 도움이 되지 않았다. 나는 우리 가족의 유산인 드럼통 몸매를 아이들에게 물려주지 않기 위해서 온갖 노력을 기울였지만 건강하게 자라는 아이에게 큰 부담을 주지 않으려고 먹는 것에 지나치게 간섭하지 않았다. 케이트는 사춘기에 접어들면서 살이 빠지기 시작했는데 내가 단백질과 과일, 채소가 풍부하고 최대한 곡물을 억제한 식단으로 바꾸기 시작한 후부터였다. 모든 농부들이 소를 살찌우기 위해서 곡물을 많이 먹여야 한다는 사실을 알듯이, 곡물은 살과 밀접한 관계가 있다. 우리 가족이 탄수화물 위주의 식단을 고집할 때는 딸은 물론 내 체중도 하늘 높이 치솟았다. 우리 부모님도 이런 현상, 즉 체중이 늘고 지질 수치가 올라가며 머리와 손톱 상태가 악화되는 부작용을 보였다. 당시는 단백질이 많고 탄수화물이 적은 식단이 건강에 유익하다는 연구 결과들이 발표될 때였다. 그 연구 결과를 접하고 나서 나는 우리 가족의 식단을 바꿀 필요가 있음을 깨달았다.

나는 최근 케이트에게 초등학교 시절 자신의 몸매에 대해 어떻게 생각했냐고 물은 적이 있다. 케이트는 아홉 살 때 한 친구의 말로 상처받았던 경험을 털어놓았다. "우리 엄마가 넌 너무 뚱뚱하대!" 또한 남자아이들로부터 뚱보라고 놀림당했던 경험도 고백했다. "하지만 엄마는 항상 내가 통통해서 귀엽다고 말했잖아. 덕분에 나는 몸매에 대해 한 번도 고민해본 적이 없어. 학교에서 놀림받았어도 집에 돌아오면 기분이 좋아졌거든." 딸아이의 말은 어느 음악보다도 내 귀에 아름답게 들렸다.

나는 또한 딸에게 주말마다 가족끼리 외식하러 나갔을 때 딸이 좋아하던 탄수화물이 풍부한 음식을 엄마가 못 먹게 했다면 어땠을 것 같으냐고 물었다. 내가 어렸을 때처럼 케이트도 팬케이크를 무척 좋아했다. "아마 먹고 싶은 욕구가 더 강해졌을 거야. 하지만 엄마가 억지로 못 먹게 하지 않아서 오히려 도움이 되었어."

내가 딸의 이런 마음을 직감적으로 느꼈던 사건이 있었다. 언젠가 시아버지께서 남편에게 케이트의 체중에 대해 걱정한 적이 있었다. 남편은 딸에게 다이어트를 시켜야 하는지를 내게 의논했다. 나는 만일 강제로 다이어트를 시킨다면 오히려 상태가 악화될 거라고 말하면서 대신 남편에게 내 동료이자 섭식 장애에 대한 전문가인 마셀 피크Marcelle Pick를 만나보라고 제안했다. 그녀는 남편에게 케이트의 체중이나 몸집에 대해 절대 부정적인 언급을 하지 말라고 권했다. 남편은 그녀의 충고에 따랐고 덕분에 우리 부부는 이 문제를 큰 마찰 없이 수월하게 해결할 수 있었다.(부록 참조)

그러나 만일 우리 가족의 식생활에 탄산음료나 과자, 가공 식품이 많이 포함되었더라면 상태는 더욱 악화되었을 것이다. 우리 가족은 웰빙 식단으로 함께 식사를 즐겼으며 아이들은 댄스나 수영 같은 운동으로 몸매를 다듬었기 때문에 케이트의 체중은 한계를 넘지 않았다.

만일 당신 딸이 비만이라면 엄마야말로 건강한 체중을 유지하도록 도울 수 있는 가장 강력한 위치에 있다는 사실을 먼저 인식해야 한다. 케이트는 내게 이렇게 말했다. "엄마는 우리가 먹는 음식에 대해 일일이 간섭하진 않았지만 가족을 위해 차리는 식탁과 엄마의 식습관을 보며 우리는 몸에 유익한 음식을 저절로 배우게 되었어." 엄마가 아이들의 식습관을 24시간 감시할 수는 없지만 아이들이 무엇을 먹느냐가 건강과 직결되어 있다는 사실을 인식하고 부모로서의 권리를 행사할 필요가 있다. 아이가 당신이 주는 음식을 싫어할 수도 있고 아이가 정말 좋아하는 음식(포장된 스파게티나 치즈 등)을 못 먹게 할 경우에는 반항할 수도 있다. 그러나 아이가 아직 마음대로 음식을 선택하거나 먹고 싶은 음식을 사먹을 능력이 없을 때 올바른 식습관을 길러줘야 한다. 그러면 성장한 후 당신에게 고마워할 것이다.

건강한 식습관은 가정의 식탁에서부터 시작된다는 것은 두말 할 필요도 없다. 집안에 과자나 가공 식품, 청량음료 등이 쌓여 있다면 당신의 아이들은 인내심과 자제력이 부족한 '꼬마 폭군'으로 자라게 될 것이다. ❀

잠재기에 건전한 식습관을 길러주라

어린 시절에 잘못된 식습관으로 뿌려진 씨앗은 개인의 식습관과 운동 습관에 따라 점차 뿌리를 내리고 줄기를 뻗어간다. 따라서 어린 시절의 영양 섭취와 식습관은 평생의 건강을 좌우하게 된다. 다음은 올바른 식습관을 길러주는 비결이다.

아이의 선천적인 체질을 파악하라 케이트가 어렸을 때 딸과 나는 더 이상 올라갈 수 없는 체중의 꼭대기에 도달해 있었다. 과체중이란 체질량지수가 성별과 나이가 같은 아이들의 체질량지수의 95퍼센트 이상일 때를 말한다. 과체중은 건강에 적신호가 될 수도 있고 그렇지 않을 수도 있다. 근육의 비율이 많으냐 지방이 많으냐에 따라 달라지는 것이다. 일반적인 여성의 경우, 지방 비율이 체중의 18~26퍼센트에 머물러야 정상이다. 남성의 경우에는 이보다 지방 비율이 낮아야 건강하다고 할 수 있다.

잠재기를 거치는 여자 아이들의 경우에는 지방의 양이 늘어나는 게 정상이다. 이 지방은 사춘기의 호르몬 변화를 감당하는 데 필요한 것이다. 따라서 사춘기를 앞둔 딸이 약간 살이 쪘다고 해서 걱정할 필요는 없다. 혈당이 높은 음식을 먹지 않는다면 사춘기를 거친 후 다시 살이 빠지기 때문이다.

타고난 체질도 체중에 지대한 영향을 미친다. 우리 두 딸이 그 대표적인 본보기라고 할 수 있다. 나는 두 딸을 임신했을 때 늘어난 체중이 11.5킬로그램으로 정확히 똑같았다. 그러나 큰딸 애니는 예정일보다 열흘 일찍 태어나서 체중이 2.5킬로그램이었고, 예정일에 정확히 태어난 둘째 딸 케이트는 3.8킬로그램이었다. 한 엄마에게서 태어났어도 두 아이는 이렇게 체질과 신진대사가 서로 달랐다. 큰딸이 둘째 딸보다 1.3킬로그램이나 가벼웠던 것이다. 둘 다 체지방 비율은 19~22로 정상적인 범주였지만 큰딸은 동생에 비해 근육이 훨씬 적었다. 따라서 둘째딸은 자라면서 항상 언니보다 우람해보였다.

집안에 건강식품과 기호식품의 비율이 8 대 2가 되도록 노력하라 아이들이 매일 먹는 음식 중에서 탄수화물이 적은 자연건강식품의 비율을 80퍼센트까지 높여야 한다. 나머지 20퍼센트는 친구들과 어울려 좋아하는 음식을 사먹어도 무방하다. 아이가 가끔 밖에서 친구들과 피자나 프렌치프라이 같은 패스트푸드를 먹더라도 집에서 먹는 건강식품에 익숙해지면 점차 그런 음식들을 멀리하게 될 것이다. 나는 주변에서 이런 경우를 많이 보았다. 그리고 우리 아이들도 그 좋은 본보기다.

정크푸드를 집 안에 들이지 말라 청량음료나 사탕, 포장된 스낵 종류 같은 정크푸드를 집안에 두지 말라. 이런 식품들은 혈당을 급속히 높일 뿐 아니라 청량음료에는 카페인을 비롯해서 인공 감미료인 아스파르테임 등 두통을 유발하는 화학물질들이 함유되어 있다. 또한 칼슘과 아연 같은 무기질의 흡수를 방해하고 불면증이 원인이 될 수도 있다.

아이를 장보기에 동행하거나 요리에 참여시켜라 장을 보러 갈 때 아이를 데려가서 싱싱하고 잘 익은 멜론이나 토마토, 파인애플을 고르는 법을 가르쳐라. 식품점에서는 포장된 물건보다 그냥 진열된 야채와 과일이 신선하고 영양도 풍부하다. 가족들의 건강에 유익한 요리를 만드는 일은 항상 즐겁다. 야채와 과일, 단백질이 풍부한 콩으로 만들 수 있는 요리는 무궁무진하다. 요리를 배우면서 여자 아이들은 자부심을 느낄 뿐 아니라 자연스럽게 요리와 가까워질 수 있다.

단백질이 포함된 아침 식사를 하라 아침 식사를 든든하게 하면 하루 종일 혈당이 안정되고 더불어 마음의 여유가 생긴다. 단백질과 복합 탄수화물, 유익한 지방이 포함된 아침 식사를 하면 혈당이 서서히 높아져서 오전 내내 적정한 혈당량이 유지된다. 이 말은 정신이 맑아지고 에너지가 넘친다는 뜻이다. 어떤 핑계도 아침 식사를 거르는 정당한 이유가 될 수 없다. 요즘에는 믹서를 이용해서 간단히 만들 수 있는 아침 대용 식품이 얼마든지 많다. 바쁜 출근길에 들고 뛸 수 있는 막대 식품(바)들도 많이 시판되고 있다. 식탁에 앉아서 여유 있게 아침 식사를 즐기는 것이 가장 바람직하지만 그럴 형편이 못 된다면 굶는 것보다는 질 좋은 단백질 바라도 먹는 것이 낫다.

반면 당신이나 딸이 정제된 탄수화물과 설탕으로 범벅된 시리얼을 한 사발 먹을 경우, 한 시간 안에 혈당이 급격히 상승한 후에 다시 이전의 공복 상태로 환원된다. 따라서 오전 10시쯤 되면 벽지라도 뜯어먹고 싶을 정도로 허기를 느끼게 된다. 이런 현상은 아침에 커피나 베이글 혹은 패스트리를 먹었을 때도 나타난다. 그러나 이런 공복감을 충분히 만족시킬 기회를 갖지 못하다가 오후 4시경부터 혈당이 서서히 낮아지기 때문에 퇴근해서 돌아오면 냉장고 옆을 떠날 줄 모른다. 이런 왕성한 식욕은 잠자리에 들 때까지 지속된다.

가족끼리의 식사 시간을 늘려라 연구 결과에 따르면, 1주일에 세 번 이상 가족끼리 식사하는 아이들은 좀더 건강하고 학업 성적도 우수한 것으로 나타났다. 아이들이 여러 핑계를 대며 이 소중한 가족의식에 불참하는 것을 허락하지 말라. 그보다 더 중요한 일이 어디 있겠는가. 집에서 먹든 외식을 하든 온 가족이 둘러앉아 함께 식사할 시간을 아이들에게 확실히 알려주고 지키도록 가르쳐라. 패스트푸드 대신에 집에서 가족과 식사하는 시간이 많아질수록 건강은 더욱 좋아진다. 어떤 음식이 엄마의 손맛을 대신할 수 있겠는가.

식탁에서 갈등을 야기하는 대화는 삼가라 스트레스를 받으면서 식사하면 소화에 매우 해롭다. 가족과의 저녁 식사 시간은 상담하는 시간이 아니라 하루의 긴장을 풀어주는 즐거운 시간이어야 한다.(526쪽 '식탁에서의 대화' 참조)

음식의 양을 줄여라 지난 30년 동안 우리 식탁에 올라오는 음식의 양은 크게 늘었다. 그러나 식탁이 풍성해지면서 반대로 우리의 건강은 위협받고 있다. 나는 얼마 전 〈미라클〉이란 영화를 보았는데 1980년 레이크 플래시드에서 개최되었던 올림픽을 배경으로 한 실화였다. 그 영화의 한 장면에서 나온 휴대용 커피 잔이 너무 작은 데 놀랐다. 요즘 식당에서 주는 음식은 예전에 비해 양이 너무 늘었다. 그 양을 기준으로 삼지 말고 집에서는 식사량을 줄이자.

아이가 골고루 먹도록 유도하되 싫어하는 음식을 억지로 먹이지 말라 화기애
애해야 할 식탁을 전쟁터로 만들지 말라. 우리 둘째 딸은 야채를 거의
먹지 않았다. 나는 여러 방법으로 야채를 먹이려고 노력했지만 나중에
보면 아이의 냅킨 속에 몰래 버린 야채가 싸여 있었다. 하지만 지금은
야채를 너무 좋아한다.

음식 맛을 즐기는 법과 적당히 먹는 법을 가르쳐라 음식의 맛은 미각과 후
각에서 비롯한다. 맛을 최대한 음미하기 위해서는 마음의 여유를 가지
고 천천히 즐겨야 한다. 그래야만 영양소뿐 아니라 음식이 간직한 에너
지까지 흡수할 수 있다. 천천히 입 안의 음식을 음미할 때만 음식의 맛
과 에너지를 충분히 만끽할 수 있다는 사실을 잊지 말라.

만일 아이가 음식을 급하게 먹는 버릇이 있다면 건포도로 맛을 음미
하는 방법을 가르치면 좋다. 건포도 한 알을 입 안에 넣은 다음 바로 씹
지 말고 잠깐 혀로 느낀다. 그런 다음 건포도를 가볍게 씹고 나서 혀와
입천장 사이에 넣고 누른다. 그러면 맛과 향기가 충분히 우러난다. 이
맛과 향기를 천천히 음미한다. 이 과정을 몇 번 반복하게 한다.

배가 부르다는 느낌이 위에서 뇌로 전달되려면 20분이 걸린다. 따
라서 식탁에서 가족끼리 대화를 나누며 천천히 식사를 즐긴다면 몸과
마음으로 충분한 포만감을 경험할 수 있다. 음식을 천천히 먹으면 과
식을 피할 수 있을 뿐 아니라 식사 후에 군것질을 하고 싶은 충동도 줄
어든다.

당분이 많은 음식이나 디저트를 보상으로 이용하지 말라 이런 습관은 단 음

식에 대한 중독증을 부채질할 뿐이다. 단백질이 포함된 디저트로 바꾼 다면 혈당 증가를 자연스럽게 낮출 수 있다. 외식을 할 경우에는 디저트 하나를 여럿이 나눠먹는 방법을 택하면 좋다. 그리고 맛을 음미하면서 천천히 먹으면 많이 먹지 않고도 포만감을 만끽할 수 있다.

밤에 군것질을 피하라 만일 당신에게 저녁 8시 이후에 군것질을 즐기는 습관이 있다면 아이에게는 절대 물려주어서는 안 된다. 하루에 필요한 칼로리를 이른 시간에 섭취할수록 체중을 줄일 수 있다는 연구 결과가 발표되었다. 반면, 저녁이나 밤늦은 시간에 섭취하는 칼로리는 체중을 증가시키는 주범이다. 저녁에 가족이 둘러앉아 TV를 보며 군것질을 즐기는 버릇은 비만과 건강 악화를 초래한다. 이런 습관은 쉽게 고칠 수 없다. 정크푸드 선전으로 도배된 TV 화면을 보면서 웬만한 의지로 먹고 싶은 충동을 억제하기가 쉽겠는가. 유혹을 이기려면 유혹을 멀리하라. 그래도 입이 근질거린다면 당근이나 샐러리 같은 야채로 충동을 달래라.

그러나 지나치게 마른 아이들에게는 방과 후나 저녁 시간에 간단한 간식이 필요하다. 간식을 먹을 때는 식탁에 앉아 정해진 양만 먹도록 습관을 들여야 한다. 어려서 마른 아이들도 크면서 비만이 되는 경우가 허다하다. 간식은 반드시 건강식품이어야 한다. 유기농 땅콩버터를 바른 사과, 살사소스와 당근, 요구르트와 딸기 등을 추천한다.

학교의 음식 환경을 개선하도록 노력하라 일단 학교에 가면 아이는 엄마의 감시를 벗어난다. 학교에서는 과자나 케이크, 사탕 등을 먹을 기회가 많다. 아직도 많은 선생님들이 아이들이 잘했을 때 사탕을 상으로 준다. 아이들의 비만을 줄이기 위해서는 학교 당국도 이런 점을 각성해야 한다. 어린이 비만은 간과해서는 안 될 중대한 사회 문제이기 때문이다. 학교 안에서 자판기를 몰아내는 일이나 아이들의 파티에 건강식품을 사용하도록 인도하는 문제는 학부모들이 서로 협력해야 한다. 그러나 당분이 많고 정제된 음식에 길들여진 우리의 음식 문화를 감안할 때 쉽게 변하지는 않을 것이다. 부모로서 최선을 다하되 아이가 학교에서 무엇을 먹느냐에 대해 지나치게 엄격하면 오히려 사회성을 저해할 수도 있으므로 적절한 조절이 필요하다.

혈당 지수가 높은 음식과 충동적인 식욕 사이의 연관성을 가르쳐라 아이에게 혈당 지수가 높은 음식을 먹은 후에 어떤 기분을 느끼는지 물어보라. 또 과식하면 소화불량으로 가스가 차고 가슴이 두근거리지 않는지 확인시켜라. 아이가 과식하는 경향이 있다면 충동적으로 음식을 먹은 후 기분이 어떻게 변하는지에 대해서 일지를 쓰게 하라. 과도한 식욕과 혈당을 높이는 음식, 그로 인한 감정 변화 사이의 연관성을 가르치기 위한 것이다. 혈당이 안정되면 충동적인 식욕이나 군것질이 줄어든다는 것을 아이가 몸소 체험하는 것이 가장 효과적이다.

먹는 것 말고 다른 일에서 즐거움을 찾도록 유도하라 탄수화물이 많이 든 음식을 먹으면 기분이 좋아지는 건 사실이지만 건강을 위해서는 다른 방법을 찾아야 한다. 아이에게 운동이나 음악 감상, 만족감을 안겨주는 창조적인 일로 기분을 전환시키는 방법을 가르쳐라.

비타민이나 무기질 보충제를 먹여라 비타민과 무기질 보충제를 장기 복용할 경우, 각종 감염이나 암, 심장병을 예방하고 면역력을 높인다는 사실이 연구 결과를 통해 입증되었다. 그러나 시판되는 보충제의 질에 큰 차이가 있기 때문에 지나치게 가격이 싼 물건은 피하는 게 좋다. 성

분과 함량을 꼼꼼히 따져보고 고르도록 하라.(18장 참조)

운동을 시켜라 정기적인 운동은 당분을 효과적으로 분해시켜 인슐린 저항을 막는다. 운동을 많이 한 아이들은 운동 부족인 아이에 비해 날씬한 몸매를 유지한다는 사실이 연구 결과를 통해서도 밝혀졌다. 가장 좋은 방법은 엄마가 본보기를 보이는 것이다.

아이에게 음식에 대한 긍정적인 이미지를 심어주라 1980년대 초 우리 아이들이 아직 어렸을 때 나는 한 자연식품 전문가와 나누었던 이야기를 기억한다. 그녀는 아이들에게 먹일 음식은 손수 요리하며 아무 음식이나 먹지 않도록 철저하게 통제한다고 말했다. "아이들은 건강에 좋은 음식이 무엇인지 판단할 능력이 없어요. 엄마인 내가 통제하지 않으면 밖에서 정크푸드를 먹고 다닐 게 분명해요." 그녀는 대부분의 미국 사람들이 먹는 음식을 금하며 어쩌다 아이들이 땅콩버터를 먹으면 호되게 야단을 친다는 것이었다. 그녀의 아이들은 당시 열두 살과 열네 살의 청소년이었다.

그녀의 말을 듣고 나는 이런 생각을 했다. 그녀의 아이들은 대체 몇 살이 되어야 스스로 음식을 판단할 수 있게 된단 말인가? 그렇게 엄격히 통제받는 환경에서 어떻게 판단력을 키울 수 있을까? 물론 아이들이 판단력을 갖출 나이가 되기 전까지는 부모가 음식을 통제할 책임이 있다. 그러나 어느 정도 자라면 엄마의 간섭이 없이도 건강에 좋은 식품을 스스로 선택할 능력을 갖추게 된다.

지난날을 되돌아볼 때 음식에 대한 내 주관적인 평가—쇠고기를 '죽은 소'로 표현하는 등—가 작은딸 케이트의 자부심이나 내면의 성숙에 오히려 해가 되었던 것 같다. 케이트는 선천적으로 고기를 좋아했으며 아홉 살 때 이미 나중에 자라서 채식주의자는 절대 되지 않겠다고 선언했다. 시간이 흐르면서 케이트의 몸이 보여준 지혜가 옳았음이 증명되었다. 케이트의 체질을 감안할 때 단백질을 많이 섭취하고 곡물 섭취를 줄이는 것이 건강에 유익했던 것이다.

그 후부터 나는 대부분의 사람들은 동물성 단백질을 어느 정도 섭취하는 것이 건강에 좋다는 결론을 얻었다. 채식주의자들은 이 말에 동감하지 않겠지만 나는 그들의 주장을 이해하고 존중한다. 육류를 섭취하지 않아도 사는 데 지장은 없겠지만 인류 역사에 등장했던 여러 종족들은 대부분 동물성 단백질을 섭취하며 살았다는 사실이 조사 결과 밝혀졌다. 내 주변에 있는 채식주의자들도 그다지 건강해 보이지는 않는다.(그리고 시간이 흐르면 인슐린 저항 때문에 많은 채식주의자들의 체중이 증가할 것이다.)

요점-건강이든 체중 조절이든 결국은 한 개인의 자유에 대한 것이다. 이 자유는 언제 배가 고프고 언제 포만감을 느끼는지를 스스로 깨닫는 것이다. 원하는 것을 언제든지 먹는 게 자유가 아니다. 진정한 자유란 훈련처럼 자신이 정한 규칙을 따르는 것이다. 이런 습관이야말로 당신이 딸에게 물려줄 수 있는 소중한 재산이다.

식탁에서의 대화

아이들의 소화 기관은 스트레스에 매우 민감하다. 아이들이 어떤 환경에서 어떤 방식으로 음식을 먹느냐가 소화·흡수에 지대한 영향을 끼친다는 사실은 아무리 강조해도 지나치지 않다. 이런 영향은 자궁에서부터 시작되어-엄마의 감정 상태에 따라 태아에게 공급되는 혈액량이 달라진다-평생 지속된다. 어느 가정에서나 가족간의 갈등이나 문제점, 그로 인한 감정 대립은 주로 식탁에 둘러앉았을 때 불거진다. 식탁은 그 가정의 분위기를 반영하는 대표적인 장소라고 할 수 있다.

당신의 가정은 어떤 분위기인가? 가정의 불화를 야기하는 주된 원인은 두 가지로 요약할 수 있다. 지나친 간섭과 지나친 격리다. 그러나 이처럼 경직되고 융통성 없는 방법으로는 결코 갈등을 해소하지 못한다.

지나친 간섭으로 사생활을 허락하지 않는 가정

간섭이 심한 가정에서는 가족 구성원간의 경계가 보장되지 않거나 희미하다. 가족간에 너무 끈끈하게 연결되어 있기 때문에 한 사람에게 변화가 생기거나 서로의 관계가 달라질 경우 그 여파는 전 가족에게 미친다.

데니스의 엄마와 아빠는 유대감이 부족한 겉도는 부부였다. 그녀의 엄마는 지나치게 아들의 삶에 간섭하느라고 남편에게 신경 쓸 겨를이 없었기 때문이다. 저녁 식사 시간에 엄마와 아들은 학교에서 열리는 댄스파티에 누구를 데려갈 것인지에 대해 토론을 벌이고 있었다. 그들은 여자 아이들의 이름을 차례로 거론하면서 그들에 대해 시시콜콜 의견을 나누었다. 아들은 다른 사춘기 소년들이 쉽게 하지 않는 얘기도 엄마에게 서슴없이 털어놓았다. 열 살인 데니스는 두 사람의 대화에 끼어들려고 안간힘을 썼으나 찬밥 신세를 면할 수 없었다. 식사 도중 아빠가 돌아왔지만 엄마는 형식적인 인사말만 건넨 후 다시 아들과의 대화에 열중했다. 이런 광경을 본 데니스는 입맛이 떨어져 숟가락을 놓았다. 그녀의 몸이 아빠가 무시당하고 소외당하는 것을 알아챈 것이다.

그녀는 무의식적으로 아빠를 돌봐야 한다는 책임감에 사로잡혀 자리에서 일어나 엄마 대신 아빠의 식사를 준비했다. 아들은 식사를 끝내고 농구를 하러 나갔다. 아들이 자리를 뜨자마자 엄마도 식탁에서 일어나 아빠에게 말했다. "존이 댄스파티에 누구를 데려가려는지 알아요?" 그때부터 두 사람은 아들의 사교 생활에 대해 미주알고주알 얘기를 나누기 시작했다. 데니스의 오빠는 가족의 우상이었다. 모든 가족이 그를 중심으로 움직였다. 데니스는 소외감을 느꼈으나 가족의 일원으로 인정받기 위해서는 엄마와 아빠처럼 오빠를 떠받들 수밖에 없다는 사실을 알고 있었다.

간섭이 심한 가정에서는 가족 모두가 다른 구성원의 생활을 시시콜콜 알고 싶어한다. 건강한 가정에서는 가족 구성원 각자의 사생활이 있으며 필요할 때는 문을 열거나 닫을 권리가 보장된다. 그러나 간섭이 심한 가정에서는 신체적이든 정신적이든 사생활이 없다. 누구나 언제든지 다른 가족의 삶에 끼어들 수 있다. 따라서 가족들은 개성을 가진 한 개인으로 성장하지 못한다. 자신의 영역을 침해받았을 경우 아이들은 부모 중 한사람에게 반항심을 갖는다. 클레어라는 환자가 바로 이런 경우였다.

클레어는 여덟 살 때부터 왕자를 만나기 전의 신데렐라처럼 집안의 일을 혼자 도맡아했다. 엄마가 직장에 다녔기 때문에 집안 청소와 요리, 설거지는 모두 그녀에게 맡겨졌다. 클레어에게는 언니가 있었으나 그녀는 손도 까딱하지 않았다. 어린 나이에 힘겨운 짐을 져야 했던 클레어는 마침내 척추측만증에 걸려 수술을 받게 되었다. 정상적인 가정이라면 이런 일이 생기면 더 이상 아이에게 무거운 책임을 맡기지 않을 것이다. 그러나 이런 가정에서 개인의 권리는 허락되지 않는다. 가족 중 한 사람이 독립을 추구하거나 병 때문에 어쩔 수 없이 독립하게 되더라도 나머지 가족들은 그 상황을 견디지 못한다. 클레어가 병원에 있는 동안 체중이 감소한 아빠는 딸이 빨리 돌아와서 다시 요리와 집안일을 감당해주길 바랐다. 그러나 깁스를 한 클레어는 엄마가 돌봐줄 수 없는 사정이라서 6개월 동안 친척집에 머물러야 했다. 몸이 회복된 그녀는 집으로 돌아왔으나 그동안 여러 경험을 거치면서 생각이 크게 달라져 있었다. 다른 가족들은 아무 일도 없었던 것처럼 그녀에게 예전의 역할을 기대했지만 사춘기에 접어들면서 클레어는 억제되었던 갈등 특히 엄마와의 갈등을 겉으로 드러내기 시작했다.

간섭이 심한 가정의 전형적인 유형

'우리'라는 표현을 즐겨 쓴다 엄마가 항상 '우리' 또는 '우리 가족'이라는 표현을 즐겨 쓴다. 가정을 마치 개인이 존재하지 않는 하나의 집단으로 생각하는 듯하다. 가족들이 '나'라는 단어를 쓰면 못마땅하게 여기며 개인의 정체성을 찾지 못하게 방해한다. ("우리는 언제나 크리스마스이브가 되면 돼지고기 구이 요리를 먹잖아.")

가족을 위한 헌신을 통해 인정받고자 한다 가족 구성원 중 특히 여성들은 가족을 위해 봉사하는 일에서 성취감을 맛보고 자신의 존재 가치를 느낀다. 딸들은 가족이 좋아하는 빵이나 과자 같은 요리를 배움으로써 자신의 존재를 인정받고자 노력한다.

독자적으로 행동하면 대가를 치러야 한다 만일 당신이 가족들과 위배되는 행동을 할 경우에는 비난을 감수해야 한다. 가족들이 원하는 것이 아니라 자신이 원하는 것을 따르게 되면 죄의식을 느끼도록 압력을 받는다.

한 친구는 대학에 들어간 후 채식주의자로 변했고 그 사실을 가족에게 알렸다. 그런데 방학 때 집에 돌아가자 그녀의 엄마는 푸짐한 고기 요리로 상을 차려주었다. 친구가 고기를 먹지 않자 그 엄마는 거칠게 식탁을 치우며 퉁명스럽게 말했다. "도대체 너한테 무슨 요리를 해줘야 좋을지 모르겠구나."

가족끼리 지나치게 얽혀 있다 이런 가족들은 가정이라는 작은 반경을 벗어나지 못한다. 가족들의 사교 생활은 서로의 생일이나 세례식, 기념일 등으로 채워져 있으며 아이들은 성장해서도 일요일 저녁에는 집에 와서 함께 식사해야 한다. 가까이 살지 않으면 매일 전화 통화로라도 가족애를 과시한다.

가족간에 비밀이 없다 당신에게 무슨 일이 생기면 한나절도 못 돼 온 가족이 알게 된다. 외부의 다른 사람에게 알려지는 경우도 종종 있다. 고대 사회에서 씨족의 여족장이 중재자 역할을 했던 것처럼 엄마나 여자 가족들이 발 벗고 나서서 사건을 중재하고 해결하려고 덤빈다.

쉽게 뭉치고 쉽게 깨진다 이런 가족들은 서로간의 경계가 희미한 동시에 동맹 관계도 쉽게 깨지는 경향이 있다. 예를 들면, 엄마가 학교에 입학하는 딸을 위해 새 옷을 사주기로 약속했다. 돈이 드는 일이었지만 서로 흔쾌히 동의했다. 그런데 집에 돌아온 아빠가 이 얘기를 듣고 옷을 사줄 수 없다고 반대했다. 그러자 엄마는 딸과의 약속을 저버리고 아빠 편으로 돌아섰다. 딸은 배반당한 기분이 들어 항의하려고 했지만 엄마는 오히려 딸을 꾸짖었다. "왜 우리 가족은 항상 마음이 합쳐질 수 없는 거니?"

모든 결정은 가족 투표를 거쳐야 한다　당신은 가족 투표를 거치지 않고는 아무 결정도 내릴 수 없다. 독자적으로 결정을 내렸다가는 그에 상응하는 징벌이 따른다.

갈등을 드러내지 않는다　엄마나 딸은 가족간의 갈등을 가능한 한 빨리 무마시키기 위한 중재자 역할을 하도록 훈련된다. 당신은 갈등을 피하기 위해 자신의 의견을 확실하게 표현하지 못하고 우회적인 표현을 써야 한다. 예를 들어, 엄마와 아버지 사이에 깊은 갈등의 골이 존재하는데도 엄마는 문제가 있다는 사실을 인정하거나 내색하지 않는다. 대신 "가족간에 갈등이 있으면 엄마는 행복하지 않단다."라는 식으로 비유적인 표현을 사용한다. 이런 가정은 무슨 일에든 갈등을 드러내지 않으며 의견이 쉽게 일치되는 것처럼 보인다. 만일 가족 중 한 사람이 자신의 의견을 분명하게 주장하려고 들면 다른 가족들은 그를 '나쁜 사람'으로 몰며 탈선한 가족을 제 궤도로 끌어들이기 위해 단합한다.

기념일은 반드시 가족과 함께 지내야 한다　엄마나 아버지, 아이들 중 누구를 막론하고 명절이나 기념일은 반드시 가족과 함께 지내야 한다. 만일 당신이 기념일 하루 전에 집에 도착하지 않으면 다른 가족들의 성화가 빗발친다. 기념일의 식사 시간은 목숨 걸고 지켜야 하는 '어명'이다. 또한 엄마의 노고를 치하하는 의미에서 음식은 가능한 한 많이 먹어줘야 한다.

부모가 아이들의 사교 생활까지 일일이 간섭한다　엄마는 가족들의 사교 생활을 좌지우지하며 죄의식을 자극해서 자신의 의도대로 따르도록 강요한다. 예를 들면, 당신의 결혼식에 당신이 싫어하거나 얼굴도 모르는,

부모님의 친구를 초대하도록 강요받는다. 또한 부모님 친구의 장례식을 비롯해서 당신이 잘 모르거나 친분이 없는 사람들의 경조사에도 참석하도록 압력을 받는다.

불쌍한 강아지 증후군으로 동정심을 유발한다 가족들은 나약하고 무기력한 척하는 연기를 통해 동정심과 보호 본능을 불러일으키는 수법을 이용한다. 갈등을 피하기 위해 방어 막을 치는 것이다. 예를 들어, 당신이 크리스마스이브에 교회에서 성탄 예배를 마치고 돌아오면서 친구들과 밖에서 놀겠다고 선언하면 엄마는 눈물을 글썽이며 이렇게 말한다. "얘야, 엄마는 크리스마스가 되면 항상 온 가족이 벽난로에 둘러앉아 화목하게 지내는 시간을 고대하곤 한단다."

┃ 갈등을 피하는 기술 ┃

만일 갈등을 속으로만 담아두지 않고 겉으로 표현하고 싶다면 당신이 원하는 것이 무엇이며 어떤 기분인지를 솔직하게 표현해야 한다. 다음은 당신이 갈등을 드러낼 때 그것을 피하기 위해 상대방이 택하는 수법들이다.

갈등을 회피한다 당신의 구체적인 설명을 한두 마디 말로 잘라버린다. "기억이 안 나는군요." "그래서 어쨌단 말이야!" "그런 문제가 있었어?"

감정을 폭발시킨다 울음을 터뜨려 대화를 계속할 수 없게 만든다. 이런 태도는 동정심을 유발해서 오히려 당신이 사과하게 만든다.

합리화하거나 거부 반응을 보인다 "당신이 오해하고 있는 거야." "너무 바빠서 미처 신경 쓸 틈이 없었어요." "그래서 나한테 원하는 게 뭔데?"

유머로 얼버무린다 유머는 가장 고단수의 방어 막이지만 갈등을 해소하지 못하는 방해물일 뿐이다.

이런 수법은 지나치게 엄격하거나 지나치게 자유방임적인 가정 모두에서 찾아볼 수 있다.

지나친 격리로 친밀감이나 자발성을 허락하지 않는 가정

이런 가정은 지나치게 간섭이 심한 가정과 대조적으로 서로 지나치게 격리되어 있다. 가족간의 거리가 너무 멀고 사생활을 지나치게 보장하여 친밀감이나 자발성의 불균형을 초래한다. 이런 가정에서는 모든 대화가 통제된다. 그들이 지상 과제로 삼는 것은 정해진 규칙을 준수하는 것이다. 가족들은 갈등이 있어도 드러내서는 안 되고 드러내도 무시당한다.

조안은 자신이 자란 가정을 '살균제 집안'이라고 표현했다. 1950년대의 엄격한 교육을 받고 자란 그녀의 어머니는 훌륭한 식탁을 꾸미는 일이야말로 여성의 자부심을 표현하는 상징이라고 믿었다. 그녀는 접시에 '꼭 필요한 분량'의 식사를 미리 담아 식탁에 내갔다. 그리고 '그것으로 충분하다'는 엄마의 엄격한 방침 때문에 음식을 더 먹는 것은 허락되지 않았다. 조안과 동생이 어렸을 때는 부모님과 같은 식탁에 앉지도 못하고 아버지가 돌아오시기 전에 미리 식사를 마쳐야 했다. 그리고 밖에서 힘들게 일하고 돌아오신 아버지께 방해되지 않도록 모든 행동거지를 조심해야 했다. 부모님들이 저녁 식사 전에 여유 있게 칵테일을 즐기는 동안 아이들은 방해되지 않도록 조용히 놀고 있어야 했다. 이처럼 엄격하게 '처방된' 규율은 집안 분위기를 냉각시켜 가족들의 사이를 더욱 멀어지게 만들곤 했다.

조안은 성장해서 부모님과 같은 식탁에 앉는 것이 허락되자 가끔씩 신이 나서 그날 있었던 일을 아버지에게 쫑알대고 싶어했다. 그러나 그럴 때마다 단호하게 저지당했고 아버지의 '부름'을 받고나서야 발언권을 얻을 수 있었다. 아버지는 그녀가 팔을 식탁에 올려놓을 때마다 나이프로 팔꿈치를 툭툭 치며 이렇게 말했다. "백악관에 초대받았을 때 각하 앞에서도 그런 태도로 식사할 거냐?" 저녁 식사는 언제나 코스에 따라 제공되는 만찬이었기 때문에 엄마는 가족들과 함께 식사를 즐기기보다 대부분의 시간을 부엌을 드나들며 보내야 했다.

지나치게 격리된 가정의 전형적인 유형

순번에 따라 발언권을 얻는다 저녁 식탁에서 즉흥적으로 대화에 끼어들 수 없다. 가족들은 한 번에 한 사람씩 '순번에 따라서' 이야기해야 한다.

목청을 높여서는 안 된다 이런 가정에서는 예절과 질서를 매우 중요시 여긴다. 따라서 식탁에서 노래를 부르거나 큰 소리로 웃어서는 안 되며, 흥분해서 목청을 높이거나 열띤 토론을 벌이는 것도 허락되지 않는다.

규칙이 엄격하다 가족간의 교류나 화목함보다 냅킨이나 포크를 올바르게 사용하는 것을 더 중요하게 여긴다. 식탁은 '만찬'으로 차려지는 경우가 많으며 음식 자체보다 어떤 식기나 냅킨, 나이프, 포크 등을 쓰는지에 더 비중을 둔다.

더 먹는 것이 허락되지 않는다 이런 유형의 가족에게는 음식에 관한 한 풍성함이나 배부름이란 없다. 제공되는 양으로 만족해야 하며 더 달라는 요구는 허락되지 않는다. 음식을 더 달라는 것은 '무식한 식탐'으로 여겨지며 접시는 남김없이 깨끗이 비워야 한다.

감정이 어떤지를 묻지도 말고 표현해서도 안 된다 이런 유형의 가정에서는 가족들의 감정을 무시할 뿐 아니라 서로의 감정을 표현하는 일도 금기시 한다. 항상 감정을 드러내지 않는 단정한 모습만을 요구하며 감정을 드러내는 일은 자기 관리가 부족한 탓으로 여긴다.

억압된 감정 때문에 여러 중독에 빠지기 쉽다 이런 가정에서 자란 사람들은 억압된 감정을 분출하기 위한 수단으로 알코올이나 흡연, 폭식 등의 중독에 빠진다. 술이 취한 상태에서 분출되는 말이나 행동은 비교적 너그럽게 용인되기 때문이다.

전통적인 의식을 지켜야 한다 이런 유형의 가정은 생일이나 휴가를 매년 지켜온 전통에 따라 보낸다. 정해진 장소에 가서 매년 초대되는 사람들과 같은 음식을 먹는 것을 중요한 전통으로 여긴다. 물려받은 전통을 되풀이해서 지키는 것으로 감정적인 유대감을 조성하는 것이다.

통제를 유도하는 몸짓이 존재한다 솔직한 감정 표현이 허락되지 않는 이런 가정에서는 행동을 제지하는 상징적인 몸짓들이 많이 존재한다. 감정의 폭발을 허용하지 않는 이들은 가족 중 누군가 감정을 드러내면 차가운 시선으로 이를 무시한다. 이런 무언의 공격적인 행동은 갈등이 표면으로 드러나지 않고 저절로 스러지도록 만드는 효과가 있다. 대답하고 싶지 않은 질문을 받았을 경우에도 부모들은 입을 다무는 것으로 거부 의사를 표현한다.

항상 비판과 질책이 뒤따른다 예의범절이 지상 과제인 이들은 남들보다 도덕적으로 우월하다는 자부심이 있으며 그런 오만한 태도를 여지없이 드러내며 살아간다. 다른 사람의 실수를 용서하지 않는 부모의 계속되는 비난을 들으면서 자란 아이들은 세상은 지켜야 할 규범의 지뢰밭이라는 불안감을 갖게 된다. 부모들은 어디에 지뢰가 묻혀 있는지를 일일이 가르쳐주지 않은 상태에서 아이들에게 알아서 행동하기를 바란다. 만일 이 보이지 않는 규범을 어기게 되면 곧바로 질책이 뒤따른다. "그런 행동은 아빠를 화나게 만든다는 걸 모르니?" 이들에게 용서나 관용이란 없다.

아이들은 부모의 볼모가 된다 이런 규범과 통제에 순종하지 않는 아이들은 비판의 대상이 되고, 소외되고, 희생양이 되거나 무시당한다. 아이들에게 부모의 관심이란 생명을 유지하는 산소와 같은 존재다. 살아남기 위해서는 없어서는 안 된다. 그러나 이런 가정의 아이들은 부모의 관심을 얻기 위해서 '자신의 의사'를 담보로 잡혀야 한다. 예를 들면, 아빠는 딸에게 이렇게 말한다. "엄마가 저녁 내내 가족들의 식사를 준비하기 위해 열심히 일했단다. 그러니까 감사하며 맛있게 먹어야 한다."

겉은 잔잔하지만 바로 밑에는 상어 떼가 우글거린다　규율이 엄격한 가정의
가족들은 안에서는 분노가 이글거려도 겉으로는 평온을 가장하는 기술
에 익숙하다. 아이들은 어려서부터 본능적으로 이것을 감지한다. 따라
서 일찍부터 분노를 억제하는 기술을 익히거나 나아가서 철저하게 가
장하는 기술을 배운다. 그들은 분노를 감추기 위해 아빠나 엄마에게
"사랑해요!"라고 말하거나 집안일을 잘 도와 부모를 기쁘게 만드는 연
막전술을 사용한다.

완벽한 가정이란 없다

만일 당신이 위와 같은 유형의 가정에서 자랐다고 하더라도 그리 놀랄
만한 일이 아니다. 가족 간의 갈등이 존재하지 않는 완벽한 가정이란
없다. 어느 가정이나 이런 경향들을 한두 가지는 대물림하고 있다. 그
러나 일단 문제점이 무엇인지를 깨닫게 되면 더 이상 그것들을 답습하
지 않을 수 있다. 따라서 우선 가족의 문제점이 무엇인지를 먼저 파악
하고 그것을 개선하기 위해 최선을 다함으로써 자식들에게 대물림하지
않겠다는 각오가 필요하다. 이것은 하루아침에 되는 일이 아니라 평생
에 걸쳐 노력해야 할 과제다. 우리가 할 수 있는 일은 최선을 다해 노력
하는 것뿐이다. 결과는 우리 손을 떠나 있다.

14
학교에 입학하는 시기
- 더 넓은 세계로 진출하다 -

우리가 평생에 걸쳐 추게 되는 만남과 헤어짐의 댄스는 잠재기(6~12세)에 본격적으로 시작된다. 이때부터 아이는 집을 벗어나 밖에서 친구를 사귀면서 활동 영역을 넓힌다. 이 시기의 인간관계는 일생의 어느 시기보다 밀접하고 충만한 관계로 발전한다. 그러나 그 관계가 평생 계속되는 경우는 매우 드물다. 특히 여자 아이들은 단짝이 되어 한시도 떨어지지 않고 항상 붙어 다닌다. 아이들은 이런 강력한 유대 관계들-학교, 캠프, 운동, 기타 그룹 활동-을 통해 가족이라는 감정적인 역학 관계에서 벗어날 기회를 얻는다. 이런 기회는 아이들에게 두 가지 중요한 인간관계 기술을 습득할 수 있는 더 넓은 무대를 제공한다.

첫째, 외부에서 자신이 원하는 것을 추구하는 능력을 길러준다. 우수한 학력이나 운동 기술일 수도 있고 또는 공개적으로 인정받는 것일 수도 있다.

둘째, 서로에게 유익하고 도움이 되는 인간관계를 형성하고, 발전시키고, 유지하는 능력을 계발해준다.

잠재기인 이 시기에 뚜렷한 개성을 발전시키는 개별화(individuation)는 엄마나 아이가 함께 이룩해야 할 과제다. 아이가 외부 세계에서 자신의 위치를 형성해가는 것과 동시에 엄마도 인생의 새로운 단계에 접어든다. 아이가 일단 학교에 입학하면 많은 엄마는 아이를 키우기 위해 중단했던 자신의 삶으로 되돌아간다. 직장이나 학교로 복귀하거나 새로운 비즈니스를 시작한다. 또한 부부 관계도 새롭게 재편성된다. 아이가 태어날 때부터 밑바닥에 깔려 있던 문제점들이 겉으로 드러나기도 하고, 반대로 아이를 돌보는 일에서 자유로워진 덕분에 관계가 개선되기도 한다.

아이가 잠재기에 들어선 엄마들은 인생의 갈림길에 서서 어떤 길을 선택할 것인지를 고민하게 된다. 계속 충실한 엄마로 남을 것인가, 자기 계발의 길을 선택할 것인가.

유대감이 왜 건강에 평생 영향을 미칠까

여성의 건강은 얼마나 친밀한 친구가 있느냐에 따라 크게 좌우된다는 연구 결과가 발표된 적이 있다. UCLA 대학의 쉘리 테일러Shelly E. Taylor 교수와 동료들의 연구에 따르면, 여성들은 스트레스 상황에 직면하면 아이들을 보호하고 보살피는 일을 통해 해소(보살핌 반응)하거나 동성 친구와의 만남이나 격려를 통해 위안을 얻는 것(친구 반응)으로 나타났다. 이 같은 '보살핌과 친구'는 여성의 건강에 없어서는 안 될 기본 요소다.

테일러 교수는 인간과 동물의 스트레스에 대한 반응을 연구한 무수한 생물학적, 행동과학적인 연구 결과를 분석한 결과, '보살핌 – 친구 반응'은 인간을 비롯한 대부분의 암컷이 가진 특성이라는 결론을 내렸다. 암컷의 반응은 수컷의 반응과는 전혀 달랐다. 대부분의 수컷들은 스트레스에 직면하면 공격적으로 변하거나 혼자 고립되는 전통적인 '공격 도피 반응'을 보였다. 이런 공격 도피 반응이 지속적으로 되풀이되면 고혈압 같은 질병이나 폭력, 알코올이나 마약 같은 중독에 걸릴 가능성이 높아진다는 사실은 여러 연구 결과를 통해 입증되었다.[1]

건강을 증진시키는 '보살핌 – 친구 반응'을 유도하는 가장 대표적인 생리적 현상은 유대감을 관장하는 호르몬인 옥시토신의 분비다. 테일러 교수는 인간이든 동물이든 옥시토신의 수치가 높을 경우에는 더 사교적이고 차분하며, 느긋하고 낙천적이라고 지적했다. 이외에도 옥시토신은 남을 보살피는 행동이나 사교적인 관계를 촉진하기도 한다. 수컷에게도 옥시토신이 분비되기는 하지만 남성 호르몬으로 효과가 희석되기 때문에 여성에 비해 그 유익한 효과가 떨어진다. 테일러 교수는 결론적으로 이렇게 지적했다. "여성이 남성보다 평균 수명이 7년 반이나 긴 이유는 이런 생물행동학적인 성향 때문이다."[2]

친구와 어울리기

아이들에게 학교는 사교 생활을 시작하는 데 가장 안전하고 믿을 만한 장소다. 아이들이 노는 모습을 보면 혼자 있는 것을 즐기는지 사교성이 많은지를 금방 파악할 수 있다. 그러나 초등학교 시절에는 혼자 있는 것을 즐기는 아이들도 완전히 고립되지는 않는다. 모든 아이들이 함께 어울리는 기회가 많기 때문이다. 아이들은 학교생활을 통해 사교성을 점점 키워나가며, 친구라는 존재는 점차 아이들의 '외부 자궁'의 중요한 일부로 부상한다. 친구는 함께 뛰어놀 동료나 오락거리는 물론, 생각이나 소유물을 나눌 기회를 제공하며, 진실한 친구를 만날 기회를 만들어준다. 또한 아이들은 친구와의 놀이 과정을 통해 스트레스를 받는 상황에서도 관대함을 잃지 않고 서로를 배려하는 방법을 배운다. 놀이의 규칙이나 공정성에 대해 이견을 조정하거나, 통학 버스에서 누가 창가에 앉느냐에 대한 규칙을 정하는 과정을 통해 아이들은 이 시기에 갖춰야 할 기본적인 윤리관을 배울 뿐 아니라 이를 합리적으로 처리하는 방법도 배운다.[3]

아이들의 교우 관계가 어른이 된 후 사회에 잘 적응하느냐 그렇지 않으냐를 결정하는 중대한 열쇠가 된다는 사실이 여러 연구를 통해 입증된 것은 어찌 보면 당연한 결과라고 할 수 있다.[4] 아이가 얼마나 수준 높은 교우 관계를 맺느냐는 정서적으로 얼마나 건강한지를 평가하는 중요한 지표가 된다. 다른 심각한 결점을 가진 아이일지라도 정서적으로는 건강하다는 증거인 것이다.

실제로 유대감 회로가 건강하고 자신에 대한 자부심이 큰 아이들은 교우 관계에서도 원만한 반면, 유대감 회로가 불안정하고 성격이 까다로운 아이들은 교우 관계도 원만하지 못하다. 만일 아이가 친구를 사귀는 데 문제가 있다면, 엄마인 당신은 이 문제를 대수롭지 않게 간과해서는 안 된다. '친구를 잘못 사귀면 물들 수 있다'는 핑계를 대면서 친구가 없이도 잘 자랄 수 있다고 생각하는 것은 매우 위험한 발상이다. 물론 아이가 성장하는 데는 지장이 없겠지만 아이에게 무언가 문제점이 있다는 '적신호'이기 때문이다. (548쪽 '교우 관계의 적신호를 알리는 징조들' 참조)

또한 친구나 여자 형제, 친정 엄마와 좋은 관계를 유지하는 엄마는 딸에게 매우 유익한 역할 모델임을 잊어서는 안 된다. 이런 유대감 조성은 건강에 지대한 도움을 주는 바람직한 행동 방식이기 때문이다.

🌸 지혜의 샘 | 친구와 어울리는 시간 만들기

오늘날 모든 연령층의 여성들은 친구와 즐거운 시간을 보냄으로써 건강을 향상시킬 기회를 점차 잃어가고 있다. 인류 역사를 되돌아볼 때 이런 현상은 현대 사회에 들어서면서 나타난 현상이다. 현대인들은 밖에서 일하는 시간이 많고 늘 시간에 쫓기는 삶을 살기 때문이다. 특히 자신의 일을 사랑하고 여러 역할을 완벽하게 수행하려는 여성들은 친구들과 어울리는 시간을 만들기가 얼마나 힘든지를 절감한다. 심신의학협회의 여성건강센터 소장이자 하버드 대학병원의 베스 이스라엘 디코니스 메디컬센터 소장으로 재직 중인 앨리스 도마Alice Domar 교수는 이런 현상을 다음과 같이 재치 있게 표현했다.

"여성들이 점차 친구들과의 유대감을 잃어감에 따라 아이러니하게도 반페미니스트적인 현상들이 나타나기 시작했다. 여성들이 모든 욕구를 남성을 통해 해소하길 바라는 것이다. 예전의 여성들은 지적이며 창조적인 욕구를 충족시키지는 못했지만 정서적으로는 충족되었다. 가정이나 공동체의 다른 여성들과 충분히 교류할 수 있었기 때문이다. 그러나 직장을 가진 현대 여성들은 늘 시간에 쫓기기 때문에 동료들과 유대감을 나눌 기회를 충분히 갖지 못하며 그 부족함을 대부분 남성 파트너를 통해 채우려는 경향이 있다. 이런 행동이 파트너에게 부담을 줘 관계를 악화시키고, 여성들은 갈수록 속마음을 털어놓을 친구를 목말라하게 된다."[5]

나는 모든 여성에게 어떤 일보다 먼저 친구와 지내는 시간을 가지라고 권하고 싶다. 정기적으로 미용실에 가는 것처럼 아예 정기적인 스케줄로 정해놓을 필요가 있다. 한 친구의 말이 생각난다. "남자들은 왔다가 떠나가지만 좋은 친구는 평생 내 옆을 지켜준다." ❋

친구를 사귀는 스타일은 지문처럼 사람마다 다르다

친구를 사귀는 데 올바른 방법이란 없다. 사람마다 성격에 따라 자기 방식이 있기 때문이다. 외향적인 성격의 아이는 쉽게 친구를 사귀고 많은 친구를 만드는 반면, 내성적인 아이는 쉽게 사귀지는 못하지만 한번 사귀면 깊은 관계를 만들어간다. 내 경험으로 미루어볼 때 친구는 양보다 질이 중요하다. 생사고락을 함께할 친구가 두세 명 있다면 친구 농사는 성공한 셈이다.

한 환자는 에밀리라는 열한 살짜리 딸의 이야기를 들려주었다. 에밀리는 친구에 빠진 십대들의 전형적인 모델이었다.

에밀리 주변에는 항상 친구들이 넘쳐났고 엄마나 아빠보다 친구들과 지내는 걸 더 좋아했어요. 주말에도 우리가 억지로 졸라 시간을 만들지 않으면 친구 집에 태워다주는 시간 이외에는 얼굴을 보기가 힘들 정도였죠. 우리 집은 마치 십대들의 '연락 장소' 같았어요. 전화는 항상 에밀리 차지였고 우리 부부는 거의 사용할 틈이 없었죠. 전화벨은 아침 일찍부터 울려대곤 했어요. 에밀리가 학교에 무슨 옷을 입고 가는지를 묻기 위한 친구들의 전화였죠. 우리는 견디다 못해 에밀리의 전용 전화를 따로 설치해주었어요. 우리는 아이에게 친구는 중요한 존재라는 것을 알고 있었고 언제라도 친구들이 편하게 집에 드나들 수 있도록 만들어주려고 노력했어요. 그러면 적어도 우리가 아이를 '관찰할 수 있는' 기회가 더 많지 않겠어요?

학창 시절에 나와 가장 친했던 친구는 주말에만 우리 동네로 스키를 타러 오는 아이였다. 나는 주중에는 친구들과 어울리기보다 공부에만 열중했다. 내게는 남자친구도 있었다. 열세 살부터 대학 시절 내내 나는 한 남자친구와 데이트를 계속했다. 지금 되돌아보면 남자친구는 내가 친구들과 보낼 수 있는 시간을 많이 빼앗았다. 또한 네 명이나 되는 형제들과 노는 데도 많은 시간을 할애했기 때문에 나는 여자친구를 사귈 기회가 별로 없었다. 따라서 서른다섯 살까지 내 주변에는 친구가 별로 없었다.

엄마인 당신의 역할은 아이의 친구를 환영한 후에 뒤로 물러서서 지켜보는 것이다. 우정은 부모의 간섭을 받지 않을 때 더욱 가치를 발할 수 있다. 아이는 친구와 교제하면서 자신의 입장을 확실히 밝히는 법을 배우며, 부모나 형제들과 같은 점은 무엇이고 다른 점은 무엇인지를 깨닫게 되고, 가정마다 서로 가치관과 생활 방식이 다름을 발견한다. 따라서 아이의 교우 관계에 엄마가 관여하는 경우는 문제가 발생했을 때로만 국한해야 한다.

아이가 친구와 헤어질 경우에도 굳이 엄마가 간섭할 필요가 없다. 아이가 다른 친구에게 관심을 갖게 되면 우정에 금이 갈 수도 있다. 한 친구의 경험담을 들어보자. 일곱 살 난 딸이 초등학교 2학년이 되던 첫날이었다. 학교가 끝날 시간에 아이를 데리러 갔더니 울음을 터뜨리더라는 것이다. 절친했던 친구가 더 이상 친구로 지내지 말자고 통보해왔단다. 불쌍한 어린 소피!

이것은 시작에 불과하다. 예전에는 중학생이 되어서야 시작된 왕따 현상이 점차 연령층이 낮아지면서 초등학생 때부터 시작되고 있기 때문이다. 이는 사춘기 이전의 아이들조차 섹시하고 인기 있는 대상이 되길 바라는 사회 분위기의 영향 때문이기도 하다. 소피의 절친했던 친구들은 초등학교 저학년 때부터 이미 '인기 그룹' 파벌을 형성하기 시작했을 것이다. 그들은 소피에게는 익숙하지 않은 브리트니 스피어스를 추종하는 무리들이었지만, 소피는 TV나 대중문화를 멀리하는 가정에서 자랐기 때문에 더 이상 그들의 기준에 '합격'하지 못했던 것이다. 모범적인 가정에서 자란 우수한 학생이자 훌륭한 축구 선수라는 자질은 그들의 기준과는 거리가 멀었을 것이다. 친구들에게 따돌림을 당했다는 것은 어린 소피에게 큰 상처였을 것이고 당연히 학교에 가기 싫었을 것이다.

나는 이와 상반되는 상황을 목격한 적도 있다. 우리 작은딸 케이트가 열한 살 때였다. 나는 6학년이 된 딸아이를 처음 학교에 태워다주던 날을 생생하게 기억한다. 차가 학교에 들어서자 한 무리의 친구들이 케이트를 열렬히 환영해주었다. 케이트가 친구들과 반갑게 어울리는 동안 나는 제인이라는 아이가 무리 주변을 맴돌고 있는 것을 목격했다. 제인은 무리에 끼어들고 싶어했지만 케이트와 친구들은 그 아이를 따돌리고 있었다. 제인은 풀 죽은 모습으로 고개를 푹 숙이고 있었다. 나는 제인이 가엾다는 생각이 들었다. 어떻게 우리 딸이 저렇게 친구의 아픔에 무심할 수 있을까. 방과 후 케이트를 데리러 갔을 때 나는 그 문제에 대해 대화를 나누었다. 나는 오랜만에 친구들을 만나서 얼마나 반가웠는지는 충분히 이해하지만 친구를 그런 식으로 왕따시키는 것은 올바른 행동이 아니라고 타일렀다. 설령 마음에 들지 않는 친구가 있더라도 상대방의 기분이 상하지 않게 서서히 거리를 두는 것이 성숙한 태도라고 지적해주었다.

나는 이런 충고가 당장 어떤 효과를 거두지 않는다는 사실을 잘 알고 있었다. 몇 년이 흐른 후, 나는 적당한 기회에 다시 케이트에게 그녀와 친구들이 왜 제인을 따돌렸는지에 대해 물었다. "저도 모르겠어요.

제인은 우리와 코드가 맞지 않았어요. 걔는 왠지 고리타분했어요." 다시 몇 년이 흐른 후, 케이트는 결국 제인에게 지난날의 잘못을 사과했다. 제인은 이제 자신과 어울리는 친구들을 만나 잘 지내고 있다.

사춘기 소녀들은 흔히 친구들끼리 편을 가르곤 한다. 일찍 성숙한 아이들은 아직 호르몬 변화를 겪지 않아 미처 피어나지 못한 친구들을 멀리한다. 성숙한 아이들은 뇌와 몸이 아직 아이 티를 벗지 못한 미숙한 '아기' 친구들과 시간을 낭비하려 들지 않는다. 밤마다 어울려 놀던 놀이들이 이제는 '유치한 짓'으로 생각되기 때문이다.

리키와 캐롤린은 초등학교 3학년부터 6학년까지 서로의 집에서 살다시피 하며 단짝친구로 지냈다. 이들은 여름캠프에 가서도 같은 방에서 뒹굴었다. 그런데 7학년(중학교 1학년)을 앞둔 여름방학 때부터 캐롤린에게 변화가 나타나기 시작했다. 가슴이 커지고 월경이 시작된 것이다. 개학을 하자 캐롤린은 리키를 멀리했다. 전화를 해도 받지 않고 집에 찾아가도 함께 어울리려고 하지 않았다. 캐롤린의 관심은 오로지 남학생들에게만 쏠려 있었다. 캐롤린이 아무 설명도 없이 자기를 버렸다고 생각한 리키는 깊은 상처를 받았다. 여름방학 동안 리키는 세상에서 가장 소중한 친구를 잃은 것이다. 그러나 리키는 캐롤린에게 그런 아픔을 솔직히 털어놓지도 못하고 혼자 가슴을 태워야만 했다.

마음의 상처가 미치는 영향

연구 결과에 따르면, 거부당한 마음의 상처가 뇌에 입력되는 과정은 신체적 통증을 느끼는 과정과 정확히 일치한다고 한다. 최근 과학 전문지인 〈사이언스〉에 발표된 한 논문에 따르면, 인간이 신체적 통증을 느낄 때 작동하는 뇌의 부위는 소외감이나 거부감을 느낄 때 작동하는 부위와 동일하다는 것이다. 이 연구는 실험 대상자들에게 피해를 주지 않는 방법으로 진행되었다. 실험에 참여한 13명의 피실험자들은 뇌를 촬영하는 MRI 기계 안에서 간단한 비디오게임을 수행했다. 3명이 한 조가 되어 서로 공을 주고받는 게임이었다. 처음에 피실험자들은 컴퓨터에 프로그램된 두 사람이 공을 주고받는 광경을 바라보고만 있었다. 시간이 지나면서 그들은 조종 장치를 움직여 게임에 참여했다. 그러나 컴퓨터 안의 두 사람은 피실험자들의 참여를 무시한 채 둘이서만 공을 주고받았다. 피실험자들은 자신이 따돌림을 당하고 있다는 사실을 알아채고 상처를 받았다. 그러자 통증을 관장하는 뇌의 부위에 불이 들어왔다. 한 실험 참가자는 이 연구를 보도하는 TV뉴스와의 인터뷰에서 이렇게 대답했다. "소외당했다는 상처는 마치 몸에 심한 상처를 입었을 때와 비슷한 통증이었어요. 우리 몸이 자동적으로 그런 반응을 보였어요."[6]

거부당한 상처를 다스리는 법과 앞으로 그런 상황을 피하는 방법을 배우는 것은 아이가 어른으로 성장해가는 하나의 과정이다. 우리 몸은 정신적 상처에도 신체적 아픔을 겪을 때와 똑같은 반응을 보인다는 사실을 잊지 말라. 정신적 상처를 인정하고 해결하려는 노력이 반드시 필요하다는 뜻이다. 모든 엄마들은 가능하면 이런 상처의 악순환을 중단시켜 주도록 노력해야 한다. (580쪽 '아이들 간의 갈등을 극복하도록 돕는 법' 참조)

모든 발전 단계를 충분히 거쳐야 한다

아이들은 소외감을 크게 느끼면 느낄수록 그만큼 가족을 떠나 바깥세상에서 살아가는 방법을 제대로 터득하게 된다. 이것은 성장을 위한 정상적인 발전 단계다. 그러나 이런 정상적인 단계를 회피하려는 아이들도 있다.

| 교우 관계의 적신호를 알리는 징조들 |

인간관계 아이가 또래들과 어울리지 않고 엄마나 어른들하고만 지내려고 든다.

감정 상태 아이가 침울하고, 신경질적이고, 배타적이고, 의심이 많다. 예를 들면, 엄마가 놀 거리를 찾아주려고 들면 괜히 화를 내거나 트집을 잡는다.

지나친 집착 한 가지 일에만 지나칠 정도로 집착한다. 예를 들면, 외모에 대해 지나치게 불평거나, 걸핏하면 어떤 목록을 작성하는 데만 열중하거나, 방을 꾸미고 정돈하는 일에 온 에너지를 투자한다.

지나친 기억력 학교에서 있었던 일에 대해 시시콜콜 되새김질한다. 누가 무슨 말을 했으며 누가 어떤 잘못을 저질렀는지를 일일이 분석하고 평가하길 일삼는다.

신체적 건강 감정적 스트레스에 시달리기 때문에 두통이나 발진, 통증 등을 호소하는 경우가 많다. 그러나 병원에 가서 진찰을 받아도 신체적 이상은 발견되지 않는다.

환자의 딸 중 아홉 살 난 미셸이라는 아이가 있었다. 그 환자는 아이에 대해 이렇게 호소했다.

> 미셸은 초등학교에 입학했을 때부터 친구를 사귀는 데 문제가 있었어요. 학교에서 돌아오면 같은 반 친구들에 대해 불평불만을 일삼곤 했죠. 그리고 자기보다 예쁘거나 인기가 있는 아이들을 샘내곤 했어요. 어쩌다 친구를 집에 데려오더라도 혼자 놓아두고 저나 남편 곁에서 떠나려 하지 않았어요. 친구들보다 어른들과 어울리기를 좋아했죠. 하지만 학교 성적은 항상 우수해서 '꼬마 선생님'이란 별명이 있을 정도였어요. 저는 미셸이 걱정되었지만, 공부 잘하는 미셸을 귀여워하는 선생님은 전혀 걱정할 필요 없다고 저를 안심시키더군요.

내 생각에 미셸은 인간관계의 발달에 빨간불이 들어온 상태인 듯 보였다. 미셸의 엄마는 다른 엄마들과 마찬가지로 아이에게 문제가 있음을 감지한 것이다. 그러나 어떻게 손을 써야 할지 갈피를 잡을 수 없었다. 더구나 선생님에게 교우 관계의 문제점을 의논했으나 동조를 얻을 수 없었다.

만일 미셸이 친구들과 어울리는 법을 배우지 못한다면 엄마에게서 떨어지지 못하는 유아기적 단계를 벗어나지 못하게 된다. 엄마와 딸은 본능적으로 깊은 유대감으로 연결되어 있기 때문에 이런 현상은 쉽게 찾아볼 수 있다. 그러나 아이가 정상적인 발전 단계를 거치지 못한다는 사실을 인식한다면 엄마는 당연히 그것을 바로잡기 위해 모든 노력을 기울일 것이다. 엄마 자신과 딸의 삶이 앞으로 전진할 수 있도록 많은 시간과 에너지를 투자하고 여러 방법을 동원하게 될 것이다.

내가 이사벨을 처음 만났을 때, 그녀는 보스턴의 원룸에 사는 마흔여덟 살의 노처녀였다. 학창 시절에 이사벨은 우수한 학생이었으나 친구가 별로 없었다. 대학을 졸업한 그녀는 풀브라이트Fulbright 장학금(미국 정부에서 제공하는 대학원 과정의 전액 장학금) 혜택을 받고 페루에 가서 수년 동안 머물면서 특별히 부여받은 연구에 몰두했다. 연구를 끝내고 돌아온 그녀는 자신의 연구와 페루에서의 경험을 토대로 책을 출간할 계획을 세웠다. 그러나 모든 일이 뜻대로 이뤄지지 않았다. 그녀는 연구 논문을 마치지 못했을 뿐 아니라 책을 출간할 기회도 잡지 못했다. 논문이나 책을 출간해줄 출판사 사람들과 잘 지내지 못했기 때문이었다. 이사벨은 결국 대학에서 보조교사 일을 시작했지만 그것도 6개월을 버티지 못하고 그만두었다. 그녀의 말에 따르면, 자신의 재능과 능력을 발휘할 기회가 없었을 뿐 아니라 너무 따분했다는 것이다. (하지만 내 추측으로는 학생들이 그녀의 수업 태도에 불만을 제기했을 것이다.)

그 후 이사벨은 한 지방 대학의 인류학과에서 조교로 일하게 되었다. 대학 시절, 그녀는 전도유망한 젊은이였으나 학교라는 울타리를 벗어나자 자신을 후원해줄 인간관계를 형성하는 데 실패했던 것이다. 그녀의 직업뿐 아니라 사적인 삶도 마찬가지였다. 그녀의 삶은 예전이나 지금이나 전혀 변화가 없었다. 그녀는 페루에서 하던 습관 그대로 아침마다 신선한 우유와 계란을 사다가 아침 식사를 했다. 저녁에도 퇴근해서 집에 돌아가면 어김없이 〈뉴욕타임즈〉를 통독했다. 대학 시절부터 알고 지내던 친구들과 가끔 영화나 콘서트를 보러 가기도 했지만 마음을 터놓는 절친한 친구는 없었다. 그녀는 주말이나 휴가를 대부분 가까이서 홀로 사는 엄마와 보내곤 했다.

이사벨은 아직 잠재기에 머물러 있는 게 분명했다. 그녀의 인간관계를 가로막는 것은 엄마다. 그녀는 엄마라는 안전한 항구에 안주하고 있는 것이다. 더구나 그녀의 엄마는 최근에 유방암 진단을 받았다. 두 사람은 미래에 대한 걱정으로 큰 시름에 잠긴 상태다.

아무리 열심히 노력한다 해도 엄마는 아이에게 모든 것을 제공해줄 수 없다. 그런 시도를 한다는 것 자체가 엄마와 아이 모두를 정신적인 불구자로 만드는 일이다. 엄마가 다른 사람과의 관계를 인정하지 못한다면 아이가 아무리 활달한 성격이라 해도 다른 사람으로부터 지원과 도움을 받기가 힘들다. '가족이라는 바퀴가 없이는 가정이라는 마차는 굴러가지 못한다' 라든가 '험한 세상을 헤쳐 나가려면 가족끼리 뭉쳐야 산다.' 는 지나친 가족주의는 다른 사람과의 교류를 차단시켜 가족 구성원의 건강에 심각한 위험을 초래한다.

잠재기에 머물러 있는 아이들을 위한 엄마의 역할

적신호를 인식하라 아이가 친구들과 어울리지 않고 대부분의 시간을 엄마 주위에서만 맴돈다면 앞으로 독립된 인간으로 성장하는 데 적신호가 켜진 것이다. 엄마가 아이의 인간관계를 가로막는 걸림돌이 되고 있지 않은지 되돌아보라. 만일 아이가 엄마나 엄마 친구들 주변에만 머물러 있다면 아이에게 혼자 있는 시간이나 또래의 친구들과 어울리는 시간이 필요함을 가르쳐라.

아이의 생활에 일일이 간섭하려 들지 말라 아이들은 힘이 들더라도 스스로 자기 시간을 관리하는 법을 터득해야 한다. 아이가 심심해 하는 것은 위급하거나 치명적인 질병이 아님을 명심하라. 7~10살 사이의 아이들은 하루에 2~3시간은 혼자 시간을 보낼 수 있어야 한다. 14살이 되면 여가 시간을 대부분 친구와 지내거나 혼자 지내는 시간이 필요하다. 부모와 지내는 시간은 하루에 1~2시간이면 충분하다. 아이가 혼자서도 재미있게 시간을 보낼 수 있는 일을 찾도록 도와주라.

한계를 분명히 정하라 잠재기의 아이들은 끊임없이 사소한 문제들을 들고 와서 엄마가 해결해주길 바란다. 그러나 아이가 학교나 캠프에서 있었던 일로 친구들에 대한 불평을 일삼으면서 가족의 대화를 독점하도록 방치하지 말라. 얼핏 생각하면 아이에게 필요한 일로 여겨지겠지만, 아이의 인간관계(훗날에는 직업)에 대한 불평을 몇 시간씩 들어주는 것은 당신이나 아이에게 별로 유익한 일이 아니다. 저녁 시간이나 주말에 일정한 시간을 정해서 아이의 얘기를 들어주는 것도 한 방법이다. 이런 아이들에게는 함께 영화관이나 박물관에 가거나 저녁을 먹으러 나가는 등 생산적인 시간을 갖도록 유도하는 것도 좋은 방법이다.

아이에게 건전한 사교술을 가르쳐라 아이가 9~10살 정도 되면 친구에게 전화를 걸어 약속을 정할 줄 알아야 한다. 아이에게 전화를 거는 방법을 가르치거나 연습시켜라. 친구와 약속을 정할 때는 먼저 부모가 친구 집에 데려다줄 수 있는지를 확인하게 하라. 만일 아이가 친구에게 번번이 거절당한다면 아이나 당신 모두에게 깊은 상처가 될 수 있다. 이런 거절이 반복된다면 무언가 문제가 있다는 경고이므로 전문가의 도움을 받을 필요가 있다. (554쪽 '전문가의 도움을 받아라' 참조)

아이에게 자부심을 느끼게 해주라 아이가 고분고분하지 않을 경우, 엄마는 아이와 부딪치기 싫어서 되도록 건드리지 않으려는 경향이 있다. 그러나 엄마의 이런 자세는 아이에게 전혀 도움이 되지 않는다. 친구와의 약속에 대한 기대감이나 집안에서 필요한 존재라는 책임감은 아이의 자부심을 높여줄 수 있기 때문이다. 아이가 불평을 늘어놓거나 순순히 따르지 않더라도 잘 달래서 집안일을 돕는 데 익숙해지도록 인도하라.

아이의 장점을 북돋아주라　아무리 반항적인 아이일지라도 사랑스러운 장점을 지니고 있게 마련이다. 항상 이런 장점을 격려하고 북돋아주라. 그렇다고 아이의 단점을 비난하고 무시해서는 안 된다. 반항적인 아이들을 다루는 데는 칭찬하고 격려하는 태도가 가장 효과적이다.

엄마는 만능 해결사가 아니다　아이에게는 언제나 믿고 의지할 수 있는 절대적인 존재가 필요하지만, 자신에게 도움을 줄 수 있는 다른 후원 집단도 필요하다. 아이가 엄마에게만 집착하더라도 도움이 될 주변 사람들과 좋은 관계를 맺도록 인도하라. 선생님이나 이웃집 아줌마가 아이에게 좋은 상담자가 될 수도 있다.

엄마인 당신의 직관을 믿어라　흔히 발달 단계를 놓친 아이를 가진 엄마들은 "크는 과정이니까 걱정하지 말라. 시간이 지나면 괜찮아질 것이다."라는 말을 듣는다. 물론 이 말이 사실일 수도 있지만 그렇지 않은 경우도 있다. 엄마만이 아이의 상태를 정확히 알 수 있다. 그러나 엄마의 이런 직관이 다른 사람들에 의해 흔들리는 경우가 많다. 우리 사회는 아직 '유대감 장애'가 얼마나 심각하고 중대한 증상인지를 이해하지 못하기 때문이다.

전문가의 도움을 받아라　엄마에게 집착하는 아이의 증상이 심하다면 변증법적 행동치료(DBT, dialetic behavioral therapy)에 유능한 정신 치료 전문가의 도움을 받으라. DBT는 원래 정신적인 상처로 고통받는 사람들을 위한 치료법이지만, 이 인지행동요법은 아이들의 성격에 문제가 있을 때 그 문제성이 더 심각해지기 전에 성격을 개조하는 데도 효과가 크다. 열두 살짜리 아이가 본격적인 DBT치료를 받을 필요는 없더라도 숙련된 전문가라면 당신의 아이가 원만한 인간관계를 맺기 위해 어떤 기술들을 배워야 할지 지적해줄 것이다. 전문가들은 아직 사고방식이나 행동 방식이 굳어지지 않은 아이에게 부정적인 성향을 효과적으로 변화시킬 수 있는 방법을 제시해줄 것이다. (부록 참조)

뇌가 훨씬 더 유연한 어린 나이의 아이들은 좀더 효과적으로 유익한 기술들을 훈련시킬 수 있다. 나중에 사회에 진출해서 어려움을 겪을 때가 되면 훨씬 많은 시간과 노력이 필요하게 된다. 비록 새로운 기술을 습득하는 데 너무 늦는 법은 없지만 사람의 뇌는 사춘기의 호르몬 변화를 거치면 유연성이 현저하게 떨어지기 때문이다. 그리고 아이가 반복적으로 거부당하게 되면 시간이 흐르면서 자꾸 사람들을 기피하려는 성향이 굳어지게 되므로 그 전에 치료하는 것이 효과적이다.

아이의 반항에 항상 예민한 반응을 보이지 말라 원만한 인간관계를 맺을 수 있도록 엄마로서 최선을 다하되 그 다음에는 한 발 물러서서 지켜보는 여유도 필요하다. 만일 아이가 인간관계에서 계속 문제를 일으킨다면 아이의 한계를 인정하는 수밖에 없다. 엄마로서 마음이 아프겠지만 궁극적으로 그것은 아이와 아이의 영혼 사이의 문제이므로 어쩔 수 없는 일이다.

당신은 아이를 통제하기 힘든 상태인가

십대로의 진입을 눈앞에 둔 아이를 가진 엄마들은 이제까지와는 다른 상황에 직면한다. 친구의 말이 아이들의 일거수일투족을 지배하여 부모는 들러리가 된 것 같은 기분을 느끼는 것이다. 아이들에게는 취침 시간이나 옷차림을 비롯해서 샌드위치를 자르는 방법에 이르기까지 친구들의 의견이 지배적이다. 이 시기엔 친구의 영향력이 매우 크다. 만일 당신의 아이가 이런 경우라면 내가 '고양이 접시 신드롬(cat dish syndrome)'이라고 이름 붙인 증상을 생각해보길 권한다.

당신은 접시에 담긴 음식에 전혀 눈길을 주지 않던 고양이가 다른 고양이가 관심을 보이면 태도가 돌변하는 광경을 자주 목격했을 것이다. 먹이에 무관심했던 고양이는 쏜살같이 접시로 달려가서 자기 먹이를 지키기 위해 필사적인 방어 태세를 취한다.

그렇다. 인간도 고양이와 다르지 않다. 특히 엄마가 관련된 일에는 신경을 곤두세우기 마련이다. 만일 다른 사람을 당신의 '접시'에 끌어들이는 능력을 터득한다면 당신은 그 기술을 자신의 삶이나 다른 가족들에게 유익하게 사용할 수 있을 것이다.

예를 들어보자. 우리 딸들이 아홉 살과 열한 살일 때 나는 다이어트를 위해 지방 섭취를 줄이기로 결심했다. 나는 샐러드드레싱도 저지방 제품으로 바꿨는데 당연히 일반 제품보다 맛이 떨어졌다. 식사 시간에 나는 저지방 드레싱을 포함해서 드레싱 제품 여러 개를 한꺼번에 늘어놓고 가족들에게 고르게 했다. 식탁 위에는 드레싱이 여러 종류 있었지만 우리 딸들은 항상 내가 먹는 저지방 제품을 선택하곤 했다. 그동안 즐겨 사용하던 다른 드레싱들은 손도 대지 않아 한동안 식탁과 냉장고 사이를 왔다 갔다 하기만 했다. 나는 큰딸에게 왜 저지방 드레싱만 먹느냐고 물었다. 아이는 "저도 잘 모르겠어요."라고 대답했다. 그래서 나는 시험 삼아 예전에 먹던 일반 제품으로 바꿔서 사용해봤다. 물론 저지방 제품도 함께 놓아두었다. 그러자 내가 사용하는 제품이 가족들에게 마술적인 힘을 발휘한다는 사실을 분명히 확인할 수 있었다. 그 후 나는 이 원리가 옷이나 심지어 차에까지 적용된다는 놀라운 사실을 발견했다.

2장에서 나는 여성 에너지나 음 에너지를 끌어당김의 에너지라고 비유한 적이 있다. 예를 들어, 여성의 난자는 정자에게 신호를 보낸 다음 정자가 오기를 기다린다. 이 끌어당김의 에너지가 바로 엄마 역할이나 보살핌의 근본이다. 개가 언제나 부엌의 가장 아늑한 자리를 차지하는 것처럼, 아이를 키우는 엄마가 혼자 목욕을 한다는 것은 불가능하다. 다시 말해서 엄마의 몸은 아기에게 가장 적합한 영양소와 항생제가 포함된 모유를 생산하는 지혜를 지니고 있다. 신체뿐 아니라 엄마의 주변을 맴도는 에너지도 아이에게 동일한 작용을 한다. 수백만 년의 진화 과정을 거치면서 우리의 세포 안에는 엄마의 몸은 우리가 원할 때는 언제든지 필요한 것을 공급한다는 프로그램이 입력되어 있다.

아이가 어릴 때는 엄마의 끌어당김 에너지의 효과를 쉽게 발견할 수 있다. 아기들은 엄마가 공급하는 영양 주스의 마지막 한 방울까지 애타게 원한다. 아이가 어렸을 때 엄마들은 다시는 자신의 삶을 되찾을 수 없으리라는 기분을 느낀다. 나도 물론 그런 기분을 느꼈다.

그러나 아이가 자라면서 엄마는 보살핌의 종류가 달라지는 것을 경험하게 된다. 이것은 자연스럽고 필요한 과정이다. 엄마가 자신을 돌보거나 자신의 삶을 되찾고 싶은 욕구가 생길 시기가 되면 아이는 엄마보다 친구들과 지내는 시간을 더 원하게 되는 단계에 도달한다. 이때야말로 '고양이 접시'를 이용할 적절한 시기다.

아이들에게는 엄마가 곁에 있다는 사실만으로도 큰 도움이 된다는 사실을 감안할 때 다른 사람의 접시를 채우는 일 대신에 자신의 접시를 채우겠다는 결정을 내리면서 어떤 사태가 벌어질지에 대해 지나치게 염려하지 말라. 단지 한 발 뒤로 물러서서 고양이가 자기 접시를 지키도록 격려하는 것으로 충분하다.

우리 딸들이 열 살에서 열네 살 사이일 때 토요일 아침마다 아이들은 항상 늦잠을 잤고, 남편은 일찍 일어나서 배를 손질하곤 했으며, 나는 내 시간을 갖고 싶었다. 그러나 이미 몸에 입력되어 있던 대로 나는 다른 가족들의 스케줄을 확인하기 전까지 내 계획을 실천하지 못했다. 아이들이 각자 바쁜 스케줄이 있다는 말을 들은 후에야 비로소 나는 친구에게 영화를 보러 가거나 해변에 가자고 전화를 걸었다.

그러자 고양이들은 다른 누군가가 엄마의 접시에 관심을 보인다는 사실에 신경을 곤두세우기 시작했다. 집에서 잡다한 집안일을 하거나 혹은 항상 집을 지키는 것은 아무도 넘보지 않는 접시에 관심을 두지 않는 고양이로 만드는 격이다. 그러나 친구와 즐거운 시간을 보낼 거라는 계획을 알리는 순간, 나는 고양이들이 자기 접시를 지키기 위해 달려가는 광경을 목격했다. 신나던 아이들의 스케줄이 갑자기 빛을 잃기 시작하는 것이다. 이유가 뭘까? 엄마가 자신의 접시에 관심을 보였기 때문이다.

가족들이 당신의 계획에 위협을 느낄 때 과감하게 자신의 일을 선택하는 것은 용기가 필요한 일이다. 가족들의 요구에 맞춰 자신의 계획을 변경하고 싶은 유혹을 느끼기 때문이다. 특히 당신이 집에 있어야 할 정당한 이유를 찾아내거나 어디에 태워다줘야 한다는 이유를 댈 때는 거절하기가 쉽지 않다. 그러나 아이나 남편의 유혹에 단호하게 대처하라. 아이에게 자신의 삶을 충만하게 만들기 위해 권리를 지켜나가는 엄마의 모습을 보여주라.

그러기 위해서는 '고양이 접시 신드롬' 기술을 익힐 필요가 있다. 아이들이 자라서 그 숨겨진 비법을 이해하기 전에 그 기술을 마음껏 활용하라. 다른 사람의 관심을 끌어당길 뿐 아니라 자신도 즐기는 풍성한 접시를 준비하는 엄마를 아이들이 경험하게 하라. 자신과 다른 사람을 모두 돌보는 당신의 능력을 마음껏 발휘하라. 그리고 고양이가 접시를 지키기 위해 뛰어가는 모습을 미소 지으며 즐겨라!

아이의 인생에 지나치게 간섭하는 엄마

일부 엄마들은 이 시기에 아이들의 인생에 지나치게 깊이 개입하는 경우도 있다. 자기가 아이나 파트너의 삶에 없어서는 안 될 존재라는 생각에 사로잡혀 일일이 간섭하거나 통제하는 일에 에너지를 지나치게 낭비하여 자기 삶을 발전시킬 기회를 잃는 것이다. 이런 함정에 빠지는 엄마들은 대개 어린 시절에 잠재기라는 발전 단계를 제대로 거치지 못한 경우가 많다. 그들은 아이들이 더 이상 예전처럼 엄마의 손길이 필요하지 않은 시기가 되었음에도 가족들에게 봉사하는 것으로 자신의 존재 가치를 증명하려고 든다. 우리는 물론 평생 어느 정도 엄마라는 존재가 필요하지만 우리의 삶을 좌지우지하길 바라지는 않는다. 엄마가 가족들의 삶에 지나치게 개입하여 자기 안에 잠재된 두려움을 해소하려 든다면 자신은 물론 아이의 독립적인 발전을 가로막는 것이다.

반면, 어린 시절에 잠재기의 독립 단계를 순조롭게 거친 엄마들은 한발 물러서서 아이의 자율성을 보장하는 일을 기꺼이 수행한다. 그것이 엄마나 아이를 좀더 자유롭게 만든다는 것을 알기 때문이다. 이런 엄마들은 이제까지 아이를 일일이 먹이고 보살피던 일에서 서서히 손을 떼고 단지 아이의 행동을 점검하는 일만 한다.

그러나 엄마가 독립 단계에 접어든 아이에게 계속 집착하려 든다면 아이의 반항적인 태도에 부딪치게 된다. 자기를 붙잡아두려는 엄마의 욕구가 자신의 욕심이나 불완전함에서 비롯한 것임을 아이가 감지하기 때문이다. 아이는 엄마의 행동이 자기의 사회생활을 돕거나 관심사를 뒷받침해주기 위한 순수한 동기가 아님을 정확하게 느낄 것이다.

앨리스의 경우―불완전한 잠재기를 거친 엄마로부터 독립하다

어느 토요일 정오쯤이었다. 6학년인 앨리스의 친구는 쇼핑을 즐기다가 맥도날드 가게 앞에서 멈췄다. 앨리스와 점심 식사를 하기로 약속했던 것이다. 이 약속은 그들과 합세할 다른 친구의 이모가 정한 것이었다. 그러나 앨리스의 엄마는 남편이 출장을 갔기 때문에 딸과 함께 즐거운 시간을 보내리라 기대하고 있었다. 그러나 그녀는 자신의 이런 기대를 미처 의식하지 못하고 대신 그런 욕구를 '엄마 역할'을 통해서 표현했다. 그녀는 딸과 오붓한 점심 식사를 즐기기 위해 맛있는 수프와 샐러드를 준비하고 빵도 새로 구웠다. 앨리스가 맥도날드에서 친구들과 약속이 있다는 사실을 상기시켰을 때 그녀의 엄마는 이미 점심 식사를 준비했으며 그런 패스트푸드는 건강에 나쁘다고 지적했다. 그리고 전에 이미 그 약속을 허락했으면서도 고개를 숙이고 실망한 표정을 지었다.

앨리스는 일주일 내내 친구들과의 약속을 고대했지만 엄마의 이런 반응에 어찌할 바를 몰랐다. 그녀는 건강 따위는 아무래도 괜찮았지만 엄마의 표정에서 딸이 집에 머물러 있기를 간절히 바라는 마음을 읽을 수 있었다.

실상은 이렇다. 앨리스의 엄마는 자신을 돌보는 방법이나 성인으로서 자신의 욕구를 조절하는 법을 몰랐던 것이다. 대학에서 인문학을 공부한 그녀는 직장에 관심이 없었으며 졸업 후 곧바로 결혼해서 1년도 되기 전에 아기를 가졌다. 앨리스가 태어나자 그녀는 자신이 진정 원하던 것을 찾은 것 같은 기분을 느꼈다. 그녀는 현모양처가 되길 꿈꾸며 자신이 헌신적으로 보살펴줄 앨리스와 남편, 그리고 친척들이 있다는 사실에 너무나 행복했다. 그녀는 더 이상 고등학교와 대학 시절에 경험했던 외로움과 불안감을 느끼지 않으리라고 믿었다. 그러나 앨리스가 자라 엄마에게서 독립하려는 움직임을 보이자 굳건했던 엄마의 둥지가 흔들리기 시작했던 것이다.

앨리스는 이유를 알 수는 없었지만 이번 약속에 대한 엄마의 행동이 매우 불쾌했다. 엄마의 행동은 부모의 모습이 아니라 마치 어린아이 같은 태도였다. 이런 상황은 부모의 보살핌을 받아야 할 앨리스로 하여금 도리어 부모 역할을 하도록 강요하는 셈이었다. 앨리스는 엄마를 사랑했기 때문에 엄마의 기분을 상하게 하고 싶지 않은 압박감을 느꼈다.

앨리스는 진퇴양난에 빠졌다. 만일 친구들과 어울리는 대신 엄마와 함께 있는 쪽을 택한다면 즐거움을 떠나서 엄마로부터 독립할 기회를 잃는 것이었다. 반면, 친구들과의 약속을 지키려고 한다면 엄마의 실망을 감수해야 했다. 엄마의 차가운 침묵이나 빈정거림이라는 '혹독한 대가'를 치러야 하거나 또는 나중에 집에 돌아왔을 때 엄마의 우회적인 공격을 참아내야만 한다. "방이 왜 그렇게 지저분한 거야!" "아직도 숙제를 안 했단 말이니?" 이런 잔소리들의 내면에는 좀더 깊은 의미가 내포되어 있다. 엄마가 딸의 성장을 받아들이지 못하는 것이다.

지나친 무관심도 문제다

어린 시절 잠재기의 결함을 가진 엄마들 모두가 잠재기에 이른 아이들을 지나치게 간섭하는 것은 아니다. 일부 엄마들은 외부 세계로 눈을 돌려 직장이나 자원 봉사에 가족들의 몫을 포함한 모든 에너지를 쏟아붓기도 한다. 이런 유형의 엄마들은 성격상 유아기의 아이를 보살피는 몇 년 동안을 힘들게 참고 견딘다. 따라서 아이가 자라 학교에 들어감으로써 자신의 시간을 갖게 되면 새로 찾은 자유를 누리기에 바빠 아이에게 소홀해진다. 외부 세계의 인정이나 존경을 받고 싶은 자신의 욕구에 집착해서 아직 엄마의 손길이 필요한 아이에게 지나치게 무관심해지는 것이다.

🐝 다니엘의 경우─엄마의 부재로 인한 후유증

다니엘이 나를 찾아왔을 때는 20대 후반이었다. 그녀는 심한 생리통과 비만 증세가 있었으며 갑상선 기능 저하와 목의 따끔거림을 호소했다. 다니엘은 매우 유능한 비서로 성공한 커리어우먼이었으나 '자신의 가치'에 대해 회의를 느낀다고 고백했다.

자부심 부족과 자기 목소리를 내지 못하는 그녀의 문제점을 파악한 나는 엄마와의 관계에 대해 물었다. 그녀는 이렇게 설명했다.

제가 일곱 살이 되자 엄마는 교회와 병원에서 자원 봉사를 시작했어요. 엄마는 제가 학교에서 돌아왔을 때 집에 계신 적이 거의 없었어요. 저는 엄마가 무슨 일을 하는지 정확히 알지 못했지만 엄마는 항상 바빴어요. 저는 유치원에 다니던 동생을 데리러 가야 했고 함께 걸어서 집으로 돌아오곤 했어요. 또한 집에 와서 동생의 간식도 챙겨

쥐야 했어요. 저는 이런 생활을 수년 동안 지속했죠. 아버지는 성공한 은행가였기 때문에 우리 집은 엄마가 밖에서 일해야 할 만큼 궁핍하지 않았어요. 저는 엄마가 하루 종일 어디에서 무슨 일을 하는지 이해할 수가 없었어요.

잠재기에 있던 다니엘은 엄마의 보살핌을 좀더 받아야 했지만 오히려 어린 동생을 보살펴야 하는 역할까지 떠맡아야 했다. 이런 경험은 그녀가 성장했을 때 다른 사람들에게 지나친 책임감을 느끼거나 자부심을 갖지 못하게 만들었다.

🌺 지혜의 샘 | 아이에게 장애인 형제가 있는 경우

내가 어렸을 때 부모님이 친구들과 나누던 대화 중 지금까지 기억나는 것이 있다. 그들은 장애아가 태어났을 때 가족의 삶에 어떤 영향을 미치는지에 대해 토론하고 있었다. 시간이 흘러 의사가 된 나는 장애인 형제를 둔 많은 환자들을 만났다. 그리고 대부분의 집안에 적어도 한 사람은 심각한 장애를 가진 가족이 있다는 사실을 알게 되었다. 거기에는 정신 지체, 자폐증, 신경증이나 성격 장애, 만성 질환, 활동 과다 등 다양한 증상들이 포함되었다. 흔히 다뤄지는 일반적인 토론 주제는 아니지만 장애인 형제를 가진 정상적인 아이들은 많은 희생을 감수해야 한다. 그 희생은 어려서부터 시작된다.

도나라는 환자는 정신 질환을 가진 언니와 함께 자랐다. 부모님의 관심은 감정 발작이 심했던 언니에게 집중되었다. 도나의 엄마는 언니의 감정을 안정시켜 집안의 평화를 유지하려고 늘 전전긍긍했다. 정상적인 아이였던 도나는 언니의 부족함을 메우기 위해 자신은 늘 완벽해야 한다는 생각을 가지고 있었다. 따라서 어려서부터 지나치게 조숙했던 그녀는 아이다운 욕구를 겉으로 드러내지 않으면서 자랐다. 그녀의 언니는 집안의 모든 공기를 빨아들였으며 모든 사람들의 에너지를 독점했다. 도나는 이렇게 고백했다.

"우리 가족은 언니가 언제 무슨 행동을 할지 몰랐기 때문에 항상 살얼음판을 걷는 기분으로 살았어요. 언니는 감정 기복이 심하고 걸핏하면 감정을 폭발시켰기 때문에 엄마는 언니가 무슨 행동을 하든 제지하지 않았어요. 언니는 제 장난감을 부수고, 방을 엉망으로 만들고, 숙제를 망가뜨리곤 했지만 저는 엄마에게 불평 한마디 못 했어요. 뿐만 아니라 언니가 무슨 짓을 할지 몰랐기 때문에 친구들을 집에 데려올 수도 없었어요. 언니는 종종 저를 화나게 했지만 저는 그런 생각을 한다는 것 자체를 부끄럽게 생각했어요. 엄마가 언제나 언니 편을 들면서 '도나야, 언니가 일부러 그러는 게 아니란다'라고 말씀하셨기 때문이죠."

또 다른 환자는 성격이 거친 여동생을 딸의 결혼식에 초대해야 하느냐 마느냐로 고민하고 있었다. 그러자 그녀의 딸이 단호하게 말했다. "엄마, 안 돼요! 제가 어렸을 때부터 이모는 걸핏하면 화를 내거나 감정을 폭발시켜 가족 모임을 엉망으로 만들었어요. 저는 평화롭고 아름다운 결혼식을 하고 싶어요." 결국 그 여동생은 참석하지 못했고 결혼식은 무사히 치러졌다. 하지만 그 환자는 동생에 대해 죄책감을 떨쳐버리지 못했다. 누구나 그렇듯이 그녀도 결혼 축하 카드에나 등장할 법한 온 가족이 화기애애한 광경을 연출하고 싶었던 것이다.

장애인 동생을 둔 심리학자인 지니 세이퍼Jeanne Safer 박사는 〈정상적인 아이와 장애인 형제의 삶(The Normal One : Life with a Different or Damaged Sibting)〉이란 저서에서 다음과 같은 탁월한 혜안을 보여주었다.

"장애인 형제 때문에 상처를 입는 것은 당사자보다 정상인 아이 쪽이 훨씬 크다. 예를 들어, 식욕 감퇴 증상을 가진 언니를 둔 동생의 경우 여러 가지 희생을 감수하면서 삶을 개척해가야 하기 때문이다. 대부분의 아이들이 장애인 형제의 증상이 무엇인지 정확히 알지 못한다. 병명이 확실하지 않거나 부모들이 드러내길 꺼리기 때문이다. 이런 애매모호함은 불안감을 증폭시켜 그들은 정체불명의 우울증이나 원인 모를 공포감에 시달리며 성장한다. 그들은 일찍부터 비밀을 갖는 법을 배우는 것이다."

만일 장애인 자녀와 정상적인 자녀를 키우는 엄마라면 당신은 장애인 자녀의 욕구가 정상적인 자녀의 욕구보다 지나치게 우선하지 않도록 모든 노력을 기울여야 한다. 나는 우선 세이퍼 박사의 책을 읽어보라고 권하고 싶다. 당신 혼자서는 이 상황을 이런 시각으로 보기 힘들 것이다. 또한 이 책은 장애인을 돌보는 사람들에게 지나친 관대함을 요구하는 사회적 분위기 속에서 자신의 직관을 믿기 위해 필요한 유익한 정보들을 제공해줄 것이다.

장애인 자녀가 자제력을 잃고 정상인 자녀의 영역을 침범했을 때는 공정하게 처리하라. 정상인 자녀의 권리를 보호하라. 정상인 자녀에게 장애인 형제에 대한 지나친 책임감을 지워주지 말라. 예를 들어, 장애인 자녀에게 친구가 없더라도 정상인 자녀에게 하루 종일 놀아주라는 것은 공정하지 않은 처사다. 정상인 자녀에게 정기적으로 장애인 자녀를 돌보는 부담을 지우지 말라. 가능하면 외부 기관의 도움을 받도록 하라.

이런 상황은 누구에게나 결코 쉬운 일이 아니다. 그러나 엄마가 정상인 자녀를 희생시키면서 장애인 자녀의 요구를 끊임없이 들어준다면 상황은 더욱 악화된다. 이런 자세는 장애인 자녀를 포함해서 가족 누구에게도 도움이 되지 않는다. 오히려 장애인 자녀가 어떤 증상을 가졌든 그 증상을 더욱 악화시킬 뿐이다. 정상인 자녀에게 혼자 즐기는 시간을 갖도록 배려하며 엄마가 언제든지 자신의 요구에 귀를 기울이고 있다는 사실을 인식시켜라. ✤

균형을 찾아라

아이가 엄마보다 친구와 함께 지내는 걸 좋아하기 시작하면 엄마는 서운함과 허전함을 느낀다. 나도 그 기분을 경험했다. 우리 딸들이 잠재기 후기를 거치면서 자기들과 함께 지내길 바라는 엄마의 마음은 아랑곳없이 친구들과 주말 계획을 세우곤 했을 때였다. 나는 주말마다 온 가족이 어울려 지내던 시간이 그리웠다. 아이들이 언제나 엄마·아빠와 등산이나 외식을 즐길 거라고 생각했다. 그러나 한편으론 아이들이 친구들이나 선생님들과 교제하는 모습을 기쁜 마음으로 지켜보았다. 또한 엄마와는 전혀 상관없는 관심사나 친구들을 통해 더 큰 사회의 일원으로 진출하는 모습을 대견하게 바라보았다.

아이들이 어렸을 때 나누던 특별한 친밀감이나 당신이 우주의 중심인 것 같던 기분이 그리운 것은 당연하다. 그러나 이제는 아이들의 발전을 위해서 좀더 성숙한 친밀감이나 유대감을 허락할 시기다.

당신의 아이는 여전히 당신이 필요하다. 단지 좀더 성숙된 방법을 원할 따름이다. 아기 새가 둥지를 떠나 스스로 벌레를 잡을 수 있는 시기가 되었는데도 여전히 입속에 벌레를 넣어줘서야 되겠는가. 만일 엄마 새가 계속해서 먹이를 물어다준다면 아기 새는 스스로 먹이를 찾는 능력을 계발하지 못할 뿐 아니라 혼자 나는 법도 배우지 못할 것이다.

한 인간으로 성장해갈 아이를 믿어라. 당신의 아이는 건강하고, 온전하고, 믿음직한 어른으로 성장하는 데 필요한 모든 것을 갖추고 있다. 당신의 임무는 아이의 역할 모델이 되어주는 것이며 아이를 믿고 있다는 사실을 알려주는 것이다. 저명한 작가인 루이스 헤이Louise Hay 의 글에서 인용한 유익한 다짐을 소개한다.

아이와 나는 자신감과 기쁨으로 자신의 삶을 향해 나아간다.
우리 앞길은 활짝 열릴 것이다.

사회에 적응하기 위한 투쟁, 사춘기

사춘기는 아이의 영혼이 자신의 열정과 목표를 지원하는 방향으로 표현되고 실현되길 갈망하는 격동기다. 때문에 여자아이들은 한 인간으로서 정당한 권력을 얻으려면 자기 성취가 아닌 남성과의 협력을 통하도록 압력을 가하는 사회 제도에 정면으로 도전하게 된다. 여성으로서의 지위를 인정하지 않거나 합법적인 권력 추구를 거부당하기 때문이다. 우리 사회는 여자 아이들보다 남자 아이들을 더 가치 있게 여기기 때문에 여자 아이들은 정체성이나 자신의 시간 또는 에너지를 낮게 평가하는 경향이 있다. 그들은 서로 경쟁하고 남자 아이들과 맞서고 서로를 딛고 올라서야 하는데 이 모든 것들이 커다란 심적 부담으로 작용한다.

수많은 여자 아이들은 학교에서 인기 있는 집단으로부터 따돌림을 당하는 스트레스를 받는다. 그러나 이런 과정을 어떻게 해석하고 받아들이느냐(엄마나 아빠의 인도가 작용하기도 한다)는 아이의 장래에 큰 영향을 미친다. 만일 자신을 '패배자' 나 '못난이'로 여기고 시간이 흘러도 그 굴레를 벗지 못하면 여러 중독이나 어리석은 행동에 빠지기 쉽다. 냉담한 군중에 적응하거나 자신에 대해 좀더 좋은 기분을 느끼고 싶기 때문이다. 반면, 다른 아이들의 반응을 무시하고 관심을 운동이나 공부, 음악 같은 분야로 돌리는 아이들도 있다. 그들은 그 집단에 속하지 않은 다른 아이들을 친구로 사귈 수 있다.

물론 사춘기란 그렇게 쉽게 지나가는 시기가 아니다. 따돌림을 당하거나 다른 아이들의 공격을 받는 아이들이 받는 고통은 예상보다 심각하고 절실하다. 그러나 이런 고통도 잘 극복하면 성장을 위한 원동력이 될 수 있다. 따라서 고통에 정면으로 맞서고 에너지를 좀더 유익한 방향으로 사용하는 방법을 배워야 한다.

✎ 메건의 경우

때로 아이 친구들의 반응은, 그것이 아무리 가혹하더라도, 마음에 새겨야 할 메시지를 담고 있다. 한 환자는 딸이 중학생 때 겪었던 다음과 같은 경험을 말해주었다.

> 저는 우리 딸 메건을 동네 피자 가게에 태워다주던 그 날을 결코 잊을 수가 없어요. 학교의 댄스 강습에 가기 전에 친구들과 저녁을 먹기 위해서였죠. 저는 메건이 다른 친구들이 먼저 자리를 떠난 피자 가게에 홀로 남아 피자를 먹은 후 아이들 뒤를 쫓아 학교로 터벅터벅 걸어가는 광경을 목격하게 되었어요. 저는 너무 격분한 나머지 차로 아이 친구들을 다 깔아뭉개고 싶은 강렬한 충동을 느꼈어요. 메건은 자기가 음식 쟁반을 내려놓자마자 다른 친구들은 자리에서 일어나 가버린다는 얘기를 들려주었어요. 메건은 성적이 우수한 학생이었지만 다른 아이들의 행동에 지나치게 신경을 곤두세웠으며 친구를 사귀는 데 문제가 있는 것 같았어요.

저는 친구들에게 따돌림을 당하는 딸이 걱정되어서 학교의 상담 선생님을 찾아가 의논했어요. 그녀는 자신의 오랜 경험으로 미루어 볼 때 3학년에서 중학생 사이의 여자 아이들은 지구상에서 가장 심술궂은 존재라고 말하더군요. 저는 기가 막혔어요. 학교 폭력에 대해 이런 사고방식을 가진 선생님들 밑에서 어떻게 상황이 나아질 수 있겠어요. 물론 그녀는 다른 아이들에게, 친구에게 상처를 입히는 행동을 중지하라고 말하겠다는 다짐과 고등학교에 가면 상황이 한결 나아질 거라는 말도 덧붙였어요. 하지만 이런 말들은 제게 별 도움이 되지 않았어요. 저는 친구에게 그토록 가혹한 아이들의 행동이 자연스러운 것이라는 생각에 결코 동의할 수 없었어요.

사춘기는 다른 사람의 행동에 대해 즉흥적이고 무례하고 난폭한 반응을 보이는 시기다. 이런 환경에 던져진 중학생 나이의 아이들은 살아남는 법을 배워야 한다. 메건의 경우에도 친구들의 무례한 태도에는 분명히 그녀가 책임질 부분도 있을 것이다. 자기가 식사를 마치는 동안 친구들이 기다려주길 바라는 대신에 다른 사람들의 상황에 맞춰 제 시간에 식사를 끝냈어야 했다. 그녀의 엄마는 메건이 항상 다른 사람들을 기다리게 만든다고 말했다. 또한 가족을 배려하기보다 자신의 일이나 관심사가 더 중요하다고 여기기 때문에 집안일을 돕는 경우도 거의 없다고 했다. 어렸을 때부터 메건은 친구들에게 잘난 척한다는 말을 들어왔다. 다음은 메건 엄마의 설명이다.

어린 시절에도 메건은 자기 생각에만 빠져서 배려하는 마음이 부족하고 다른 것에 무관심했어요. 학교에 가기 위해 차를 타거나, 가족끼리 외식을 나가거나 여행을 떠날 때도 제 시간에 맞춰 준비하는 적이 거의 없었죠. 차를 타고 갈 때도 메건은 항상 책에만 빠져 있었어요. 목적지에 도착해서도 메건은 미리 옷을 입거나 신발을 신는 법이 없고 항상 우리를 기다리게 만들었어요. 우리 가족은 항상 메건을 기다려야 했죠. 옷을 입기를 기다리거나, 숙제를 마치기를 기다리거나 늘 기다림의 연속이었어요. 기다리다 지쳐서 메건을 남겨두고 동생만 학교에 태워다준 적도 있었어요.

당연히 메건의 친구들이 가족처럼 그녀를 기다려줄 리는 만무했다. 그것이 바로 중요한 문제점이었다. 사춘기 소녀들이 그처럼 짜증나는 행동을 가족들처럼 참고 넘어간다는 것은 불가능하다. 충동적인 감정을 자제하는 프로그램이 아직 뇌에 깔려 있지 않아 상대방을 이해하는 능력이 부족하기 때문이다. 메건에게 이것은 오히려 좋은 기회다. 세상은 자기가 원하는 대로 살 수 없고 돌아가는 이치에 맞춰야 한다는 것을 깨달을 수 있기 때문이다. 그런 기회를 통해 메건은 고통스럽지만 지속적인 자기반성을 할 수 있게 된다.

따돌림의 여러 사례들

열세 살인 리사는 엄마 표현을 빌린다면 '대기만성 형'이었다. 리사의 신체적 발육은 시간이 지날수록 다른 아이들에 비해 눈에 띄게 떨어졌다. 어느 주말, 한 친구의 유대교 성년 파티에서 리사는 제이미라는 친구와 신경전을 벌이게 되었다. 모든 남자 아이들의 관심을 한 몸에 받던 제이미는 보란 듯이 자랑하고 다녔다. 신경전이 고조되자 마침내 제이미는 모든 아이들 앞에서 이렇게 소리쳤다. "리사, 네 가슴은 담벼락이야. 벽도 질투할 정도로 매끈하고 평평하잖아." 리사는 시선이 자기

가슴에 집중되는 걸 느꼈다. 울면서 방을 뛰쳐나간 그녀는 엄마에게 데 리러 와달라고 전화를 걸었다.

당신의 사춘기 아이가 세상에서 가장 친절하고 다정한 성격을 타고 났더라도 학교라는 사회에서 여러 문제에 부딪치지 않을 수는 없다. 메 인 주의 작은 마을에서 자란 우리 딸들은 하나는 사립 고등학교에, 하나 는 공립 고등학교에 다녔다. 하지만 그들이 겪는 친구들과의 문제는 둘 다 비슷했다. 두 딸들은 신문에 보도되곤 하는 미국 전역의 어느 고등학 교에서나 일어날 수 있는 사춘기 아이들의 문제점들을 모두 겪었다.

작은딸이 고등학교 2학년 때 나는 교장 선생님으로부터 다음과 같 은 통보를 받았다.

우리 학교에서는 아이들에게 첨단 과학을 올바르게 이용하는 문제에 대해 교육합니다. 이것은 겉으로는 일종의 기술 교육이지만 실제로 는 더 중요한 아이들의 가치관에 영향을 미치는 문제입니다. 교장인 저는 학부모 여러분들과 이 문제에 대해 함께 의논하고 협조를 요청 하고자 합니다.

요즘 저는 학생들로부터 'freevote.com'이라는 웹사이트에 대한 이야기를 들었습니다. 어떤 주제에 대해 자유롭게 자신의 입장을 밝 히는 '부스'를 선택하는 것입니다. 얼핏 들으면 매우 바람직한 아이 디어 같지만 일부 학생들은 매우 상처가 되는 '부스'에 접속하기도 합니다. "야마스 고등학교에서 가장 심각한 패배자"라는 가혹한 말들 이 화면에 뜨거나 입에 담을 수 없는 거친 언어들이 사용되기도 합니 다. 부모님께서도 아시겠지만 이런 말들은 자아를 발전시키는 단계 에 있는 예민한 사춘기 아이들에게 매우 치명적인 영향을 미칠 수 있 습니다.

학교 당국에서는 이 사이트에 접속하지 못하도록 차단하고 있으며 컴퓨터를 이용하는 자세에 대해 좀더 올바른 가치관을 심어주려고 노력하지만 학생들이 학교 밖에서 사용하는 컴퓨터까지 통제하기는 불가능합니다. 학생들의 말을 빌면, 이런 즉각적인 메시지의 매력으로 이 사이트는 학생들 사이에서 매우 인기가 많다고 합니다. 따라서 학부모 여러분들은 자녀들에게 컴퓨터를 사용하는 책임 있는 자세를 지도해주시고 집에서 어떤 인터넷에 접속하는지를 주의 깊게 살펴주시기 바랍니다. 학교 당국과 학부모 여러분이 합심해서, 자라나는 학생들이 현대의 첨단 과학이 제공하는 유혹에 물들지 않고 야머스 고등학교의 훌륭한 전통을 따르는 바람직한 학생이 되기를 바랍니다.

고등학교는 중학교 시절의 혼란한 시기를 거친 아이들에게 좋은 변화의 기회가 될 수 있다. 솔직히 말해서 한창 예민한 사춘기 소년·소녀들을 3년 이상 같은 반에 몰아넣고 아무 일도 일어나지 않길 바라는 것은 이해되지 않는 처사다. 나는 만일 사춘기 아이들을 남녀가 따로 공부하게 만들고 그들의 막대한 에너지를 좀더 유익한 일에 사용하게 한다면 우리 사회는 한결 나아질 거라는 얘기를 많이 듣는다.

사춘기는 감정을 처리하는 방법을 배우는 시기

여성의 건강이 모든 면에서 향상되길 바라는 게 최대의 관심사인 나는 사춘기의 심술궂음과 여자 아이들에게 미치는 그 부정적인 영향에 대해 연구해왔다. 그 결과, 나는 뇌의 발달 과정에 대해 배우면서 그 딜레마에 대한 해답을 일부 찾을 수 있었다. 사춘기의 뇌와 호르몬 변화는 강렬하고, 거칠고, 통제하기 힘든 여러 감정들을 불러일으키는 요인으로 작용한다. 다른 사람에 대해 분노와 적대감을 표현하는 사춘기 아이들의 감정은 실제로 어른들과 크게 다르지 않다. 차이점이 있다면 어른들은 그런 감정들을 조절하는 방법을 배웠다는 것이다. 물론 그것이 음식이나 알코올, 마리화나 같은 부정적인 중독성으로 나타나기도 한다. 또는 그런 '받아들여지지 않은' 감정은 우리 몸에서 질병의 형태로 표현되기도 한다. (15장에서 나의 경험을 소개하겠다.)

인기리에 방송되는 〈서바이벌〉, 〈환상의 섬〉, 〈아메리칸 아이돌〉, 〈독신여성〉 같은 TV 쇼에서는 대부분 부당한 대우를 받거나 공개적으로 굴욕을 당하는 사람들을 보는 '즐거움'을 선사한다. 많은 어른들이 여전히 사춘기와 비슷한 감정을 느낀다는 사실을 증명하는 것이다. 다른 점이라면 어른들은 심지어 자기 자신에게조차 그런 감정을 숨긴다는 것이다.

사춘기는 일종의 견습 기간이라고 할 수 있다. 일정 기간 동안 학교라는 집단에 들어가서 평생에 걸쳐 사용하게 될 사회적이고 직업적인 기술을 배우는 시기이기 때문이다. 이 견습기는 물론 어린 시절부터 시작된다. 그러나 급격한 호르몬 변화와 성적 욕구가 첨가되는 사춘기에는 더 극심한 훈련 기간을 거친다. 전두엽을 재편성하는 호르몬 변화는 불완전하고 생소해서 사춘기 아이들은 어른보다 강렬한 감정을 억제하기 힘들거나 그것을 표현하는 방법이 서툴 수밖에 없다. (물론 그들의 충동적인 감정은 알코올 같은 중독성 물질이 개입될 경우에는 다른 부정적인 행동을 유발한다. 17장 참조) 만일 누군가를 싫어하거나 누군가가 마음에 들지 않을 경우, 그들은 마치 야생의 동물처럼 '자기들과 다른 무리'를 제거하려고 든다. 이런 행동은 어느 면에서는 자연적인 현상이다. 자기들과 색다른 무리를 최소화하려는 집단의 생리인 것이다. 이런 현상은 현대 사회에서도 여전히 적용된다.

성 차별의 영향

여학교에 다니는 여자 아이들이 가장 많이 부딪치는 문제점은, 남녀 공
학에 다니는 여자 아이들에 비해 외모에 대한 자부심에 상처를 입기가
쉽다는 것이다. 또한 여학교에 다니는 아이들은 여성적이지 못한 활동
이나 관심사에 참여해야 할 기회가 많다. 남학교에서 남자 아이들이 별
관심이 없는 예술이나 댄스에 참여해야 하는 것과 마찬가지다.[7]

나는 사춘기 여자 아이들의 심술궂음은 성장의 자연스러운 과정이
라고 생각한다. 최근까지 자기 발전을 갈망하는 아이들의 욕구가 진지
하게 받아들여지지 않았던 가부장적인 사회 분위기를 감안할 때 이해
가 가지 않는가. 가부장적인 사회와 구조가 유사한 성직자 사회에서도
이와 비슷한 현상이 밝혀진 바 있다. 낮은 계급의 사람들은 더 높은 계
급의 사람들의 관심을 끌기 위해 서로 반목하고 경쟁한다는 것이다. 흑
인 인권 운동가인 앨리스 워커Alice Walker는 주인들이 노예를 다루는
비법을 소개했다. 서로 싸우도록 조종하는 것이다. 그러면 그들의 에너
지는 사소한 일에 소모되어 자신들을 억압하는 사회 질서에 도전할 힘
이 없어진다는 것이다.

이와 마찬가지로 우리 여성들이나 엄마들이 사춘기 여자 아이들은
당연히 변덕스럽고, 까다롭고, 심술궂다고 여긴다면 좀더 풍부한 자기
표현과 독창성이 필요한 어른의 세계로 진입하는 중대한 출발점에 서
있는 그들을 충분히 도울 수 없을 것이다.

그리고 많은 여성에게 사춘기에 받은 상처는 오랫동안 지속되므로

이 시기에 해결되지 못한 사건은 평생 그들의 삶에 도화선으로 작용한다. 만일 엄마에게 해결되지 않은 상처가 남아 있다면 딸이 처해 있는 곤경을 극복하도록 올바르게 인도하지 못한다. 따라서 악순환의 고리는 끊어지지 않고 세대를 거쳐 대물림된다.

콜비 칼리지의 린 미켈 브라운Lyn Mikel Brown 교수의 논문을 비롯한 여러 연구 논문들은 중학교나 고등학교 여자 아이들의 다툼은 특정한 아이의 성격적 결함이라기보다 사회의 전반적인 현상이라고 지적했다. 그녀는 〈여자 아이들의 다툼(Girlfighting)〉이라는 저서에 대한 인터뷰에서 다음과 같이 설명했다.

저는 여자 아이들의 다툼이 아이들에게 자신의 한 부분은 드러내고 다른 부분은 숨겨야 한다는 어른들의 압력에서 비롯된 것이라고 생각합니다. 우리 사회에는 여자 아이들이 화가 나거나 분노를 느낄 때 그것을 직접 표현하는 것을 가로막는 많은 금지 조항들이 존재합니다. 따라서 착한 아이라는 평판을 유지하기 위해서 아이들은 덜 위험한 방법을 찾아내는 것입니다. 다른 아이들에게 그 두려움과 불안감을 발산하는 간접적인 방법, 즉 험담을 일삼거나, 나쁜 소문을 퍼뜨리거나, 따돌리는 방법으로 해소하는 것입니다. 자기들을 공격하는 남자 아이들에게 직접 맞서거나 여성다운 몸가짐을 강조하는 사회 인습에 도전하는 것보다 손쉬운 방법이기 때문이죠. 하지만 이런 다툼은 오랜 세월에 걸쳐 소외를 당한 당사자에게 지대한 영향을 미칩니다.[8]

친구 간의 다툼은 수백 년 동안 여자 아이들의 삶의 일부로 자리잡아왔다. 이런 현상은 남자 아이들도 마찬가지다. 차이점이 있다면 여자 아이들은 말이나 감정적인 공격을 무기로 사용하는 반면, 남자 아이들은 주먹을 사용한다는 것이다. 헤이하우스 출판사의 설립자이자 저명한 작가인 루이스 헤이Louise Hay는 지금 70대 후반의 노인이지만 아직도 학창 시절 친구들에게 가난하다고 놀림받았던 상처가 잊히지 않는다고 고백한 적이 있다. 그녀는 아이들과 줄넘기를 할 때도 항상 줄을 돌리기만 하고 한 번도 넘을 기회를 갖지 못했다고 한다. 내가 만났던 여성들은 모두 사춘기에 친구들로부터 받았던 상처를 한 가지 이상 지니고 있었다. 비록 이것이 일반적인 현상이라고 하더라도 만일 여자 아이들(그리고 여자다운 행동)이 남자 아이들(그리고 남자다운 행동)처럼 존중받아왔다면 지금처럼 다툼의 정도가 심각해지진 않았을 것이다.

루이스 헤이 여사가 경험했던 것처럼 경제적인 불균형도 도화선으로 작용할 수 있다. 일부 학교에서는 유명메이커인 '아베크롬비 & 피치'나 당시 유행하는 상표가 아닌, 월마트에서 산 싸구려 옷을 입은 아이들은 놀림감이 되기도 한다. 이런 점을 감안할 때 우리 딸들은 메인 주라는 시골에서 자란 게 행운이었다. 작은딸이 최근에 이런 말을 했다. "나는 열일곱 살이 될 때까지 티파니 보석 가게의 상자가 어떻게 생겼는지 몰라도 아무 문제가 없어서 너무 행복했어." 만일 내가 돈이 많고 적음에 따라 계급이 정해지는 학급을 맡은 선생님이었다면 나는 틀림없이 거기에 대한 연구 논문을 발표했을 것이다. 또한 아이들에게 돈이 인생의 전부가 아니라는 교훈을 가르쳤을 것이다. 그것이 올바른 삶의 자세가 아니겠는가.

앞서 소개한 린 미켈 브라운 교수는 고쳐야 할 것은 여자 아이들이 아니라 사회적 통념이라고 지적했다. 그녀의 말이 백 번 옳다. 아이들을 학교에 보내지 않고 집에서 가르치는 한 친구가 말하기를, 이런 종류의 다툼은 자기 딸들이 속한 집단과 어울리는 친구들 사이에서는 찾아볼 수 없다고 했다. 또한 여자 아이들만 모여 있는 학교에서는 훨씬 빈도가 적게 나타난다.

그러나 우리 모두가 그런 사회를 만들어가는 구성원이라는 사실을 깨달아야 한다. 사회는 우리와 분리되어 존재하는 게 아니라 무의식적으로 그것에 동참하는 각 개인이 모여서 만들어지는 것이다. 따라서 각 개인이 여자 아이들의 다툼이라는 문제에 관심을 갖는다면 자기도 모르게 그것에 동참해온 행동을 멈출 수 있게 된다. 그 첫걸음은 부정적인 행동을 하나씩 지적해서 고쳐가는 것이다. 뒤처지는 아이들을 따돌리거나, 옷차림이나 머리 모양이 허름한 아이들을 비웃거나, 남자 아이들과 치고받고 싸우거나, 뒤에서 남을 욕하거나, 신뢰를 저버리거나, 악성 이메일을 보내는 등의 행동이 옳지 못함을 알려야 한다. 한 번에 한 아이씩, 한 번에 한 엄마씩, 한 번에 한 선생님씩, 한 번에 한 학교씩 고쳐간다면 언젠가는 우리 사회 전체가 바뀔 수 있을 것이다.

다행히도 최근 들어 아이들의 바람직한 교우 관계에 대해 많은 관심이 쏠리고 있다. 펜실베이니아 주 이리 시에 속한 학교들에서 시작된 오필리아 프로젝트Ophelia Project(아이들에게 서로 존중하는 마음을 가르치는 운동) 같은 움직임을 비롯해서 저명한 책이나 영화 속에서도 이 문제들을 다루고 있으며, 전국적으로 공격적인 인간관계에 대한 워크숍이 활발하게 열리고 있다. 엄마와 딸 모두가 읽어보면 도움이 될 만한 책으로는 레이첼 시몬스Rachel Simmons의 〈따돌림 당하는 아이들(Odd Girl Out)〉이나 로살린드 와이즈만Rosalind Wiseman의 〈여왕벌과 추종자들(Queen Bees & Wannabes)〉을 추천하고 싶다. 소위 '짱'으로 불리는 아이들에게 여왕벌이라는 이름을 붙이는 것만으로도 그녀의 못된 행동에 일침을 가할 수 있다. (부록 참조)

내가 덧붙이고 싶은 말은 자신의 재능을 발견하고 목표를 향해 열심히 정진하는 아이들은 이런 다툼의 소용돌이에 쉽게 휩쓸리지 않는다는 것이다. 그들도 때로 왕따를 당할 수도 있지만 그런 일에 신경 쓸 시간도 관심도 없다.

단호한 태도를 보여라

사춘기 아이들의 모든 교우 관계나 대화 방식을 통제하기는 불가능하지만 부적절한 행동에 대해 책임을 지게 만들 수는 있다. 아이들 선생님이나 친구 엄마들의 명단을 작성하는 것도 도움이 된다. 몇몇 사람들만으로 학교 분위기를 크게 개선할 수 있다는 사실에 놀랄 것이다. 한 친구는 자기 딸 샌디가 왕따를 당했을 때 강력하게 대처한 선생님에 대한 이야기를 들려주었다.

샌디의 경우—책임감에 대한 교훈

샌디는 다른 친구와 공모해서 같은 반 친구 두 명을 비방하는 익명의 이메일을 학교 전체에 퍼뜨렸다. 이메일은 그들이 원하던 효과 이상이었다. 비방을 받은 친구들은 창피하고 부끄러워서 항상 샌디와 공모한 친구와 같이 점심을 먹던 테이블에 나타나지 않았다. 샌디의 선생님들 중 한 분은 누가 이메일을 보냈는지를 너무나 잘 알고 있었다. 어느 날, 방과 후에 샌디가 친구와 공모하는 이야기를 지나가다가 들었던 것이다. 그 선생님은 나쁜 행동을 싹부터 자르기 위해 즉각 조치를 취했다.

우선 그녀는 샌디의 엄마와 비방을 받았던 두 아이의 엄마를 학교로 불렀다. 그리고 그런 옳지 못한 행동을 멈추게 할 수 있는 아이디어를 말해주었다. 엄마들은 선생님의 의견에 동의했다. 그런 다음 선생님은 샌디와 공모한 친구를 조용히 자기 방으로 불렀다. 그리고 그들의 행동은 자부심이 부족하고 패배자 의식을 가진 아이들이 저지르는 행동이라는 점을 지적해주었다. 왜냐하면 자신에 대한 자신감이 충분한 아이들은 다른 친구들을 그런 식으로 다치게 할 필요를 느끼지 않기 때문이다. 그녀는 또 이런 간접적인 공격은 자신의 내면에 억압된 부분이 있다는 증거라고 설명해주었다. 따라서 결국에는 비방했던 친구들뿐 아니라 그들 자신도 상처를 입게 된다는 사실을 알려주었다. 그리고 마지막으로 선생님은 그릇된 행동에 대해 책임지게 만들었다.

우선 샌디와 그 친구는 학급에서 함께 앉는 것이 금지되었다. 그리고 샌디와 비방당한 두 친구에게는 과제가 주어졌다. 가해자와 피해자인 그들은 함께 친구들 간의 다툼에 대한 문제점을 조사하고, 그에 대한 해결 방안을 제시하며, 2주 안에 그것을 학급 친구들 앞에서 발표해야 했다. (여기서 선생님이 이미 엄마들의 지원을 확보했다는 사실을 염두에 두라. 따라서 아이들은 엄마 앞에서 선생님이나 다른 친구들을 비난할 수 없었다.) 이 과제를 위해서 아이들은 〈퀸카로 살아남는 법(Means Girls)〉이라는 영화를 보고 〈여왕벌과 추종자들〉이란 책을 읽어야 했다. 그들은 또 다른 친구들의 도움은 받을 수 없고 오직 그들끼리만 과제를 수행하도록 허락되었다.

샌디에게는 매우 힘든 시간이었지만 자신의 행동과 그에 따른 결과, 그리고 이를 책임지는 법을 배울 수 있는 좋은 기회였다.

🌱 지혜의 샘 | 다가갈 때와 물러설 때

만일 사춘기가 아이들이 친구의 괴롭힘에 좌우되지 않고 스스로 서는 법을 배우고 올바르다고 생각하는 것을 행하는 시기라면, 당신의 아이가 다른 아이들의 희생양이 되거나 가해자가 된다면 엄마로서 어떤 행동을 취하겠는가? 유수한 기업의 CEO인 한 친구가 택한 방법에 대해 들어보자.

"나는 아이가 학교에서 친구들과 어떤 관계를 맺든 별로 간섭하지 않으려고 노력했어. 솔직히 말해서 나는 아이가 학교에서 겪었다던 여러 사건들을 매일 회사 안에서뿐 아니라 함께 일하는 사람들 사이에서도 목격하고 있어. 나는 아이가 혼자서 그런 문제들을 처리하는 법을 빨리 배울수록 자신의 삶에 도움이 된다고 생각해."

어느 면에서는 나도 그 친구의 말에 동의한다. 결국 인생이라는 게임에서 이기려면 그룹에 속하느냐 소외당하느냐를 극복할 수 있는 방법을 배워야 한다. 실제로 이런 두려움은 우리가 성장해서 거기에 익숙해졌다고 사라지는 게 아니다. 저명한 작가로 이름을 날리는 한 친구의 말을 인용해보자. 그녀는 대규모 집회에 참석할 때마다 점심 식사 테이블에 함께 앉는 사람에 대해 불안감을 느낀다는 것이다. "나는 지금 사십대의 중년 여인이야. 그런데 점심 식사 쟁반을 들고 낯선 사람들 속에서 낯익은 사람이 없는지 두리번거리곤 해. 혼자 쓸쓸히 밥을 먹거나, 따분하고 짜증나는 사람들과 어울리지 않아도 되고, 낯선 사람 곁에 앉으려다가 다른 사람을 위해 준비된 자리라고 거절을 당하고 싶지 않거든." 이런 경험은 나에게도 해당된다. 나도 회의나 집회에 참석할 때마다 비슷한 기분을 느꼈다.

만일 당신이 자신의 정체성을 확립하기 위해 고군분투하는 불안정한 시기를 거치고 있으며 여기에 친구의 압력에 시달리는 아이의 입장에 있다면 당신은 고통과 흥분과 시달림의 터널을 헤매고 있을 것이다. 이 모든 상황은 엄마인 당신에게도 당혹스럽고 고통스러운 일이다. 특히 엄마가 사춘기의 상처를 간직하고 있을 경우에는 더욱 그렇다.

그러나 아이가 지나치게 상처를 많이 받고 있다면 당신은 공격과 학대를 다루는 방법을 배우도록 도와야 한다. 또한 당신의 아이가 다른 아이들에게 상처를 입히고 있다면(이런 경우는 엄마가 알아차리기 쉽지 않지만) 아이가 자신에 대해 확신이나 자부심을 느낄 수 있는 방법을 찾도록 도와줘야 한다. 이런 행동에 빠진 아이들은 대부분 심성이 나빠서가 아니라 자신에 대한 충분한 자신감이 부족하기 때문이다. ✽

아이들 간의 갈등을 극복하도록 돕는 법

아이의 경험에 귀를 기울여라 아이의 교우 관계에 개입하는 것은 현명한 처사가 아니라고 하더라도 아이의 경험이나 감정을 인정해주는 것은 중요한 일이다. 특히 아이가 따돌림이나 배척을 당하는 경우라면 더욱 그렇다. 그 상황 자체는 심각하지 않을 수도 있지만 그것으로 받는 상처는 매우 심각하다. 아이는 이런 상황을 대수롭지 않게 넘길 수 없으며 "대학에 가면 그런 일이 없을 거다."라는 말로 위안받을 수 없다.

당신의 시야를 넓혀라 아이들 간의 반목이 정상적인 과정이라고 생각해 왔던 사회적 인식이 과연 옳은지 점검해보라. 엄마들이 사춘기 소녀들은 감상적이고, 심술궂고, 까다롭다는 선입견을 버리지 않는다면 어떻게 변화를 꾀할 수 있겠는가? 심술궂음은 여성들의 생리적 특성으로 사춘기에 절정에 이른다는 사회적 관념에 맹목적으로 동참하지 말라.

여왕벌이 되는 숨은 동기를 인식하라 아이에게 따돌림은 소수의 엘리트들이 자신의 영역을 지키기 위해서 다른 사람의 행동을 통제하는 방법이라는 것을 가르쳐주라. 아이들이 따돌림에 동참하는 유일한 이유는 자신에 대한 불안감과 자신감 부족이다. 로살린드 와이즈만의 저서들은 소위 여왕벌이라고 불리는 아이들이 주변의 신봉자들이나 일벌들을 '거세'하여 권력을 유지하고 영향력을 행사한다고 설명한다. 실제로 꿀벌의 세계에서 여왕벌이 사용하는 수법과 똑같다. 남자 아이들은 일벌이 꿀을 찾듯이 여왕벌 주위에 모여들며, 여왕벌은 자신의 존재를 부각시켜 다른 아이들이 빛을 잃게 만든다. 그녀의 추종자들은 이런 욕구를 실현시키기 위해 존재한다.

그러나 이런 수법에 익숙한 여왕벌은 세상에서 살아가기 위해 필요한 진정한 기술을 배우지 못한다. 세상은 그와 정반대의 이치로 돌아간다. 그녀의 내면이 약하다는 사실은 주변에 신봉자들을 거느려 부족함을 채우려는 욕구를 통해 증명된다. 당신의 아이가 여왕벌의 눈에 들기를 갈망한다면 여왕벌이 되는 것은 가치 있는 목표가 아님을 상기시켜라. 여왕벌은 사실은 패배자라는 사실을 숨기기 위한 방편이기 때문이다. 진정한 승자는 자신을 드러내기 위해서 다른 사람을 끌어내릴 필요가 없다. 아이에게 고등학교를 졸업할 때쯤 되면 이 진리가 분명하게 드러날 것이라고 가르쳐라. 100퍼센트 확신해도 좋다. 여왕벌은 주변의 친구들이 진정한 자아와 자부심을 발전시킬 때가 되면 힘을 잃는다. 주변에 모여들던 남자 아이들도 흩어져버릴 것이다. 나는 이런 광경을 무수히 목격했고 당신도 분명히 경험하리라고 확신한다.

아이의 성향을 인정하고 엄마가 여왕벌의 영향력을 막을 수 없다는 점을 인정하라 아이들은 성격이나 자부심 정도에 따라 여왕벌의 특권을 누리고 싶은 충동에 사로잡힐 수도 있다. 일부 아이들은 여왕벌의 최면에 걸려들곤 한다. 그들은 잠시나마 자신을 이상적인 존재로 만들어 결점으로부터 회피하고 싶어하는 것이다. 만일 당신의 아이가 이런 증상에 빠져 있다면 다른 사람의 존엄성이나 가치를 희생시키지 않고도 여왕벌이 될 수 있음을 상기시켜라. 이런 경우에는 유머가 좋은 수단이 될 수 있다.(17장 '친구들의 압력을 효과적이고 유머러스하게 극복하는 법' 참조)

아이가 당신에게 분풀이하도록 만들지 말라 사춘기 소녀들이 자신의 분노를 엄마에게 전가시키는 사례를 흔히 찾아볼 수 있다. 그러나 아이가 엄마에게 함부로 대하도록 방치하는 것은 아이에게 또 다른 문제점을 안겨주는 것이다. 엄마를 존중하지 않는 아이의 무례한 언행을 방관하지 말라.

| 주는 대로 받는 끌어당김의 법칙을 기억하라 |

끌어당김의 법칙이라는 근본적인 진리는 돈에서부터 행복에 이르기까지 모든 것에 적용된다(12장의 '돈에 대한 가르침' 참조). 이 법칙은 "뿌린 대로 거둔다." 또는 "주는 대로 받는다."로도 표현할 수 있다. 아이에게 다른 사람의 험담, 비방을 일삼는 것은 곧 자기 자신에게 하는 것이라는 사실을 가르쳐라. 빠르든 늦든 그것은 반드시 자신에게 돌아올 것이다. 또한 아이에게 모든 생각이나 감정, 행동은 삶의 환경을 구성하는 중요한 요소라는 사실을 강조하기 좋은 기회이기도 하다. 감사하고 존중하는 마음은 유익한 환경을 창조한다. 반면, 증오와 불평과 질시는 그에 합당한 환경을 만든다. 모든 인간은 자신의 관심을 어디에 두는지와 무엇을 생각하는지를 선택할 힘을 지니고 태어난다. 그리고 이들 선택은 궁극적으로 자신의 삶을 좌우한다.

아이에게 끊임없이 얘기하고 항상 귀를 열어두라 아이들은 무관심하게 흘려버리는 것 같아도 엄마의 말을 마음에 새긴다. 따라서 아이의 친구가 행하는 부적절한 행동에 대해서 끊임없이 지적하고 얘기하는 노력이 필요하다. 예를 들어, 내가 주로 목격했던 행동은 이간질이다. 한 사람에게 다른 사람을 비방함으로써 두 사람 사이의 돈독한 유대감을 파괴하는 행위다. 우리 딸의 친구들은 가끔 집에 놀러오면 내 등 뒤에서 서로 소곤거리곤 했다. 내 요리 솜씨나 옷차림 등을 비판하는 말이었다. 나는 이런 행동들을 직관적으로 감지하곤 했다. 그리고 그들이 돌아가고 난 후 나는 딸들에게 그들의 행동을 지적하며 옳지 못한 행동임을 강조하곤 했다. 나는 또한 이렇게 덧붙였다. "네 친구들이 그런 행동을 하는 이유는 자신에 대한 자부심이 부족하기 때문이란다. 그런 행동이 어디서부터 비롯되는지 올바로 이해하렴. 그리고 최소한 우리 집에서는 그런 행동은 용납되지 않는다는 사실도 명심하거라."

엄마는 친구가 아니라 엄마임을 강조하라 아이에게 엄마는 친구들과 다르게 인기와 관계없이 올바른 위치에 설 수 있는 존재임을 상기시키는 것이 중요하다. 아이가 화를 내더라도 엄마로서의 입장을 분명히 하라. 예를 들어보자. 아이가 앨리스라는 친구와 금요일 밤에 학교에서 열리는 행사에 함께 가기로 약속했다. 그런데 여왕벌이 전화를 걸어 당신의 아이를 파티에 초대했다. 그러자 아이는 앨리스와의 약속을 헌신짝처럼 저버리고 '어리석은 패배자'라고 비방했다. 만일 이런 사실을 알았다면 당신의 임무는 아이에게 앨리스와의 약속을 지키도록 가르치는 것이다. 또한 아이가 여왕벌과 앨리스의 옷차림이나 신발, 관심 있는 직업 등을 비방하는 것은 성실치 못한 자세임도 상기시켜야 한다. 단지 자기 그룹의 아이들과 다르다고 나쁜 것은 아님을 알게 하라. 그것은 범죄 집단에서나 통용되는 법칙이다. 아이가 자기 것을 옳다고 믿듯이, 친구도 자신의 것을 옳다고 믿는다는 사실을 설명해주라.

여기 아이에게 도움이 될 루이스 헤이 여사의 다짐을 소개한다.

나는 자신을 자유롭고 즐겁게 표현한다.
나는 기꺼이 나의 모든 것을 옹호한다.
나는 나의 창의력을 표현한다. 나는 변화와 성장을 추구한다.

15

격동의 나이 사춘기

- 사춘기의 몸, 뇌, 그리고 영혼-

우리 인간은 세상에 나올 때 자신의 눈동자 속에서 빛나는 자기만의 고유한 영혼을 가지고 태어한다. 또한 우리의 뇌(안와전두엽)와 몸의 연결고리는 우리가 자신의 몸과 마음과 감정을 충분히 느낄 수 있도록 돕는다. 아이가 잠재기에 접어들어 '이성의 시기'가 시작되면 뇌의 전두엽이 발달하면서 주변의 가족이나 사회에 좀더 순응하게(관심을 갖게) 만든다. 이것은 우리가 성장해가는 데 꼭 필요한 단계다. 자신에게서 벗어나 외부 세계에 익숙해지는 일에 집중하게 만들기 때문이다. 그러나 사춘기에 급격하게 변하는 우리의 호르몬과 뇌와 몸은 안와전두엽의 감성을 다시 일깨운다. 따라서 이 시기의 아이들은 내면의 진정한 자아에 접속되면서 태어날 때부터 지니고 있던 잠재적 본성을 드러내기 시작한다.

지구상에 존재하는 여러 원주민들이 아이에서 어른으로 탈바꿈하는 이들을 축하하기 위해 특별한 의식을 베풀어주는 것도 이런 이유 때문이다. 사춘기에 진정한 자아를 찾는 과정에서 분출하는 폭발적인 에너지를 저장해놓을 그릇이 필요하다. 그 안에 저장했다가 건설적인 방향으로 유도해야 하기 때문이다. 당신의 딸은 몸만 아이에서 성숙한 여인으로 변하는 게 아니라, 뇌와 감정 또한 급격하게 변한다. 다시 말해서 아이는 좀더 가족과 사회의 독립적인 구성원이 될 준비를 하는 것이다. 아이의 타고난 독특한 개성과 재능이 더 완전하고 안정되게 무르익는 시기인 것이다. 또한 사춘기의 뇌와 호르몬 변화가 잠재기에 단단하게 잠겨 있던 '가족간의 갈등'이라는 마개를 느슨하게 만드는 시기이기도 하다.

우리가 자라면서 진정한 자아를 찾는 과정에서 가족과 사회의 후원을 얼마나 받는지에 따라서 사춘기를 지내는 모습과 건강이 좌우된다. 만일 아이가 충분히 지원받지 못하며 자랐다면 사춘기에 질병에 걸리거나 정서적인 불안감을 경험할 가능성이 높다. 때로 아이의 성격에 따라서는 주변에 맞추기 위해 자기화 과정을 억제하거나 또는 진정한 자아에 충실하기 위해서 가족과 상반되거나 이질적인 길을 걷기도 한다. 그러나 어떤 길을 걷든 신체적으로 정신적으로 응분의 대가를 치르게 된다.

| 사춘기를 축하하는 각종 의식들 |

• 캐나다의 누트카 섬 부족들은 소녀가 초경을 끝내면 성대한 파티를 열어준다. 그런 다음 소녀를 섬에서 멀리 떨어진 바다 한가운데 남겨두고 혼자 헤엄쳐서 돌아오게 하는 혹독한 인내심 의식을 거치도록 한다. 소녀가 해변에 닿으면 온 부족이 나와 열렬히 환영해준다. 이런 의식을 거친 후 소녀는 비로소 인내심과 끈기를 갖춘 한 여성으로 인정받는다.[1]

- 서 아프리카의 다가라 부족은 1년에 한 번 날을 정해서 그 해에 초경을 시작한 모든 소녀들을 위한 성년식을 개최한다. 이 의식을 시작으로 소녀들은 오랜 기간에 걸쳐 성이나 성행위에 대한 지식, 월경 중인 여성의 특별한 치유 능력 등에 대해 교육받는다.[2]
- 미국 뉴멕시코 주의 나바호족은 아직도 소녀들을 위한 사춘기 의식인 '키날다'라는 전통을 이어오고 있다. 여성의 월경을 연구하는 라라 오웬Lara Owen에 따르면 이 의식을 부족의 어떤 의식보다 가장 중요하게 여긴다고 한다. 부족에게 새로운 삶을 가져다준다고 믿기 때문이다. 나바호족은 부족의 소녀가 초경을 하고 나면 한 달 안에 모든 일가친척들이 한자리에 모여 나흘 동안 잔치를 벌인다. 이 기간 동안 소녀는 사슴 가죽으로 된 전통 의상을 입고 독특한 모양으로 머리를 땋는다. 그리고 아침마다 동틀 무렵에 일어나 태양을 향해 달린다. 날이 갈수록 더 멀리 더 빨리 달려야 한다. 소녀가 돌아올 때마다 부족 중 가장 나이가 많은 여성 원로는 소녀에게 아름다움을 가꾸고 몸을 마사지하는 방법을 가르친다. 또한 남녀 관계에 대한 전통적인 부족의 지혜도 전수한다. 소녀와 그녀의 가족은 이 의식을 위해 특별히 제작된 거대한 오븐에 구운 거대한 옥수수 케이크를 준비한다. 이런 의식을 통해 소녀는 자신과 다른 사람들에 대한 책임감을 느끼도록 훈련받는 것이다. 의식의 마지막 밤이 되면 모든 부족 사람들은 그들의 전통 의식에 따라 소녀와 가족들을 위해 밤새 기도를 올린다. 이 의식은 신체적인 강인함과 개인의 특성을 모두 중요시하는 특색을 지닌다.[3]

이러한 예는 성년식을 거행하는 원주민 토착 문화의 몇 가지 사례에 불과하다. 의식은 문신을 새기고 머리 모양이나 옷차림새를 바꾸는 것부터 온 부족이 참여하는 축하 행사, 고독한 영적 탐구에 이르기까지 다양하다. 대체로 이 의식들을 살펴보면 소녀들은 소년들보다 신체적으로 덜 힘든 의식을 치른다. 그 이유는 아마도 남성들은 나중에 출산이라는 더 힘든 성년식을 치르지 않기 때문인 것으로 추측된다. 그러나 모든 문화권에서는 유년기와 성인기의 한계를 분명히 규정짓고 있으며, 아이가 자신이 속한 공동체에서 책임감을 인식해야 하는 시기를 확실하게 가르친다.

이들 원주민에 비해 우리 사회의 성년식은 지나치게 외형적인 것에 치중해온 경향이 있다. 운전면허증이나 투표권을 획득하거나 음주나 흡연이 합법적으로 허용되는 것을 성인이 되었음을 상징하는 징표로 인식하며, 여기에 자신이 속한 공동체에 대한 가르침이나 책임의식은 포함되어 있지 않다. 우리 아이들은 이런 것들을 누리게 되길 간절히 기대하면서도 막상 호르몬의 생리 작용이 뇌를 새롭게 형성하고, 몸을 새롭게 만들며, 새로운 감정을 느끼게 만들면서 생성되는 힘을 인식하거나 존중하는 법은 배우지 못한다. 현대 사회는 영적 탐구를 후원하는 사회적 분위기, 의미를 부여하는 성년식, 신체와 정신의 성숙도를 가늠하는 진정한 테스트가 실종되었다. 따라서 많은 십대들이 그 공허함을 약물이나 알코올, 위험한 인간관계, 충동적인 소비 성향 등을 통해 해소하는 실정이다.

왜 아이들은 사춘기에 자제력을 잃는가

10년 전쯤에 저명한 심리학자인 메리 파이퍼Mary Pipher 박사의 〈오필리아의 회생(Reviving Ophelia)〉라는 저서가 전국적으로 커다란 관심을 불러일으킨 적이 있다. 사춘기에 이른 아이들이 진정한 자아를 찾지 못해 섭식 장애나 우울증, 피어싱, 파괴적인 섹스의 포로가 되는 실정을 폭로한 내용이었다. 파이퍼 박사의 저서는 나 같은 베이비붐 세대 엄마들의 자각을 불러일으켰다. 그들은 밤을 새워가며 사춘기에 이른 자기 아이들이 얼마나 반항적이며 거칠게 변했는지에 대한 경험을 나누곤 했다. 그 결과, 사춘기 아이들에게 어떤 변화가 나타나며, 그 원인이 무엇이고, 사춘기 소녀 대부분이 젊은 여성으로 활짝 피어나는 동시에 경험하는 인격적 퇴행에 어떻게 대처해야 하는지에 대한 범사회적인 연구가 진행되었다.

사춘기의 압박감

사춘기 아이를 둔 부모들은 앞서 밝혔던 여러 사춘기 증상들에 대한 불만을 토로하지만 몇 가지 여건만 허락된다면 사춘기를 좀더 손쉽게 넘길 수도 있다. 그 여건이란 삶이 여유롭거나, 나쁜 환경에 덜 노출되거나, 성별에 따른 역할이 명확하게 규정되어 있거나, 대중매체의 영향에서 확실히 벗어날 수 있는 것을 말한다.

우리는 삶이 복잡하지 않고 단순하고 명확하기를 갈망한다. 그러나 그런 시대는 영원히 과거 속에 묻혀버렸다. 현대 사회는 청소년과 어른의 경계가 모호해졌다. 오늘날 사춘기를 맞은 아이들에게 실제로 어떤 신체적 변화가 일어났는지에 관계없이 성적으로 성숙한 모습만을 기대하는 분위기가 갈수록 팽배하고 있다. 이런 압박감은 엄마와 딸의 관계에도 막대한 영향을 미친다. 상업적인 이익을 추구하는 데만 급급한 기업들은 아이들이 격변하는 감정이나 다양한 내면의 욕구에 귀를 기울여야 할 시기에 성적인 매력에만 관심을 갖도록 유도한다.

우리 큰딸이 대학에서 소녀들의 사춘기에 대한 강의를 들은 후 다음과 같은 편지를 보낸 적이 있다.

오늘 우리는 십대들이 읽는 잡지를 분석하는 시간을 가졌어요. 매우 재미있고 흥미로웠지만 좀 당혹스러운 부분도 있었어요. 우리는 잡지가 전달하는 메시지를 확인하면서 놀라지 않을 수 없었어요. 저는 〈커버걸〉이라는 잡지의 화장품 광고에 대해 조사했는데 이런 구절을 발견했어요. "어떤 소녀들은 화학 작용을 받아들이고, 어떤 소녀들은 화학 작용을 만들어낸다." 기가 막히죠?

이 광고는 어떤 면에서는 모든 사람의 열망을 대변한다. 어떤 면에서 우리 모두는 화학 작용을 만들어낼 능력 – 그것을 받아들이느냐 아니냐에 관계없이 – 을 갖고 싶어한다. 만일 아이들이 자신의 화학 작용을 지배할 능력을 갖추고 있다는 사실을 이해하고 스스로 그것을 만들어내는 방법을 배우면, 자신의 가치를 떨어뜨리는 어떤 사회적인 메시지에도 크게 영향받지 않는 힘을 갖추게 될 것이다.

아이는 성숙해지는 데 필요한 정보를 몸의 변화에서 얻기 시작한다.

사춘기에 나타나는 몸의 변화

사춘기는 몸과 뇌에 급격한 호르몬 변화를 불러일으키는 충만하고 매혹적인 시기다. 많은 사람들이 사춘기를 단순히 초경이 시작되는 시기로 인식하지만 실제로는 성적으로나 생리적으로 여자로서 성숙해가는 통합적인 발달의 시기라고 할 수 있다. 이 시기에는 신체적 성장이 가속화되며, 유방이 발달하고, 음모와 겨드랑이 털이 나기 시작하며, 그 부위의 아포크린 샘(땀샘)이 활성화되어 체취가 강해진다. 초경은 이 모든 과정들이 끝나갈 무렵에 시작된다. 이 과정은 아이들에 따라 차이가 있지만 대개 4년 반 정도가 걸린다. (그 오차는 1~6년 반까지 광범위하다.)

사춘기의 변화는 뇌에서부터 시작된다. 어린 시절부터 사춘기 전까지 약 8년 동안 배란을 자극하는 성선자극호르몬으로 알려진 두 호르몬, LH(황체형성호르몬)와 FSH(여포자극호르몬)는 매우 낮은 수치에 머물러 있다. 그러나 열 살이나 열한 살이 되면 이 두 호르몬의 수치는 급격히 상승해서 폐경주위기 여성의 수치와 거의 맞먹는 수준까지 올라간다. 이 호르몬들의 수치는 유방이 발달하기 수개월 전부터 상승하기 시작한다. 이때부터 뇌의 시상하부가 성선자극호르몬의 방출을 지시하는 신호를 내보내기 때문이다.[4] 이 신호를 받은 뇌하수체에서는 FSH와 LH를 분비하고, 이 호르몬들은 난포가 에스트로겐과 테스토스테론을 분비하도록 촉진한다. 에스트로겐은 유방의 발달과 뼈의 성장, 여성 지방의 축적을 자극하며, 테스토스테론은 성욕과 여드름의 원인이 되는 피지선의 분비를 촉진한다.

한편 정상적인 배란이 이루어지기까지는 어느 정도 기간이 필요하다. 대부분 초경이 시작된 후 당분간은 생리가 불규칙적이거나 배란이 없는 경우가 많다. 사춘기 소녀의 25~50퍼센트가 초경이 시작되고도 약 4년 동안은 배란이 없는 것으로 나타났다.[5]

뇌의 시상하부와 뇌하수체의 기능에 영향을 미치는 요인은 다양하기 때문에 아이들마다 사춘기가 시작되는 시기는 각각 다르다. 그 요인으로는 강력한 감정이나 사고방식, 타고난 몸의 기질이나 식습관, 가족력, 유전적 요인 등을 들 수 있다. 앞으로 40년 동안 한 여성으로서의 생리 기능이나 생산 능력은 이 요소들의 영향을 받는다. 여기에는 사고방식이나 감정 상태도 포함된다. 모나 리자 슐츠 박사는 그 상관관계를 다음과 같이 설명했다.

> 우리 뇌의 변연계는 입력된 감정 정보를 뇌 깊숙이 자리한 호르몬 조절 장치인 시상하부에 직접 전달한다. 시상하부는 이 정보를 몸의 모든 호르몬 샘 - 갑상선, 난소, 부신, 췌장 등 - 에 보낸다. 뿐만 아니라 신호는 자율신경계에도 전달된다. 따라서 아이가 매우 화가 날 경우 호르몬에 지대한 영향을 미친다. 그러나 화를 자제한다면 그 영향은 최소화될 것이다.

스트레스를 받으면 월경 주기가 늦거나 빨라지거나 건너뛰는 경험을 했던 여성들은 위와 같은 몸의 작용을 충분히 인식하고 있을 것이다.

사춘기를 보내는 아이들의 모습은 각양각색이며 개인차도 크다. 일부 아이들은 손쉽고 빠르게 넘기는 반면, 일부는 가능한 한 오래 유년 시절을 맴돌다가 남들보다 늦은 열여섯 살에 갑자기 활짝 피어나기도 한다. 그러나 아무리 힘든 시기를 거치더라도 사춘기는 의학적인 치료가 필요 없는 인생의 자연스러운 여정의 일부임을 알아야 한다.

| 사춘기 딸과 폐경기 엄마 |

나는 종종 폐경기를 '중년의 사춘기'라고 부른다. 사춘기와 폐경기는 둘 다 뇌가 호르몬의 급격한 변화를 경험하는 시기이기 때문이다. 폐경기 여성들이 겪는 급격한 기분 변화나 체온 변화(안면 홍조)를 사춘기 소녀들도 똑같이 경험하는 이유 중 하나는 FSH(여포자극호르몬)와 LH(황체형성호르몬)의 수치가 상승하기 때문이다. 배란이 정기적으로 안정되기 전까지 수년 동안 프로게스테론의 영향을 받는 사춘기 소녀의 몸은 에스트로겐 수치의 변화로 뇌의 과민 반응을 경험한다. 이런 증상은 중년 여성이 폐경기에 겪는 에스트로겐 과다 증상과 흡사하다.

비록 사춘기에는 호르몬이 증가하고 폐경기에는 감소한다는 차이가 있지만, 이 두 시기에 2~3년 동안 나타나는 불안정한 호르몬 변화는 과거에 해결하지 못한 일들을 처리할 기회를 제공하는 우리 몸의 지혜인 것이다. 그러나 우리 사회는 사춘기 소녀들(또는 폐경기 여성들)의 기분 변화는 단순히 호르몬 변화 때문이며 삶의 자세와는 전혀 관계가 없다고 몰아붙인다. 하지만 사춘기 소녀들이 부모나 형제, 또는 주변 사람들에게 극심한 분노나 무기력함을 느끼면서 야기되는 심각한 갈등은 이들 호르몬 변화가 가져다준 자아에 대한 깨달음의 결과라는 명백한 증거가 입증되었다. 나는 〈폐경기 여성의 몸 여성의 지혜〉라는 저서에서 이 문제를 다룬 바 있다. 그 내용의 일부를 옮기면 다음과 같다.

"폐경주위기가 되면 우리의 뇌에서는 실제로 변화가 일어난다. 몸의 체온이 상승하듯이 뇌도 열을 받는 것이다. 폐경기에 필연적으로 발생하는 호르몬 변화가 뇌를 점화시키는 것이다. 그 스위치가 점화되면 직관을 관장하는 부위인 측두엽에 변화가 일어난다. 이 변화의 정도는, 호르몬이 촉진시킨 그 변화를 삶에 얼마나 적용하느냐 하는 우리의 의지에 따라 좌우된다."

폐경주위기가 그렇듯이, 사춘기도 '성장하느냐 아니면 죽느냐'의 시기다. 자신을 완성 또는 실현하고 싶은 갈망이 표출되는 시기라는 공통점이 있기 때문이다. 대부분의 여자 아이들은 에스트로겐의 수치가 상승하기 시작하는 열 살에서 열한 살 사이에 첫 성몽을 꾼다. 호르몬의 후원을 얻는 이 시기는 깊은 내면의 영혼에 연결되는 기회를 얻으며, 직관의 소리에 귀를 기울이는 방법을 배우며, 뇌와 몸이 활짝 피어나는 시기이므로 자아에 대한 강력한 정체성을 정립하게 된다. 그러나 수년에 이르는 사춘기를 거치면서 일단 호르몬이 안정되면 아이들은 좀더 성숙함과 힘을 갖춘 새로운 차원에 도달한다. 그리고 훗날 폐경기가 되었을 때 다시 한번 지난 삶을 되돌아보며 자신의 신념이나 행동을 업그레이드할 기회를 얻게 될 것이다. 삶의 후반기에 또 다시 '인생의 봄'을 맞이하는 것이다.

폐경주위기의 변화는 폐경기가 시작되기 전후 십여 년 동안 진행되기 때문에 엄마가 폐경주위기를 겪는 시기에 딸은 사춘기를 겪게 될 가능성이 높다. 따라서 엄마와 딸은 둘 다 중대한 삶의 전환기를 겪으면서 서로에게 풍성한 치유의 기회를 제공하게 된다.

왜 여자 아이들의 성장이 더 빠를까

오늘날 생활수준이나 식생활 같은 환경적인 요인이 크게 향상되면서 엄마들은 100년 전에 비해 훨씬 크고 건강한 아기를 출산하게 되었다. 미국의 경우 20세기 초에는 초경을 시작하는 평균 나이가 14.5세였지만 최근에는 12.8세로 훨씬 빨라졌으며, 그 범위는 9.1～17.7세 사이인 것으로 나타났다. 그러나 일부 조사 결과에서는 초경 나이가 빨라지는 추세가 1960년을 전후해서 멈춘 것으로 나타났다.[6] 심지어 다시 약간 늦어지는 추세라는 보고서도 발표되었는데 아마 환경오염의 영향일 것이라는 추측이다.[7]

이런 변화는 남자 아이들에게도 비슷하게 나타난다. 한 통계 조사에서 흥미로운 사실을 발견할 수 있다. 1700년대에 독일 라이프치히의 성 토마스 소년 합창단원(바흐에 의해 유명해진)들의 변성기 평균 연령은 18세였지만, 최근에는 13.5세인 것으로 나타났다.[8]

초경은 빨라지지 않았지만 가슴은 빨리 발달한다

지난 40년 간 초경 나이에는 변함이 없지만, 사춘기의 상징인 음모나 가슴 돌출은 더욱 가속화된 것으로 나타났다. 1990년대 전반에 걸쳐 미국 소아과학회가 17,000명의 소녀들을 대상으로 실시한 조사에 따르면, 대부분의 아이들이 여덟 살 이전에 사춘기의 발달 징후(음모 등)를 보이는 것으로 나타났다.[9] 이것은 그 이전에 발표된 결과보다 6개월～1년 정도 빨라진 것이다. 이 범주에 속하는 발달은 정상적이지만, 여섯 살 이전에 사춘기의 징후인 가슴 돌출이나 음모 등이 나타날 경우에는 전문가의 진단을 받아야 한다.

일반적으로 흑인 아이들은 8～9세 사이에 사춘기 증상이 나타나지만 백인 아이들은 그보다 늦은 10세 전후에 나타나는 것으로 밝혀졌다. 또한 인종에 관계없이 북미의 아이들이 유럽의 아이들에 비해 음모나 가슴 돌출이 6개월 정도 빠른 것으로 조사되었다. 적도에 가까이 거주하는(혹은 조상을 둔) 아이들이 북반구의 아이들보다 사춘기를 일찍 겪는 것도 흥미로운 사실이다. 뿐만 아니라 딸들은 엄마나 여자 형제들과 거의 같은 시기에 초경을 시작할 가능성이 많다. 사춘기가 일찍 시작될수록 그 기간은 더욱 길어지는 것도 일반적인 현상이다.[10]

일단 중대한 신체 발달에 시동이 걸리면 사춘기 증상을 주관하는 뇌의 신진대사는 에스트로겐 수치의 증가로 더욱 가속화된다. 에스트로겐을 생성하는 것은 지방 세포이기 때문에 지방이 많은 아이들은 평균 연령보다 사춘기를 일찍 경험할 가능성이 크다. 그들은 초경도 일찍 시작한다. 그 원인은 멜라토닌의 분비와 관련이 있는 것으로 추측하는데, 시각 장애인 소녀들에게서도 이런 경향을 발견할 수 있기 때문이다.

비만인 아이들의 경우에 음모가 빨리 자라는 것은 혈당 스트레스나 인슐린 저항일 가능성이 높다. 이런 아이들은 나중에 불규칙한 생리나 과다 출혈, 배란에 문제가 생기는 다낭성 난소증후군이나 무배란증을 경험할 확률이 크다. 뿐만 아니라 안드로겐 과다증의 가능성도 높다. 이 증상은 테스토스테론을 포함한 남성 호르몬으로 알려진 안드로겐이 지나치게 많이 분비되는 것을 의미한다. 그 원인은 우리 몸에 인슐린이나 코르티솔이 지나치게 많을 때 지방 세포에서 분비되는 에스트로겐이 안드로겐으로 쉽게 전환되기 때문이다. 앞서 13장에서 살펴보았듯이, 이런 증상은 대부분 혈당 스트레스를 유발하는 식생활의 결과다. 안드로겐 과다증은 복부 비만, 여드름, 안면 다모증의 원인이 되지만, 이런 증상들은 대부분의 경우에 식생활을 개선하는 것으로 해결된다.

요점 – 얼굴에 털이 많아지는 증상은 사춘기의 자연스러운 현상이다. 체중이 정상적인 아이라면 유전 인자에 따라 다소 차이가 생길 수 있다.

예를 들어, 지중해 연안 여성들은 스칸디나비아반도의 여성들에 비해 얼굴에 검은 털이 더 많다는 통계가 발표된 바 있다.[11]

내 키는 얼마나 자랄까

우리 딸들도 사춘기의 또래 소녀들과 마찬가지로 남들보다 키가 크길 바랐다. 막내딸인 케이트가 열두 살이었을 때 손가락을 다친 적이 있다. 정형외과 전문의인 남편은 뼈가 부러졌는지를 확인하기 위해 엑스레이를 찍었다. 다행히 뼈에는 이상이 없었다. 그 부위는 키가 얼마나 더 자랄지를 나타내는 뼈의 성장 부위인 골단은 아니었지만, 딸의 뼈 나이에 대해서 많은 것을 보여주었다. 정확한 진단을 내릴 수는 없었지만 우리 딸들은 비교적 키가 작은 조상들의 피를 물려받았다. 내 키는 160센티미터였으며, 우리 부모님들도 비슷한 키였다. 비록 남편은 180센티미터로 큰 키에 속했지만, 아이들의 할머니는 155센티미터였다. 우리 딸들은 15살에 성장이 멈췄던 양쪽 집안 여성들의 키를 물려받았던 것이다.

여자 아이들은 남자 아이들보다 키가 빨리 자라기 시작한다. 중학교에 들어가면 대부분의 여자 아이들이 또래의 남자 아이들보다 1~2년 동안은 키가 큰 것도 이 때문이다. 난소가 에스트로겐을 분비하기 시작하면 뇌의 시상하부는 뇌하수체를 자극해서 성장 호르몬을 분비하도록 촉진해서 키가 자라는 것이다.

일반적으로 초경이 일찍 시작될수록 성장은 빨리 멈추는 것으로 밝혀졌다. 반대로 초경이 늦은 아이들은 늦게까지 성장이 지속된다. 키가 크고 늘씬한 여성들이 고등학교 시절에 미운 오리 새끼 취급을 받았다고 하소연하는 것도 이런 이유 때문이다. 대부분의 사춘기 소녀들이 가슴이 커지면서 여성다운 매력으로 남자 아이들의 관심을 끌기 시작하는 데 반해, 그들은 볼품없이 키만 훌쩍 자라기 때문이다. 남들처럼 가슴이 커지길 갈망했지만 발달이 훨씬 늦었던 것이다. 대부분의 여자 아이들은 가슴이 완전히 커지기 전에 키가 다 자라긴 하지만, 반드시 그런 것은 아니다. 나는 딸들에게 엄마가 그랬듯이 너희들도 십대 후반까지 키가 좀더 자랄 것이라는 희망을 심어주었다.

사춘기의 증상과 나이[12]

	평균 나이	정상적인 범위
가슴 돌출	10.5세	8~12.5세
음모 발모	11.0세	8~14세
최대 신장	11.4세	10~14.5세
초경	12.8세	9~17세
어른 가슴	14.6세	12~18세
어른 음모	13.7세	12~18세

체성분의 변화

가슴 돌출과 음모에 이어 사춘기 소녀들의 몸은 중요한 체성분의 변화를 겪는다. 근육의 양과 체지방이 증가하는 동시에 사춘기 이전에 비해 전체적인 지방의 비율도 늘어난다. 그 이유는 에스트로겐과 체내 지방 용해 물질인 렙틴의 상호 작용으로 신진대사가 복합적으로 변하기 때문이다. 이렇게 새로 형성된 지방은 엉덩이에 축적된다. 반면, 남자 아이들의 경우에는 체지방이 감소하는 대신 근육 양이 크게 늘어난다. 사춘기 소녀들이 다이어트와의 긴 전쟁을 시작하는 데 반해, 사춘기 소년들은 우유 한 통이나 피자 한 판을 먹어치워도 체중이 전혀 늘지 않는 것도 이런 이유 때문이다. 남자 아이들은 13~16세 사이에 키가 급격히 자라는 동시에 테스토스테론의 증가로 얼굴에 수염이 나기 시작하고, 근육이 증가하며, 변성기를 거친다.[13]

가슴의 발달

가슴 돌출은 가슴이 발달하는 첫 단계다. 대개 한쪽 가슴이 먼저 발달하기 시작하므로 아이들은 혹시 가슴에 종양이 생긴 게 아닌가 하고 두려워한다. 우리 큰딸은 한쪽 유두 밑이 돌출되자 겁을 먹고 나를 방으로 불렀다. 나는 지극히 정상적인 과정이라고 안심시키고 사춘기의 변화가 시작된 거라고 설명했다. 그러자 딸은 울음을 터뜨렸다. 당시 열한 살이었던 딸 애니는 그 나이의 소녀들이 대부분 그렇듯이 어린 시절을 벗어나 어른이 된다는 게 두려웠던 것이다.

가슴이 돌출하기 시작하면 젖꼭지가 따끔거리는 증상이 생길 수도 있다. 엄마가 지극히 정상적인 증상이라고 안심시켜주는 것만으로도 통증은 감소될 수 있으며, 식생활을 조절하면 증상이 한결 완화된다. 나는 이런 통증이 병리적인 증상으로 발전되는 경우를 한 번도 본 적이 없다. 가슴 돌출에 이어 유두 주변의 유륜이 넓어지면서 가슴의 크기가 커지기 시작한다. 일반적으로 가슴은 한쪽이 다른 쪽보다 조금 크게 발달하지만, 아이에 따라서는 현저하게 차이가 나는 경우도 있다. 가슴의 양쪽 크기가 비슷해지기까지는 수년이 걸리기도 한다. 대개의 경우 초경이 시작되고 2~3년 안에 어른의 크기에 도달하지만 개인차가 크기 때문에 18살이 될 때까지 발달이 계속되는 경우도 있다.

초경을 시작하는 나이

초경은 언제 시작하는지에 따라 기쁨의 축제가 될 수도 있고 마음의 상처를 안겨줄 수도 있다. 친구 중에서 제일 먼저 시작했거나 혹은 시작된 순간의 주변 환경에 따라서 받아들이는 마음가짐이 크게 달라진다. 우리 두 딸은 서로 희비가 교차했다. 열두 살이라는 어린 나이에 초경을 시작했던 작은딸 케이트는 몇 시간 동안 울음을 그치지 않았다. 나는 시간이 지나면 익숙해지고 오히려 달과 우주에 접속되게 해준 것에 감사하게 될 거라고 달랬지만 별 소용이 없었다. 나는 딸을 안은 채로 울음이 그치기를 기다리는 수밖에 없었다. 다행히도 케이트는 자신에게 맞는 생리대 사용법을 재빨리 터득했으며, 집에 놀러왔던 친구가 초경을 시작하자 자신의 경험을 살려 프로처럼 세심하게 돌보아주었다. 나중에 그 친구 엄마와 이 문제에 대해 얘기를 나눌 기회가 있었는데 그녀는 이렇게 말했다. "저는 항상 제가 옆에 있었을 때 딸이 초경을 시작하면 좋겠다는 바람이 있었어요. 그걸 계기로 엄마와 딸의 유대감을 충분히 만끽하고 싶었죠. 하지만 케이트가 아주 훌륭하게 제 역할을 대신해주었어요. 조금도 부족함 없이 돌봐준 케이트에게 고마워요!"

반면, 케이트보다 훨씬 날씬했던 큰딸 애니는 열네 살까지 초경을 하지 않았다. 케이트와는 반대로 주변의 친구들이 모두 초경을 시작했기 때문에 애니는 애타게 그날을 기다리고 있었다. 마침내 학교에서 수업 중에 초경이 시작되었고, 다행히도 그 날은 내가 집에 있었다. 나는 그날을 위해 미리 준비해두었던 인디언 부적을 가지고 학교로 달려갔다. 애니는 매우 행복한 표정이었다. 나는 딸을 데리고 와서 집에서 함께 조용한 시간을 보냈다. 생리통이 좀 있었기 때문이다. 그날 저녁, 아빠는 퇴근하는 길에 사온 멋진 꽃다발을 딸에게 안겨주며 축하해주었다. 하지만 작은딸 케이트의 그날을 위해 준비해두었던 예쁜 인형은 여전히 간직하고 있다. 고통스럽게 그날을 맞이했던 케이트에게 어울리지 않을 것 같아서 주지 못했던 것이다. 잘 간직했다가 나중에 손녀가 생기면 줄 생각이다.

그러나 아무리 최고의 환경에서 맞이한다고 해도 다소의 불안감을 느끼는 건 지극히 정상적이다. 초경이 시작되기 몇 달 전부터 질의 분비물은 증가하기 시작하는데 에스트로겐이 증가하여 질의 분비물 분비가 촉진되기 때문이다. 이 분비물의 색깔은 투명하거나 희거나 약간 노란색을 띤다. 그러나 이런 사실을 몰랐던 한 친구는 다음과 같이 회상했다.

"어느 날 갑자기 투명한 점액이 왈칵 흘러나와서 내가 얼마나 놀랐는지 아니? 초경을 예상하고 나름대로 준비하고 있었는데 전혀 다른 분비물이 흐르는 거야. 나는 자위행위를 자주 한 벌로 암에 걸린 줄 알고 얼마나 두려움에 떨었는지 몰라. 왜 그런 죄의식에 사로잡혔는지 모르겠어. 우리 엄마는 그런 문제에 매우 너그러운 분이셨는데 말이야. 내가 암에 대한 두려움을 털어놓자 엄마는 자상하게 설명하며 날 안심시켜 주셨어."

월경 중인 여자 아이들은 자의식이 최고조에 달해서 극도로 예민해지게 마련이다. 동서고금을 막론하고 중학교 여학생들의 최고 관심사는 남자 아이들도 그 사실을 알고 있느냐는 것이다! 따라서 스포츠를 즐기는 여자 아이들은 경기 중에 생리가 시작되었을 때 처치하는 방법을 반드시 배워야 한다. 특히 수영 중에 생리가 시작될 때를 대비해서 미리 필요한 물건들을 준비하는 훈련이 필요하다.

내가 사춘기 시절에 사용하던 재래식 생리대 이후로 생리대는 다양한 발전을 거듭해왔다. 그러나 초경이 시작된 후 월경이 안정되어 정기적인 틀이 잡힐 때까지는 패드로 된 제품을 사용하길 권하고 싶다. 특히 생리의 양이 많을 때는 더욱 그렇다. 그리고 향기가 첨가된 생리대는 피하는 게 좋다. 향기를 내는 화학 물질이 염증을 일으킬 우려가 있기 때문이다.

그러나 일부 소녀들은 탐폰을 더 선호한다. 물론 탐폰이 편리할 때도 있지만, 나는 나이가 어린 소녀들은 탐폰의 남용을 피하는 게 좋다고 생각한다. 사춘기의 자궁 경부는 대단히 빠른 성장과 변화를 겪기 때문이다. 특히 이 시기에는 산성인 질 안에서 점막세포가 평편상피세포로 전환되는 변형대(transformation zone)로 알려진 부위의 성장이 두드러진다. 이 부위는 자궁세포검사 시 샘플을 채취하는 곳으로, 탐폰을 사용할 경우 이 부위의 감염 가능성이 커진다. 나는 향기가 첨가된 탐폰을 사용해서 자궁 경부에 궤양이 생긴 환자들을 무수히 봐왔다. 한 환자의 경우에는 궤양이 암의 종양과 흡사해서 조직검사를 하기도 했다. 면으로 된 탐폰을 지속적으로 사용하는 것이 자궁 경부에 이상을 일으킨다는 명백한 증거는 발표되지 않았지만, 나는 질이나 자궁 경부는 되도록 불필요한 환경에 노출되지 않는 것이 좋다는 의견이다. 따라서 질 세척에 대해서도 반대한다. 이 진료 방법은 질은 '지저분한 곳'이라는 그릇된 관념을 지속시킬 뿐 아니라 박테리아에 감염될 가능성을 높이기 때문이다.

그래도 굳이 탐폰을 쓰고 싶다면 적어도 6시간에 한 번은 반드시 교체해야 한다. 탐폰을 질 안에 너무 오래 방치하면 피부에서 주로 발견되는 박테리아인 포도상구균에 감염되기 쉽다. 이 세균은 적당한 환경이 조성되면 통제하기 힘들 정도로 급격히 번식해서 우리 신체의 모든 기관에 영향을 미치는 독성을 배출한다. 그 결과 독소충격증후군(TSS)이라는 증상을 보인다.

TSS라는 증상을 처음 발견한 것은 1980년대 초로, 월경 중인 건강한 여성에게서 전국적으로 발견되었다. 이 증상의 원인은 강력한 흡수력을 지닌 탐폰을 사용했기 때문인 것으로 밝혀졌으며, 문제의 제품은 모두 회수되었다. 그 후 증상은 급격히 줄었지만 요즘에도 가끔씩 나타나고 있다. TSS는 처음에는 일반적인 독감 증세를 띤다. 월경이 시작된 지 2~3일이 지난 후 고열과 함께 저혈압 증상이 나타나며 질과 눈의 점막이 충혈되고 피부에 발진이 돋는다. TSS는 적절한 진단과 처치가 이뤄지지 않으면 매우 위험할 수도 있는 증상이다. 따라서 포도상구균의 증식이 염려되는 고흡수성 탐폰의 사용을 피하라고 권하고 싶다.

이밖에도 탐폰은 독성이 강한 유기 화합물인 다이옥신을 다량 함유한 것으로 조사되었다. 이는 염소 표백으로 인한 것이며 자궁내막증에 걸릴 가능성을 높인다. 그러나 조지타운 대학병원에서 실시한 연구에서는 탐폰에 포함된 다이옥신류의 화학 물질이 일반적인 가공 식품에 들어 있는 양의 1/6에 불과한 것으로 나타났다.[14] 이런 소량의 물질이 해가 될 수 있을까? 물론이다. 확률이 매우 낮긴 하지만 해가 될 가능성을 배제할 수 없다. 장기적인 안목으로 봤을 때 나는 걱정스러운 마음을 지울 수가 없다. 알코올이나 흡연, 마약, 정제된 식품을 생각해보라. 그것에 반복적으로 노출되었을 때 그 결과는 자명하지 않은가!

많은 성교육 전문가들은 물에 빨아서 다시 쓸 수 있는 친환경적인 천 생리대를 권한다. 나는 여기서 환경 문제에 대해서는 논하고 싶지 않다. 물이 모든 생물에 생명력을 부여한다는 사실은 충분히 인정하지만 월경을 시작하는 것만으로도 극심한 불안감에 시달리는 사춘기 소녀들에게 더 이상 부담감을 안겨주고 싶지 않다. 친구들이 모두 생리대를 사서 쓰고 있는데 혼자 생리대를 빨아서 쓰고 싶겠는가? 건강을 위해서든 철학적인 이유에서든 친환경 생리대 제품에 관심이 많은 엄마들에게 무조건 딸에게 강요하지 말고 선택의 기회를 주라고 권하고 싶다. 그런 다음 딸이 천 생리대의 가치를 충분히 인식할 나이가 될 때까지 기다리는 게 좋지 않을까. 🌸

사춘기에는 뇌가 달라진다

어린 시절의 대표적인 특징인 뇌의 급격한 성장과 변화는 사춘기에 접어들면서 점차 안정되기 시작한다. 아이가 어른으로서의 책임감과 생산력을 갖추도록 준비하기 위해서다. PET(양전자단층촬영), MRI(자기공명영상법), EEG(뇌파검사) 등을 동원해서 연구한 결과에 따르면, 사춘기에는 뇌세포를 연결하고 접합시키는 시냅스가 감소하고, 뇌세포의 죽음이 시작되며, 대뇌피질로 알려진 뇌의 표면층이 얇아지는 것으로 밝혀졌다. 그러나 어린 시절의 연결 회로는 다소 감소하지만 대신에 새로운 연결 회로가 창조되는 것으로 나타났다. 이 같은 뇌의 대대적인 리모델링은 열두 살 무렵부터 시작되어 전 생애에 걸쳐 서서히 진행되는 것으로 알려졌다.

삶의 다른 중대한 전환기와 마찬가지로 사춘기도 우리의 에너지를 어디에 집중할 것인지를 선택하는 시기다. 우리가 자신이 원하는 길을 선택해서 달려가기 시작할 때가 되면, 우리의 뇌에서도 같은 현상이 나타난다. 뇌와 신경이 자신의 정해진 길로 접어드는 것이다. 그러나 우리는 이런 선택을 계기로 어린 시절에 지녔던 무한한 가능성을 포기해야만 한다. 경치가 좋은 수많은 샛길을 누비는 대신에 빨리 달릴 수 있는 한정된 4차선 고속도로로 진입하는 것이다. 악기를 연주하거나 외국어를 습득하는 것처럼 새로운 기술을 익히는 것은 힘들고 인내심이 필요하지만, 마음껏 속도를 즐기며 고속도로를 신나게 달린다(자신이 원하는 분야에서 전문성을 갖추는 것)고 상상해보라. 얼마나 멋진 일인가.

충분한 유연성을 갖춘 우리의 뇌는 지난 상처를 회복하거나 새로운 것들을 쉽게 배울 수 있는 능력이 있다. 따라서 사춘기 이전에 심한 충격을 받았거나 뇌에 상처를 입었던 아이들도 사춘기를 거치면서 놀라운 회복력을 발휘할 수 있다. 아이의 뇌는 아직 굳거나 회로가 고정되지 않았기 때문이다. 조사 결과에 따르면, 스무 살짜리 청년은 똑같은 정신적 상처를 입은 여덟 살짜리 아이에 비해 회복 능력이 현저하게 떨어지는 것으로 밝혀졌다. 그러나 이런 유연성의 쇠퇴에도 불구하고 우리의 뇌는 전 생애에 걸쳐 새로운 세포를 생성하고 새로운 연결 회로를 만들어내는 능력을 갖춘 것으로 밝혀졌다. 우리는 아무리 나이를 먹어도 항상 배우고 치유할 능력이 있는 것이다.

책임감과 유연성 사이의 줄타기

사춘기의 뇌 변화는 우리가 평생 대면하게 될 도전을 준비하는 생물학적인 현상 중 하나다. 그 도전이란 자유롭고 창의적인 자기표현, 정서적 팽창력, 유동성을 비롯해 자유의지와 체제, 법규, 원칙으로부터의 자유 사이의 균형을 유지하는 것이다. 사춘기가 되면 아이들은 자신이 전념할 정체성을 찾아 헤맨다. 이때 뇌도 마찬가지로 자신이 전념할 회로를 찾는다. 의식적이든 무의식적이든 아이는 중대한 선택의 기로에 놓이게 되는 것이다. 배우자를 택할 것인가, 자신이 누구이며 무엇을 원하는지를 실현시켜줄 경력을 택할 것인가. 비교적 자유롭고 무한한 가능성을 지닌 어린 시절을 막 떠나온 사춘기 아이에게 이 과정은 두려움을 불러일으킬 수 있다. 자신의 길을 선택해야 할 상황에 직면하거나 또 그것에 대한 책임감을 짊어져야 한다는 일은 견디기 힘든 무거운 짐일 수밖에 없다. 따라서 이 시기의 아이들이 변덕스러운 기분 변화와 같은 고통과 역경을 겪는 것은 어찌 보면 당연한 일이다. 이 고통의 크기는 아이의 성격에 따라서도 차이가 나지만 이 시기에 싹트기 시작한 자아를 후원해줄 역할 모델이 있느냐 없느냐에 따라서도 달라진다.

사춘기가 되면 소녀들은 한 여성으로 대접받고 싶은 자기 내면의 소망이나 바람을 주변 사람들로부터 인정받고 싶은 간절한 열망에 빠진다. 그러나 이런 후원자를 찾지 못하거나 가족이나 주변 남성들이 싫어하는 여성상과 자신의 모습이 일치한다고 느꼈을 때, 아이는 분노에 휩싸이거나 두려워하거나 절망감에 빠진다. 사춘기의 반항이 시작되는 것이다. 그것은 자신의 열망이나 무한한 가능성이 부모나 다른 어른들의 삶에서 목격해온 답답한 한계와 타협으로 곤두박질친다고 느꼈을 때 보이는 정상적인 반응이다. 아직 고삐가 채워지지 않은 그들의 열정은 충분히 발달한 이성 뇌(전전두엽)로도 통제되지 않을 뿐 아니라, 아직 어른으로서의 책임과 의무라는 현실적인 짐을 짊어질 만한 능력을 충분히 갖추지 못한 상태다.

만일 아이의 감정이 충분히 인정받지 못하거나 수동적인 방법으로 방향이 전환될 경우에는 마음에 품고 있던 절망과 분노, 불안감 등이 아이의 성향에 따라 다음과 같은 여러 가지 방법으로 표출된다.

- 아이의 감정은 내면으로 침입해서 우울증이나 변덕스러움, 신체

적인 질병을 일으킨다.

- 아이의 감정은 여러 형태의 자기 파괴적인 행동, 즉 약물 중독, 파괴적인 인간관계, 피어싱이나 문신에 대한 집착 등으로 표출된다.
- 아이의 감정은 친구나 부모, 다른 권위적인 대상에 대한 적개심으로 폭발한다.

그러나 대부분의 아이들은 고등학교 고학년이 되면서 새로운 감정의 전환기에 돌입하기 때문에 이성을 찾고 차분한 상태로 돌아간다.

우리 집안의 사춘기 내력

이 책을 쓰고 있는 내 재능의 일부는 내 삶의 전반에 걸쳐 영향력을 미치는 조상들의 유산이라는 게 내 생각이다.

어린 시절, 우리 엄마는 동네 남자 아이들과 공놀이를 하는 것이 가장 행복했던 대단한 말괄량이였다. 하지만 초경이 시작되자 더 이상 남자 아이들과 어울리는 것이 허락되지 않았으며 여성으로서의 역할에 익숙해지도록 압력을 받았다. 엄마가 자라던 1930년대 말을 되돌아볼 때 그 역할이란 것이 엄마에게는 전혀 맞지 않았을 것이다. 참담한 절망감에 사로잡힌 엄마는 제발 병원에 데려가서 월경이 중단되도록 처치해 달라고 외할머니를 졸랐다고 한다. 엄마는 자신의 몸이 한 여성으로 피어나는 것이 전혀 기쁘지 않았던 것이다.

엄마의 이런 유산은 내 몸 안에도 흐르고 있었지만 전혀 다른 방법으로 표출되었다. 나는 20대나 30대 시절에는 아무 상처도 없이 사춘기를 무사히 잘 넘겼다고 믿었다. 사춘기의 절망과 비탄은 나와는 전혀 상관없는 일이었다. 그러나 우리의 몸과 마음이 깊이 연결되어 있다는 사실을 알고 난 후 비로소 나는 사춘기 시절에 내가 극심한 분노를 밖으로 표현하는 대신에 몸 안으로 쑤셔 넣었다는 사실을 극명하게 깨달았다. 그것은 몸을 통해 질병이란 형태로 자신을 드러냈다.

나는 집안에 시력이 나쁜 사람이 전혀 없음에도 난시와 근시 증상이 있어 안경을 써야 했다. 또한 편두통이 너무 심해서 1주일 동안 보스턴의 병원에 입원해서 뇌종양 검사를 받은 적도 있다. 뿐만 아니라 늘 피로감을 달고 살았으며, 족저근막염이라는 증상에 시달리기도 했다. 이 증상은 발바닥 조직에 염증이 생기는 일종의 섬유조직염으로 통증이 심해서 걷기가 힘들 정도다. 또한 월경이 시작되자 생리통이 너무 심해서 종종 학교에서 조퇴를 해야만 했다. 생리통과 편두통은 시간이 지나면서 완전히 회복되었지만, 눈은 회복되지 않았다. 나는 아직도 안경이나 콘택트렌즈를 끼고 산다.

사춘기를 되돌아보면 나는 베이비붐 세대의 다른 사춘기 소녀들과 마찬가지로 자신의 감정, 특히 분노를 표현하는 것을 사회적으로 허락하지 않는 시대에 살았다. 만일 누가 화가 났느냐고 물어보면 나는 항상 아니라고 대답하곤 했다. 우리 집안에서는 분노를 느끼거나 표출하는 것을 허락하지 않았다. 우리는 기쁨이나 행복 같은 감정만 드러낼 수 있었다. 물론 슬픔이나 동정심은 표현할 수 있었지만, 분노만은 절대 금기시되었다.

사춘기 시절, 나의 가장 큰 문제는 엄마의 부재로 구멍이 뚫린 주부 역할을 담당하는 것이었다. 내가 열두 살이던 무렵, 엄마는 스키 선수였던 동생을 뒷바라지하느라고 집안일은 뒷전이었다. 엄마는 동생을 데리고 미국의 북동부에서 개최되는 스키 대회들을 부지런히 쫓아다녔고, 그 덕분에 동생 페니는 미국 알파인 스키팀의 선수가 될 수 있었다. 딸 중에서 가장 맏이였던 나는 아버지와 형제들을 위해서 식사를 준비하고 집안 청소를 담당해야 했다. 그러나 오빠나 남동생들은 손가락 하나 까딱하지 않았다. 나는 그들이 원망스러웠지만 그런 감정이 들 때마다 재빨리 꿀꺽 삼켜버리곤 했다. 그것을 드러낸다는 것은 안전한 방법이 아니었기 때문이다.

사춘기의 또 다른 문제점은 나라는 존재를 인정받지 못했던 것이었다. 나는 열세 살이었을 때 부모님께 공부를 하거나 피아노 연습을 하기 위해 조용한 장소가 필요하다고 요청한 적이 있었다. 다른 집에서는 공부를 잘하는 아이가 얼마나 귀여움을 받는지를 강조하기도 했다. 그러나 아버지는 내가 '영광의 탈출' 주제가를 반복해서 연습하는 소리에 식구들이 얼마나 괴로운지 아느냐고 퉁명스럽게 말하면서 가족들은 내 욕구를 충족시키기 위해 존재하는 것이 아니라고 강조하셨다. 아버지는 내가 대학에 가게 되면 조용히 해달라는 내 욕구를 들어줄 사람은 아무도 없을 거라고 설명했다. (아버지의 말씀이 옳았다.) 그 당시 나는 엉엉 울면서 아버지의 말이 내게 얼마나 상처를 주었는지 항변했지만 아무도 관심을 보이지 않았다. 엄마조차 입을 다물고 계셨다.

덕분에 나는 시끄러운 가운데서도 견디는 법을 배웠으며, 인정받고 싶은 내 욕구는 학교에서 선생님들을 통해 채워졌다. 나는 TV에서 〈레드 스켈턴 쇼〉라는 코미디 프로가 시끄럽게 흘러나오거나 동생의 아코디언 연습 소리가 울려 퍼지는 가운데서도 라틴어로 된 줄리어스 시저의 〈갈리아 전기〉를 번역하는 방법을 배웠다. 세상 모든 소음에 귀를 막고 한 곳에 집중하는 비결을 터득했던 것이다. 하지만 어찌 상처받지 않았겠는가. 수년이 지나 중국 한의학을 접하게 되었을 때, 나는 당시에 겪었던 모든 신체적 증상은 기가 흐르는 길인 족궐음간경에 관계된 증상임을 알게 되었다. 그 증상을 일으키는 주된 감정은 분노였다. 열두 살에 처음 시작한 체중과의 싸움도 다른 사람을 위한 보살핌과 헌신을 통해 내 가치를 증명하고 싶은 욕구의 결과라고 할 수 있다. 자신의 가치를 인정받지 못하는 사람들은 흔히 자신이 받고 싶은 대로 남에게 베풀려는 경향이 있다. 다른 사람에게 자신의 무게감을 인식시키려는 노력이 체중 증가로 이어지는 것이다. 이런 태도는 양쪽 모두에게 유익하지 못한 결과를 초래한다.

중년이 될 때까지 나는 내 안에 이런 어린 시절의 분노와 원망이 도사리고 있다는 사실을 알아채지 못했다. 그러나 내가 처음 사춘기의 증상에 대해 기록하기 시작하자 내 몸에는 작고 붉은 발진이 돋아났으며, 목과 가슴, 귀, 두피, 목 뒤에 돋아난 발진은 몇 달 동안 없어지지 않았다. 스테로이드 연고를 바르면 잠시 사라졌지만 이내 다시 돋아나곤 했다. 마침내 나는 내 안에서 관심을 촉구하는 것들을 더 이상 억압하지 말아야 한다는 사실을 깨달았다. 결국 나는 그것들이 마음껏 표출되도록 문을 열어주었으며 그 메시지에 귀를 기울였다. 피부에 돋았던 발진은 우리 몸이 자신을 보호하기 위해 입었던 갑옷이나 보호막 같은 것이었다. 또한 피부 바로 밑에 도사리고 있던 노여움과 분노가 돌출된 것이기도 했다. 발진이 돋았던 장소 또한 많은 것을 말하고 있었다. 목은 자기표현이나 말할 권리, 진실을 밝히는 것과 관련된 부위다. 내 몸이 우리 엄마와 딸인 나에 대해서 하고 싶었던 말을 표현하기까지 오랜 시간이 걸렸던 것이다.

이즈음 나는 편두통의 전조라고 할 수 있는 눈의 이상 증세들을 경험하기도 했다. 오랫동안 사라졌던 편두통이 다시 시작될 조짐을 보인 것이다. 다행히 심한 편두통으로 발전되기 전에 침술로 증상을 치료하긴 했지만, 나는 다음과 같은 사실을 분명히 깨달았다. 해묵은 분노가 피부 바로 밑에 도사리고 있었으며 나의 방어 체제는 지극히 취약했다는 사실이다.

그 후 몇 달 동안 나는 이 글의 첫머리에 설명했던 중년의 직접적인 치유를 경험했다. 나는 나 자신의 잠재되어 있던 분노를 탐구하고 그것을 충분히 느끼는 과정을 통해 사춘기 아이들의 간절한 욕구를 재발견하게 되었다. 아이들이 칭찬이나 인정을 통해 얼마나 활짝 피어나며 그것을 얻기 위해서는 물불을 가리지 않는다는 사실을 뼈저리게 깨달은 것이다. 그리고 우리 가족들에 대해서도 좀더 넓은 시각으로 바라볼 수 있게 되었다.

예전에 세계적인 스키 선수였으며 지금은 세 아들의 엄마인 동생 페니가 최근에 이런 고백을 했다. "나는 학교에서 늘 우등생이었던 언니를 이길 방법이 없었어. 그래서 내가 좋아하던 스키를 선택했던 거야. 다행히 엄마도 나를 전적으로 후원해 주셨지." 동생은 나를 자신이 결코 이길 수 없는 '승리자'로 생각하고 있었던 것이다. 방 안 가득 트로피와 신문 기사들로 넘쳐나는 유명한 스키 선수였던 동생이 말이다!

나는 또한 우리 엄마는 1950년대의 전형적인 주부 역할인 요리나 집안 청소, 다림질보다 스키나 사냥에 더 몰두했다는 사실도 새삼 깨달았다. 엄마는 동생을 태우고 신나게 미국의 북동부를 누비고 다녔을 것이다. 내가 이제야 깨닫게 된 사실은 엄마와 똑같은 짐을 지고 있었으면서 그것을 내 방식으로 운반해왔다는 것이었다. 물론 우리는 둘 다 잘못된 방법을 택했다. 그렇다고 우리가 노력을 게을리 했다고 말할 수는 없다.

지난날을 되돌아보면 작은딸 케이트도 이런 모계의 유산을 어느 정도 물려받았다는 생각이 든다. 초경이 시작되었을 때 보였던 반응에서 그것을 느낄 수 있다. 그러나 나는 케이트가 자신이 느낀 감정을 있는 그대로 인정하고, 그것을 좀더 나은 경험으로 미화시키지 않도록 인도했다. 그 덕분에 우리 딸은 부정적인 모계의 유산이라는 뜨거운 불길을 피할 수 있었다. 우리 딸은 내가 사춘기에 겪었던 생리통이나 눈의 이상 증세, 편두통, 다른 신체적인 증상을 하나도 경험하지 않았다.

깨어 있는 엄마가 깨어 있는 딸을 만든다

나는 여자 아이보다 남자 아이 키우기가 훨씬 수월하다는 말이나 십대 소녀들은 유전적으로 변덕스러울 수밖에 없다는 우리 사회의 사고방식을 접할 때마다 마음속에서 강한 거부 반응이 치밀어 오른다. 나는 왜 그런 사고방식이 생기게 되었는지 안다. 젊은 여성들은 사회의 낡은 관습을 이성적인 뇌에 무조건 입력시키는 일에 협조적일 수가 없다. 우리의 뇌와 몸의 연결 고리가 무시당하고 그들의 솔직한 메시지가 조종당하는 방식을 따를 수 없기 때문이다. 이것이 바로 〈햄릿〉에서 오필리아가 미칠 수밖에 없는 원인이었다. 그러나 우리 사회를 집단적인 마취 체제로 몰아가는 뇌의 의식 구조는 가정에서 비롯한다는 사실을 명심하라! 어떤 관점에서든 어떤 성별이 다른 성별보다 다루기 쉽다는 사고방식은 검증되지 않은 맹목적인 편견임이 분명한데도 우리는 여전히 그 추종자라는 사실이 놀랍지 않은가. 아이를 키우는 엄마인 우리는 이런 편견에 빠졌을 때 그 사실을 깨달을 수 있어야 하며, 또한 그런 편견에 물들지 않음으로써 여성을 옭아매는 이런 사고방식을 우리 딸이나 자손에게 물려주지 말아야 한다.

아직도 우리 사회에는 완벽한 행실과 천사 같은 마음씨를 가졌던 딸이 어느 날 갑자기 호르몬의 영향으로 통제할 수 없는 암캐로 변했다고 믿는 사람들이 무수히 많다. 이보다 더 진실과 동떨어진 주장이 또 있을까. 아이는 단지 가슴 깊이 억누르고 있던 갈등을 표출하는 것뿐이다. 자신의 집이나 학교에서 사춘기 소녀의 순수한 시각으로 분명하게 접할 수 있는 남성과 여성 사이의 불평등 같은 갈등을 토로하는 것이다. 딸이 느끼는 갈등은 그것이 자신에 대해서든 혹은 가족이나 사회에 대해서든 사춘기의 호르몬에 의해 점화되었을 뿐이다. 이렇게 점화된 그 불꽃은 자기실현, 자기 발전, 자기표현이라고 할 수 있다.

우리 딸들이 사춘기에 접어들 즈음 〈오필리아의 회생〉이란 책이 출간되었다. 우리 딸들을 비롯해서 대부분의 친구들은 이 책을 읽었다. 최근에 나는 딸에게 책을 읽은 소감을 물은 적이 있다. 딸은 이렇게 대답했다. "당시 저는 왜 매사에 제가 그런 식으로 반응하는지 이유를 찾고 있었어요. 그런데 그 책이 많은 도움이 됐어요." 그 책은 많은 소녀들이 직면하는 사춘기의 냉혹한 현실을 잘 묘사하고 있다. 내가 환자들을 진료하면서 보고 느꼈던 사실들을 세상에 드러내서 경종을 울린 것이다. 그럼에도 나는 이런 생각이 들었다. 왜 오필리아는 회생해야만 했을까? 우리는 엄마로서 또는 사회의 일원으로서 지금과 다르게 행동하여 사춘기에 상처를 입는 소녀들의 수를 좀더 줄일 수는 없을까? 그때나 지금이나 나는 이해되지 않는 게 있다. 왜 건강하게 잘 자라던 소녀들이 삶의 정상적인 단계인 사춘기라는 절벽에서 갑자기 밑으로 추락해버린단 말인가.

〈오필리아의 회생〉이나 〈야수에게서 미녀를 구하자〉, 〈여왕벌과 추종자들〉, 〈따돌림 당하는 아이들〉, 〈여자 아이들의 다툼〉 같은 책들은 수많은 사춘기 소녀들을 절벽으로 몰고 가는 사회적인 모순을 명확하게 밝히고 있다. 그러나 이것들은 사춘기에 겪는 문제점의 극히 일부분만을 다룬 것이다. 엄마의 의식이 충분히 깨어 있다면 딸은 결코 '의식을 잃어버리는' 일은 없을 것이다. 엄마의 의식이 이미 부활했거나 처음부터 부활할 필요가 없었다면 오필리아는 회생할 필요가 없었던 것이다. 미녀는 강한 자부심으로 무장했거나 엄마가 자신의 본질에 접속하는 방법을 가르쳤더라면 야수에게 빠지는 일은 없었을 것이다.

우리 각자는 자신의 가정이나 삶에 더 가깝고 친밀하게 사회적인 인식을 끌어들여 올바른 문화를 창조해야 한다는 책임감을 가져야 한다. 사회와 동떨어진 것으로 여기지 말고 자신의 가정이나 삶에서부터 시작한다는 생각으로 책임감을 느껴야 한다. 이것은 물론 사회를 비난하는 것보다 훨씬 힘든 일이다. 하지만 엄마와 딸 모두에게 삶의 질을 변화시키는 좀더 강력하고 바람직한 방법이기도 하다.

| 사춘기에 호르몬, 자아, 원형적 에너지를 어떻게 조화시킬까 |

사춘기의 신체적인 뇌와 호르몬 변화는 우리의 영혼을 형성하는 우주의 원형적 리듬과 조화를 이루며 진행된다. 피할 수 없는 갈등의 소용돌이를 겪으면서 나는 인생의 전환기를 보는 시각을 넓혀 더 '큰 그림'이 있음을 깨닫는 것이 큰 위안과 도움이 된다는 사실을 알았다.

"나는 내가 무엇을 원하는지 알고 있어" – 어린 시절의 창의적인 해방감과 자기 인식   10~11세의 소녀들은 자기가 좋아하는 것과 싫어하는 것을 분명하게 인식한다. 그들은 자기 마음속에 있는 의견을 분명하게 밝힐 줄 안다. 이 시기에 아이들은 자기가 좋아하는 예술이나 시, 운동, 춤, 독창적인 일에 몰두하게 되는데 이는 나중에 직업을 선택하는 데 중요한 발판이 되기도 한다. 요즘 우리 사회는 의식이 높아져서(그 물결을 거스르는 사람도 많지만) 아이들이 자유롭게 창의적인 일에 몰두할 수 있도록 후원해준다. 자아가 확실하게 정립된다면 그들의 삶은 화창한 봄날이 지속될 것이다.

당신은 10~11세 사이에 어떤 모습이었는가? 기억이 나지 않는다면 엄마에게 물어보라. 이 나이는 아이들의 영혼이 형성되는 중요한 시기다. 나는 나무 그늘에 앉아 몇 시간씩 책을 읽거나 향기가 진동하는 라일락 덤불 속에서 직접 그리고 오려서 만든 종이 인형을 가지고 요정 놀이에 몰두했다. 나는 또 농장의 연못 주변을 배회하며 도롱뇽을 잡거나, 야생화를 꺾거나, 꽃씨를 받거나, 풀이나 곤충들을 채집했다. 내가 왜 생물학자가 되지 않았는지 모르겠다.

"내가 무엇을 원하는지 알지만, 때론 기다릴 줄도 알아야 해!" - 한계와 사회 체제에 대한 인식 우리 작은딸 케이트가 이 나이 무렵이었을 때 그 아이는 나보다 동네 사람들을 더 많이 알고 있었다. 케이트의 달력은 언제나 스케줄로 빽빽했다. 그 어린 아이가 어떻게 엄마의 도움도 없이 그 많은 스케줄을 다 감당했는지 지금 생각해도 신기할 따름이다. 이 시기에는 아이들의 지적 성장이 가속화하기 때문에 아이는 가족들과 다른 사고방식을 형성해갈 수도 있다. 만일 가족이나 주변 공동체가 지나치게 경직된 사고방식에 사로잡혀 있다면, 아이의 통찰력이나 지각 능력은 억압받게 되고, 나쁘고 잘못되거나 죄스러운 것이라는 비판에 직면하게 될 것이다. 또 만일 아이는 컴퓨터나 음악에 관심이 있는데 대대로 의사인 집안에서 태어났다면, 가업에 위배가 되더라도 자신이 좋아하는 길을 가도록 후원해줘야 아이가 최선의 삶을 살아갈 것이다.

이 시기에 성적인 관심과 욕망이 고개를 드는 것은 지극히 자연스러운 현상이다. 자위행위 또한 마찬가지다. 그러나 성적 욕망은 수치스럽고 음탕한 것이라고 교육받으며 자란다면 아이는 이것을 자기가 나쁘고 부끄러운 사람이라는 뜻으로 해석한다. 봄이 되면 잔디가 파릇파릇 돋아나는 것처럼 지극히 자연스러운 감정을 가졌다는 이유로 비난받아야 하는 것이다.

이 시기의 아이들은 아이로 남길 바라는 욕망과 가족이나 사회에 더 책임 있는 존재가 되어야 한다는 인식 사이에서 갈등을 느낀다. 영원히 지속될 것 같던 어린 시절의 화창한 봄날은 점점 멀어져가고 매서운 비바람이 몰아치는 어른이라는 냉혹한 현실 속으로 들어가야 하는 것이다.

"우리는 다른 의견을 어떻게 수용해야 할까?" ― 권위에 정면으로 맞서는 자세와 권위에 자신을 맞춰가는 자세   열네 살 무렵이 되면 아이들은 어린 시절과 어른으로서의 책임감 사이의 갈등을 종종 권위에 대항하는 태도로 표출한다. 따라서 착하고 유순하던 아이가 갑자기 침울하고 의기소침해지거나 반항적이고 호전적으로 변하게 된다.

이런 변화는 가족 간의 문제를 불러일으킨다. 내 경우에도 그랬다. 아침에 일어나서 퉁명스러운 태도로 식탁에 앉을 경우, 우리 부모님은 방으로 다시 돌려보내서 좀더 공손한 태도로 나올 것을 명했다. 나는 어떤 종류의 감정적인 폭발도 드러냈던 기억이 없다. 우리 집안에는 항상 웃음과 기쁨이 넘쳤다. 표면적으로는 더 없이 화목한 가족처럼 보였을 것이다. 그러나 앞서 밝혔듯이, 나는 일찍부터 분노나 슬픔 같은 소위 '부정적인' 감정들을 억누르는 방법을 배워야 했다. 우리 부모님은 이런 감정들이 중요하면서도 확실한 내면의 안내자라는 사실을 이해하고 가르치지 못했다. 그 결과, 나는 다른 사람들이 분노를 표현할 때조차 두려움을 느꼈다. 분노를 대면해본 적이 없었기 때문이다. 따라서 나는 잘 포장된 방법으로 반대 의사를 표현하는 방법을 터득했다. 이 기술을 습득하는 데는 수십 년이라는 세월이 걸렸다. 한 동료는 이런 내 태도에 대해서 이렇게 일침을 가했다. "자신과 다른 의견에 처음부터 정면으로 맞서지 않고 외교적 수법을 사용하다 보면 회피나 조종에 익숙해질 수 있어요." 자신의 내면적 권위에 대한 신뢰가 막 싹트는 아이들에게 이것은 매우 중대한 문제다. 처음부터 정면으로 맞서면 공격적이라고 비판받겠지만, 자신의 주장을 전혀 펴지 못하는 것은 더 나쁜 방법이다.

사춘기 아이를 잘 키우는 아홉 가지 비결

다음에 소개하는 방법들은 사춘기라는 중대한 시기를 맞은 딸과 엄마가 내면의 본질적인 힘과 가능성에 최대한 접근하는 데 도움이 될 것이다.

첫째, 자신의 과거와 직면하라

우리 모두는 과거라는 보따리를 짊어지고 살아가지만 그 사실을 깨닫지 못할 뿐이다. 그것이 인생이다. 그러나 과거에 해결하지 못한 상처는 자신도 모르게 딸에게 대물림된다. 하지만 우리는 최선을 다할 뿐 그것에 대해 염려할 필요는 없다. 딸은 당신을 엄마로 선택했으며, 그녀 영혼의 여정 중에는 자신에게 주어진 모계의 유산을 물려받는 일도 포함되어 있음을 잊지 말라. 따라서 가능한 한 자신이나 딸의 사춘기 경험을 있는 그대로 인정하며 자신에 대해 동정심을 갖도록 노력하라. 만일 당신이 월경전증후군이나 생리통, 근종이나 자궁내막증 같은 증상에 시달린다면 당신의 몸은 과거의 상처를 안고 있거나 특별한 관심(다이어트 같은)이 필요한 것이다. 당신이 딸에게 줄 수 있는 가장 큰 선물은 자신을 치유하는 것이라는 사실을 명심하라.

내 뉴스레터 독자이자 〈축복의 시간(A Time to Celebrate)〉이란 책의 저자인 조안 모라이스Joan Morais는 내게 자신의 책이 어떻게 탄생되었는지에 대해 매우 감동적인 편지를 보낸 적이 있다. 그녀는 세 살 된 딸에게 초경을 의미 있게 맞이하는 방법을 소개하고 싶어서 이 책을 집필했노라고 설명했다. 그녀 자신이 초경을 시작했을 때 엄마에게서 들었던 "너는 이제부터 진정한 여자가 된 거다."라는 상투적인 말에서 아무런 의미도 느낄 수 없었기 때문에 딸에게는 이런 경험을 안겨주고 싶지 않았던 것이다. 그녀는 편지에서 이렇게 고백했다.

"초경이라는 깊은 내면의 여행을 시작하면서 그것을 축하하고 격려하는 것이 얼마나 중요한지를 배우게 되었을 때, 제 삶은 완전히 달라졌어요. 더 이상 극심한 월경전증후군에 시달리지 않게 되었고, 여자의 월경을 숨겨야 할 수치스러운 것으로 생각하는 뿌리 깊은 사회적 인식에서 벗어나 그 유산을 딸에게 물려주지 않게 되었죠. 그리고 여성인 내 몸을 사랑하는 법을 배우게 되었어요."

아직 어린 사춘기 소녀들은 월경이 몸과 마음을 이어주는 심오한 연결 고리라는 것를 이해하기 힘들겠지만, 그들의 영혼은 이 거룩한 의식의 진정한 의미에 대해 인식하고 싶은 간절한 열망이 있다. 그리고 조안과 마찬가지로 엄마인 당신이 이런 의미를 받아들일 마음을 갖춘다면 딸들에게 더 바람직한 유산을 물려줄 수 있을 것이다. 당신의 출발을 돕기 위해서 나의 책 〈여성의 몸 여성의 지혜〉 5장에 소개된 '월경 주기' 편을 읽어보길 권한다. 또한 라라 오웬Lara Owen의 저서 〈월경을 존중하자(Honoring Menstruation)〉도 좋은 길잡이가 될 것이다. (이 책의 16장도 참조)

우리 딸들이 사춘기를 맞았을 때, 나는 앞서 설명했던 나의 억제된 분노와 원망, 그리고 그것이 내 몸에 미치는 영향에 대해 미처 깨닫지 못했다. 그러나 딸들이 자신의 감정을 충분히 느낄 수 있는 안전한 환경을 마련해줘야 한다는 것만은 확실히 알았다. 어느 누구도 그 사실을 비난하거나 억압하지 못하게 하고 싶었다. 나는 그런 감정들이 단지 '호르몬의 영향' 때문만은 아니라는 사실도 알고 있었다. 강렬한 감정은 항상 중대한 메시지를 내포하는 법이다. 어린 사춘기 소녀들은 그것을 제대로 전달할 기술을 갖추지 못했을 뿐이다. 사춘기의 감정 폭발은 걸음마를 시작한 어린 아이가 지나치게 피곤하거나 욕구가 채워지지 않았을 때 떼를 쓰며 울음을 터뜨리는 행동과 같은 것이다. 여기에도 7장에서 소개했던 패스트푸드 법칙이 적용된다. 딸이 분노를 터뜨릴 때 무엇보다 중요한 것은 아이의 감정을 인정하는 것이다. 진심에서 우러나는 말로 아이에게 반복해서 말하라. "카렌아, 네가 지금 화났다는 거 알아. 네 기분이 어떻게 하면 나아질지 하고 싶은 대로 해보렴. 얘기가 하고 싶다면 엄마는 항상 들을 준비가 되어 있단다."

하지만 내 말을 오해하지 말기 바란다. 부정적인 감정에 오래 빠져 있는 것은 건강에 좋지 않다. 그리고 내 몸이 내게 가르쳐줬던 것처럼,

그런 감정을 억압하고 무시하고 비난하는 것 또한 좋은 방법이 아니다. 가장 바람직한 방법은 감정을 충분히 느끼고 인정하며 그 메시지에 귀를 기울인 후 떠나보내는 것이다.

| 브래지어를 처음 착용할 때 |

과거의 상처에서 회복되어 초경의 가치를 인식한 엄마들은 딸의 초경을 특별한 이벤트로 축하해주고 싶어한다. 아이에게 처음으로 브래지어를 선물해주는 엄마들도 많다. 그러나 아이에 따라서는 이 멋진 의식을 기다리지 않을 수도 있고 심지어 두려움을 느끼는 경우도 있다. 이 나이의 아이들은 비록 초경을 치르긴 했지만 자신의 변화된 몸이나 다른 사람들의 지나친 관심에 대해서 매우 부담스럽게 생각한다. 요즘 브래지어나 속옷은 아이들의 가슴 크기를 고려한 실용성 대신 섹시함만 지나치게 강조한다. 그러나 대부분의 아이들은 좀더 나이를 먹기 전(최소한 열다섯 살)까지 섹시하게 보이는 것을 불편하게 생각한다.

한 뉴스레터 독자는 자기 딸이 긴 머리로 가슴을 가리려고 애쓰며 브래지어를 착용할 시기가 되었음에도 굳이 거부한다는 편지를 보냈다. 딸의 친구들은 이미 오래 전부터 탱크탑이나 브래지어를 착용했다는 것이다. 그녀는 이렇게 하소연했다. "딸이 가슴을 가리려고 애쓰면서 농구공을 드리블하는 모습을 보면 엄마로서 가슴이 아파요. 하지만 제가 어쩌겠어요. 이 시기가 무사히 지나가기만을 바랄 뿐이죠." 반면, 딸이 중학생이 될 때까지 브래지어 선물하기를 기다릴 수 없다는 엄마도 있었다. 브래지어를 채울 가슴도 없는 아이는 어쩌란 말인가.

엄마들이여, 인내심을 가져라! 아이의 감정 발달이 몸의 생식 기관 발달 단계를 따라잡는 데는 시간이 필요하다. 그리고 아직 당신의 무릎에 앉아 재롱을 부리고 싶은 아이가 당신의 도움을 원치 않는 온전한 성인으로 자라기까지는 수년 동안의 과도기가 필요하다. 중요한 사실은 아이를 하나의 인격체로 인정하고, 그 선택을 존중하며, 현재 어느 감정 발달 단계를 지나고 있는지를 인식하는 것이다.

둘째, 자신의 행복을 창조하라

만일 딸이 건강하고 행복해지길 바란다면 당신 자신이 먼저 건강하고 행복해져서 딸에게 역할 모델이 되어야 한다. 엄마가 원하는 일을 해서 엄마를 행복하게 해주는 것은 딸이 담당해야 할 임무가 아니다. 엄마와 딸을 행복하게 만드는 것은 엄마인 당신의 임무다.

당신은 자신의 균형과 행복을 더 우선순위에 두어야 한다. 그렇지 않으면 딸에게 물려줄 것이 아무것도 없게 된다. 딸을 위해 자신의 행복과 즐거움을 포기하는 엄마는 순교자가 될 수밖에 없다.

만일 당신의 딸에게 문제가 있다면, 당신도 절망의 자리에 서는 것이 그 딸과 소통하기 쉬울 것이다. 당신의 파장이 딸의 파장과 공명할 수 있기 때문이다. 그러나 이런 자세는 두 사람 모두를 절망의 골짜기로 몰고갈 뿐이다. 다음 격언을 기억하라. "다른 사람을 밝히기 위해 자신의 불빛을 줄이는 것은 온 세상을 암흑으로 몰아넣는 일이다!"

셋째, 가족 전체를 위해 당신의 기대를 조정하라

어린 사춘기 소녀들은 엄마가 옆에 있어주길 바란다. 하지만 가끔씩 필요할 때만 원할 뿐이다. 잠재기 아이를 둔 가정에는 가족 간의 오붓한 시간이 예전처럼 많지 않다. 가장 황금 시간은 아이를 학교나 친구 집에 태워다주는 시간이다. 부모가 결코 접근할 수 없었던 아이들의 삶에 접속할 수 있는 순간인 것이다. 아이들의 스케줄이 잠깐 비는 시간에 당신이 집에 머무는 노력도 필요하다. 필요할 때 부르면 달려올 수 있는 거리에 엄마가 머물러 있다는 것만으로도 아이에겐 큰 위안이 된다. 이 시기에는 어린 시절에 엄마를 찾던 것과는 전혀 다른 이유로 엄마를 원하기 때문이다. 당신의 사랑을 느끼고 싶거나, 엄마와 함께 있고 싶을 때나, 엄마가 필요할 때 찾기 때문이다. 지금은 엄마가 필요 없지만 언젠가는 엄마를 찾을 것이다. 모든 인간관계에는 접근 – 위축 – 접근의 법칙이 작용한다. 아이들이 찾을 때 그곳에 있어주라.

이밖에 아이와 함께 보낼 수 있는 특별한 시간을 만드는 것도 중요하다. 아이와 차 안에서 지내는 시간이 중요하긴 하지만 사춘기 아이와의 교류가 아이를 여기저기 태워다주는 시간만으로 국한되어서는 안된다. 아이가 좋아하는, 13세 이상이면 관람할 수 있는 영화를 함께 보는 '영화의 밤'을 가져보는 것은 어떤가. 엄마에게 그리 편한 시간은 아니겠지만, 영화를 함께 보면서 사춘기 아이들에게 쏟아지던 강력하고 부정적인 사회적 비난을 해독시키는 기회를 가질 수 있다. 자연스럽게 당신의 의견을 아이에게 전달할 수 있기 때문이다. 이것은 내가 우리 딸들에게 즐겨 사용하는 방법이다.

가족 여행이나 외식은 아이와 의논해서 결정하라. 아이에게 반드시 참석하라고 강요하지 말고 선택할 여지를 주라. 나는 열세 살 때 온 가족이 한 달 동안 전국 국립공원들과 알래스카로 여행을 떠날 당시 첫사랑 남자친구와 사랑에 빠져 있었다. 그를 생각하느라고 밤잠을 설쳤으며 가슴을 졸이며 그의 편지를 기다렸다. 그러나 내겐 가족들과 어울려 지내는 시간도 소중했다. 지금 생각하면 가족 여행에 빠지지 않길 잘했다는 생각이 든다. 그러나 그 이후에 종종 나는 가족들이 스키 여행을 떠난 동안 그와 지내곤 했다. 우리는 함께 영화를 보거나 피자를 만들거나 동네를 싸돌아다니곤 했다. 만일 부모님들이 주말마다 함께 스키 여행을 떠나길 강요했더라면 나는 남자친구와 지내기 위해 수단과 방법을 가리지 않고 투쟁을 벌였을 것이다. 그러나 다행히도 그런 일은 일어나지 않았다.

넷째, 아이의 종교를 인정해주라

사춘기 아이들의 영글어가는 정체성과 자아 탐구에 대한 진지한 자세를 감안할 때, 10~13세 소녀들이 점성학이나 천사의 존재, 타로 카드 같은 추상적인 대상에 심취하는 것은 그리 놀랄 만한 일이 아니다. 그 관심이 종교에 집중될 수도 있다. 열세 살 때부터 영국 성공회 교회에서 오르간 반주를 담당했던 나는 예배와 교회 행사에 열성적으로 참여했다. 당시를 회상해보면 나는 찬송가를 부르고 성경책을 읽으면서 그 신성함에 깊이 매료되었다. 내 생애에 가장 거룩했던 시간들이었다. 사춘기 아이들은 본능적으로 의미와 가능성을 지닌 것에 몰두하려는 성향이 있다. 그것이 신앙생활에 몰두하는 것이든, 추상적인 대상에 심취하는 것이든, 자기 내면의 소리에 귀를 기울이는 것이든, 자신의 꿈을 기록하는 것이든, 일기를 쓰는 것이든, 무엇이든 상관없다. 이 시기는 아이의 영혼이 진정한 열정이나 목표에 접속되는 시간이기 때문이다.

영적인 대상에 대한 아이의 관심은 어른으로 성장하는 과정에서 반드시 겪게 되는 시련의 진정한 의미를 찾는 데 도움이 될 것이다.

| 영적인 멘토 |

나는 열두 살 때 엄마 친구의 손자들을 하루저녁 돌봐준 적이 있었다. 아이들이 잠자리에 든 후 나는 플라워 뉴하우스Flower Newhouse의 저서 〈천국의 시민(Natives of Eternity)〉이라는 책을 집어 들었다. 저자는 기독교 목사이면서 천사를 볼 수 있고 얘기도 나눌 수 있는 신비주의자였다. 나는 탄생과 죽음, 음악, 불의 천사들에 대한 글을 읽고 그들의 얼굴을 그린 그림을 보면서 깊은 감명을 받았다. 내가 항상 꿈속에서 그리던 일이 현실로 증명된 것이다. 흥분된 상태로 집에 돌아온 나는 엄마와 그 새로운 발견에 대해 얘기를 나누었다. 그러자 엄마는 그레첸이라는 그 친구에게 전화를 걸어 내 열광적인 모습을 전해주었다. 그레첸은 그 책의 복사본을 보내주었으며 천사들과 신비의 대상들에 대해 얘기를 나누자며 나를 아침 식사에 초대해주었다. 그녀는 수년 동안 형이상학에 대해 공부했으며, 여러 차례 해당 집회에도 참석했던 전문가였다. 이 아침 모임은 점차 정기 모임으로 발전했으며, 나는 고등학교와 대학교 시절 내내 그녀와 즐겁고 충만한 만남을 지속해왔다. 그레첸은 내 어린 시절의 영적 멘토의 한 사람이었다.

사춘기에 이른 아이를 격려할 수 있는 또 하나의 방법은 신의 여성스러운 면모에 대해 가르치는 것이다. 자넷 루시Janet Lucy와 테리 앨리슨

Terri Allison의 공동 저서인 〈달의 엄마, 달의 딸(Moon Mother Moon Daughter)〉에는 많은 신화가 소개되어 있으며 관음보살도 등장한다. 저자들은 이 아름다운 이야기들을 10~12세 소녀들과 작업하면서 수집했다고 한다. 엄마인 당신이 딸과 함께 이 책을 읽는다면 모든 문화권에 존재하는 거룩한 존재로서의 여성을 아이에게 소개할 수 있을 것이다. 또한 인류의 과거 역사를 되돌아보는 계기가 될 수도 있다. 고대 유럽에서는 여신을 숭배하는 종교가 성행하던 수천 년 동안 대단히 평화롭고 평등한 상태가 지속되었다. 이들 종교에서는 여신의 몸이나 몸의 변화를 매우 거룩한 것으로 여겼다. 이런 과거의 역사를 아는 것은 사춘기의 젊은 여성들에게 자부심을 안겨주게 될 것이다.

최근 큰딸 애니가 초경을 치르던 시기에 내가 주었던 책에 대해 얘기를 했다. 월경의 영적인 의미에 대해 소개한 특별한 책이었다. 나는 그 사실을 잊고 있었지만 애니는 감명 깊게 읽었기 때문에 아직도 기억하고 있었던 것이다. 그 책은 메리 딜런Mary Dillon과 시난 바클레이 Shinan Barclay가 공동 집필한 〈활짝 피어나는 여성(Flowering Woman)〉이었다. 이밖에도 나는 크리스티 마이젠바하 보일런Kristi Meisenbach Boylan이 지은 〈초경의 일곱 가지 성스러운 의식(The Seven Sacred Rites of Menarche)〉이란 책도 권하고 싶다.

다섯째, 초경을 축하하는 성년식을 베풀어주라

만일 아이가 즐거운 마음으로 동의한다면, 아이의 성년식을 성대하게 베풀어주라. 그러나 사춘기 아이들은 기성세대의 형식적인 관습이나 여성의 몸에 대한 부정적인 시각에 대단히 예민함을 잊지 말라. 따라서 아이에 따라서는 초경을 축하하는 의식을 원치 않을 수도 있다. 사실상 초경을 축하하지 못했던 당신의 상처를 치유하기 위해 치르고 싶은 의식을 딸에게 강요하지 말라. (솔직히 말해서 나는 베이비붐 세대의 많은 여성이 쉰 번째 생일 파티를 이런 목적으로 사용한다고 생각한다.)

딸이 초경을 시작할 때까지 기다릴 필요는 없다. 아이의 나이가 11~14세 사이에 아무 때나 날을 잡아서 의식 또는 엄마와 딸이 함께 떠나는 여행이나 이벤트를 준비하는 것도 좋은 방법이다. 만일 당신이 예전에 가톨릭의 견진성사나 유대교의 성인식 같은 종교적 의식에 참여했다면 딸에게 권할 수도 있다. 그러나 여신의 에너지를 더 풍성하게 느낄 수 있는, 좀더 여성 중심의 의식은 어떤가. 레드 웹Red Web으로 알려진 인터넷 사이트에서는 월경과 폐경의 지혜에 대한 중요성을 여성들에게 가르치기 위해서 많은 정보들을 수집해서 배포하고 있다. (부록 참조)

| 성년식 |

나는 우리 뉴스레터 독자들에게 성년식에 대한 추억을 물은 적이 있다. 이때 내가 받았던 편지들은 초경을 맞은 딸을 둔 엄마와 딸에게 훌륭한 지침서들이었다. 여기에 몇 가지 사례를 소개한다.

우리 큰딸이 열한 살이었을 때 우리 부부는 딸이 초경을 시작하면 어떻게 축하해줄 것인지에 대해 구상하기 시작했어요. 우리 딸 몰리에게는 엄마처럼 초경을 맞았을 때 상처받지 않고 좀더 행복하고 평온한 기억을 갖게 해주고 싶었어요. 저는 낯선 고장으로 옮겨가서 새로운 학교에 입학하기 직전에 초경을 맞았기 때문에 힘든 시간을 보냈거든요. 저는 주변의 여성 친척이나 친구들에게 편지를 써서 몰리를 함께 축하해 달라고 부탁했어요. 그날이 언제가 될지는 모르지만 카드나 메시지, 편지 등에 축하 메시지를 담아서 미리 보내 달라고 요청했죠. 저는 그것들을 특별히 준비한 봉투에 담거나 소책자로 만들어서 몰리에게 전해줄 계획을 세웠어요.

대학교 룸메이트, 시누이, 어린 시절 친구들로 구성된 이들은 매우 특별한 이 일에 기쁜 마음으로 동참해 주었어요. 몇 달에 걸쳐 선물이나 책, 편지가 들어 있는 상자들이 속속 도착했어요. 저는 미리 계획했던 봉투나 스크랩북 대신에 꽃무늬 천으로 싼 예쁜 상자를 구해서 이 선물들을 담았어요. 상자는 나비 모양의 물건들로 가득 찼어요. 번데기에서 아름다운 나비로 탈바꿈하는 딸을 상징하는 나비 모양의 목걸이, 보석함, 머리핀, 인생의 주기를 상징하는 아가씨와 엄마와 할머니가 그려진 켈트족 브로치, 자신이 초경을 시작했을 무렵에 유행하던 고양이 선글라스를 끼고 찍은 이모의 사진들, 십대를 위한 지혜가 담긴 책들, 월경 때마다 기분 전환에 도움이 된다는 설명과 함께 사촌이 보낸 커다란 고급 초콜릿 상자 등이었어요. 이밖에도 지혜와 추억이 담긴 글들도 수없이 많았어요. 그 중에는 외할머니가 보낸 걱정이 담긴 편지도 들어 있었어요. 자신의 소녀 시절에는 드러내놓고 말하기조차 부끄러웠던 일을 시끄럽게 떠벌리는 제 처사를 못마땅하게 생각하는 내용이었죠.

마침내 초경을 시작했지만 몰리는 평소와 다름없이 태연했어요. 저는 몰리가 잠자리에 들기 전에 거실로 데리고 가서 소중히 간직했던 그 상자를 선물했어요. 딸은 그 상자가 무슨 의미인지를 설명하는 제 카드를 먼저 읽었어요. 그리고 우리는 함께 그 커다란 상자의 뚜껑을 열었어요. 거기에는 딸의 '자매들'이 보낸 예쁘게 포장된 선물이 가득 들어 있었어요. 선물을 하나씩 열어보는 시간 내내 우리가 아는 모든 여성이 우리와 함께 그 방 안에 있는 기분이었어요. 시공간을 초월해서 우리가 알던 모든 여성이 둥그렇게 원을 그리며 우리를 에워싸고 있는 기분이었죠. 우리는 모두 함께 서로의 기억들과 충고들을 나누면서 하나로 깊이 결속된 기분을 맛보았어요.

우리 집안에서 딸들이 초경을 시작하는 날은 큰 의미를 지닌 날이었어요. 엄마가 저와 두 여동생들이 학교를 쉴 수 있도록 허락하는 유일한 날이었죠. 우리는 그 특별한 아침을 가족들과 함께 집안에서 편히 쉬며 몸과 마음을 준비하는 것으로 시작했어요. 그런 다음 근사한 식당에 가서 멋진 점심을 먹고 오후에는 쇼핑을 했어요. 새롭게 탄생한 젊은 여성에게 어울리는 속옷을 사기 위해서였죠. 우리 집안은 평소에는 근검절약하는 분위기였지만, 이때만큼은 멋지고 고급스러운 속옷을 사는 것이 허락되었어요. 하지만 내가 가장 좋아했던 시간은 엄마와 함께 지낸 시간이었어요. 엄마는 한 여인이 탄생하는 이 순간은 많은 축하를 받아야 할 매우 특별한 날이라고 말씀해주셨죠.

저는 우리 딸 마리나가 초경을 시작하기 전에 그 아이를 사랑하는 모든 사람들에게 연락해서 축하 메시지를 보내달라고 부탁했어요. 마리나 또래의 아이들이 알았으면 좋겠다고 생각하는 메시지들을 보내달라고 했죠. 사춘기에 당신을 크게 달라지게 만들었던 생각이나 태도, 믿음, 깨달음 등은 무엇이었나요? 당신은 그 기회를 통해 어떤 전략이나 비결을 배우셨나요? 저는 그들이 보내준 지혜롭고 사랑이 가득 담긴 충고들을 읽으면서 큰 감명을 받았어요.

저는 그 보물들을 프린트해서 책으로 만들었어요. 그리고 마리나의 친구들과 그 엄마들을 초대해서 조촐한 파티를 열면서 그 책을 선물했죠. 마리나는 자신이 겪는 변화의 의미를 되새길 기회를 가짐과 동시에 힘겨운 질풍노도의 시기에 그녀를 인도해줄 소중한 자료들을 얻게 된 셈이었죠. 또한 딸은 자신을 진심으로 격려하고 사랑하는 후원자들이 있음을 경험할 수 있었어요. 십대인 아이가 이런 경험을 통하지 않고는 결코 깨닫지 못했을 일들이었죠.

여섯째, 딸에게 감정을 자제하는 법을 가르치고 엄마가 역할 모델이 돼라

엄마인 당신이 모든 감정은 내면의 메시지라는 사실을 깨닫는다면 사춘기 아이의 격렬한 감정을 한결 효과적으로 잠재울 수 있다. 감정은 저마다 각자의 기능이 있다. 우리가 반드시 알아야 할 것들을 알려주는 안내자인 셈이다. 따라서 모든 감정은 충분히 음미하는 과정이 필요하며 그런 다음 떠나보내야 한다. 아주 간단한 원리다. 그러나 어떤 감정이든 충분히 느끼지 않고 억압하고 억누른다면 그것은 질병의 형태로 경고를 보낸다.

만일 당신 딸이 변덕스럽거나 감정을 심하게 폭발시킨다면, 기분을 풀어주거나 고치려고 애쓰지 말고 혼자 충분한 시간을 갖도록 해주어라. 스스로 해결책을 찾도록 인도하는 내면의 소리를 발견할 기회를 주라.

그러나 자신의 감정이 다른 사람에게 어떤 영향을 미치는지를 깨닫도록 인도할 필요는 있다. 아이가 슬퍼하는 기색을 알고 당신이 물었을 때 "말하고 싶지 않아요."라고 대답하면, 아이에게 슬픔을 느끼는 건 자연스러운 일이라고 말해주라. 그러나 아이는 다른 가족들에게 나쁜 영향을 미치지 않는 방법으로 문제를 해결하는 방법을 배워야 한다. 아이에게 자신의 문제에 대해 언제든지 엄마와 얘기할 수 있음을 알게 해주어라. 그러나 아이가 저녁 식탁에서 입을 다물고 퉁명스러운 태도로 앉아 있는 것을 용납해서는 안 된다. 이것은 다른 가족들을 자기 감정의 볼모로 삼는 것이다. 엄마 스스로가 잠깐 동안 그런 태도를 보이면서 아이에게 직접 느끼게 해주는 것도 좋은 방법이다. 그런 태도를 보일 경우에는 식탁에서 물러나 혼자 조용히 생각하는 시간을 갖게 해야 한다.

그러나 어떤 상황이든 당신 자신을 딸의 감정 처리장으로 전락시키지 말라. 딸이 어떤 방법으로든 당신을 학대하도록 허용하지 말라. 이 말은 딸이 엄마에게 눈을 흘기거나 멍청이나 바보라는 의미가 담긴 말을 퍼부을 때 바로 그 자리에서 중지시키라는 뜻이다. 우리 딸들(또는 그 친구들)이 이런 태도를 보였을 때, 나는 품위 있는 태도로 이렇게 꾸짖었다. "그런 행동을 계속하는 것은 지난 5천 년 동안 지속되어온 여성에 대한 비하에 동참하는 것이란다. 우리 집에서 그런 행동은 용납할 수 없어. 그런 그릇된 사회 풍조를 집 안까지 끌어들일 수는 없단다. 당장 멈추지 않는다면 엄마는 너희 학교에 가서 너희 반 아이들에게 여기에 대해서 강의를 할 생각이야." 이 말은 그릇된 행동을 싹부터 잘라버리는 데 대단히 효과적이었다.

그러나 반드시 명심할 점은, 딸에게 어떤 분노나 슬픔도 그 안에 메시지를 담고 있다는 사실을 깨닫게 해주는 것이다. 딸은 자신이 원하는 것을 전부 허락하지 않는 당신에게 엄청난 적개심을 품을 수도 있다.

하지만 지나치게 개의치 말라. 언제나 아이에게 좋은 친구가 될 필요는 없다. 아이에게 일기를 쓰게 하거나 명상을 배우도록 인도해보라. 그를 통해 딸은 내면의 메시지에 귀를 기울이고 그 인도에 따르는 법을 배우게 될 것이다. 어떤 감정이든 충분히 느낀 다음에야 그것이 무엇을 의미하는지를 깨닫는 순간이 찾아오는 것이다.

이런 접근 방법이야말로 가장 바람직한 감정 처리의 본보기다. 아이에게 지나치게 신경을 쓰거나 개입하지 말라. 아이들은 당신이 관심을 가지고 적당한 거리에서 지켜보며 자신의 감정을 이해하고 있다는 사실을 잘 안다. 그러나 당신 자신이나 다른 가족들이 아이에게 조종당하는 것은 절대 허용하지 말라.

일곱째, 딸에게 내면의 지혜를 가르쳐라

대중 매체나 대중문화의 광범위한 영향력에도 불구하고 우리의 딸들은 내면의 지혜나 영혼의 목소리가 외부의 무엇보다도 자신의 삶을 건강하고 충만한 기쁨으로 인도한다는 사실을 배워야 한다. 일단 이 목소리를 듣고 신뢰하는 법을 배우면 그들은 무의미한 인간관계나 광적인 소비 성향, 약물 중독, 고통이나 깨달음을 외면하는 자세 등에 빠질 가능성 – 적어도 오랫동안은 아니다 – 이 한결 줄어들 것이다.

여덟째, 다른 엄마를 통해서 가르쳐라

모든 딸들에게는 엄마가 많을수록 좋다. 엄마인 당신의 말에는 귀를 기울이지 않더라도 다른 엄마들의 말은 들을 것이다. 나는 많은 딸들에게 그런 엄마 역할을 해왔으며, 대단히 즐겁고 보람 있는 일이었다. 그러나 나 또한 우리 딸들의 문제에는 다른 엄마들의 도움을 받았다.

우리 딸들이 초경을 시작할 나이가 되자 나는 중학교 1학년이던 작은딸의 선생님과 의논했다. 그녀 또한 케이트 친구의 엄마였다. 두 아이들은 초등학교부터 고등학교까지 같은 학교를 다녔다. 사춘기의 위험성을 너무나 잘 알았던 그녀와 나는 미리 대비하기로 의견을 모았다.

우리는 우리 딸들을 포함한 중학교 1학년 아이들(남자 아이들은 제외하고)과 여러 차례 모임을 가졌다. 그 모임에서 나는 아이들에게 그들의 생식 능력과 월경 주기, 성교육, 신체적 변화에 대해서 말해주었다. 이런 기회를 통해서 나는 우리 딸이 모든 아이들이 알아야 할 것들을 자기에게 맞는 방법으로 받아들이기를 내심 바라고 있었다. 우리는 아이들에게 그들의 몸과 마음, 영혼이 한 여성이 되기 위해서 어떻게 변하고 성숙하는지를 말해주었다. 아이들에게 사춘기의 신체적 변화에 대한 긍정적인 시각을 심어줌과 동시에 그들이 가슴 속에 품고 있는 생각들을 허심탄회하게 얘기할 기회를 제공해주고 싶었다. 우리는 생리통이나 가슴 크기, 남자 아이들에 대한 얘기를 비롯해서 아이들이 알고 싶어 하는 모든 문제들에 대해 얘기를 나누었다. 거기에는 변화하고 성장하는 과정에서 피할 수 없는 친구와의 이별로 느끼는 슬픔도 포함되어 있었다.

이 모임을 지속하는 동안, 나는 아이들이 어린 시절과 작별하고 한 여성으로 변해가는 신체 변화를 겪으면서 느끼는 심각한 고통을 목격하게 되었다. 대부분의 소녀들은, 자기가 의식하든 못 하든, 자신의 몸이 영혼을 담는 거룩한 성전이 아니라 단순한 성의 대상으로 인식된다는 사실을 알고 있었다. 그러나 우리 엄마들은 대부분 아이들이 마음의 문을 닫는 시기에 엄마와 딸 사이의 대화 창구를 열려고 한다. 우리는 다른 부모들을 통해서 이 사실을 깨달았으며, 이 깨달음을 통해 달라지리라는 사실을 알 수 있었다.

나는 케이트를 데리고 연극을 보기 위해 뉴욕에 갔을 때, 작은 기적을 경험했다. 우리는 뉴욕에 있는 친구들에게 그들이 좋다고 생각하는 아무 연극 표나 사달라고 부탁했다. 우리는 이렇게 우연찮은 계기로 〈버자이너 모놀로그Vagina Monologue〉를 관람하게 되었다. 이 연극은 극작가이며 사회운동가인 이브 엔슬러Eve Ensler가 다양한 연령과 배경의 여성들을 인터뷰한 결과 탄생한 1인극이었다. 나는 유명 인사들이 가득 들어찬 극장 안에서 사춘기 열병을 앓고 있는 열세 살짜리 딸과 좌석에 앉았을 때 마치 천당에 온 기분이었다. 말만 들어도 설레는 우피 골드버그, 칼리스타 플록하트, 글렌 클로즈, 마리사 토메이, 글로리아 스타이넘, 셜리 나이트 같은 쟁쟁한 배우들이 연기했던 이처럼 재미있고 감동적이고 심금을 울리는 연극을 보게 된 것이 꿈만 같았다. 온 극장 안에 여성 에너지가 충만했던, 평생 잊을 수 없는 밤이었다. 이 작품은 다른 엄마를 통해서 자신의 딸에게 메시지를 전달하는 내용을 담은 연극이었다!

이 특별한 연극은 매년 밸런타인데이에 전 세계의 소녀들과 여성들에게 가해지는 폭력이 중단되기를 기원하는 의미에서 V-데이 행사를 개최한다. 사회적 인식의 변화를 촉구하는 이 연극은 몇 년 동안 계속 공연되고 있다. 그로부터 7년 후 큰딸 애니가 대학교에서 이 연극의 연출을 담당했을 때, 케이트와 나는 맨 앞줄에 나란히 앉아 연극에 심취했다. 우리 세 모녀는 그 긴 여정을 지나온 후였다.

아홉째, 아이를 통제하겠다는 환상을 버려라

우리 딸들은 태어나는 순간부터 자신이 속한 환경에 영향을 미칠 충분한 자질을 갖추고 이 세상에 찾아온 소중한 영혼들이다. 그들은 또한 타고난 특성에 맞춰서 배우고 반응하는 능력을 갖추었다. 이 말은 우리 엄마들은 딸들이 어떤 모습으로 변하는지에 대해 책임감을 느낄 필요가 없다는 뜻이다. 우리는 이제까지 그런 책임감을 느끼도록 압력을 받아왔다. 물론 우리 엄마들이 아이에게 지대한 영향을 미치는 건 사실이지만, 우리는 아이들을 창조하고 다스리는 신이 아니다. 아이들에게는 자기 자신의 길이 있다. 딸들에게 완벽한 어린 시절이나 사춘기를 선사해야 하는 것은 궁극적으로 우리의 의무가 아니다. 우리의 임무는 우리 자신의 건강과 행복이 손상되지 않는 범위에서 후원하고 격려하는 것이다. 엄마인 나도 내게 필요했던 사춘기의 역경(편두통을 비롯한)을 스스로 감당해왔다. 그것이 내 삶의 과업을 완수하는 길이었기 때문이다. 내 힘으로 바꿀 수 있는 것은 아무것도 없다. 나는 언젠가 우리 딸들도 그것을 깨닫게 되기를 바란다. 그러나 중년의 나이가 되기까지는 이 심오한 진리를 깨닫기 힘들 것이다. 엄마들이여! 가벼운 마음으로 딸의 사춘기를 즐기라. 아이는 자신이 물려받은 조상의 유산을 자신만의 독특한 방식으로 자신이 담당할 시기에 다음 세대에 전수하기 위해서 이 세상에 온 것이다.

Room3

세 번째 방

열네 살부터 스물한 살까지

16
아프로디테의 탄생
- 성 에너지의 출현 -

모든 사람의 삶에는 좀더 새롭고 가치 있으며 좀더 나은 사람이 되고자 하는 잠재적 본능이 특히 활발하게 작용하는 시기가 있다. 사춘기도 그 중 하나다. 많은 미운 오리 새끼들이 백조로 변해가는 자신을 발견하는 시기다. 어린 소녀들이 자기 안에 내재한 여성 에너지와 지혜를 자각하는 시기다. 여기저기서 새로운 가능성을 발견하는 시기다. 이 시기에 힘차게 솟구치는 삶의 에너지가 잘 보호되고 보살핌을 받고 격려를 받는다면, 그 꽃은 탐스럽게 활짝 피어날 것이다.

우리 작은딸이 열네 살 때 나는 그 피어나던 모습을 경이로운 눈으로 지켜봤던 기억이 난다. 케이트는 몸매가 미끈하게 변하면서 그럴 경우 당연히 동반되는 자신감에 넘치는 모습으로 변했다. 어느 날 한 학기가 끝날 무렵 케이트는 내게 이렇게 말했다. "올 여름에 저는 강해지고 충만해질 거예요!" 케이트는 열두 살 때 초경을 치르면서 깊은 슬픔을 경험했다. 열네 살까지 초경이 없어 사춘기의 신체적·감정적 변화를 완만하게 치르면서 성격이 급격히 변하지 않았던 애니와 다르게, 케이트는 아무 준비도 없는 상태에서 갑자기 초경이 시작되었다. 그 영향으로 항상 밝고 명랑하던 성격이 몇 년 동안 의기소침하고 침울하게 변했던 것이다. 케이트가 그렇게 힘든 사춘기를 보냈기 때문에, 나는 그 아이가 다시 밝아진 모습을 보자 무척 행복했다. 당시 나는 일기에 이렇게 기록했다.

케이트가 변했다. 아이의 내면에서 활기와 기쁨과 아프로디테의 에너지가 넘쳐흐르는 것을 느낄 수 있다. 케이트는 시키지 않아도 스스로 잔디를 깎는다. 요가에 관심을 쏟고 매일 밤 열심히 운동을 한다. 생전 처음으로 드레스에 관심을 보였다. (케이트는 학창 시절 내내 멜빵 달린 청바지를 입고 다녔으며 한 번도 드레스를 입은 적이 없다.)

케이트는 또한 캐스코 만에서 항해하는 법을 배우고 싶다고 말했다. 아이 안에 잠자던 쿤달리니 에너지(회음부에 잠재된 여성 에너지)가 기지개를 켜기 시작한 것이다.

엄마인 나는 여러 해 동안 그 땅에 거름을 주고 김을 매준 정원사 같은 기분을 느낀다. 이제 딸의 몸속에서는 내 것보다 훨씬 강력한 에너지가 솟아나고 있다. 그러나 나는 여전히 그 에너지가 곧고 크게 자랄 수 있도록 물을 주고 가꿔야 한다. 부드러운 땅에서 튼튼한 나무로 자라기 전에 부러지거나 구부러지지 않도록 잘 돌봐줘야 한다.

나는 케이트를 바라보면서 무언가 좋은 일이 생길 것 같은 예감이 들었던 내 삶의 순간들을 떠올렸다. 그런 기분을 처음 느낀 것은 열세 살 무렵이었다. 갑자기 나는 온몸에 힘이 넘쳐서 원하는 것은 무엇이든 할 수 있고, 될 수 있고, 가질 수 있다는 기분이 들었다. 그리고 내가 원하는 것 중 하나는 테니스 선수가 되는 것이었다. 나는 강력한 의지로 이 소원을 실천에 옮겼다. 헛간 뒤의 콘크리트 바닥에 쌓여 있던 소똥을 삽으로 다 퍼낸 후 거기서 몇 시간 동안 벽에 대고 테니스공을 쳤던 것이다. 한번 상상해보라. 그리 고상한 풍경은 아니었을 것이다.

사랑, 열망, 그리고 욕망

사춘기 소녀의 몸과 마음과 영혼을 변화시키는 생명 에너지는 그녀에게 생식력을 부여해 생명을 잉태하게 만들기도 한다. 고대 그리스 신화에서 아프로디테는 사랑과 성의 여신이라는 명칭을 부여받았다. 아프로디테는 여성의 생식력, 성적 욕망, 사랑의 화신이다. 그녀는 맨 처음 사춘기 소녀의 삶에 열망과 욕망의 모습으로 출현한다. 자연의 모든 에너지와 마찬가지로 젊은 여성의 성적 욕망은 존중되고 인정되어야 한다. 그럴 경우에만 그녀는 이 폭발적인 잠재력을 건설적이고 건전한 방향으로 유도하는 방법을 배울 수 있다.

사춘기 소녀가 성적 욕망의 진정한 의미를 일찍부터 이해하는 것은 매우 중요한 일이다. 특히 이 시기의 대부분의 소녀들처럼 자신의 가치에 대한 자부심이 부족할 때는 더욱 필요하다. 자부심이 부족할 경우, 그녀는 자신의 욕망보다 다른 사람의 욕망—성적 욕구를 포함한—을 먼저 채워주려는 성향을 갖는다. 이런 자세는 최선의 경우에는 불만족스러운 성관계, 최악의 경우에는 착취적이고 학대적인 성관계를 초래한다.

사춘기 소녀들은 흔히 남자친구나 중요한 인간관계에서 갈망이나 열망에 사로잡힐 수가 있다. 말하자면 그들은 사랑과 사랑에 빠지는 것이다. 이런 감정은 단지 성적 욕망만을 말하는 것이 아니며, 여자 아이들만 경험하는 것은 아니다. 이런 종류의 사랑에 대해 연구한 심리학자인 도로시 테노브Dorothy Tennov 박사는 사랑에 빠진 감정을 진정한 사랑과 구별해서 '생리적 사랑(limerance)'이라고 불렀다. 그녀의 연구에 따르면, 여성의 95퍼센트와 남성의 92퍼센트는 "사랑의 가장 중요한 요소는 섹스다."라는 말에 거부 반응을 보였다고 한다.[1]

사회적 인식과 성적 욕망

만일 남자와 똑같은 행동을 해도 '헤픈 여자'라는 평가를 받지 않는다고 가정한다면, 여자도 남자처럼 발정을 하며 성에 접근하는 방식도 같을 거라는 말은 논리적으로 틀리지 않다. 그리고 실제로도 그렇다. 저명한 여권 운동가인 나오미 울프Naomi Wolf는 〈혼음(promiscuities)〉이란 저서에서, "적나라하게 밝히자면 사춘기 소녀들의 성 발달은 오랜 세월에 걸쳐 철저한 검열을 받아온 게 사실이다."라고 폭로했다. 웃지 못할 비극이다. 남성 작가들이 성에 대한 자신의 첫 경험을 자랑스럽게 밝히는 데 반해 여성 작가들 그리고 모든 소녀들은 다른 사람들이 어떻게 생각할까 두려워서 자신의 성 경험을 감추려는 경향이 있다. 산부인과 의사인 나는 종종 환자들의 모든 성적 내력을 아는 유일한 사람이 되곤 한다. 거기에는 유산 경험이나 성병에 대한 병력도 포함되어 있다.

그러나 여성의 성에 대한 사회적 편견은 성 경험에 대한 수치심이나 비밀 유지라는 차원을 넘어 더 심각한 영향을 초래할 수 있다. 나오미 울프는 인류학자인 마거릿 미드Margaret Mead 여사가 1948년 태평양 섬의 일곱 개 인종을 대상으로 실시한 조사에서 얻은 결론을 인용했다.

여성의 성을 바라보는 사회의 가치관은 성적 만족을 성취하는 여성의 능력에 영향을 미친다는 것이다. 미드 여사는 여성이 자신의 성적 욕망을 긍정적인 시각으로 바라보기 위해서는 다음과 같은 문화권에서 살아야 한다고 강조했다.

- 여성의 욕망을 인정하고 존중하는 사회
- 자신의 성적 자율성을 인식하도록 허용하는 사회
- 여성이 오르가슴에 도달할 수 있도록 사랑의 기술을 가르치는 사회[2]

오르가슴은 특별한 훈련이 필요 없는 자연스러운 몸의 반응임에도 – 앞서 소개한 매스터스와 존슨의 연구 결과에도 기록했듯이, 심지어 신부나 수녀들도 꿈속에서 오르가슴을 경험한다 – 배외측 전전두엽 안에 있는 전두엽 회로를 훈련시키면 오르가슴을 억제할 수 있다. 우리의 뇌는 성적 쾌감을 느끼도록 설계되었지만 그 회로의 연결 고리를 바꾸는 것은 그리 어려운 일이 아니다. 이런 방식으로 교육되고 문화가 형성되는 것이다.

여성의 성은 그 문화권에서 어떤 방식으로 표현되는지와 분리해서 말할 수 없다. 여성과 남성이 성이나 삶의 여러 분야에서 동등한 힘과 자율성을 즐기는 문화권이 없지는 않지만 우리 대부분은 그런 사회에서 살고 있지 않다. 따라서 사춘기 소녀들의 성적 충동이 진정한 자신의 성적 욕망을 표현하는 것인지, 아니면 대대로 더 큰 영향력을 지녀온 남성들에게 가치를 인정받고 받아들여지길 바라는 노력인지 구별하기는 거의 불가능하다.

진정한 평등이 이뤄지지 않는 사회에서 사는 사춘기 소녀들은 성적 만족감에 대한 자신의 권리를 주장하는 법을 배워야 한다. 또한 그것을 자신의 건강을 증진시키는 방법으로 실현하는 법도 배워야 한다. 나는 이것이야말로 사춘기 소녀들이 성적 욕망에 대해 추구해야 할 가장 핵심적인 과제라고 생각한다. 이 말은 서로 아껴주는 인간관계를 통해서 성적 충족감을 발견하려고 노력하는 소녀들이 있다는 뜻이다.

나는 책 사인회를 개최하는 자리에서 만났던 열다섯 살 소녀와 열여섯 살 남자친구를 잊을 수가 없다. 두 연인은 몸과 마음을 모두 나누는 깊은 사이처럼 보였다. 그런데 자신의 몸, 특히 월경 주기와 관계된 몸의 지혜에 대해 알고 싶었던 소녀가 소년을 내 강의에 데리고 온 것이었다. 내가 그 두 젊은이를 결코 잊을 수 없다고 말하는 이유는 너무나 사랑스러운 한 쌍이었기 때문이다. 하지만 대부분의 소녀들은 잘 어울리는 파트너를 만나기 위해 – 반드시 만나는 건 아니지만 – 여러 해를 기다려야 한다. 그들은 자신의 성적 욕망이 그것을 존중하고 소중하게 여기는 사람과 나눠야 하는 귀중한 선물임을 깨닫지 못한 채 감정적으로나 성적으로나 만족감을 얻지 못하는 인간관계에 빠져들곤 한다. 루스가 그 좋은 본보기다.

루스는 열여섯 살이던 어느 날 밤에 술을 마시고 남자친구의 차 뒷좌석에서 처음으로 성행위를 경험했다. 그녀는 남자친구를 잡아둘 수 있는 유일한 방법이라고 생각하고 그것을 허락했다. 그들은 고교 시절 내내 만남을 지속했지만, 그들의 관계는 성적 대상 이상으로 발전하지 못했다. 루스는 대학에 들어가자 여러 남자들과 별로 만족스럽지 못한 성관계를 맺곤 했다. 비록 지금은 꾸준히 만나는 남자친구가 있지만 그녀는 충분한 성생활을 즐기지 못하며 오르가슴도 전혀 느끼지 못한다. 하지만 그녀는 오르가슴을 가장하는 방법을 알기 때문에, 그녀의 남자친구는 자기가 훌륭한 연인이라고 착각한다.

루스는 내게 이렇게 고백했다. "친구들 중에는 저 같은 애들이 많아요." 그녀와 남자친구는 서로 잘 어울리지는 않았지만, 그는 '잘 생기고 예의 바른 청년'이었다.(그녀는 이렇게 기록했다.) 그녀가 이 관계를 지속하는 이유는 데이트를 못하고 혼자 외롭게 지낼까봐 두려워서였다. 루스를 평생 불만족스러운 성 경험으로 이끈 원인은 여러 가지였다. 남자나 권위 있는 존재로부터 인정받고 싶어하는 간절한 욕망, 자신의 능력에 대한 낮은 자부심(그녀는 고교 시절 항상 C학점에 머물렀으며 마지막 시험에서 가까스로 통과했다.), 그리고 외로움을 견디지 못하는 성격 등이 복합적으로 작용해서 생긴 결과였다.

많은 젊은 여성들이 루스처럼 자부심 부족으로 자신을 함부로 내던진다. 이런 막다른 골목에서 빠져나오는 유일한 방법은 성취감을 맛보기 위해 부단히 노력하는 것이다. 학교에서든 직장에서든 이런 기술을 많이 습득하면 할수록 선택의 기회는 더욱 늘어날 것이다. 여기에는 인간관계에 대한 선택의 기회도 포함된다.

모든 소녀들은 성에 대한 루스의 접근 방식보다 훨씬 충만하고 삶의 질을 높이는 방법이 있다는 사실을 알 필요가 있다. 여기에는 사랑, 욕망, 자기 존중이 적절하게 조화를 이룰 때 성적 욕망도 거룩함으로 승화될 수 있다는 사실을 이해하는 것도 포함된다.

또 다른 환자였던 셀레스트는 루스와 완전히 대조되는 첫 경험을 누렸다.

그 이유는 잘 모르겠지만 저는 기억이 미치는 어린 시절부터 성에는 신성하고 특별한 무언가가 있다는 사실을 알고 있었어요. 저는 열한 살 때 꾸었던 꿈을 아직도 생생하게 기억해요. 맑은 물이 출렁거리는 수영장에서 헤엄치고 있었는데 멋지게 생긴 천사 같은 남자가 다가와서 제게 키스했어요. 꿈속이었지만 저는 그 키스에 완전히 몰입해서 황홀경을 느꼈어요. 저는 어려서부터 아무한테나 몸을 허락하지 않겠다는 생각이 있었어요. 제가 사랑하는 사람이어야 하고 그 사람도 저를 사랑할 때만 성관계를 맺겠다고 생각했죠. 저는 원하는 사람을 만날 때까지 얼마든지 기다릴 수 있었고 거기에 대해서 강한 확신이 있었어요. 저는 열두 살 때 자연스럽게 자위행위를 배우게 되었고, 따라서 오르가슴을 느끼기 위해 남자 아이들이 필요하지 않았어요.

대학에 다닐 때 저는 한 남자와 잠시 데이트를 한 적이 있어요. 하지만 그는 왜 내가 자기와 성관계를 맺지 않는지를 이해하지 못했어요. 저는 이렇게 대답했죠. "우리 관계에 도움이 되지 않을 것 같아서 그래." 그는 이 말을 믿지 않는 눈치였어요. 당시(1960년대 말)에는 모든 사람들이 만나는 사람들마다 성관계를 맺던 시절이었어요. 성적으로 완전히 개방된 시기였죠. 저는 여러 파트너들과 성관계를 맺는 사람들을 비난하진 않았지만 저한테는 맞지 않는다는 사실을 알았어요.

대학을 졸업한 후 마침내 저는 남편이 될 남자를 만나게 되었어요. 저는 그 순간을 결코 잊을 수가 없어요. 그를 바라보기만 해도 다리가 후들거렸어요. 그를 만난 지 사흘 만에 그가 바로 내가 찾던 '그 사람'이라는 사실을 알았어요. 우리가 처음 사랑을 나누는 순간 저는 그에게 완전히 녹아드는 기분이었어요. 그것은 대단히 영적인 경험이었죠. 마치 우리 각자의 몸이 녹아서 하나로 합쳐지는 느낌이었어요. 제 몸은 하늘을 둥둥 떠다니는 것 같았고 그 상태는 한없이 지속되었어요. 마치 에너지의 파도를 타고 출렁거리는 느낌이었죠. 그것은 항상 그곳에 있었지만 진심으로 사랑하고 서로에게 몰두할 때만 느낄 수 있는 거라는 생각이 들었어요. 저는 그를 택한 제 결정이 옳았음을 알았어요. 그리고 저를 헤르페스나 성기사마귀, 기타 성병에 걸릴 걱정에서 구해준 내면의 소리에 감사를 표했어요. 많은 친구들이 이런 질병으로 고생했으며 그들을 볼 때마다 마음이 아팠거든요. 그들의 성 경험은 그들이 원하는 사랑 대신에 성병만을 안겨주었어요.

사랑이 넘치고 충만한 성관계에 대해 깊은 이해심을 가졌던 셀레스트는 대단한 행운아였다. 그녀는 자신의 성욕이 부끄러운 게 아니라 '대단히 아름다운 것'이란 생각이 있었다. 그리고 그것이 얼마나 가치 있는지 알았기에 그녀는 그것을 나누는 데에도 신중할 수 있었다. 건전한 섹스는 건전한 식습관과 마찬가지로 자부심이나 자기 존중에서 비롯한다. 또한 우리의 몸은 대단히 소중한 선물이므로 그 가치를 알아주는 사람과 나누어야 한다는 사고방식에서 비롯한다. 자선을 베풀 때를 제외하고 우리는 감사하거나 보답할 줄 모르는 사람에게 가치 있는 것을 함부로 주지 말아야 한다. 왜 자신의 소중한 몸을 보답할 줄 모르는 사람에게 줘야 하는가? 셀레스트는 아마 부모님이나 주변 사람, 또는 책의 주인공들에게서 사랑이 담긴 인간관계의 모델을 발견했을 것이다. 누구를 역할 모델로 삼았든 그녀는 성행위란 우주로부터 부여받은 생명 에너지의 일부이므로 존중받아야 한다는 사실을 영혼 깊이 깨닫고 있었다.

나도 일찍부터 이런 사실을 느끼고 있었다. 나는 십대 시절부터 사랑하지 않는 사람과는 스킨십을 나눌 수 없을 거라고 생각했다. 나는 인간관계에 모든 에너지를 쏟아 붓는 타입이었다. 누군가와 키스할 때도 그것에 완전히 몰두한다. 그 황홀감에 완전히 몰입해서 자신의 존재를 잊어버린다. 그런데 온전히 신뢰하고 존경하지 않는 사람에게 어떻게 내 전부를 맡길 수 있단 말인가. 내 욕망과 영혼은 바늘구멍만 한 틈새도 없이 완벽하게 밀착되어 있었다.

나는 내 데이트가 남들과 다르다는 것을 알았다. 술을 싫어해서 한 방울도 입에 대지 않았던 나는 어리석은 행동에 빠지지 않을 수 있었으며, 내게 맞지 않는 남자들의 강요에 못 이겨 자신을 포기하지도 않았다. 나는 열두 살 때 당시 열네 살이던 오빠의 친구와 사랑에 빠졌다. 그를 바라볼 때마다 심장이 두근거리던 기억이 아직도 생생하다. 우리는 함께 책을 읽거나 음악을 들었으며 학교나 동네에서 늘 붙어 다니며 모든 것을 함께 나누었다. 그와의 관계는 그 후에 내가 가졌던 모든 중요한 인간관계와 마찬가지로 뇌의 안와전두엽과 몸의 연결 고리에 바탕을 둔 안정적인 관계였다. 나는 '유대감'을 소중히 여기는 사람이었기 때문에 영혼의 교감이 느껴지지 않는 사람과 육체적인 관계를 갖는 것이 불가능했다. 내 몸이 결코 허락하지 않았다.

나는 그 남자친구와 의과대학원 1학년 때까지 관계를 이어갔다. (대학에 다닐 때 가끔 다른 남자들과 데이트를 즐기기도 했으며, 그 중 한 명과는 심각한 관계로 발전하기도 했다. 그러나 부모님과 함께 사는 그의 집을 방문했을 때 그는 나와 시간을 보내기보다는 엄마와 함께 TV에서 방영되는 멜로드라마를 보고 싶어했다. 그런 남자일 줄이야!) 그 후 나는 의과대학원의 같은 반 학생과 2년 동안 사귄 적도 있다. 그런 다음 마침내 당시 내 외과 담당 인턴이던 남편을 만나게 되었다. 그를 만나는 순간 나는 그가 진정한 내 사람임을 바로 알아차렸으며 9개월 후 스물다섯 살의 나이로 그와 결혼했다. 우리는 24년 동안 행복한 가정을 꾸려왔다. 그러나 중년이 되어 새로운 세계에 눈이 열리자 나는 우리의 파장이 더 이상 일치하지 않는다는 사실을 깨닫게 되었다.

운 좋게도 나는 모든 남자들과 아름다운 관계를 나누며 살아왔다. 그러나 섹스를 단순히 원하는 것을 얻기 위한 수단으로 사용할 경우, 당신의 유대감 회로는 중단되고 심장은 영혼을 포함한 몸의 다른 부위에서 분리된다. 따라서 당신의 몸은 점차 여기에 대한 보상을 요구하는 청구서를 보낼 것이다. (대부분의 부인과 질병은 이런 청구서의 목록이라고 할 수 있다.)

성행위의 영적 의미

원자의 세계에서는 섹스가 모든 곳에 존재한다. 그것은 전자가 원자핵 주위를 돌게 만드는 신비한 결합 에너지다. 신의 에너지이며, 영혼의 에너지가 끊임없이 변화하고 진화하는 물질적인 형태로 표현되는 것이다. 봄에 꽃이 피게 하고 가을에 열매가 맺히게 하는 생명 에너지다. 우주의 모든 것을 하나로 연결시켜주는 강력한 자력을 지닌 에너지다. 광물의 세계에서는 분자들을 결속시켜 하나의 형태로 유지시키는 힘이기도 하다. 인간 세계에서는 두 사람을 하나로 결합시켜 새로운 존재를 창조하는 욕망이자 갈망이다. 모나 리자 슐츠 박사는 성욕을 지배하는 뇌의 부위는 영적인 활동을 관장하는 부위와 같다고 지적했다.

자연 세계의 모든 현상과 마찬가지로 섹스도 우주의 법칙에 근거해서 작용한다. 미국 메인 주에 있는 보우든 대학의 메리 프란시스 시어리스 사이언스 빌딩의 정문에는 이런 글이 적혀 있다. "자연의 법칙은 신의 뜻이다." 인간의 성욕은 생식 능력이 끝난 후에도 오랫동안 지속된다는 점을 미루어볼 때 섹스 또한 단순한 육체적 생식력의 차원을 넘어선 행위라고 할 수 있다. 나이를 먹을수록 섹스는 더욱 영적인 차원으로 승화된다. 물론 인생의 어느 단계에서나 섹스는 항상 영적인 차원의 일이긴 하다. 성 에너지는 인간 세계를 비롯한 모든 세계에서 생명 창조, 나눔, 자기표현이라는 영역을 넘어 존재하는 우주의 힘이다.

2004년 4월에 발행된 내 뉴스레터에는 '영적 섹스, 육체를 넘어서' 라는 제목의 기사가 실렸다. 이 기사에서 성 전문가이자 〈여신의 성을 개발하자(Reclaiming Goddess Sexuality)〉의 저자인 린다 새비지Linda Savage 박사는 이렇게 말했다.

영적 섹스란 육체적 황홀감이나 오르가슴, 사랑이 충만한 성행위를 넘어서는 성 에너지를 말한다. 그것은 성기를 자극하거나 오르가슴을 통해 해방감을 느끼는 일반적인 섹스와는 전혀 다르다. 우리는 그것을 의식적으로 실행했을 때, '마인드풀니스mindfulness' 상태에 들 수 있다. 이것은 깨달음이 확장되고 의식이 팽창되는 상태를 말한다. 성 에너지를 통해 우주에 깊이 접속하면 할수록 섹스의 황홀경은 더욱 극도에 달한다. 영적인 섹스의 본질은 깨달음을 확장시키고, 특별한 영감을 부여하며, 생명 에너지에 접속된 기분을 느끼게 하는 것이다.

거시적인 안목에서 보면 섹스는 영혼의 탐구를 육체적으로 표현하는 행위라고 할 수 있다. 성행위가 영혼과 깊이 연결되어 있다고 말하는 것도 이런 연유에서다. 이런 개념은 여러 문화권에서 이미 익숙하게 통용된다. 예를 들면, 동남아시아 국가들의 무수히 많은 고대 사원에는 거룩한 존재들이 서로 선정적인 자세로 부둥켜안고 있는 장면들이 조각되어 있다. 또 수천 년 전 고대 인도에서는 사원마다 많은 여사제를 두는 전통이 있었다. 이 여사제들은 소녀 때부터 자신의 몸과 성욕을 신에게 바치는 훈련을 한다. 남자들은 사원에 와서 영적 정화 의식의 하나로 이들과 섹스를 하긴 하지만, 어느 남자도 결코 그들의 몸과 성욕까지 소유하지는 못한다.[3]

섹스가 죄악이 아니라 신성한 의식이 되는 문화권에 산다고 상상해보라! 그러나 서구 사회에서는 오랜 세월에 걸쳐 형성된 깊은 골이 성욕과 영혼 사이를 가로막고 있다. 다행히 최근에는 이런 분열을 지적하며 치유하자는 움직임이 일고 있다. 새비지 박사는 이렇게 지적했다. "성욕을 신성시한다는 것은 어찌 보면 터무니없는 말처럼 들릴지 모릅니다. 그러나 성욕의 영적 차원을 부정하는 것은 이제 더 이상 통하지 않습니다. 우리 내면에는 몸에서 분리된 '저질스러운' 육체적 충동과 '고상한' 영적 능력이 따로 존재하는 것이 아닙니다. 성 에너지는 우리가 우주의 생명 에너지에 접속할 수 있는 귀중한 자원입니다.……"

육체적 사랑은 우리의 삶을 로맨틱하게 만드는 가장 중요한 요소다. 우리 모두가 도달하고 싶어 하는 온전함(wholeness)에 대한 열망을 실현하도록 만들어주는 신체적 행위인 것이다. 사랑하는 사람과 하나가 되고 싶은 간절한 욕망은 사랑의 가장 본질적인 특성이다. 성공회 신부인 모튼 켈시Morton Kelsey와 그의 아내 바바라 켈시Barbara Kelsey는 그들의 저서 〈신성한 성행위(The Sacrament of Sexuality)〉에서 이렇게 설명했다. "이 욕망 안에서 우리는 자신의 숨겨진 자아나 영혼, 그리고 신과 접속되길 원하는 간절한 열망을 볼 수 있다." 섹스가 다른 사람의 가치를 손상하거나 이용하는 수단이 아니라 진정한 사랑을 나누는 행위일 때 우리는 비로소 온전해짐을 느낄 수 있다. 사랑하는 사람과의 육체적 결합은 우리를 깊은 내면의 영혼에 접속하게 만든다. 거룩한 존재에게 다가갈 수 있는 통로인 것이다. 그리고 우리가 사랑하는 사람을 거룩한 존재의 표상으로 여기는 순간 그 황홀감은 정점에 이를 것이다.

우리 사회에 널리 퍼진 왜곡된 사랑

단순히 옷을 벗는 것만으로는 성을 억압하는 문화를 치유할 수 없다는 말이 있다. 미국 문화가 그 대표적인 본보기다. 영화나 TV에서는 이전보다 한결 노골적인 장면을 보여주지만, 우리는 섹스가 억압된 문화의 전형적인 표본에 노출되어 있다. 즉 우리 문화는 여성에게 기계적이고 착취적이고 부당한 요구를 일삼는, 성을 강요하는 문화인 것이다.

성이 영혼이나 감정과 분리되었을 때 여성들은 특히 상처받기 쉽다. 술집에 자주 드나들면서 우연히 만난 낯선 남자와 하룻밤 보내는 것으로 충만감을 느끼는 여성은 거의 없다. 유대감이 본질인 여성 호르몬이나 여성의 뇌에 깔린 감성 회로를 감안할 때 대부분의 여성들은 우연한 만남이더라도 우선 유대감을 형성하려고 노력할 것이다. 그러나 결국에는 공허함만 남는다. 많은 여성들이 내게 말하기를, 사랑하지 않는 사람과 가장된 성행위를 하는 것이 혼자 자위행위를 하는 것보다 훨씬 공허하다는 것이다.

매일 스위치만 켜면 화면에 비치는 사랑과 성에 대한 대중 매체의 이미지는 우리 문화의 사랑 지도가 얼마나 왜곡되어 있는지를 잘 말해준다. 이런 이미지들은 부당한 요구가 많은 성행위 – 사랑과 보살핌을 섹스와 분리시킨 –를 정상적인 것으로 정당화한다. 그들은 또한 모든 여성들이 몸을 함부로 굴리는 것처럼 묘사함으로써 여성의 몸을 평가절하 한다. 이런 대중 매체의 영향으로 우리는 여성의 섹시한 매력에 대해서 비현실적이고 실현 불가능한 환상에 젖은 젊은이들을 키우고 있는 것이다.

대부분의 젊은 남성들은 가슴이 크고 하늘거리는 몸매를 가진 여성을 꿈꾼다. 자연의 세계에서는 결코 존재할 수 없는 몸매다. 또한 젊은 여성들도 하나같이 남성들의 이런 기대에 부응하는 몸매를 원한다. 그러나 흥미롭게도 흑인 사회만은 예외다. 흑인 남성들은 자기 여자의 몸매가 어떻든 크게 개의치 않고 있는 그대로 받아들인다. 이런 사회 풍조가 반드시 대중 매체의 잘못만은 아니라고 항변하는 사람들도 있겠지만, 나는 그 말에 동의할 수 없다. TV 프로그램이 어떤 내용이며 얼마나 오래 시청하는지에 따라서 시청자들의 행동에 부정적인 영향을 미친다는 사실이 연구 결과 입증되었다. 이제부터 그 내용을 소개하고자 한다.

성과 사랑의 회로는 뇌와 몸에 어떻게 입력되는가

어린 시절부터 우리는 보고 느끼는 것을 통해서 육체적 사랑에 대한 개념을 형성해간다. 엄마나 아빠와의 관계, 부모님끼리의 관계, 대중 매체 속에 등장하거나 우리 주변에서 살아가는 사람들의 모습, 이 모든 것들은 좋게든 나쁘게든 우리 내면의 사랑 지도에 감정적 그리고 생물학적으로 많은 영향을 미친다. 서로 사랑하며 아이를 사랑하고 존중하는 부모 밑에서 성장한 아이들은 사랑과 성은 함께한다는 사실을 직관적으로 안다. 그러나 아이의 성격이나 자란 환경에 따라 다르긴 하지만, 대중 매체나 인터넷에서 보여주는 기계적이고 영혼이 상실된 성행위를 보면서 자란 아이들은 뇌의 유대감 회로와 성욕이 분리된 성행위를 경험하게 될 가능성이 크다. 다시 말해서 다른 사람과 사랑이 담긴 유대감 - 성욕을 자연스럽게 증진시켜주는 - 을 느끼는 데 어려움을 겪게 될 것이다.

우리는 이렇게 단절을 조장하는 사회에 살고 있다. 빅토리아 시크릿 속옷 모델의 풍만한 가슴과 가냘픈 허리, 〈섹스 앤 더 시티〉, 〈프렌즈〉,

〈윌과 그레이스〉 같은 인기 있는 TV 쇼의 지나치게 선정적인 내용, 인터넷을 뒤덮은 포르노에 이르기까지 우리 사회는 성에 대한 비현실적이고 착취적인 영상들에 흠뻑 젖어 있다. 이것들이 어찌 우리 아이들의 정신에 영향을 미치지 않을 수 있겠는가.

그러나 안타깝게도 우리가 아무리 열심히 노력한다고 해도 지나치게 선정적인 대중 매체에 아이가 노출되는 것을 막을 수는 없다. 민들레처럼 사방에 깊이 뿌리를 내리고 있기 때문이다. 미국 소아과협회가 실시한 대중 매체의 영향에 대한 연구에 따르면, TV를 시청하는 젊은 이들은 통상적으로 1년에 14,000번 이상 성적 내용에 노출되는 것으로 밝혀졌다.[4] 이렇게 빈번하게 노출되고도 어떻게 영향을 받지 않겠는가. 최근 랜드연구소의 레베카 콜린스Rebecca Collins 연구팀이 실시한 고무적인 조사에서는 다음과 같은 사실이 밝혀졌다. TV 섹스물 - 섹스에 대한 선정적인 대화든 실제로 섹스를 하는 장면이든 별 차이가 없었다 - 을 시청한 12~17세 사이의 청소년들은 그렇지 않은 아이들에 비해 실제로 섹스를 한 확률이 두 배나 높았다. 그리고 그 섹스는 전혀 피임을 하지 않은 것이었다. 반면, 섹스물을 시청한 흑인 젊은이들은 섹스를 한 확률이 훨씬 낮았다. 이것은 매우 흥미로운 결과였다. 이 연구에 따르면 고등학생의 46퍼센트가 섹스 경험이 있는 것으로 밝혀졌다. 미국이 선진국 중에서 가장 높은 십대 임신율을 기록한 이유를 설명해주는 결과였다. 그리고 섹스 경험이 있는 십대 청소년 4명 중 1명은 성병에 걸린 적이 있는 것으로 나타났다.[5] 그러나 TV 쇼에서는 무책임한 성행위가 에이즈나 헤르페스, 원치 않는 임신 같은 심각한 결과를 초래한다는 사실은 보여주지 않는다.

포르노의 심각성

오늘날 인터넷 포르노 사이트에 대한 중독은 가정과 인간관계를 좀먹는 중대한 문제로 등장했다. 우리 딸들이 십대 중반일 때까지만 해도 인터넷은 지금처럼 성행하지 않았다. 따라서 나는 굳이 컴퓨터를 다룰 필요가 없었다. 하지만 요즘 아이들은 혼자 앉을 수 있는 나이만 되면 인터넷의 바다를 마음껏 헤엄쳐 다닌다. 한 통계에 따르면, 인터넷 사이트의 40퍼센트가 포르노에 관련된 것이라고 한다. 부모가 아무리 막는다고 해도 아이들은 빠르거나 늦은 차이가 있을 뿐 노골적인 섹스물에 노출될 수밖에 없다. 중요한 것은 그에 대비하는 것이다.

아이가 얼마나 영향을 받는지는 부모의 태도나 아이의 성격에 달렸다. 한 환자는 포르노를 처음 봤던 순간에 대한 기억을 말해주었다. 매우 감성적인 아이였던 그녀는 포르노물을 보면서 그 여성이 매우 가엾다는 생각이 들었다고 회상했다. 그녀는 그 여성의 슬픔을 감지할 수 있었고 더 이상 보고 싶지 않았다고 했다. 대부분의 사람들은 매우 어린 나이부터 포르노물을 접한다. 한 친구의 딸은 이제 겨우 일곱 살인데 혼자 포르노 사이트에 접속해서 한 여성이 남성에게 오럴섹스를 해주는 장면을 보고 있더라는 것이다. 그 아이는 남자가 왜 화장실로 달려갔는지를 알고 싶어했다. 아이는 그 포르노에 흥미를 느꼈을 것이고 계속 보고 싶어할 것임에 틀림없다. 일부 아이들은 나방이 불에 뛰어들듯이 선정적인 포르노물에 유난히 관심을 갖지만, 나는 그보다는 그 가정의 인터넷 관리에 문제점이 있다고 지적하고 싶다.

부모들은 아이(특히 어린 아이들)가 어떤 대중 매체에 노출되고 어떤 인터넷에 접속하는지를 주의 깊게 점검해야 한다. 또한 부적절하다고 판단되는 대상에 대해서 지적해주어야 한다. 우리 딸들도 〈섹스 앤 더 시티〉를 즐겨본다. 물론 잘 만들어진 프로그램이지만 나는 별로 좋아하지 않는다. 가끔 이 프로그램 소리가 귀에 들리면 나는 왜 내가 그 프로그램을 싫어하는지에 대해서 일장 연설을 늘어놓곤 한다.

아이에게 당신이 싫어하는 프로그램에 대해서 솔직하게 밝히며 왜 그것을 싫어하는지 그 이유도 설명해주라. 사랑이 없는 착취적인 장면을 묘사함으로써 성의 아름다움을 훼손시키기 때문인지 혹은 노골적인 성행위 장면 때문인지를 밝혀라. 이런 정보는 아이가 자신을 무장하는 데 도움이 될 것이다. 엄마인 당신은 모든 방법을 동원해서 아이를 보호해야 한다. 아이가 어떤 TV 프로그램을 보며 어떤 인터넷 사이트를 방문하는지 항상 관찰하라. 아이가 어디에서 누구와 시간을 보내는지도 확인하라. 그리고 아이가 정도를 넘어섰다고 생각되면 당신의 판단을 말해주라. 아이는 당신의 생각도 알아야 하지만 자기에게 해가 된다고 여겨지는 것들을 보거나 행할 때는 엄마가 단호한 태도를 보인다는 사실도 알아야 한다. 이것이 바로 엄마 곰의 지혜다.

다음은 한 환자가 들려준 자기 딸의 경험이다.

우리 딸 씨시는 열네 살 되던 해 성적으로 문제가 있는 사람과 온라인으로 접속한 적이 있었어요. 인터넷 채팅을 통해서 만난 그 남자는 씨시에게 몸매 치수가 어떻게 되느냐고 물었어요. 씨시는 대답 대신 남자에게 페니스의 길이가 얼마나 되냐고 되물었어요. 그는 11인치라고 대답했어요. 씨시는 인터넷으로 여자 아이들과 그런 유치한 잡담이나 주고받는 한심한 사람이라는 것을 알면서도 그 남자와 한동안 채팅을 계속했어요. 제가 이런 사실을 알게 된 것은 씨시가 솔직하게 고백했기 때문이죠. 저는 씨시가 왜 그 남자와 채팅을 계속했는지 이해할 수가 없었어요. 또한 왜 엄마인 내게 그 남자에 대한 얘기를 했는지도 이해되지 않았어요. 저 같으면 그를 무시하고 당장 채팅을 중단했을 거예요. 하지만 씨시는 그러지 않았죠. 저는 딸의 태도를 이해할 수가 없어요. 그리고 솔직히 말해서 그 아이가 약간 걱정이 돼요.

씨시의 엄마는 약간 걱정하는 데 그치지 않고 더 큰 관심을 가져야 한다. 딸의 이런 행동은 딸의 성과 사랑 지도가 왜곡되었다는 사실을 알려주는 경종인 것이다. 씨시의 유대감 회로는 선정적인 자극에 반응하도록 입력되고 있기 때문에 나중에 성장해서 채팅에 그치지 않고 더 위험한 성관계에 빠지게 될 가능성이 크다. 씨시의 엄마는 딸에게 다시는 그런 일을 해서는 안 된다고 단호하게 경고해야 한다. 씨시는 자신의 행동이 옳지 않을 뿐 아니라 위험하다는 사실을 배울 필요가 있다. 인터넷 약탈자들은 종종 남자의 관심과 찬사를 받고 싶어 하는 어린 소녀들을 먹잇감으로 삼는다.

가장 좋은 방법은 평소에 당신이 부적절하다고 생각하는 성에 관계된 내용이나 성관계에 대해서 허심탄회하고 솔직하게 아이와 대화하는 것이다. 만일 당신이 당황스럽다고 입을 다물거나 입에 담기 부끄럽다는 이유로 피한다면, 오히려 딸을 혼란스럽거나 부끄럽게 만드는 결과를 초래하거나 아니면 아이의 관심을 더욱 자극하게 될 것이다. 성 중독 전문가이자 〈인터넷의 그늘(In the Shadows of the Internet)〉이란 책의 공동 저자인 패트릭 칸스Patrick Carnes 박사는 인터넷 포르노 중독이라는 전염병은 결국 우리 사회를 성에 대해 각성하게 만들 것이라고 강조했다.

제발 그의 말대로 되길 바란다. 그러나 성에 대한 우리의 사고방식을 재정비하기 위해서는 먼저 우리 스스로가 자신의 잘못된 경험을 솔직하게 인정하고 깨달아야 한다.

자신의 성 내력에 솔직하라

앞서 밝혔듯이, 나는 삶의 대부분을 여성의 건강을 지키기 위한 전쟁의 최전방에서 싸워왔다. 나는 성에 대한 사고방식과 행동이 여성의 몸과 마음과 영혼에 어떤 영향을 미치는지를 연구해왔으며 그 과정에서 많은 아픔을 경험하기도 했다. 나는 자신의 과거에 대해 솔직하지 않았던 (혹은 전염되었는지 자신도 몰랐던) 파트너에게 옮은 헤르페스나 성기 사마귀로 고생하는 여성들을 수없이 목격했다. 또한 십대의 어린 소녀들이 성병으로 골반염에 걸려 생식력을 잃는 가슴 아픈 경우도 여러 번 있었으며, 원치 않는 임신으로 고통받는 아이들도 많았다. 이런 사례들은 셀 수도 없이 많다. 이 중 대부분은 성에 대한 얘기를 수치스럽고 부끄럽게 여기는 사회적 인식과 깊은 관련이 있다.

　물론 엄마가 자신의 과거를 반드시 딸과 나눠야 할 의무는 없다. 특별한 이유가 없을 때는 더욱 그렇다. 그러나 엄마가 지닌 과거의 상처나 절망감이 딸에게 대물림될 가능성이 있을 때는 최선을 다해 자신의 과거와 대면해야 할 의무가 있다. 내 경험으로 미루어볼 때 엄마한테서 딸에게로 전해지는 유산 중 문제가 되는 것은 성적으로 학대받았거나 난잡한 성생활을 했던 엄마의 과거가 아니다. 문제는 그 같은 과거를 인식하고 치유하기 전까지는 그런 유산이 대물림된다는 점이다.

　내가 매사추세츠 주 도체스터 시에 있는 성 마거릿 병원에서 레지던트로 일할 때였다. 여성을 위해 설립된 이 병원은 독신 엄마들을 위한 쉼터인 성 메리 홈과 연계되어 있었다. 성 메리 홈에서 20년 동안 일했고 수많은 독신 엄마의 아기들을 입양시킨 한 사회복지사가 내게 자기는 결코 아기를 입양하지 않을 거라고 말했다. 내가 그 이유를 묻자 그녀는 이렇게 대답했다. "저는 여기서 일하면서 엄마의 불행이 아이에게 대물림되는 것을 무수히 보았어요. 버림받고 입양된 얼마나 많은 아기들이 나중에 자신도 엄마와 똑같이 원치 않는 임신을 하게 되는지 상상도 못하실 거예요. 그것도 엄마가 자기를 임신했던 바로 그 나이에 똑같은 운명에 처하게 되는 걸 보면 가슴이 섬뜩해집니다. 그 아기들은 모두 사랑이 넘치는 좋은 환경으로 입양되는데도 말입니다!" 나는 이런 현상이 입양 자체에 문제가 있거나 생모의 유전적 영향 때문이라고 생각하지는 않는다. 그보다는 입양 과정을 비밀스럽게 진행하거나 아기들의 탄생 배경을 당사자에게 솔직히 말해주지 않기 때문일 것이다. 오늘날 입양을 좀더 공개적이고 솔직하게 진행하자는 목소리가 높아지는 것은 매우 바람직한 일이다.

섹스는 부끄러운 게 아니라 자연스러운 본능이다

우리의 생명 자체가 성행위로 탄생된 것이 아닌가. 그런데 어떻게 우리 삶에서 성에 대한 얘기를 배제할 수 있단 말인가. 사춘기 소녀들에게 임신이나 성병을 피하는 법, 생리통을 최소한 줄이는 법 등에 대해 얘기하지 말라는 것은 무덤 속으로 들어가라는 것과 같은 말이다. 그들에게 성과 사랑과 창조력과 영혼의 연결 고리를 존중하는 법을 제외하고 건강과 웰빙에 대해서 가르친다는 것은, 베토벤 교향곡의 아름다움을 설명하기 위해서 그 음악이 흘러나오는 라디오를 분해하는 것과 같은 일이다.

사춘기가 되면 아이들의 몸은 서서히 깨어나서 그들을 통해 표현되고자 하는 우주 생명 에너지의 장대한 리듬에 접속하기 시작한다. 그 결과, 아이는 자연스럽게 열망과 욕망에 사로잡히게 된다. 리비도는 아이 주변의 세계를 충만한 성적 감성과 감각으로 채우며, 아이를 아름답게 피어나게 만들고, 주변 사물의 의미를 극대화한다. 따라서 사춘기 소녀는 자기가 보름달의 아름다움이나 노을 지는 해변을 걷는 기쁨을 발견하고 찬미하는 최초의 사람인 양 착각하게 된다.

많은 종교 지도자들이 섹스는 죄악이며 부끄러운 짓이라고 말해왔지만, 성욕은 지극히 자연스럽고 정상적인 인간의 본능이다. 이 생명 에너지는 태어날 때부터 죽을 때까지 우리 몸에 머물면서 표현되고 채워지기를 갈망한다. 일체파(Unity, 20세기 미국의 종교 운동) 목사인 캐서린 폰더Catherine Ponder는 이렇게 표현했다. "성에 대해 금기시해야 할 유일한 요소는 이 위대한 생명 에너지에 대한 남성들의 몰이해와 부적절한 남용이다."[6] 나도 이 말에 전적으로 동감한다.

자신의 육체적 욕망을 우주의 창조적 에너지의 실현으로 받아들일 때, 젊은 여성들은 자신의 몸과 성욕을 있는 그대로 신뢰하고 존중하는 법을 배울 수 있다. 그들은 자신의 성욕이 단순한 육체적 쾌락 이상의 것임을 알게 된다. 신앙생활이나 영적 탐구가 교회에서 목사님 설교를 듣는 것 이상인 것과 같은 이치다. 그들은 나중에 성장해서 자기 내면의 일부인 성욕을 부끄럽게 여기지 않게 될 것이다. 몸을 통해서 표현되는 자기 영혼의 일부임을 알기 때문이며, 성적 욕망도 거룩하게 승화될 수 있다는 사실을 알기 때문이다. 이 같은 자신에 대한 존중의 결과로 그들은 성욕을 신중하게 그리고 자부심과 자기 가치를 높이는 방향으로 표현하고 실천하게 된다.

성에 관계된 모든 것은 궁극적으로 성스러운 생명 에너지의 표현이라는 사실을 딸에게 이해시키는 첫걸음은 아이의 월경 주기에 대해 대화하는 것이다. 대부분의 소녀들은 열네 살쯤 되면 월경 주기라는 역학 구조를 이해하게 된다. 가능하면 아이에게 그것에 대해 항상 상기시키는 것이 좋다. 예를 들어, 아이가 배란기를 맞이하면 임신이 가능한 기간은 얼마나 되는지를 설명해주는 것이다. 그리고 이런 실제적인 현상뿐 아니라 월경 주기의 진정한 영적 의미에 대해서도 확실히 아는지 확인할 필요가 있다.

월경건강재단(Menstrual Health Foundation)의 창시자인 타마라 슬레이톤Tamara Slayton은 여성의 월경 주기 리듬에 대한 거시적인 관점을 이렇게 설명했다.

생명을 잉태하기 위한 난자의 운동과 준비 과정은 지구나 인간이 세상에 태어난 과정을 그대로 답습한다. 여성의 월경 주기에 입력된 정보들은 오랜 옛날 영혼이 육체를 입고 태어난 진화 과정의 기억을 그대로 담고 있다. 우주에서 비롯한 이 기억을 올바로 찾아가는 것이 여성인 우리가 미래를 준비하는 데 갖춰야 할 자세다.

월경 주기, 창조력, 성욕 사이의 연결 고리

월경 주기를 다스리는 생명 에너지는 달의 차고 기욺이나 밀물과 썰물을 관장하는 생명 에너지와 동일한 힘이다. 소녀들은 자기 몸과 월경 주기가 이 위대한 과정의 일부라는 사실을 알아야 한다. 모든 인간은 이 주기 덕분에 지구상에 존재할 수 있다. 이와 더불어 성욕이나 오르가슴의 자연스러운 표현은 자연스럽고 정상적인 우주의 현상일 뿐만 아니라, 모든 만물 안에 입력되어 그들로 하여금 육체적인 창조 행위의 기쁨에 적극 참여하게 만드는 강력한 자극제이기도 하다. 이런 강력한 충동을 부정하고 무시하며 과소평가하는 것은 지구가 도는 것을 멈추는 것처럼 불가능한 일이다. 성욕은 불씨와 마찬가지로 어떻게 사용하느냐에 따라 파괴적일 수도 있고 생산적일 수도 있다. 사춘기 소녀들은 이 시기에 발생하는 전두엽 회로가 재편성되면서 자신의 욕망을 조절하는 능력이 생긴다. 이런 훈련 없이 진정한 자유는 불가능하다.

월경 주기는 몸 안에 흐르는 체액의 흐름뿐 아니라 기분이나 창조력의 흐름까지도 관장한다. 딸에게 월경 주기 동안 신체적 변화뿐 아니라 감정적·영적으로도 얼마나 다양하게 변하는지 관찰해보게 하라. 예를 들면, 아이는 배란기가 다가오면 에너지와 창조력과 성욕이 상승한다는 사실을 알게 될 것이다. 또한 월경이 다가오면 더 내면적이고 내부 지향적으로 변한다는 사실도 깨닫게 될 것이다. 이런 변화가 일어나는 이유는 월경 주기가 창조적인 과정을 반영하기 때문임을 이해하도록 도와주라. 창조적인 통찰력이 깊어지고 그것을 실행할 에너지가 증대되는 시기가 있으며, 반대로 잠시 뒤로 물러나서 불꽃을 줄여야 할 시기가 있다. 자신의 주기에 맞춰 우주의 에너지를 의식적으로 조절하는 법을 배운다면 아이는 자신의 몸을 깊이 신뢰하고 존중할 수 있게 될 것이다. 그 결과, 자신을 존중하지 않는 사람과 이 소중한 에너지를 나누려고 하지 않을 것이다. 나는 다음에 소개되는 월경의 지혜가 자신의 월경 주기를 새로운 시각으로 볼 수 있는 좋은 기회가 되길 바란다.

외부 지향적인 시기 – 월경 시작부터 배란기까지

월경 시작부터 배란기까지는 우리 몸이 난자를 성숙시키는 시기다. 상징적으로 말하면 누군가 혹은 무엇인가를 탄생시키기 위해 준비하는 시기인 것이다. 여포기로 알려진 이 시기는 여성의 에너지가 최고조에 이르며 친구나 가족, 숙제, 과외 활동이나 프로젝트와 같은 주변의 세계에 관심이 집중되는 때다. 이 시기에는 외부 지향성을 촉진하는 에스트로겐 수치가 상승한다. 따라서 아이는 활력이 넘치고 새로운 아이디어로 가득 차게 된다. 새로운 프로젝트를 시작하기에 적절한 시기인 셈이다.

감수성이 예민한 시기 – 배란기

월경 주기의 중간 지점에서 여성의 배란이 시작된다. 난자가 생성되고 자궁 경부에서 점액이 분비되면서 생명을 탄생시키기 위해 정자가 새로 생성된 난자에 쉽게 도달할 수 있도록 고속도로가 설치되는 것이다. 배란은 원자 안에서 전자가 발휘하는 에너지인 끌어당기는 에너지를 통해 이루어진다. 이 시기에는 배란을 위해서 에스트로겐 양이 늘어나는데 그 분비를 촉진하는 것은 급격히 증가하는 테스토스테론과 FSH(여포자극호르몬)와 LH(황체형성호르몬)이다. 테스토스테론은 사춘기 소녀의 성욕을 증진시키며, FSH와 LH는 배란을 돕고 성적 수용성을 극대화한다. 따라서 아이는 이들 호르몬의 영향으로 성욕이 증가하는 기분을 경험하는 동시에 다른 사람을 끌어들이기 위한 특별한 페로몬을 분비한다. 만일 아이에게 남자친구가 있다면, 배란기 3~4일 동안 그는 어떤 형태로든 성적 표현을 더 많이 하게 될 것이다. 다시 말해서 그 여자 아이에게서 손을 뗄 수가 없다는 말이다.

그러나 생식력은 성욕 이상의 의미를 지닌다. 배란기 동안 여성은 여러 면에서 풍성해진다. 예를 들면, 다른 사람이나 새로운 아이디어를 더 자연스럽게 받아들이는 수용성을 갖추게 되는 것이다. 나는 이것을

'모든 종류의 인공 수정을 위해 숙성되는 시기'라고 표현하고 싶다.

월경 주기의 처음 2주 동안 여성은 매우 활동적이고 적극적이며 다른 사람과 조화를 이루고 여러 면에서 그들에게 협조적이다. 우리 사회는 여성의 이런 외부 지향적이고 수용적인 자세를 '좋은 것'으로 평가하는 경향이 있기 때문에, 이런 가치에 물든 아이들은 월경 주기의 첫 2주를 '한 달 중 최고의 시기'로 여긴다.

사색적인 시기 – 배란기부터 월경 시작 전까지

배란이 끝난 후부터 시작되는 월경 주기의 후반부는 황체기로 알려져 있다. 이 시기에는 에스트로겐의 수치는 그대로 유지되지만 프로게스테론 수치가 상승한다. 배란된 난자가 황체로 전환된 난소의 작은 구역에 머무르면 거기에서 프로게스테론이 분비되기 때문이다. 프로게스테론은 마음을 차분하고 내부 지향적으로 만들며 아이의 관심이 자신을 향해 집중되도록 돕는다. 특히 월경이 시작되는 2~3일은 더욱 그렇다. 이 시기는 아이로 하여금 자신이 한 일을 되돌아보며 잘 돌아가는 일과 그렇지 못한 일을 평가하게 만들며 또한 어떻게 반응하고 변할 것인지 생각하게 만든다. 아이는 식생활이나 친구 관계나 공부 습관 등을 재조정할 수도 있다. 이 시기에 더욱 내면에 집중된 에너지는 일기를 쓰거나, 명상에 잠기거나, 산책을 하거나, 다른 내면적인 행동을 하는 데 적합하다.

많은 아이들이 이 시기에 의기소침해지거나 우울한 기분을 느끼기 때문에 무기력해진 자신을 채찍질하려고 애쓰는 경우도 있다. 그러나 아이에게 일부러 활기찬 모습을 보일 필요가 없다고 말해주라. 아이가 느끼는 기분은 창조적 과정의 자연스러운 일부이기 때문이다. 이 시기에는 직관을 담당하는 우뇌의 활동이 활발해진다. 이것은 황체기의 마지막 며칠을 내면의 소리에 귀를 기울이는 데 적합한 시간으로 만들어준다. 만일 아이가 이 소리에 관심을 기울이고 따르지 않는다면 월경전 증후군이나 다른 질병 - 관심을 촉구하는 더 큰 목소리 - 에 시달리게 될 것이다.

휴식의 시기 - 월경 중

월경은 에스트로겐과 프로게스테론의 수치가 가장 낮은 시점에 도달했을 때 시작된다. 이때 흘러나오는 피는 몸은 물론 마음과 영혼의 '대청소'라고 생각할 수 있다. 대부분의 아이들은 월경이 시작되고 하루 이틀 동안 에너지가 감소되는 것을 느낀다. 또한 생리통을 경험하는 아이들도 많다. 가벼운 생리통은 따뜻한 목욕, 뜨거운 찜질, 코를 통한 심호흡, 또는 휴식을 취하는 것만으로도 증세가 호전된다. 이 시기에 몸은 자연스럽게 휴식을 원한다. 이 말은 아이가 스포츠를 즐길 수 없거나 일상적인 행동을 할 수 없다는 뜻이 아니다. 몸에 관심을 더 기울이고, 특별히 배려하고, 자신에게 관대해지라는 의미다. 이 시기에는 피부도 한결 얇아진다. 따라서 집에 머물면서 서랍이나 옷장을 정리하거나, 오래된 서류들을 정돈하거나, 의식적으로 내면의 소리에 따라 몸을 맡기거나 에너지를 정화하기에 적합한 시기다.

그러나 우리 사회는 활동적이고 생산적인 모습에만 지나치게 가치를 두기 때문에 휴식 시간을 보내는 아이들을 못마땅하게 바라보곤 한다. 딸에게 이 시기는 매달 누리는 축복임을 가르쳐라. 지구상의 여러 문화권에서는 월경을 맞은 여성과 소녀들이 달의 안식처로 들어간다. 그곳에서 매달 그들은 다른 사람들이 만들어서 가져다주는 음식을 먹으면서 충분한 휴식을 즐긴다. 여성들이 이렇게 자신을 위한 휴식 시간을 갖는 것에 대해 가장 의미 있는 답변을 한 부족은 북부 캘리포니아 원주민인 유록Yurok 부족이었다. 월경을 맞은 여성들은 에너지가 최고조에 달해 있기 때문에 세속적인 의무에서 벗어나야 한다는 것이다. 이들 부족은 그 소중한 에너지를 집안일에 낭비하지 않고 삶의 목적을 발견하기 위한 명상에 집중하거나 영적 에너지를 축적하는 데 사용하도록 격려해준다. 여성들은 이 에너지를 영적인 수련을 위해서 자신을 정화하는 데 사용할 수 있다.[7]

딸에게 이 시기에 그녀가 느끼는 기분은 몸이 진정 원하는 것을 확실하게 대변하는 것임을 깨닫게 하라. 그리고 그 욕구를 충족시키기 위

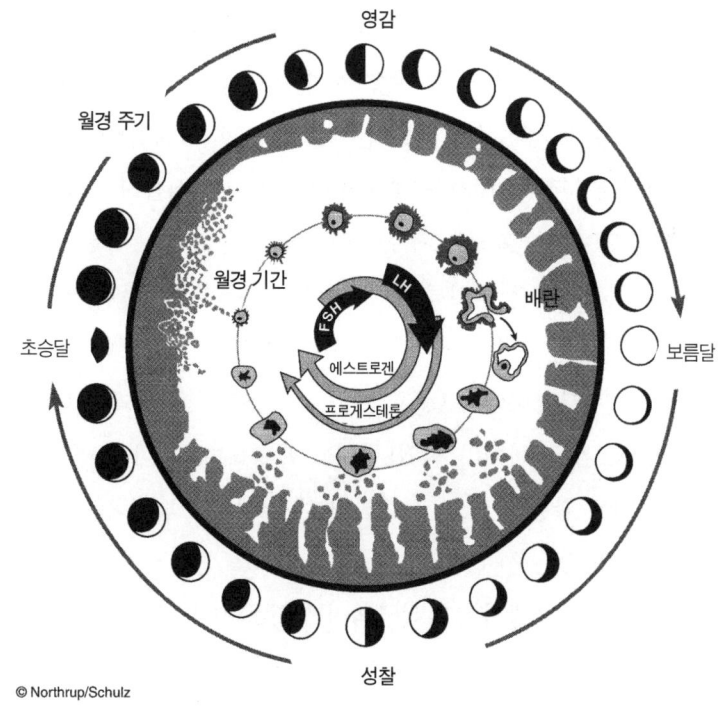

© Northrup/Schulz

❧ 월경 주기와 달의 지혜

해서는 반드시 그 일을 해야 한다는 사실도 가르쳐라. 휴식을 취하거나, 지난날을 되돌아보거나, 집에 머물러 있길 원한다면 그렇게 하도록 하라. 또한 아이는 조촐한 '달의 안식처' 의식을 혼자 조용히 치를 수도 있다. (부록 참조)

요약해서 말하면, 월경 주기는 매달 우리가 창조력을 의식적으로 발휘하고, 고난을 타파하며, 새롭게 태어날 수 있는 좋은 기회다. 모든 소녀는, 그 사실을 인정하고 의식적으로 행한다면 그들의 주기가 여성의 지혜에 접속하도록 돕는다는 사실을 알아야 한다.

사춘기의 리비도를 인정하고 격려하라

사춘기 소녀들은 결혼을 하거나 성숙한 인간관계를 맺을 정신적 준비가 갖춰지기 오래 전부터 신체적으로는 성욕을 느끼기 시작한다. 일부 원주민 문화권에서 젊은이들에게 일찍부터 성행위를 실습시켜 성욕이 몸 밖으로 배출되도록 인도하는 것도 이런 이유 때문이다.

그러나 직접적인 성행위를 통해서 성을 배우도록 허용하든 그렇지 않든 간에, 이런 문화권의 소녀들은 서구 사회의 아이들보다 훨씬 일찍 결혼하는 것은 분명하다. 또한 과거의 소녀들은 오늘날의 소녀들과는 생물학적으로 많은 차이가 있었던 것도 분명하다. 지나친 영양 섭취, 인공조명, 신체 활동의 감소, 선정적인 대중 매체의 범람 등에 찌든 현대인의 생활 방식은 사춘기를 앞당기고 배란을 연장시켰으며, 과거에 비해 성적으로 더 개방적이고 적극적인 성향을 띠게 만들었다.

요점-사춘기가 시작되는 시기와 적절한 파트너와 책임감 있고 신뢰하는 관계를 맺는 시기 사이의 간격은 인간의 역사가 시작된 이래 지금이 가장 길다. 정상적인 인간의 성욕처럼 강력한 그 무엇에 대해서 그렇게 오랫동안 무조건 '노'라고 대답하는 것이 과연 타당할까? 현대의 소녀들은 그 어느 때보다 더 성욕을 건전하게 해소하는 방법을 알아야 할 필요가 있다. 그러나 섹스 망상증에 걸려 있고 성적으로 억압된 우리 사회는 아이들에게 성욕을 제대로 다루는 법을 안내해주지 못하는 실정이다.

성적 욕망이나 갈망을 의식적으로 관리하는 방법

섹스는 단순한 육체적 욕망을 능가하는 강력한 에너지다. 그것은 삶의 여러 면에서 긍정적으로 표현되기를 바라는 창의적인 욕구다. 앞서 소개했던 캐서린 폰더 목사는 이렇게 표현했다. "섹스의 가장 큰 비밀은 자신의 삶을 유익하게 만들고 싶은 당신의 생각이나 태도, 행동에 따라서 변형되고 유도될 수 있다는 것이다."[8] 사춘기 소녀들은 파괴적이고 불만족스러운 관계에 빠지기보다 자신의 성욕을 건설적으로 유도하는 법을 배워야 한다. 그러나 성욕을 유도한다는 것은 억제한다는 의미가 아니다. 아이들은 자신의 성적 욕망이나 갈망에 대해서 죄의식을 느끼도록 배우는 대신 의식적으로 그것을 유도하거나 해롭지 않은 방법으로 표출하는 게 가능하다는 것을 배워야 한다. 또한 성에 대해 꿈을 꾸거나 생각하는 것은 지극히 정상적이라는 사실도 이해해야 한다. 그것들 중 일부는 지나치게 선정적이거나 통념을 벗어난 것일 수도 있다. 하지만 그것이 인간의 본성이다.

| 적절한 사람을 만나기 전까지 혼자 성욕을 해결하는 법 |

자위행위를 통해 느끼는 오르가슴을, 사랑하는 사람과의 성행위를 통해 느끼는 깊은 충만감에 견줄 수는 없지만, 사춘기 소녀들에게는 성욕을 해결할 수 있는 매우 효과적이고 정상적인 방법이다. 서른 살이 되어서야 자위행위를 배운 한 환자는 자신의 경험을 이렇게 고백했다.

"진동기를 이용해서 쾌감을 느끼는 방법을 안 순간 저는 커다란 해방감을 느꼈어요. 이렇게 좋은 것을 마음대로 사용할 수 있다는 것이 믿어지지 않았죠. 마치 몸 안에 있던 디즈니월드를 발견한 기분이었어요. 유난히 성욕이 강했던 저는 그때까지 몸을 함부로 굴리면서 살아왔어요. 그러나 이 왕성한 에너지를 스스로 조절할 수 있는 방법을 발견하자 저는 더 이상 성욕을 해결하기 위해서 원치 않는 관계에 몸을 던질 필요가 없다고 느꼈어요. 그 후부터 제 인간관계는 한결 건전하게 바뀌었죠."

모든 사람들은 세 가지 면으로 성 에너지를 표현하는 능력이 있다. 신체적, 정신적 또는 감정적, 영적인 표현이다.

신체적 표현 오르가슴을 통해서 표현되는 생명 에너지는 각자 지닌 에너지, 건강, 활력에 뿌리를 둔다. 운동선수들에게 시합 전에 섹스를 금하도록 경고하는 이유는 활력을 너무 많이 소모하지 않도록 하기 위해서다.

정신적 또는 감정적 표현 생명 에너지는 신체적 방법뿐 아니라 생각이나 재능, 지적이고 감정적인 활동, 의식이나 직관적인 통찰력을 통해서도 표현된다. 미술, 음악, 문학, 영화, 책, 과학적 발견 등은 생명 에너지를 감정적이고 정신적인 방향으로 유도한 결과다.

영적 표현 생명 에너지는 신이나 우주의 본질을 알고자 하는 갈망을 통해서도 표출된다. 그것은 영적 통찰력, 사물에 대한 올바른 인식, 깨달음에 대한 목마름이다. 우리가 혼자서든 공동체를 통해서든 의식적으로 선을 행하는 것은 생명 에너지를 영적으로 표현하는 일이다. 또 우리가 다른 사람에 대해 깊은 관심을 가지고 무조건적인 사랑을 표현하는 것도 생명 에너지를 감정적 그리고 영적으로 표출하는 것이다. 숲속을 걷는 아주 간단한 행동이라도 자연을 바라보고 소리를 듣고 향기를 맡는 것은 영적인 교류라고 할 수 있다.

십대를 위한 성교육

만일 내가 세상을 다스리는 통치자라면 모든 십대들에게 남성과 여성의 성적 해부학에 대해 반드시 가르칠 것이다. 그들의 몸이 성적으로 어떻게 반응하는가. 임신은 언제 왜 이루어지는가. 또한 나는 임신이나 성병으로부터 자신을 보호하는 방법도 가르칠 것이다. 성이란 주제는 감정을 흥분시키기 때문에 나는 여자 아이들과 남자 아이들을 따로 모아놓고 그들이 편안한 마음으로 궁금한 모든 것을 물어볼 수 있게 할 것이다. 그리고 성에 대해서 단순한 역학 구조 이상을 가르칠 것이다. 남성과 여성 모두 자신의 성욕을 의식적으로, 존중하는 자세로, 책임감 있게 사용할 수 있다는 진실을 말해주는 것이다.

> **| 모든 사춘기 소녀들이 성에 대해서 알아야 할 것들 |**
> - 자신과 자신의 몸을 존중하는 법과 쾌락을 추구하는 능력
> - 성과 영혼의 연결 고리
> - 남성과 여성 모두의 성에 대한 해부학
> - 임신을 방지하고 성병으로부터 자신을 보호하는 법(이런 정보가 십대들의 성행위를 증가시킨다는 사실을 증명한 통계는 없었다.)

첫째, 사랑을 나누는 것과 섹스는 다르다

누군가와 감정적인 유대감을 증대시키기 위해 사랑을 나누는 것과, 사랑하지 않는 사람과 단순히 쾌락을 위해 섹스를 하는 것은 생화학적으로나 신경학적으로 완전히 다르다. 요즘 유행하는 '후킹업(하룻밤 꼬시기)'이란 말은 사랑과 헌신이 배제된 육체적인 관계에 딱 들어맞는 표현이다. 요즘 대중 매체에서 흔히 묘사되는 사랑도 여기에 속한다.

이런 종류의 관계는 그런 성향을 가진 일부 사람들에게는 통할 수도 있다. 〈섹스 앤 더 시티〉의 작가는 사만다라는 등장인물을 그런 여성으로 그렸다. 그러나 프로그램의 끝에 가면 사만다도 결국 훌륭한 남성의 사랑에 굴복하지 않는가! 유방암이 그녀를 그런 결말로 몰고 갔을 수도 있지만, 그녀는 이 프로그램의 다른 주인공들과 마찬가지로 점차 진정한 사랑을 추구하게 된다. 결국 〈섹스 앤 더 시티〉의 마지막 시즌은 사랑과 섹스를 결합시키기 위해 헌정된 것처럼 보인다.

대부분의 여성들은, 캐리와 그녀의 친구들이 도달한 결론처럼, 사랑하지 않는 사람과 섹스를 하는 것에 문제점을 느낀다. 만일 사랑이 없는 섹스를 할 경우에 그 여성의 생화학적인 반응은 사랑이 담긴 섹스와 전혀 다르다. 그녀는 긴장을 풀기 위해서 술이나 약물의 힘을 빌어야 한다. 단순한 섹스는 처음에는 흥분될지 모르지만 그 흥분을 지속시키기 위해서 인공적인 수단을 이용해 뇌의 흥분 회로를 자극시켜야 한다. (사만다가 그렇게 포르노에 몰두하는 이유일 것이다!) 만일 감정적 유대감이 없거나 분노와 절망감 또는 해결되지 않은 감정이 그 회로의 흐름을 방해할 경우에는 성적으로 흥분 상태를 유지하기가 대단히 힘들다.

반면, 적절한 사람과 적절한 이유로 키스하거나 사랑을 나눈다면 그 자체만으로도 충분히 흥분이 고조될 수 있다. 안정되고 사랑이 담긴 관계는 뇌의 유대감 회로를 자극해서 성욕을 증진시키는 호르몬을 분비하게 만들기 때문이다. 이 호르몬은 성욕이 혈관을 타고 온몸에 퍼지도록 자극한다. 만일 섹스의 육체적 행동이 마음이나 감정, 영혼과 연결된다면, 그 섹스는 두 사람 모두에게 유익하고 건강에 도움이 되는 행위가 될 것이다. 서로 사랑하고 존중하는 커플의 섹스에서 테크닉은 큰 문제가 되지 않는다. 그들은 쾌감을 증진시키기 위해서 풍부한 상상력과 여러 기구들을 동원할 수도 있겠지만, 궁극적으로 그런 섹스는 만족스럽고 충만할 수밖에 없다. 서로에 대한 사랑과 존중이라는 강력한 에너지가 작용하기 때문이다.

둘째, 모든 사람이 '그 짓'을 하는 것은 아니다

1960년대와 70년대의 성 혁명과는 대조적으로 오늘날에는 십대들 사이에서 성행위를 억제하려는, 바람직한 움직임이 일고 있다. TV 쇼에서는 매일 십대들을 향해서 모든 사람들이 '그 짓을 한다'는 메시지를 날리고 있음에도 불구하고. 미국 질병통제센터의 통계에 따르면, 1991~2001년 사이에 고등학생 가운데 섹스 경험이 없다는 아이들이 10퍼센트나 증가한 것으로 나타났다. 그 이유는 책임감 있는 부모가 되기 위해 욕망을 자제하려는 그들의 결심, 진정한 섹스를 갖기 전에 자신의 삶을 잘 컨트롤하고 싶은 갈망, 아직 준비되지 않았다는 자각 등인 것으로 밝혀졌다. 나는 환자나 딸들의 친구 중에서 이런 사고방식을 가지고 최소한 대학교에 들어가기 전까지는 처녀성을 지키려는 청소년들을 많이 보았다.

셋째, 오럴섹스도 섹스다

오늘날 십대들 사이에서 직접적인 섹스는 감소했지만, 오럴섹스는 점차 증가하는 추세다. 최근에 212명의 십대들을 대상으로 실시한 조사에 따르면, 그들은 성교보다는 오럴섹스에 더 치중하는 것으로 나타났다. 그리고 70퍼센트에 달하는 아이들이 오럴섹스 중에 콘돔 같은 보호 기구를 사용하지 않는 것으로 밝혀졌다. 또한 40퍼센트의 아이들은 지난 1년 동안 오럴섹스를 경험했으며, 25퍼센트의 아이들은 지난 1년 동안 3명 이상의 상대와 오럴섹스를 했다고 고백했다.[9]

대부분의 십대들이 섹스란 성교만을 일컫는 것으로 오해한다. 그러나 누가 뭐라고 하든 오럴섹스도 분명히 섹스다. 그리고 대부분의 십대들이 경험하는 것처럼 오럴섹스는 여성의 품위를 떨어뜨리는 섹스의 형태라고 할 수 있다. 서로 주고받는 섹스가 아니라 여자가 남자에게 아무 보상도 받지 않고 '서비스'로 제공하는 것이기 때문이다. 보상이라면 단지 남자의 가벼운 찬사와 성병에 걸릴 가능성뿐이다.

오늘날 십대들의 성병 감염률이 증가하는 것은 부분적으로 오럴섹스에도 원인이 있다. 매년 3백만 명에 달하는 미국 십대들이 한 가지 이상의 성병에 감염되는 것으로 나타났다. 거기에는 박테리아 감염에 의한 클라미디아, 임질, 바이러스성 감염을 비롯해서 HIV(인체면역결핍바이러스)나 에이즈도 포함되어 있다. 비록 오럴섹스로 성병에 감염될 확률이 성교에 의한 것보다 낮긴 하지만, 오럴섹스 중에도 성병에 걸릴 가능성은 충분하다.

오럴섹스는 남자들에게는 임신의 위험을 감수하지 않고 섹스의 쾌감을 즐길 수 있는 좋은 방법이다. 그러나 남자들의 쾌감을 위해서 자신의 입을 도구로 사용해야 하는 여자들에게는 자부심에 상처를 입는 일이다. 서로 깊이 신뢰하고 사랑하는 사이가 아니라면 이런 행위를 영적 경험으로 느낄 사람은 없을 것이다(두 사람이 일부일처의 혼인 관계이고 여자도 남자와 똑같은 쾌감을 느끼지 않는 한).

그런 경험을 통해서 여자 아이들이 얻고자 하는 것은 '남자들의 인기'다. 한 연구 조사에 따르면, 성적으로 적극적인 십대들은 친구들 사이에서 더 인기가 있는 것으로 밝혀졌다.[10] 이에 관련된 한 친구의 경험을 소개한다.

어느 날 무심코 전화기를 집어 들었다가 열네 살짜리 딸이 어떤 남자 아이에게 오럴섹스를 해주겠다고 말하는 소리를 들었지 뭐니. 그야 말로 기절할 뻔했어. 나는 당장 전화기를 뺏어들고 두 아이에게 단호하게 말했어. 모든 얘기를 다 들었으며 다시 한번 그런 얘기나 행동을 했다가는 남자 아이 부모에게 전화를 걸고 학교에 통보하겠다고 경고했지. 그 후 딸에게 어떻게 되어 가냐고 물었더니 딸이 이런 고백을 하는 거야. 자기가 학교에서 한 그룹에 가입했는데 그들의 존경과 인정을 받으려고 노력하는 중이래. 그들은 딸에게 노골적으로 남자 아이에게 전화해서 오럴섹스를 해주라고 주문했다는 거야. 그러면서 자기는 그런 주문에 따를 의도가 전혀 없었고 단지 장난으로 해본 소리였다는 거야. 그것이 장난이든 사실이든 나는 딸에게 더 이상 그런 행동을 했다가는 학교에서 끌고나와 가까이 있는 여학교로 보내겠다고 으름장을 놓았어. 그리고 딸에게 상황의 심각성을 확실히 주지시키기 위해서 나는 가족계획협회에서 일하는 친구에게 집에 와달라고 부탁했어. 오럴섹스로 성기에 발진이 생기거나 혀나 입술에 헤르페스성 종기가 돋은 아이들의 사진을 가져와서 딸에게 보여주라고 한 거야.

인기를 얻기 위한 수단으로 남자 아이들에게 오럴섹스를 제공하는 여자 아이들의 모습은 성과 여성의 지위에 대해서 이중 잣대를 적용하는 우리 사회의 슬픈 현실을 반영하는 것이다.

넷째, 이중 잣대는 여전히 작용한다

사춘기 소녀들이 직면한 또 다른 문제점은 우리 사회가 남성과 여성의 성에 대해 이중 잣대를 적용한다는 사실이다. 남성의 성적 욕구를 여성의 욕구보다 훨씬 중요하게 여기는 것이다. 우리 사회는 남성의 사랑 담긴 애무보다는 성기의 크기나 정복한 여성들의 숫자를 가장 중요하게 여기던 고대 남성 정복자들의 유산에 더 초점을 맞춘다. 그렇게 많은 남성들이 성행위를 위해서 비아그라에 의지하는 것도 그런 이유 때문일 것이다. 그들은 자신의 페니스와 심장을 연결시키는 법을 배우지 못했다. 이런 유형의 남성 성행위가 찬양받아온 데 반해, 여성의 성행위는 항상 비난받고 억압당해왔다.

〈성배와 칼(The Chalice and the Blade)〉의 저자인 리안 아이슬러 Riane Eisler 박사와 〈신이 여성이었을 때(When God Was a Woman)〉의 저자 멀린 스톤Merlin Stone 박사, 고고학자인 마리아 김버터스Marija Gimbutas 박사가 공동으로 실시한 역사고고학적 조사에 따르면, 이 같은 가부장적 사고방식이 지구라는 행성에서 언제나 통용되었던 것은 아니다. 적어도 3만 년에 이르는 긴 세월 동안, 신의 여성성이 경배를 받고 여성의 성행위가 찬양받던 평등주의 사회가 고대 유럽이나 중동, 인더스 원시 사회에서 평화롭게 지속되었다. 인류학자인 헬렌 피셔 Helen Fisher 박사도 캐나다와 아프리카, 오스트레일리아 원주민의 증거를 제시했다. 그들은 최근인 1800년대 후반까지 이런 평등주의 사상을 유지했다. 그러나 안타깝게도 이들 대륙을 정복한 유럽 사람들이 그 사회의 여성의 지위를 점점 낮아지게 만들었다. 유럽 침략자들의 사상에 물들기 시작한 아프리카와 캐나다 원주민들은 처음으로 여성에게 폭력을 가하기 시작했다.[11]

그러나 우리 사회에 성행위에 대한 가부장적 사고방식이 지나치게 팽배해 있음을 자각하고 그런 인식이 바뀌어야 한다는 목소리가 커지고 있으며, 강력한 여성 인권 운동 바람이 몰아치던 1960년대와 70년대를 거치면서 의식이 많이 달라졌음에도, 아직도 우리의 사고방식에는 여전히 이중 잣대가 자리 잡고 있다. 사춘기 소녀 중에서 자신의 몸에 자부심을 느끼며, 남자 아이들처럼 자신의 성욕도 강하고 적극적으로 표현되길 원한다고 생각하는 아이가 얼마나 되겠는가. 나오미 울프 Naomi Wolf는 〈혼음(Promiscuities)〉이란 저서에서 사춘기 소녀들의 이런 실정을 다루었다. 사춘기를 맞아 몸의 변화에 들떠 있던 소녀들은 거울 앞에서 자신의 몸을 찬미하거나 어떤 식으로든 자신의 변화를 축하하자 다른 소녀들에게 조롱당한다. 이런 사고방식의 영향으로, 여성의 성욕이 존중받는다면 그들의 삶 전체의 에너지가 강화된다는 사실을 아는 아이가 많지 않다.

반면, 남자 아이들은 성장의 한 단계로 성행위를 경험하도록 권유받는다. 그러나 이런 경험은 사랑을 한다기보다 '딱지를 뗀다'는 의미를 지닌다. 거기에 정신적이거나 영적인 의미를 전혀 부여하지 않는 것이다. 그들의 관심사는 오직 '종마'나 '선수'로 인정받는 것이다. 그러나 만일 여자 아이가 이와 비슷한 행동을 한다면 '헤픈 여자'나 속된 말로 '걸레' 취급을 받는다.

여자 아이에 따라서는 남자 아이들처럼 남성 편력을 통해서 그들과 동등하다는 것을 증명하려는 아이도 있다. 그러나 그 행동이 옳고 그름을 떠나서 우리 사회는 남자를 더 가치 있게 여긴다는 커다란 장벽에 부딪치게 될 것이다. 대부분의 남자 아이들은 여자 아이들보다 사회적으로 더 든든하게 후원받기 때문에 여자 아이들의 관심은 지위를 부여받을 수 있는 방법을 찾는 것이고, 그 지위는 무슨 수를 써서라도 얻고 싶은 대상이 되는 것이다. 자부심이 부족한 여자 아이가 성교를 강요당할 때 쉽게 허락하는 것이나 그들을 존중하지 않는 남자 아이에게 오럴섹스를 제공하는 것도 이런 이유 때문이다. 그런 관점에서 본다면 남성의 관심은 그 진실성에 관계없이 여성들이 값을 치르고 살 만한 충분한 가치가 있다.

그러나 소녀들은 오로지 육체적인 관계에만 관심이 있는 파트너와 성행위를 하는 방법으로는 자신의 가치를 높일 수 없다는 사실을 알아야 한다. 많은 소녀들이 깊이 후회하면서 깨닫듯이, 자신을 함부로 굴리는 것은 오히려 역효과를 초래한다. 자신도 공허감을 느낄 뿐 아니라 다른 사람들 – 자기가 서비스를 제공했던 남자를 포함해서 – 한테서도 좋지 못한 평판을 듣고 업신여김을 받는다.

다섯째, 내 몸은 내 것이다

범람하는 대중 매체의 영향과 인터넷의 강력한 선동으로 많은 어린 소녀들은 그들이 원하기 훨씬 전부터 섹스에 대한 압력을 느낀다. 그러나 첫 경험을 갖는 나이가 어릴수록 나중에 후회할 가능성은 더 커진다. 1998년에 성적으로 적극적인 12~14세 아이들을 대상으로 한 여론조사에 따르면, 그들의 81퍼센트(남녀 모두)가 좀더 기다렸으면 좋았을 거라고 대답했다. 또 14~20퍼센트의 여자 아이들은 14세 때 대부분 술을 먹은 후에 첫 경험을 가진 것으로 밝혀졌다. 실제로 술과 첫 경험 사이에는 직접적인 관계가 있었으며 이런 경우에는 전혀 피임을 하지 않았던 것으로 밝혀졌다.[12]

이런 후회는 십대 후반의 아이들도 마찬가지다. 뉴질랜드에서 20~21세의 아이들을 대상으로 실시한 조사에 따르면, 처녀성을 잃은 54퍼센트의 여성들은 좀더 기다렸다가 첫 경험을 가졌어야 했다고 대답했다. 이 조사에서 나타난 몇 가지 주목할 만한 결과를 소개한다.

- 첫 경험을 한 평균 나이가 여성은 16세, 남성은 17세였다.
- 처녀성을 잃은 주된 원인이 호기심이라고 대답한 비율은 여성이 27퍼센트, 남성이 35퍼센트였다.

- 7퍼센트의 여성들은 강요에 못 이겨서 첫 경험을 했다.
- 첫 경험을 한 여성들의 15퍼센트만이 그 상대가 사랑하는 사람이 었다.
- 30퍼센트의 여성들이 그 행동에 대해 '순간적인 실수'라고 대답했다.[13]

원치 않는 일을 강요에 못 이겨 억지로 할 필요가 없다는 것을 딸에게 가르치고 싶은 엄마는 압력에 대항할 수 있는 효과적인 방법을 구체적으로 제시해줄 필요가 있다. 엄마인 당신은 그런 충고가 딸에게 실제로 도움이 되는 현장을 목격할 때도 있다. 내 경험은 이랬다.

어느 날 밤, 큰딸 애니는 남녀 친구들과 함께 우리 집에서 파티를 열었다. 대여섯 명의 아이들이 뒤뜰에 있는 온수 욕조로 나간 것은 밤이 꽤 늦은 시각이었다. 아이들은 내가 잠들었다고 생각했지만 나는 침실에서 깨어 있었다. 그런데 한 여자 아이가 옷은 기성세대의 우스꽝스러운 관습이니까 옷을 모두 벗어던지자고 제안하는 소리를 들었다. 다른 아이들의 반응으로 봐서 대부분 이 제안을 좀 불편하게 느끼는 것 같았다. 그들 중 아무도 술을 먹지 않았기 때문일 것이다. (우리는 딸의 친구들이 모였을 때 알코올이나 마리화나, 흡연을 허락하지 않았다. 그리고 우리 딸들도 이런 것을 사용하는 아이들의 행동을 좋아하지 않았기 때문에 술에 취한 아이들은 모임에 참석하지 못하게 했다.) 바로 그때 나는 그 상황을 확실히 정리하는 딸의 목소리를 들었다. "그건 좋은 생각이 아닌 것 같아. 만일 그러면 나중에 누군가의 알몸을 처음 보게 되었을 때 설레는 긴장감을 맛보지 못할 거 아냐." 이 말에 남자 아이 중 하나가 맞장구를 치며 동의했다. "맞아, 처음으로 여자의 옷을 벗기는 맛은 황홀경 그 자체야!" 그 아이가 실제로 그런 경험을 했는지는 알 수 없었지만 나는 그 아이와 우리 딸이 품위를 지키면서 적정한 선을 넘지 않고 옷을 입고 있도록 인도하는 방법이 마음에 들었다. 그리고 깊은 감명을 받았다. 때로 어른인 나도 그런 상황에서 자기 입장을 지키기가 힘들었던 때가 있었기 때문이다.

어느 날 한 동료의 아름다운 집에서 열린 지루하고 힘든 회의를 끝낸 후, 대부분 남자였던 동료 의사들은 뒤뜰로 나가서 옷을 벗고 온수 욕조에 들어갔다. 몇몇 사람들은 스카치를 마셨고 일부는 시가를 피웠다. 그들은 내게 얼른 옷을 벗고 들어오라고 소리를 질렀다. 하지만 나는 거기에 함께 들어가는 것이 불편했다. 내 몸의 세포 하나하나가 이렇게 말하고 있었다. 이것은 내가 긴장을 풀고 즐기는 방법 중 지구에서 최후의 순간에나 선택해야 할 방법이야! 나는 미소를 지으면서 그들에게 사양하겠다고 말했다. 그들은 집요하게 권했지만 나는 간곡히 거절했다.

나중에 나는 이 새로운 동료들이 나를 빡빡한 뉴잉글랜드 사람으로 여길까봐 걱정되었다. 당시 나는 서른한 살의 애송이 의사였고 동료들에게 인정받기를 간절히 바랐다. 나는 머릿속으로 상황을 되풀이하면서 내면의 지혜를 구하는 자신을 발견했다. 내가 너무 내숭을 떤 걸까? 내가 알몸이나 발가벗는 것에 대해서 열등감이 있는 걸까?

그러나 시간이 흐르자 나는 동료들이 나를 어떻게 평가하든 상관없다고 결론 내렸다. 나는 그들과 기분 좋게 회의를 마쳤지만 당시 그들의 권유가 불편하게 여겨졌거나 마음이 내키지 않았던 것뿐이었다. 회의는 이미 끝났고, 나는 단지 그들과 알몸으로 욕조에 들어가서 그들의 에너지에 나를 접속시키고 싶은 마음이 없었던 것이다. 그리고 그들과 함께 옷을 벗기 싫었던 이유는 전적으로 그들이 암시하는 분위기 때문이었다는 것도 깨달았다. 서로 존중하는 마음이 느껴졌고 눈에 보이지 않는 성

차별이 없었다면 옷을 벗는 것은 별 문제가 되지 않았을 것이다.

때로는 옷을 벗는 것이 성적 학대인 경우도 있다. 한 환자는 자기가 십대였을 때 아버지가 옷을 다 벗고 발기된 상태로 자기 방문 앞을 서성거리곤 했다고 고백했다. 아버지가 방 안으로 들어오지는 않았지만, 이런 행동은 그녀를 매우 불편하게 만들었다. 나는 이것을 '감정적 근친상간'이라고 불렀다. 내 경험으로 미루어볼 때 어떤 상황이든 옷을 벗는 것에 대해 불편함을 느낀다면, 그런 반응을 보인 이유는 좋게는 다른 사람이 당신의 한계를 존중하지 않았던 것이고, 나쁘게는 보이지 않는 성 차별을 감지했기 때문이다.

여섯째, 언제나 아는 것은 힘이다

모든 십대들은 성교육을 확실하게 받아야 한다. 성은 우리 삶에서 피할 수 없는 요소이기 때문이다. 나는 개인적으로 금욕 생활의 유익함에 대해 교육해야 한다고 생각하지만, 동시에 콘돔을 사용하는 것부터 여러 종류의 피임약과 그 사용법에 대해서도 배워야 한다고 주장한다. 또한 여성의 생식 주기와 임신이 잘 되는 시기에 대해서도 알아야 한다. 이와 더불어 성 약탈자나 성병, 원치 않는 임신으로부터 자신을 보호하는 법도 배울 필요가 있다. 아이들에게 안전한 섹스와 피임약에 대해서 교육하는 것이 성행위를 부추긴다고 주장하는 사람들도 있지만, 그런 증거가 입증된 사례는 어디에도 없다.

산부인과 의사의 자녀인 우리 딸들은 내 병원에 있던 골반 모형들을 보고 자랐으며 초등학교 때부터 이미 콘돔과 피임약에 대해 꿰뚫고 있었다. 어느 날, 저녁 식탁에서 우리는 내가 병원에서 시술하던 인공수정에 대해 얘기를 나누었다. 그런데 큰딸 애니가 갑자기 이렇게 말했다. "엄마, 그러다가 에이즈에 옮을 수도 있어요!" 맞는 말이었다. 또 언젠가는 스쿨버스에서 고학년 아이들이 딸에게 콘돔에 대해서 아느냐고 시비를 건 적이 있었다고 한다. 애니가 "응, 알아. 임신을 원하지 않을 때 사용하는 거잖아."라고 말했더니 재빨리 다른 곳으로 가더라는 것이다. "내가 어리다고 얕보았다가 놀란 거지 뭐!"

🌸 지혜의 샘 | 당신의 딸이 피임을 하는지 확인하라

일부 소녀들은 자의든 타의든 십대에 섹스를 경험하게 될 것이다, 따라서 확실한 보호 장치가 필요하다. 나는 여러 해 동안 피임약을 처방받기 위해 엄마 손에 이끌려오거나 혼자 병원을 방문하는 십대 소녀들을 많이 만났다. 나는 언제나 환자로 오는 소녀들이나 여성들을 최대한 돕는 것이 내 임무라는 철학을 가지고 살아왔다. 따라서 가능한 한 소녀들에게 가장 적합한 피임약과 필요한 정보를 동시에 제공했다. 그들이 엄마와 같이 왔든 혼자 찾아왔든 마찬가지였다. 엄마와 함께 오는 것이 가장 바람직하지만 때로는 사정이 여의치 않을 수도 있기 때문이다.

성적으로 적극적인 소녀들은 매년 골반검사와 자궁조직검사를 받아야 한다. 또한 성병이나 임신으로부터 자신을 보호하는 방법을 반드시 배워야 한다. 만일 엄마가 딸에게 필요한 것들을 제공하고 싶지만 딸이 섹스를 했다는 사실을 인정하지 않는다면, 의사에게 편지를 써서 딸이 요청하면 언제든지 필요한 정보와 처방을 제공해달라고 부탁하라.

어느 뉴스레터 독자는 딸이 월경을 시작하자마자 바로 어른의 세계로 들어가는 데 필요한 것들을 상세하게 가르쳐주었다고 한다. 그녀의 이야기를 들어보자.

"저는 딸에게 어른이 된다는 것은 자유를 누리는 동시에 책임감을 갖는 거라고 말해줬어요. 소위 말하는 '자유' 안에는 섹스의 충동을 행동으로 옮기는 것도 포함되어 있지요. 하지만 섹스는 쾌감과 더불어 원치 않는 임신, 성병 같은 많은 함정을 동반하기도 하죠. 그래서 남편과 저는 딸아이가 성장하는 동안 지켜주길 바라는 일정한 규칙들을 정해 놓긴 했지만, 그와 더불어 우리가 항상 딸을 사랑하고 후원해줄 거라는 사실도 알리고 싶었어요. 그래서 우리는 원치 않는 임신과 낙태에 대해서 의견을 나누었고 성병에 대해서도 관심을 가졌어요. 그런데 거기에 대한 정보가 충분하지 않다는 생각이 들어서 우리는 가족계획협회에 가서 필요한 정보를 얻었어요.

딸이 대학에 가면서 집을 떠나게 되자 저는 아이를 앉혀 놓고 혹시 피임약이 필요하지 않은지를 물었어요. 저는 이런 문제에 대해서는 개방적인 편이었거든요. 저는 딸이 준비가 안 된 상태에서 곤란한 상황에 빠지도록 만들고 싶지 않았어요. 딸은 처음에는 사양했지만 며칠 지난 뒤 제게 와서 엄마 얘기를 곰곰이 생각해봤다고 했어요. 그리고 지금 당장 사용할 생각은 없지만 가지고 있는 것이 안심이 될 거라고 말했어요. 딸이 언제 성행위를 시작할지는 모르겠지만 충분히 준비된 상태에서, 모든 함정에 대해 다 알면서, 모든 장점과 단점을 다 이해하는 상태에서 시작하기를 저는 바랐어요."

이 얼마나 현명한 엄마인가! 🌸

남자와 여자의 역학 구조

모든 사춘기 소녀들은 남자 아이들과 나이에 걸맞은 건전한 방법으로 교제할 기회를 가져야 한다. 남자들의 세계로부터 딸을 보호하려는 노력은 가능하지도 바람직하지도 않다. 아이는 믿을 수 있는 사람과 그렇지 못한 사람을 판단하는 법을 배우기 위해서라도 그런 세계에 노출될 필요가 있다. 누가 그녀의 시간과 관심을 소중하게 생각하고 누가 그렇지 않은가. 누가 그녀를 존중하고 배려하며 누가 그렇지 못한가. 사춘기의 데이트나 사귐은 이런 것들을 직접적으로 배울 수 있는 좋은 훈련장이다.

남자들 앞에서 올바르게 행동하는 법을 가르쳐라

딸의 데이트를 절대 금지하거나 딸에게 남자들이 원하는 것은 오직 하나뿐이라고 말하는 엄마(혹은 아빠)의 행동은 아이의 피어나는 성욕과 자부심의 싹을 자를 뿐 아니라 아이의 과격한 반항을 촉진한다. 물론 아이의 성격에 따라 그 영향력이 달라질 수는 있다. 한 환자는 자기 엄마가 다음과 같은 말로 남자 아이들이나 데이트에 대해서는 말조차 꺼내지 못하게 했다고 회상했다. "우리 집안을 부끄럽게 만들지 말거라. 우리 집안에서는 임신은 절대 용납 못한다." 그 환자는 그때까지 임신이 무엇인지도 몰랐다고 고백했다.

또 다른 환자는 엄마가 고등학교 때까지 남자 아이들과 데이트를 못하게 했다고 말했다. "다 쓸데없는 짓이란다." 그 엄마의 데이트에 대한 지론이었다. 메리가 자기 또래의 남자 아이들과 만날 수 있는 장소는 수영을 배우는 YMCA뿐이었다. 그녀는 이렇게 말했다. "YMCA는 그나마 기독교 단체였기 때문에 엄마가 강력하게 반대하지 않았던 거죠." 이런 지나친 구속에서 탈출하고 싶었던 메리는 집에서 멀리 떨어진 대학에 들어갔으며 집엔 잘 돌아오지 않았다. 대학에 들어간 그녀는 남자 친구와 처음으로 섹스를 경험했으며 몇 년 동안 밀접한 관계를 유지했다. 그녀는 또한 몇몇 청년들과 데이트를 즐겼으며, 결국 사랑하는 사람과 결혼하게 되었다.

그러나 메리의 언니인 쉐리는 가문의 풍습을 철저히 고수했다. 그녀는 한 번도 데이트를 한 적이 없었다. 부모님들이 딸은 결혼할 때까지 집안에서 곱게 자라야 한다고 주장했기 때문에 대학에 가서도 부모님과 함께 살았다. 그녀는 대학교 4학년 때 남편이 될 남자를 만났다. 그는 쉐리가 처음 데이트한 남자였으며, 그녀는 대학교를 졸업하자마자 그와 결혼했다. 그러나 결혼 생활은 평탄치 못했다. 쉐리가 남편에게 끌렸던 이유는 그가 잘 생겼기 때문이었다. 그러나 그녀는 남자에 대한 경험이 부족했기 때문에 올바로 판단할 수가 없었다. 시간이 흐르면서 그는 직업을 갖거나 쉐리가 부탁하는 집안일을 돕는 것보다 스키나 등산에 더 관심을 갖기 시작했다. 독립심을 배우지 못했던 쉐리는 결혼 후에도 부모님의 영향권에서 벗어나지 못했다. 그녀는 집에서 멀리 떠나지 못하고 부모님 가까이에 살 집을 마련했다. 그리고 집안에 무슨 고장이 나거나 차가 말썽을 부릴 때마다 남편이 아닌 아빠에게 도움을 청했다. 그리고 두 번째 결혼도 5년 만에 이혼으로 막을 내렸다.

아빠와 딸 그리고 데이트

사춘기 소녀의 아빠와, 여성에 대한 그의 태도는 자신의 가치나 남자에 대한 기대감에 대해서 아이의 영혼에 지울 수 없는 흔적을 남긴다. 만일 아빠가 다정하고, 사랑이 넘치고, 자상한 사람이라면 딸도 이런 남자를 선택할 가능성이 크다. 반면, 아빠가 차갑고, 냉담하고, 학대를 일삼고, 소유욕이 강하다면 딸에게 부정적인 영향을 미친다.

나는 열네 살 때 남자친구와 몇 달 동안 헤어졌던 적이 있다. 깊은 슬픔에 잠겨 괴로워하던 나를 아빠는 따뜻하게 안아주시며 남자친구가 없어도 내가 소중하고 매력적인 사람이라는 기분이 들게 해주셨다. "바다에는 많은 고기가 있단다. 지금 당장은 다른 고기가 눈에 안 보이겠지만 아빠 말을 믿으렴. 우리 딸은 누구나 탐내는 블루칩 주식이란다. 자신을 싼값에 팔아치우거나 그 친구를 그리워하며 너무 많은 시간을 낭비하지 말거라. 네 앞길에는 수많은 남자들이 기다리고 있단다." 나는 그런 아빠를 둬서 정말 감사했다.

그러나 아무리 다정한 아빠라고 해도 딸의 마음속에 남자와의 관계에 대한 불안감을 심어줄 수 있다. 우리 아빠는 내가 남자친구에게 인정받든 못 받든 가치 있는 존재라고 말씀해주셨다. 이 말은 남자들에 대해서 겁을 주기 위한 말이 아니었다.

모든 아버지가 우리 아빠 같지는 않다. 한 환자는 남편과 두 십대 딸과 함께 나누었던 대화를 들려주었다.

최근 우리 가족은 가까운 레스토랑에서 함께 브런치를 먹고 있었어요. 딸들은 한동안 용돈을 받지 못했기 때문에 우리는 딸들의 재정 상태에 대해서 얘기하고 있었죠. 열다섯 살인 큰딸은 우리 부부에게 고등학교와 대학교 시절에 용돈을 얼마나 받았는지를 물었어요. 남편 존은 1960년대 말, 그가 대학에 다닐 당시에는 남자들이 모든 데이트 비용을 감당해야 했다고 대답했어요. 따라서 부모님들은 자동차 유지비, 데이트 비용, 의상비 등을 합쳐서 한 달에 120달러씩 용돈을 줬다는 거예요. 그러나 남편은 딸들에게 데이트를 시작하게 되면 남자에게 모든 비용을 부담시키지 말고 자기 몫은 자기가 내길 바란다고 말했어요. 나는 남편에게 왜 여자들이 자기 몫을 내야 한다고 생각하느냐고 물었어요. 남편은 이렇게 대답하더군요. "남자가 저녁 식사와 영화 또는 쇼 관람료를 모두 부담하면 여자 친구가 자기에게 뭔가 빚졌다고 생각하게 되거든." 나는 그에게 자세히 설명해 달라고 부탁했죠. "적어도 작별 키스 정도는 받을 자격이 있다고 생각한단 말이야." 저는 물었죠. "그를 좋아하지 않는데도?" 남편은 더 이상 대화를 진행시키지 않았지만, 딸들은 분명히 알게 되었죠. 만일 남자가 모든 데이트 비용을 지불하면 두 사람 사이에는 자동적으로 불균형이 초래되고, 여성은 그의 투자에 대한 보상으로 무언가 빚진 기분을 느낀다는 것을 깨닫게 된 거죠.

우리 사회의 남성들은 딸이나 딸의 남자관계에 대해서 양면성을 지닌 게 분명하다. 내 재무 설계사는 이제까지 일해 오는 동안 자기 사위가 딸을 충분히 보살필 능력이 있다고 생각하는 남성은 본 적이 없다고 말했다. 우리가 결혼하기 전, 아이를 갖기로 결정하기 전에 남편이 한 말을 나는 기억한다. "만일 우리가 딸을 낳게 되면, 나는 아이가 열세 살이 되면 집 주변에 높은 울타리를 칠 생각이야." 우리가 아이를 갖게 될지도 몰랐을 때 한 말이었다는 사실에 주목해 달라. 그는 딸을 갖는다는 생각만으로도 다른 남자로부터 딸을 보호해야겠다는 본능이 발동했던 것이다.

미녀는 야수를 구원하고 싶어한다

서구 사회에서 예나 지금이나 끊임없이 칭송받는 우상 중 하나는 검은 가죽 재킷을 입고 오토바이를 타는 반항아다. 제임스 딘이나 뮤지컬 〈그리스〉의 대니, 〈워터프런트〉의 말론 브란도가 바로 그런 인물이다. 그는 모험을 좋아하고, 부모의 영향력을 벗어나서 자유분방함을 즐기며, 소녀들에게 독립적인 인간의 대표적인 본보기다. 또한 부모의 권위에 도전하고 싶을 때 부모에게 들이미는 완벽한 카드이기도 하다.

이런 유형의 남자는 여성들을 끌어당기는 강력한 자력을 지녔다. 여성들에게 모성애를 발휘해서 그를 '구원할' 기회를 주는 동시에 성적으로 충족감을 안겨줄 것이란 암시를 주기 때문이다. 따라서 그는 소녀들의 프로젝트로 등장한다. 여기서 '프로젝트'라는 말에 주목하라. 이 말이 가장 정확한 표현이기 때문이다. 그는 소녀들이 자신도 모르게 모든 성적 에너지와 영적 에너지를 쏟아 부어 완성하고자 하는 빈 스크린이기 때문이다.

이런 유형의 남자는 대부분 나르시시스트이기 때문에 자신의 만족감을 위해서 여성의 사랑과 관심이 필요하다. 그리고 그녀의 사랑을 공급받는 동안 그는 모든 관심을 그녀에게 집중시킨다. 여성들에게 자기만이 그를 이해하는 유일한 사람이라고 느끼게 함으로써 자신을 특별한 존재로 생각하게 만드는 것이다. 또한 그들은 나르시시즘과 내면의 공허함 탓으로 많은 위험성을 내포한다. 일단 어떤 여성을 '낚으면' 그녀의 관심을 자신에게 집중시키기 위해 무슨 짓이든 하기 때문이다. 만일 소녀가 약물이나 알코올 또는 다른 방법으로 내면의 소리에 무뎌진 상태라면 그의 위험한 질주에 동승하게 될 가능성이 크다.

나는 당시 열일곱 살과 열아홉 살이던 두 딸과 함께 큰딸이 다니게 될 학교가 있는 도시의 근사한 레스토랑에서 저녁을 먹던 시간을 잊을 수가 없다. 창가에 앉아 식사하는 동안 나는 우연히 길 건너편을 바라다보았다. 한 노천카페에 매우 세련되고 아름다운 금발의 미녀가 내 마음에 들지 않는 한 남자와 앉아 있는 모습이 눈에 들어왔다. 그는 잘 생겼고 근육질의 몸매를 가졌으며 '와이프 비터wife beater'라는 민소매 티셔츠를 입고 있었다. 그는 또한 어딘지 '모난 구석'이 있었다. 얼굴에 냉소가 어려 있었으며 어깨에는 칼자국이 선명했다. 솔직히 그는 내게 두려움을 불러일으켰다. 그는 마치 모든 사회적 인습이나 규칙에 대항하듯 분노에 사로잡힌 반항적인 모습이었다. 우리 큰딸은 그 소녀(내가 레슬리라고 이름 붙인)가 자기와 함께 뮤지컬을 공연했다고 말했다. 둘은 아는 사이였던 것이다. 나도 레슬리를 그 연극에서 봤던 기억이 났다. 그녀는 재능이 뛰어났으며 앞으로 크게 성공할 재목 같았다. 나는 딸에게 그 남자가 누구냐고 물었다. 딸은 자세히는 모르겠지만 대학에 다니지 않는다고 말했다. 레슬리와 그는 그녀가 대학에 다니던 지난 2년 동안 동거를 해왔다는 것이다.

나는 왜 레슬리가 그런 남자를 선택했을 것 같으냐고 딸들에게 물었다. 진보적인 교육을 받은 탓에 평등사상에 물들어 있던 두 딸은 내 질문이 '엘리트주의자' 다운 발상이라며 펄쩍 뛰었다. 그가 대학생이 아닌 것이 내가 그를 싫어하는 이유라고 생각했던 것이다. 그러나 나를 불편하게 만든 것은 그의 대학 재학 증명서가 아니라 '모난 구석'이었다. 그러나 나는 그 불길한 느낌을 어떻게 설명해야 할지 난감했다. 나는 딸들에게 그 커플에게서는 무언가 '좋지 않은 기운'이 느껴진다고 말했다. 그렇게 내 의견을 밝힌 뒤 나는 화제를 돌렸다. 두 딸 모두 내 말의 의미를 이해하지 못하는 것처럼 보였기 때문이다.

그 후 1년쯤 지나 큰딸이 대학을 졸업하기 한 달 전이었다. 딸은 내게 레슬리가 그 남자친구의 총에 맞아 죽었다고 전해주었다. 그녀는 뉴욕 시에서 뮤지컬 배우로 명성을 얻기 시작했으며 그와는 헤어진 상태였다. 당시 그녀가 뉴욕으로 이사 가는 걸 돕기 위해 그녀의 엄마가 와 있었다. 레슬리가 심부름을 간 사이에 그녀의 엄마는 이삿짐을 꾸리고 있었다. 레슬리가 심부름에서 돌아오자 예전의 그 남자친구가 어둠 속에서 뛰쳐나와 그녀의 머리에 총을 겨누고 방아쇠를 당겼다. 그리고 자기도 자살했다. 그녀의 엄마는 집 안에서 그 모든 소리를 듣고 있었다.

나는 그 소식에 매우 놀랐으며 그녀의 부모가 가엾게 생각되었다. 나는 딸에게 곧바로 일 년 전에 저녁을 먹으면서 나누었던 대화와 왜 레슬리가 그런 남자를 선택했는지에 대해 내가 의구심을 가졌던 일을 상기시켰다. '나쁜 남자'에게 빠진다는 것은 일종의 중독에 빠지는 것과 같다. 만일 당신이 중독의 정의를, 부정적인 결과에도 불구하고 지속적으로 그것에 '매달리는' 일이라고 생각한다면 그것도 일종의 중독인 셈이다. 여자들은 실제로 그런 관계에 빠져서 헤어나지 못한다. 그것이 바로 중독에 빠졌을 때 일어나는 현상이다. 그것이 알코올이든 사람이든 결과는 마찬가지다. 모든 중독은 우리가 아는 것과 느끼는 것에 대해서 무감각하게 만들고 내면의 소리를 듣지 못하게 만든다.

요점-미녀는 결코 야수를 구할 수 없다. 그리고 갈 곳 없는 나쁜 남자를 구원할 수도 없다. 만일 그러기 위해서 노력한다면 모든 상황이 크게 악화될 것이다.

| 적절한 경고 사인을 보내라 |

만일 당신의 딸이 도움이 되지 않는다고 생각하는 관계에 빠져 있다면, 엄마인 당신은 어떻게 해야 할지 무척 난감할 것이다. 그러나 이 시기야말로 당신이 엄마 곰의 지혜를 믿어야 할 때다. 당신은 과민하게 반응해서 딸이 당신에게서 멀어져 그 남자의 품에 안기도록 만들고 싶지는 않을 것이다. 반대로 불구경하듯 바라만 보고 있을 수도 없을 것이다. 딸은 당신의 충고를 원치 않는 것처럼 보여도 당신의

반응을 주시하고 있을 것이다. 당신이 그에 대해 어떻게 생각하는지를 솔직하게 말한 다음 당분간 지켜보라. 엄마가 딸에게 자신의 의견을 말하는 것보다 더 강력한 충고는 없다. 비록 딸이 그 말을 따르지 않더라도, 엄마의 말은 가슴속에 남아 있다.

그러나 만일 그 남자가 매우 위험하다는 예감이 든다면 얘기는 달라진다. 당신은 엄마 곰의 뒷다리로 곧게 서서 발톱과 어금니를 드러내면서 큰소리로 으르렁거려야 한다! 당신의 딸은 위험에 처해 있고, 당신은 직관적으로 이 사실을 알고 있다. 만일 당신과 딸이 서로 신뢰하는 관계라면, 아이는 당신의 말에 귀를 기울일 것이다.

그러나 딸이 그 남자와의 만남을 중단하지 않으면, 당신은 더 강력한 처방을 내려야 한다. 만일 아이가 열여덟 살 미만이라면 당신은 법적으로 그 아이의 안녕을 책임질 권리가 있다. 이 말은 딸을 나쁜 환경으로부터 물리적으로 격리시킬 수 있다는 뜻이다. 상황에 따라 다르겠지만, 당신은 딸을 학교에서 데리고 나와 캠프에 보내거나 잠시 다른 고장으로 피신시킬 수도 있다. 미안한 것보다 안전이 우선이지 않은가. 딸에게 "내 삶을 파멸시킨다"고 비난받을지라도 딸의 안전이 더 중요하지 않은가. 딸도 마음속 깊은 곳에서는 당신의 의도를 알고 있을 것이다. 어쩌면 당신의 간섭을 내심 반길지도 모른다. 특히 그 나이의 아이들이 흔히 그렇듯이, 자신의 힘으로 잘못된 관계에서 빠져나오는 방법을 모를 때는 더욱 그렇다.

우리 부모님들은 잘못된 관계를 판단하는 방법에 대해서 미리 예방할 수 있는 현명한 충고를 해주셨다. "만일 어떤 남자가 네가 정말 필요하며 너 없이는 살 수 없다고 말한다면 얼른 도망치거라!" 한번은 실제로 이런 일이 일어났던 적이 있다. 나는 곧바로 이런 생각이 들었다. '세상에! 이것이 바로 부모님이 말씀하시던 거로구나.' 그리고 그 관계를 당장 끝내버렸다!

자부심과 데이트

사춘기 소녀들의 진정한 자부심은 남자 아이들이나 모든 사람들과의 건전한 관계에서 비롯한다. 나는 우리 딸들이 그들을 존중하지 않는 남자들과 시간을 낭비하길 바라지 않는다. 그리고 자기 신뢰와 자기 인정은 그런 관계를 피하도록 도와주는 열쇠라고 생각한다. 끌어당김의 법칙에 따르면, 당신이 자기 자신과 자기가 베푸는 것을 좋아하면 할수록 당신과 어울리는 그런 특성을 갖춘 남자를 만날 확률이 높아진다. 내가 아는 한 좋은 남자들은 모두 그들이 자랑스러워 할 수 있는 여자를 좋아한다.

모든 엄마들은 딸들이 자신을 소중히 대하지 않는 남자와 시간을 낭비하지 않고 자기 자신과 자신의 삶을 진지하게 이끌어가도록 도울 수 있다. 나는 남자들과 어떻게 행동해야 하는지에 대한 내 분별력은 우리 엄마의 행동을 통해 확립되었다고 믿는다. 엄마는 남자의 관심을 받는 것을 행복으로 여기는 '여자다운 소녀'가 아니었다. 엄마는 남자를 좋아하긴 했지만 운동도 매우 좋아했기 때문에 그들과 함께 사냥과 낚시와 스포츠를 즐겼다. 나는 엄마가 남자들과 노닥거리거나 그들의 관심을 끌기 위한 행동을 하는 것을 본 적이 없다. 따라서 나도 남자친구가 있든 없든 개의치 않는 법을 배웠으며 언제나 그들과 동등하게 대우받기를 기대했다.

최근에 내 뉴스레터 독자인 메라는 엄마가 자기의 자부심에 어떤 영향을 미쳤는지에 대한 글을 보내왔다.

제가 열 살쯤 되었을 때 엄마는 제게 살면서 무슨 일을 하고 싶으냐고 물어보셨어요. 제가 누구처럼 되고 싶으냐고요? 저는 〈성경〉에 나오는 룻이라고 말했어요. 하나님께서 그녀와 함께 하시니…….

그러나 엄마는 현재 살아 있는 인물 세 사람을 말해보라고 하셨어요. 제 머릿속에는 헬렌 켈러, 엘리노어 루즈벨트, 송미령(장개석 부인) 같은 이름들이 떠올랐어요. 그로부터 1주일 안에 우리는 백악관에서 차를 마셨고, 한 달 안에 저는 학교 신문에 싣기 위해 헬렌 켈러 여사를 인터뷰했어요. 그리고 20년 후에 리포터로 일할 당시, 저는 송미령을 인터뷰할 수 있었어요. 그녀는 103살까지 살고 작년에 돌아가셨죠.

메라는 지금 노인학자로 일하고 있다.

사춘기 소녀들이 알아야 할 가장 중요한 것은 자신의 삶과 자신의 관심 분야를 가져야 한다는 것이다. 남자들이 그녀를 충족시켜주거나 그녀의 삶을 가치 있게 만들어주길 바라서는 안 된다. 만일 그녀(혹은 엄마)가 자기는 남자가 없이는 아무것도 아니라는 생각을 갖고 있다면, 그녀가 자신을 대접하는 방법과 똑같이 그녀를 소홀히 대하는 남자를 끌어당기게 될 것이다.

엄마의 인간관계를 바로잡는 것은 딸을 위한 건전한 모델을 만드는 것

나는 자라면서 자신을 소중히 여기는 법을 배우긴 했지만 인간관계에서 자신을 희생하려는 경향이 있다. 하지만 중년이 되어 사회적으로 성공함으로써 내 자부심이 증대되기 전까지는 이 사실을 깨닫지 못했다. 자부심 증대는 내게 가까운 인간관계의 역학 구조를 변화시킬 수 있는 용기를 주었다. 그때까지 나는 여전히 평화주의자였다. "태양은 내일 다시 떠오른다"라는 생각으로 나를 움직이는 대부분의 휘발유를 인간관계라는 탱크에 채운 채 살아가는, 의존적인 인간이었다. 여기에 대해서는 〈폐경기 여성의 몸 여성의 지혜〉에 상세히 기록해놓았다. 그것은 중년에 흔히 일어나는 일이었으며 24년 동안 지속한 결혼 생활에 종지부를 찍게 만들었다.

험난한 인생 여정의 한 부분인 이 영혼 탐구의 기간 동안, 나는 죄의식이라는 산을 넘고 또 넘어야 했다. 어떤 대가를 치르더라도 가정의 평화를 유지하는 것이 엄마의 임무가 아니었을까? 남편의 화를 달래고, 그를 행복하게 해주기 위해서는 무슨 일이든 하고, 화목한 가정을 위해서 자신의 욕구보다 아이들의 욕구를 우선순위에 두어야 하지 않았을까? 가정의 안녕과 평화를 위해서 자기 목소리를 낮춰야 하는 게 엄마의 의무가 아니었을까? 자신의 삶을 가족들의 스케줄에 맞추는 것이 엄마의 역할이 아닐까? 우리 엄마들의 욕구는 다른 가족들의 욕구 뒤 맨 마지막 순위에 있다. 나는 이것을 '닭 날개 신드롬'이라고 부른다. 엄마는 다른 가족들이 맛있는 부위를 다 선택한 다음에 남은 닭 날개를 먹는다는 뜻이다. 왜 평온했던 가정을 엉망으로 만들고 다른 사람들에게 그렇게 많은 고통과 상처를 안겨주었을까? 왜 평지풍파를 일으켰을까? 왜 그냥 참고 견디지 못했을까?

이것들이 바로 내가 직면하고 바꾸어야 할 사고방식이었다. 이는 내 몸과 마음 아주 깊숙이 자리 잡고 있었으며 정기적으로 우리 문화를 통해 양분을 공급받았다. 이런 사고방식은 엄마와 순교자라는 말을 거의 동의어로 만들어놓았다.

나는 당신에게 20여 년의 결혼 생활 동안 마치 내가 훌륭한 어머니의 표상이었던 것 같은 인상을 남기고 싶은 마음은 없다. 나는 단지 우리 딸들에게 아빠와의 불화에서 도망치지 않는 엄마의 역할 모델이 되고 싶었을 따름이다. 그래서 나는 그동안 쓰고 있던 가리개를 가능한 한 가장 멀리 치워버렸다. 그러나 이혼한 지금도 가끔 함께 모여 식사할 때마다 나는 다른 가족들의 기분을 좋게 하려고 저녁 식탁에서 입을 다물고 열심히 화젯거리를 구상하는 태도를 버리지 못한다. 특히 남편이 지치고 힘들어 보일 때는 더욱 그렇다.

결국 나는 다른 사람들의 감정을 달래기 위해서 지불해야 하는 대가가 너무나 크다는 사실을 깨달았다. 그러나 그런 사고방식을 바꾸기 위해서는 내가 물려받았던 유산의 다른 부분을 인식해야 했다. 나는 결혼 생활 내내 대부분의 집안일을 도맡아 해야 했다. 우리 집에서 진정한 파트너십을 기대하기는 어려웠다. 나는 내가 가치 있는 존재라는 확신이 없었다. 남편과의 관계에서는 특히 더 그랬다. 내 마음 속 한구석에는 사랑받기 위해서 넘치게 베푸는 것으로 나 자신을 증명해야 한다는 생각이 도사리고 있었다.

그러나 중년이 되어 강력한 내면의 목소리가 더 이상 침묵을 거부하고 밖으로 표출되기 시작하면서 이런 태도에 변화가 생기기 시작했다. 사회에서는 성공했으나 집에서는 여전히 나 자신을 잃어가고 있다는 사실을 깨달은 순간, 나는 큰 충격에 휩싸였다.

다행스러운 일은 엄마가 자기 삶의 건전치 못한 부분을 치유하는 용기를 발휘하면 딸에게도 유익하게 작용한다는 사실이다. 엄마는 그것을 깨닫는 데 평생의 절반이 걸렸지만, 딸은 훨씬 짧은 시간에 그것을 배우게 될 것이다. 다음은 그 좋은 본보기가 되는 한 환자의 사례다.

조지아의 경우—이별을 통해 잘못된 성향을 바로잡다

남편과 제가 이혼한 후 약 9개월 정도 지났을 때였어요. 당시 열일곱 살이던 딸 조지아가 중학교 때부터 친구였던 짐이라는 남자 아이와 데이트를 시작했어요. 조지아와 짐은 매우 행복해 보였어요. 두 아이는 같은 스포츠와 같은 장르의 음악을 좋아했죠. 그리고 둘 다 우등생으로 고등학교에서 자주 같은 과목의 수업을 듣곤 했어요. 그런데 둘이 사귄 지 한 달쯤 되었을 때 저는 조지아가 어딘지 모르게 침울해 보여서 무슨 일이냐고 물었어요. 딸은 짐이 사사건건 간섭하며 자기를 너무 무시한다는 거였어요. 그는 항상 침울하고 부정적이며 우리 사회의 지나친 상업주의를 끊임없이 비판한대요. 예를 들면, 조지아가 냉장고에서 다이어트 콜라를 꺼내자 "발암성 물질 덩어리!"라고 부르며 장황한 연설을 늘어놓았다는 거예요. 조지아는 재빨리 그에게 그만하라고 요구했지만 그는 듣지 않았대요. 결국 조지아는 짐에게 그의 지나친 간섭과 무시가 얼마나 자기를 의기소침하게 만드는지에 대해서 진지하게 얘기했어요. 그런데 짐의 반응은 두 사람이 서로 너무 다르기 때문에 관계를 더 이상 지속시키고 싶지 않다는 거였어요. 조지아가 그에게 잘해보자고 요청한 순간에 그는 헤어지자고 말한 거죠.

조지아는 화가 난 동시에 깊은 상처를 입었어요. 그리고 그렇게 똑똑하고 우수한 남자가 자신의 인간관계 성향을 깨닫지 못한다는 것을 이해할 수 없다고 말했어요. 짐은 항상 자기에게 먼저 전화를 걸고, 만나자고 요청하고, 어디에 가서 무엇을 할지를 결정하는 여자 친구들을 만나왔어요. 처음 조지아에게 데이트 신청을 했을 때 그는 이런 여자 친구들에게 존경심을 갖지 않았다는 사실을 인정하면서 이제는 조지아처럼 똑똑하고 자기를 존중하는 여자를 만날 만큼 충분히 성숙해졌다고 말했다더군요.

저는 짐이 조지아의 아빠와 여러 면에서 닮았다는 사실을 발견했어요. 그는 잘 생기고 재능이 많고 똑똑했지만 항상 침울하고 사람을 통제하려고 했어요. 우리가 헤어진 이유는 제 행동을 사사건건 통제하고 제 의견은 물어보지도 않고 혼자서 중대한 결정을 내리는 그를 더 이상 참을 수 없었기 때문이에요. 저는 그 사람처럼 항상 달래줘야 할 것 같은 감정 상태를 지닌 남자가 아니라 진정한 파트너를 원했어요.

조지아는 짐과 헤어지자 깊은 절망감에 빠졌어요. 저는 그 심정을 충분히 이해할 수 있었어요. 그렇게 많은 잠재력을 지닌 사람이 행복하고 풍요로운 인간이 되기 위한 노력을 게을리 하는 것을 바라보는 것이 얼마나 가슴 아픈 일인지를 저는 뼛속 깊이 이해하고 있었어요. 조지아는 제게 이렇게 말했어요. "저는 그가 침울하거나 간섭이 심할 때 그 사실을 지적해줘야 한다는 책임감을 느끼고 있었어요. 우리는 오랜 친구였으니까요." 조지아를 더욱 당혹스럽게 만든 것은 짐(그리고 남편)같은 남자들은 겉으로는 충고에 너그러운 것처럼 보이며 심지어 충고해 달라고 요청하기까지 한다는 사실이었어요. 그러나 문제는, 그들은 자신의 행동을 고치는 힘들고 고통스러운 작업을 감당할 마음이 없다는 거죠. 저는 조지아에게 인간관계에서 가장 힘든 일은 다른 사람을 바꾸려는 노력을 포기하는 것이라고 말해줬어요. "딸아, 이제 네 삶으로 돌아와서 짐은 결코 변하지 않을 거라는 사실을 인정하렴. 사람은 결코 변하지 않는단다. 엄마 말을 믿으렴. 그에게 연연하면서 더 이상 네 소중한 시간을 낭비할 필요가 없단다. 엄마는 네가 마음에 깊은 상처를 입었고 혹시 네게 무슨 잘못이 있지는 않았는지 걱정한다는 거 잘 안단다. 하지만 문제는 네가 아니라 그 사람이야. 너한테는 아무 잘못이 없단다."

그 환자는 조지아가 짐에게서 받은 상처를 정리하는 데 수년이 걸렸다고 말했다. 하지만 대학교에 들어가서 여름방학을 맞아 집에 왔던 조지아는 어느 날 다시 그에게로 달려갔다. 그는 전보다 더욱 우울해졌으며, 약물에 빠져 있었고, 평소와 다름없이 별로 존중하지 않는 여자친구를 만나고 있었다. 조지아는 그를 다시 만나게 된 것을 감사하게 생각했다. 자신의 마음이 얼마나 멀어졌는지를 깨달을 수 있었기 때문이다. 그는 더 이상 그녀의 관심을 끌지 못했다.

짐 같은 남자들이 유대감 형성에 문제가 있다는 것은 지극히 명백하다. 그들은 오만함과 다른 사람 특히 여성에 대한 통제 뒤에 자신의 연약함을 감추고 있다. 그리고 항상 이런 남자들과 관계를 맺기 위해서 기꺼이 자신을 희생하고 존엄성을 내던지는 나약한 여성들을 찾아 헤맨다.

우리 사회의 분위기를 감안할 때 대부분의 소녀들이 자부심을 지킬 수 있는 인간관계를 맺으려면 오랜 시행착오를 거쳐야 한다. 그러나 남성들은 나이에 관계없이 동등한 지위와 성공을 획득한 여성들에 비해 파트너를 찾는 데 어려움을 덜 겪는다. 나는 이것은 우리 사회가 좀더 평등한 사회로 발전해가는 과도기적 현상이라고 생각한다. 사춘기 소녀들이 그곳에 도달하기 위한 유일한 방법은 여성으로서의 매력을 포함해서 모든 면에서 자부심을 개발하는 것이다.

가슴을 불타오르게 하는 감성 뇌의 사랑

남성과 여성을 불문하고 대부분의 사람들이 갈망하는 낭만적인 사랑은 모든 면에서 서로 동등한 관계를 말한다. 어느 한쪽이 우위를 차지하거나 더 존중되어서는 균형이 깨진다. 우리의 몸과 마음과 영혼은 사랑의 표현에 밀접하게 연관되어 있다. 그리고 두 사람이 서로에 대해서 느끼는 감정은 이기적인 욕구가 아니라 조건 없는 사랑과 인정에 바탕을 둬야 한다. 당신 엄마가 당신이나 남편과 맺는 관계는 이 모든 요소를 갖춘 좋은 모델이 된다. 그리고 당신 또한 당신 딸의 모델이 될 것이다.

우리 사회는 지금 인간관계라는 분야에서 급격한 변화를 겪고 있다. 여성들이 더 이상 경제적인 이유로 결혼해야 하는 일이 줄어들면서 '충족감'이라는 현수막이 전보다 높이 걸리게 되었다. 그들에게는 더 풍족한 경제적 배경과 더 다양한 선택의 기회가 주어졌다. 그렇다고 여성들이 사랑을 원치 않는다는 의미는 아니다. 그것을 표현하는 데 선택적이긴 하지만 사랑과 유대감에 대한 욕구는 인간의 본성이며 오늘날에도 여전히 지속되고 있다. 나를 포함해서 내가 아는 모든 사람들은 특별한 누군가를 만나고 싶어 한다. 토크쇼 진행자이자 정신과 의사인 필Phil 박사의 말을 빌리자면 '착륙하고 싶은 부드러운 땅'이 되어줄 사람을 찾는 것이다.

나는 딸들이 우리 엄마들이 떠난 그 자리를 물려받을 것이라고 확신한다. 그리고 엄마들의 시행착오를 통해 배움으로써 좀더 분별력 있고 조건 없는 사랑을 하게 될 것이라고 굳게 믿는다.

17
중독증의 시발점
- 고통스러운 감정의 회피 수단-

우리는 책임감이라는 개념을 이해하지 않고는 자신을 올바로 보살필 수 없다. 더구나 십대에서 어른으로 성장해가는 사춘기 아이들은 책임감을 올바로 인식해야 하고 자신의 선택에 대해서 더욱 강한 책임감을 느껴야 한다. 그것이 이성을 만나는 것이든, 학교 숙제를 하는 것이든, 어느 대학에 갈지를 결정하는 것이든, 건강에 영향을 미치는 여러 문제에 대한 것이든 모두 마찬가지다. 이 시기는 어느 때보다 자신의 선택에 대한 영향력이 크게 작용하기 때문이다. 건강을 예로 들면, 먹는 음식부터 운동 또는 위험한 중독성 약물에 이르기까지 모든 것이 앞으로 살아갈 평생 동안 커다란 영향을 미친다.

많은 엄마들은 이런 사실을 알기 때문에 뒤로 한 발 물러서서 딸에게 선택권을 맡기는 데 어려움을 느낀다. 특히 딸이 잘못된 선택을 할 때는 더욱 그렇다. 그러나 모든 엄마들은 딸이 잘못된 결정의 희생양이 되지 않도록 보호하는 것과, 시행착오를 거치면서 배우도록 자유를 부여하는 것 사이에서 적절한 균형을 찾아야 한다. 사춘기는 아이가 부모의 통제가 아닌 올바른 안내 밑에서 중요한 삶의 교훈들을 배우는 시기이기 때문이다. 딸의 사춘기는 엄마에게도 대단히 중요한 시기다. 자신을 보살피는 것과 다른 사람을 돌보는 것 사이에서 적절한 균형을 유지하는 본보기를 보여줘야 하는 시기이기 때문이다. 만일 엄마가 딸의 인생에 지나치게 개입하거나 또는 지나치게 소홀하다면, 엄마나 딸 모두에게 유익하지 못한 결과를 초래할 것이다.

한 환자는 열여섯 살 때 나에게 처음으로 골반 검사를 받으러 왔던 순간을 회상했다. 그녀는 평생 결코 잊을 수 없는 특별한 순간이었다고 말했다. 그녀는 내가 목을 검사하면서 이를 정기적으로 잘 관리하느냐고 물었다고 했다. 그 말을 듣는 순간 그녀의 머릿속에는 불이 번쩍 켜졌다는 것이다. 이제 자신을 돌보고 자기 몸을 관리하는 것은 엄마의 일이 아닌 자기 책임이라는 사실을 분명하게 깨닫게 되더라는 것이다.

또 다른 환자는 대학에 입학하지 못할 정도로 심각한 정신적 질환을 앓고 있을 때 겪었던 경험을 설명해주었다. 그녀는 의사에게서 더 이상 손을 쓸 방법이 없다는 말을 들었을 때 자기에게 나타났던 반응을 담담하게 말해주었다. "이상하게도 그 말을 들은 순간 저는 오히려 자유와 해방감을 느꼈어요. 아무도 저를 도와줄 수 없고 혼자 싸워나가야 한다는 것과 내가 죽느냐 사느냐는 건강과 삶을 온전히 책임지려는 내 의지에 달렸다는 사실을 깨달았어요. 내 건강과 삶은 전적으로 내 손에 달려 있다는 사실을 깨닫자 저는 오히려 마음이 평온해지면서 힘이 솟아나는 기분을 느꼈어요. 내 건강이 부모님이나 의사나 내 유전자에 달려 있다고 믿었을 때 밀려오던 두려움이나 무기력함과는 전혀 다른 기분이었죠." 그녀는 생활 습관을 바꾸고 자기 확신과 강한 의지의 힘을 발휘해서 점차 자신의 병을 치유해가기 시작했다.

이 환자들의 경우는 특별한 사례이긴 하지만 이를 통해서 기본적인 진리를 발견할 수 있다. 건강하고 건전한 삶을 살기 위해서 우리 모두는 자신의 삶과 건강에 책임져야 한다는 것이다. 이런 깨달음은 빠르면 빠를수록 좋다. 우리가 자기 자신과 자신의 선택을 책임짐으로써 자기의 삶을 바꾸고 이끌어갈 능력이 있다는 사실을 이해하는 것은 삶을 헤쳐 나가는 가장 강력한 무기가 될 수 있다.

사춘기는 아이가 어른으로 막 피어나는 시기이므로 자기 보살핌과 건전한 행동에 대한 올바른 가치관을 정립하고 실행할 수 있는 가장 좋은 때다. 이것들은 남은 평생에 아이에게 매우 유익하게 작용할 것이다. 아이의 변화하는 몸과 새롭게 눈뜬 성에 대한 관심은 자연스럽게 자기 보살핌에 눈을 돌리게 만든다. 그러나 그것들은 때로 아이를 탈선의 길로 몰고갈 수도 있다. 내면과 신체의 변화에서 비롯하는 극심한 감정 변화가 이들을 압도할 수 있기 때문이다. 이럴 경우, 자기 파괴적인 충동은 자신의 안녕을 책임지려는 어린 소녀들의 자발적인 의지인 자기 확신을 능가한다. 이때 엄마인 당신의 임무는 정상적인 발전 과정인 감정의 격동이 질병으로 변질되지 않는지 확인하는 것이다.

사춘기 아이들은 누구나 우울함과 불안감을 느끼게 마련이다. 그 영향을 받지 않는 아이들은 거의 드물다. 그러나 단순히 우울한 기분과 심각한 우울증 사이에는 차이가 있으며, 가벼운 불안감과 병적 불안감은 전혀 다르다. 그러나 그 차이점을 구별하기는 매우 힘들다.

우울증과 불안감

사춘기가 되면 여러 요인들이 아이들을 자극해서 감정적인 문제를 일으킨다. 그 중 한 요인은 당연히 호르몬이다. 이 시기의 특징인 에스트로겐이나 다른 호르몬 수치의 급격한 상승은 감정과 행동을 관장하는 전두엽이나 측두엽의 주요 부위를 자극한다. 따라서 온순하던 아이들도 가끔씩 변덕스러운 감정과 충동적인 행동을 나타내곤 한다. 이런 기분 변화에 대해서 엄마인 당신이 도울 수 있는 일은 참고 기다리는 것 외에는 거의 없다. 그러나 아이가 자신의 감정을 엄마에게 전가시키지 못하도록 한계를 분명히 할 필요는 있다.

또 다른 요인은 사춘기 아이들이 갑자기 직면하게 되는 각종 스트레스들이다. 미시건 대학교의 정신건강연구소 소장인 후다 아킬Huda Akil 박사 팀은 스트레스, 뇌 회로, 우울증 사이의 상관관계를 조사한 후 다음과 같은 결론을 내렸다. "우리 몸의 스트레스 시스템을 활성화하는 가장 큰 요인은 사회적 환경이다."[1] 중학교, 고등학교, 대학교에 입학한 학생들은 낯설고 생소한 환경에 직면하며, 그 중 일부는 감정적인 장애를 경험한다. 우리 작은딸 케이트는 대학교 4학년이 되어서야 비로소 사회적으로, 학문적으로 편안하고 행복한 기분을 느낄 수 있었다고 고백했다. "저는 매년 새로 입학하는 신입생들을 볼 때마다 기분이 우울해지곤 했어요. 그런 시절을 다시 겪지 않아도 된다는 게 얼마나 다행인지 몰라요! 저는 신입생 시절을 생각만 해도 속이 뒤집혀요." 그러나 케이트는 대부분의 소녀들처럼 사춘기의 극심한 감정 변화를 큰 무리 없이 잘 견뎌냈다.

그러나 사춘기의 정상적인 과정인 뇌의 재편성과 가지치기는 잠재기에 감정 장애나 성격 장애를 덮고 있던 베일을 걷어내 이 문제들이 겉으로 드러나게 만든다.[2] 그러나 이런 문제점들은 어느 날 갑자기 하늘에서 떨어지는 게 아니란 점을 명심하라. 그것들은 유전적, 환경적, 영양학적, 경험적, 호르몬적 요인의 복합적인 작용에 의해 점화된다.

물론 개인의 성격에 따라 차이가 나기도 한다. 일부 아이들은 스트레스에 더 효과적으로 대처하는 내공을 지녔기 때문이다.

이런 여러 정황으로 미루어볼 때 일부 아이들의 경우에는 외부의 도움이 필요할 수도 있다. 사춘기 아이들의 감정 상태는 위에 언급한 요인 이외에도 약물이나 알코올의 영향을 받기도 하며, 때론 수면 부족이 요인이 되기도 한다. 만일 당신 딸의 증세가 심각하다고 판단되면 전문가의 도움을 받는 것이 좋다. 그러나 전문가를 찾아갈 때 반드시 알아야 할 점들이 있다. 정신의학은 다른 의학 분야와 달리 과학이라기보다 예술에 가깝다. 따라서 MRI 촬영이나 신경정신학적 정신분석, 혈액검사나 어떤 검사를 통해서도 우울증이나 불안증, 공황장애, 양극성장애 같은 정신적 증상의 정확한 진단을 내리기는 어렵다[정신분열증이나 자폐증, 아스퍼거장애(자폐증과 유사한 증상) 같은 더 심각한 증상은 말할 것도 없다]. 정확한 진단이나 적절한 치료는 의사의 직관이나 실력, 경험에 의존할 수밖에 없다. 나는 여기에 의사의 상식도 덧붙이고 싶다.

아이가 어떤 종류든 정신적 장애라는 진단을 받으면 그 가정에는 먹구름이 끼게 된다. 그런데도 요즘은 세상이 거꾸로 돌아가는지 우울증이나 양극성장애(새롭게 등장한 양극성장애II, III, IV를 포함해서), 불안증 같은 진단과 치료법을 너무 남용한다. 그것들을 치료하는 데 효과적이라고 발표된 최근의 처방에 맹목적으로 따르는 경향이 짙다. 그 좋은 사례를 소개한다.

내 친구의 딸인 말로리는 항상 신경이 예민했고 어둠을 무서워했다. 열네 살 때 부모가 이혼한 후 아이는 공황 증세를 보이고 항상 우울했으며 매사에 과민 반응을 보였다. 친구는 딸을 정신과 의사에게 데리고 갔고, 의사는 양극성장애II라는 진단을 내리고 항우울제와 신경 안정제를 처방해주었다. 6개월 동안 여러 약들을 복용했지만 어떤 약도 큰 효과가 없었다. 내 친구는 이런 치료법은 딸에게 맞지 않고 도움이 되지 않는다고 결론을 내렸다. 그 친구는 병원에 가는 대신 말로리를 이혼한 부모를 둔 십대들의 모임에 가입시키고 식습관을 바꿔서 설탕과 카페인을 금지시켰다. 다행히도 이 방법은 효과가 있었다. 말로리는 동료들과 자신의 아픔에 대해서 얘기하기 시작했으며 약물이나 정신적 치료를 받지 않고도 점차 증상을 회복했다.

정신적 질환에 대한 진단의 애매함과 신뢰할 수 없는 각종 보고서들을 감안할 때 나는 사춘기와 성인기에 과연 정신적 장애가 우리 사회에 그렇게 널리 퍼져 있는지 의심스럽다. 일부 연구 결과에 따르면, 인간관계나 직업 또는 사회 적응에 심각한 영향을 미치는 정신적 문제 - 기분, 생각, 행동 - 를 가진 사람들은 십대들의 경우 30퍼센트, 어른들은 16퍼센트에 이르는 것으로 나타났다. 그러나 이들 십대 중 절반은 점차 정체성이 확립되고 사회에 대한 사춘기의 반항이 가라앉은 후에는 혼자 힘으로 감정의 극심한 파동을 극복하는 것으로 밝혀졌다.[3] 따라서 엄마들이 흔히 하는 "지금 과도기를 거치는 중이니까 시간이 지나면 나아질 거야."라는 얘기는 맞는 말인 것이다!

그러나 이런 사회에서 여성으로 살아간다는 것은 기분과 성격 장애를 일으킬 확률이 증가할 수밖에 없다. 그 예로, 사춘기 여자 아이들은 남자 아이들에 비해 우울증을 경험하는 비율이 2배나 높게 나타났다. 열한 살까지는 동등한 비율이었다.[4] 또한 평생에 걸쳐 심각한 우울증이나 불안증 같은 증상을 보일 확률은 남성이 10~15퍼센트인 데 비해 여성은 그 두 배인 20~30퍼센트인 것으로 나타났다.[5]

십대의 정신적 문제에 대한 진단이나 치료에 대해 논하는 것은 이 책에서 다룰 부분도 아니고 내 전문 분야도 아니다. 정신적 장애를 진단하기가 어려운 것은 사춘기의 변화가 극심할 뿐 아니라 그런 장애들은 대개 여러 문제가 복합적으로 얽힌 결과이기 때문이다. 대부분의 사람들은 우울증을 독립된 증상으로 생각하지만, 우울 증세를 보이는 십대들의 50퍼센트는 불안증도 함께 보이는 것으로 밝혀졌다.[6] 그러나 잠재기와 마찬가지로 사춘기에도 이런 증상을 암시하는 붉은 깃발이 여러 형태로 나타난다. 신경정신학자인 모나 리자 슐츠 박사는 딸의 증상이 전문가의 도움이 필요한 것인지 아닌지를 판단할 수 있는 목록을 엄마들에게 제시해주었다.

만일 다음 증상 중 한 가지라도 매일 딸에게 나타나거나, 가족 이외의 사람과 인간관계를 맺는 일이나, 학교에 적응하는 일이나, 스스로 자기 삶을 개척해 나가는 일에 방해가 될 정도로 심각한 증상을 보일 경우에는 전문가의 도움을 받는 것이 좋다.

| 감정적으로 문제가 있음을 나타내는 붉은 깃발들 |

• **신체적인 증상** – 만성적인 피로감, 느려지는 생각이나 말투 또는 행동, 지나친 수면이나 불면증, 되풀이되는 악몽, 극심한 체중 변화, 지속적인 통증 호소, 신경질적인 반응, 잦은 흥분
• **정신적인 증상** – 절망, 자살, 자포자기에 대해 끊임없이 생각하고, 걱정하고, 구상함
• **기분** – 학교나 친구들과의 모임에 가기 위해 집을 떠나는 것을 불안해하고, 초조해하고, 걱정하고, 우울해함
• **행동** – 세탁, 검사와 같은 강요하는 행위에 거세게 반발하거나 의식적으로 자신의 환경을 지배하는 것(등교나 일상 활동에 참여하기를 거부)
• **지각적 문제** – 환각이나 환청

만일 딸에게 전문적인 도움이 필요하다고 생각된다면, 당신은 다른 종류의 치료를 병행하는 것이 유익한지에 대해서도 궁금할 것이다. 광범위한 사람들을 대상으로 실시한 연구에 따르면, 의학적인 처방과 더불어(혹은 대신에) 영양제나 약초를 사용하는 것은 매우 효과적이라고 입증되었다. 예를 들면, 가벼운 우울증을 완화하는 데는 세인트 존스워트(제절초)라는 약초가 SSRI(항우울제)와 유사한 효과가 있다는 사실이 연구 결과 밝혀졌다. 또한 일부 연구에서는 운동이 가벼운 우울증 증상을 50퍼센트 감소시키는 것으로 드러났다. 모든 부모들은 딸에게 전통적인 치료법과 보충제를 병행하는 것이 최선의 효과를 발휘할 수 있다는 사실을 가르쳐줄 의무가 있다.

당신은 또한 딸이 어떤 치료를 받는지에 대해서도 세심한 주의를 기울여야 한다. 의사가 프로작Prozac이나 졸로프트Zoloft, 셀렉사Celexa 같은 항우울제만 처방한다면, 당신은 이들 약물의 위험성에 대해 공부할 필요가 있다. 항우울제는 사춘기나 어린 아이들에게는 매우 위험할 수 있기 때문이다. 미국의 FDA(식품의약국)와 유사 단체인 영국의 CMS(의약품안전위원회)는 2004년에 어린 아이들과 사춘기 청소년들의 우울증 치료에 모든 SSRI(선택적 세로토닌 재흡수 억제제)류 항우울제 처방을 금지시켰다. 이 약품이 판매되기 시작한 직후에 보고된 보고서에서 자살 확률을 높인다는 결과가 밝혀졌기 때문이다.[7] 미국의 FDA도 이와 비슷한 이유로 항우울제 처방에 좀더 주의가 필요하다는 관심을 촉구하고, 그 위험성을 경고하는 새로운 라벨을 만드는 임무를 담당할 자문위원 두 사람을 임명했다.[8] 수많은 처방전에 기록될 이 문구가 얼마나 효과를 발휘할지에 대해서 언급하기에는 아직 이르다. 그러나 나는 이런 움직임이 지나친 약물 남용이라는 불안한 사회 풍조를 역전시키고, 더 안전하고 효과적이며 장기적인 해결책을 찾아내도록 부모들을 자극할 것이라고 믿는다.

1987~1996년에 이르는 10년 동안 어린이와 사춘기 아이들의 항우울제 사용은 무려 3~10배나 늘었다. 그리고 1998~2002년 사이에는 그 효과를 증명하는 임상 실험이 실패했음에도 항우울제 처방이 50퍼센트나 증가했다.[9] 내가 관심을 갖는 것은 미국이나 영국의 여러 연구 결과에서 밝혀진 자살 충동을 포함한 이들 약물의 즉각적인 효과가 아니다. 그보다는 뇌가 급격히 발달하는 시기에 십대들에게 이런 향정신성 의약품이 장기적으로 어떤 부작용을 일으킬지에 더 관심이 간다.

우울증이나 불안증에 시달리는 아이들을 포함한 모든 소녀들은 약물을 복용하느냐 안 하느냐에 관계없이 감정을 다스리는 교육을 받을 필요가 있다. 두려움이나 분노, 슬픔, 사랑, 기쁨 등을 표현하는 마음과 몸의 방식을 배워야 한다. 만일 자신의 생각이나 감정에 귀를 기울이는 기술을 배우지 않거나 그것들을 변화와 성장의 원동력으로 사용하지 않는다면, 심각한 우울증이나 공황장애, 성격 장애, 기타 신체적 질병에 걸릴 가능성이 커질 것이다. 우울증이나 불안증을 치료하기 위해서 아이에게 영양학적, 인지적, 사회적 후원을 하지 않고 단순히 프로작이나 셀렉사, 또는 다른 약물만 복용시키는 것은 평생의 정신적·신체적 건강에 필요한 효과적인 기술을 가르쳐주지 않는 것이다. 마치 구멍이 뚫린 풍선에 바람을 불어넣는 것처럼.

고통과 책임감에서 도피하는 수단인 중독증

문제점이 있는 십대들은 알코올이나 약물 같은 향정신성 물질의 유혹에 약할 수밖에 없다. 그러나 요즘에는 사춘기의 정상적인 변화를 겪는 대부분의 젊은이들조차 그런 유혹에 쉽게 굴복하곤 한다. 그러나 나는 알코올이나 흡연, 약물, 기타 중독성 물질을 사용함으로써 야기되는 막대한 건강의 손실을 최소화할 수 있는 방법이 있다고 믿는다. 이를 위해서는 엄마들이 중독에 대한 자신이나 가족의 내력을 솔직히 밝혀야 한다. 이 노력은 중독성 물질이나 행동을 하게 되는 목적을 이해하는 것부터 시작해야 한다.

중독성 물질은 대부분 혼자서 투약하는 형태로, 기분을 향상시키는 효과가 있다(따라서 정신성 혹은 향정신성 물질이란 단어를 쓴다). 그들은 감정이나 생각을 관장하는 뇌의 배외측 전전두엽이나 안와전두엽을 치료함으로써 의무와 책임에 대한 걱정을 완화시킨다. 감정에 순응해서 건설적인 일을 행하는 대신에 감정을 마비시키는 방법을 택하는 것이다.

일부 사람들은 다른 사람들에 비해 중독성 물질을 통한 자기 치료에 빠지기 쉬운 성향이 있다. 우리는 동물을 대상으로 실시한 흥미 있는 연구를 통해서 그 이유를 추측할 수 있다. 여러 연구 결과에 따르면, 지배적인 동물들은 종속적이고 소심한 동물들에 비해서 뇌의 해마에 스트레스호르몬 수용체 숫자가 적다는 것이다. 전문가들은 뇌의 스트레스호르몬 수용체 숫자의 차이는 인간의 지배성과 종속성에도 관계가 있으며, 그들의 약물에 대한 민감성 차이를 설명하는 데도 도움이 된다고 추측했다. 모험을 좋아하는 사람은 자동차의 속도감을 즐기고, 실험적인 성관계에 탐닉하며, 약물을 시도하는 것도 단지 어떤 기분인지 알기 위해서일 뿐이다. 반면, 좀더 소심한 사람들은 자기를 치료하는 방법으로 알코올이나 약물을 사용할 가능성이 크다.[10]

우리 사회는 십대들의 약물 중독이나 치명적인 약물 과용에 주로 초점을 맞추지만, 실상 그로 인한 죽음은 그리 흔하지 않다. 1993년에 남부 캘리포니아에서는 약물 과용으로 죽음을 맞이한 어린이는 10명, 십대는 12명에 불과한 데 반해, 20세 이상의 어른들은 1,996명이나 되었다. 약물 과용으로 죽은 대부분의 사람들은 십대가 아닌 중년 남성들이었다.[11] 나는 의사로서 진료 활동을 해오는 동안 약물로 죽은 십대를 단한 명도 보지 못했다. 그보다는 오히려 알코올이 십대들에게 훨씬 더 치명적이지만, 우리 사회는 이 문제를 심각하게 받아들이지 않는다.

이밖에 알코올이나 약물, 담배 외에도 물질을 섭취하지 않는 여러 형태의 중독증이 있다. 여기에는 섹스, 도박, 일, 운동을 비롯한 여러 형태의 행동 중독증이 포함된다. 이것들은 술을 마시거나 헤로인을 주입할 때와 유사한 뇌와 몸의 생화학적인 반응을 초래한다. 행동 중독증 이외에 감정 중독증이란 것도 있다. 일부 사람들은 집중적인 관심을 받을 때(나르시시즘) 느끼는 흥분에 대해 중독적인 욕구가 있다. 또 다른 사람들은 자신을 필요로 하는 사람과 관계를 맺고 싶은 욕구를 느낀다. 그들은 다른 사람의 의존성에 의존한다. 즉 상호의존적인 관계인 것이다. 이밖에 도박이나 위험한 행동, 기혼자와의 불륜에 빠지고 싶은 충동을 느끼는 사람들도 있다.

그들이 어떤 약물을 선택하든 간에 그것은 분노와 두려움, 비탄, 격정, 권태처럼 해결하기 힘든 감정을 마비시킴으로써 기분을 향상시키기 위한 것이다. 그러나 이런 감정들은 우리를 불편하게 만들긴 하지만 각자 나름대로의 목적이 있다. 우리 삶의 막힌 부분을 변화시킬 기회를 주기 위한 것이다. 즉 그들은 내면의 안내자인 것이다. 만일 이런 감정들을 충분히 느끼지 않고 그 메시지에 주의를 기울이지 않는다면 우리는 변화하고 성장할 기회를 놓치게 된다. 어떤 의미에서 우리는 이 사실을 알고 있다. 우리의 중독증을 숨기거나 최소화하고 싶은 욕구를 느끼는 것도 그 때문이다. 그러나 변하기 위해서는 사실을 솔직하게 자백할 필요가 있다.

중독증은 자기 자신을 비롯해서 습관적인 사고 패턴이나 감정에 대한 책임감을 회피하도록 만들기 때문에 일, 공부, 인간관계에 대한 우리의 능력을 방해한다. 다시 말하면 습관적으로 중독성 물질을 사용하거나 중독성이 있는 행동을 습관적으로 하는 것은 일이나 가정에 대한 책임감을 완수하려는 우리의 의지를 방해하기 때문에 생산적이며 활기찬 삶으로 나아가려는 우리의 발길을 가로막는다.

향정신성 물질에 대한 진실

우리 사회는 과거의 어느 때보다 중독성 물질에 흠뻑 빠져 있다. 그 이유는 약물이나 자동차, 알코올, 기타 소비 물품이 사회적인 불안감과 불편함을 신속하게 해결해준다는 대중 매체와 광고의 영향 때문이다. 인류 역사가 시작된 이래 모든 문화권은 적든 많든 향정신성 물질을 사용해왔다. 심지어 동물들도 때로는 그것을 사용한다. 새가 발효된 딸기 열매를 먹고 흥분하거나 염소가 카페인이 함유된 열매에 취하는 것이 그 좋은 예다.

중독성 물질은 두 범주로 나눌 수 있다. 사회적으로, 법적으로 용납되는 것과 그렇지 않은 것이다. 우리 사회에서 사회적으로 용납되는 중독성 물질은 카페인, 설탕, 담배, 정제된 탄수화물, 알코올 등이다. 반면, 사회적으로 금지된 것은 마리화나, LSD(합성 마약), 코카인, 헤로인, 기타 향정신성 약품들이다. (진통제로 쓰기 위해 합법적으로 처방되는 약품들도 장기 복용하거나 잘못 사용하면 중독성이 있다.) 어떤 물질이 사회적으로 용납되느냐 아니냐는 시대와 장소와 문화권에 따라 다르다. 앤드류 와일Andrew Weil 박사는 〈모르핀에서 초콜릿까지(From Morphine to Chocolate)〉라는 저서에서 커피나 초콜릿은 둘 다 여러 시대, 여러 환경에서 섭취가 금지된 적이 있었다고 밝혔다.

우리 엄마들은 대부분의 사람들이 기분을 향상시키는 물질이나 중독성 물질을 가끔씩 복용한다는 사실을 잘 알 것이다. 초콜릿이든 와인이든 그것에 중독되지 않았더라도 우리는 가끔 기분을 향상시키기 위해서 그것을 사용한다.

냉정해 보이는 것이 왜 위험한가

십대들도 부모들처럼 같은 이유로 약물이나 알코올을 사용한다. 기분을 향상시키거나, 고통스러운 감정을 피하거나, 어떤 일에 대한 책임감을 회피하기 위해서 다른 힘을 빌리는 것이다. 십대들은 불안하거나 겁이 날 때 '쿨하게' 보이기 위해서 약물이나 알코올의 힘을 빌린다(어른들이 낯선 사람들로 가득한 방에 들어갈 때 손에 와인 잔이나 담배를 들고 들어가는 것과 같은 이치다). 그러나 냉정하게 보이려는 것은 건강의 적이다. 약물 자체가 신체에 미치는 부정적인 효과만을 말하는 게 아니다. 냉정하게 보인다는 것은 얼굴 표정이 감정과 분리되고 마음이 몸과 분리되어 있다는 뜻이다. 약물과 알코올은 이런 분리를 촉진하기 때문에 건강에 해로운 영향을 미친다. 딸의 대학 친구가 이 문제에 대해서 매우 흥미로운 관찰을 한 적이 있다. "대부분의 학생들이 주중에는 머리만 가지고 산다. 그러나 주말이 되면 그들은 몸에 연결되고 싶어하며 일시적으로 삶의 고달픔을 잊고 싶어한다. 따라서 그들은 주말 내내 술독에 빠져 지내거나 선정적인 섹스에 탐닉한다. 그리고 월요일 아침이 되면 깨어나서 다시 머리만의 삶으로 돌아간다."

뇌 회로의 발달을 방해하는 알코올

미국 법은 스물한 살이 술을 마시기에 적합한 나이라고 규정짓고 이때부터 합법적으로 술을 마시도록 허락한다. 하지만 많은 사춘기 아이들이 그보다 훨씬 이전부터 술을 마시기 시작한다. 뇌의 전두엽이 그것을 처리할 능력을 갖추기 훨씬 전에, 그리고 이성의 회로가 여전히 형성되는 도중에 알코올을 섭취하는 것이다. 십대와 이십대 초반은 체계화, 계획 수립, 사회화, 감정 이입, 도덕관을 관장하는 전두엽 회로가 계속해서 구상되고 형성되고 조정되는 시기다. 만일 이들 뇌 회로가 주말마다 알코올에 흠뻑 젖는다면 장기적으로 뇌 회로의 발달에 부정적인 영향을 준다. 십대들이 알코올을 섭취하는 시기가 늦어질수록 알코올이 뇌의 발달에 미치는 손상이 줄어드는 것도 이런 이유 때문이다. 이런 효과는 사회적 · 교육적 발달에도 마찬가지로 적용된다.

알코올과 뇌의 발달

정기적으로 폭음을 하는 사춘기 아이들과 18~24세 사이의 젊은이들은 직업, 교육, 자신이나 가족에 대한 경제적 책임감 같은 부분에서 상대적으로 뒤떨어진다는 사실이 통계적으로 증명되었다. 여기서 말하는 폭음의 기준은 병맥주나 캔 맥주, 와인 한 병, 독주(위스키 등) 30밀리리터를 연속적으로 다섯 차례 이상 마시는 것을 말한다.[12]

또한 14~21세에 정기적으로 폭음을 하면 해마라고 불리는 기억을 담당하는 뇌 부위가 10퍼센트 정도 축소되는 것으로 밝혀졌다. 이렇게 뇌가 축소되고 나면 다시 회복될 수 있는지는 아무도 모른다. 우리는 폭음을 하는 사춘기 아이들의 지적 능력이 떨어진다는 사실을 잘 알고 있다. 공인된 신경정신학적 테스트에서 그들의 어휘 능력과 기억 능력이 떨어진다는 사실이 입증되었다.

동물 실험에서도 알코올은 학습에 필요한 뇌의 화학물질인 아세틸콜린의 분비를 방해하는 것으로 나타났다. 또한 성숙한 동물에게는 아무런 영향도 미치지 않았던 적은 양(한 병 정도)의 알코올도 어린 동물의 학습 능력에는 심각한 손상을 끼치는 것으로 밝혀졌다.

알코올은 생각이나 문제 해결 능력, 학습 능력, 기억력 등을 손상시키는 것 이상의 해로운 영향을 미친다. 특히 사춘기에는 이 같은 기능을 담당하는 뇌의 부위에 좀더 장기적인 손상을 일으킨다.[13] 그 이유는 이 시기가 특히 경험을 통한 학습이 이루어지는 기간으로 뇌의 가소성 (plasticity, 회복 능력)이 최고조에 달하기 때문이다. 우리는 어른이 되어서도 계속 배우지만 뇌의 가소성은 나이를 먹으면서 쇠퇴하며, 어린 시절의 생각이나 행동은 뇌에 깊이 각인된다.

듀크 대학 메디컬센터의 약리학과와 심리학과 교수들이자 〈안다고 말하라(Just Say Know)〉의 공동 저자인 신시아 쿤Cynthia Kuhn 박사와 스코트 슈바르츠벨더Scott Swartzwelder 박사, 윌키 윌슨Wilkie Wilson 박사 팀은 이렇게 설명했다. "젊은 뇌는 신경세포 사이의 영구적인 연결 고리를 형성해가는 과정에 있으므로 이 시기에는 어떤 화학 물질도 그 과정에 변화를 일으켜 남은 평생 동안 예측할 수 없는 영향을 미칠 수 있다." 또한 뇌는 약물의 반복적인 사용에 반응해서 그 민감성을 축소시키기 위해서 스스로 변형되고 적응된다. 위의 저자들은 이렇게 지적했다. "우리는 사춘기의 뇌가 알코올의 지속적인 노출에 어떻게 '적응'하는지에 대한 정보가 거의 없다. 그러나 다른 약물의 실험 결과로 미루어볼 때 뇌의 내성이 알코올에는 훨씬 약할 것으로 추측된다. 이 말은 장기적으로 뇌가 더 많은 손상을 받는다는 뜻이다."[14]

| 십대의 알코올 섭취 |

알코올은 우리 사회에서 선택이 가능한 약물이다. 애니멀하우스(남학생들의 클럽 하우스)에 드나들기 시작하는 시기에 정기적으로 술을 마신 - 주말 파티, 교외에 있는 집의 은밀한 '거실 주점', 대학교의 남학생 혹은 여학생 사교 클럽에서 - 수많은 청소년들은 평생에 걸쳐 알코올 중독증에 걸릴 가능성이 크게 증가한다. 여기서 주목할 단어는 '정기적'이다. 한 친구의 딸이 대학에서 함께 지냈던 룸메이트는 주말마다 방을 나서기 전에 항상 술을 몇 모금 미리 들이켜는 '예비 치료'를 했다고 한다. 그런 다음 나머지 저녁 시간 내내 술을 마시곤 했다는 것이다. 이런 그녀의 모습은 많은 대학생들의 전형적인 모습이다.

미성년자인 그들이 술을 마시는 것은 불법이지만 대부분의 십대들은 쉽게 알코올을 구할 수 있다. 술을 마시는 십대들의 부모 대부분은 그들이 얼마나 자주, 얼마나 많은 양의 알코올을 마시는지 제대로 파악하지 못하는 실정이다. 미시건 대학에서 최근에 실시한 '미래에 대한 고찰'이란 프로젝트는 십대들의 알코올 섭취가 얼마나 널리 유행되었는지를 보여준다.

	중학교 2학년	고등학교 1학년	고등학교 3학년
과거에 마신 경험이 있는 아이	43%	65%	73%
최근 30일 안에 마신 아이	22%	41%	50%
과거에 술에 취한 경험이 있는 아이	19%	42%	53%
최근 30일 안에 술에 취한 경험이 있는 아이	8%	24%	32%
지난 2주 안에 한 번에 5병 이상을 마신 아이	15%	25%	31%

한 번에 5병 이상을 마시는 것은 폭음으로 간주된다.[15]

712

왜 법적으로 허용되는 나이가 21세인가

미국에서 법적으로 술을 마시는 것이 허용되는 나이는 스물한 살이다. 대부분의 사람들이 알코올을 다룰 충분한 판단력을 갖추었다고 동의하는 나이인 것이다. 특히 술을 마시고 운전해서는 안 된다는 사실을 확실히 인식하는 나이라고 생각한다. 미국의 '음주운전 반대 어머니회(MADD)'가 실시한 조사에 따르면, 미국의 여러 주에서 음주 가능한 나이를 21세에서 18세로 낮추었던 1960년대 말과 1970년대 초에는 18~21세 청소년들의 고속도로 사망률이 크게 증가했다는 것이다. 한 예로, 대부분의 주에서 음주 가능한 나이가 18세이던 1982년에는 교통사고 사망자 중 술을 마신 젊은 운전자의 비율이 55퍼센트에 이르렀다. 따라서 1980년대 초에는 음주 가능한 나이를 18세에서 21세로 다시 환원하려는 움직임이 시작되었다. 여러 주에서 그 법안이 통과되었으며, 그 후 고속도로 사망자의 비율이 얼마나 달라졌는지를 점검했다. 조사 결과, 음주 가능한 나이를 21세로 높인 후에 교통사고로 인한 십대들의 사망률 – 일부 주에서는 28퍼센트까지 – 이 크게 감소했다. 실제로 음주로 인한 교통사고 사망률은 1982년 이후에 절반으로 크게 줄었다. 한 조사 결과에 따르면, 음주 가능한 나이가 상향 조정된 시기를 전후한 약 20년 동안인 1975~2002년까지 21,000명의 생명이 죽음을 면한 것으로 나타났다.[16] 이것은 반가운 소식이지만 음주운전의 피해 – 그리고 공중보건의 여러 면에 대해서 – 에 대해서는 아직도 갈 길이 멀다. 미국 고속도로 교통안전협회의 통계에 따르면, 지난 2000년에 15~20세 사이의 청소년 6,390명이 음주운전으로 사망했다. (이들 모두가 음주운전을 한 것은 아니고 일부는 차에 동승했다.)

십대의 뇌 기능과 알코올

음주운전 통계가 말해주듯이, 우리는 알코올이 젊은이들의 뇌에 미치는 장기적인 영향뿐 아니라 단기적인 부작용에도 관심을 가져야 한다. 전자는 비교적 천천히 드러나지 않게 진행되는 데 반해 후자는 빠르게 그리고 때론 치명적으로 영향을 미친다. 십대들은 24세 이상의 성인에 비해 적은 양의 알코올에도 취하며 자기가 취한 것을 느끼지 못하는 것으로 밝혀졌다. 십대들이 음주 후에 경험하는 기억력, 인지도, 판단력, 운전 능력의 감퇴와 똑같은 효과를 경험하려면 성인들은 2배의 알코올을 마셔야 한다.

사춘기 아이들은 어른에 비해 빨리 취하지만 취기를 느끼거나 운전 능력이 감퇴되거나 의식이 혼미해지는 증상은 훨씬 천천히 나타난다. 같은 양의 술을 마신 어른과 비교할 때, 십대들은 의식을 잃거나 비틀거리는 경향이 덜하다. 이 말은, 십대들은 술에 취하기 쉬우며 음주운전과 같은 위험한 행동을 하게 될 가능성이 높다는 뜻이다. 자기가 술에 취하지 않았다고 생각하기 때문이다. 달리 말하면 그들은 느끼지 못할지라도 알코올은 성인의 뇌보다 젊은이의 뇌에 더 큰 영향을 미친다.

알코올은 그들의 뇌에 빠르게 흡수되지만, 대부분의 십대들은 올바른 판단을 관장하는 전두엽 회로가 알코올의 부작용을 상쇄할 만큼 충분히 견고하지 않다. 그들이 '어지러운' 기분을 느낄 때는 성인들이 그런 기분을 느낄 때보다 훨씬 많이 마신 상태일 뿐 아니라 음주운전에 대한 판단력도 훨씬 떨어져 있는 상태다. (취한 상태에서도 합리적인 사고가 가능한 성인을 모델로 삼으면 안 된다!) 십대들이 음주운전 사고를 많이 내는 것도 이런 이유 때문이다.

십대들에 대한 최근 기사나 신경과학계의 최근 연구는 다음과 같이 지적했다. "인간의 뇌는 예전에는 열두 살이 되면 발전이 완성된다고 여겼지만 20대 초나 중반까지 성장과 발달이 지속된다. 그리고 마지막으로 발달되는 부위는 성숙한 행동—충동을 자제하고, 감정과 도덕적 사고 사이의 균형을 유지하는—을 관장하는 전두엽이나 전전두엽이다." 어떻게 십대들이 자기 자신이나 다른 사람에게 장기적인 해를 끼치지 않고 사춘기를 극복할 수 있느냐는 질문에 발달 신경과학자인 애비게일 베드Abigail Baird 박사는 이렇게 대답했다. "좋은 부모가 되고자 하는 그들의 생존 본능 덕분이며 이것은 '외부의 전두엽'을 가진 것과 같습니다."17)

알코올의 사교적 효과

술을 마시는 것은 이제 의료계를 비롯한 사회 전반에 걸쳐 지극히 정상적인 일로 받아들여진다. 나는 술이 없는 의료계 회의에 가본 적이 없다. 그들은 가끔 이것을 농담 삼아 '리버(간肝) 라운드'라는 별칭으로 부른다. 나는 심각한 알코올 중독증에 걸린 의사들과 일한 적도 많다. 그로 인한 부정적인 피해는 가히 충격적인 수준이다. 나는 알코올에 대한 우리 사회의 지나친 사랑이야말로 와인이 심장병에 유익하다는 효과를 증명하기 위해서 그렇게 많은 연구가 이루어지는 이유 중 하나라고 생각한다. 그러나 우리는 포도주스에 들어 있는 항산화제나 항산화제 비타민을 섭취하는 것만으로도 와인과 같은 효과를 얻을 수 있다.

이 '사랑병'의 뿌리는 종종 십대 시절로 거슬러 올라간다. 그들은 사교적인 자리에서 윤활유 역할을 하는 알코올의 유혹을 뿌리치지 못한다. 그러나 모든 파티에서 손에 술잔을 들고 고등학교 시절을 보낸 십대들은 알코올의 힘을 빌리지 않고 건전한 인간관계나 유대감을 맺는 기술을 배우지 못한다. 불편한 자리를 해결하는 기술을 배우는 대신에 그들은 단지 그 자리를 모면하기 위해 술로 불편한 기분을 마비시키기 때문이다. 그렇다. 사춘기에는 불편하고 어색한 상황에 처하게 될 경우가 많다. 물론 그것은 성인이 되어서도 마찬가지다. 어떤 의미에서 우리 모두는 낯선 사교 모임에 들어갈 때 느끼는 기분에서는 중학생 수준을 벗어나지 못한 셈이다. 그러나 이런 불안감을 알코올로 치료하려는 태도는 장기적으로 십대들에게(그리고 누구에게나) 도움이 되지 않는다.

성장해서 집을 떠나 대학에 가거나 혼자 힘으로 살아가야 할 때가 되면 인간관계나 사교 생활은 더욱 복잡해진다. 이 시기에 알코올이나 약물 사용이 급증하는 이유 중 하나다. 고등학교 시절에 정기적으로 술이나 약물을 사용하는 젊은이들은 이런 버팀목의 도움 없이 사교적 압박감이나 불안감을 다루는 법을 배우지 못할 것이다.

한 친구는 지나치게 잦은 음주로 최근에 결국 음주운전 딱지를 뗀 후에 술을 끊겠다고 선언했다. 이런 결심을 한 후 그녀는 이렇게 고백했다. "술을 마시지 않으니까 파티가 전처럼 즐겁지 않다는 걸 알았어. 알코올이 사교 생활을 즐기는 내 능력을 얼마나 감퇴시켰는지를 뼈저리게 느낀 거야. 정신이 번쩍 들더구나!" 그 친구에게는 열 살 된 딸이 있다. 그녀는 딸에게만은 알코올의 힘을 빌리지 않고 즐거운 시간을 보낼 수 있는 사교적인 기술을 가르칠 거라고 맹세했다.

알코올의 부작용은 왜 인식하기 힘들까

알코올은 우리 사회에서 가장 오래되고 가장 인기 있는 약물이다. 우리 사회를 구성하는, 없어서는 안 될 요소다. 친구와 코가 삐뚤어지게 혹은 꼭지가 돌게 술을 마시는 것은 살면서 누구나 한 번쯤 거치는 통과의례다. 따라서 많은 부모들이 자기도 십대 시절에는 술독에 빠져 지냈지만 지금은 어른으로서의 의무를 다하기 때문에 자기 아이들이 술 마시는 것을 대수롭지 않게 생각한다. 아직 합법적인 나이가 되지 않은 아이들에게도 마찬가지다.

이 문제를 좀더 논리적으로 다뤄보자. 임산부는 알코올이 태아의 급속한 뇌 발달에 악영향을 미치므로 피해야 한다. 이는 이미 널리 알려진 사실이다. 우리는 또한 알코올이 어린이의 뇌 발달에도 부정적인 영향을 미친다는 사실을 안다. 앞서 살펴보았듯이, 사춘기의 뇌 역시 성장과 발전을 지속하며, 그 과정은 20대까지 계속된다. 우리 사회는 젊은이들이 자전거나 스키를 탈 때 뇌가 다치는 것을 막기 위해 헬멧을 써야 한다고 주장한다. 그러나 사고로 뇌가 손상되는 일보다 알코올 때문에 파괴되는 뇌세포가 훨씬 많다는 사실을 아는가!

알코올이 신경에 독이라는 사실은 자명하다. 알코올이 뇌세포를 파괴하는 정도는 그 양에 따라 좌우된다. 니코틴이나 카페인 같은 중독성 물질도 마찬가지다.

알코올이 여성의 건강에 미치는 영향

십대 시절의 음주는 나머지 일생 동안 알코올과의 관계를 결정짓기 때문에 엄마와 딸이 알코올이 건강에 미치는 악영향을 이해하는 일은 매우 중요하다. 아무리 적은 양이라도 매일 술을 마시는 것은 유방암 발병률을 9퍼센트나 증가시킨다는 사실이 입증되었다. 당신이 매일 술을 마실 때마다 유방암에 걸릴 가능성이 그만큼 커진다는 뜻이다. 하루에 5병의 술을 마시는 여성은 유방암에 걸릴 확률이 40퍼센트나 증가한다.

알코올은 간에서 분해되는데 바로 그곳에서 에스트로겐의 신진대사가 일어나기 때문이다. 그 결과, 술을 마시는 여성은 에스트로겐 수치가 올라가게 되고 시간이 흐르면서 유방암에 걸릴 가능성이 증가한다. 모든 여성들은 유방암에 대한 유전적인 요인을 걱정하며 온갖 수단을 동원해서 예방하려고 애쓴다. 그러나 그들은 손에서 술병을 내려놓아야 한다는 사실도 간과하지 말아야 한다![18] 알코올도 정제된 탄수화물임을 잊지 말라. 그것은 혈당을 급격히 상승시켜 체중 증가를 초래한다. 나는 십대 소녀들이 정기적으로 술을 마실 때 체중(특히 복부)이 크게 느는 것을 많이 목격했다.

딸에게 음주에 대해 어떤 것들을 가르쳐야 할까

십대 아이에게 알코올이 뇌의 발달에 어떤 영향을 미치는지에 대해 가르쳐라. 만일 당신이 십대 시절에 술을 마셨다면, 지금 아는 것을 그때도 알았더라면 술 마시는 시기를 늦췄을 거라고 말해주라. 당신의 아이가 가능한 한 늦게 술을 시작하도록 격려하라.

만일 집안에 알코올 중독자가 있다면 그들에게 이 사실을 알리고 술을 마시면 그들의 삶이 어떻게 될지에 대해서 이해시켜라. 일반적인 통계에 따르면, 알코올 중독자의 아이들 중 40퍼센트가 성장한 후 알코올 중독자가 되었으며, 손자도 25퍼센트가 알코올 중독자로 변했다.

알코올이 사교적인 윤활제로 쓰이긴 하지만 결국은 좋은 결과를 낳지 못한다는 사실을 아이들에게 말해주라. 그들에게 알코올로 인한 인간의 행동에 대해서 과학적인 관찰자가 돼보라고 권하라. 그들은 관찰을 통해서 알코올이 사교 생활에 도움이 되지 않는다는 사실을 알게 될 것이다. 그 효과는 오히려 반대다. 알코올은 부적절한 행동을 하게 하고 진정한 유대감을 맺는 능력을 방해한다. 한 친구는 이렇게 표현했다. "파티에서 한 남자가 다가와서 작업을 걸면서 너에게 관심을 보일 때 만일 그 남자가 술에 취했다면 진지하게 받아들이지 않을 거야. 너와 얘기하고 싶은 것이 알코올의 힘인지 그 남자의 진심인지 알 수가 없을 테니까 말이야." 알코올은 신경 안정제인 발륨처럼 뇌를 진정시키는 효과가 있다. 즉 그것은 불안 완화제의 일종인 것이다. 사람을 느슨하게 만들고 지나치게 긴장감을 없애므로 때로는 다음 날 상쾌한 기분으로 하루를 시작하지 못할 수도 있다. 대학생인 한 환자는 이렇게 말했다. "저는 마침내 냉장고에서 맥주를 치우기로 했어요. 아침에 술이 덜 깨서 헤매지 않고 상쾌하게 일어나는 것은 정말 기분 좋은 일이에요."

아이들에게 알코올이 없이도 자신에게 충실할 수 있는 자신감과 용기를 가지라고 말하라. 우리 딸에게는 술도 마시지 않고 담배도 피우지 않는 좋은 친구가 있다. 그의 철학은 이렇다. "나는 화학 물질의 도움 없이도 충분히 즐거울 수 있고 나를 표현할 수 있다는 생각에 중독되어 있어." 모든 사람들이 본받을 만한 훌륭한 생각이 아닌가! 다른 아이들이 아무리 술을 마시더라도 같이 마시지 않고도 친구들과 즐길 수 있다고 아이들에게 가르쳐라. 중요한 것은 유머와 비판적이지 않은 태도다. 알코올이 아닌 음료가 든 잔을 손에 들고 동참하는 것처럼 보이게 만드는 방법도 있다. (740쪽 '친구들의 압력에 유머러스하게 효과적으로 대처하는 방법을 가르쳐라' 참조)

결론적으로 말하면, 아이에게 술에 대해 얘기할 때 법을 지키는 것이 당신의 임무임을 잊지 말라. 미성년자의 음주는 불법이다. 당신의 아이들은 그들이 불법적인 행동을 할 때 결코 용납되지 않을 거라는 사실을 알아야 한다.

🐚 테리와 테드의 경우—알코올에 대해 진지하게 생각하다

다음의 이야기는 내가 개인적으로 또는 의사로서 만난 사람들에 근거한 것으로, 알코올의 부작용에 무심했던 부모들에 대해 설명하기 위한 것이다. 알코올이 십대의 뇌에 미치는 악영향에 소홀하거나 알코올과 십대에 관련된 법에 무관심한 부모들은 큰 비극을 몰고 올 사건의 고리를 만들 수도 있다.

테리와 테드는 존과 재클린이라는 두 십대 아이를 둔 부모다. 쉰한 살인 테리는 가족 행사 때마다 알코올이 빠지지 않는 집안에서 자랐다. 세례식, 졸업식, 결혼식, 장례식이든 저녁을 먹고 TV를 시청하는 단순한 모임이든 그곳에는 항상 맥주나 와인이 준비되어 있었으며, 십대들도 어른들과 함께 적당한 양의 술을 마실 수 있었다. 합법적으로 음주 가능한 나이는 21세였지만, 테리는 어려서부터 집에서 항상 술을 마시며 자랐기 때문에 자기 가정에서도 '21세의 법칙'을 따르지 않았다. 테리와 테드는 만일 그들이 알코올에 대해 적정한 선을 지키면 아이들도 파티에서나 음주운전에서 도를 넘지 않을 거라고 생각했다. 그들은 알코올에 대해서 부정적으로 생각하지 않았고 아이들에게도 가끔씩 와인을 몇 모금 마시도록 허락했다. 아이들이 십대였을 때는 그들과 함께 맥주를 마신 적도 있었다. 두 사람은 누구도 과음하지 않았기 때문에 그들은 알코올에 대한 자신들의 태도가 지극히 정상적이라고 믿었다.

존과 재클린은 둘 다 모범생이었고, 우등생 명부에 이름이 올라 있었으며, 여러 방과 후 활동에 적극적으로 참가했다. 존과 재클린이 친구들을 집에 데려오면 테리와 테드는 아이들이 TV에서 축구를 보거나 수영장에서 게임을 즐기는 동안 약간의 맥주를 마시는 것은 큰 문제가 되지 않는다고 생각했다. 두 사람은 자기들이 다른 '빡빡한' 부모들과 달리 '쿨하다'는 말을 듣는 것을 즐겼다.

재클린이 고등학교 3학년이었을 때, 테리와 테드는 둘이서 주말에 스키를 타러 가기로 결정했다. 그들은 아이들을 불러놓고 만일 친구들을 집으로 초대해서 놀 생각이면 분별 있게 행동하라고 단단히 일렀다.

일요일 저녁 집으로 돌아왔을 때, 테리와 테드는 누군가가 앞뜰 잔디밭에서 차를 지그재그로 몰아 사방에 타이어 자국을 남겨놓은 것을 보고 아연실색했다. 집 안에는 살균제 냄새가 진동하는 걸로 봐서 방금 청소를 마친 것 같았다. 집 밖에는 빈 맥주 캔과 술병으로 가득 찬 쓰레기봉투가 여러 개 놓여 있었다. 두 아이들은 지치고 불안한 모습으로 나타났다.

어떻게 된 일이냐고 묻자 존과 재클린은 토요일 밤에 집에서 조촐한 파티를 열었다고 고백했다. 그런데 파티가 통제를 벗어나 걷잡을 수 없이 커져서 인근 마을에 사는 모르는 사람들까지 참석했다는 것이다. 존과 재클린은 상황이 통제할 수 없도록 악화되자 어찌할 바를 몰랐다. 손님 중 한 사람은 온수 욕조에 거꾸로 다이빙을 했으며, 몇몇 아이들은 지붕에 올라가기도 했다. 또 다른 아이들은 현관 앞 원형 차도를 따라 도넛 모양으로 차를 몰기도 했다. 재클린은 부모님 침실에서 두 명의 친구가 섹스를 하는 장면을 목격했다.

아이들이 점점 술에 취하자 상황은 더욱 악화되었다. 마침내 두 아이가 싸우기 시작했고 한 아이가 다른 아이의 머리에 맥주병을 내려쳐서 의식을 잃게 만들었다. 모든 사람들은 겁에 질렸다. 만일 그를 병원에 데려가거나 119를 부르면 그들은 모두 미성년자 불법음주로 체포될 상황이었다. 그리고 존과 재클린의 부모님도 집에서 벌어진 일에 대한 법적인 책임을 져야 할 판이었다. 더구나 누가 운전해서 응급실로 데려간단 말인가? 이 사건으로 마침내 파티는 중단되었다. 몇몇 사람들은 어지럽혀진 집 안을 치우기 시작했고, 나머지 사람들은 의식을 잃은 아이 주변에 둘러서서 아이가 정신을 차리길 기다렸다. 다행히도 아이는 겉으로 보기에는 큰 문제없이 깨어났다.

테리와 테드는 이 사건으로 대단히 화가 났다. 그들은 아이들이 알코올을 현명하게 사용하는 법을 안다고 생각했다. 도대체 뭐가 잘못된 것일까?

테리와 테드는 많은 다른 부모들과 다를 바 없었다. 그들은 알코올이 아직 발달 단계에 있는 십대의 뇌에 어떤 영향을 미치는지를 몰랐을 따름이다. 만일 알았다면 아이들이 친구들과 집에서 술 마시는 걸 허용하는 것이 어떤 결과를 초래할지 더 잘 예측할 수 있었을 것이다. 그리고 아이들이 그런 비극적인 상황에 연루되도록 방치하지도 않았을 것이다.

✿ 지혜의 샘 | 음주 가능한 나이는 왜 정해두어야 하는가

십대의 알코올과 약물 사용에 대해서는 토론의 여지가 없다. 그것은 불법이며 위험하다. 더 이상 말이 필요 없다. 우리는 그것이 왜 위험한지 이유를 알기 때문에 21세 이전에는 법적으로 금지해야만 한다는 사실에 동의한다. 우리는 또 성장하고 있는 뇌가 정기적으로 약물과 알코올에 노출된다면 심각한 부작용을 초래한다는 사실도 안다. 알코올은 한 병만 마셔도 사춘기 아이들이나 젊은이들의 학습 능력을 손상시킨다는 사실이 입증된 신경독이라는 것도 이해한다. 십대들은 술을 한 병만 마셔도 음주 측정기에 걸린다.[19] 단 한 병이다. 우리는 알코올이 판단력, 협동력, 언어 능력을 손상시킨다는 것을 안다. 그리고 십대의 음주는 나중에 알코올 중독으로 발전할 가능성이 있다는 것도 안다. 1998년에 '알코올 남용과 알코올 중독 방지를 위한 국립협회'가 실시한 조사에 따르면, 15세 이전에 정기적으로 술을 마신 십대들의 40퍼센트가 어른이 되어서 알코올 남용 증상을 보인 것으로 나타났다!

하지만 알코올은 우리 사회 곳곳에 깊숙이 침투해 있다. 당신은 어린 아이들의 알코올 섭취를 어느 정도 반대하는가? 당신의 태도나 행동은 다른 어떤 요인보다 아이에게 큰 영향을 미친다. 따라서 당신 자신이 그 위험성에 대해서 확실히 배워야 한다.

우리 딸 케이트가 고등학교 졸업반일 때 스페인어 반 아이들과 1주일 동안 스페인으로 여행을 간 적이 있었다. 나는 다른 부모들과 아이들이 스페인에서 저녁 식사에 초대받았을 때 그 가족들과 포도주나 샹그리아(포도주에 주스를 탄 칵테일 음료)를 마시도록 허락할 것인지에 대해 긴 토론을 벌였던 기억이 난다. 그때 내 반응은 이랬다. "로마에 가면 로마법을 따르라." 다시 말해서 만일 우리 딸이 스페인에서 현지 가족들과 포도주를 마시길 원한다면 안 될 이유가 무엇인가? 이와 비슷한 경우로 관대한 고모 한 분이 우리 아이들이 16세, 18세일 때 파리로 여행을 데리고 간 적이 있었다. 그들은 파리지엔들처럼 저녁 식사 중에 포도주를 마시겠다고 했고 나는 별로 개의치 않았다. 이 책을 쓰고 있는 지금 우리 딸들은 21세, 23세이며 둘 다 알코올과 건전한 관계를 유지하고 있다. 사교 생활을 위해서나, 기분을 향상시키기 위해서나, 잠을 청하기 위해서 사용하는 법은 없고 아주 가끔씩 필요한 순간에만 술을 즐긴다.

당신은 엄마로서 알코올에 대한 자신의 입장을 분명히 해야 한다. 술을 즐기는 가족이라면 그렇지 않은 가족과 다른 생각을 가졌을 것이다. 당신의 술 습관은 술에 대한 당신의 입장에 영향을 미칠 것이다.

내가 어렸을 때, 우리 아버지는 퇴근해서 돌아오시면 1주일에 세 번 정도 셰리 주(스페인 산 백포도주)를 한 잔씩 마시곤 하셨다. 또한 주말에 사교 모임이 있을 때는 포도주나 맥주를 마시기도 했다. 나는 아버지가 취한 모습을 본 적이 없지만, 엄마는 아버지가 가끔 특히 2차 세계대전 때 사귄 친구를 만날 때면 옛날을 회상하며 취하기도 한다고 말씀하셨다. 우리 엄마는 술 맛을 싫어했기 때문에 술은 입에 대지도 않았다. 이런 성향은 내게도 그대로 대물림되었다. 우리 딸들이 어렸을 때도 술을 싫어하는 내 태도는 우리 집안의 분위기에 결정적인 영향을 미쳤다. 우리 집에는 항상 포도주나 위스키가 있었지만(대부분 선물로 받은 것이었다) 술병에는 먼지가 뽀얗게 쌓이곤 했다. 남편은 아주 가끔씩 술을 마셨으나, 항상 긴급 호출에 대비해야 하는 의사라는 직업을 가졌기에 취하도록 마시지는 않았다. 나는 내가 자랄 때나 결혼 후에도 술에 대해 문제가 있는 가족을 본 적이 없었기 때문에 나는 마시지 않더라도 적당한 음주는 크게 반대하지 않는다. 그리고 다른 사람들이 내가 있는 자리에서 술을 마실 때 불편함을 느끼지 않도록 주의한다. 그러나 당신이 술에 대해 더 부정적인 경험을 했다면 아이들이 아주 가끔씩 술을 마시는 것조차 허락하고 싶지 않을 것이다. ✲

중독성 약물 중 가장 피해야 할 담배

미국 대부분의 주에서 18세 이하의 청소년이 담배를 사는 것은 법적으로 금지되어 있지만, 십대들은 이 법을 알코올에 대한 법보다 더 잘 지키지 않는다. 대단히 부끄러운 일이다. 앤드류 와일 박사가 지적했듯이, 흡연은 뇌에 직접 헤로인을 주입하는 것과 같으며 담배 한 개비를 피우는 것만으로도 중독될 수 있다. 따라서 모든 중독성 약물 중에서도 담배는 시험 삼아 한 번 피워보는 것조차 금지해야 할 대상이다.

어린 시절의 내 경험을 소개한다. 내가 열한 살 때 우리 부모님은 부엌 식탁에 아이들을 모두 모아놓고 우리 앞에 담배 한 갑을 내놓으며 말씀하셨다. "우리는 너희들이 몰래 숨어서 담배를 피우고 시치미를 떼도록 만들기보다 차라리 집 안에서 피워볼 기회를 주는 것이 좋겠다는 결론을 내렸단다." 아버지는 담배에 불을 붙여서 하나씩 돌리셨다. 나는 곧바로 담배 냄새가 싫어지고 코가 빨갛게 변했다. 다른 형제들도 고통을 느꼈다. 그러나 당시 열다섯 살이던 큰오빠는 이미 피운 경험이 있었는지 아무렇지도 않았고, 그 후 25년 동안 담배를 피웠으며, 30대 후반까지도 끊지를 못했다.

당시 우리는 흡연이 얼마나 위험한지 확실히 몰랐다. 그러나 오늘날은 많은 사람들이 흡연의 위험성에 대해 충분히 인식하고 있다. 특히 여성의 건강과 관련해서는 그 목록이 더욱 길어진다. 담배와 그 안에 내포된 물질은 자궁경부암을 일으키고, 난소를 오염시키며, 피부를 노화시키고, 불임과 유산과 조산아 출산과 유방암과 폐암의 원인이 된다. 미국에서는 매년 80,000명의 여성과 92,000명의 남성이 폐암에 걸린다. 이것은 암으로 죽는 전체 여성의 25퍼센트에 해당하는 숫자다.[20] 또한 여러 통계들은 오늘날 여자 아이들이 남자 아이들보다 담배를 더 많이 피운다는 경고를 보내고 있다. 니코틴이 식욕을 억제해서 몸매를 날씬하게 가꿔준다고 믿기 때문이다.

이유야 어떻든 십대들이 담배를 피우기 시작하는 것은 대중 매체의 영향이 크다. 십대들이 날씬한 몸매에 가장 예민한 나이라는 점을 감안할 때 이 말은 설득력이 있다. 대중 매체는 날씬해지기 위한 방법을 제시하는 강력한 매개체이기 때문이다. 최근 들어 부쩍 젊은 여성들의 흡연 장면이 많이 방영되는 것은 매우 흥미로운 일이다. 다음은 광고가 얼마나 흡연에 막대한 영향을 미치는지에 대한 구체적인 사례들이다.

1988~1996년 사이에 미국 십대들의 흡연은 73퍼센트가 증가했다. 708,000명이던 흡연자가 1,200,000명으로 증가한 것이다. 또한 흡연을 시작하는 십대의 비율도 50퍼센트나 크게 늘었다. 1988년에 1,000명당 51명이던 십대 흡연자가 1996년에는 1,000명당 77명으로 늘어난 것이다. 이 통계는 미국 질병통제센터(CDC)에서 발표한 것으로, 1988년은 RJ 레이놀드라는 담배 회사가 조 카멜이란 낙타 캐릭터를 등장시켜 매우 성공적인 광고 효과를 거둔 해이며, 1996년은 미국식품의약국(FDA)이 광고에 조 카멜의 사용을 금지한 해다.[21]

물론 광고는 사람들에게 긍정적인 효과를 미칠 수도 있다. 1997년 메인 주에서는 한 담배 회사가 흡연의 부작용을 포함한 매우 적극적인 광고를 등장시켰다. 그 결과, 십대 청소년들의 흡연율이 47퍼센트나 감소되는 효과가 나타났다. 강력한 광고 효과를 증명하는 좋은 사례인 동시에 매우 양심적인 광고라고 할 수 있다.

흡연에 대해서는 대중 매체나 친구들의 압력이 강력한 영향력을 발휘하지만, 아직은 부모들의 힘이 더 막강하다. 최근 다트모스 메디컬스쿨에서 실시한 한 연구에 따르면, 흡연에 대한 부모님의 강력한 반대를 인식하는 청소년들은 친구들에 비해 흡연자가 될 확률이 절반으로 줄어드는 것으로 밝혀졌다. 비록 담배를 피우는 부모나 형제가 있더라도 효과는 달라지지 않았다. 여기에 덧붙여서 부모님한테 처벌받을 거라는 생각에 친구들의 압력도 강하게 거부하는 것으로 나타났다.[22]

이 연구는 또 일관성의 가치를 보여주기도 했다. 부모들이 시간이 지나면 흡연에 대해서 한결 관대해질 거라는 생각을 가진 아이들은 더 쉽게 흡연 습관에 물들었다. 반면, 시간이 지나도 흡연에 대한 부모들의 태도가 엄격하게 유지되거나 더욱 엄격해질 거라고 생각하는 아이들은 담배를 피우지 않게 될 가능성이 컸다. 대부분의 흡연 여성들이 열여덟 살 이전에 담배를 피우기 시작했다는 점을 감안할 때 부모들이 이 파괴적이고 끊기 힘든 중독을 사전에 방지하는 것은 매우 중요하다.

담배는 내가 전혀 관용을 베풀지 않는 약물이다. 비록 담배를 피우는 절친한 친구가 있긴 하지만 나는 우리 집이나 차 안에서나 내 주변에서는 절대 담배를 피우지 못하게 한다. 냄새를 무척 싫어할 뿐 아니라 옷이나 머리에 냄새가 배는 것도 싫기 때문이다.

나는 담배 피우는 것을 싫어하지만 그렇다고 흡연자들을 비판할 생각은 없다. 나는 그것이 얼마나 끊기 힘든지를 잘 안다. 우리 외할머니는 담배를 피우셨고 그 탓에 예순여덟이란 나이에 심장발작으로 세상을 떠나셨다. 집 앞에 쌓인 눈을 치우고 난 후에 일어난 일이었다. 흡연은 감정을 메마르게 만들고 심장 에너지를 감퇴시킨다. 나는 담배를 피우는 여성들을 볼 때마다 그들의 삶 속에 뭔가 잊고 싶은 상처가 있을 거라는 생각에 측은한 마음이 든다. 만일 그들이 담배를 끊고 싶어한다면 나는 침술을 권해주고 싶다. 많은 환자들과 친구들이 침술의 도움으로 담배를 끊었기 때문이다.

삶을 마비시키는 마리화나

미국에서는 수백만 명의 사람들이 정기적으로 술을 마시는 것처럼 수많은 사람들이 정기적으로 마리화나를 사용한다. 사춘기 아이들이라고 예외는 아니다. 한 번은 우리 큰딸이 이런 말을 했다. "엄마, 학교에서 모든 애들이 포트(마리화나의 은어)를 피워요." 마리화나는 알코올처럼 삶을 마비시킨다. 피우고 나면 사람들은 긴장이 풀리면서 몽롱한 기분을 느낀다. 주변에 있는 사람들에게 좀더 편안한 기분을 느낀다(화학 물질의 도움으로 사교성이 증가하는 것이다). 그러나 시간이 흐르면서 같은 효과를 얻기 위해서는 더 많은 중독성 물질을 흡입해야 한다.

마리화나의 또 다른 매력은 비합법적이라는 데 있다. 이 말은 마약 주변에는 수많은 의식주의자들이나 동지들이 들끓기 때문에 그들은 함께 모여서 피운다. '무언가로부터 도망치자'라는 그들의 짜릿한 문화는 부모나 권위적인 대상으로부터 독립하고 싶은 사춘기 아이들에게 대단히 매력적으로 느껴진다.

| 마리화나 사용에 대한 좋은 소식 |

수백만 명의 십대들이 마리화나를 사용하긴 하지만 다행히도 최근 들어 그 수가 줄어드는 추세에 있다. 이것은 1975년에 시작되어 아직도 진행 중인 '미래에 대한 고찰'이란 프로젝트의 결과로, 이 프로젝트는 미국 중·고등학생과 대학생, 젊은이들의 행동 양식, 사고방식, 가치관을 조사하고 있다. 이 연구는 매년 8학년, 10학년, 12학년 학생 50,000명을 대상으로 마리화나, 헤로인, 코카인, 환각제 등을 포함한 약물 사용의 실태를 조사한다. 이 광범위한 연구 결과에 따르면, 2002년과 2003년 사이에 약물 사용이 매우 느리게 감소한 것으로 나타났다. 이런 감소 추세와 더불어 각 학년 학생들은 불법 약물을 사용하는 빈도도 줄어든 것으로 밝혀졌다. 여기에 대해 연구 진행자들은 이런 견해를 피력했다. "마리화나는 가장 널리 사용되는 불법 약물이므로 이를 사용하는 빈도가 줄었다는 것은 다른 약물 사용도 감소될 것임을 예시한다고 볼 수 있다. 2003년은 고학년의 마리화나 사용이 감소한 두 번째 해이며, 저학년인 8학년의 마리화나 사용이 감소한 일곱 번째 해다. 1996년에 절정에 달했던 8학년의 마리화나 사용은 이제 3/10 정도 감소했으며, 1997년에 절정이던 10학년과 12학년은 각각 2/10, 1/10이 감소했다. 2003년의 조사에 따르면, 그 이전 12개월 동안 8학년, 10학년, 12학년의 마리화나 사용이 각각 35퍼센트, 28퍼센트, 13퍼센트 감소한 것으로 나타났다." 모든 학년의 학생들이 이전에 비해 마리화나의 위험성을 더 깊이 깨닫고 있는 것으로 밝혀졌다.

미국의 마약 정책국과 마리화나 사용의 위험성을 홍보하는 '마약 없는 미국을 위한 협력 단체'가 공동 실시한 '국립 청소년 마약 방지 캠페인'이라는 프로젝트에 참가했던 존스톤L. D. Johnston 박사는 이렇게 말했다. "대중 매체의 강력한 효과를 감안할 때 이 캠페인이 소기의 의도한 효과를 거둔 것은 당연한 일이다."[23)

마리화나와 뇌의 상관관계

알코올과 마찬가지로 마리화나도 뇌에 단기적 그리고 장기적으로 광범위한 영향을 미친다.

THC의 효과 마리화나는 실제로 황홀한 기분을 느끼는 시간보다 더 길게 뇌의 기능을 손상시킨다. 마리화나를 흡입하면 황홀한 기분은 수시간 동안만 지속되지만 마리화나 안에 든 THC(테트라히드로칸나비놀 tetrahydrocannabinol)라는 성분이 몸 안에 축적되므로 뇌의 기능에 미치는 영향은 며칠부터 한 달에까지 이를 수 있다. THC는 지용성 물질로 신체의 조직 안에 수주 동안 머무르기 때문에 실제로 흡입한 수주 후에도 소변검사로 확인할 수 있다.

학습 능력의 저하 마리화나는 학습 능력이나 기억력, 인지 능력의 속도에 해로운 영향을 미친다. THC의 지속성과 그 부작용이 배우고 기억하는 뇌의 능력을 손상시키기 때문이다. THC는 새로운 기억을 관장하는 뇌의 부위인 해마의 아세틸콜린 수치에 직접적인 영향을 미친다. 조종사들을 대상으로 모의 비행 장치를 이용해 실시한 연구에 따르면, 마리화나를 흡입한 후 배우고 기억하고 기계를 조작하는 인지 능력이 최소한 24시간 동안 쇠퇴한 것으로 나타났다. 그러나 문제는 사용자가 이런 변화를 인식하지 못한다는 것이다. 만일 사춘기 아이가 매일 마리화나를 흡입한다면 학습 능력이 떨어지는 것은 물론 약물에 대한 감정적·정신적 의존성이 갈수록 커질 것이다. 여러 해에 걸쳐 매일 마리화나를 흡입한 사용자들은 학습 능력과 기억력 그리고 집중력이 떨어지는 증상으로 많은 어려움을 겪는다. 만일 주변에 마약 상용자가 있다면 이것이 무슨 말인지 정확히 이해할 수 있을 것이다. 좀 과장되긴 했지만 〈마이티 윈드(A Mighty Wind)〉라는 영화에서 가수로 나오는 밋치라는 인물이 그 대표적인 사례.

마리화나로 인한 인지 능력 감퇴의 정도는 사용 기간에 따라 달라진다. 마리화나를 사용한 기간이 길수록 집중력 감퇴나 주의력 결핍증이 더욱 심해진다. 여러 해 동안 마리화나를 사용한 사람이 삶의 목표를 성취하려는 의욕이 감소하는 이유도 이 때문이다.

신체적 기능의 감소 마리화나는 몸을 움직이게 하는 뇌의 능력을 감퇴시켜 스포츠나 악기 연주, 운전 등을 수행하는 신체 능력을 떨어뜨린다.

중독성 마리화나는 일부 사람에게 중독성이 있다. 모든 사람은 아니지만 마리화나를 사용하는 일부 사람은 감정적·정신적으로 이에 의존하

게 된다. 만일 중단하면 그들은 불면증, 초조감, 불안감, 우울증 같은
증상을 경험한다. 그러나 담배나 알코올처럼 대부분의 사람들은 이들
약물을 특별한 부작용이 없이 가끔 적절하게 사용할 수 있다.

마리화나의 더 심각한 부작용

무기력 증후군(Apathy syndrome)　마리화나를 장기 복용하면 감각이 무뎌
지고, 삶의 목표가 없어지며, 무언가를 성취하려는 동기를 상실하고,
장기적인 계획을 수립하지 못하며, 생산성이 감소된다. 마리화나에 대
해서 꾸준히 연구해온 앤드류 와일 박사는 이런 특성들이 마리화나를
처음 사용하는 초보자들에게 더 두드러진다고 주장하지만, 나는 마리
화나의 장기 사용자들이 무기력해질 가능성이 더 크다고 생각한다. 마
리화나는 대부분의 향정신성 약물과 마찬가지로 불안감을 완화시키기
때문이다. 그러나 불안감이나 긴장감은 갈등을 해결하고, 목표를 향해
노력하고, 무언가를 성취하도록 우리를 촉구하는 감정이다. 감정은 언
제나 인지 능력에 영향을 미치며, 인지 능력은 우리의 행동에 영향을
미친다는 사실을 기억하라. 사춘기 아이들(또는 어른들)이 불안감을 유
발시키는 상황을 다루는 방법을 배우는 대신 불안감을 완화하기 위해
서 마리화나를 흡입한다면, 자신을 무기력한 상황으로 내몰게 된다.

폐의 손상　마리화나는 담배와 마찬가지로 폐를 손상시킨다. 즉 피가 산
소를 공급받는 폐포(허파꽈리)에 폐기종 증상과 비슷한 변화가 나타난
다. 이런 변화는 1년 동안 마리화나를 매일 사용했을 때 발견되며 폐 기
능 검사, 가슴 엑스레이, MTI 검사 등을 통해서 확인된다.[24]

호르몬 감소 마지막으로 일부 연구들은 마리화나가 호르몬에도 영향을 미친다고 주장했다. 정자 수와 테스토스테론 수치와 다른 생식 호르몬의 수치를 감소시킨다는 것이다.[25] 모나 리자 슐츠 박사는 이것을 '고환 축소 증후군'이라고 불렀다. 마리화나는 또한 남성의 몸 안에 여성 호르몬 수치를 증가시켜 남성에게 유방 이상 비대 증상이나 가슴 발달 증상이 나타나게 한다. 나는 실제로 장기적인 마리화나 흡연자에게서 이런 현상을 목격했다.

당신의 약물 남용 사례를 점검하라

아이들에게 알코올이나 담배, 마리화나, 기타 약물들의 피해에 대해 설명할 때 당신이 자신의 약물 사용에 대해 솔직해진다면 한결 도움이 될 것이다. 아이들은 거짓말 냄새를 재빨리 맡는 능력이 있다. 아이들이 당신 말을 따르길 원한다면 최대한 솔직해져라. 그리고 다음과 같은 질문을 자신에게 던져보라.

- 당신은 향정신성 물질을 사용한 적이 있는가?
- 당신은 아직도 그것들을 사용하는가? 어떤 환경에서 그것을 사용하는가?
- 이런 물질을 사용하는 이유가 무엇인가?
   단순히 즐기기 위해서?
   친구들과 어울리기 위해서?
   어색한 상황에 대처하기 위해서?
   우울증에서 벗어나기 위해서?

자신에 대해 더 좋은 기분을 느끼기 위해서?

고통이나 이별, 외로움, 두려움 같은 감정에서 도피하기 위해서?

- 이런 물질에 대한 당신의 집안 내력은 어떤가?
- 당신이 사용하는 향정신성 물질에 대해 딸과 의논하고 싶은가?
- 당신은 과거에 사용했던 이들 물질에 대해 딸과 얘기를 나누고 싶은가?

요점-과거에 약물을 사용했는지의 여부와 관계없이 당신은 아이가 약물과 멀어지는 것을 도울 수 있다. 더 많은 정보와 충고를 얻고 싶다면 인터넷사이트 www.theantidrug.com을 검색해보라.

🐌 테리와 테드의 경우─자신들의 내력을 밝히다

앞서 소개했던 술 때문에 파티가 엉망이 되었던 십대들의 부모인 테리와 테드는 그 일로 매우 화가 났다. 그래서 아이들에게 모범을 보이기 위해서 자기들이 먼저 술을 끊기로 결심했다.

그러나 그들은 곧 술을 끊기가 생각보다 대단히 힘들다는 사실을 깨달았다. 밤마다 술을 마시지 않으면 신경이 예민해져서 안절부절못하고 잠을 제대로 자지 못했다. 그들은 어찌할 바를 몰라 전전긍긍했으며 기분을 가라앉히기 위해 맥주나 칵테일을 한 잔 마시지 않으면 서로 눈치를 보거나 아이들 눈치를 살피곤 했다.

하지만 오래지 않아 그들은 아이들이 외출했을 때 맥주 한두 잔을 몰래 마시고 맥주 캔을 숨기곤 했다. 이렇게 몇 주가 지나자 테리는 그녀와 남편에게 해결해야 할 문제가 있음을 깨달았다. 두 사람은 아이들을 앉혀 놓고 몰래 술을 마셨음을 시인했다. 그들은 자기들을 알코올 중독자라고 불렀다. (대부분의 알코올 중독자는 빈민가의 부랑자가 아니라 성공한 중역이나 조종사나 의사들이란 점을 잊지 말라!) 존과 재클린은 매우 놀랐지만 부모에 대한 존경심이 가득 차올랐다. 그들은 자기 부모님들이야말로 진짜 멋진 사람들이라고 생각했다. 약물이나 알코올을 사용하지 않는 다른 부모들처럼 "내가 행동하는 대로 하지 말고 내가 말한 대로 해라!"라고 강요하지 않고 솔직하게 말해줬기 때문이다.

테리와 남편은 아이들을 친척집에 맡기고 캐론재단에서 실시하는 1주일 동안의 중독 치료 프로그램에 들어갔다. 시간이 지나면서 아이들은 점차 부모들과 함께 가족 모임에 참석하기 시작했으며 알코올이 그들 가족과 그들의 사교성 발달에 어떤 영향을 미쳤는지에 대해 얘기하기 시작했다. 현재 테리와 테드는 술을 전혀 입에 대지 않으며, 두 아이들도 술이나 다른 화학 물질 없이도 충분한 사교성을 갖출 만큼 자신감이 생길 때까지는 술을 마시지 않기로 결심했다.

| 알코올 중독을 진단하는 CAGE 스크린 |

알코올 남용이란 술의 해로운 사용을 말한다. 다음에 소개하는 CAGE 스크린은 의사들이 전통적으로 알코올 중독을 진단할 때 사용해온 것이다.

- C – 당신은 술을 끊어야(Cut back) 한다고 생각하는가?
- A – 당신은 술 마시는 당신을 비판하는 사람 때문에 불쾌한(Annoyed) 기분을 느끼는가?
- G – 당신은 술 마시는 것에 대해서 죄의식(Guilty)을 느끼거나 나쁘다고 생각하는가?

- E - 당신은 숙취 해소나 원기 회복을 위해 아침에 해장술(Eye-opener)을 마는가?

이 중 두세 가지에 해당된다면 알코올 중독을 의심해봐야 한다. 네 가지가 다 해당되면 당연히 알코올 중독증이라는 진단이 내려진다.[26]

술의 피해를 설명하는 말은 각 연구마다 모두 다르지만 이런 다양한 표현 자체가 질병을 일으키는 술의 부정적인 영향이 얼마나 다양한지를 설명하는 것이다. 알코올의 피해를 설명하는 유해한 사용, 알코올 중독, 알코올 남용, 알코올 의존 같은 단어들은 모두 같은 의미를 지닌 다양한 표현들이다. 그들은 모두 알코올의 문제점을 나타낸다. AA(알코올 중독 방지회)의 오랜 회원인 한 친구는 이렇게 설명했다. "문제가 되는 것은 술을 얼마나 많이 마시느냐가 아니야. 술에 대한 정신적·신체적 의존성이 문제지. 술을 마시지 않고는 하루도 버틸 수 없다면 그건 두말할 것도 없이 알코올 중독이야. 알코올 중독의 정의에 대해서 이러쿵저러쿵 말이 많은 사람들은 우리 AA회원들의 표현을 빌자면 주정뱅이의 푸념에 불과해." 나도 전적으로 동감한다.

요점 - 만일 당신의 음주가 걱정된다면 도움을 청하라. 가정의에게 말하거나, 가까운 AA를 방문하거나, 병원이나 정신건강센터에 전화를 걸어 약물이나 알코올에 대한 전문 카운슬러의 도움을 받아라. 만일 당신 아이에게 문제가 있다고 생각된다면 도움을 줄 믿을 만한 전문가를 찾아라.

약물의 도움 없이 힘든 감정을 극복하도록 아이를 돕는 방법

아이에게 집을 비롯해서 어느 곳에서도 약물이나 담배, 술 등을 사용하는 것을 절대 용서하지 말라 당신에 대한 아이들의 평판이 나빠지더라도 이런 자세를 고수하는 것은 어린 십대들에게 매우 중요하다.

좀더 현실적으로 동정심을 가지고 접근하라 아이에게 마리화나 같은 약물을 사용하는 사람은 나쁜 사람이라고 가르치지 말라. 약물이나 술을 사용하는 대부분의 사람들은 사회의 중요한 구성원인 좋은 사람들이다. 아이들에게 이해시켜야 할 것은 바로 이 점이다. "중독성 물질의 피해를 감안할 때 만일 그들이 이런 물질을 사용하지 않는다면 얼마나 더 건강하고, 행복하고, 효과적인 삶을 살 수 있겠니?"

아이에게 중독성 물질의 영향을 받지 않고 감정을 자제하는 방법과 뇌를 균형 있게 발달시키는 방법을 가르치고 당신도 실천하라 중독성 물질에 중독되는 이유 중 하나는 그것들이 뇌를 자극해서 기분을 도취시키는 화학 물질을 만들어내기 때문이다. 다시 말해서 그들은 단시간에 모든 종류의 감정적·신체적 고통을 마비시키고 황홀한 도취감을 선사한다. 문제는 이것들을 지속적으로 사용하면 '습관화' 된다는 것이다. 이 말은 원하는 결과를 얻기 위해서는 점점 더 많은 양의 물질을 사용해야 한다는 뜻이다.

그러나 다행히도 중독성 물질의 도움을 받지 않고 뇌에 동일한 화학 물질을 만들어내는 건전한 방법이 있다. 엔도르핀이나 세로토닌, 다른 '보상 화학 물질' 의 수치를 높일 수 있는 자연스러운 방법들은 무수히 많다. 믿을 만한 방법으로는 명상, 운동, 학문, 음악, 인간관계의 기술을 개발하는 것, 삶의 목적을 찾는 것 등이다. 이 모든 방법들은 자부심과 뇌의 보상 화학 작용을 높일 것이다. 다시 말해서 당신 자신과 당신 주변에 유익한 활동에 참가한다는 것은 기분이 좋아지는 일이다. 풍부한 단백질, 혈당지수가 낮은 탄수화물, 오메가-3 같은 건강한 지방산이 많이 함유된 식생활을 하는 것도 기분이 좋아지게 만드는 뇌의 화학 물질을 생성시키는 좋은 방법이다. (18장 참조)

나쁜 평판을 감수하라 약물이나 담배, 술의 사용을 묵인함으로써 딸이나 그 친구들의 그릇된 사춘기 행동에 관대한 태도를 보이는 것으로 그들의 멋진 친구가 되겠다는 함정에 빠지지 말라. 당신은 그들의 부모이지 친구가 아니다. 부모는 부모답게 행동해야 한다.

우리는 딸이나 그 친구들이 우리를 좋아하길 바란다. 그러나 십대들이 여럿이 모인 자리에 가면 마치 그들이 우리를 세상에서 제일 못난 부모로 생각하는 것 같은 기분이 든다. 당신은 내가 무슨 말을 하는지 이해할 것이다. 당신의 십대 딸이 실망스럽게 바라보면서 "엄마, 옷차림이 그게 뭐야?"라고 말하며 마치 당신과 함께 있기가 창피한 듯이 행동한다고 상상해보라. 딸아이는 당신이 자신을 못난이라고 생각하게 만들고 싶은 것이다. 만일 당신이 술이나 마약을 사용하는 딸의 쿨한 친구들에 대해 반대 의견을 솔직하게 말하면 딸은 비웃을 것이다.

사춘기 아이가 당신을 어리석고 품위 없다고 느끼게 만드는 것은 단지 자기들의 극심한 불안감을 당신에게 전가하는 것뿐이다. 아이의 이런 행동은 당신 자신이 사춘기에 해결하지 못했던 문제들에 눈을 돌리게 만든다. 그러나 그 문제들을 인식하되 딸에 대한 입장을 고수할 용기는 잃지 말라. 아이가 당신에게 진정 바라는 것은 한계와 규칙이다. ('외부의 전두엽'이 필요함을 잊지 말라. 그것은 바로 당신이다.) 열네 살 때 당신을 무너뜨렸던 친구들의 압력과 똑같은 무게의 딸의 압력을 견디려면 대단한 용기가 필요하다. 이번에는 굴복하지 말고 버텨내라!

말을 실천하라. 역할 모델이 돼라. 당신이 먼저 변하라 아이들은 1킬로미터 밖에 있는 위선도 금방 알아차린다. 그리고 당신의 행동은 말보다 훨씬 설득력이 있다. 만일 당신이 정기적으로 술이나 담배, 마리화나를 도피처로 사용한다면 당신의 아이도 따라할 가능성이 매우 크다. 특히 당신이 이런 물질들을 긴장을 풀거나 마음을 달래기 위해 사용한다면 더욱 그렇다. 위에 소개했던 연구에서 밝혀졌듯이, 당신이 담배를 강력하게 반대하느냐 아니냐에 따라 아이는 흡연가가 될 수도 있고 아닐 수도 있다. 그러나 이런 효과를 위해서는 당신이 담배(또는 다른 물질)를 피우는 것을 솔직하게 고백해야 한다. 아이에게 당신은 끊을 수 없지만 너에게는 똑같은 일이 일어나지 않길 바란다고 말하라.

담배나 술, 마약을 하는 아이의 친구를 당신이 어떻게 생각하는지 알게 하라 우리 딸들이 이런 물질을 사용하는 친구들을 집에 데리고 올 때마다 나는 항상 딸들에게, 이들이 가엾은 생각이 든다고 말한다. 아이들은 자기 자신이나 삶에 대해서 심각한 스트레스를 느끼지 않으면 이런 물질들에 중독되지 않기 때문이다. 달리 말하면, 그들도 어른들과 똑같은 이유인, 기분 전환을 위해서나 느끼고 싶지 않은 감정들에서 도피하기 위해서 이것들을 사용한다는 것이다. 사회에 적응해야 하는 불안감도 압박감을 덜어주는 이들 물질로 완화될 수 있다. 사춘기 아이들의 파티에서 볼 수 있는 음주도 비록 정도가 덜하기는 하지만 어른들의 사교 모임에서 흔히 볼 수 있는 음주나 약물 사용과 크게 다르지 않다.

사춘기는 스트레스가 많은 시기임에 분명하다. 대부분의 십대들은 친구들에게 인정받는 것을 대단히 중요한 문제로 여긴다. 그러나 이런 물질로 두려움을 치료하고자 하는 것으로 사교적, 학문적, 직업적인 진정한 기술을 개발하는 것을 대신할 수는 없다.

당신이 항상 곁에 있음을 아이가 알게 하라   어떻게 할지 모르거나 겁이 날 때 항상 당신에게 의논할 수 있음을 아이에게 말해주라. 물론 성장하면서 겪는 모든 상처와 곤경에서 아이를 보호할 수는 없다. 우리가 할 수 있는 일은 아이들에게 어떤 일이든 비판과 비난을 받지 않고 엄마와 의논할 수 있음을 알게 해주는 것이다.

내가 십대가 되어 친구들과 밤에 외출하기 시작했을 때, 우리 부모님들은 언제 어디서나 무슨 일이 생기면 전화하라고 말씀하셨다. 그러면 아무것도 묻지 않고 달려와서 도와주겠다는 것이다. 그래서 나는 파티나 데이트에서 겁이 나거나 통제가 안 되는 상황에 직면하면 언제든지 부모님께 전화해서 데리러 오길 기다리면 된다는 것을 알고 있었다. 나는 우리 딸들에게도 똑같은 말을 해주었다.

아이에게 매일 감당해야 하는 책임감에 대처하는 법을 가르쳐라   모든 사춘기 아이들은 자신의 욕구를 충족시키는 것보다 모든 일에 책임감을 갖는 법을 배워야 한다. 십대들에게 책임감을 주입시키는 - 또한 제3감정 센터의 기관(위, 소화 기관, 간, 쓸개)과 그 기능의 건강을 증진시키는 - 가장 좋은 방법 중 하나는 일을 하게 만드는 것이다. 집 밖에서 돈을 받고 일하게 하는 것도 좋고 집 안에서 매일 해야 할 일을 맡기는 것도 좋다. 돈을 받느냐 안 받느냐가 아니라 매일 꾸준히 해야 하고 일하지 않으면 표시가 나는 일이어야 한다는 것이 중요하다. 만일 개에게 먹이를 주지 않거나, 식탁을 정리하지 않거나, 빨래를 미루거나, 마루를 닦지 않거나, 어떤 일이든 맡겨진 일을 하지 않으면 주어진 권리를 박탈당하게 되는 것이다. 힘들고 귀찮더라도 어떤 일을 꾸준히 하는 능력은 책임감을 개발하는 데 매우 중요하며 삶을 어떻게 영위해야 하는지를 확실히 배우게 된다. 그리고 자신에 대한 자부심을 느끼게 만든다. 열심히 일에 몰두하는 것이 우울증이나 만성적인 통증을 비롯한 모든 종류의 문제점을 극복하는 데 도움이 되는 것도 이런 이유 때문이다. 곤경에 처한 한 소년이 일을 통해서 자신을 치유해가는 과정을 그린 〈라이프 에즈 어 하우스Life as a House〉라는 영화는 그 좋은 본보기다. 이 영화에서 주인공의 아들로 나오는 늘 침울하고 마약에 중독된 십대 소년은 아버지를 도와 집을 허물고 다시 짓는 데 필요한 기술들을 배우고 익히는 과정에서 삶의 모든 면들이 치유되고 개선되는 경험을 한다.

친구들의 압력에 유머러스하게 효과적으로 대처하는 방법을 가르쳐라 우리 부모님들은 친구들의 압력과 그에 대항하는 법을 가르쳐주셨다. 그 충고는 내게 꼭 필요했고 대단히 도움이 되었다. 담배, 술, 해로운 음식 등에 동참하길 요구하는 친구의 압력은 자부심이 부족한 데서 기인한 것임을 설명해주라. 이런 아이들은 자신의 행동에 불안감을 느끼기 때문에 다른 사람을 끌어들여 마음의 위안을 받으려다 보니 친구에게 압력을 가하는 것이다. 아이가 몇 살이든 이런 사실을 아는 것은 친구의 압력에 효과적으로 대처하며 그들과 적절한 관계를 유지할 수 있는 중요한 열쇠다. 이런 압력에 직면했을 때 할 수 있는 가장 좋은 방법은 일단 친구를 안심시키고 그 말에 귀를 기울인 다음 유머가 담긴 말로 완곡하게 거절하는 것이다. 그러나 절대 굴복해서는 안 된다. 다음에 제시한 방법들은 이런 자세를 훈련하는 데 도움이 될 것이다.

- 그들과 마음은 나누되 그릇된 행동은 나누지 말라. 예를 들어, 술을 건네주면 일단 받아라. 꼭 마실 필요는 없다. 우리 딸들은 항상 이 비법을 사용한다. 그들은 친구들의 행동에 동참하는 척하면서 밤새 술잔을 손에 들고 돌아다닌다.
- 몸이 아프다는 핑계를 대라. 친구가 담배나 마리화나를 건네주면 이렇게 사양하라. "미안해. 지난번에 그걸 했더니 온몸에 알레르기가 생겨서 병원에 가야 했지 뭐니."
- 절대로 '너보다 고상하다'는 뉘앙스를 풍기는 행동을 하지 말라. 친구를 비꼬는 듯이 부르거나 그들의 행동이 얼마나 위험한지에 대해 설교를 늘어놓는 것은 왕따를 당할 위험성을 높이는 짓이다. 나는 학교 샤워실에서 친구에게 담배를 피우지 말라고 경고했던 한 사춘기 아이를 알고 있다. 짐작대로 그 후 그 아이는 친구들 사이에서 왕따를 당했다!
- 유머를 이용하라. 만일 그들을 웃게 만든다면 곧바로 그들에게 받아들여지고 그들의 경계심은 사라질 것이다. 내 친구 모나 리자 슐츠는 친구들에게 이렇게 말하곤 한다. "미안, 난 안 돼. 지난번에 그걸 먹은 후 정신이 돌았나봐. 난 방망이가 되어서 누군가를 때렸던 것 같아. 그런 일만 없었으면 기꺼이 너희들과 함께 즐길 텐데!" 이 말은 항상 잘 먹힌다.

신의 뜻에 맡겨라 마지막으로 사춘기 아이들의 반항에 대해서는 엄마로서 최선을 다하되 그 다음엔 내버려두는 수밖에 없다. 특히 그들이 고등학교를 졸업한 나이라면 더 이상 통제하겠다는 환상을 버려야 한다. 부모로서 모든 방법을 동원해서 노력했지만 아이가 여전히 담배나 술, 해로운 물질에 빠져 있는 건 어쩔 수 없다. 그렇다고 자책하지 말라. 당신의 아이에게는 그녀를 움직이는 '전능한 힘'이 있다는 사실을 기억하라. 당신은 그 힘이 아니다. 아이는 20대 후반이나 30대 초반이 되면 다시 제자리로 돌아올 것이다.

18
자기 보살핌의 근본

- 건강을 지키는 도구 상자-

자기 보살핌의 가장 근본적인 정의는 몸을 위해 무엇을 해야 하며 그 안에 무엇을 집어넣어야 하는지에 대한 의문이다. 아이의 자기 보살핌은 매일 무엇을 먹고, 어떻게 행동하며, 무슨 운동을 하며, 어떤 유형의 건강 정보를 알고자 하는가(엄마인 당신에게서 많은 것을 얻을 것이다)에 대한 모든 것과 연관되어 있다. 자기 보살핌의 질은 건강과 행복에 지대한 영향을 미친다. 아이가 얼마나 자신을 잘 돌보느냐는 자기가 선택하는 것과 자기가 보고 느끼는 방법 사이의 상관관계를 얼마나 잘 이해하느냐에 달려 있다.

자기 보살핌과 자부심

바람직한 자기 보살핌은 확고한 자부심에서 시작된다. 아이가 자신에 대해 좋은 감정을 느끼면 당연히 자신을 잘 보살피게 될 것이다. 반면, 그렇지 못하면 자신의 가치를 인정하지 않고 자기 파괴적인 행동에 빠질 것이다. 이것은 지극히 간단한 원리다. 한 환자는 자신에 대해서 나쁜 감정이 생길 때면 절대 안전벨트를 매지 않는다고 말했다. 이 원리를 잘 표현한 말이라고 생각한다.

자기 보살핌과 자부심은 건전한 책임감과도 깊이 연결되어 있다. 사춘기는 아이가 자신의 선택을 점점 늘려가는 시기다. 따라서 엄마가 딸이 올바르게 선택할 수 있도록 적극적으로 인도해야 하는 시기이기도 하다. 당신은 아이의 인생을 건강하고 행복한 삶으로 이끌어줄 요소들을 딸보다 더 많이 알고 있을 것이다. 아래에 소개하는 것들은 사춘기에 직면하게 될 중요한 문제들을 발췌한 것이다. 이 중의 일부는 십대 소녀가 당신의 권유 없이도 스스로 진지하게 받아들일 것이며(피부 관리 등), 일부는 그 장기적인 결과를 아는 당신이 더 적극적으로 권하게 될 것이다(식습관 등). 두 경우 모두 아이에게 좋은 안내자가 될 것이다.

외부의 신경계인 피부 관리하기

피부는 태아기에 뇌와 중추신경계와 같은 층에서 분리되기 때문에 '외부의 신경계'라고 할 수 있다. 이것이 왜 당신의 생각과 먹는 음식이 피부에 영향을 미치는지를 설명해주는 이유다.

피부의 노화는 이미 십대 시절부터 본격적으로 진행되지만 그 손상-주름, 기미, 잔주름-이 수년 동안 드러나지 않는 것뿐이다. 십대는 확고한 피부 관리 프로그램을 정립하기에 가장 적절한 시기다. 그것은 딸에게 평생 윤기 있는 피부를 선사해줄 것이다. 다음은 모든 십대 소녀들이 알아야 할 정보들이다.

다이어트와 피부 평생 윤기 있는 피부를 간직하는 비결은 신체의 내부에서부터 시작된다. 그것은 건전한 식습관이다. 식습관은 얼굴에 그대로 반영된다. 혈당과 인슐린을 안정시켜주는 음식은 피부를 맑고 깨끗하게 만들어주지만, 혈당과 인슐린 수치를 높이는 음식 – 설탕, 정제된 곡물, 특히 우리가 '흰색 식품'이라고 부르는 정제된 탄수화물 – 은 여드름이나 부스럼의 원인이 된다. 혈당을 높이는 음식은 안드로겐 수치를 증가시켜 안드로겐과 에스트로겐 사이의 균형을 깨뜨리기 때문이다. 이 같은 호르몬 불균형은 피부의 지방 샘에 영향을 미쳐 여드름을 돋게 한다. (혈당을 조절하는 법을 알고 싶다면 13장을 참조하라.)

비타민과 무기질 보충제와 피부 피부는 혈액 순환을 원활하게 하고, 호르몬 균형을 유지하며, 유리기와 싸우는 모든 것들로부터 영양을 공급받는다. 여기에는 다양한 종류의 영양제들도 포함된다. 호르몬의 신진대사에 필요한 비타민B 복합체, 건강한 세포막에 필요한 오메가-3 지방산, 피부를 손상시키는 유리기와 싸울 뿐 아니라 피부에 탄력을 주는 콜라겐을 유지시키는 항산화제 비타민(비타민C 포함) 등이 여기에 속한다. (761쪽 '사춘기 아이에게 필요한 보충제' 참조)

청결과 보습과 피부 모든 사춘기 소녀들은 피부의 PH(산성도) 균형을 지켜주는(대부분의 비누는 지나친 알칼리성이다) 청결제로 매일 아침저녁 세안하는 것을 포함한 건강한 피부 관리법을 시작해야 한다. 또한 비타민E와 조효소 Q10이 포함된 제품으로 아침과 저녁에 보습을 신경 써야 한다. 피부에 대한 항산화제의 효과를 증명한 연구들은 피부 관리에 새로운 혁명을 가져왔고 그 결과 요즘 시판되는 대부분의 보습제들은 항산화제를 함유한다. 따라서 항산화제가 포함되어 있는지 상표를 확인하라. 항산화제는 피부의 콜라겐 층을 보호해서 나중에 주름이나 피부암을 방지한다. 피부 관리를 빨리 시작하면 할수록 나이를 먹어서 아름다움을 더 잘 유지할 수 있을 것이다.

스트레스와 피부　아무리 피부에 유익한 음식을 섭취하더라도 스트레스는 민감한 피부에 특히 호르몬 파동이 심한 사춘기에 부정적인 효과를 나타낸다. 따라서 뾰루지나 발진, 두드러기가 생길 가능성이 커진다. 아이에게 스트레스를 해결하는 방법을 가르쳐야 할 또 다른 이유다.

햇볕과 피부　우리 모두는 건강을 위해서 반드시 햇볕을 쬐어야 하지만 (8장의 '햇볕은 필수 영양소' 참조), 지나친 자외선은 피부의 조기 노화를 촉진하는 원인이 된다. 자외선을 쬐는 시간이 많을수록 그 악영향도 커지기 때문에 아직 어린 소녀라고 할지라도 얼굴과 목과 어깨와 가슴에 반드시 선크림을 발라야 한다.

　　나는 낮 시간에는 적어도 SPF15 이상의 선크림을 얼굴과 목과 어깨에 바르지 않고는 집을 나서지 않으며, 우리 딸들도 마찬가지다. 반면, 우리는 몸의 다른 부위에는 건강과 비타민D 효과를 위해서 정기적으로 약한 햇볕을 쬐어야 한다.

뾰루지에 대한 처방　내가 피부에 난 뾰루지를 치료하는 가장 좋아하는 방법은 티트리 오일Tea tree oil(나무에서 추출한 천연 오일)을 사용하는 것이다. 이 오일에 함유된 살균과 항균 효과 때문에 티트리 오일은 매우 이상적인 국소 치료제라고 할 수 있다. 티트리 오일은 뾰루지를 신속하게 가라앉히며 아직 돋아나지 않고 피부 속에 숨어 있는 뾰루지에 특히 효과가 크다.

식생활과 원치 않는 털 대부분의 사춘기 소녀들은 주로 사춘기에 호르몬 자극으로 나타나는 증상인 털 때문에 당황한다. 유두 주위나 아랫배, 특히 얼굴에 검은 털이 돋아나는 것이다. 이런 털은 유전적인 영향도 크지만 중동, 동유럽, 그리스, 아시아, 아프리카 같은 지역에서 흔히 볼 수 있는 증상이기도 하다. 그러나 유전적인 영향과 관계없이 혈당이나 인슐린 수치를 안정시키는 식습관은 원치 않는 털이나 여드름을 억제할 수 있다. 털이 나는 이유는 안드로겐과 에스트로겐 사이의 균형이 깨졌기 때문이다. 혈당과 인슐린의 증가가 피부의 지방 샘에 작용해서 여드름이 나게 할 뿐 아니라 모낭에도 작용해서 털이 돋아나도록 촉진하는 것이다. 어린 소녀들에게 일찍부터 음모나 겨드랑이 털, 얼굴 털이 돋아나는 주된 원인은 인슐린 저항과 혈당 스트레스다. 혈당 스트레스는 이런 증상뿐 아니라 아이나 어른 모두의 건강에 많은 문제점을 일으키는 위험 요인이기 때문에 인슐린 수치를 안정시키는 식습관을 갖도록 모든 노력을 기울여야 한다. 앞서 13장에 소개한 식생활에 대한 내용은 원치 않는 털의 성장을 억제하는 데 많은 도움이 될 것이다.

원치 않는 털에 대한 다른 처방들 요즘에는 어느 때보다 과도한 털을 억제하는 처방들을 많이 소개한다. 레이저 제모술은 갈수록 기술이 발달하며 얼굴이나 비키니 라인에 사용하면 효과적이다. 비용이 좀 비싼 게 흠이지만 수년 동안 골칫거리였던 점을 감안하면 그만한 가치가 있다. 이밖에도 왁스를 사용한 제모, 표백, 면도 등의 방법으로 원치 않는 털을 제거할 수 있다. 최첨단 기술을 사용하는 피부과나 정식 허가를 받았으며 특히 미용성형수술에 정통한 의사가 시술하는 성형외과를 권하고 싶다.

월경통은 멈출 수 있다

미국에서는 십대 소녀들의 60퍼센트가 월경통을 경험하는 것으로 나타났다. 나도 초경이 시작된 후부터 30대 후반까지 월경통으로 고생했지만 침술과 약초 요법으로 그 고통에서 해방되었다. 그때까지 월경통은 내 삶의 주된 방해꾼이었다. 나는 월경 때마다 학교에서 조퇴해야 했으며, 때로는 월경통이 너무 심해서 수술 일정을 취소해야 할 때도 있었다. 고통스럽던 내 경험을 생각할 때 그처럼 지독한 우리 집안의 유산이 나한테서 끝나고 우리 딸들에게 대물림되지 않았다는 것은 무척 다행스러운 일이다. 큰딸은 고등학교와 대학교 때 가끔씩 월경통을 경험하긴 했지만 다음에 소개하는 방법들을 통해서 완벽하게 고통을 멈출수 있었다.

어느 소녀도 월경통 때문에 몇 년씩 고생할 필요가 없다. 그것을 중단시킬 여러 효과적인 방법들이 있기 때문이다.

식생활 피부를 깨끗하게 만들고 체중을 감소시키는 건전한 식습관은 프로스타글란딘의 과도한 생성도 억제한다. 자궁 내막이 벗겨질 때 분비되는 이 호르몬은 자궁벽에 월경통을 일으키는 주범이다. 월경통을 유발하는 식품으로는 아라키돈산이 든 계란이나 붉은 고기, 유제품 등이다. 이들 음식에 민감한 소녀들은 월경이 시작되기 2주일 전부터 이런 음식을 먹지 않음으로써 월경통을 완화할 수 있다.

보충제 칼슘과 마그네슘은 특히 월경통을 방지하는 데 도움이 된다. 이들 무기질은 근육 수축을 완화하는 효과가 있기 때문이다. 비타민B 복합체와 비타민C도 도움이 된다. 다음에 소개하는 보충제들은 이들 비타민과 무기질이 필요한 양만큼 함유되어 있다. 13장에서 소개했듯이, 만일 당신이 오메가-3 지방산을 오메가-6 지방산보다 적게 섭취한다면 매일 오메가-3 지방산 보충제를 먹어야 한다. 여기에 아마인유 1~2 티스푼이나 400DHA 보충제, 아마인 가루 1~4티스푼을 먹으면 더욱 도움이 된다.(부록 참조)

바르는 치료법 처방전 없이 살 수 있는 메나스틸은 카렌듀라(금잔화) 오일이 주성분으로 아랫배 피부에 문질러 바르면 된다. 피부에 스며든 오일은 자궁에 동종 요법(환자와 비슷한 증상을 유발시켜 치료하는 방법) 효과를 일으켜 월경통이 멎게 한다. 나는 우리 딸들과 많은 환자들에게 이 방법을 권해서 큰 효과를 보았다.

소염제 애드빌이나 아나프록스 등 처방전 없이 살 수 있는 소염제들은 월경통에 매우 효과적이다. 중요한 점은 월경통이 시작되기 전에 복용해야 높아지는 프로스타글란딘 수치를 낮출 수 있다는 것이다. 대개의 경우 월경통은 출혈이 시작되기 수시간 전에 나타나기 때문에 월경이 시작되면 가능한 한 빨리 약을 복용하는 것이 효과적이다.

침술과 약초 요법 위에 소개한 방법으로도 월경통이 가라앉지 않는 사람들에게 나는 침술과 전통 한의학(TCM) 전문가가 처방하고 조제한 한약을 강력하게 권하고 싶다. TCM은 모든 종류의 부인과 질병인 월경 불순, 불임, 과다 출혈 등에 성공적인 치료 효과가 있는 것으로 입증되었다. 대부분 사람들의 경우 10번 정도 치료받으면 월경통이 거의 사라진다. 한약인 버플리움(산형과의 여러해살이풀로 섬시호라고도 한다)도 지시에 따라 복용하면 대단히 효과적이다. (부록 참조)

찜질과 휴식 그렇게 많은 소녀들이 월경통을 앓는다는 것은 우리 사회가 지칠 줄 모르는 생산력과 적절한 휴식을 희생한 과잉 활동에 대한 사랑에 빠져 있음을 말해준다. 월경통은 '공격도피반응'을 일으키는 교감 신경계의 스트레스 호르몬과 '휴식과 회복'을 관장하는 부교감 신경계의 호르몬 사이에 균형이 깨졌다는 뜻이다. 아랫배에 뜨거운 찜질을 하거나 뜨거운 목욕물에 몸을 담그는 것만으로 월경통이 완화되는 것도 이 때문이다.

운동이나 식생활만큼 중요한 수면

"수면은 운동이나 건전한 식생활과 마찬가지로 우리 몸의 전반적인 건강에 매우 중요하다." '국립 수면장애 연구센터'의 소장 칼 헌트Carl Hunt 박사의 말이다. 그러나 고등학교 학생들은 충분한 수면을 취하지 못한다는 사실이 연구 결과 입증되었다. 미국 로드아일랜드의 프로비던스 시에서 3,100명의 십대들을 대상으로 연구한 결과, 26퍼센트에 해당하는 아이들의 수면 시간이 매일 6시간 반 이하인 것으로 드러났다.[1] 젊은이들의 수면 부족 현상은 갈수록 심각해진다. 1978년에는 대학생의 24퍼센트가 수면 부족을 호소한 데 반해 2000년에는 71퍼센트로 크게 상승했다.[2] 안타깝게도 사춘기에 정립된 나쁜 수면 습관은 평생 수면 장애를 일으키는 요인이 된다.

건강에 관계되는 모든 것과 마찬가지로 수면에 대한 욕구도 사람마다 각각 다르다. (앨버트 아인슈타인은 하루에 10시간을 잤다고 읽은 적이 있다.) 사춘기 아이들은 적어도 하루에 8시간은 수면을 취해야 하며 가능하다면 9∼10시간 정도 자는 것이 좋다. 수면 시간에는 그들의 뇌가 대단히 빠른 속도로 새로운 신경 고리와 신경망을 형성하기 때문이다. 즉 뇌의 회로가 다시 깔리는 시간으로 이 발달 과정을 지원하기 위해서는 충분한 수면이 필요하다. 그리고 십대들은 매일 학교에서 새로운 것들을 배우기 때문에 특히 렘REM수면(잠자는 듯 보이나 뇌파는 깨어 있는 상태의 수면. 안구가 빨리 움직이고 꿈을 꾸는 경우가 많다.) 상태에서 배운 것들을 뇌에 입력시키는 시간이 필요하다. 자는 동안에는 기억력 회로를 재구성하는 아세틸콜린이 풍부하게 분비되기 때문이다.

결코 잠들지 않는 우리 문화

서구 산업 사회의 대부분의 사람들은 지나친 스케줄, 지나친 업무, 지나친 자극으로 수면을 박탈당한다. 인공조명을 비롯해 대중 매체에 대한 24시간 중독, 계속 움직이고 계속 생산해야 한다는 압박감 등은 '잠들지 않는 슈퍼맨' 문화를 창조했다. 생태학의 급격한 변화로 매일 4∼5시간 이상 잘 필요가 없는 변칙적인 사람들이 다른 사람들의 바람직한 본보기로 부상한 것이다. 십대들은 물론이고 어른들에게도 이런 기준을 적용한다는 것은 참으로 가혹한 짓이다.

십대들은 어른들보다 더 많은 수면이 필요하다. 그러나 날이 갈수록 수면 시간을 확보하기가 힘들어진다. 늦게까지 깨어 있기를 좋아하는 십대들이 늦은 시간에 잠드는 데 반해 대부분의 고등학교는 일찍 수업을 시작한다. 또한 대부분의 아이들은 방과 후에도 운동이나 특별 활동, 아르바이트, 친구들과 어울리기 등으로 시간을 보낸다. 결국 그들은 밤이 되어서야 숙제를 시작한다. 사교적인 압력도 수면 부족에 한 몫을 담당한다. 수면 전문가인 윌리엄 디멘트William Dement 박사는 〈수면의 약속(The Promise of Sleep)〉이란 저서에서 오늘날의 십대들에 대해 "밤늦게까지 자지 않는 것이 사춘기 아이들의 표상이 되었다."라고 지적했다. 이런 풍조는 충분한 수면을 취하지 못해서 발생하는 문제점을 더욱 악화시킨다.

물론 십대들이 언제나 밤늦게까지 머물렀던 것은 아니다. 인간이 진화해온 수백만 년 동안 십대들은 다른 사람들과 똑같이 어두워지면 잠자리에 들었다. 그러나 현대에 들어서면서 밤늦게까지 자지 않고 올빼미가 되어야 한다는 압박감은 수면 리듬의 생태학적인 변화를 초래했다. 오늘날 십대들의 잠이 부족하다는 것은 의심할 여지가 없다. 그들의 수면 패턴은 혼란스러워졌고 그 탓으로 몸 전체가 몸살을 앓는다. 모나 리자 슐츠 박사에 따르면, 사교적인 압력이 십대들의 생체 주기에 영향을 미치는 메커니즘은 뇌의 해마와 연관되어 일어난다고 한다. 해마는 감정적·사회적 정보를 수신하고 그것을 몸의 반응으로 전환하는 중추 역할을 하는 뇌 부위다. 또한 자고 깨는 주기를 통제하는 부위이기도 하다. 이 말은 십대들의 몸이 잠을 박탈당하도록 설계된 게 아니라는 뜻이다. 슐츠 박사가 지적했듯이, 인간은 자신의 행동을 통제하는 전두엽이라는 뇌가 있기 때문이다. 따라서 충분한 수면을 취하는 법을 배우는 것도 십대가 올바로 성장하고 자신의 삶과 건강을 책임질 수 있는 방법이다. 이에 대해서 나만큼 잘 아는 사람은 없을 것이다. 산부인과 의사가 되기 위한 훈련 과정은 수면을 박탈당하고도 그것을 견디는 법을 배우는 과정이다. 그 과정을 쉽게 견뎠다고 말하고 싶은 게 아니라 나는 그 심각성에 대해 강조하고 싶다!

그 이유는, 수면 부족은 생산력을 감소시키고, 학습 능력을 떨어뜨리며, 사람을 우울하게 만들기 때문이다. 또한 코르티솔의 수치를 증가시키기 때문에 스트레스호르몬 수치가 급격히 증가하여 체중이 늘거나 여러 건강상의 문제를 일으킨다. 여기에는 박테리아나 바이러스에 대한 저항력이 감소하는 것도 포함된다. 또 수면 부족은 십대들의 약물 사용을 초래하며 공격적이고 폭력적인 행동과 수면 장애를 일으킬 가능성이 크다. 또한 수면 장애는 후에 만성적인 불면증으로 발전할 수 있다.

뇌가 계속해서 수면 부족 상태에 있으면 다음과 같은 광범위한 증상들이 나타난다.

반응하는 시간이 느려진다

주의 지속 시간이 짧아지며 집중력이 떨어진다   이것은 과학자들이 말하는 미세수면 상태를 초래한다. 미세수면이란 졸린 뇌가 1~10초 동안 잠시 의식을 잃고 정보를 처리하지 않는 상태가 반복되는 것을 말한다.

운전에 영향을 미친다   십대들의 수면 부족과 교통사고에 관련된 자료를 발견하지는 못했지만, 어른들의 세계에서는 매년 졸음운전으로 적어도 100,000건의 자동차 충돌 사고와 1,550건의 사망 사고가 발생한다.[3] 십대들은 아직 운전에 익숙하지 않아서 수면이 부족할 경우 어른들보다 훨씬 많은 교통사고가 일어날 거라고 추측할 수 있다. 미국 소아과협회(AAP)에 따르면, "16~18세 젊은이들은 전체 운전자 20명당 1명에 불과하지만 운전자와 보행자 모두가 사망한 교통사고 7건당 1개의 핸들은 그들이 잡았다." 정신이 번쩍 들게 만드는 통계다.[4]

학습 능력이 감퇴된다 수면이 부족한 뇌는 렘수면 동안 분비되는 아세틸콜린 수치가 낮아진다. 이것은 매일 밤 뇌의 기억 회로를 재구성하는 데 도움이 되는 물질이기 때문에 그 수치가 낮으면 정보를 저장하는 데 문제가 생긴다.

창의력과 문제 해결 능력이 감퇴된다 따라서 곤경에 처한 사람에게 "자고 나서 생각하라."고 말하는 것은 좋은 충고다. 시를 한 줄 더 쓰려고 노력하거나 복잡한 수학 문제를 하나 더 풀려고 노력할 때 잠이라는 진정제의 효과는 뇌의 뉴런이 필요한 연결 고리를 만드는 데 도움을 줄 것이다.

기분이 우울해진다 수면 부족은 불안감과 우울증을 가중한다. 특히 약물이나 알코올을 사용하는 사람에게는 그 영향이 더욱 크다.[5]

수면 부족을 극복하는 방법

십대들은 자고 일어나는 주기를 주변 환경과 적절하게 조화시키는 훈련을 통해 이 중요한 발달 시기에 적절한 수면을 취하도록 노력해야 한다. 또 현실적으로 수면 주기를 바꾸기가 힘들 때는 적은 수면으로도 잘 버틸 수 있는 전략을 배워야 한다. 예를 들면 이런 것이다. 우리 딸 애니는 고등학교 2학년 때 전문 프로덕션에서 공연하는 〈로미오와 줄리엣〉에 참가하게 되었다. 애니는 공연이 끝나고 밤 10시 반에 집에 돌아와서 몇 시간 동안 숙제를 했고 아침에도 학교에 가기 위해 6시 반에 일어나야 했다. 애니는 열정에 넘치고 흥분된 상태였기 때문에 그 특별한 시기를 과로로 인한 부작용 없이 잘 견뎌냈다. 아니 오히려 행복감에 도취되어 에너지가 넘쳤다. 그러나 아무런 대가도 치르지 않고 이런 무리한 스케줄을 감당할 사람은 아무도 없다. 여기에 수면이 부족한 당신의 딸(또는 수면 부족으로 고생하는 사람)을 위해서 몇 가지 방법을 추천한다.

활동을 계속하라 깨어 있는 동안 가능한 한 많이 움직여라.

운전을 하지 말라 수면 부족 상태에서는 절대 핸들을 잡지 말라. 수면 부족 상태에서 운전하는 것은 음주운전과 똑같이 위험하다. 특히 운전 기술이 미숙한 십대들에게는 더욱 그렇다. 수면 부족을 카페인으로 상쇄하려는 것은 인위적인 능력을 창조하려는 것으로 그 효과를 크게 기대할 수 없다. 수면 부족 상태에서 안전하게 운전할 수 있는 사람은 아무도 없다. 특히 십대들에게는 더욱 그럴 것이다.

카페인을 피하라 커피나 차, 콜라 같은 카페인이 들어 있는 음료를 피하라. 잠을 방해하기 때문이다. 어린 소녀들은 아침에 마신 커피 한 잔으로도 밤에 잠을 방해받을 수 있다.

낮잠을 자라 언제든지 가능한 시간에 10분이라도 낮잠을 자라. 놀랄 정도로 원기를 회복시켜줄 것이다.

수면 스케줄을 세워라 주말이나 가능한 시간에 아무 때나 밀린 잠을 자라. 하지만 이것은 일시적인 수단이어야 한다. 모나 리자 슐츠 박사와 윌리엄 디멘트 박사는 규칙적인 수면 스케줄을 세우는 것이 필요하다고 지적했다. 매일 같은 시간에 잠자리에 들고 같은 시간에 일어나는 것이다. 이것을 '수면 위생'이라고 한다. 십대들에게 주말마다 몇 시간씩 자도록 허락하는 것은 자고 일어나는 주기를 더욱 혼란시키는 일이다. 요즘 십대들이 얼마나 바쁜 일정에 시달리는지를 감안할 때 건전한 수면 위생을 유지하기 위해서는 현명하게 시간을 관리하고 우선순위를 정하는 기술이 필요하다.

자극을 제거하라 지나친 자극을 피하기 위해서 TV를 보거나, 시끄러운 음악을 듣거나, 잠들기 1시간 안에는 숙제와 관계없는 일이라면 컴퓨터를 사용하지 말라. 나는 아이들 방에 TV나 컴퓨터를 설치하지 말 것을 권한다.

정기적으로 운동하라 운동은 잠자리에 들었을 때 빨리 잠에 빠져들게 만드는 효과가 있다. 엄마는 아이가 수면 시간이 부족할 정도로 지나친 활동을 하지 않도록 최선을 다해서 인도해야 한다. 하지만 나는 이것이 얼마나 힘든지 잘 안다. 우리 딸들은 고등학교 때 연극에 심취해서 늦은 밤까지 공연과 연습에 몰두하곤 했다. 당연히 잠이 모자랄 수밖에 없었다. 그러나 그들이 너무 열정적으로 몰두했기 때문에 나는 도저히 그 기회를 빼앗을 수 없었다. 그러나 남은 학교생활을 위해서 주말 밤에는 집에 머물면서 밤 11시에는 잠자리에 들어야 한다고 주장했다.

아이가 수면과 건강한 관계를 수립하도록 도와주라. 아이에게 수면과 삶의 모든 면 – 건강, 기분, 학교생활을 잘 할 수 있는 능력, 운전, 일, 운동 등 – 은 서로 연결되어 있음을 이해시켜라. 아이에게 잠잘 시간을 정해주고 그것을 잘 지키는지 확인하라. 대부분의 엄마들은 어린이들에게는 잠자리에 들 시간을 엄격하게 정해주지만 십대들에게는 어느 정도 여지를 준다. 나는 이것은 잘못된 태도라고 생각한다. 물론 잘 시간에 대해서 지나치게 엄격할 필요는 없다. 그러나 대부분의 아이들은 충분한 수면을 취할 수 있도록 엄마가 도와주길 바란다. 아이들 방에 찾아가 잠자리에 들었는지 점검하고 밤새 잠을 자는지 지켜볼 거라고 넌지시 얘기해 주는 것만큼 유익한 시간은 없다.

자부심과 건강을 증진시키는 운동

삶의 모든 면에서 아이들의 자부심과 건강을 증진시켜주는 요소를 한 가지만 꼽으라면 나는 정기적인 운동이라고 말하고 싶다. 인간의 몸은 움직이고, 뻗고, 들어올리고, 달리고, 비틀고, 돌리도록 만들어졌다. 운동의 형태는 댄스, 요가, 필라테스, 달리기, 걷기 등 다양하다. 중요한 것은 어떤 운동을 하든 정기적으로 해야 한다는 것이다. 정기적인 운동을 하는 여성들은 심각한 질병 ─심장발작, 암, 당뇨병, 골다공증─ 에 걸릴 위험이 크게 감소한다. 운동은 또한 미용에도 탁월한 효과가 있어서 체중 감소, 근육질 몸매, 깨끗한 피부를 만들어준다. 비너스 윌리엄스Venus Williams(미국의 유명한 테니스 선수) 같은 운동선수가 섹스 심벌이 된 것도 우연이 아니다.

운동부에 든 아이들은 자연히 운동을 많이 하게 되지만, 고등학교를 졸업한 후에도 축구나 농구를 계속하는 여자 아이들은 거의 없다. 따라서 팀에 들어가든 혼자서 하든 평생 지속적으로 할 수 있는 운동을 찾는 것이 중요하다.

코로 숨쉬기

운동 중에 코로 숨쉬는 법을 배운다면 운동의 효과는 획기적으로 증가할 것이다. 어떤 운동인지는 중요하지 않다. 코로 숨을 쉬는 것은 지구력을 최대한으로 키우고 유지시키는 능력과 호흡기 질환이나 부비강염, 부비동염(축농증)을 예방하는 능력을 크게 향상시켜줄 것이다. 그것이 인간이 숨을 쉬도록 설계된 방법이기 때문이다. 입으로 숨을 쉰다는 것은 스트레스를 받고 있다는 신호다. 우리 몸에 응급 상황이 발생했다는 자동적인 경고인 것이다.

다음은 코로 숨쉴 때 유익한 점이다.

- 교감 신경과 부교감 신경의 균형을 회복시켜 운동이 한결 쉬워진다. 따라서 몸이 지치는 게 아니라 오히려 에너지로 충만해진다.
- 배 윗부분의 미주신경을 자극하여 맥박이 빨라지지 않고도 더 격렬한 운동을 할 수 있게 만든다.
- 갈비뼈를 유연하게 만든다. 그 결과, 폐활량이 증가하여 몸과 뇌에 더 효과적으로 산소를 공급할 수 있다.
- 감기나 부비동염에 걸릴 가능성이 크게 줄어든다. 코를 통해 폐로 들어가는 공기가 코의 통로를 거치면서 섬모의 작용으로 걸러지고 따뜻해지기 때문이다.
- 향상된 폐의 정화 작업이 혈액에 산소를 원활하게 공급하고 칼로리를 더 효과적으로 태운다. 나는 운동 중에 코로 숨쉬는 것을 장작 난로에 비유하길 좋아한다. 잘 마른 장작이 효과적으로 쌓여 있어 불이 잘 타고 열을 잘 생산하기 때문이다. 반면, 운동 중에 입으로 숨쉬는 것은 종이를 태우는 것과 같다. 재빨리 타버리며 열이나 빛을 적게 내기 때문이다.[6]

건전한 식생활

앞서 밝혔듯이, 사춘기는 소녀들의 체지방과 제지방체중(지방을 뺀 체중)이 늘어나는 시기다. 사춘기는 태아기와 지방층 반등 시기(4~7세)에 이어 '결정적 시기'라는 용어로 표현되는 세 번째 비만 증상이 나타나는 시기로, 아이의 미래에 대해 심각한 암시를 내포한다. 여러 연구 결과들에 따르면, 사춘기에 과다 체중이던 아이들의 80퍼센트가 어른이 되어서도 비만 증상을 보이는 것으로 나타났다.[7]

몸에 과도한 지방, 특히 복부 지방이 쌓이는 첫 번째 원인은 가공 식품을 지나치게 섭취하는 것이다. 그 중에서도 MSG(합성조미료) 같은 중독성 물질이 많이 함유된 가공 식품이 특히 해로운데, 그 이유는 뇌의 만복중추(시상하부에 위치, 배가 부르다는 신호를 보냄)에 작용해서 과식을 촉진하기 때문이다. 정제된 곡물이나 알코올을 포함한 정제된 탄수화물도 체중 과다와 복부 지방에 지대한 공헌을 한다. 혈당과 인슐린 수치를 높이기 때문이다.

사춘기 아이들을 위한 바람직한 식생활은 13장에 소개한 '잠재기 아이들을 위한 식생활'과 동일하다. 사춘기에는 체중과 관계없이 아이가 혈당과 인슐린 수치를 안정시키는 식품을 섭취하고 정기적인 운동을 한다면 특별한 다이어트가 필요 없다. 아이의 식생활은 과일, 채소, 저지방 유제품, 지방이 적은 고기와 생선, 일정량의 곡물과 곡물 제품으로 구성해야 한다. 이밖에도 계란이나 생선, 아마인, DHA 보충제를 통해 건강한 지방을 섭취하는 것도 필요하다(부록 참조). 하지만 내가 대부분의 사춘기 소녀들이 이런 식생활을 따른다고 말한다면 그것은 거짓말일 것이다! (761쪽 '비만, 폭식증, 거식증 등의 섭식 장애' 참조)

비타민과 무기질 보충제

나는 모든 십대들은 비타민과 무기질 보충제를 복용해야 한다고 믿는다. 미국 어린이와 사춘기 아이들의 80퍼센트(어른은 68퍼센트)가 매일 다섯 차례 과일과 채소를 먹어야 한다는 권장량을 지키지 않는다. 집이나 좋은 식당에서 먹는 음식에 이들 식품을 포함시키기는 어렵지 않지만, 십대들이 즐겨 먹는 패스트푸드에는 우리 몸의 생리 작용에 필요한 영양소가 절대적으로 부족한 실정이다. 그러나 과일과 채소가 풍부한 건전한 식생활을 실천하는 사람들이라도 비타민과 무기질 보충제를 첨가하는 것이 좋다.

나는 오랜 기간에 걸친 임상의로서의 경험과 내 자신의 경험을 근거로 고품질의 비타민과 무기질 보충제가 내 건강에 지대한 공헌을 한다고 확신한다. 비타민과 무기질은 DNA 손상을 최소화하고 수명을 연장시킨다.[8]

중요한 미세 영양소 – 엽산, 비타민B6, 비타민B12, 니아신, 비타민C, 비타민E, 철, 아연 – 중 어느 것 하나라도 부족하면 방사선 손상과 비슷한 증상을 초래하여 DNA와 유전자의 손상 및 여러 암의 원인이 된다. UC버클리 대학의 분자독성학과 영양학의 권위자인 브루스 에임즈 Bruce Ames 박사는 극히 소량의 비타민과 무기질 결핍도 방사선이나 어느 화학물질보다 암을 유발할 확률이 크다는 사실을 입증했다.[9] 미국 인구 중 과일과 채소를 가장 적게 섭취하는 4분의 1에 해당하는 사람들은 가장 많이 섭취하는 4분의 1에 해당하는 사람들보다 각종 암에 걸릴 가능성이 두 배나 많다는 사실은 미세 영양소 결핍의 부작용을 설명하는 좋은 본보기다.

그러나 사춘기 아이들이 적정 권장량의 비타민과 미네랄을 섭취하기 위해서 하루에 다섯 차례씩 과일과 채소를 섭취한다고 해도 우리가 기대하는 최선의 식생활은 아니다. 영양학 전문가들이 만든 하루 섭취 권장량(RDA)은 괴혈병이나 각기병 같은 중대한 결핍성 질환으로부터 일반 대중(특정한 사람이 아닌)을 보호하기 위해서 만든 기준에 지나지 않는다. 그러나 중대한 결핍성 질환을 예방하기 위해서 필요한 양과 최선의 건강 상태를 유지하기 위해서 필요한 양 사이에는 커다란 차이가 있다. 더구나 아직 RDA가 확립되지 않은 필수 영양소들도 대단히 많은 실정이다.

요점—당신의 아이가 아무리 건전한 식생활을 실천하고 있더라도 보충제는 반드시 먹여야 한다.

사춘기 아이에게 필요한 보충제

762쪽에 권하는 영양소들은 사춘기 아이의 건강을 최선의 상태로 이끌어줄 것이다. 나는 단 한 알에 최선의 건강에 필요한 충분한 양의 비타민과 무기질을 함유한 보충제는 보지 못했다. 대부분 여러 알의 보충제가 필요하며 매일 아침저녁으로 나누어서 복용하는 것이 좋다. (일부 사람들은 비타민B 복합체에 민감한 반응을 보인다. 따라서 이런 사람들은 아침에만 복용해야 저녁에 수면을 취하는 데 방해받지 않는다.)

비만, 폭식증, 거식증 등의 섭식 장애

비록 겉으로 심각하게 드러나진 않지만 비만도 폭식증이나 거식증과

사춘기 아이에게 필요한 보충제

영양소	사춘기 아이에게 필요한 양
비타민A(베타카로틴)	9,000~15,000IU
비타민C	500~1,500mg
비타민D(콜레칼시페롤)	400~2,000IU
비타민E	200~450IU
비타민K	40~60mcg
티아민(B1)	9~100mg
리보플라빈(B2)	9~50mg
니아신(B3)	15~100mg
비타민B6	10~100mg
엽산	800~1,000mcg
비타민B12(시아노코발라민)	30~250mcg
비오틴	100~500mcg
판토텐산(B5)	30~400mcg
칼슘	800~1,200mg
요오드(요오드화칼륨)	150mcg
마그네슘(킬레이트)	400~1,000mg
아연	12~50mg
셀렌(아미노산 복합체)	80~120mcg
구리	1~2mg
망간	1~15mg
크롬(크롬 폴리니코티네이트)	100~400mcg
몰리브덴	45~60mcg
콜린	45~100mg
이노시톨	30~500mg
엔아세틸 엘시스테인	30~65mg
바나듐(바나딜 설페이트)	30~100mcg
붕소	1~3mg
철	30mg
미량 광물질	1mg

마찬가지로 섭식 장애에 속한다. 이 분야의 최첨단 연구는 이들을 증상은 다르지만 뿌리가 같은 질병으로 본다. 즉 이들은 모두 섭식 장애의 일종인 것이다. 비만도 얼마 전에 미국의사협회로부터 질병이라는 판정을 받았다.

현대 사회는 여러 복합적인 요인들이 서로 작당해서 대부분의 사춘기 소녀들을 섭식 장애로 몰아간다. 비현실적으로 날씬한 몸매가 남자들에게 매력적으로 보인다는 암시를 주는 넘쳐나는 대중 매체의 메시지, 남자들에게 인정받고 싶은 욕망, 고칼로리 저영양식인 정크푸드의 만연, 갈수록 축적되는 체지방 등은 모두 사춘기를 오염시키고 사춘기 소녀들의 몸을 공격한다. 비만한 수많은 젊은 여성이 평생 지속될 다이어트를 처음 시작하는 것도 바로 사춘기다. 최근의 한 통계에서 21세 이하의 여성 77퍼센트가 '다이어트 중'인 것으로 밝혀졌다.[10] 사춘기 소녀가 일단 다이어트를 시작하면, 그것은 박탈감에 대한 반작용인 폭식으로 발전하고, 그 다음 단계로 과도한 운동, 설사약 복용, 다이어트약, 이뇨제, 흡연, 카페인, 다이어트 콜라를 비롯해서 체중이 느는 것을 피하기 위한 구토 같은 보상 행동으로 이어진다. 이 같은 사춘기의 섭식 장애는 어른이 되어서도 지속될 가능성이 크다. 여기에 그 좋은 본보기인 페기라는 한 여성의 사례를 소개한다. 당신도 충분히 공감할 것이다.

저는 십대 이후로 모든 수단과 방법을 동원해봤지만 결코 체중을 줄일 수 없었어요. 고등학교 때는 약간 과체중인 정도였지만 대학에 가면서 "신입생 때 15파운드(약 6.8킬로그램) 찐다"는 유행어처럼 제 체중은 궤도를 벗어나기 시작했어요. 저는 안 해본 다이어트가 없어요. 포도 다이어트, 단백질 다이어트, 탄수화물 집중 다이어트 등 알고 있는 모든 다이어트는 다 시도해봤죠! 그런데 다이어트에 성공해서 살이 빠지기 시작하면 항상 다이어트를 방해하는 폭식증이 다시 찾아왔어요. 그러면 저는 살을 빼기 위해서 또 다시 여러 방법들을 동원했죠. 한 번은 제 주량보다 훨씬 많은 술을 마시기도 했지만 맥주도 체중을 늘린다는 사실을 알고 중단했죠. 담배도 피워봤어요. 썩 내키지는 않았지만 그래도 살을 빼겠다는 일념으로 피웠어요. 하지만 담배를 끊을 때마다 체중이 적어도 5킬로그램은 더 늘어나곤 했어요. 제발 절 좀 도와주세요! 저는 평생 이렇게 뚱뚱한 몸으로 살아갈 운명일까요?

임상적 또는 역학적인 수많은 연구를 통해서 입증된 사실은 다이어트나 날씬한 몸매에 대한 환상 그 자체가 섭식 장애의 요인이 된다는 것이다. 36,320명의 공립학교 학생들을 대상으로 실시한 대규모 연구 결과에 따르면, 반복되는 다이어트는 자기 몸에 대한 자부심 부족, 먹는 것을 자제할 수 없을 거라는 두려움, 폭식에 대한 내력과 깊이 연결되어 있음이 드러났다.[11] 우리는 아이들의 외모나 체중만 보고 섭식 장애를 가졌는지 판단할 수가 없다. 대부분의 폭식증 환자들은 체중이 정상이기 때문이다.[12] 우리 사회에 과도한 음주 문화가 성행하지만 실제로는 그것이 알코올 남용임을 모르는 것처럼, 섭식 장애도 널리 퍼진 일반적인 현상이기 때문에 그 심각성을 제대로 인식하지 못한다. TV 쇼나 영화에서도 여성이나 소녀들이 화가 났을 때 아이스크림이나 단 음식, 정제된 탄수화물 등을 먹으면서 화를 달래는 장면이 많이 나오지 않는가.

섭식 장애는 건강에 심각한 손상을 초래한다. 적당한 운동과 건전한 식생활을 통해서 건강한 체중과 체지방지수를 유지하는 사람들은 호르몬 균형이 잘 유지되고 월경 주기도 규칙적이다. 반면, 섭식 장애가 있는 사람들은 뇌의 해마가 영향을 받아 무배란, 무월경, 불규칙적인 월경과 월경통, 다낭성 난소증후군, 우울증을 비롯해서 불임이나 골다공증에 걸릴 가능성이 커진다. 물론 극심한 식욕 감퇴로 생명이 위협받는 위급한 증상과 비만으로 인한 장기적인 건강 손상 사이에는 커다란 차이가 있다. 또한 이런 증상들과 단지 8~10킬로그램 과체중으로 가끔씩 다이어트를 하는 것 사이에도 커다란 차이가 있다. 그러나 이들 모두는 섭식 장애라는 동일한 범주에 속하는 증상이다. 여기에는 요요 다이어트, 무절제한 식탐, 폭식증 등도 포함된다.

날씬함에 대한 우리 사회의 집착과 대부분의 현대인이 과체중이라는 점을 감안할 때 우리는 항상 섭식 장애라는 유행병의 위협에 시달린다. 이런 경향은 최근에 들어서면서 더욱 심각해지긴 했지만 이는 우리 엄마들의 유산이기도 하다. 그들은 자기도 오랫동안 체중과 싸웠으면서도, 딸들에게 어떤 것이 이상적인 몸매이며 체중을 조절하기 위해서 어떻게 해야 하는지에 대해 건강에 해로운 메시지를 전달해왔다. 따라서 과체중과 비만은 가족 전체에게 공통적으로 나타나는 경우가 많다. 그러나 만일 엄마와 딸이 비만을 초래한 사고방식과 행동 방식을 바꾸려고 노력한다면 필연적 또는 유전적인 비만이란 존재하지 않을 것이다.

섭식 장애와 다이어트의 심리 구조

다이어트를 하는 것이 섭식 장애를 진단하는 기준이 되진 않지만, 앞에서 밝혔듯이 그것이 섭식 장애를 발전시키는 요인으로 작용한다. 나는 다이어트의 심리 구조가 실패할 수밖에 없도록 구성되어 있기 때문에 섭식 장애에 중대한 영향을 미친다고 믿는다. 다이어트를 시작한다는 것은 일단 목표에 도달하면 다이어트를 끝낸다는 의미를 내포한다. 따라서 그 후에는 당신이 원하는 모든 것을 먹을 수 있을 거라고 기대한다. 이런 접근 방식이 어떻게 성공할 수 있겠는가! 오프라 윈프리가 수백만 명의 여성들에게 설득력 있게 증명했던 것처럼, 건전한 식생활은 매일 밤낮으로 실천해서 삶의 일부로 만들어야 한다. 거기에는 지름길도 없고 기적의 다이어트도 없다.

나는 20년 이상 영양학과 체중 조절과 운동에 대해서 수많은 여성들과 함께 연구해왔다. 또한 평생 나 자신의 체중을 조절하기 위해 고군분투했으며, 단식부터 운동이나 다이어트까지 안 해본 방법이 없다(13장 참조). 나는 어떤 방법이 먹히고 어떤 방법이 안 먹히는지를 누구보다 훤히 알고 있다. 다이어트는 절대 성공할 수 없다. 식욕을 억제하는 모든 다이어트는 반작용인 탐닉증을 유발하는 것이 우주의 법칙이다. 만일 아이에게 "과자를 먹으면 안 된다"라고 말한다면 아이의 잠재의식은 "과자를 먹어라"라고 듣는다. 그 결과, 과자를 먹고 싶은 강렬한 충동이 행동으로 옮겨진다. 그리고 그것은 어떤 방식으로든 만족되어야 끝이 난다. 엄마와 딸 모두가 장기적으로 체중을 조절하고 섭식 장애를 예방하는 열쇠는 당장 다이어트를 중단하고 딸에게 자부심을 가지고 건전하게 음식에 접근하는 방법을 가르치는 것이다.

우리는 딸에게 실제적인 공복감이 어떤 것인지와 그것을 건전하게 해결하는 법을 가르칠 필요가 있다(763쪽 '신체적 공복감과 정신적 공복감의 차이점' 참조). 또한 그들에게 음식 또는 설탕, 카페인 같은 물질이 아닌 것들로 기분을 달래는 법도 가르쳐야 한다(772쪽 '먹지 않고도 기분이 좋아지는 법' 참조). 이밖에도 우리 엄마들은 자신의 삶 속에서 건전한 식생활과 자부심 사이의 연결 고리를 증명해보일 필요가 있다. 적절한 체중을 유지하기 위한 올바른 식생활이란 당신이 원하는 것보다 적게 먹는 법을 배우는 것으로, 이는 자기 확신과 자기 존중에서 비롯한다. 과식, 습관적으로 굶는 것, 하루에 여러 번씩 토하는 것은 모두 이에 정확히 반대되는 행동이다.

신체적 공복감과 정신적 공복감의 차이점

- 신체적 공복감이란 위가 실제로 아프거나 쓰린 것이다.
- 신체적 공복감은 피로감, 졸음, 주의력 저하, 어지럼증 같은 증상을 동반한다.
- 식사 시간이 아닌데 배가 고플 때 그것이 감정적 공복감인지 신체적 공복감인지 구별할 수 없다면 다음과 같은 간단한 실험을 해보라. 15분 동안 아무것도 먹지 말라. 대신 산책하거나 운동하거나 또는 다른 일에 정신을 쏟아라. 그래도 여전히 배가 고프면 단백질, 지방, 탄수화물이 골고루 함유된 건강 스낵을 먹어라.
- 물을 충분히 마셔라. 많은 사람들이 목이 마른 것을 배고픈 것으로 착각한다. 특히 오후에 탈수 현상이 생기면 한낮의 슬럼프에 빠지게 되고 무언가 먹고 싶은 욕구로 이어진다. 무언가를 먹기 전에 물을 240~420밀리리터 정도 마시고 15분 정도 기다렸다가 음식을 먹어라.
- 단백질과 지방과 탄수화물이 골고루 포함된 아침 식사를 함으로써 혈당을 안정시켜라. 섭식 장애로 혈당이 낮아진 상태에서는 신체적 공복감과 정신적 공복감을 구별하기 힘들다.
- 인내심을 가져라. 만일 우리가 신체적 공복감과 정신적 공복감을

분리할 수 있다면 과체중인 사람은 존재하지 않을 것이다. 음식과 사랑은 매우 밀접하게 연결되어 있다. 자신을 사랑하는 법을 배우되 그 사랑을 음식을 대접하는 것으로 표현하지 말라.

지방과 스트레스의 연결 고리

스트레스 호르몬이라고 불리는 코르티솔은 스트레스 상황에 처하면 평소보다 많이 분비된다. 과다한 코르티솔은 지방 축적을 증대시키는 호르몬인 인슐린 분비를 촉진한다. 또한 설탕, 알코올을 비롯해서 파스타, 포테이토칩, 비스킷 같은 정제된 탄수화물에 대해 끊임없는 식욕을 유발한다. 스트레스를 받으면 받을수록 코르티솔은 더 많이 분비되고, 코르티솔이 분비되면 될수록 인슐린은 더 많이 분비된다. 인슐린이 분비되면 될수록 탄수화물 탐닉증이 더 심해지고 따라서 더 많은 지방이 축적된다. 이는 끊임없이 되풀이되는 악순환으로, 당신이 그 원인이 되는 음식과 감정과 다른 요인들을 변화시켜야만 중단할 수 있다.[13]

이 중에서도 특히 극복하기 힘든 요인은 과거에 학대받았던 경험이다. 연구 결과에 따르면, 어린 시절에 신체적, 감정적, 성적 학대를 받았던 사람들은 비만에 걸릴 확률이 높은 것으로 나타났다.[14] 그리고 그 요인이 작동하도록 만드는 촉매제 중 하나는 코르티솔이다. 학대는 그것이 어떤 종류든 분명히 스트레스를 유발하며, 학대받았던 사람들은 PTSD(외상 후 스트레스 장애) 증상을 겪는다. 더 이상 위협을 느끼지 않는데도 뇌와 몸이 스트레스 호르몬을 과도하게 분비하는 것이다.

우리는 1998년에 17,000명이 참가한 대규모 프로젝트인 ACE(어린 시절의 부정적인 경험) 연구를 통해서 학대와 비만 사이의 상관관계에 대해 많은 것을 배웠다. 이 연구는 어린 시절의 학대와 기능 장애가 어른이 된 후 심각한 건강상의 문제점을 일으킨다는 사실을 입증했다. ACE 연구는 1980년대 중반에 '카이저 퍼머넌트 산디에고 메디컬센터'의 예방 의학국에서 실시했던 비만 프로그램의 결과에 대응하기 위해 실시되었다.[15] 이 비만 프로그램은 진행되는 동안 탈락자 수가 너무 많았다. 그런데 놀라운 사실은 탈락자 중 대부분이 성공적으로 체중을 줄이던 사람들이었다. 따라서 그들이 왜 탈락하게 되었는지에 초점이 모아졌다. 탈락자 중 약 200명을 대상으로 아주 상세하게 인터뷰한 결과, 그들 중 대다수가 어린 시절과 사춘기에 학대받은 경험이 있었으며 그 후에 비만 증세가 나타나기 시작했다는 사실이 밝혀졌다. 일단 이 프로그램이 그들에게 알코올을 포함한 정제된 탄수화물 섭취를 통제함으로써 코르티솔과 인슐린과 과식 사이의 악순환을 깨뜨리는 방법을 가르치자 학대와 관련 되었던 감정들이 겉으로 드러나는 계기가 되었던 것이다. 이런 감정을 달래기 위한 수단으로 그들이 그동안 '사용'해오던 음식을 더 이상 사용 하지 않았기 때문이다. 여기에 덧붙여서 비만이 그들에게는 문제점이 아니라 해결책이었다는 사실도 밝혀졌다. 과도한 체중은 관심을 끌 만한 섹시한 매력을 갖추지 않으려는 일종의 보호 장치였던 것이다. 그러나 일단 체중이 줄고 사람들의 관심을 끌 만한 매력을 갖추자 위험을 느낀 그들은 과거에 견뎌야 했던 성적 학대의 고통을 다시 떠올리게 되었던 것이다. 강간을 당한 후 50킬로그램이나 체중이 늘었던 한 여성은 이렇게 말했다. "뚱뚱한 여자는 사람들의 시선을 끌지 않아요. 그게 바로 제가 원했던 거죠." 이들의 무의식에는 '날씬한 것은 위험하다'는 생각이 도사리고 있다. 이런 이유로 탈락자가 그렇게 많았던 것이다.

연구를 진행하면서 이 모든 과정을 지켜본 빈센트 페리티Vincent

Felitti 박사는 이렇게 기록했다.

> 우리가 ACE 연구에서 발견한 결과처럼 치료의 길이 멀다면 예방 또한
> 쉽지 않을 것이다. 그것의 본질이 사람들의 마음을 불편하게 만들기
> 때문이다. 사람들이 무엇 때문에 전통적으로 인정받아온 기질성 질환
> 의 편안함에서 벗어나 위협적인 불안감으로 들어가려고 하겠는가? 우
> 리 중 어느 누구도 이런 불안감을 극복하도록 훈련받지 못했다.[16]

학대라는 고통스러운 과거를 지닌 사람들은 상처와 폭력에 관련된 불
편한 감정을 달래기 위해서 음식이나 담배, 알코올 등을 사용한다는 것
은 의문의 여지가 없다. 이보다 약한 스트레스를 받는 사람들도 마찬가
지이며 결과적으로 체중 증가는 피할 수 없게 된다. 페리티 박사가 말
했듯이, 문제의 소위 기질적인 부분 – 다이어트로 체중을 줄이거나, 다
이어트 약을 먹거나, 체중을 줄이는 수술을 받는 것 – 을 다루기는 쉽
다. 그러나 그 사람이 처음에 건강을 좀먹는 행동에 빠지게 된 원인인
감정이나 사고방식을 탐구하기는 훨씬 어렵다. 결론적으로 내가 발견
한 사실은 만일 엄마(또는 의사)가 딸에게 이렇게 '견디기 힘든 부분'이
있었음을 인정한다면 더 많은 위안과 도움이 될 거라는 것이다. 그럴
경우에 엄마는 문제를 다루는 방법을 가르쳐주고 그것을 치유해줄 내
면의 지혜를 일깨워줌으로써 딸에게 도움을 줄 수 있다. 그러나 필요하
면 적절한 전문가의 도움을 받아라.

그러나 희망은 있다

연구 결과에 따르면, 전체 십대 소녀들의 15퍼센트가 비만으로 나타났

다.[17] 다른 연구에서는 그들의 엄마도 비슷한 상황임이 드러났다. 식습관을 바꾸기는 매우 어렵지만, 나는 그것이 가능하도록 영감을 부여해 줄 아이린이라는 한 동료 의사의 이야기를 소개하려고 한다. 그녀는 이렇게 표현했다. "지방은 창고에 쌓여 있는 꿈과 같아요. 일단 그 꿈을 인식하고 당신을 물러서게 만들었던 두려움에 직면한다면, 지방은 더 이상 창고에 쌓여 있지 않고 떠나게 되죠."

아이린은 십대 시절에 병적으로 살이 쪘다. 그녀의 엄마는 정신분열증 환자였기 때문에 큰딸이었던 그녀는 아버지가 근무차 베트남에 가 있는 동안 어린 동생들을 돌봐야 했다. 그녀의 말에 따르면, 자기의 가장 친한 친구는 냉장고였다는 것이다. 아이린은 이 병원 저 병원으로 끌려 다녔지만 그녀는 고등학교를 졸업해서 집을 떠날 때까지 체중이 빠지지 않으리라는 것을 마음속으로 알았다.

대학에 들어간 그녀는 웨이트 와처스라는 모임에 가입해서 음식을 조절하고 운동을 시작했다. 그로부터 몇 년 동안 열심히 노력한 결과, 그녀는 체중을 줄이고 그 상태를 유지할 수 있었다. 물론 쉽지 않은 일이었고 많은 시간을 투자해야 했다. 그녀는 또한 자신의 감정을 충분히 느끼는 법을 배우기 위해서 상당한 시간을 할애해서 지속적으로 상담을 받았다. 그 과정을 거치는 동안 그녀는 내게 전화를 건 적이 있었다. "나는 체중을 줄이는 사람들이 왜 그렇게 드문지 이제 알 수 있을 것 같아요. 엄마에 대한 내 감정을 충분히 느끼고 '나도 엄마처럼 되지 않을까'라는 두려움에 맞서는 것은 내가 이제까지 겪어온 일 중 가장 고통스러운 경험이었어요. 하지만 결과는 그럴 만한 충분한 가치가 있었어요." 이 힘든 과정을 감당해낸 그녀는 지금 비만 환자들을 위한 모임을 운영한다. 그들에게 자신의 경험을 들려주면서 과거에서 자신을 해방시킬 수 있다면 체중을 줄이는 것은 얼마든지 가능하다는 것을 알려준다.

| 먹지 않고도 기분이 좋아지는 법 |

먹지 않고도 기분을 달랠 수 있는 검증된 방법들이 많다. 여기에 몇 가지를 소개한다.

- 에어로빅은 뇌의 진정제라고 할 수 있는 엔도르핀을 분비시킨다. 또한 코르티솔의 수치를 감소시켜 음식에 대한 욕구를 억제한다.
- 명상도 뇌의 진정 효과를 향상시키며 스트레스를 감소시킨다. 매일 10~20분 정도가 적당하다.
- 코를 통한 복부 심호흡은 스트레스 호르몬을 감소시키고 기분을 향상시킨다.
- 낮잠도 기분 전환에 효과적인 전략이다. 특히 수면이 부족할 때는 더욱 그렇다.

섭식 장애를 극복하는 방법

음식과 기분의 연결 고리를 이해하라 정크푸드나 중독성 음식물을 섭취하면서 건전한 식습관을 들일 수는 없을 것이다. 설탕, 알코올, 카페인, MSG 같은 중독성 물질은 포만감, 식욕, 기분에 지대한 영향을 미친다.

다이어트를 중단하라 당신이 지금 자신에게 강요하는 모든 음식물 억제는 그 동일한 정도나 그 이상의 폭식을 유도한다. 이 문제는 맨 처음 먹는 걸 통제하기 힘들게 만든 감정을 인식하고 돌보지 않는 한 해결되지 않는다. 때로는 건전한 식습관을 배우기 위해서 당분간 정해진 식습관에 따를 필요가 있다. 그러나 일단 목표에 도달하면 다시 원위치로 환원되는 다이어트가 아닌 평생을 위한 건전한 식생활을 따르겠다는 마음가짐을 가져야 한다.

너 자신을 알라 섭식 장애가 있는 여성이나 소녀들은 음식에 관계된 일을 하는 경향이 많다. 그들은 요리사나 제빵사, 웨이트리스, 영양사가 되고자 한다. 이것은 우리의 지성이 지식을 통해서 마음의 상처를 치유하려고 노력하는 좋은 본보기다. 그러나 지적인 지식은 섭식 장애를 일으킨 마음의 상처를 치유하지 못한다. 그것을 치유하는 유일한 길은 감정을 충분히 느끼고 떠나보내는 것이다. 당신은 모든 비타민과 무기질의 일일권장량을 알 수 있으며, 인간이 아는 모든 식품의 칼로리와 지방의 양을 계산할 수 있다. 그리고 M&M 초콜릿 안에 든 칼로리를 연소시키기 위해서 얼마나 많은 운동이 필요한지도 파악할 수 있다. 그러나 이런 지식이 아닌 당신이 치유하고 싶은 감정에 관심을 기울일 때까지는 여전히 부족함을 느낄 것이다. 그것들은 당신에게 무언가를 말하려고 노력하며 당신이 변하기를 바란다. 당신의 임무는 그들의 메시지에 침묵하지 않고 귀를 기울이는 것이다.

영감을 얻어라 비만을 경험했고 그것을 극복했던 사람들의 체험담을 읽는 것은 영감을 얻고 도움을 받을 수 있는 매우 좋은 방법이다. 나는 특히 〈음식과 사랑에 빠졌을 때(When Food Is Love)〉를 포함한 제닌 로스 Geneen Roth의 책들을 좋아한다. 어느 누구도 먹는 것과 감정의 연결고리에 관해서 그처럼 설득력 있고 도움이 되는 글을 쓴 적이 없다.

나는 또한 낸시 굿맨Nancy Goodman의 〈그것은 음식과 나의 싸움이었고, 내가 승리했다(It Was Food vs. Me…and I Won)〉를 추천한다. 그녀는 당신의 감정에 맞서는 법과 음식을 극복하고 건강한 삶을 사는 법에 대해서 재미있고 솔직하게 설명하고 있다.

단체의 힘을 빌어라   웨이트 와처스, 커브스, OA(과식하는 사람들의 모임) 같은 단체에 등록하는 것이 도움이 되는 이유는(꾸준히 운동을 한다면) 당신을 후원해줄 다른 사람들과 서로 도움을 주고받을 수 있기 때문이다. 당신은 새로운 사람을 만나서 새로운 출발에 대해 후원받을 수 있다. 우리는 모두 중요한 인생의 변화를 위해서는 후원을 받을 필요가 있다. 그리고 음식에 대한 접근 방식의 변화는 당연히 중요하다! OA는 12단계의 프로그램을 갖추고 있으며, 전국에 걸쳐 수백만 명의 사람들이 감정적 요인으로 인한 폭식을 극복하여 건전한 식습관과 더 행복한 삶을 창조할 수 있었다.

실천하라   음식 중독증에서 회복된 자신의 경험을 소개한 주목할 만한 자서전에서 감독파 목사인 마거릿 벌릿 요나스Margaret Bullitt-Jonas는 이렇게 기술했다.

길고 긴 회복 과정의 첫 걸음은, 그리고 음식 중독자가 웰빙으로 가는 기본 원리는 어느 날 아침에 한꺼번에 포크를 내려놓고 음식을 포기하는 것이다. 자신에 대한 통찰이 아무리 명석하고, 중독증의 역학 구조에 대한 분석이 아무리 정확하고, 욕망의 본질에 대한 이해가 아무리 멋지고 훌륭하더라도 이런 생각들 중 어느 것도 행동을 대신할

순 없다. 중독증의 치유는 우리가 무엇을 알고 느끼느냐가 아니라 무엇을 행동하느냐에 달려 있다.[18]

중독증에 대한 그녀의 통찰력은 담배나 알코올에도 적용된다.

섭식 장애에 대한 인지행동요법

만일 당신 딸이 생명에 지장을 줄 정도로 위험하고 심각한 섭식 장애를 겪고 있다면 가까운 정신건강센터에 가서 믿을 만한 전문가와 상담해보라. 그리고 섭식 장애에 대한 인지행동요법을 사용한 프로그램에 등록시켜라. 변증법적 인지행동요법(DBT)인 '라이프 스킬 트레이닝'은 당신이 느끼는(두려움, 분노, 슬픔) 감정을 인식하는 법을 인식하고, 왜 그런 식으로 느끼는지를 확인하며, 당신의 고민이 몸의 증상으로 나타나기 전에 달래는 방법을 가르친다.

'라이프 스킬 트레이닝'은 정식으로 허가받은 정신요법은 아니지만 일정한 기술을 갖춘 코치가 교육한다.

변증법적 행동요법이나 다른 행동요법들은 내가 필요할 때마다 우선적으로 선택하는 방법이다. 섭식 장애뿐만 아니라 다른 문제들에 대해서도 마찬가지다. 이들 요법은 사람들의 생각을 바꿈으로써 행동을 바꾼다. 내 임상 경험과 다른 연구 결과들로 미루어볼 때 이 요법들은 삶과 건강의 질을 향상시키는 데 매우 효과적이다. (연구에 대해 더 많은 정보를 알고 싶다면 구글에서 '인지행동요법'을 찾아보라.) 대화요법이란 것도 있지만 그 효과를 입증한 장기적인 연구 결과는 아직 나와 있지 않다. 나는 많은 여성과 소녀들이 지나치게 오래 정신요법에 매달리다가 전보다 더 감정을 다스리기가 힘들어지고 이전 상태로 퇴보하는 경우를 무수히 목격했다. 마음의 상처에 대해서 너무 오래 얘기하면 그것을 지배하고 통제한다기보다 희생양이 된 것 같은 기분을 강화시킬 뿐이다.

가까운 곳에 있는 DBT 또는 인지행동요법 전문가를 찾고 싶으면 지역 정신건강센터에 전화하거나 다음 사이트에 접속하라.

www.behavioraltech.org

인공 감미료, 아스파르테임

오늘날 많은 십대 소녀(그리고 엄마들)가 다이어트 콜라에 중독되어 있다. 여기에서 중독이란 의미는 다음과 같은 뜻이다. 한 환자는 매일 하루를 다이어트 콜라로 시작하고 음식 대용으로 하루에 몇 리터씩 마신다. 기분을 향상시키고 체중을 줄이기 위한 수단으로도 사용한다. 나는 매우 걱정스러웠다. 대부분의 다이어트 콜라에는 카페인이 함유된 인공 감미료인 아스파르테임이 들어 있기 때문이다. 카페인이나 인공 감미료는 각자 그 자체로도 건강에 손상을 끼치지만 함께 사용하면 그 영향이 더욱 커진다.

아스파르테임과 신경 세포의 죽음

아스파르테임은 두 아미노산 – 아스파라긴산과 글루타민산 – 의 자연발생적인 화합물이다. 이들은 둘 다 중추신경계에서 중요한 역할을 하는 신경전달물질로 척수와 뇌의 모든 신경세포 75퍼센트에 영향을 미친다. 그러나 이들 두 물질은 민감한 사람들에게는 신경독으로 작용할 수도 있다. 이것이 아스파라긴산과 글루타민산이 흥분성 독소인 이유다. 즉 이들은 신경세포가 점화되도록 흥분시킨다. 신경세포가 점화될 정도의 적당한 흥분은 주의력이나 관심 집중에 필요하다. 그러나 지나친 흥분은 신경세포를 포함한 모든 신체에 좋지 않은 영향을 미친다. 자연은 지나친 흥분성 독소를 위해서 신경교세포라는 청소부를 준비해 놓았다. 그들은 신경세포를 둘러싸고 작은 스펀지처럼 흥분성 독소를 빨아들여서 처리한다. 그러나 흥분성 독소의 수치가 너무 높으면 신경교세포는 전부 다 처리하지 못하고 그 결과 신경세포가 지나치게 자극되는 상황이 발생한다. 그러면 신경세포는 팽창하게 되고 세포 안에 있던 유전 형질에 의해서 유리기를 배출하게 된다. 이때 몸 안의 항산화제가 증가된 유리기를 처리하지 못하면 뇌세포가 죽게 된다.

우리 몸 안의 모든 신경세포 주위에는 글루타민산과 아스파라긴산을 위한 수용체가 자리 잡고 있다. 이 말은, 그들은 세포가 죽음을 맞이할 때까지 지나치게 흥분시킬 수 있다는 뜻이다(아포토시스). 이것이 흥분성 독소의 정의다. 그들은 세포를 흥분시켜 죽음으로 몰아가는 것이다!

아스파르테임, 카페인, 기분, 행동

신경세포의 죽음이 아스파르테임이나 다량의 카페인이 함유된 다이어트 콜라가 일으키는 유일한 문제점은 아니다. 카페인은 노르에피네프린과 에피네프린에 의한 스트레스 반응을 증가시킨다. 이는 안정된 기분, 차분한 계획, 충동 억제 등을 유도하는 신경전달물질인 세로토닌의 수치를 감소시킨다.

노르에피네프린과 에피네프린은 단기적으로는 에너지와 주의력을 상승시키지만 뒤이어 우울증, 인슐린 수치 증가, 혈당 감소를 비롯해서 모든 스트레스 반응을 일으킨다. 그리고 시간이 흐르면서 탄수화물에 대한 욕구를 증가시키고 모든 질병에 대한 가능성을 높인다.[19]

다이어트 콜라 중독증

내 경험으로 미루어볼 때, 시판되는 모든 다이어트 식품 중에서 다이어트 콜라가 가장 해롭다. 아스파르테임과 카페인 둘 다 많은 부정적인 효과가 있으며 두 물질이 혼합될 경우에는 특히 중독성이 강하기 때문이다. 많은 사람들이 다이어트 콜라에 대해서 참을 수 없는 충동을 느끼는 것도 이 때문이다. 이런 종류의 중독성은 진저에일(생강이 주성분인 음료 이름)에 대해서는 일어나지 않는다. 그 안에도 많은 양의 아스파르테임이 함유되어 있지만 카페인이 없기 때문이다. 또한 다이어트 콜라 라이트에서도 일어나지 않는다. 여기에는 카페인이 들어 있지만 사카린이나 아스파르테임이 들어 있지 않기 때문이다.

아스파르테임의 섭취, 특히 다이어트 콜라를 통해서 섭취하는 것은 많은 사람들에게 다발성경화증과 유사한 증상을 유발한다. 여기에는 두통, 시력 감퇴, 불분명한 발음, 기억력 상실 등이 포함된다.

아스파르테임을 피해야 하는 사람들

모든 사람이 아스파르테임의 섭취를 최소화해야 하지만 그 해로운 효과에 특히 민감한 사람들이 있다. 중추신경계에 미치는 중대한 영향을 감안할 때 다음과 같은 조건이나 가족 내력을 가진 사람들은 아스파르테임을 절대 섭취하지 말아야 한다.

- 우울증, 공황 발작, 강박적인 충동성 증상, 조울증, 정신 분열증 같은 신경정신과 질환
- 머리를 다친 내력
- 흐릿한 시력
- 기억력 상실
- 만성적인 피로감, 섬유근육통
- 이명증
- 경련, 찌르는 듯한 통증, 마비 증상
- 주의력결핍장애 또는 과잉행동장애
- 척수 손상
- 다발성경화증
- 루게릭병
- 편두통
- 척수디스크
- 파킨슨병
- 알츠하이머병

가장 널리 사용되는 향정신성 물질 카페인

카페인은 중추신경계에 대단히 자극적인 영향을 미친다. 그리고 우리 사회의 과잉 활동 문화에 잘 부합한다. 그러나 카페인도 엄연히 약물이다. 이는 부정할 수 없는 사실이다. 또한 신경독이기 때문에 과도한 양은 발작을 일으킬 수도 있다. 아침에 마시는 커피 한 잔도 예민한 사람에게는 공황 증세, 불안감, 불면증의 원인이 된다. 의사인 나는 카페인

으로 인한 불면증을 단지 '카페인 섭취 중지'라는 처방만으로 무수히 치료한 경험이 있다.

카페인이 함유된 콜라는 선풍적인 인기를 끌지만 어린이와 사춘기 아이들에게 두통의 원인이 될 수도 있다는 사실은 잘 모른다. 한 연구에서 두통 치료를 받는 어린이들은 하루에 적어도 1.5리터, 일주일에 평균 11리터 – 1,415밀리그램의 카페인 – 의 콜라를 마신다는 사실이 발견되었다. 그리고 카페인 섭취를 중단하자 두통이 사라졌다.[20]

카페인은 우리 사회에서 가장 널리 사용되는 향정신성 물질이다. 어린이에게든 어른에게든 마찬가지다. 한 연구에서 십대들이 하루에 섭취하는 카페인은 평균 63밀리그램인 것으로 밝혀졌다. 이것은 원두커피 반 잔에 든 양이다. 그러나 일부 아이들은 하루에 800밀리그램을 섭취했으며 이는 커피 7잔에 든 양과 거의 맞먹는다.[21]

카페인은 사춘기 아이(어른도 마찬가지다)들의 혈압을 상승시키고 심계항진(가슴 두근거림)이나 불규칙한 심장 박동 같은 심장 증상을 일으킨다.[22] 또한 과민성 대장 증후군, 위궤양, 속 쓰림, 위산 역류, 식도 열공 탈출 같은 소화기 증상의 원인이 되기도 한다. 이밖에도 빈뇨, 방광 자극, 요도 자극 같은 증상을 일으키기도 한다.

알코올과 마찬가지로 어린이와 사춘기 아이들은 카페인의 효과에 어른들보다 더욱 민감할 수 있다. 사춘기 아이가 마시는 콜라 한 캔은 어른이 마시는 커피 네 잔과 같은 효과가 있다는 사실이 입증되었다.[23]

카페인은 기분을 변화시키고 신체적 의존성을 유도한다. 카페인을 중단할 경우, 금단현상이 일어날 정도로 그 영향력이 심각하다. 또한 정기적인 카페인 섭취는 습관성과 내성을 기른다. 많이 섭취하면 할수록 동일한 효과를 내기 위해서는 더 많은 양을 섭취해야 한다. 알코올과 마찬가지로 사춘기 아이들은 가능한 한 카페인 섭취를 피해 발달 중에 있는 뇌가 그것에 습관성을 갖지 않도록 하는 것이 좋다.

많은 사람들이 카페인의 효과를 사랑한다. 기분을 향상시키고, 반응 시간을 단축시키며, 어휘 암기력을 향상시키기 때문이다. 이런 효과는 뇌와 몸의 에피네프린 분비를 자극함으로써 발생하는 것이다. 이것은 '공격 도피 호르몬'으로 혈압과 맥박과 신장의 기능(카페인이 빈뇨 현상을 일으키는 이유다)을 상승시켜 위험에 대비한다. 나는 한 사촌이 사춘기에 벌였던 '졸트(음료 이름) 파티'가 생각난다. 카페인이 다량 든 이 음료를 몽롱해질 때까지 가능한 한 많이 마시는 파티였다.

음료에 들어 있는 카페인의 양 [24]	
음료	카페인의 양
코카콜라 350cc	45mg
다이어트 펩시 350cc	36mg
마운틴 듀 350cc	54mg
졸트 350cc	110mg
원두커피 180cc(이것은 매우 적은 양이다)	110mg
드립 커피 180cc	150mg
스타벅스 커피 그란데 350cc	550mg
5분 간 우려낸 티 350cc	45mg
초콜릿 바(작은 것)	30mg

카페인과 여성

카페인에 대한 연구의 75퍼센트는 남성을 대상으로 실시된 것이다. 그러나 남성과 여성은 카페인에 대한 반응이 같지 않다. 여성은 남성보다 카페인 중독에 대해서 더 많은 대가를 치러야 한다.

- 카페인이 여성의 몸 안에서 정신 활성 기능이 없는 물질로 분해되는 데는 남성보다 시간이 더 오래 걸린다. 남성에게는 커피 한 잔이나 콜라 한 캔의 효과가 2시간 반~ 4시간 반 정도 지속되지만 여성에게는 거의 두 배인 4~7시간 동안 지속된다.
- 카페인 해독 기간은 월경 주기와도 관계가 있다. 주기의 후반부(황체기)에는 카페인을 해독하는 데 걸리는 시간이 전반부보다 2시간이나 더 늘어난다. 피임약이나 다른 호르몬을 복용하는 여성들도 카페인 해독에 걸리는 시간이 일반 여성의 두 배가 된다. 알코올도 마찬가지다.
- 카페인은 여성의 방광을 자극해서 빈뇨 증상을 일으키며 방광염이 있는 경우에는 그 증상을 더욱 악화시킨다.
- 카페인은 소변을 자주 보게 만들기 때문에 마그네슘, 칼슘, 나트륨, 칼륨의 과다한 배출을 촉진한다. 이로 인해 나중에 골다공증에 걸릴 위험성이 높아진다.
- 카페인은 철 결핍증의 원인이 될 수 있다. 음식이나 보충제에 든 철을 산화시켜서 생리적 이용성이 낮은 형태로 만들기 때문이다. 한 잔의 커피는 철 흡수율을 39퍼센트나 감소시킨다. (빈혈이 있는 사람들은 카페인을 중단할 때까지 빈혈 증상이 사라지지 않는다.)[25] 여성들은 특히 월경으로 혈액이 손실되기 때문에 빈혈에 걸릴 가능성이 크다.
- 카페인은 특히 여성에게 편두통을 더 잘 일으킨다.
- 카페인은 유방압통을 일으키며 유방에 몽우리가 생기는 섬유낭성

유방질환 같은 유방 증상의 원인이 된다.

- 카페인은 월경전증후군을 악화시킨다.
- 카페인은 유산이나 미숙아의 가능성을 증가시킨다.

위에 열거한 이유들에 근거해서 나는 불안감이나 초조감, 불면증, 기분 변화, 혈당 저하, 요도 감염, 빈뇨, 섭식 장애(카페인은 식욕을 억제한다) 같은 증상이 있는 사춘기 소녀들에게 카페인을 완전히 금하라고 권하고 싶다.

집에 콜라를 사놓지 말라. 만일 음료를 준비해놓고 싶다면 콜라가 아닌 다이어트 음료를 선택하라.

그나마 다행스러운 점은 카페인은 완전히 해독되는 데 3일밖에 걸리지 않는다는 것이다. 그동안 우리는 두통, 초조감, 피로감 등을 느낄 수 있지만 3일이 지나면 모두 사라진다.

건강한 유산을 물려주자

당신의 딸이 건강하고 활기찬 삶을 선택하도록 인도하는 것은 엄마로서 매우 힘든 과업이다. 아이는 모닝커피를 고집하거나, 밖에서 왜 다이어트 콜라를 마실 수 없는지 이해하지 못할 수도 있다. 또는 아이의 삶에는 잠자는 것보다 더 재미있는 일들이 쌓여 있고, 몸에 아무 이상도 없는데 왜 그렇게 많은 보충제들을 먹어야 하는지 의아하게 생각할 수도 있다. 그리고 최근에 다이어트로 5킬로그램이나 체중을 줄여 비키니 수영복을 입은 모습이 환상적인 친구를 보고 속상해할 수도 있다. 아이는 곧 당신의 감시망을 벗어나 세상으로 나가서 이 모든 선택들을 스스로 하게 될 것이다. 그러나 아이가 아직 집에 있을 동안에는 좋은 습관을 길러주기 위해 엄마로서 최선을 다하라. 지금 몸에 익힌 습관은 평생 지속될 가능성이 크기 때문이다. 아이가 건강한 유산을 물려받을 수 있도록 도와주라. 나중에 평생 고마워하며 살 것이다.

19

사회로 진출하다

— 자기 자서전의 작가로 데뷔하다 —

끊임없는 도전과 혼란에 직면하는 사춘기라는 수련장은 아이가 완전히 독립할 준비가 되어 있는지를 증명해보여야 하는 시험대라고 할 수 있다. 그러나 아이들에게는 이런 시험도 필요하지만 엄마인 당신의 도움도 필요하다. 이 시기에 당신은 앞발을 치켜들고 어느 때보다 냉정하고 강인한 엄마 곰의 지혜로 아이를 올바로 인도해야 한다. 그렇지 않으면 아이는 혼자서는 아무것도 못하는 '나약한 새끼 곰'이 될 것이다. 이런 아이가 어떻게 자신의 꿈을 실현하는 삶을 살 수 있겠는가.

　사춘기는 어른이 되어가는 과도기이므로 아이들은 앞으로 혼자서 살아가기 위한, 나아가서 성공하기 위한 기술을 배워야만 한다. 아이의 영혼이 뜨거운 열정과 뚜렷한 목표 의식으로 무장되어야만 이 과도기를 안전하게 통과할 수 있는 연료를 공급할 수 있다. 이와 더불어 엄마도 아이에게 목표를 향해 달려갈 수 있는 추진력을 제공해줘야 한다. 아이에게 자신이 원하는 목표를 설정하고 열심히 노력한다면 그것을 얼을 가능성이 커진다는 사실을 가르쳐주는 것이다. 우리 인간은 목표를 추구하도록 만들어진 창조물이라고 생각한다. 자신의 꿈을 실현할 수 있는 가장 좋은 방법은 우선 목표를 설정하고 그것을 향해서 구체적이고 적극적인 발걸음을 한 발씩 내딛는 것이다.

| 목표 설정하기 - 우리 가족의 전통 의식 |

나는 아이들이 열두 살 때부터 매년 새해 전야에 새해의 목표를 기록하도록 가르쳐왔다. 이 행사는 점차 우리 가족 모두-남편, 나, 두 딸-가 기대하고 참여하는 의식이 되었다. 우리 가족은 내가 만들어 놓은 신성한 장소인 작은 제단 주위에 방석을 깔고 둥그렇게 둘러앉는다. 이 제단은 내가 공단으로 된 원형 덮개를 씌우고 꽃이나 양초, 의미 있는 돌들, 조개껍데기, 크리스털 제품 등으로 장식한 것이다. 우리 가족은 각자 좋아하는 물건을 제단 중앙에 놓는 것으로 이 의식을 시작한다. 그러면 나는 조용한 음악을 틀고 제단 위에 놓인 양초 세 개에 불을 붙인다. 하나는 과거, 하나는 현재, 하나는 미래를 위한 것이다. 그런 다음 지난해에 우리가 목표를 기록해 놓았던 공책을 펼친다. 우리는 돌아가면서 작년에 기록했던 목표들을 큰소리로 읽은 다음 그 목표를 얼마나 성취했는지에 대해서 의견을 나눈다. 그런 다음 작은 종이에 한 해를 보내면서 잊거나 떠나보내고 싶은 일들을 적는다. 이 종이에 적은 내용은 다른 가족에게 공개하지 않은 채 태워 버린다. 새해까지 가져가고 싶지 않은 부정적인 에너지를 떠나보내는 것이다.

그 다음에 우리는 돌아가면서 내년에 성취하고 싶은 목표에 대해서 얘기를 나눈 다음 그것을 공책에 적는다. 다 적었으면 둥그렇게 손을 맞잡고 이 작은 의식을 서로 축복하며 촛불을 입으로 불어서 끈다. 우리 가족은 매년 이 의식을 되풀이한다. 지난 목표를 읽고, 얼마나 성취했는지를 평가하고, 성취한 목표를 축하하고, 아직 이루지 못한 목표 – 아직 가치가 있다면 – 에 방해가 되는 요소들을 극복하는 법에 대해서 의견을 나눈다. 또한 필요하다면 목표를 조정하기도 한다. 목표는 우리가 성장하고 발전하면서 끊임없이 변하기 때문이다.

끌어당김의 법칙에 따르면 우리는 자기가 관심을 갖는 것들을 끌어당긴다. 그리고 목표를 종이에 적어놓고 가끔씩 그것을 읽으면서 되새기면 그 목표를 성취할 가능성이 더욱 커진다. 생각과 의식이 있는 한 인간으로서 우리의 임무는 우리가 할 수 있는 최선의 삶을 창조해가는 것이다. 목표가 없이 산다는 것은 노가 없이 배를 움직이는 것과 같다. 당신은 목적지를 향해서 노를 젓는 대신에 바람과 조류에 자신을 맡겨야 한다. 구체적인 목표를 설정한다는 것은 돛을 높이 올리고 방향타를 제대로 조정해서 목적지를 향해 달려가는 것과 같다.

내 것은 어디까지일까

대부분의 사춘기 소녀들에게 – 대부분의 어른들도 – 세상에 살면서 자기가 원하는 것을 추구한다는 것은 – 성적, 대학 입학, 승진, 인정, 물질의 소유, 성공, 지위, 인기 등 – 사랑받고 인정받고자 하는 욕구와 상반

될 수도 있다. 이런 목표들이 서로 배타적이지 않음에도, 아이들 입장에서는 수시로 변하는 상황에 맞춰서 자아를 지키는 것과 자아를 양보하는 것 사이의 경계를 찾기란 결코 쉽지 않다. 모든 여성은 소녀든 어른이든 다른 사람의 의견과 욕구에 더 치중하는 경향이 있다. 이런 경향은 생식이 가능한 연령층의 여성들에게 내가 '호르몬 베일'이라고 이름 붙인 덮개가 씌워졌기 때문이다. 이 덮개는 여성들이 짝을 찾는 일이나 가족을 돌보는 일에 좀더 타협적이고 수용적인 자세를 갖게 만든다. 그러나 이런 자세는 다른 사람의 요구에 따르기 위해 자신을 완전히 버리지만 않는다면 크게 문제가 되지는 않는다.

자신과 다른 사람 사이의 한계를 정하는 기준은 아기가 어린이로, 사춘기 아이로, 어른으로 성장해가는 동안 끊임없이 변한다. 그 변화는 아이의 면역계, 내분비계, 신경계에 확실히 입력될 때까지 지속된다. 이와 더불어 사회적으로 바람직하고 인정받는 것이 무엇인지에 대한 아이의 의식도 이 시기에 더 강력하게 정착된다. 뇌의 DLPC(배외측 전전두엽)에 입력되는 이 의식은 사회에 적응하는 능력과 동시에 자신을 돌보고 충족시키는 능력에도 영향을 미친다. 그러나 앞서 지적했듯이, 아이가 어른이 되어갈수록 뇌와 몸 사이의 신경 연결 고리는 점차 가소성과 적응력을 잃어간다.

자기희생 프로그램의 부작용

사춘기 소녀들의 뇌에 입력되는 여성다움에 대한 정의는 자신의 욕구를 외면하고 다른 사람의 욕구에 지나치게 집중하도록 프로그램되어 있다. 그러나 이런 태도는 상당한 대가를 지불해야 한다. 위대한 성인들은 예외지만 우리 평범한 인간들에게 자기희생은 결국 죄의식, 원한,

시기심, 분노, 순교자 정신 같은 감정의 원인이 된다. 이런 감정들은 스트레스 호르몬인 코르티솔과 에피네프린의 수치를 상승시키고, 이들 호르몬은 인슐린의 수치를 증가시켜 결국 세포의 감염을 초래한다. 수많은 연구 결과들은 세포 감염은 모든 질병의 근원이라는 사실을 입증한다. 여기에는 대부분의 여성 질환, 즉 각종 심장 질환(고혈압과 뇌졸중을 포함한), 자가 면역 질환, 암, 만성적인 피로감, 월경통, 월경전증후군, 우울증 등도 포함된다. 다시 말해서 지나친 자기희생은 병을 불러온다. 이 사실은 수많은 연구들로 입증되었다. 예를 들면, 다른 사람을 돌보기 위해서 자신의 건강을 소홀히 하는 사람은 흡연이나 알코올 중독에 걸리기 쉬우며 우울증, 심장 질환, 만성적인 스트레스에 시달릴 가능성이 커진다. 그리고 질병에 걸렸을 때 생존할 확률도 현저하게 떨어진다.[1] 또한 자기희생적인 행동과 연결되어 있는 스트레스는 유방암의 가능성을 높이는 것으로 밝혀졌다.[2]

자기희생은 우리의 영혼이 진실이라고 느끼는 것에 상반되는 일이다. 우리가 추구하는 최고의 가치는 반드시 자신의 행복과 안녕이어야 한다. 그러나 우리 사회는 이런 진실이 남성과 동일하게 여성에게도 적용되는 사회가 아니다. 여성들의 모든 삶에 깊이 뿌리박힌 자기희생은 대부분의 엄마들이 딸에게 대물림해온 '고통의 고리'인 셈이다. 그것은 여성을 남성처럼 존중하지 않는 사회에 적응하기 위한 수단이었다. 그리고 그런 유산을 물려준 엄마에게 다시 자기희생의 형태로 '보상'해온 것이다. (우리 사회는 남성들에게도 자기희생의 메시지를 입력한다. 그것은 전쟁에서 목숨을 바치는 것이었다. 이런 집단적인 책임감은 최근 들어 점점 분배되어서 자기 가족을 부양하는 일로 바뀌었다.)

여성의 자기희생이라는 고통의 고리는 우리를 질병으로 몰아갈 뿐 아니라 자기 파괴적인 인간관계, 직업, 삶에 집착하게 만든다. 이것이 바로 여성들이 사회에서 남성과 동등한 대우를 받지 못하거나 요구하지 못하는 이유이기도 하다.[3] 자기희생(이와 상반되는 자기중심적인 자세나 나르시시즘도 마찬가지)은 장기적으로 면역계, 내분비계, 신경계의 기능에 부정적인 영향을 미친다. 나는 20년 이상 두통, 만성피로, 월경통, 원치 않는 임신, 불임, 각종 중독증, 우울증을 비롯해서 암, 만성통증, 섬유조직염, 요통, 기타 스트레스성 질환 등으로 고통받는 환자들을 치료해 오면서 이런 확신을 갖게 되었다. 여성의 내면에 자기희생적인 사고방식이 얼마나 깊이 인식되어 있고 그것이 삶에 얼마나 반영되는가에 비례해서 질병에 걸릴 가능성도 증가한다는 것이다. 나는 내 자신의 삶은 물론 우리 딸들의 삶을 통해서도 이 사실을 확인했다. 나도 피부 발진과 시력 감퇴로 고생한 경험이 있기 때문이다.

자신을 드러내고 싶은 충동 – 미스 우정상을 바라다

우리 작은딸 케이트가 열네 살 때의 일이다. 케이트는 고등학교 연극반에서 배역을 맡고 싶어했다. 딸은 밤낮을 가리지 않고 연습에 몰두했다. 아이가 하도 간절히 원해서 나도 덩달아 전염되었던지 만일 케이트가 배역을 맡지 못하면 나까지 깊은 절망감을 느낄 것 같았다. 나는 딸의 노래를 지도해주면서 반드시 될 거라는 확신을 가지라고 충고했다. 하지만 나는 딸이 배역을 맡고 안 맡고는 내 손을 떠난 일이라는 사실을 알고 있었다. 딸의 노력을 지켜보면서 나는 이렇게 기록했다.

이번 일에 대한 케이트의 문제점은 자신이 아무리 재능이 많고 뛰어날지라도 다른 사람의 의견과 욕구에 따르려는 경향이 있다는 것이다. 그리고 다른 사람이 자기를 좋아하지 않을까봐 지나치게 자신을 드러내지 않으려고 한다. 나는 가끔 케이트에게 자신이 원하는 삶을 살려면 우정상이라는 왕관은 포기해야 한다고 충고한다. 하지만 케이트에게는 쉽지 않은 일이다.

마침내 케이트가 배역을 따내자 나는 감격에 겨워 어쩔 줄 몰랐다. 하지만 나중에 엑스트라 대본이 발표되었을 때 딸의 이름은 빠져 있었다. 케이트는 자기보다 재능이 부족한 아이들을 위해서 양보했던 것이다. 나는 다시 한 번 딸에게 선의의 경쟁의식을 가지고 자신의 가치를 드러내도록 노력해야 한다고 충고했다. 딸은 이 문제에 대해서 주말 내내 깊은 생각에 잠겼다. (거의 말을 하지 않고 깊이 생각에 골몰했다.)

월요일 아침이 되자 케이트는 배가 아프고 갈비뼈 바로 밑에 통증이 느껴진다고 말했다. 아무것도 먹을 수 없었던 딸은 결국 학교에 가지 않고 집에서 쉬기로 했다. 다행히 열은 없었다. 하지만 딸의 증상은 언제나 보이던 증상과 흡사했다. 케이트는 무슨 일이 있으면 항상 배가 먼저 아팠다. 그리고 내가 진료했던 어떤 환자보다 빨리 열과 메스꺼움과 토하는 증상을 보였다. 그리고 딸의 증상은 항상 매우 심각했다.

당시 케이트가 직면한 갈등 - 외부의 경쟁에서 성공하고 싶은 갈망과 사랑이나 인정을 받고 싶은 욕구 - 은 많은 여성들이 사춘기를 지내면서 때로는 평생에 걸쳐 겪는 갈등이었다. 이런 갈등이 그녀가 느끼는 문제점과 관계된 몸의 부위, 즉 몸의 중앙인 3차크라를 곧바로 공격한 것이다. 이 부위는 여성이 자신에 대해서 좋은 감정을 가지고 자부심과 능력을 키울 수 있도록 얼마나 삶의 균형을 유지하느냐에 따라서 강해지거나 약해질 수 있는 곳이다.

케이트에게 자아와 다른 사람 사이의 갈등은 계속 문제점으로 남았으며 여러 형태의 행동이나 신체적 증상으로 표현되었다. 딸은 운동과 공부에 모두 뛰어났지만 중학교와 고등학교 저학년 때는 이들 분야에서 무엇을 성취하려는 목적보다는 주로 친구들을 사귀기 위한 것이었다. 중학교 때는 축구와 테니스 등 여러 스포츠를 즐겼지만 시합보다는 친구를 사귀는 데 더 목적이 있었다. 중학교 1학년 때의 일이다. 케이트는 처음으로 전국 학생 테니스 대회에 참가하게 되었다. 이 말은 다른 학교 선수들뿐 아니라 자기 팀 선수들과도 겨뤄야 한다는 뜻이다. 딸은 첫 게임에서 6 대 0으로 승리했다. 그런데 다음 시합을 가장 친한 친구와 치러야 할 상황에 직면했다. 마음이 불편해진 딸은 결국 배가 아프기 시작했다. (나도 케이트가 이 난관을 어떻게 극복할지 걱정이 되었다. 마침 그때 대회에 참가한 한 남학생이 같은 팀 친구와 시합을 하게 되어서 화가 난다고 투덜대는 소리를 들었다. 나는 이 말을 들으면서 내심 기뻤다. 여자 아이들만 이런 갈등으로 고민하는 게 아니라는 사실을 알게 된 건 의외였다.)

케이트는 친구들과 치른 시합 중에서 한 게임만 이기고 다른 게임들을 모두 졌다. 시합이 끝나고 차로 돌아오자 딸은 머리를 차 문에 대고 박았다. 비록 세게 부딪치진 않았지만 신체적인 상처가 자기 안의 감정적인 둑을 무너뜨린 것 같았다. 딸은 마침내 울음을 터뜨렸다. 지지 않을 수 있었던 시합에 진 자신에 대한 분노의 눈물이었다. 또한 중요한 공식 시합을 치르면서 느꼈던 압박감에서 벗어나고 싶은 눈물이었다. 시합에서 딸을 이긴 친구는 테니스 실력은 케이트보다 떨어졌지만 강한 경쟁의식으로 무장한 덕에 결국 우승의 영예를 안았다.

더 이상 흥미를 잃은 테니스(또는 다른 어떤 것이라도)에 다시 케이트를 참가시키기 위해 압력을 가할 필요는 전혀 없었다. 우리 두 딸은 엄마를 통해서 길러진 강한 의지가 있었다. 그러나 어떤 운동을 시작하더라도 끈질기게 몰두하는 투지가 부족했다. 그리고 항상 모든 과목에서 A학점을 받는 우등생이었지만 경쟁심이 강하지는 않았다. 하지만 케이트는 불에 뛰어드는 나방처럼 춤에는 언제나 강한 집착을 보였다. 세 살 때부터 춤을 배우기 시작한 딸은 그 후에도 춤 동아리에 가입해서 공연을 하기도 했다. 케이트에게 춤은 끊임없이 기쁨과 영감을 부여하는 에너지의 근원이었다. 그것은 그녀의 공연을 보는 사람들에게도 마찬가지였다. 여러 공연자 중 일부가 된다는 것은 누구의 희생도 필요 없기 때문에 케이트에게는 마음껏 재능을 발휘할 수 있는 일이었다.

| 부정적인 감정을 극복하도록 도와주는 방법 |

사춘기 소녀들(어른들도)은 자신의 감정과 그런 감정이 생기게 된 이유를 인식하는 법을 배워야 한다. 또한 각자 분리되어 있는 생각, 사고방식, 느낌을 연결하는 방법도 배워야 한다. 이 밖에도 그들은 자신의 부정적인 감정을 안전하고 효과적으로 처리하는 방법을 배워서 다른 가족들을 볼모로 잡지 말아야 한다.

당신의 딸이 이해해야 하는 가장 중요한 점은 모든 감정은 정당하다는 것이다. 감정은 어떤 형태든 모두 우리를 움직이는 '에너지' 다. 좋은 감정이란 우리를 건강과 행복으로 인도하는 생각과 믿음이다. 반면, 나쁜 감정이란 행복이나 충만함과는 거리가 먼 곳으로 인도하는 생각과 믿음이다. 그러나 우리가 궤도에 오르려면 우선 힘든 감정을 거쳐야 한다.

당신의 딸이 치어리더에 뽑히지 못했다고 가정해보자. 아이는 절망과 슬픔과 분노에 휩싸이게 될 것이다. 이는 지극히 자연스럽고 정상적인 감정이다. 이 감정을 건전하게 해소하기 위해서는 절망감을 충분히 밖으로 표출해야 한다. 그 과정은 몇 시간 혹은 며칠이 걸릴 수도 있다. 이 기간은 치어리더가 그녀에게 얼마나 큰 의미가 있었는지에 따라 달라진다. 이와 동시에 그녀는 기분이 나아지게 하는 것으로 관심을 돌리도록 자신을 격려할 필요가 있다. "그래, 난 치어리더에 합격하지 못했어. 하지만 주말마다 모든 시합을 쫓아다니는 대신 내가 좋아하는 사진이나 음악에 몰두할 시간이 생긴 거야."

부정적인 감정을 빠른 시간 안에 효과적으로 해결하는 가장 좋은 방법은 운동을 하는 것이다. 운동은 엔도르핀 분비를 촉진하고 스트레스 호르몬인 코르티솔과 에피네프린의 수치를 낮춘다. 달리기와 들어올리기는 특히 분노에 효과적이다. 슬픔과 우울증에는 요가가 도움이 된다.

요점-감정은 우리를 인도하는 내면의 소리다. 우리가 행복 혹은 그 반대 방향 중 어느 곳으로 가야 할지를 알려주는 안내자다. 언제 어디서나 감정 속에 담긴 메시지를 이해하고 그것을 행동으로 옮길 때 우리는 인생을 이끌어갈 추진력을 얻게 된다.

자아를 드러내고 싶은 충동-황금을 찾아 떠나다

고등학교 2학년 때 케이트는 겨울 학기 동안 환경 교육을 실시하는 메인 코스트 학기(Maine Coast semester)에 참가했다. 이 프로그램은 메인주의 해변에 있는 장작을 때는 통나무집에서 전국 각지에서 온 동급생들과 지내는 것이다. 아이들은 생태학을 공부하고, 퇴비를 만들고, 가축을 돌보고, 식사를 준비하거나 설거지를 돕는다. 이와 더불어 혹독한 학과 과정도 견뎌내야 한다. 학교 친구와 가족들 그리고 그들의 부담스러운 기대와 멀리 떨어진 상태에서 케이트는 마침내 자기는 자신만의 목소리를 가졌으며 다른 사람들이 그것을 듣고 싶어한다는 사실을 깨닫게 되었다. 이것은 케이트에게 중요한 전환점이 되었다.

그 후 고등학교 3학년이 된 케이트는 좀더 자신감을 갖게 되었고 예전처럼 다른 친구들에게 인정받는 것에 집착하지 않게 되었다. 사실 케이트는 친구들에게 인정받기 위해서 2학년 내내 방과 후 학교에 혼자 남아 공부해왔다. 하지만 이제 진정한 자신의 목소리를 발견한 것이다. 그리고 흥미로운 사실은 대학에 갈 시기가 되자 케이트는 몇 군데 뮤지컬에서 중요한 배역을 따낼 정도로 달라져 있었다. 케이트가 소규모 고등학교에서 경험했던 것과는 비교도 안 될 정도로 치열한 경쟁을 뚫고 얻어낸 성과였다.

영혼에서 우러난 경쟁의식은 바람직하다

우리는 전 생애에 걸쳐 경쟁이라는 현실에 직면해야 하며 이것을 효과적으로 다루는 법을 배워야 한다. 훌륭한 운동 코치(혹은 선생님)는 학생에게 사랑과 존경심을 불러일으키도록 인도할 때 최상의 결과를 얻을 수 있다는 사실을 잘 안다. 학생들이 최선을 다해서 노력하는 이유는 코치의 칭찬을 받고 싶기 때문이다. 그것은 중학교와 고등학교 때 나를 채찍질하던 이유이기도 했다. 물론 이기기 위해서 경쟁한다는 것은 어떻게 보면 자신을 희생해서 다른 사람을 기쁘게 만드는 일이다. 예를 들어, 당신은 예술에 더 관심이 있는데 축구 시합에서 이기기 위해 열심히 뛴다는 것은 언니가 축구를 잘 했으니까 너도 잘해야 한다는 엄마의 압력 때문일 수도 있다. 이 경우는 바람직한 길이 아니다. 그러나 내 경우처럼 경쟁심이 자신의 영혼에서 우러난 것이라면 그것은 충분히 의미 있는 일이다.

본능적으로 학교에서 인정받기를 좋아했던 나는 유치원에 다닐 때부터 인정받기 위해 나 자신에게 막대한 압력을 가했다. 중학교 2학년 때는 고등학교를 졸업할 때 고별사를 읽는 학생이 되겠다는 목표를 세웠고 결국 그 꿈을 성취했다. 나는 항상 학문적인 성공이 내 삶의 목표를 충족시키는 데 대단히 중요한 요소라는 것을 알았다. 그러나 막상 그 목표가 무엇인지는 오랜 세월 동안 미처 깨닫지 못했다. 경쟁심을 어떻게 다루느냐는 2차크라와 3차크라, 이와 관련된 신체 기관의 건강을 좌우한다. 모든 소녀는 경쟁으로 인한 스트레스를 자기 영혼의 목적을 정립하는 데 사용함으로써 효과적으로 다루는 법을 배워야 한다.

경쟁의식이 여성의 생리 작용에 미치는 영향

경쟁심은 생리 작용에 중대한 영향을 미치고, 생리 작용 또한 경쟁심에 영향을 미친다. 예를 들어보자. 원숭이 세계에서는 싸움에 승리했거나 다른 원숭이를 위협해서 쫓아낸 경력이 있는 지배적인 암컷이 옆에 접근하는 것만으로도 하위 암컷의 배란이 금지된다는 사실이 입증되었다. 실제로 사자나 늑대, 비비의 암컷은 자기가 속한 그룹의 분위기에 따라서 생산력에 큰 차이가 있다. 가족 간의 불화가 비비나 원숭이 암컷들에게 무배란의 원인으로 작용한다는 것이다. 이런 현상이 나타나는 것은 성욕을 억제해서 스트레스에 견디는 능력을 높여주는 프로락틴과 코르티솔의 수치가 높아지기 때문이다.

이 같은 일은 인간 세계에서도 발생한다. 하지만 우리 인간은 자기 성찰을 통해서 의식적으로 생리 작용을 조절할 수 있다. 이 말은 우리는 경쟁심에 대한 인식을 스트레스를 받는 게 아니라 건강을 증진시키는 것으로 재구성할 수 있다는 뜻이다. 그러기 위해서는 승자 대 패자라는 이분법적 사고방식을 뛰어넘어 경쟁심을, 기술을 연마하고 삶의 목적을 확실히 정립하는 에너지로 사용해야 한다. 경쟁심의 이런 긍정적인 효과는 연구 결과를 통해서도 입증되었다. 경쟁심의 효과는 사건의 결과에 달려 있지 않고 그 경험을 어떻게 느끼느냐에 달려 있다는 것이다. 로체스터 대학에서 18~21세의 남녀 학생들을 대상으로 실시한 조사에 따르면, 경쟁심의 초점이 어떤 대가를 치르더라도 이기는 것에 맞춰진 경우에는 참가자들이 더 나은 발전을 이룩하려는 열정이 부족했다고 한다. 반면, 참가자와 관찰자가 승리보다는 좋은 경기에 초점을 맞출 경우에는 승패에 관계없이 경쟁자들의 열정이 훨씬 증대되었다는 것이다.[4]

승리의 여러 형태

진화론적인 견지에서 볼 때 포유류 암컷의 생식 능력은 자손을 낳게 해주고 자기를 약탈자로부터 보호해줄 강하고 건강한 수컷을 얼마나 잘 유혹하느냐에 달려 있다. 고등학교 시절에 뛰어난 미모로 남자 아이들의 관심을 한 몸에 받는 '타고난 미인'이 인기가 있는 이유도 이 때문이다. 그러나 내 경험에 비춰볼 때 이처럼 일찍 핀 꽃은 일찍 만개한 후 곧 시들어 씨로 돌아간다. 그들의 타고난 미모는 노력해서 얻는 게 아니기 때문에 성공에 필요한 기술을 개발할 필요가 없기 때문이다. 따라서 고등학교 시절이 끝나면 그들의 인기는 하강곡선을 그린다. 왜냐하면 우리는 더 이상 '생식 능력이 뛰어난' 특성이 반드시 성공을 예견하고 보장하는 세계에 살지 않기 때문이다. 우리 인간은 원숭이와 다르게 '승리'하는 것에 대한 여러 방법을 개발했다. 이것이 학창 시절에 인기가 없던 아이들에게 고등학교 동창회가 환영받는 이유다. 이들은 출발은 늦었지만 갈수록 속도가 빨라져서 인생의 후반부에는 많은 기술을 습득한 사람들이기 때문이다. 한 환자는 이렇게 표현했다.

> 저는 사춘기가 되어도 가슴이 예쁘게 솟아오르지 않자 몸 대신 머리를 사용하며 살아야 한다는 사실을 깨달았어요. 모든 평범한 아이들이 그렇듯이, 저도 세상에서 안전지대를 확보할 만한 몸매를 갖추지 못했다면 남보다 독특하고, 매력적이고, 뛰어난 기술을 개발해야 한다는 사실을 배우게 된 거죠. 인생의 중반기에 접어들면서 저는 모든 사람들이 빠르든 늦든 이 교훈을 배워야 한다는 생각이 들었어요. 고등학교 때 졸업 파티의 여왕이던 친구들이 사십대에 들어서면서 보잘 것 없는 모습으로 변하는 걸 많이 보았거든요. 반면에 저는 바로 그때부터 승승장구하기 시작했죠! 주디 판사(그녀가 현명한 판결을 내리는 실제 재판 상황이 TV에 인기리에 방영되고 있음)가 여기에 대해서 정확히 표현한 말이 있어요. "미녀는 사라지지만 멍청이는 영원하다." 결국 저는 제 자신의 행복과 충만감이 사춘기 시절에 그렇게 집착했던 육체적인 매력보다 더 중요하다는 사실을 깨닫게 되었어요.

모든 사람은 타고난 본성에 관계없이 어떤 식으로든 경쟁에 영향을 받는다. 예를 들면, 학문적으로 성공한 많은 사람들이 경험했듯이 나도 학창 시절에 학기말 시험장을 찾아 헤매면서 시험을 망칠까봐 두려움에 떠는 악몽을 자주 꾸곤 했다. 그로부터 여러 해가 흘러 마침내 내가 가야 할 길을 발견하게 되었을 때 비로소 그 악몽이 사라졌다. 그 이유는 내가 경쟁 속에서도 건강하게 살아갈 수 있는 방법을 발견했기 때문이었을 것이다.

모든 엄마는 딸들에게 성공에 필요한 기술을 배우도록 격려하고 그들의 꿈이 활짝 피어나도록 돌봐줄 필요가 있다. 딸이 세상에서 자신이 원하는 목표를 찾아내서 추구하도록 인도하는 것은 엄마 자신의 유산을 치유하고 개선하는 가장 효과적인 방법이기도 하다. 그 목표가 축구팀에 가입하는 것이든, 승진이든, 원하는 대학에 들어가는 것이든 상관없다. 원하는 목표를 찾은 딸들은 경쟁에 대한 정의나 그것이 삶에 미치는 영향을 재정립하게 될 것이다.

경쟁심의 유익함에 감사하자

내가 여동생 페니에게 학창 시절 운동선수로서의 경력이 어른이 되어서 어떻게 도움이 되었냐고 묻자 그녀는 이렇게 대답했다.

> 십대와 이십대 초반에는 유명한 스키 팀의 일원이라는 것이 내게 뚜렷한 목표의식을 갖게 해주었어. 내가 좋아하는 일을 할 수 있는 기회였기 때문에 마음껏 열정을 발휘할 수 있었지. 지금에 와서 무수한 경쟁 가운데 살던 지난날을 되돌아볼 때 그것들은 내 몸에 자신감과 자기 신뢰라는 건강한 보약을 공급해준 것 같아. 건강한 세 사내 녀석들을 키울 체력을 길러줬으니까. 나는 너무 피곤해서 쉬고 싶을 때도 할 일을 미루지 않고 해내는 능력을 몸에 익혔어. 그리고 스키 팀에서 지냈던 경험은 팀 플레이어와 경쟁자 둘 다 될 수 있는 기술을 익히게 해줬어. 나는 지금 거의 10년 가까이 남편과 함께 키워온 가

내 사업을 성공적으로 운영하고 있어. 내 끈기와 다른 사람들과 조화를 이루는 능력은 사업에 큰 도움이 되고 있지. 내게 실패란 없어. 나는 주어진 상황에서 최선을 다할 뿐이야.

최근 들어 늘어나는 여자 운동선수들의 활약과 성공은 앞으로 많은 소녀들이 충분히 누리게 될 변화의 물결이다. 여성들이 전보다 경쟁에 참가하거나 이길 기회가 늘었다는 것은 현대 사회의 바람직한 현상이다. 이런 경향은 스포츠 분야뿐 아니라 비즈니스 분야, 법조계, 의학계, 예술계에서도 점차 늘고 있다. 세상은 우리 여성들에게 여러 방면에서 활짝 열리고 있는 것이다! 그러나 우리는 우리 딸들이 말뿐 아니라 실제로 이런 기회를 충분히 누릴 수 있도록 인도해야 한다.

재능을 키워 치열한 경쟁에서 벗어나라

딸에게 경쟁심은 자신에게 가장 의미 있고 재능 있는 분야에 최대의 에너지를 쏟도록 만든다는 것을 가르쳐라. 이 말은 다른 활동에서 손을 떼라는 의미가 아니다. 춤을 못 추는데 무대 위에 올라가야 하거나 새로운 일에 도전한다는 것은 당황스러운 일이다. 그러나 그것이 바로 새로운 뇌세포를 생성시키는 일이다. 잘 할 수 없다는 이유로 아무것도 하지 않는 사람은 인생의 많은 즐거움을 놓치게 된다. 당신의 딸은 자신이 열정을 쏟을 수 있는 것과 즐겁게 할 수 있는 것을 찾아야 한다. 여기 그 예로 내 삶을 소개하겠다.

나는 의과대학에 들어가자마자 아무리 오랜 시간을 힘들게 공부해도 반에서 최고가 될 수 없음을 금방 알아챘다. 반 친구들 중에는 사진을 찍듯 정확한 기억력 덕에 특별히 공부하지 않아도 항상 A학점을 받을 수 있는 학생들이 있었다. 그들과 경쟁하려면 죽도록 공부해야 했다. 나는 곧 어떤 선택을 해야 한다는 사실을 깨달았다. 그들과 같은 성적을 받기 위해 훨씬 많은 시간을 뼈가 부서지도록 공부하느냐 아니면 적당한 성적을 유지하면서 삶의 균형을 찾느냐. 나는 균형 잡힌 삶을 선택했다. 나는 등산도 즐기고 스키도 즐겼다. 음악회도 관람했다. 또한 다트모스 심포니에서 하프 연주가로 활동하기도 했다. 내 뒤에서 베이스를 연주하던 동료는 이런 내 활동을 못마땅해 했다. 그는 내가 도서관에서 하루 종일 살아야 한다고 생각했다. 나는 그의 생각이 틀렸다는 것을 알고 있었다.

대학을 졸업하고 병원에서 환자를 진료하기 시작하면서 내 재능은 비로소 빛을 발하기 시작했다. 나는 환자들의 말에 진심으로 귀를 기울였으며 이 기술이야말로 내게 중요한 정보를 제공해줄 거라는 사실을 일찌감치 깨달았다. 그것은 각 사람의 상황에 맞는 현실적인 방법으로 맞춤 진료를 하는 것이었다. 이는 평생 여성의 건강에 관심을 갖게 된 초석이 되었다. 그리고 의과대학 시절에는 꿈도 꾸지 못했던 방법으로 내 앞길을 활짝 열어주는 기회가 되었다.

제로섬 사고방식을 극복하자

자기 파괴적인 경쟁심(건강을 해치는)은 돈에 대한 전통적인 접근 방식인 제로섬 법칙에 근거를 둔다. "세상에 존재하는 것은 한정되어 있다. 당신이 많이 가지면 나는 그만큼 적게 가질 수밖에 없다. 내가 이기면 당신은 패배자가 되는 것이다." 대부분의 사람은 내면적 특성과 환경적 영향의 복합 작용으로 아주 어릴 때부터 깊이 각인된 제로섬 법칙을 굳게 신봉한다. 그러나 인생이라는 전체적인 게임에서 모두가 승리자가 될 수 있다는 사실을 이해한다면 우리는 그 목소리를 부정하는 방법을 배울 수 있다.

우리는 한쪽에서 무언가를 잃었는데 다른 쪽에서는 오히려 성공하는 일들을 경험하면서 세상일은 예측할 수 없다는 사실을 인식한다. 내 친구인 모나 리자는 브라운 대학교 2학년 때 기면발작(무언가를 하다가 갑자기 잠에 빠지는 증상)과 간질발작이 시작되어 성적이 2.2학점까지 떨어졌다. 하루에 18시간을 자야 했던 그녀는 결국 대학에서 탈락했고 의과대학에 진학하기 위한 과정에도 도전할 수 없었다. 그녀는 일곱 살 때부터 꿈꿔온 의과대학에 진학할 수 없을 거라는 말을 들어야 했다.

전통 의학에서는 그녀를 치료할 수 없었기 때문에 그녀는 한의학과 침술로 방향을 돌렸다. 그리고 병 때문에 꿈을 포기하지는 않겠다는 그녀의 단호한 결심과 강한 의지 덕분에 마침내 그녀의 병은 시간이 지나면서 차도를 보이기 시작했다. 이 경험은 그녀가 서구 의학의 한계를 뛰어넘는 치유 효과를 인식하는 계기가 되었다. 그 후 이것은 그녀의 일과 사고방식에 많은 영향을 미쳤다. 그처럼 심각한 장애물을 극복한 경험은 이전보다 성공을 향한 추진력을 더욱 강화시켜주었다.

그녀는 마침내 브라운 대학을 졸업했고 의과대학에 입학하는 대신 의사 면허와 박사 코스가 복합된 프로그램에 도전했다. 그녀의 지도교수조차 불가능하다고 말렸던 도전이었다. 하지만 읽고 쓰는 것을 거의 불가능하게 만들었던 질병에도 불구하고 그녀는 결국 이 일을 해냈다. 박사 논문을 완성하기 위해서 그녀는 읽기 교정 상담사를 찾아가야 했다. 여기에서 그녀는 어린 아이들이 앉는 책상과 걸상에 앉아서 치료를 받아야 하는 굴욕적인 경험을 했다. 그러나 이런 먹구름 뒤에도 햇살은 빛나고 있었다. 이런 경험은 오히려 뇌의 다른 부위, 즉 직관을 개발시키는 계기가 되었던 것이다. 지금 이것은 그녀의 주된 진료 분야가 되었고 세상 사람들에게도 많은 도움을 주고 있다.

불안감을 인정하고 극복하라

나는 며칠 전 밤에 〈인사이드 더 액터스 스튜디오〉라는 TV 프로그램에서 바브라 스트라이샌드Barbra Streisand의 인터뷰 장면을 보았다. 한 학생이 그녀에게 어떻게 그처럼 자신감이 넘치도록 자신을 관리할 수 있느냐고 물었다. 그녀는 이렇게 대답했다. "이렇게 자신만만한 제 모습을 보고 제게는 불안감이 없을 거라고 생각한다면 오산입니다. 저도 불안할 때가 종종 있답니다." 바브라 스트라이샌드처럼 성공한 여성도 자신에 대해 회의가 생길 때가 있다. 중요한 것은 그런 불안감에도 불구하고 앞으로 나아가는 것이다. 당신 딸에게, 이런 자세를 가질 수 있는 유일한 방법은 다른 사람이 원하는 길(엄마인 당신도 포함해서)이 아닌 자신이 원하는 길을 가는 것이라고 말해주라. 그 길이 아무리 험하더라도 묵묵히 가다보면 점차 그녀에게 맞는 장소로 인도해줄 것이다.

경쟁심을 생명 에너지로 바꾸어라

어떤 분야에서든 최선을 다해 역경을 극복해본 사람은 자기 안에 내면의 목소리를 지녔다. 그것은 열심히 노력할 때만 최선의 결과를 얻을 수 있다는 신념이다. 이 같은 내면의 경쟁심은 자연의 에너지에 비유할 수 있다. 그것은 자연과 마찬가지로 때로 우리의 의지 너머에 존재할 수도 있다. 당신의 딸에게 이것과 친구가 되고 더 나은 곳으로 그녀를 인도하는 데 대해 감사하라고 가르쳐라.

그러나 내면의 메시지는 신중히 사용해야 한다. 자신을 징벌하거나 파괴하는 수단이 되어서는 안 된다. 만일 그녀가 듣는 메시지가 내면의 가치나 소중함을 부정하는 것이라면 그 목소리를 자신의 역량을 최대한 발휘하도록 격려하는 것이 아닌 자신을 체벌하는 것으로 사용하게 된다. 물론 이런 내면의 비판하는 소리를 모두 제거할 수는 없지만 평화롭게 공존할 수는 있다. 내가 사용하는 방법은 작가이자 영적 지도자인 월터 스타크Walter Starcke가 〈제3의 얼굴(The Third Appearance)〉이라는 저서에서 소개한 '이중 신념'이란 기술이다. 나는 내가 결점투성이인 나약한 인간이라는 것을 안다. 동시에 내 영혼은 그 자체로 완벽하며 항상 나를 더 나은 충만함과 행복으로 인도한다는 것도 안다.

자신의 한계에 만족하는 법을 가르쳐라

당신의 딸도 빠르든 늦든 언젠가는 항상 자신보다 나은 사람이 있다는 사실을 알게 될 것이다. 나보다 똑똑하고, 부유하고, 예쁘고, 날씬하고, 가슴이 크고, 재능이 많은 사람은 주변에 어디에나 존재한다. 만일 이런 사실에 신경을 곤두세운다면 그녀는 자신과 평온한 관계를 유지할 수 없을 것이다(또는 스트레스 호르몬의 분비가 많아질 것이다). 진정한 성공이란 자신의 재능과 장점을 최대한 발휘하여 자신이 원하는 삶에 이르는 것이다. 이런 자세는 주변의 모든 사람을 행복하게 만들 것이다.

사랑받기 위해 나를 포기해야 할까

때로 사람들은 당신이 본래 모습보다 작아지길 원한다. 상대방이 더 빛나야 한다는 환상에 젖게 만들어 당신의 볼트를 낮추도록 조종하는 것이다. 이런 경우는 특히 남녀 관계에서 흔히 발생한다. 많은 여성이 이런 태도를 갖는 이유는 남성의 자존심은 상처받기 쉽다는 믿음을 강요당해왔기 때문이다. 그러나 이런 믿음은 여성의 건강에 해로울 뿐 아니라 남성의 존엄성을 심각하게 손상시킨다. 로살린드 와이즈만의 저서 〈여왕벌과 추종자들〉을 영화화한 〈퀸카로 살아남는 법〉에서 주인공인 린제이 로한은 수학 문제를 풀지 못한 덕분에 뒤에 앉아 있던 멋진 남자 아이의 관심을 받게 된다. 얼마나 진부한 시나리오인가!

이와 유사한 사고방식은 다른 종류의 관계, 즉 레즈비언 관계에서도 나타날 수 있다. 그 사례를 소개한다.

🐚 도티의 경우—천식과 심계항진

도티가 나를 찾아온 것은 심계 항진과 천식 때문이었다. 이 두 증상은 종종 해결되지 못한 감정이 있음을 암시하는 것이다. 그녀에게 삶에 어떤 문제가 있냐고 묻자 그녀는 레즈비언인 파트너와의 사이에 갈등이 있다고 대답했다. 도티는 권위 있는 학교에서 분자생물학 분야의 박사 과정을 막 끝낸 상태였고, 그녀의 파트너는 같은 학교에서 컴퓨터 기술자로 근무하고 있었다. 그런데 도티가 박사 학위를 받고나서 앞길에 많은 가능성이 열리자 위협을 느낀 그녀의 파트너는 도티가 자기를 떠날까봐 두렵다고 고백했다는 것이다. 도티가 나를 방문하기 전날 밤 도티는 다음과 같은 꿈을 꾸었다. 아침에 일어난 그녀는 운동하러 가기 위해 운동화를 신으려고 했다. 그러나 아무리 노력해도 발을 신발 안으로 집어넣을 수가 없었다. 신발의 깔창이 엉망이 되어 있었던 것이다. 그녀가 신발을 신으려고 안간힘을 쓰고 있는데 여배우인 마리엘 헤밍웨이가 방 안으로 들어와서 "너한테 무슨 문제가 있는지 알고 있어. 내가 해결해주지." 라고 말하면서 도티의 가슴 위에 앉으려고 했다. 그녀는 두려움과 숨이 막힐 것 같은 답답함에 잠에서 깨어났다.

도티는 이 꿈에 대해 얘기하면서 이렇게 말했다. "저는 항상 저와 공통점이 많은 사람에게 관심이 끌렸고 그런 사람들과 관계를 키워오곤 했어요. 하지만 언제나 그들보다 더 나은 성공을 거두었고, 그러면 그들은 두려움을 느낀 나머지 제 행동을 통제하려고 했어요. 저는 답답함을 느끼고 그들을 떠나는 수밖에 없었죠. 엄마와의 관계도 그랬어요. 사춘기 전까지 저는 엄마의 그림자였고, 엄마도 제가 엄마의 판박이라고 생각했어요. 그런데 사춘기가 되자 엄마는 제가 무엇을 하든 어디를 가든 모든 것을 통제하려고 들었어요. 마치 저의 모든 행동이 육체적·정신적으로 엄마에게서 멀어지려는 것으로 생각하는 것 같았어요. 저는 건강하고 온전한 삶을 살기 위해서는 집을 떠나는 수밖에 없다고 생각했어요. 그런데 안타깝게도 저는 엄마처럼 행동하는 파트너를 선택하는 잘못을 되풀이하고 있어요. 제 꿈은 제게 필요한 일이 무엇인지를 말해주는 것 같아요."

도티는 내 충고와 꿈을 통해서 자신의 심계 항진과 폐의 문제는 인간관계의 친밀함과 헤어짐에 대한 욕구를 대변하는 것이라는 사실을 이해했다. 지금 그녀의 인간관계는 친밀함과는 거리가 먼 방향으로 가고 있었다. 이것은 그녀가 해결해야 할 중대한 문제였다. 집에 돌아간 그녀는 파트너와 이 문제에 대해 의견을 나누고 싶었지만 그녀의 파트너는 싸늘한 침묵으로 일관했다. 결국 그녀는 파트너가 바랐던 대로 통합된 관계에 참여하는 대신에 관계를 정리해야만 했다.

만일 도티의 파트너가 성장을 거부한다면(이것은 흔히 볼 수 있는 시나리오다) 그녀는 앞으로도 그녀의 삶을 무너뜨리고 두 사람의 삶을 합쳐 하나의 형태로 탄생시키기를 꿈꾸는 누군가를 만나게 될 것이다. 우리 주변에는 이런 커플들이 많다. 그들은 성별을 불문하고 십여 년을 함께 살고 나면 서로 모습과 말투까지 닮아간다. 이런 종류의 관계는 서로에 대한 두려움을 달래줄 수는 있지만 지속적인 창조와 성장을 가로막게 된다. 진정한 파트너십만이 촉매제가 될 수 있다. 이를 잘 대변해주는 교훈이 있다. "당신의 빛을 줄여서 다른 사람을 빛나게 하려는 것은 온 세상을 어둡게 만드는 일이다!" 다른 사람을 위해 자신의 빛을 줄이는 것은 건강에 심각한 손상을 입히기도 한다.

자신의 일은 스스로 하게 하라

아이들은 아주 어린 유아기일 때 엄마 손을 잡기를 거절하는 것으로 자율성에 대한 욕구를 표현하기 시작한다. 당신은 아장아장 걸어 다니는 아이들에게 "내가 할 거야!"라는 말을 수없이 많이 들었을 것이다. 하지만 그때는 아직 자신이 원하는 일이 무엇이든 그것을 할 수 있는 신체적, 정신적, 인지적 기술이 발달되지 않은 상태였다. 사춘기 또한 유아기와 마찬가지로 독립에 대한 아이의 욕구가 자기가 가진 기술보다 앞서 나가는 시기다. 특히 우리가 판단력이라고 부르는 기술이 부족하다. 하지만 이 시기는 아이가 혼자서 세상을 탐험할 수 있도록 – 비록 혼자서 매달릴 힘이 부족하더라도 – 충분한 밧줄을 건네주어야 하는 때이기도 하다. 더불어 일정한 한계를 세울 필요가 있다. 비록 그들은 항상 그 한계에 도전하고 당신에게서 벗어나려고 애쓰겠지만 그것은 반드시 필요한 요소다.

　새끼 곰이 사춘기에 도달하면 엄마 곰은 새끼 곰이 숲 속을 마음대로 돌아다닐 수 있도록 허락하는 것과 그곳에 도사린 위험을 감수하도록 방치하는 것 사이의 경계선을 곡예를 하듯이 넘나들어야 한다. 새끼 곰마다 각자 특성이 다르기 때문에 엄마 곰은 새끼에게 좋은 것을 감지

해내는 자신의 본능에 의존해야 한다. 딸이 집과 당신의 보호망을 떠나서 자기가 원하는 분야에 정착하는 데 필요한 기술과 책임감을 갖추었는지는 직접 경험하기 전에는 알 수 없다. 그러나 한 가지 사실만은 분명히 알 수 있다. 아이가 자라는 동안 책임감을 많이 심어주면 줄수록 삶을 헤쳐 나가는 능력이 커진다는 사실이다.

나는 사춘기 아이에게 자신의 삶을 살아가는 데 필요한 책임감을 심어주는 것이 얼마나 힘든 일인지를 잘 안다. 아이는 누군가가 책임감을 거론할 때마다 항상 뒤로 물러서서 자기가 원하는 방법대로 일이 돌아가지 않았다고 변명을 늘어놓을 수 있다는 사실을 안다. 무언가를 선택하고 결정한다는 것은 언제나 위험 요소가 따르는 일이다. 만일 아이가 어떤 것을 받아들인다면 자동적으로 다른 것(또는 다른 사람)은 거부해야 한다는 뜻이기 때문이다. 만일 아이가 잘못된 선택을 한다면? 만일 아이가 잘못을 저지른다면? 어쩔 수 없이 그런 일은 일어날 것이다(당신에게도 마찬가지다). 그러나 엄마인 당신은 딸이 올바른 판단력과 책임감을 갖추도록 무수히 훈련시켜야 할 의무가 있다.

책임감에 대한 케이트의 첫 번째 단계

내 경험에 따르면 아이들은 당신이 요구할 때만 책임감을 갖는다. 나는 '다른 사람에 대한 지나친 책임감을 안고 살아가는 클럽'의 평생회원으로 살아온 까닭에 이런 해답을 얻기까지 다소 시간이 걸렸다. 그러나 점차 모든 것에 책임감을 느끼려는 자세는 누구에게도-나 자신이나 딸들 모두-득이 되지 않는다는 사실을 깨닫게 되었다. 일단 책임감의 일부를 그것과 관련된 사람의 어깨로 떠넘기고 나자 나는 생각보다 우리 딸들이 유능하다는 사실을 알았다. 딸들은 처음에는 달가워하지 않았지만 점차 자신의 몫을 해내기 시작했다. 여기에 한 사례를 소개한다.

케이트가 열두 살 되던 해, 나는 돌아오는 봄방학에 아이를 데리고 플로리다에 가기로 계획을 세웠다. 이것은 우리 집안의 전통이었다. 두 아이가 다른 학교에 다니고 있어서 서로 방학 기간이 달랐기 때문에 나는 케이트를, 남편은 애니를 데리고 가기로 했다. 하지만 미리 계획을 세워야 아이의 방학에 맞춰서 내 스케줄을 조절할 수 있었다. 나는 우리 둘이 항상 기다려오던 함께 있는 시간을 가질 수 있었기 때문에 기대가 컸다. 특히 올해는 케이트에게 친구가 매우 중요한 시기였기 때문에 나는 모든 비용을 대신 지불하면서 친구를 한 명 데려가기로 했다. 아이는 좋아서 어쩔 줄 몰랐지만 시간이 흐를수록 장소와 기간과 데려갈 친구를 계속 바꾸기 시작했다. 결국 참다못한 나는 아이에게 말했다. "케이트, 우린 지금 시간을 낭비하고 있잖아. 네가 모든 선택을 끝낸 다음에 구체적인 스케줄을 짜도록 하자꾸나. 그리고 일단 계획이 확정된 후에는 더 이상 마음을 바꿔서는 안 된다."

이 말에 케이트는 불만을 토로했다. "엄마는 지금 저를 몰아붙이고 있어요. 그렇게 부담을 줄 필요는 없잖아요?" 나는 이렇게 대답했다. "난 네가 무엇을 원하는지 확실히 알 수가 없구나. 엄마가 시간과 비용과 멋진 장소로 가는 교통수단을 확정한 후에는 최소한 앞으로 석 달 동안은 '엄마, 예약을 취소할 수 없어요? 콘서트 또는 리허설이 있는 걸 깜빡했어요.'라고 말할 수 없다는 사실을 알아야 해. 자신이 한 약속에 대해서는 확실히 책임져야 한다는 뜻이야."

케이트는 자기에게 책임을 지우는 내 태도에 화가 난 것 같았다. 갑자기 여행이 매우 힘들어졌다. 나는 아이를 정말 불편하게 만든 것은 다른 이유 때문이란 사실을 알게 될 때까지 화가 난 이유를 몰랐다. 만일 한 친구를 여행에 데려가면 다른 친구가 상처받을 거라는 사실이 케이트를 힘들게 만들었던 것이다. 아이는 선택받지 못한 친구를 달래야 하는 일이 부담스러웠던 것이다.

나는 아이의 이런 딜레마를 해결하도록 도와주면서 갑자기 내가 지나치게 모든 일에 책임을 지려는 게 아닌가라는 회의가 생겼다. 나는 딸과 친구를 멋진 여행에 데리고 가고 싶었다. 그리고 기꺼이 모든 비용을 지불하고 모든 계획과 예약을 담당했다. 그런데 지금 딸의 결정을 도와주기 위해서 한 시간이나 허비하고 있는 것이다. 나는 어떤 친구를 데려갈 것이며 남겨진 친구들의 섭섭한 심정을 어떻게 위로해줄 것인지를 딸과 의논하고 있었다. 딸의 감정과 다른 친구들의 감정까지 포함해서 모든 것에 책임을 지려고 노력했던 것이다. 이렇게 많은 고민을 짊어지고 내가 어떻게 체중이 늘지 않을 수 있겠는가!

건전한 한계를 만드는 것, '어떤 일에 누가 책임이 있는가'를 아는 것은 3차크라의 건강을 위한 절대적인 요소다. 3차크라에는 등 중앙, 신장, 부신, 간과 위와 췌장과 소장을 포함한 소화 기관 등이 포함된다. 모든 체중의 문제는 그것이 지나치든 모자라든 이 제3감정센터에서 기인한다. 엄마들은 사춘기 아이들의 모든 선택과 감정에 대해서 모든 책임을 질 수 없으며 만일 그럴 경우 적절한 건강과 적당한 체중을 유지할 수 없다.

나는 책임의 일부는 딸에게 위임할 필요가 있다는 것을 깨달았다. (물론 전부는 아니다. 아이는 이제 겨우 열두 살이기 때문이다.) 내가 이 사실을 설명하자 케이트는 이해했다. 아이는 친구를 선택하는 문제나 탈락자를 위로하는 문제는 자신이 책임져야 할 일임을 알게 되었고 기꺼이 그 일을 해냈다. 케이트는 모든 것을 스스로 결정했고, 여행은 즐거웠으며, 그 일로 어떤 친구와도 멀어지지 않았다.

책임감에 대한 케이트의 두 번째 단계

사춘기 아이들은 책임감을 갖는 법을 단기간에 배우지는 못한다. 거기에는 일정한 성장 곡선이 있다. 엄마가 할 수 있는 가장 중요한 일은 아이가 피하려고 애쓰는 책임감을 대신 떠맡고 싶은 충동을 억제하는 것이다. 진정한 소유자가 와서 정식으로 요구할 때까지 조용히 지켜보라.

또 다른 해에 있었던 일이다. 나는 케이트에게 스케줄을 확실히 정하라고 거듭 요구했다. 2월 방학에 갈 것인지 4월 방학에 갈 것인지, 누군가를 데리고 갈 것인지 아닌지, 만일 그렇다면 사촌인지 친구인지 등을 결정하라고 재촉했다. 아이는 빠른 시일 안에 결정을 내려야 했다. 하지만 학교 숙제를 하거나 친구들과 어울리기 바빠서 자꾸 결정을 미루었다. 하루는 저녁을 먹으면서 케이트가 말했다. "엄마, 우리 앵귈라 섬(카리브해와 대서양의 경계에 있는 휴양지)에 언제 갈 거예요?"

"케이트, 우리가 꼭 가야 하는 건 아냐. 엄마가 너한테 어느 방학, 어느 주일에 갈 거냐고 수백 번도 더 물어봤잖아. 그리고 친구나 사촌과 같이 갈 거냐고도 물었잖아. 휴가 계획을 세우는 것은 많은 시간과 노력이 필요한 일이야. 네 도움과 안내가 없이는 계획을 세울 수가 없어. 너는 엄마가 학교 선생님과 과외 선생님들한테 전화를 걸어주고, 사촌이나 그 부모님들한테 알리고, 모든 사람들의 스케줄을 조정하고, 비행기 표를 예약하고, 이 모든 일이 끝나면 너를 데리고 비행기에 올라 네가 즐거운 시간을 보내게 해주길 바라겠지. 하지만 그렇게 모든 일을 엄마가 처리해줄 시기는 지났단다. 너랑 언니에게는 너희들만이 결정할 수 있는 많은 일들이 앞에 놓여 있단다. 예전에는 엄마가 그 모든 일을 대신해줬지만 더 이상 그렇게 하고 싶지 않아. 내가 그렇게 하자마자 너희들이 스케줄 때문에 다른 중요한 일을 할 수 없게 되었다고 불평하기 시작할 테니까. 그러니까 이제부턴 네가 직접 나서서 모든 일을 처리하고 계획이 결정되면 엄마한테 말해주렴. 그때부터 휴가 준비를 시작하자꾸나."

내가 말을 마치자 케이트는 곧 무슨 말인지 알아들었다. 딸은 내가 요구한 것들을 혼잣말로 중얼거리며 일일이 확인하기 시작했다. 케이트는 스키 팀에 가입할지를 아직 결정하지 못했기 때문에 2월 방학 기간에 시간이 날지 알 수 없었다. 4월 방학도 테니스 훈련 때문에 어떻게 될지 예측할 수 없었다. 단막극 경연 대회도 예정되어 있었지만 정확한 시기를 알 수 없었다. 문제는 타이밍이었다! 무엇보다도 중요한 문제는 친구냐 사촌이냐의 딜레마였다. 누구를 데려갈 것인가? 만일 사촌을 택한다면 그 부모님들이 며칠 학교를 빠지는 것을 허락할지도 문제였다. 충분히 반대할 소지가 있는 문제였다.

나는 다시 한 번 볼을 케이트의 책임감 코트로 넘겼다. 결국 딸은 스케줄의 우선권을 정했고 사촌이 갈 수 없다고 하자 엘렌이란 친구를 데리고 가기로 했다. 우리는 환상적인 휴가를 보낼 수 있었다.

케이트의 책임감호가 드디어 발사되다!

열다섯 살쯤 되자 케이트는 책임감 부문에서 많이 발전했다. 예를 들면, 어느 여름날 딸은 친구들과 그날 밤에 공연되는, 언니가 티다니아 역할을 맡은 셰익스피어의 〈한여름 밤의 꿈〉을 보겠다고 했다. 나는 케이트에게 모든 것을 맡겼다. 딸은 한 친구와 의논해서 모든 일을 처리했다. 친구들에게 전화를 걸어 갈 인원을 확인하고, 그들에게 오기 전에 저녁을 먹어야 한다고 알렸다. 또한 친구들을 태워다줄 차편도 마련했다. 이 기회는 책임감으로 가는 길의 또 다른 전환점이 되었다. 그리고 지금 휴가를 떠나는 이 시점에서 딸은 모든 스케줄을 결정해서 신속하게 내게 알려줬으며 예약과 일정을 정하는 일을 돕기까지 했다.

내면의 신호를 읽는 법

엄마인 당신은 아이가 대단히 어려운 결정을 앞두고 있을 때 개입해서 도와주고 싶은 유혹을 느끼는 게 당연하다. 당신은 아이보다 인생 경험이 많으니까 당연히 더 나은 결정을 내릴 수 있을 것이다. 그러나 당신이 아이의 인생 경험까지 소유할 수는 없다. 따라서 당신의 판단이 아이에게 최고의 것이 아닐 수도 있다. 당신은 가능하다면 뒤에서 지켜보는 것이 좋다. 대신 아이에게 내면 깊숙이 건강에 도움이 되는 올바른 결정을 내릴 능력이 잠재되어 있음을 알려주라. 아이의 몸이 아이에게 어떤 길로 가야할지 신호를 보낼 거라고 말해주라. 아이의 임무는 자신의 몸이 느끼는 것에 귀를 기울이는 것이다.

우리 큰딸 애니가 고등학교 2학년 때의 일이다. 아이는 우리 고장의 전문 극단(앞에서 얘기했던 〈로미오와 줄리엣〉을 공연했던 극단)에서 배역을 얻게 되었다. 연극의 리허설과 공연은 가을 학기 중에서 가장 중요한 시기에 이루어질 예정이었다. 그 시기에 딸은 대학 과정을 고등학교에서 미리 이수하는 우수반 과정에 들어가서 매일 밤 3~4시간씩 숙제를 해야 할 상황이었다. 대학 진학을 코앞에 두고 있었기 때문에 남편과 나는 애니가 성적에 지장이 없도록 처신해주길 바라고 있었다. 우리 부부는 물론 애니의 선생님들도 극단에서 일하면서 학교생활을 병행하기는 매우 힘들 거라는 데 의견을 모았다. 실제로 교장 선생님은 아이에게 배역을 반납하고 학교 공부에 집중하라고 충고하기까지 했다. 그러나 애니는 연극을 하는 것이 자신에게 도움이 될 거라는 신념을 굽히지 않았다. 중학교 때부터 극단과 관계를 맺어온 점을 감안해서 나는 딸을 지지해주는 것이 옳다는 결정을 내렸다.

애니는 그 해 가을 우리 모두를 놀라게 했다. 아이는 이전보다 훨씬 부지런해지고 집중력이 높아졌으며 시간을 잘 관리했다. 그 결과, 학교 성적도 최고 수준을 유지했으며 평생 잊지 못할 귀중한 경험도 할 수 있었다. 나는 딸 덕분에 다시 한 번 중요한 진리를 되새길 수 있었다. 우리 모두는 진정 마음의 소리를 따를 때 내면에 쌓여 있는 막대한 자원을 이용할 수 있다는 것이었다. 이런 효과는 다른 사람들이 우리를 위해서 만들어놓은, 사회적으로 규정된 프로그램이 아니라 자기 내면의 소리를 따를 때만 가능하다.

🍁 지혜의 샘 | 딸의 대학 진학은 누가 책임질 일인가

이것은 어찌 보면 잘못된 제목일 수도 있다. 왜냐하면 당신의 딸이 대학에 들어가는 것은 전적으로 아이의 책임이기 때문이다. 좋은 성적을 얻고, 지원서를 작성하고, SAT 시험을 보고, 인터뷰에서 좋은 인상을 주는 것 등 모든 과정은 아이가 책임져야 할 일이다. 내 경우에도 그 중 일부는 도움을 줄 수 있었지만 – 지원서에 에세이 쓰는 것을 도와주는 것 등 – 그렇게 하지 않았다. 그것은 정직하지 못한 일이고 아이의 성취감이나 성실성에 흠집을 낼 수 있기 때문이다. 아이는 대학에 들어가는 일을 온전히 자기 힘으로 성취했다고 생각할 수 없을 것이다.

그러나 나는 두 딸이 대학에 지원하는 과정을 열심히 지원(그리고 압박)했던 것은 부인할 수 없다. 솔직히 말하면 나는 둘 다 내 도움을 전혀 받지 않고 자기들 힘만으로 대학에 입학했다고 생각하지 않는다. 그렇다. 나는 은근히 압력을 행세하는 독재자였다.

우리 딸들이 고등학교 2, 3학년이 되면서 그들이 온전히 책임져야 한다고 생각했던 여러 분야들이 있었다. 그러나 대학을 선택하는 과정에서는 내가 생각하는 만큼 높은 목표를 만족시킬 충분한 잠재력을 갖추었다는 생각이 들지 않았다. 또한 딸들이(또는 다른 십대들도) 제 시간에 최상의 지원서를 작성하기 위해서는 얼마나 많은 계획과 체계적 사고와 훈련과 잡다한 일들이 필요한지를 충분히 이해하고 있는지 믿음이 가지 않았다. 나는 어떤 대학에 들어가느냐가 그들의 나머지 인생에 중요한 영향을 미친다는 사실을 너무 잘 알고 있었기 때문에 뒤로 물러서서 딸들이 수영을 하느냐 물에 빠지느냐를 지켜볼 수만은 없었다.

　그렇다고 내가 우리 딸들이 아이비리그 대학에 들어가지 못하는 것을 물에 빠지는 것으로 생각했다는 의미는 아니다. 다행히도 우리 딸들은 좋은 대학에 들어갔다. 만일 딸들이 그 대학에 들어가지 못했더라도 딸들의 삶은 잘 풀려 가리라고 나는 믿는다. 내가 염려했던 점은 가능한 한 좋은 학교에 들어가려고 노력하지 않거나 최선의 노력을 기울이지 않고 자신들을 헐값에 팔아넘기지 않을까라는 것이었다. 나는 그것이 엄마 곰인 내가 해야 할 의무라고 생각했다. 아이들이 대학 지원이라는 일에 모든 마음과 영혼과 정신을 쏟아 붓도록 으르렁거리고 앞발로 내리치고 물어뜯는 단호함을 보인 것이다.

　내가 아는 다른 엄마들 중에는 아이들에게 더 많은 짐을 떠넘긴 사람도 있다. 이 문제에 대해서 또는 아이가 커가는 동안 내려야 할 수많은 결정들에 대해서 엄마가 그어야 하는 선은 당사자인 엄마만이 결정할 수 있다. ❧

대학 지원 과정의 뒷얘기

나는 대학 지원서 작성이나, SAT 시험, 인터뷰에 대한 전문가가 아니다. 그러나 그 모든 과정은 정규직 일자리에 해당할 정도의 엄청난 시간과 노력이 필요한 일이라는 사실을 일찍부터 알았다. 또한 대개의 십대들은 그들이 처리할 수 있는 것보다 더 많은 활동과 공부에 시달리는 순간에 직면하는 일이라는 것도 깨닫고 있었다. 나는 십대들이 부모의 지원이나 안내 없이 그 벅찬 과정을 혼자서 처리한다는 것은 상상할 수도 없다. 물론 우리 딸들에게는 그들을 안내해줄 훌륭한 선생님들이 있었지만, 그 선생님들에게는 책임져야 할 많은 학생들이 있었다. 엄마는 그 일이 필요하다고 생각할 경우에는 그들보다 많은 시간을 할애할 수 있다. 나도 그렇게 생각했기 때문에 행동에 옮겼다.

우리 딸들은 우등생이었고 SAT 점수도 우수했다. 아이들의 대학 입학 가능성에 대해서는 의심의 여지가 없었다. 그러나 나는 딸들이 꿈꾸던 대학에 지원할 수 있도록 격려하고 싶었다. 나는 그들이 입학할 수 있느냐 없느냐에 관계없이, 이런 종류의 경쟁에 참가해보는 것도 자신을 생명 에너지에 접속시킬 수 있는 하나의 방법이며 가장 완벽하게 자신의 본모습을 깨달을 수 있는 기회라고 생각했다. 나는 친구인 모나 리자와 함께 그들을 돕기 시작했다. 모나 리자는 두 딸에게 다음과 같은 말을 해주었다. "너희들이 선택한 대학에 들어간다는 것은 일종의 세일즈이자 마케팅이라고 할 수 있어. 수많은 지원서와 자기 소개서를 읽어야 하는 10명의 심사위원들을 상상해보렴. 대학 교수들로 구성된 그들은 매우 지치고 피곤한 상태일 거야. 너희들의 임무는 피곤한 그들의 정신을 번쩍 들게 하거나, 놀라게 하거나, 너희들의 말에 흥미를 갖도록 만드는 거야. 너희들의 지원서에서 불빛이 번쩍이게 만드는 거지."

우리 큰딸은 자신감에 차 있었다. 성격 덕분이기도 했지만 학교 선생님들이 그 아이가 좋은 대학에 들어가는 것은 식은 죽 먹기라고 단언했기 때문이다. 나는 그 말에 동의하지 않았다. 모나 리자도 이렇게 말했다. "공을 차지 않으면 득점할 수 없단다!" 애니는 타고난 모범생이었으며 뛰어난 우등생이었다. 딸은 우리 두 사람과 계속 의논했고, 우리는 아이가 경쟁이 치열한 8개 대학의 지원서를 작성하는 과정을 일일이 확인했다. 아이를 채찍질해서 에세이에 몰두하게 만들기 위해 모나 리자는 자기 집에 타이머를 설치해놓고 자기가 선택한 주제에 대해서 15분 안에 에세이를 완성하도록 애니를 훈련시켰다. 이런 과정은 아이가 흡족한 에세이를 완성할 때까지 되풀이되었다. (나는 이런 일을 대신해줄 친구가 있는 게 너무 고마웠다. 이런 시기에는 대개 엄마와 딸의 신경전이 펼쳐지기 때문이다.) 지원서를 작성하는 동안 남편과 나는 교대로 아이를 데리고 학교를 방문하는 일을 담당했다. 이 일은 생각했던 것보다 훨씬 많은 비용과 시간과 에너지가 소모되는 중대한 프로젝트였다. 결국 애니는 최고의 대학에서 입학 허가를 받았고 우리 모두는 감격에 휩싸였다. 그곳에서 그녀는 평생 함께할 친구들을 만나고 훌륭한 교육을 받게 될 것이다.

둘째 딸 케이트가 대학에 대해 생각할 시기가 되자 나는 어느 대학에 가느냐가 아이의 자부심에 중대한 영향을 미치리라는 것을 알았다. (이것은 모든 엄마들이 가진 엄마 곰의 지혜다.) 케이트의 성적은 항상 언니에 비해 좀 떨어졌기 때문이다. 모나 리자와 나는 다시 한 번 힘을 합쳤다. 케이트는 매우 뛰어난 학생이었고 항상 모든 과목에서 A학점을 받았지만 공부하는 것을 별로 좋아하지 않았고 앞으로도 달라지지 않을 것이었다. 이 말은 아이가 최고 수준의 학교에 지원할 의사가 없다는 뜻이었다. 나는 딸의 이런 마음을 알고 있었기 때문에 대놓고 압력을 가했다. 아이는 처음에는 좀 허술한 에세이를 우리에게 보여주었다. 모나 리자는 케이트에게 최선을 다한 결과냐고 물었다. 아이는 그러지 않았음을 인정했다. 모나 리자는 이렇게 물었다. "왜 네 최고의 역량을 발휘하지 않은 거야?" 케이트는 훌륭한 에세이를 완성할 때까지 되풀이해서 훈련했다. 혹독한 훈련 과정 중에 아이는 마침내 울음을 터뜨리며 말했다. "엄마나 모나 리자 아줌마처럼 아이에게 이렇게 압박을 가하는 사람들은 없을 거예요!" 그러고는 계속 훌쩍거리면서 이렇게 말했다. "하지만 다른 방법이 없다는 걸 알아요!" 마침내 케이트는 처음 선택했던 학교로부터 일찌감치 입학 허가를 받았다. 나는 자부심과 안도감으로 가슴이 벅찼다. 그 경험은 의사가 환자를 고치는 과정과 흡사했다. 케이트는 지금 그때를 되돌아보며 그것은 충분히 가치가 있는 노력이었다는 데 동의한다.

🌸 지혜의 샘 | 딸이 원하는 대학에 들어가지 못했을 때

만일 당신의 딸이 지원했던 대학에서 날아온 편지를 펼쳤을 때 첫 번째 혹은 두세 번째 지원을 거부당했다는 사실을 알면 당신은 어떻게 하겠는가? 이것은 옆에서 보기에 매우 가슴 아픈 일이다. 특히 친구들은 모두 입학 허가를 받고 기쁨에 들떠 있는 상황이라면 더욱 그렇다. 당신은 가슴이 무너져 내리는 것 같겠지만 지금이야말로 엄마로서의 강인함을 발휘해서 모든 일이 다 좋아질 거라는 굳건한 믿음을 잃지 말아야 한다. 하지만 딸에게 처음부터 그런 믿음을 기대할 수는 없다. 아이에게는 우선 자신의 실패를 슬퍼할 시간이 필요하다. 이것은 금방 끝나지 않을 수도 있다. 그러나 이 기간에 절대로 이런 상투적인 말로 성급하게 굴어서는 안 된다. "신은 한쪽 문을 닫으면 다른 쪽 문을 열어 놓으

신단다." 물론 이 말은 사실이지만 당신의 딸은 지금의 먹구름 뒤에 밝은 햇살이 빛나고 있다는 사실을 알 때까지 자신의 감정을 충분히 느낄 필요가 있다. 시간이 흐르면 아이는 엄마인 당신의 위로와 후원에 힘입어 다시 제자리를 찾게 될 것이다.

만일 한두 주가 지났는데도 아이가 여전히 자신의 불운에 대해서 비탄에 잠겨 있다면 제자리로 돌아오게 만드는 특별한 처방이 필요하다. 너무 오래 비탄과 절망과 분노에 빠져 있도록 방치해서는 안 된다. 당신은 아이에게 어떤 훌륭한 문학 작품에 등장했던 사례를 인용하거나 행복으로 가는 길은 직선이 아니라는 말로 위로해줄 필요가 있다. 내 여동생 페니의 예가 그 좋은 본보기가 될 것이다.

그녀가 미국 스키 대표 팀의 일원으로 삿포로 동계 올림픽에 참가하기 위해 훈련을 하고 있을 때였다. 페니에게 갑자기 모소낭(꼬리뼈 부위에 주로 생기는 농염) 증상이 나타나서 수술해야 할 상황이었다. 그런데 의사가 낭종만 제거한 게 아니라 꼬리뼈 전체를 잘라버린 것이다! (나는 도무지 그 이유를 이해할 수 없었다.) 회복하는 데 시간이 오래 걸리자 그녀의 평생 꿈이던 삿포로 올림픽 참가는 수포로 돌아갔다. 이 좌절감을 극복하는 과정에서 그녀는 자신이 정말 원하는 삶이 무엇인지에 대해 진지하게 생각하게 되었다. 그리고 자신이 정말 원하는 것은 가정과 가족이라는 사실을 깨닫게 되었다. 스키 훈련 도중에는 전혀 생각지도 못했던 사실이었다.

이런 과정을 통해서 그녀는 자신이 꿈꾸던 남자를 만나 결혼까지 하게 되었다. 그 후 그녀는 그 남자와 30년 동안 행복한 가정을 꾸려왔다. 페니가 발견했던 것처럼, 그리고 우리 모두가 자신의 경험을 통해 알고 있는 것처럼 세상에는 우리를 축복으로 인도해주는 수많은 우회 도로가 있다. 우리는 지나고 나서야 그 사실을 깨닫고 감사하게 된다.

실의에 빠진 딸에게 격려의 말을 건넨 후에는 새로운 결정에 도전하도록 채찍질하라. 자기가 원하는 대학에 갈 수 있는 방법은 얼마든지 있다. 1년을 재수한 후에 다시 지원할 수도 있지 않은가? 2학년이나 3학년 때 편입할 수도 있지 않은가? 아이가 입학을 거절당함으로써 갖게 된 결연한 에너지를 장기적으로 정말 중요한 것이 무엇인지를 인식하는 데 사용하도록 도와주라. ✸

내가 다트모스 의과대학에 다닐 때 병원 당국은 멋지고 유능한 정신과 의사를 고용해서 기숙사의 세탁실에서 근무하게 했다. 경직된 분위기에서 잔뜩 위축된 상담이 아닌 세탁물을 개키면서 의사와 자신의 문제들을 부담 없이 얘기할 수 있도록 배려한 조치였다. 나도 권위 있는 병원에서 인턴 과정을 할 수 없을지도 모를 두려움에 대해서 그와 얘기를 나눈 적이 있었다. 그는 이렇게 충고했다. "인생 전체를 볼 때 어느 대학에 가거나 어디서 인턴 과정을 밟느냐는 크게 중요한 일이 아닙니다. 중요한 것은 당신이 그곳에 있을 때 얼마나 최선을 다하느냐입니다. 미국에는 여러 대학에 무수히 많은 사람들이 다니고 있고 무수히 많은 기회가 열려 있습니다." 그는 내가 들어본 적도 없는 대학을 다녔고 역시 들어본 적도 없는 작은 병원에서 인턴 과정을 마쳤다. "삶은 당신에게 끝없이 많은 기회를 제공해줍니다. 그러니까 어디에서 인턴 과정을 할 것인가 같은 별로 중요하지 않은 일에 헛된 땀을 흘리지 마십시오." 나는 그의 말이 전적으로 옳았다는 사실을 뒤늦게 깨달았다.

돈 관리를 스스로 하게 만드는 법

사춘기는 대부분의 아이들이 처음으로 돈을 벌기 시작하는 시기다. 일

자리는 아기 돌보기부터 정원 관리까지 여러 종류가 있다. 일부 아이들은 손수 만든 물건을 팔거나 과외 알선 업체를 운영하는 등 소규모 벤처 사업을 시작하기도 한다. 아이들은 자신의 가치를 다른 사람에게 제공하는 첫 인생 수업을 이런 아르바이트를 통해서 빠르게 습득한다.

우리 딸들도 중학교 때 아기 돌보는 일을 한 적이 있다. 케이트는 8시간을 열심히 일하고 겨우 25달러를 받았다. 내가 30년 전에 같은 일을 하고 받은 돈에 비해서 훨씬 적은 액수였다. 딸은 자기를 고용했던 여성에게 매우 화가 났으며 심지어 전화를 걸어 항의하기도 했다. 그 결과가 어떻게 되었는지는 기억이 나지 않는다. 내가 기억하는 것은 비록 불쾌한 경험이긴 했지만 케이트에게 소중한 교훈이 되었다는 것이다. 아이는 미리 자기가 받고 싶은 금액을 밝히고 그것을 주장해야 한다는 사실을 배웠다. 또한 자기가 고객을 고르거나 선택할 수 있다는 사실도 알게 되었다. 케이트는 두 번 다시 그 집에서 아기를 돌봐주지 않았으며 보수를 많이 주고 아이들도 자기를 좋아하는 몇몇 가정과 관계를 맺었다. 다시 말해서 일이란 감정적으로 만족스럽고 재정적으로도 충분한 보상이 이루어져야 한다는 교훈을 배웠던 것이다.

중요한 사실은 이 시기에 자기에게 적절한 방법으로 경제에 대한 개념을 확립해야 한다는 것이다. 예를 들어, 아직 통장이 없다면 사춘기야말로 아이들에게 투자와 저축에 대한 기본 개념을 가르치기 위해서 계좌를 개설할 적기라고 할 수 있다. 남편과 나는 우리 딸들이 대학을 갈 때를 대비해서 통장을 만들었지만 아이들을 여기에 개입시키지는 않았다. 나는 이혼하기 전까지 모든 경제적인 문제는 남편에게 일임했기 때문에 딸들에게 기본적인 경제 개념을 충분히 가르치지 못했다. 어느 가정에서나 흔히 있는 일이긴 하지만 이런 방식은 자칫 잘못하면 딸들에게 여성보다 남성이 돈 문제에 대해서 더 유능하다는 그릇된 사고방식을 심어줄 수 있다. 또한 이것은 인간관계에서 여성에게 '황금 수갑'을 채워두는 관례를 강화할 수도 있다.

🌸 지혜의 샘 | 대학 등록금은 누가 책임져야 할까

아이들과 경제적 현실과의 첫 만남은 대학 지원서를 작성할 때 특히 재정적 지원 항목을 접할 때 이루어진다. 많은 가정에서 아이가 어떤 대학에 갈 것인지를 결정할 때 집에서 얼마나 도움을 줄 수 있으며 아이가 나중에 졸업해서 얼마나 빚을 짊어질 것인지를 염두에 두고 선택한다. 어떤 아이들은 혼자 힘으로 대학을 다니는 반면, 그렇지 않은 아이들도 있다. 나는 두 경우 모두 나름대로 유익하다고 생각한다. 하지만 우리는 자신에게 주어진 것에 감사하는 마음이 부족한 게 사실이다. 혼자 힘으로 대학에 다녀야 하는 아이들은 부모님이 모든 비용을 감당해주는 아이들에 비해 더 열심히 공부하며, 대학이 제공하는 모든 혜택을 받으려고 노력하는 유익함이 있다.

우리 집은 딸들이 선택한 대학의 등록금을 부담할 만한 여유가 있었기 때문에 아이들에게 일하기를 강요하지 않았다. 나는 아이들이, 필요한 다른 사람들에게 일자리를 양보하고 더 많은 시간을 공부에 집중하기를 원했다. 하지만 부모가 돈을 대주니까 우등생이 되어야 한다는 압력을 가하진 않았다. 이 시기쯤 되면 엄마가 잔소리한다고 좋은 성적을 올리는 게 아니라 스스로 마음에서 우러나서 해야 된다는 사실을 알기 때문이다.

누가 무엇을 지불해야 하는가에 대해서는 가정마다 각자의 접근 방식이 있다. 우리 부모님은 나를 대학까지 보내주긴 했지만 그 이상은 거절하셨다. 나는 의과대학 등록금을 내 손으로 마련해야 했다. 우리 딸들의 경우, 남편과 나는 아이들이 초등학교 다닐 때부터 대학 학자금을 따로 저축하기 시작했다. 우리는 또한 대학 등록금을 되돌려 받는 세제 혜택을 누릴 수 있는 조건을 갖추고 있었다. 따라서 등록금을 전액 부담할 수 있었고, 아이들도 나중에 졸업해서 빌린 등록금을 갚을 필요가 없었다. 더구나 딸들이 대학을 졸업한 후에도 처음 몇 년은 지원해주기로 결정했다. 이 말은 딸들이 대학을 막 졸업한 인생의 중요한 시기에 여러 경력들을 마음껏 탐구해볼 수 있는 자유를 갖게 되었다는 뜻이었다.

대학 등록금을 부담하는 문제에 대해서 어떤 결정을 내리든 부모들은 아이들에게 어떤 지원을 해줄 수 있는지를 분명하게 밝혀야 한다. 만일 아이가 경제적 부담을 나눠서 짊어져야 한다면 아이는 그 사실을 미리 알아야 한다. 가능하면 몇 년 앞서서 이 사실을 알리는 것이 좋다. 아이에게 어떻게 돈을 벌 것인지를 미리 계획하고 저축할 수 있는 기회를 줘야 하기 때문이다.

대학은 한 성인으로서 현실 세계에 발을 들여놓는 첫 관문인 셈이다. 일부 아이들에게는 그 관문이 고속도로로 통하는 문일 수도 있다. 다른 아이들보다 일찍 현실을 극복해야 하기 때문이다. 그러나 나는 혼자 힘으로 대학을 다닌 학생들 중에서 그 경험을 크게 불평하거나 고통스럽게 여기는 아이들은 본 적이 없다. 일을 한다는 것은 부끄러운 일이 아니라 오히려 여러 기술을 배우고 중요한 기회를 잡을 수 있는 경력의 시발점이 될 수 있다. 실제로 우리 딸들의 친구들 중에는 여름방학 때 했던 일이 계기가 되어 대학을 졸업한 후에 뉴욕시의 법률과 재정 분야에서 훌륭한 일자리를 얻은 경우도 있다. ❀

돈 문제를 스스로 책임지려는 의지

때로 부모들은 등록금을 대신 지불해줌으로써 돈으로 아이를 통제하려고 드는 경우가 있다. 이런 식의 강압적인 부모의 통제는 아이를 불편하게 만들어 재정적인 자립을 위해서는 어떤 대가라도 치르겠다는 각오를 하게 된다. 이런 상황은 우리가 생각하는 것보다 훨씬 빈번하게 일어난다. 거의 불가능에 가까운 능력을 발휘해서 이런 상황을 극복하는 아이의 모습은 놀라우면서도 강한 감동을 자아낸다. 여기에 한 사례를 소개한다.

한 친구의 부모님은 딸이 입학을 허가받은, 원하는 대학의 등록금을 도와주기를 거부했다. 대학에서 입학 지원서의 재정적 지원 란에 기재된 부모님의 수입을 근거로 산출한 등록금이 너무 부담스럽다는 이유에서였다. 그들은 딸이 선택한, 권위 있지만 등록금이 비싼 대학 대신 집에 남아 그 고장의 대학에 가길 원했다.

그 친구는 혼자 힘으로 등록금을 마련할 가치가 있다고 결정했다. 자신이 선택한 학교가 자기가 꿈꾸는 경력을 얻는 데 중요하다고 생각했기 때문이다. 이 의지가 강한 젊은 여성은 학교에서 최대한의 학점을 이수하면서도 1주일에 20~30시간이나 일했다. 등록금을 벌고 경제적으로 독립하기 위해서였다. 일단 부모님의 도움 없이 혼자 힘으로 모든 경제적 문제를 해결한다는 사실이 증명되자 그녀는 학교에서 자신의 수입에 따라 지급되는 더 많은 재정적 지원을 받을 자격을 얻게 되었다. 그녀는 더 많은 등록금 융자와 장학금과 보조금을 얻을 수 있었다. 비록 그녀는 많은 빚을 안고 대학을 마치게 되었지만 자신이 원하던 교육을 받을 수 있었으며 그녀를 숨 막히게 만들었던 부모의 통제에서도 벗어날 수 있었다.

아이를 떠나보내는 과정의 시작

일부 엄마들은 아이들을 지나치게 통제하려고 드는 것이 사실이다. 그러나 어떤 면에서 모든 엄마는 아이들의 사춘기를 두려워하고 있다고 말할 수 있다. 다른 삶의 중대한 전환기와 마찬가지로 사춘기에 아이가 자신의 삶을 주장하기 시작하면서 발생하는 피할 수 없는 이별은 상실감과 관계가 있기 때문이다. 아이는 더 이상 자신을 인도하고 보호하는 엄마의 끊임없는 보살핌을 달가워하지 않는다. 따라서 엄마는 뒤로 물러서서 아이가 자신의 길을 찾아가고 이 여정의 상징인 수많은 실수를 되풀이하는 모습을 지켜보는 수밖에 없다. 이 단계의 준비 작업은 탯줄을 끊는 순간부터 시작되며 아동기와 사춘기를 거치면서 여러 형태의 상징적인 탯줄 절단 과정이 이어진다. 이 과정은 아이가 대학이나 취직, 분가, 중요한 인간관계를 위해서 현관문을 나서는 순간까지 지속된다. 부모와 아이의 사랑은 헤어져야만 성공하는 유일한 사랑이라고 누군가가 말했다. 만일 당신이 이것을 잘 실천하고 싶다면 아이를 떠나보내야만 한다!

사춘기 초기는 많은 엄마가 곧 다가올 통렬한 이별의 고통을 느끼기 시작하는 시기다. 다음은 작은 딸 케이트가 열네 살 때 내가 쓴 글이다.

오늘 밤에는 케이트와 나 단둘이 집에 남아 있다. 아이는 평소처럼 친구와 전화로 수다를 떨면서 저녁 시간을 보내고 있다. 아이는 아침에 학교에 갈 때도 오후에 집에 돌아왔을 때도 하루 종일 나한테 거의 눈길도 주지 않았다. 아이는 온통 친구들에게 열중해 있거나 다른 사교 생활에 몰두한다. 이런 아이를 바라보고 있으면 신기한 생각이 든다. 내가 하루 이상 집을 비우면 병이 나던 아이가 지금은 내가 며칠씩 집을 비워도 별로 개의치 않는다.

나는 지난 주말 내내 회의에 참석하고 어제 집에 돌아왔다. 케이트가 금요일 아침에 등교하면서 작별 인사로 잠깐 나를 껴안은 이후로 나는 아이를 보지 못했다. 이 작별 인사도 내가 끈질기게 요구했으며 그렇지 않았더라면 내가 집을 비우는 것에 대해 아무런 반응도 없이 집을 나섰을 것이다. 일요일 저녁에 집에 돌아왔을 때도 케이트는 나를 보고 "집에 돌아오셔서 기뻐요."라는 환영의 말이나 가벼운 인사조차 하지 않았다. 하는 수 없이 나는 아이에게 며칠 만에 집에 돌아왔음을 상기시키며 엄마를 안아달라고 부탁했다.

나는 자기가 좋아하는 분야에서 열심히 일하는 중년 여성이다. 한 친구는 이렇게 부러움을 표현했다. "너는 내가 꿈꾸던 환상적인 삶을 살고 있어." 나도 그 사실을 알고 있고 대단히 만족한다. 그러나 나는 예전에 내가 필요하다던 우리 막내딸이 그립다. 나는 아이들이 언제나 엄마 곁에서 재롱을 부릴 거라고 믿었다. 충분히 잠을 잘 수 있는 날이 다시는 오지 않을 거라고 생각했다. 이제 나는 사랑하는 딸과 보냈던 즐거운 시간을 잃어버렸음을 슬퍼하고 있다. 친구와 함께 있고 싶은 딸의 바람은 나와 지내고 싶은 바람보다 우선순위에 있다.

물론 딸은 아직도 내가 필요하다. 그러나 그것은 예전과 다르다. 아이에게 나는 밤에 이불을 덮어주거나 쇼핑에 데려가주는 존재에 불과하다. 그리고 가끔 저녁 때 내 방에 와서 다이어트나 몸에 대해서 궁금한 것들을 묻는 게 고작이다. 예전에는 밤마다 내 이부자리 속으로 파고들어와 재잘거리곤 했으며 남편이 집을 비웠을 때는 나와 함께 자곤 하던 딸이다. 지금은 잘 시간이 다 되어 친구와 수다 떠는 일이 끝났을 때 가끔 내 방에 잠깐씩 들르곤 한다. 마치 '배터리를 충전하기 위해서' 오는 것 같은 느낌이다.

나는 아이들을 사랑한다. 그들이 나와 지내는 걸 좋아하길 바란다. 물론 아이들은 나를 좋아한다. 그러나 나는 더 이상 그들의 우선순위에 있지 않다. 그래서는 안 된다는 것도 알고 있다. 하지만 이런 사실을 아는 것이 내 슬픔을 덜어주진 못한다.

헤어짐에 대한 무의식적인 갈등, 단핵증

아이와의 헤어짐에 대한 엄마의 양면성은 쌍방 통행 도로에 비유할 수 있다. 당신의 딸이 독립을 원하는 마음이 간절하면 할수록, 특히 나이를 먹어 고등학교를 졸업하거나 대학에 가기 위해 집을 떠날 때면 아이 또한 두려움과 외로움을 느끼거나 향수병에 걸리기 쉽다. 때로 그런 감정들은 둥지로 되돌아와서 엄마의 보살핌을 좀더 받을 기회를 제공하는 신체적 증상으로 나타나기도 한다. 예를 들면, 단핵증이나 스트레스성 증상들이다.

단핵증은 엡스타인바 바이러스(EBV)로 인한 감염성 질환으로 전 세계적으로 흔히 나타나는 증상이다. 특히 어린 시절에 자주 나타나며 증상은 미약하고 특별한 특징이 없거나 아무 증상이 나타나지 않기도 한다. 산업화된 나라에 사는 인구의 약 50퍼센트는 사춘기에 EBV의 일차감염을 경험하는 것으로 알려졌다. 이것은 주로 개발도상국에서 많이 나타난다. 단핵증은 때로 키스병이라고 불리기도 하는데 이것은 EBV가 타액을 통해 가장 잘 전염되기 때문이다.

어른이 되면 대부분의 사람들은 겉으로 단핵증에 걸린 사실이 없더라도 혈액 검사에서 EBV에 양성 반응을 보인다.[5] 결론적으로 말하면 EBV는 어느 곳에나, 어느 때나 존재한다. 그러나 젊은이들 중에서 실제로 어떤 증상을 보이는 사람들은 면역계가 손상된 사람들이다. 그리고 만성적인 EBV 증상을 보이는 사람들은 스트레스가 몸의 증상으로 잘 나타나는 사람들로 그것을 극복하기 위한 더 나은 기술이 필요하다. (830쪽 '강인한 아이들' 참조)

급성 단핵증은 진단의 3요소인 열, 확대된 림프절, 인후통을 비롯해서 혈액 검사의 양성 반응과 림프구로 알려진 백혈구의 비정상적인 수치로 확인할 수 있다. 가장 지속적인 증상은 권태감과 피로감이며 일부 사람들은 비장이 확대되기도 한다. 대부분의 경우에 급성 단핵증은 자기 제한적인 질병이다. 이 말은 몸을 잘 돌보면 사라진다는 뜻이다. 대부분의 환자들은 3~4주 안에 직장이나 학교로 복귀할 수 있지만, 때로 몇 달씩 피로감이 지속되고 집중력이 부족하거나 온전한 활동에 지장을 느끼는 환자들도 있다. 드문 경우지만 몇 년씩 만성적인 증상이 지속되는 수도 있다.

캐롤의 경우―면역계와 1차크라의 상관관계

캐롤은 20대 초반부터 가끔씩 우리 병원을 찾아오곤 하던 환자였다. 그녀는 대학교 2학년 때 급성 단핵증이라는 진단을 받고 1년 동안 휴학하고 집으로 돌아가야 했다. 그녀의 증상은 첫 번째 발병 때 완전히 회복되지 않았으며 점차 만성적인 증상으로 발전했다. 따라서 매 학기마다 학점 신청을 줄여야 했고 동급생보다 몇 년 늦게 졸업해야 했다. 겨우 졸업을 하고 집으로 돌아온 그녀는 아버지 회사에서 접수원으로 일했지만 극심한 피로감 때문에 회사를 쉬는 날이 많았다. 그녀는 수없이 많은 의사를 찾아다녔지만 아무도 무엇이 잘못되었는지 발견하지 못했다. 그런데 한 대체요법 전문가가 단핵증을 앓고 난 후 신체 조직에 남아 있던 EBV로 인한 만성적인 피로감(섬유조직염)이라는 진단을 내려주었다.

캐롤은 점차 일을 중단했고 스물여섯 살인 지금도 여전히 부모님 집에서 살고 있다. 부모님은 그녀의 증상이 나아질 기미가 보이지 않고 독립할 날도 점점 멀어지는 것 같아서 크게 염려하고 있다.

비록 모든 사람들이 EBV에 노출되어 있고 그에 대한 항체를 갖고 있지만 대부분의 경우에는 캐롤처럼 의욕이나 동기 부족, 성욕 감퇴, 관절의 통증이나 쑤심, 트리거포인트(발통점, 경혈과 유사함)의 압통 같은 증상을 보이지는 않는다. 이들 증상은 EBV로 인한 증상이 아니라 뇌와 면역계 사이의 복합적인 상호 작용의 결과로 발생하는 증상이기 때문이다. 내 경험에 따르면, 이런 증상을 보이는 젊은 여성들은 특히 오래 지속되어 몸이 많이 쇠약해져 있을 때는 가족들과 떨어져 세상으로 나가는 문제에 대해서 갈등을 겪게 된다. 캐롤의 경우에는 아직 감정적으로나 직업적으로나 부모로부터 독립해 세상 속에서 자기 자리를 찾을 만한 충분한 능력이 없었다. 그녀의 부모 또한 딸에게 전문적인 도움이 필요하다는 사실을 인식하지 못하고 딸의 고난을 먼발치에서 불구경하듯 바라만보고 있었다. 이런 증상은 인지행동요법이 효과를 발휘할 수 있는 좋은 사례다. 인지행동요법은 만성적인 피로감(섬유조직염)이나 몸과 마음의 상호 작용으로 인한 만성적인 라임병(피부에 빨간 반점이 생기는 피부병)에 매우 효과적이라는 사실이 입증되었다.

십대 후반과 이십대 초반의 아이들은 한 발은 자기가 태어난 집에, 다른 한 발은 아직 확실치 않은 새로운 삶의 한 귀퉁이에 두고 있다. 새로운 삶을 지원해줄 사람, 장소, 활동이라는 안전한 보호망을 구축하는 데는 많은 시간과 인내심이 필요하다. 어느 누구도 하룻밤 안에 그 해결책을 고안해낼 수 있는 사람은 없다. 이런 과정에서 자기가 기대하고 경험하는 새로운 변화에 압도당하는 느낌을 갖는 아이들은 다음과 같은 상황에 처할 수도 있다. 단핵증 같은 질병, 예기치 못한 사고, 위기의 형태로 나타나는 '운명의 장난'이 그녀를 대학 혹은 고등학교 생활의 압박감이나 스트레스로부터 벗어나 집으로 돌아갈 수 있는 완벽한 구실을 만들어주는 것이다. 하지만 이런 순간에도 두려움을 모르는 1차 크라의 부위들은 제 역할을 충실히 수행한다. 따라서 이 시기는 아이가 세상에서 안정감을 느끼는 것과 연결되어 있는 자신의 생각, 사고방식, 감정적 반응을 정리하기에 좋은 기회인 셈이다. 또한 소속감 대 홀로서기, 의존성 대 독립심과 관련된 문제를 재점검해야 할 시기이기도 하다. 이를 위해서는 전문가의 도움이 필요할 수도 있다.

강인한 아이들

단핵증, 만성적 피로감, 만성 라임병, 과민성 대장 증상, 향수병, 기타 성공적으로 둥지를 떠나는 데 부정적인 영향을 미치는 여러 증상을 가진 딸의 엄마는 아이가 자신의 안전과 안정감을 뒤흔드는 삶의 변화에 대응하고 있다는 사실을 인정하고 동정심을 가져야 한다. 그러나 질병을 일으키는 요인은 그런 변화로 인한 스트레스가 아니다. 문제는 질병을 예견하는 스트레스를 다루는 개인의 방식이다.

이 정보는 평생의 건강에 대단히 중요하므로 좀더 설명하고 넘어가겠다. 30년 전 두 명의 미국 해군 의료 조사팀은 특정한 스트레스와 질병에 걸릴 가능성 사이의 상관관계를 증명하거나 그 영향력을 측정하는 방식으로 '홈즈-라헤 사회 재적응 평가 척도'를 고안해냈다. 예를 들면, 배우자의 죽음은 100점, 학교의 입학이나 졸업은 25점, 거주지 변경은 20점 등으로 점수를 매기는 것이다. ('홈즈-라헤 평가 척도'에는 수많은 스트레스 요인이 목록으로 올라 있다. 그 중에서 대학생들이 주로 겪는 스트레스는 학교, 주거지, 주거 환경, 사회 활동, 수면 습관 등이다.) 이 평가 척도는 1년에 300점 이상의 점수를 얻는 사람들은 병에 걸릴 가능성이 크다고 예측했다.

그러나 뒤이은 연구들은 개인이 경험하는 특정한 스트레스와 병에 걸릴 가능성 사이의 상관관계가 극히 희박하다는 사실을 입증했다. 다시 말해서 질병을 일으키는 요인은 스트레스 자체가 아니라는 것이다. 그것은 스트레스에 대한 개인의 반응 자세다. 시카고 대학의 심리학자이자 미국 최대의 전화 회사인 AT&T가 설립될 당시부터 8년 이상 중역을 지냈던 수잔 코바사Suzanne Kobasa 박사는 최고 점수인 스트레스 요인들도 직접 질병을 일으키지는 않는다는 사실을 발견했다. 그리고 일부 점수가 낮은 요인들도 질병을 일으킬 수 있다는 사실을 밝혀냈다. 그녀는 스트레스를 잘 견디는 사람들에게 '강인한'이라는 단어를 사용했다. 그 후 이 개념은 다른 많은 연구 사례들을 통해서 인정받았다.[6] (스트레스로 악화되는 질병에 대해 좀더 많은 정보를 알고 싶다면 부록을 참조하라.)

다음에 소개하는 강인함의 요소들은 흔히 3C라는 용어로 표현되는데, 주어진 스트레스에 대한 사람들의 반응을 예측하는 데 도움이 된다.

- **몰입**(Commitment) – 삶의 목표를 갖는 것, 삶의 의미를 찾는 것
- **통제**(Control) – 변화를 만들 수 있고 자신의 운명에 영향을 미칠 수 있다는 느낌
- **도전**(Challenge) – 장애물을 위협보다는 도전할 대상으로 보는 시각

강인함의 요소를 강력하게 갖춘 사람들은 스트레스를 받는 상황에서도 질병에 대항하는 최대한의 능력을 갖춘다. 당신은 딸이 아주 어렸을 때부터 강인함의 요소를 갖추고 강화하도록 도울 수 있다. 아이가 목표를

세우도록 격려하라. 자신의 강함을 인식하도록 도우라. 흔들릴 때마다 발을 굳게 디딜 수 있는 방법을 개발하도록 인도하라. 아이가 의미를 부여하는 활동에 적극 참가할 수 있도록 지원해주라. 또한 자기 보살핌에 대한 좋은 습관을 정립하고(18장 참조) 약물 남용 문제를 해결하는 법을(17장 참조) 배워 강인함과 웰빙에 대한 외적인 감각과 더불어 내적인 의식도 정립할 필요가 있다. 목표를 세우는 습관, 삶의 우선순위 정하기, 그 발전 과정을 재검토하기 - 즉 라이프 플랜 세우기 - 등을 비롯해서 자기를 통제하고 역량을 강화하는 것보다 딸에게 더 도움이 되는 일은 없을 것이다.

다시 돌아온 엄마 곰의 지혜

나는 어린 곰이 사춘기에 이르면 살아남기 위해서 알아야 할 모든 것을 가르쳐줘야 할 엄마 곰이 말없이 사라져버린다는 얘기를 읽은 적이 있다. 만일 자식들이 엄마에게 다시 달려들려고 하면 새끼를 바닥에 내팽개친다는 것이다. 사춘기에 이른 새끼 곰에게 혼자 힘으로 살아가야 할 시기가 도래한 것이다. 엄마 곰은 더 이상 엄마 노릇을 하는 것은 오히려 역효과라는 사실을 본능적으로 안다.

우리 인간의 엄마들도 이 같은 사실을 인식해야 한다. 아이들이 스스로 선택하고 행동한 어설픈 결과로부터 그들을 구해주고 싶어서 우리 몸의 세포 하나하나가 몸부림치더라도 그 유혹을 단호하게 물리칠 수 있어야 한다. 아이가 십대 후반에 들어서면 우리는 뒤로 물러서서 많은 일들을 스스로 해결하도록 내버려둬야 한다. 하지만 아이가 요구할 경우에는 조언을 해주기 위해서 항상 곁에서 대기할 필요가 있다. 우리는 아이로부터 인생의 가장 자유롭고 만족스러운 부분을 빼앗아서는 안 된다. 그것은 스스로 무엇이든 만들어갈 능력이 있다는 분명한 사실이다. 이것은 때로 아이를 둥지 밖으로 내몰거나 또는 아이가 잘못을 저질렀을 때도 등을 돌린 채 입을 다물고 있어야 한다는 것을 의미한다. 엄마는 아이를 강하게 키움으로써 아이를 올바르게 지원해주는 방법을 알아야 한다. 그리고 아이를 언제까지나 옆에 붙잡아둘 수 없다는 사실도 인식해야 한다. 그것이 십대 후반과 이십대 아이들이 가야할 길인 것이다.

엄마와 딸의 힘겨루기를 피하라

아이의 인생에서 사춘기는 엄마에게는 더 이상 아이에게 집착할 수 없는 시기다. 아이가 엄마를 떠나 자기 삶을 찾아간다는 사실을 감지한 일부 엄마들은 자기들이 포기했던 야망을 아이를 통해 되살리고 싶어서 아이를 붙잡아 두려고 노력한다. 아이가 둥지를 떠날 준비를 확실히 마쳤다는 생각이 들면 엄마는 과거에 거부당했던 자신의 기대나 꿈을 충족시키고 싶은 무의식적인 미련에 사로잡힌다. 나는 환자였던 제인과 그녀의 딸 펠리샤를 통해 이런 사례를 목격했다.

펠리샤는 매우 재능 있는 스케이트 선수였다. 엄마인 제인은 그런 딸의 스케이트 경력을 위해 자신의 삶을 송두리째 바쳤고 아이가 올림픽에서 메달을 따게 되길 꿈꿨다. 그러나 열여덟 살이 되었을 때 펠리샤는 사랑에 빠졌고 경쟁에 시달리는 스케이트 세계에서 은퇴해서 남자친구와 더 많은 시간을 보내길 원했다. 두 사람의 관계를 좀더 영원한 것으로 키울 기회를 갖고 싶었던 것이다. 제인은 이런 딸에게 대단히 화가 났다. 많은 시간과 돈과 에너지를 들여서 딸의 올림픽 야망을 지원해왔기 때문이다.

그러나 이 시점에서 그것이 누구의 야망이었냐는 문제가 제기되기 시작했다. 흥미로운 사실은 제인 자신도 과거에 전문적인 댄서가 되길 원했지만 일찍 결혼해서 아이를 키우느라고 그 야망을 중단해야 했다는 것이다. 지금 그녀는 자기와 같은 길을 가려는 딸을 바라보며 재능을 낭비하는 것 같아 안타까움을 금할 수 없었다. 반면, 펠리샤는 엄마에게 통제당하는 기분이었고 엄마는 스케이트 시합에서 이길 때만 자기를 사랑하는 사람처럼 생각되었다. 그로부터 얼마 후 펠리샤는 연달아 정형수술을 받아야 하는 부상을 입게 되었고 그로 인해 여러 달 동안 스케이트 링크를 떠나야 했다. 그리고 시간이 흐르면서 엄마가 그렇게 심혈을 기울인 스케이트를 그만두게 되었다.

엄마가 시기심을 느낄 때

엄마의 시기심이 왜 그렇게 기분이 나쁜지를 이해하려면 엄마의 칭찬이 얼마나 기분 좋은지를 생각해보라. 어렸을 때 우리를 바라보는 엄마의 사랑스러운 눈길은 우리의 뇌에 인간관계에 대한 개념을 심어주는 중요한 요소다. 그것은 사랑과 유대감에 대한 우리의 첫 경험이기 때문이다. 엄마의 관심과 사랑은 우리 모두가 갈망하는 평생의 영양소다. 그리고 아이가 대학에 가기 위해 집을 떠나는 것은 유아기 시절에 첫 걸음마를 시작하는 것과 같다고 할 수 있다.

아이들은 자신의 선택에 대해 진정한 확신과 만족감을 느끼기 위해서 항상 엄마의 지원과 축복을 갈망한다. 특히 자신의 인생에서 중요한 도약의 발판이 될 시점에 있을 때는 더욱 그렇다. 예를 들면, 한 방에서 다음 방으로 옮겨갈 때나, 대학에 갈 때나, 중대한 여행을 떠날 때나, 새로운 도시로 옮겨갈 때나, 새로운 일이나 경력을 시작할 때나, 결혼을 할 때나, 아기를 가질 때 등이다.

이 시기에 엄마가 건네주는 말들은 우리에게 자신감을 안겨준다. 아기가 걸음마를 배울 때처럼 우리는 끊임없이 엄마를 바라보며 우리가 얼마나 잘 하고 있는지를 인정받고 싶어 한다. 한 친구는 짧은 결혼 생활을 청산한 후 파리의 패션계에서 일자리를 얻기 위해 파리로 떠났다. 그녀의 엄마는 이런 그녀에게 자신감을 한껏 북돋워주는 격려를 아끼지 않았다. "네 나이일 때 엄마는 지금 너처럼 그런 일을 할 만한 용기가 없었단다. 네가 무척 자랑스럽구나." 또 다른 엄마는 갓 결혼한 딸을 방문해서 함께 저녁을 먹으면서 딸의 새로운 역할에 존경심을 표했다. "너는 토마토를 썰 때 긴 모양으로 써니, 아니면 모가 나게 써니?" 이것은 매우 평범한 질문이었지만 새내기 주부인 딸에게는 자신의 역할에 대한 자부심을 느끼게 하는 커다란 격려의 말이었다.

이에 반해서 자신의 삶에 해결되지 않은 시기심이나 분노를 가진 엄마는, 중요한 전환점에서 딸에게 엄마의 도움이 가장 필요할 때 사랑과 지원을 베풀지 않을 수도 있다. 특히 딸이 엄마를 떠나 자신의 자유와 행복을 향해 떠나가고 있다고 느낄 때는 더욱 그렇다. 이런 엄마는 딸을 지원해주는 대신에 딸이 애써 성취해놓은 것들을 시기하게 된다. 앞서 소개한 친구의 엄마처럼 격려하는 대신에 이렇게 말할 것이다. "결혼 생활에 실패했으니 파리로 떠나는 것도 나쁘지는 않겠지." 또는 "내가 네 나이일 때는 대학에 가는 모든 비용을 대신 지불해줄 사람을 만나길 원했단다." 또는 냉정한 침묵으로 일관할 수도 있다.

분노에 찬 엄마가 원하는 것은 무엇인가

해결되지 않은 분노와 시기심을 가진 엄마는 딸도 자기와 같은 짐을 짊어지길 원한다. 자기 어깨를 짓누르는 그 짐을 마치 모든 엄마나 여성이 짊어져야 할 의무쯤으로 생각하는 것이다. 만일 딸이 동의한다면 두 모녀는 '아름다운 한 쌍의 희생양'이 되는 것이다. 그들은 그것이 얼마나 힘든 일이며 세상살이가 얼마나 고달픈지를 서로 진심으로 이해한다고 생각한다.

그러나 딸이 그런 짐을 짊어지길 거부한다면 엄마는 화가 나서 사랑과 인정을 거둬들인다. 마치 이런 메시지를 보내는 것 같다. 내가 너를 지켜주는 것처럼 너도 엄마 곁에 머물지 않는다면 너는 나쁜 사람이고 나쁜 딸이란다. 이처럼 엄마가 사랑과 인정을 거둬들이는 것은 딸에게는 치명적인 일이다. 마치 삶이라는 몸에 피를 공급받지 못하는 것과 같다. 이런 말도 있지 않은가. "엄마가 행복하지 않으면 아무도 행복할 수 없다." 딸은 이제 승자가 없는 싸움의 소용돌이에 휘말리게 된다. 만일 엄마에게 싫다고 말하면 자신이 나쁜 사람이라는 기분이 들 것이고, 그렇다고 엄마의 뜻을 따르자니 엄마에 대한 분노와 원망이 몰려올 것이다. 이것이 사랑과 연민이 아닌 죄의식과 의무감에 바탕을 둔 엄마와 딸의 모습이다. 고통의 고리로 연결된 엄마와 딸의 또 다른 관계인 것이다. 두 사람은 딸이 이 숨 막히는 고리를 끊을 때까지 두 사람뿐 아니라 다음 세대까지 부정적인 영향을 미치는 행동 방식에 갇히게 될 것이다. 이런 고통의 고리가 생기는 데 영향을 미치는 요인들은 딸의 어린 시절에서부터 시작된다. 엄마의 알코올 중독, 정신적인 질병과 학대, 나르시시즘, 선천적으로 까다로운 성격 등이 그것이다. 이런 요인들을 가진 엄마는 딸에게 사랑을 베풀지 못하거나, 아이와 함께 있어주지 못하거나, 자신을 과소평가하거나, 엄마의 행복을 위해서 자신을 희생시키는 딸을 만들 가능성이 크다.

엄마를 포함한 모든 사람은 생존, 자유, 행복 추구에 대해 양도할 수 없는 권리를 가지고 태어났다. 인정받지 못하거나 적절한 지원이 없이 일한다는 것은 언제나 분노와 슬픔, 시기심, 희생양 정신과 행동 등을 초래한다. "만일 네가 정말로 나를 사랑한다면, 너는……" 또는 "나는 너한테 주고 주고 또 주었어. 돌려받고 싶은 건 당연하지 않니?" 또는 "내가 죽거나 사라지면 그때서야 너는 후회할 거야." 그러나 엄마가 갖지 못한 것을 만들어주는 것이 딸의 역할은 아니다.

엄마가 양면성을 가졌을 때

일부 엄마들은 다가오는 딸과의 헤어짐에 예민하게 반응하면서 되도록 오래 곁에 붙잡아두려고 한다. 아이에게 진정 원하는 것이 무엇인지 다시 한번 진지하게 생각해보라고 설득하며 여러 방법으로 아이의 마음을 돌리려고 애쓴다. 집안을 아늑하게 꾸미며서 아이가 떠나기 싫도록 만든다(딸의 방을 새로 꾸미거나, 지하실이나 다락방, 별채에 독립된 공간을 만들어주거나, 아이가 좋아하는 음식을 해주고 빨래도 대신 해주는 등). 집에 머문다면 경제적 도움을 주겠다는 조건을 제시한다. 가장 나쁜 방법이지만 아이가 떠나는 것에 대해 죄의식을 느끼도록 만든다. 심지어 아이를 붙잡아두기 위해서 병이 나기도 한다. 하지만 문제는 떠나려는 딸에게 있는 게 아니라 삶의 다음 단계로 나아가길 두려워하는 엄마에게 있다. 빈둥지증후군은, 아이에게 더 이상 당신의 손길이 필요하지 않게 되었을 때 당신이 누구이며, 당신이 삶의 목표나 가치를 두는 것은 무엇인지에 대해 생각하게 만든다. (아이가 부부의 결혼 생활에 완충제 역할을 한 경우라면 아이가 떠나는 것은 엄마에게 커다란 위협이 될 수 있다.)

아무리 자신의 삶이 행복하고 충만하더라도 모든 엄마들은 아이들이 집을 떠나는 순간 양면성을 가지게 되는 것이 사실이다. 태아의 세포는 27년 동안이나 엄마의 혈액 속에 존재한다는 사실이 증명된 것처럼 아이가 자신의 일부인 것 같은 엄마의 느낌 또한 지속되는 것이다. 아니 그것은 27년보다 훨씬 더 길다! 아이가 어린 시절 가지고 놀던 잡동사니들을 지하실에 오랫동안 보관하고 있는 이유도 그 때문이다.

이런 옛말이 있다. "당신의 아이들이 함께 살기에 적절한 사람이 된다면 그들은 다른 사람과 살고 있을 것이다." 이 말에는 많은 진리가 담겨 있다. 만일 당신이 엄마로서의 임무를 잘 감당했다면 세상에서 가장 좋아하는 사람은 당신의 아이들일 것이다. 당신이 그들과 시간을 보내고 싶어하는 것은 당연하다. 다행히 여기에 반가운 소식이 있다. 만일 당신이 그들을 떠나보내서 자신의 길을 가게 한다면 실제로는 결코 당신을 떠나지 않을 것이다. 그러나 이것은 그들에게 여전히 따뜻한 사랑을 베풀고 당신의 가치를 나타내는 지원을 아끼지 않을 때에 해당한다.

멀리서 바라보는 부모 역할

만일 당신이 아이가 자라는 동안 발달 단계에 적절한 책임감을 부여하며 키웠다면, 아이는 대학에 갈 준비가 잘 갖추어져 있을 것이다. 아이는 대학 시절과 그 이후의 도전 내내 자신을 인도할 도덕관이 내면에 잘 입력되어 있을 것이다. 다시 말해서 고등학교 때 모범적이었던 아이들이 대학에 들어가서 갑자기 성적이 급격히 떨어지면서 야생동물로 변하지는 않는다는 말이다. 반면, 기대감과 책임감이 부족한 가운데 자란 아이들이나 지나치게 엄격한 규범 때문에 반항심을 가졌던 아이들은 대학에 가면 추락하게 될 가능성이 크다. 다시 정리하자면, 대학은 대부분의 아이들에게 그들의 행동이 아무런 감시도 당하지 않는 인생의 첫 시기다. 자기가 원하는 대로 행동할 수 있으며 원하는 것을 원하는 시간에 마음대로 먹을 수 있다. 또한 원하면 밤새 술을 마실 수도 있다. (폭음은 요즘 많은 대학 캠퍼스에서 유행처럼 번지고 있다. 학교 당국에서는 그 위험을 줄이기 위해서 필요할 경우에는 남학생 전용 교내 클럽을 폐쇄하는 등 여러 조치를 취하고 있다.)

대학생들은 마감 시간이나 스케줄, 잠, 식사, 섹스, 데이트, 약물 등 현실 사회에 존재하는 모든 것들을 효과적으로 다루는 법을 배워야 한다. 내 경험이나 우리 딸들의 경험에 따르면, 많은 대학생들이 아직 인생에 성공하기 위해 필요한 자기 관리 기술을 습득하지 못하고 있는 실정이다. 그들이 아직 반항적인 자세에 머물러 있거나, 또는 "엄마나 아빠가 뒤를 따라다니면서 처리해줄 거야."라는 의존적인 생각, 또는 "내가 왜 여기 있는지 모르겠어."라는 무책임한 자세를 버리지 않는다면 학사 경고나 폭음, 낙제라는 결과를 면치 못할 것이다. 때로 낙제는 젊은이들에게 새로운 전환점이 될 수도 있다. 1, 2년 학교를 떠나 사회에서 경험을 쌓을 수도 있고 자신을 재정비해서 다시 학교로 돌아갔을 때 최선을 다하는 계기가 될 수도 있기 때문이다.

일부 대학생들은 집안의 우환으로 성장 곡선이 급격히 하락하는 경우도 있다. 내면의 나침반과 목표 의식을 일시적으로 잃어버리게 만들기 때문이다. 집안에 심각한 질병이나 죽음이 발생하거나, 부모들이 이혼하거나, 고향을 떠나 먼 곳으로 이사를 가는 것 같은 큰 사건들은 대학교 초년생들의 1차크라를 뒤흔든다. 처음으로 독립적인 삶을 살기 위해 노력하는 가장 상처받기 쉬운 중요한 순간에 밑을 안전하게 받쳐주던 깔개를 빼냄으로써 아이들의 안정감을 손상시키는 것이다. 아이가 집을 떠나고 나면 부모도 자신들의 삶에 변화를 맞는다. 중년에 겪게 되는 삶에 대한 재평가는 이혼이나 재결합 또는 새로운 가정을 꾸리는 일을 촉진할 수도 있다. (주말이나 졸업식에서 새로 맞이한 아장거리는 이복형제와 어색한 대면을 하는 대학생을 흔히 볼 수 있다.) 앞에 언급했던 강인함의 요소와 개인의 성격에 따라 다르긴 하지만, 아이들의 면역계는 이런 변화의 물결에 강력하게 반응할 것이다.

나는 우리 큰딸이 대학에 들어가던 해에 남편과 이혼했다. 그런 중대한 변화가 아이들에게 얼마나 커다란 영향을 미치는지를 잘 알았던 나는 딸들이 자랐던 집에서 떠나지 않고 그대로 살았으며, 가능하면 딸들의 삶이 안정되도록 노력했고, 항상 딸들의 상태가 어떤지를 확인하려고 애썼다. 이런 노력에도 불구하고 그 어려운 시기를 운전해가던 딸들은 경미한 접촉 사고를 몇 건 일으키기도 했다. 나 또한 마찬가지였다. 우리의 1차크라가 새로운 상황에 적응하느라고 혼란을 겪고 있다는 확실한 증거였다. 그러나 그보다 훨씬 나쁠 수도 있었지만 그 정도로 넘어갔던 것에 감사한다.

나는 이렇게 충고하고 싶다. 아이가 대학을 가기 위해 집을 떠나면 부모들도 자신들의 삶에 커다란 변화를 추구하고 싶은 충동을 느낀다. 그러나 아이가 최소한 2학년을 마칠 때까지는 여러 선택의 기회(집을 파는 등)를 잠시 보류하라고 권하고 싶다. 대학생인 아이들에게는 자기가 오랫동안 써오던 방에 언제든지 돌아갈 수 있다는 것이 매우 마음을 안정시키는 일이다. 모든 것이 변하는 시기에 그들이 땅에 뿌리를 깊게 내릴 수 있도록 도와주기 때문이다. 대학교 3, 4학년이 되면 아이는 더 굳건히 땅에 발을 딛고 서게 될 것이고 그러면 고향집의 여러 변화들을 더 잘 받아들일 수 있게 될 것이다.

잘 믿어지지 않겠지만 아이는 고등학교 때 당신을 필요로 했던 것처럼 대학에 들어가서도 처음 2년 동안은 당신의 도움이 필요하다. 대부분의 대학들은 새로 들어오는 신입생들이 이 새로운 인생의 여정을 잘 지낼 수 있도록 전폭적인 지원을 아끼지 않지만, 그래도 아이들에게는 만만한 일이 아니다. 2학년이 되더라도 어려움은 여전히 계속된다. 모든 것이 갑자기 냉혹한 현실이 되기 때문이다. 신입생 시절처럼 학생들의 적응을 도와주는 오리엔테이션 기간도 없고 비빌 언덕도 없다. 아이들은 혼자 힘으로 스케줄을 세우고, 사교 생활을 영위하고, 시간을 어떻게 보낼지를 결정해야 한다.

우리 딸들은 대학 시절에 수시로 전화를 걸어서 모든 것에 대해서 내 조언을 구했다. 친구들의 여러 가지 질병에 대한 처방에서부터 어떤 과목을 신청할 것인지 또는 그들이 쓸 수 있는 돈이 얼마인지 같은 경제적인 문제까지 시시콜콜 나와 의논하곤 했다. 다행히도 우리 딸들이 선택한 대학은 하루에 다녀올 수 있는 거리에 있어서 나는 생각했던 것보다 자주 아이들을 만나러 갈 수 있었다. 아이들이 연극을 공연하거나 다른 이벤트를 할 때나, 함께 점심을 먹기 위해서나, 작은 선물을 주기 위해서나, 기분이 우울할 때 격려해주기 위해서 나는 종종 아이들을 찾아가곤 했다.

케이트는 특히 대학교 2학년 때 매우 힘든 시간을 보냈다. (그 끔찍한 2학년 슬럼프는 많은 아이들이 겪는 일이다. 나도 그런 경험을 했다.) 나는 딸을 돕기 위해 심지어 학생 주거 담당관의 도움까지 받았다. 딸이 모든 방법을 동원해 봤지만 어디에서도 독방을 구하지 못했기 때문이다. 그것은 내가 우리 딸들을 위해서 대학 당국과 직접 접촉했던 유일한 사건이었다. 나는, 대학 시절은 부모가 아이들에게 스스로 결정하고 (그 결정이 때론 실수일 때도 있지만) 자기 길을 헤쳐 나갈 기회를 주는 시기라고 생각했기 때문에 되도록 관여하지 않았다.

나는 지금도 우리 딸들이 내가 보기에 위험할 것 같은 결정을 내리더라도 되도록 간섭하지 않는다. 아이가 스스로 어떤 결정을 내릴 때 아이를 돕는 엄마의 역할은 마치 고속도로와 갓길 사이에 만들어진 골이 패인 경계 구역 같다고 할 수 있다. 그것은 당신이 길에서 너무 멀리 벗어나면 커다란 소리가 나도록 만들어져 있다. 당신의 딸은 운전을 배우는 중이고 당신이 그것을 대신해줄 수는 없다. 하지만 도로를 너무 벗어나서 달릴 때는 아이에게 그 사실을 알려줘야 한다. 나도 필요한 경우에는 딸들에게 큰소리가 나는 경계 구역 역할을 확실히 담당한다. 큰딸 애니가 대학에 갓 입학한 후 처음 맞이한 여름방학 때의 일이다. 아이는 한 달 동안 뉴욕 시에 거주하면서 그곳의 극단에서 일하고 싶어 했다. 나는 아직 아이가 그런 대도시에서 거처를 구하거나 복잡한 도시 환경에 적응할 만한 기술을 갖추지 못했다고 생각했다. 아이는 궤도를 너무 벗어났고, 나는 그것을 알려줄 의무가 있었다. 나는 아이에게 여름방학 때 집으로 돌아와서 일을 하라고 고집했다. 아이는 패밀리 레스토랑에서 밤 12시부터 아침 8시까지 일하는 교대 근무를 하게 되었다. 다행히 애니는 그 경험을 좋아했고 그 기회를 통해서 냉혹한 '현실 세계'에 대해 많은 것을 배웠다. 그 경험은 또한 아이의 자부심과 기분을 향상시켰으며 다른 일자리를 구하는 데도 도움이 되었다.

　그 다음 해 여름방학이 되자 애니는 대학이 있는 도시의 한 아파트에서 룸메이트와 함께 지내며 옷 가게에서 일했다. 대학을 졸업할 때가 되자 애니는 혼자 사는 일에 익숙해지게 되었고 마침내 수년 전에 원했던 대로 뉴욕 시로 진출할 수 있었다. 애니는 지금 도시 생활에 나보다 훨씬 잘 적응하고 있다. 그리고 예술 분야에서 경력을 쌓으면서 경제적인 문제를 비롯해 모든 것을 혼자 해결하고 있다. 또한 배역을 따내기 위해서 끊임없이 오디션에 도전하는 용기도 갖추고 있다. 아이는 인생이라는 게임에서는 매일매일이 오디션의 연속임을 이해하고 있을 것이다. 아이와 나는 지난 여름방학 동안에 일했던 경험이 요즘 매일 사용하고 있는 중요한 기술들을 배우는 데 좋은 기회였다는 사실에 동의한다. 아이가 "혼자서도 할 수 있다!"는 자신감을 갖는 것보다 더 좋은 재산은 없다.

아이는 시험 중

아이는 스물한 살이 되면 어른으로 대접받는다. 참정권이 나오고 술도 합법적으로 마실 수 있게 된다. 하지만 흥미로운 사실은 스물다섯 살까지는 렌터카를 대여할 수 없다는 것이다. 보험 회사는 많은 젊은이들이 모르는 사실을 알고 있기 때문이다. 이 시기에는 판단력과 충동 억제를 관장하는 전두엽이 아직 충분히 발달되지 않았다는 사실이 보험 기록을 통해서 증명되었다. 실제로 20대 초반의 젊은이들은 20대 후반에 비해 사고율이 높고 법규 위반 같은 운전 기록이 깨끗하지 않은 것으로 나타났다. 일반적인 20대 젊은이들이 어른으로서의 책임감과 개인적인 의무감을 짊어져야 하는 현실에 발을 내딛는 시기에 직면하는 경험들은 뇌의 회로를 더 어른스럽게 성장시키는 데 매우 효과적이다.

모든 엄마는 자기 아이가 모든 일을 스스로 감당할 수 있는 아이로 자라길 바랄 것이다. 그러나 지금은 그런 기술들이 최대한 시험을 당하는 시기다. 당신의 딸은 독립된 삶을 향한 첫 시도인 이런 큰일을 감당하지 못할 수도 있다.

아이가 실패해도 간섭하지 말고 지켜보라

20대는 아이가 세상으로 나가서 모든 일을 스스로 감당해야 할 시기다.

이 시기에 엄마 역할을 하는 데 가장 문제가 되는 것은 어떤 방식으로 지원해주느냐다. 지나치게 많은 지원을 해주는 것은 아이를 너무 의존적으로 만들거나 지나치게 바라는 아이로 만들 수 있다. 한 환자의 사례를 소개한다.

우리 딸 도나는 대학을 졸업하고 LA로 갔어요. 딸아이의 꿈은 음악가가 되는 거였죠. 도나는 수학에도 뛰어나서 음악을 전공했지만 부전공으로는 수학을 선택했어요. 처음 LA에 갔을 때는 건축에 관계된 법률 회사에서 법률 서기로 일하게 되었어요. 그 회사는 월급도 많았고 복지 혜택도 좋았어요. 그런데 6개월이 지났을 때 상사가 일을 열심히 하지 않는다면서 딸을 해고했어요. 도나는 남편과 저에게 자기가 해고된 것은 일을 못해서가 아니라 일에 대한 열정이 부족했기 때문이라고 말했어요. 딸은 그 일을 정말 싫어했거든요. 하지만 우리 부부는 도나의 진짜 문제점은 스스로 돈을 벌어서 경제적인 독립을 하겠다는 책임감이 부족한 거라는 사실을 알았어요.

도나는 세 살 때부터 스물두 살까지 학교를 다녔지만 그동안 항상 다른 사람이 학과 과정을 준비해주고 제대로 잘 마쳤는지 확인해주곤 했어요. 도나는 매우 우수한 학생이었어요. 여름방학 때도 음악 캠프나 다른 활동에 참가하곤 했죠. 그때마다 남편과 저는 모든 비용을 부담했어요. 도나는 일할 필요가 없었고 자기 신뢰에 필요한 기술을 계발할 필요도 없었어요. 하지만 이제 평생 처음으로 도나는 미리 준비된 학과 과정이나 준비된 지원 체제(남편과 나) 없이 현실 세계에 직면하게 된 거예요. 항상 자기를 위해 대기하다가 필요한 순간에 갖다 바치던 것들이 사라져버린 거죠.

저는 1년도 되기 전에 해고당하도록 자신을 방치한 도나에게 화가 났어요. 남편이 딸에게 그 자리를 마련해주기 위해서 얼마나 애썼는지 아세요? 더구나 도나는 친구보다 훨씬 더 많은 월급을 받고 있었어요. 지금 법률 서기로 일하는 남편은 도나에게 자기도 법률 서기가 되는 것을 좋아하지 않았지만 그것은 좋은 훈련이라고 말하더군요. 그러자 도나는 이렇게 반박했어요. "네, 하지만 아빠도 변호사가 되고 싶어하셨잖아요." 그것은 사실이었지만 저는 우리 딸이 해고당할 만큼 소극적이었다는 사실에 속이 많이 상했어요. 그것은 자신의 결정에 따라 일을 그만두고 자신이 원하던 목표에 좀더 근접한 일을 찾기 위해 잠시 충전할 시간을 갖는 것과는 전혀 달랐으니까요.

그런데 도나에게 제 기분이 어떨 것 같으냐고 묻자 도나는 화를 내며 이렇게 말했어요. "저한테 더 이상 이래라 저래라 하지 마세요. 엄마 잔소리는 귀에 못이 박이도록 들어서 이제 신물이 나요. 저도 이제 제 인생은 제가 알아서 결정하고 혼자 힘으로 살아가야 할 때가 됐다고요." 그 순간 저는 그만 뒤로 물러서서 도나에 대한 경제적 지원을 중단해야 한다는 사실을 깨달았어요. 그것은 도나를 화나게 만들었지만 저는 이렇게 말했어요. "혼자 힘으로 살아가는 첫걸음은 머리를 가릴 지붕과 식탁에 놓을 음식을 만드는 법을 배우는 거란다. 이런 기술을 배우면서 네가 하고 싶은 일을 추구하는 것은 하룻밤에 이루어지는 게 아니야. 하지만 네가 열심히 노력한다면 언젠가는 네 꿈을 실현할 수 있을 거야."

도나와 그녀의 엄마처럼 일부 엄마와 딸에게는 인생의 이 단계에서 이런 종류의 분출이 필요하다. 이런 불화가 고통스럽긴 하지만 그것은 결국 엄마와 딸 모두를 건전한 길로 인도할 것이다. 엄마의 사랑은 겉으로 드러나진 않더라도 진실을 말하고 싶은 욕구를 충분히 참을 만큼 강하다. 그리고 지원을 계속하는 가운데 딸의 잘못된 선택에 대한 당신의 느낌을 마음속으로만 간직하고 싶을 것이다. 그러나 이런 밑 빠진 독에 물 붓기 식의 지원은 당신의 건강에 결정적인 위험을 초래할 수 있다.

한 환자는 딸이 스물일곱 살이 될 때까지 딸을 지원하기 위해서 허리띠를 졸라매야 했다. 그동안 딸은 남자친구와 살면서 목표나 꿈을 추구하기 위한 노력을 게을리 했다. 그 환자는 딸이 '마운드에 등판하는 것(야구 선수가 주인공인 디즈니 만화영화의 제목에서 인용함)'과 자신의 삶에 책임지는 것을 실패한 데 대해 매우 한탄하고 슬퍼했다. 이런 그녀의 슬픔은 딸이 어느 해 어머니날에 카드를 보내거나 전화 거는 것을 잊어버리자 마침내 분노로 바뀌었다. 그 분노는 딸에게 더 이상 지원을 중단하겠다고 통보하는 것으로 표현되었다. 이제 엄마도 자기 자신을 지원할 때가 되었다는 이유에서였다. 딸은 처음에는 화를 냈으나 몇 년이 흐른 후 엄마에게 그 경험이 얼마나 감사했는지를 고백했다. 혼자 힘으로 살아가야 했던 딸은 어떻게 살 것인지를 궁리했다. 딸은 직장으로 돌아갔고 지금은 혼자 살아가는 데 필요한 기술을 갖추게 되었다. 이것은 그녀의 자부심을 크게 높여주었고 엄마와 딸의 관계가 온전히 회복되도록 이끌어주었다.

재정적인 지원을 조절하라

모든 엄마는 딸에게 경제적인 지원을 어느 정도 얼마나 오래 지속할 것인지를 스스로 결정해야 한다. 나는 개인적으로 모든 젊은이는 전문적인 학문 코스를 밟고 있지 않은 한 스물일곱 살 이전에 완전히 독립해야 한다고 생각하지만, 특별한 기준이 있는 것은 아니다. 나는 이 문제에 대해서는 각 문화권마다 많은 차이가 있다는 걸 안다. 예를 들어, 내가 다니는 한의원의 한의사 말에 따르면, 중국 사람들은 아이들이 결혼할 때까지 때로는 그 이후에도 지원을 계속한다는 것이다. 이런 경향은 다른 여러 인종들에서도 찾아볼 수 있다.

우리 부모님은 대학까지 지원해줬지만 그것으로 끝이었다. 하지만 나는 이 기준을 깨뜨렸다. 나는 큰딸 애니를 대학까지 지원해준 것은 물론 졸업 후 뉴욕에서 자리를 잡을 때까지 여러 해 동안 집세와 의료 보험료를 대신 지불해주었다. 나는 케이트에 대해서도 같은 혜택을 베풀 계획이다. 졸업 후 몇 년 동안 지원을 해주면 나중에 그들은 완전히 독립하게 될 것이다. 나는 아이들이 굶주리거나 필요한 의료 혜택을 받지 못하고 지내도록 방치하고 싶지는 않다. 우리 딸들은 응급 시에는 밑에 안전을 보장해주는 그물이 깔려 있다는 사실을 알고 있다.

요점-당신이 딸을 얼마나 지원해주길 원하는지에 관계없이 당신은 딸보다 훨씬 먼저 세상을 떠날 것이다. 만일 아이가 당신 없이 살아가는 법을 배우지 못한다면 그것은 결코 딸을 위한 일이 아닐 것이다. 여기에 당신이 딸을 위해서 베풀 수 있는 몇 가지 지원책을 소개한다. 당신의 딸이 자신의 삶에 정착하는 데 많은 도움이 될 것이다.

좋은 재정적 지원팀과 연결하는 방법을 보여주라 당신의 딸이 현실 세계에 대한 지식을 터득하도록 돕기 위해서는 유익한 사람들을 발견하고 그들과 일하는 법을 가르쳐야 한다. 여기에는 회계사, 변호사, 증권 중개인 등이 포함된다. 우리 두 딸은 유능한 회계사의 인도로 세금에 대한 지식을 배우고 있으며 믿을 만한 투자 전문가의 도움도 받고 있다. 애니가 스물한 살이고 케이트가 열아홉 살일 때 나는 내 유산 계획을 세우러 변호사를 만나러 갈 때 딸들을 대동했다. 나는 만일 나한테 무슨 일이 생기면 딸들이 즉시 필요한 돈을 받을 수 있도록 조치해 놓았다.

따라서 아이들은 까다로운 절차를 거치지 않고도 그 힘든 시기를 잘 넘길 수 있을 것이다. 딸들은 또한 내 유언장과 중요한 서류들이 어디에 있는지도 알고 있다.

엄마와 딸의 벤처 사업을 구상해보라　요즘 점차 증가하는 추세 중 하나는 엄마와 딸의 벤처 기업이다. 우리는 '조 스미스 앤 선스'라는 부자 기업을 보며 자랐고, 요즘에는 마침내 '조세핀 스미스 앤 도터스'라는 모녀 기업이 등장했다. 그러나 대부분의 여성들은 의지할 수 있는 가업이라는 배경이 없으므로 독자적으로 키워갈 수밖에 없으며 인간관계에 집중된 기술을 이용할 수밖에 없다. 여성이 경영하는 기업의 가장 큰 문제점은, 그것이 엄마와 딸의 기업이든 아니든, 엄마 역할에서 나타나는 문제점과 거의 흡사하다. 어떤 대가를 치르든 평화를 유지하려는 것, 자신이 원하는 것을 요구하지 않는 것, 자신의 욕구를 뒤로 미루는 것 등이다. 만일 이런 행동 방식을 인식하고 미리 바꾸지 않는다면 그것은 분노, 원망, 슬픔, 그리고 이런 감정이 너무 오래 지속되었을 때 따라오는 심각한 질병으로 나타날 것이다.

여러 해 전에 나는 두 딸에게 내가 계속 사용해왔고 또 몇 년 동안 추천을 담당해왔던 물품을 생산하는 기업에 참가하도록 유도한 적이 있다. 이것은 지금 우리 세 모녀를 비롯해서 친정 엄마, 여동생, 다른 친척들이 함께 참여하는 일이 되었다. 우리 모두는 즐겁게 일하면서 많은 것을 배웠으며 다른 사람들에게도 가르쳐주었다. (여기에 대해서 더 많은 것을 알고 싶다면 www.drnorthrup.com 사이트를 방문해서 Woman's Health를 클릭하고 Prosperity Center로 들어가면 된다.)

우리 딸들과 내가 참가한 이 사업을 좋아하는 이유 중 하나는 성공은 다른 사람들과의 지속적인 인간관계를 얼마나 잘 창조하느냐에 달려 있다는 사실을 깨닫게 해주기 때문이다. 이것은 상호 의존과는 전혀 다르다. 다시 말해서 당신이 아무리 간절히 원하더라도 그녀(또는 그)가 열심히 노력하지 않는다면 다른 사람을 성공하게 만들 수는 없다는 것이다.

딸에게 단순히 생존하는 것보다 훨씬 많은 것을 이룰 수 있다는 사실을 가르쳐라
바바라 에렌리치Babara Ehrenrich는 〈니켈과 다임(Nickel and Dimed)〉이라는 저서에서 최저 임금을 받는 여성이 직면한 여러 경제적 어려움에 대해 밝히고 있다. 이상적인 세계에서는 어느 여성도 자신과 아이를 확실히 책임질 적절한 능력을 갖추기 전에는 아이를 갖지 않는다. 그러나 불행하게도 우리는 그런 세상에 살고 있지 않다. 오히려 그 반대다. 여러 연구 결과에 따르면, 임신한 나이가 어릴수록 가난하고 교육 정도가 낮다는 사실이 증명되었다. 동시에 그들의 경제적 수입도 지극히 빈약한 것으로 나타났다.

수없이 많은 임신한 십대들과 최저 임금을 받는 여성들과 일해온 나는 이런 결론을 내렸다. 가난이라는 악순환을 벗어나는 사람들은 자기 내면에 존재하는 거룩한 힘과 내면의 지혜에 접속한 사람들이었다. 그들은 자신의 영혼과 의지를 자기가 가고 싶은 방향으로 쏟아 부었다. 그리고 자기들의 처지에 대해 불평하는 것으로 시간을 낭비하지 않았다.

한 친구는 대학을 졸업한 직후 엄청난 빚에 쪼들려 오갈 데 없는 형편이 되었다. 그 역경을 극복하기 위해서 그녀는 밤낮으로 두 가지 일을 하면서 교회에서 몰래 기거했다. 그런데 어느 날 밤, 목사님에게 발각되고 말았다. 목사님은 그녀의 처지를 불쌍히 여겨 저소득층을 위해 싼 비용으로 임대해주는 주택을 찾도록 도와주었다. 그 후 그녀의 삶은 우리의 의식이 얼마나 훌륭한 환경 - 주변의 다른 길로 빠지지 않고 -을 창조해갈 수 있는지를 증명해주는 빛나는 증거였다. 다른 길이 없을 때 만일 그녀가 부모님으로부터 경제적 지원을 받았더라면 그렇게 혹독한 경험을 할 필요는 없었을 것이다. 반면, 오늘날처럼 성공적이고 빛나는 인물이 되지는 못했을 것이다. 그녀는 지금 우리가 만날 수 있는 어느 누구보다도 신의 존재와 믿음의 힘을 밝히 보여주는 인간이다.

세상은 천사와 악마로 가득 차 있다. 그리고 성공의 시간과 역경의 시간이 번갈아 찾아온다. 당신은 천사와 접속하려고 노력해야 하며 자신과 아이들을 위해서 더 나은 미래를 만들어갈 충분한 능력을 갖추었다는 믿음을 가져야 한다. 그런 일은 내면의 안내에 귀를 기울이고 집중하는 법을 배울 때만 가능하다. 내면의 지혜는 당신의 생각을 원하는 방향으로 돌리도록 도와준다.

만일 당신이 무릎을 꿇고 진심으로 도움과 인도를 구한다면 그것을 얻게 될 것이다. 이것은 의심할 여지없는 확실한 진리다. 우리 외할머니가 그 좋은 본보기다. 그녀는 우리 엄마와 이모를 혼자 힘으로 키우기 위해 식당 종업원으로 일하면서 일이 끝나면 아이들을 먹이기 위해서 남은 음식을 집으로 가져왔다. 비록 학교는 중학교 2학년까지밖에 다니지 못했지만 우리 외할머니는 상식이 풍부하고 유머 감각이 뛰어났으며 인생은 아름답다는 굳은 믿음을 가지고 계셨다. 그녀는 자신의 처지를 불평한 적이 없었고 언제나 최선을 다했다. 비록 우리 엄마가 어려서부터 집안일을 도맡아야 했지만 엄마는 어쩔 수 없는 일이라는 사실을 이해했다. 외할머니는 영화가 그녀에게 더 나은 삶에 대한 비전을 심어주었다고 말하곤 했다. 언젠가 내게 이런 말을 한 적이 있다. "나는 가끔 영화관 뒷문 계단에 앉아서 하늘의 별을 바라보곤 했단다. 지금 살고 있는 삶보다 나은 무언가가 나를 기다리고 있을 거라는 걸 알고 있었지."

부의 모순적인 면에 대해서 이해하도록 도와주라　나는 많은 유산이나 신탁 자금을 물려받은 사람들과 오랫동안 같이 일해왔다. 일부 사람들은 이 유산에다 자신의 열정과 목표를 더해서 그것을 더욱 풍부하게 만든다. 그러나 또 다른 사람들에게는 이런 유산이 그들의 건강과 행복에 별 도움이 되지 못하고 오히려 역효과를 초래한다. 그 이유는 그들이 물려받은 유산이 돈만이 아니기 때문이다. 그들은 자신의 에너지를 대가로 지불하지 않고 무엇인가를 무상으로 받는 유산도 함께 물려받았다. 그들은 그 부를 창조하기 위해서 자신의 창조성과 능력을 투자하지 않았기 때문에 마음 속 깊은 곳에서 죄의식과 부당함을 느끼게 된다. 누군가가 그들을 위해 그 일을 대신했기 때문이다. 그들은 오로지 자신의 재능과 능력만 가지고 무언가를 창조하는 데서 오는 진정한 기쁨은 결코 맛보지 못할 것이다. 어떤 자선 사업가는 그것이 바로 많은 기부금을 내기가 꺼려지는 이유라고 말할 것이다. 기부금이란 사람들에게 기회를 주지만 그들에게 진정한 도움이 되지 않을 수도 있기 때문이다. 만일 사람들이 그것을 얻기 위해 아무 노력도 하지 않으면서 언제나 그것이 주어질 것이라고 기대한다면 자기 안에 있는 부의 원천을 일깨우지 못하는 위험에 빠질 수도 있다.

　풍부함의 본질은 단지 물질적인 부만이 아니라는 사실을 잊지 말라. 무엇이든 고맙게 여기는 마음과 삶 그 자체에 대한 감사 - 우리에게 주어진 삶과 우리가 만들어가는 삶 모두 - 가 모든 풍부함 중에서 가장 축복받은 것이다.

아이의 문제가 엄마의 잘못이라는 생각이 들 때

내가 의과대학에 다닐 때 한 교수님께서 학생들 몇 명을 데리고 심각한 신체적·정신적 장애를 가진 어른과 아이들을 수용하는 주립 시설에 간 적이 있다. 그 시설의 수용자 대부분은 그들을 집에서 돌볼 수 없는 부모들이 맡긴 사람들이었다. 여러 유전적인 장애들에 대해 설명하면서 병동을 돌아다니는 동안 교수님은 우리에게 이런 말씀을 해주셨다. 이 시설을 위해 일하기 시작하면서 제일 먼저 한 일 중 하나는 각 수용자의 부모들에게 전화를 건 일이었다고 한다. 이곳에 온 지 오래 된 아이도 있었지만 그 아이가 시설에 수용된 지 얼마나 오래 되었든지 간에 그는 부모를 찾아내어 연락을 했다. 그는 친절함과 자비를 베푸는 마음으로 부모들에게 설명을 해주었다. 이런 유전적인 장애나 문제점들은 불가피하고, 엄마가 임신 중에 무엇을 잘못해서 일어난 일이 아니며, 엄마의 힘으로는 불가항력인 일이었다고 말해주었던 것이다. 대부분의 엄마들은 이 사실을 모르고 있었다. 그리고 유전에 대한 최신 정보가 부족했던 탓에 그들은 아이의 장애에 대해서 자신을 비난하고 있었다. 예를 들면, 신경계에 종양이 생겨 그로 인해 심각한 정신지체 증상을 동반하는 유전적 장애(신경섬유종증)를 가진 아이의 엄마는 여러 해 동안 자기 책임이라는 자책감에 시달려왔다. 그녀는 임신 중에 의사가 가지 말라고 만류했는데도 바다에 가서 수영을 했고 그것 때문에 문제가 생긴 거라고 믿고 있었다.

교수님이 접촉했던 모든 엄마는 아이에게 일어난 일에 대해서 죄의식을 느끼고 있었다. 어느 누구도 그들에게 어떤 식으로든 비난한 일이 없는데도 수년 동안 죄의식에 시달려왔다고 했다. 그 아이들 중 대부분은 스스로 통제할 수 없는 극심한 희귀성 유전 질환이 있었다. 하지만 교수님이 엄마들에게 했던 설명은 그들의 삶을 바꿔놓았다. 엄마들은 드디어 죄의식에서 벗어날 수 있었던 것이다. 나는 그런 정보가 얼마나 강력한 치유 효과를 발휘했을지 상상하며 느꼈던 감동을 잊을 수가 없다.

이 엄마들이 느꼈던 책임감은 젊은이들이 독립된 삶을 시작하면서 겪는 인생의 문제점에 대한 책임감과 다르긴 하지만, 적용되는 원리는 같을 것이다. 모든 엄마는 아이들의 문제는 그들 자신의 몫이라는 사실을 받아들여야 한다.

내 인생은 나한테 달려 있다

엄마나 딸이 어떤 상황에 처해 있든 간에 한 가지 분명한 사실이 있다. 아이가 이십대에 들어서면 자신의 삶을 이끌어가는 엔진이 풀가동되어야 한다는 것이다. 엄마와의 사이에 어떤 일이 있든 없든 그건 문제가 되지 않는다. 아이는 자신의 삶, 자신의 선택, 자신의 행복에 대한 책임을 짊어져야 한다.

자신의 삶에 책임을 진다는 것은 엄마와 딸이 분리된다는 의미가 아니다. 대부분의 여성은 엄마와 평생 동안 친구처럼 지낸다. 가끔 그 우정이 흔들릴 때도 있지만 모든 인간관계와 마찬가지로 그 우정도 오르고 내림을 반복하며 계속 이어진다.

그들의 우정은 일단 두 사람이 자신의 삶을 자기 방식으로 즐기는 방법을 배운다면 삶(건강)을 지탱해주는 가장 중요한 요소가 될 것이다. 이는 두 사람 모두가 서로를 떠나보내는 필연적인 과정을 거칠 때 가능하다. 앞서 소개했듯이, 작은딸 케이트는 지금 대학교 4학년이고 올봄에 대학을 졸업한다. 아이는 나중에 고향인 메인 주로 돌아오고 싶어하지만 우선 몇 년 동안 뉴욕 시에서 살 계획을 세우고 있다. (아이는 내게 시트콤 〈프렌즈〉같은 프로그램에 출연하고 싶다고 말한 적이 있다.) 나는 우리 딸이 행복하고 충만한 삶을 살기를 바란다. 그리고 다른 엄마들처럼 나도 그 충만감을 집 가까이에 살면서 찾을 수 있길 바란다. 아이는 최근에 자기가 쓰던 방을 몇 년 동안 그대로 보존해달라고 부탁했다. 그러나 몇 년이 지나면 엄마가 원하는 대로 해도 된다는 말도 덧붙였다. 그 말을 듣는 순간 얼마나 가슴이 아팠던가!

반면, 큰딸 애니는 마치 뉴욕 시에 살기 위해 태어난 아이처럼 행복하게 자신의 길을 개척해가고 있다. 애니는 일이 바빠서 올해는 추수감사절이나 크리스마스에도 집에 올 수 있을지 확신할 수 없다고 통보했다. 물론 이해한다. 하지만 이해하는 것과 행복한 것은 다르다.

다시 한 번 나는 삶의 중대한 전환점에 서 있다. 내 '둥지'는 이전보다 더욱 비어가고 있다. 아이들은 가끔 와서 하루씩 머물고 갈 뿐이다. 내 안에는 다시 두 마음이 싸우고 있다. 나는 우리 딸들이 성공해서 풍성한 삶을 살기 원하며 나도 그렇게 되길 바란다. 그러나 마음 한구석에는 이 집에서 나와 함께 살기를 바라는 마음도 있다. 언제까지나. 나는 예전에는 흔했지만 요즘엔 사라진 대가족제도처럼 우리 모두가 함께 모여 살았으면 좋겠다. 그러나 그것은 우리에게 주어진 길이 아니다. 나는 우리 딸들은 언제나 나와 함께 있을 것이고 나도 그들과 함께 있을 것이라는 사실을 알기 때문에 지금의 상황을 편한 마음으로 받아들인다. 우리는 지금도 그리고 앞으로도 항상 사랑으로 깊이 연결되어 있을 것이다. 저명한 여류 시인인 에이드리앤 리치Adrienne Rich는 이렇게 표현했다.[7] "서로에 대한 인식이 두 닮은 몸 위에 흘러넘친다. 그 중 하나는 다른 하나의 몸 안에서 아홉 달을 보냈다."

Epilogue

에필로그

20
유산은 지속된다
– 딸에게 대물림되는 엄마의 지혜 –

이 책에서 나는 아이가 어른으로 성장하고 발전하는 과정을 7년 주기로 나누어서 거기에 초점을 맞추었다. 그러나 엄마와 딸의 관계는 아이가 집을 떠난다고 끝나는 게 아니다. 나이에 관계없이 인생은 우리에게 엄마와 딸의 유대감을 고취시키고 모계의 유산을 치유할 기회를 제공한다.

우리의 인생 여정에는 탄생, 새로 태어남, 치유의 에너지가 특별히 집중되는 세 번의 중요한 시기가 있다.

- **탄생** 우리가 태어나거나, 아기를 낳거나, 아이를 입양할 때는 창조의 에너지가 넘치는 시기다. 우리 딸들이 엄마가 되는 시기도 마찬가지다. 한 친구는 얼마 전에 할머니가 되었다. 그 친구는 사랑에 빠진 게 분명했고 10년은 젊어보였다.
- **폐경기** 호르몬의 변화는 우리의 늙은 피부를 벗겨내고 싶은 욕구와 동시에 자신의 삶을 개선하고 싶은 욕구를 불러일으킨다. 이것은

엄마와의 화해를 시도하거나 인생 전반부의 해결하지 못한 일들에 관심을 갖게 만들기도 한다.

•**죽음** 죽음은 육체를 초월한 삶으로 돌아가는 마지막 탄생이다. 이 전환기의 빛은 참으로 눈부시다.

이들 삶의 단계는 앞서 2장에서 설명했던 인생의 집의 계단에 해당한다. 각 계단은 나름대로의 지혜와 에너지 그리고 탄생의 잠재력을 내포하고 있기 때문에 엄마에게서 딸로 이어지는 유산을 치유하고 새롭게 태어나는 데 더할 나위 없는 좋은 기회다.

엄마는 북극성이다

이들 각 탄생의 단계를 거치는 동안, 그것이 비유든 실제든, 우리는 어쩔 수 없이 미지의 세계로 들어가게 된다. 우리는 과거를 떠나보내야 하며, 익숙한 낡은 피부를 벗겨내야 하고, 상실을 슬퍼해야 하고, 우리 자신을 새롭게 창조해야 한다. 우리의 몸과 영혼은 이것을 잘 알고 있다. 따라서 우리는 우리보다 앞서 그곳에 갔기 때문에 우리에게 올바른 길을 제시해줄 수 있는 누군가의 안내와 지원을 바라게 된다. 시작부터 우리와 함께 있던 그 누군가는 바로 엄마다. 만일 엄마가 자기 삶의 계단 꼭대기에서 지혜와 힘을 갖추고 굳건히 서 있다면 그런 엄마는 강인함과 안내의 상징인 북극성이 된다. 북극성을 올려다보면 우리는 앞으로 다가올 일을 알 수 있다. 따라서 자신감을 가지고 앞으로 나아갈 수 있다. 모든 것이 잘 될 거라는 사실을 알기 때문이다.

패트리샤는 쉰다섯 살로 내 친구의 동생이다. 그녀는 여든다섯 살

된 엄마 캐서린과 이번 여름에 메인 주를 여행했다. 캐서린은 어린 시절의 친구들과 가족들을 만나기 위해 이곳을 방문했다. 그녀는 이번이 마지막 방문이라고 생각하고 있었다. 캐서린과 패트리샤는 2년 전에 캐서린이 심각한 심장 발작으로 고생한 후부터 함께 살고 있다. 그 전까지 캐서린은 헬스클럽에서 시간제 근무 접수원으로 일했으며 자기 집에서 혼자 살았다. 그녀는 심장 발작 후에도 딸과 사위의 집으로 옮기길 원치 않았으나 간호사였던 패트리샤가 강력하게 주장했다. 캐서린은 마지못해 동의하면서 딸에게 이렇게 말했다. "애야, 나를 하숙생이라고 생각해주렴. 너희 부부는 저녁 때 집에 돌아와서 나 없이 둘이서만 식사할 필요가 있어. 그것은 결혼 생활에서 매우 중요하단다."

물론 그들은 엄마를 하숙생으로 생각하진 않았지만 그들의 입장을 이해해준 엄마의 배려에 고마워했다. 캐서린은 누구나 옆에 있어주길 바라는 엄마이면서 할머니였다. 그녀는 유머 감각이 뛰어났으며 삶에 대한 지혜가 풍부했다. 그녀의 손자들은 부모님에게 의논하기 전에 할머니에게 먼저 그들의 문제점을 털어놓곤 했다. 그녀는 자신의 삶의 계단 꼭대기에서 눈부시게 빛나고 있는 북극성이었다.

만일 엄마가 생의 막바지를 향해 다가가고 있다면 패트리샤처럼 항상 엄마와 친밀하고 편안한 관계를 유지하도록 노력하라. 그러면 엄마에게 어떤 보살핌이 필요하든 부담스러운 짐으로 생각되지 않을 것이다(당신도 여전히 지원과 도움이 필요하겠지만). 예순 살의 부동산 중개인인 한 친구는 아흔다섯 살인 엄마와 수년 동안 함께 살고 있다. 이 엄마는 수많은 사람들에게 북극성 같은 존재였다. 그녀는 개와 산책을 하다가 넘어져서 고관절이 부러졌던 아흔네 살까지 전문 음악가로 활동했다. 비록 육체적으로는 쇠약하지만 아직도 혼자서 모든 일을 처리하며, 활기에 넘치고, 누가 함께 있어주지 않아도 혼자 시간을 보내기를 좋아한다. 이 현명한 여성은 짐이 되기는커녕 오히려 감당하기 벅찰 정도로 친구가 많다. 많은 제자들이 그녀 삶의 일부가 되어 그녀를 돕고 싶어 한다. 그녀는 지금도 가끔씩 제자들을 가르친다. 그녀의 시간을 초월한 아름다운 영혼은 그녀의 눈을 통해서 눈부시게 빛난다.

우리 엄마도 자기 아이들과 손자들에게 빛나는 북극성이셨다. 그녀는 또한 수많은 사람들에게 영감을 불어넣어 주었다. 일흔여덟 살의 나이에 스키 슬로프를 미끄러져 내려가고, 산을 오르고, 익숙한 솜씨로 RV를 미끄러지듯 주차하는 모습은 사람들의 머릿속에 든, 나이를 먹는 것에 대한 낡은 고정관념을 바꿔놓았다. 엄마는 병원에 가거나 약을 먹는 법이 없었고 항상 씩씩하고 건강했다. 북극성이었던 우리 엄마의 영향력은 내가 적어도 예순다섯 살이 될 때까지는 삶의 정상에 도달한 게 아니라는 생각을 갖게 된 커다란 이유였다.

🐝 드보라의 경우—딸이 엄마가 되었을 때

삶의 꼭대기인 지붕에 다다랐을 때 모든 엄마가 다 그렇게 빛나는 것은 아니다. 어른인 딸들과 그 엄마들에 대한 강의를 마치고 얼마 되지 않았을 때 나는 한 중년 여성으로부터 다음과 같은 이메일을 받았다. 그녀도 이런 종류의 문제점에 직면하고 있었다.

당신이 강의한 내용은 제 상황과 완벽하게 일치해요. 제가 질문을 하나 할게요. 우리 엄마는 여든한 살인데 삶의 이 단계에서 옮겨가야 할 방으로 들어가기 거부하고 계세요. 저는 맏딸인데 엄마는 저를 당신을 돌보는 부모의 위치에 놓으려고 해요. 전 정말 미쳐버릴 것 같아요.

저는 쉰네 살이고, 두 아이의 엄마이며, 최근에 이혼을 했고, 인생을 상담해주는 라이프코치로서 새로운 경력을 시작하고 있어요. 이

밖에도 저는 자원 봉사하랴, 운동하랴, 여행하랴 매우 바쁘게 생활하고 있어요. 우리 아버지는 5년 전에 돌아가셨고, 엄마의 건강이 악화되면서 상황은 매우 나빠졌어요. 엄마와 저는 가까운 사이가 아니었기 때문에 엄마의 수족이 되어야 하는 지금 상황이 저에게는 매우 힘이 들어요.

무슨 좋은 방법이 없을까요? 저에게는 스무 살 된 딸이 있는데 7년 전부터 섭식 장애로 고생하다가 지금은 잘 지내고 있어요. 저는 딸에게 건강한 유산을 물려주고 싶어요.

드보라의 상황은 수많은 중년 여성들이 공감할 것이다. 그들의 엄마가 삶의 꼭대기인 지붕에 다가가는 동안 중년 여성인 그들은 폐경기라는 계단에 서 있게 된다. 또 그들에게는 이제 성인이 된 딸이 있을 수도 있다. 하지만 그들이 반드시 알아야 할 것이 있다. 그들이 직면한 문제점은 그것이 아무리 힘들더라도 자신들의 유산을 치유하고 개선할 절호의 기회라는 것이다. 만일 그들이 지금 엄마와의 관계를 치유할 수 있다면 다음 세대로 대물림될 고통의 고리를 끊게 되는 것이다. 그리고 그들 자신과 딸들 모두의 건강에도 크게 유익할 것이다.

드보라의 엄마는 그 세대의 많은 여성들과 마찬가지로 자신의 인생을 남편의 감정적 욕구를 충족시키는 데 바쳤다. 그녀의 열정과 목표는 남편을 행복하게 해주는 것이었다. 그러나 그가 떠나고 난 지금, 그녀는 아직 자기 삶의 단계에 적합한 발전적인 일을 수행하는 데 필요한 기술을 개발하지 못한 것이다. 나는 드보라의 엄마와 같은 여성들을 많이 안다. 그들은 쉰 살만 돼도 장거리 운전은 남편에게 일임한다. 따라서 남편이 세상을 떠나면 그들은 동네 안에서만 차를 몰고 야간 운전은 아예 포기한다. 그들은 또 경제적 감각이 부족해서 돈이 어디에 있으며 그들이 살 만큼 충분한지조차 모른다. 자신의 능력에 의존할 수 없는 그들은 딸이 그들의 엄마이자 남편이 되어주길 바란다. 그러나 중년의 재탄생 과정을 거치는 중인 딸들에게 그 타이밍은 최악이다.

통증이나 아픔을 통한 압박

연로한 엄마들 중 상당수가 대수롭지 않은 신체적 불편을 호소하면서 딸의 보살핌과 관심을 받고 싶어한다. 하지만 그들의 가정의조차 무엇이 잘못되었는지 발견할 수 없다. 우리 의사들은 이런 증상을 '노쇠증'이라고 한다. 학교에 가기 싫어서 배가 아픈 아이들처럼, 노쇠증을 앓는 엄마들은 딸을 떠나보내거나 삶의 마지막 단계로 옮겨가기 싫은 것이다.

우리는 주변에서 중년의 딸이 엄마를 기쁘게 해주려고 기진맥진하는 동안 연로한 엄마는 병을 '즐기는' 모습을 흔히 볼 수 있다. 엄마의 신체적 불평은 딸과 함께 시간을 보내는 데 초점이 맞춰져 있다. 이런 딸들은 과도한 체중과 싸움을 벌이는 경우가 많다. 그 이유는 자신의 것은 희생하고 엄마의 건강과 행복에 대해서 책임져야 하는 부담감 때문이다. 그들은 또한 스트레스를 달래기 위한 수단으로 흡연과 음주에 빠지게 된다. 만일 잠시 휴식 기간이라도 생기면 이들은 마치 엄마를 방치한 것 같은 죄의식에 사로잡힌다. 동시에 원망과 분노, 슬픔 같은 감정에 빠진다. 이런 감정은 스트레스 호르몬을 과하게 분비시켜 조직의 염증을 유발한다. 시간이 흐르면서 이것은 심장, 유방, 폐에 부정적인 영향을 미쳐서 여성의 삶에 치명적인 타격을 주는 심장 질환, 암, 골다공증 같은 질환을 일으킨다.

한 친구의 엄마는 여든두 살로 건강 상태가 완벽한데도 발가락 염증이나 피부의 반점, 다른 미미한 증상들에 대해서 끊임없이 불평을 늘어놓는다. 그녀는 하루에 두 번씩 딸에게 전화를 걸며 딸이 전화를 빨리 받지 않으면 화를 낸다. 그 친구는 쉰다섯 살로 자기 사업을 운영하고 있지만 엄마를 위해서 끊임없이 신경을 쓰고 있다. 병원에 데리고 가거나, 보험을 좋은 조건으로 갱신하거나, 그로 인한 엄마의 불평까지 시시콜콜 들어줘야 한다. 최근에는 엄마가, 새로 갱신한 보험이 비용은 낮아졌지만 공제 금액이 높아졌다고 다시 알아봐달라고 불평했다.

내 친구는 이런 엄마의 불평에 감히 싫다고 말할 수가 없었다. 그러면 엄마의 분노를 감당해야 하기 때문이다. 그 분노는 어린 시절부터 입력되어온 자기 가치에 대한 해결되지 못한 죄의식을 불러일으키곤 했다. 그녀가 어렸을 때부터 그녀의 엄마는 항상 "내 아름다운 두 장미 사이에 끼어든 잡초"라는 말로 그녀를 비하했다. 장미란 두 남자 형제를 일컫는 것이었다. 친구는 자신의 불안감을 흡연으로 달랜 탓에 만성 기침 증상을 발전시켰다. 나는 무언가 달라지지 않으면 그 친구가 병이 나서 엄마보다 먼저 죽게 될까봐 걱정스러웠다.

비록 엄마의 엄마 노릇을 하고 싶은 유혹을 뿌리치기 힘들겠지만 그것은 당신과 엄마 모두에게 도움이 안 된다는 사실을 명심하라. 만일 엄마가 정말로 몸이 불편하지 않다면 그녀의 요구를 일일이 들어주지 말라. 당신이 진심으로 원하지 않는데 그렇게 하는 것은 엄마가 원하는 대로 해주지 않으면 나쁜 딸이 될 거라는 고루한 사고방식을 강화할 뿐이다. 그리고 그것은 엄마를 퇴보하게 만들고 엄마가 자신의 영혼과 깊이 접속되어야 할 시기에 지나치게 다른 사람에게 의존하게 만들 뿐이다. 엄마에게 지나치게 베푸는 것은 기쁨과 확신을 가지고 삶의 지붕으로 옮겨가야 하는 엄마의 능력을 약화시킬 뿐이다.

엄마의 말년에 그녀를 위해서 당신의 삶을 희생하는 것으로 엄마의 힘들었던 일생을 치유할 수 있다는 생각을 버려라. 그것은 당신을 지치게 만들 뿐이며 엄마를 변화시키지도 못한다. 엄마를 돌보는 일에서는 당신의 한계를 인정할 필요가 있다. 당신은 혼자서는 그 일을 감당할 수 없다. 그것은 신생아의 엄마가 '외부의 태반'인 지원 세력 없이 아기의 모든 욕구를 혼자서 처리하는 것보다 더 힘든 일이다.

건강한 한계를 정하라

엄마를 위해서 할 수 있는 스케줄을 생각해보라. 점심을 먹으러 가거나 영화관을 가는 등 함께 즐길 수 있는 일을 찾아보라. 하지만 그것은 당신이 시간이 날 때만 가능하다는 것을 미리 알려라. 그 밖의 시간에는 당신 자신의 삶에 충실하라.

만일 엄마가 정말 아프거나 특별한 보살핌이 필요한 상황이라면 도움을 아끼지 말라. 혼자서 감당하려고 애쓰지 말고 형제들과 의논하라. 대부분의 경우에는 맏딸이나 외동딸, 집에 아이나 남편이 없는 딸이 돌보고 다른 형제들은 책임을 면한다. 만일 그들이 멀리 산다면 운전이나 식사 준비나 쇼핑 등 엄마를 위해 시간을 투자해야 할 일들을 정리해보라. 그런 다음 가족회의를 소집해서 형제들에게 비용을 부담시키든지 외부에서 사람을 고용하는 문제를 상의하라.

당신이 엄마의 요구에 지나치게 매달리든지 자신의 욕구나 행복해지고 싶은 갈망에 대해서 부당한 죄의식이나 수치심을 느끼는 것은 건강을 위협하는 것임을 명심하라. 그리고 그것은 당신의 딸에게 여성의 가치에 대해 잘못된 메시지를 전달하는 것이다. 엄마를 돌볼 형편이 못되거나 엄마의 요구를 부득이 거절해야 할 경우에 엄마가 싫어해도 그냥 넘길 수 있는 마음가짐을 배워라. 엄마의 분노나 실망은 엄마의 몫으로 남겨두라. 그것은 당신이 나쁜 딸임을 증명하는 것이 절대 아니다. 두 사람 모두 분노의 늪에 빠지지 않도록 유의하라. 엄마가 옳을지도 모른다는 생각에 빠지지 않는 한, 당신의 엄마는 당신에게 올가미를 씌울 수 없다는 사실을 명심하라.

당신의 생각을 더 나은 현실을 다짐하는 데 사용하라. 우리의 모든 생각은 현실로 실현된다는 사실을 기억하라. 여기에 캐서린 폰더 Catherine Ponder의 〈치유의 놀라운 법칙(Dynamic Laws fo Healing)〉이란 책에서 발췌한 다짐들을 소개한다.

- 나는 지금 우리 엄마가 자신을 인도하는 위대한 힘을 가지고 있으며 그 힘은 내가 아니라는 확신에 기뻐한다.
- 나는 지금 신의 거룩한 사랑이 이 상황을 진실로 이끌 것에 대해서 감사한다.
- 나는 모든 것은 잘 될 것이며 신의 거룩한 사랑이 지금 이 상황을 치유해줄 것이라는 사실에 기뻐한다.

문은 양쪽으로 흔들린다

집착하는 쪽이 항상 연로한 엄마인 것만은 아니다. 때로는 중년이 된 그녀의 딸일 수도 있다. 많은 중년 여성이 자신의 삶에서 도피하기 위한 핑계로 엄마의 악화된 건강을 이용한다. 만일 당신이 이혼이나 사별, 직업 변화, 빈둥지 등의 문제들에 직면하고 있다면 삶을 재정비할 필요를 느낄 것이다. 이런 문제들을 해결하는 것에서 도피하기 위해서 엄마를 갈등의 소용돌이로 끌어들이고 싶은 충동을 억제하라. 다음과 같은 다짐으로 자신을 조절하라. "만일 그것이 엄마를 위한 일이 아니라면, 나는……"

- 결혼할 것이다
- 일터로 돌아갈 것이다
- 학업을 마칠 것이다……등등

모나 리자 슐츠 박사는 최근에 여러 증상에 시달리는 한 중년 여성을 상담한 적이 있다. 그녀는 항상 바라던 일을 할 기회를 얻었지만 "시기가 적절하지 않다"고 말했다. 1년 동안 쉬면서 엄마를 뒷바라지할 생각이라는 것이다. 슐츠 박사는 그녀에게 정곡을 찌르는 질문을 던졌다. "만일 당신이 꿈꾸던 남자가 세계 각지를 여행할 비행기 티켓을 보여주면서 같이 가자고 한다면 가시겠어요? 당신의 엄마가 이해하실까요?" 첫 번째 질문에 대한 답변은 예스였지만 두 번째 답변은 노였다. 내가 그런 경우가 아니라서 다행이다.

| 우리가 싫어했던 모습을 그대로 닮는다 |

당신은 여성들이 "세상에, 나도 엄마랑 똑같아지고 있어!"라고 말하는 것을 얼마나 자주 들었는가? 우리 딸의 한 친구는 이렇게 말했다. "우리 집안에서는 그것을 HTN(Heading Toward Nana, 할머니를 향해서)이라고 불러요." 엄마를 닮을까봐 우려하는 대부분의 여성들은 당연히 엄마의 부정적인 면을 말하는 것이다. 아무도 이런 말을 들을까봐 걱정하진 않는다. "너는 엄마처럼 세련되고 매력적이구나!" 세 가지 중요한 탄생의 순간(탄생, 폐경기, 죽음)은 우리에게 엄마의 싫어하는 면을 관찰할 기회를 주고 그것을 거부하고 대항하려는 자세를 중단하게 만든다. 일 대 일 줄다리기 게임에서 이기는 비결은 줄을 놓아버리는 것이다. 엄마가 당신의 단추를 누를 때 달려가길 거부할 수 있다면 당신은 건강과 자유라는 새로운 유산을 창조해가는 것이다.

한 환자는 통제가 심하고, 조종하려고 들며, 매우 인색한 엄마를 두었다. 그 환자가 어렸을 때 그녀의 엄마는 모든 사람이나 모든 것에서 불평을 찾아냈으며, 어떤 물건이나 서비스에도 제값을 지불하려고 들지 않았다. 가족이 식당에 갈 때마다 그 엄마는 음식에 꼬투리를 잡아서 값을 깎아달라고 요구하곤 했다. 백화점에서도 그녀는 항상 옷에서 흠집을 찾아내고 매니저를 불러 옷을 싸게 사곤 했다.

그 환자는 이런 모습을 보고 자라면서 당혹스러웠던 적이 한두 번이 아니었다. 그래서 그녀는 엄마와 반대로 행동하기로 마음먹었다. 하지만 비정상적인 것을 180도 바꾼다고 정상이 되는 것은 아니다. 그녀는 조잡한 제품을 사들이고, 부당한 가격을 용인하며, 형편없는 서비스를 묵인했다. 당연한 결과로 그녀는 항상 그녀를 이용해서 이익을 얻으려는 사람들을 주변에 끌어들였다. 예를 들면, 그녀가 고용한 가사 도우미는 항상 늦게 도착했고 돈을 훔쳐가기도 했다. 그녀는 거기에 대해서 항의하지도 못했다. 엄마가 그랬던 것처럼 도우미가 그녀에게 화를 낼까봐 두려워서였다. 그 환자는 자신을 변호하기 위해서 남에게 지나치게 관대하거나 잘못을 눈감아주면서 인생을 낭비했다. 단지 "엄마처럼 되지 않겠다!"는 의도 때문이었다.

엄마를 떠나보내기가 힘들 때

당신의 엄마가 얼마나 나이를 먹었든지 간에, 그리고 두 사람의 내력이 어떻든 간에, 엄마를 다른 세상으로 떠나보낸다는 것은 쉬운 일이 아니다. 나는 의사로서 연로한 엄마를 마치 아이처럼 취급하는 딸들을 많이 보았다. 엄마를 거리로 뛰쳐나가 차에 치일 수도 있는 무책임한 어린아이처럼 다루는 것이다. 그들은 엄마의 식사나 약 먹는 것에 대한 걱정을 그치질 않는다. 솔직히 말해서 당뇨병이 있는 여든다섯 살된 엄마가 초콜릿 케이크 한 조각을 먹거나 약 먹는 걸 한 번 잊어버렸다고 달라질 게 무엇인가? 그 엄마가 앞으로 살면 얼마나 더 살겠는가.

엄마에게 주어진 운명을 당신이 바꿀 수는 없다. 만일 바꾸려고 노력한다면 주변의 모든 사람들을 힘들게 만들 뿐이다. 우리는 인생의 모든 전환점마다 죽음을 극복할 수 있고 해야 한다고 믿는다. 특히 인생의 지붕으로 향하는 계단을 올라갈 때는 더욱 그렇다. 노인 의료 보장 비용의 90퍼센트는 인생의 마지막 몇 주를 위해 사용된다는 사실이 이런 사고방식을 잘 반영해준다. 그러나 빠르든 늦든 우리는 엄마를 떠나보내야만 한다. 엄마가 어른이 된 우리를 떠나보내야 했듯이.

죽음을 통한 치유

많은 분만실 간호사와 조산사들이 은퇴하고 나서 호스피스 자원 봉사자가 되는 것은 결코 우연히 아니다. 그들은 자연스럽게 삶의 시작과 끝에 이끌리는 것이다. 그들은 두 과정이 매우 흡사하다는 사실을 안다. 유일한 차이점이라면 누가 우리를 맞이하기 위해 옆에서 기다리고 있느냐는 것이다. 엄마와 딸은 탄생의 과정을 함께 거쳤기 때문에 자기 영혼의 고향으로 돌아가는 엄마의 재탄생을 딸이 산파가 되어 돌보는 것은 자연스러운 일이다. 산파인 딸의 보살핌을 받는 엄마의 죽음은 엄마와 딸 사이의 해묵은 유산을 치유한다. 1장에서 뉴스레터 독자라고 소개했던 마리가 인생의 막바지에 다다른 엄마를 돌보는 것에 대해 다음과 같은 글을 보내왔다.

저는 엄마와 완벽한 관계라는 인상을 주지는 못해요. 우리 관계는 그렇지 않기 때문이죠. 우리는 가끔 다툴 때도 있었고 편안하게 대화를 나눈 적이 거의 없었지만 서로 사랑하고 있다는 사실을 의심해본 적은 없어요.

저는 엄마가 돌아가시기 전, 심각한 병으로 고생하시던 여덟 달 동안 엄마를 돌보는 특권을 얻었어요. 저는 엄마의 병이 심각해지기 직전에 25년 동안 다니던 직장을 그만둔 상태였거든요. 인생의 모든 일에는 다 이유가 있는 법이죠. 그것은 내 인생에서 가장 힘든 시간이었지만 또한 엄마와 보냈던 가장 아름다운 순간이기도 했어요.

나는 예전에 여성의 산고는 그녀의 삶과 같다는 말을 했다. 이에 덧붙여서 그녀는 자기가 살아온 모습대로 죽는다고 말하고 싶다. 또 다른 뉴스레터 독자는 엄마의 죽음이 임박한 순간에도 엄마와의 관계를 치유할 수 없었다. 여기 그녀의 편지를 소개한다.

당시 엄마는 1년에 걸친 암과의 투병 끝에 죽음이 임박한 상태였어요. 저는 엄마에게 뉴저지(저는 캘리포니아에 살고 있었어요)에서 엄마와 함께 머물기를 바라느냐고 물었죠. 당시 저는 쉰다섯 살이었고,

엄마는 여든 살이었어요. 엄마는 이렇게 대답하더군요. "괜찮다. 나는 네가 태어날 때 너와 함께 있지 않았단다. 그러니까 너도 내가 죽을 때 옆에 있을 필요 없다. 집으로 가거라."

저는 엄마에게 선택받지 못했고 그 충격은 여러 달 동안 지속되었어요. 하지만 시간이 흐르자 저는 엄마를 이해하기 시작했어요. 엄마는 늘 사흘 동안(내가 태어나기 전날과 태어난 후 이틀 동안) "그곳에 없었다"고 말하곤 했어요. 마취로 몽롱한 상태였기 때문이죠. 엄마의 입장을 이해하게 되자 엄마와 제가 진정한 유대감을 느끼지 못했던 이유를 알 수 있었어요. 내가 우리 세 아이를 낳으면서(49년, 47년, 44년 전에) 자연분만을 고집했던 것도 아마 이런 이유 때문이었을 거예요. 저는 지금 그 아이들과 매우 친밀한 유대감을 느끼고 있어요. 50년을 함께 살아온 남편과 저는 가끔 그들과 '더블데이트'를 즐기곤 해요. 엄마와 저 사이의 거리감은 우리 아이들의 엄마 노릇을 더 잘하겠다고 결심하게 만들었어요.

이 사례는 가슴 아프지만 엄마들이 인생에서 정말 중요한 것이 무엇인지를 가르쳐주는 가장 훌륭한 선생님이라는 좋은 예다. 때로 그들은 우리가 갈망하는 것들을 허락하지 않는 방식으로 우리를 가르치기도 한다. 이 경우에 세상을 떠나는 엄마의 선물은 함께 있는 것이 얼마나 중요한지를 인식시켜주는 것이었다.

탄생에 대한 우리의 두려움은 죽음에 대한 두려움에도 반영된다. 우리는 오는 것이나 가는 것이나 모두 두렵다는 가르침을 받았다. 또한 두 탄생의 과정을 의식이 있는 상태로 맞이한다는 것은 불가능하다는 가르침도 받았다. 따라서 마취나 약물로 현대적 가수면 상태를 유도하는 것이다.

나는 임사 체험에 대해서 수년 동안 연구해오면서 죽음의 과정은 우리가 배웠던 것처럼 두려운 것이 아니라는 사실을 깨달았다. 오히려 그 반대였다. 죽음의 강을 넘어갔다 되돌아온 사람들은 그 경험으로 삶이 크게 향상되고 변화되며 죽음에 대한 두려움이 완전히 사라진다.[1] 만일 우리 사회의 모든 탄생이 더 용기 있고 의식적으로 행해진다면, 지구 밖으로의 탄생도 그렇게 변하게 될 것이다. 우리는 각종 튜브와 모니터에 둘러싸인 모습으로 죽음을 맞이하지는 않게 될 것이다. 에이브러햄 Abraham으로 알려진 한 영적 지도자는 우리 모두가 깊이 생각해볼 훌륭한 만트라를 제시했다. "행복, 건강, 죽음"[2] 이 말은 생을 마감하면서 고통스럽게 시간을 끌 필요가 없다는 사실을 강조한다.

앞에 소개했던 아흔다섯 살인 음악가의 딸은 자기 엄마가 죽음에 대해서 공개적으로 말한다는 것이었다. "팸, 엄마에 대해서는 걱정하지 말거라. 엄마는 갈 준비가 되면 벽을 보고 누워서 조용히 사라질 거야. 그런 다음 문을 닫고 뒤를 돌아보지 않을 거란다." 이런 삶의 자세를 가졌기에 이 여성은 그렇게 오래, 그렇게 건강하게 살 수 있었던 것이다. 그녀는 과거에 연연하지 않고 용기와 신념을 가지고 미지의 미래에 기꺼이 직면할 마음가짐을 가졌던 것이다.

나는 20년 이상 여성들의 출산을 도우면서, 그리고 나 자신도 중년의 재탄생을 거치면서 이런 확신을 갖게 되었다. 우리는 탄생의 과정과 그것을 완성시켜주는 죽음의 과정을 신뢰해도 된다는 것이다. 두 과정 모두 우리 몸이 어떻게 할지를 알고 있는 완벽하게 안전하고 자연스러운 과정이다. 창조주는 그것을 의료 행위의 도움을 받도록 설계하지 않았다. 우리는 단지 우리의 영혼이나 내면의 지혜가 인도하는 대로 순종하면서 우주의 근원과 여러 형태로 존재하는 거룩한 대자연에 접속하면 된다. 건강한 탄생과 건강한 죽음을 맞이하는 열쇠는 자연스럽게 홀러가도록 내버려두는 것이다. 그리고 뒤이어 소개하는 내용처럼 내버려두기 위한 가장 중요한 준비 과정은 바로 용서다.

엄마가 세상을 떠났을 때

나이를 불문하고 엄마를 잃은 딸들은 내면의 나침반을 잃은 것 같다고 말한다. 항상 가지고 있던 나침반을 엄마가 돌아가신 그 순간 잃어버리게 되는 것이다. 길을 인도해줄 북극성을 잃은 상태에서 그들은 어느 길로 가야 할지 알 수가 없다.

어린 시절이나 젊은 나이에 엄마를 잃은 딸들은 일찍부터 엄마의 역할을 내면화한다. 그들은 또한 다른 사람들보다 일찍 자신의 영혼이나 거룩한 대자연의 본질에 접속한다. 이것은 매우 힘든 과정이기 때문에 그들은 엄마가 살아 있는 여성들보다 훨씬 어린 나이에 진정한 지혜를 계발하기도 한다.

엄마가 없는 딸들은 비록 아무도 생물학적 엄마를 대신해줄 수 없지만 세상은 대리 엄마들로 가득 차 있다는 사실을 깨닫는다. 그들은 우리가 원하면 언제든지 보살핌과 도움을 제공해준다. 그것을 얻는 가장 좋은 방법은 당신의 욕구를 우주에 정확하게 전달하는 것이다. 그러면 끌어당김의 법칙에 따라 당신은 그것을 얻게 될 것이다. 나는 동료나 조언자들 중에서 보살펴주길 좋아하는 남편들을 많이 보았다. 그들은 심지어 요리나 청소나 장보기까지 대신해준다. 그들은 아내를 위해서 엄마 역할을 아름답게 수행한다. 나는 또한 주변의 젊은 여성들에게 멘토 역할을 하는 나이든 여성들도 많이 알고 있다. 그들에게 부족했던 엄마 역할을 보충해주고 있는 것이다.

나이를 불문하고 엄마를 잃은 여성들에게 가장 중요한 것은 그들에게 정말 엄마가 없는 게 아니라는 사실을 아는 것이다. 영혼의 차원에서 보면 그들의 엄마는 항상 그들과 함께 있다. 앞에서 인용한 뉴스레터의 독자인 마리는 마흔아홉 살에 엄마가 돌아가셨다. 그녀의 애절한 편지는 이렇게 계속된다.

엄마가 돌아가셨을 때 가장 가슴 아팠던 점은 엄마의 사랑처럼 무조건적인 사랑을 더 이상 받을 수 없다는 것이었어요. 하지만 저는 지금도 가끔 그 위대한 사랑을 느끼곤 해요. 저는 엄마가 돌아가신 후에도 제 삶에 개입하고 계시다는 걸 경험할 때가 많아요. (싱클레어 브라우닝Sinclair Browning의 〈내 마음을 쓰다듬는 깃털(Feathers Brush My Hearts)〉이란 저서를 참고하라.) 엄마는 내게 뭔가 힘든 일이 있다는 걸 알아채거나 대화가 필요하다고 생각될 때마다 이렇게 말씀하시곤 하셨어요. "너의 생각을 위한 1페니!" 엄마가 돌아가신 후 저는 이상한 장소에서 이상한 시간에 1페니씩을 발견하곤 해요. 저는 그것이 엄마가 여전히 저를 사랑하고 있다는 것을 알리는 방법이라고 생각해요. 1페니는 종종 제 눈앞에 나타나서 제 마음 깊은 곳을 어루만져주곤 해요. 가끔 제가 외로움을 느낄 때나 어렵고 힘든 일을 겪을 때 저는 엄마가 1페니를 통해서 저를 안아주고 있다는 걸 느껴요.

또 다른 독자의 편지다.

우리 엄마가 돌아가신 지 벌써 20년이 지났어요. 하지만 우리 관계는 여전히 성장과 변화를 계속하고 있어요. 참 놀라운 일이죠. 우리 둘은 유대감이 깊은 모녀였지만 엄마가 돌아가시기 전 몇 년 동안은 힘든 시기도 있었어요. 하지만 이제 그때의 아픔과 분노는 사라졌어요.

저는 요즘도 매일 엄마가 사랑을 가르쳐줬던 모든 것에서 엄마의 존재를 느끼고 있어요. 제가 모험적인 여행을 떠나면 엄마도 함께 따라와요. 제가 박물관을 가거나 음악을 들으면 엄마도 함께 관람하거나 듣곤 해요. 제가 마침내 부사장이 되었을 때도 저는 그 영광을 엄마께 바쳤어요. 제게 열심히 일하는 본보기를 보여주신 분이니까요. 그리고 동생과 함께 식사할 때면 우리는 엄마 얘기를 해요. "엄마가 계셨다면 지금 어떤 요리를 할 것 같아?" 엄마는 고기와 감자 요리만 하는 친구들과는 다르게 항상 새로운 맛과 요리법을 개발하곤 하셨어요. 저는 딸이 없지만 두 아들 모두 훌륭한 요리사랍니다. 저는 아들이 부엌에서 마늘을 한 무더기 쌓아놓고 다지는 모습을 볼 때마다 그것이 어디서부터 왔는지 알아요. 그래서 속으로 이렇게 말하죠. "안녕, 엄마!"

용서라는 특효약

당신과 엄마 사이에 어떤 일이 있었고 또 현재 어떤 일이 있더라도 용서의 힘을 통해서 얼마든지 치유할 수 있다. 용서는 과거를 떠나보낼 수 있는 가장 좋은 방법이다. 용서는 과거로부터 당신을 자유롭게 해주고 당신의 삶을 되돌려준다.

일반적인 생각과는 다르게 용서는 자신에게 주는 선물이다. 다른 사람을 위해 베푸는 그 무엇이 아닌 것이다. 마음에 원망을 품거나, 당신 삶의 문제를 엄마 탓으로 돌리는 것은 마음속에 독을 품고 있는 것이며 누군가(혹은 당신)가 죽기를 기다리는 것이다. '스탠포드 용서 프로젝트'의 설립자인 프레드 러스킨Fred Ruskin 박사가 지적하기를, 과거의 상처를 떠나보내지 못하는 근본적인 이유는 당신이 상처를 입었던 순간에 그 고통을 처리하는 기술이 부족했기 때문이라는 것이다. 그것이 배반이든, 수치심이든, 거부이든, 어떤 종류의 버림이든 마찬가지다.

처음부터 이런 기술을 가지고 태어나는 사람은 아무도 없다. 사실 우리는 자신에게 부정적인 영향을 미치는 해묵은 분노가 있다는 것조차 깨닫지 못하는 경우도 있다. 이런 불편한 감정으로부터 당신을 자유롭게 만드는 첫걸음은 그 실체를 인정하고 당신 자신에게 그것을 충분히 느끼도록 허락하는 것이다. 과거의 상처는 떠나보내기 전에 반드시 인식되고 인정되어야 한다. 그런 다음에는 그것을 마음속에 두지 말고 떠나보내야 한다. 고통스러운 사건이 끝났는데도 오랫동안 분노나 슬픔, 원망 등을 품고 있는 것은 건강에 치명적이기 때문이다.[3] 용서는 우리의 유산을 변화시키는 강력한 방법이다. 그것은 시간과 인내심과 강력한 의지가 필요한 일이기도 하다. 그러나 그 모든 노력은 충분한 가치가 있다.

| 용서를 위한 다짐 |

자신의 용서를 돕기 위해서 정기적으로 자신에게 되풀이하라.

엄마, 저는 엄마를 용서해요. 저는 이제 엄마를 놓아주고 떠나보내려고 해요. 저는 지금 더 크고 위대한 기쁨과 충만함 속으로 들어가고 있어요. 저는 엄마를 놓아줘서 함께 들어가길 원해요. 저는 알고 있어요. 엄마의 영혼은 강하고 자신의 영혼과 접속하는 데 필요한 모든 것을 가지고 있다는 것을 알아요. 저는 엄마가 인생의 다음 방으로 옮겨가는 데 필요한 일을 할 수 있도록 엄마를 놓아주려고 해요. 오직 엄마만이 그것이 무엇인지를 알 수 있어요. 엄마가 어떤 선택을 하든 저는 지원할게요. 저는 엄마와 저 사이에 건전한 경계를 만들만큼 저를 소중하게 생각해요. 저는 제 안의 근본적인 에너지에 접속하고 있어요. 엄마도 그럴 수 있도록 엄마를 놓아주려고 해요. 저는 지금 저를 위해 존재하는 거룩한 대자연에 접속하고 있어요. 저는 항상 저를 인도하는 거룩한 대자연이 지금 제 삶에 무엇이 필요한지를 보여줄 거라고 믿어요. 그 거룩한 힘은 엄마에게도 작용하리라는 것을 알아요. 저는 엄마를 그 힘의 보살핌에 맡깁니다. 저는 제 자신도 그 힘의 보살핌에 맡깁니다.

용서하고 싶다면 자신에 대해 책임감을 가져라

용서는 평화다. 그것은 당신이 상처에 관대하고 자신의 감정에 책임질 때 실현된다. 용서란 당신이 엄마에 대해서 말할 때 패배자가 아닌 승리자가 되는 것을 의미한다. 예를 들면, 남자 형제를 지나치게 편애하던 엄마가 지금 병이 나서 보살핌이 필요한 상태라고 가정해보자. 엄마는 딸에게 도움을 청한다. 딸은 이것을 원망하는 대신에 상황을 새로운 방향으로 이해하기로 마음먹는다. 그녀는 자신에게 이렇게 말한다. "나는 엄마에게 한 번도 싫다고 말한 적이 없었어. 나 자신에 대해서 자부심을 갖지 못했기 때문이었지. 그런데 지금 그것을 배우고, 건전한 경계를 정하고, 나 자신을 용서하고 받아들일 절호의 기회를 갖게 되었어. 나는 이것을 잘 해낼 내면의 지혜가 있다는 걸 알아. 비록 자세한 방법은 아직 생각해보지 않았지만 나는 건강과 행복을 희생하지 않고도 잘 해낼 수 있는 방법을 찾을 수 있을 거야. 나는 또 내가 정말 놓아주고 용서해야 할 사람은 엄마가 아니라 바로 나 자신이었다는 사실을 알았어!"

우리가 자신의 삶이나 행복에 대해서 기꺼이 책임지고 우리 자신을 용서하려고 할 때, 그리고 엄마도 똑같은 일을 할 수 있도록 허락할 때, 우리의 삶은 달라질 수 있다. 우리 아이나 우리 엄마를 행복하게 만드는 것이 우리의 임무라는 잘못된 사고방식은 많은 고통을 초래한다. 그것은 불가능한 일이다. 건강하고 행복한 삶은 선택하는 것이다. 당신은 자신의 힘으로 좋은 생각, 좋은 행동, 좋은 믿음을 선택함으로써 건강하고 행복해질 수 있다. 물론 많은 시간과 노력이 필요한 일이지만 매일 아름다움과 기쁨을 추구하고 발견하려는 마음가짐에서 비롯한다. 당신은 의식적으로 자신을 기분 좋게 만들어주는 것들이나 생각을 추구해야 한다. 이는 시간이 지나면서 점차 수월해질 것이다.

한 뉴스레터 독자가 이를 아름답게 묘사한 시를 보내왔다.

그때 그리고 지금

나는 당신의 기분을 보호하기 위해서 그렇게 애썼다
그러나 정작 내 기분은 소홀히 했다
나는 당신을 행복하게 해주기 위해서 그렇게 애썼다
그러나 정작 내 행복은 찾을 수 없었다
나는 당신의 인정을 받기 위해서 그렇게 애썼다
그러나 정작 나 자신은 인정하지 않았다
나는 당신에게 예쁘게 보이기 위해서 그렇게 애썼다

그러나 정작 내 안의 아름다움은 알아보지 못했다

나는 당신을 돌보기 위해서 그렇게 애썼다

그러나 정작 나 자신은 돌보지 않았다

나는 당신을 기름지게 하기 위해서 그렇게 애썼다

그러나 나 자신은 메말라가고 있었다

나는 당신을 사랑하기 위해서 그렇게 애썼지만

나 자신은 사랑하지 않았다

나는 이제 내 기분을 존중한다

그래서 당신의 기분도 공유할 수 있다

나는 이제 내 행복을 발견했다

그래서 당신과 그 행복을 나눌 수 있다

나는 이제 나 자신을 인정한다

그래서 당신도 인정할 수 있다, 아무 조건 없이

나는 이제 내 안의 아름다움을 본다

그래서 당신 안의 아름다움도 볼 수 있다

나는 이제 나를 기름지게 하는 데 시간을 투자한다

나는 이제 나를 사랑한다

그래서 당신의 사랑을 돌려줄 수 있다

― 저자의 요청으로 이름은 밝히지 않음

희생, 죄의식, 순교자 정신을 중단하라

이 책의 집필을 거의 마쳐가고 있던 어느 날, 한 여성이 내 얘기를 친구에게 전해주었다. 그 친구는 내게 와서 이렇게 말했다. "당신은 제가 엄마한테 가봐야 한다고 충고하지 않으실 거예요, 그렇죠?" 나는 그러지 않을 거라고 그녀를 안심시켰다. 당신이 원하지 않는데 엄마를 찾아가는 것은 당신과 엄마 모두에게 별 도움이 안 된다. 자신의 욕구를 무시한 채 다른 사람들이 좋다고 생각하는 행동을 함으로써 자신의 삶을 희생시키는 것은 우리를 병들게 만드는 행동이다. 그것은 누구에게도 도움이 되지 않는다. 반인간적이고, 반여성적이며, 삶에 역행하는 행동이다. 당신은 진심으로 이런 유산을 지속시키고 당신의 아이들에게 물려주고 싶은가?

당신이 순교자 정신, 자기희생, 죄의식, 원망을 중단할 때만 모계의 유산을 치유할 수 있다. 당신이 엄마에 대한 습관적인 반응을 바꿀 때만 고통이 중단될 수 있다. 필요한 것은 오로지 그것뿐이다. 유산을 치유한다는 것은 당신의 엄마가 변한다는 의미가 아니다. 또한 엄마가 당신을 부르는 단추를 누르는 것을 중단한다는 의미도 아니다. 그것은 당신이 엄마에 대한 습관적인 반응을 중단한다는 것을 의미한다.

당신의 엄마가 무엇을 하든지, 또 무엇을 하지 않든지 그것을 기꺼이 받아들여라. (딸이 있다면 딸에게도 마찬가지다.) 엄마가 당신에 대해 어떻게 생각하고 어떻게 느끼든 그것도 받아들여라. 그것은 당신에게 속한 일이 아니고 당신이 바꿀 수 있는 일이 아님을 깨달아라. 엄마의 행동이나 믿음은 엄마에게 위임하라. 엄마가 당신에 대해서 어떻게 생각하든 내버려둔다는 것은 자유를 얻는 일이다. 엄마가 어떻든 상관하지 말라. 쉬운 일은 아니지만 노력하면 가능하다. 있는 그대로 받아들이는 방법을 터득하라. 마음을 집중하고 훈련하라. 변화시키려고 노력하지 말라. 당신은 자신의 감정이 자동적으로 바뀌는 것을 알게 될 것이다. 엄마가 당신의 행동에 대해서 어떻게 생각하고 어떻게 대응하든 당신은 처리할 능력이 있음을 인식하라. 엄마의 반응에 흔들리지 말라. 당신은 유산을 치유하기 위해 필요한 일들을 하고 있는 것이다. 처음에는 불편함을 느끼겠지만 진통이란 원래 그런 것이다. 하지만 새로운 '아기'가 태어나기 때문에 그만한 가치가 있다. 재탄생과 새로운 시작을 가져오는 노력은 기울일 만한 가치가 있다.

| 이건 용서가 아니다 |

- 당신의 엄마가 당신에게 어떻게 대하든 괜찮다고 생각하는 것
- 엄마와 더 많은 시간을 보내야 한다는 부담을 갖거나 두 사람의 관계가 반드시 향상되어야 한다고 생각하는 것
- 당신이 내키지 않는데 엄마가 원하는 것을 해야 한다거나 엄마를 위해 당신의 건강과 행복을 희생해야 한다고 생각하는 것(이것은 용서해야 할 일을 또다시 만드는 결과를 초래한다.)
- 당신의 형제나 아버지가 당신이 엄마에게 무엇을 빚졌는지를 말하도록 허락하는 것

당신이 할 수 있는 최선을 다하라. 엄마는 우리보다 훨씬 큰 상처를 안고 살아간다. 여류 시인 에이드리앤 리치는 이렇게 표현했다. "내가 엄마라고 불러야 하는 여성은 내가 태어나기 전까지 입을 다물고 살아야 했다."

우리 세대가 할 일은 그렇게 침묵하는 여성들에게 목소리를 일깨워주는 것이긴 하지만 우리에게는 여전히 앞으로 나아가야 할 길이 있다. 우리의 임무는 우리가 추구하는 변화 그 자체가 되는 것이다. 그것이

우리의 삶을 실현시켜주는 유일한 길이기 때문이다.

요점 - 진정한 용서에는 신체적 치유도 포함된다. 그것은 오랜 세월 묻혀 있던 분노, 화, 슬픔 등을 충분히 느끼도록 자신을 허락한 후에야 비로소 찾아온다. 모든 것을 떠나보내는 용서는 당신 몸의 모든 세포를 치유한다. 앞서 6장에서 소개했던 내 친구 앤지의 경우처럼, 이 과정은 실제로 불임을 치료하는 효과가 있었다.

🐚 앤지의 경우 - 삶을 치유하다

앤지가 영국의 노동자 계급이었던 집을 떠난 것은 열아홉 살 때였다. 그녀는 아르바이트를 하며 세계 각지를 여행하기 시작했다. 미국에 도착한 그녀는 유모로 일했으며 몇 년이 흐른 후 훌륭한 남자를 만나 결혼했다. 결혼을 하고 자기 집에서 안정된 삶을 누린다는 것은 그녀에게는 마치 아메리칸드림이 이루어진 것 같았다. 그러나 그녀는 점차 건강에 대한 걱정이 늘기 시작했으며 암이나 다른 질병에 걸리지 않을까 전전긍긍했다. 그녀는 또한 불임이 될 만한 의학적인 원인이 없었음에도 임신이 되지 않았다.

이즈음 그녀와 남편은 집안의 결혼식에 참석하기 위해서 영국으로 건너갔다. 결혼식이 끝난 후 그녀의 엄마는 앤지를 비난하기 시작했다. 한 친척에게 받았던 선물에 대해서 적절한 감사를 표하지 않았다는 것 때문이었다. 앤지는 내게 이렇게 심정을 토로했다.

> 그 사건은 사소했지만 우리 엄마의 비판적인 자세는 제 안에 있던 무언가에 불을 붙였어요. 저는 미친 듯이 화가 나서 엄마의 목을 졸라 버리고 싶었죠! 남편이 말리지 않았더라면 아마 그렇게 했을 거예요.

집으로 돌아온 후에도 저는 6개월 동안이나 엄마와 이모들에게 연락하지 않았어요. 좀처럼 화가 풀리지 않았거든요. 그러면서 저는 깨달았어요. 엄마의 부정적인 영향에서 벗어나려고 지구를 반 바퀴나 돌아왔지만 제 안에는 여전히 남아 있었던 거예요. 저를 낳을 당시 엄마는 미혼모였어요(낯선 사람과 하룻밤 잔 후 임신한 거였어요). 엄마는 제가 한 번도 본 적 없는 아버지에 대해서 거짓말을 했어요. 그리고 제가 엄마의 삶을 망쳤다면서 언제나 저를 악마의 아이라고 부르곤 했어요. 사람들이 엄마에게 제가 외동이냐고 물어보면 엄마는 이렇게 대답하곤 했어요. "네, 그런데 아이 열을 합친 것보다 더 힘들답니다."

자신의 삶에 대한 우리 엄마의 절망감은 제가 결코 피할 수 없는 짐처럼 느껴졌어요. 저는 이 짐을 오랫동안 제 어깨에 짊어지고 살았던 거예요. 그러면서도 그것이 제 몸의 세포 하나하나에 영향을 미친다는 사실을 깨닫지 못했어요. 하지만 제게 이런 짐을 떠맡긴 엄마에 대한 분노를 밑바닥까지 충분히 느끼도록 제 자신을 허락한 후 저는 비로소 마음 깊은 곳에서 무언가가 숨을 깊이 들이쉬면서 치유되는 기분을 느꼈어요. 마침내 저는 엄마를 떠나보냈던 거예요. 그 후 체중이 줄기 시작했고 저는 네 달 후에 임신을 해서 건강한 아기를 낳을 수 있었어요.

엄마의 유일한 손자인 아기를 갖게 되자 엄마와 저의 관계는 깊은 치유 과정을 거칠 수 있었어요. 태어난 아들을 보기 위해 우리 집을 방문한 엄마는 아기를 보살피는 법을 가르쳐주었어요. 저는 그런 엄마에게 고마움을 느꼈죠. 엄마는 또 자신의 과거를 솔직하게 제게 말해주었으며 저를 낳을 당시 얼마나 저를 보살필 준비가 되어 있지 않았는지를 고백했어요. 엄마가 일을 나가야 했던 낮 시간에는 외할머니가 저를 보살펴주셨지만 갑자기 외할머니가 돌아가시게 되자 저를 돌보는 짐을 엄마 혼자 떠맡게 되었던 거예요. 엄마는 아직 저를 충분히 보살필 기술을 배우지 못한 상태였어요. 그리고 상황을 이해하기에 너무 어렸던 저는 엄마의 불행이 저 때문이라고 생각했던 거죠.

마침내 저는 제 자신에 대해 그리고 엄마에 대해 동정심을 갖게 되었어요. 또한 제가 임신할 수 없었던 이유는 엄마처럼 될까봐 두려웠기 때문이었어요. 우리 엄마가 무의식적으로 제게 물려주었던 죄의식이라는 짐을 우리 아이에게 물려주게 될까봐 겁이 났던 거죠. 그런데 제 분노를 느끼고 그것을 떠나보내자 비로소 임신할 수 있게 되었어요. 그것은 엄마에게서 딸로 이어지는 유산을 치유하는 첫걸음이었어요.

앤지의 마흔 번째 생일 날 미국에 올 수 없었던 엄마는 그녀에게 다음과 같은 거룩한 영감이 담긴 편지를 보냈다. 이것은 치유된 유산과 엄마가 딸에게 전해주는 지혜가 담긴 아름다운 증언이었다.

사랑하는 딸아, 너는 이것을 알아야 한다. 부모로서 내가 줄 수 있는 메시지 중에서 이보다 더 진실하고 중요한 것은 없을 거야. 엄마는 너를 사랑하고 언제나 사랑해왔단다. 나는 내 언어와 행동으로 이 사랑을 너에게 보여주려고 노력했지만 지금 와서 생각하니 부족할 때도 많았던 것 같구나. 하지만 엄마는 내게 주어진 능력과 일할 수 있는 몸, 마음의 한계, 영혼의 강함이 허락하는 한 최선을 다해서 너에게 사랑과 아늑한 보금자리와 따뜻한 음식을 주려고 노력했단다. 이 복잡하고 바쁜 세상에 살면서 가능하면 너에게 많은 시간을 투자하려고 애썼단다. 너에게 많은 기쁨과 웃음을 주려고 노력했단다. 너를 안전하게 보호하려고 노력했단다. 너는 그것을 받을 권리가 있고 엄마는 줘야 할 의무가 있었으니까.

또 너에게 너무 겁을 주지 않으면서 삶의 그늘에 대해서 가르치려고 노력했단다. 이 믿을 수 없는 세상에서 가능한 한 많은 믿음을 주려고 노력했단다. 내가 숨을 쉬는 순간순간마다 진심으로 너를 다치게 하거나 불필요한 고통을 안겨주지 않으려고 노력했단다. 나에게 주어진 능력 안에서 너에게 최고의 부모가 되려고 노력했단다. 내가 의식적이든 무의식적이든 너를 아프게 하거나, 실망시키거나, 낙심시킬 때마다 너에게 미안했다는 것을 알았으면 좋겠구나.

너를 아프게 만들었던 엄마의 부족함과 잘못에 대해서 용서를 구하고 싶구나. 네가 엄마에게 안겨줬던 많은 기쁨과 행복에 감사한다. 그 중에는 엄마가 받을 만한 것도 있었고 그렇지 못한 것도 있었을 거야. 하지만 네가 했던 일 중에서 어느 것 하나도 너에 대한 엄마의 무조건적인 사랑을 빼앗아갈 만한 것은 없었단다. 언제나 그리고 지금도 너는 내 눈과 마음과 영혼에 가장 아름다운 새싹이고, 가장 사랑스러운 봉오리이고, 가장 완벽한 꽃이란다. 엄마는 네가 태어나는 순간부터 너를 사랑했단다. 지금도 네가 숨을 쉬는 그 순간마다 엄마는 너를 사랑한단다. 그리고 영원히 사랑할 거야. 사랑하는 엄마가.

앤지가 보여준 엄마의 편지를 보면서 나는 눈물을 흘렸다. 자신의 나약함과 인간다움을 인정하고 자신이 모르고 저지른 일에 대해서 딸에게 용서를 구할 줄 아는 용기를 가진 엄마보다 더 아름답고 감동적인 것은 없다. 이 마음에서 우러난 행동은 평생의 상처, 아픔, 오해를 치유하기에 부족함이 없었다.

나의 마무리 기도

나는 이 책을 마치면서 온 세계의 모든 엄마와 딸들을 위해 이렇게 기도한다. 우리 각자는 서로가 최고이자 최선의 삶을 살 수 있도록 진심으로 지원해야 한다. 그것은 우리가 과도한 희생을 요구하지 않고 서로를 존중하고 배려하는 법을 배우는 것이다. 우리가 의도하지 않게 서로에게 입힌 상처와 고통을 기꺼이 용서하는 것이다. 우리가 서로를 훌륭한 선생님으로 존경하는 것이다. 엄마 곰의 지혜가 우리 몸의 모든 세포에서 살아 움직이고 있으며 엄마가 없을 때도 언제든지 작용한다는 것을 아는 것이다. 우리가 필요할 때는 언제든지 할머니에게 전화를 걸어 조언을 구할 수 있다는 것을 아는 것이다. 그리고 마지막으로 그것은 미래의 엄마와 딸의 관계가 더 견고해지고 서로에게 도움이 되는 사이가 되는 것이다. 그래서 여성들이 "나는 엄마를 닮아가고 있어!"라고 말할 때 자부심으로 빛나게 되며, 그녀의 친구들과 가족들이 이렇게 외칠 수 있게 되는 것이다. "정말 잘됐구나!"

엄마와 딸, 한 뿌리에서 자라는 다른 가지

이 책은 여성들의 몸과 마음, 영혼의 건강을 위해 평생을 바쳐온 크리스티안 노스럽 박사의 세 번째 저서다. 이 책이 발간되던 2005년 봄 당시, 잠시 캐나다에 체류 중이던 나는 막 발간된 노스럽 박사의 새로운 저서를 접하면서 가슴이 설레던 기억이 난다. 북미를 비롯한 세계 여성들에게 선풍적인 인기를 얻고 있는 노스럽 박사의 저서는 서점의 베스트셀러 코너에서도 가장 중앙에 전시되고 있었으며, 심지어 월마트 같은 할인점에서도 특별 행사 코너에 전시되어 성황리에 판매되고 있었다. 노스럽 박사의 저서 〈폐경기 여성의 몸 여성의 지혜〉를 번역했던 나로서는 반가우면서도 한편으론 무척 부러웠다. 그녀의 저서들은 의학적인 전문 지식이 가득했으며 영적으로도 심오한 내용을 다룬 거의 백과사전 규모의 대작들이다. 그런 책들이 대중에게 사랑받고 초 베스트셀러로 인기를 누리고 있다는 사실이 내심 부러웠으며, 양서의 저력을 다시금 절감할 수 있었다.

노스럽 박사는 앞서 발간했던 〈여성의 몸 여성의 지혜〉와 〈폐경기 여성의 몸 여성의 지혜〉라는 두 권의 책을 통해 몸의 건강을 유지하기 위해서는 먼저 마음의 건강을 회복해야 한다고 주장했다. 몸과 마음의 연결 고리를 강조한 것이다. 몸의 건강은 대부분 마음에서 비롯하며,

마음의 건강이 몸의 건강을 좌우한다는 것이다. 세 번째 저서인 이 책에서 그녀는 여성 에너지의 활동 범위를 좀더 광범위하게 넓히고 있다. 여성의 모든 육체적, 정신적 에너지는 자신의 몸과 마음 안에만 갇혀 있지 않고 아이라는 생명체를 통해 대물림된다는 것이다. 그녀는 아이의 몸 안에는 엄마뿐 아니라 선대에 살았던 모든 조상 어머니들의 유산이 맥맥이 흐르고 있다고 주장한다. 모든 딸들의 몸에는 엄마는 물론 모든 조상 어머니들의 발자취가 남겨져 있다는 것이다. 과학적으로도 DNA는 모계를 통해 대물림되는 여성적인 유전자임이 증명되고 있다. 법의학에서 사체의 신원을 확인할 때 모계의 DNA를 검사하는 것도 이 때문이다.

DNA의 대물림은 특히 엄마와 딸 사이에서 더욱 두드러진다. 많은 여성이 나이를 먹어가면서 엄마를 닮아가는 자신을 발견하고 섬뜩했던 경험이 있을 것이다. 이처럼 엄마의 과거의 삶, 현재의 몸과 마음의 건강 상태, 앞으로의 삶의 여정은 딸의 인생에 지대한 영향을 미친다. 따라서 현재의 우리 삶이 건강하고 행복해지려면 조상 어머니들이 살아온 삶의 흔적에 귀를 기울여야 한다. 누구보다도 우리의 본질을 잘 알고 있는 그들은 내면 깊숙한 곳에서 건강 상태에 대해 경고를 보내고, 사고방식에 무의식적으로 영향을 미치며, 앞으로 살아갈 방향을 제시해주는 인도자이기 때문이다. 모든 딸들은 이런 모계의 유산을 인식하고 그 안에 담긴 가치를 인식할 필요가 있다. 그들이 이루지 못했던 꿈에 관심을 보내고, 그들이 입었던 상처를 어루만지며, 그들이 속삭이는 지혜의 소리에 귀를 기울일 줄 알아야 한다. 그것이 자신의 삶을 올바른 방향으로 이끌어가고 앞으로 태어날 자신의 딸에게도 좋은 유산을 물려줄 수 있는 길이기 때문이다.

노스럽 박사는 이 책에서 '인생은 자궁의 연속' 이라는 표현을 썼다.

엄마의 자궁 안에서 거치는 모든 과정은 일생을 통해 재현하게 된다는 것이다. 우리의 인생 자체가 또 다른 탄생을 향해 준비해가는 하나의 커다란 자궁인 셈이다. 이 책은 아이가 어른으로 성장하고 발전하는 과정을 7년 주기(0~7세, 7~14세, 14~21세)로 나눠서 각 주기의 특징과 거쳐야 할 과정들을 상세하게 설명한다. 그러면서 인생을 집에 비유한다. 나이를 먹는다는 것은 각 방에서 다른 방으로 옮겨가는 것이다. 그 과정이 순조롭게 이뤄질 때 몸과 마음이 건강할 수 있다. 어느 한 방에 오래 지체하거나 지나치게 빨리 다음 방으로 옮겨 가는 것은 모두 몸과 마음의 불균형을 초래하는 일이다. 이 책은 그 불균형을 최소화하기 위해서 엄마가 아이를 어떻게 키워야 하는지에 대한 길을 제시한다. 여기에서는 엄마가 임신을 준비하는 시기부터 아이가 성인으로 성장하는 21세까지의 기간을 다룬다. 이 기간 동안 아이를 키우면서 부딪치는 모든 육체적, 정신적, 영적 문제들은 물론 사회적, 문화적 문제들까지 포괄적으로 심도 있게 다룬다. 아이를 키우는 데 필요한 내적, 외적인 모든 요소들을 총망라한 백과사전인 셈이다.

이 책은 앞으로 아이를 낳고자 준비하는 엄마들, 지금 아이를 키우고 있는 엄마들, 성인이 된 아이를 떠나보내고 자신의 삶을 재정비하고 싶은 모든 엄마들에게 풍성한 지혜를 제공해준다. 엄마는 아이의 영혼과 육체가 자랄 수 있도록 양분과 보살핌을 제공해주는 베이스캠프다. 베이스캠프가 든든해야 아이가 성공적인 등반을 펼칠 수 있다. 또한 엄마는 북극성이다. 아이가 길을 잃었을 때 언제든지 하늘을 올려다보면 갈 길을 인도해주는 밝은 별이다. 우리는 그 북극성의 인도로 다시 제 궤도를 찾아 앞으로 나아갈 수 있다. 이처럼 엄마와 딸의 관계는 자궁 안에서 서로 탯줄로 연결되어 있듯이 자궁 밖 세상에서도 외부의 탯줄로 깊이 연결되어 있다. 그 탯줄은 모든 엄마와 모든 딸들 사이에도 보이지 않게 연결되어 있다. 몸과 마음이 건강한 엄마가 된다는 것은 건강한 딸이 된다는 것이며, 건강한 딸은 다시 건강한 엄마가 될 수 있다. 그렇게 엄마와 딸의 대물림은 지속되어 가는 것이다.

이 글을 쓰고 있는 오늘은 마침 어버이날이다. 나는 노스럽 박사가 소개해준 방법대로 가만히 조상 어머니들을 초대해본다. "나 이상춘은 ○○○의 딸이자, ○○○의 딸이자……" 기억할 수 있는 모든 조상 어머니들의 이름을 차례로 불러본다. 이름을 부르는 것만으로도 난 내 안에서 되살아나는 그들의 존재를 감지할 수 있다. 한 번도 만난 적이 없지만 그들의 모습을 발견할 수 있다. 내 안에는 그 모든 어머니가 함께 존재하고 있는 것이다. 그 모습들은 나를 거쳐 우리 딸에게 대물림될 것이다. 내 임무는 내 안의 그들을 딸에게 아름다운 모습으로 물려주는 것이다. 모든 조상 어머니와 딸들은 한 뿌리에서 자라는 다른 가지다. 그 뿌리에서 영양을 공급받을 수 있도록 엄마인 우리는 딸이라는 가지를 잘 접붙여줘야 한다. 그 효과적인 방법들을 이 책에서 발견할 수 있을 것이다.

2008년 5월

제주에서

부록

주

참고 자료

찾아보기

엄마와 딸의 건강을 위한 기초 공사

3장 임신은 기적이다

1) Dillard, A. (1974). *Pilgrim at Tinker Creek.* (New York : Harper's Magazine Press), 183.
2) Forrest, J. D. (1994). Epidemiology of unintended pregnancy and contraceptive use. *Am J Obstet Gynecol, 170* (5 Pt 2), 1485-89.
3) Speroff, L., R. Glass, and N. Kase. (1999). *Clinical gynecologic endocrinology and infertility,* 6th ed. (Philadelphia : Lippincott, Williams, and Wilkins), 112-17.
4) Johnson, J., et al. (2004). Germline stem cells and follicular renewal in the postnatal mammalian ovary. *Nature, 428* (6979), 145-50.
5) Birch, E. E., et al. (2000). 유아기부터 장기적으로 고도의 불포화 지방산을 섭취했을 경우, 정신 발달에 어떤 영향을 미치는지를 무작위로 선정한 실험자들을 통해 증명한 실험이다. *Developmental Medicine & Neurology, 42* (3), 174-81.
6) Barnes, B., and S. G. Bradley. (1994). *Planning for a healthy baby : essential preparation for pregnancy.* (London : Vermillion Publishing).

4장 임신

1) Giles, R. E., H. Blanc, H. M. Cann, and D. C. Wallace. (1980). Maternal inheritance of human DNA. *Proc Natl Acad Sci USA, 77*(11), 6715-19.
2) Birky, C. W., Jr. (1983). Relaxed cellular controls and organelle heredity. Science, 222 (4623), 468-75 : Davidson, E. H., B. R. Hough-Evans, and R. J. Britten. (1982). Molecular biology of the sea urchin embryo. *Science, 217*(4554), 17-26.
3) Elia, I. (1985). *The female animal.* (Oxford, England : Oxford University Press), 4.
4) 이름이 알려지지 않은 동료 생물학자에게 얻은 정보다.
5) Casey, M. L., and P. C. MacDonald. (1994). Human parturition. In J. P. Bruner (ed.), Endocrinology of pregnancy, 5 (4), of *Infertility and reproductive medicine clinics of North America.* (Philadelphia : W. B. Saunders); Liggins, G. C., P. C. Kennedy, and L. W. Holm. (1967). Failure of initiation of parturition after electrocoagulation of the pituitary of the fetal lamb. *Am J Obstet Gynecol, 98* (8), 1080-86; Condon, J. C., et al. (2003). 임신한 자궁의 프로게스테론 수용체 공동 작용자 수치의 감소는 프로게스테론 수용체의 기능에 부정적인 영향을 미칠 수 있으며, 분만의 개시를 원활하지 못하게 만들 수도 있다. *Proc Natl Acad Sci, 100* (16), 9518-23.

6) Geschwind, N., and A. M. Galaburda. (1985). Cerebral lateralization: biological mechanisms, associations, and pathology. *Archiv Neurol, 4* (5), 428-59.

7) 더 많은 정보를 원한다면 〈여성의 몸 여성의 지혜〉의 '임신' 편을 참고하라.(한국어판-한문화, 2000. 영문판 - New York: Bantam Books, 1998).

8) Gelles, R. J. (1988). Violence and pregnancy: are pregnant women at greater risk of abuse? *J Marriage Fam, 50,* 841-47.

9) King, A., and Y. W. Loke. (1991). On the nature and function of human uterine granular lymphocytes. *Immunology Today, 12,* 432-35.

10) Bianchi, D. W., G. K. Zickwolf, G. J. Weil, S. Sylvester, and M. A. DeMaria. (1996). 남아의 태아전구세포는 출산 후에도 27년 동안 엄마의 혈액 속에 남아 있다. *Proc Natl Acad Sci USA, 93* (2), 705-708.

11) Berga, S. (1998). Commentary: identification of fetal DNA and cells in skin lesions from women with systemic sclerosis. *Ob/Gyn Clinical Alert, 15* (2), 12.

12) Kolata, G. Stem cells: promise, in search of results. *The New York Times* (Aug. 24, 2004).

13) American Academy of Pediatrics, American College of Obstetricians and Gynecologists. (2002). *Guidelines for perinatal care,* 5th ed. (ElkGrove Village, IL: AAP and Washington, DC: ACOG), 96.

14) Dossey, L. (2003). Taking note: music, mind, and nature. *Altern Ther Health Med, 9* (4), 10-14.

15) Durham, L., and M. Collins. (1986). The effect of music as a conditioning aid in prepared childhood education. *Journal of Obstetric, Gynecologic, and Neonatal Nursing, 15* (3), 268-70: Kershner, J., and V. Schenck. (1991). Music therapy-assisted childbirth. *Int J Childbirth Educ, 6* (3), 32-33: Caine, J. (1991). 음악이 특정한 스트레스성 행동, 체중, 계획적인 식이요법, 조기 출산이나 체중 미달로 인한 신생아의 병원 체류 기간에 미치는 영향을 조사한 연구다. *J of Music Therapy, 28* (4), 180-92.

16) 엘마 밤벡이 인터넷으로 내게 보낸, '만일 내 삶을 다시 살 수 있다면' 이라는 유명한 기사에서 발췌한 것이다.

17) Gabbe, S. G., et al. (2003). Duty hours and pregnancy outcome among residents in obstetrics and gynecology. *Obstet Gynecol, 102* (5 Pt 1), 948-51.

18) Testimony. (May 12, 2004). Statement by Eve Lackritz, M.D., Chief, Maternal and Infant Health Branch, Division of Reproductive Health, National Center for Chronic Disease Control and Prevention, Dept. of Health and Human Services on Meeting the Challenges of Prematurity: CDC Prevention Efforts, before the Subcommittee on Children and Families, Committee on Health Education, Labor and Pensions, U. S. Senate.

19) MaGregor, J. A., K. G. Allen, M. A. Harris, M. Reece, M. Wheeler, J. French, J. Morrison. (May 2001). The omega-3 story: nutritional prevention of preterm birth and other adverse pregnancy outcomes. *Obstet Gynecol Surv, 56* (5 Suppl 1), S1-13; Allen, K. G., and M. A. Harris. (2001). the role of n-3 fatty acids in gestation and parturition. *Experimental Biology and Medicine, 226* (6), 498-506.

20) Da Fonseca E. B., R. E. Bittar, M. H. Carvalho, M. Zugaib. (Feb. 2003). Prophylactic administration of progesterone by vaginal suppositiry to reduce the incidence of spontaneous

preterm birth in women at increased risk: a randomized placebo-controlled double-blind study. *Am J Obstet Gynecol, 188* (2), 419-24; Meis, P. J., M. Klebanoff, E. Thom, M. P. Dombrowski, B. Sibai, A. H. Moawad, C. Y. Spong, J. C. Hauth, M. Miodovnik, M. W. Varner, K. J. Leveno, S. N. Caritis, J. D. Iams, R. J. Wapner, D. Conway, M. J. O'Sullivan, M. Carpenter, B. Mercer, S. M. Ramin, J. M. Thorp, A. M. Peaceman, S. Gabbe. National Institute of Child Health and Human Development Maternal-Fetal Medicine Units Network. (June 12, 2003). Prevention of recurrent preterm delivery by 17 alpha-hydroxyprogesterone caproate. *N Engl J Med, 348* (24) 2379-85.

21) Mamelle, N., M. Segueilla, F. Munoz, and M. Berland. (1997). Prevention of preterm birth in patients with symptoms of preterm labor-the benefits of psychologic support. *Am J Obstet Gynecol, 177* (4), 947-52.

5장 진통과 출산

1) Wing, D. A. (1999). A labor induction with misoprostol. *Am J Obstet Gynecol, 181* (2), 339-45; Venture, S. J., et al. (1995). Advance report of final natality statistics, 1993, monthly vital statistics report, 44 (3 supplement). (Hyattsville: MD, Public Health Service, Centers for Disease Control and Prevention, National Center for Health Statistics, 44 (3 supplement),1-88; American College of Obstetricians and Gynecologists. Induction of labor. *ACOG Practice Bulletin No. 10.* (Nov. 1999). (Washington, DC: ACOG).

2) Weber, A. M., and L. Meyn. (2002). Episiotomy use in the United States, 1979-1997. *Obstet Gynecol, 100* (6), 1177-82; Goldberg, J., et al. (2002). Has the use of routine episiotomy rates decreased? Examination of episiotomy rates from 1983 to 2000. *Obstet Gynecol, 99* (3), 395-400.

3) 자궁 흡입 중절법은 임신을 예방하기 위해 임신 8주 이전의 산모들에게 사용되는 시술법이다. 또한 시즈넬이라는 경구용 피임약은 여성들의 월경량을 현저하게 감소시키는 효과가 있다. 따라서 판매 회사에서는 매달 월경을 하지 않아도 된다는 '편리함'을 내세울 뿐 아니라 생리 주기 때문에 건강을 위협받는 많은 여성들에게 간편한 해결책이라는 주장을 펼치고 있다.

4) Fletcher, H. M., et al. (July 1993). Intravaginal misoprostol as a cervical ripening agent. *Br J Obstet Gynaecol, 100* (7), 641-44; Wing, D. A., etal. (1995). A comparison of misoprostol and prostaglandin E2 gel for preinduction cervical ripening and labor induction. *Am J Obstet Gynecol, 172* (6), 1804-10; Mundle, W. R., and D. C. Young. (1996). Vaginal misoprostol for induction of labor: a randomized controlled trial. *Obstet Gynecol, 88* (4 Pt 1), 521-25; Wing, D. A., and R. H. Paul. (1996). A comparison of differing dosing regimens of vaginally administered misoprostol for preinduction cervical ripening and labor induction. *Am J Obstet Gynecol, 175* (1), 158-64; Surb다, D. V., et al. (1997). A double-blind comparison of the safety and efficacy of intravaginal misoprostol and prostaglandin E2 to induce labor. *Am J Obstet Gynecol, 177* (5), 1018-23.

5) Klaus, M. H., and J. H. Kennell. (1976). *Maternal-infant bonding: the impact of early separation or ;oss on family development.* (St. Louis, MO: C. V. Mosby).

6) Hall, M. H. (Aug. 1990) Commentary: confidential enquiry into maternal death. *Br J Obstet Gynaecol, 97* (8), 752-53.

7) Schuitemaker, N., et al. (1997). Maternal mortality after cesarean section in the Netherlands. *Acta Obstet Gynecol Scand, 76* (4), 332-34.

8) Shearer E. L. (1993). Cesarean section: medical benefits and costs. *Soc Sci Med, 37* (10), 1223-31.

9) American College of Obstetricians and Gynecologists, Task Force on Cesarean Delivery Rates. (2000). Evaluation of cesarean dilivery. (Washington, DC: ACOG).

10) Miovich, S. M., et al. (1994). Major concerns of women after cesarean delivery. *J Obstet Gynecol Neonatal Nurs, 23* (1), 53-59.

11) Declercq, E. R., C. Sakala, M. P. Corry, S. Applebaum, and P. Risher, (Oct. 2002). *Listening to mothers: report of the first national U. S. survey of women's childbearing experiences.* (New York: Maernity Center Association/Harris Interactive Inc.).

12) Lydon-Rochelle, M., et al. (2000). Association between method of delivery and maternal rehospitalization. *JAMA, 283* (18), 2411-16.

13) Jolly, J., J. Walker, and K. Bhabra. (1999). Subsequent obstetric performance related to primary mode of delivery. *Br J Obstet Gynaecol, 106* (3), 227-32.

14) Crane, J. M., M. C. van den Hof, L. Dodds, B. A. Armson, R. Liston. (1999). Neonatal outcomes with placenta previa. *Obstet Gynecol, 93*, (4), 541-44.

15) March of Dimes. Medical references: preterm birth. http://www.marchofdimes.com/print-ableArticles/681_1157.asp?printable=true

16) Van Ham, M. A., P. W. van Dongen, J. Mulder. (1997). Maternal consequences of caesarean section. A retrospective study of intra-operative and postoperative maternal complications of caesarean section during a 10-year period. *Eur J Obstet Gynecol Reprod Biol, 74* (1), 1-6.

17) Annibale, D. J., et al. (1995). Comparative neonatal morbidity of abdominal and vaginal deliveries after uncomplicated pregnancies. *Arch Pediatr Adolesc Med, 149* (8), 862-67.

18) Levine, E. M., et al. (2001). Mode of delivery and risk of respiratory diseases in newborns. *Obstet Gynecol, 97* (3), 439-42.

19) Goldberg, R. *Delivery mode is the main determinant of stress urinary incontinence after childbirth: analysis of 288 identical twins.* Presented at the 2004 Joint Meeting of the International Continence Society and the International Urogynecology Association, August 23-27, 2004, in Paris.

20) Moran, M. A. (1997). *Pleasurable husband/wife childbirth: the real consummation of married love.* (Fairfax, VA: Terra Publishing).

21) Carter, C. S., and M. Altemus. (1997). Integrative functions of lactational hormones in social behavior and stress management. *Ann NY Acad Sci, 807,* 164-74.

22) Ackermann-Liebrich, U., T. Voegeli, K. Gunter-Witt, I. Kunz, M. Zullig, C. Schindler, and M. Maurer. (1996). Home versus hospital deliveries: follow-up study of matched pairs for procedurse and outcome. Zurich Study Team. *BMJ, 313* (7068), 1313-18; Davies, J., E. Hey, W. Reid, and G. Young. (1996). Prospective regional study of planned home births. Home Birth Study Steering Group. *BMJ, 313* (7068), 1302-6; Northern Region Perinatal Mortality

Survey Coordinating Group (1996). Collaborative survey of perinatal loss in planned and unplanned home births. *BMJ, 313* (7068), 1306-9; N. P. Springer, and C. Van Weel. (1996). Home birth. *BMJ, 313* (7068), 1276-77; Wiegers, T. A., M. J. Keirse, J. van der Zee, and G. A. Berghs. (1996). Outcome of planned home and planned hospital births in low risk pregnancies: prospective study in midwifery practices in the Netherlands, *BMJ, 313* (7068), 1309-13.

23) Gaskin, I. M. (2003). Appendix A: the farm: outcomes of 2,028 pregnancies: 1970-2000. In *Ina May's guide to childbirth.* (New York: Bantam Books), 321-22.

24) Klaus, M. H., and J. H. Kennell) (1976). Maternal-infant bonding: the impact of early separation or loss on family development. (St. Louis, MO: C. V. Mosby).

25) Landry, S. H., et al. (1998). Presented at the meeting of the Pediatric Academic Societies of America, New Orleans, LA.

26) Wood, S. (Dec.-Jan. 2003). Childbiret today. *Parenting,* 96-102.

27) Morley, G. M. (1998). Cord closure: can hasty clamping injure the nwborn? *OBG Management, 10* (7), 29-36; Kinmond, S., T. C. Aitchison, B. M. Holland, J. G. Jones, T. L. Turner, and C. A. Wardrop. (1993). Umbilical cord clamping and preterm infants: a randomised trial. *BMJ, 306* (6871), 172-75.

28) Clement, S. (2001). Psychological aspects of cesarean section. *Best Pract Res Clin Obstet Gynaecol, 15* (1), 109-26; Gathwala, G., and I. Narayanan. (1991). Influence of cesarean section on mother-baby interaction. *Indian Pediatr, 28* (1), 45-50; Trowell, J. (1982). Possible effects of emergency caesarian section on the mother-child relationship. *Early Hum Dev, 7* (1), 41-51.

6장 산후 조리

1) Bostock, J. (1962). evolutional approach to infant care. Lancet, 1, 1033-35. Also cited in: Schore, A. N. (1994). *Affect regulation and the origin of the self: the neurobiology of emotional development,* (Hillsdaie, HJ: Lawrence Erlbaum Assoc.), 432.

2) Almroth, S. G. (1978). Water requirements of breast-fed infants in a hot climate. *Am J Clin Nutr, 31* (7), 1154-57: Gillin, F. D., D. S. Reiner, and C. S. Wang. (1983). Human milk kills parasitic intestinal protozoa. *Science, 221* (4617), 1290-92; Schwartz, G. G., and L. A. Rosenblum. (1983). Allometric influences on primate mothers and infants. In L. A. Rosenblum, and H. Moltz, (eds.). *Symbiosis in parent-offspring interactions.* (New York: Plenum Press); Tronick, E. Z., et al. (1985). Multiple caretaking in the context of childcare? In M. Reite and T. Field (eds.), *The psychobiology of attachment and separation.* (Orlando, FL: Academic Press), 293-322.

3) Blalock, J. E. (1989). A molecular basis for bidirectional communication between the immune and neuroendocrine systems. *Physiol Rev, 69* (1), 1-32. 유년기는 신경계와 내분비계, 면역계 사이의 상호 교류가 활발한 시기다. 따라서 엄마와 딸 사이의 관계가 신경계와 내분비계, 면역계의 형성에 지대한 영향을 미친다.

4) Tucker, D. M. (1992). Developing emotions and cortical networks. In M. R. Gunnar and C. A. Nelson (eds.), Developmental behavioral neuroscience: the Minnesota symposia on child psychology, vol. 24. (Hillsdale, NJ: Lawrence Erlbaum Associates), 75-128.

5) Goodwin, D. W., F. Schulsinger, J. Knop, S. Mednick, and S. B. Guze. (1977). Alcoholism and depression in adoptediout daughters of alcoholics. *Arch Gen Psychiatry, 34* (7), 751-55; Moore, J., and E. Fombonne. (1999). Psychiatry in adopted and nonadopted children: a clinical sample. *Am J Orthopsychiatry, 69* (3), 403-9.

6) Shelov, S. P., et al. (2004). *Caring for your baby and young child, birth to age 5.* (New York: Bantom Books).

7) Field, T. M. (1986). Interventions for premature infants. *J Pediatr 109,* 183-91; see also Montagu, A. (1986). *Touching: the human significance of the skin,* 3rd ed. (New York: Perennial Library).

8) Raymond, L. N., E. Reyes, S. Tokuda, and B. C. Jones. (1986). Differential immune response in two handled inbred strains of mice. *Physiol Behav, 37* (2), 295-97.

9) Laudenslager, M. L., M. Reite, and R. J. Harbeck. (1982). Suppressed immune reponse in infant monkeys associated with maternal separation. *Behav Neural Biol, 36* (1), 40-48.

10) Solomon, G. F., S. Levine, and J. K. Kraft. (1968). Early experience and immunity. *Nature, 220* (169), 821-22.

11) Garber, A. (Aug. 16, 1997). Police gather details on gun that killed 12year-old. *Portland Press Herald, 6.*

12) Wilson, A. C., J. S. Forsyth, S. A. Greene, L. Irvine, C. Hau, and P. W. Howie. (1998). Relation of infant diet tochildhood health: seven-year follow-up of cohort of children in Dundee infant feeding study. *BMJ, 316* (7124), 21-25.

13) Horwood, L. J., and D. M. Fergusson. (1998). Breastfeeding and later cognitive and academic outcomes. *Pediatrics, 101* (1), E9.

14) Hechtel, S. (Jan. 31, 2000). Bilirubin acts as antioxidant in the brian. Reuters Health.

15) Ryan, A. S. (1997). The resurgence of breastfeeding in the United States. *Pediatrics, 99* (4), E12; American Academy of Pediatrics, Work Group on Breastfeeding. (1997). Breastfeeding and the use of human milk. *Pediatrics, 100* (6), 1035-39.

16) Smith, T. R. (1997). *Socio-cultural aspects of the infant feeding decision.* Doctoral thesis, Department of Sociology, University of Florida, Gainesville, Florida.

17) Tian, Q. (Oct. 17, 2003). Women kept in dark about safety of silicone implants. *USA Today,* 13A.

18) Cohen, S., et al. (1997). Social ties and susceptibility to the common cold, *JAMA, 277,* (24), 1940-44.

19) Ruberman, W., E. Weinblatt, J. D. goldberg, and B. S. Chaudhary. (1984). Psychosocial influences on mortality after myocardial infarction. *N Engl J Med,* 311 (9), 52-59; Russ다, L. G., G. E. Schwartz, I. R. Bell, and C. M. Baldwin. (1998). Positive perceptions of parental caring are associated with reduced psychiatric and somatic symptoms. *Psychosom Med, 60* (5), 654-57; Russ다, L. G., and G. E. Schwartz. (1997). Perceptions of parental caring predict health status in midlife: a 35-year follow-up of the Harvard Mastery of Stress study.

Psychosom. Med., 59 (2), 144-49; Russ다, L. G., and G. E. Schwartz, (1996). Narrative descriptions of parental love and caring predict health status in midlife: A 35-year follow-up of the Harvard Mastery of Stress study. *Altern Ther Health Med, 2* (6), 55-62; Russ다, L. G., S. H. King, S. J. Russ다, and H. I. Russ다. (1990). The Harvard Mastery of Stress Study 35-year follow-up: prognostic significance of patterns of psychophysiological arousal and adaptation. *Psychosom Med, 52* (3), 271-85.

20) Zuckerman, B., H. Bauchner, S. Parker, and H. Cabral. (1990). Maternal depressive symptoms during pregnancy, and newborn irritability. *J Dev Behav Pediatr, 11* (4), 190-94; Winslow, J. T., N. Hastings, C. S. Carter, C. R. Harbaugh, and T. R. Insel. (1993). A role for central vasopressin in pair bonding in monogamous prairie voles. *Nature, 365* (6446), 545-48.

21) Hofer, M. A. (1984). Relationships as regulators: a psychobiologic perspective on bereavement. *Psychosom Med, 46* (3), 183-97.

22) 이 부위는 생후 10~12개월과 16~18개월의 초기 발달 시기에 빠르게 성장한다. 특히 우뇌의 전두극이 더 크게 발달하는 것은 이 시기가 감정적 건강과 행복에 얼마나 중대한 시기인지를 반영한다. Weinberger, D. R., et al. (1982). Asymmetrical volumes of the right and left frontal and occipital regions of the human brain. *Ann Neurol, 11* (1), 97-100; Weis, S., et al. (1989). The cerebral dominances: quantitative morphology of the human cerebral cortex. *Int J Neurosci, 47* (1-2), 165-68.

23) 모나 리자 슐츠 박사는 엄마와 딸의 유대감, 특히 출산 직후의 유대감은 한 인간이 다른 인간의 몸 안에서 무슨 일이 일어나는지를 어떻게 알 수 있는지를 보여주는 모델이라고 지적했다. 이 능력은 직관의학의 기초가 된다.

24) Modahl, C., L. Green, D. Fein, M. Morris, L. Waterhouse, C. Feinstein, and H. Levin. (1998). Plasma oxytocin levels in autistic children. *Biol Psychiatry, 43* (4), 270-77.

25) Huffman, L. C., Y. E. Bryan, R. del Carman, F. A. Pedersen, J. A. Doussard-Roosevelt, and S. W. Porges. (1998). Infant temperament and cardiac vagal tone: assessments at twelve weeks of age. *Child Dev, 69* (3), 624-35; Porges, S. W., J. A. Doussard-Roosevelt, A. L. Portales, and P. E. Suess, (1994). Cardiac vagal tone: stability and relation to difficultness in infants and 3-year-olds. *Dev Psychobiol, 27* (5), 289-300; Doussard - Roosevelt, J. A., B. D. MaClenny, and S. W. Porges. (2001). Neonatal cardiac vagal tone and school-age developmental outcome in very low birth weight infants. *Dev Psychobiol, 38* (1), 56-66.

26) Beebe, R., et al. (1982). Rhythmic communication in the mother-infant dyad. In M. Davis (ed.), *Interaction rhythms: periodicity in communicative behavior.* (New York: Human Sciences Press); Brazelton, T. B., et al. (1974). The origins of reciprocity: the early mother-infant interaction. In M. Lewis, and L. A. Rosenblum, (comp.), *The effect of the infant on its caregiver* (New York: John Wiley & Sons), 49-76.

27) Breen, D. (1975). *The birth of a first child: towards an understanding of femininity.* (London: Tavistock Publications, Ltd.), 176-77.

28) Elia, I. (1985). *The female animal.* (Oxford, England: Oxford University Press).

29) O' Hara, M. W. (1995). *Postpartum depression: causes and consequences.* (New York: Springer-Verlag).

30) Kendell, R. E., D. Rennie, J.A. Clarke, and C. Dean. (1981). The social and obstetric correlates of psychiatric admission in the puerperium. *Psychol Med 11* (2), 341-50. See also: Thurtle, V. (1995). Post-natal depression: the relevance of sociological approaches. *J Adv Nurs, 22* (3), 416-24; Kendell, R. E., S. Wainwright, A. Hailey, and B. Shannon. (1976). The influence of childbirth on psychiatric morbidity. *Psychol Med, 6* (2), 297-302.

31) Steiner, M. (1990). Postpartum psychiatric disorders. *Can J Psychiatry, 35* (1), 89-95.

32) Williams, K. (1996). Antepartum screening questionnaire. *Medical Tribune, 3* (6), 5. Reported at annual meeting of the North American Society for Psychosocial Obstetrics and Gynecology, Santa Fe, New Mexico.

33) Dalton, K. (1985). Progesterone prophylaxis used successfully in postnatal depression. *The Practitioner, 229* (1404), 507-8.

34) Sichel, D. A., L. S. Cohen, L. M. Robertson, A. Ruttenberg, and J. F. Rosenbaum. (1995). Prophylactic estrogen in recurrent postpartum affective disorder. *Biol Psychiatry, 38* (12), 814-18.

첫 번째 방 – 생후 삼 개월부터 일곱 살까지

7장 감성 뇌의 형성

1) Hubel, D. H., and T. N. Wiesel. (1965). Binocular interaction in striate cortex of kittens reared with artificial squint *J Neurophysiol, 28* (6), 1041-59.

2) Mayberg, H. S. (1997). Limbic-cortical dysregulation: a proposed model of depression. *J Neuropsychiatry Clin Neurosci, 9* (3), 471-81; Pandya, D. N., and E. H. Yeterian. (2001). The anatomical substrates of emotional behavior: the role of the cerebral cortex. In G. Gainotti (ed.), *Handbook of Neuropsychology, vol. 5*, 2nd ed. (New York: Elsevier), 49-87.

3) Weinberger, D. R., D. J. Luchins, J. Morihisa, and R. J. Wyatt. (1982). Asymmetrical volumes of the right and left frontal and occipital regions of the human brian. *Ann Neurol, 11* (1), 97-100.

4) Schulz, M. L. (1998). *Awakening intuuition.* (New York: Harmony Books).

5) Hellige, J. B. (1990). Hemispheric asymmetry. *Annu Rev Psychol, 41*, 55-80; Wittling, W., and M. Pfluger. (1990). Neuroendocrine hemisphere asymmetries: salivary cortisol secretion during lateralized viewing of emotion-related and neutral films. *Brain Cogn, 14* (2), 243-65; Davidson, R. J., et al. (1990). Approach-withdrawal and cerebral asymmetry: emotional expression and brain. *J Pers Soc Psychol, 58* (2), 330-41.

6) Tulkin, S. R., and J. Kagan. (1972). Mother-child interaction in the frist year of life. *Child Dev, 43* (1), 31-41.

7) Amsterdam, B. K., and M. Levitt. (1980). Consciousness of self and painful self-consciousness. *Psychoanal Study Chikd, 35*, 67-83; Broucek, F. J. (1982). Shame and its relationship to early

narcissistic developments. *Int J Psychoanal, 63* (Pt 3), 369-78.

8) West, M. J., and A. P. King. (1987). Settling nature and nurture into an ontogenetic niche. *Dev Psychobiol, 20* (5), 549-62; Tulkin, S. R., and S. Kagan. (1972). Mother-child interaction in the first year of life. *Child Dev, 43* (1), 31-41; Fagot, B. I., and K. Kavanaᅙ. (1993). Parenting during the second year: effects of children's age, sex, and attachment classification. *Child Dev, 64* (1), 258-71; Strachey, J. (ed. and transl.)(Original work published in 1905). *The standard edition of the complete psychological works of Sigmund Freud.* (London: Hogarth Press: Institute of Psycho-Analysis).

9) Power, T. G., and M. L. Chapieski. (1986). Childrearing and impulse control in toddlers: a naturalistic investigation. *Developmental Psychology, 22* (2), 271-75.

10) Random House. (1993). *Random House Unabridged Dictionary*, 2nd ed. (New York: Random House).

11) Kohut, H. (1971). *The analysis of the self: a systematic approach to the psychoanalytic treatment of narcissistic personality disorders.* (New York: International Universities Press); Nathanson, D. L. (1987). A timetable for shame. In D. L. Nathanson (ed.), *The many faces of shame.* (New York: Guilford Press), 1-63.; Malatesta-Magai, C. (1991). Emotional socialization: its role in personality and developmental Psychopathology. In D. Cicchetti, and S. L. Toth (eds.), *Internalizing and externalizing expressions of dysfunction: Rochester symposium on developmental psychopathology*, vol. 2. (Hillsdale, NJ: Lawrence Erlbaum Associates), 203-24.

12) Mahler, M. S. (1979). Notes on the development of basic moods: the depressive affect. In *The selected papers of Margaret S. Mahler, M. D.* (New York: Jason Aronson), 59-75.

13) Felitti, V. J., R. F. Anda, D. Nordenberg, et al. (1998). Relationship of childhood abuse and household dysfunction to many of the leading causes of death in adults. The Adverse Childhood Experiences (ACE) Study. *Am J Prev Med, 14* (4), 245-58.

14) Lynd, H. M. (1958). *On shame and the search for identity.* (New York: Harcourt, Brace).

15) Kohut, H. (1978). Thoughts on narcissism and narcissistic rage. In P. Ornstein (ed.), *The search for the self: selected writings of Heinz Kohut, 1950-1978.* (New York: International Universities Press).

16) Mahler, M. S. (1979), op. cit.

8장 입과 장으로 경험하는 지혜

1) Dodman, N. (1997). Lucky the wool-sucking cat. In *The cat who cried for help: attitudes, emotions, and the psychology of cats.* (New York: Bantam Books), 171-84.

2) Norris, J. M., et al. (2003). Timing of initial cereal exposure in infancy and risk of islet autoimmunity. *JAMA, 290* (13), 1713-20.

3) Osler, M., et al. (1995). Maternal smoking during childhood and increased risk of smoking in young adulthood. *Int J Epidemiol, 24* (4), 710-14.

4) Mennella, J. A., G. K. Beauchamp. (1998). Smoking and the flavor of breast milk.

Correspondence, *N Engl J Med, 339*, (21), 1559-60.

5) Bhargava, S. K., et al. (2004). Relation of serial changes in childhood body-mass index to impaired glucose tolerance in young adulthood. *N Engl J Med, 350* (9), 865-75; Soothill, P. W., et al. (1987). Prenatal asphyxia, hyperlacticaemia, hypoglycaemia and erythroblastosis in growth retarded fetuses. *BMJ (Clin Res Ed)*, 294 (6579) 1051-53; Economides, D. L., et al. (1990). Hypertriglyceridemia and hypoxemia in small-for-gestational-age fetuses. *Am J Obstet Gynecol, 162* (2), 382-86; Strauss, R. S., W. H. Dietz. (1998). Growth and development of term children born with low birth weight: effects of genetic and environmental factors. *J Pediatr, 133* (1), 67-72.

6) Pilzer, P. Z. (2002). *The wellness revolution: how to make a fortune in the next trillion dollar industry.* (New York: Wiley & Sons), 83.

7) Feskanisch, D., et al. (1997). Milk, dietary calcium, and bone fractures in women; a 12-year prospective study. *Am J Public Health, 87* (6), 992-97.

8) Cumming, R. G. (1994). Case-control study of risk factors for hip fractures in the elderly. *Am J Epidemiol, 139* (5), 493-503.

9) 오늘날 대체 식품은 대규모 사업으로 성장하여 매년 유제품 업계가 받는 국고 보조금은 70만 달러에 이른다. 여기에는 다른 여러 요인들도 작용한다. 소에게 먹이는 성장 호르몬제를 생산하는 몬산토 주식회사는 낙농가에 막대한 압력을 가하고 있다. 이 기업은 몇 년 전 메인 주에서 오크허스트 유업이라는 가족 기업을 고발한 일이 있다. 자기네 농장에서는 소에게 성장 호르몬제를 사용하지 않는다고 광고했다는 이유에서였다. 몬산토 그룹의 주장에 따르면, 성장 호르몬제를 사용한 유제품과 사용하지 않은 유제품이 전혀 차이가 없다는 것이다. 몬산토 그룹과 오크허스트 유업은 '인공 성장 호르몬을 사용하지 않은 제품'이라는 상표의 문구가 다른 제품과 차이가 있다는 증거는 아니라는 데 동의함으로써 합의점을 찾았다.

10) Hypponen, E.,, et al. (2001). Intake of vitamin D and risk of type 1 diabetes: a birth-cohory study. *Lancet, 358* (9292), 1500-3.

11) VasQuez, A., G. Manso, and J. Cannell. (2004). The clinical importance of vitamin D (cholecalciferol): a paradigm Shift with implications for all healthcare providers, *Altern Ther Health Med, 10* (5), 28-36.

12) Nelson, M. E. (2000). *Strong women, strong bones: everything you need to know to prevent, treat and beat osteoporosis.* (New York: G. P. Putnam's Sons).

13) Painter, K. (Aug. 25, 1998). Parents no longer rush to flush toddler's diapers. *USA Today*, 7D.

14) Iacono, G., et al. (1998). Intolerance of cow's milk and chronic constipation in children. *N Engl J Med, 339* (16), 1100-4; Loening-Baucke, V., (1998). Constipation in children. *N Engl J Med, 339* (16) 1155-56.

9장 면역계의 발달

1) Maier, Steven F., M.D., Ph.D., a neuroscientist at University of Colorado at Boulder.

2) Bjorksten, B. (Aug. 1999). Environment and infant immunity. *Proc Nutr Soc, 58* (3), 729-32.

3) "Are antibiotics to blame for many allergies?" Study: bugs in the gut may cause symptoms felt

in the head. MSNBC Aug. 25, 2004.

4) Christiansen, S. C. (2004). Day care, siblings, and asthma-please, sneeze on my child. *N Engl J Med, 343* (8), 574-75; Ball, T. M., et al. (2000). Siblings, day-care attendance, and the risk of asthma and wheezing during childhood. *N Engl J Med, 343* (8), 538-43.

5) Shafer, K. C., and F. Greenfield. (2000). Asthma free in 21 days: the breakthrough mind-body healing program. (San Francisco: Harper San Francisco), 25.

6) Ziboh, V. A. S. Naguwa, K. Vang, J. Wineinger, B. M. Morrissey, M. Watnik, M. E. Gershwin. (March 2004). Suppression of leukotriene B4 generation by ex-vivo neutrophils isolated from asthma patients on dietary supplementation with gammalinolenic acid-containing borage oil: possible implication in asthma. *Clin Dev Immunol, 11* (1), 13-21; Carey, M. A., D. R. Germolec, R. Langenbach, D. C. Zeldin. (2003). Cyclooxygenase enzymes in allergic inflammation and asthma. Prostaglandins Leukot Essent Fatty Acids, 69 (2-3), 157-62; Review; Wenzel, S. E. (2003). The role of leukotrienes in asthma. *Prostaglandins Leukot Essent Fatty Acids, 69* (2-3), 145-55; Review; Surette, M. E., I. L. Koumenis, M. B. Edens, K.M. Tramposch, B. Clayton, D. Bowton, F. H. Chilton (2003). Inhibition of leukotriene biosynthesis by a novel dietary fatty acid formulation in patients with atopic asthma: a randomized, placebo-controlled, parallel-group, prospective trial. *Clin Ther, 25* (3), 972-79.

7) Gottman, J. (2001). Meta-emotion, children's emotional intelligence, and buffering children from marital conflict. In C. D. Ryff and B. H. Singer (eds.), *Emotion, social relationships, and health.* (Oxford, England: Oxford University Press), 29.

8) Smyth, J. M., et al. (1999). Effects of writing about stressful experiences on symptom reduction in patients with asthma or rheumatoid arthritis: a randomized trial. *JAMA, 281* (14),1304-9.

9) 같은 책

10) Bell, T. (Sept. 15, 2003). Schools ban peanuts as precaution. *Portland Press Herald,* 1A.

11) Naclerios, R. M., et al. (1988). Is histamine responsible for the following symptoms of rhinovirus colds? A look at the inflammatory mediators following infection. *Pediatr Inf Dis J* 7 (3), 218-22.

12) Delhoume, L. (1939). De Claude Bernard a d'Arsonval. (Paris: J. B. Baillière et fils).

13) Sagan, L. (1987). The health of nations: true causes of sickness and well-being. (New York: Basic Books), 68.

14) Gustafson T. L., et al. (1987). Measles outbreak in a fully immunized secondary-school population. *N Engl J Med, 316* (13): 771-74.

15) Halperin, S. A., et al. (1989). Persistence of pertussis in an immunised population: results of the Nova Scotia enhanced pertussis surveillance program. J Pediatr 115 (5 Pt 1), 686-93; Ward, J., et al. (1990). Limited efficacy of a haemophilus influenza type b conjugate vaccine in Alaska native infants. *N Engl J Med, 323* (20), 1393-1401; Christie, C., et al. (1994). The 1993 epidemic of pertussis in Cincinnati. Resurgence of disease in a highly immunized population of children. *N Engl J Med, 331* (1), 16-21; Poland, G. A., and R. M. Jacobson. Failure to reach the goal of measles elimination: apparent paradox of measles infections in immunised persons. *Arch Intern Med, 154* (16), 1815-20; (1966). Measles outbreak among school-aged children Juneau, Alaska. *Morb Mortal Wkly Rep, 45* (36), 777-80; Lemon, S. M., D. L.

Thomas, (1997). Vaccines to prevent viral hepatitis. N Eng J Med 336 (3), 196-204.

16) (1959). Immunisation in childhood. Brit Med J, 1, 1342-46; Miller, D. L., et al. (1982). Whooping cough and whooping cough vaccine: the risks and benefits debate. *Epidem Rev, 4,* 1-24; Hinman, A. R. (1984). The pertussis vaccine controversy. *Pub Health Rep, 99* (3), 255-59; Pollock, T. M., et al. (1984). Symptoms after primary immunisation with DTP and with DT vaccine. *Lancet, 2* (8395), 146-49; Peltola, H., and O. P. Heinonen. (1986). Frequency of true adverse reactions to measles-mumps-rubella vaccine. A double-blind placebo-controlled trial in twins. Lancet, 1 (8487), 939-42; Miller, D., et al. (1993). Pertussis immunisation and serious acute neurological illnesses in children. *Brit Med J, 307* (6913), 1171-76; Honkanen, P. O., et al. (1996). Reactions following administration of influenza vaccine alone or with pneumococcal vaccine to the elderly. *Arch Intern Med, 156* (2), 2058; Nichol, K. L., et al. (1996). Side effects associated with influenza vaccination in healthy working adults. A randomized, placebo-controlled trial. *Arch Intern Med, 156* (14), 154650; (1997). Paralytic PoliomyelitisUnited States, 1980-94. *Morb Mortal Wkly Rep, 46* (4), 79-83.

17) Bierman, C. W., and D. S. Pearlman, (eds.) *Allergic diseases of infancy, childhood, and adolescence.* (Philadelphia: W. B. Saunders Co), 27-35.

18) Cosmos, C. (April 2003). Director's Report. (Great Falls, VA: American Association for Health Freedom), 8.

19) Stratton, K., A. Gable, M. C. McCormick (eds.). (2001). Immunization safety review: thimersol-containing vaccines and neurodevelopmental disorders. (Washington, DC: National Academy Press).

20) Hviid, A., et al. (2003). Association between thimersol-containing vaccine and autism. *JAMA, 290* (13), 1763-66.

21) Felitti,V. J., et al. (1998). Relationship of childhood abuse and household dysfunction to many of the leading causes of death in adults. The Adverse Childhood Experiences (ACE) Study. *Am J Prev Med. 14,* (4), 245-58; Foege, W. H. (1998). Adverse childhood experiences. A public health perspective. *Am J Prev Med, 14* (4), 354-55.

22) Hussey, G. D., and M. Klein. (1990). A randomized, controlled trial of vitamin A in children with severe measles. *N Engl J Med., 323,* (3), 160-64.

23) Scrimshaw, N. S., et al. (1968). Interactions of nutrition and infection. WHO monograph series no. 57. (Geneva: World Health Organization).

24) Green, H. N., and E. Mellanby. (1928). Vitamin A as an anti-infective agent. *Brit Med J, 2,* 691-96.

25) Olness, K., and D. P. Kohen. (1996). *Hypnosis and hypnotherapy with children.* (New York: Guilford Press).

10장 사랑의 청사진

1) Mahler, M. S. (1979). Notes on the development of basic moods: the depressive affect. In *The selected papers of Margaret S. Mahler, M.D.* (New York: Jason Aronson), 59-75; Izard, C. E.

(1990). Facial expressions and the regulation of emotions. *J Pers Soc Psychol, 58* (3), 487-88; Izard, C. E. (1991). *The psychology of emotions.* (New York: Plenum Press).

2) 하버드 대학병원의 크리스틴 미켈슨Kristin D. Mickelson 박사와 로널드 캐슬러Ronald C. Kessler 박사는 불안정한 집착은 일부 사람들에게 정신적인 질환에 걸릴 가능성을 높여준다고 했다. 또한 반대로 정신적인 질환은 안정된 인간관계를 형성하는 능력을 방해할 수 있다고 했다.

3) (Nov. 15, 1997). U.S. survey explores relationship styles. *Science News, 152* (20), 309.

4) Dawson, G., et al. (1992). Frontal lobe activity and affective behavior of infants of mothers with depressive symptoms. *Child Dev, 63,* (3), 725-37.

5) Insel, T. R. (1992). Oxytocina neuropeptide for affiliation: evidence from behavioral, receptor autoradiographic, and comparative studies. *Psychoneuroendocrinology, 17* (1), 3-35.

6) Money, J., and G. F. Pranzarone. (1993). Precursors of paraphilia in childhood and adolescence. *The Child and Adolescent Psychiatric Clinics of North America: Sexual and Gender Identity Disorders, 2* (3).

7) Minuchin, S., et al. (1978). *Psychosomatic families.* (Cambridge, MA: Harvard University Press), 23-50.

두 번째 방 - 일곱 살부터 열네 살까지

11장 이성의 시기

1) Colby, A., L. Kohlberg, et al. (1987). *The measurement of moral judgment, vol. 1.* (Cambridge, England: Cambridge University Press).

2) Gilligan, C. (1982). *In a different voice.* (Cambridge, MA: Harvard University Press).

12장 자부심의 발달

1) Gallagher, S. P., and R. Kryzanowska (eds.). (2000). The Joseph H. Pilates Archive Collection: Photographs, Writings, Designs. (Philadelphia: BainBridgeBooks).

2) Krahnstoever-Davison, K., T. M. Cutting, and L. L. Birch. (Sept. 2003). Parents' activity-related parenting practices predict girls' physical activity. *Med Sci Sports Exerc, 35* (9), 1589-95.

3) Proctor, B. D., and J. Dalaker. (2003). U.S. Census Bureau, current population reports, poverty in the United States: 2002. (Washington, DC: U.S. Government Printing Office), 60-222.

4) Pressman, S. (Sept. 2000). *Explaining the gender poverty gap in developed and transitional economies.* Luxembourg Income Study Working Paper No. 243. (Syracuse, NY: Maxwell School of Citizenship and Public Affairs, Syracuse University).

5) Zollo, P. (2004). *Getting wiser to teens: more insights into marketing to teenagers.* (Ithaca, NY: New Strategist Publications).

6) Walters, Amye, and CWK Network, Inc. (Sept. 29, 2004). Tipsheets for *Parents Can't Say No.* http://www.connectwithkids.com/tipsheet/2004/196_sept29/say.html and (Sept. 1, 2004) *Model Reading,* www.conectwithkids.com/tipsheet/2004/192 sept1/model.html

7) Linfield, L. (Aug. 30, 2004). Even 7-year-olds can learn to manage money. *Portland Press Herald,* A9.

8) McCraty, R., et al. (1998). The impact of a new emotional self-management program on stress, emotions, heart rate variability, DHEA and cortisol. *Integr Physiol Behav Sci, 33* (2), 151-70.

13장 건전한 식생활

1) Underwood, A., and J. Adler. (Aug. 23, 2004). What you don't know about fat. *Newsweek, 46.*

2) Ames, B. N. (Apr. 18, 2001). DNA damage from micronutrient deficiencies is likely to be a major cause of cancer. *Mutat Res, 475* (1-2), 7-20.

3) Dietz, W. H. (Feb. 26, 2004). Overweight in childhood and adolescence. *N Engl J Med, 350* (9), 855-57.

4) *Newsweek,* August 23, 2004.

5) 같은 책

14장 학교에 입학하는 시기

1) Taylor, S. E., L. C. Klein, B. P. Lewis, T. L. Gruenewald, R. A. Gurung, and J. A. Updegraff. (2000). Biobehavioral responses to stress in females: tend-and-befriend, not fight-or-flight. *Psychol Rev, 107* (3), 411-29.

2) "UCLA researchers identify key behavioral pattern used by women to manage tress," College of Letters and Science, UCLA, online news release, http://www.college.ucla.edu/stress.htm.

3) Clarkin, A. J. (19971998). Peer relationships. In Chapter 11: transformation of interpersonal relationships. In J. Noshpitz (ed. in chief), S. Greenspan, S. Wieder, and J. Osofsky (eds.), *Handbook of child and adolescent psychiatry, vol. 2, the grade-school child: development and syndromes.* (New York: Wiley & Sons), 88.

4) 같은 책, 89.

5) Domar, A. D., and H. Dreher. (2000). *Self-nurture: learning to care for yourself as effectively as you care for everyone else.* (New York: Viking), 210.

6) Eisenberger, N. I., M. D. Lieberman, and K. D. Williams. (Oct. 10, 2003). Does rejection hurt? An FMRI study of social exclusion. *Science, 302* (5643), 290-92.

7) "Would single-sex education benefit your child? Some research suggests that students in 'all-girls' or 'all-boys' schools out perform those in nongender specific programs." (Feb. 26, 2004). *Today Show,* MSNBC Interactive. www.zaret.msnbc.com/id/4387854

8) Ricks, S. (Jan. 19, 2004). Never easy, being a girl is harder than ever. *Portland Press Herald*, 10B.

15장 격동의 나이 사춘기

1) Cameron, A. (1981). *Daughters of copper woman*. (Vancouver, BC: Press Gang Publishers).
2) Owen, L. (1998). *Honoring menstruation: a time of self-renewal*. (Freedom, CA: Crossing Press), 35.
3) 같은 책, 33-34.
4) Apter, D., et al. (1993). Gonadotropin-releasing hormone pulse generator activity during pubertal transition in girls: pulsatile and diurnal patterns of circulating gonadotropins. *J Clin Endocrinol Metab*, 76 (4), 940-49.
5) Read, G. F., D. W. Wilson, I. A. Hughes, K. Griffiths. (August 1984). The use of salivary progesterone assays in the assessment of ovarian function in postmenarcheal girls. *J Endocrinol*, 102 (2), 265-68; Vuorento, T., and I. Huhtaniemi. (October 1992). Daily levels of salivary progesterone during menstrual cycle in adolescent girls. *Fertil Steril*, 58 (4), 685-90.
6) Zacharias, L., W. M. Rand, and R. J. Wurtman. (1976). A prospective study of sexual development and growth in American girls: the statistics of menarche. *Obstet Gynecol Surv*, 31 (4), 325-37.
7) Dann, T. C., and D. F. Roberts. (October 1993). Menarcheal age in University of Warwick young women. *J Biosoc Sci*, 25 (4), 531-38.
8) Speroff, L., R. Glass, and N. Kase. (1999). Abnormal puberty and growth problems. In *Clinical gynecologic endocrinology and infertility*, 6th ed. (Philadelphia: Lippincott Williams and Wilkins), 390.
9) Herman-Giddens, M. E., et al. (1997). Secondary sexual characteristics and menses in young girls seen in office practice: a study from the Pediatric Research in Office Settings network. *Pediatrics*, 99 (4), 505-12.
10) Marti-Henneberg, C., and B. Vizmanos. (1997). The duration of puberty in girls is related to the timing of its onset. *J Pediatr*, 131 (4), 618-21.
11) Ibanez, L., N. Potau, R. Virdis, M. Zampolli, C. Terzi, M. Gussinye, A. Carrascosa, and E. Vicens-Calvet. (1993). Postpubertal outcome in girls diagnosed of premature pubarche during childhood: increased frequency of functional ovarian hyperandrogenism. *J Clin Endocrinol Metab*, 76 (6), 1599-1603; Ibanez, L., N. Potau, N. Georgopoulos, N. Prat, M. Gussinye, A. Carrascosa. (1995). Growth hormone, insulin-like growth factor-I axis, and insulin secretion in hyperandrogenic adolescents. *Fertil Steril*, 64 (6), 1113-19.
12) Speroff, L., R. Glass, and N. Kase (1999). *Clinical Gynecologic Endocrinology and Infertility*, 6th ed. (Philadelphia, PA: Williams and Wilkins), 387; Herman-Giddens, M. E., op. cit.
13) Marshall, W. A., and J. M. Tanner. (1970). Variations in the pattern of pubertal changes in boys. *Arch Dis Child*, 45 (239), 13-23.

14) Scialli, A. R. (May-June 2001). Tampons, dioxins, and endometriosis. *Reprod Toxicol, 15* (3), 231-38.

세 번째 방 - 열네 살부터 스물한 살까지

16장 아프로디테의 탄생

1) Tennov, D. (1979). *Love and limerence: the experience of being in love.* (New York: Stein and Day).
2) Wolf, N. (1997). *Promiscuities: the secret struggle for womanhood.* New York: (Random House).
3) Bonheim, J. (1997). Aphrodite's daughters: women's sexual stories and the journey of the soul. (New York: Simon and Schuster).
4) American Academy of Pediatrics, Committee on Public Education. (1999). Media education. *Pediatrics, 104* (2 Pt 1), 341-43.
5) Collins, R. L., et al. (Sept. 2004) Watching sex on television predicts adolescent initiation of sexual behavior. *Pediatrics, 114* (3), 280-89.
6) Ponder, C. (1964). *The prosperity secret of the ages: how to channel a golden river of riches into your life.* (Englewood Cliffs, NJ: Prentice-Hall), 304.
7) Buckley, T. (1998). Menstruation and the power of Yurok women. In T. Buckley and A. Gottlieb (eds.). *Blood magic: the anthropology of menstruation.* (Berkeley, CA: University of California Press), 190.
8) Ponder, C.
9) Prinstein, M. J., C. S. Meade, and G. L. Cohen. (2003). Adolescent oral sex, peer popularity, and perceptions of best friends' sexual behavior. *J Pediatr Psychol, 28* (4), 243-49.
10) 같은 책
11) Fisher, H. E. (1992). *Anatomy of love: the natural history of monogamy, adultery, and divorce.* (New York: Norton).
12) Moore, K. A., A. Driscoll, and L. D. Lindberg. (1998). *A statistical portrait of adolescent sex, contraception, and childbearing.* (Washington, DC: National Campaign to Prevent Teen Pregnancy).
13) Dickson, N., C. Paul, P. Herbison, and P. Silva. (1998). First sexual intercourse: age, coercion, and later regrets reported by a birth cohort. *BMJ, 316* (7124), 29-33.

17장 중독증의 시발점

1) Voelker, R. (2004). Stress, sleep loss, and substance abuse create potent recipe for college depression. *JAMA, 291* (18), 2177-79.

2) Weinberger, D. R. (1996). On the plausibility of "the neurodevelopmental hypothesis" of schizophrenia. *Neuropsychopharmacology, 14* (3 Suppl), 1S-11S.

3) Kovacs, M., et al. (1984). Depressive disorders in childhood. I. A longitudinal prospective study of characteristics and recovery. *Arch Gen Psychiatry, 41* (3), 229-37.

4) 같은 책

5) 같은 책

6) Lake, J. (2004). The integrative management of depressed mood. *Integrative Medicine, 3* (3), 34-43; Muskin, P. R. (ed.). (2000). *Complementary and alternative medicine and psychiatry.* (Washington, DC: American Psychiatric Press).

7) Jureidini, J. N., et al. (2004). Efficacy and safety of antidepressants for children and adolescents. *BMJ, 328* (7444), 879-83.

8) Edelson, E. (Sept. 17, 2004). FDA backs warnings on antidepressants for children. *Health Day News.*

9) Jureidini, J. N., et al. (2004). Op. cit.

10) Voelker, R. (2004). Op. cit.

11) Unpublished analysis of data from the California Center for Health Statistics, Microcomputer Injury Surveillance System. (Sacramento: California Department of Health Services, 1985-98), by sociologist Mike Males, Ph.D., University of California at Santa Cruz, Dept. of Sociology.

12) Kuhn, C., S. Swartzwelder, and W. Wilson. (2002). *Just say know: talking with kids about drugs and alcohol.* (New York: W. W. Norton and Co.), 65.

13) Yakovlev, P. I., and A. R. Lecours. (1967). The myelogenetic cycles of regional maturation of the brain. In A. Minkowski (ed.), *Regional development of the brain in early life.* (Oxford, England: Blackwell Scientific), 3-70; Yakovlev, P. I. (1962). Morphological criteria of growth and maturation of the nervous system in man. *Res Publ Assoc Res Nerv Ment Dis, 39,* 3-46; Swartzwelder, H. S., W. A. Wilson, and M. I. Tayyeb. (1995). Age-dependent inhibition of long-term potentiation by ethanol in immature versus mature hippocampus. *Alcohol Clin Exp Res, 19* (6), 1480-85.

14) Kuhn, C., S. Swartzwelder, and W. Wilson. (2002). Op. Cit.

15) Johnston, L. D., P. M. O'Malley, J. G. Bachman, and J. E. Schulenberg. (2004). *Monitoring the future: national results on adolescent drug use: overview of key findings, 2003.* NIH Publication No. 04-5506. (Bethesda, MD: National Institute on Drug Abuse).

16) Mothers Against Drunk Driving (MADD). "Why 21?" Fact sheet. www.madd.org/stats/ 1,1056,4846,00.html

17) Raeburn, P. (Oct. 17, 2004). Too immature for the death penalty? *New York Times Magazine.*

18) Collaborative Group on Hormonal Factors in Breast Cancer. (2002). Alcohol, tobacco and breast cancer-collaborative reanalysis of individual data from 53 epidemiological studies, including 58,515 women with breast cancer and 95,067 women without the disease. *Br J Cancer, 87* (11), 1234-45;Thun, M. J., et al. (1997). Alcohol consumption and mortality among middle-aged and elderly U.S. adults. *N Engl J Med, 337* (24), 1705-14.; Britton, A., and K. McPherson. (2001). Mortality in England and Wales attributable to current alcohol

consumption. *J Epidemiol Community Health, 55* (6), 383-88.

19) www.safeyouth.org/scripts/teens/alcohol.asp

20) Minna, J. D. (2005). Neoplasms of the lung. In D. L. Kasper et al.(eds.). *Harrison's principles of internal medicine*, 16th ed. (New York: McGraw Hill), 506.

21) Associated Press. (Oct. 9, 1998). Teen smoking rises in Joe Camel years. *Portland Press Herald*, 9A.

22) Sargent, J. D., and M. Dalton. (2001). Does parental disapproval of smoking prevent adolescents from becoming established smokers? *Pediatrics, 108* (6), 1256-62.

23) Johnston, L. D., P. M. O' Malley, J. G. Bachman, and J. E. Schulenberg. (December 19, 2003). Ecstasy use falls for second year in a row, overall teen drug use drops. (Ann Arbor: University of Michigan News and Information Services).

24) Tashkin, D. P., B. J. Shapiro, L. Ramanna, G. V. Taplin, Y. E. Lee, and C. E. Harper. (1976). Chronic effects of heavy marihuana smoking on pulmonary function in healthy young males. In M. C. Braude and S. Szara (eds.), *The pharmacology of marihuana*. (New York: Raven Press), 291-95.

25) Hembree, W. C., 3rd, G. G. Nahas, P. Zeidenberg, H. F. Huang. (1978). Changes in human spermatozoa associated with high dose marijuana smoking. *Adv Biosci, 22-23*, 429-39.

26) Ewing, J. A. (1984). Detecting alcoholism. The CAGE questionnaire. *JAMA, 252*, (14), 1905-7.

18장 자기 보살핌의 근본

1) Wolfson, A. R., and M. A. Carskadon. (1998). Sleep schedules and daytime functioning in adolescents. *Child Dev, 69* (4), 875-87.

2) Hicks, R. A., C. Fernandez, R. J. Pellegrini. (2001). Striking changes in the sleep satisfaction of university students over the last two decades. *Percept Mot Skills, 93* (3), 660; Tsai, L. L., and S. P. Li. (Feb. 2004). Sleep patterns in college students: gender and grade differences. *J Psychosom Res, 56* (2), 231-37.

3) Ritter, M. (Feb. 21, 2004). Scientists study how to keep brain awake. The Associated Press.

4) Greydanus, D.E. (ed.), and P. Bashe (writer). (2003). The American Academy of Pediatrics, caring for your teenager: the complete and authoritative guide. (New York: Bantam Books).

5) Voelker, R. (2004). Stress, sleep loss, and substance abuse create potent recipe for college depression. *JAMA, 291* (18), 2177-79.

6) Saibene, F., et al. (Dec. 15, 1978). Oronasal breathing during exercise. *Pflugers Arch., 378* (1), 65-69.; Petruson, B., and T. Bjuro. (1990). The importance of nose-breathing for the systolic blood pressure rise during exercise. *Acta Otolaryngol, 109* (5-6), 461-66; Lorig, T. S., and G. E. Schwartz. (Sept. 1998). Brain and odor: I. Alteration of human EEG by odor administration. *Psychobiology, 16* (3), 281-84; Hirsch, J. A., and B. Bishop. (1981). Respiratory sinus arrhythmia in humans: how breathing pattern modulates heart rate. *Am J Physiol, 241* (4), H620-29.

7) Dietz, W. H. (2004). Overweight in childhood and adolescence. *N Engl J Med, 350* (9), 855-57.

8) Dobson, A., J. DaVanzo, M. Consunji, et al. (January 2004). A study of the cost effects of daily multivitamins for older adults, prepared by the Lewin Group for Wyeth Consumer Healthcare. For an extensive data base on the role of nutritional supplementation in preventing disease, see Dr. Ray Strand's Web site www.bionutrition.org

9) Ames, B. N. (1999). Micronutrient deficiencies. A major cause of DNA damage. *Ann N Y Acad Sci, 889,* 87-106; Ames, B. N. (Apr. 18, 2001). DNA damage from micronutrient deficiencies is likely to be a major cause of cancer. *Mutat Res, 475* (1-2), 7-20.

10) French, S. A., et al. (1994). Food preferences, eating patterns, and physical activity among adolescents: correlates of eating disorders symptoms. *J Adolesc Health, 15* (4), 286-94.

11) French, S. A., et al. (1995). Frequent dieting among adolescents: psychosocial and health behavior correlates. *Am J Public Health, 85* (5), 695-701.

12) Brewerton, T. D. (April 2002). Bulimia in children and adolescents. *Child and adolescent psychiatry clinics of North America, 11* (2), 237-56.

13) Teicher, M. H., et al. (1997). Preliminary evidence for abnormal cortical development in physically and sexually abused children using EEG coherence and MRI. *Ann NY Acad Sci, 821,* 160-75.

14) Gustafson, T. B., and D. B. Sarwer. (Aug. 2004). Childhood sexual abuse and obesity. *Obes Rev, 5* (3), 129-35.

15) Felitti, V. J., R. F. Anda, D. Nordenberg, et al. (1998). Relationship of childhood abuse and household dysfunction to many of the leading causes of death in adults. The Adverse Childhood Experiences (ACE) Study. *Am J Prev Med, 14* (4), 245-58; Felitti, V. J. (1993). Childhood sexual abuse, depression, and family dysfunction in adult obese patients: a case control study. *South Med J, 86* (7), 732-36.

16) Felitti, V. J. (2002). [The relationship of adverse childhood experiences to adult health: turning gold into lead]. *Z Psychosom Med Psychother, 48* (4), 359-69. German.

17) Dietz, W. H. (2004). Overweight in childhood and adolescence. *N Engl J Med, 350* (9), 855-57.

18) Bullitt-Jonas, M. (1999). *Holy hunger: a memoir of desire.* (New York: A. A. Knopf).

19) Maher, T. J., and R. J. Wurtman, (1987). Possible neurologic effects of aspartame, a widely used food additive. *Environ Health Perspect, 75,* 53-57; Wurtman, R. J. (1983). Neurochemical changes following highdose aspartame with dietary carbohydrates. *N Engl J Med, 309* (7), 429-30; Staton, P. C., and D. R. Bristow. (1997). The dietary excitotoxins beta-N-Methylamino-Alanine (BMAA) and beta-N-Oxalylamino-L-Alanine (BOAA) induce necrotic- and apoptotic-like death of rat cerebellar granule cells. *J. Neurochem, 69,* 1508-18.

20) Hering-Hani, R., and N. Gadoth. (June 2003). Caffeine-induced headache in children and adolescents. *Cephalalgia, 23* (5), 332-35.

21) Pollak, C. P., and D. Bright. (2003). Caffeine consumption and weekly sleep patterns in U.S. seventh-, eighth-, and ninth-graders. *Pediatrics, 111* (1), 42-46.

22) Savoca, M. R., et al. (2004). The association of caffeinated beverages with blood pressure in

adolescents. *Arch Pediatr Adolesc Med, 158* (5), 473-77.

23) *Caffeine: A Healthy Habit?* (June 2003). Patient education brochure published by Washington State University Health and Wellness Services, Pullman, WA, also available online at www.hws.wsu.edu/brochures/caffeine.htm).

24) 같은 책

25) Hindi-Alexander, M. C., et al. (1985). Theophylline and fibrocystic breast disease. *J Allergy Clin Immunol, 75* (6), 70915; Gabrielli, G. B., and G. De Sandre. (NovDec 1995). Excessive tea consumption can inhibit the efficacy of oral iron treatment in iron-deficiency anemia. *Haematologica, 80* (6), 518-20; Feldman, R. S., et al. (1997). Principles of neuropsychopharmacology. (Sunderland, MA: Sinauer Associates, Inc.), 611-16; Rossignol, A. M. (1985). Caffeine-containing beverages and premenstrual syndrome in young women. *Am J Public Health, 75* (11), 1335-37; Rossignol, A. M., and H. Bonnlander. (1990). Caffeinecontaining beverages, total fluid consumption, and premenstrual syndrome. *Am J Public Health, 80* (9), 1106-10.

19장 사회로 진출하다

1) Shuler, R. (Fall 2000). The cost of kindness: self-sacrifice can cripple caregivers. *UAB Magazine*, 20 (2).

2) Chen, C. C., A. S. David, H. Nunnerley, M. Michell, J. L. Dawson, H. Berry, J. Dobbs, T. Fahy. (1995). Adverse life events and breast cancer: case-control study. *BMJ, 311* (7019), 1527-30; Bahnson, C. B. (1981). Stress and cancer: the state of the art. Part 2. *Psychosomatics, 22* (3), 207-20; Bremond, A., G. A. Kune, and C. B. Bahnson. (June 1986). Psychosomatic factors in breast cancer patients: results of a case control study. *J Psychosomatic Obstetrics and Gynaecology, 5* (2), 127-36; Levy, S. M., R. B. Herberman, T. Whiteside, K. Sanzo, J. Lee, J. Kirkwood. (1990). Perceived social support and tumor estrogen/progesterone receptor status as predictors of natural killer cell activity in breast cancer patients. *Psychosom Med, 52* (1), 73-85; Levy, S., R. Herberman, M. Lippman, T. d'Angelo. (1987). Correlation of stress factors with sustained depression of natural killer cell activity and predicted prognosis in patients with breast cancer. *J Clin Oncol, 5* (3), 348-53.

3) Frankel, L. P. (2004). Nice girls don't get the corner office: 101 unconscious mistakes women make that sabotage their careers. (New York: Warner Business Books).

4) Vansteenkiste, M., and E. L. Deci. (2003). Competitively contingent rewards and intrinsic motivation: can losers remain motivated? *Motivation and Emotion, 27* (4), 273-99; Vallerand, R. J., and G. F. Losier. (1999). An integrative analysis of intrinsic and extrinsic motivation in sport. *Journal of Applied Sport Psychology, 11* (1), 142-69.

5) Schooley, R. (1994). Epstein-Barr virus infections, including infectious mononucleosis. In K. J. Isselbacher, et al. (eds.), *Harrison's principles of internal medicine, vol. 1*, 13th ed. (New York: McGraw Hill), 790-93.

6) Kobasa, S. C. (1979). Personality and resistance to illness. *Am J Community Psychol, 7* (4),

413-23; Kobasa, S. C. (1979). Stressful life events, personality, and health: an inquiry into hardiness. *J Pers Soc Psychol, 307* (1), 1-11; Friedman, R., D. Sobel, P. Myers, M. Caudill, and H. Benson. (1995). Behavioral medicine, clinical health psychology, and cost offset. *Health Psychol, 14* (6), 509-18; Funk, S. C. (1992). Hardiness: a review of theory and research. *Health Psychol, 11* (5), 335-45; Hellman, C. J., M. Budd, J. Borysenko, D. C. McClelland, and H. Benson. (1990). A study of the effectiveness of two group behavioral medicine interventions for patients with psychosomatic complaints. *Behav Med, 16* (4), 165-73.

7) Rich, A. (1986). *Of woman born: motherhood as experience and institution.* (New York: Norton).

에필로그

20장 유산은 지속된다

1) For an extensive bibliography of medical studies on near-death experiences, see M. Morse (1992), *Transformed by the light: the powerful effect of near-death experiences on people's lives.* (New York: Villard Books).

2) Hicks, E., and J. Hicks. (2004). *Ask and it is given: learning to manifest your desires.* (Carlsbad, CA: Hay House).

3) Luskin, F. (2002). *Forgive for good: a proven prescription for health and happiness.* (San Francisco: HarperSanFrancisco).

엄마와 딸의 건강을 위한 기초 공사

3장 임신은 기적이다

• 추천 도서

Carista Luminare-Rosen, Ph.D., *Parenting Begins Before Conception: A Guide to Preparing Body, Mind, and Spirit for You and Your Future Child*(Healing Arts Press, 2000).
Center for Creative Parenting의 소장인 Luminare-Rosen 박사는 아기의 탄생을 준비하는 부모들을 위해서 새로 태어날 아기의 신체적, 정신적, 감정적, 영적 건강(임신 전에 아기의 영혼을 위한 의식적인 노력을 포함해서)을 최적의 상태로 유지할 수 있는 정보를 제공한다. 이 통합적인 정보는 태아의 건강에 대한 전통적인 지혜와 최신 의료 정보를 포함한다.
www.creativeparenting.com

Jeannine Parvati Baker, Frederick Baker, and Tamara Slayton, *Conscious Conception: An Elemental Journey Through the Labyrinth of Sexuality*(Freestone Publishing Co., 1986).
이 책은 생식력을 고양시키는 지혜와 자연스러운 가족계획에 대한 정보를 제공한다. 남녀 커플들에게 성행위를 억제하지 않고 강화함으로써 생식력을 경험하는 방법을 가르친다.

Rick Hanson, Ph.D., Jan Hanson, L.Ac., and Ricki Pollycove, M.D., *Mother Nurture: A Mother's Guide to Health in Body, Mind, and Intimate Relationships*(Penguin Books, 2002).
건전하고 행복한 사회를 만드는 열쇠는 모든 엄마가 행복하고 건강해지는 것이다. 심리학자, 침술가, 영양사, 산부인과 의사인 저자들이 공동 집필한 이 책은 이러한 중대한 목표를 성취하는 데 필요한 정보의 보고라고 할 수 있다. 엄마나 엄마를 사랑하는 모든 사람들이 반드시 읽어야 할 책이다.

Susun S. Weed, *Wise Woman Herbal for the Childbearing Years*(Ash Tree Pub., 1985).
임신과 관련된 약초에 대한 안내서인 이 책은 임신이나 출산을 앞둔 엄마들을 위한 유익한 충고와 현명한 도움으로 가득하다. 또한 약초 전문가들이나 건강에 관련된 교육자들에게도 유익한 정보를 제공해줄 것이다. 이 책에는 남성과 여성 모두에게 해당하는 생식력을 고양시키는 지혜에 대한 내용이 포함되어 있다. 기형아 발생 인자를 함유한 식물들, 피해야 할 음식과 약초들, 유익한 약초들을 비롯해 라즈베리 잎의 추출액을 만드는 법부터 여러 증상에 맞는 복잡한 처방까지 각종 복용법과 처방들을 자세히 소개한다.

• 인공조명

백열등과 형광등을 포함한 모든 인공조명에 태양 광선에서 볼 수 있는 온전하고 균형 잡힌 파장이 없다. 그러나 적절한 양의 파장은 우리 몸에 필요한 영양소의 하나로 꼽는다. 집 안에 자연광을 설치하는 것은 건강에 여러 모로 유익하다. 가장 유익한 효과는 기분 전환과 생식력 증가다. 자연광 제품에 대한 정보를 알고 싶으면 아래 번호로 전화하거나 인터넷 사이트에 접속하면 된다.

Light for Health: 800-468-1104 www.lightforhealth.com

Natural Lighting: 888-900-6830 www.naturallighting.com

Ott-Lite Technology: 800-842-8848 www.ottlite.com/wtb.asp

• 체질량지수(BMI)를 알아보는 방법

미 국립건강연구소에서는 웹사이트를 통해서 BMI를 신속하게 알려준다. 키와 몸무게만 입력하면 곧바로 BMI를 알 수 있다. 측정 단위는 인치와 파운드를 사용하지만 미터법으로 변환할 수도 있다. 이 사이트는 BMI에 따라서 당신이 건강한지, 과체중인지, 비만인지에 대한 정보도 아울러 제공한다.

http://nhlbisupport.com/bmi/bmicalc.htm.

• 독성 화학물질을 피하는 방법

미국 아동건강환경협회(CHEC)의 웹사이트는 가정에서 흔히 발견되는 해로운 화학물질의 자세한 목록을 제공한다. 이 사이트는 각 독성 물질의 위험도와 주로 발견되는 장소, 건강에 미치는 영향, 안전한 대체 물질에 대한 정보 등을 알려준다. 아이는 물론 어른, 특히 임신과 관련된 여성들에게 튼 도움이 될 것이다.

www.checnet.org/healthehouse/chemicals/chemicals.asp.

Pregnancy Exposure Hotline - 매사추세츠에 있는 기관으로 투자 법인인 Genesis Fund와 National Birth Defects Center의 후원으로 운영된다. 이 기관은 기형 발생 인자(기형이나 유전적 돌연변이를 일으키는 화학물질)에 노출된 임신한 여성들을 위해 비밀 보장을 전제로 최신 의학 정보를 친절하게 상담해준다. 이 기관의 웹사이트에서는 여러 질문에 친절하게 답해주는 것은 물론 도움이 되는 서비스를 제공할 단체와 연결시켜주기도 한다.

Tel: 781-466-8474, 800-322-5014   www.thegenesisfund.org/pehservices.htm

• 독성 화학물질을 피하는 데 도움이 되는 추천 도서

Susan M. Barlow and Frank M. Sullivan, *Reproductive Hazards of Industrial Chemicals: An Evaluation of Animal and Human Data*(Academic Press, 1982).

• 오메가-3 지방산 보충제

오메가-3 필수지방산(EFAs)의 주된 공급원은 지방이 많은 어류, 계란, 견과류, 각종 씨, 해초류, 시금치, 브로콜리, 양배추, 콜라드, 케일 같은 녹색 채소다. 가공하지 않은 야채 기름-특히 아마인유-에도 EFAs가 풍부하게 함유되어 있다. 하지만 시판되는 대부분의 식용유(대두유나 카놀라유)는 만드는 과정에서 오메가-3 지방산을 거의 제거한다. 내가 특별히 추천하고 싶은 이 필수지방산의 공급원은 Vital Choice Seafood에서 생산하는 연어 가공 식품인 'Dr. Northrup's Healthy Mon and Baby'이다. 알래스카 산 연어는 뇌와 신경계의 기능에 중요한 영향을 미치는 오메가-3 지방산을 풍부하게 함유하고 있다. 특히 Vital Choice Company는 엄마가 되는 여성들을 위해 특별히 제작된 각종 연어 제품을 생산한다. 이 회사에서 사용하는 모든 연어는 항생제와 성장 호르몬, 인공 착색제가 전혀 첨가되지 않은 유기농 제품이며 진공포장 하고 냉동 처리하여 위생적이다. 일부 'Healthy Mom and Baby' 제품에는 알래스카 산 홍연어 오일 캡슐도 포함되어 있으며, 연어 필레와 연어 버거도 판매한다.
Tel: 800-608-4825 www.vitalchoice.com

USANA(건강 관련 제품을 생산하는 다국적기업)의 OptOmega - 심장의 건강에 중대한 영향을 미치는 두 필수지방산인 오메가-3 지방산과 오메가-6 지방산이 적절히 배합된 제품이다. 이들 지방산은 건강한 면역계와 건강한 피부를 만들어주고, 정신을 맑게 하는 효과도 있다. 주의력결핍장애가 있는 아이에게 필수지방산을 복용시키자 증상이 호전되기도 했다. 이 천연 야채 제품은 정제되지 않은 유기농 아마인과 해바라기 씨, 호박씨, 순도 높은 올리브유 등에서 추출되며 트랜스지방이 전혀 없다.

USANA의 BiOmega-3 - 이 캡슐에는 냉수성 생선의 기름 1,000mg과 몸에 쉽게 흡수되는 천연 상태의 오메가-3 지방산 EPA, DHA가 함유되어 있다.
Tel: 888-950-9595 www.usana.com

Natur's Way의 Neuromins - 이 제품에는 인간의 모유에 함유된 DHA와 가장 유사한 형태의 천연 DHA가 함유되어 있으며, 특히 산모의 건강에 좋다.
Tel: 800-654-4432 www.emersonecologics.com

Vital Choice Seafood의 Alaskan Sockeye Salmon Oil Capsules - 이 제품은 순수한 야생 알래스카 산 연어에서 추출한 오일을 정확한 처방에 따라 제조한 것이다. 1,000mg의 캡슐에는 150mg의 EPA와 DHA가 함유되어 있다. 이 100퍼센트 천연 제품은 친환경 수산물 마크를 획득한 유일한 오일 보충제다. 자세한 정보를 알고 싶다면 Viral Choice Seafood로 연락하면 된다.

Cathy's Country Store에서 판매되는 Whole Flax Seed - 이 제품은 북부 다코타 지방에서 유기농 재배한 것으로 특히 맛과 향이 뛰어나다. 더 자세한 정보를 알고 싶으면 Emerson Ecologics로 연락하면 된다.

Health from the Sun에서 분쇄한 FiProFLAX(아마가루) - 이 제품은 오일 함량이 높은 최고 품질의 아마로 만들었다. 가루뿐 아니라 병에 담긴 유기농 아마인 오일이나 캡슐도 구입할 수 있다. (상온보다 냉장고에 보관하면 약효를 더 오래 보존할 수 있다). 더 자세한 정보를 알고 싶으면 Emerson Ecologics로 연락하면 된다.

Omega Smart Bars - 이 유기농 천연 제품은 적정량의 오메가-3뿐 아니라 풍부한 섬유질을 함유한 혈당지수가 낮은 제품이다. 이 제품은 유기농으로 재배한 아마인, 무화과, 용설란, 각종 건과일, 콩가루, 볶은 견과류, 아몬드나 호두 등으로 만들며, 여기에 역시 유기농 제품인 계피와 후추를 첨가한다. 이 제품에는 인공 향료나 유제품, 유청, 수소화된 오일, 정제된 설탕, 밀, 합성 비타민, 가공된 계란이나 콩 단백질 등을 전혀 넣지 않았다. 더 자세한 정보는 Emerson Ecologics에서 얻을 수 있다.
Nutiva's Hempseed Bars - 삼씨도 EPAs의 좋은 공급원이며 오메가-3, 오메가-6, 감마-리놀레산이 완벽한 비율로 함유되어 있다. 이 맛 좋은 스낵은 삼씨와 아마인, 해바라기 씨, 호박씨, 꿀의 혼합 제품이다. 이 스낵바의 원료들은 살충제와 제초제를 전혀 사용하지 않는 유기농으로 재배되며 단백질과 비타민E가 첨가된다. 이 제품은 일반적인 유기농 아마, 아마와 초콜릿, 아마와 건포도(아몬드) 등 세 가지 형태로 생산된다. Emerson Ecologics에서 더 자세한 정보를 얻을 수 있다.

Nuvita's Organic Hemp Protein Powder - 이 제품은 100퍼센트 천연 유기농 삼단백질 가루이며 헥산, 글루텐, 유제품, 락토스, 감미료 등의 첨가물이 전혀 없다. 이 제품의 영양소는 단백질 37퍼센트, 섬유질 43퍼센트, 유익한 지방 9퍼센트로 이루어져 있다. 스낵이나 스무디에 첨가해서 먹으면 훌륭한 아침 식사나 오후의 간식이 된다. Emerson Ecologics에서 자세한 정보를 얻을 수 있다.

Silk's Enhanced Soymilk - 이 두유는 일반적인 실크표 두유와 맛이 똑같지만 아마유에서 추출한 오메가-3 지방산이 첨가되어 있다. 뿐만 아니라 탄산칼슘, 비타민C, 비타민E, 비타민A, 비타민D, 비타민B2, B6, B12가 보강되어 있다. Whole Foods나 Wild Oats 같은 자연식품 슈퍼마켓이나 건강식품 가게에서 구입할 수 있다.

• DHA에 대한 정보
도코사헥사엔산(DHA)은 인간의 뇌와 눈의 발달과 기능에 필수적인 오메가-3 지방산이다. 우리 대부분은 이 영양소의 국립건강협회가 추천한 일일권장량(300밀리그램)을 충분히 섭취하지 못한다. 특히 임신이나 수유 중인 여성에게 이 영양소가 부족하면 심각한 영향을 미칠 수 있다. DHA의 좋은 공급원은 DHA가 풍부한 사료를 먹은 닭이 낳은 계란과 연어, 정어리 같은 천연(양식이 아닌) 냉수성 어류, 그리고 해조류에서 추출한 보충제 등이다. DHA에 대한 정보를 알고 싶으면 New Natural Media(천연제품에 대한 잡지를 발행하고 천연제품에 대한 쇼나 회의를 주로 개최하는 미국의 권위 있는 미디어그룹)가 운영하는 인터넷사이트 Healthwell에서 자세하고 특별한 정보를 얻을 수 있다.
www.healthwell.com/hnbreakthroughs/may99/fattyacids.cfm.

Market Biosciences Corporation - 이 회사는 미세조류 제품을 생산하는 기업으로 DHA Depot이라는 웹사이트를 운영한다. 이 사이트에서는 이 영양소에 대한 자세한 소개는 물론 임산부와 젖을 먹는 아기에게 DHA가 얼마나 중요한 영양소인지를 설명한다. 또한 당신이 하루에 먹는 음식이나 스낵을 통해서 얼마나 많은 양의 DHA를 섭취하는지를 계산해주기도 한다.
Tel: 888-652-7246 www.dhadepot.com

• 비타민과 무기질 보충제
비타민과 무기질 보충제는 어느 때나 유익하지만 특히 임신을 계획 중이라면 더욱 중요하다. 하지만 효과를 보증하는 GMP마크가 있는 질 좋은 제품을 선택해야 한다. 다음과 같은 제품들을 추천한다.

USANA의 Essentials - USANA에서 생산되는 비타민 보충제인 Mega Antioxidant Vitamin과 무기질 보충제인 Chelated Mineral을 매일 함께 복용하는 것이 좋다. 이 제품들에는 필수 비타민과 무기질의 적정량이 균형 있게 함유되어 있으며, 15가지의 항산화제(이 회사만의 특허품인 Olivol 또는 올리브 추출액이 포함된)가 첨가되어 있다.
Tel: 888-950-9595 www.usana.com

Verified Quality's Super Multi-Complex - 이 제품은 28가지의 비타민과 무기질을 함유한 반면, 코팅 처리나 첨가물 등 어떤 가공도 거치지 않았다. 또한 유제품이나 밀, 계란, 콩, 효소, 설탕, 전분, 방부제, 경화유 등도 첨가되지 않았다. Emerson Ecologics 회사로 연락하면 더 자세한 정보를 얻을 수 있다.

• 혈당지수에 대한 정보
혈당지수란 탄수화물이 얼마나 빨리 혈당 수치를 높이는지를 나타내는 값이다. 즉 소화 과정에서 빨리 분해되어 혈당을 빨리 높이는 음식물은 혈당지수가 높다. 반면, 천천히 분해되어 포도당이 혈액 속으로 천천히 흡수되면 혈당지수가 낮다. The Glycemic Index 웹사이트에 접속하면 음식물의 혈당지수와 혈당부하지수(음식물의 혈당지수와 먹은 음식물의 양을 고려해서 산정하는 지수)를 알 수 있다. 혈당지수가 낮은 음식과 높은 음식을 찾아볼 수 있으며, 혈당지수와 혈당부하지수에 관계된 질문과 답도 볼 수 있다.
www.glycemicindex.com.

• 혈당지수에 대한 추천 도서
Jennie Brand-Miller, Ph.D., Thomas M. S. Wolever, M.D., Ph.D., Kaye Foster-Powell, M.Nutr. and Diet, and Stephen Colagiuri, M.D., *The New Glucose Revolution: The Authoritative Guide to the Glycemic IndexThe Dietary Solution for Lifelong Health*(Marlowe & Co., 2003).
이 책의 저자들은 포도당이 혈액에 미치는 효과와 혈당지수에 대해 세계적으로 권위를 인정받는 학자들이다. 이 개정판은 혈당지수와 혈당부하지수에 대한 설명뿐 아니라 여러 음식들의 혈당 가치와 건강을 지켜주는 저혈당지수 식품들을 소개한다.

• 아가베 시럽(저혈당지수 감미료) 보충제
Nekutli Agave Nectar - 이 제품은 멕시코 산 용설란에서 추출한 100퍼센트 유기농 제품으로 설탕보다 단맛이 강한 고농도의 과당이 함유되어 있지만 혈당지수가 매우 낮다(꿀보다 낮은 혈당지수 46). 특히 이 시럽은 찬물에도 잘 녹는다.
Tel: 866-635-8854 www.agavenectar.com/product.html

• 글루타민산소다(MSG)에 대한 정보
www.msgtruth.org/eatwhat.htm: 이 웹사이트는 예전에 식품과학, 식품가공, 생물학 분야에 종사했지만 지금은 식품업계에 관련되어 있지 않은 전문가들이 운영한다. 이 사이트는 MSG에 대해

독자적으로 연구하며, MSG가 함유된 식품과 함유되지 않은 식품 목록을 소개한다.

• Foresight의 임신 전 보살핌 프로그램

Foresight - 이 기관은 영국의 서리 주에 본부를 둔 비영리 단체로 임신을 준비하는 부모들에게 건강과 영양의 중요성을 교육하는 기관이다. 이 단체의 목표는 부모들에게 여러 유익한 정보들을 제공하여 건강한 아기를 낳도록 돕는 것이다. Foresight의 Preconception Care Program에 대한 자세한 정보나 간행물은 웹사이트에서 다운로드할 수 있다.

Tel: 011-44-1483-427839 www.foresight-preconception.org.uk

• 임신 가능성을 높이기 위한 정보

www.ovusoft.com - 이 웹사이트는 FDA의 정식 인증을 받아 임신을 돕고 생식력에 대한 인식을 높이는 데 기여한다. 당신은 이 사이트의 도움으로 자기 몸의 주기와 징후들을 파악할 수 있다. 또한 이 사이트는 빨리 임신할 수 있는 방법도 소개하는데 그 기간을 이삼 개월에서 육 개월까지 단축할 수 있다. 몸의 징후들을 관찰하고 탐지하는 자연스러운 방법으로 임신을 원하는 시기를 결정하도록 도와주는 이 사이트의 FAM(Fertility Awareness Method)프로그램을 이용하면 된다. 이 프로그램은 Toni Weschler의 저서 *Taking Charge of Your Fertility: The Definitive Guide to Natural Birth Control, Pregnancy Achievement, and Reproductive Health*(HarperCollins, 2002)에 근거하여 개발되었다. 또한 Ovusoft는 이 사이트에서 다운로드할 수 있는 '15일 검사프로그램'도 제공한다.

Tel: 757-722-0991

Ovusoft Ovulation Tester - 이 간단한 기구로 여성들은 자신의 배란기를 파악할 수 있다. 슬라이드에 침을 묻혀 관찰하고 기록하면 배란기를 쉽게 알 수 있다. 침을 사용하는 다른 기구들과는 달리, 이 제품은 배란기를 알아보기 위한 자기만의 배란일지를 작성하게 한다. 정확도가 98퍼센트에 이르는 이 제품을 강력히 추천한다.

Tel: 866-688-5284 www.ovusoft.com

4장 임신

• 추천 도서

Holly Roberts, D.O., *Your Vegetarian Pregnancy: A Month-by-Month Guide to Health and Nutrition*(Simon & Schuster, 2003).

이 책은 내 친구이자 동료인 Holly Roberts의 저서다. 그는 산부인과 의사이자 오랜 기간 채식주의자로 살아왔다. 이 책에는 임신부들이 따를 수 있는 채식주의 식단에 대한 유익한 정보가 가득하다. 나도 지금은 생선과 고기를 먹지만 두 아이를 임신했을 때는 자연식단을 실천했다.

Shari Maser, *Blessingways: A Guide to Mother-Centered Baby Showers Celebrating Pregnancy, Birth, and Motherhood* (Moondance Press, to be published in May 2005).

Shari Master는 정식 허가를 받은 분만 교육가이며 두 아이의 엄마이기도 하다. 이 책은 아기를 출산 또는 입양한 여성들이 엄마 역할에 어떻게 적응할 것인지에 대한 정보로 가득하다. 엄마라는 역할에 적응하기 위한 단계적인 안내서와 남성과 아이들까지 포함한 독창적인 적응 프로그램을 소개한다. 또한 엄마 역할에 행복하게 적응한 여성들의 사례와 도움말도 실려 있다. www.blessingway.net.

• 불임에 대한 추천 도서

Niravi B. Payne and Brenda Lain Richardson, *The Whole Person Fertility Program: A Revolutionary Mind-Body Process to Help You Conceive* (Three Rivers Press, 1997).
Niravi Payne은 자신이 개발한 Whole Person Fertility Program을 통해서 불임 부부들의 임신을 돕는 일에 평생을 바친 전문가다. 불임에 대한 그녀의 견해는 매우 지혜롭고 효과적이다. 만일 당신이 임신을 원한다면 이 책에 소개된 프로그램을 통독하고 그대로 실천해보길 강력히 추천한다. 임신으로 향하는 당신의 여정에 충분히 가치 있는 투자가 될 것이다.
www.niravi.com

Randine A. Lewis, *The Infertility Cure: The Ancient Chinese Wellness Program for Getting Pregnant and Having Healthy Babies* (Little, Brown, 2004).
한의사인 Randine Lewis는 여성의 불임을 치료하기 위해서 전통 한의학과 서구 의학을 접목시켰다. 이 책은 식단 조절과 지압, 한약이라는 자연적이고 효과적인 방법으로 임신을 원하는 여성들을 돕는다. 이 책에 소개된 프로그램의 목적은 여성들의 건강과 웰빙을 돕고, 생식 기관을 강화하며, 임신에 영향을 미치는 특별한 장애물을 치료하는 것이다. 이 프로그램은 서구 의학에 근거한 치료법(체외수정이나 호르몬 대체요법 등)도 병행한다.

Julia Indichova, *Inconceivable: A Woman's Triumph over Despair and Statistics* (Broadway Books, 2001), 크리스티안 노스럽 박사가 서문을 씀.
만일 당신이 생식력을 높이고 싶지만 몸을 억압하는 방법이 불편하게 느껴진다면 이 책을 읽어보라. 마흔세 살의 나이에 첨단 의료 기술의 도움이 없이는 임신이 불가능하다는 진단을 받았던 Julia Indichova가 자신의 체험담을 풀어놓은 책이다.

• 오메가-3 지방산과 비타민과 무기질 보충제
3장 참조

• 멋진 임신복
Bella Blu - 멋지고 아름다운 임신복과 액세서리를 소개하는 온라인 쇼핑몰이다. 엄마가 될 여성들을 위해서 청바지나 평상복부터 잠옷, 수영복, 외출복, 속옷 등 다양한 제품들을 소개한다.
Tel: 888-678-0034 www.bellablumaternity.com

• 입덧에 효과적인 생강
Nature's Way Ginger Root Capsules - 이 캡슐에는 한약 재료인 생강 뿌리가 550밀리그램 들어

있으며, 진저올과 쇼가올 같은 필수지방이 1.5퍼센트 함유되어 있다.
Tel: 800-654-4432 www.emersonecologics.com

• 다운증후군에 대한 정보
미국다운증후군학회 - 다운증후군을 앓는 사람들의 삶의 질을 높이기 위해서 교육과 연구, 복지 등을 담당하는 기관이다. 이 기관에서 운영하는 웹사이트에서는 다운증후군에 대한 정보는 물론 최근에 연구를 통해 밝혀진 정보들을 제공한다. 또한 '가족과 친구들'이란 특별한 코너에서는 다운증후군 환자의 부모와 형제, 조부모, 친구들에게 도움이 되는 충고들을 소개한다.
Tel: 800-221-4602 www.ndss.org

Down Syndrome Quarterly - 이 계간지는 다운증후군에 대한 각종 연구들을 소개하는 여러 학문을 넘나드는 잡지다. 다운증후군을 위한 기부금도 받고 있으며, 웹사이트를 통해서 유익한 기사나 정보들을 제공한다.
www.denison.edu/collaborations/dsq/

• 다운증후군에 대한 추천 도서
Martha Beck, *Expecting Adam: A True Story of Birth, Rebirth, and Everyday Magic* (Times Books, 1999).
가슴 아프면서도 흥미로운 이 책은 다운증후군 아이를 기르는 부모의 특별한 이야기를 담고 있다. 아기의 탄생이 그들의 삶을 어떻게 바꿔놓았고, 세상을 보는 눈을 어떻게 변화시켰으며, 그런 환경에서 가능한 것이 무엇인지에 대한 체험담이다. 엄마가 될 모든 여성들이 읽어야 할 영감이 가득 담긴 책이다.

• 유전학적 스크리닝(영상검사)에 대한 정보
http://kidshealth.org - 이 웹사이트는 모든 종류의 태아 스크리닝에 대한 정보를 소개한다. 이것이 반드시 필요한 부모들과 그 결과가 의미하는 바를 설명하며, 진정한 부모 역할에 대해서도 고찰하게 한다.
http://kidshealth.org/parent/system/medical/prenatal_tests.html

www.askdrgayle.com - 태아와 가족의 발달에 대한 전문가이자 가족치료사인 Gayle Peterson, M.S.S.W., L.C.S.W., Ph.D.가 운영하는 사이트다. 그녀는 *An Easier Childbirth, Birthing Normally*와 *Making Healthy Families*의 저자기도 하다. 그녀의 웹사이트는 가족에 대한 정보로 가득하며, 임신 중에 하는 태아검사가 당신에게 필요한지 아닌지에 대한 정보도 있다.
www.askdrgayle.com/recent6.htm

• 임신과 출산에 대한 긍정적인 다짐, 명상, 심상유도법
The Pocket Midwife - 이 책은 내 친구이자 간호사 및 조산사 동료인 Susan Fekety, C.N.M.의

저서로 용수철로 제본되어 세울 수 있도록 만들어졌다. 요리를 하거나 머리를 빗거나 일상생활을 하면서도 손쉽게 보면서 다짐할 수 있도록 하기 위해서다. 책을 주문하려면 아래 사이트에 접속하면 된다.
www.pocketmidwife.com

Body-Centered Hypnosis for Pregnancy, Bonding, and Childbirth - 이 오디오테이프는 Gayle Peterson, N.S.S.W., L.C.S.W., Ph.D.가 제작한 것으로, 불안감을 감소시키고 자신감과 웰빙에 대한 감각을 증진시키는 훈련들이 포함되어 있다. 또한 출산가시화에 대한 부분이 들어 있어 임신부들에게도 효과적이다. 아마존 웹사이트에서 주문할 수 있다.
www.amazon.com

Opening the Way - 이 테이프는 Monroe Institute에서 제작한 명상 테이프다. 이 단체는 깊은 명상의 상태로 인도하는 바이노럴피트 현상을 사용한 제품을 개발한 비영리적인 연구및 교육 단체다. 8개로 구성된 Hemi-Sync 테이프 시리즈는 일반적인 긴장 이완, 아빠를 위한 지원, 엄마와 아기의 건강, 출산, 산후 조리를 비롯해 심지어 출산 전에 태아의 영혼에 접속하는 훈련까지 포함한다.
Tel: 800-541-2488 www.hemi-sync.com

• 유산이나 사산 후의 슬픔에 대한 정보
다음에 소개하는 웹사이트들은 아기를 잃은 엄마들을 위로해주는 광범위한 정보와 지원 프로그램들을 제공한다.

www.empty-cradles.com - 이 사이트는 유산이나 사산 또는 자궁 안에서 아기를 잃거나 영아돌연사증후군(SIDS)으로 아기를 잃은 엄마들을 위한 치유 프로그램을 제공한다. 이 사이트는 이런 일이 일어나는 원인을 설명하고, 앞으로 닥쳐올 슬픔과 그것을 극복하는 방법을 소개한다. 또한 잃어버린 아기를 위해서 사이버 은하계에 아기를 위한 별을 창조하는 코너도 마련되어 있다.

www.silentgrief.com - 이 사이트에서는 아기를 잃은 여성을 치유하고 지원하며 희망을 안겨주는 정보들을 제공한다. 이 사이트는 여성들이 체험담을 나누는 코너도 마련되어 있으며 유산이나 영아 손실에 대한 기사들도 소개한다.

www.obgyn.net/women/women.asp?page=women/loss/loss.htm/
이 사이트의 'Maternal Grief' 페이지에서는 온라인상의 지원 그룹 미팅에 대한 정보를 제공하는 동시에 슬픔을 당한 엄마들을 위해서 여러 형태의 지원을 제공하는 웹사이트들과 연결시켜준다.

• 유산이나 사산에 대한 추천 도서
Lorraine Ash, *Life Touches Life: A Mother's Story of Stillbirth and Healing* (NewSage, 2004). 크리스티안 노스럽 박사가 서문을 씀.
순조로운 임신 기간을 거친 후 Lorraine Ash는 여자 아이를 출산했는데, 그 아기는 이미 자궁 안에서 죽어 있었다. 충격과 고통에 휩싸인 그녀는 왜 그런 일이 일어났는지, 그 절망적인 경험을 어떻게 극복할지에 대한 해답을 찾기 시작했다. 이 여정을 통해서 그녀는 엄마와 아기 사이의 유대감은 죽음을 초월한다는 사실을 깨닫기 시작했다. 이 발견을 시점으로 그녀는 위안을 얻기 시작했으며 결국 슬픔을 기쁨으로 승화시킬 수 있게 되었다. 그녀의 경험담은 아기를 잃은 것뿐 아니라 모든 상실감과 슬픔으로 고통받는 사람들에게 많은 도움이 될 것이다.

Maria Housden, *Hannah's Gift: Lessons from a Life Fully Lived* (Bantam Books, 2002).
이 책은 Maria Housden가 시한부 인생을 사는 아이를 키우면서 경험한 지혜와 은총을 기록한 아름답고 감동적인 책이다. 슬픔으로 고통받는 독자들에게 과거를 극복하고 미래를 향해 나아갈 수 있는 치유의 기회를 안겨줄 것이다. 특히 아이가 심각한 질병을 앓고 있는 부모들에게 많은 도움이 될 것이다. 당신도 나처럼 이 책을 읽고 진한 감동과 놀라운 영감을 얻기를 바란다.

Cynthia Kuhn Beischel, editor, *From Eulogy to Joy: A Heartfelt Anthology* (Capital Books, 2002).
이 책은 사랑하는 사람(아이를 포함한)을 잃은 사람들의 이야기 130편이 수록된 지혜롭고 감동적인 책이다. 사랑하는 사람을 잃었을 때 나타나는 반응은 어떤 것이든 정상적이고 적절함을 보여주며, 상실감은 뛰어넘는 게 아니라 그것을 충분히 느낌으로써 성장해가는 것임을 깨닫게 한다.

5장 진통과 출산

• 추천 도서

Ina May Gaskin, *Ina May's Guide to Childbirth* (Bantam, 2003).
조산사라는 영역을 개척하는 데 앞장서 온 Ina May는 이 책에서 태아의 보살핌과 산고에 대한 자세하고 유익한 정보를 제공한다. 이 책은 또한 출산에 대한 긍정적인 다짐에 유용하게 쓰일 수 있는 고무적이고 감동적인 출산 경험들을 소개한다. 더불어 출산에 적합한 환경을 제공해주는 조산사와 출산 도우미, 조산원들에 대한 전국적인 정보도 수록되어 있다. 나는 모든 임신한 여성들이 이 책을 읽고 그 지혜의 소리에 귀를 기울이기를 간절히 원한다. 이 책에 수록된 정보들은 세상을 바꿀 수 있는 훌륭한 힘을 지녔기 때문이다.
www.inamay.com

Sheri Menelli, *Journey into Motherhood: Inspiring Stories of Natural Birth* (White Heart Publishing, 2004).
모든 여성은 이 멋진 책에 소개된 이야기에 귀를 기울일 필요가 있다. 자연분만이 얼마나 경이로운 경험이며, 삶을 변화시키는 힘 또한 얼마나 엄청난지를 알기 위해서다. 출산 전문가인 Sheri Menelli는 영감이 가득한 이 책에서 아기를 집이나 병원, 혹은 야외에서 출산한 산모 마흔여덟 명의 사례와 그 지혜를 소개한다. 그녀는 이 책에서 임산부들에게 고통 없이 출산하는 방법을 가르치며, 요가나 최면 또는 수중분만 같은 출산에 도움이 되는 여러 가지 방법에 대한 정보를 제공한다.
www.journeyintomotherhood.com

Marshall H. Klaus, M.D., John H. Kennell, M.D., and Phyllis H. Klaus, C.S.W., *Bonding: Building the Foundations of Secure Attachment and Independence* (Addison-Wesley

Publishing, 1995).

널리 알려진 유대감 전문가이자 소아과 의사, 아동교육 전문가인 Klaus, Kennell, Klaus는 이 책에서 아기와 효과적으로 유대감을 형성하는 방법에 대한 정보를 제공한다(임신 기간부터 시작해서 최적의 출산 경험을 만들 수 있는 정보까지). 이 책은 아기가 태어난 처음 몇 시간이 어린 시절의 유대감 형성에 큰 영향을 미친다는 사실을 보여주기 때문에 부모가 될 사람들이 꼭 읽어봐야 할 책이다.

Gayle Peterson, M.S.S.W., L.C.S.W., Ph.D., *Birthing Normally: A Personal Growth Approach to Childbirth* (Mindbody Press, 1981).

출산 전문가이자 사회 개혁의 선구자인 Gayle Peterson은 이 책에서 엄마가 임신을 통해 성장하는 것에 대해 논한다. 또한 이 책은 태아 보살핌에 대한 통합적인 원리와 더불어 엄마가 될 사람들과 출산을 도울 전문가들에게 실질적이고 기술적인 정보도 제공한다. Peterson의 다른 저서들에도 유익한 정보가 가득하다. *An Easier Childbirth: A Mother's Workbook for Health and Emotional Well-Being During Pregnancy and Delivery* (J. P. Tarcher, 1991), *Making Healthy Families: With Notes from the Web* (Shadow and Light Publications, 2000).

Marilyn Moran, *Pleasurable Husband/Wife Childbirth: The Real Consummation of Married Love* (Terra Publishing, 1997)

가정분만 전문가인 Marilyn Moran은 아홉 명의 아기를 병원에서 출산했으나 열 번째 아기는 남편의 도움으로 집에서 출산했다. 이 경험을 계기로 그녀는 가정분만의 지원자로서 왕성한 활동을 펼치고 있다. 이 책에서는 가정분만으로 출산한 엄마들의 경험담을 소개하면서 이 독특하고 개인적이며 영적인 출산의 유익함을 증명한 연구들을 소개한다.

www.unassistedhomebirth.com

Paulina Perez and Cheryl Snedeker, *Special Women: The Role of the Professional Labor Assistant* (Cutting Edge Press, 2000).

Paulina perez, R.N., B.S.N.는 세계적으로 널리 알려진 출산 지원 전문가다. 그녀는 미국 전역의 병원과 조산원들이 출산 지원 프로그램을 실시하도록 돕기 위해 활발한 활동을 벌이고 있다. 또한 미국 북동부 지역에서 출산 도우미인 듀라 서비스센터를 운영한다. 위에 소개한 책 이외에도 그녀의 저서들을 적극 추천한다. *The Nurturing Touch at Birth: The Labor Support Handbook* (Cutting Edge Press, 1997). 책을 주문하려면 Cutting Edge로 연락하면 된다.

Tel: 802-635-2142

• 출산에 대한 일반적인 정보

www.childbirth.org - 이 웹사이트는 출산 교육가이자 듀라인 Robin Elise Weiss가 개설했다. 이 사이트에는 듀라, 조산사, 소아과 간호사, 수유 컨설턴트 등 출산 전문가들이 제공하는 임산과 출산에 대한 다양한 정보가 있다.

www.birthworks.com - 이 웹사이트는 여성들이 출산에 대해 자신감을 갖게 한다. 전국적으로 운영하는 출산교실과 출산에 대한 정보를 제공한다.

Tel: 800-862-4784

Maternity Center Association(MCA) - 비영리 단체인 이 기관은 임산부에 대한 보살핌을 향상시키는 데 기여하며, 특히 'Listening to Mothers: Report of the First National U.S. Survey of Women's Childbearing Experiences' (2002년 10월)라는 연구를 실시했다. 이 프로젝트 외에도 MCA에서는 임산부 보살핌을 향상시키고 여성의 욕구에 부응하기 위해서 임산부 보살핌의 추세에 대해 정기적인 점검을 실시하고, 정보를 제공하는 강좌를 펼치며, 혁신적이고 책임감 있는 프로그램을 개발하고 있다.
Tel: 212-777-5000 www.maternitywise.org

Coalition for Improving Maternity Service(CIMS) - 이 단체는 수많은 개인과 50여 개 기관의 9만 명 이상의 회원들이 협력해서 운영하는 기관이다. CIMS의 목표는 출산의 성과를 향상시키고 비용을 절감하는 임산부 보살핌의 바람직한 모델을 구축하는 것이다. 이 기관의 웹사이트에는 '아기를 가지셨나요? 다음 10가지 질문에 대답해보세요'라는 멋진 코너가 마련되어 있다. 이 코너에 접속하거나 더 많은 정보를 얻고 싶다면 다음 연락처를 이용하면 된다.
Tel: 888-282-2467
www.motherfriendly.org

Holistic Moms Network - 이 기관은 통합적인 부모 역할에 대한 깨달음, 교육, 지원을 담당하는 전국적인 단체다. 이 기관의 여러 시설들은 부모들이 모여 서로 경험담이나 정보를 나누는 공동체를 형성하는 데 도움을 주는 마을회관 성격을 띤다.
www.holisticmoms.org

Teresa Robertson - 간호사이자 조산사인 그녀는 진정한 개척자다. 나는 그녀의 활동이야말로 미래의 산부인과가 나아가야 할 방향이라고 생각한다. 아기가 태어나기 전에 직관을 통해서 아기와 접속하고, 아기의 의식과 파트너십을 형성하고자 하는 그녀의 시도는 매우 고무적이다. 이 밖에도 그녀는 여성의 생식력을 최대화하고(그녀의 기술은 임신과 출산의 비율을 30퍼센트나 향상시키는 것으로 증명되었다), 유산을 한 여성들의 치유를 돕는다. 또한 미래에 입양할 아기와의 접속이나 유대감 형성을 돕기도 한다. 그녀의 활동 중에서 가장 아름다운 부분은, 여성들이 자기 내면의 지혜를 신뢰하도록 도움으로써 여성 에너지를 강화하는 것이다. 그녀는 직접 상담은 물론 전화 상담도 받는다.
Tel: 303-258-3904 www.birthintuitive.com

• 수중분만에 대한 정보
Birth Balance - 수중분만에 대한 정보를 제공하는 기관이다. 이 센터의 소장이자 수중분만의 선구자인 Judith Elaine Halek은 공인받은 최면요법 치료사이자 출산 카운슬러, 출산 전후의 몸매 관리와 마사지 분야의 전문가다. 이 기관의 웹사이트에는 수중분만에 대한 풍부한 정보와 이 방법으로 아기를 낳은 여성들의 경험담이 소개된다.
Tel: 212-222-4349 www.birthbalance.com

Waterbirth International Research, Resource and Referral Service - 비영리 공공 단체인 Global Maternal/Child Health Association에서 실시하는 프로젝트다. 1988년 Barbara Harper가 제안한 이 프로젝트는 첨단기계에 의존하는 현대의 출산문화에 대한 대안으로 물속에서 안전하게 산고와 분만을 치르도록 고안되었다. 수중분만은 물속에서 산고를 치르는 여성들이 병원의 처치를 쉽게 받아들여 더 나은 결과를 얻고, 제왕 절개술의 확률을 줄이며, 전체 가족이 더 만족한 출산 경험을 공유할 수 있다.

Tel: 800-641-2229 www.waterbirth.org

• 듀라와 출산 도우미에 대한 정보

출산 도우미에는 여러 종류가 있다. 듀라는 출산이 진행되는 동안 산모를 육체적?감정적으로 지원한다. 간호사가 대부분인 이들은 출산 중에 태아와 산모를 돌볼 수 있는 의료 기술이 있다. 조산사는 듀라의 역할을 할 뿐만 아니라 태아도 보살핀다. 다음 기관들은 출산 도우미에 대한 정보를 제공하는 것은 물론 가까운 지역에 거주하는 출산 도우미를 소개하기도 한다.

Doulas of North America (DONA) - 이 기관은 출산 당시와 출산 후에 임산부와 가족들에게 질 높은 감정적, 육체적, 교육적 지원을 제공하도록 훈련받은 4천 명 이상의 듀라들이 등록된 국제적인 단체다. 1992년 Marshall Klaus, M.D., Phyllis Klaus, C.S.W., John Kennell, M.D., Penny Simkin, Annie Kennedy가 설립했다. 이 기관은 듀라의 자격증 공식 허가 업무도 담당한다.

Tel: 888-788-3662 www.DONA.org

Association of Labor Assistants and Childbirth Educators (ALACE) - 이 단체는 처음에는 조산사들로 구성되었지만 나중에 듀라들을 포함시켰다. ALACE는 조산사와 듀라의 훈련과 자격증 허가 업무를 담당한다.

Tel: 888-222-5223 www.alace.org

International Childbirth Education Association (ICEA) - 이 단체는 1960년에 설립되었으며 42개국에 6천 명 이상의 회원이 있다. 가족 중심의 임산부 보살핌에 초점을 맞추는 이 기관은 일반 대중에게 정보를 제공하며, 계간지인 *International Journal of Childbirth Education*을 발행하고, 듀라와 출산 교육가, 태아 교육가, 분만 전후의 몸매 관리 전문가를 교육하고 자격증을 발행한다.

Tel: 952-854-8660 www.icea.org

Childbirth and Postpartum Professional Association (CAPPA) - 이 기관은 임신 중, 출산 당시, 출산 후의 임산부들을 교육과 지원을 통해 보살핀다. 이 비영리 단체는 비교적 최근인 1998년에 설립되었으나 빠르게 성장 중인 듀라와 출산에 관련된 기관이다. 이 기관에서는 출산 교육가, 수유 교육가, 산고 듀라, 출산 전 듀라 등을 훈련시킨다.

Tel: 888-692-2772 www.cappa.net

Association of Nurse Advocates for Childbirth Solution (ANACS) - 이 기관은 간호사들이, 산모와 더 친밀해지고 임산부가 더 나은 출산을 경험하도록 돕는 일을 지원한다.

Tel: 301-434-5546 www.anacs.org

• 듀라와 출산 도우미에 대한 추천 도서

Marshall Klaus, M.D., John Kennell, M.D., and Phyllis Klaus, C.S.W., *The Doula Book: How a Trained Labor Companion Can Help You Have a Shorter, Easier, and Healthier Birth* (Addison-Wesley, 1993).

어떤 여성이든 아무런 도움도 없이 진통을 겪어서는 안 된다. 따라서 듀라야말로 여성의 지혜를 구체화한 이상적인 지원 시스템이라고 할 수 있다. 산모를 보살피는(고대 그리스에서 시작된) 듀라의 전통적인 역할은 가족 전체에게 여러 모로 유익하다. 이 책의 이전 제목인 〈엄마를 위한 엄마 역할〉은 듀라의 서비스가 신체적, 정신적, 실제적으로 얼마나 유익한지를 잘 보여준다.

• 탯줄 자르기에 대한 정보

www.cordclamping.com - 이 사이트는 부모와 출산을 담당하는 전문가들에게 출산 당시와 출산 후의 탯줄의 기능에 대한 정보(과학적인 연구를 포함해서)를 제공하고, 일찍 탯줄을 잘랐을 경우에 발생하는 해로운 효과에 대해서도 알리고 있다.

• 제왕 절개술 후의 자연분만에 대한 정보

www.vbac.com - 이 사이트는 첫아이를 제왕 절개술로 분만한 후 둘째 아이를 자연분만 하는 경우에 대한 과학적인 연구, 전문적인 안내, 정부의 보고서 등을 소개한다. 또한 수준 높은 VBAC(vaginal birth after a cesarean)의 프로그램들을 전국에 배포하는 일도 담당한다.

• 임신과 출산에 대한 긍정적인 다짐, 명상, 심상유도법

4장의 참고 자료 참조

6장 산후 조리

• 추천 도서

Nancy London, M.S.W, *Hot Flashes, Warm Bottles: First-Time Mothers Over Forty* (Celestial Arts, 2001).

만일 당신이나 가까운 사람이 늦은 나이에 첫 아기를 낳으려고 한다면 '폐경기의 엄마'가 직면하게 될 문제점에 대해 도움이 될 만한 책을 원할 것이다. 이 책이 바로 그 책이다.

Life After Childbirth: Making It Work for You

The Vermont Postpartum Task Force에서 2002년에 개정판이 출간된 이 소책자는 출산 후 엄마가 된 여성들이 경험하는 신체적, 정신적 변화에 대한 정보와 자료들로 가득 차 있다. 이 책은 산후 스트레스의 증상과 그 영향을 최소화하는 방법을 소개하고 있다. 이 책의 저자들은 모두 엄마들이며 출산 교육가, 정신건강 카운슬러, 진통과 출산 간호사 2명, 산후조리 지원 그룹 주선자로 이루어져 있다.

www.vermontpostpartumtaskforce.org

• 터치와 터치 연구에 대한 정보

The Touch Research Institute - 이 기관은 신생아를 포함해 평생에 걸친 터치요법의 효과에 대한 연구를 관장한다. 1992년 Tiffany Field, Ph.D. 학장이 마이애미 의과대학에 이 센터를 처음 설립했을 당시에는 오로지 스킨십과 그것이 의학과 과학에 어떻게 적용되는지에 대해서 연구하는 세계 최초의 기관이었다. 그 후 파리와 필리핀(마사지요법이 신생아의 체중을 더 빠르게 증가시킨다는 사실이 연구 결과 증명되었다)에 TRIs 센터들이 문을 열었다.

Tel: 305-243-6781   www.miami.edu/touch-research

• 모유 수유에 대한 정보

La Leche League International - 이 기관은 모유를 먹이는 엄마들에게 많은 지원을 아끼지 않는 세계적인 기관이다. 1956년 자기 아기들에게 모유를 먹인 일곱 명의 엄마들이 설립한 이 기관은 현재 미국에만 3천여 개의 지역 단체가 있을 정도로 크게 성장했다. 24시간 전화 상담이 가능하며, 단체 산하 도서관에서도 모유 수유에 대한 정보를 얻을 수 있다. 웹사이트에서는 모유 수유에 필요한 모든 종류의 장비들을 카탈로그로 소개하며 판매도 담당한다.

Tel: 847-519-7730   www.lalecheleague.org

www.breastfeeding.com - 이 사이트는 모유 수유에 대해 당신이 알고 싶어 하는 모든 것을 제공한다. 수유에 필요한 기구와 제품들, 편리한 옷, 전문적인 정보, 엄마들을 위한 메시지 게시판과 채팅방, 전국적인 수유 컨설턴트 전화번호부, 모유 수유와 그 유익함에 대한 각종 자료 등을 총 망라한다.

Medela - 대표적인 착유기 제조 회사인 이 기업은 웹사이트를 통해서 수유에 대한 다양한 정보를 제공한다. 모유 수유 시 문제점과 그 해결책, 입양한 아기를 위한 모유 수유, 여러 신체장애가 있는 아기들을 위한 수유, 직장생활 중의 모유 수유 등에 대해 상세한 정보를 소개한다.

www.medela.com/NewFiles/bfdginfo.html.

이 회사는 또한 모유의 착유와 저장에 대해서도 상세하게 안내한다(특별한 착유 방법과 저장 방법, 일반적인 수유 정보, 수유의 핵심 비결, 냉동 저장에 관한 정보 등).

www.medela.com/NewFiles/coll_store.html

Jack Newman, M.D. - 캐나다에서 소아과 의사로 활동하고 있는 뉴먼 박사는 모유 수유의 열렬한 지지자이며, 1984년 토론토 대학병원의 아동 병동에서 최초로 병원에서의 모유 수유를 시작한 선구자다. 그는 웹사이트를 통해서 모유 수유에 대한 자료와 정보들을 제공한다.

www.bflrc.com/newman/articles.htm

• 모유 수유와 약물

The American Academy of Family Physicians - 이 단체에서는 모유 수유 중에 약을 복용하는 것에 대한 정보를 제공하는 웹사이트를 운영한다. 이 사이트에서는 모유 수유 중에 안전하게 복용할 수 있는 약물과 적합하지 않은 약물의 목록을 제공한다.

www.aafp.org/afp/20010701/119.html

• 모유 수유와 일자리로의 복귀

ProMom - 모유 수유에 대한 대중의 인식을 고취하는 활동을 벌이는 비영리 단체인 이 단체는 웹사이트를 통해서 직장에 복귀한 후에도 모유 수유를 계속할 수 있는 방법에 대한 실질적이고 세부적인 정보를 제공한다.

www.promom.org/101

• 수유에 적합한 옷에 대한 정보

Motherwear - 이 인터넷 쇼핑몰에서는 모유를 먹이는 엄마들을 위한 예쁘고 세련되고 편리한 드레스, 스웨터, 민소매, 평상복을 100퍼센트 애프터서비스를 보장하며 판매한다. 또한 수유에 대한 책과 정보들, 수유에 필요한 패드를 비롯한 각종 필수품도 구입할 수 있다.

Tel: 800-950-2500   www.motherwear.com

• 우유병 젖꼭지와 공갈 젖꼭지

아기가 우유병을 빨 시기(분유든 모유든)가 되면 가능하면 엄마 젖꼭지와 가장 흡사하게 만들어진 젖꼭지를 사용하라. 일반적인 우유병 젖꼭지는 아기가 우유를 빨아먹기에 효과적이지 않다. 아기들은 엄마 젖을 빨 때처럼 입 전체를 사용하지 않고 입술을 이용해서 젖꼭지의 끝을 빨기 때문이다. 또한 일반적인 우유병의 젖꼭지는 엄마 젖보다 구멍이 커서 더 쉽고 빠르게 우유를 먹을 수 있기 때문에 일단 우유병 젖꼭지를 빨게 되면 더 이상 힘들어서 엄마 젖을 빨지 않으려고 한다. 하지만 모양과 기능이 엄마 젖꼭지와 유사하며 구멍 크기를 조절할 수 있는 젖꼭지를 사용하면 아기는 엄마 젖과 우유병을 함께 빠는 데 큰 문제가 없을 것이다. 이 문제에 대해서 더 자세한 정보를 얻고 싶다면 'Breast feeding after Reduction Information and Support' 라는 웹사이트를 이용하라. 이 사이트에서는 엄마 젖을 떼지 않고 우유병을 병행해서 사용할 때 왜 적절한 젖꼭지를 선택하는 것이 중요한지에 대한 풍부한 정보를 제공한다. www.bfar.org/nipples.shtml. 몇 가지 예를 들어보겠다.

Avent Newborn Slow-Flow silicone nipples - 이 부드럽고 긴 젖꼭지는 아기가 엄마 젖꼭지와 가장 비슷하다고 느낄 수 있는 젖꼭지다. 이 제품은 아기가 엄마 젖을 빨 때와 흡사하게 입을 크게 벌려서 혀와 입술을 이용해서 빨도록 고안되었다. 이 젖꼭지의 길이가 긴 이유는 엄마 젖을 빨 때처럼 입 안의 뒤쪽에서 삼키도록 유도하기 위해서다.

Playtex's NaturaLatch Newborn Slow-Flow Nipples - 이 실리콘 제품은 연구 결과 모유 수유와 병행 시에 도움이 되는 것으로 증명되었다. 젖꼭지에 엄마 젖과 비슷하게 위로 솟아오른 부드러운 부분이 있어서 아기가 엄마 젖과 흡사하게 느끼기 때문이다. 또한 우유가 천천히 나오도록 구멍이 작은 것도 도움이 된다.

Evenflo Ultra nipples - 이 실리콘 젖꼭지도 엄마 젖과 흡사하게 고안되었으며 구멍 크기도 세 종류로 생산된다. slow(신생아~생후 3개월), medium(생후 3~6개월), fast(생후 6개월 이후).

공갈 젖꼭지 또한 엄마 젖꼭지와 비슷할수록 좋다. 여기에 두 가지 제품을 소개한다.

The NUK nipple - 거버 사에서 생산하는 이 공갈 젖꼭지는 아기의 혀와 입천장, 턱을 자연스럽게 발달시키기 때문에 치아 발달에 가장 적합하다.

Natural Comfort pacifier - Evenflo 사에서 생산되는 이 젖꼭지는 엄마 젖과 흡사할 뿐 아니라 받침대가 멀리 있기 때문에 받침대가 아기의 얼굴을 눌러서 빨갛게 부풀어 오르거나 짓무르는 것을 방지할 수 있다.

• 분유에 대한 정보

만일 아기에게 분유를 먹이기로 결정했다면 뇌의 기능과 발달에 중요한 영향을 미치는 DHA가 첨가된 제품을 선택하라. 나는 DHA와 아라키돈산(신체 기관과 조직의 성장에 필요한 필수지방산)의 함유량이 높은 Enfamil Lipil을 추천하고 싶다. 이 제품은 철 강화 제품, 락토스 제거 제품, 콩 첨가 제품, 잘 흘리는 아기를 위한 농도가 진한 제품 등 여러 형태로 생산된다.

염소 우유는 일반 우유나 두유가 잘 맞지 않는 아기에게 좋은 대용품이다. Meyerberg는 방부제와 항생제, 소 성장 호르몬 등이 함유되지 않은 추천할 만한 제품이다. 염소 우유는 소 우유보다 칼슘과 비타민A, 비타민B6, 칼륨이 더 많이 함유되어 있다. 그러나 염소 우유를 먹는 아기들은 의사가 처방한 종합 비타민과 철 보충제를 첨가해서 복용해야 한다. 염소우유에 대해 더 많은 정보를 알고 싶다면 다음 웹사이트의 'Got Goat's Milk?' 코너를 참고하라.
www.askdrsears.com/html/3/T032400.asp

• 아기를 위한 양모 제품에 대한 정보

양모 제품은 여름에 시원하고 겨울에 따뜻하게 아기를 보호해주며 촉감도 부드럽고 포근하다. 공기가 섬유 사이로 잘 순환되기 때문인데 따라서 질식할 염려도 없다.

Winganna Lambskins - 영국에서 생산되는 이 제품은 부드럽고 촘촘하고 탄력성이 좋다. 이 제품은 털을 짧게 깎은 후에 빗질을 해서 빠지는 털을 말끔히 정리했다. 세탁기에 넣고 빨 수 있으며 드라이기에 넣어서 말려도 손상되지 않는다. 이 제품은 덮개, 매트리스 커버, 자동차 깔개, 유모차 깔개, 인큐베이터 패드까지 다양하게 생산된다.
Tel: 800-849-7512 www.winganna.com

The Carrying Kind - 이 영국 회사에서는 최고의 품질로 인정받는 메리노/코리데일 양에서 얻은 유기농 메리노 양모 제품을 생산한다. 양은 유기농으로 사육되기 때문에 가죽에도 화학 물질 찌꺼기가 남아 있지 않다. 이 회사는 전 세계로 제품을 수출한다.
Tel: 011-44-1992-554045 www.thecarryingkind.com

• 아기 침대

Arm's Reach Co-sleeper - 이 제품은 3면에 난간이 있는 아기 침대로, 엄마 침대에 부착하게 되어 있어서 엄마와 아기가 독립된 잠자리 공간을 확보하면서도 엄마가 손만 뻗으면 아기에게 닿을 수 있는 장점이 있다. 따라서 엄마와 아기의 유대감을 강화시키면서 한밤중에 쉽게 젖을 먹일 수 있다.

이 제품은 대부분의 침대에 부착할 수 있도록 높이가 조절되며 모양도 다양하다. 또한 요람은 물론 놀이 공간이나 테이블로도 전환할 수 있다. 이 밖에도 이 회사에서는 바퀴가 달린 소형 아기침대도 생산하며, 아기가 책을 읽거나 쉴 수 있는 안락의자나 식탁으로 전환이 가능한 이동식 아기침대도 생산한다. Arm's Reach 제품은 저명한 소아과 의사인 William Sears 박사가 추천하는 제품이다.
Tel: 800-954-9353, 805-278-2559 www.armsreach.com

• 아기를 재우는 데 도움이 되는 것들
모든 색깔의 빛을 포함하는 백색광처럼, 청취 가능한 모든 주파수를 포함하는 백색소음은 다른 소리들을 차단할 뿐 아니라 아이가 잠들 수 있는 편안한 환경을 조성해준다. 다음에 소개하는 회사들은 백색소음 혹은 자연 음향을 내는 기계나 CD를 생산한다.

Sleep Well Baby - 음향기기 전문 업체인 Marpac에서 생산하는 다양한 형태의 백색소음과 자연 음향을 판매한다.
Tel: 866-873-3026 www.sleepwellbaby.com

Pure White Noise - 자연 음향(바람 소리, 파도 소리, 빗소리)과 집 안 소음(청소기 소리, 에어컨 소리, 환풍기 소리)을 담은 CD를 판매한다.
www.purewhitenoise.com

The Hush Baby - 이 CD에는 부드러운 리듬의 디지털 음악을 합성한 백색소음이 담겨 있다.
www.hush-baby.com

아기를 진정시켜 잠들게 만드는 음악들은 여러 종류가 있지만 나는 특히 Maria Kostelas의 플루트 곡을 추천하고 싶다. Maria의 *Mother's Melody/One Heart* CD는 신생아를 바로 진정시키는 효과가 있으며, 출산을 도운 간호사들의 스트레스도 감소시킨다. 부드러운 선율의 플루트 연주곡 5개가 수록된 이 CD는 엄마와 아기의 유대감을 강화하는 데도 효과가 있다. 이밖에도 *Mother's Melody*의 CD에는 인디언 음악, 남아메리카 음악, 아일랜드 음악을 비롯해서 클래식 플루트 연주곡과 기타, 하프, 바이올린, 첼로, 피아노 연주곡 등이 있다. 마리아는, 예비 엄마들은 아기가 태어나기 전에도 음악을 많이 들어야 한다며 이 음반을 추천한다.
Tel: 310-393-1211 www.flutesoftheworld.com

• 산후 조리를 돕는 듀라
5장의 듀라에 대한 정보 참조

• 산후 우울증에 대한 정보
Depression After Delivery - 비영리 단체인 이 기관은 임신 중이나 출산 후에 우울증으로 고통받는 여성들을 지원한다. 이 기관의 웹사이트는 우울증에 대한 정보는 물론 관계서적에 대한 정보, 인터넷 포럼, 채팅방 등이 제공하며, 전국의 지원 단체와 연결되어 있고, 자가진단법도 소개한다.

Tel: 800-944-4773 www.depressionafterdelivery.com

Emerita's ProGest Body Cream - 이 크림은 3퍼센트 프로게스테론 크림으로, 일일권장량인 1/4티스푼을 바르면 20밀리그램의 프로게스테론을 흡수하게 된다. 이는 산후 우울증에 매우 효과적이다. ProGest는 최초로 시판된 프로게스테론 크림이며, 지금도 가장 많이 팔리는 제품이다. 이 크림은 오랜 임상 실험 결과 그 효능으로 의사들을 만족시켰다. 튜브 타입과 일회용 포장으로 시판되며, 건강식품점에서 처방전 없이 구입할 수 있고, 온라인으로도 구입할 수 있다.
www.progest.com www.emersonecologics.com

• 인지행동요법

The National Association of Cognitive-Behavioral Therapists - 이 기관은 오로지 인지행동정신요법만을 교육하고 훈련하는 단체다. 인지행동요법은 우리의 생각이 감정이나 행동의 원인이 된다는 개념에서 출발한다(다른 사람이나 행동 같은 외부 요인이 아닌). 인지행동요법사들은 환자들에게 상황은 바꿀 수 없더라도 그것에 대한 자신의 생각은 바꿀 수 있다고 가르친다. 따라서 어떤 역경에 처해도 혼란에 빠지거나 마음의 평화를 잃지 않도록 훈련시킨다. 이 기관의 웹사이트는 이 요법에 대한 정보뿐 아니라 환자와 가까운 곳에 있는 인지행동요법사들의 이름과 연락처도 소개한다.
Tel: 800-853-1135 www.nacbt.org

• 레즈비언 엄마에 대한 정보

The Lesbian Mother Support Society (LMSS) - 예전에 캐나다에 있었던 이 단체는 레즈비언 부모나 아이들 또는 부모가 되려는 레즈비언들을 지원하던 단체였다. 비록 단체는 없어졌지만 그 웹사이트는 여전히 남아서 레즈비언 부모들이 직면한 특별한 문제점들에 대한 정보를 제공한다. 이 웹사이트를 운영하는 자원봉사자들은 이메일이나 전화로 상담해준다.
Tel: 403-265-6433
www.lesbian.org/lesbian-moms

첫 번째 방 - 생후 삼 개월부터 일곱 살까지

7장 감성 뇌의 형성

• 추천 도서

Mona Lisa Schulz, M.D., Ph.D., *Awakening Intuition: Using Your Mind-Body Network for Insight and Healing* (Harmony Books, 1998).
내 절친한 친구이자 동료가 집필한 이 책은 우리의 감정이 몸의 어느 부위에 어떻게 영향을 미치는지를 밝힌다. 직관에 대한 중요한 통찰이며, 뇌의 과학이며, 웰빙으로 가는 길이며, 선도적인 업적인 이 책에서 슐츠 박사는 혁신적이고, 신선하고, 감동적인 방법으로 우리의 건강을 증진시키고 삶을 구원해주는 직관에 접근한다. 메인 주의 야머스에서 신경정신학자이자

신경과학자이자 직관의학자로 활동 중인 슐츠 박사는 직관은 신비로운 재능이 아니라 오감과 마찬가지로 자연스러운 감각이라고 가르친다. 이 책은 재미있고 풍부한 정보를 담고 있을 뿐 아니라 우리 삶을 바꿔놓는 힘이 있다. 슐츠 박사의 다른 저서로는 *The New Feminine Brain: How Women Can Develop Their Unique Genius and Intuitive Style* (Free Press, 2005)이 있다. www.drmonalisa.com

Harvey Karp, M.D. (Paula Spenser 공저), *The Happiest Toddler on the Block: The New Way to Stop the Daily Battle of Wills and Raise a Secure and Well-Behaved One-to Four-Year-Old*(Bantam Books, 2004).
소아과 의사이자 아동 발달 전문가인 Karp 박사는 유아와 소통하는 중요한 열쇠는 그들을 작은 크기의 인간으로 생각하지 않고 자신만의 원시적인 언어를 사용하는 작은 크기의 동굴인간으로 생각하는 것이라고 말했다. 그는 이 원시적인 언어의 법칙을 짧은 문장 사용, 반복, 목소리와 보디랭귀지의 극적인 억양으로 규정했다. Karp 박사의 다른 저서로는 *The Happiest Baby On the Block: The New Way to Calm Crying and Help Your Baby Sleep Longer*(Bantam Books, 2002)가 있다.

Paul Schenk, Psy.D., *Great Ways to Sabotage a Good Conversation*(Standard Press, 2002).
애틀랜타에서 병원을 개업한 심리학자인 Schenk 박사는 유머가 가득 담긴 이 유익한 책에서 우리가 아이들이나 파트너, 친구, 동료, 다른 사람과 대화를 나눌 때 빠지기 쉬운 함정에 대해 설명한다. 그들이 우리가 하는 말을 고의로 방해할 경우 사용하는 단어를 바꿈으로써 대화의 기술뿐 아니라 관계도 향상시킬 수 있다는 게 그의 주장이다.
www.drpaulschenk.com

• 변증법적 행동요법(DBT)
DBT는 '인지행동적인 테크닉, 기술의 훈련, 선, 실존주의의 절묘한 배합'이라는 설명처럼 극단적인 감정 표현(방치할 경우에 심각한 신체적, 정신적 질병으로 이어지는)이라는 문제점을 가진 모든 사람에게 대단히 효과적인 치료법이다. 이 치료법은 정신적인 질환을 가진 사람들을 위해 고안되긴 했지만 나는 어떤 종류의 신체적 질병(특히 만성적 질환)이 있는 사람이라도 Linehan 박사가 주장한 이 치료법을 통해 좋은 효과를 볼 수 있다고 믿는다. 최근에는 대부분의 정신건강센터에서 이 치료법을 사용한다.

• 변증법적 행동요법에 대한 추천 도서
Marsha M. Linehan, Ph.D., *Skills Training Manual for Treating Borderline Personality Disorder*(Guilford Press, 1993).
Lindhan 박사는 시애틀에 있는 워싱턴 대학의 심리학 교수이자 정신과 교수이자 행동과학자다. 그녀는 또한 Behavioral Research and Therapy Clinics의 소장이기도 하다.
www.behavioraltech.com   http://faculty.washington.edu/linehan.

Scott E. Spradlin, Don't Let Your Emotions Run Your Life: How Dialectical Behavior Therapy Can

Put You in Control (New Harbinger Publications, 2003).
Spradlin은 캔자스 주의 위치토에서 변증법적 행동요법사와 공인된 카운슬러로 활동 중이다.
www.ksdbt.com

8장 입과 장으로 경험하는 지혜

• 추천 도서
Paul Zane Pilzer, *The Wellness Revolution: How to Make a Fortune in the Next Trillion Dollar Industry*(Wiley & Sons, 2002).
베스트셀러인 이 책은 웰빙 산업 운영에 대한 단계적인 안내서다. 이 책에는 건강과 웰빙 산업을 성공시키는 정보와 통계들이 가득 담겨 있다. Pilzer는 세계적인 경제 전문가이자 거대한 소프트웨어 기업의 총수이며, 랍비이자 교수이기도 하다.
www.paulzanepilzer.com

Fereydoon Batmanghelidj, M.D., *Your Body's Many Cries for Water: You Are Not Sick, You Are Thirsty!* (Global Health Solutions, 1992).
Batmanghelidj 박사에 따르면 대부분의 일반적인 질환(천식이나 관절염부터 편두통이나 자가 면역질환에 이르기까지)의 실질적인 원인은 만성적인 탈수 때문이다. 수십 년 전에 정치범으로 이란 감옥에서 수감 생활을 할 때 그는 스트레스성 위궤양으로 고생하던 동료 죄수 3천 명을 오직 물만 이용해서(그가 가진 유일한 약이었던) 성공적으로 치료한 경험이 있다. 그 후 그는 통증과 질병과 만성적 탈수 사이의 상관관계를 연구하는 데 집중했다.
www.watercure.com

Taro Gomi, *Everyone Poops*(Kane/Miller Book Publishers, 1993).
이 간단한 아이들의 그림책은 일반적으로 잘 다루지 않는 인간과 동물의 장운동에 대해서 간단명료하게 설명한 책(같은 출판사에서 발행한 Shinta Cho의 *The Gas We Pass*와 함께)이다. 이 책은 삽화는 재미있지만 글의 내용은 아이들에게 보내는 절규에 가깝다.
www.everyonepoops.com

• 아기 음식을 가는 기계
The KidCo Food Mill(오랫동안 'Happy Baby Food Grinder' 라는 이름으로 알려짐) - 음식을 갈아서 거르는 기능과 씨와 뼈와 껍질을 분리하는 기능을 갖추고 있다. 또한 배터리나 전기가 필요 없고 엄마의 힘만으로 작동할 수 있다. 휴대가 간편하고 가벼우며, 식기세척기에 넣어 세척할 수 있고, 무엇보다 가격이 저렴하다.
Tel: 800-553-5529 www.kidco.com

• 아이를 위한 종합 비타민
USANA's Usanimals - USANA의 비타민 보충제인 이 제품은 아이들을 위해 씹어 먹을 수 있게 고안되었으며, 항산화 작용을 하는 식물성 영양소인 블랙베리, 크랜베리, 라즈베리, 야생 블루베리 가루가 첨가되어 있다. 또한 강력한 항산화제인 비타민C와 비타민E도 다량 함유되어 있다.
Tel: 888-950-9595 www.usana.com

Pioneer's Chewable MVM - 이 고품질의 어린이 영양제는 25가지의 천연 과일과 채소 가루를 함유하고 있다. 아이에게 이 모든 식품을 직접 먹인다고 생각해보라. 결코 쉽지 않은 일이다.
Tel: 800-654-4432 www.emersonecologics.com

• 비타민D를 위한 간유

TwinLab Norwegian Cod Liver Oil - 간유는 비타민D뿐 아니라 비타민A, 오메가-3 지방산인 EPA, DHA의 좋은 공급원이다. 또한 이 제품은 천연 체리 향이 나기 때문에 아이들이 잘 먹는다. 구입하고 싶으면 Emerson Ecologics로 연락하면 된다.

• 음부 주변 염증 치료법

Resinol Medicated Ointment - 뉴저지 주의 로렌스빌에 있는 U.S. Dermatologics 회사에서 제조한 이 연고는 슈퍼마켓이나 약국에서 구입할 수 있다.
www.usderm.com

• 햇볕에 탄 피부를 예방하고 치료하는 법

USANA's Daytime Protective Emulsion (SPF 15) - 순하고 유분이 없는 썬크림으로 단파, 장파 자외선을 모두 차단하며 햇볕에 그을린 피부에 수분을 공급하여 회복시킨다.

USANA's Night Renewal Cream - 피부에 수분을 공급하고 손상된 피부를 회복시키는 천연 성분이 다량 함유되어 있다.
Tel: 888-950-9595 www.usana.com

Trienelle's Daily Renewal Creme - 이 크림은 토코트리에놀(최근 발견된 고농축 비타민E로 D-알파 토코페롤로 알려진 일반 비타민D보다 햇볕으로 인산 유리기 손상을 훨씬 잘 회복시키는 것으로 밝혀졌다)을 적정량 함유하고 있다. 또한 피부를 보호하는 항산화제인 조효소 Q10, 알파 히드록시산, 프로시아니딘, 콜라겐 보충 성분으로 입증된 마이크로콜라겐 펜타펩타이드 같은 물질들을 함유하고 있다. 이밖에도 Trienelle은 자외선 차단 효과가 있는 저자극성 크림이기 때문에 매일 사용하는 것이 좋다. 이 크림은 몸에 유익한 영양제를 다년간 복용했던 한 의사가 피부에도 이런 효과가 있는 물질을 만들고자 노력한 결과로 탄생했다.

Trienelle Nighty Restoration Formula - 이 크림은 Daily Renewal Creme과 마찬가지로 2배의 토코트리에놀 성분을 함유하고 있으며 햇볕에 지나치게 노출된 부위에 수분을 제공한다.
Tel: 800-539-5195 www.trienelle.com

9장 면역계의 발달

• 추천 도서

Kathryn C. Shafer, Ph.D., and Fran Greenfield, *Asthma Free in 21 Days: The Breakthrough Mind-Body Healing Program*(Harper San Francisco, 2000).
천식 증상이 있는 모든 사람이 읽어야 할 필독서다. 생명을 구하는 이 탁월한 책에서 Shafer 박사와 심신요법사인 Fran Greenfield는 천식 발작을 감소시키고 천식약 복용을 현저하게 줄일 수 있다고 입증된 단계적인 방법을 소개한다. 이 책의 핵심 내용은 감정을 충분히 표현하고 꿈을 안내자로 이용함으로써 내면의 독창적인 잠재력을 일깨우는 21일에 걸친 훈련이다. 저자들은 또한 독자들에게 효과적인 호흡법을 비롯한 실질적인 정보를 제공한다.
www.asthmafree.org

Robert Mendelsohn, M.D., *Confessions of a Medical Heretic*(Contemporary Books, 1979).
서구 의학이 환자들에게 어떤 해를 끼쳤는지에 대한 사례를 소개한 베스트셀러다. 지금은 작고한 Mendelsohn 박사의 다른 저서로는 *How to Raise a Healthy Child . . . in Spite of Your Doctor*(Contemporary Books, 1984)가 있다.

John Gottman, Ph.D., *Raising an Emotionally Intelligent Child: The Heart of Parenting* (Simon & Schuster, 1998).
심리학자이자 연구가인 Gottman 박사는 의사인 아내 Julie Schwartz Gottman과 함께 시애틀에 Gottman Institute를 설립했다. 그는 이 책에서 부모가 아이를 가르칠 때 감정을 이해하고 조절하는 5단계를 소개한다. 여기에는 아이의 감정을 인정하고 공감하는 법, 아이가 감정을 더 적절하게 해결하는 법이 포함되어 있다.
www.gottman.com

Judith Acosta, L.C.S.W., and Judith Simon Prager, Ph.D., *The Worst Is Over: What to Say When Every Moment Counts*(Jodere Group, 2002).
기도에 대한 응답 같은 책이다. 이 책은 부모부터 소방관에 이르기까지 모든 사람에게 적절한 시기에 치유하고, 격려하고, 삶을 구원하는 적절한 말을 할 수 있는 지혜와 용기를 제공한다. 이 책에는 저자들이 '말의 응급처치'라고 이름 붙인, 응급할 때와 응급하지 않을 때 격려가 되는 말의 모범 답안이 제시되어 있다. 아이에게 하는 말도 포함되어 있다.
www.theworstisover.com

Gary F. Fleischman, O.M.D., and Charles Stein, *Acupuncture: Everything You Ever Wanted to Know*(Barrytown, Ltd., 1998).
이 읽기 쉬운 안내서는 환자와 전문 의료진 모두에게 동양 의학의 기본 원리와 TCM(전통 중국 의학)이 여러 증상의 치료에 어떻게 사용되는지를 설명한다. Fleischman 박사는 코네티컷 주의 뉴헤이븐에서 공인된 침술가로 활동 중이며, 자격증은 China Institute of Acupuncture와 중국 광저우에 있는 Provincial Hospital of Traditional Chinese Medicine에서 취득했다.
www.AcupunctureNewHaven.com

Ruth Kidson, M.Sc., M.B., B.S., *Acupuncture for Everyone: What It Is, Why It Works, and How It Can Help You*(Healing Arts Press, 2000).

침술이 왜 어떻게 효과적인지를 알고 싶다면 영국 의사가 쓴 이 책으로 접근하는 것이 효과적인 방법일 것이다. Kidson 박사는 침술사가 환자를 어떻게 진단하고 치료하는지를 설명한다. 침술에 대해 경계심이 있는 사람들에게 이 책은 침술사에게 더 가까이 접근할 수 있는 기회를 제공해줄 것이다.

• 오메가-3 보충제에 대한 정보
3장 참조

• 전통 중국 의학으로 진료하는 한의사를 찾는 정보
3천 년이라는 긴 역사를 가진 전통 중국 의학은, 모든 질병은 우리 몸의 기(생명 에너지)의 불균형으로 인한 것이라는 사상에 기초한다. 이 한의학은 통증, 질병, 증상 등을 치료(침술과 더불어 한약과 바디워크를 통해서)하기도 하지만 주로 예방에 중점을 둔다. 한의사를 찾고 싶다면 당신의 가정의에게 추천을 부탁하는 것이 가장 좋지만 다음 연락처로 연락하면 가능하다.
Tel: 703-548-9004 www.nccaom.org

• 자연요법 소아과 의사를 찾는 정보
자연요법의사(N.D.s)란 병을 치료할 때 몸의 자연치유력을 증진시키는 자연요법에 중점을 두는 의사를 말한다. 그들은 증상을 치료하는 대신에 질병의 원인에 초점을 맞춘다. 또한 환자를 치료할 때 전통적인 의료 기술과 더불어 환자의 특성에 따라 여러 형태의 대체요법이나 보충제를 병행해서 사용한다. 자연요법 의사에 대해 더 자세한 정보를 알고 싶거나 자연요법 소아과 의사를 찾고 싶다면 다음 연락처로 연락하면 된다.
Tel: 866-538-2267, 202-895-1392 www.naturopathic.org

• 동종요법에 대한 정보
동종요법이란 환자가 겪는 고통과 동일한 증상을 일으키는 식물이나 동물, 광물을 최대한 희석해서 최소량을 투여함으로써 그 증상에 대항하는 면역계를 자극하는 방법이다. 이 어원은 'similar'와 'suffering'과 유사한 뜻을 가진 그리스어에서 기인했으며 '원인이 결과를 치료한다'는 원리에 바탕을 둔 것이다.
Tel: 703-548-7790 www.homeopathic.org

• 동종요법에 대한 추천 도서
Richard Moskowitz, M.D., *Resonance: The Homeopathic Point of View*(Xlibris Corporation, 2001).
Moskowitz 박사는 1974년부터 매사추세츠의 워터타운에서 전통 동종요법을 사용해 환자들을 치료해온 신망 두터운 의사로서 이 주제에 대해 광범위한 저서를 집필했다.
http://members.aol.com/doctorrmosk

• 아이의 예방 접종을 합법적으로 피하는 방법
Joseph Mercola, D.O.,의 연구논문 'How to Legally Avoid Unwanted Immunizations of All Kinds'.
Mercola 박사의 웹사이트를 통해서도 건강과 건강관리에 대한 광범위한 정보와 연구들을 접할 수 있다.
www.mercola.com/article/vaccines/legally_avoid_shots.htm

• 넘브리패드 알레르기 제거 기술(NAET)
이 기술은 1983년 캘리포니아의 침술사이자 척추 교정사이자 운동 치료사인 Devi S. Nambudripad, M.D., D.C., L.Ac., Ph.D.이 개발했다. NAET는 약물이나 공격적인 치료법이 아닌 완전한 자연요법으로, 선택적인 에너지 균형, 테스트, 침술과 지압과 척추 교정과 운동치료와 대증요법의학을 통합한 방법으로 알레르기를 제거하는 것이다.
Tel: 714-523-8900   www.naet.com

• 진동치유에 대한 정보(면역화의 부작용을 다스리는 법 포함)
Deena Zalkind Spear는 콘웰 대학에서 신경생물학 박사 학위를 받았으며, 진동과 음향 치유사로 활동하고 있다. 그녀는 29년 동안 종사해온 바이올린 제작자로서의 경험과 Barbara Brennan School of Healing에서 에너지 치유사로 훈련받은 경험을 결합시켜 치료에 응용하고 있다. 그녀의 저서 *Ears of the Angels: Healing the Sounds-Heard and Unheard-of Humans and Animals*(Hay House, 2003)는 치유사로서의 여정에 대한 유머러스하고 유쾌한 결산이다. 나는 주변의 친구들과 가족들에게 Deena의 책을 권하고 있다.
Tel: 607-387-7787   www.singingwoods.org

• 아이를 위한 감기 처방
Kold Kare(이전에는 Kan Jang이란 이름으로 판매됨) - Kare-N-Herbs(이전에는 Swedish Herbal Institute)사에서 제조한 이 제품은 아시아 약초인 천심련을 함유하고 있다. 이 제품은 지난 12년 동안 Swedish Health Council이 선정하는 '올해의 제품상'을 수상했다. 감기와 독감이 유행하는 계절에 면역계를 강화하는 효과가 입증되었기 때문이다. 이 제품은 12세 이상의 어린이에게 사용하는 것이 좋지만, 최근에는 이 회사에서 그보다 어린 아이들을 위한 액체 형태의 제품을 개발했다.
Tel: 800-654-4432   www.emersonecologics.com

Umcka ColdCare Alcohol Free Drops와 Umcka ColdCare Cherry Syrup - Nature Way 사에서 생산하는 이 제품들에는 동종 효과를 나타내는 남아프리카 제라늄 성분인 펠라고니움 시도이데스가 함유되어 있다. 이 성분은 감기와 인후염 증상을 완화하여 감기와 독감, 공동감염, 인후염 증상을 빨리 회복시키는 것으로 밝혀졌다.

• 프로바이오틱스

항생물질은 병을 일으키는 해로운 박테리아를 제거할 뿐 아니라 영양분의 흡수율을 높이기 위해 소화 기관에서 자연 발생적으로 생기는 유익한 박테리아까지 제거한다. (우리의 장 안에는 무려 400종류의 박테리아가 살고 있다!) 반면, 프로바이오틱스Probiotics는 유익한 박테리아가 번식할 수 있는 환경을 제공하여 자연스러운 내장의 균형을 회복시키고, 영양분의 흡수율을 향상시키며, 소화를 돕는다.

NutriCology's Gastro Flora - 이 캡슐은 4가지 종류의 프로바이오틱스 박테리아(Lactobacillus acidophilus, L. rhamnosus, L. casei, Bifidobacterium longum)를 함유한다. Gastro Flora에는 우유, 곡물, 효모, 콩, 기타 알레르기를 일으키는 물질이 없다. Emerson Ecologics를 통해 구입할 수 있다.

Bio-Botanical Research's ProFlora - 고품질의 식물들에서 추출한 이 액체에는 Lactobacillus acidophilus, L. acidophilus, 비피도 박테리아, 식물성 공동인자, 알로에 베라 등이 함유되어 있다. 다른 바이오틱스 제품과는 다르게 냉장 보관할 필요가 없다. Emerson Ecologics에서 구입할 수 있다.

Gaia Herbs' Swedish Bitters Elixir - 유기농으로 재배하거나 야생에서 채취한 전통적인 유럽의 약초들(심황 뿌리, 용담 뿌리, 창포 뿌리, 우유엉겅퀴 씨, 야생마 뿌리, 카르다몸 씨, 회향 씨, 생강 뿌리, 인디언 까치밥나무, 광귤 정유, 아니스 정유, 해초 가루)에서 추출한 액체를 광천수나 알코올에 섞은 제품이다. 이 제품은 가벼운 소화불량에 매우 효과적이다.
Emerson Ecologics에서 판매한다.

• 자폐증에 대한 최신 정보

미 국립자폐증협회는 자폐증 환자와 가족들을 보호하고, 교육하고, 격려하는 일을 한다. 이 기관은 자폐증 증상 여부를 확인하는 대중적, 전문적인 인식을 고취하고 있다.
Tel: 877-622-2884 www.nationalautismassociation.org

The Center for the Study of Autism(CSA) - 부모나 전문가들에게 자폐증에 대한 정보를 제공하고 여러 치료법들의 효능에 대해 연구하기도 한다.
www.autism.org

10장 사랑의 청사진

• 추천 도서

Barbara Biziou, *The Joy of Ritual: Spiritual Recipes to Celebrate Milestones, Ease Transitions, and Make Every Day Sacred*(Golden Books, 1999).

스스로 '실용적인 영성'이라고 이름 붙인 분야를 가르치는 데 주력하는 Biziou는 이 책에서 매일 단순하면서도 의미가 담긴 의식을 행하는 것에 대해 설명한다. 그녀는 자신의 환경과 가치관에 맞는 의식을 스스로 고안해내라고 충고한다. 특히 유산 같은 슬픈 일을 당했을 때도 축하와 치유를 강조하는 것이 중요하다고 주장한다. 그녀의 다른 저서로는 *The Joy of Family Rituals: Recipes for Everyday Living*(Golden Books, 2000)이 있다.

www.joyofritual.com

• 자기 수용적인 글쓰기(Proprioceptive Writing; PW)

Linda Trichter Metcalf 박사와 Tobin Simon 박사가 개발한 이 기술은 글쓰기를 통해 자신의 정신세계를 탐험함으로써 정신적, 감정적, 신체적, 영적 건강을 향상시킨다. 이것은 자기표현과 창의적인 도약, 영적 성장을 촉진한다. PW는 내면 청취라고 이름 붙인 과정, 즉 동정심과 호기심으로 자신의 생각에 귀를 기울이는 훈련을 통해서 내면의 소리를 듣고 그것을 글로 옮기도록 훈련한다. Metcalf 박사와 Simon 박사는 10년 동안 대학에서 학생들에게 작문법을 가르친 경험을 살려 이 방법을 개발했다. 나도 그들과 7년 동안 개인적으로 또는 그룹으로 일한 적이 있다.

Tel: 212-213-5402 www.pwriting.org

• PW에 대한 추천 도서

Linda Trichter Metcalf, Ph.D., and Tobin Simon, Ph.D., *Writing the Mind Alive: The Proprioceptive Method for Finding Your Authentic Voice*(Ballantine Books, 2002).

Trichter와 Simon 박사는 1982년에 PW센터를 설립해서 현재 공동 소장으로 일하고 있다. Trichter 박사는 뉴스쿨 대학, 에설런 연구소, 오메가 기업, 뉴욕 오픈센터에서 PW를 가르친다.

두 번째 방 – 일곱 살부터 열네 살까지

11장 이성의 시기

• 추천 도서

Carol Gilligan, Ph.D., *In a Different Voice: Psychological Theory and Women's Development* (Harvard University Press, revised edition, 1993).

심리학자이자 뉴욕 대학 로스쿨의 교수인 Gilligan 박사는 성 문제 전문가다. 그가 하버드 대학의 교수로 재직하던 20년 전에 첫 출간된 이 고전은 당시 여성에 대한 진보적인 시각으로 심리학 분야에서 도전적인 업적으로 평가되었다. 그 개정판에서 Gilligan 박사는 이 책이 심리학 분야에서 이룩한 변화에 대한 자신의 견해를 소개한다.

• 죄의식을 극복하는 법

Coping.org - 이 사이트는 다양한 삶의 스트레스 요인을 극복하고 자신의 성장을 이루는 기술을 소개한다. 사이트를 운영하는 작가인 James J. Messina 박사와 Constance M. Messina 박사는 플로리다의 탬파에서 활동하는 전문의다. 죄의식에 대한 설명서(www.coping.org/growth/guilt.htm)는 죄의식이 우리에게 미치는 영향, 다른 사람이 우리의 죄의식을 이용하는 방식, 죄의식을 극복하는 단계적인 과정 등을 소개한다. Messina 박사는 또한 이 사이트에서 이와 유사한 여러 분야에 대해서도 설명한다. 자부심 (www.coping.org/growth/esteem.htm), 신뢰 (www.coping.org/growth/trust.htm), 자기 확신 (www.coping.org/growth/affirm.htm), 완벽주의 (www.coping.org/growth/perfect.htm) 등이다. 자기 성장에 대한 기술의 모든 목록을 검색하고 싶다면 www.coping.org/growth/con-tent.htm에 접속하면 된다.

12장 자부심의 발달

• 추천 도서

John Douillard, Ph.D., *Body, Mind, and Sport: The Mind-Body Guide to Lifelong Fitness and Your Personal Best*(Harmony Books, 1994; revised edition, Three Rivers Press, 2001).
전직 프로 운동선수였던 Douillard 박사는 이 책에서 건강관리에 마음/몸의 원리를 적용했다. 이 책은 독자가 자기 특성에 따라 자신에게 어떤 운동이 가장 적합한지를 결정하는 데 도움을 준다. 그가 제안한 피트니스 프로그램은 시합에 참가하는 운동선수를 위한 것과 일반인을 위한 것이 있다. 개정판에는 테니스 스타인 빌리 진 킹과 마르티나 나브라틸로바가 서문을 썼다. 나는 Douillard 박사의 방법을 알게 된 후 모든 운동에 적용하고 있으며, 이는 내 기쁨을 배가시킨다. www.lifespa.com

Mari Winsor, *The Pilates Powerhouse: The Perfect Method of Body Conditioning for Strength, Flexibility, and the Shape You Have Always Wanted in Less Than an Hour a Day*(Perseus Books, 1999).
필라테스는 핵심 근육을 강화하고 유연성을 키우는 탁월한 방법이다. 몸과 근육과 호흡과 스트레칭이 동시에 이루어지기 때문이다. 필라테스는 산책을 포함해서 내가 이틀에 한 번씩 하는 운동에 많은 영향을 미치고 그 효과를 향상시켰다. 당신의 필라테스 수련을 위해서 마리 윈저의 다른 저서인 *The Pilates Workout Journal*(perseus Books, 2001)을 추천한다.

Brooke Siler, *The Pilates Body: The Ultimate At-Home Guide to Strengthening, Lengthening, and Toning Your Body Without Machines*(Broadway Books, 2000).
Brooke Siler는 미국에서 가장 영향력 있는 필라테스 강사의 한 사람이다. 잘 정리되어 읽기 쉬운 이 책은 초보자든 숙련자든 집이나 여행지에서 필라테스를 하는 데 도움이 된다. 필요한 것은 매트 한 장과, 몸을 잡아 늘려서 강화하겠다는 의지뿐이다.

Miriam E. Nelson, Ph.D., *Strong Women Stay Young*(Bantam, 개정판, 2000)
이 책은 근육 강화 훈련의 기초를 배우는 데 매우 적합하다. Nelson 박사의 프로그램은 중년 여성의 근육과 뼈의 질량을 증가시킨다는 사실이 과학적으로 입증되었다. The Strong Women Stay Young 프로그램은 1주일에 2번 45분짜리 웨이트 트레이닝을 실시하도록 고안되었다. 여기에는 반대쪽 근육도 함께 사용하게 하여 체력을 강화하고 40대부터 잃기 시작하는 균형을 잡아준다. 이 운동은 간단해서 피트니스 센터에서도, 집에서도 할 수 있다. 그리고 현재의 몸 상태가 어떻든 빠른 시간 안에 원하는 결과를 얻을 수 있다. Nelson 박사는 한 연구에서 이 프로그램을 실시한 한 노년 환자가 불과 몇 주 만에 체력이 현저하게 강화되고 넘어지는 횟수가 줄어들었음을 입증했다.
www.strongwomen.com

Peggy W. Brill, P.T., *The Core Program: 15 Minutes a Day That Can Change Your Life*(Bantam Books, 2001).
여러 해에 걸쳐 수많은 여성들이 내게 등의 통증, 목의 쑤심, 엉덩이 통증, 어깨 통증 등을 호소해왔다. 스트레칭과 운동이 대부분의 통증을 완화하긴 하지만 모든 사람에게 효과가 있는 것은 아니다. 마침내 나는 간단한 일상적인 동작이 나이와 몸매와 시작 시기에 관계없이 모든 여성들에게 놀라운 효과를 나타낸다는 사실을 발견했다. 이 동작은 하루에 15분이면 할 수 있을 만큼 간단하지만 모든 사람이 매우 유익한 효과를 누리고 있다. 당신에게 Peggy Brill의 Core Program을 지금 당장 실시하길 권한다. 그것은 건강한 삶을 창조하는 탁월하고 신선한 방법이다.

• 부모 역할에 대한 추천 도서
Dan Kindlon, Ph.D., *Too Much of a Good Thing: Raising Children of Character in an Indulgent Age*(Hyperion, 2001).
소아정신과 의사인 Kindlon 박사는 이 책에서 일곱 가지의 치명적인 과도한 탐닉에 대해 설명한다. 이것은 그의 임상 경험과 2000년에 중상류층 수백 명의 부모와 아이를 대상으로 실시한 연구 결과에 기초한 것이다. 그의 간단하면서도 심오한 충고는 부모들이 과도한 감정 탐닉이라는 함정을 빠져나오는 데 큰 도움이 되고 있다. 그것을 극복한 부모들은 아이들에게 세상을 살아가는 데 필요한 좋은 특성을 가르쳐줄 수 있게 된다.
www.dankindlon.com

Juliet Schor, *Born to Buy: The Commercialized Child and the New Consumer Culture* (Scribner, 2004).
소비자 전문가인 Juliet Schor는 이 책에서 우리 사회가 아이들에게 얼마나 소비를 부추기고 있으며, 그 결과 지나치게 상업화된 몸집 작은 소비자를 양산하고 있음을 설명한다. 대중매체는 아이들의 상품 구매에 영향을 미칠 뿐 아니라 그들이 자신에 대해서 어떻게 생각하는지에 대해서도 지대한 영향을 미친다고 그녀는 경고한다. 또한 부모와 선생님들이 이 위험한 물살에 휩싸이지 않도록 인도하고 있다.

• 부모 역할에 대한 다른 정보들
Connect with Kids Network(CWKN) - 어린이들의 건강, 교육, 웰빙에 초점을 맞춘 TV, 간행물, 인터넷 창작물 연합과 중견 프로듀서들의 단체다. 부모들은 이 CWKN의 웹사이트를 통해서 중대한 사교적, 행동적 문제점(이혼, 약물, 운전 기술, 다양성, 인터넷 사용 등등)들에 대한 정보를 얻거나, 충고를 담은 안내 책자 또는 비디오테이프(어린이들을 위해서 3학년용, 5·6학년용, 8·9학년용, 12학년용 등이 있다)등을 주문할 수 있다.
Tel: 888-891-6020   www.connectingwithkids.com

Teen Research Unlimited (TRU) - 이 회사는 1982년에 설립된 최초의 마케팅 리서치 기관으로, 지금도 십대들에 대한 시장조사를 담당하는 유일한 기관이다. TRU는 유일하게 젊은이들만을 대상으로 양적, 질적, 통합적인 여러 조사와 연구들을 담당한다. 이 회사의 웹사이트에서는 십대의 유행을 추적해서 그 결과와 통계를 발표한다.

Tel: 847-564-3440 www.teenresearch.com

• 경제와 부에 대한 교육

Catherine Ponder, *The Dynamic Laws of Prosperity*(DeVorss & Company; 개정판, 1985).
독자들에게 강렬한 동기를 부여하는 이 책은 1962년에 출간되었다. 나는 이 책을 늘 옆에 끼고 되풀이해서 읽으면서 돈과 부에 대해서 눈뜨기 시작했다. Catherine Ponder는 이 책에서 우리의 부에 대한 생각과 자세가 우리 삶을 어떻게 만들어 가는지를 설명했다. 그녀는 우리가 건강과 부와 행복으로 가득한 더 만족스러운 삶을 추구하도록 격려한다. Ponder의 다른 저서들도 추천하고 싶다. *The Millionaires of Genesis: Their Prosperity Secrets for You!*(DeVorss, 1976), *The Prosperity Secret of the Ages: How to Channel a Golden River of Riches into Your Life*(Prentice-Hall, 1964).

Napoleon Hill, *Think and Grow Rich*(Briggs Pub., 개정판, 2003).
미국 대공황 직후인 1937년에 출간된 이 고전적인 책은 끌어당김의 법칙을 적용하는 확실한 방법을 설명한다. 우리는 감정적, 정신적, 영적인 모든 분야에서 우리의 파장과 일치되는 것들을 끌어당긴다는 것이다. Hill은 우리의 생각이 어떻게 구체적인 형태로 실현되는지를 설명한다. 다시 말해서 만일 우리가 가난에 대한 생각으로 가득 차서 두려움에 끌려 다닌다면 우리는 실제로 가난에 처하게 된다. 반면, 우리가 성공에 대한 갈망에 불타고 그것을 성취하기 위해 전력투구한다면 우주는 우리가 목표를 성취할 수 있도록 구체적인 사람, 장소, 수단 등을 공급할 것이다. Hill은 꿈, 생각, 치밀한 계획 덕분에 역경을 딛고 거대한 부를 이룬 5백 명(헨리 포드, 앤드류 카네기, 토마스 에디슨 등)의 경험을 바탕으로 이 책을 집필했다. 이 책은 비록 구식이고 남성 위주지만 내가 주저 없이 좋은 책으로 손꼽을 만한 많은 지혜와 가치를 담고 있다. 나는 이 책을 통독했으며 그의 제안에 따르려고 노력해왔다.
www.naphill.org

James Allen, *As a Man Thinketh*(DeVorss & Company, 1979).
이 책은 성경 구절인 '사람이 마음속에 품은 생각이 곧 그 사람이다'에 근거한다. 알렌은 사람의 마음을 심은 대로 거두는 법칙이 적용되는 정원으로 본다. 그는 우리가 무엇을 어떤 방법으로 생각하느냐에 따라 우리의 삶을 어떻게 바꿀 수 있는지를 가르친다.

Suze Orman, *The Courage to Be Rich: Creating a Life of Material and Spiritual Abundance* (Riverhead Books, 1999).
우리는 돈을 내면의 지혜와 완전히 접속된 삶을 살 수 없게 만드는 방해물로 여기는 경향이 있다. 그러나 Suze Orman은 증권 중개인이자 금융 전문가로 일하면서 돈은 행복 또는 건강을 보장하는 열쇠는 아니지만 그곳에 도달하도록 도와주는 강력한 협력자라는 사실을 깨닫게 되었다. 우리의 성공은 타고난 수치심을 극복하는 용기, 우리의 불만을 가리는 망토로 사용되는 가난한 사고방식을 벗어버리려는 용기, 우리의 삶에 풍요로움이 넘치도록 허락하는 용기에 달려 있다고 그녀는 가르친다. 그녀의 책은 당신의 용기에 건전한 동기를 부여할 것이다.

www.suzeorman.com

Suze Orman, *The Nine Steps to Financial Freedom: Practical and Spiritual Steps So You Can Stop Worrying*(Crown Publishers, 1997).
내가 Suze Orman의 돈에 대한 접근 방식 중에서 가장 좋아하는 부분은, 돈에 대한 과거의 감정적 경험과 현재의 재정 상태 사이에 상관관계가 있다는 그녀의 주장이다. 그녀는 부를 막는 내면의 장애물 세 가지를 지적했다. 두려움, 분노, 수치심이다. 우리의 감정은 우리가 얼마나 가질 수 있으며 그것을 얼마나 유지할 수 있는지를 결정짓는 요소라고 그녀는 설명한다. 그녀는 내 삶에서 떠나보내야 했던 케케묵은 원망을 떠나보낼 수 있도록 도와주었다. 또한 폐경기를 맞아 새로운 삶으로 나를 상륙시키기 위해 필요한 것은 돈에 대한 확실한 능력이라는 것을 깨닫게 해주었다. 그녀는 "당신은 menopause뿐만 아니라 money-pause도 거쳐야 한다."고 주장했다. 나는 그녀의 책을 통해서 확신을 얻고 강력한 동기를 부여받았다. 당신도 나처럼 Suze의 돈에 대한 지혜를 발견하기를 바란다.

www.suzeorman.com

David Bach, *Smart Woman Finish Rich: 7 Steps to Achieving Financial Security and Funding Your Dreams*(Broadway Books, 2002).
여성의 돈 관리에 대한 이 안내서는 재무 설계란 지적인 문제일 뿐 아니라 감성적인 문제라는 작가의 신념에 근거한다. 그의 9단계 프로그램은 미래를 위해 돈을 어떻게 저축하고, 현재에 어떻게 사용하며, 자신의 가치관에 맞게 어떻게 관리할 것인지를 설명한다. 이 최신 개정판은 또한 아이들의 돈 관리에 대해서도 언급하고 있다.

www.finishrich.com

Robert Kiyosaki and Sharon Lechter, C.P.A., *Rich Dad, Poor Dad: What the Rich Teach Their Kids About Money That the Poor and Middle Class Do Not*(Doubleday, 1999).
'빈익빈 부익부' 란 말을 흔히 듣는다. Kiyosaki는 이 책에서 그 이유를 설명하며 독자들에게 이 원리를 삶에 어떻게 적용할 것인지를 가르친다. 그는 자신을 단순한 '고용자' 가 아닌 '비즈니스맨' 으로 생각하는 게 중요하다고 설명한다. 또한 돈을 벌기 위해 일하는 것(카드 비용 막기에 급급한 삶)과 자신이나 다른 사람의 비즈니스 안에서 투자를 통해 돈의 흐름이나 투자 소득을 창출하는 것과의 차이점을 지적한다. 이들은 다른 책도 함께 집필했다. *Rich Dad, Poor Dad for Teens: The Secret About Money That You Don't Learn in School!*(Warner Books, 2004). Kiyosaki는 이 책에서 'Cash Flow 101' 이라는 보드게임을 소개한다. 나는 이 게임을 단 두 차례 하고 나서 12권의 책을 읽었을 때보다 더 많은 것을 배울 수 있었다. 이 게임은 참가자 각자의 돈에 대한 사고방식이나 행동 방식을 섬뜩할 정도로 정확하게 반영한다. 이 게임의 목적은 '다람쥐 쳇바퀴 도는 삶' 에서 벗어나 고속도로로 들어서는 것이다. 그것은 당신의 매달 투자 소득이 지출을 초과할 때 가능하다. 이 게임을 하고나면 돈 관리에 대한 당신의 시각이 달라질 것이라고 확신한다. 이 게임은 보드 방식과 CD롬 방식 두 가지가 있다. 기본적인 'Cash Flow 101' 이외에도 아이들을 위한 게임('Cash Flow for Kids')과 투자의 기술을 가르치는 더 진보된 게임도 나와 있다('Cash Flow 202').

www.richdad.com

Randy Gage, *Accept Your Abundance!: Why You Are Supposed to Be Wealthy*(Prime Concepts Group Inc, 2003) and *101 Keys to Your Prosperity: Insights on Health, Happiness and Abundance in Your Life*(Prime Concepts Group Inc, 2003).
성공의 귀재이자 억만장자인 Randy Gage는 사람들에게 모든 차원에서 한정된 사고방식을 바꾸라고 주장한다. 과거에 알코올 중독자로 접시닦이를 하며 살던 Randy는 독특한 개성을 지닌 활기 넘치는 달변가다. 그의 말 중에서 내가 가장 좋아하는 구절은, "당신은 우주로부터 받은 것보다 더 많은 것을 돌려줄 수 없다."는 말이다. 그는 이 신조에 따라 살고 있다. 그가 내는 자선기금은 사업의 어느 지출 항목보다 많다.
Tel: 800-432-4243 www.ProsperityUniverse.com

George S. Clason, *The Richest Man in Babylon*(Signet Books, 재발행판, 2004).
영감이 가득한 돈 관리에 대한 이 베스트셀러는 재정적인 성공의 열쇠를 보여주는 11명의 고대 바빌론 사람들의 이야기를 담고 있다. 고대의 지혜는 경제적인 성공을 이루는 단순하지만 강력한 해결책이다.

Paul Zane Pilzer, *Unlimited Wealth: The Theory and Practice of Economic Alchemy*(Crown Publishers, 1990).
경제학자이자 뉴욕 대학의 재정학 교수이며 전직 레이건과 부시 행정부의 보좌관이었던 Paul Zane Pilzer는 새롭고 독창적인 경제 개념이 왜 오늘날의 성공에 필수적인지를 설명한다. 그는 성공을 위한 열쇠는, 기술적인 격차를 인식하고 그것을 채우기 위해서 새로운 상품과 서비스를 고안하는 데 자신의 독창성을 사용하는 것이라고 가르친다.
www.paulzanepilzer.com

Prosperity for You - 성공 코치로 활동 중인 Ken Partain이 운영하는 이 웹사이트는 성공에 대한 아이디어를 제공할 뿐 아니라 자신의 경험을 배우고 나누려는 사람들이 모여 e-공동체를 만들도록 돕는다. 이 사이트는 통합적인 시각으로 부와 건강과 인간관계에 대한 비결을 제시한다.
www.prosperityconcepts.com

Prosperity Network - 이 사이트의 임무는 '사람들에게 자신이 무한한 부, 성공, 번영, 풍성함에 대한 거룩한 권리를 지니고 태어난 존재라는 사실을 인식시켜 번영과 치유와 성공에 대한 우주의 법칙을 영속시키는 것'이다. 당신은 매달 성공에 대한 무료 강의에 등록할 수 있으며, 긍정적인 다짐에 접속할 수 있다. 이 사이트는 또한 성공에 대한 책, 비디오테이프와 더불어 자기 다짐 카드나 포스터 등 성공에 관계된 다양한 제품을 판매한다.
www.prosperitynetwork.com

• 여자 아이들을 위한 역할 모델에 대한 정보
The Role Model Project for Girls: Women's Work에서 운영하는 이 프로젝트는 9~16세의 여자 아이들을 위해 고안된 것으로 여성들의 전문적인 직업에 대한 소개도 포함된다. 어느 곳을

942

클릭하든지 아이들은 자기가 원하는 직업이 무엇이며 어떻게 성취할 수 있는지에 대한 정보를 얻을 수 있다. 이 정보는 최근 등장한 새로운 직업에 대한 소개와 그런 직업에 관심이 있는 아이들에 대한 충고로 가득 차 있다. 이 데이터는 CD로도 제작될 예정이다.

www.womenswork.org/girls/about.html

American Girls collection - 이 컬렉션은 45센티미터 크기의 인형과 그 액세서리, 이들 아홉 살짜리 동화 속의 주인공(미국 역사에서 각각 다른 시대에 살았던)들의 이야기를 담은 책들로 이루어져 있다. 이 회사는 자기들의 임무를 '여자 아이들을 찬양하는 것'이라고 설명한다. 실제로 그들의 제품은 여자 아이들의 상상력에 불을 붙이고 그들의 지적 호기심을 촉진한다.

Tel: 800-845-0005 www.americangirl.com

• 자신을 아름답게 느끼게 해주는 추천 도서

Carole Jackson, *Color Me Beautiful: Discover Your Natural Beauty Through the Colors That Make You Look Great & Feel Fabulous!*(Acropolis Books, 1980).

이 책은 80년대에 모든 사람이 주로 질문했던 "당신은 지금 어떤 계절입니까?"에 대한 내용을 담고 있다. Carole Jackson은 화장이나 옷차림 등에서 어떤 색깔이 당신을 가장 돋보이게 하는지를 알기 위해서 피부색, 머리 색깔, 눈동자 색 등 당신의 개인적인 특성을 이용하는 방법에 대해 설명한다.

www.colormebeautiful.com

Hema Sundaram, M.D., *Face Value: The Truth About Beauty-And a Guilt-Free Guide to Finding It*(Rodale, 2003).

Sundaram 박사는 모든 여성들은 자신이 외적, 내적으로 모두 아름답다고 느낄 필요가 있음을 강조한다. 그녀는 화장품에서 성형수술까지 아름다워질 수 있는 모든 것에 대해 실용적이면서도 지혜로운 충고를 한다.

13장 건전한 식생활

• 추천 도서

Erika Schwartz, M.D., *The Teen Weight-Loss Solution: The Safe and Effective Path to Health and Self-Confidence*(William Morrow, 2004).

여성의 건강에 대한 전문가인 Schwartz 박사는 호르몬과 체중 사이의 연결 고리를 설명하고 급변하는 십대들의 호르몬 균형을 유지하고, 기분과 에너지를 향상시키며, 체중을 조절하기 위해서 천연 호르몬제와 호르몬 보충제를 쓰는 문제에 대해 소개한다.

Walter C. Willett, M.D., with Patrick J. Skerrett, *Eat, Drink and Be Healthy: The Harvard Medical School Guide to Healthy Eating*(Simon & Schuster Source, 2001).

이 혁신적인 책은 하버드 의과대학과 하버드 공중보건스쿨의 연구 결과에 근거해서 미국 농무부가 발표한 식품 피라미드에 정면으로 도전했다. 세계적으로 권위를 인정받는 영양학자인 Willett 박사는 과거의 모델은 잘못된 정보일 뿐 아니라 위험하기까지 하다고 설명하면서 수십 년에 걸친 연구를 통해 얻은 새로운 모델을 제시했다. 이 책은 또한 보충제에 대해서도 언급하며 새로운 처방과 메뉴를 제공한다.

Pamela Peeke, M.D., M.P.H., *Fight Fat After Forty: The Revolutionary Three-Pronged Approach That Will Break Your Stress-Fat Cycle and Make You Healthy, Fit, and Trim for Life*(Viking, 2000).

미 국립보건원 연구원인 Peeke 박사는 스트레스와 체중의 연결 고리에 대해 적고 있다. 이로 인해 여성을 심장 발작이나 조기 사망으로 몰고 가는 주범인 복부 비만이 형성된다는 것이다. 스트레스는 매일 일상생활 속에서 발생하지만 마흔 살이 넘은 여성들에게는 여러 환경들이 스트레스 요인으로 작용하기도 한다. 어린 시절의 상처, 완벽주의, 이혼이나 보살핌 같은 인간관계의 변화, 직업 스트레스, 급성 또는 만성 질환, 다이어트, 폐경기 등이 여기에 속한다. 이런 설명이 내 마음을 움직였기에 이 책을 추천하고 싶다. 잠시 일상에서 벗어나 당신을 비만으로 이끄는 스트레스 요인이 무엇이며 그것을 변화시킬 방법은 무엇인지를 알 수 있도록 자신의 삶을 점검해보길 권한다.
www.drpeeke.com

Diana Schwarzbein, M.D., *The Schwarzbein Principle: The Truth About Losing Weight, Being Healthy, and Feeling Younger*(Health Communications, 1999).

Schwarzbein 박사는 현대인의 식생활 문제점이라는 장애물을 제거하는 데 동참해 왔는데 이 책이 그 결과물이다. 이 책은 음식이 세포에 어떻게 작용해서 우리의 건강을 해치기도 하고 이롭게도 하는지에 대해 설명한다. 나이를 먹는 것, 콜레스테롤과 지방, 심장 발작, 인슐린 저항, 암 같은 문제들을 다룬 이 책은 음식에 대한 역사적 고찰부터 채식주의를 비롯한 여러 생활방식까지 다양한 문제들을 다룬 후 이상적인 4주 식단을 제시한다. Schwarzbein 박사는 균형 잡힌 식생활을 실천하는 법, 섭식장애를 해결하는 법, 현대인에게 적합한 치유와 건강 유지 프로그램, 모범적인 식단 등에 대해 설명한다. 이 밖에 그의 다른 저서도 추천하고 싶다. *Schwarzbein Principle Cookbook* (Health Communications, 1999), *Schwarzbein Principle Vegetarian Cookbook* (Health Communications, 1999).
www.SchwarzbeinPrinciple.com

Kathleen DesMaisons, Ph.D., *Potatoes, Not Prozac: A Natural Seven-Step Dietary Plan to Control Your Cravings and Lose Weight, Recognize How Foods Affect the Way You Feel, and Stabilize the Level of Sugar in Your Blood*(Simon & Schuster, 1999).

체중과 전쟁 중인 모든 사람에게 진심으로 이 책을 추천하고 싶다. DesMaisons 박사는 음식, 베타 엔도르핀, 자부심 사이의 관계를 보여준다. 베타 엔도르핀이 뇌의 화학 작용, 기분, 식욕을 조절하는 데 중대한 역할을 한다는 것이다. 우리가 언제 무엇을 먹느냐가 뇌의 화학 작용에 어떤 영향을 미치는지를 배우라. 만일 당신이 알코올 중독자나 술을 좋아하는 부모의 자식이거나 후손이라면 다음과 같은 간단한 사실을 실천하는 것만으로도 많은 도움이 될 것이다.

1) 아침 식사를 거르지 말라.
2) 매 끼니마다 단백질을 섭취하라.
3) 설탕 섭취를 줄여라.

4) 이 책을 읽어라.

Kathleen DesMaisons, Ph.D., *The Sugar Addict's Total Recovery Program* (Ballantine, 2000).
DesMaisons 박사는 이 책에서 특별한 음식에 대한 구체적인 정보와 설탕 탐닉증의 생화학적인 작용에 대해 설명한다. 그녀의 연구는 설탕 탐닉증을 유발하는 세 가지 중요한 요인을 밝혀냈다. 그것은 혈당량, 세로토닌, 베타 엔도르핀으로 이들의 균형을 유지하면 설탕 탐닉증에서 벗어날 수 있다. 그녀는 설탕 탐닉증을 극복할 수 있는, 실천하기 쉬운 7단계 프로그램을 만들었는데 이 책에서 그 구체적인 방법을 설명한다. 그녀의 프로그램은, 설탕이나 다른 물질의 탐닉증에서 벗어난다는 것은 일회성 이벤트가 아니라 꾸준히 실천해야 하는 훈련임을 보여준다. 만일 당신이 설탕 탐닉증에 빠져 있다면 이 책에서 주장하는 원리를 이해하고 적용하기 전까지 모든 체중 조절 노력은 실패할 수밖에 없을 것이다.

H. Leighton Steward, Morrison Bethea, Sam Andrews, and Luis A. Balart, *The New Sugar Busters: Cut Sugar to Trim Fat*(Ballantine Books, 2003).
이 책 속의 기본 방정식은 단순하다. '지나친 설탕=지나친 인슐린'이라는 것이다. 과도한 설탕 섭취는 우울증, 면역력 약화, 체중 증가를 포함한 여러 문제점들을 유발한다. 당신의 식생활에 설탕이 너무 많은 건 아닌지 궁금하거나 당신이 설탕 민감성인지 궁금하다면, 이 책은 당신의 식생활을 더 확실하게 평가하고 어떤 식단이 필요한지 안내해줄 것이다. 여기에는 많은 사람의 체중을 감소시키거나 유지시킨 식단과 호르몬, 인슐린, 에이코사노이드 수치를 조절하는 방법이 포함되어 있다.
www.sugarbusters.com

Geneen Roth, *When Food Is Love: Exploring the Relationship Between Eating and Intimacy*(Dutton, 1991).
만일 당신이 과식이라는 감정적인 문제에 직면해 있다면 이 책을 읽어라. 나는 식욕과 감정에 대해서 이 작가보다 더 유익하고 설득력 있게 쓰는 저자를 본 적이 없다. Geneen의 책을 읽을 때마다 나는 영적으로 풍성해지고 희망에 가득 차게 된다.
www.geneenroth.com

Geneen Roth, *Appetites: On the Search for True Nourishment*(Dutton, 1996).
여자들이 진정으로 원하는 것은 무엇인가? Geneen Roth는 현대의 각박한 미국 문화 속에서 여성이 진정으로 갈망하는 것을 먹는 것에 비유함으로써 진정한 양식, 친밀감, 우정, 건강, 성공에 대해서 우리가 얼마나 깊이 탐구하는가에 대해서 의문을 던진다.
www.geneenroth.com

• 영양 섭취에 대한 계획과 정보
Council for Responsible Nutrition (CRN) - 워싱턴에 본부를 둔 동업자 단체로, 영양 보충제를 생산하는 기업들과 원료 공급자들의 모임이다. 이 웹사이트는 보충제에 대한 자세한 정보를 제공한다. 여기에는 광범위한 종류의 약초와 식물에 대한 기본적인 정보와 연구 결과도 포함된다. 심지어 보충제의 상표를 읽는 방법에 대한 정확하고 자세한 정보까지 제공한다.(www.crnusa.org

/about_label.html) 이 단체에서 발행한 간행물인 *The Benefits of Nutritional Supplements*는 다운로드할 수 있다. 만성 질병을 예방하려면 영양 보충제를 일일권장량보다 많이 복용해야 한다는 사실을 증명한 여러 연구들을 소개한 대단히 유익한 잡지다.

Tel: 202-776-7936 www.crnusa.org

Ray Strand, M.D., *Releasing Fat: Developing Healthy Lifestyles That Have a Side Effect of Permanent Fat Loss*(Health Concepts Publishing, 2003).

사우스 다코타에서 가정의로 일하는, 영양제 전문가인 Strand 박사는 다이어트에 번번이 실패하는 이유에 대해 탁월한 의학적인 증거를 제시한다. 그는 이 원리를 지난 8년 동안 자신의 진료에 적용해왔는데, 그 덕분에 인슐린 저항 증상이 있는 환자들의 건강과 생활 방식이 향상되었을 뿐 아니라, 그들은 생애 처음으로 지방이 감소하는 경험을 하고 있다.

Strand 박사의 웹사이트는 인슐린 저항을 극복하는 데 필요한 정보를 제공한다. 여기에는 건강한 식생활, 효과적인 운동 프로그램, 영양 보충제 섭취에 대한 안내도 있다. 또한 혈당지수에 대해 자세한 정보를 제공하고, 인슐린 저항을 예방하고 건강을 최대한 유지하게 하는 식품들도 추천한다. 혈당지수에 대한 자세한 정보는 3장을 참조하라.

• 직관에 대한 정보

Mona Lisa Schulz 박사는 신경정신병 학자이자 신경과학자이며 직관의학자라는 독특한 경력을 가졌다. 슐츠 박사는 여러 형태로 직관 리딩을 실시한다. 예를 들면, 아이의 건강에 영향을 미치는 가족간의 감정 패턴을 파악하기 위해서 온 가족을 읽는다. (슐츠 박사는 직관 리딩 중에는 의학적 진단을 하지 않는다.)

Tel: 207-846-6497 www.drmonalisa.com

• 십대를 위한 비타민과 무기질 보충제

(3장 내용도 참조)

USANA's Body Rox - 어른을 위한 보충제를 근거로 특별히 제조된 이 보충제는 십대들에게 필요한 영양소를 포함하고 있다. 최근에는 칼슘과 마그네슘을 50퍼센트 더 첨가하고 항산화제를 더 많이 첨가한 새로운 제품을 만들었다.

Tel: 888-950-9595 www.usana.com

• 십대를 위한 칼슘 보충제

USANA's Body Rox Chewable Active Calcium - 씹어 먹을 수 있는 이 제품(12~18세)은 뼈의 발달에 필요한 칼슘, 마그네슘, 규소, 비타민D를 완전하게 보충할 수 있는 영양제다.

Tel: 888-872-6272 www.usana.com

Nature's Way Calcium Complex - 이 보충제는 칼슘과 마그네슘이 2:1로 배합된 이상적인 제품이다. 이 제품 세 알을 복용하면 칼슘 500밀리그램과 마그네슘 250밀리그램을 섭취하게 된다. 이밖에도 아연, 구리, 망간, 붕소, 비타민D3, 비타민K, 비타민D6, 폴산, 규소 등이 첨가되어 있으며,

효모, 우유, 젖당, 밀, 설탕, 콩, 옥수수 등은 포함되어 있지 않다.

Tel: 800-654-4432　www.emersonecologics.com

• 오메가-3 보충제
3장 참조

• 섭식장애에 대한 정보
National Eating Disorders Association (NEDA) - 미국의 비영리 단체 중에서 가장 규모가 큰 단체다. NEDA는 섭식장애를 예방하고, 폭식증, 거식증, 섭식장애를 비롯한 몸매와 체중 문제로 고통받는 사람들에게 적절한 치료를 받을 수 있도록 주선하는 일을 담당한다. 이 단체의 웹사이트는 섭식장애에 대한 정보 제공은 물론 주변의 전문 치료사들과 연결시켜주는 Eating Disorders Survival Guide를 운영하고 있다. 또한 Tips for Kids on Eating Well and Feeling Good About Yourself라는 어린이를 위한 페이지도 마련되어 있다.

Tel: 206-382-3587　www.edap.org

• 식사 대용으로 먹을 수 있는 간편한 음료와 바, 영양이 풍부한 식사와 스낵
다음 소개하는 혼합 음료와 스낵 바는 식사를 준비할 시간이 없을 때 쉽게 먹을 수 있는 건강한 대용 식품이다. 더 진하고 풍성한 음료를 즐기려면 얼음이나 과일을 첨가하거나 믹서로 갈아서 거품을 내면 좋다. 시장기를 느낄 때를 대비해서 책상 서랍이나 가방에 간단한 스낵 바를 준비하라. 땅콩이 든 M&Ms는 건강에 좋은 스낵이다.

Revival Soy meal replacement drink - 이 음료는 수많은 콩 제품 중에서 내가 가장 좋아하는 것이다. 의사들이 개발한 Revival은 1병당 160밀리그램의 소이 이소플라본이 함유되어 있다. 이 양은 하루에 6번 콩을 먹었을 때 섭취하는 양과 같다. 콩 제품에 이소플라본이 많이 함유되어 있을수록 몸에는 더욱 좋다. Revival 사의 콩 음료는 여덟 가지 맛(나는 초콜릿 맛을 좋아한다)이 있으며 감미료도 세 가지(과당, 스플렌다, 감미료 없는 것)로 구분되어 있다.

Tel: 800-738-4825　www.revivalsoy.com

Revival Cool Krispy Protein Bars - 이 바삭거리는 콩 스낵은 땅콩, 초콜릿, 마시멜로, 사과 등 여러 가지 맛으로 생산된다. 이 스낵 바 하나에는 콩 제품을 6번 먹었을 때에 해당하는 영양분이 들어 있다. 더 자세한 정보를 얻고 싶으면 Revival 사로 연락하면 된다.

Revival Low-Carb Bars - 이 맛있는 스낵 바는 고단백 저탄수화물(1개당 탄수화물 순효과는 3~8에 불과함)로 이루어져 있다. 여기에 대한 정보는 Revival 사에서 얻을 수 있다.

USANA's Nutrimeal drink mix - 이 식사 대용 음료는 저혈당 탄수화물과 고품질의 콩 단백질(1캔당 12그램), 저지방(3.5그램)의 이상적인 배합으로 만들어진다. 또한 6그램의 섬유질도 포함되어 있다. 이 음료는 세 가지 맛으로 생산된다.

Tel: 888-950-9595   www.usana.com

USANA Iced Lemon Fibergy Bar - 이 저혈당, 고섬유질 천연 바에는 오메가-3 지방산(아마인에서 추출)과 칼륨이 함유되어 있으며 1개당 지방은 1.5그램에 불과하다. USANA 제품이다.

USANA Nutrition Bars - 이 맛있고 건강에 좋은 저혈당 스낵은 건강한 탄수화물, 단백질, 지방을 배합해 만들었으며, 내가 좋아하는 스낵 중 하나다. Nutrition Bar는 야생 베리(단백질 8그램)와 땅콩 크런치(단백질 12그램) 두 가지 맛으로 생산된다. USANA 제품이다.

Omega Smart Bars - 오메가-3가 다량 함유되어 있고, 혈당지수가 낮은 유기농 스낵으로 Emerson Ecologics에서 생산한다. 자세한 정보는 3장을 참조하라.

Nutiva's Hempseed Bars - 다량의 오메가-3, 오메가-6 지방산, 단백질, 비타민E를 함유한 제품이다. Emerson Ecologics에서 생산하며 자세한 정보는 3장을 참조하라.

KETO Shakes - 농도가 진한 이 음료는 고단백, 저탄수화물 식사 대용 음료로 1병당 24그램의 단백질과 불과 1~3그램의 지방이 들어 있다. KETO 셰이크는 설탕, 아스파르테임, 사카린이 전혀 들어 있지 않으며 10가지 맛으로 생산된다. 나는 종종 다른 음료를 마실 때 단백질과 맛을 첨가하기 위해서 이 음료를 한 숟갈씩 넣곤 한다.
www.keto.com

14장 학교에 입학하는 시기

• 추천 도서
Rosalind Wiseman, *Queen Bees & Wannabes: Helping Your Daughter Survive Cliques, Gossip, Boyfriends, and Other Realities of Adolescence*(Crown Publishers, 2002).
이 책은 오늘날 사춘기 소녀들에게 파벌이 얼마나 큰 영향을 미치는지를 솔직하게 밝히고 있다. 십대 소녀들을 위한 비영리 단체를 설립한 Rosalind Wiseman은 이 책을 준비하면서 수천 명의 소녀와 얘기를 나누었다. 그녀는 부모가 자기의 딸이나 그 친구들이 파벌 안에서 어떤 위치에 있는지를 파악하도록 돕는다. 또한 그들이 되고 싶어 하는 사람보다는 진정으로 될 수 있는 사람이 되도록 소녀들을 격려하는 방법을 들려준다. Wiseman은 또 부모들이 자신들의 부모 역할을 되돌아보게 만들고, 그들의 배경이나 사고방식이 딸과의 관계에 어떤 영향을 미치는지를 이해하도록 돕는다. 그녀의 다음 책 *Surviving the Hive*에서는 부모들에게 초점을 맞추어 부모와 자녀가 서로 어떻게 관계를 맺어가야 하는지를 설명할 계획이다.
www.rosalindwiseman.com

Rachel Simmons, *Odd Girl Out: The Hidden Culture of Aggression in Girls* (Harcourt, 2002).
바서 대학교를 졸업하고, 로도스 대학교에서 학위를 받았으며, 여성 권리 침해 전문가로 활동하는 Rachel Simmons는 이 책을 쓰기 위해 30개 학교의 3백 명의 소녀들과 인터뷰했다. 그 결과, 그녀는 소녀들이 서로를 괴롭히고 그 괴롭힘을 자기 그룹에서 지원하는 문화가 어떻게 만들어지는지를 적나라하게 폭로한다. 그녀는 또한 선생님, 부모, 아이에게 이 고통스러운 풍조를 바꿀 수 있는 혁신적인 아이디어를 제공한다.

Lyn Mikel Brown, Ph.D., *Girlfighting: Betrayal and Rejection Among Girls* (New York University Press, 2003).
심리학자이자 콜비 대학교 교수인 Lyn Mikel Brown 박사는 오늘날 사춘기 소녀들의 험담, 경쟁, 파벌 성향이 얼마나 바람직한 궤도를 벗어나 있으며 위험성을 내포하고 있는지를 설명한다. 그녀는 이 책을 집필하기 위해서 4백 명이 넘는 소녀들과 대화했다. 그 결과, 이 해로운 문화를 바꾸는 방법과 우리의 딸들이 더 자부심을 키우고 자기 가치를 인식하게 하는 해결책을 찾을 수 있었다.

Vicki Crompton and Ellen Zelda Kessner, *Saving Beauty from the Beast: How to Protect Your Daughter from an Unhealthy Relationship*(Little, Brown, 2003).
미국 질병통제센터의 통계에 따르면, 10~18세 사이의 소녀 3명 중 1명은 남자친구에게 신체적인 폭력을 당한 경험이 있는 것으로 나타났다. 이 책의 저자인 Vicki Crompton과 Ellen Kessner는 이 통계를 현실에서 절실히 경험했다. Crompton의 딸은 열다섯 살 때 남자친구에게 살해되었으며, Kessner의 딸도 성인이 된 후 폭행을 당해 사망했다. 그들은 자신들과 같은 경험을 예방하기 위해 이 책을 썼다. 책에서는 딸이 신체적·정신적으로 학대받는 관계를 맺고 있다는 위험한 징후를 부모들이 감지할 수 있는 방법을 소개한다.

Jeanne Safer, Ph.D., *The Normal One: Life with a Difficult or Damaged Sibling*(Free Press, 2002).
심리치료사인 Jeanne Safer는 정신병을 앓던 남동생과 함께 자랐다. 그녀는 정신적·신체적 장애아를 둔 가정에서 정상인인 형제들이 직면해야 하는 특별한 문제들을 최초로 다룬 사람이다. Safer 박사는 60명의 정상적인 형제들과의 인터뷰를 통해서 그들이 의식적?무의식적으로 장애가 있는 형제들에게 느끼는 보상 심리에 대해 연구했다. 그들은 조기 성숙, 완벽주의 성향, 자신의 건강에 대한 죄의식 등의 문제점을 안고 있는 것으로 밝혀졌다. 그녀는 또한 이런 조숙한 형제들이 가정에서 관심 밖으로 밀려나고 무시당하는 고통을 치유하도록 돕는 비결도 제공한다.
www.thenormalone.com

Shelley Taylor, Ph.D., *The Tending Instinct: How Nurturing Is Essential for Who We Are and How We Live*(Times Books, 2002).
캘리포니아 대학의 심리학자이자 스트레스 연구 전문가인 Shelley Taylor 박사는 스트레스에 대한 여성의 반응은 남성과 다르다는 획기적인 연구 결과를 발표했다. 남성은 공격 도피 반응을 보이는 데 반해 여성은 생리적으로 '부드럽고 친근한 반응(Taylor 박사가 붙인 이름)'을 보이도록 프로그램되어 있다는 것이다. 여성들은 친구에게 팔을 벌리고 귀를 기울이며, 혼란한 신경을 다른 사람을 돌보고 보살피는 것으로 달랜다는 것이다. 여성의 이 같은 이타적이고 협조적인 경향은 남성의 공격 도피 반응에 대응해 균형을 유지해준다는 것이 Taylor 박사의 설명이다. 그녀는 이 균형이 종족 보존에 매우 중요한 조건이라고 주장한다.

Alice Domar, Ph.D., *Self-Nurture: Learning to Care for Yourself as Effectively as You Care for Everyone Else*(Viking, 2000).

하버드 대학교의 심리학자이자 스트레스 관리 전문가인 Alice Domar 박사는 자기보다 남을 먼저 돌보는 여성의 자기희생적인 성향은 신체적, 감정적, 영적 고갈을 가져올 수 있다고 설명한다. 비행기 승무원들이 비상시에 산소마스크를 옆에 앉은 어린이 대신 자신이 먼저 쓰라고 안내하는 것처럼, Mind/Body Center for Women's Health at Harvard Medical School 학장인 Domar 박사도 자신을 먼저 챙기는 것이 왜 모든 사람에게 win-win 상태가 되는지를 보여준다. Domar 박사는 여성들에게 자신을 돌보는 방법을 가르치기 위해 고안한 장기간의 프로그램(명상, 각종 운동, 이야기 등을 이용한)을 소개한다. 그녀의 말처럼 우리는 다른 사람을 채워주기 위해서 자신의 삶을 포기하지 말아야 한다.

Louise Hay, *You Can Heal Your Life*(Hay House, 1987) and *Heal Your Body AZ: The Mental Causes for Physical Illness and How to Overcome Them* (Hay House, 1998).
나는 오랫동안 Louise Hay와 그녀의 치유적인 다짐의 열렬한 팬이었다. 그녀의 방법은 기적 같은 효과가 있다! Louise는 자기 학대와 자기부정을 통해 나타나는 변화는 일시적인 반면, 자기 사랑을 통해서 나타나는 변화는 영원하다고 가르친다. 그녀는 또한 웹사이트를 통해서 고무적이고 도움이 되는 뉴스레터를 보내고 있다. 누구나 이 사이트를 통해 언제든지 받아볼 수 있다.
www.hayhouse.com

• 아이들 사이에 다툼 대신 유대감을 형성하는 것에 대한 정보
The Ophelia Project - 건전한 성격 발달을 촉진하고, 깨달음, 교육, 격려를 통해서 인간관계를 점검하도록 돕는 단체다. 신체적, 감정적, 사회적으로 안전한 문화를 창조하는 데 기여하는 Ophelia Project는 여자 아이들이 직면한 친구간의 다툼이나 여러 문제점들을 해결하는 데 필요한 전문가의 의견을 제공한다. 이 기관은 아이들 사이의 은밀한 공격(험담, 악성루머, 따돌림)을 목표로 삼고 사춘기 아이들에게 친구를 존중하도록 가르친다. 또한 부모나 선생님들에게도 기술을 제공하고, 공동체를 위한 프로그램을 지원하며, 워크숍과 세미나를 개최하기도 한다.
www.opeliaproject.org

Stop Bullying Now! - 이 다툼 방지 캠페인의 웹사이트는 미국 보건복지부, Health Resources and Services Administration, Maternal and Child Health Bureau 같은 기관들이 협력해서 만들었다. 9~13세 소녀들을 위한 게임과 웨비소드(웹 에피소드)도 제공하며, 어른들(교사, 학교 당국자, 정신 건강 전문가, 젊은 리더)을 위한 정보도 소개한다.
www.stopbullyingnow.hrsa.gov

Operation Respect - 아이들에게 더 친절하고 안전하고 서로를 존중하는 환경을 만들어주기 위해서 아이와 젊은이에게 초점을 맞춘 교육적인 정보를 학교, 캠프, 기타 기관들에 제공하기 위한 비영리 단체다. 1960년대의 유명한 포크 그룹인 '피터, 폴 앤 메리'의 멤버인 Peter Yarrow가 설립한 이 기관은 *Don't Laugh at Me* (DLAM)라는 프로그램을 연령별 세 가지 시리즈로 개발했다. 이 프로그램은 쉬운 곡조와 비디오, 그리고 Resolving Conflict Creatively Program(RCCP) of Educators for Social Responsibility(ESR)에서 개발한 교육 과정을 이용한다. 또한 이 기관은 아이들이 자신의 이야기를 나누고, 궁금한 사항을 질문하며, 다른 아이들에게 자신의 경험담을 들려줄 수 있는 게시판도 마련해두었다.

Tel: 212-904-5243 www.dontlaugh.org

• 변증법적 행동요법(DBT)
첫 번째 방 참조

15장 격동의 나이 사춘기

• 추천 도서

Mary Pipher, Ph.D., *Reviving Ophelia: Saving the Selves of Adolescent Girls* (Putnam, 1994).
심리상담가인 Mary Pipher는 이 책에서 어린 소녀들이 사춘기라는 폭풍을 만나 자부심이 어떻게
흔들리는지 설명한다. 이것은 때로 우울증, 섭식장애, 놀라운 비율의 자살 충동(우리 사회가
선호하는 패션모델 같은 몸매와 왜곡된 미의 기준 탓에)으로 발전하기도 한다. Pipher 박사는 이
위험한 사회 풍조와 싸우는 전략도 제공한다.

Cheryl Dellasega, Ph.D., *Surviving Ophelia: Mothers Share Their Wisdom in Navigating the
Tumultuous Teenage Years*(Perseus, 2001).
Mary Pipher의 *Reviving Ophelia*에 대응해서 Penn State's College of Medicine에서 임상의로 활동
중인 Dellasega 박사는 이 책에 자기가 겪은 십대 딸과의 가슴 아픈 경험을 기록했다. 이와 더불어
도움이 필요한 십대 딸들과 엄마들을 위해서 미국 전역에서 다른 '오필리아'의 엄마들이 보내온
이야기와 시도 함께 실었다.

Sara Shandler, *Ophelia Speaks: Adolescent Girls Write About Their Search for Self*
(Harper-Perennial, 1999).
매사추세츠의 암허스트 토박이인 Sara Shandler는 열여섯 살 때 *Reviving Ophelia*를 읽고 깊은
감명을 받은 나머지 그와 유사한 문제들을 토론하기 위해 십대 소녀들을 대상으로 공개 토론회를
개최했다. 사라가 웨슬리언 대학교 재학 시절에 쓴 이 책은 종교나 사회·경제적 계층에 관계없이
전국 각지에서 보내온 12~18세 소녀들의 글을 모은 것이다.

Anne Cameron, *Daughters of Copper Woman* (Harbour Publishing Co., 2002).
Anne Cameron의 오래된 고전의 개정판인 이 책은 원본(1981년 출간)에서 엄마에 대한 이전의
내용을 삭제하고 새로운 내용을 첨가했다. 그녀는 한 여성으로서의 영적 에너지와 아름다움을
찬미하는 북서부 해안에 거주하는 인디언 부족의 신화를 재구성했다.

• 소녀들의 초경을 축하하는 의식에 대한 정보

Mary Dillon and Shinan Barclay, *Flowering Woman: Moontime for Kory: A Story of a Girl's
Rites of Passage into Womanhood*(Sunlight Productions, 1988).
아름다운 삽화로 장식된 이 책은 Kory라는 원주민 소녀의 실제 이야기를 소개한다. 부족의
할머니들이 Kory에게 여성이 된다는 것이 얼마나 신성한 일인지를 보여줌으로써 그녀를 한 여성으로

인도하는 과정을 설명한다. 이 책은 성, 임신, 열정, 월경에 대해 부드러운 터치로 접근한다.

Barbara Biziou, *The Joy of Ritual: Spiritual Recipes to Celebrate Milestones, Ease Transitions, and Make Every Day Sacred*(Golden Books, 1999).
그녀가 만든 '실제적인 영적 훈련'의 지도자인 Biziou는 매일 일상적으로 행하는 간단하고 의미 있는 의식에 대해서 설명한다. 그녀는 자신의 환경이나 사고방식에 적합하며 축하와 치유를 강조하는(심지어 유산과 같은 커다란 슬픔을 당했을 때도) 일상적인 의식을 창조하라고 권한다. Biziou은 유사한 다른 책도 집필했다. *The Joy of Family Rituals: Recipes for Everyday Living*(Golden Bools, 2000).
www.joyofritual.com

Joan Morais, *A Time to Celebrate: A Celebration of a Girl's First Menstrual Period* (Lua Publishing, 2003).
어린 소녀와 그 가족들을 위한 고무적이고 멋진 이 책은 초경이 얼마나 감사한 선물인지를 묘사한다. Joan Morais는 이 사건의 중대성을 인식하고 축하하기 위한 실용적이고 직접적인 충고를 던진다. 저자는 또한 소녀들이 자신의 월경과 그 느낌을 추적할 수 있는 도표와 자신의 생각이나 창의적인 표현을 적을 수 있는 일지도 함께 제공한다.
www.joanmorais.com

Janet Lucy and Terri Allison, *Moon Mother, Moon Daughter: Myths and Rituals That Celebrate a Girl's Coming-of-Age*(Fair Winds Press, 2002).
저자인 Janet Lucy(교사이자 치료사)와 Terri Allison(아동 발달 교육가)은 10~14세 사이의 딸 넷을 두었다. 이 재미있는 책은 여러 형태의 초경에 대한 전통 의식을 탐구하며, 자칫 상처받기 쉬운 이 시기에 엄마와 딸의 유대감을 강화할 수 있는 활동들을 소개한다.

Kristi Meisenbach Boyland, *The Seven Sacred Rites of Menarche: The Spiritual Journey of the Adolescent Girl*(Santa Monica Press, 2001).
이 책은 소녀들의 영혼을 존중하고 풍성하게 만드는 탁월한 청사진을 제공한다. Kristi Meisenbach Boyland가 심혈을 기울인 이 책은, 모든 소녀가 여성으로 가는 영적인 여정에서 직면하는 7단계의 장애물을 묘사한다. 그녀는 또한 축하 의식을 창조하는 데 도움이 되는 아이디어를 제공한다. 여기에는 엄마와 딸이 함께 즐기는 신나는 의식도 포함되어 있다.

The First Moon: Passage to Womanhood - 이 특별한 축하 의식 도구 상자는 엄마와 딸이 딸의 초경을 축하하는 데 필요한 모든 것을 갖추고 있다. Helynna Brooke와 그녀의 엄마인 Ann Short는 Helynna가 자기 딸과 나중에는 집안의 젊은 여성들을 위해서 축하 의식을 베풀어주기로 결정한 후에 이 회사를 만들었다. 이 회사의 웹사이트는 여기에 관련된 책, 테이프, 기타 정보들도 소개한다.
Tel: 888-965-4812 www.celebrategirls.com

• 초경(진정한 여성이 되는 것)을 축하하는 것에 대한 정보

The Red Spot - 유머가 넘치는 이 사이트는 어린 소녀들을 위한 멋진 정보로 가득 차 있다. 여기에는 생식 기관, 월경, 호르몬 주기(당신은 춤추는 자궁을 사랑하게 될 것이다)에 대한 생물학적 정보들, 세계 각 문화권의 초경에 대한 전통, 월경이란 무엇인가에 대해서 긍정적이고 고무적인 어투로 솔직하게 설명한 페이지 등이 포함된다. 또한 소녀들이 월경에 대한 자신의 이야기나 생각, 느낌들을 올릴 수 있는 토론 광장도 마련되어 있다.

www.onewoman.com/redspot

Kami McBride, *105 Ways to Celebrate Menstruation*(Living Awareness Institute, 2003). 나는 이 유쾌하고 유익한 책에 박수를 보낸다. 그리고 모든 여성과 소녀들에게 이 책을 권하고 싶다. Kami McBride는 월경을 어떻게 자기 성장과 자기 치유의 기회로 삼을 수 있는지에 대해 설명한다. 여성의 건강에 대한 약초 전문가인 그녀는 약초 처방에 대한 정보도 소개한다.

www.livingawareness.com

Lara Owen, *Honoring Menstruation: A Time of Self-Renewal*(Crossing Press, 1998). 월경에 대해 친절하고 설득력 있게 설명한 이 책은 여성 월경 주기의 생산적인 기능을 넘어선 힘과 가치에 대한 통찰력으로 가득 차 있다. Lara Owen은 여러 문화권의 전통과 자신의 경험(그리고 다른 여성들의 경험)을 소개하면서 당신의 월경이 내면의 지혜에 더 깊이 접근하게 만드는 신체적·영적 재탄생의 시간임을 설명한다. 이 개정증보판(원래 제목은 *Her Blood Is God*)은 월경증후군의 자연스러운 치유 방법에 대한 내용을 추가했다.

www.laraowen.com

The Red Web Foundation - 이 기관은 교육이나 공동체를 통해 소녀와 여성들의 월경주기(초경부터 폐경까지 총망라해서)에 대한 긍정적인 시각을 보급하기 위한 단체다. 이 단체는 여성들이 월경주기의 의미를 재발견하도록 돕는다. 그들의 웹사이트에는 이런 문구가 들어 있다. "우리가 현명하게 라이프사이클에 맞춰 살아가는 방법을 배울 때 내면 깊숙이 잠자고 있던 자부심을 밖으로 끌어낼 수 있을 것이다."

Tel: 888-965-4812 www.theredweb.org

The Museum of Menstruation and Women's Health - 이 박물관은 예전에 Harry Finley의 고향인 워싱턴(1994~1998년)에 있었지만 지금은 사이버 공간을 통해 접속할 수 있는 가상 박물관이다. 이 사이트의 표지는 다른 문화권의 월경 오두막부터 각종 월경 예술까지 다양하게 꾸며져 있는데, 이 모두는 여성 건강의 역사와 월경의 문화를 설명한다.

Tel: 301-459-4450 www.mum.org/armensza.htm

My Monthly Cycles - 이 사이트는 당신의 월경주기를 확인하고, 배란기를 계산하며, 자신에게 보내는 이메일 코너까지(매달 가슴을 자가 진단하는 날짜를 알려주는 것 등) 다양하게 꾸며진 무료 사이트다.

www.mymonthlycycles.com

세 번째 방 – 열네 살부터 스물한 살까지

16장 아프로디테의 탄생

• 추천 도서

Linda E. Savage, Ph.D., *Reclaiming Goddess Sexuality: The Power of the Feminine Way*(Hay House, 1999).
심리학자이자 결혼과 가족 상담 치료사이자 성 전문가인 Savage 박사는 여성의 성에 대한 서구 세계의 시각과 고대 여신 문화의 지혜를 접목했다. 그녀는 성은 신성하다고 가르치면서 파트너와 더 깊고, 충만하고, 균형 잡힌 관계를 만들기 위해서 이 개념을 사용하는 방법을 단계적으로 설명한다.
www.goddesstherapy.com

Marija Gimbutas, Ph.D., *The Civilization of the Goddess: The Old World of Europe* (HarperSanFrancisco, 1991).
한때 하버드 대학의 내 연구 동료였고 캘리포니아 대학 교수를 역임했으나 지금은 고인이 된 Gimbutas 박사는 남성과 여성에게 동등한 가치를 부여했던 신석기시대의 유럽이라는 그림을 그리기 위해서 고고학적인 증거를 사용한다. 그의 주장은 지금의 우리 문화는 모계사회에서 계승되었다는 이론을 뒷받침한다.

Riane Eisler, Ph.D., *The Chalice and the Blade: Our History, Our Future*(Harper & Row, 1987).
문화역사학자이자 진화론자이며 Center for Partnership Studies라는 비영리 단체의 소장인 Eisler 박사는 선사시대에 지구상에 존재했던 평등주의적인 여신 숭배 문화가, 남성은 여성을 지배하고 군림해야 한다는 권위적이고 가부장적이고 폭력적인 현대 사회로 변한 변천사를 기록하고 있다. 미래학자이기도 한 Eisler 박사는 모든 사람에게 더 인간적인 가치를 부여하는 협력적인 사회가 임박했다고 예상했다.

Morton Kelsey and Barbara Kelsey, *The Sacrament of Sexuality: The Spirituality and Psychology of Sex*(Vega Books, 2002).
감독과 목사와 그의 아내가 집필한 이 책은, 성에 대한 부모들의 태도와 그들이 서로에게 그리고 가족들에게 보여주는 신체적 접촉이 자녀의 성에 대한 개념에 지대한 영향을 미친다고 설명한다. 칼 융의 이론에 큰 영향을 받은 Kelsey는 동성애를 포함한 여러 형태의 성적 표현이나 성행위가 영혼과 어떻게 연결되어 있는지에 대해 의견을 제시한다.

Helen Fisher, Ph.D., *Anatomy of Love: The Natural History of Monogamy, Adultery, and Divorce*(Norton, 1992).
러트거스 대학교의 인류학 교수이자 American Museum of National History에서 일했던 Fisher 박사는 인간의 성, 사랑, 결혼의 발전 단계와 미래의 모습, 그리고 성별에 따른 뇌와 행동의 차이점에 대해 광범위한 연구를 실시했다. 이 책에서 그녀는 세계 각지의 여러 문화권에서 사람들이 왜, 어떻게 좋아하고, 사랑에 빠지고, 결혼하고, 함께 살거나 따로 사는지에 대해서 생물학적, 신경 화학적으로 설명한다. 그녀는 여러 권의 다른 책도 발표했다. *Why We Love: The*

Nature and Chemistry of Romantic Love(Henry Holt, 2004), *The First Sex: The Natural Talents of Women and How They Are Changing the World*(Random House, 1999), *The Sex Contract: The Evolution of Human Behavior* (William Morrow, 1992).
www.helenfisher.com

Dorothy Tennov, *Love and Limerence: The Experience of Being in Love* (Scarborough House, 1999).
20년 전에 출간된 이 고전은 감정의 심리를 심도 있게 탐구한다. 작가는 이 책에서 사랑에 빠진 불가항력적이고 일시적인 상태를 '강박적인 집착'이라는 거친 표현을 사용하며 상세하게 분석한다. 이 감정적 의존 상태는 상대방의 사랑을 받고 싶은 강렬한 갈망, 그 사람에 대한 강박적인 몰두, 상대방을 무조건 아름답게 생각하는 맹목적인 집착 등이 포함되어 있다.

Naomi Wolf, *Promiscuities: The Secret Struggle for Womanhood*(Random House, 1997).
여성의 자기 이미지에 대한 대중문화의 영향을 연구하는 전문가인 Naomi Wolf는, 1960년대 말과 70년대에 샌프란시스코의 히피 문화의 중심지였던 헤이트 애시베리 지역에서 사춘기를 맞았던 자신의 경험을 소개한다. 그녀는 자신을 성적 욕망을 표현하고 싶은 갈망과 사회 규범 사이에서 갈등하는 한 여성으로 묘사한다. 그녀는 우리 사회의 빗나간 마돈나 열풍은 소녀들에게 정상적인 성적 욕망의 건전한 배출구를 제공하지 못한다고 지적했다. 이 책은 또한 낙태, 성 산업, 성폭력, 이런 풍조가 아이들 자신과 성욕에 대한 개념에 미치는 영향에 대해서도 다룬다.

Jalaja Bonheim, Ph.D., *Aphrodite's Daughters: Women's Sexual Stories and The Journey of the Soul*(Simon & Schuster, 1997).
임상의인 Jalaja Bonheim은, 여러 영적 전통과 배경을 가진 수십 명의 여성이 그들의 성적 경험이 영적 성장에 어떤 영향을 미쳤는지를 고백한 사례를 소개한다. 이런 주제에 대한 Bonheim 박사의 관심은 인도를 여행할 때 탄트라 전통의 여사제였던 한 노인을 만난 것이 계기가 되었다.
www.jalajabonheim.com

Kami McBride, *105 Ways to Celebrate Menstruation*
두 번째 방 참조

• 십대의 성욕과 임신을 예방하는 방법에 대한 정보
The National Campaign to Prevent Teen Pregnancy - 비영리, 초당파 단체인 이 기관은 1996년에 십대의 임신율을 2005년까지 1/3로 낮추자는 목표를 가지고 설립되었다. 이 단체의 웹사이트 중에 특별히 십대들을 위해 마련된 코너는 유익한 정보들과 솔직한 이야기들로 가득 차 있다. 여기에는 성, 임신, 피임, 부모, 대중매체, 종교 등에 대한 십대들의 솔직한 견해도 포함되어 있다. 십대들은 이 사이트에서 성과 임신에 대한 퀴즈를 푸는 동안, 미국 소녀들의 35퍼센트가 20세가 되기 전에 임신을 경험할 것이며, 이미 섹스를 경험한 모든 십대들의 63퍼센트(십대 소녀는 70퍼센트)는 좀더 기다렸더라면 좋았을 거라고 생각한다는 사실을 보여주는 최근 통계를 발견하게 될 것이다.
Tel: 202-478-8500 www.teenpregnancy.org

Planned Parenthood Federation of America(PPFA) - 이 기관은 기부금만으로 경영되는 세계에서 가장 큰 모자 건강관리 기관이다. 1916년 미국 최초의 피임 클리닉으로 설립된 이후 Planned Parenthood는 여성도 자신의 운명을 스스로 개척해야 한다는 주장을 펼쳐왔다. 이 기관의 웹사이트에는 성과 임신, 피임에 대한 방대한 정보와 더불어 부모를 위한 유익하고 자세한 안내가 포함되어 있다(아이들이 알아야 할 것과 언제 알아야 하느냐 등).

Teenwire은 십대들을 위한 PPFA의 독립된 사이트로 성과 인간관계에 대한 다양한 정보를 담고 있다. 예를 들면 'True Tales of a Teen Mom'과 'How to Put On a Condom' 같은 정보들이다.

Tel: 212-541-7800 www.plannedparenthood.org www.teenwire.com

17장 중독증의 시발점

• 추천 도서

Andrew Weil, M.D., and Winifred Rosen, *From Chocolate to Morphine: Everything You Need to Know About Mind-Altering Drugs*(Houghton Mifflin, 2004).
최근 개정판을 낸 이 책은 부모와 아이를 모두 다룬 책으로, 약물이 몸과 마음에 영향을 미치는 여러 가지 방법에 대해서 공정한 시각으로 설명한다. 또한 약물 사용과 약물 남용의 차이점도 소개한다. 이밖에도 카페인이나 항히스타민제 같은 합법적인 약물과 비합법적인 여러 약물의 부작용, 예방책, 대체 방안에 대한 정보도 제공한다.
www.drweil.com

Cynthia Kuhn, Scott Swartzwelder, and Wilkie Wilson, *Just Say Know: Talking with Kids About Drugs and Alcohol*(W.W. Norton & Co., 2002).
듀크 대학병원의 약리학과 심리학 교수들이 쓴 이 책은, 부모가 알코올이나 다른 약물의 건강이나 법적 위험성에 대해 아이에게 얘기할 때 필요한 기술과 정보들을 제공한다. 이해하기 쉽고 솔직한 이 책은 오늘날에 많이 사용되거나 남용되는, 스테로이드를 포함한 모든 약물에 대해 자세히 밝히고 있다. 이 저자들은 다른 책도 공동으로 집필했다. *Buzzed: The Straight Facts About the Most Used and Abused Drugs from Alcohol to Ecstasy*(W.W. Norton & Co., revised in 2003), *Pumped: Straight Facts for Athletes About Drugs, Supplements and Training*(W.W. Norton & Co., 2000).

Nancy Goodman, *It Was Food vs. Me … and I Won*(Viking Press, 2004).
폭식증 환자였던 저자가 음식에 대한 강박증을 어떻게 극복했는지를 소개한 책이다. 이 솔직한 책은 음식과 감정을 분리하라고 충고한다. 그것은, 당신의 탐식증을 안전하게 다스리는 법을 배워 음식에 대한 두려움을 떨치고, 자기가 먹는 음식과 체중에만 집중된 당신의 관심을 다른 곳으로 돌리며, 자신을 사랑하는 법을 배움으로써 가능하다.

• 우울증에 대한 자연적인 처방
최근 항우울제(SSRIs)가 젊은이들의 자살이나 자살 충동의 가능성을 증가시킨다는 사실이 입증되어 부모들은 아이들의 우울증을 치료하는 데 약물이 아닌 다른 방법을 찾길 원한다.

인지행동요법과 대인요법(지원 그룹은 물론이고)을 비롯해서 여러 대체요법들의 통합적인 방법은 약물 사용을 감소시킬 수 있다. 여기에는 마사지, 음악치료, 미술치료, 놀이치료, 바이오피드백, 명상이나 기도, 운동, 영양 보충제와 약초 등이 있다. 예를 들면, 세인트존스 워트는 우울증을 완화하는 효과가 있다(이 약초의 주성분인 하이페리신은 정상적인 기분과 감정적 안정을 유지시키는 신경전달물질의 수치를 증가시킨다).

Vitanica's St. John's Wort - 이 제품은 캡슐당 300밀리그램의 Hypericin Perforatum(세인트존스워트 추출액)을 함유한다. 대개 세인트존스워트를 말리거나 간 것 100밀리그램에는 하이페리신 0.3퍼센트가 들어 있다.
Tel: 800-654-4432 www.emersonecologics.com

• 십대들의 금연에 대한 정보
Gotta Quit - 뉴욕의 먼로 카운티에 있는 Department of Health의 웹사이트다. 이 사이트는 금연하는 법에 대한 정보는 물론 이메일을 이용해서 목표를 강력하게 실천에 옮길 수 있는 기회도 제공한다. 또한 로체스터 대학 메디컬 센터에서 훈련받은 금연 코치와 실시간 채팅을 할 수도 있다.
www.gottaquit.com

Crazyworld - 재미있고 유익한 이 웹사이트는 흡연과 담배의 위험성을 알리는 무서운 사건들로 가득 찬 인터넷 유원지 개념으로 고안되었다. 이 사이트는 골치 아픈 설교가 아니라 재미있는 방법으로 흡연자들을 교육한다(또는 겁준다). 인터넷에 접속한 후부터 얼마나 많은 사람들이 담배와 관련된 죽음을 맞이하는지를 실시간으로 중계하여 경고를 보내기도 한다. Crazyworld는 American Legacy Foundation(46개 주의 일반 변호사들과 담배 회사가 지원한 206달러로 설립한 기관)이 후원하는 대중매체 금연 캠페인인 'The Truth'의 한 부분이기도 하다.
www.thetruth.com

• 약물, 알코올 중독이나 남용을 극복하기 위한 정보
Parents. The anti-drug - 이 사이트는 약물 남용이나 십대들이 주로 남용하는 약물에 대한 정보를 제공한다. 여기에는 마리화나, 환각제, 코카인, 클럽 마약, 메탐페타민(각성제), 리탈린, 스테로이드 등이 포함된다. 이 사이트는 또한 아이들에게 알코올이나 약물에 대해 설명하는 방법, 아이가 약물로 인한 문제를 겪고 있는지를 파악하는 방법에 대해서 충고한다. 약물에 대한 시도, 친구들의 압력, 부모님과 의논하기 등에 대한 십대들의 경험담을 나누는 페이지도 개설되어 있다.
www.theantidrug.com

The National Youth Violence Prevention Resource Center - 질병통제센터를 비롯한 여러 연방 기관이 후원하는 단체로, 아이들에게 가해지는 모든 종류의 폭력을 감소시키는 데 목표를 둔다. 이 그룹의 웹사이트는 십대들의 우울증, 자살, 약물 중독, 데이트 폭력 등을 포함한 각종 문제들이 어떤 방법으로 표현되는지에 대한 정보를 제공한다. 십대들을 위한 페이지에서는 우울증에 걸린 친구를 돕는 방법, 주변의 누군가가 폭력을 계획하고 있을 때 대처하는 방법, 아이나 친구가 괴롭힘을 당할 때 대처하는 방법을 비롯한 여러 문제점에 대한 질문에 답한다.

Tel: 866-723-3968 www.safeyouth.org/scripts/index.asp

Check Yourself - 이 사이트는 Partnership for a Drug-Free America에서 후원받으며 십대들에게 약물 사용의 정도가 지나치지 않은지 점검해보길 권한다. 약물 퀴즈, 의사 결정게임, 단편영화, 경험담 등은 십대들에게 약물이나 알코올 문제에 대해서 지금 자신이 어디에 있으며 어디를 향해 가는지를 생각하게 한다. 필요할 경우에는 도움이 되는 정보들도 풍성하다.
www.checkyourself.com

Free Vibe - National Youth Anti-Drug Media Campaign이 운영하는 이 웹사이트는 십대들에게 약물과 알코올 남용에 대한 실상을 보여준다. 이 사이트는 약물 남용의 실례를 보여주고, 친구에게 도움이 필요할 때 어떻게 해야 하는지를 알려주며, 경험담을 나눌 수 있는 대화 광장을 마련해준다. 또 다른 약물 반대 활동에 참여할 수 있도록 격려한다. 심지어 부모가 약물이나 알코올 중독일 때 어떻게 해야 하는지를 알려주는 페이지도 마련되어 있다.
www.freevibe.com

Mothers Against Drunk Driving(MADD) - 1980년 Candy Lightner를 비롯한 몇 명의 엄마들이 설립한 이 일반 대중 활동가들의 기관은 알코올 중독 방지를 위해 싸워왔으며 지금은 세계에서 가장 큰 범죄 피해자 구제 기관의 하나가 되었다.
Tel: 800-438-6233 www.madd.org

Student Against Destructive Decisions(SADD) - SADD의 본래 임무는 아이들의 음주 운전을 방지하는 것이었으나 지금은 범위가 더 넓어졌다. 오늘날 SADD는 여러 형태의 파괴적인 결정, 즉 어린 나이의 음주, 약물, 음주 운전, 폭력, 우울증, 자살을 예방하는 동료 리더십 기관으로 발전했다.
Tel: 877-723-3462 www.sadd.org

Monitoring the Future(MTF) - 미국의 중고생, 대학생, 젊은이들의 흡연과 약물 복용 현황을 조사하는 현재 진행 중인 프로젝트다. 이 연구는 미시건 대학교의 Institute for Social Research에서 주관한다.
Tel: 734-764-8365 www.monitoringthefuture.org

Alcoholics Anonymous(A.A.) - 1930년에 설립된 이후 지금까지 알코올 중독자가 어느 날 한순간에 술을 끊을 수 있도록 돕는 단체다. A.A. 웹사이트의 한 페이지는 특별히 음주로 고통 받는 십대들을 돕기 위한 코너로 퀴즈를 제공하는 등 십대들을 위한 정보가 마련되어 있다. 이 사이트는 또한 전국에 걸친 A.A.지부와 연결시켜주며, 알코올 중독자들 사이에 알코올 중독자협회의 교과서 *Alcoholics Anonymous*(Alcoholics Anonymous World Services, 개정판, 2000)라고 불리는 'The Big Books'에 대한 정보도 제공한다.
Tel: 212-870-3400 www.aa.org

• 충동적인 과식 예방에 대한 정보
Overeaters Anonymous(OA) - 충동적인 과식에 대한 12단계의 공동 치료와 회복 프로그램인 이 세계적인 기관은 Alcoholics Anonymous를 모델로 삼아 탄생했다. OA는 체중 조절은 물론 신체적, 정신적, 영적 웰빙을 목표로 삼는다. OA는 특정한 식단이나 다이어트를 강요하지 않고 회원들이 전문가의 도움을 받아 스스로 음식에 대한 계획을 세우도록 독려한다.

Tel: 505-891-2664 www.overeatersanonymous.org

• 섭식장애에 대한 정보
두 번째 방 참조

18장 자기 보살핌의 근본

• 추천 도서

Margaret Bullitt-Jonas, *Holy Hunger: A Woman's Journey from Food Addiction to Spiritual Fulfillment*(Vintage, 2000).

감독파 목사인 Bullitt-Jonas의 이 감동적인 회고록은, 유복했지만 알코올 중독자였던 아버지와 음식 중독증 탓에 정서적으로 황폐했던 엄마 밑에서 자란 어린 시절을 회상하고 있다. 그녀는 더 높고 거룩한 힘에 대한 믿음과 Overeaters Anonymous 12단계 프로그램의 도움으로 그 상처를 극복할 수 있었다.

www.holyhunger.com

Herbert Benson, M.D., with Miriam Z. Klipper, *The Relaxation Response*(개정 증보판, Quill, 2001).

1975년 첫 출간된 이 책은, 명상의 신비한 이미지를 벗겨서 명상을 구루들의 영역에서 일반 대중의 영역으로 끌어내렸다. 저자들의 사이트에서는 스트레스를 완화할 뿐 아니라 혈압을 낮춰 심장 발작의 가능성을 감소시키는 'Relaxation Response'에 대해 설명한다. 하버드 대학교의 연구원인 Benson이 가르치는 기술은 매우 간단해서 하루에 10~20분만 투자하면 된다. 오늘날 명상에 대한 좋은 책들이 차고 넘치지만, 이 고전은 여전히 명상을 시작하려는 사람들에게 기본적인 기술과 방법을 제공하는 탁월한 책이다.

www.herbertbenson.com

Dennis Lewis, *Free Your Breath, Free Your Life: How Conscious Breathing Can Relieve Stress, Increase Vitality, and Help You Live More Fully*(Shambhala, 2004).

내가 읽은 호흡에 대한 책 중에 가장 뛰어나고 완벽한 이 책은 건강에 관심이 많은 모든 사람들이 '반드시' 읽어야 할 책이다. Dennis Lewis의 삽화가 첨가된 안내서와 간단한 훈련 방법은 의식적인 호흡이 당신의 신체적 · 정신적 건강을 얼마나 크게 향상시킬 수 있는지를 보여준다.

www.breath.org/dennislewis.html

• 비타민과 무기질 보충제
3장 참조

- 오메가-3와 DHA의 공급원

3장 참조

- 몸매 관리에 대한 추천 도서

두 번째 방 참조

- 아이를 건강하게 키우는 법에 대한 정보

KidsHealth - Nemours Foundation의 Center for Children's Health가 만든 이 웹사이트는 그 공로를 인정받아 상을 받기도 했다. 이 사이트는 어린이, 십대, 부모 각자의 관심사에 대해 최신의 정확한 정보를 제공한다. 각 사이트는 나이에 적절한 내용과 디자인, 어조로 이루어져 있다. 만화와 게임을 포함한 어린이 페이지에서는 필요한 영양소와 비만 방지, 담배와 술을 피하는 법, 카페인, 수면, 나쁜 호흡 습관에 이르기까지 다양한 정보를 제공한다. 십대 페이지에서는 성 문제, 마약과 술, 섭식장애, 기타 십대들의 건강 문제를 다룬다.

www.kidshealth.org

- 피로감을 극복하는 법

Jacob Teitelbaum, M.D., *From Fatigued to Fantastic!*(Avery Pub. Group, 2001).

Teitelbaum 박사는 만성적인 피로감과 섬유조직염 분야의 선구적인 연구자이며, 자신도 두 증상으로 고통받는 환자이기도 하다. 개정판인 이 책에서 그는 이 증상과 그의 치료법에 대한 최신 정보를 제공한다. 여기에는 처방 없이 살 수 있는 약과 다이어트 프로그램, 비타민과 무기질 보충제, 침술, 마사지, 척추 지압법, 약초요법, 심리요법 등이 포함된다.

www.endfatigue.com

- 피부 관리에 대한 정보

Sense Skincare Products - USANA에서 생산되는 이 제품에는 식물성 성분, 항산화제를 비롯해서 피부를 젊게 만들고, 잔주름을 없애며, 꾸준히 사용할 경우 햇빛으로 인한 기미나 잡티를 없애주는 효과적인 성분이 포함되어 있다. 이 처방약 수준의 혼합 제품은 피부과 전문의, 알레르기 전문의, 안과 전문의가 품질과 안전성을 인증했으며, 독립적인 제3의 연구소에서 효능 테스트도 거쳤다.

Tel: 888-950-9595 www.usana.com

Trienelle Skin Care Products - 의사의 처방으로 제조한, 효능이 뛰어난 이 제품(Aspen Benefits Group에서 생산하는)은 최근 발견된 고농축 비타민E인 토코트리에놀을 함유하고 있다. 토코트리에놀은 비타민E(D-alpha tocopherol)보다 훨씬 효과적으로 유리기 손상을 막아주므로 더 건강한 피부를 유지할 수 있다. 이 제품은 또한 피부에 좋은 항산화제인 조효소 Q-10, 알파하이드록시산, 프로안토시아니딘, 그리고 임상적으로 입증된 콜라겐 성분인 마이크로콜라겐 펩타이드 등을 함유한다.

Tel: 800-539-5195 www.trienelle.com

• 레이저 치료와 다른 피부 시술에 대한 정보

Laser News, Inc. - 이 인터넷 사이트는 레이저와 레이저 수술에 대한 최신 정보를 제공한다. 안면 레이저 수술의 권위자이자 에스테틱 레이저 수술 전문가인 Randal Pham, M.D. 스탠포드 대학교 교수가 운영하는 이 사이트는 효과가 입증된 최신 기술과 앞으로 곧 실용화될 레이저 기술에 대한 정보를 제공한다.

www.lasernews.com

American Academy of Dermatology(AAD) - AAD의 웹사이트에서는 성형수술에 대한 다양한 정보와 믿을 수 있는 의사를 선택하는 방법에 대한 충고를 제공한다. 전문의에 대해 자세히 알고 싶으면 www.skincarephysicians.com/agingskinnet 사이트를 방문하면 된다. 이 사이트는 또한 가까운 곳에 있는 AAD 회원 의사들과 연결시켜주기도 한다.

Tel: 847-330-0230 www.aad.org

• 월경통 완화에 대한 정보

Menastil - 동종요법을 이용한, 순수한 오일로 만든 피부에 바르는 제품(Synaptic Systems가 판매하는)이다. Menastil의 주성분인 카렌듈라 오일은 FDA와 Pharmacopoeia U.S.가 월경통을 일시적으로 완화하는 효능을 인정했다.

Tel: 770-350-8050 www.menastil.com

Soothing Flow, 또는 Xiao Yao Wan Plus - 내가 월경전증후군, 월경통, 폐경주위기 증상에 효과가 있는 것으로 추천한 섬시호(bupleurum, Xiao Yao Wan, Hsiao Yao Wan 등의 이름으로 쓰임)로 만든 보충제다. 이 보충제는 널리 알려진 여성 강장제인 작약 성분을 함유한다.

Tel: 207-842-4929 www.qualitylifeherbs.com

Traditional Chinese medicine(침술) - 첫 번째 방 참조

• 연상법이나 시각화를 위한 오디오, 비디오테이프

인지행동요법은 습관적인 생각이나 감정을 훈련하여 당신의 생리적 반응이나 몸의 반응을 바꾸는 것이다. 많은 시간과 노력이 필요하지만 효과는 매우 좋다. 전문가의 안내에 따르는 것이 가장 좋지만 오디오테이프나 비디오테이프를 이용해 혼자서도 훈련할 수 있다.

Louise Hay의 'Overcoming Fears' 오디오 프로그램 - 형이상학 교수인 Louise Hay가 개발한 이 인기 있는 시각화 프로그램(카세트테이프나 CD)은 세상이 스트레스로 가득 찬 곳이라는 당신의 뿌리 깊은 인식을 바꿔줄 것이다. 이 오디오 테이프는 당신의 인식과 생화학반응을 바꾸어 안전하고 안정되며 평화로운 경험들을 끌어당기게 만든다. 당신이 더 안정되고 평화롭다는 느낌을 많이 받으면 받을수록 스트레스 호르몬의 수치는 낮아지며, 자신을 보호하기 위한 수단으로 몸에 쌓던 지방도 줄어들 것이다. 한 달 동안 매일 이 테이프를 꾸준히 듣는다면 당신은 자신이나 자신의 삶에 대한 생각이 현저하게 달라지는 변화를 경험할 것이다. Louise Hay는 아래에 소개한 책을 비롯해서 27권의 책을 집필했다. *You Can Heal Your Life*(Hay House, 1987), *Empowering*

Woman(Hay House, 1997)〉.

Tel: 800-654-5126 www.Hayhouse.com

Belleruth Naparstek의 'Weight Loss' 오디오 프로그램 - 당신이 과식을 유발하는 감정적 문제에 직면해 있다면 체중 감소를 위한 이 오디오 프로그램(카세트와 CD)은 건전한 지방연소 메시지를 당신의 몸에 보내 몸과 신체의 화학반응을 바꾸어줄 것이다. 나는 이 테이프를 들을 때마다 용기와 격려를 얻는다. 하루에 한 번씩 꾸준히 듣는다면 한 달 안에 당신은 자신이나 자신의 삶에 대해 생각하고 느끼는 방법이 획기적으로 달라지는 것을 경험할 것이다. 미국의 세계적인 휴양지인 Canyon Ranch에서 실시한 플라시보 효과를 이용한 연구에서, 이 제품을 사용할 경우 두 배의 체중 감소 효과가 있는 것으로 입증되었다.

Tel: 800-800-8661 www.healthjourneys.com

• 카페인 중독에 대한 정보

Elson M. Haas, M.D.의 Caffeine Support and Detox Nutrient program - 캘리포니아 산 라파엘에 있는 Preventive Medical Center of Marin의 설립자이자 소장인 Haas 박사는 가정의학, 영양의학, 해독요법의 권위자다. 그는 여러 권의 책을 집필했으며 대표적인 저서로는 *Staying Healthy with the Seasons*(Celestial Arts, 1981년에 초판, 2003년에 개정판 발간)와 *The New Detox Diet*(Celestial Arts, 2004)가 있다. 그의 카페인 해독 프로그램은 *Staying Healthy with Nutrition*(Celestial Arts, 1992)에 수록되어 있으며 인터넷으로도 접속할 수 있다. 그의 책과 인터넷에는 카페인이 무엇이며 우리 몸에 어떤 영향을 미치는지에 대한 정보가 포함되어 있다. 여러 식품, 음료, 처방전 없이 살 수 있는 약, 우리가 흔히 소비하는 일상 용품에 카페인이 얼마나 들어 있는지를 보여주는 도표, 카페인 남용과 카페인 중지로 인한 증상, 카페인 대용품인 약초, 카페인을 해독하는 영양제와 보충제를 이용한 프로그램 등이 소개된다.

www.healthy.net/library/books/haas/detox/caffeine.htm

19장 사회로 진출하다

• 추천 도서

Walter Starcke, *The Third Appearance*(Guadalupe Press, 2004).

이 책은 영적 지도자인 Walter Starcke(거의 20년 동안 Joel Goldsmith의 제자였다)가 최근에 집필한 형이상학 책이다. 그는 우리가 거룩한 인간성을 경험할 수 있도록 신에 대한 이해와 삶에 대한 이해를 넓히도록 촉구한다.

www.walterstarcke.com

Barbara Ehrenrich, Ph.D., *Nickel and Dimed: On (Not) Getting By in America* (Metropolitan Books, 2001).

Barbara Ehrenrich는 석 달 동안 미국 전역을 다니면서 그녀가 찾을 수 있는 가장 싼 집에 묵고 최저임금을 받는 일(식당 종업원, 호텔 청소부, 가정부, 양로원 보조사, 월마트 판매원, 시간 당 6~7달러를 받는 모든 일들)을 했다. 미국의 노동자 계층이 어떻게 사는지를 직접 체험하기 위해서였다. 그녀의 경험담을 기록한 이 책은 매우 감동적이면서도 때론 끔찍한 부분도 있지만 우리의 시야를 넓혀주는 것만은 분명하다.

Ronald D. Siegel, Psy.D., Michael H. Urdang, and Douglas R. Johnson, M.D., *Back Sense: A Revolutionary Approach to Halting the Cycle of Chronic Back Pain* (Broadway Books, 2001).
나는 이 책을 만성 요통으로 고생하는 모든 사람에게 추천하고 싶다. 세 명의 저자들은 자신들도 만성 요통으로 고생한 환자였다. 이 책을 읽은 내 환자 중 한 사람은 몇 달 만에 처음으로 진통제를 중단했고 자리를 털고 일어날 수 있었다. 저자들은 실제로 심각하게 허리가 아픈 경우는 드물고, 대부분의 요통은 처음에는 가벼운 상처에서 시작되지만 스트레스(근육을 뭉치게 만드는)와 활동 부족(컨디션 조절 능력이 저하되어 추가로 상처 입을 가능성을 높이는)으로 만성적인 상태로 악화된다고 주장한다.
www.backsense.org

William B. Salt II, M.D., and Neil F. Neimark, M.D., *Irritable Bowel Syndrome and the MindBodySpirit Connection: 7 Steps for Living a Healthy Life with a Functional Bowel Disorder, Crohn's Disease or Colitis*(개정판, Parkview Pub., 2002).
Salt 박사의 이 훌륭한 책은 개정판으로 위와 같은 증상을 가진 모든 사람이 반드시 읽어야 할 필독서다. 오하이오 주립대학 의대 임상학 교수인 Salt 박사와 가정의이자 캘리포니아 의대 교수인 Neimark 박사는 우리 몸의 자연치유력이라는 강력한 약을 이용한 치료 프로그램을 소개한다.

Jacob Teitelbaum, M.D., From Fatigued to Fantastic!
18장 참조

• 경쟁의 효과
Self-Determination Theory(SDT):인간의 학습 의욕과 특성에 대한 접근 - 이 웹사이트는 자기결정이론(SDT)에 대한 정보를 제공한다. 여기에는 우리가 모든 일을 어떤 과정을 거쳐 결정하는지(자율성)에 대한 정보도 포함된다. 이 사이트에는 SDT에 대한 설명과 더불어 이 이론에 대한 수많은 연구와 연결해주는 페이지도 개설되어 있다.
www.psych.rochester.edu/SDT

• 홈즈-라헤 사회 재조정 평가 척도
대부분의 최근 연구들은, 살면서 겪는 특별한 경험들은 우리가 생각하는 것처럼 건강에 큰 영향을 미치지 않는다는 사실을 입증한다. 하지만 홈즈-라헤 사회 재조정 평가 척도는 여전히 여러 스트레스를 주는 상황들이 우리 삶에 얼마나 큰 영향을 미치는지를 파악할 수 있는 유용한 기준이다. 어른과 아이에게 어떤 경험들이 얼마나 영향을 미치는지에 대한 도표를 보려면(그리고 당신의 스트레스 점수를 알고 싶다면) 다음 사이트에 접속하면 된다.
www.markhenri.com/health/stress.html

에필로그

20장 유산은 지속된다

• 추천 도서

Jerry Hicks and Esther Hicks, *Ask and It Is Given: Learning to Manifest Your Desires* (Hay House, 2004).

Jerry Hicks와 Esther Hicks 부부는 에이브러햄이라는 비물리적 실체를 등장시켜 우리의 인간관계, 건강, 재정, 경력 등 우리 삶의 모든 면이 일정한 우주의 법칙에 어떻게 영향을 받는지를 설명한다. 에이브러햄은 우리가 그 법칙을 이해하고 우주의 긍정적인 흐름을 따를 때 내면의 욕구를 실현할 수 있다고 가르친다.

www.askanditisgiven.com

Melvin Morse, M.D., with Paul Perry, *Transformed by the Light: The Powerful Effect of Near-Death Experiences on People's Lives*(Villard Books, 1992).

이제까지의 임사체험(NDEs)에 대한 연구 중에서 가장 방대한 연구를 실시한 이 책은 임사체험을 한 사람들이 신체적, 감정적, 영적으로 더 진화하는 특별한 변화에 대해서 자세하게 설명한다. 일부 사람들은 몸에서 강력한 전자기가 발생하기도 한다. 또한 갑자기 치유 능력이 발휘되는 사람도 있고, 지적 능력이 크게 향상되는 사람도 있다. 임사체험을 한 모든 사람은 죽음에 대한 두려움이 없어졌으며 삶에 대한 열정이 커졌다고 입을 모았다. 저자는 또 다른 저서를 집필하기도 했다. *Closer to the Light: Learning from Children's Near-Death Experiences*(G.K. Hall, 1991).

www.melvinmorse.com

Catherine Ponder, *The Dynamic Laws of Healing*(Parker Publishing Co., 1966).

일체파 목사이자 십여 권에 달하는 책을 집필한 Catherine Ponder는 이 책을 이런 강력한 문구로 시작한다. '치유에 대한 놀라운 진실은 당신도 내면에 치유의 힘을 가지고 있다는 사실이다.' 그녀는 마음의 힘을 사용하고 치유를 주도하는 영적 법칙에 따름으로써 그 치유의 능력을 일깨우는 방법을 설명한다.

Sinclair Browning, *Feathers Brush My Heart: True Stories of Mothers Touching Their Daughters' Lives After Death* (Warner Books, 2002).

미스터리 작가인 Sinclair Browning은 고인이 된 엄마에게서 평온의 메시지나 생명을 구원하는 경고의 메시지를 받은 경험이 있는 70명의 여성들과 자신의 경험을 기록했다. 예를 들면, 저자가 받은 메시지는 도저히 있을 법하지 않은 장소에서 하얀 깃털을 발견하곤 하는 것이었다.

Hope Edelman, *Motherless Daughters: The Legacy of Loss*(Addison-Wesley Publishing, 1994).

이 감동적인 책에서 프리랜서 작가인 Hope Edelman은 열일곱 살 때 유방암으로 엄마를 잃었던 경험을 나눈다. 더불어 전국 각지에서 모든 연령층의 여성들이 보내온, 죽음이나 유기, 기타 여러 형태로 엄마와 헤어졌던 경험들을 소개한다. Edelman은 엄마를 잃었을 때 견뎌야 했던 슬픔을 상세하게 묘사하며 그런 상실감이 딸의 삶에 어떤 영향을 미치는지를 설명한다(어린 소녀가 아버지와 형제들에게 엄마 역할을 대신해야 하는 것부터 성인이 된 후 사랑하는 사람에게 버림받을까봐 두려워하는 경험까지). Edelman의 다른 저서인 *Letters from Motherless Daughters: Words of Courage, Grief, and Healing* (Addison-Wesley Publishing, 1995)은 그녀의 첫 책이 출간된 후 독자로부터 받은 편지를 모은 속편이다. 그녀는 편지를 엄마가 돌아가신 햇수에 따라 분류해서 각 장마다 그 단계에 적절한 문제들을 선명하게 부각시켰다. 그녀는 또한 엄마를 잃은 사람들의 모임을 시작하거나 모임에 참가하는 정보도 제공한다. 그녀는 요즘 엄마를 잃은 여성들이 부모가 되었을 때 직면하는 문제를 다룬 *Motherless Mothers*라는 저서를 집필 중이다.
www.hopeedelman.com

• 용서에 대한 정보

Fred Luskin, Ph.D., *Forgive for Good: A Proven Prescription for Health and Happiness* (HarperSanFrancisco, 2002).
Stanford Forgiveness Project의 설립자이자 현재 Stanford Center on Conflict and Negotiation의 소장인 Luskin 박사는 용서가 분노, 우울증, 무기력감, 스트레스를 감소시키고 희망, 동정심, 낙관주의, 자신감 등을 고취한다는 사실을 과학적으로 증명했다.
Luskin 박사의 오디오 프로그램(카세트와 CD)인 'The Nine Steps of Forgiveness'의 한쪽 면에는 그가 만든 용서의 9단계 프로그램(45분)이 들어 있고, 다른 쪽 면에는 두 가지 용서의 가시화 프로그램이 수록되어 있다. 그 중 하나는 자기 용서에 대한 것이다.
www.learningtoforgive.com

The International Forgiveness Institute(IFI) - 1994년, 14년에 걸친 용서에 대한 연구를 추진하기 위해서 위스콘신 대학에 설치한 비영리 기관이다. 최근에 IFI는 북아일랜드의 벨파스트에 있는 11개 학교에서 프로그램을 실시하는 등 국제적인 활동을 벌이고 있다. 이 프로그램의 목표는 초등학교 1학년부터 고등학교 졸업반 아이들까지 모든 학생들에게 용서 프로그램을 가르치는 것이다. 이 학생들이 어른이 되었을 때 아일랜드를 2개로 분할한 갈등을 더 효과적으로 다룸으로써 그들의 생애에 조국의 평화를 이루게 되기를 기대하는 마음에서다.
Tel: 608-251-6484 www.forgiveness-institute.org

기타

노스럽 박사가 전하는 **엄마 – 딸의 지혜**

초판 1쇄 발행 2008년 6월 3일
초판 2쇄 발행 2024년 8월 1일

지은이 · 크리스티안 노스럽
옮긴이 · 이상춘
펴낸이 · 심남숙
펴낸곳 · (주)한문화멀티미디어
등록 · 1990. 11. 28. 제21-209호
주소 · 서울시 광진구 능동로 43길 3-5 동인빌딩 3층 (04915)
전화 · 영업부 2016-3500 편집부 2016-3507
http://www.hanmunhwa.com

운영이사 · 이미향 | 편집 · 강정화 최연실 | 기획 홍보 · 진정근
디자인 제작 · 이정희 | 경영 · 강윤정 조동희 | 회계 · 김옥희 | 영업 · 이광우

만든 사람들
책임편집 · 강정화 | 교정 · 최연실 | 디자인 · 인수정

ISBN 978-89-5699-072-9 03900